Markus Somm

Elektropolis an der Limmat

Baden und die BBC, 1870 bis 1925.
Die Beschreibung einer Transformation

Stämpfli Verlag AG

Dissertation
zur Erlangung der Doktorwürde
an der Philosophischen Fakultät der Universität Freiburg in der Schweiz.

Genehmigt von der Philosophischen Fakultät
auf Antrag der Professoren Joseph Jung (1. Gutachter),
Siegfried Weichlein (2. Gutachter) und Heinz Zimmermann (3. Gutachter).

Freiburg, den 4. April 2019.
Prof. Dr. Bernadette Charlier, Dekanin.

Autor und Verlag danken der ABB Ltd., Zürich, für den Druckkostenbeitrag.

Impressum

Bibliografische Information der Deutschen Nationalbibliothek: www.dnb.de.

© Markus Somm · 2019
3. Auflage · 2020

Verlag	Stämpfli Verlag AG, Bern, www.staempfliverlag.com
Gestaltung Inhalt	Kösel Media GmbH, Krugzell
Gestaltung Umschlag	Nino Angiuli, Basel
Korrektorat	Kösel Media GmbH, Krugzell
Umschlagbild	BBC Baden: Portalausgang, mittags um 12 Uhr, 1916, Historisches Archiv ABB Schweiz, N.1.1.9555

ISBN 978-3-7272-6062-9

Printed in Germany

Inhalt

1.	Einleitung	11
1.1	Prolog	11
1.2	Forschungsgegenstand	13
1.3	Erkenntnisinteresse, Fragestellungen	16
1.4	Untersuchungszeitraum	17
1.5	Stand der Forschung	17
1.6	Quellenlage	24
1.7	Zentrale Thesen	26
1.8	Aufbau	28

I. Teil. Grundlagen ... 29

2.	Company Towns	29
2.1	Theoretische Vorüberlegungen	29
2.2	Eine Typologie der Company Towns	35
	2.2.1 Hershey zum Beispiel: Chocolate Man in Chocolate Town	39
	2.2.2 «Grüne Wiese» versus alte Siedlung	43
	2.2.3 Etablierte Elite versus homines novi	46
	2.2.4 Mission versus Profit	51
	2.2.5 Demokratie versus «Diktatur»	56
	2.2.6 Idealtypen einer Company Town	62
2.3	Der Sonderfall Baden	63
2.4	Wiesbaden als «Normalfall»	67
2.5	Erste Zwischenbilanz	76

3.	Die Kurstadt Baden	79
3.1	Strukturmerkmale der Kurstadt	79
	3.1.1 Eine Elite und die Quellen ihres Reichtums	79
	3.1.2 Die Bäder als Risiko	83
	3.1.3 Aufstieg der Kurstädte	86
3.2	Baden im Jahr 1870	89
	3.2.1 Frankreich als neuer Markt?	89
	3.2.2 Glanz und Elend einer alten Elite	91

3.3 Die Nationalbahn – oder das Scheitern eines politischen Projekts .. 97
    3.3.1 Rebellion gegen das «System Escher» 98
    3.3.2 Unerwünschte Nebenwirkungen in Baden 99
    3.3.3 Zehnders Untergang 102
3.4 Rudolf Bruno Saft: Aussenseiter und Innovator 105
    3.4.1 Der Einwanderer aus Preussen 106
    3.4.2 Mehr, elektrisches Licht für Baden 108
3.5 Zweite Zwischenbilanz 112

4. Was ist ein Unternehmer? Theoretische Überlegungen 115
4.1 Adam Smith und der unsichtbare Unternehmer 117
4.2 Schumpeter – «Prophet der kreativen Kräfte des Kapitalismus» 123
4.3 Auf dem Weg zu einer Synthese: Chandler, Kirzner, Casson 127
4.4 Wie werden Unternehmer zu Unternehmern? Institutionelle
    Voraussetzungen 137
4.5 Theoretische Zwischenbilanz 142

II. Teil. Gründerzeit 145

5. Charles Brown, Walter Boveri und die «schöpferische
    Zerstörung» 145
5.1 Charles Brown senior. Gründer avant la lettre 151
    5.1.1 Vorbild England 152
    5.1.2 «Krasseste Unwissenheit»: Kindheit in einer Sekte 155
    5.1.3 Der Chefingenieur von Sulzer 158
    5.1.4 Unternehmer ohne Fortüne: SLM 161
    5.1.5 Vom Scheitern einer Kooperation: Charles Brown senior
          und Peter Emil Huber 163
5.2 Charles Brown junior: vom Maschineningenieur zum Star der
    Elektrotechnik 167
    5.2.1 Stand der elektrotechnischen Forschung Anfang der
          1880er-Jahre 169
    5.2.2 Aus dem Leben eines Exzentrikers 174
    5.2.3 Winterthur: Aufwachsen in der Industriestadt 179
    5.2.4 Karriere in Oerlikon 187
    5.2.5 Hohe Spannungen: Kriegstetten 192
    5.2.6 Unternehmer oder Ingenieur? Klärungen 207
    5.2.7 Frankfurt und die Folgen 213

	5.2.7.1	Der Systemstreit wird ausgestellt	217
	5.2.7.2	Ungleiche Partner: MFO und AEG	225
	5.2.7.3	Brown als Techniker: der Virtuose des Operativen	230
5.2.8	Charles Brown und die Zähmung der Niagarafälle	238
	5.2.8.1	Expeditionen nach Europa	239
	5.2.8.2	Warten auf Frankfurt	245
	5.2.8.3	Brown und Niagara	251

5.3 Walter Boveri: Ein Mann will nach oben 253
    5.3.1 Der Beginn einer wunderbaren Freundschaft? Boveri und Brown 255
    5.3.2 Anbahnung einer dualen Karriere 260
    5.3.3 Eine Familie von Beamten 266
    5.3.4 Vergleich mit Brown und anderen Gründern 275
    5.3.5 Prototyp des Unternehmers 278
    5.3.6 Deus ex machina: Conrad Baumann 294

6. Ein leeres, weites Feld: Die Gründung der BBC in Baden 301

6.1 Industrialisierung als direktdemokratischer Akt 306
6.2 Kollektivbiographie einer Great Generation 309
6.3 Drei Phasen der Gründung 312
    6.3.1 Phase I: Ende des Waffenstillstandes 313
    6.3.2 Phase II: Die Mission der Gebrüder Pfister 314

	6.3.2.1	Einheimische Aussenseiter	317
	6.3.2.2	Erleuchtung in Paris	318
	6.3.2.3	Die «Elektro-Karawane» nach Locle	322
	6.3.2.4	Propaganda-Kriege: Josef Jäger und seine Truppen	324
6.3.3	Phase III: Das Diktat	330
	6.3.3.1	Pfisters Schachzug	332
	6.3.3.2	Kurort versus Industrie: Entscheidung an der Gemeindeversammlung	334
	6.3.3.3	Der einsame Kampf des Albert Spörry	337
	6.3.3.4	Armin Kellersberger: Vermittler und Versöhner . .	339
	6.3.3.5	Aufmarsch der Verbündeten	341
	6.3.3.6	«Nörgeleien und Düfteleien»: Rückzugsgefechte	344

6.4 Vollzug oder der letzte Sommer vor der BBC 353
    6.4.1 Ankunft in Baden 353
    6.4.2 BBCisten der ersten Stunde oder Mythologie des Anfangs . 358

III. Teil. Transformation 365

7. Company Town oder die Metamorphose einer Stadt 365
7.1 Demographischer Wandel 373
    7.1.1 Signifikantes Wachstum 373
    7.1.2 Vergleich mit anderen Company Towns 380

8. Auf dem Weg zur wirtschaftlichen Dominanz 384
8.1 1891 bis 1900: Unheimlicher Aufstieg 392
    8.1.1 Baden als Referenzanlage 392
    8.1.2 Zweite Sensation in Frankfurt 395
    8.1.3 Expansion ins Ausland 406
    8.1.4 Finanzierungsprobleme, Gründung der Motor AG 412
8.2 1900 bis 1911: Unter Giganten 420
    8.2.1 Parsons' Erfindung, Browns Triumph: die Dampfturbine .. 420
    8.2.2 Ursachen des unternehmerischen Erfolges 430
        8.2.2.1 Keine Legacy-Probleme 431
        8.2.2.2 Timing 432
        8.2.2.3 Standort Schweiz 434
8.3 Elektropolis und Bäderstadt 441
    8.3.1 Charisma der Gründerzeit 441
    8.3.2 Die «Weltfirma» 443
    8.3.3 Überleben auf dem Weltmarkt 444
    8.3.4 Höhen und Tiefen: Die Steuerleistungen der BBC 447

9. Politische Herrschaft in der Company Town 461
9.1 Das Fest der 1000 Dynamos 461
    9.1.1 Das BBC-Narrativ 462
    9.1.2 Chefsache Akzeptanz 466
    9.1.3 Politische Herrschaft als Lernprozess 473
9.2 1890 bis 1902: Die Epoche der «grauen Eminenzen» 475
    9.2.1 Antichambrieren in einer freisinnigen Stadt 475
    9.2.2 «Brutale Herausschmeissereien»: Der Streik von 1899 . 479
    9.2.3 Josef Jäger: Der BBC-Mann im Stadthaus 486
9.3 1900 bis 1924: Die Ära Boveri 490
    9.3.1 Der Lokalpolitiker 490
    9.3.2 Herr der Finanzen 492
    9.3.3 «Ungesundes Herumpendeln»: Kampf um den Steuerfuss . 497

	9.3.4	Der launische Souverän	499
	9.3.5	Die Kunst des Nachgebens	503
9.4	Ambivalenzen einer schwierigen und glücklichen Beziehung		508
	9.4.1	Jägers Stunde: Die Verstaatlichung des Elektrizitätswerkes..	511
	9.4.2	Rebellion im Stadtrat: Das ungeliebte Jubiläum von 1916	514
	9.4.3	Wer hat Angst vor diesen Ehrenbürgern?	516
	9.4.4	Bankett im Grand Hôtel	522

10. Klassengesellschaft in der Kleinstadt: Die soziale und kulturelle Transformation 530

10.1 Topographie des Sozialen 531
    10.1.1 Villa Boveri: Repräsentation in der Company Town 536
    10.1.2 Browns Römerburg oder die «Propyläen» von Baden 541
    10.1.3 Soziale Segregation in der Company Town? 543
    10.1.4 Zwei Welten: Arbeit bei BBC, Armut bei Spörry 554
    10.1.5 Römerburg zu verkaufen 558
10.2 Vom Kurort zur «Stadt der Arbeit»: die kulturelle Transformation .. 561
    10.2.1 Statistische Evidenz 565
    10.2.2 Die Austreibung des «Frühschoppengeistes» 571
    10.2.3 Von Baden in die ganze Welt: Ingenieure, Kaufleute und Monteure 577
    10.2.4 Die soziale Firma und ihre agnostische Mission 585
    10.2.5 Deutsche, Engländer, Alpinisten 596
    10.2.6 Stadt des Freisinns, Stadt des Pluralismus 604

11. Bilanz 613

Anhang 623

Dank 623

Bibliographie 626

Ungedruckte Quellen 626
Gedruckte Quellen 629
Zeitschriften, Zeitungen 629
Zeitzeugen, Informanten, Gesprächsprotokolle 630
Literatur 631

Inhalt

Abkürzungsverzeichnis 664

Verzeichnis der Tabellen und Bilder 666
Tabellen 666
Bildnachweise 667
Lebenslauf 669

Anmerkungen 670

1. Einleitung

1.1 Prolog

Im Sommer 1886 versammelte sich die Gesellschaft ehemaliger Polytechniker, die G.e.P., in Baden zu ihrem traditionellen Jahrestreffen. Am Morgen waren es schon über achtzig Teilnehmer, zum Mittagessen stieg ihre Zahl gar auf 130: Das war ein ausserordentlicher Andrang, wie ein Bericht in der *Schweizerischen Bauzeitung* mit Genugtuung notierte.[1] Ob es am Treffpunkt lag, einem bekannten Kurort, oder am Versammlungslokal, dem neuen, «eleganten» Kurhaus, das erst vor kurzem eröffnet worden war, oder an der Jahreszeit, dem warmen Sommer: Für Baden bedeutete es ein besonderes Prestige. Denn diese Akademiker gehörten einer schweizerischen Elite an, die sich aufmachte, das Land zu verändern. Wenn es zu jener Zeit einen Club der Modernisierer gab, dann die G.e.P., die Vereinigung der Alumni der ETH Zürich, die damals Eidgenössisches Polytechnikum hiess – deshalb setzten die Aargauer alles daran, diese Gäste optimal zu unterhalten. Es spielte die Kurkapelle auf, ein Männerquartett sang und gleich zwei Nationalräte waren nach Baden abgeordnet worden, um die 130 Ingenieure, Naturwissenschaftler und Architekten in Empfang zu nehmen.

Bei aller Ehre, bei aller Anstrengung: Man sah sich dennoch gezwungen, die Gäste sparsam zu bewirten. Denn Baden war finanziell schwer angeschlagen, und der Aargau, jener Kanton, der den Liberalismus stets so uneingeschränkt unterstützt und gelebt hatte: Der Aargau hatte sich wirtschaftlich lange nicht so prächtig entwickelt, wie das die liberalen Vordenker erwartet hatten. Hans Riniker, freisinniger Nationalrat aus Aarau und als diplomierter Forstwirt selbst ein Absolvent des Polytechnikums, hielt am Bankett im Namen des aargauischen Regierungsrates die Tischrede. Er klang melancholisch:

«Ich will Sie nicht damit behelligen, dass ich Ihnen sage, welche politische und wirtschaftliche Situation ich hier antraf, als ich die Schule [das Polytechnikum] verliess; ich kann Ihnen nur sagen, dass damals, in der Mitte der Sechzigerjahre, der Kanton Aargau auf seiner höchsten wirtschaftlichen Stufe angelangt war und dass von da an eine gewisse Stagnation und auch vielleicht ein gewisser Rückgang sich geltend machte.»[2]

Wir kennen den genauen Wortlaut der Rede, weil sie ein Polytechniker protokollierte, der eine «beneidenswerte Gewandtheit» im Stenographieren besass, wie die *Bauzeitung* festhielt.[3]

1. Einleitung

«Wenn Sie aber dies gehört haben, so bedenken Sie, dass wir, nach unserer Situation, gekämpft haben für Fortschritt, Wohlstand und Zukunft des Kantons, dass es uns aber ging wie jenem General, der die letzte Patrone hatte verfeuern lassen, der sein Bestes darauf verwendet hat, den Sieg an seine Waffen zu knüpfen, dem es aber trotzdem nicht gelungen, Sieger zu sein, sondern der sich aus dem Schauplatz des Kampfes zu bescheidener Stellung zurückgezogen hat. In dieser Stellung befinden wir uns im Kanton Aargau und Sie wollen die bescheidene Aufnahme deshalb auch nicht als vielleicht zu geringe Aufmerksamkeit auffassen, sondern als Ausdruck der Situation, in der wir uns befinden.»[4]

Ein trauriges Bild.

Etwas über zehn Jahre später, 1899, erschien in der englischen Zeitschrift *The Engineer* ein Artikel über die Schweizer und ihre Bemühungen, das Land zu elektrifizieren:

«The energy and enterprise with which the Swiss have entered into electrical work, and the way they have utilised electrical methods for their convenience and profit, is a matter deserving of the most careful study, because what they have done in a small way and within the bounds of their own country is undoubtedly an epitome of what will be done within the next twenty years, to an even greater extent, in all enterprising parts of the world.»[5]

The Engineer war das Organ der *Institution of Mechanical Engineers*, dem wichtigsten Fachverband der britischen Ingenieure und Techniker, die damals nach wie vor zu den besten und am meisten bewunderten der Welt zählten. Was in dieser Zeitschrift besprochen wurde, stiess mit anderen Worten auf globale Beachtung. Eine Delegation dieses Verbandes hatte kürzlich die Schweiz aufgesucht, dabei begab man sich auch in jenen Kurort, dessen Lage Hans Riniker 1886 so düster beurteilt hatte. Die Ingenieure kamen nach Baden, allerdings nicht um sich in den Bädern zu erholen, sondern um eine junge Firma zu begutachten, deren Ruf längst bis nach England gedrungen war: Sie hiess Brown, Boveri & Cie., kurz BBC. *The Engineer* schrieb über ihre Entstehungsgeschichte und ihre Gründer:

«Mr. Brown, not being satisfied to continue as one of the staff of the Oerlikon Company, retired, and shortly after established works in connection with his present partner, Mr. Boveri, which have been exceedingly successful, and which undoubtedly continue to take the lead of all works on the Continent in the design and construction of electrical plant based on the polyphase system [mehrphasiger Wechselstrom]. These works were inspected by the Electrical Engineers, and now employ about 1300 hands. Being quite new, they have been designed in accordance with the most modern ideas, and are replete with all the latest tools which can be procured in England, America, and on the Continent, for carrying out work of this character up to very large sizes.»[6]

Hans Riniker lebte nicht mehr, als die englischen Ingenieure in Baden auftauchten. Völlig überraschend war er 1892 im Alter von bloss 51 Jahren gestorben.[7] Hätte ihm jemand damals, 1886, vorausgesagt, dass ausgerechnet in dieser ältlichen Kurstadt, wo er sich mit den Polytechnikern getroffen hatte, an diesem lauschigen Ort, wohin die Menschen seit Jahrhunderten gekommen waren, um sich zu vergnügen und zu entspannen, aber nie um zu arbeiten oder Geld zu verdienen, dass hier schon in fünf Jahren eine Fabrik entstehen würde, wo Hunderte von Arbeitern die modernsten Maschinen der Epoche herstellten – Elektromotoren, Turbinen, Generatoren, Lichtanlagen, Schalter und Transformatoren –, er wäre wohl fassungslos vor diesem Triumph gestanden. Dabei hatte er sich den als freisinniger Aargauer doch so lange, so dringlich erwünscht.

1.2 Forschungsgegenstand

Fassungslos. Diesen Begriff haben wir bewusst gewählt, denn was die Zeitgenossen zwischen 1891 und 1899 in Baden erlebten, war spektakulär – selbst gemessen an den Standards jener stürmischen Gründerzeit des schweizerischen Kapitalismus. Eine alte, fast noch mittelalterliche Stadt, die seit Jahrhunderten vom Badetourismus gelebt hatte, war innert sehr kurzer Zeit in eine Industriestadt verwandelt worden. Sie verdankte oder erlitt – je nach Standpunkt – diese Transformation einer einzigen Firma, die, gegründet von zwei jungen Ausländern, einen beispiellosen Aufstieg zustande gebracht hatte. Wenn die englischen Besucher 1899 beeindruckt waren, dann mit Grund, denn schon wenige Jahre nach ihrer Etablierung zählte die BBC weltweit zu den innovativsten Firmen der jungen, aufstrebenden Elektroindustrie. Die Umwälzung, die Baden erfuhr, war mit anderen Worten nicht zu vergleichen mit jenen Vorgängen, wie sie seinerzeit an manchen Orten zu beobachten waren, die sich industrialisierten.

Alles verlief extremer. Es ging rascher, es war bloss eine einzige, aber charismatische Firma, die eine maximale Veränderung auslöste, und das in einer Stadt, wo eine solche Entwicklung am unwahrscheinlichsten erscheinen musste: einem friedlichen, etwas frivolen, meistens wohlhabenden und gemütlichen Kurort. Hinterher, nach dem grossen Wandel, sprach man wenig schmeichelhaft vom Badener «Frühschoppengeist», den die BBC auf immer vertrieben habe. Eine

1. Einleitung

katholische Stadt, die mehr Feiertage gefeiert hatte, als die katholische Kirche vorschrieb, war zur protestantisch geprägten «Stadt der Arbeit» geworden –, so kam es den Zeitgenossen vor. Der Umbruch erfasste alles: die Bevölkerungsstruktur, die Wirtschaft, die Politik, den sozialen Aufbau der Stadt, die Mentalität und die Kultur. Was war geschehen?

Wir haben uns in dieser Arbeit das Ziel gesetzt, diese Transformation zu beschreiben und zu erklären. Es interessiert uns, warum es überhaupt zu dieser unverhofften Industrialisierung kam und wir fragen uns, woran es lag, dass diese Firma so unaufhaltsam und so erfolgreich wuchs, was insofern von Belang ist, weil dies wiederum enorme Auswirkungen auf die Stadt haben sollte. Hätte die BBC weniger fulminant operiert, der Stadt wären mehr Zeit und Spielraum zur Verfügung gestanden, sich damit zu arrangieren – mit dieser mächtigen Firma, die bald nicht bloss den Wohlstand und dessen Konjunkturen in der Stadt vorgab, sondern fast alles, was die Badener beschäftigte. Weil es an dieser Zeit fehlte, weil die BBC allein das Geschehen dominierte, waren unverzügliche und erhebliche Anpassungsleistungen vonnöten, die manch ein Gemeinwesen wohl überfordert hätten: Streiks, passiver Widerstand, Ressentiments, Segregation und politische Opposition wären denkbar gewesen. War es nicht natürlich, dass manch ein Einheimischer sich hin und wieder daran störte, dass zwei junge Aussenseiter wie Charles Brown und Walter Boveri, die Gründer und Besitzer der BBC, plötzlich so vieles, wenn nicht das meiste in der Stadt entschieden? Zumal Baden nach wie vor als Demokratie galt. Niemand, so könnte man meinen, hatte auf diese neuen Barone gewartet.

Alles verlief extremer – und dennoch erstaunlich reibungslos, ohne Komplikationen, ohne Katastrophen, ohne Skandale. Schon 1910, so unsere These, war Baden zu dem geworden, was man in Amerika als *Company Town* bezeichnet. Eine Stadt, die von einer einzigen Firma bestimmt wird, eine Industriestadt auch, die zwar nach wie vor ein Kurort war –, doch die jahrhundertalte Identität von Baden, deren Wirtschaftsstruktur und politische Ökonomie, die damit verbunden gewesen waren, schienen wie verschwunden. In zwanzig Jahren waren Jahrhunderte ausgelöscht worden. Walter Boveri, der rhetorisch gewandte, politisch geschmeidige und unternehmerisch hochbegabte faktische Chef der BBC herrschte über Baden, manchmal als graue Eminenz, häufiger als Lokalpolitiker, der sich in jeder Gemeindeversammlung exponierte und meistens auch bekam, wonach er verlangte. Zur gleichen Zeit hatte Charles Brown, ein technischer Star seiner Generation, die BBC zu einem international bewunderten Technologieunternehmen geformt, das zahllose andere, kleinere Stars anzog: Baden war ein Zentrum des Talents, der Ingenieure und der Techniker, der Ambitionierten und der Modernisierer geworden. Es hatte etwas Atemberaubendes: 1891 auf einer grünen Wiese vor einer uralten Stadt gegründet, zählte die BBC um 1910 bereits zu den fünf Giganten der weltweiten Elektroindustrie; nach den beiden amerikanischen *Leadern* General Electric und Westinghouse sowie den beiden deutschen Konzernen AEG und Siemens & Halske galt die BBC zwar als der kleinste unter den Riesen, aber ein Riese war sie allemal.[8]

Die AEG und Siemens & Halske hatten sich beide in Berlin niedergelassen und beschäftigten hier Tausende von Mitarbeitern in einer Millionenstadt; damit verknüpft war ein lokales Netz von Zulieferern und zugewandten Firmen, aber auch von wissenschaftlichen Labors und technischen Hochschulen, politischen *Pressure Groups* und Fachverbänden, Technikjournalisten, Beratern und Wirtschafts- und Patentanwälten, die nichts anderes taten, als die Elektrokonzerne zu bedienen: Berlin war zur Metropole der europäischen Elektroindustrie schlechthin aufgestiegen und man sprach damals – halb ironisch, halb ehrfürchtig – von der *Elektropolis*.

In Baden war – natürlich – alles viel kleiner: Und dennoch war die Firma, die die Stadt nun auf Jahrzehnte prägen sollte, einer der Grossen der Branche, was den Wandel, um den wir uns kümmern, umso bestechender macht. An der Limmat war eine schweizerische Elektropolis entstanden, deren Bedeutung und Wirken weit über Baden und die Schweiz hinausreichten. Wer sich mit der BBC und Baden befasst, tut daher immer beides: er erzählt die lokale Geschichte einer engen Stadt – und er begibt sich im selben Augenblick auf das weite Feld der internationalen Wirtschaftsgeschichte jener Epoche, weil die BBC darin als massgeblicher Akteur auftrat. Die BBC war mittendrin.

Was in der Historiographie als «zweite Industrielle Revolution» charakterisiert wird, jener ruckartige Durchbruch der Elektroindustrie und der Grosschemie gegen Ende des 19. Jahrhunderts, stellt den Kontext dar, ohne den die Geschichte der BBC und damit ein guter Teil der Geschichte Badens gar nicht zu verstehen ist. Die BBC machte diese Revolution nicht etwa einfach mit, sondern zählte zu den zentralen Gestaltern: technologisch, wirtschaftlich, kulturell – zur selben Zeit war sie in einer Stadt zu Hause, die vom Charme ihrer Vergangenheit als schweizerischer «Hauptstadt des Vergnügens» zehrte. Dampfturbinen der Moderne wurden hier nach allen Regeln der Kunst getestet, während Kurgäste in Badewannen aus dem 18. Jahrhundert eintauchten. Gleichzeitigkeit des Ungleichzeitigen.

Das macht unser Unterfangen so spannungsreich, das macht es mitunter auch kompliziert, weil wir stets diese beiden, scheinbar asynchronen historischen Prozesse, die Lokalgeschichte und die Weltwirtschaftsgeschichte, zugleich im Auge zu behalten haben und dabei zu erfassen versuchen, was in der Realität auf den ersten Blick so weit auseinander zu liegen scheint, bei näherem Hinsehen aber zusammenhängt und sich gegenseitig bedingt. *Think Global, Act Local*, lautete einmal ein *Claim* der ABB, jener Firma, die so viele Jahre später aus der Fusion der BBC mit der schwedischen ASEA hervorgehen sollte. Dieser *Claim* könnte geradesogut unsere wissenschaftliche Herangehensweise umschreiben. Indem wir den Wandel Badens, den die BBC bewirkt hat, in den Fokus nehmen, stossen wir immer wieder auf den *Impact* von viel grösseren Umwälzungen, die sich weltweit ergaben, und an denen die BBC teilhatte. Im kleinen Baden wurde mitunter Weltgeschichte geschrieben –, obwohl man doch nur an der Gemeindeversammlung darüber abgestimmt hatte, ein Elektrizitätswerk zu errichten.

1.3 Erkenntnisinteresse, Fragestellungen

Wir untersuchen in unserer Studie diese komplizierte Beziehung zwischen *Company* und *Town* am Beispiel Badens und ihrer alles beherrschenden Firma BBC. Gewiss, eine *Company Town* ist ein Extremfall, und manche Erkenntnisse dürften sich als spezifisch erweisen und entziehen sich jeder Generalisierbarkeit, dennoch sind wir überzeugt, dass der heuristische Vorzug, den eine *Company Town* als Forschungsgegenstand bietet, diesen Nachteil wettmacht. Leichter als anhand einer ganzen Wirtschaftsregion mit diversen Unternehmen, Behörden und anderen Akteuren, lässt sich bei einer *Company Town* das Verhältnis zwischen Unternehmen und Staat gleichsam unter Laborbedingungen ausleuchten: Wir beschränken uns auf eine *Company* und eine *Town* – das macht die Sache übersichtlicher, komprimierter und daher auch handhabbar. Dabei schwebt uns eine Art Standortgeschichte vor, wo im Einzelnen, mittels eines konkreten, mikrohistorischen Zugriffs analysiert wird, wie ein Unternehmen sich in seinem unmittelbaren Umfeld bewegt und behauptet, ob in der Politik, der Kultur oder in der regionalen Wirtschaft, und wo in gleichem Masse erforscht wird, wie sich Unternehmen und Staat gegenseitig beeinflussen und verändern. Davon versprechen wir uns tiefere Einblicke in ein paar grosse Themen der Wirtschaftsgeschichte: Wie erfolgt Strukturwandel, welche Rolle spielen dabei Institutionen, Unternehmer und Politiker, was ist ein guter Standort, was bestimmt das Verhältnis zwischen Wirtschaft und Staat?

Für die Analyse der *Company Town* Baden gehen wir von einer Definition dieses Phänomens aus, wie sie in der wirtschaftsgeographischen und institutionenökonomischen Forschung angewandt wird, und erstellen zunächst eine Typologie von *Company Towns*. Zu diesem Zweck vergleichen wir rund 40 Industriestädte in den USA, Europa und der Schweiz. Aufgrund dieser Typologie rücken drei erkenntnisleitende Interessen in den Vordergrund:

Erstens: Dass sich eine alte Stadt mit einer etablierten Elite wie Baden zu einer *Company Town* wandelte, kam selten vor, dass ausgerechnet eine Kurstadt sich industrialisierte, noch seltener. Baden war ein Sonderfall. Warum?

Zweitens: Die BBC war eine Firma, die als *Start-up* anfing und binnen weniger Jahre zu den grössten Elektrokonzernen der Welt zählte. Ihre Technologie war führend, ihre Exportorientiertheit extrem, ihre Renditen stupend, ihre Gründer lebende Legenden. Was waren die Ursachen dieses Erfolgs und inwiefern prägte dieser die Beziehungen zur Stadt Baden? Und reziprok betrachtet: Inwiefern begünstigte der Standort Baden den Aufstieg der BBC?

Drittens: Die BBC war eine Firma, deren Führungsspitze und Kader zu Anfang fast ausschliesslich aus Auswärtigen bestanden, sie stammten aus dem Ausland oder aus der übrigen Schweiz; Einheimische kamen so gut wie keine vor. Dennoch stiegen die BBC-Kader rasch zur neuen Elite der Stadt auf, gleichzeitig wälzte die Firma mit ihren vielen Mitarbeitern die Region grundlegend um. Erstaunlicherweise wurde dieser Veränderungsprozess nahezu problemlos bewältigt. Warum?

1.4 Untersuchungszeitraum

Um diese Transformation zu beschreiben, beginnen wir unsere Studie im Jahr 1870, als die Stadt Baden noch unbestrittenermassen eine Kurstadt war. Zu diesem Zeitpunkt erfreute sich der Bädertourismus einer guten Konjunktur, es gab kaum Industrie, und die Hoteliers und Badewirte beherrschten als informelle Elite die Stadt. Wir brechen unsere Untersuchung im Jahr 1925 ab, faktisch 1924, als Walter Boveri und Charles Brown kurz nacheinander verstarben. War das Verhältnis zwischen Stadt und BBC vorher stark durch die Aktionen und das Charisma der beiden Gründer bestimmt worden, setzte nun eine neue Ära dieser Beziehung ein: technokratischer, nüchterner, anonymer. In jenem Jahr, 1925, hatte sich Baden aber eindeutig und irreversibel zu einer *Company Town* verwandelt. Der Kurort hatte markant an Bedeutung eingebüsst. Die grosse Transformation war abgeschlossen.

1.5 Stand der Forschung

In den vergangenen zwanzig Jahren hat die sogenannte *Business History*, wie man sie im angelsächsischen Raum schon lange betrieben hatte, auch im deutschsprachigen Raum eine gewisse Renaissance erlebt.[9] Renaissance, weil im 19. und frühen 20. Jahrhundert die deutsche Unternehmensgeschichtsschreibung bereits hoch entwickelt war, aber danach, besonders nach dem Zweiten Weltkrieg, mehr und mehr ins Abseits der akademischen Forschung geraten war. Es entstanden oft nur noch Firmengeschichten im Auftrag der betreffenden Firmen, die wissenschaftlich-kritischen Anforderungen kaum zu genügen vermochten, während an den Universitäten das Interesse an Unternehmensgeschichte erlahmte. Im angelsächsischen Raum dagegen, vor allem seit den 1920er-Jahren in den USA, bald auch in Grossbritannien blieb die *Business History* stets auf der Agenda. An den Universitäten, vor allem an den *Business Schools* existierten entsprechende Lehrstühle und Institute, zahllose Monographien und Studien wurden veröffentlicht. Als überragend sollte sich der Einfluss des amerikanischen Historikers und Ökonomen Alfred D. Chandler erweisen, der an der Harvard Business School Generationen von Forschern prägte und viele gross angelegte Arbeiten initiierte. Zeitweise konnte man geradezu von einer Art Chandler'schen Hegemonie sprechen – das hatte produktive Konsequenzen, aber auch problematische, weil sich der Fokus der Unternehmensgeschichte allzu sehr verengte. Chandler interessierte sich in erster Linie für die Frage, wie sich grosse, vorab amerikanische Unternehmen strukturell und organisatorisch wandelten – Manager, anonyme Marktkräfte und interne, bürokratische Abläufe standen im Mittelpunkt, wogegen andere Erkenntnisinteressen in den Hintergrund traten oder schlechterdings nicht vorkamen.[10]

Im Laufe der 1990er-Jahre sollte sich diese Chandler'sche Hegemonie jedoch stark relativieren, schliesslich setzte sich ein Paradigmenwechsel durch.[11] Die *Business History* öffnete sich neuen Fragestellungen, ebenso intensivierte sich der Austausch mit anderen Disziplinen, wie namentlich Soziologie, Kulturwissenschaften, Institutionenökonomie, Politologie, Wirtschaftsgeographie oder *Gender Studies*. Zwangsläufig rückten damit neue Forschungsgegenstände in den Vordergrund: Unternehmer als Akteure ökonomischer Innovations- und Entwicklungsprozesse zum Beispiel oder kleinere und mittlere Unternehmen (KMU), Frauen als Unternehmerinnen und Firmengründerinnen, Narrative im Interesse einer *Corporate Identity*, andere Weltregionen als die USA oder Westeuropa, *Corporate Governance* und *Corporate Finance* oder auch regionale Clusterbildung und Globalisierung. Last but not least richtete sich die Aufmerksamkeit der Wissenschaft zunehmend auf das institutionelle, rechtliche und kulturelle Setting, in dem sich ein Unternehmen bewegte. Die hochkomplexe Dialektik zwischen Unternehmen und Gesellschaft, die zu erfassen und zu analysieren ungleich anspruchsvoller war, als manches, was man vorher untersucht hatte, fesselte die Forscher. Man löste sich, mit anderen Worten, vom allzu fixierten Blick auf die strukturellen Entwicklungsdilemmata bürokratisierter Grosskonzerne.

Trotz dieser Erweiterung und Pluralisierung der Ansätze gab es allerdings nach wie vor Gegenstände, die unterbelichtet blieben. Für unsere Arbeit ist besonders eine Lücke relevant, auf die der deutsche Wirtschaftshistoriker Hartmut Berghoff, ein führender Vertreter der deutschsprachigen *Business History*, kürzlich hingewiesen hat: Die Beziehungen einer Firma zu ihrem Standort, insbesondere zur Kommunalpolitik sind in der Forschung bisher «sträflich vernachlässigt» worden, wie er in seiner 2016 erschienenen Einführung in die Unternehmensgeschichte feststellte.[12]

Auf den ersten Blick mag das verständlich sein: den Nationalstaat als Bezugsgrösse vor Augen, neigten manche Forscher dazu, auch das Verhältnis zwischen Unternehmen und Staat vor allem auf dieser nationalen Ebene zu ermitteln. Tatsächlich führt dies aber zu einer Verzerrung, die den Kern jeder politökonomischen Analyse berührt. Wann immer das Verhältnis zwischen Unternehmen und Staat Thema ist, gerät damit aus dem Blick, dass die Rahmenbedingungen, mit denen Unternehmer und Manager zu rechnen haben, zu einem wesentlichen Teil gar nicht von der nationalen Regierung, dem Parlament und deren Gesetzgebung vorgegeben werden, sondern von den Behörden und der Bevölkerung vor Ort. Ebenso steht fest, dass wirtschaftsgeographisch relevante, manchmal grenzüberschreitende Räume oft fast so viel Wirkung auf ein Unternehmen entfalten wie der Staat, auf dessen Territorium es sich befindet. Schliesslich sind viele Kontexte, in denen ein Unternehmen sein Geschäft betreibt, geradezu per definitionem lokal verortet: Kultur, Mentalität, soziale Ungleichheit, demographische Struktur, konfessionelle Zusammensetzung – all dies trifft ein Unternehmen an seinem Standort an, all dies hat es zu berücksichtigen, wenn es effizient operieren will.

Lokale Politik mag mit anderen Worten stets den muffigen Geruch des Provinziellen verströmen, doch in der Realität kommt ihr meistens genauso viel Bedeutung zu wie der nationalen Politik. Ob Höhe der Steuern, Infrastruktur, Bauzonen, Schulen oder Energieversorgung – all dies wird, je nach politischem System, möglicherweise lokal entschieden. All dies beeinflusst das Handeln des Unternehmers und macht dessen Durchbruch plausibler oder erschwert ihn. Mit Blick auf die Schweiz ist dieser nationale *Bias* umso kontraproduktiver, weil gerade in diesem Land dem lokalpolitischen Geschehen ein ausserordentlicher Rang zukommt. Die Gemeindeautonomie ist weitreichend, ja, die Kantone besitzen einen noch grösseren Spielraum, alle politischen Prozesse sind direktdemokratisch imprägniert, so dass die einheimische Bevölkerung ebenfalls in Betracht zu ziehen ist. Insbesondere gilt das für jene Jahre, die wir studieren. Zu jener Zeit nahm der Bund keine direkten Steuern ein. Er finanzierte sich vorwiegend mit Zöllen, während die Gemeinden und die Kantone sich die Einnahmen teilten, wobei die Gemeinden in der Regel den grösseren Anteil für sich beanspruchten. Wenig entscheidet über die Macht einer Behörde so direkt wie ihr Zugriff auf die Finanzen. In Baden war er beträchtlich. Umso wichtiger war der Stadtrat, die Exekutive, für die BBC.

Diese gewissermassen nationale Vorurteilsstruktur vieler Unternehmenshistoriker, – falls sie sich überhaupt für Fragen der Standortpolitik interessierten –, hatte zur Folge, dass nicht allzu viele Studien vorliegen, die uns in ihrer Methodologie von Nutzen hätten sein können oder unseren Fragestellungen gedient hätten. Immerhin, Berghoff selber hat in seinem Buch über den Mundharmonika-Hersteller Hohner, einer Firma in der schwäbischen Provinz, aufgezeigt, wie er sich eine «Unternehmensgeschichte als Gesellschaftsgeschichte» vorstellt, einem Ansatz, der den jüngsten Bemühungen der angelsächsischen *Business History* gleicht. Von Berghoffs Vorbild haben wir profitiert.

Ausgehend von den Konzepten des Bielefelder Historikers Hans-Ulrich Wehler, der, so Berghoff, die «multidimensionale Analyse historischer Prozesse zum Programm» erhob,[13] beleuchtete er selber das Umfeld des Unternehmens Hohner in sämtlichen Dimensionen. Wehler sprach in diesem Zusammenhang auch von Basiskategorien, nämlich Wirtschaft, Politik, Sozialstruktur und Kultur, wobei zu betonen ist, dass diese Dimensionen sich oft gegenseitig beeinflussen, zugleich auch unabhängig voneinander funktionieren. Idealerweise zwingt dieser Ansatz auf die Privilegierung des Nationalstaates als Bezugsrahmen zu verzichten, denn insbesondere Kultur, Wirtschaft und Sozialstruktur verweisen wie erwähnt, genauso auf lokale Tatbestände. «Wählt man einen nationalen Zugriff», schreibt Berghoff, «wird den Achsen Wirtschaft, soziale Ungleichheit und Kultur eine räumliche Struktur übergestülpt, die aus der politischen Geschichte stammt. Zudem unterliegt eine vorrangig auf Makroprozesse fixierte Betrachtungsweise permanent der Gefahr, die ‹Bodenhaftung› zu verlieren und Geschichte aus der Vogelperspektive auf ein Landschaftsrelief mit wenigen grossen Strukturlinien zu reduzieren.»[14] Wir haben uns entschieden, auch in unserer Untersuchung die vier Wehler'schen Dimensionen zu verwenden; zusätzlich haben wir allerdings eine fünfte, die demographische, eingeführt, weil dies die systematische Darstellung vereinfachte.

Obwohl gerade die Schweiz ein exemplarisches Beispiel dafür böte, dass eine sozusagen methodologische Bodenhaftung unerlässlich wäre, existieren nicht allzu viele mikrohistorische Studien, die den Zusammenhang zwischen Firma und Standort in Berghoffs Sinne zum Thema machen. Meistens beschränken sie sich auf eine oder zwei Dimensionen, oft konzentrieren sie sich auf den Gegensatz zwischen Arbeit und Kapital, während die lokale Politik oder kulturelle und mentalitätsgeschichtliche Besonderheiten am Rande belichtet werden. Wohl die bisher umfassendste Studie einer schweizerischen *Company Town* hat der Zürcher Historiker André Kienzle vorgelegt, der das oft konfliktive, dann wieder harmonische Verhältnis zwischen der Stahlbaufirma Von Roll und ihrer Standortgemeinde Gerlafingen gründlich dargestellt hat.[15] Neueste Arbeiten stammen von Tobias Ehrenbold, der eine aufschlussreiche Geschichte der Schuhfabrik Bata in Möhlin verfasst hat, oder neuerdings das Buch von Heinz Horat über

Landis & Gyr in Zug, die letztere Arbeit konzentriert sich allerdings eher auf städtebauliche Veränderungsprozesse. Peter Heim hat über das «Königreich Bally» in Schönenwerd eine lehrreiche Arbeit publiziert, nicht weniger informativ ist das Buch, das Hans Ulrich Wipf, Mario König und Adrian Knoepfli über Saurer und dessen Firmensitz Arbon vor einigen Jahren herausgebracht haben.[16]

Alle diese Arbeiten, und wir haben vorab die aktuellsten und für unseren Zusammenhang hilfreichsten aufgeführt, kranken an zwei Mängeln: erstens vernachlässigen sie oft das, was das Unternehmen überhaupt zum Erfolg gebracht hat. Weder der Unternehmer, noch die wirtschaftliche Konkurrenzsituation, mit der sich eine Firma auseinanderzusetzen hatte, erhalten viel Zuwendung. Betriebswirtschaftliche, unternehmerische oder technische Probleme bleiben meistens unbeachtet. Zweitens verharren sie in einer ausgesprochen schweizerischen Perspektive: Keine Studie sucht den internationalen Vergleich und nimmt sich vor, die *Company Town* als ein allgemeines Phänomen zu begreifen, aus dem man entsprechende, generalisierbare Schlüsse ziehen könnte.

Ursprünglich war der Begriff *Company Town* in den USA aufgekommen, was damit zu tun hat, dass in keinem anderen Land so viele Industriestädte auf dem Reissbrett entworfen worden sind. Oft gründeten Unternehmer hier nicht bloss eine Firma, sondern zusätzlich auch die Standortgemeinde, häufig entwickelten sie ein geradezu patriarchalisches, zuweilen auch skurriles Fürsorge- oder Kontrollbedürfnis über ihre Städte, so dass diese spezielle Ausprägung kapitalistischer Herrschaft lange schon ein Thema in der amerikanischen Öffentlichkeit und in den Medien war, bevor sich die Wissenschaft der *Company Towns* annahm. Bald entstanden aber zahlreiche Studien, ebenso versuchte man, diesen speziellen urbanen Typus theoretisch zu durchdringen. Als Einführung ins Thema hat sich für uns Hardy Greens Übersicht «The Company Town» als zielführend herausgestellt. Ein nach wie vor wertvolles Standardwerk ist Stanley Buders Monographie über Pullman, IL, eine Stadt bei Chicago, die der Eisenbahnwagen-Tycoon gleichen Namens gebaut hatte. Sie war berühmt, berüchtigt und endete in bürgerkriegsähnlichen Zuständen. Hershey, PA, die *Company Town* des «Chocolate Man» Milton S. Hershey wurde ähnlich gut erforscht, wir haben insbesondere Michael D'Antonios Biographie: «Hershey: Milton S. Hershey's Extraordinary Life of Wealth, Empire and Utopian Dreams» herangezogen, da es zahlreiche, auch anekdotische Informationen über den einst grössten Schokoladenproduzenten der USA bietet.

Grossbritannien war ein zweites Land, das viele *Company Towns* aufwies, dort wurden sie als *model villages* bekannt: einen guten Überblick gewähren John Micklethwait und Adrian Wooldridge in ihrem Buch «The Company», das darüber hinaus eine anregende Geschichte des «Unternehmens» per se darstellt. Aufgrund der hier erwähnten und anderer Studien war es uns möglich, eine

1. Einleitung

Typologie zusammenzustellen, die uns half, Baden in einen grösseren, internationalen Kontext zu setzen – mit dem Effekt, dass besser zu erkennen war, was Baden einzigartig machte und was eine universale Eigenheit bedeutete.[17]

Kein theoretischer Ansatz erwies sich für unsere Fragestellung indessen als nützlicher als jener der sogenannten Institutionenökonomie, wie sie Ronald Coase, Douglass North und andere entwickelt haben. Neuerdings haben Daron Acemoglu und James A. Robinson in ihrem Buch «Why Nations Fail» zusätzliche Verfeinerungen in dieser Hinsicht vorgenommen.[18] Wenn wir Baden als Sonderfall behandeln – ein alter Kurort mit alter Elite wird trotzdem industrialisiert –, so tun wir es auch, weil diese schweizerische Stadt im Vergleich zu anderen ausländischen *Company Towns* eben auch über spezielle direktdemokratische Institutionen verfügte. Manches, was wir verstehen wollen, lässt sich besser erläutern, wenn wir diesen Tatbestand in Rechnung stellen. Was wir im Folgenden nachzuweisen suchen.

Die BBC war in ihren Anfängen eine Firma, die man heute als charismatisch bezeichnen könnte: modern, reich, innovativ, legendär. Zu einem grossen Teil lag das auch an ihren beiden Gründern, die selber ein ausgeprägtes persönliches Charisma besassen, ebenso ist evident, wie ausserordentlich wichtig die beiden jungen Ingenieure sind, wenn man sich den frühen Triumph der Firma zu erklären versucht. Weil dies alles für das Verhältnis der BBC zu Baden, sowie dessen Transformation zur *Company Town* von höchstem Belang war, haben wir viel Aufwand betrieben, um Charles Brown und Walter Boveri als Unternehmer zu erforschen. Dabei haben wir uns diverser unternehmertheoretischer Konzepte bedient: Allen voran stellt Joseph Schumpeter, einer der eminenten Köpfe der Wirtschaftswissenschaften, ein Theorieangebot bereit, das sich als überaus gewinnbringend erwies. Hin und wieder drängte sich der Eindruck auf, Schumpeter habe seine Theorie geradezu am Beispiel von Brown und Boveri modelliert, so gut strukturierten und erhellten seine Ansätze unsere empirischen Befunde.[19] Nicht weniger hilfreich für unsere Zwecke waren Theorien, wie sie in der jüngeren Vergangenheit von Ökonomen wie Israel Kirzner, William Baumol oder Mark Casson ausgearbeitet worden sind – auch sie haben unsere Studie in hohem Masse inspiriert.[20]

Obwohl die BBC bzw. ihre Nachfolgerin ABB seit langem zu den grössten Industriekonzernen der Schweiz zählt, gibt es vergleichsweise wenige einschlägige wirtschafts- oder sozialgeschichtliche Studien, die wissenschaftlichen Kriterien entsprechen –, insbesondere, wenn es um den Zeitabschnitt geht, den wir behandeln.[21] Woran es hingegen nicht mangelt, sind informative, umfangreiche Festschriften und Erinnerungen, die meistens im Auftrag der Firma verfasst wurden, und daher selbstverständlich als Teil des offiziösen Narrativs zu werten sind, mit dem sich die BBC eine *Corporate Identity* zu schaffen versuchte.[22] Dennoch haben sie sich als nützlich bewährt. Eine Sonderform von Festschrift stellt das Buch von Werner Catrina über die BBC dar, das 1991 zum 100-jährigen Jubiläum erschienen ist: Zwar hatte der freischaffende Publizist den Auftrag von der ABB erhalten, doch die Firma räumte ihm ungewöhnliche Freiheiten ein. Entstanden ist eine stellenweise kritische, weitgehend journalistische Arbeit, wobei Catrina seinen Fokus allerdings auf die jüngste, bewegte Vergangenheit der Firma legte. Die Fusion der BBC mit der ASEA zur ABB war 1988, also eben erst, erfolgt – und naturgemäss wühlte dies das Publikum noch immer auf.[23] Für unsere Forschungsinteressen als ungleich ertragreicher stellte sich deshalb Norbert Langs sorgfältige Doppelbiographie über die beiden Gründer heraus. Zwar hat auch diesem Autor, dem ehemaligen Leiter des BBC/ABB-Archivs, keine wissenschaftliche Abhandlung vorgeschwebt, trotzdem finden sich darin manche wertvollen Angaben und Belege.[24] Immerhin, wenn es sich darum handelt, die Bedeutung der BBC in der gesamten Elektrifizierungsgeschichte der Schweiz zu verorten, hat sich Serge Paquiers Standardwerk zum Thema als überaus zielführend gezeigt: Der Genfer Wirtschaftshistoriker hat 1998 eine zweibändige, umfassende «Histoire de l'électricité en Suisse» vorgelegt, die die Entwicklung dieser zentralen Ressource von den Anfängen bis 1939 in fast allen Aspekten darstellt. David Gugerli (ETH Zürich) schliesslich hat eine ähnlich ambitionierte Untersuchung zu diesem Gegenstand verfasst, worin er mittels eines pointierten *linguistic turns* neue Erkenntnisse freilegt. Wenn auch auf unsere Fragestellung weniger anwendbar, hat sich seine Arbeit gleichwohl als anregend erwiesen.[25]

Abschliessend ein paar Bemerkungen zur Historiographie von Baden. Die Stadt, eine alte Kurstadt und jahrhundertlang Tagsatzungsort der Alten Eidgenossenschaft, ist gut erforscht. Wir fanden zahlreiche Bücher und Studien, die uns gestatteten, das lokale Geschehen zu ergründen. Namentlich von Nutzen ist nach wie vor die zweibändige, detailreiche und anschauliche Darstellung von Otto Mittler, die in den 1960er-Jahren publiziert worden ist. Vorbildlich in jeder Hinsicht, was Stil, Illustration, Inhalt und Kompaktheit anbelangt, und höchst aktuell ist die im Jahr 2015 erschienene «Stadtgeschichte Baden», die Fabian Furter, Bruno Meier, Andrea Schaer und Ruth Wiederkehr verfasst haben. Zu guter Letzt muss ein beeindruckendes Produkt der vitalen, selbstorganisierten Bildungsgesellschaft von Baden erwähnt werden: Die *Badener Neujahrsblätter*, die im Lauf der Jahrzehnte, seit 1925, eine Fülle von historischen Studien zusammengetragen haben. Sie stellen eine Fundgrube von Informationen dar.[26]

1. Einleitung

1.6 Quellenlage

Für die vorliegende Studie stützten wir uns erstens auf die zahlreichen Geschäftsberichte, Protokolle (Direktion, Verwaltungsrat), Akten und Briefkopienbücher der BBC, die sich im Archiv der ABB in Baden befinden. Dabei haben wir insbesondere sämtliche Protokolle des Verwaltungsrates und der Direktion von 1900 an (VR) bzw. von 1909 (Direktion) bis 1925 systematisch ausgewertet. 1891 gegründet, wurde die BBC im Jahr 1900 in eine Aktiengesellschaft umgewandelt, erst von diesem Zeitpunkt an verfügen wir über Protokolle der Geschäftsführung, für die Jahre zuvor liegen nur wenige Akten vor. Stattdessen hat sich jedoch die gesamte oder ein grosser Teil der Korrespondenz von Walter Boveri erhalten, die er von 1887 bis 1891 geführt hatte, also in den entscheidenden Gründungsjahren seiner Firma. Diese Briefe haben wir vollständig untersucht, sofern sie noch lesbar waren, sie erwiesen sich als exzellente Quelle. Von Charles Brown dagegen sind sehr viel weniger Briefe überliefert, immerhin hat er sein Tagebuch einer Weltreise, die er 1911/12 unternahm, hinterlassen. Ebenso vollständig untersuchten wir die Geschäftsberichte des Unternehmens von 1900 bis 1925. Als ebenso aufschlussreich stellte sich die *Hauszeitung* der BBC heraus, allerdings erschien diese erst seit 1942; trotzdem werden darin viele Dinge geschildert und verzeichnet, die vor diesem Zeitpunkt vorgefallen waren.

Der zweite, umfangreiche Quellenkomplex lagert im Badener Stadtarchiv: hier erforschten wir systematisch sämtliche Protokolle des Stadtrates von 1890 bis 1925 (bzw. des *Gemeinderates*, wie er damals ebenfalls genannt wurde), sowie alle Protokolle der Versammlungen der Einwohnergemeinde; diese fanden in der Regel alle drei Monate statt. Unsystematisch analysierten wir einzelne Zusammenkünfte der Ortsbürgergemeinde. Darüber hinaus zogen wir fallweise die Rechnungs- und Steuerbücher der Stadt bei, diese gewährten uns einen einzigartigen Einblick in die Einkommens- und Vermögensverhältnisse der Badener. Schliesslich lasen wir diverse, ausgewählte Berichte und Gutachten, die die Stadtregierung bestellte oder selber verfasste. Ausserdem finden sich im Stadtarchiv zahlreiche Dossiers über die Badener Hotels und andere Fragen des Kurorts, ebenso über einzelne Familien der alten Elite, zusätzlich machten wir Gebrauch von einer umfangreichen Sammlung von Nekrologen prominenter Badener. Alte Adressbücher der Stadt und Region Baden vervollständigten unsere Recherchen.

Als drittes nutzten wir das Archiv der Regionalwerke von Baden, wo wichtige Unterlagen, Verträge, Berichte und Protokolle der Gründungszeit des Elektrizitätswerkes und damit indirekt der BBC aufbewahrt werden, überdies erfuhren wir hier alles, was wir über die anschliessende Verstaatlichung der Elektrizitätsgesellschaft (EGB), in welcher Boveri eine tragende Rolle spielte, wissen wollten.

Diese beiden Vorgänge, die Gründung der EGB und deren spätere Kommunalisierung während des Ersten Weltkriegs, untersuchten wir systematisch.

Weitere Protokolle, Briefe und Unterlagen begutachteten wir im Bundesarchiv in Bern, in der Zentralbibliothek Zürich und im Institut für Stadtgeschichte, Frankfurt am Main, wo wir verschiedene relevante Aspekte der Firmengeschichte aufarbeiteten, wie zum Beispiel die kontroverse Auftragsvergabe eines Elektrizitätswerkes in Frankfurt an die BBC im Jahr 1893. In Bern interessierte uns insbesondere die Korrespondenz zwischen Boveri und Bundesrat Edmund Schulthess, einem persönlichen Freund, diese erforschten wir qualitativ, nicht systematisch.

Es gehört zu den Vorzügen dieses Themas, dass die BBC bald nach ihrer Gründung so berühmt wurde, dass sich ihre Geschäftstätigkeit auch in den Zeitungen breit niederschlug: so konsultierten wir zahlreiche zeitgenössische Zeitungen und Zeitschriften, ob sie nun in Baden erschienen sind, oder in der übrigen Schweiz, Deutschland, den USA und Grossbritannien; ergänzende Hinweise steuerten technische Berichte und Bücher der Epoche bei. Die beiden seinerzeit grössten Badener Zeitungen, das *Badener Tagblatt* (liberal) und die *Schweizer Freie Presse* (demokratisch), untersuchten wir fallweise, einzelne Jahrgänge werteten wir allerdings systematisch aus, namentlich 1889 bis 1895, 1899, dann 1909 bis 1911 und 1914 bis 1920, sowie 1924. Die NZZ, die *Basler Nachrichten* und die *National-Zeitung* (Basel), das *Berliner Tageblatt*, die *Frankfurter Zeitung*, die *Times* von London und die *New York Times* untersuchten wir extensiv, sofern sie von einzelnen Ereignissen der BBC-Geschichte oder vom Durchbruch der Elektroindustrie und ihrer neuen Technologien insgesamt berichteten.

Ferner nahmen wir die wichtigsten Verbands- und Fachzeitschriften der Elektroindustrie unter die Lupe. Systematisch überprüften wir dabei insbesondere die *Schweizerische Bauzeitung* (Zürich), das Organ der Techniker und Architekten der Schweiz, ebenso die *Elektrotechnische Zeitschrift* (Berlin), die führende Zeitschrift der deutschen Elektroindustrie und ihrer Unternehmer und Ingenieure, ausserdem nutzten wir fallweise die *Elektrotechnische Rundschau* (Frankfurt/Main, Potsdam) und das *Centralblatt für Elektrotechnik* (München). Als eine überaus informative Lektüre erwiesen sich die bedeutenden angelsächsischen Publikationen der Elektroindustrie, namentlich *The Engineer*, das offizielle Organ der *Institution of Mechanical Engineers*, des britischen Ingenieurs- und Technikerverbandes, sowie *The Electrical World* (New York), eine einflussreiche Fachzeitschrift in den USA. Um die Geschichte der schweizerischen, aber auch kontinentalen Elektroindustrie und der damit verbundenen Elektrifizierung zu erforschen, wurden diese in der deutschsprachigen Forschung bisher kaum berücksichtigt. Schliesslich benutzten wir die statistischen Daten der Eidgenössischen Volkszählungen.[27]

1. Einleitung

Da unsere Untersuchungsperiode zu weit zurückliegt, war es selbstredend nicht möglich, mit Zeitzeugen zu sprechen; dennoch haben wir verschiedene Interviews mit Persönlichkeiten geführt, die aufgrund ihrer beruflichen Tätigkeit oder ihrer familiären Verbindungen aus jener Epoche zu erzählen wussten. Nicht alles konnten wir verwenden, da manche Informationen sich auf eine spätere Periode bezogen, dennoch boten sie wertvolle Einsichten, die sich in den Quellen kaum rekonstruieren lassen, weil sie sozusagen von Dingen handelten, über die niemand sprach, geschweige denn eine Notiz hinterliess. Entweder schienen sie zu trivial oder zu selbstverständlich – Geheimnisse erfuhren wir dabei nicht, aber anekdotische, subjektive Schilderungen, die sonst auf immer verloren gegangen wären.

1.7 Zentrale Thesen

Wir haben unsere wichtigsten Fragen vorgestellt – um sie zu beantworten, möchten wir drei zentrale Thesen formulieren, deren Gültigkeit wir im Lauf unserer Untersuchung verifizieren oder falsifizieren:

Erstens. Die Hoteliers und Badewirte haben die Kurstadt Baden seit Jahrhunderten kontrolliert. Unter normalen Umständen lässt es eine solche Elite nicht zu, dass sie ihre wirtschaftliche und politische Macht einbüsst. Sie wehrt sich dagegen, dass sich eine neue Branche an ihrem Standort festsetzt, und sie unterbindet das umso mehr, wenn es sich um eine Branche handelt, die ihr eigenes Geschäft, den Badetourismus, zu verderben droht. Die BBC, die schliesslich zuzog, eine Firma der neuen Elektroindustrie, barg dazu durchaus das Potenzial. Ebenso selten kommt es vor, dass sich eine alte, eingesessene Elite von Aussenseitern, Auswärtigen und Ausländern in die Defensive versetzt sieht – es sei denn, ausserordentliche Ereignisse und Entwicklungen führen einen derartigen Machtwechsel herbei. Solche Diskontinuitäten traten spätestens seit den 1880er-Jahren in Baden auf. Einerseits erlitt die Stadt mehrere Bankrotte, das warf die Elite ökonomisch zurück, andererseits machte die zunehmende Demokratisierung der Politik den Hoteliers zu schaffen – war es ihnen früher ein Leichtes gewesen, ihre Interessen zu verteidigen, fiel ihnen das zusehends schwerer. Anfang der 1890er-Jahre in Rücklage geraten, verfügte diese Elite nicht mehr über das nötige Prestige und die politischen Mittel, um die Industrialisierung ihres Kurorts abzuwenden.

Zweitens. Kaum hatte sich die BBC in Baden niedergelassen, stieg sie innert kurzer Zeit zu einem der erfolgreichsten Elektrokonzerne der Epoche auf. Um diesen Durchbruch zu erklären, vermuten wir mehrere Ursachen, drei halten wir für besonders relevant: Die Schweiz gehörte im 19. Jahrhundert zu einem der ersten Verfolger des industriellen Pioniers England, weswegen hier schon früh auch eine namhafte Maschinenindustrie entstanden war. Als in den 1880er-Jahren die Elektrizität als neue Schlüsseltechnologie aufkam, verfügte das Land daher bereits über einen Pool von technischen und unternehmerischen Talenten, die imstande waren, in die neue Elektroindustrie einzusteigen und zu investieren, ebenso gab es genug Kunden, die deren Produkte nachfragten. So wuchsen in der Schweiz mehrere bedeutende Elektrofirmen heran, und das Land galt bald als Wegbereiter der Elektrifizierung in Europa, wozu nicht zuletzt die reichlich vorhandenen Wasserkräfte vor Ort beitrugen.

Die BBC war 1891, also relativ spät, gegründet worden, womit sie eines der letzten grossen Unternehmen war, das im Kontext der zweiten Industriellen Revolution auftauchte. Das erwies sich als Vorzug: Unbelastet von Investitionen in ältere Produkte, Fabriken und Patente konnte sich die BBC von Beginn weg auf die neuesten Technologien fokussieren. Von sogenannten Legacy-Problemen war sie frei.

Schliesslich ist ein Faktor personeller Natur nicht zu unterschätzen: Charles Brown, einer der Gründer der BBC, galt zu jener Zeit weltweit als einer der kreativsten und innovativsten Elektrotechniker überhaupt, seine Reputation reichte bis nach Amerika, allein technisch betrachtet war die BBC in den ersten zwanzig Jahren ihrer Existenz deshalb manchen Konkurrenten überlegen. Die Beziehung der Firma zu ihrem Standort wurde von diesem Erfolg nachhaltig determiniert: Zwar errang sie schon früh eine prädominante Stellung in Baden, was nicht immer mit ungeteilter Begeisterung gesehen wurde, doch löste sie in der Region eine derart beispiellose Wohlstandsvermehrung aus, dass manche Integrationsprobleme schon allein mit den im Übermass vorhandenen finanziellen Mitteln aus der Welt geschaffen werden konnten.

Drittens profitierte Baden (und die BBC) von speziellen ausserökonomischen, namentlich politischen und sozialen Voraussetzungen: Wie jede schweizerische Gemeinde jener Zeit – aber im Gegensatz zu fast allen anderen Industriestandorten in Europa oder den USA – verfügte diese aargauische Kleinstadt über direktdemokratisch verfasste, relativ offene politische und zivilgesellschaftliche Institutionen. Diese, seien es Gemeindeversammlung, Wahlen und Abstimmungen, seien es die zahllosen Vereine, Religionsgemeinschaften oder ein relativ meritokratisches, unentgeltliches Schulsystem erleichterten die Integration der Firma sowie ihrer vielen auswärtigen bzw. ausländischen Mitarbeiter. Ebenso erlaubten sie es, den aussergewöhnlichen Wandel, den die BBC in der Region bewirkt hatte, demokratisch zu legitimieren und sozial aufzufangen. Unter Verwendung von verschiedenen theoretischen Konzepten, die wir noch vertieft referieren werden, gehen wir davon aus, dass diese höchst inklusiven Institutionen als zentrale Ursache dafür zu betrachten sind, dass die Transformation Badens von einem jahrhundertealten Kurort in eine Industriestadt so vergleichsweise störungsfrei vonstattenging.

1.8 Aufbau

Unsere Arbeit gliedert sich in drei Teile, diese umfassen insgesamt elf Kapitel. Im ersten Teil stellen wir die **Grundlagen** bereit. Wir entwerfen eine Typologie der *Company Towns* (2.), wir bieten einen Abriss der Geschichte Badens vor unserem Stichjahr 1870 (3.), wir erarbeiten die theoretischen Prämissen und Methoden, die wir für unsere Untersuchung benutzen (4.).

Der zweite Teil schildert die **Gründerzeit** in einem doppelten Sinne: Wir vertiefen zunächst die Biographien von Charles Brown und Walter Boveri, wobei wir theoriegeleitet vorgehen, um die beiden Unternehmer und ihre Zusammenarbeit trennschärfer zu erfassen (5). Dann wenden wir uns der eigentlichen Gründungsgeschichte der BBC zu, die wir mikrohistorisch in allen Details aufarbeiten, weil wir darin Muster zu erkennen glauben, die auch künftig die Beziehungen zwischen *Company* und *Town* bestimmten (6.).

Der dritte Teil widmet sich abschliessend der **Transformation** des Kurorts Baden in eine Industriestadt – diese analysieren wir wie angekündigt entlang von fünf Dimensionen: der Demographie (7.), der Wirtschaft (8.), der Politik (9.) sowie der Sozialstruktur (10.1.) und der Kultur (10.2.). In Kapitel 11 ziehen wir Bilanz.

I. Teil. Grundlagen

2. Company Towns

In diesem zweiten Kapitel möchten wir uns zunächst mit der *Company Town* als einem weit verbreiteten sozio- und politökonomischen Phänomen auseinandersetzen, mit der Absicht, ein theoretisches, idealtypisches Modell zu gewinnen, das uns die Untersuchung des Falles BBC/Baden erleichtern soll. Erst nachher, im Besitz der nötigen analytischen Instrumente, werden wir in den darauffolgenden Kapiteln Baden und seine Firma beschreiben und erklären.

Das vorliegende Kapitel besteht aus drei Unterkapiteln. Erstens stellen wir einen theoretischen Ansatz vor, den wir für besonders nützlich halten, wenn es darum geht, das Phänomen der *Company Town* zu erhellen. Im Wesentlichen stützen wir uns auf die Erkenntnisse und Modelle der sogenannten Institutionenökonomie.[28] Andere Ansätze sind genauso denkbar, und im Lauf der Untersuchung werden wir noch weitere theoretische Konzepte beiziehen, wenn es sich zum Beispiel darum handelt, die beiden Gründer einzuordnen oder zu erklären, warum die BBC so rasch ins Ausland expandierte –, doch als Ausgangspunkt bietet sich die Institutionenökonomie als am zielführendsten an, wie sie Ronald Coase, Oliver Williamson oder Douglass North geprägt haben.

Danach möchten wir – zweitens – einen empirischen, internationalen Vergleich vornehmen, mit dem Ziel, daraus eine Typologie der verschiedenen *Company Towns* abzuleiten. Dies soll uns in einem weiteren Schritt in die Lage versetzen, Baden einem Typus oder mehreren zuzuordnen, was wiederum die erforderlichen erkenntnisleitenden Fragen aufwirft, um den Fall Baden zu erläutern und in den Kontext zu stellen.

Drittens werden wir – gestützt auf dieses theoretische Modell und aufgrund der Typologie, die wir ausgearbeitet haben –, den Fall Baden ausleuchten.

2.1 Theoretische Vorüberlegungen

Der theoretische Ansatz, den wir hier nicht bloss auf das Unternehmen BBC anwenden, sondern ebenso auf Baden im Besonderen und *Company Towns* im Allgemeinen, geht ursprünglich auf Ronald Coase (1910–2013) zurück, einen britischen Ökonomen, der 1991 unter anderem dafür den Nobelpreis erhielt. Lange waren seine Einsichten ohne jeden Widerhall geblieben. Schon in den 1930er-Jahren formuliert, wurden sie erst Jahrzehnte später rezipiert, dann aber, ab den 1960er-Jahren, erhielten sie grosse Beachtung und es bildete sich basierend auf ihnen eine eigene Schule heraus, die Institutionenökonomie. Der amerikanische Ökonom Douglass North (1920–2015) gilt als einer ihrer einflussreichsten Vertreter, wenn es um die Erklärung makroökonomischer Zusammenhänge ging, sein amerikanischer Kollege Oliver Williamson (geboren 1932) steuerte wichtige theoretische Ansätze bei, die sich mikroökonomischen Fragestellungen annahmen. Beide wurden später ebenfalls mit dem Nobelpreis ausgezeichnet. Aus ihren Ansätzen hat unsere Untersuchung viel Nutzen gezogen.[29]

Bereits 1937 ging Coase in einem Aufsatz der Frage nach, warum es überhaupt Unternehmen gab. Bis zu jenem Zeitpunkt überwog die neoklassische Perspektive auf Unternehmen, die diesen keine besondere Bedeutung zumass.[30] Vor allem war es innerhalb dieser Theorie aus prinzipiellen Überlegungen schwierig, deren Existenz zu begreifen: Wenn die Märkte so perfekt funktionierten, wie die Neoklassiker in der Nachfolge von Adam Smith annahmen, dann bestand kaum ein guter Grund, warum nicht alle Transaktionen, jede Arbeitsteilung, jeder Tausch über den Markt vorgenommen wurde. Wenn der Fabrikant etwa jeden Rohstoff und jedes Halbfabrikat, aber auch jede Arbeitskraft so ohne Weiteres auf dem Markt einkaufen konnte, warum nahmen sich so viele Unternehmer die Mühe, solche Transaktionen in ihr Unternehmen zu verpflanzen? Wäre es angesichts des perfekten Marktes nicht viel sinnvoller, wenn jeder Arbeitnehmer eine eigene Einmann-Firma gründete und als solche mit anderen Einmann-Betrieben via Markt kooperierte, um etwa ein Produkt herzustellen? Gemäss neoklassischer Theorie wäre dies zu erwarten gewesen: In der Realität indessen beobachteten die Ökonomen und Historiker das Gegenteil. Unternehmer bildeten immer komplexere und grössere Organisationen, sie integrierten immer mehr Transaktionen in ihrem Betrieb, statt sie via den Markt vorzunehmen.

Warum? Weil der Markt in Tat und Wahrheit nicht kostenlos zu benutzen ist. Wer ein Produkt verkaufen möchte, muss allenfalls einen Käufer suchen, ein Austausch stellt sich nicht automatisch ein, wenn die daran beteiligten Partner gar nicht umeinander wissen. Auch die Verhandlungen über einen Tauschakt verursachen Kosten: Missverständnisse, Feilschen, Qualitätsprobleme und Misstrauen können möglicherweise die Verständigung und somit die Transaktion via Markt erschweren. Wie gut ist das Produkt? Ist dem Hersteller zu trauen, erfüllt er die erwarteten Qualitätsanforderungen und ist er in der Lage, diese immer wieder auf dem gleichen Niveau zu reproduzieren? Je intransparenter ein Markt ist, je weniger die Marktteilnehmer das gesamte Angebot überblicken, desto weniger rational können sie sich verhalten, desto ineffizienter wird der Markt. Und falls es je zu einem Geschäft kommt, wer garantiert, dass auch bezahlt wird – und falls dies nicht der Fall ist, wer setzt dies durch? Mit anderen Worten, Coase entdeckte zahlreiche Kosten. In seinem später so berühmten Aufsatz «The Nature of the Firm» aus dem Jahr 1937 bezeichnete er diese mit dem Begriff der «Transaktionskosten».[31] Diese nahmen zu, je unvollkommener ein Markt betrieben wurde.

Diesem Problem konnte ein Unternehmer ausweichen, indem er einen Teil dieser Transaktionen, die auf dem Markt so teuer auszuführen waren, in seine eigene Firma verlegte. Hier hatte er diese unter Kontrolle und konnte die Kosten damit senken. Ein Arbeitsvertrag zum Beispiel stellte sicher, dass der Arbeitnehmer die Arbeiten genauso erledigte, wie der Unternehmer sich das vorstellte, einem eigenen Angestellten konnte er ohne grossen Aufwand verbindliche Anweisungen geben, ihn konnte er permanent überwachen – womit das Risiko, auf dem Markt etwas Unfertiges oder Unausgegorenes einzukaufen, verringert wurde. Im Prinzip entzogen die Unternehmer einen Teil ihrer Tätigkeit dem Markt – was etwas Ironisches hatte: ausgerechnet die Unternehmen bauten Organisationen auf, die zu «Inseln der Kommandowirtschaft» wurden, wie der deutsche Wirtschaftshistoriker Hartmut Berghoff das metaphorisch umschrieb, in einem «Meer der Marktwirtschaft».[32]

Wann aber erreicht eine Firma ihre Wachstumsgrenzen? Wann lohnt es sich nicht mehr, Transaktionen dem Markt zu entziehen? Zunächst, das offenbarten die grossen Planwirtschaften in den einst kommunistisch beherrschten Staaten, wird jede Firma ab einer gewissen Grösse so schwerfällig und bürokratisch, dass die internen Kosten höher ansteigen als alle denkbaren Transaktionskosten unter Marktbedingungen – das gilt auch für kapitalistische Verhältnisse. Irgendwann erweist sich eine Firma als ineffizienter, wenn sie alles selber macht, als wenn sie gewisse Tätigkeiten auslagert und auf dem Markt einkauft. Doch was bestimmt, welche Variante sich rechnet und welche nicht? Der amerikanische Ökonom Oliver Williamson hat zu diesem Zweck ein Modell entwickelt, das die relevanten Kriterien integriert: Auf die Frage «Make or buy?» – «selber machen oder einkaufen» – gibt jede Firma ihre je eigene Antwort, und diese hängt zum Beispiel davon ab, wie oft eine Transaktion durchgeführt wird.[33] Je häufiger eine Transaktion nötig ist, desto wahrscheinlicher ist es, dass eine Firma diese internalisiert. Um ein offensichtliches Beispiel zu nennen: In der Regel ist es deutlich billiger, einen festen Angestellten unter Vertrag zu haben, als jeden Tag einen neuen Mitarbeiter zu suchen und anzulernen. Ebenso kommt es etwa darauf an, wie spezifisch die Anforderungen an die Vorleistung sind, die das Unternehmen benötigt. Je gewöhnlicher diese ist, desto eher kommt der Markt zum Zug. Eisen zum Beispiel ist ein relativ unspezifisches Vorprodukt, das jede Maschinenfabrik benötigt, hier macht es eher Sinn, es auf dem Markt bei einem Lieferanten zu beziehen als es selber herzustellen. Es ist nicht nötig, die Spezifikationen des

Eisens jeden Tag zu überprüfen. Handelt es sich hingegen um den Kern des eigenen Produktes, etwa der Motor eines Autos, oder im Fall der BBC um den Generator eines Kraftwerks, drängt es sich auf, sich selber darum zu kümmern – zu wichtig, zu spezifisch sind die Eigenschaften dieses Produktes.

Coase und Williamson konzentrierten sich vor allen Dingen auf Transaktionen, die auf dem Markt stattfinden konnten und diesem allenfalls vorenthalten wurden: Im Folgenden möchten wir diese analytisch fruchtbaren Ansätze auch auf den soziokulturellen und politischen Kontext einer Firma anwenden, wie dies manche späteren Vertreter der Institutionenökonomie vordemonstriert haben – denn wir glauben, darin eine gute Begründung zu finden, warum so viele *Company Towns* überhaupt entstanden sind, warum es für Unternehmer so häufig einen Anreiz gab, darauf zu dringen, zur einzigen, dominanten Firma am eigenen Standort aufzusteigen. Es erwies sich als rational.[34]

Wie mehrfach angedeutet, bewegen sich Firmen nicht im luftleeren Raum. Wenn sie ihr Geschäft betreiben, sind sie nicht nur den Launen des Marktes und den Reaktionen der Konkurrenten ausgesetzt, sondern ebenso stark sind sie den politischen, sozialen und kulturellen Rahmenbedingungen und Erwartungshaltungen unterworfen. Auch diese verursachen Kosten, oft in erheblichem Ausmass, ja häufig entscheiden diese noch mehr über den Erfolg einer Firma als deren eigene Leistungsfähigkeit oder die Transaktionskosten, mit denen sie auf einem unvollkommenen Markt zu rechnen hat. Die Ökonomen Peter Walgenbach und Renate Meyer stellen fest: «Die Umwelt von Organisationen besteht aus institutionalisierten Erwartungsstrukturen, die die Ausgestaltung von Organisationen nachhaltig prägen.»[35]

Ob eine Firma etabliert und zum Blühen gebracht werden kann, hängt so zum Beispiel auch von der Kooperationsbereitschaft der politischen Behörden ab: Bauzonen, Infrastruktur, Energieversorgung, Verkehrsanbindung, Umweltvorschriften, Arbeitsrecht, Vertragssicherheit, Bildungssystem, Steuerregime – all diese wesentlichen Voraussetzungen, denen eine Firma ausgeliefert ist, werden politisch bestimmt, ganz gleich, ob es sich bei der Standortgemeinde und dem fraglichen Land um eine Demokratie oder eine Diktatur handelt, ob um eine Monarchie oder eine Republik. Selbstverständlich beeinflussen die Eigenheiten des politischen Systems aber die Kosten, mit denen eine Firma konfrontiert ist. Je nach politischer Verfasstheit sind es nur Behörden oder kleine Gruppen von Entscheidern, die eine Firma zu berücksichtigen hat, oder es kommt auf den Konsens der gesamten Bevölkerung an. Je nachdem kann sich so die Demokratie als Geschäftsrisiko herausstellen – wenn eine Firma etwa ihre Interessen zu rücksichtslos verfolgt und eine Mehrheit der Standortbevölkerung gegen sich aufbringt. Indessen ist auch das Gegenteil denkbar: Dass die Demokratie für Unternehmer, die als Aussenseiter auftauchen, erst die Möglichkeit schafft, sich gegen eine etablierte Elite dank Mehrheitsentscheiden durchzusetzen. Baden, wir werden das zeigen, ist ein solcher Fall.

Selbstredend treten nicht nur politische Kosten auf, die das Geschäft einer Firma verteuern oder erleichtern, sondern einen vergleichbaren Effekt haben soziale oder kulturelle Eigenschaften des Standorts: Auch hier sieht sich der Unternehmer gezwungen, Kosten in Rechnung zu stellen und allenfalls zu verkraften. Selbst moralische Erwartungshaltungen des gesellschaftlichen Umfelds können mitschwingen und den Unternehmer beeinflussen oder einengen. Auf den spezifischen Wertkanon eines Ortes kommt es an: Was wird von einem guten, «anständigen» Unternehmer erhofft? Wie muss sich eine Firma verhalten, damit ihr Handeln von ihrer Umwelt für legitim oder ethisch akzeptabel gehalten wird? Was geschieht, sprich: wie kostspielig ist es, wenn ein Unternehmer diese oft impliziten, informellen Anforderungen enttäuscht? Ja, manchmal gilt auch das Gegenteil, und es erweist sich als Vorteil, sich bewusst nicht an diese Erwartungen zu halten. Die Business-Historikerin Christina Lubinski schreibt: «Zu sagen, dass Spielregeln und Institutionen bestimmte Verhaltensweisen als ‹angemessen› im Rahmen eines kulturellen Raumes erscheinen lassen, bedeutet nicht, dass alle Akteure sich ihnen sklavisch unterordnen. Einzelne Akteure können sich zu bestimmten Zeitpunkten durchaus gegen Regeln stellen, sie kritisieren oder sogar ersetzen.»[36]

Schliesslich sind praktische Folgen des kulturellen oder sozialmoralischen Milieus eines Standorts zu bedenken: Ob aus konfessionellen Gründen viele Feiertage anfallen oder nicht, kann Auswirkungen auf die Produktivität eines Unternehmens zeitigen. Also wird der Unternehmer auch hier versuchen, diese zu verringern – oder er wählt genau deshalb einen anderen Standort: statt einer katholischen Stadt mit vielen arbeitsfreien Tagen zieht er ein protestantisches Gebiet vor – oder vielleicht auch nicht, weil in einer katholischen Region aus den gleichen Gründen die Löhne tiefer liegen mögen – wie sich im Einzelfall diese soziokulturellen Determinanten ausprägen, ergibt erst die konkrete Analyse. Es wäre ein Irrtum, das Umfeld bloss als Risiko anzusehen, vielmehr nutzen Unternehmer die Eigenheiten eines Standorts gerade sooft als Ressourcen, die ihr Geschäft befördern.

Das gleiche Prinzip, das gemäss Coase jeden Unternehmer dazu bewog, gewisse Transaktionen in der eigenen Firma zu vollziehen, um Kosten zu senken, hat, so unsere These, manche Unternehmer auch dazu motiviert, die politischen oder soziokulturellen Kosten seines Umfelds gleichsam zu internalisieren, sofern das möglich war. Im Extremfall gründete ein Unternehmer für seine Firma eine eigene Stadt, wo keinerlei demokratische Institutionen existierten, womit er allen Risiken und Kostenfolgen der Politik auszuweichen wusste. Der Unternehmer liess die Stadt von seinem eigenen Management verwalten, Bauzonen legte er selber fest, die Energieversorgung ebenso, abgestimmt wurde nie. Eine *Company Town*, das werden wir im Folgenden zeigen, zeichnet sich durch eine Internalisierung aller denkbaren Transaktionen aus. Das geht so weit, dass nicht nur sehr viele Dinge in der Firma produziert werden, sondern hier sieht sich ein Unternehmer dazu veranlasst, auch ausser-ökonomische Kosten unter Kontrolle bringen zu wollen. Dass es bei näherem Hinsehen doch recht viele *Company Towns* gab, sehen wir als Beleg für unsere These an – denn auf den ersten Blick handelt es sich um ein exotisches Phänomen, das schwer zu erklären ist, so dass man versucht ist, es als zufällige Erscheinung zu lesen. Von diesem ersten oberflächlichen Eindruck kamen wir indessen weg, sobald wir feststellten, wie hoch die Zahl der *Company Towns* tatsächlich ist und wie universell das Phänomen erscheint, ob in Amerika oder Europa. Da sich überdies herausstellte, dass viele der grössten und erfolgreichsten Firmen in *Company Towns* residierten, lag der Schluss nahe, dass es aus Sicht einer Firma bedeutende Vorzüge geben musste, allein an einem Standort zu wirken.

Eine zweite Art der Internalisierung politischer Risiken sozusagen, die wir hier nur streifen, um sie später zu vertiefen, liegt vor, wenn eine Firma ins Ausland expandiert, um den Zollschutz eines wichtigen Marktes zu unterlaufen. Indem man eine Filiale gründet, die zum festen Bestandteil einer anderen nationalen Volkswirtschaft wird, entzieht man sich jedoch nicht nur protektionistischen Massnahmen dieses Staates, sondern gewinnt zahlreiche andere Vorteile hinzu: Wie am Beispiel der *Company Town* aufgezeigt, kann eine Firma so politische Unberechenbarkeiten und Eigenheiten eines wichtigen Exportmarktes internalisieren und entschärfen. Die BBC bietet dafür einen eindrücklichen Beleg. Früher und systematischer als manche ihrer Konkurrenten, ob in Deutschland oder den USA, expandierte sie ins Ausland. Sie war dazu gezwungen, weil ihr der schweizerische Binnenmarkt von Anfang an als zu eng erschien. Dank ihrer ausländischen Filialen, insbesondere in Mannheim, aber auch in Paris, Mailand oder Wien wurde sie darüber hinaus in die Lage versetzt, zahlreiche Spezifika der politischen Rahmenbedingungen ihrer Kernmärkte besser unter Kontrolle zu halten und damit allfällige politische, soziale oder kulturelle Kosten für ihr Geschäft zu senken.

Nach diesen theoretischen Erörterungen möchten wir uns nun dem Versuch einer Typologie zuwenden.

2.2 Eine Typologie der Company Towns

Selbstverständlich gibt es unzählige *Company Towns*, allein in den USA zählt man rund 2500 Exemplare. Da es uns hier bloss darum geht, ein plausibles Raster zu entwerfen, genügt es unseres Erachtens, wenn wir uns auf gegen vierzig der bekanntesten Städte konzentrieren. Zum Teil ist unsere Selektion auch durch die vorhandene Sekundärliteratur bestimmt worden, es existieren zahlreiche gute Monographien zu *Company Towns*, zuweilen mit einer ähnlichen Fragestellung, wie wir sie verfolgen, oft auch mit ganz anderen Erkenntniszielen. Für unsere Zwecke, so zeigte sich bald, reichten die Eckdaten und knappen Fakten vollauf, die wir dieser Literatur entnehmen konnten.

Die Orte, die wir untersucht haben, liegen in Amerika und in Europa, konkret: in den USA und in Grossbritannien, in Deutschland, in der Tschechoslowakei, Dänemark, Frankreich, in den Niederlanden und in der Schweiz. Zeitlich gesehen handelt es sich um Orte, die meistens gegen Ende des 19. Jahrhunderts die Transformation zu einer *Company Town* erfahren haben, es kommen aber auch Fälle vor, die älter oder jünger sind; allerdings haben wir keine berücksichtigt, die sich nach 1940 ereigneten.

Schliesslich haben wir samt und sonders *Company Towns* in kapitalistischen Ländern ausgewählt; auf sozialistische Exemplare – und davon gäbe es zahlreiche – haben wir bewusst verzichtet, weil sich diese unter vollkommen anderen Bedingungen entwickelt haben. Das komplexe Verhältnis zwischen Staat und Unternehmen, das uns hier interessiert, kam dort sozusagen per definitionem nicht vor: Der Staat gründete die Unternehmen und die Stadt, der Staat kontrollierte sie, er brachte sie zum Blühen oder ruinierte sie. Im Rahmen unserer Typologie hätten diese Sonderfälle wenig Sinn gemacht, da ein wichtiges Element einer *Company Town*, wie wir sie definieren, fehlt: die private, autonome, profitorientierte *Company*. Es sind staatliche Städte, die in den ehemaligen realsozialistischen Ländern als Teil der Planwirtschaft entstanden waren; es sind keine *Company Towns* im eigentlichen Sinne des Begriffes.[37]

Unsere nachfolgende Tabelle listet die 39 *Company Towns* auf, die wir für unsere Typologie beigezogen haben, – wobei Grenchen, Emmen und Oerlikon zweifelsohne Grenzfälle darstellen (in der Tabelle *kursiv*). Zwar wiesen sie zunächst eine einzige wichtige Firma auf, doch dies änderte sich nach ein paar Jahren. Wir nahmen sie dennoch in unsere Liste auf, weil sie einige typische Merkmale einer *Company Town* beibehielten.

Wir geben in unserer Tabelle jeweils an: den Namen des Ortes, die Firma, die die *Company Town* konstituiert hat, deren Branche, das Jahr, in dem sich der Ort in eine *Company Town* transformierte (was nicht immer eindeutig datierbar ist, es handelt sich oft auch um Annäherungswerte). Sodann führen wir das wichtige

Kriterium an, in welchem Zustand sich der Ort befunden hatte, bevor die Firma zuzog. Wurde der Ort neu gegründet («neu»)? Oder war bereits eine Stadt oder ein Dorf vorhanden? Abschliessend geben wir bei den vorher schon bestehenden Städten an, wann sie etabliert worden sind (Verleihung des Stadtrechts). Bei den Dörfern liessen wir diese Datierung beiseite, da meist nur mehr oder weniger gut belegte Schätzungen vorliegen. Wurde der Ort neu gegründet, fällt das Datum der Transformation freilich mit dem Gründungsjahr zusammen, weswegen sich hier eine weitere Angabe erübrigte.[38] Weil wir den Fall Baden auf den folgenden Seiten untersuchen, möchten wir den Ergebnissen nicht vorgreifen und lassen vorerst offen, ab wann genau diese Stadt als *Company Town* zu gelten hat.

Unsere Liste folgt grob einer geographischen Anordnung: Wir verzeichnen zuerst die amerikanischen *Company Towns*, dann die britischen und die kontinentaleuropäischen; zum Schluss listen wir die schweizerischen Fälle auf.

Tab. 2.1 Ausgewählte Company Towns (1700–1940, USA, West- und Mitteleuropa, Schweiz)

	Company Town	Firma, Branche	Transformation Jahr	Gründung der Firma	Status bei Zuzug	Gründungsjahr des Ortes
1	Hershey, PA	Hershey, Schokolade	1903–1906	1894	neu	
2	Pullman, IL	Pullman, Schlafwagen	1880–1884	1862	neu	
3	Corning, NY	Corning Inc., Glas	1868	1851	Stadt	Anfang 19. Jhdt.
4	Lowell, MA	Merrimack Manufacturing Company, Textilindustrie	1826	1823	neu	
5	Gary, IN	US Steel, Stahl	1906	1901[39]	neu	
6	Kannapolis, NC	Charles Albert Cannon, Cannon Mills, Textilindustrie	1906	1888	neu	
7	Scotia, CA	Pacific Lumber, Holz	1863	1863	neu	
8	Steinway Village, Queens, NY	Steinway, Klaviere	1870–1880	1853	neu	
9	Bournville, UK	Cadbury's, Schokolade	1879	1824/1861	neu	
10	Port Sunlight, UK	Lever Brothers (ab 1930: Unilever), Seifen, Waschmittel	1888	1885	neu	
11	Saltaire, UK	Sir Titus Salt, Textilindustrie	1851	1833	neu	
12	Swindon, UK	Great Western, Swindon Works, Lokomotiven	1840	1840	Stadt	Marktrecht: 1259
13	New Earswick, UK	Rowntree's, Schokolade	1902–1904	1862	neu	
14	The Garden Village, UK	Reckitt & Sons, Putzmittel	1908	1840	neu	
15	Silver End, UK	Crittall Windows, Fenster	1926–1932	1889	neu	
16	Wolfsburg, D	Volkswagen, Auto	1937/1938	1937	neu	
17	Leverkusen, D	Bayer, Chemie	ab 1891	1863	Dorf	

2. Company Towns

	Company Town	Firma, Branche	Transformation Jahr	Gründung der Firma	Status bei Zuzug	Gründungsjahr des Ortes
18	Ludwigshafen, D	BASF, Chemie	1865	1865	neu, Dorf, Stadt (erstmals 1811)	
19	Höchst, D	Höchst, Chemie	1863	1863	Stadt	Stadtrecht: 1355
20	Sochaux-Montbéliard, F	Peugeot, Auto	1912	1896	Dorf	
21	Le Creusot, F	Schneider, Stahl, Eisen, Rüstung	1836	1836	neu, Dorf (erste Siedlung: 1782)	
22	Hayange, F	de Wendel, Eisen, Stahl	1704	1704	neu	
23	Eindhoven, NL	Philips, Elektroindustrie	1891	1891	Stadt	Stadtrecht: 1232
24	Zlín, CS	Bata, Schuhe	1894	1894	Stadt	Stadtrecht: 1322
25	Billund, DK	Lego, Spielzeuge	1932	1932	Stadt oder Dorf, 17. Jhdt.	
26	Uzwil, SG	Bühler, Mühlenbau	1860	1860	neu (1855 nur Bahnhof)	
27	Schönenwerd, SO	Bally, Schuhe	1851	1851	Dorf	
28	Rüti, ZH	Maschinenfabrik Rüti, Caspar Honegger, Textilmaschinen	1847	1816/1847	Dorf	
29	Zug, ZG	Landis & Gyr, Stromzähler	1896	1896/1904[40]	Stadt	Stadtrecht: ca. 1200
30	Arbon, TG	Saurer, LKW, Textilmaschinen	1863	1853	Stadt	Stadtrecht: 1335
31	Langenthal, BE	Ammann, Baumaschinen	1869	1869	Dorf	stadtähnliche Rechte: 1793
32	*Emmen, LU*	*von Moos, Stahl, Eisen (ab 1905 Viscosuisse, Kunstfaser)*	*1842*	*1842*	*Dorf*	
33	*Grenchen, SO*	*ETA, Eterna, Certina, Breitling, Fortis, Uhren*	*ab 1851 ziehen Uhrenfirmen zu*	*1851*	*Dorf*	
34	Vevey, VD	Nestlé, Nahrungsmittel	1866	1866	Stadt	stadtähnliche Rechte: 1356
35	*Oerlikon, ZH*	*MFO, Elektroindustrie (ab 1906 Oerlikon-Bührle, Rüstung)*	*1876*	*1876*	*Dorf*	*Bis 1872 Teil von Schwamendingen*
36	Baden, AG	BBC, Elektroindustrie		1891	Stadt	Stadtrecht: 1297
37	Domat-Ems, GR	Ems-Chemie, Chemie	1936	1936	Dorf	
38	Kemptthal, ZH	Maggi, Lebensmittel	1872	1872/1886	neu	
39	Gerlafingen/SO	Von Roll, Stahl	1818	1803	Dorf	

Bevor wir uns nun dieser Typologie annehmen, sind jedoch einige Bemerkungen zur Terminologie angebracht.

Der Begriff der *Company Town* stammt aus den Vereinigten Staaten und ist dort seit langem in Gebrauch, neuerdings wird er auch in der wirtschaftshistorischen Forschung verwendet, um ein Phänomen zu ergründen, das auf den ersten Blick sehr amerikanisch anmutet. Da dies ein Land war, das es während der Industrialisierung in weiten Teilen erst noch zu besiedeln galt, gab es naturgemäss viele Orte, die ihre eigentliche Existenz nur einer Firma verdankten. Unternehmer gründeten in den USA des 19. Jahrhunderts, ja selbst im 20. Jahrhundert nicht allein Firmen, sondern oft legten sie bei dieser Gelegenheit auch eine Stadt an, wo die Arbeiter und Manager, die sie einstellten, leben sollten. Es kam vor, dass die Stadt lange sogar im Besitz des Unternehmens blieb, und die politischen Verhältnisse glichen deshalb zuweilen eher einer wohlwollenden Diktatur als einer Demokratie: «It's true», kommentierte der amerikanische Autor Hardy Green dieses Paradox: «Company towns are un-American – and they are the essence of America.»[41] Green hat ein informatives Buch über die *Company Towns* der USA vorgelegt.

Meistens blieben diese Neugründungen Orte, wo kaum eine andere Firma zuzog, geschweige denn geduldet wurde. Viele Patrons legten Wert darauf, den Arbeitsmarkt zu monopolisieren, um Konkurrenz auszuschalten; faktisch, ob mit Absicht oder nicht, hielten sie damit auch die Abhängigkeit der Einwohner der neuen Stadt von ihrem Unternehmen aufrecht. Manchmal blieben diese Städte aber allein aus wirtschaftsgeographischen Gründen isoliert: Besonders die vielen Bergbaustädte, die etwa in den Appalachen aus dem Boden gestampft wurden, lagen häufig sehr abgelegen – man richtete sich nach dem Vorkommen von Steinkohle, nicht danach, ob eine solche Siedlung gut erschlossen war.

In einer typischen *Company Town* war für alles gesorgt: Die Gründer bauten Wohnungen für die Arbeiter und Villen für die Manager, sie richteten firmeneigene Einkaufsläden ein, wo alles für den täglichen Bedarf eingekauft werden konnte, ob auf Kredit oder mit speziellem Geld, sie stellten Schulen und Freizeiteinrichtungen bereit. Sie stifteten Kirchen. Alles kam vor.

Vielen dieser Gründer war ein missionarischer Zug eigen. Überproportional viele stammten aus dissidenten protestantischen Minderheiten. Es stellte sie nicht zufrieden, eine profitable Firma aufgebaut zu haben, sondern viele strebten höhere, idealistische Ziele an. Vor dem Hintergrund der amerikanischen Geschichte ist das verständlich, zumal dies das Land war, wo einst die Pilgerväter der *Mayflower* eine erste Kolonie mit dem ausdrücklichen Ziel etabliert hatten, eine bessere, in ihrem Fall christlichere Welt zu schaffen. Als Puritaner nahmen sie sich vor, eine *City upon a Hill* zu errichten, ein Vorbild für alle andern. In diese Tradition reihten sich manche der Gründer der amerikanischen *Company*

Towns ein. Geprägt von protestantischem Arbeitsethos und christlicher Caritas oder sozialpolitischem Enthusiasmus lag ihnen daran, eine Modellsiedlung zu erschaffen, wo alles, was sie für Mängel und Laster der Zivilisation hielten, überwunden oder ferngehalten wurde.

2.2.1 Hershey zum Beispiel: Chocolate Man in Chocolate Town

Was sie anderen verordneten, lebten sie oft persönlich vor: Ein eindrückliches Beispiel war Milton S. Hershey (1857–1945), der Gründer der gleichnamigen Schokoladenfabrik, der 1906 eine Stadt ins Leben rief, die ebenfalls Hershey heissen sollte. Sie besteht noch heute und zählt rund 14 000 Einwohner (2010).[42] Um das Konzept einer prototypischen amerikanischen *Company Town* zu erfassen, soll im Folgenden etwas ausführlicher auf diese Gründung eingegangen werden.[43]

Als junger Mann hatte sich Milton Hershey zuerst in Philadelphia, dann in New York mit einer Firma versucht. Zwei Mal scheiterte er. Insbesondere in New York war er, so erzählte er später, vom kriminellen Unwesen der dortigen Gangs zermürbt worden. Ausserdem machten ihm Lärm und Schmutz zu schaffen. Offensichtlich auch geschäftlich: bald ging er erneut bankrott und verliess die Grossstadt mit der Überzeugung, dass nichts den Menschen mehr deformierte als eine solche Umgebung. «Cities never seemed natural to me», sagte er, «and I never learned to like them».[44] In seiner eigenen Stadt wollte er von all dem nichts mehr wissen: «No poverty», versprach er, «no nuisances, no evil.»[45]

Seine neue Fabrik und seine Stadt verlegte er deshalb ins ländliche Pennsylvania, weit weg von jeder urbanen Zivilisation, wo es nur Bauern gab – und Kühe. Dass er damit für seine Schokoladenproduktion auch den ständigen Zugang zu frischer Milch sicherte, war ein Vorzug, der ihm wohl bewusst war: Wahrscheinlich hatte dieser Umstand die Standortwahl bestimmt. Überdies war er selber in dieser Gegend aufgewachsen, sein Geburtsort, ein kleiner Bauernhof, wurde am Ende Teil von Hershey. Er war heimgekommen.[46] Bald blühte sein Geschäft, bald war Hershey einer der grössten und erfolgreichsten Schokoladenhersteller der USA. 1901 machte die Firma 600 000 Dollar Umsatz, zwanzig Jahre später waren es 20 Millionen Dollar.[47] Man nannte ihn den «Chocolate Man» und seine Stadt «Chocolate Capital of America».

Hershey, Pennsylvania, die gebaute Utopie, sollte in nichts einer modernen Industriestadt gleichen.[48] Als die ersten Wohnungen, die man baute, auf ihn zu «industriell», nämlich standardisiert wirkten, entliess Milton Hershey den verantwortlichen Bauleiter auf der Stelle: «That's the way slave dealers used to do [it]», sagte er mit Blick auf die immer gleichen Baracken, die man einst in den Plantagen des Südens hingestellt hatte. «We don't want that here».[49] Stattdessen liess er jedes Haus individuell gestalten, jedes sah anders aus und jedes wies einen kleinen Garten auf. Modern musste es trotzdem sein: Seinen Arbeitern gönnte Hershey die neuesten Annehmlichkeiten, wie Zentralheizung, fliessend Wasser, Badewanne und Elektrizität. Wer wollte, konnte seine Wohnung kaufen, sie kostete zwischen 1200 und 1500 Dollar. Die meisten Angestellten ergriffen diese Chance. Und die Firma tat alles, um sie dazu zu bewegen, im Wissen, dass sich Hausbesitzer meistens in konservative und loyale Angestellte verwandelten. In einer Anzeige, die für den Kauf dieser von Hershey erstellten Häuser warb, hiess es 1914:

«Hershey's general advantages are so superior that they stand in a class by themselves. The climate is the finest in the world. It is the town of health; it is a paradise for children. Its great public school with everything free is a wonderful asset. It has free libraries, playgrounds, gymnasiums, clubs and all the merits of a place many times its size. These give value that mean dollars and cents to the home investment. The man who buys or builds a home not only gets the full value of that property but the additional value of the town improvement and equipment.»[50]

Das Inserat erschien in der *Hershey Press*, einer Lokalzeitung, die der Firma gehörte.

Tatsächlich hatte man nicht zu viel versprochen. Weil Hershey faktisch im Niemandsland lag, kam der Gründer nicht umhin, für alles selber zu sorgen, was man von einer Stadt erwartete: Also liess er Schulen bauen, ein Krankenhaus, eine Bibliothek, ein Theater, er richtete Geschäfte ein und ein Warenhaus, das im Besitz der Firma blieb. Weiter hob er ein Schwimmbad aus und legte ausgedehnte Parks an, er kümmerte sich um Blumentöpfe und pflanzte Bäume an jeder Strasse, ja er eröffnete sogar einen Zoo. Ebenso entstanden auf seine Kosten (oder der Firma, das war einerlei) ein Golfplatz, Sportanlagen und ein Tram, das nicht nur die Stadt, sondern die ganze umliegende Region erschloss. Hershey liess das Tram subventionieren, damit eine Fahrkarte bloss einen Nickel, also fünf Cent kostete. Später schuf er in Hershey einen Vergnügungspark mit Karussell, Schiessbuden und Achterbahn. Schon 1913 zog er damit 100 000 Besucher von auswärts an. Heute gilt dieser *Theme Park* in den USA als einer der beliebtesten seiner Art.

Ein Patron in Amerika. Von sozialpolitischem Fortschrittsglauben beseelt, handelte Milton Hershey ausgesprochen grosszügig: er zahlte gute Löhne und garantierte Sozialleistungen wie Unfallversicherung, Altersrente und Krankenkasse. Er bot viele offene Stellen in seiner hoch rentablen Firma an, niemand in Hershey hatte Gemeindesteuern zu bezahlen; die Kehrichtabfuhr war umsonst, und die Schneeräumung ebenso. Wenn es je ein kapitalistisches Arbeiterparadies gegeben hat, dann muss es Hershey, PA gewesen sein. Selbst die Strassen klangen wie in einem Kinderparadies: Chocolate Avenue kreuzte sich mit Cocoa Avenue.

Nur eine Einschränkung, wenn auch eine wesentliche, ist zu machen: Demokratie fand hier nur bedingt statt. Milton S. Hershey herrschte ungewählt und unangefochten als Bürgermeister, als Polizeichef und Feuerwehrhauptmann seiner eigenen Stadt zugleich. Dass er auch die einzige und grösste Firma im Ort besass und leitete: Keiner konnte das übersehen. Widerspruch dürfte zwecklos gewesen sein. Er selber wohnte auf einer Anhöhe in einer Villa mit 22 Zimmern, von wo aus er eine prächtige Aussicht auf die Fabrik genoss. In Hershey sprach man von «The Mansion», vom Herrenhaus.[51]

Er war ein Menschenfreund, er war ein Tyrann. Wenn er erfuhr, dass ein Arbeiter keinen anständigen Anzug hatte, zahlte er ihm einen neuen; und wenn einer Familie das Geld fehlte, um ihr Kind in die Schule zu schicken, zahlte er auch das. Als das katholische Krankenhaus in Lancaster für einen Operationssaal Geld sammelte, leistete Hershey nicht bloss einen Beitrag, sondern übernahm sämtliche Kosten – obwohl er als Protestant die Katholiken nicht leiden konnte.

Doch so spontan er half, so spontan vernichtete er. Man nahm sich in Acht vor seinen Launen, man fürchtete seinen Zorn. Einmal kündigte Hershey einem Arbeiter fristlos, nachdem er beobachtet hatte, wie dieser einem anderen auf den Hintern geklopft hatte – statt zu arbeiten. Jahre später stellte er ihn allerdings wieder ein: «Go back and get a job», sagte er ihm, «and cut out your God damn goosing.»[52] Ein anderes Mal stellte er einen Mann auf die Strasse, weil er eine aussereheliche Affäre eingegangen war.

Die Strassenbahn finanzierte er generös – gleichzeitig schrieb er seinen Arbeitern vor, sie zu benutzen. Wer es nicht tat, sondern etwa mit dem eigenen Auto in die Fabrik fuhr, wurde entlassen. Manchmal nahm Hershey persönlich Stichproben vor, indem er ein Tram anhielt, einstieg und die Passagiere inspizierte. Er rief: «If there is anyone on this streetcar that is using a car to come to work, or if they know of anyone using a car, why, of course, their work in the Chocolate Corporation will be discontinued».[53] Stanley Marburger, ein Hershey-Arbeiter, der diese Geschichte erzählte, erinnert sich: «We all sat and looked at each other and no one said a word. Everyone was silent, because on account of his firmness and on account of his temper and his quickness, why, everyone was afraid».[54]

Chocolate Man in Chocolate Town. Weil Milton Hershey hier alles zu besitzen meinte, untersagte er den Einwohnern in den Gewässern von Hershey zu fischen. Auch der Fisch, so legte er fest, gehörte ihm. Als er ein paar Buben dabei erwischte, wie sie aus einem Teich Forellen herauszogen, warf er ihnen «Mord» vor, drohte ihnen «lebenslanges Gefängnis» an und hetzte die Stadtpolizei auf sie. Sie entkamen – unerkannt, wie Earl Houser, einer der Buben, die dabei gewesen waren, berichtet. Er brachte es später zum leitenden Angestellten bei Hershey:

«So that was my first contact with Mr. Hershey. It's a good thing that he never knew who he was yelling at, or my career would have been considerably different, I'm afraid.»[55] Houser arbeitete bis zu seiner Pensionierung bei Hershey.

Milton Hershey kam aus einer mennonitischen Familie, die Anfang des 18. Jahrhunderts aus der Kurpfalz nach Amerika geflüchtet war, ursprünglich stammte sie aus dem Emmental und hiess vermutlich Hirschy. In seiner Jugend sprach er das sogenannte Pennsylvania Dutch, eine deutschsprachige Dialektvariante.[56] Seine Mutter, eine gebürtige Snavely (früher Schneebeli)[57] war eine strenggläubige Wiedertäuferin, die zeitlebens einer radikalen Splitterkirche angehörte, während der Vater mit dem Glauben der Schweizer Ahnen nicht mehr viel anzufangen wusste.[58] Der Sohn galt als unreligiös.[59] Obwohl Milton S. Hershey sich also von den Täufern gelöst hatte, erbte er gewissermassen die strikte Disziplin und das soziale Engagement, das diese Bewegung auszeichnete, und darin mag das Motiv liegen, warum ihm der Aufbau einer idealen Stadt so viel bedeutete. Er meinte es ernst. Als seine Frau relativ jung starb – das Paar blieb kinderlos –, vermachte er sein ganzes Vermögen der Hershey Industrial School, einer eigenen Gründung, wo Waisenknaben eine kostenlose Ausbildung erhielten, viele schafften nachher den Übertritt ans College. Er selber war nur zweieinhalb Jahre in die Schule gegangen. Die Schule existiert noch heute. Ihr Ruf ist exzellent. Hershey starb 1945.

Sektiererisch, dissident, minoritär: Viele Patrons von *Company Towns* entstammten solchen familiären Kontexten – und sie inspirierten sich wohl gegenseitig. Vorbilder für Milton S. Hershey waren nicht zufällig die Gebrüder George und Richard Cadbury in England, die – selber Quäker – ein paar Jahre vor ihm, 1893, eine Modellstadt errichtet hatten: Bournville bei Birmingham, auch die Cadburys waren berühmt für ihre Schokoladen, auch ihr Unternehmen stieg schliesslich zu einem der grössten des Landes auf. Es ist ein Merkmal, das vor allem in den USA und in England zu beobachten ist, wo die *Company Towns* auch *Model Villages* genannt wurden. Auf dem Kontinent hingegen kam das seltener vor, viele dieser Unternehmer gehörten zwar auch Minderheiten an, wie etwa Gerard Philips, der Gründer des niederländischen Philips-Konzerns in Eindhoven, der ein Protestant jüdischer Herkunft war, oder die Familie Peugeot, die als Protestanten in der (protestantischen) Grafschaft Montbéliard eine der grössten französischen Autofirmen aufbauten, – doch dieser geradezu missionarische Ehrgeiz, der die angelsächsischen Protestanten befeuerte: Er ist bei den kontinentalen Europäern kaum zu finden.[60]

Wenn wir uns jetzt einer Typologie dieser *Company Towns* in Amerika und Europa zuwenden, dann möchten wir als erstes eine einfache Definition vorschlagen: *Eine Company Town ist eine Stadt, in welcher eine einzige, grosse Firma das wirtschaftliche Geschehen dominiert.* In Zahlen ausgedrückt: Es handelt sich bei dieser *Company* um den weitaus grössten Arbeitgeber, meistens relativ und absolut, und das Unternehmen bestreitet den Löwenanteil der Steuereinnahmen. Zweitens lässt sich in der Regel ein Gründer oder eine Gründerfamilie erkennen, die auf Jahre hinaus dieses Unternehmen beherrscht – und deshalb auch persönlich einen nachhaltigen Einfluss auf die politische, kulturelle und soziale Entwicklung dieses Ortes ausübt.

In welcher Hinsicht unterscheiden sich *Company Towns*? Dazu ein paar Vorbemerkungen: Selbstverständlich sind viele Kriterien denkbar, dennoch möchten wir uns auf vier beschränken, die wir als besonders instruktiv betrachten. Ebenso werden wir uns aus methodologischen Gründen auf eindeutige Fälle konzentrieren: um einen Idealtypus zu modellieren, halten wir es für nützlich, jeweils zwei entgegengesetzte Extreme zu untersuchen, im Wissen, dass die meisten *Company Towns* sich in einem Kontinuum zwischen diesen beiden Polen befinden. Wir möchten hier mit einem Modell arbeiten, um etwas zu analysieren, das sich in der Realität als weitaus vielschichtiger erwies. Wir gehen von vier Kriterien aus:

– *«Grüne Wiese» versus alte Siedlung*
– *Etablierte Elite versus homines novi*
– *Mission versus Profit*
– *Demokratie versus «Diktatur»*

2.2.2 *«Grüne Wiese» versus alte Siedlung*

Viele *Company Towns* sind Neugründungen, sie entstanden wie etwa Hershey oder Bournville mehr oder weniger auf der «grünen Wiese», wo vorher kaum Menschen gelebt hatten. Manchmal lag ein Dorf in der Nähe oder ein Weiler, zuweilen absorbierte die neue Stadt im Lauf der Zeit ältere Siedlungen, aber der Kern der neuen Stadt, dort, wo die Fabrik und die zentralen öffentlichen Gebäude des Ortes zu stehen kamen, bedeutete Neuland.

Einen solchen, geradezu idealtypischen Fall stellt Wolfsburg in Deutschland dar, das Ende der 1930er-Jahre von den Nazis für die Produktion des sogenannten KdF-Wagens, dem späteren VW-Käfer, gebaut worden war: Ausser einem Schloss Wolfsburg und ein paar verstreuten Dörfern war hier in der norddeutschen Tiefebene wenig anderes vorhanden gewesen. Jetzt wurde innert kürzester Zeit eine der grössten Autofabriken Europas hochgezogen, und es wurden zahllose Wohnungen für deren Arbeiter errichtet. Nach einem Bebauungsplan des österreichischen Architekten Peter Koller sollte eine «Stadt im Grünen» von Grund auf neu geschaffen werden. Dem bürokratisch-nationalsozialistischen

I. Teil. Grundlagen

Jargon jener Zeit gemäss hiess diese Siedlung zunächst «Stadt-des-KdF-Wagens bei Fallersleben», einem Dorf an der Peripherie. Nach dem Krieg wurde sie auf «Wolfsburg» umgetauft. Heute arbeiten für den dort ansässigen Automobilkonzern Volkswagen allein in Wolfsburg rund 60 000 Menschen, die Stadt weist 124 000 Einwohner auf (2015).[61]

Ebenso viele *Company Towns* wuchsen hingegen aus bestehenden Siedlungen heraus, oft aus unbedeutenden Dörfern, die plötzlich mit der Gründung oder dem Zuzug der Firma zu Städten anschwollen. Andere *Company Towns* formten sich aus einst mittelalterlichen Städten heraus. Ein Beispiel für das erstere ist Leverkusen, Sitz des Chemie-Konzerns Bayer –, als ein Muster für das zweite Phänomen kann man Eindhoven in den Niederlanden einstufen, wo Philips, das Elektrounternehmen, residierte.

Leverkusen ist heute eine Grossstadt von über 160 000 Einwohnern (2015) –, sie geht indessen auf ein kleines Dorf namens Wiesdorf zurück.[62] 1840 wohnten in diesem Ort am Rhein keine 1000 Menschen. Unweit dieses Dorfes, wo gar niemand lebte, liess Carl Leverkus, ein Apotheker, 1860 eine Farbenfabrik bauen. Zwar hatte er damit beachtlichen Erfolg, doch wenige Jahre nach seinem Tod stiessen die Söhne das Gelände an das Unternehmen Bayer ab. Bayer war ursprünglich in Barmen, dann in Elberfeld domiziliert gewesen (die beiden Städte bilden heute Wuppertal).[63] Da die stark wachsende Firma in Raumnot geraten war und überdies ein Abwasserproblem zu lösen hatte, suchte sie einen neuen Standort an einem Fluss. So zog es die Verantwortlichen von Bayer an den Rhein.

Zuerst, 1891, übernahm man die ehemaligen Fabrikgebäude von Carl Leverkus, bald baute man selber, und nach und nach wurden immer mehr Arbeitsplätze von Elberfeld nach Wiesdorf verlegt, schliesslich, 1912, gar der Hauptsitz. Der Ort wurde zu einer typischen *Company Town* mit der entsprechenden «industriellen Monokultur», wie der deutsche Historiker Stefan Blaschke in seiner Studie über Bayer und Leverkusen bemerkt.[64] 1899 waren 65 Prozent aller Arbeiter in Wiesdorf für Bayer tätig, und 82,5 Prozent aller Angestellten. Ursprünglich als Nebenwerk gedacht, hatte der Standort am Rhein das Mutterhaus in Elberfeld schon 1900 überflügelt: damals arbeiteten 2100 Beschäftigte für Bayer in Wiesdorf, bloss 1400 noch in Elberfeld.[65] Gleichzeitig waren um die Fabrik herum Hunderte von Wohnungen hochgezogen worden, meistens von der Firma selbst, und die Siedlung vergrösserte sich Jahr für Jahr. 1914 wies Wiesdorf bereits rund 19 000 Einwohner auf, kurz nach dem Ersten Weltkrieg wurde das Dorf zur Stadt erklärt. Wenig später, 1930, schloss man sich mit mehreren Dörfern und Städten zusammen und bildete eine neue Stadt: «Leverkusen». Den künstlichen Namen hatte man einer der ältesten Arbeitersiedlungen entlehnt, die noch von Carl Leverkus errichtet worden war. Aus einem Dorf von

1000 Leuten war in rund neunzig Jahren eine *Company Town* von 42 000 Einwohnern geworden (1930).

Eindhoven dagegen war kein Dorf, als Gerard Philips 1891 hier seine Glühbirnenfirma einrichtete, sondern eine Stadt, die bereits im Mittelalter, im Jahr 1232, das Stadtrecht erhalten hatte, was unter anderem daran lag, dass sie damals verkehrstechnisch gut situiert war und Handel anzog.[66] Bis ins 19. Jahrhundert blieb die Stadt indessen klein und wenig auffällig, sie litt darunter, dass sie nach der Unabhängigkeit der nördlichen Niederlande ins Grenzgebiet zum nach wie vor habsburgischen Süden zu liegen gekommen war. Erst spät siedelte sich Industrie an, vor allem Textil- und Zigarrenfabriken, die sich zunutze machten, dass in dieser Region, Nordbrabant, die Löhne tiefer lagen als in den übrigen Niederlanden; das Niveau bewegte sich bei etwa 60 Prozent des nationalen Durchschnitts.[67] Ab 1850 waren aus diesem Grund mehrere Zigarrenhersteller aus Amsterdam und Hilversum zugezogen. Es herrschte Heimarbeit vor – und die meisten Zigarrenarbeiter waren Frauen und Mädchen. Da Nordbrabant überwiegend katholisch blieb, gehörte es jahrhundertelang zu den ärmsten und vernachlässigten Gegenden der Niederlande, deren Politik und Wirtschaft von der calvinistischen Mehrheit bestimmt wurden. 1815 zählte die Stadt bloss an die 2300 Einwohner. Um dies in den zeitgenössischen Kontext zu stellen: Amsterdam wies 1810 rund 200 000 Einwohner auf, Rotterdam brachte es 1838 auf 72 000. 1891, kurz vor der Gründung von Philips, wies Eindhoven 4500 Einwohner auf. Kaum hatte sich aber der Elektrokonzern hier niedergelassen, legte die Stadt zu: 1900 bewegte sich die Zahl ihrer Einwohner gegen 5000, und 1920 erreichte sie bereits 48 000 – ein enormer Zuwachs von fast 1000 Prozent, was auch damit zusammenhing, dass die Stadt inzwischen einige Vororte eingemeindet hatte. Doch auch diese waren – wie Eindhoven selbst – zum grössten Teil dank Philips gewachsen. Heute ist die Stadt mit 225 000 Einwohnern die fünftgrösste Stadt in den Niederlanden (2016) – und Philips, das seinen Hauptsitz 1997 zwar nach Amsterdam transferierte, zählt nach wie vor zu den wichtigsten Arbeitgebern in der Region.

Ebenfalls eine mittelalterliche Stadt war Vevey gewesen, bevor Henri Nestlé 1867 hier seine Fabrik zur Herstellung von Kindermehl, d.h. Säuglingsnahrung, ins Leben rief, aus der sich in den vergangenen rund 150 Jahren der grösste Nahrungsmittelkonzern der Welt entwickelt hat. Um 1200 war Vevey das Stadtrecht verliehen worden und dank seiner verkehrsgünstigen Lage am Genfersee stieg es zu einem nicht unbedeutenden Handelsplatz auf. Dennoch gab es hier lange Zeit wenig Industrie, erst in den 1840er-Jahren wuchsen einige Betriebe heran: 1842 etablierte ein Einheimischer eine kleine Giesserei, aus der das Maschinenbauunternehmen Ateliers de Construction Mécaniques de Vevey hervorging, das ab den 1880er-Jahren unter anderem Wasserturbinen, Traktoren oder Tunnelbohrmaschinen herstellte; und 1848 war eine Tabakmanufaktur entstanden. Doch schon nach wenigen Jahren war Nestlé der grösste Arbeitgeber und blieb es bis in die Gegenwart.[68]

Von den 39 Orten, die wir geprüft haben, waren vor ihrer Umwandlung zu einer *Company Town*, 12 Dörfer gewesen, bei 17 handelte es sich um Neugründungen und in neun Fällen war der neue industrielle Standort in einer Stadt entstanden, die in der Regel seit längerer Zeit existiert hatte, oft ging diese auf eine mittelalterliche Gründung zurück. Ein Fall ist komplizierter: Ludwigshafen am Rhein. Im Grunde sehen wir hier alles: ein Dorf, eine Neugründung und eine Stadt. Der spätere Hauptsitz von BASF, einem zweiten deutschen Chemie-Giganten, war 1811 als privater Hafen an einer Stelle am Rhein angelegt worden, wo vorher so gut wie nichts gewesen war. 1843 wurde der kleine Landeplatz vom Königreich Bayern erworben, um als Konkurrenz zum badischen Mannheim, das auf der anderen Seite des Rheins lag, ausgebaut zu werden. Mit allen staatlichen Mitteln gefördert, wuchs die Siedlung bald zu einer Gemeinde heran, 1859 erhob sie der König gar zu einer Stadt. 1865 zog die BASF nach Ludwigshafen, nachdem sie bloss eine Woche zuvor in Mannheim gegründet worden war. Ein empfindlicher Verlust für Mannheim, was aber damals wohl wenige erkannten – denn der spätere Aufstieg von BASF zu einem der grössten Chemie-Konzerne der Welt war sicher nicht absehbar gewesen. Heute ist Ludwigshafen eine Grossstadt mit rund 165 000 Einwohnern (2015), und BASF unterhält hier das grösste Chemie-Werk der Welt. Mit anderen Worten, Ludwigshafen war eine Stadt, als BASF sich hier niederliess, aber keine alte. Sie war vor wenigen Jahrzehnten gegründet worden.[69]

2.2.3 Etablierte Elite versus homines novi

Das Beispiel Eindhoven eignet sich gut, um dieses Kriterium einzuführen: Obwohl es diese Stadt lange vor jenem Konzern gegeben hat, der sie zu einer (riesigen) *Company Town* machen sollte, existierten hier anscheinend keine allzu mächtigen Eliten, die die Entwicklung von Philips hätten unterbinden können. Je besser etabliert eine einheimische Elite gemeinhin ist, je mehr sie sich auf eine Branche stützt, die bereits erfolgreich operiert, desto unwahrscheinlicher ist es, dass überhaupt neue Firmen zuziehen, besonders wenn es sich um Unternehmen aus einer neuen, bisher unbekannten Branche handelt. Kaum jemand schätzt Konkurrenz, wenn es sich anders einrichten lässt, keine eingesessene Elite setzt sich freiwillig den *homines novi*, also Emporkömmlingen und Aussenseitern aus. Und keine Stadt, wo bereits viele rentable Firmen ansässig sind, wo verschiedene Branchen vorkommen, lässt sich so einfach zu einer *Company Town* umformen, wo nur ein Unternehmen den Ton angibt. Daher ist es kein Zufall, dass so viele *Company Towns* auf Neugründungen zurückgingen – damit wich der neue Patron der lästigen Rücksichtnahme auf bestehende Machtnetze aus. Vor diesem Hintergrund ist Eindhoven auf den ersten Blick ein unorthodoxer Fall. Bei näherem Hinsehen offenbart sich aber eine gewisse Logik, warum Philips hier entstanden und derart aufgeblüht ist.

Eindhoven vor der Ära Philips war ein regionales Zentrum der Textilindustrie und der Zigarrenfabrikation geworden, beide Branchen setzten auf tiefe Löhne und auf Frauenarbeit, ja zum Teil stellten sie sogar in beträchtlicher Zahl Kinder an. Darin lag wahrscheinlich auch der Grund, warum Gerard Philips nach Eindhoven gekommen war: auch ihn hatten die tiefen Lohnkosten und das Reservoir an Frauen, meistens unverheiratete Bauerntöchter aus der Umgebung, angezogen – was ironisch wirkt in Anbetracht der Tatsache, dass Philips heute als High-Tech-Unternehmen bekannt ist. Doch die Produktion von Glühlampen war technisch gesehen seinerzeit nicht sehr anspruchsvoll, dafür umso arbeitsintensiver, was ins Geld ging, wenn die Löhne zu hoch lagen. Zudem erforderte sie viel Sorgfalt, was man besonders Frauen zutraute:

«Right from the start, Philips specialized in relatively simple production processes that matched the available skills of Eindhoven workers», schreibt der niederländische Soziologe Don Kalb. «Glass bowls, for example, were outsourced. Eindhoven workers were exclusively employed on simple, but highly specialized tasks that had to do with mounting the filament on to the lightbulb. Leaving exceptions aside, these actions required a training on the job of from one or two days to some months».[70]

Gerard Philips, von der Ausbildung her ein Maschineningenieur, kam als Aussenseiter im katholischen Eindhoven an: er war ein Protestant jüdischer Herkunft (sowie mit Karl Marx verwandt)[71] und stammte aus Zaltbommel, einer alten Handelsstadt, die etwa fünfzig Kilometer entfernt in einer anderen Provinz lag.[72] Weil er aber in einer Familie von Tabakhändlern aufgewachsen war, hatte er die Zigarrenstadt Eindhoven wohl gut gekannt, bestimmt waren ihm deren Lohnverhältnisse bestens vertraut. Ursprünglich hatte man zwar Breda als Standort erwogen, eine etwas weniger ausgeprägt katholische Stadt in Nordbrabant, doch besonders Frederik Philips, der Vater von Gerard, der das Gründungskapital für die Firma einschoss, drängte auf Eindhoven, da er die Verhältnisse hier besonders günstig beurteilte. Jahrzehntelang war er im Tabakhandel tätig gewesen und hatte es damit zu etlichem Reichtum gebracht, um dann ins Banking zu diversifizieren. Schliesslich stieg er zu einem potenten Bankier auf. Als solcher verfügte er über gute Kontakte zu den Zigarrenfabrikanten von Eindhoven; er hatte sich auf die Finanzierung ihrer Geschäfte spezialisiert.[73] Obwohl ein Zugezogener, kannte sich Gerard Philips daher in Eindhoven von Anfang gut aus. Das mag ihm den Einstieg erleichtert und Widerstand abgeschwächt haben, zumal Philips als Einmannbetrieb begann und bis 1895 nur zögerlich wuchs. Lange störte er die Kreise der Etablierten nicht.

1899 wies die Firma aber schon 450 Angestellte auf, und zwar mehrheitlich Frauen. 1910 waren 70 Prozent der Angestellten von Philips Frauen, 1914 gar 74 Prozent.[74] Insgesamt hatte Philips in diesem Jahr 2370 Arbeiter unter Vertrag, wogegen die verschiedenen Zigarrenfabriken in der Region 1913 nach wie vor 2700 Leute beschäftigten – dabei handelte es sich jetzt bei fast der Hälfte um Jugendliche unter sechzehn. Auf sie waren die Zigarrenfabrikanten ausgewichen, seit die Frauen es vorzogen, bei Philips zu arbeiten: Denn inzwischen, die Geschäfte liefen prächtig, zahlte Gerard Philips die besten Löhne. Er stellte sogar verheiratete Frauen an, was damals eine Ausnahme bedeutete, und gewährte ihnen eine Stunde früher Feierabend, damit sie zu Hause das Essen zubereiten konnten. 1910 bzw. 1913 gründete er den Fussballklub PSV (Philips Sport Vereniging) Eindhoven. Aus dem Ingenieur aus Zaltbommel war der Patron geworden, der sich anschickte, seine *Company Town* in jeder Hinsicht zu beherrschen. In den 1920er-Jahren stieg Philips zum alles dominierenden Arbeitgeber auf, 1929 arbeiteten 32 000 Angestellte für die Firma, das entsprach 70 Prozent aller in der Industrie Beschäftigten der Stadt.

Dass – wie in Eindhoven – eine einzige Firma eine existierende Branche faktisch verdrängte und die Stadt zu einer *Company Town* verwandelte, kam nicht allzu oft vor. Typischer sind die erwähnten Neugründungen wie Hershey oder Wolfsburg, wo sich der Patron oder die neue Firma mit gar keinen überkommenen Interessen konfrontiert sahen, oder jene *Company Towns*, die wie Leverkusen aus einem Dorf oder einer unbedeutenden Stadt hervorgegangen sind. Auch hier hatte wenig ihrer Entfaltung entgegengestanden. Ein Beispiel hierfür ist Zlín, eine alte, aber längst heruntergekommene Stadt in Mähren, wo Thomas Bata 1894 den gleichnamigen Konzern aufbaute, der sich zum zeitweise grössten Schuhhersteller der Welt aufschwingen sollte.[75] Thomas Bata (1876–1932) war darüber hinaus ein Anhänger moderner Architektur und Städteplanung, so dass Zlín bald nicht bloss eine klassische *Company Town* darstellte, sondern sich in den zwanziger Jahren auch zum weltberühmten Experimentierfeld des Neuen Bauens entwickelte, wie dies etwa der Schweizer Architekt Le Corbusier oder das deutsche Bauhaus propagierten. Wer die Stadt der Zukunft erleben wollte, fuhr zu jener Zeit in die Tschechoslowakei.

Eine neue Firma, besonders eine aufstrebende, die sich ausbreitet, stellt immer eine Herausforderung für seinen Standort dar: dabei liegt diese nicht nur darin, dass allenfalls vorhandene alte Eliten oder Branchen sich politisch und wirtschaftlich bedrängt sehen können, sondern oft brechen auch Interessenskonflikte sehr handfester Natur auf. Je besser etwa die Verkehrsanbindung war, desto knapper erschien der Boden in der Nähe eines Bahnhofs oder eines Hafens, desto intensiver die Auseinandersetzung, die daraus resultierte, und desto höher das Interesse der Eingesessenen, Zuzüger fernzuhalten. Solchen Problemen wich aus, wer sich aufs grüne Feld vorwagte oder ein kleines Dorf als Standort auswählte. Wie schwer es dagegen war, in einer etablierten Stadt Fuss zu fassen, beschreibt Hartmut Berghoff am Beispiel Frankfurts:

«Die konservative Handels- und Bankenstadt Frankfurt am Main, die erst 1864 die Gewerbefreiheit eingeführt hatte, stand Industrieansiedlungen generell ablehnend gegenüber, wovon Kommunen wie Offenbach und Höchst profitierten. Nach kleinsten Anfängen in Frankfurt entstand daher die Theerfarbenfabrik Meister, Lucius & Co. in Höchst. Im industriefeindlichen, dicht besiedelten Frankfurt hätte sich die junge Firma nicht gegen die Interessen der alteingesessenen Honoratioren durchsetzen können und genügend Entfaltungsraum gefunden. Die Kleinstadt Höchst begrüsste dagegen jede Initiative und bot grosse, preiswerte Fabrikareale sowie ein reichhaltiges Arbeitskräftepotenzial. Zudem lag Höchst direkt am Main und besass hervorragende Anschlüsse an das Strassen- und Eisenbahnnetz. Nach 1880 bürgerte sich für das Unternehmen der Name ‹Höchst› ein, was eine Identität mit dem Standort suggerierte.»[76]

Nichts verdeutlicht dieses endemische Spanungsverhältnis zwischen alt und neu vielleicht besser als die Tatsache, dass mit BASF, Höchst und Bayer gleich drei bedeutende deutsche Chemiefirmen in kleinen, noch kaum entwickelten Orten plaziert worden sind – was kaum einen Zufall darstellt, sondern die Problematik unterstreicht, die wir in diesem Kriterium erkennen können. «Die chemische Industrie», schreibt Stefan Blaschke über die Situation gegen Ende des 19. Jahrhunderts: «besass ein schlechteres Image als andere Branchen, da sie als gesundheitsgefährdend und umweltzerstörend galt.»[77] Chemieunternehmen hinterliessen damals erhebliche Immissionen: verunreinigtes Abwasser, Unfallgefahren mit Folgen für die ganze Umgebung, toxische Belastung von Böden. Daher waren Konflikte mit existenten Machtfaktoren programmiert –, denen ein neues Unternehmen vorbeugte, indem es dorthin zog, wo noch kaum jemand lebte oder die einheimische Bevölkerung dem nur wenig entgegenzusetzen imstande war. Bayer hatte unter anderem deshalb eine Alternative zu Elberfeld gesucht, weil sich dort die Klagen von Anwohnern gehäuft hatten.[78]

Vor diesem Hintergrund bietet Basels chemische Industrie, die zur gleichen Zeit in dieser alten, reichen Stadt aufstieg, ein eklatantes Gegenbeispiel. Dass diese Ansiedlung dennoch möglich war, lag unter anderem daran, dass es sich hier um ein Gewerbe handelte, das der damals übermächtigen, bestehenden Seidenband-Industrie zulieferte: die Farbenfabriken stellten die Mittel her, welcher die Seidenband-Fabrikanten bedurften, um ihre Stoffe zu färben. Warum hätten sie sich gegen eine solche Industrie zur Wehr setzen sollen? Bei allen Konflikten, die trotzdem aufkamen: Es lag in ihrem Interesse, dass diese Zulieferer sich in ihrer Nähe befanden, zumal niemand ahnen konnte, wie gross und präpotent die Chemischen einst würden.

Überdies hatten sich zu jenem Zeitpunkt die Seidenbandherren längst selber so stark in den neuen Farbenfabriken finanziell involviert, dass die neue Branche nun auch «ihre» Branche war. Mit anderen Worten, die neue Branche war gewissermassen aus der alten Branche gekrochen. Bayer war zunächst genau dem gleichen Muster gefolgt, sowohl Barmen, als auch Elberfeld, wo die Firma ursprünglich lag, waren zu jener Zeit blühende Zentren der deutschen Textilindustrie. Man nannte das Tal der Wupper das «deutsche Manchester». Als die Konflikte vor Ort zunahmen, auch mit den eingesessenen Textilfabrikanten, zog man kurzerhand weg – nach Wiesdorf, einem «erbärmlichen Fischer- und Bauerndorf» am Rhein, wie der spätere, berühmte Präsident von Bayer, Carl Duisberg, in seinen Erinnerungen schrieb.[79] Den Entscheid erleichtert haben dürfte die Tatsache, dass in Wiesdorf die lokalen Steuern sehr viel tiefer lagen.

Was wir am Beispiel Basel angedeutet haben, war in der Geschichte der Industrialisierung ohnehin eher die Regel: Neue Firmen und neue Branchen wuchsen dort heran, wo sie sich als Zulieferer einer bestehenden Branche andienen konnten, ähnliches gilt selbst für Regionen. Der Mühlebaukonzern Bühler in Uzwil begann als Zulieferer der Ende des 19. Jahrhunderts florierenden Stickerei-Industrie der Ostschweiz, man versorgte sie mit Stickmaschinen, deshalb zog der Zürcher Oberländer Adolf Bühler nach Uzwil in die Nähe von St. Gallen. Ebenso entstand der Textilmaschinen- und Lastwagenhersteller Saurer zuerst in St. Gallen, wo er die Stickerei-Barone als erste Kunden gewann. Später verlegte Franz Saurer seine Fabrik nach Arbon, einer Stadt, die sich bald in eine klassische, schweizerische *Company Town* verwandeln sollte. Die Firma Saurer prägt den Ort seit mehr als hundert Jahren – die gleiche Stellung errang und nimmt Bühler nach wie vor in Uzwil ein.

Dass hingegen eine vollkommen neuartige Branche sich niederliess, vor allem in Orten, wo bereits profitable Firmen einer anderen Branche tätig waren, das war eher die Ausnahme. Noch unwahrscheinlicher war dies, wenn eine einzelne Firma oder Branche diesen Standort dominierte. Letztlich liegt darin auch der Grund, warum es ebenso selten vorkam, dass eine *Company Town* – war sie einmal etabliert –, viele neue Unternehmen oder Branchen anzog bzw. zuliess. Was die eine oder andere Firma einer *Company Town* motiviert oder gar genötigt hatte, sich nach einem von Industrie unberührten, neuen Standort umzusehen, kam jetzt auch zur Anwendung: Der Platzhalter schreckte neue Firmen ab.

Denn je mehr überkommene Interessen an einem Standort schon vorhanden waren, desto mehr Schwierigkeiten waren denkbar, denen eine neue Firma begegnete. Es gab deshalb für einen Unternehmensgründer durchaus Anreize, sich nach einem möglichst unbesiedelten und ungenutzten Gebiet umzusehen. Dem standen selbstverständlich die Vorzüge entgegen, die ein gewachsener Wirtschaftsstandort bot: wie etwa industriell ausgebildete Arbeitskräfte, Verkehrsanbindung oder Zugang zu Finanzmitteln und politischer Protektion. Wie dieser *trade-off* im Einzelnen entschieden wurde, daraus ergaben sich verschiedene Typen von *Company Towns*.

2.2.4 Mission versus Profit

Ein weiteres, nicht auffälliges Kriterium stellt das Ausmass dar, mit dem der Firmengründer, dessen Familie oder das ihnen nachfolgende Management über das rein wirtschaftliche Denken hinaus mit und in ihrem Unternehmen sozialpolitische oder gesellschaftspolitische Anliegen verfolgten – oder anders formuliert: Gaben sie sich eine Mission? Auffällig ist dieses Kriterium, weil gerade *Company Towns* und deren Firmen sich überdurchschnittlich oft auf diese Weise von «gewöhnlichen» Unternehmen und Standorten absetzten. Es ist schwer, hier die Kausalität richtig zu bestimmen. Was war Ursache, was war Wirkung? Wir haben die Laufbahn von Milton S. Hershey geschildert. Ihn bewog gerade die soziale Utopie, die er verwirklichen wollte, zum Entscheid, überhaupt eine neue Stadt ins Leben zu rufen – einer Konstellation, die in der Regel zu einer *Company Town* führte; und so schliesst sich der Kreis. Wenn, mit anderen Worten, eine Firma neben ihrem betriebswirtschaftlichen Erfolg, geradezu ideologische Ziele anstrebte, dann schuf sich deren Patron zu diesem Zweck häufig eine eigene Welt, also eine eigene Stadt, um diese zu erreichen.

Wir haben das Beispiel der Gebrüder Cadbury ebenfalls erwähnt: Es ist in jeder Hinsicht idealtypisch. Als gläubige, aktive Quäker setzten George und Richard Cadbury alles daran, in ihrer gleichnamigen Schokoladenfabrik die Logik ihres Geschäfts mit den Grundsätzen und Handlungsanweisungen ihrer Religion in Einklang zu bringen:

«The conviction that every individual must be treated with love and respect militated against viewing labor as commodity or a means to an end», schreibt der amerikanische Historiker Charles Dellheim über die Cadburys. «The belief in the brotherhood of man – and the spiritual equality of woman – resulted in a hatred of exploitation and a suspicion of the profit motive. It also promoted

51

egalitarian, democratic relationsships in the workplace. (...) Workers had the first claim on their employers' benevolence. The goods Quakers produced or sold had to be fairly priced and socially useful».[80]

Inspiriert von den vielen Sozialreformen, die Ende des 19. Jahrhunderts in Europa und Amerika diskutiert wurden und beseelt von ihrem christlichen Glauben, institutionalisierten die Gebrüder Cadbury in ihrer Firma eine soziale Absicherung der Belegschaft, wie sie damals wohl beispiellos war, was den Umfang betrifft. Sie garantierten eine Unfall- und Krankenversicherung, eine Altersversicherung sowie unentgeltliche medizinische und zahnmedizinische Untersuchungen, ausserdem bemühten sich die Unternehmer, eine «living wage», einen zum Leben ausreichenden Minimallohn, zu zahlen. Ab den 1920er-Jahren beteiligten sie ihre Angestellten und Arbeiter am Gewinn. Auch was das Management der Firma anbelangt, gingen die Cadburys originelle Wege und führten eine frühe Form von innerbetrieblicher Mitbestimmung ein: 1902 wurde das «Suggestion Scheme» geschaffen, 1912 das «Cardbox Shop Committee» und 1918 «Works Councils», Fabrikräte, wo sich Arbeiter und Manager in gleicher Zahl gegenübersassen, um interne Entscheide zu treffen. Des Weiteren bauten die Firmengründer, und ebenso deren Söhne, die den gleichen progressiven Idealismus teilten, ausgedehnte Programme der Erwachsenenbildung und Weiterbildung auf. Schliesslich wurden Freizeit- und Sportaktivitäten organisiert, Clubs gegründet und die nötige Infrastruktur zur Verfügung gestellt.

Weil die Cadburys – natürlich – abstinent lebten, erwarteten sie das Gleiche von ihren Angestellten. In ganz Bournville gab es kein einziges *Pub*, wo Alkohol ausgeschenkt wurde. Stattdessen hielten sie ihre Leute zum Sport und zum gesunden Leben an, und sie eröffneten Parks mit Spazierwegen, um den Arbeitern die nötige tägliche Bewegung zu verschaffen. Kurz, wer in Bournville arbeitete und lebte, wurde von der Firma Cadbury's rundum versorgt und betreut. Es war eine Insel der Seligen in der unruhigen See des Kapitalismus.

Um diese Gemeinschaft zu pflegen, gab die Firma seit 1902 eine eigene Zeitung heraus, wo alles zu erfahren war, was die Angestellten von Cadbury's beschäftigte: Heiraten, Geburten, Geschäftserfolge, neue Produkte oder Vereinsnachrichten. Das *Bournville Works Magazine* dürfte eine der ersten Mitarbeiter-Zeitungen überhaupt gewesen sein; in ihrer ersten Ausgabe sprachen die Redaktoren explizit vom «Bournville Spirit», dem sie Ausdruck geben möchten. Um diesen Geist geradezu mythologisch aufzuladen, konzipierten die Gebrüder Cadbury auch eine Art «Saga», wie es Charles Dellheim nennt, ein Narrativ, das die schweren und grossen Zeiten der Unternehmensgeschichte mit Sinn erfüllte, eine Erzählung, die immer und immer wieder an Anlässen oder in Firmenschriften inszeniert wurde. In seiner Neujahrsansprache von 1913 gab George Cadbury diese Saga folgendermassen wieder:

«One cause of the success of the business has been the harmony which has been maintained in the Works. This was the case especially during the first ten years, when the struggle was the hardest, and when the foundations of the present business were laid. Each worker was known by their Christian name, and my brother and I worked beside them.»[81]

Ganz gleich, ob das nun im Einzelnen zutraf oder nicht, ganz erfunden war es wohl kaum – zur Saga, zum kollektiven Bewusstsein im Rahmen einer Firmenkultur wurde sie durch die dauernde Wiederholung. Und je offizieller und formeller die Gelegenheit, an welcher dies geschah, als desto grösser und nachhaltiger erwies sich die Wirkung.

Da Schokolade ein Konsumgut war, das auf einem Massenmarkt die Menschen anzusprechen hatte, waren die Cadburys überzeugt, mit ihrer Betriebspolitik auch den Ruf ihres Produktes als familienfreundlich, gesund und sympathisch zu sichern. Was ohne Zweifel der Fall war – auch Hershey glaubte an diesen Effekt. Dennoch wäre es falsch, in solchen Missionen blosse Marketing-Massnahmen zu sehen: Zu ernsthaft, zu persönlich identifizierten sich die Cadburys mit ihren Anliegen.

«The brothers' partnership», schreibt Dellheim, «embodied the cooperative ideal they advocated. George Cadbury preached the Christian life he practiced: sobriety, thrift, and respectability.»[82]

In Bournville nannte man die beiden Gründer bloss «Mr. George» und «Mr. Richard», so vertraut, so als Teil der Familie wurden die beiden von ihren Arbeitern betrachtet, und doch wahrte man höflich die Distanz. Wenn eine weibliche Angestellte heiratete und die Firma verliess, schenkte ihr «Mr. George» persönlich eine Blume, eine Bibel und einen kleinen Betrag Geld; dieser richtete sich nach Alter und der Zeit, die sie bei der Firma verbracht hatte. Die Angestellten wiederum revanchierten sich mit einem «Bournville Rest House», das sie «Mrs.» und «Mr. George» zur silbernen Hochzeit schenkten.

Cadbury's und Bournville sind vielleicht die erstaunlichsten Beispiele eines wohlwollenden Kapitalismus, wie er in *Company Towns* öfter vorkam als in allen anderen Konstellationen – doch auch das Gegenteil war typisch für eine *Company Town*: Dass ein Unternehmer seine überragende Stellung in einer Stadt ausnützte und seine Belegschaft nicht viel besser behandelte als modernisierte Leibeigene. Berüchtigt waren in dieser Hinsicht die vielen Bergbaustädte, die in den USA, etwa im östlichen Pennsylvania, in Virginia, West Virginia oder Colorado entstanden waren: als «Exploitationvilles» bezeichnet Hardy Green diese Varianten. Bei so gut wie allen handelte es sich um Neugründungen, die dort angelegt worden waren, wo man den abzubauenden Rohstoff, in der Regel Steinkohle, gefunden hatte. Oft haftete diesen besseren Barackensiedlungen Jahrzehnte lang etwas Provisorisches an, als ob die Firma klarstellen wollte, dass man sich jederzeit wieder wegbewegen konnte, sobald die Minen erschöpft waren. Tatsächlich kam es häufig dazu: Und es blieben Geisterstädte stehen, die im Lauf der Zeit zerfielen.

Diesen Städten fehlte alles, was Bournville, Hershey oder Eindhoven auszeichnete: Weil sich auch hier die Bergbauunternehmer genötigt sahen, eine minimale Infrastruktur für ihre Belegschaft zur Verfügung zu stellen, da man sich ja im Niemandsland befand, bauten sie zwar ebenfalls Wohnungen. Doch diese waren erstens billig und schäbig, zweitens war keine Rede davon, dass die Angestellten sie je hätten erwerben können. Die Firma behielt sie in ihrem Besitz und verlangte oft überrissene Mieten, die sie direkt vom Lohn abzog. Wer an einem Streik teilnahm, wurde innert zehn Tagen aus dem Haus geworfen, wer in Zahlungsschwierigkeiten geriet, dem wurde ein Vorschuss gewährt, der mit dem nächsten Lohn abzuzahlen war, womit manche Bergleute in eine permanente Abhängigkeit versetzt wurden, die der alten Schuldknechtschaft in manchem glich. Was es in diesen *Company Towns* an Geschäften gab, gehörte alles dem Unternehmen, und oft bot die Firma die Waren zu übersetzten Preisen an, was ihr umso leichter fiel, als viele dieser Bergbaustädte völlig isoliert von anderen Siedlungen lagen: Den Angestellten blieb gar nichts anderes übrig, als hier einzukaufen und die hohen Preise zu bezahlen. Versuchten andere Läden, wie Lebensmittelgeschäfte oder Handwerksbetriebe, einzudringen, wurde das von der Firma oft vereitelt. Manche Unternehmer erfanden gar eigenes Geld, das sich naturgemäss nur in der *Company Town* ausgeben liess, was den Spielraum der Angestellten zusätzlich einschränkte. Wenn es sich um einen besonders autoritären *Coal Operator* handelte, wie die Direktoren der Zeche genannt wurden, dann verweigerte er Aussenstehenden jeden Zutritt: Die *Company Town* wurde im buchstäblichen Sinne zur «verbotenen Stadt» erklärt.[83]

Wir haben es angedeutet: Warum ein Unternehmer die Variante Bournville wählte, um seine Firma unterzubringen und seine Belegschaft an sich zu binden – oder warum er eine «Exploitationville» aus dem Boden stampfte, ist im Einzelfall zu klären. Unterschiedlichste Motive sind festzustellen. Natürlich kam es unter anderem auf die Persönlichkeit des Unternehmers an, aber nicht nur:

Neben der religiösen oder politischen Überzeugung, von der ein Patron eben erfüllt war oder nicht, gab es auch strukturelle Voraussetzungen, die seinen Entscheid vorgaben. Drei Faktoren spielten eine Rolle:

– knappes oder zu grosses Angebot an Arbeitskräften
– ist das *Image* der Firma für das Geschäft relevant?
– Renditeerwartungen

Je mehr der Unternehmer damit rechnen musste, dass seine Arbeiter ihn wieder verliessen, desto mehr war er bereit, für ihr Wohlwollen zu sorgen. Dass Bayer in Leverkusen nicht einfach Wohnungen baute, sondern komfortable Wohnungen, die im Übrigen weniger kosteten als üblich auf dem Markt, hatte damit zu tun, dass Arbeit in einer Chemiefabrik als sehr gefährlich und der Gesundheit abträglich galt. In den ersten Jahren seiner Existenz in Wiesdorf litt Bayer unter einer hohen Fluktuation seiner Arbeitskräfte. Für das Unternehmen war das kostspielig – denn das Personal musste stets neu angeworben und angelernt werden, ebenso blieb das Risiko von Unfällen damit viel höher. Sozialpolitische Überlegungen hingen eng damit zusammen. Stefan Blaschke schreibt über Bayer: «Der Werkswohnungsbau wurde zudem zur Bildung und Festigung der Stammbelegschaft und zur gesellschaftlichen Integration der Arbeiterbelegschaft durch materielle Sicherung und damit zur Entschärfung der mit der sozialen Frage verbundenen gesellschaftspolitischen Sprengkraft eingesetzt.»[84]

Auch die Cadburys bauten ihre Wohnungen nicht allein aus altruistischen Gründen. Als sie sich entschieden, ihre Fabrik aus Birmingham abzuziehen und auf die grüne Wiese zu stellen, pendelten ihre Arbeiter zu Anfang aus der Stadt nach Bournville, was nicht im Sinne der Cadburys war. Es schränkte die Verfügbarkeit der Belegschaft ein. Deshalb bauten sie Wohnungen, damit sie ihre Arbeiter dazu bewegen konnten, in der Nähe der Fabrik zu leben.

In den amerikanischen Bergbaugebieten hingegen stellte sich die Situation anders dar – was es den Unternehmern erlaubte, ihre *Company Towns* als «Exploitationvilles» zu betreiben: Oft befanden sich die Minen in armen oder unbesiedelten, peripheren Gegenden, wo sich die meisten Arbeiter ausserstande sahen, eine andere Stelle zu finden. Da es sich überwiegend um unqualifizierte Arbeit handelte, fiel es den Unternehmern überdies leichter, die Arbeiter auszuwechseln. Wem es nicht passte, wurde kurzerhand entlassen und mit einem neuen ersetzt: oft einem Immigranten, der erst vor kurzem aus Europa oder Lateinamerika eingewandert war. Es herrschte ein Überangebot an Arbeitskräften, was die Unternehmer stärkte – während etwa in Leverkusen oder Bournville die Nachfrage höher war als das Angebot. Hier machte es für die Unternehmer

Sinn, ja erschien unabdingbar, ihre Arbeiter mit diversen Vergünstigungen an sich zu binden.

Was ebenfalls für unterschiedliche Methoden sorgte, war die Frage, inwiefern die eigene Reputation für die Firma geschäftsrelevant war. In einer Branche wie etwa der Nahrungsmittelindustrie, die ihre Produkte direkt an den Konsumenten verkaufte, zahlte es sich aus, wenn der Ruf des Unternehmens in der Öffentlichkeit positiv konnotiert war. Wir haben das bei Cadbury's gesehen. Niemand, so meinten die Gebrüder Cadbury, hätte gerne Schokolade gegessen, wenn er befürchten musste, damit miserable Arbeitsbedingungen zu unterstützen. Schokolade stand für ein kleines Glück, das nicht grösser wurde, wenn es mit dem Unglück eines anderen erkauft wurde. Auch die chemische Industrie, deren Ansehen aus Umweltgründen ohnehin prekär war, tat gut daran, wenigstens als passabler Arbeitgeber zu gelten. Demgegenüber verkauften Bergwerkbesitzer ihre Rohstoffe mehr oder weniger unter Ausschluss der Öffentlichkeit an andere Geschäftskunden; auf einen guten Ruf waren sie kaum angewiesen – also scherten sie sich auch nicht darum.

Letzten Endes musste sich eine Firma das leisten können. Je höher die Rendite eines Unternehmens lag, desto eher waren die Patrons naturgemäss bereit, ihre *Company Town* zu einer sozial- und gesellschaftspolitischen Pionierstadt umzubauen. Als Hershey seine Beschäftigten verwöhnte, machte er als grösster Schokoladenhersteller der USA immense Gewinne. Umso eher war es ihm möglich, grosszügig zu sein – als jedoch seine Firma in den 1930er-Jahren von der Grossen Depression betroffen war, änderte sich das. Zum ungläubigen Entsetzen seiner Belegschaft verfügte er Kurzarbeit und baute die Saläre ab. Immerhin verhinderte er damit, dass er Leute entlassen musste, woran ihm viel lag.

Demgegenüber glaubten gemäss Hardy Green viele Kohlenminenbesitzer, ihre Renditen seien dauernd unter Druck, und tatsächlich waren die Margen knapper, weswegen sie keinerlei Spielraum sahen, sozialpolitische Konzessionen zu gewähren.

2.2.5 Demokratie versus «Diktatur»

Company Towns waren politisch auf eine einzigartige Art und Weise exponiert: Weil eine einzelne Firma einen Ort dermassen dominierte, war eine konfliktive Situation von vornherein gegeben. Ob sich diese dann in einer konkreten Auseinandersetzung entlud, war offen – und hing auch von den vorhandenen Institutionen und dem Mass an Demokratie und kritischer Öffentlichkeit ab. Hier divergieren die *Company Towns* unserer Auswahl stark; wir sehen darin ein viertes entscheidendes Kriterium, das unsere Typologie bestimmt.

In «normalen» Industriestandorten, wo mehrere Firmen oder Branchen angesiedelt waren, befanden sich die politischen Behörden und die Bevölkerung dieses Ortes gemeinhin in einer besseren Position, da sie notfalls die einzelnen Wirtschaftsakteure gegeneinander auszuspielen in der Lage waren, genauso wie sie nicht auf Gedeih und Verderb vom Geschäftsgang eines einzelnen Unternehmens abhingen. Das machte sie im Konfliktfall weniger erpressbar – womit nicht gesagt sein soll, dass eine Firma grundsätzlich dazu neigte, ihre Macht maximal auszureizen. In einer *Company Town* dagegen – das scheint unbestreitbar – war der Spielraum der Behörden und der Bevölkerung objektiv kleiner. Deshalb kam den Institutionen eine herausragende Bedeutung zu.

Den Extremfall stellten die amerikanischen *Company Towns* dar, die keine eigentlichen politischen Gemeinden waren, sondern jahrzehntelang im Besitz der Firma blieben und nicht als normale Körperschaften inkorporiert wurden. Wir haben Hershey erwähnt. Ein zweites berühmtes Beispiel war Pullman bei Chicago, etabliert von George Pullman (1831–1897), dem Erfinder des gleichnamigen Schlafwagens. «Seine» Stadt war im wortwörtlichen Sinn «seine Stadt»: Jedes Haus, das er errichten liess, jedes Theater, das er bespielen liess, jede Schule, jede Strasse, jedes Hotel und jeder Park gehörten ihm. Insgesamt hatte er in den 1880er-Jahren rund 1500 Gebäude errichten lassen, alle auf Kosten der Firma, wobei Pullman diese Siedlung nicht als karitativen Beitrag an das Wohl seiner Arbeiter betrachtete, sondern als ein Geschäft in sich selbst, das zu rentieren hatte. Man konnte entsprechende Aktien kaufen. Der Wert von Pullman wurde auf 8 Millionen Dollar geschätzt.

Bald wohnten in dieser künstlichen Stadt mit künstlichem See rund 8000 Menschen, die Hälfte davon arbeitete in der Fabrik vor Ort. In Pullman regierte George Pullman als Alleinherrscher: Unabhängige Zeitungen verbat er, öffentliche Reden und politische Versammlungen ebenso, noch gab es eine gesonderte Gemeindeverwaltung, sondern diese war Teil des Firmenmanagements. Von lokalen, demokratischen Institutionen fehlte jede Spur, und Pullman war ähnlich wie Milton S. Hershey Bürgermeister und oberster Chefbeamter von Pullman in Personalunion. Tag für Tag streiften *Company Inspectors* durch den Ort und tauchten unangemeldet vor der Tür einer Wohnung auf, um diese auf ihre Sauberkeit zu untersuchen und bei dieser Gelegenheit auch zu prüfen, ob die Meinungen der Bewohner dem Geschmack des Patrons entsprachen. Ausserdem herrschte striktes Alkoholverbot. Wer trank, kam in Schwierigkeiten.

Trotzdem genoss Pullman zu jener Zeit einen glänzenden Ruf, eine amerikanische Zeitung pries die Stadt «as handsome as any wealthy suburban town»[85], und ein britisches Blatt bezeichnete sie gar als «the most perfect city in the world».[86] Mitte der 1880er-Jahre hatte auch der amerikanische Ökonom Richard T. Eley Pullman aufgesucht und schrieb danach fürs *Harper's Monthly* eine Reportage. Neben viel Gutem, das er sah und lobte, war er doch irritiert über diese kleine autonome Diktatur auf amerikanischem Boden: «It is benevolent, well-wishing feudalism.»[87] Gemessen an unserem theoretischen Modell können wir festhalten: In Pullman wurden alle Transaktionen und alle Risiken, denen die Firma unterlag, internalisiert.

Als 1894 die Geschäfte jedoch harzten, und George Pullman sich gezwungen sah, Stellen abzubauen, um Personalkosten einzusparen, kam seine Herrschaft unter Druck – und es erwies sich, wie dysfunktional diese überzogene Art der Internalisierung eben auch sein konnte. In bloss einem Jahr hatte George Pullman die Durchschnittslöhne um 28 Prozent gesenkt, ohne indes die Mieten in den firmeneigenen Wohnungen und die sonstigen Preise in Pullman anzupassen. Mit dem Hinweis, er müsste auch mit seinen Wohnungen eine angemessene Rendite erzielen, lehnte er jede Konzession ab. Seine Arbeiter gerieten in der Folge in erhebliche finanzielle Schwierigkeiten – nach Abzug der Miete verblieben mancher Familie bloss einige Cents. Der Konflikt war unvermeidlich. Im Mai 1894 riefen die Arbeiter in Pullman den Streik aus, der sich bald auf das ganze Land ausbreitete, da Pullman-Wagen überall in Betrieb waren. Am Ende waren bis zu 50 000 Leute beteiligt. Statt auf Verhandlungen einzutreten, erwirkte Pullman einen Einsatz von Bundestruppen. Der Streik verkam zum Bürgerkrieg. Bei mehreren Zusammenstössen erschoss die Armee Streikende, allein an einem Tag gab es dreizehn Tote und bis zu fünfzig Verletzte. Das brachte zwar das Ende des Streiks, doch George Pullman, den vorher so viele als fortschrittlichen Patron bewundert hatten, erholte sich nie mehr. Sein Ruf war ruiniert. 1898, nach dessen Tod, zwang das oberste Gericht von Illinois die Firma Pullman, ihre Stadt zu verkaufen. Sie wurde nun Teil von Chicago.

Ohne jede demokratische Institution erwies sich Pullman nicht lange als überlebensfähig, jeder Konflikt artete aus, und am Ende wurde diese extraterritoriale «Diktatur» in die durchaus demokratisch verfassten USA re-integriert.

Auf der gegenüberliegenden Seite des Spektrums liegen die schweizerischen *Company Towns*. Ob Rüti (Maschinenfabrik Rüti), Schönenwerd (Bally), Arbon (Saurer), Uzwil (Bühler) oder Baden (BBC): Selbstverständlich waren all diese Orte oft schon seit den 1830er-Jahren, spätestens seit 1874 moderne Kommunen, wo als oberstes Organ die Einwohnergemeinde direktdemokratisch die wichtigsten Fragen der lokalen Politik entschied, insbesondere Steuern, Budget, Zonenplanung, Schulwesen oder Investitionen in die Infrastruktur. Teilnahme- und wahlberechtigt, ja dazu verpflichtet, waren alle männlichen Schweizer Einwohner, die ebenso die Exekutive, den Gemeinde- bzw. den Stadtrat, in freien Wahlen zu bestellen hatten. Neben der Einwohnergemeinde existierte die Ortsbürgergemeinde, die über den Besitz der Ortsbürger verhandelte und insbesondere die Einbürgerungen vornahm – auch hier wurde demokratisch beschlossen, und wahlberechtigt war jeder männliche Ortsbürger.

Wir werden im Lauf unserer Untersuchung dieses ausgesprochen partizipative politische Umfeld vertiefen, das die schweizerischen *Company Towns* kennzeichnete – in der Erwartung, dass diese schweizerische Eigenart die Beziehung zwischen Firma und Gemeinde massgeblich und im internationalen Vergleich auf einzigartige Weise prägt. Denn obwohl es im europäischen Kontext sehr selten vorkam, dass sich eine *Company Town* wie Pullman im Besitz einer Firma befand und keinerlei kommunale Mitsprache vorgesehen war – der schweizerische Typus der direkten Gemeindedemokratie war genauso wenig verbreitet. Vor dem Ersten Weltkrieg gab es nur wenige europäische Staaten, wo allen Männern das gleiche, geheime Wahlrecht zustand, selbst auf Gemeindeebene nicht.[88]

Um den Unterschied zu den schweizerischen Verhältnissen herauszuarbeiten, betrachten wir im Folgenden die deutsche Situation etwas näher – und zwar am Beispiel von Wiesdorf, dem Sitz des Bayer-Konzerns. Das halten wir für umso lohnender, als Walter Boveri selber aus Deutschland stammte. Als er nach Baden kam, konnte er den Kontrast zwischen den beiden Systemen anhand eigener Anschauung erleben. Umso bemerkenswerter ist, wie problemlos er sich damit arrangierte – wie wir aufzeigen werden.

Wiesdorf, das spätere Leverkusen, lag zur Zeit des Zuzugs von Bayer in der Rheinprovinz, einer der wichtigsten, wohlhabendsten und bevölkerungsreichsten Verwaltungsregionen des Königreichs Preussen, jenem übergrossen Land, das als Gliedstaat selber gut zwei Drittel des Deutschen Kaiserreichs ausmachte. In Preussen kam das sogenannte Drei-Klassenwahlrecht zur Anwendung und zwar sowohl auf Landesebene, als auch in den Kommunen, also in den Dörfern und Städten. (Demgegenüber – das gehörte zu den Widersprüchen des Kaiserreichs – wurde der Reichstag, das nationale Parlament, gemäss allgemeinem, gleichen Wahlrecht zusammengesetzt.) Für das Management einer Firma bot das Vorteile: «In Preussen», schreibt Hartmut Berghoff, «war die Umwandlung von ökonomischer in politische Macht recht einfach. Im Gegensatz zum allgemeinen gleichen Wahlrecht für den Reichstag schloss das Kommunalwahlrecht grosse Teile der Bevölkerung aus.»[89]

Um den Gemeinderat in einem Ort wie Wiesdorf zu wählen, eine Art lokalem Parlament, wurden alle männlichen Bürger drei gleich grossen Klassen zugeteilt, massgebend dafür war ihr Steueraufkommen, also ihr Einkommen und ihr Besitz. Zur ersten Klasse zählten die Begüterten, die einen Drittel des Steuerleistung bestritten, naturgemäss eine kleine Minderheit, der zweiten und dritten Klasse wurden die übrigen Bürger entsprechend ihrer wirtschaftlichen Leistungsfähigkeit zugeordnet. Generell waren in allen Klassen nur Männer wahlberechtigt, die eine gewisse Summe von Steuern zahlten oder über ein Haus verfügten, weswegen man auch von einem Zensuswahlrecht sprach. Ausserdem hatten die

Wähler als «unbescholten» zu gelten, durften keine Armenhilfe beziehen, besassen die preussische Staatsbürgerschaft und hatten mindestens ein oder zwei Jahre in der betreffenden Kommune gelebt. Mit anderen Worten, das war ein sehr eingeschränktes, plutokratisches Wahlrecht, das die vermögende Minderheit enorm bevorteilte: Denn jeder Klasse standen gleich viele Gemeinderäte zu.[90]

Wer gewählt werden wollte, musste zusätzliche Anforderungen erfüllen, das passive Wahlrecht war noch exklusiver ausgestaltet. Die Hälfte des Gemeinderates, so lautete etwa eine Vorschrift, hatte Grund- oder Hausbesitzer zu sein. Zudem gab es die sogenannten «geborenen» Ratsmitglieder, die sich das Recht, ständig im Gemeinderat zu sitzen, damit verdient hatten, dass sie einen gewissen, recht hohen Steuerbetrag geleistet hatten. Nicht ohne Grund denunzierte die oppositionelle SPD das preussische Dreiklassen-Wahlrecht als «Geldsackwahlrecht».[91]

Allen deutschen Staaten der damaligen Epoche war diese plutokratische Ausprägung des kommunalen Wahlrechts eigen, nur in Nuancen und Details unterschieden sie sich. In Bayern zum Beispiel, dem Land also, wo Walter Boveri aufgewachsen war, wurde sehr zurückhaltend eingebürgert, was dazu führte, dass in bayerischen Städten bloss 5 bis 6 Prozent der Bevölkerung das kommunale Wahlrecht ausüben durften (Stand 1905). Ausserdem gewährte die bayerische Gemeindeordnung jeweils den besten Steuerzahlern einer Gemeinde ein Vetorecht oder zumindest eine formelle Mitsprache, wenn es darum ging, das Gemeindebudget festzulegen. Es muss, mit andern Worten, für Walter Boveri eine neuartige Erfahrung gewesen sein, als er in Baden die erste Gemeindeversammlung besuchte, wo alle männlichen Einwohner, der einfachste Arbeiter und der armengenössige Handlanger, dasassen, um über die Höhe der Steuern zu entscheiden, die die BBC zu zahlen hatte.

Der Gemeinderat wies in preussischen Kommunen aber nicht bloss eine schwache demokratische Legitimation auf, sondern er musste sich die Macht darüber hinaus mit einem ungewählten Bürgermeister teilen. Es gab in der damaligen Rheinprovinz Landbürgermeister, wie etwa in Wiesdorf, die der lokalen Verwaltung vorstanden, und sogenannte Oberbürgermeister, die in den Städten die gleiche Funktion ausfüllten. Meistens handelte es sich dabei um staatsbesoldete Karrierebeamten. Auf dem Land wurden diese Bürgermeister nicht gewählt, sondern vom Oberpräsidenten ernannt, der selber wiederum persönlich vom preussischen König und deutschen Kaiser als oberster Chef der Provinz eingesetzt worden war.[92]

Obschon die Mitsprache demnach recht limitiert war, kümmerte sich das Management von Bayer intensiv um die lokale Politik und brachte es fertig, dass stets mehrere Angehörige ihrer Firma im Gemeinderat sassen. Zwischen 1891 und 1914 wurden insgesamt 53 Leute in den Gemeinderat gewählt, davon stellte die Firma Bayer 13. Mit anderen Worten, was immer in Wiesdorf beschlossen wurde, Bayer hatte mitentschieden – und sich wohl meistens durchgesetzt. Als es 1902 etwa darum ging, ob in Wiesdorf eine Gas- oder eine Elektrizitätsversorgung eingeführt werden sollte, liess der Gemeinderat eine Umfrage in der Bevölkerung vornehmen: Eine Mehrheit sprach sich für Elektrizität aus. Dennoch schloss man das Dorf ans Gas an – weil die Firma Bayer darauf drängte. Sie besass ein eigenes Gaswerk und war daran interessiert, auch das Dorf mit Gas zu beliefern. Hätte es in Wiesdorf eine Gemeindeversammlung mit den gleichen Kompetenzen wie in Baden gegeben: Das Ergebnis wäre vielleicht eher so ausgefallen, wie das die (unverbindliche) Umfrage in der Bevölkerung nahegelegt hatte.[93]

Soweit unser Exkurs zur deutschen Lokalpolitik im Kaiserreich. Interessant erscheint uns, dass Bayer auch im Vergleich mit anderen *Company Towns* keine Ausnahme war. Zu jener Zeit engagierten sich ausgesprochen viele Patrons, Unternehmer und Manager, ob in Deutschland, Frankreich oder der Schweiz, in der kommunalen Politik, speziell in der kommunalen Politik. Das machte Sinn, weil damals in den Standortgemeinden ihrer Firmen vieles zu entscheiden war, was ihr Geschäft betraf: Infrastruktur, Zonenplanung, Verkehrsanbindung oder Schulen.

Oft hielten sie sich dagegen zurück, wenn es um die nationale Politik ging; vor allem in Deutschland zogen es die Unternehmer vor, über ihre Verbände in Berlin zu wirken oder direkt mit der Reichsregierung in Kontakt zu treten, falls sie ein Anliegen hatten. Natürlich lag das daran, dass der Reichstag über weniger Einfluss verfügte. Am besten setzte sich ohnehin durch, wer Zugang zum Kaiser hatte, ein Privileg, das eine kleine Zahl von Wirtschaftsführern genoss.

In Frankreich hingegen, einer Republik, sah man beides: Die Familie Schneider war zu einer der reichsten und mächtigsten Dynastien des Landes aufgestiegen, seit sie 1836 das kleine Dorf Le Creusot im Burgund zum Mittelpunkt ihres Stahl- und Rüstungsunternehmens gemacht hatte. Im 19. Jahrhundert wurde Schneider-Creusot zum Inbegriff französischer Waffen. Praktisch ununterbrochen stellten die Schneiders den Bürgermeister des Ortes, der Sohn folgte auf den Vater, bis der Enkel übernahm, gleichzeitig vertraten sie ihre Region als Députés im Assemblée nationale in Paris.

Auch Thomas Bata, der Gründer des Schuhkonzerns, liess sich zum Bürgermeister von Zlín wählen, und blieb es jahrelang. Genauso wie sich verschiedene englische Patrons ins Parlament von Westminster abordnen liessen, so zum Beispiel ein Vertreter der Familie Lever, den Gründern des Unilever-Konzerns. Dieser befand sich in Port Sunlight, einem berühmten *Model Village,* das die Gebrüder Lever selber ins Leben gerufen hatten. Auch die Cadburys setzten sich in der Politik für ihre progressiven Anliegen ein, wozu sie sich bei den Liberalen einbrachten. Nicht überraschend warben sie für einen Ausgleich mit der aufstrebenden *Labour Party*. Oder James Reckitt, ein weiterer Quäker und Besitzer von Reckitt & Sons, dem führenden Putzmittel-Hersteller in Grossbritannien: Er hatte mit Garden Village ebenfalls eine eigene *Company Town* geschaffen und diente ihr persönlich als Friedensrichter und *County Councillor*. Auch er schloss sich den Liberalen an.

Nirgendwo aber, das steht fest, kümmerten sich die Patrons von *Company Towns* so intensiv um die Politik wie in der Schweiz. Wir haben auf das spezielle politische System der Schweiz in der damaligen Epoche hingewiesen: Vermutlich blieb ihnen wenig anderes übrig. Zu unberechenbar war der Souverän, zu weitreichend seine Kompetenzen. Die Familie Bühler etwa stellte mehrere Politiker, immer für die FDP; sie sassen im Gemeinderat von Uzwil und in der Schulkommission, sie liessen sich in den Kantonsrat wählen, ja, einer ihrer Patrons, René Bühler, zog für die FDP in den 1950er-Jahren auch in den Nationalrat ein.[94] Das Gleiche gilt für die Ballys, Besitzer des Schuhkonzerns mit ihrem Namen, der zeitweise einer der stärksten Konkurrenten des tschechischen Giganten Bata sein sollte: Carl Franz, der Gründer, absolvierte die ganze Ochsentour, er wirkte als Gemeinderat in Schönenwerd, dem Standort von Bally. Er vertrat seine Sache im Kantonsrat von Solothurn und stieg in den Nationalrat auf. Ausserdem gehörte er zu den Promotoren der Christkatholischen Kirche und diente fast zwanzig Jahre lang im Synodalrat, dem obersten Organ dieser Kirche. Sein Enkel, Iwan Bally, leitete nicht nur die Firma, sondern als Präsident auch die Schulkommission und die Bezirksschulpflege von Schönenwerd, bald wurde er ebenfalls in den Kantonsrat gewählt, schliesslich brachte er es zum (einflussreichen) Ständerat.[95]

2.2.6 Idealtypen einer Company Town

Bevor wir uns daranmachen, eine Typologie aus diesen Erkenntnissen abzuleiten, drängen sich ein paar letzte Klärungen auf. Selbstverständlich wären weitere Kriterien denkbar und nutzbringend. Um ein Beispiel zu nennen: Es ist verblüffend, dass sich die Zahl der Bevölkerung in den von uns untersuchten *Company Towns* jeweils ganz unterschiedlich entwickelte. Fast allen *Company Towns* ist zwar dieses Phänomen eigen: Dass sie, kaum zieht die Firma zu, stark zulegen, zum Teil sehen wir groteske Wachstumsraten wie etwa in Eindhoven oder Wiesdorf. Eigenartig ist allerdings, dass in gewissen Städten dieses Wachstum nachher deutlich abflacht: Hershey ist für amerikanische Verhältnisse mit rund 14 000 Einwohnern eine Kleinstadt geblieben, Bournville im Vereinigten Königreich mit 25 000 eigentlich ebenso, wenn auch der Ort inzwischen von Birmingham eingemeindet wurde. Ein anderes, bisher nicht genanntes Beispiel ist Billund, ursprünglich ein Dorf in Dänemark, wo 1932 die Spielzeugfirma Lego entstanden ist. In der Folge wurde es zu einer typischen *Company Town*, Lego blieb der einzige, tonangebende, grosse Arbeitgeber. Dennoch wuchs der Ort kaum und erweist sich heute mit bloss 6000 Einwohner nach wie vor als sehr überschaubar.[96] Völlig anders verlief die Entwicklung dagegen in Eindhoven, Leverkusen oder Ludwigshafen, die sich alle in veritable Grossstädte verwandelten.

Andere denkbare Unterscheidungsmerkmale drehen sich um die Frage, warum nicht alle *Company Towns* solche blieben: Was entschied, dass neue Firmen auftauchten, trotz der Prädominanz eines Unternehmens, was gab den Ausschlag, dass sich sogar neue Branchen ausbreiteten? Unberücksichtigt bleibt in unserer Typologie auch der Umstand, dass manche *Company Towns* heute noch bestehen, während andere untergegangen sind oder wie etwa Eindhoven das *Headquarter* ihrer ursprünglichen *Company* verloren haben. Philips ist heute in Amsterdam angesiedelt, obwohl die Firma in Eindhoven noch bedeutende Produktionsstätten unterhält. Genauso beherbergt Baden inzwischen nicht mehr den Hauptsitz der BBC-Nachfolgefirma ABB; diese ist nach der Fusion mit der ASEA nach Zürich umgezogen.

Nachdem wir die vier Kriterien diskutiert haben, schlagen wir acht Idealtypen einer *Company Town* vor:

1. Die Utopie: Neugründung mit Mission. Beispiele: Hershey, PA; Bournville, UK
2. Exploitationville: Neugründung als Profit Center. Beispiel: Bergbaustädte in USA
3. Vom Dorf zur Grossstadt. Beispiel: Leverkusen
4. Von der mittelalterlichen Peripherie zur Company Town. Beispiel: Zlín
5. Im politischen, wirtschaftlichen Niemandsland. Beispiel: Wolfsburg
6. Neues Unternehmen, neue Branche an altem Standort. Beispiel: Eindhoven
7. Die Diktatur: Pullman, IL
8. Demokratie in der Company Town: Uzwil, Arbon

2.3 Der Sonderfall Baden

Vor dem Hintergrund dieser Typologie: Welchem Idealtypus ist Baden zuzuordnen? Obwohl die beiden Gründer der BBC von ihrer technologischen Mission erfüllt waren, und daraus, wie wir sehen werden, eine Art Unternehmenssaga schrieben, waren sie doch weit davon entfernt, aus ihrer Firma eine gesellschaftspolitische Utopie schaffen zu wollen. Das Renditeziel überwog immer. George und Richard Cadburys Anspruch etwa, ihre Angestellten vom Alkoholgenuss fernzuhalten und zu sportlicher Betätigung zu bewegen, dürfte ihnen vollkommen fremd gewesen sein. Gleichzeitig ist offenkundig, dass Baden als *Company Town* in keiner Weise einer amerikanischen «Exploitationville» glich, vielmehr galt die BBC bald als sozialer, beliebter Arbeitgeber. Die Wohnungen und Häuser etwa, die die BBC bauen liess und besass, boten manche modernen Annehmlichkeiten und zeichneten sich durch günstige Mietzinse aus. Die Mission von Charles Brown und Walter Boveri bedeutete nie, das Leben ihrer Angestellten zu verändern oder zu optimieren, sondern, wenn sie firmeneigene Freizeiteinrichtungen erstellten oder die soziale Absicherung ausbauten, dann ging es ihnen in erster Linie darum, gut qualifizierte Arbeitskräfte anzuziehen. Nicht zu unterschätzen ist, dass sie damit auch politisches Kapital schufen, das ihnen half, unter den Bedingungen einer direkten Demokratie ihre Interessen zu wahren.

Baden war vor der Gründung der BBC auch kein unbedeutendes Dorf wie etwa Wiesdorf gewesen, woraus Leverkusen entstanden war, noch handelte es sich bei dieser alten Stadt um eine Neugründung wie Wolfsburg. Baden weist in dieser Hinsicht vielleicht am meisten Ähnlichkeiten mit Eindhoven auf: Einer mittelalterlichen Stadt in der katholischen Peripherie, in einem Land, das seit Jahrhunderten von den Reformierten dominiert wurde. Dazu passt auch die Tatsache, dass in Eindhoven mit der Zigarrenfabrikation bereits eine Branche und damit auch eine Art informelle Elite existierte, bevor das neue Unternehmen Philips den Ort umwälzte. In Baden, einem alten Kurort, bestand mit den Hoteliers und Badewirten eine eingesessene und angesehene Elite und eine dementsprechend gut etablierte Branche.

Was das politische, soziokulturelle Umfeld der Firma betrifft, glich Baden selbstverständlich anderen schweizerischen *Company Towns* wie Arbon, Uzwil, Vevey oder Schönenwerd. Auch in Baden bestimmte die Gemeindeversammlung die Politik, es wurde abgestimmt und gewählt, und der Stadtrat konnte es sich nicht leisten, über die Köpfe der Bevölkerung hinweg eine Industrialisierung zu forcieren oder allzu einseitig die Interessen der BBC zu privilegieren. Den gleichen Konstriktionen unterlag aber auch die Firma: Wenn die BBC ein Anliegen vorzubringen hatte, kam die Firmenleitung nicht umhin, sich dem direktdemokratischen Prozess zu stellen. Von einer Diktatur im Stile George Pullmans oder dem aufgeklärten, paternalistischen Regime eines Milton Hershey konnte nie die Rede sein.

Aber auch die deutsche Situation, die wir geschildert haben, unterschied sich deutlich von den Verhältnissen in Baden. In Wiesdorf zum Beispiel dürfte es der Firma Bayer nicht allzu schwergefallen sein, ihre Interessen durchzusetzen: im Gemeinderat sassen zahlreiche eigene, leitende Angestellte, und der Bürgermeister wurde jeweils faktisch vom Kaiser eingesetzt, dessen Ohr die Chefs einer so bedeutenden Firma wie Bayer jederzeit hatten.

Wir fassen zusammen. Baden glich zum einen am ehesten dem Typus, den Eindhoven verkörperte: Es war eine mittelalterliche Stadt, die auch ein «Leben» vor Philips bzw. BBC gekannt hatte. Es gab eine einheimische Elite, es waren bereits Betriebe vorhanden. Zum andern entsprach ihre interne politische Konstellation dem Typus der schweizerischen Gemeindedemokratie – mit allen Schwierigkeiten, Vorzügen und Unberechenbarkeiten, die diesem politischen System eigen waren.

Was zeichnete Baden aus? Welchen Fragen werden wir vertieft nachgehen müssen gemäss den Vorgaben unserer Typologie? Drei Eigenheiten stechen heraus.

Erstens. Baden mag Eindhoven geglichen haben – und doch offenbaren sich bei näherer Betrachtung wichtige Nuancen. Eindhoven war zu einem nicht unbeachtlichen Zentrum der Tabakindustrie aufgestiegen, als Philips 1891 zuzog, doch handelte es sich um eine sehr rezente Entwicklung. Noch vor ein paar Jahrzehnten hatte Eindhoven eher den Charme eines Dorfes aufgewiesen und war eine kleine, abgestiegene Stadt gewesen, deren gute Zeiten Jahrhunderte zurücklagen. Eindhoven bedeutete tiefste Provinz – und gerade aus diesem Grund waren die Tabakfabrikanten hierhergekommen, um diese periphere Gegend mit den tiefen Löhnen zu einer Art verlängerter Werkbank ihrer Geschäfte zu machen. Denn viele Tabakfabrikanten und -händler, wie etwa die Familie Philips selber, zogen nie in die Region, sondern betrieben ihr Geschäft von auswärts. In Eindhoven standen die Fabriken, ihre Zentralen aber anderswo. Als sie schliesslich dennoch in der Stadt heimisch wurden, war Philips schon da. So betrachtet gab es in Eindhoven zwar bereits eine Branche, doch deren Besitzer waren kaum in der Stadt integriert. Die eingesessene Elite von Eindhoven hatte wenig mit ihnen gemein.

Davon konnte in Baden keine Rede sein: Die informelle Elite der Hoteliers und Badewirte prägte seit Jahrhunderten diese Stadt. Der Kurort war uralt, die warmen Bäder sprudelten seit Menschengedenken, und der Fremdenverkehr, der darauf beruhte, dominierte alles. Auch wenn dessen wirtschaftlicher Erfolg Schwankungen unterlag, war der Tourismus stets die wichtigste Branche geblieben, von der die meisten Badener lebten. Das war keine Tabakindustrie, die von Auswärtigen betrieben, erst vor einigen Jahrzehnten in der Region aufgetaucht war, sondern es handelte sich um eine Branche, die seit langem die Politik, die Wirtschaft und das soziokulturelle Selbstverständnis der ganzen Stadt bestimmt hatte.

Unter solchen Umständen, in einer solchen Stadt eine neue Industrie aufzubauen, angesichts einer dermassen gut verankerten Elite: Das kommt selten vor. Es ist nicht die Regel, sondern stellt eine bemerkenswerte Ausnahme dar. Wenn wir uns die 39 *Company Towns* vor Augen führen, dann ist Baden die einzige Stadt, wo dies in diesem Ausmass der Fall war. Das ist erklärungsbedürftig.

Zweitens. Was diesen Befund umso erstaunlicher macht, ist die Tatsache, dass die Bäderstadt sich damals durchaus im Aufschwung befand. Von einer strukturellen Krise, wie sie dann später – nach dem Ersten Weltkrieg – einsetzen sollte, war nichts zu erkennen. Im Gegenteil, das 19. Jahrhundert bedeutete eine der besten Epochen für den Bädertourismus. Ausgerechnet zu jener Zeit, als die Industrialisierung sich an vielen Orten Bahn brach und in deren Kontext die meisten unserer *Company Towns* entstanden, erfreuten sich die Kurorte einer beispiellosen Konjunktur. Das eine hing mit dem anderen zusammen. Ein prosperierendes Bürgertum suchte Erholung und konnte sich das vermehrt leisten. Es wurde ein Boom der Kurstädte ausgelöst, nachdem diese ihr Angebot um Sport, moderne ärztliche Therapien und vor allen Dingen um Spielcasinos erweitert hatten. Man nannte sie die «Modebäder», weil nichts mehr der Mode, dem *Lifestyle* einer verwöhnten Oberschicht entsprach. Kurstädte wie Vichy, Vittel und Aix-les-Bains in Frankreich, Baden-Baden und Wiesbaden in Deutschland oder Spa in Belgien erlangten eine Aura des Raffinierten und Eleganten, die man sich heute nur mehr vorstellen kann, wenn man die prunkvollen Hotels und grosszügigen Parkanlagen in diesen Städten besichtigt. In den Kurstädten verdiente man spektakulär: Von der «Weltkurstadt» sprach man im Zusammenhang mit Wiesbaden, weil es derart viel internationales Publikum anzog, von der «Sommerhauptstadt» Frankreichs war die Rede, wenn man Baden-Baden meinte, weil zeitweise die halbe Pariser *Haute Société* in diesem deutschen Kurort ihren Sommerurlaub verbrachte.

In Baden in der Schweiz weilte nicht die halbe Welt – und dennoch profitierte die alte Bäderstadt von dieser aussergewöhnlichen Hochkonjunktur. Besonders seit 1847 die erste Eisenbahn der Schweiz von Zürich nach Baden gebaut worden war, nahmen die Gäste laufend zu, es entstanden neue Hotels, während die bestehenden vergrössert und renoviert wurden. Man fasste neue Quellen. Nichts deutete darauf hin, dass dieser Kurort bald eine vollkommen neuartige Industrie beherbergen würde. Noch weniger war zu ahnen, dass eine einzelne Firma die Stadt gleichsam kolonisieren sollte.

Ein **Drittes** kommt hinzu, was diese Entwicklung in Baden umso surrealer erscheinen lässt. Zu jener Zeit galt es als ausgemacht, dass sich ein Kurort keinesfalls mit der Ansiedlung von Industrie vertrug. Dampfende Bäder oder rauchende Fabrikschlote? Das eine schloss das andere aus. Es gehörte nachgerade zum Geheimnis jeder Kurstadt: Um Gäste anzulocken, schien es ratsam, ihnen für ein paar Kurwochen die Illusion einer Welt ohne Industrie, also ohne

Schmutz, Lärm und Proletariat, vielleicht auch ohne Sozialisten vorzuspiegeln. Das bot Erholung. Deutschland war in dieser Hinsicht typisch: Das Frankfurter und Berliner Grossbürgertum, aber auch der deutsche Adel, zogen es vor, weitab von Hochöfen und Mietskasernen ihren Urlaub zu verbringen. Sowohl Wiesbaden als auch Baden-Baden inszenierten sich als Idyllen der deutschen Innerlichkeit, besonders was ihre landschaftlichen, sorgsam kuratierten Eigenschaften anbelangte: sanfte Hügel, grüne Wälder, schattige Wege, satte Wiesen. Wer hier kurte, begab sich geistig und real in die altdeutsche Vormoderne – mit allen Vorzügen der Industriegesellschaft zwar: fliessendes Wasser, komfortable Hotels, warme Duschen – aber ohne die negativen Begleiterscheinungen vergangener Epochen oder der industriellen Gegenwart.

Mag sein, dass dieses etwas eskapistische Bedürfnis in den deutschen Oberschichten häufiger verbreitet war als im schweizerischen Publikum: Vorindustrielle Romantik, Anti-Sozialismus, Klassendünkel, der Drang nach räumlicher und zeitlicher Segregation – diese manchmal toxische Mischung von soziokulturellen Distinktionsmitteln schuf eine Nachfrage, an der sich die deutschen Kurstädte zu orientieren hatten, wollten sie erfolgreich bleiben.[97] Einen Bäderort zu forsch zu industrialisieren, falls überhaupt, drohte dessen touristischen Wert zu untergraben, wenn nicht zu zerstören.

Zwar gab es in manchen deutschen Kurstädten Bestrebungen, sich von der allzu einseitigen Abhängigkeit von Kurgästen zu lösen, man fürchtete das Klumpenrisiko dieser Monokultur, doch blieben solche Bemühungen in der Regel ohne Erfolg. Der Widerstand der Hoteliers war zu gross. Wenn es für diese Abneigung gegen jegliche Industrialisierung ein eindrückliches Beispiel gibt, dann ist das Wiesbaden. Da diese Stadt damit einen interessanten Kontrast zum schweizerischen Baden bietet, möchten wir im Folgenden etwas näher darauf eingehen.

2.4 Wiesbaden als «Normalfall»

Wiesbaden, noch zu Beginn des 19. Jahrhunderts eine kleine Stadt im damaligen Herzogtum Nassau, unweit des Rheins und in der Nähe der alten Reichsstadt Frankfurt gelegen, war zwar von jeher ein Bäderort gewesen.[98] Wie das schweizerische Baden besass es Thermalquellen, die schon zur Römerzeit und dann im Mittelalter genutzt worden waren. Doch erst im Laufe des 19. Jahrhunderts stieg der Ort zu jenem glanzvollen Zentrum deutscher Bäderkultur auf, als das es schliesslich weltberühmt werden sollte. Tatsächlich war der Wandel imposant: Zählte die Stadt um 1800 rund 2000 Einwohner, schwoll sie bis 1914 auf über 100 000 an und wurde damit auch offiziell zu einer Grossstadt – das war aussergewöhnlich: «Die Entwicklung zur Kur- und bevorzugten Rentnerwohnstadt»,

I. Teil. Grundlagen

hält der deutsche Historiker Franz Fischer fest, «macht Wiesbaden zum bemerkenswerten Sonderfall einer Stadt, die in der zweiten Hälfte des 19. Jahrhunderts ohne Industrialisierung zur Grossstadt wurde.»[99]

Am Anfang dieser Entwicklung standen der Zeitgeist und ein ehrgeiziges Herrscherhaus, die Herzöge von Nassau. Deren kleines Reich war erst 1806 von Napoleons Gnaden geschaffen worden. Es waren darin mehr als zwanzig ehemalige Fürstentümer und geistliche Territorien aufgelöst worden, um damit die territorialen Verluste an Frankreich wettzumachen, die die verschiedenen Linien des Hauses Nassau zuvor erlitten hatten. Überdies wurden diese Familienzweige fusioniert, so dass zwei Cousins aus dieser alten Dynastie nun gemeinsam herrschten, der ältere als Herzog, der jüngere als Fürst – und Wiesbaden, eine winzige, noch unbedeutende Stadt wurde bald zu ihrer neuen Hauptstadt bestimmt.[100] Ohne Verzug legten die beiden Monarchen und ihr Kabinett ein Modernisierungsprogramm nach französischem Vorbild auf. Unter anderem wurde die Leibeigenschaft beseitigt, eine neue Grund- und Gewerbesteuer geschaffen, die Niederlassungsfreiheit gewährt – und natürlich die Wirtschaft nach Kräften unterstützt. Davon profitierte vor allem Wiesbaden. Denn was lag näher, als den Bäderort zu entwickeln – zumal in Frankreich längst eine neue Blüte der Badekultur eingeleitet worden war. In seiner Studie über die deutschen Kurstädte hält der deutsche Sozialwissenschaftler Burkhard Fuhs mit Blick auf Wiesbaden fest:

«Der Ausbau des Badeortes zu einem Modekurort war für den immer noch kleinen Staat Nassau wirtschaftlich von grosser Wichtigkeit. Der mondäne Kurbetrieb brachte nicht nur über das Glücksspiel grosse Gewinne ein, sondern förderte die städtische Wirtschaft, durch seinen hohen Bedarf an Dienstleistungen und Luxuswaren. Der Modekurbetrieb zog fremdes Investitionskapital in das finanzschwache Herzogtum.»[101]

Die Herzöge von Nassau hätten für ihre intensivierte Standortpolitik zugunsten Wiesbadens kaum einen besseren Zeitpunkt wählen können. Was noch im 18. Jahrhundert eher zu den Privilegien des Adels gehört hatte, wuchs nach der napoleonischen Ära auch zu einem Vergnügen der Bourgeoisie heran: Zuerst in Frankreich, dann überall in Europa lernte man die gesundheitlichen, touristischen und soziokulturellen Vorzüge warmer Bäder schätzen. Es setzte ein Aufstieg sondergleichen ein, den man heute im Nachhinein als ersten Durchbruch des modernen Tourismus bezeichnen kann. Dafür gab es verschiedene Ursachen, zwei haben wir bereits angedeutet, beide sind für unsere Fragestellung relevant: Zum einen kam besonders in Frankreich eine prachtliebende Bourgeoisie auf, die sich, was ihren Lebensstil anbelangt, eng am Adel orientierte. Es brach die

Zeit der Pariser Nouveaux Rich, der Parvenus, der Gigolos an. Und die Orte, wo sie sich mit Vorliebe entfalteten, wenn es einmal nicht die Hauptstadt Paris sein musste, waren die neuen Bäderorte, die jetzt überall aus dem Boden schossen oder neu konzipiert wurden, zuerst in Frankreich, bald auch in Deutschland oder Belgien.[102]

Zum andern hing damit ein sich verstärkendes Bedürfnis der Gäste zusammen, sich sozial und kulturell abzusondern – vermutlich war dies umso mehr der Fall, als es sich bei diesen neuen sozialen Eliten um in ihrem Status noch ungefestigte Aufsteiger handelte. Die Kurstädte stellten diesen Raum der Selbstvergewisserung zur Verfügung – im buchstäblichen Sinne. Überall entstanden Kurbezirke – oft gut sichtbar abgetrennt von der bisherigen Siedlung, womit allein mit architektonischen Mitteln unterstrichen wurde, dass hier eine neue, exklusive Welt erschaffen worden war.

Wiesbaden ist in dieser Hinsicht exemplarisch: Noch 1785 besass Wiesbaden wenig Charme, wie ein Besucher klagte: «Auch fehlt es hier an schattigen Spaziergängen und an merkwürdigen Anstalten zu anständigen öffentlichen Vergnügungen», schrieb Christian Cay Hirschfeld, ein Gartentheoretiker und Universitätsdozent auf Durchreise: «Wisbaden [sic] ist ein elendes Städtchen mit engen Gassen.»[103]

Davon wollten die Herzöge von Nassau nun nichts mehr wissen und nichts mehr sehen. Ab 1810 leiteten sie ein ehrgeiziges Sanierungsprogramm ein. Sie liessen weitab von der Altstadt und den bestehenden Bädern ein Kurhaus errichten, dieses unentbehrliche Symbol der neuen balneologischen Hochkultur, wie es zuerst in Frankreich in Mode gekommen war. Es war prunkhafter und monumentaler, als alles was man bisher in Wiesbaden, dieser schlichten, provinziellen Stadt, gekannt hatte. Um jede Spur aus der Vergangenheit vergessen zu machen, wurden kurz darauf besonders breite Strassen mit stattlichen Häusern angelegt, das sogenannte Historische Fünfeck, das die mittelalterliche Stadt umfassen und im eigentlichen Sinne des Wortes unsichtbar machen sollte. «Nur einseitig bebaut», schreibt die deutsche Denkmalpflegerin Sigrid Russ, «verbargen bald ansehnliche Gebäude das für ästhetisch anspruchsvolle Zeitgenossen unzumutbare Häusergewirr im Stadtinnern.»[104]

Ohne Rücksicht auf die vormoderne Vergangenheit gestalteten die Fürsten ihre Stadt konsequent um. Detaillierte Bauvorschriften und eine strikte Zonenplanung schufen eine segregierte Gartenstadt, wo Parks, Alleen, Hotels und sorgsam ausgesteckte Villenviertel dafür sorgten, dass eine kritische Kundschaft jene Illusion einer eigenen höheren Existenz erfuhr, die sie sonst in ihrem Alltag zu Hause nicht vorfand – in den oft noch mittelalterlich aussehenden Städten und besonders in den sich bald ausbreitenden Industrieorten.

Der Kampf gegen alles Unschöne, Schmutzige, Industrielle gehörte von Anfang an zu den Maximen der neuen Kurstadt Wiesbaden. Als der touristische *Take-off* einsetzte, gab es auf dem Gebiet der Stadt noch Bauernhöfe, jetzt wurden diese an den Rand verlegt, ebenso baute man eigens Quartiere für die zahllosen Dienstboten, Handwerker und sonstige Kleinbürger, es wurde entmischt und gesäubert. Alles verboten. Man untersagte den Einwohnern, an den Brunnen im Kurbezirk Wasser zu holen, man hielt sie davon ab, das Vieh durch die Stadt zu treiben, und es war nun nicht mehr erlaubt, im Grossen Weiher hinter dem Kurhaus zu baden, zu waschen, zu fischen oder zu bleichen, was vorher üblich gewesen war. Burkhard Fuhs spricht von einer «Zivilisierung der Stadtbewohner», denen «diese distinguierte Nutzung des Kurbezirks Anfang des 19. Jahrhunderts erst nahegebracht werden» musste.[105]

Schon 1803 hatte die Polizeideputation eine Art Hausordnung für den Kurbezirk erlassen:

«Ungesitteten, schlechtgekleideten Kindern und Erwachsenen ist der Zutritt verboten. Man soll nicht den Fremden die Bänke besonders im Haupteingang besetzen und, falls die Gesellschaft der Fremden zu stark ist, sich entfernen und anderwärts sein Vergnügen suchen. Während der Kurzeit haben sich Handwerksburschen, Knechte und Mägde sowie einheimische Kinder des Promenierens auf der Kranzpromenade zu enthalten.»[106]

Selbst das Militär – in Wiesbaden war eine Garnison stationiert – wurde zurückgebunden. Während der Kursaison verlangte die Polizei vom Kommando, «dass die Waffenübungen des Regiments nicht in den von den Fremden am meisten besuchten Gegenden der Stadt stattfinden und dass nicht das Militär am frühesten Morgen geräuschvoll durch die Stadt zieht.»[107]

Bald bemühte sich ein «Verschönerungsverein» darum, auch die Umgebung Wiesbadens touristisch zu erschliessen, es wurden bequeme Spazierwege angelegt und Ruinen so präpariert, dass sie den romantischen Vorstellungen der Kurgäste gerecht wurden. Dem Verein gehörte alles an, was in Wiesbaden Rang und Namen hatte, insbesondere die Elite der Hoteliers und Badewirte.

Die kollektiven Anstrengungen von Monarchen, Beamten und Hoteliers zahlten sich aus. Die Gäste strömten herbei, und sie blieben immer länger. Trotz scharfer Konkurrenz in Deutschland und in Europa stieg Wiesbaden bald zu einer der führenden und wohlhabendsten Kurstädte auf. Dazu hatte auch das Glücksspiel beigetragen.

Schon 1771 war in Wiesbaden das Glücksspiel eingeführt worden und besonders nach den ständigen Wirren der napoleonischen Kriege wurde daraus ein gutes Geschäft. Dass dieses bald ein glänzendes werden würde, verdankte Wiesbaden aber einer unverhofften, ausländischen Intervention. 1837 verbot der französische König Louis-Philippe I. das Glücksspiel in ganz Frankreich. Betroffen war in erster Linie Paris, das bis zu diesem Zeitpunkt europaweit das unbestrittene Zentrum der Branche gewesen war. Hunderttausende von Francs standen nun buchstäblich auf dem Spiel. In der Folge retteten sich die französischen Casinobesitzer (und ihre Kunden) ins Ausland, mit Vorliebe nach Deutschland, das damals als Deutscher Bund dezentral organisiert war, und wo die Behörden bereitwillig, sofern der Preis stimmte, entsprechende Lizenzen vergaben: Jean Jacques Bénazet, bis vor kurzem einer der mächtigsten Casinobetreiber von Paris, erwarb jetzt die Konzession von Baden-Baden, wo er Antoine Chabert, einen anderen Franzosen, verdrängte, der sich schon vorher hier niedergelassen hatte. Bénazet hatte Chabert mit Unsummen überboten. Stattdessen wandte sich Chabert nach Wiesbaden und übernahm hier das Casino. Das Verbot in Frankreich löste in Deutschland einen unerhörten Aufschwung des Glücksspiels aus. Und jene Kurstädte, die Casinos vorwiesen, verwandelten sich in bevorzugte Urlaubsorte französischer Gäste. In Baden-Baden stammte zuweilen gut die Hälfte aller Kurgäste aus Frankreich, in Wiesbaden war es rund ein Fünftel.

Es schien, als könnte den Hoteliers von Baden-Baden und Wiesbaden nichts mehr missraten. Für Jahrzehnte galten die beiden Kurstädte als Perfektion deutscher, wenn nicht europäischer Bäderkultur. In einem harten Wettbewerb stehend, versuchten sie sich gegenseitig zu übertreffen: Wer war gastfreundlicher, wer innovativer, wer nobler? Lange lag Baden-Baden in der Publikumsgunst und Reputation vorn, wofür wohl die Nähe zu Frankreich, dem massgebenden Land des guten Geschmacks, verantwortlich war. Bis Wiesbaden abermals von einer politischen Intervention profitierte, die zuerst wie ein Fluch erschien, sich hinterher aber als Segen herausstellte.

1866, nach dem preussisch-österreichischen Krieg, hatte das siegreiche Preussen das Herzogtum Nassau annektiert – denn unklugerweise hatte sich Nassau auf die Seite Österreichs geschlagen und mit ihm den Krieg verloren. Damit büsste Wiesbaden seinen Status als Haupt- und Residenzstadt ein. Was die Stadt abzuwerten drohte, der Verlust der Unabhängigkeit, bewirkte das Gegenteil. Weil es neuerdings in Preussen lag, zog es bald auch mehr Preussen an, vor allem einen Preussen: Wilhelm II., der seit 1888 als deutscher Kaiser regierte – und zugleich preussischer König blieb. Ob mit Absicht, um das nunmehr preussische Wiesbaden zu fördern, oder aus welchen Gründen auch immer: Jedenfalls erwählte der Kaiser Wiesbaden zu seinem favorisierten Bad. Regelmässig, so gut wie jedes Jahr im Mai, kurte er hier, und wenn von Wiesbaden die Rede war, nannte man es nun respektvoll das «Kaiserbad».

Mit dieser Art von Reklame konnte Baden-Baden, das zum relativ kleinen Grossherzogtum Baden gehörte, natürlich nicht konkurrenzieren.[108] Zwar ka-

I. Teil. Grundlagen

men nach wie vor Fürsten, Herzöge und auch Könige, aber nicht der deutsche Kaiser. Schon um die Jahrhundertwende wurden die beiden Kurstädte als ebenbürtig angesehen. Um 1914 zog Wiesbaden jährlich 200 000 Kurgäste an; nur Baden-Baden, die alte Rivalin, kam ihr gleich. Allerdings wuchs Wiesbaden in jenen Jahren sogar zu einer Grossstadt heran, während Baden-Baden kleinstädtisch blieb. 1910 wies es nach wie vor bloss 22 000 Einwohner auf.[109]

Aus diesem Blickwinkel verlief die Entwicklungsgeschichte von Wiesbaden anders als jene von Baden-Baden, noch konträrer erscheint sie jedoch, wenn wir an das schweizerische Baden denken. Die hessische Kurstadt war zwar zur Grossstadt geworden – aber ohne jede Industrie. Die Kurstadt hatte immer Priorität. Dass dies der Fall blieb, dafür sorgten in Wiesbaden mächtige Interessen.

Wir haben die umfassende, in der Regel autoritäre Befriedung des öffentlichen Raumes geschildert, die die Fürsten zu Anfang der touristischen Erschliessung ihrer Residenzstadt verordnet hatten. Dazu gehörte auch eine anti-gewerbliche, anti-industrielle Politik, die das Kurgeschäft rigoros besser behandelte als alle übrigen wirtschaftlichen Unternehmungen. Tatsächlich wurden die wenigen anderen grösseren Betriebe, die sich einst in der Innenstadt befanden, – zwei Ziegelhütten und drei Brennöfen – hinausgedrängt, wobei man keine Kosten scheute, die Eigentümer dafür immerhin zu entschädigen. Was mit dieser Vertreibung begann, blieb auf Jahrzehnte hinaus Praxis – zuerst der Fürsten, schliesslich der dominierenden Eliten des Ortes. Sie kontrollierten auch das lokale Stadtparlament.

Niemand verkörperte diese industriefeindliche Haltung vielleicht besser als der langjährige Oberbürgermeister von Wiesbaden, Carl von Ibell (1847–1924). Er amtierte von 1883 bis 1913 und prägte die triumphale Epoche der Kurstadt Wiesbaden wie kaum ein anderer Politiker.[110] Kaiser Wilhelm II., der Stammgast, nannte Ibell ironisch «den Prachtliebenden». In jenen dreissig Jahren, da von Ibell wie ein Alleinherrscher schaltete und waltete, industrialisierte sich Deutschland auf breiter Front und mit beispiellosem Tempo – ausser in Wiesbaden, ist man versucht zu sagen, wofür Ibell persönlich besorgt war. 1910 führte er aus:

«Es gibt Städte und Orte, wo jeder neue Fabrikschornstein mit Freuden begrüsst wird. Es gibt aber auch Städte, wohin sich die Menschen aus diesen schornsteinreichen und rauchgefüllten Gegenden zur Erholung, zur Ruhe und zum Geniessen schöner Luft zurückziehen. Solch eine Stadt ist auch Wiesbaden.»[111]

Die Konsequenz daraus lag für Ibell auf der Hand:

«Meiner Ansicht nach darf die Industrie in unseren Gemarkungsbezirk nicht hereingezogen werden. Wir können aus der Umgebung die Industrie freilich nicht fernhalten. Erst bei grösserer Eingemeindung in Wiesbaden (…) können wir der Entwicklung einer Industrie nähertreten. Dann wird unserer Industrie im Südwesten der Stadt ein Platz anzuweisen sein, entfernt von der am Wald gelegenen Stadt.»[112]

Bis es so weit war, sollte es aber dauern. Solange Ibell an der Macht blieb, entzog sich Wiesbaden jeder Industrialisierung. Vororte, wie etwa Biebrich am Rhein, wo 1863 eine recht erfolgreiche chemische Fabrik entstanden war (Kalle & Co.), wurden bewusst nicht eingemeindet, weil man gewissermassen deren Kontamination fürchtete. Erst 1926, zu einer Zeit, da der Kurort mehrfach unter Druck geraten und nachdem das kommunale Wahlrecht demokratisiert worden war, wurde Biebrich schliesslich Teil von Wiesbaden.

Auch Kurdirektor Ferdinand Hey'l (sic), der zweite Herrscher vor Ort, sah das ähnlich. In seinem Wiesbaden-Führer schrieb er 1877:

«Der eigentliche kaufmännische Verkehr Wiesbadens wurzelt hauptsächlich in den mit der Cur-Industrie zusammenhängenden Branchen und es ist ein offenbarer Vorzug des Badeortes, dass Fabrikwesen und mercantiles Treiben den Curgast nicht behelligen.»[113]

Offensichtlich war zu diesem Zeitpunkt der Entwicklungspfad, den Wiesbaden eingeschlagen hatte – den eines ausschliesslichen Kurorts ohne jede Industrie – irreversibel festgelegt. Wie sehr dies zutraf, hatte sich wenige Jahre zuvor offenbart, als Wiesbaden den vielleicht härtesten Schock seiner Wirtschaftsgeschichte zu verkraften hatte. 1871 wurde Wiesbaden, das inzwischen zur preussischen Provinz Hessen-Nassau gehörte, Teil des neuen deutschen Kaiserreichs. Ein Jahr später untersagte das Reich überall das Glücksspiel – womit eine der wichtigsten Einnahmequellen der Kurstadt wegbrach.[114]

Die Art und Weise, wie Wiesbaden 1872 auf das Aus des Glücksspiels reagierte, ist aufschlussreich und bestätigt unsere These, dass es einer etablierten Elite und Branche in der Regel schwerfällt, sich wirtschaftlich völlig neu zu orientieren. Um den Einbruch aufzufangen, führten die Hoteliers die Wintersaison ein, was es bisher nicht gegeben hatte. Ebenso forcierten sie die (kostspielige) Medizinalisierung der Kur, was die Erträge erhöhte. Als Ersatz für das Glücksspiel wurde schliesslich der Sport entdeckt, der sich zu jener Zeit in den deutschen Oberschichten zunehmender Beliebtheit erfreute. Um dem Vorbild des englischen Gentlemans nachzueifern, begann auch das deutsche Bürgertum, ja selbst der Adel Golf und Tennis zu spielen, und so baute man in Wiesbaden, besonders nach der Jahrhundertwende, die entsprechenden Plätze und Anlagen, ausserdem auch eine mustergültige Pferderennbahn – was den Flächenverbrauch des Kurorts übrigens masslos steigerte. Unter diesen Umständen war an einen Zuzug von Industrie nicht zu denken. Es hätte schon an den nötigen freien Quadratmetern gemangelt. Doch ein solcher Schritt stand ohnehin nicht zur Debatte. Man setzte auf den Kurbetrieb – als wäre nichts geschehen.

Stattdessen intensivierte man eine Entwicklung, die Wiesbaden bis zum Ersten Weltkrieg zu einer der reichsten Städte des Kaiserreichs machen sollte. Da es sich hier erwiesenermassen gut und ungestört leben liess, war die Kurstadt längst zum populären Aufenthaltsort wohlhabender Rentiers geworden. Ehemalige Unternehmer, pensionierte Generäle, Grossgrundbesitzer im Ruhestand, zahlungskräftige Erben, reiche Witwen, kurz: Millionäre jeder Art zogen sich hierher zurück. Die einen wählten den Ort als Zweitwohnsitz, die andern liessen sich für immer nieder. Man nannte die Stadt bald «Pensionopolis».[115] Dass der Kaiser ebenfalls regelmässig in Wiesbaden weilte, trug dazu bei, die Exklusivität des Ortes zu erhöhen.

Nichts aber dürfte die Millionäre mehr angezogen haben als die Steuerpolitik der heimischen Eliten: Sie sorgten dafür, dass die Stadt zu den steuergünstigsten Gemeinden des Landes aufstieg. 1907 zahlte man nur in den wohlhabenden Berliner Vororten Charlottenburg und Wilmersdorf sowie in Frankfurt am Main so tiefe Steuern wie in Wiesbaden. Als treibende Kraft dieser systematischen Tiefsteuerpolitik erwies sich auch hier der mächtige Oberbürgermeister Carl von Ibell.

Louis Berger, sein langjähriger Sekretär, schrieb in seinen Erinnerungen: «Trotz der durch die schnelle Entwicklung erforderlich gewordenen grossen Aufwendungen war es der Finanzpolitik des Oberbürgermeisters Dr. v. Ibell gelungen, die städtischen Steuern in mässigen Grenzen zu halten, so dass Wiesbaden zu den Städten mit den niedrigsten Gemeindesteuerzuschlägen zählte. Dadurch förderte er den Zuzug reicher Steuerzahler».[116]

Dass von Ibell sich bis zum Ersten Weltkrieg so gut durchzusetzen vermochte, lag natürlich am preussischen Dreiklassenwahlrecht, das die vermögenden Kreise in Wiesbaden sehr einseitig begünstigte und es ihnen leicht machte, die lokale Steuerpolitik in ihrem Sinne zu gestalten. Bloss rund fünf Prozent der Einwohner Wiesbadens verfügten über das kommunale Stimmrecht. Und wenn alle Stricke rissen, mischte sich sogar der Kaiser ein, der Wiesbadener auf Zeit: So förderte und forderte er etliche Prestigebauten, unter anderem einen überdimensionierten Hauptbahnhof, der alle Vorurteile bestätigte, die man dieser Epoche des wilhelminischen Gigantismus unterstellen mochte. 1914 lebten hier über 300 Millionäre, was für einen so kleinen Ort eine aussergewöhnliche Dichte darstellte. Das «Grüne Viertel», ein Villenquartier, nannten die Einheimischen nurmehr den «Millionärshügel».[117]

Wenn wir den Kurort Baden im Vergleich dazu betrachten, können wir jetzt schon einen essenziellen Unterschied hervorheben: Die meisten ausländischen Bäderorte erfreuten sich der ausgesprochenen Protektion des Staates, besonders in Deutschland, das auch nach 1815 eine Ansammlung von kleinen und mittleren Staaten geblieben war. Oft war es ein Fürst höchstpersönlich, der den Kurort überhaupt zu dem gemacht hatte, was er nun bedeutete. Im Zeitalter des späten Merkantilismus war es eine einfache, beliebte Methode, Handel und Gewerbe zu fördern – zumal der Glamour des Badeortes optimal mit den Bedürfnissen nach Selbstdarstellung harmonierte, wie sie einer fürstlichen Residenz eigen waren, wie Burkhard Fuhs mit Blick auf Wiesbaden feststellt:

«Die Regierung des neuen Herzogtums förderte die repräsentative Erweiterung Wiesbadens zur Konsolidierung ihrer Herrschaft: Es musste nicht nur Raum für den grösseren, zentralisierten Verwaltungsapparat geschaffen, sondern auch die neue Macht symbolisch dokumentiert werden.»[118]

Als später die Industrialisierung einsetzte, fiel es den eingesessenen Eliten der Kurstädte ungleich leichter, jegliche Industrie vom Kurort fern zu halten, als etwa den Hoteliers in der demokratischen Schweiz. Zum einen schützte sie, wie im Fall des preussischen Wiesbadens das Dreiklassenwahlrecht, zum anderen aber waren es oft die Fürsten selber, die einschritten, notfalls sogar der Kaiser. Wilhelm II. hätte nie zugelassen, dass sein Bad zu einer Industriestadt würde. Dass es nie erst so weit kam, darum kümmerte sich von Ibell, der Oberbürgermeister, den zwar eine Minderheit der Wiesbadener gewählt hatte – dessen Wahl aber wie überall in Preussen vom Kaiser persönlich hatte bestätigt werden müssen.[119]

Auch in Baden-Baden entschied am Ende ein Fürst, wenn sich die (wenigen) Bürger, die im städtischen Parlament sassen, nicht einigen konnten. Im schweizerischen Baden dagegen war es die Gemeindeversammlung, also die Gesamtheit aller stimmberechtigten Männer, die abschliessend urteilte. Wenn die Badener Hoteliers ihre Interessen wahren wollten, dann mussten sie Mehrheiten gewinnen. Keine Audienz beim Fürsten konnte ihnen da helfen, wie das ihren Kollegen in den deutschen Kurstädten offenstand.

2.5 Erste Zwischenbilanz

Was nehmen wir an erkenntnisleitenden Fragen und methodischen Herangehensweisen mit, wenn wir uns jetzt in den folgenden Kapiteln der konkreten Analyse der *Company Town* Baden widmen?

Erstens lässt sich das komplexe Verhältnis der BBC zu ihrem neuen Standort, einem bisher wenig industrialisierten Kurort auch unter dem Gesichtspunkt der gleichsam grenzüberschreitenden Internalisierung betrachten, wo über den ökonomischen Aufwand hinaus erhebliche, oft schwer fassbare Kosten zu berücksichtigen waren: nämlich politische, soziale oder kulturelle. Diese fielen auf jeden Fall an. Wie hoch, wie einschneidend waren sie? Wir haben die besonderen politischen Rahmenbedingungen einer weitgehend demokratisierten schweizerischen Kleinstadt bereits thematisiert, wo eine Gemeindeversammlung die letzten Beschlüsse fasste. Wie wurden diese erheblichen Risiken bewältigt oder begrenzt – und inwiefern kann der Wandel Badens von einer Bäderstadt zu einer prototypischen *Company Town* dank diesem institutionenökonomischen Zugang neu interpretiert werden?

Dieser Wandel ist **zweitens** umso bemerkenswerter, als es sich bei Baden um eine alte mittelalterliche Stadt handelte, die ausserdem seit Jahrhunderten als Kurort prosperiert hatte. Warum bemerkenswert? Wenn unsere Typologie der *Company Towns* etwas klargestellt hat, dann die Tatsache, dass in Baden eine äusserst seltene Konstellation anzutreffen ist: Von den 39 *Company Towns*, die wir analysiert haben, waren 29 Neugründungen oder gingen auf Dörfer zurück, – bloss 9 waren in bereits existierenden Städten entstanden, wobei man überwiegend von kleinen, unbedeutenden Städten sprechen kann. Umso erklärungsbedürftiger ist das Beispiel Baden, wo all dies auf den ersten Blick anders erschien. Wie anders, offenbaren die vier Kriterien, gemäss denen wir unsere Typologie modelliert hatten, namentlich:

1. «Grüne Wiese» versus alte Siedlung
2. Etablierte Elite versus homines novi
3. Mission versus Profit
4. Demokratie versus «Diktatur»

Baden ist ein rares Beispiel, weil es offensichtlich weder eine Neugründung noch ein Dorf war; Baden fällt auf, weil es gut etablierte, im Grunde vorindustrielle Eliten besass: die Hoteliers und Badewirte. Baden unterschied sich auch von den meisten anderen *Company Towns* darin, als dass es relativ ausgeprägte demokratische Institutionen aufwies – was selbstredend nicht an Baden lag, sondern an den politischen Verhältnissen in der damaligen Schweiz, die in ganz Europa herausstachen. Allein in Bezug auf ein Kriterium, der ideologisch-sozialpolitischen Grundierung einer *Company Town* gewissermassen, kann Baden als ein durchschnittlicher Fall bezeichnet werden: Die Gründer der BBC verfolgten in ihrer Betriebspolitik keine spezielle sozialreformerische oder religiös motivierte Mission. Zugleich war die BBC freilich auch keine rücksichtslose, allein dem Profit verpflichtete Firma, im Gegenteil: man bemühte sich um gute Beziehungen zur Standortgemeinde und ihrer Bevölkerung, wofür aber eher die demokratischen Rahmenbedingungen verantwortlich gewesen sein dürften als die persönlichen Überzeugungen der beiden Gründer – wobei das eine das andere natürlich nicht ausschliesst. Erst die folgenden Untersuchungen werden das klären.

Was jedoch feststeht: Gemessen an drei Kriterien unserer Typologie stellte sich Baden als ein Sonderfall heraus. Eine Eigenheit kommt hinzu, die diesen Standort von den übrigen *Company Towns* wesentlich abhob. Diese Stadt verfügte als einstiger Tagsatzungsort der Eidgenossenschaft nicht bloss über eine grosse Vergangenheit – ein Ruhm, der 1890 zugegebenermassen weit zurücklag und kaum mehr von Belang war – vielmehr galt Baden zu jener Zeit, als die Gründer der BBC auftauchten, nach wie vor ein als einer der führenden Kurorte der Schweiz. Normalerweise kam es unter solchen Umständen und an einen solchen Ort zu keiner nennenswerten Industrieansiedlung – wie der internationale Vergleich mit anderen Kurstädten nahelegt. Trotzdem geschah es.

Warum? Um unseren Blick auf diese Besonderheit und ihre möglichen Ursachen zu schärfen, hat sich Wiesbaden als geeignetes Anschauungsobjekt erwiesen. Keine Kurstadt des Deutschen Reiches war damals erfolgreicher, keine glänzender, und keine bot darin einen grösseren Kontrast zu Baden. Ausgerechnet zur gleichen Zeit, da Baden sich einer neuen Industrie öffnete, wehrten die Wiesbadener, oder besser: deren Eliten, jeden Versuch ab, die Kurstadt zu diversifizieren. Das ging so weit, dass man lieber auf Eingemeindungen verzichtete, als zuzulassen, dass auf dem Stadtgebiet Fabriken zu stehen kamen. In dieser industriefeindlichen Haltung wurde man wesentlich unterstützt durch die Behörden und einen industriefeindlichen Oberbürgermeister, der genauso auf den Fremdenverkehr setzte – und darin bei Bedarf sogar vom Kaiser, einem Stammgast, bestarkt wurde. Als vorläufige Erklärung für die unterschiedliche Entwicklung der beiden Kurorte sehen wir deshalb den je verschiedenen politischen Kontext an. In Baden, wo direktdemokratische Zustände herrschten, fiel es, so unsere Vermutung, den eingesessenen Eliten viel schwerer, Aussenseiter und Zuzüger abzuwehren.

Im Folgenden werden wir versuchen, diesen mehrfachen Sonderfall Baden zu erklären – und aufzuzeigen, inwiefern diese einzigartige Konstellation zu Beginn der BBC-Ära auch die darauffolgenden Jahrzehnte formte. Wir gehen davon aus, dass sich manche Eigenheiten, die wir im Verhältnis dieser Stadt zu ihrer übermächtigen Firma finden werden, darauf zurückführen lassen.

3. Die Kurstadt Baden

Um die Transformation zu beschreiben, die Baden ab 1891 erfuhr, möchten wir zunächst den Zustand festhalten, in dem sich die Stadt vor diesem Wandel befand. Als Stichjahr wählen wir 1870. Andere Jahre würden geradeso Sinn machen, dieses Datum empfiehlt sich, weil kurz darauf ein erstaunlicher Boom die Kurstadt ergriff. In der Retrospektive stellte sich dieser als höchst ambivalent, wenn nicht fatal heraus: Gewiss, es wurden in jenen Jahren die Grundlagen geschaffen für eine späte Blüte des Kurorts, die bis zum Ersten Weltkrieg anhalten sollte –, zugleich wurden grosse Fehlinvestitionen getätigt, an deren Konsequenzen die Stadt noch Jahrzehnte lang zu tragen hatte. Am Ende erzwangen sie die Industrialisierung des alten Kurorts.

Aufgrund unserer Typologie von *Company Towns* haben wir die Elemente des Sonderfalls Baden bereits identifiziert, ihn zu erklären, ist Ziel des vorliegenden Kapitels. Dabei gehen wir folgendermassen vor: Zunächst beschreiben wir jene Eigenschaften der Kurstadt, die seit langem wirkungsmächtig waren und die den Handlungsspielraum der Badener vorgaben. Dann konzentrieren wir uns auf die beiden letzten Jahrzehnte der Badener Geschichte vor dem Zuzug der BBC, wo die wichtigsten Entscheide anfielen, die später die Industrialisierung begünstigten.

Schliesslich vertiefen wir unsere Thesen anhand jener zwei Ereignisse in dieser Periode, die wir für zentral halten, um die darauffolgende Entwicklung ab 1870 zu begreifen: Das angekündigte Desaster der Nationalbahn – und der unaufhaltsame Aufstieg des Rudolf Bruno Saft, einem der letzten, sehr erfolgreichen Hoteliers der Kurstadt Baden.

3.1 Strukturmerkmale der Kurstadt

3.1.1 Eine Elite und die Quellen ihres Reichtums

Das zentrale ökonomische Strukturmerkmal, das die Stadt Baden während Jahrhunderten bestimmte, waren die Thermalquellen. Heute 20 an der Zahl, was je nach Epoche schwankte, zeichnen sie sich durch eine hohe Temperatur und durch beachtliche Ergiebigkeit aus: Jeden Tag schiessen gegen eine Million Liter aus einer Tiefe von 1000 bis 1500 Metern an die Oberfläche, das Wasser ist zwischen 42 und 48 Grad Celsius heiss. Da sich der Druck je nach Quelle unterscheidet, war es je nachdem erforderlich, tiefer zu graben, um sie zu fassen. Alles in allem ist die Nutzung aber denkbar einfach; keinerlei Pumpen sind nötig; technisch anspruchsvoll war allenfalls die erste Erschliessung, als teuer erwies

I. Teil. Grundlagen

sich der Unterhalt. Doch war die Quelle einmal gegraben und gemauert, überdauerte sie Jahrhunderte. Noch 1943 wurden Fassungen renoviert, die aus dem 15. Jahrhundert stammten. Manche bestehen bis heute. Im Untergrund sind die Quellen auf komplexe Weise verbunden, so dass es ständig zu Auseinandersetzungen unter den Besitzern der einzelnen Quellen kam: kratzte der eine nach einer neuen Quelle, versiegte eine andere oder stiess weniger Wasser aus als vorher.[120] Die Quellen befinden sich auf beiden Seiten der Limmat: die *Grossen Bäder* in Baden, wo auch die besten Hotels lagen, die *Kleinen Bäder* dagegen in Ennetbaden. Hier betrieb man die einfacheren Herbergen.

Die Badener Thermalquellen wurden seit rund zweitausend Jahren genutzt. Schon die Römer hatten das warme Wasser geschätzt und eine Siedlung sowie eine hochentwickelte balneologische Infrastruktur angelegt. Im Mittelalter stieg Baden zu einem der prestigereichsten Bäderorte nördlich der Alpen auf. Der Ort war europaweit so berühmt, dass man seit der Antike bloss von den «Balnea naturalia» (natürliche Bäder) oder noch kürzer: von den «Termae» sprach, ohne den Namen speziell zu erwähnen. Jedermann schien zu wissen, wovon die Rede war.[121] Zahllos sind die Berichte von Besuchern, die den Badebetrieb beschrieben, dessen Ruf je nach Standpunkt und Epoche stark variierte: Die einen schwärmten von der Liberalität des Umgangs in Baden, seiner Internationalität oder von der therapeutischen Kraft des warmen Wassers, die anderen verdammten die angebliche sexuelle Freizügigkeit und moralische Verderbtheit in den Bädern – niemanden indessen liess Baden kalt, im buchstäblichen Sinne des Wortes. Zahllos waren auch die prominenten Gäste: Kaiser, Könige, Fürsten und Kardinäle, aber auch die gesamte Führungsschicht der Alten Eidgenossenschaft frequentierten die Bäder von Baden. Nicht zuletzt wegen dieser Annehmlichkeit hatten die eidgenössischen Orte im 15. Jahrhundert die Stadt zum Tagsatzungsort auserkoren, wo sie die gemeinsame Politik beschlossen und die Rechnung ihrer diversen, kollektiv verwalteten Untertanengebiete abnahmen. Das Nützliche liess sich so mit dem Angenehmen verbinden. Regelmässig, fast dreihundert Jahre lang, versammelte sich die gesamte Elite der damaligen Schweiz in Baden, was dieser Stadt hohe Einkünfte, Glamour und eine gewisse Weltläufigkeit verlieh, zumal sich auch viele ausländische Diplomaten und Staatsmänner in Baden einfanden. Trotz dieses Status blieben Baden und ihre umliegende Grafschaft Untertanenland der Eidgenossen. Baden war ein neutralisierter Ort.[122]

1712, nachdem die Katholiken von den Reformierten im Zweiten Villmerger Krieg besiegt worden waren, und die Badener den Fehler begangen hatten, sich auf die katholische Seite zu schlagen, büsste die Stadt ihren Rang als Tagsatzungsort ein. Wirtschaftlich erholte man sich zwar davon, doch politisch erfuhr Baden eine Marginalisierung, die die Stadt nie mehr überwinden sollte. Seit 1803 gehörte die Stadt zum damals neu gebildeten Kanton Aargau, die reale Politik fand fortan in Aarau statt, dem Hauptort – selten in Baden. Es schien auf immer eine Kurstadt – und nichts anderes – zu bleiben.

Damit konnte man sich indessen umso leichter abfinden, als die Thermalquellen bis in die jüngste Vergangenheit ein unschätzbares Kapital darstellten. Sie machten Baden zu einer reichen Stadt, was unschwer zu verstehen ist: Zu Zeiten wie im Mittelalter, aber selbst in der Neuzeit, als es sehr teuer war, Wasser aufzuheizen, um ein Bad zu nehmen oder sich auch nur zu waschen, musste ein Ort, wo das warme Wasser ohne Aufwand aus der Erde strömte, die Leute anziehen. Magie der Behaglichkeit. Hallenbäder bestanden nicht, fliessend warmes Wasser wurde erst im 20. Jahrhundert in jedem Haus zur Standardausstattung, und die Kunst, wie sie die Römer noch beherrschen, künstliche Badeanlagen zu betreiben, war mit der Völkerwanderung in Europa weitgehend verschwunden. Wer warme Quellen besass, der hatte mit anderen Worten eine Lizenz zum Geldverdienen in der Hand. Wer die dafür nötige Infrastruktur baute und unterhielt: die Hoteliers und Wirte, stellte die natürliche Führungsschicht eines solchen Ortes. Wenn in anderen Städten die Zünfte oder die Kaufleute, die Patrizier oder ein Bischof die informelle oder formelle Macht ausübten: dann waren es in Baden die Hoteliers, die den Ton angaben, oder besser: wie man sie früher eher nannte: die Badewirte. Sie waren reich, an ihnen hingen viele Arbeitsplätze in den Bädern und in der Stadt.[123]

Die folgende Tatsache mag das illustrieren. Da der Kurort während der langen Sommersaison – eine Wintersaison gab es bis ins späte 19. Jahrhundert nicht – von sehr vielen Gästen aufgesucht wurde und deshalb die Zahl der Einwohner periodisch anschwoll, stellten sich der Stadt beträchtliche logistische Herausforderungen. Die Versorgung mit Lebensmitteln etwa erwies sich als kritisch, besonders der Fleisch- und Brotkonsum steigerte sich jeweils enorm – zumal die Bäderstadt zahlungskräftige und anspruchsvolle Gäste anzuziehen pflegte. Baden wies daher überdurchschnittlich viele Metzger und Bäcker auf. Gemäss einer zeitgenössischen Betriebszählung gab es 1780 zum Beispiel vierzehn Bäcker, sechs Pastetenbäcker, 5 Hüpenbäcker und einen Konditor, der ausschliesslich von der Herstellung der Spanischbrötli lebte, einer Badener Spezialität, die bei den Kurgästen gut ankam. Deshalb wurden diese nebenbei auch von den geschäftstüchtigen Pasteten- und Hüpenbäckern produziert.[124] Ausserdem zählte die Stadt elf Metzger, was für eine so kleine Stadt beachtlich war. Baden zählte damals rund 1600 permanente Einwohner. Ohne den mehr oder weniger berechenbaren Zustrom der Badegäste hätten kaum so viele Handwerker und Händler in Baden ihr Geschäft rentabel betreiben können. Gewiss, die Abhängigkeit von den Hoteliers mag hin und wieder zu Ressentiments geführt haben, ohne Spannungen gestaltete sich das Verhältnis zwischen Altstadt, wo die Handwerker vorwiegend tätig waren, und den Hoteliers in den Grossen und Kleinen Bädern

I. Teil. Grundlagen

nie: Dennoch stand immer ausser Frage, wem Baden seinen Reichtum zu verdanken hatte. Es war für die Hoteliers ein Leichtes, diese Tatsache auch in politische Macht zu übersetzen.

Jahrhundertelang bestimmte die informelle Elite der Hoteliers und Badewirte daher massgeblich auch die Politik in der Stadt. Man sass in den Räten, diente als Offizier der Bürgermiliz, amtete als Stadtschreiber oder Untervogt, wie die Stellvertreter des eidgenössischen Landvogtes hiessen. Häufig stellten diese Familien den Schultheiss, wie der Bürgermeister genannt wurde. Ein Blick in die Ämterlisten, wie sie der Historiker Otto Mittler in seiner Badener Geschichte zusammengestellt hat, zeigt, wie überschaubar der Kreis jener war, die für solche Ämter in Frage kamen, und wie viele dieser städtischen Funktionsträger aus den Kreisen der Badewirte stammten, selbst wenn sie selber nicht mehr in diesem Geschäft tätig waren.[125] Es waren gediegene Dynastien entstanden, sie hiessen Dorer, Egloff, Diebold und Borsinger oder von Schnorff und Falck.[126]

Wenn die Hoteliers reich und mächtig waren, dann nicht bloss, weil sie die Hotels besassen, wo die vielen Gäste wohnten, sondern sie profitierten auch von einer Badener Ausnahmeregelung: Im Gegensatz zu den meisten Bäderorten in Europa befanden sich hier die Thermalquellen faktisch im privaten Eigentum der einzelnen Badewirte, womit sie sozusagen das entscheidende Betriebsmittel der Badener Wirtschaft persönlich kontrollierten. Überdies steigerte dies den Wert ihrer Immobilien erheblich. Im übrigen Europa hatten erst die Monarchen, dann der Staat die Thermalquellen für sich reklamiert, und die Hoteliers hatten für deren Nutzung in der Regel einen empfindlichen Zins oder eine Gebühr an die öffentlichen Besitzer abzuführen.[127]

Vor allen Dingen gelang es den führenden Familien, ihren kostbaren Besitz über die Zeit zu retten. Die Kontinuitäten waren zum Teil beeindruckend: Die Familie Dorer brachte es fertig, den Hinterhof von 1639 bis 1872 in der Familie zu halten, also mehr als zweihundert Jahre. Ungeachtet des unprätentiösen Namens handelte es sich beim Hinterhof um eines der vornehmsten Häuser am Platz, wo nur Adel und beste Bourgeoisie abstiegen. Im Grunde hatte der Hinterhof noch viel länger der gleichen Familie gehört; denn Kaspar Dorer, formell der erste Dorer auf dem Hinterhof, hatte das Hotel von seinem Schwiegervater Dietrich Falck übernommen, nachdem dieser 1639 gestorben war. Dorer erbte dank einer geschickten Heiratspolitik – wie auch die Familie Falck 1569 nur darum den Hinterhof hatte kaufen können, weil Kaspar Falck der Schwager des damaligen Besitzers Dietrich Amberg war.[128] Auch das zweite, vergleichsweise luxuriöse Haus vor Ort, der Staadhof, das sich ebenfalls auf die wohlhabende Kundschaft spezialisiert hatte und dementsprechend rentierte, erfuhr kaum je eine Handänderung: Die Familie Egloff blieb von 1640 bis 1872 im Besitz des Staadhofes; ähnliche Beispiele liessen sich für andere Badegasthöfe beibringen.[129]

Diese wenigen Dynastien blieben unter sich. Sie prägten einen kleinen, aber feinen und berühmten Kurort.[130]

Nichtsdestotrotz mussten sich die Badener Hoteliers auch mit Nachteilen arrangieren: Weil Baden einer der ältesten Kurorte Europas war, hatten sich im Lauf der Epochen besonders komplexe Eigentumsstrukturen herausgebildet, die sich oft kaum mehr rationell gestalten liessen. Konflikt unter den Hoteliers war damit programmiert – was deren politische Macht stets von neuem relativierte. Die übrigen Stadtbewohner sahen sich keiner homogenen, geeinten Elite gegenüber, sondern einem Haufen von eifersüchtigen, rivalisierenden, darüber hinaus aber verschwägerten und verwandten Hoteliers: Sie lagen sich in den Haaren wegen Grundstücken und Nutzungsrechten, sie stritten um Gasthöfe und Wegrechte. Am heftigsten geriet man aneinander, wenn die eine Quelle gelegentlich weniger Wasser hervorbrachte, was immer den Verdacht aufkommen liess, ein anderer Hotelier hätte andernorts zu viel Wasser angezapft oder eine neue Quelle gefasst. Mit einer bemerkenswerten Entschlossenheit schadeten sich die Hoteliers damit oft selbst. Der Badener Historiker Bartholomäus Fricker urteilte 1879:

«Ein Haupthindernis für die gedeihliche und fortschrittliche Entwickelung der Bäder waren die zahlreichen, zopfbürgerlichen Badehofbesitzer mit ihren tausend kleinlichen, sich widerstreitenden Interessen; man missgönnte dem Nachbar nicht allein sein Wasser, sondern auch die Luft und das liebe Sonnenlicht und glaubte, während die Welt mit Meilenstiefeln vorwärtsschritt, immer noch in der guten alten Zeit leben zu können; war ja auch die Kraft des Wassers immer dieselbe geblieben.»[131]

3.1.2 Die Bäder als Risiko

Was Baden reich machte, verleitete dessen Bewohner aber auch zu einer gewissen Bequemlichkeit. Die Thermalquellen sicherten Wohlstand und Stabilität, so dass es kaum einen Grund zu geben schien, sich um mehr Handel oder Industrie zu bemühen. Heute würde man von einem «Klumpenrisiko» sprechen. 1818, kurz nach den Wirren der napoleonischen Besetzung der Schweiz, stellte der Zürcher David Hess mit Blick auf Baden fest:

«Es fehlt hier nicht an wohlhabenden Bürgern, die aber sehr eingezogen leben. Die Revolution hat in das Privatvermögen manche Lücken gerissen, welche durch keinerlei Industrie wieder aufgefüllt werden; denn alles Gewerbe beschränkt sich in Baden auf etwas Weinhandel, Töpferwaren und Kinderspielzeug, welches letztere in grosser Menge verfertigt wird. Einige, seit wenigen Jahren hier eingerichtete Niederlagen von Spezereien, wollenen und seidenen Stoffen, Gold- und Silberwaren gehören grösstenteils angesiedelten Fremden oder eingekauften Bürgern anderer Kantone. Über die Kurzeit besetzen ebenfalls fremde Krämer ein paar Buden, in welchen man Gegenstände der Notwendigkeit und des Luxus findet, die sonst hier nicht zu bekommen wären.»[132]

Hess, ein Schriftsteller und Politiker aus guter Familie, der in Holland als Offizier in fremden Diensten gewirkt hatte, veröffentlichte 1818 ein Buch über Baden, das zu einem Klassiker der schweizerischen Reiseliteratur werden sollte: *Die Badenfahrt*, ein humorvolles, anschauliches Buch, eine Mischung von Reiseführer und kulturhistorischem Werk – es gibt kaum eine bessere Quelle, um sich ein Bild über das vorindustrielle Baden zu machen. Wer für diese wirtschaftliche Monokultur verantwortlich war, stand für Hess ausser Frage:

«Dieser Mangel an Industrie ist übrigens an allen berühmten Curorten auffallend; die Anwohner verlassen sich auf den Zudrang der Leute, welche gezwungen sind herzukommen, und alle Jahre eine gewisse Summe auf die Herstellung ihrer Gesundheit zu verwenden. Das Geld, das dadurch in Umlauf kommt, wird in der Regel grösstentheils über Winter wieder verzehrt.»[133]

Um es modern auszudrücken: Die Opportunitätskosten der Fremdenindustrie waren hoch, indem sie die Badener davon abhielten, neue Unternehmen zu gründen oder andere Branchen zu dulden. Dass sich fast das gesamte Gewerbe gemäss Hess in den Händen von Fremden befand, mag dafür als Beleg dienen. An diesem vorindustriellen Zustand sollte sich für geraume Zeit wenig ändern, selbst dann nicht, als andere Regionen im Aargau, besonders im Westen in Aarau oder Zofingen sich im Lauf des 19. Jahrhunderts zusehends industrialisierten. Baden blieb so gut wie ohne Industrie. 1844 schrieb Franz Xaver Bronner über den Bezirk Baden:

«Die Gefilde sind sehr angenehm und fruchtbar», und er zählte alle landwirtschaftlichen Produkte auf, die hier erzeugt wurden – von Hülsenfrüchten, Hanf und Weinreben bis zum Kleeanbau für die Viehzucht, um dann festzustellen: «Fabriken und Manufakturen mangeln aber beinahe ganz; es ist problematisch, ob am Ende mit mehr Vorteil oder Nachteil.»[134] Bronner war Kantonsarchivar und hatte seinerzeit eine Mischung von Geographiebuch und Baedeker des Aargaus vorgelegt. Dass sich in Baden eine wirtschaftliche Monokultur herausgebildet hatte, war auch ihm aufgefallen:

3. Die Kurstadt Baden

«Die Bäder und die Verkäufer von Kinderspielzeug ziehen beträchtlichen Nutzen aus den Besuchen der Badgäste, denn fast jeder will seinen Verwandten spanische Brötchen aus fettem Blätterteige und den Kindern ein Spielwerk heimbringen.»[135]

Ob man sich Industrie überhaupt zu wünschen hatte, war eine Frage, die in Baden immer kontrovers diskutiert wurde. Wer von den Bädern lebte, also die Hoteliers, äusserte sich skeptisch, wer nicht zu dieser informellen Elite gehörte, redete der Diversifizierung das Wort. Lange wehrten die Hoteliers den Zuzug jeglicher Industrie entschlossen ab, und als in den 1830er-Jahren ein paar unentwegte Geschäftsleute trotzdem die ersten Betriebe an der Limmat errichteten, um die Wasserkraft des Flusses auszunützen, wurden sie dazu genötigt, sich samt und sonders auf der rechten Seite niederzulassen, – auf der Ennetbadener Seite also, den vornehmen *Grossen Bädern* gegenüber. Kein Lärm und kein Gestank sollten den Kurbetrieb stören. Weil sich Ennetbaden aber 1819 im Streit von Baden getrennt hatte, sahen sich die Badener Hoteliers ausserstande, diese moderate Industrialisierung auf der anderen Seite der Limmat zu unterbinden. Bald wurde selbst in Baden eine recht grosse Spinnerei etabliert, aber ebenfalls auf der rechten Seite der Limmat, in der Aue, einem kleinen, schattigen Gebiet, das zur Gemeinde Baden gehörte. Immerhin lag es weit weg von den *Grossen Bädern* entfernt. Bezeichnenderweise hatten zwei Zürcher Unternehmer diese Spinnerei ins Leben gerufen; kurz darauf wurde eine zweite auf der Klosterhalbinsel in Wettingen errichtet, die man bald mit einer Weberei in Neuenhof ergänzte. Die Spinnerei Aue sollte später von Albert Spörry übernommen werden, – auch er stammte aus dem Kanton Zürich. Einheimische hielten sich nach wie vor zurück.

1858 gründete indes die Badener Familie Oederlin in Rieden bei Ennetbaden eine Metallwarenfabrik, die unter anderem Armaturen und ingeniöse Wasserhahnen herstellte, was die Firma rasch zu einem viel verlangten Lieferanten der Hotelindustrie machte. Einige Jahre später entstand in Baden die Merker & Meining, die spätere Merker AG.[136] Hervorgegangen aus einem Handwerksbetrieb, den ein zugezogener Berliner Spengler in der Altstadt eröffnet hatte, entwickelte sich die Firma ab 1873 zu einem recht ansehnlichen Industrieunternehmen, das sich ähnlich wie Oederlin auf Metallprodukte spezialisierte. Man baute fertigmontierte Haushaltgeräte nach eigenem Design – zuerst Petrolkocher für die Küche, dann gasbeheizte Boiler, Badewannen, Badeöfen oder Durchlauferhitzer. Genauso wie Oederlin dürfte es Merker geholfen haben, sich auf Produkte zu verlegen, die sich vor Ort, in den zahlreichen Badehotels, gut absetzen liessen.[137]

Wenn seit der Mitte des 19. Jahrhunderts auf diese Art und Weise auch der eine oder andere Industriebetrieb in Baden und Umgebung entstanden war, so handelte es sich doch um eine geringe Zahl – grob gesagt, liessen sie sich an einer Hand abzählen. Bis 1891, dem Jahr, da die BBC zuziehen sollte, hatte in Baden kaum eine nennenswerte Industrialisierung stattgefunden. Vor allen Dingen wäre es niemandem eingefallen, Baden für eine «Industriestadt» zu halten. Nach wie vor dominierten der Kurort und seine Hotellerie die lokale Wirtschaft. Wie könnte es auch anders sein? Denn seit den 1820er-Jahren hatte der Fremdenverkehr einen beispiellosen Aufschwung erfahren, nicht nur in Baden, nicht bloss in der Schweiz, sondern in ganz Europa. Das 19. Jahrhundert, besonders dessen letzten Jahrzehnte bis zum Ersten Weltkrieg, sollte zu einer Glanzperiode der Hotellerie werden – davon profitierte auch Baden. 1870, so schien es, standen goldene Zeiten bevor.

3.1.3 Aufstieg der Kurstädte

Dieser säkulare Boom hatte im Ausland angefangen, insbesondere in Frankreich, wir haben dies bereits angesprochen. Kaum war Napoleon besiegt worden und die Verhältnisse hatten sich stabilisiert, begannen jene Menschen, die sich das leisten konnten, wieder in den Urlaub zu fahren. Es setzte der Aufstieg der Kurstädte in Europa ein. Früher unbekannte Ortsnamen wurden den Zeitgenossen zum Inbegriff des Glamourösen: Vittel und Vichy, Baden-Baden oder Wiesbaden und Spa. Neue Ideale, neue Moden und Marotten, neue Freizeitbeschäftigungen standen auf dem Programm.[138]

Für das schweizerische Baden bedeutete die wachsende Beliebtheit der Kurstädte zweierlei: eine ungleich härtere Konkurrenz, gewiss, aber auch die Chance, sich zu erneuern und an diesem Boom zu beteiligen. Insbesondere die deutschen Modebäder setzten in jenen Jahren einen *Benchmark* für die gesamte Branche. Daran orientierten sich auch die Badener Hoteliers. Was immer in Baden-Baden oder Wiesbaden in Mode kam: Baden versuchte nachzuziehen. Als die Deutschen eine Kurtaxe einführten, um so die öffentliche Infrastruktur des Bäderortes zu finanzieren, kopierten die Badener diese kaum verborgene Gästesteuer. Als in Deutschland Kurvereine und Verschönerungsvereine aufkamen, erhielt auch Baden entsprechende Organisationen. Als in Frankreich und in Deutschland die Umgebungslandschaft immer mehr Teil der Inszenierung des Kurorts sowie des Vergnügungsangebots wurden, begann man auch in Baden, die Lägern, die Baldegg oder den Teufelskeller zu entdecken und mit Spazierwegen zu erschliessen,[139] desgleichen wurden Ruinen und andere «romantische» Relikte aus dem Mittelalter oder gar der Römerzeit zugänglich gemacht, sanft renoviert und allenfalls beleuchtet. Die gleiche Konkurrenzsituation führte dazu, dass die Kurorte sich gegenseitig darin zu übertrumpfen versuchten, neueste Technologien einzuführen. Ob Eisenbahnanschluss, fliessend Wasser, Zentralheizung, elektrisches Licht oder Personenaufzüge: Kaum eine Branche war in jenen Jahren innovationsfreundlicher als die Hotellerie.

1834 hatte ein Pariser Bankier auch in Baden eine sogenannte Pharao-Bank, ein Glücksspiel mit Karten, eröffnen wollen – zweifelsohne inspiriert von den florierenden Spielbanken in Wiesbaden und Baden-Baden. Im Gegenzug bot er an, ein «Kur- und Konversationshaus» auf eigene Rechnung zu errichten, das er der Stadt dann überlassen hätte, ebenfalls ein Standard, den die deutschen Kurstädte längst gesetzt hatten. Selbstverständlich zeigten sich die Badener Hoteliers interessiert, und der von ihnen geprägte Stadtrat stimmte sogleich zu. Ein Casino in Baden, eines der ersten in der Schweiz: Was für Aussichten. Doch die Sache zerschlug sich. Eine verständnislose Kantonsregierung im fernen Aarau verbat es – und Baden, das in Aarau über zu wenig Einfluss verfügte, hatte das Nachsehen.[140]

Trotzdem erlebte Baden seit den 1830ern eine ausgeprägte Hochkonjunktur, die bis 1850 vorhielt, was sich daran erkennen lässt, dass in jener Phase zahlreiche Hotels renoviert oder erweitert wurden. Ab 1847 verband die sogenannte Spanischbrötlibahn den Kurort mit einem ihrer wichtigsten Märkte: Zürich, dessen Bewohner seit dem Mittelalter zu den besten Kunden gehört hatten.

Zwar hatten Zürcher diese erste Bahn der Schweiz initiiert, und ihr Ziel war es eigentlich gewesen, Basel zu erreichen und damit den Anschluss an das europäische Schienennetz zu gewährleisten, das in jenen Jahren im Entstehen begriffen war. Doch die Badener Hoteliers zeigten sich sogleich begeistert und zeichneten Aktien, kaum hatten sie davon vernommen, während die viel intensiver umworbenen Basler sich vornehm und desinteressiert herausredeten: «Basel sei gewohnt», richteten sie aus, «einen Gegenstand von allen Seiten zu betrachten, und so habe es gelernt, sich über die Vorteile der Eisenbahnen von allerhand Illusionen zu befreien; übertriebene Lobpreisungen des Nutzens derselben halte es für Märchen, die man den Leuten vormache, um sie durch Täuschung zu gewinnen.»[141] Basel, die reiche Seidenstadt, sah keinen Anlass zum Handeln: «Basel selbst erhalte seine Seide auch ohne Bahn schnell genug.»[142] So blieb den Zürchern nichts anderes übrig, als ihre Bahn fürs Erste bloss bis nach Baden zu bauen.

In der Folge ereignete sich eine kleine Transportrevolution, aus der vor allem die Badener Hoteliers Nutzen zogen: 1844 brauchte der «Post-Eilwagen» von Zürich nach Baden rund 2½ Stunden; mit dem Schiff, aber nur limmatabwärts, dauerte die Fahrt etwa zwei Stunden, wobei das Wetter mitspielen musste. Mit der Eisenbahn dagegen benötigte man von Zürich aus nur mehr 45 Minuten, um nach Baden zu gelangen.[143] In welchem Ausmass der Kurort von dieser er-

I. Teil. Grundlagen

heblichen Beschleunigung profitiert hat, ist umstritten, da zuverlässige Übernachtungszahlen fehlen.[144]

Fest steht, dass nach der Mitte des 19. Jahrhunderts der Kurort eine erneute Blüte erfuhr. 1848 war der schweizerische Bundesstaat gegründet worden, 1852 hatte das Parlament das alles entscheidende Eisenbahngesetz beschlossen, das die kapitalistischen *Animal Spirits* der Unternehmer und Financiers entfesselte, seither boomte die Bahn, und deren Netz breitete sich über das ganze Land aus. Mit Sicherheit trug dies zum Erfolg Badens bei. Dies legen die besser dokumentierten Fälle von Baden-Baden oder Wiesbaden nahe, deren Hoteliers ebenfalls dafür gesorgt hatten, dass ihre Kurstädte möglichst früh eine Bahnverbindung erhalten hatten. 1840 war eine Bahn von Frankfurt nach Wiesbaden errichtet worden, was den Zustrom von Besuchern sofort in die Höhe schnellen liess: 1839 waren noch rund 27 000 Gäste mit der Postkutsche in Wiesbaden eingetroffen, 1841 waren es schon 770 000, und sie hatten mehrheitlich den Zug genommen. Das kam einer Steigerung von 2800 Prozent gleich (!).[145]

Baden war keineswegs ein Einzelfall. So gut wie jede Kurstadt in Europa hatte darauf gedrängt, als erste von der neuartigen Eisenbahn angefahren zu werden. Das Lobbying der Hoteliers war überall recht wirksam gewesen, wie diese Tabelle zeigt:

Tab. 3.1 Bahnanschluss ausgewählter Kurstädte in Europa, 19. Jahrhundert[146]

Jahr	Ort
1840	Bath, England
1840	Wiesbaden, Deutscher Bund
1845	Baden-Baden, Deutscher Bund
1847	Baden, Schweiz
1850	Bad Nauheim, Deutscher Bund
1853	Montecatini Terme, Grossherzogtum Toskana
1854	Dax, Frankreich
1855	Spa, Belgien
1856	Aix-les-Bains, Frankreich
1858	Bad Ems, Deutscher Bund
1860	Bad Homburg, Deutscher Bund
1862	Vichy, Frankreich

Wer ohne Bahn blieb, dem drohte der kommerzielle Abstieg. Die berühmten böhmischen Bäder, Karlsbad, Marienbad und Franzensbad, erhielten erst 1871 bzw. 1872 einen Bahnhof – weswegen sie bis zu diesem Zeitpunkt gefährlich zurückgefallen waren.

Die Spanischbrötlibahn, wie sie bald ironisch genannt wurde, zählte zu den nachgerade mythischen Errungenschaften der Bäderstadt. Der Name allein verriet, wie eng diese Bahn mit den Bedürfnissen des Kurorts zusammenhing. Seit langem hatten die «Spanischbrötli» als Spitzenprodukt der Badener Bäcker gegolten. Es handelte sich um ein butterreiches, luftiges Gebäck aus Blätterteig – also ein typisches Erzeugnis des leichten Lebens, weswegen es im zwinglianischen Zürich von den Behörden verboten worden war. Weil manch eine reiche Zürcher Familie trotzdem nicht darauf verzichten wollte, woran sie sich in der Kur gewöhnt hatte, schickte man während der Nacht einen Boten los, der nach Baden ritt, um das Gebäck dort am Morgen einzukaufen, damit man es noch am gleichen Tag in Zürich essen konnte.[147] So jedenfalls will es die Legende. Als die Bahn den Weg nach Baden so spektakulär verkürzte, war das nicht mehr nötig. Schon mit dem ersten Zug in der Früh liess man sich nun die Spanischbrötli ins Haus liefern.[148]

3.2 Baden im Jahr 1870

1870 zählte die Kurstadt Baden 3400 Einwohner. Damit gehörte sie zwar zu den grösseren Orten des Kantons, doch zwei Städte übertrafen sie: Aarau wies 5400 Einwohner auf, Zofingen 3900, beide Städte besassen Industrie, wogegen Baden sich in dieser Hinsicht kaum entwickelt hatte. Wenn sich die Bevölkerung von Baden seit Anfang des Jahrhunderts dennoch mehr als verdoppelt hatte, dann lag das in erster Linie am florierenden Fremdenverkehr. Der Kurort herrschte unangefochten, und nichts schien darauf hinzuweisen, dass sich schon in zwanzig Jahren alles tiefgreifend verändern würde. Zwar brach 1870 ein Krieg zwischen Frankreich und Preussen sowie dessen deutschen Verbündeten aus, was sich erfahrungsgemäss als schlecht für das Geschäft der Hoteliers zu erweisen pflegte, doch schon bald endete diese Auseinandersetzung mit einem deutschen Sieg. Unversehens eröffneten sich für die Badener Hoteliers Geschäftsmöglichkeiten, von denen sie vorher nie geträumt hätten.

3.2.1 Frankreich als neuer Markt?

Die vollkommen überraschende Niederlage des *Second Empire* traf die Franzosen als Schock, und es kamen intensive Ressentiments gegen die Deutschen auf. Bisher, wir haben es angedeutet, erfreuten sich verschiedene deutsche Kurstädte grosser Popularität bei französischen Gästen – guten Gästen, da Frankreich damals zu den reichsten Ländern Europas gehörte. Insbesondere Baden-Baden war in den vergangenen Jahrzehnten ein ausserordentlich beliebtes Reiseziel geworden. Zu Tausenden kamen die Franzosen hierher. Nicht von ungefähr erfanden

I. Teil. Grundlagen

sie für Baden-Baden einen vornehm klingenden französischen Namen: «Bade». In ihren Augen war der kleine Ort am Rand des Schwarzwaldes zu einer französischen Stadt befördert worden, von der sie im gleichen Atemzug sprachen wie von den übrigen «villes des eaux», sei es Vichy oder Aix-les-Bains.[149]

In «Bade» erschienen während der Sommersaison französische Zeitungen, in allen Geschäften und Hotels sprach man Französisch, das lukrative Glücksspiel befand sich unter der unbestrittenen Kontrolle der französischen Dynastie Bénazet und jedes Jahr gastierte hier sogar die *Comédie Française*, die beste Theatertruppe der Hauptstadt.[150] Besonders der französische Adel wurde magisch angezogen, aber auch Schriftsteller und Künstler, Reiche und Berühmte, kurz ganz Paris: «En 1870, au mois de mai, nous sommes partis pour l'étranger», notierte die russische Malerin Marie Bashkirtseff in ihr Tagebuch: «On arriva à Baden-Baden au mois de juin, en pleine saison, en plein luxe, en plein Paris.»[151] Es hatte eine Art friedliche *Colonisation* stattgefunden.

Nachdem sie ausgerechnet gegen diese Deutschen verloren hatten, verging allerdings manchem Franzosen die Lust, in Deutschland Ferien zu machen, bald galt es gar als unpatriotisch – entsprechende Kampagnen in der Presse erhöhten den sozialen Druck. Das ging so weit, dass die *Gazette des eaux*, das wichtigste balneologische Fachblatt, sogar die Namen jener Franzosen veröffentlichte, die immer noch in deutschen Bädern gesehen wurden. Ob es diese patriotische Aufwallung bewirkte, ob es Ergebnis solch negativer Propaganda war: Vor allem die Elsässer, die eben mehrheitlich gegen ihren Willen zu Reichsbürgern geworden waren, aber auch die Pariser kehrten nun den deutschen Kurstädten den Rücken – und viele wandten sich stattdessen in die neutrale, befreundete Schweiz. Dass das Glücksspiel fast zeitgleich im neuen Reich untersagt wurde, verjagte noch die letzten Gäste aus Frankreich, selbst jene, die sich nicht um Politik gekümmert hatten.[152]

Angesichts dieser Zeitumstände wird nachvollziehbar, warum der Umstand, dass die französischen Gäste sich von den deutschen Kurstädten abwandten, in Baden zu grossen Hoffnungen Anlass gab. Man war ohnehin daran gewöhnt, die Konkurrenz aufmerksam zu beobachten, daher entgingen den Badenern die Boykottbewegungen in Frankreich nicht. Wenn jemand aus dem Niedergang der einst glänzenden deutschen Kurstädte Nutzen ziehen könnte, warum nicht Baden in der republikanischen Schweiz, das genauso nah an der französischen Grenze lag wie Baden-Baden?

Jedenfalls schien jeder Hotelier im Kurort von Gründerfieber angesteckt worden zu sein: So viel wurde nun investiert, ohne allzu genau zu kalkulieren, so vieles wurde angeschoben, ohne sich bewusst zu machen, ob es auch rentabel sein würde. Die Aussicht, bald die Franzosen zu empfangen, schien alles zu rechtfertigen.

Der Limmathof breitete sich aus und verleibte sich den «Goldenen Schlüssel» ein. Joseph Borsinger, Besitzer des Verenahofs und einer der mächtigsten, aber auch unbeliebtesten Hoteliers der Stadt, dem wir noch einige Male begegnen werden, kaufte die «Sonne», riss sie ab, um etwas Neues hochzuziehen, und verdoppelte das Raumangebot seines Hotels. Ausserdem stattete er sein Haus mit allerlei, modischen Extravaganzen aus. Bald erwarb Joseph Borsinger auch den Limmathof. Ebenso vergrösserte der Hotelier Franz Xaver Borsinger (ein Neffe von Joseph) seine «Blume» mit einem Südtrakt, im Innern entstand ein antikisierender Lichthof. Die meisten Hoteliers versahen ihre Häuser in diesen Jahren mit modernen Etagen- und Zentralheizungen, was echten Mehrwert schuf, denn so konnte die Saison künftig in den Winter ausgedehnt werden. 1872 erstellte man schliesslich die Parkstrasse, eine hübsche, aber kurze Chaussee, die den Bahnhof mit den Bädern verband, damit die Gäste mit der Kutsche standesgemäss ins Hotel gefahren werden konnten.[153] Es hatte etwas Theatralisches: Denn kaum hatte sich der Passagier in die Kutsche gesetzt, war die Fahrt schon vorbei. Sie dauerte zehn Minuten.

Als sich abzeichnete, dass das neu gegründete deutsche Kaiserreich einen ganz gewaltigen wirtschaftlichen Aufschwung nehmen sollte, fanden sich die Badener Hoteliers in der besten aller Welten wieder: Man durfte mit mehr Gästen aus Frankreich rechnen, weil sie Deutschland mieden, gleichzeitig schien ausgemacht, dass sich auch die deutsche Kundschaft vermehrt für Baden interessieren würde, da es ihr so blendend ging.

3.2.2 Glanz und Elend einer alten Elite

In den folgenden Jahren der überhitzten Konjunktur und des überzogenen Optimismus fällten die Badener bedeutende Fehlentscheide, die, so unsere These, alle dazu beitrugen, dass im Jahr 1891 alle Regeln, die so lange in dieser alten Kurstadt gegolten hatten, ausser Kraft gesetzt wurden und Baden den Zuzug einer Firma wie der BBC akzeptieren musste. Wir haben im zweiten Kapitel diesen Sonderfall Baden umrissen. Dabei haben wir herausgestrichen, wie ungewöhnlich es war, dass sich in einem etablierten Ort mit eingesessener Elite eine neue Firma aus einer neuen Branche niederlassen konnte – zumal in einem Ort, wo die herkömmliche Branche, also die Hotellerie, keineswegs im Niedergang begriffen war, sondern einen Boom erlebte. Schliesslich kam es so gut wie nie vor, dass ein Kurort eine Industrialisierung zuliess, zu mächtig waren die Hoteliers in der Regel, als dass sie tatenlos zugesehen hätten, wie die Voraussetzungen ihres Geschäfts zerstört wurden. Ihr Kapital bestand ja gerade darin, dass sie alle unerfreulichen Nebenerscheinungen der Moderne von ihrem Kurort fernzuhalten verstanden. Nichts sollte das Wohlergehen ihrer Gäste beeinträchtigen.

Wie lässt sich dieser Sonderfall erklären? Wie kam es dazu, dass zwei junge Männer aus Oerlikon, die man in Baden nur vom Hörensagen kannte, hier eine Firma zu gründen vermochten – und damit einen Prozess auslösten, der, wie man erst hinterher erkannte, zu einer eigentlichen zweiten Gründung der Stadt führte? Wir sehen drei Ursachen:

1. Ökonomisch geschwächt. Die Elite der Hoteliers und Badewirte befand sich 1891, als es darum ging, den Zuzug der BBC zu verhindern oder zu dulden, in der Defensive: ökonomisch *und* politisch. Innert kurzer Zeit hatte Baden drei verheerende Bankrotte erlitten, von denen sich die Stadt zu Anfang der 1890er-Jahre längst nicht erholt hatte: 1878 war die Nationalbahn zusammengebrochen, ein Unternehmen, für das sich Baden ideell und materiell stark eingesetzt hatte. Wir werden diese Katastrophe weiter unten vertiefen.

Im gleichen Jahr 1878 war auch das neue Kurhaus bankrottgegangen. Seit Jahrzehnten ein Desiderat der Badener, war dieses Prestigeprojekt Anfang der 1870er-Jahre endlich an die Hand genommen worden: Einwohner- und Ortsbürgergemeinde sowie ein paar Hoteliers sorgten für die Finanzierung. Robert Moser, ein einheimischer Architekt entwarf es, und 1876 wurde es mit Pauken und Trompeten eröffnet. Indessen waren die Kosten schon während des Baus völlig ausser Kontrolle geraten, am Ende zahlte man fast doppelt so viel wie vorgesehen, was die eigens dafür gegründete Aktiengesellschaft schon nach zwei Jahren in den Konkurs trieb; mit viel Geld musste die Ortsbürgergemeinde das Fiasko bereinigen. Immerhin, der Betrieb konnte weitergeführt werden.

1885 schliesslich musste das Grand Hôtel liquidiert werden, das weitaus grösste Hotel vor Ort, was umso blamabler erschien, als es ebenfalls erst vor wenigen Jahren erbaut worden war.[154] Investoren aus Biel, vermutlich auch aus dem Elsass, hatten diesen modernen Palast in den alten Kurort gesetzt, um Baden zur ersten Adresse für französische Gäste zu machen. Zu diesem Zweck hatten sie die beiden renommierten Gasthöfe, den Hinterhof und den Staadhof, aufgekauft und zum Teil niedergerissen. Überdies brachten sie sich damit in den Besitz bedeutender Thermalquellen. Dass Auswärtige überhaupt zum Zug kamen, lag daran, dass gleich zwei eingesessene Hoteliersfamilien, die Egloffs und die Dorers, bereit waren, aus dem Geschäft auszusteigen. Sei es, weil es ihnen an geeigneten Erben fehlte, sei es, dass sie die hohen Investitionen scheuten, die zusehends nötig waren, um im verschärften Wettbewerb der Kurstädte und Hotels zu bestehen. Um der aufsehenerregenden Transaktion dennoch einen Badener Anstrich zu geben, hatten die Bieler den einheimischen Hotelier Joseph Borsinger als Teilhaber gewonnen. Dieser liess sich dafür reichlich vergüten: Seit Jahren wollte er die «Sonne» kaufen, um seinen Hotelkomplex zu arrondieren, doch die Besitzer weigerten sich, ihren Gasthof dem ungeliebten Borsinger zu verkaufen.

Neid und Missgunst in der Bäderstadt. Also erwarben die Bieler als Strohmänner die Sonne, erst Monate später gab sich Borsinger als wahrer Eigentümer zu erkennen. Er liess die jahrhundertealte Sonne sogleich in Trümmer legen, um seinen Verenahof zu erweitern.

1876 hatte das Grand Hôtel seine Türen geöffnet, 1885 war es bankrott. Trotz viel Kapital, trotz bester Verbindungen und trotz eines fähigen Direktors scheiterte das Grand Hôtel schon nach wenigen Jahren grandios; man hatte die exorbitanten Kosten des Neubaus unterschätzt, man wurde Opfer eines empfindlichen Konjunktureinbruchs, der Ende der 1870er-Jahre auch Badens Hotellerie traf.

Dass ein solch ambitioniertes Unterfangen, so rasch am Ende schien, schadete der Reputation der Kurstadt insgesamt. An allen drei Bankrotten trug Baden schwer. 1891 zahlten die Stadt, aber auch manche Privaten nach wie vor horrende Schulden ab. Wenn auch die Hoteliers keineswegs für alle diese Katastrophen verantwortlich waren, so waren sie doch an allen in unterschiedlichem Masse beteiligt gewesen: man konnte mit guten Gründen an ihrem wirtschaftlichen Sachverstand zweifeln. Das untergrub ihre Stellung. Ihre Stadt, die sie so lange geprägt hatten, stand 1891 finanziell am Abgrund.

2. Politisch unter Druck: Demokratie als Risiko. Allein diese wirtschaftlichen Rückschläge beschädigten die informelle Elite selbstredend auch in politischer Hinsicht. Hinzu kamen aber weitere Faktoren, die den Hoteliers und Badewirten zusetzten. Es handelte sich zum Teil um langfristige, wenn nicht strukturelle Schwächen, aber auch um rezentere Entwicklungen: Das eine Problem – die geradezu endemische interne Zerstrittenheit – haben wir angesprochen; sicher half dies nicht, wenn es darum ging, die eigenen Interessen durchzusetzen. Damit hatten die Hoteliers allerdings schon immer leben müssen, von ganz neuer Qualität erwiesen sich andere Herausforderungen, die die Herrschaft der Hoteliers weitaus mehr komplizierten: Seit den 1830er-Jahren waren die politischen Verhältnisse sowohl in Baden, als auch im Aargau und in der Schweiz sukzessive demokratisiert worden. Schon 1831 erhielten im Aargau praktisch alle erwachsenen, männlichen Einwohner das aktive Wahlrecht, sowohl auf kantonaler, als auch auf lokaler Ebene; 1848, mit der Gründung des Bundesstaates, galt dies auch für die Bundespolitik; ausserdem fielen kurz darauf die meisten Einschränkungen des passiven Wahlrechts weg, die es in manchen Kantonen noch gegeben hatte, so dass die Schweiz zu jener Zeit einen Demokratisierungsgrad erreicht hatte, der im internationalen Vergleich beispiellos war. Einzig in den USA herrschten ähnlich demokratische Bedingungen, wenn man vom vollkommen rechtlosen Status der schwarzen Sklaven absieht. Frauen besassen zu jener Zeit allerdings in gar keinem Land Stimm- oder Wahlrechte.

Für die Hoteliers bedeutete dies, dass es ungleich schwieriger geworden war, ihren Einfluss auf die Badener Politik geltend zu machen. Vor 1831 hatte im Aargau ein Zensuswahlrecht dafür gesorgt, dass die Wohlhabenden und die seit langem ansässigen Ortsbürger mehr zu sagen hatten als die übrigen Einwohner: Bloss etwa sieben Prozent der gesamten Bevölkerung waren wahlberechtigt, was in Baden speziell die Hoteliers privilegierte. Sie zählten gemeinhin zu den Reichsten und lebten als Ortsbürger in ihrer Stadt. Seit die Liberalen 1830/31 im Aargau die Macht übernommen hatten, stellte sich der politische Prozess für die informelle Elite in Baden oft als frustrierend heraus: Nicht immer vermochten sie in der Einwohnergemeinde Mehrheiten für ihre Anliegen zu gewinnen.

Obschon die Liberalen diese Demokratisierung vorangetrieben hatten, die den Hoteliers so zu schaffen machte, neigten diese dennoch dieser Partei zu. Wenige standen den Konservativen nahe, was damit zu tun hatte, dass die Liberalen ihre wirtschaftspolitischen Anliegen am besten vertraten, insbesondere die Handels- und Gewerbefreiheit. Überdies schätzte man das Modernisierungsprogramm des Freisinns. Fortschritt auf allen Gebieten versprach auch bessere Geschäfte. Aus den gleichen merkantilen Überlegungen sympathisierten die Hoteliers mit einer eher toleranten oder gar agnostischen Einstellung zur Religion: Alle Gäste waren ihnen willkommen, ganz gleich, welcher Konfession, was es verbat, sich allzu klar zu positionieren, zumal das protestantische Zürich seit langem die meisten Kunden schickte. Auch das trieb die Hoteliers den Liberalen zu, wogegen sie aus dem gleichen Grund sowohl die Konservativen als auch die Radikalen mieden. Den anti-klerikalen Furor der Radikalen hielten sie genauso für geschäftsschädigend wie die defensive katholisch-konservative Identitätspolitik.

Bereits seit den 1820er-Jahren befand sich Baden daher fest in freisinniger Hand, und sollte es gut ein Jahrhundert lang bleiben. Mit einer einzigen Ausnahme stellte der Freisinn bis 1927 ohne Unterbruch den Stadtammann.[155] Obwohl katholisch, hatte sich die Stadt Baden stets auf die liberale Seite geschlagen, was umso bemerkenswerter war, weil die Bewohner der umliegenden Dörfer im Ostaargau meistens loyale Parteigänger der Katholisch-Konservativen waren. Baden wirkte wie eine freisinnige Insel in einem konservativen Meer.

Freisinnig, aber zusehends bedrängt: Anfang der 1860er Jahren waren auch im Aargau wie in anderen Kantonen – etwa Zürich oder Baselland – die Demokraten als Rivalen der Liberalen auf den Plan getreten. Ironischerweise hielten sich beide für «freisinnig», weshalb es terminologisch mehr Sinn macht, von «Liberalen» respektive «Demokraten» zu sprechen, um sie klar zu unterscheiden. In Baden machten die Demokraten rasch Terrain gut und bauten die Stadt in eine eigene Bastion um. Es brach ein freisinniger Bürgerkrieg aus.

In den Augen jener Hoteliers, die sich mehrheitlich den Liberalen verbunden fühlten, war ihnen mit den Demokraten eine unbequeme Opposition erwachsen, die bald auch im Stadtrat vertreten war. Dabei handelte es sich bei ihren

3. Die Kurstadt Baden

Repräsentanten, wie das oft bei ursprünglich oppositionellen Bewegungen zu beobachten ist, um hochbegabte, auffällige, daher wirkungsvolle Politiker – zu nennen ist hier vor allem Josef Jäger, der spätere Stadtammann und Nationalrat, der die Badener Politik schliesslich über dreissig Jahre lang bestimmen sollte. Da die Demokraten in der informellen Elite nicht so viele Anhänger fanden, lagen ihnen die Interessen des Kurorts naturgemäss weniger am Herzen. In ihren Kreisen beurteilte man eine Diversifizierung des Kurorts, also eine Industrialisierung, neutraler – wenn man sie nicht gar für erwünscht hielt. Der aufstrebende Jäger stellte sich als einer der einflussreichsten Promotoren der BBC heraus.

Wenn wir hier die deutschen Kurstädte als Kontrast heranziehen: Die Badener Hoteliers waren demokratischen Prozessen viel ungeschützter ausgesetzt als ihre deutschen Kollegen, die sich hinter dem Dreiklassenwahlrecht verschanzten. Die Situation in Wiesbaden haben wir beschrieben. Hier besassen bloss fünf Prozent der Einwohner ein kommunales Wahlrecht, und die meisten Hoteliers stimmten in der ersten Klasse, was ihnen mehr Gewicht gab als den übrigen Bürgern. Selbst in Baden-Baden, das im Gegensatz zu Wiesbaden nicht zu Preussen, sondern zum gemeinhin liberaleren Grossherzogtum Baden gehörte, befanden sich die Hoteliers in einer Sonderstellung. Auch hier kam ein Zensuswahlrecht zur Anwendung, das die Wohlhabenden begünstigte.[156] Für Baden-Baden fehlen genauere Angaben, doch über die Verhältnisse in Mannheim sind wir im Bild, einer Stadt, die ebenso im Grossherzogtum Baden lag. 1905 beherrschte die erste Klasse der reichsten Mannheimer sowohl den Stadtrat als auch die Stadtverordnetenversammlung, das lokale Parlament. Von 27 Stadträten stellte die erste Klasse 22 Vertreter, und in der Stadtverordnetenversammlung kamen sie auf eine Mehrheit von 52,8 Prozent. Wie einseitig, geradezu plutokratisch die Zusammensetzung war, mag man an dieser Zahl ermessen: Zur ersten Klasse zählten alle Bürger, die mehr als ein steuerbares Vermögen von 5000 Mark besassen, in Mannheim waren das bloss 7,5 Prozent aller Steuerzahler.[157] Unter solchen Bedingungen fiel es einer städtischen Elite naturgemäss leicht, sich zu behaupten – und um wieder auf Baden-Baden zu sprechen zu kommen: Hier liefen die Hoteliers nie Gefahr, dass der Kurort gegen ihren Willen von einer Mehrheit der Einwohner in eine Industriestadt umgewandelt worden wäre.

Im schweizerischen Baden dagegen lag dies im Bereich des Möglichen. Eine Phase der ökonomischen und politischen Schwächung, wie sie hier die eingesessene Elite in jenen gut zehn Jahren vor der Gründung der BBC durchmachte, hatte rasch Konsequenzen: Oppositionelle, Aussenseiter, Rivalen nutzten das aus. Das politische System half ihnen. Am Ende, so unsere These, war die direkte Demokratie in Baden eine der zentralen Ursachen dafür, dass sich jene durchsetzten, die bereit waren, die Interessen des Kurorts zugunsten einer Industrialisierung hintanzustellen.

Das belegt nicht nur der Entscheidungsprozess, der 1891 zur Etablierung der BBC führte, sondern trat schon in den 1870er-Jahren zutage, als die Nationalbahn die ganze Stadt polarisierte wie kaum ein Thema zuvor.

3. Ambivalenzen der Moderne. Obwohl der Kurort Baden sehr alt war, wenn es sich darum handelte, Gäste anzuziehen, verschlossen sich die Hoteliers selten einer Innovation. Im Gegenteil, ob Eisenbahn, moderne sanitäre Einrichtungen wie Duschen oder Badewannen, ob Personenaufzug oder eben auch neue Methoden der künstlichen Beleuchtung, ob mit Gas oder mit Elektrizität: Die Hoteliers waren oft die ersten, die sich für diese technischen Neuerungen interessierten und sie, falls möglich, in ihren Häusern einführten. Es ist ein Phänomen, das in allen europäischen Kurstädten festzustellen war: Weil sich diese Orte auf eine exklusive Kundschaft spezialisiert hatten – wie das typisch war zu Beginn des damals aufkommenden Tourismus – sahen sie sich gezwungen, stets das Beste und Neueste im Angebot zu führen. Hier war ein Publikum, das sich offen für jede Innovation zeigte, das für jede erdenkliche Annehmlichkeit zu zahlen bereit war, und das – sollte es nicht bekommen, wonach es verlangte – sich rasch für ein anderes Urlaubsziel entschied. Nicht von ungefähr nannte man diese Kurstädte auch «Modebäder». Sie waren in Mode, sie gingen aus der Mode, ihre Besucher verhielten sich höchst volatil.

Vor diesem Hintergrund ist es kein Zufall, dass die erste Eisenbahn der Schweiz, die Spanischbrötlibahn, 1847 von Zürich nach Baden führte. Auch andere Kurstädte in Europa brachten es fertig, dass sie als erste vom neuen Verkehrsmittel berücksichtigt wurden. Wir haben die Liste dargestellt. Ebenso entstand in Baden bald ein Gaswerk, und im Grand Hôtel erstrahlten vermutlich die ersten elektrischen Glühlampen der Schweiz.

Mit Blick auf die Interessen des Kurorts offenbart sich hier ein Dilemma. So sehr man Industrie für schwer vereinbar hielt mit dem Kurort, so sehr war man auf die Produkte und Errungenschaften der modernen Technologie angewiesen, ja man förderte sie, wo immer es ging. Als sich daher im Frühling 1891 die Frage stellte, ob Baden als eine der ersten Städte im Kanton ein Elektrizitätswerk erhalten sollte, waren die meisten Hoteliers hin- und hergerissen: Zum einen, weil sie sich kurz vorher für ein Gaswerk engagiert hatten und auch finanziell beteiligt waren. Sie mussten zu Recht befürchten, wegen der neuen Konkurrenz ihr Geld zu verlieren. Zum andern aber hatten sie längst erkannt, wie praktisch und gefragt elektrisches Licht war. Die Hotelgäste zeigten sich begeistert. Dass die Badener Hoteliers ein Elektrizitätswerk nur dann bekamen, wenn sie gleichzeitig eine Fabrik zuziehen liessen: Es war unschön. Doch sie hatten im Grunde keine Wahl – zumal die Stadt finanziell zu angeschlagen war, um selber das Elektrizitätswerk zu erstellen. Man war auf die BBC angewiesen, und den beiden Gründern gewährte man sogar das alleinige Monopol für die Stromversorgung für 25 Jahre. Ein bemerkenswertes Entgegenkommen, das belegt, in welchem Masse sich die Stadt und deren eingesessene Elite in der Defensive sahen.

Wir möchten diese Argumente nun anhand zweier folgenreicher Ereignisse illustrieren: **Erstens** untersuchen wir die Auseinandersetzung um die Nationalbahn, die mit jenem Bankrott endete, der Baden ohne Zweifel am meisten belastete – und so indirekt zur Ansiedlung der BBC führte. Dieser Fall verdeutlicht die politische Rücklage, in der sich die informelle Elite der Hoteliers bereits in den 1870er-Jahren befand.

Zweitens stellen wir Rudolf Bruno Saft vor, einen deutschen Einwanderer, der 1885 das bankrotte Grand Hôtel übernahm und es fertigbrachte, dem Haus den definitiven Durchbruch zu bereiten. Sein Grand Hôtel stieg zum wichtigsten Hotel auf. An Safts Beispiel lässt sich exemplarisch aufzeigen, was wir als das ambivalente Verhältnis der Hoteliers zur Moderne bezeichnet haben: Kein Badener Hotelier investierte mehr in Innovationen, keiner zeigte sich dafür offener als Saft. Das gehörte zu den Geheimnissen seines Erfolgs. Und er bescherte der alten Kurstadt Baden einen späten, einen letzten Glanz.

3.3 Die Nationalbahn – oder das Scheitern eines politischen Projekts

1847 war die Spanischbrötlibahn in Betrieb gesetzt worden, seither hatte sich das schweizerische Bahnnetz laufend verdichtet, so dass Baden Anfang der 1870er-Jahre gut erschlossen war. Jeden Tag fuhren zwischen Zürich, Baden und Aarau 20 bis 22 Personenzüge hin und her, nach Waldshut gab es zwölf; hier erhielt man Anschluss an die süddeutschen Bahnen. Ausserdem befand sich zu jenem Zeitpunkt die Bözberg-Linie nach Basel bereits im Bau. 1875 sollte sie eröffnet werden, was das Bahnangebot in Baden zusätzlich verbesserte. Man rechnete mit 14 bis 16 weiteren Zügen zwischen Baden und Basel. Nur wenige Kleinstädte in der Schweiz verfügten über so vorzügliche Verbindungen.[158]

Vor diesem Hintergrund erstaunt es nicht, dass manch ein Badener eher kühl reagierte, als Anfang der 1870er-Jahre ein paar Winterthurer Politiker in der Stadt vorstellig wurden, um für ein neues Projekt zu werben: Sie sprachen von einer «Nationalbahn», weil ihre Bahn die Schweiz gleichsam landesweit erneuern sollte, oft nannten sie ihr Vorhaben auch eine «Volksbahn», da sie im Gegensatz zu den bestehenden, privaten «Herrenbahnen» dem Volk gehören sollte. Nun waren die Winterthurer auf der Suche nach Geld – deshalb sprachen sie auch in der Badener Stadtkanzlei vor, in der Hoffnung, die Stadt beteilige sich an der

Nationalbahn. Hatten die meisten Badener die Spanischbrötlibahn seinerzeit mit Enthusiasmus begrüsst, war jetzt die Stimmung eine vollkommen andere. Von uneingeschränkter Begeisterung konnte keine Rede sein, es gab Skeptiker und Euphoriker zugleich, wobei sich vor allem die Hoteliers jetzt auf der anderen, der ablehnenden Seite positionierten. Die sich nun entfaltende Kontroverse polarisierte die Stadt auf Jahre hinaus: Während sich die informelle Elite der Hoteliers und ihre Verbündeten wenig interessiert zeigten, glaubten andere, insbesondere der ehrgeizige, wortgewaltige Stadtammann Joseph Zehnder, die Zukunft Badens hinge von dieser neuen Bahn ab. Dabei hatte dieses Projekt eigentlich wenig mit Baden zu tun, noch mit dem Aargau – sondern viel mehr mit dem Kanton Zürich.

3.3.1 Rebellion gegen das «System Escher»

Tatsächlich war die Nationalbahn vielleicht das berühmteste, aber auch glücksloseste Projekt der Winterthurer Demokraten, einer Oppositionsbewegung, die im Lauf der 1860er-Jahre aufgetaucht war und die sich zum Ziel gesetzt hatte, das Regime der Liberalen im Kanton Zürich von der Macht zu vertreiben – was ihr 1869 schliesslich auch gelang. Ihr hauptsächlicher Gegner, der wie kein anderer zu symbolisieren schien, was die Demokraten aufbrachte, war Alfred Escher, der informelle Herrscher des Kantons. Man schimpfte über das «System Escher». Man feindete ihn als «Prinzeps» an. Escher (1819–1882) hatte die Schweizerische Kreditanstalt gegründet, das Eidgenössische Polytechnikum nach Zürich gebracht, er kontrollierte die Nordostbahn, eine der grössten Bahngesellschaften des Landes, er sass jahrelang im Kantonsparlament, im Regierungsrat, im Nationalrat: Ohne ihn geschah in jenen Jahren nichts im Kanton Zürich und wenig in der Eidgenossenschaft.[159] Ihn bekämpften die Demokraten nicht bloss als Politiker, ihn, den Unternehmer, wollten sie auch wirtschaftlich entmachten. Die Nationalbahn war Teil dieser Strategie. Doch was vielversprechend klang, erwies sich zuerst als Abenteuer, dann als Katastrophe.

Ein Abenteuer war es gewiss. Die Promotoren aus Winterthur – mehr Politiker als Unternehmer – hatten sich vorgenommen, eine Bahn vom Bodensee an den Genfersee zu bauen, deren Verlauf erstens wo immer möglich der Luftlinie folgen sollte, und zweitens das verhasste Zürich links liegen liess. Damit wollte man die dominante Nordostbahn, deren Dreh- und Angelpunkt Zürich war, aus dem Markt drängen.

Die Luftlinie. Kürzer, schneller, besser. Weil dies auf dem Papier so berückend aussah, gelang es den Winterthurern all jene Städte zu gewinnen, die sich bisher vom Eisenbahnbau vernachlässigt sahen, viele dieser Orte lagen im Aargau: Zofingen, Lenzburg, Mellingen beteiligten sich geradezu besinnungslos an der neuen Bahn – am Ende machte sogar Baden mit.[160] Der Fall Mellingen mag als ein tragisches Beispiel von überzogenem Optimismus angeführt werden: Die winzige Stadt mit bloss 850 Einwohnern hatte in einem ersten Schritt 410 000 Franken investiert. Eigentlich konnte sie sich solche Ausgaben keineswegs leisten – und als die Katastrophe über sie hereinbrach, verlor sie alles. Mellingen sah sich gezwungen, seinen ganzen Waldbesitz der Aargauischen Bank, einer Gläubigerin, abzutreten – eine Art Tafelsilber vieler Gemeinden zu jener Zeit. Die Bank verkaufte den Wald an den Kanton weiter. Bis heute hat Mellingen ihn nicht zurückerhalten.

Im Prinzip der Luftlinie lag schliesslich das Verhängnis der Nationalbahn. Ohne Rücksicht auf die Topographie verlegten die Ingenieure die Schienen, sie durchquerten die Täler, statt ihnen zu folgen, was etliche Brückenbauten erforderte, und sie durchschnitten das Gelände, als ob es keine Hügel gäbe, was Sprengungen und kostspielige Tunnels nach sich zog. Kein Wunder explodierten die Kosten. Eigentlich stand von vornherein fest, dass diese Bahn sich nie rentieren konnte.

Anfang der 1870er-Jahre in Winterthur angestossen und während der folgenden Jahre energisch aufgebaut, brach die Nationalbahn 1878 zusammen. So gut wie nie hat sie Geld verdient, und der Betrieb der Bahn wurde eingestellt, kaum waren die letzten Strecken eröffnet worden. Es handelte sich seinerzeit um einen der grössten Bankrotte der schweizerischen Wirtschaftsgeschichte und dies sollte es auf Jahrzehnte hinaus auch bleiben. An diese Dimensionen gilt es zu denken, wenn wir die finanzielle Defensive verstehen wollen, in der die Badener Elite noch Anfang der 1890er-Jahr steckte. Es war eine nationale Katastrophe, die sich lokal mit aller Zerstörungswucht auswirken sollte.

Die Geschichte der Nationalbahn ist gut erforscht, die Literatur umfangreich, viele Fragen sind geklärt, so dass es sich erübrigt, hier weiter darauf einzugehen.[161] Stattdessen konzentrieren wir uns auf einen weniger bekannten Aspekt: auf die Auswirkungen der Nationalbahn auf Baden, zumal diese für unsere Untersuchung hoch relevant sind.

3.3.2 Unerwünschte Nebenwirkungen in Baden

Wenn die Winterthurer jemanden gesucht hatten, der die reichen, aber skeptischen Badener von ihrem Projekt zu überzeugen imstande war, dann fanden sie ihn in Joseph Zehnder, dem Stadtammann und Besitzer des *Badener Tagblattes*. Der Mann war sogleich Feuer und Flamme. Warum, ist schwer zu entscheiden, womöglich war es eine Frage des Temperaments, sicher hatte er es sich in den Kopf gesetzt, Baden industriell voranzubringen – und von der Abhängigkeit der Bäder zu lösen.[162] Er selber war als Auswärtiger nach Baden gekommen, mit der informellen Elite der Hoteliers verband ihn nichts.

Zehnder, 1810 in Birmenstorf als Sohn eines Lehrers, Gemeindeammanns und Kleinbauern geboren, hatte sich ursprünglich ebenfalls zum Lehrer ausbilden lassen, erlernte dann aber das Buchbinden und das Druckerhandwerk. 1835 gründete er in Baden eine Druckerei und gab bald eine erste Zeitung heraus, um schliesslich zu einem der produktivsten Verleger des Kantons aufzusteigen. Er kreierte manches Blatt, sein wichtigstes wurde allerdings das *Badener Tagblatt*. Immer freisinnig, zuerst auf dem radikalen, dann auf dem liberalen Flügel, immer hoch politisiert, formte er seine Zeitungen auf eine Art und Weise, die unverkennbar blieb, weil aggressiv und meinungsstark. Er selber war ein Spötter vor dem Herrn, er schuf sich gute Freunde und noch bessere Feinde. Besonders die Katholisch-Konservativen verziehen ihm, dem Katholiken, nie, mit welcher Penetranz er Kirche, Papst, «Lügenapostel» und die Priester als «Dunkelmänner des Schwarzen Erdteils» tagtäglich vernichtete. In Zehnders Zeitungen war es ganz normal, dass üble Attacken als Artikel, öfter noch als Inserate, erschienen: «Lügner», «Schmarotzer», «Kreatur», «Schuft», «Verleumder», «feiger Schurke» oder «Speichellecker».[163] Die Zehnder-Presse etablierte sich in jenen Tagen als einflussreichste Medienmacht des Ostaargaus.[164]

Wie einflussreich erwies sich spätestens jetzt, da es Zehnder gelang, eine Mehrheit der Badener auf seine Seite zu ziehen. Vor keinem Gegner schreckte er zurück, nicht einmal vor den mächtigen Hoteliers, die sich gegen die Nationalbahn stemmten. Er deckte sie mit Beschimpfungen ein:

«Unsere sog. Noblesse», schrieb er im *Badener Tagblatt*, «welche sich etwas darauf zu gute thut, mit und ohne Aktien in der Gunst der Nordostbahn zu stehen und die Nationalbahn mit ihren Gönnern auszuhudeln, sollte sodann nie vergessen, dass auch in Baden eine Solidarität der Interessen gepflegt werden muss, wenn nicht Hader und Feindschaft entstehen soll. Was haben die Stadt, die Vorstadt und die Halde davon, wenn der Schwerpunkt der Entwickelung des Ortes vor das Bruggerthor, an die Badhalde, ins Hasel und nach den Bädern hin verlegt wird? Will man die anderen Stadttheile veröden lassen und sie gleichzeitig nöthigen, Hunderttausende zu Gunsten zunächst der Bäder und der Badhalde zahlen zu helfen? Ihr Herren am Retourkarren, die Zeiten sind vorüber, wo man um Städte und sogar um Kurorte chinesische Mauern aufführt, die jetzige Eisenbahnbestrebung ist als der Ausgangspunkt einer neuen grossen Entwickelung unserer Stadt und unseres Kurortes zu betrachten, alle andern Anstrengungen werden nutzlos sein.»[165]

Chinesische Mauer? Zehnder drückte damit wohl gut aus, was viele in Baden beschäftigte. Ressentiments gegen die Hoteliers liessen sich leicht aktivieren. Wenn Zehnder beklagte, die Entwicklung der Stadt sei bisher nicht allen zugutegekommen, traf er einen Nerv. Er sprach einer Diversifizierung das Wort – umso mehr als er genau zu wissen schien, wie eine Mehrheit zu gewinnen war. Wer ihm widersprach, mit dem legte er sich an. Als die NZZ, das Organ der Escher-Liberalen, die Idee der Nationalbahn – selbstverständlich – verwarf, ging Zehnder selbst auf diese ehemaligen Verbündeten los:

«Es ist eine plumpe Tendenzlüge, dass bezüglich des Baues die Nationalbahn zu den schwierigsten der Schweiz zählt! – Es gehört ein ganz raffinirtes [sic] Strauchrittertalent dazu, die Ansätze der Nationalbahn als ‹windig› zu bezeichnen! [wie das die NZZ getan hatte] (…) Wir Bewohner im Baderbiet und im Reussthale leben nicht im Hottentottenlande; wir sind nicht die Heloten des obern Aargau's».[166]

Bruderkrieg im Freisinn. Zehnder hatte freisinnige Freunde mobilisiert, wie etwa den Badener Nationalrat Friedrich Bürli, seinen Vorgänger im Stadthaus, aber auch seine Gegner waren Freisinnige: Insbesondere die Kellersbergers, Vater und Sohn, beides Advokaten, die sich genauso in der städtischen Politik profilieren wollten. Vater Josef Beat, ein Radikaler, sass mit Zehnder im Stadtrat. Er war Vizeammann. Weil er sich gegen die Nationalbahn wandte, drängten ihn Zehnder und Bürli aus dem Amt.[167]

Zehnder kämpfte, Zehnder lockte, Zehnder polterte. Zwei Gemeindeversammlungen waren erforderlich, um zu entscheiden, ob Baden sich an der Nationalbahn beteiligen sollte. Wenige Stunden vor der entscheidenden Sitzung schrieb das *Badener Tagblatt*:

«Die Geschäftsleute, die Handwerker und Arbeiter wissen schon längst, wie viel sie von diesen Herren zu erwarten haben, und es ist ohne neue Empfehlung bekannt, wie *gut* es allzeit die Herren ‹Vertreter des Handelsstandes› mit der Einwohnerschaft und namentlich mit uns, Hudelpack, mitunter auch Plebs und Bettelvolk titulirt, das nicht aus den Renten lebt, gemeint haben.»[168]

Hudelpack? Bettelvolk? So beschrieb sich der Stadtammann von Baden höchstpersönlich selbst. Ob das jemand ernst nahm? Offenbar. Nach emotionaler Debatte beschloss die Einwohnergemeinde im Juni 1873 mit 200 gegen 147 Stimmen im Sinn von Joseph Zehnder. Baden kaufte für eine halbe Million Franken Aktien der Nationalbahn, – das war weniger als Winterthur oder Zofingen, aber immer noch einer der höchsten Beträge, den die Stadt je gesprochen hatte. Zehnder sah keinerlei Risiken, aber allenfalls verpasste Chancen; wenige Tage zuvor hatte er im *Badener Tagblatt* die Vertreter des Kurorts gewarnt:

«Der Kurort Baden wird fühlen, welche Verantwortlichkeit er auf sich nimmt, wenn er sich verführen liesse, seine Zukunft zu verscherzen. Er wird den Vorwurf, wird die Schande von der Mit- und Nachwelt nicht auf sich laden wollen, als habe er im entscheidenden Momente in einer der hochwichtigsten Lebensfragen seine Aufgabe nicht verstanden.»[169]

Seine Argumente verfingen. Sie waren stark genug, um das Badener Establishment (das unter anderem an der Badhalde, der späteren Badstrasse, residierte) zum Schweigen zu bringen. Nicht immer, das schien die Bürger zu überzeugen, sollten die Hoteliers das Sagen haben.

Vergleicht man dieses Ergebnis mit den Verhältnissen in den deutschen Kurstädten, lassen sich aufschlussreiche Unterschiede erkennen. Ob in Wiesbaden oder in Baden-Baden: Nie vermochten sich dort jene Kreise, die eine Diversifizierung anstrebten, durchzusetzen. Man hielt die Interessen der Kurstadt für inkompatibel mit der Ansiedlung von Industrie.

Ein zweites kommt hinzu. In Baden gab es Behörden, aber diese waren im Gegensatz zum deutschen Kontext ungleich demokratischer organisiert. Selbst wenn diese die Anliegen des Kurorts meistens höher gewichteten: Sie konnten dies nie über die Köpfe der Bürger hinweg tun. Im deutschen Wiesbaden etwa entschied am Ende ein Oberbürgermeister, der notfalls den Kaiser im Rücken wusste – im schweizerischen Baden war es die Gemeindeversammlung. Wenn die Hoteliers ihre Interessen berücksichtigt sehen wollten, konnten sie nicht umhin, sich um eigene Mehrheiten zu bemühen. Und wenn sie das Unglück ereilte, dass ein eigensinniger Stadtammann wie Zehnder etwas anderes umsetzte, als sie für gut hielten, blieb ihnen nichts anderes übrig, als in der Gemeindeversammlung gegen ihn anzutreten. Keine Audienz beim Fürsten konnte ihnen da helfen.

3.3.3 Zehnders Untergang

Nachdem Zehnder im Sommer 1873 den ersten Schlagabtausch für sich entschieden hatte, musste er sich bald erneut der Gemeinde stellen. Die Nationalbahn verschlang Geld – in einem Tempo und in einem Ausmass, wie das niemand erwartet hätte. Da es nicht mehr in Frage kam, eine Obligation zu vernünftigen Konditionen auf dem Markt zu platzieren, mussten die Städte ein zweites Mal einspringen und zwar indem sie die Obligation mit einer «solidarischen Garantie» absicherten. Ein geheimer Schlüssel legte fest, wie viel davon die jeweilige Stadt zu übernehmen hatte. Sollte die Bahn scheitern, musste Baden damit rechnen, mit fast zwei Millionen Franken verschuldet zu sein – ein schwindelerregender Betrag. Aktuell (2009) entspräche das rund 100 Millionen Franken.[170]

Dennoch brachten es Zehnder und seine Verbündeten noch einmal fertig, eine Gemeindeversammlung zu bändigen. Man stellte sich taub – und warf dem Gegner vor, blind zu sein. In einem Flugblatt, das kurz vor der Abstimmung in der ganzen Stadt verteilt worden war, hiess es:

«Lasse man sich daher nicht einschüchtern, wenn von anderer Seite ohne alle Sachkenntnis behauptet wird, die Bahn werde viele Millionen über den Voranschlag kosten und dann müsse man abermals einstehen.»[171]

Die Sachkenntnis wäre durchaus vorhanden gewesen, den Gegnern waren sogar interne Papiere der Nationalbahn zugespielt worden, welche die Katastrophe erahnen liessen. Kostenüberschreitungen, unsinnige Streckenführung, kreative Budgetierung, unrealistische Renditeerwartungen: Obwohl die Kritiker so viel belastendes Material vorzutragen hatten, obwohl noch heftiger gestritten wurde, bekam Zehnder am Ende, wonach er verlangt hatte. Wenn auch knapp, und doch deutlich genug, hiess die Einwohnergemeinde Baden diese überaus riskante Garantieerklärung gut.

Als die Geschäftsleitung der Nationalbahn aber keine drei Jahre später, 1876, einen dritten Nachtragskredit in der Höhe von 80 000 Franken forderte, verloren die Badener die Geduld und Zehnder seine Mehrheit. «An die Einwohner von Baden! Zahlen sprechen», lautete der Titel eines Flugblattes, das die Gegner der Nationalbahn vor der Gemeindeversammlung in der ganzen Stadt streuten. Nachdem sie alle finanziellen Verpflichtungen aufgezählt hatten, die Baden eingegangen war, protestierten sie: «Und jetzt muthet man uns zu, diesem Moloch wiederum Franken 80,000 nachzuwerfen, vielleicht in kurzer Zeit kommt abermals ein solches Gesuch. Nein! Unsere Gemeinde wird auf diese Weise ruinirt, aller Fortschritt ist gehemmt, und Reich und Arm hat nur für den unersättlichen Steuerrachen zu sorgen.»[172]

Zehnders Charisma war gebrochen: Mit grosser Mehrheit lehnten die Badener 1876 einen weiteren Beitrag an die Nationalbahn ab. Es war eine späte Einsicht. Sie kam zu spät.

Am 15. Oktober 1877 wurde der Prestigeabschnitt Baden–Winterthur endlich eingeweiht. Um möglichst viel Publikum anzuziehen, verteilte man Freikarten, so dass die neue Bahn geradezu gestürmt wurde. 2400 Passagiere liessen sich von Winterthur nach Baden fahren. Es sollte ein Rekord sein – und für immer bleiben. In den folgenden Tagen sassen einmal zwei Passagiere im Zug, in einem späteren zehn: Es war eine Katastrophe.

Vier Monate später brach die Nationalbahn zusammen. Das Unternehmen, das nie auch nur einen Rappen verdient hatte, hinterliess Schulden von 28 Millionen Franken, was heute rund 1.5 Milliarden Franken entspräche.[173] Baden, die kleine Bäderstadt, die sich so besinnungslos und widerwillig zugleich an dieser Bahn beteiligt hatte, stand vor dem Ruin. Die Stadt sah sich ausserstande, ihre Schulden von zwei Millionen Franken zurückzuzahlen, noch deren Zinsen zu bedienen. Faktisch war die Stadt zahlungsunfähig.

Es folgten langjährige Rechtsstreitigkeiten unter den betroffenen Städten, die einst so unvorsichtig gewesen waren, diese Schulden zu garantieren. Am Ende nötigte der Bundesrat 1884, sechs Jahre nach dem Konkurs, den Beteiligten eine Lösung auf, die ihnen einen Teil der Schulden zwar erliess und sie mit einem Darlehen des Bundes vor dem Verderben bewahrte, sie aber auf Jahre hinaus zum Schuldendienst verdammte. Baden zahlte 1935 die letzte Rate von 15 292.65 Franken zurück. Zofingen konnte 1943 seine Schulden tilgen. Winterthur, das Teile seines städtischen Besitzes verpfändet hatte, um zahlungsfähig zu bleiben, erhielt 1954 den letzten Pfandschein zurück.[174]

Die Last der Schulden war unvorstellbar. Selbst das einst so reiche Baden geriet in Not. Die *Schweizer Freie Presse*, eine Badener Zeitung, schrieb 1889:

«... wohl aber empfinden es Behörden und Private peinlichst, dass wir gezwungen sind, in allen Teilen unseres Gemeindehaushaltes beinahe bis zur Knorzerei zu sparen und dringende Bedürfnisse im Schul- und Verwaltungswesen unberücksichtigt zu lassen. Man macht uns oft die Einwendung: Baden erfreue sich als Kurort eines bedeutenden Verkehrs und Erwerbs! Wer indes mit den Verhältnissen nur einigermassen vertraut ist, muss wissen, dass die in- und ausländische Konkurrenz den Kurort auf Jahre hinaus zu ausserordentlichen Anstrengungen und Auslagen nötigt, für welche er keine direkten Einnahmen hat. Soviel steht unter allen Umständen fest: Von den drei aargauischen Garantiestädten befindet sich Baden in der misslichsten Lage.»[175]

Jahr für Jahr musste nun ein gewaltiger Teil der städtischen Einnahmen für die Bewältigung des Nationalbahn-Debakels aufgewendet werden; 1890, unmittelbar vor der Gründung der BBC, die alles ändern sollte, flossen 41 Prozent sämtlicher Ausgaben der Gemeinde in den Schuldendienst. Keine Zahl könnte das Elend besser ausdrücken, in welchem sich Baden befand.

Und Zehnder? Nachdem die Nationalbahn kollabiert war, wurde Joseph Zehnder 1880 gezwungen, als Stadtammann zurückzutreten. Er war siebzig. Zwar blieb er im Stadtrat und vor allem Verleger des *Badener Tagblattes* und damit einflussreich, was er in einem Leitartikel kurz nach seinem Rückzug auch tapfer beschwor, doch politisch war seine Karriere am Ende; menschlich erholte er sich nie mehr. 1896 starb Zehnder.[176]

Anstelle von Zehnder machten die Badener Armin Kellersberger zum Stadtammann, ausgerechnet den Sohn von Josef Beat Kellersberger, jenes Vizeammanns also, der sich einst der Nationalbahn widersetzt hatte und deshalb von Zehnder entmachtet worden war. Die ganzen undankbaren Aufräumungsarbeiten des Bankrottes überliess man dem Sohn des einstigen Widersachers von Zehnder. Auch Stimmbürger erweisen sich zuweilen als Opportunisten. Armin Kellersberger zeichnete sich aber aus und vertrat die Interessen seiner Stadt glänzend. Bald stieg er zu einem der gewichtigsten Aargauer Politiker der Epoche auf.

Zwei Bankrotte hatten Baden bereits verwüstet, und das Debakel der Nationalbahn sollte die Stadt auf Jahrzehnte hinaus beschäftigen. Jede Steuerrechnung, die den Badenern ins Haus gebracht wurde, erinnerte sie daran. Konnte es noch schlimmer kommen? 1885 meldete das Grand Hôtel Konkurs an.

3.4 Rudolf Bruno Saft: Aussenseiter und Innovator

Dieser Bankrott war ein seltsamer Bankrott. Er versehrte die Badener wohl mehr psychologisch als finanziell. Nur Private waren betroffen, ausserdem vorwiegend Auswärtige, trotzdem wirkte der Ruin eines Hotels in einer Stadt der Hotels niederschmetternd. Hoffnungen zerschlugen sich; zwar waren die französischen Gäste in grösserer Zahl gekommen, doch ein zweites Baden-Baden war Baden trotzdem nicht geworden, und die überrissenen Investitionen schienen sich nicht ausbezahlt zu haben. War diese Stadt dem Untergang geweiht?

Wenig später wurde das Grand Hôtel öffentlich versteigert – auch das hatte etwas Profanes, etwas Schäbiges – und für rund eine Million Franken erwarb es Rudolf Bruno Saft, der Direktor des Hauses. Das scheint hinterher betrachtet ein günstiger Preis, denn der Neubau hatte ursprünglich gegen drei Millionen Franken gekostet, doch offenbar war Saft der einzige, der sich zutraute, das Hotel zum Erfolg zu führen. Niemand machte ihm diese Aufgabe streitig.

Tatsächlich bewies Saft, dass er etwas von seinem Geschäft verstand, und innerhalb weniger Jahre brachte er das Grand Hôtel zu einer aussergewöhnlichen Blüte. Bis zum Ersten Weltkrieg zog das Grand Hôtel immer mehr Gäste an – und konkurrenzlos galt es schliesslich als erstes Haus am Platz. Es war grösser, prächtiger, teurer. Wer prominent oder reich war, stieg hier ab.[177] Weil das Grand Hôtel so florierte, ging es dem Kurort insgesamt gut. Für Safts Triumph mag es verschiedene Gründe gegeben haben, ein Faktor aber stellte zweifellos die Tatsache dar, dass Saft sein Hotel ständig modernisierte.

Dieser Hotelier zeichnete sich durch eine ausgeprägte Innovationsfreude aus, womit er idealtypisch verkörperte, was wir oben ausgeführt haben: jene Ambivalenz der Moderne gegenüber, die so gut wie alle Kurstädte und ihre Betreiber charakterisierte. Zum einen wollten die Hoteliers ihre Gäste vor der Moderne und ihren Nachteilen verschonen, zum andern nutzten sie jede Errungenschaft der Technik, wenn sie damit Gäste anzuziehen vermochten. Oft kehrten die wohlhabenden Gäste nach Hause zurück mit der festen Absicht, das, was sie an Angenehmem und Nützlichem in ihrem Hotel kennen und schätzen gelernt hatten, auch in ihrem Heim einbauen zu lassen. Die Hotels trugen so direkt zum Diffusionsprozess von neuen Technologien bei. Der Branche selber war dies bewusst. 1930 formulierte es Albert Ranc, ein französischer Hotelier, folgendermassen: «L'hôtel de luxe est une sorte de station d'essai de toutes les possibilités du perfectionnement technique.»[178]

Versuchslabor der Technologie. Es war auch diese Ambivalenz, so argumentieren wir, die das Undenkbare in Baden geschehen liess: Dass ein Kurort es akzeptierte, dass sich Industrie ansiedelte. Denn was die BBC produzierte, elektrisches Licht, fand auch unter den Hoteliers manche Interessenten. Saft sollte einer der ersten Hoteliers der Schweiz sein, der in seinem Grand Hôtel Glühlampen installieren liess. Dass er ebenso einem Elektrizitätswerk das Wort redete, kaum war die Idee in der Bäderstadt aufgekommen, dass er jeden Widerstand seiner Kollegen brach, lag an dieser Innovationsbereitschaft, die er allem gegenüber zeigte. Um diese These zu erhärten, möchten wir im Folgenden diesen Hotelier und seinen Beitrag zur Elektrifizierung der Stadt darstellen. Kaum jemand belegt mit seiner Biographie den engen Zusammenhang zwischen Kurort und Innovation besser als Saft.

3.4.1 Der Einwanderer aus Preussen

Zwar wissen wir wenig über seine Karriere vor Baden, doch was bekannt ist, genügt, um Saft als Aussenseiter und Aufsteiger zu bezeichnen. 1836 in Querfurt in der preussischen Provinz Sachsen geboren, dürfte Saft in jungen Jahren in die Hotellerie geraten sein.[179] Bevor er nach Baden kam, war er zum Direktor des Hotels «Storchen» in Schönenwerd im Kanton Solothurn avanciert. Dabei handelte es sich um eine exzellente Referenz: Der Storchen, ein alter Landgasthof, war 1863 von der Firma Bally gekauft worden, um ihren internationalen Geschäftspartnern, die die Zentrale besuchten, eine bequeme Unterkunft zu bieten, später hiess der Storchen auch «Gästehaus der Bally-Schuhfabriken». Weil Bally zu einer Weltfirma emporstieg, ging eine sukzessive Perfektionierung des Hotels Storchen damit einher, gastronomisch wurde derart aufgerüstet, dass der Storchen am Ende als eine der besten (französischen) Küchen im Mittelland galt.[180]

Es mag an dieser engen Verbindung mit der Familie Bally gelegen haben, dass Saft sich so gut in der Region integrierte. Es glückte ihm gar, in eine angesehene Aarauer Familie einzuheiraten, seine Frau Henriette stammte aus der Familie Rothpletz.[181] Weil das Hotel Storchen ein Begriff war und Bally über beste Beziehungen auch zu Financiers verfügte, könnte darin eine Erklärung liegen, warum die Bieler Investoren, die Anfang der 1870er-Jahre in Baden das Grand Hôtel konzipierten, auf Saft aufmerksam wurden, als sie einen Direktor suchten.

Kaum vierzig Jahre alt, zog Saft 1876 nach Baden, um hier im neuen Grand Hôtel eine Stelle anzutreten, die ihn – nach aufreibenden Anfangsjahren – zu einem der reichsten Badener, ja Aargauer machen sollte. Gemäss dem Inventar seines Nachlasses verfügte Saft 1915, als er starb, über ein Vermögen von gegen einer Million Franken, was für die damaligen Verhältnisse ein ganz gewaltiger Betrag war, heute entspräche er rund 28 Millionen Franken.[182] In Baden scheint sich der Zugezogene rasch heimisch gefühlt zu haben. Man nahm ihn in den *Kurverein* auf – und wählte ihn bald auch zum Präsidenten; im Gegensatz zu Joseph Borsinger erregte er viel weniger Anstoss unter den fast strukturell eifersüchtigen Hoteliers. Saft gehörte überdies zu den Gründungsmitgliedern des Schweizer Hoteliervereins, der 1882 etabliert wurde, und galt schliesslich im ganzen Land als einer der bekanntesten Hoteliers. Als er 1900 sein Hotel an Wilhelm Hafen verkaufte, ebenfalls ein Deutscher, war das selbst dem *Journal de Genève* eine Meldung wert: «M. Saft, l'un des plus populaires et des plus connus de nos hôteliers, vient de vendre son hôtel, le Grand Hôtel de Baden, pour le 1er janvier 1900, à M. G. Hafen, propriétaire du Grand Hôtel du Lac, à Neuchâtel».[183]

In Baden hatte Saft sich bald den Ruf erworben, dauernd in Bewegung zu sein, wann immer von ihm in den Zeitungen die Rede war, fehlte selten das Adjektiv «unermüdlich». Er war ein Mann der Rekorde. In seinem Hotel liess Saft ein paar der ersten Aufzüge der Schweiz einbauen (ein Produkt der Firma Rieter, Winterthur), womit die Gäste von ihren Zimmern aus direkt in die Bäder im Parterre fahren konnten, ebenso nahm das Grand Hôtel früh einen eigenen Telegrafen in Betrieb, dann ein Telefon, was die Buchung wesentlich vereinfachte. Weiter baute er eine halbautomatische Dampfwäscherei ein, die eine Beschleunigung und Verbilligung der Hotelwäsche bewirkte. Zahllos waren die Wunder der Technik, die er seinen Gästen gönnte. In einem Text, den er persönlich für die *Leipziger Illustrirte Zeitung* verfasst hatte, um für sein Hotel zu werben, schrieb er:

«Eine andere Annehmlichkeit bietet die Centrallufthcizung, durch welche sämmtliche [sic] öffentliche Räume mit Ausnahme der Fremdenzimmer, welche Separatfeuerung haben, eine gleichmässige und angenehme Temperatur erhalten, somit den Curgästen auch in den Wintermonaten Gelegenheit geboten wird, Aufnahme zur Erholung und Heilung zu finden, wozu sich die grossen, schönen und hellen Räume und der projectirte [sic], für nächstes Jahr zu erstellende Wintergarten besonders eignen. Bei diesem Anlass verdient auch die Trinkwasserleitung eine flüchtige Erwähnung. Dieselbe durchzieht das ganze Haus nach allen Richtungen bis unter das Dach; auf jedem Stockwerk sind mehrere Hydranten angebracht, welche vollständige Sicherheit und Beruhigung bei Feuersgefahr gewähren, indem das Wasser bei einem Druck von 150 Fuss in den entlegensten Winkel des Hauses geführt werden kann.»[184]

Kein Detail übersah er, keine Optimierungsmöglichkeit liess er unversucht: Weil Masseure aus Nizza und Aix-les-Bains als die besten galten, holte er sie während der Saison eigens nach Baden.

Unaufhaltsam breitete sich Saft aus. Neben dem Grand Hôtel erstand er zwei Restaurants, die damals weitab von der Stadt im Grünen lagen: das «Belvedere» auf dem Schlossberg und die «Baldegg». Sie boten den Kurgästen ideale Ziele für Spaziergänge. Die Baldegg liegt fast zwei hundert Meter hoch über der Stadt, noch hundert Meter höher als der Schlossberg. Um seinen Gästen den Weg dorthin zu erleichtern, trug Saft sich sogar mit dem Gedanken, eine Standseilbahn auf den Martinsberg hinauf zu bauen. Zur gleichen Zeit entstanden in vielen Kurstädten solche Bahnen. In Wiesbaden, dem Modell für alle Kurstädte, errichtete man 1888 eine Drahtseilbahn auf den Neroberg, den Hausberg. Gleichzeitig wurden an manchen Hängen von Wiesbaden luxuriöse Villen errichtet, die man den Stammgästen zum Verkauf anbot, was auf eine grosse Nachfrage stiess. Ob sich Saft an Wiesbaden ein Beispiel nahm, ist offen, jedenfalls liess auch er am Martinsberg in der Nähe des Oesteriwaldes in Baden sogenannte Kurvillen erstellen. Die Bahn allerdings realisierte Saft nicht, obwohl er die Bewilligung dafür vom Bund bereits erhalten hatte, warum, ist unklar, – mag sein, dass ihn die beträchtlichen Investitionen abschreckten.

3.4.2 Mehr, elektrisches Licht für Baden

Im Mai 1882 liess Saft in seinem Hotel eine (ebenso teure) elektrische Beleuchtung einrichten – und damit bewies er sich als einer der allerfrühesten Pioniere der Elektrizität in der Schweiz. Das war bisher weniger bekannt. Vielmehr sprach und schrieb alles über Johannes Badrutt, den berühmten Engadiner Hotelier, der tatsächlich der erste gewesen sein dürfte. 1879 baute er für sein Kulm-Hotel in St. Moritz ein eigenes Kraftwerk, um seine Gäste mit dem Wunder der Elektrizität zu beeindrucken.[185] Hier im Speisesaal seines Hotels brannte am Abend des 15. Juli 1879 das erste elektrische Licht der Schweiz – doch Saft tat es Badrutt kurz darauf gleich, was erst der Historiker Florian Müller in seiner Monographie über das Grand Hôtel zweifelsfrei nachgewiesen hat.[186] Schon drei Jahre später, 1882, liess Saft sein Hotel elektrisch ausrüsten – und zwar setzte er ultramoderne

Glühlampen ein, wie sie der Amerikaner Thomas Alva Edison (1847–1931) kurz zuvor, 1879, erfunden hatte.

Da Badrutt davon nichts wusste, hatte er sogenannte Jablochkoff-Kerzen montiert; es handelte sich um Bogenlichter, das waren die seinerzeit am meisten verbreiteten elektrischen Lampen; sie strahlten extrem hell, was ihre Verwendbarkeit einschränkte.[187] Beliebt waren sie, um Aussenräume zu beleuchten, genauso oft wurden sie an Festen für kurze Zeit aufgestellt; selbst als Strassenbeleuchtung eigneten sie sich nicht. Solange die Elektrizität nur als Bogenlicht zu leuchten imstande war, blieb sie ein Kuriosum, ein Gegenstand der Unterhaltung, ein Staunen der Welt, aber kein Phänomen, das eine technische, wirtschaftliche und soziokulturelle Revolution auszulösen vermocht hätte, wie das kurz darauf der Fall sein sollte. Erst Edisons Glühlampen und das zentrale Versorgungssystem, das er zugleich entwickelt hatte, bahnten der Elektrizität den Weg zum Massenprodukt und Massenkonsum.[188] So gesehen, kommt Saft das Verdienst zu, als einer der ersten in der Schweiz die überaus folgenreichen Glühlampen dauerhaft, das heisst nicht als Experiment, sondern in der alltäglichen Praxis eines Hotelbetriebs eingesetzt zu haben. Darüber hinaus machte er Baden damit zu einem der ersten Orte im Mittelland, wo elektrisches Licht permanent eingerichtet wurde.

Als Saft im Mai 1882 in seinem Grand Hôtel zum ersten Mal elektrisches Licht einschaltete, existierte in Baden noch kein Kraftwerk. Wie sollte auch, denn erst einige Monate später, im September des gleichen Jahres, nahm Edison in New York das erste Stromnetz der Welt überhaupt in Betrieb: Am 4. September 1882 lieferte die Zentralstation an der Pearl Street, ein kleines Kraftwerk, den ersten Strom an 82 Kunden in Manhattan, die insgesamt 400 elektrische «Edison-Lampen» verwendeten. Das Kraftwerk bestand aus einem Edison-Dynamo, der von einer Dampfmaschine angetrieben wurde, die man mit Kohle befeuerte. Es fing eine neue Zeitrechnung an, es trugen sich Weltpremieren zu: das erste Kraftwerk spies die erste zentrale Stromversorgung. Kurz darauf setzte die eigentliche Elektrifizierung Amerikas und Europas ein, was in bloss neun Jahren auch zur Gründung der BBC führen sollte.

Zu jener Zeit, da es technisch kaum möglich war, Elektrizität über weite Strecken zu transportieren, durfte sich zwischen Stromproduzent und Verbraucher keine allzu grosse Distanz ausdehnen. Da das Grand Hôtel unmittelbar an der Limmat stand, lag es nahe, den Strom durch Wasserkraft herzustellen. Also wandte sich Saft an den Fabrikanten Carl Oederlin, dessen Fabrik sich gleich gegenüber auf der anderen Seite der Limmat befand. Als das neue Grand Hôtel gebaut wurde, hatte Oederlin sämtliche Armaturen für die vielen Gästezimmer und Badeeinrichtungen geliefert, ein Grossauftrag, der die Firma schön auslastete.

I. Teil. Grundlagen

Als so guter Kunde dürfte es Saft deshalb nicht allzu schwergefallen sein, bei seinem Lieferanten günstige Bedingungen für die Stromproduktion auszuhandeln: Er schloss mit Oederlin einen Vertrag ab, wonach dieser ihm die Wasserräder, die er für seine Maschinen nutzte, jeweils ab 18 Uhr 15 bis um 23 Uhr überliess. Mit dieser Wasserkraft betrieb Saft seinen Dynamo; dieser allein hatte 1350 Franken gekostet und war in der Lage, vierzig Glühlampen und sechs Differentiallampen (Bogenlichter) zu versorgen. Insgesamt belief sich die Investition auf rund 4000 Franken, wie dem Vertrag zu entnehmen ist. An Betriebskosten fielen jedes Jahr 1880 Franken an.[189] Noch bevor Saft seine Pläne realisiert hatte, kamen erste Gerüchte auf, das *Badener Tagblatt* schrieb am 2. Mai 1882:

«Mehr Licht! Der sterbende Goethe hat es zwar etwas anders gemeint, wir aber rufen diese, seine Worte, dem Tit. Gemeinderat von Baden zu Handen der löblichen Gasgesellschaft zu. (...) Dem Vernehmen soll die ‹Neue Kuranstalt› [Grand Hôtel] demnächst elektrische Beleuchtung erhalten, möglich, dass dann damit auch das Gas wieder besser wird.»[190]

Einige Jahre zuvor, 1868, war in Baden ein Gaswerk errichtet worden. Da die Stadt das Risiko gescheut hatte, waren die Hoteliers in die Bresche gesprungen und auf eigene Rechnung die Gasbeleuchtung eingeführt, was zu jener Zeit – vor der Elektrizität – eine heute kaum mehr vorstellbare Steigerung der Beleuchtungsqualität bedeutet hatte.

Selbst die NZZ nahm Notiz. Angesichts der Tatsache, dass so viele Gäste aus Zürich kamen, musste dies Saft mit Genugtuung erfüllt haben. Zwar verzeichnete der Korrespondent zuerst die Ankunft des Winterthurer Stadtorchesters in Baden und besprach deren Programm, dann ging er auf die neueste Attraktion ein:

«Am gleichen Tage eröffnete die ‹Neue Kuranstalt› [= Grand Hôtel] die neu eingeführte elektrische Beleuchtung, eine längst geplante Idee des unermüdlichen Direktors des Etablissements des Herrn R. B. Saft. Die für die elektrische Beleuchtung nöthige Kraft wusste sich Herr Saft vermittelst zweier Kupferdrähte auf eine sehr einfache und praktische Weise aus der nahen Wasserkraft der Metallfabrik von R. Oederlin zu gewinnen.»[191]

Schliesslich meldete er einen dritten touristischen Triumph:

«Das Schwanenpaar, welches vor einigen Wochen in Zürich gekauft und in den Teich des Kurhausparkes versetzt worden ist, fühlt sich bei uns recht heimlich [sic] und macht viel Unterhaltung und Vergnügen. Der junge Park selber ent-

3. Die Kurstadt Baden

wickelt sich prächtig, und es ist am Morgen und am Abend eine wahre Freude, ein Vogelkonzert zu hören, zu dem unsere besten Waldsänger engagirt [sic] zu sein scheinen. – Wie hat sich der Kurort Baden seit den letzten zehn Jahren zu seinen Gunsten verändert!»[192]

Safts Glühbirnen lösten in Baden bald weitere Elektrifizierungsbemühungen aus. Keine drei Jahre später, Anfang 1886, ersuchte die Badener Kurhauskommission, faktisch ein Klub der Hoteliers, beim Stadtrat um die Erlaubnis, auch das neue Kurhaus und dessen Park in der Sommersaison elektrisch zu beleuchten. Saft selber sass in dieser Kommission. Bei dieser Gelegenheit profilierte sich auch ein Mann, der in der späteren Elektrifizierungsgeschichte von Baden noch eine grosse Bedeutung erlangen sollte: Stadtrat Carl Pfister. Er war es, der 1891 die BBC nach Baden lockte. Jetzt setzte er sich im Stadtrat mit Erfolg dafür ein, dass die Konzession zu einem Probebetrieb erteilt wurde, und noch im gleichen Jahr wurden Kurhaus und Kurpark mit elektrischem Licht erhellt, wobei man wie schon Saft Glühlampen nach dem System Edison verwendete. Technologisch befand man sich also auf dem neuesten Stand.

Was als Versuchsbetrieb begonnen hatte, bewährte sich; auch in den folgenden Jahren erstrahlten nun an den Sommerabenden das Kurhaus und seine Umgebung in elektrischem Glanz – gleichzeitig dehnte die Gasgesellschaft ihr Netz in der Stadt aus und gewann immer mehr Kunden. Es schien ein Arrangement zu sein, mit dem alle Interessenten gut leben konnten. Die Nutzung der Elektrizität blieb auf Safts Grand Hôtel und das Kurhaus sowie dessen Park beschränkt.

Saft sollte Baden noch einige Jahre prägen. Als Aussenseiter gekommen, stieg er zum massgeblichen Hotelier auf, der einer der ältesten Kurstädte Europas zu spätem Glanz und hohen Renditen verhalf. 1900 verkaufte er das Grand Hôtel, 1915 starb er, Kinder hatte er keine, so dass es keine Nachfolger gab, die den Niedergang seines Hauses miterleben mussten. Erster Weltkrieg, Inflation, Weltwirtschaftskrise und noch einmal Krieg trafen die Badener Hotellerie schwer – das Grand Hôtel, das grösste, teuerste, bald leerste, traf es tödlich. Kurz vor dem Zweiten Weltkrieg wurde es geschlossen. 1944 führte das Füs Bat 251 hier eine Luftschutzübung durch – und sprengte das Hotel in die Luft.[193]

Saft, der Innovator, hatte als erster die Elektrizität in Baden angewandt und ihr damit den Weg gebahnt. Dass ausgerechnet diese Stadt zur schweizerischen Elektropolis werden sollte, war nicht absehbar, vielleicht aber auch nicht ganz zufällig.

3.5 Zweite Zwischenbilanz

Wir fassen zusammen: Das entscheidende Strukturmerkmal der Stadt Baden stellten jahrhundertelang die überaus ergiebigen, leicht zugänglichen und hochqualitativen Thermalquellen dar. Ihnen verdankte die Stadt Reichtum, Prestige und Identität, auf ihnen beruhte die wirtschaftliche und politische Hegemonie der Badewirte und Hoteliers, die diese Quellen als private Eigentümer kontrollierten und mit ihren Hotels den lukrativen Badetourismus betrieben. Bis wenige Jahre vor der Gründung der BBC hatte sich daran nichts Fundamentales geändert. Im Gegenteil, mit dem Aufstieg der Kurstädte in Frankreich und Deutschland seit den 1820er-Jahren war ein allgemeiner Boom des Tourismus ausgelöst worden, der mit wenigen kriegsbedingten Unterbrüchen das ganze lange 19. Jahrhundert bis 1914 andauern sollte. Es war eine goldene Epoche der Hotellerie angebrochen, von der auch Baden und seine Hoteliers intensiv profitierten. 1870, in jenem Jahr, da wir unsere Untersuchung ansetzen wollen, befand sich Baden in einem beneidenswerten Zustand. Reich, optimistisch, stabil. Zwar hatten sich die Hoteliers mit ungleich demokratischeren Verhältnissen arrangieren müssen: inzwischen hatte jeder männliche Einwohner ein Stimm- und Wahlrecht, und die Gemeindeversammlung entschied alle grossen Fragen der Kommune. Ebenso hatte sich der wirtschaftliche Wettbewerb mit anderen Kurstädten verschärft, was ständige Investitionen erforderte – nichtsdestotrotz schien das Geschäft auf Jahre hinaus gesichert, und die politische Stellung der informellen Elite der Stadt wirkte konsolidiert.

Weil sie die Zukunft so positiv einschätzten, unterliefen den Badenern und ihren Hoteliers in jenen Jahren aber gravierende Fehler: teure Projekte endeten in Konkursen wie etwa das überdimensionierte Kurhaus oder das gigantomanische Grand Hôtel, vor allen Dingen liess sich die Einwohnergemeinde zu einer Beteiligung an der Nationalbahn verleiten. Dies trieb die Stadt beinahe in den Ruin, als diese ehrgeizige Vision der Winterthurer Demokraten im grössten Bankrott der Schweizer Wirtschaftsgeschichte unterging. Plötzlich erschien die Position der informellen Elite erschüttert, plötzlich war Baden dringend auf andere Branchen angewiesen. Was man in diesen mächtigen Kreisen bisher stets hintertrieben hatte: eine Industrialisierung der Stadt, liess sich nicht mehr länger abwehren. Es reichte, dass ein Interessent sich meldete.

Wir haben uns in diesem Kapitel vorgenommen, den Sonderfall Baden zu erklären, der darin bestand, dass sich ein Kurort in eine *Company Town* verwandelte. Wir sehen in der ökonomischen und politischen Erschütterung, in die die informelle Elite Badens Anfang der 1880er-Jahre geraten war, eine wichtige Ursache. Anhand von zwei konkreten Ereignissen haben wir diese Defensive dargestellt und analysiert, dabei ergaben sich Erkenntnisse, die für die folgende Untersuchung relevant bleiben.

Erstens. Dass es Stadtammann Zehnder fertiggebracht hatte, eine Mehrheit der Badener Einwohnergemeinde für die Nationalbahn zu gewinnen, bedeutete für die Hoteliers nichts Gutes: Im Grunde hatte schon zu diesem Zeitpunkt eine Mehrheit der Bürgerschaft einer Diversifizierung der städtischen Wirtschaft zugestimmt. Wenn wir uns an die Stellungnahmen Zehnders erinnern, wird ganz deutlich, dass eine solche hoch erwünscht war, sonst hätten seine Argumente sich nicht durchgesetzt. Die Demokratie erwies sich für die Hoteliers als Risiko: Den Kurort als Monokultur konnten sie schon in den 1870er-Jahren an einer Gemeindeversammlung nicht mehr verteidigen. Dass die dann beschlossene Diversifizierung am falschen Objekt verwirklicht wurde, einer «Volksbahn» ohne Volk, änderte nichts an der Tatsache, dass die meisten Badener offenbar bereit waren, den Kurort mit anderen Branchen zu ergänzen. Wenn wir an die Hoteliers denken, entbehrt es nicht der Tragik, dass ausgerechnet ein Bankrott, für den sie keinerlei Schuld trugen, sondern vor dem sie gewarnt hatten, dass ausgerechnet diese sozusagen ehrenvolle Niederlage, die ihnen an der Gemeindeversammlung zugefügt worden war, ihre nächste Niederlage vorausnahm. Seit dem Fiasko der Nationalbahn war Baden finanziell derart angeschlagen, dass die Stadt als Kurort allein gar nicht mehr überleben konnte. Eine Diversifizierung war unausweichlich geworden. Die Hoteliers hatten verloren, bevor Charles Brown und Walter Boveri auch nur auf den Gedanken gekommen waren, in Baden eine Fabrik zu bauen.

Zweitens. Rudolf Bruno Saft war als Aussenseiter und Einwanderer nach Baden gekommen. Dass es ihm gelang, das Grand Hôtel zu sanieren und damit dem ganzen Kurort zu einer späten Blüte zu verhelfen, mag damit zusammenhängen, dass er die etwas verhockten Verhältnisse in den Grossen Bädern mit frischem Blick beurteilte. Kein anderer Badener Hotelier war so innovativ, keiner investierte so viel in neue Technologien, keiner formte sein Hotel konsequenter zu einem «Versuchslaboratorium der Moderne» um, wie es zu jener Zeit in so vielen anderen Kurstädten geschah. Wenn die übrigen Hoteliers 1891 hin- und hergerissen waren, ob sie der BBC die Niederlassung erlauben sollten, dann hatte dies auch mit dem Vorbild von Saft zu tun. Zwei Dinge hatte er bewiesen: die Moderne blieb zwar eine ambivalente Erscheinung für einen Kurort, der seinen Gästen Urlaub von eben diesem modernen Alltag ermöglichen wollte. Gleichzeitig liess sich mit modernen Einrichtungen, mit moderner Technik ein Hotel erfolgreicher und rentabler betreiben, wie Saft dies Jahr für Jahr demonstrierte. Safts Glühlampen leuchteten hell und zuverlässig – also erschien eine

113

Firma wie die BBC, die solches zustande brachte, so inkompatibel auch wieder nicht.

Darüber hinaus erbrachte Saft diesen Nachweis: ein Aussenseiter ist in der Lage, einer alten Stadt neues Leben einzuhauchen. Dass Saft aus Preussen nach Baden gekommen war, bedeutete eine Tatsache, die die meisten Badener als positiv erfahren hatten. Wie im Fall von Zehnder könnte man Safts Wirken gewissermassen als Generalprobe ansehen für die Umwälzungen, die zwei andere Aussenseiter bald in der Stadt auslösen sollten. Rudolf Bruno Saft war ein Aussenseiter, Walter Boveri war einer und Charles Brown ebenso – wenn die beiden jungen Ingenieure in Baden nicht auf mehr Widerstand stossen sollten, dann dürfte dafür auch Saft verantwortlich gewesen sein.

4. Was ist ein Unternehmer? Theoretische Überlegungen

Nachdem wir die Faktoren zusammengetragen haben, die unseres Erachtens erklären, warum es in einer Kurstadt wie Baden zur Etablierung eines Industrieunternehmens wie der BBC gekommen war, möchten wir nun einen Perspektivenwechsel vornehmen. Tatsächlich haben wir bisher nur den einen Teil des mit dem Begriff *Company Town* umschriebenen Phänomens untersucht – die *Town* –, während wir die *Company* noch kaum berührt haben. Wenn Badens informelle Elite aus den oben dargestellten Motiven und Dilemmata bereit war, den Zuzug einer neuen Firma hinzunehmen, was veranlasste insbesondere deren Gründer dazu, Baden als Standort zu wählen? Welche Rahmenbedingungen hielten sie für günstig, welche schreckten sie ab? Inwiefern waren spezifische Eigenschaften und Interessen der beiden Gründer dafür verantwortlich, dass sie Baden anderen Lokalitäten vorzogen, wie etwa Zürich oder Basel, zwei Städte, die beide durchaus seriös geprüft worden waren? Und warum in der Schweiz? Kurz, was zog Charles Brown und Walter Boveri nach Baden; warum wählten sie diese Stadt zu ihrer *Company Town*?

Um diese Fragen zu beantworten, halten wir es für geboten, uns näher mit den beiden Gründern zu befassen, – mit dem Ziel, nicht nur zu verstehen, was sie antrieb und zu effektiven Unternehmern machte, sondern ebenso geht es uns darum, daraus abzuleiten, auf welche Art und Weise sie dem Verhältnis zwischen ihrer Firma und der Stadt den Stempel aufdrückten. Eine Erkenntnis lässt sich vorwegnehmen: Sowohl Charles Brown als auch Walter Boveri stellten, wie wir zu belegen versuchen, zwei geradezu idealtypische Unternehmerpersönlichkeiten dar. Idealtypisch, wenn wir sie mit anderen bekannten Gründern, ob in der Schweiz oder in anderen entwickelten Ländern, vergleichen und in einen theoretischen Erklärungsrahmen setzen. Idealtypisch zum Zweiten, wenn wir betrachten, wie sie «ihre» Stadt transformierten, beherrschten und gestalteten.[194] Wir haben anhand der vielen konkreten Fälle in unserer Typologie von *Company Towns* bereits bemerkt, wie häufig es in solchen Konstellationen vorkam, dass der Patron der jeweiligen *Company* über auffällige und eigentümliche Züge verfügte, sei es Charisma, extreme Erfolgsorientierung, Mut, Risikobereitschaft, Kreativität, Kontrollbedürfnis, Härte oder missionarische Neigung. Auch bei Brown und Boveri werden wir solchen Charakteristika begegnen. Und diese wiederum haben die Geschichte der gesamten Region Baden für gut dreissig Jahre vorgegeben, in einem Ausmass, wie das vorher kaum je vorstellbar gewesen wäre. Aus einer Stadt, die von ihrer informellen Elite, den Badewirten, und ihrer wichtigsten Branche, dem Tourismus, über Jahrhunderte weg eher polykratisch dominiert wurde, entwickelte sich eine *Company Town*, wo eine einzige Firma, ja lange faktisch zwei Männer, einen überproportionalen, manchmal nicht unproblematischen, aber immer unübersehbaren Einfluss ausübten.

Für die folgende Analyse möchten wir uns wiederum verschiedener theoretischer Ansätze bedienen, die es uns erleichtern sollen, die beiden Gründer systematischer zu erforschen: denn jenseits ihrer individuellen Charaktere, ihrer Stärken und Schwächen, ihrer je unterschiedlichen *Backgrounds* und manch kontingenter Eigenarten, die sich jeder verallgemeinernden Beurteilung entziehen, erweisen sie sich, wie erwähnt, in mancher Hinsicht als prototypisch, sobald man sie in einen theoretischen Bezugsrahmen integriert.

Dabei kommt uns entgegen, dass sich in den vergangenen dreissig Jahren das Forschungsinteresse für das Phänomen des Unternehmertums namentlich in der Management-Lehre, aber auch in der *Business History* ganz erheblich intensiviert hat. Die beiden Unternehmenshistoriker Geoffrey Jones (Harvard) und Daniel Wadhwani (University of the Pacific) stellen fest:

«Since the 1980s, entrepreneurship has emerged as a topic of growing interest among management scholars and social scientists. The subject has grown in legitimacy, particularly in business schools. This scholarly interest has been spurred by a set of recent developments in the United States: the vitality of start-up firms in high technology industries, the expansion of venture capital financing, and the successes of regional clusters, notably Silicon Valley.»[195]

Nach Jahrzehnten der Vernachlässigung haben sich manche Wissenschaftler diesem Gegenstand wieder zugewandt, der, so die vorherrschende Meinung in diesen Kreisen, den Kern des wirtschaftlichen Wachstums im Kapitalismus ausmacht: der Unternehmer, der mit seiner Kreativität und seiner Risikofreude erst die Innovationskraft einer modernen Wirtschaft freisetzt und so den Prozess des nachhaltigen Wachstums vorantreibt. Aus diesem Grund können wir auf verschiedene neue Ansätze zurückgreifen, die uns mit der nötigen analytischen Trennschärfe und den entsprechenden Hypothesen ausstatten, um das Phänomen der BBC und ihrer Gründer besser zu erfassen. Indem wir so auch die *Company* genauer beschreiben, versprechen wir uns einen zweiten, anders gerichteten Blick auf die Transformation Badens von einer Kurstadt zu einer *Company Town*.

Bevor wir diese Theorien in der Praxis einsetzen, halten wir eine Übersicht über die Geschichte und den aktuellen Stand der Theoriebildung für unerlässlich. Deshalb teilen wir unsere Aufgabe auf: im vorliegenden Kapitel (4.) stellen wir theoretische Vorüberlegungen an, im darauffolgenden, vorwiegend empirischen Kapitel (5.) nehmen wir die beiden Gründer in den Fokus und wenden die

4.1 Adam Smith und der unsichtbare Unternehmer

Im Grunde ist es paradox: Lange Zeit galt der Unternehmer in den Wirtschaftswissenschaften als uninteressant oder zweitrangig, wie Hartmut Berghoff in seiner bereits erwähnten *Einführung in die Unternehmensgeschichte* darlegt. Für Adam Smith (1723–1790) etwa, einen der Begründer der klassischen Nationalökonomie, zählten Kapital, Arbeit und Boden als die drei wesentlichen Produktionsfaktoren, deren Koordination weitgehend die «unsichtbare Hand» des Marktes übernahm: «Dass es eine Figur gibt», schreibt Berghoff, «die weder Kapitalgeber noch Arbeiter ist, sondern zwischen beiden steht und dort eine wichtige Vermittlungsfunktion ausübt, gehörte nicht zu den gängigen Konzepten.»[196] Stattdessen setzte Smith in seinem Hauptwerk *Wealth of Nations* (1776) auf die erwähnte «unsichtbare Hand», womit er die Selbstregulierung des Marktes meinte, wo Angebot und Nachfrage aller Güter und Dienstleistungen vermittelt durch den Preis stets in ein Gleichgewicht gebracht wurden.[197] Innerhalb dieses Modells erschien die Tätigkeit des Unternehmers als trivial: Stieg der Preis einer Ware, weil die Nachfrage danach anzog, wusste der Unternehmer, dass er mehr davon herzustellen hatte. Sank hingegen der Preis, weil das Angebot die Nachfrage übertraf, galt es die Produktion zu drosseln. Der Unternehmer war nichts mehr und nichts weniger als ein ganz normaler Marktteilnehmer wie alle anderen auch, ob Arbeiter, Kapitalisten, Rentiers, Landbesitzer oder Konsumenten. Vor Adam Smith waren sie sozusagen alle gleich, niemand spielte eine markante Rolle, sondern alle maximierten ihren ökonomischen Nutzen, indem sie auf Preissignale reagierten. Diese Signale zu deuten, so Berghoff, «erforderte offensichtlich keine hervorstechende Kompetenz.»[198] Ausserdem unterschied Smith nicht scharf zwischen dem Kapitalisten, der das Kapital zur Verfügung stellte, und dem Unternehmer an sich, der daraus eine Firma formte, was in der Folge zu manchen Missverständnissen führte.

Adam Smith inspirierte und unterwies mehrere Generationen von Ökonomen. Seine Schule sollte bald als englische Klassik bezeichnet werden, und insbesondere sein Konzept eines wirtschaftlichen Gleichgewichts («economic equilibrium»), das von zahllosen Nachfolgern verfeinert und empirisch belegt wurde, errang gleichsam naturgesetzlichen Status – durchaus zu Recht, was dessen Erklärungskraft eines zentralen Phänomens in der Wirtschaft anbelangte. Allerdings schrieb Smith, weil er von so erheblichem Einfluss war, eben auch die Unterschätzung, wenn nicht gar das Ausblenden des Unternehmers in den folgenden Jahrzehnten fort. Zwar sprachen Smith und viele andere Ökonomen nach ihm oft vom Unternehmer, da er unverkennbar häufig in der Wirtschaft auftauchte, doch wurde er kaum je in eine Theorie integriert. Ob David Ricardo oder Karl Marx, ob Alfred Marshall, John Maynard Keynes oder Milton Friedman, um nur einige der tonangebenden Repräsentanten des Fachs zu nennen: Keiner entwickelte eine spezielle Theorie des Unternehmers, noch bemühten sie sich, ihm in ihren Ansätzen eine besondere Funktion zuzuweisen.

Auch wenn es immer wieder vereinzelte, von diesem Muster abweichende Ökonomen gab, die dem Unternehmer etwas mehr Aufmerksamkeit schenkten, brauchte es doch Aussenseiter, oder besser: Fachfremde, die zuerst dem Unternehmer eine ganz überragende Bedeutung zuwiesen. Ironischerweise war dies die Historische Schule der deutschen Nationalökonomie. Diese mehrere Generationen von Forschern umfassende, ab 1871 auch politisch relevante Strömung, wurde stark von Staatswissenschaftlern geprägt. Methodologisch skeptisch gegenüber allzu abstrahierenden und mathematisch unterlegten Ansätzen in der Ökonomie, setzten sie stattdessen auf historische Evidenz, betonten das Einzigartige eines Ereignisses und hielten Distanz zur englischen Klassik, was sich auch darin äusserte, dass diese vorwiegend deutschen Wissenschaftler die positiven Folgen des freien Spieles der Marktkräfte grundsätzlich in Zweifel zogen und dem intervenierenden, gleichsam reparierenden Staat eine neue Wertschätzung entgegenbrachten.[199] Keine wissenschaftliche Schule hat die Wirtschafts- und besonders die Sozialpolitik des Kaiserreiches wohl mehr inspiriert – und weil sie so wirkungsvoll war, wurden deren Vertreter, die einem Ausgleich zwischen Kapitalismus und Sozialismus von Kaisers Gnaden das Wort redeten, bald als «Kathedersozialisten» verspottet und bekämpft. Zwar forschten und lehrten diese Kapitalismus-kritischen Wissenschaftler vor allem in Deutschland, doch ihre wissenschaftliche und politische Wirksamkeit reichte weit darüber hinaus, in Europa sowieso, aber selbst in den USA.[200]

Dass nun ausgerechnet diese in der Regel festbesoldeten Professoren, die einen aktiven, den Markt bändigenden Staat feierten, gleichzeitig den Unternehmer zu einer der treibenden Kräfte des Kapitalismus erklärten, wirkt vor diesem Hintergrund zweifellos ironisch, zumal sie den Unternehmer geradezu heroisierend darstellten, als Titanen einer neuen Zeit, als Giganten des Wandels. Es mag sein, dass dies damit zusammenhing, dass Deutschland die Industrialisierung als nachholende Entwicklung erfuhr und hier anders als beim englischen Pionier die ungeheure Dynamik dieses Prozesses plastischer und verstörender zugleich zu beobachten war. Man suchte nach Verantwortlichen, denen man neben dem Epochalen, das man anerkannte, auch die unerwünschten Nebenwirkungen zuzuschreiben pflegte. Dementsprechend ambivalent, mitunter kühl blieben die meisten Vertreter der deutschen Historischen Schule, wenn sie vom Unternehmer sprachen, obschon sie überzeugt waren, dass diese Grosses bewegten. Am Beispiel von Gustav Schmoller (1838–1917), einem ihren berühmten Repräsentanten, lässt sich das gut illustrieren. So beschrieb dieser den neuen Sozialtypus des Unternehmers folgendermassen:

«Der Händler und Unternehmer muss einerseits eine umfassende Kenntnis des Bedarfes, des Geschmackes, der Absatzwege und eine technische Beherrschung der möglichen und üblichen Produktionsmethoden, anderseits Organisationstalent, Menschenkenntnis, Kombinationsgabe, eine gewisse geschäftliche Phantasie, die sich ein Bild von der Zukunft machen kann, vor allem aber Mut, Energie, Thatkraft und Rücksichtslosigkeit besitzen. Es sind nicht die höchsten sittlichen Eigenschaften, aber Qualitäten, welche nur in bestimmter gesellschaftlicher Umgebung und Schulung erlernt werden. Es sind zu einem Teil dieselben Eigenschaften, die für einen Truppenführer, einen Bürgermeister, einen Landrat oder Minister nötig sind. Die Unternehmer sind die Offiziere und der Generalstab der Volkswirtschaft.»[201]

Nicht die höchsten sittlichen Eigenschaften. Bei aller Anerkennung, die aus dieser fast poetischen Definition hervorgeht, mochte sich Schmoller nie für die Unternehmer erwärmen, stattdessen lastete er ihnen die sozialen Nöte der Industriearbeiter an und verachtete ihr angeblich überzogenes Profitstreben: «Er lebt in dem Gefühl», schrieb er vom Unternehmer, «dass ihm die heutige Welt gehöre, dass er mit seinem Gelde wenn nicht alles, so doch sehr viel erreichen könne. Wenn man von *Bourgeoisie* spricht, so meint man die unschönen, harten, materialistischen Züge der Klasse, die Neigung zu rücksichts- und skrupelloser Gewinnjagd, die Tendenz, Staatsmaschine, Parlament, Börse und Presse nur als Mittel des Geldmachens anzusehen, event. zu erkaufen.»[202] Mit Zustimmung zitierte Schmoller in diesem Zusammenhang den britischen Konservativen Edmund Burke, der von den Unternehmern gesagt haben soll: «Das Hauptbuch ist ihre Bibel, die Börse ihre Kirche, das Geld ihr Gott.»[203]

Kritisch, zwiespältig und doch folgenreich. Während in der sich entwickelnden klassischen und neoklassischen Ökonomie der Unternehmer unterbelichtet blieb, bemühten sich deutschsprachige Staatswissenschaftler und Historiker, ob als Vertreter der Historischen Schule oder immerhin davon beeinflusst, diesen auffallenden Akteur des modernen Kapitalismus zu ergründen. Manche ihrer Theorien sollten sich als produktiv herausstellen, manche erscheinen noch heute aktuell, andere dagegen antiquiert oder problematisch.[204] Mit Vorliebe fokussierten diese Autoren auf die Mentalität, die Motivation und die religiösen oder politischen Gegebenheiten, die Unternehmer dazu veranlassten, als herausragende Akteure den wirtschaftlichen Wandel voranzutreiben. Werner Sombart

(1863–1941) interessierte sich etwa für die besonderen psychischen Charakteristika, die einen Unternehmer ausmachten: «Kalkulation und Spekulation», glaubte er, koexistierten mit «Verstandesschärfe und Phantasiefülle» – und deren Kombination liessen den Unternehmer in den Augen von Sombart als einen so aussergewöhnlichen Menschen erscheinen, dass er ihm eine unentbehrliche, ja geradezu existentielle Rolle im Kapitalismus zusprach. «Ohne ihn geschieht nichts», hielt Sombart fest. «Alle anderen Produktionsfaktoren (...) befinden sich ihm gegenüber im Verhältnis der Abhängigkeit, werden durch seine schöpferische Tat erst zum Leben erweckt.»[205]

Von ähnlicher Bedeutung sollten sich die Arbeiten von Georg Simmel (1858–1918) erweisen, einem der Begründer der modernen Soziologie; die Theorie des Unternehmers bereicherte er unter anderem mit seiner migrationssoziologischen Studie *Exkurs über den Fremden* (1908)[206], wo er die These vertrat, dass ursprünglich vor allem Aussenseiter oder «Fremde» als Händler tätig waren, eine Einsicht, die sich ebenso dafür eignete, den Unternehmer zu analysieren, da es sich beim Aussenseiter um einen Status handelte, den viele frühe Unternehmer tatsächlich besetzten. Im England der Industriellen Revolution, so hat der kanadische Wirtschaftshistoriker John Munro kürzlich bestätigt, gehörte gut die Hälfte aller an diesem säkularen Durchbruch beteiligten Unternehmer, Wissenschaftler oder Techniker nicht der *Church of England* an, sondern sie galten als *Dissenter*. Sie waren demnach Mitglied protestantischer Kirchen und Sekten – und wurden als solche diskriminiert: eine Karriere im Militär, im Parlament, an den beiden Universitäten (Oxford und Cambridge) oder in der Bürokratie war ihnen offiziell verschlossen.[207] Dass es sich bei dieser einseitigen Verteilung um einen Zufall gehandelt hat, glaubt kaum jemand, doch warum die *Dissenter*, die eine kleine Minderheit darstellten, unter den Unternehmern und Technikern so krass übervertreten waren, bleibt nach wie vor Gegenstand der Debatte. Vermutlich bloss fünf, allerhöchstens zehn Prozent der gesamten englischen Bevölkerung zählten im 18. Jahrhundert zu den *Dissenter*.

Wenn jemand diesen ungeklärten Zusammenhang zwischen meist religiösen Aussenseitern und Kapitalismus zu einem geradezu charismatischen Thema der Wirtschafts- und Sozialgeschichte gemacht hat, dann Max Weber (1864–1920), der ebenfalls als einer der Klassiker der Soziologie gilt. In seiner berühmten Studie aus den Jahren 1904/05 *Die protestantische Ethik und der Geist des Kapitalismus* entwickelte er die Theorie, wonach insbesondere der Calvinismus die motivationalen und religiösen Voraussetzungen geschaffen habe, dass Menschen sich mit Leidenschaft und Konzentration ihrer beruflichen Tätigkeit zuwandten. Vor allem die Prädestinationslehre, wie sie manche Calvinisten vertraten, also der Glaube, dass nur wenige zu den Auserwählten gehörten, und Gott dies bereits vor deren Geburt festgelegt habe, setzte bei jenen, die sich dieser elitären Aus-

4. Was ist ein Unternehmer? Theoretische Überlegungen

legung unterzogen, ungeahnte Energien frei. In der Hoffnung, durch Tüchtigkeit und Erfolg sich und der Umwelt zu beweisen, dass man zu den Geretteten zählte, widmeten sich diese Protestanten umso systematischer einer Art «innerweltlichen Askese» (Max Weber). Die sich daraus ergebenden Normen und Handlungsmaximen wie Arbeitsethos, die Vorstellung des Berufs als Berufung, Rationalität (Weber sprach von der «Entzauberung der Welt»), Zeitmanagement, Spareigung und strenges Triebregime erzeugten einen Habitus, der wiederum eine Karriere als Unternehmer und Kaufmann begünstigte. Weber hielt es für nahezu zwangsläufig, dass sich in calvinistisch geprägten Regionen und Milieus der Kapitalismus zuerst Bahn gebrochen hatte.

Die Empirie schien Weber recht zu geben, wie der amerikanische Historiker David Landes 1998 feststellte: «In manufacturing centers (fabriques) in France and western Germany Protestants were typically the employers, Catholics the employed. In Switzerland, the Protestant cantons were the centers of export manufacturing industry (watches, machinery, textiles); the Catholic ones were primarily agricultural. In England, which by the end of the Sixteenth century was overwhelmingly Protestant, the Dissenters (read Calvinists) were disproportionately active and influential in the factories and forges of the nascent Industrial Revolution».[208]

Kurz, ob in den Niederlanden, Schottland, den reformierten, (also mit den Calvinisten verbundenen) Kantonen der Schweiz, ob in Neuengland (Puritaner) oder England: In all diesen Gebieten setzten sich kapitalistische Unternehmer und Industrielle früher und uneingeschränkter durch als anderswo. Selbst in mehrheitlich lutheranischen Ländern wie Schweden oder den protestantischen Gebieten des Reiches spielten reformierte bzw. calvinistische Unternehmer eine augenfällige Rolle bei der Industrialisierung. Barmen und Elberfeld, das spätere Wuppertal, das sich Mitte des 19. Jahrhunderts dank seiner Textilindustrie zu einem wirtschaftlichen *Powerhouse* verwandeln sollte, stellte eine reformierte Enklave im sonst lutherisch (oder katholisch) geprägten Deutschland dar. Auch Mannheim, das sich zur gleichen Zeit ebenso rasch zur Industriestadt entwickelt hatte, war ursprünglich reformiert – und erst im Lauf seines wirtschaftlichen Wandels siedelten sich hier Lutheraner bzw. Katholiken an.

Trotz unzähliger Studien und Debatten blieb Webers viel beachtete These bis heute kontrovers – wobei manche Kritiker übersahen, dass Weber lange nicht so apodiktisch diesen beschriebenen Kausalzusammenhang vertrat, wie man ihm das zuweilen unterstellte. Denn Zweifel erwiesen sich als angebracht, sobald man in die Details vordrang. Wenn man etwa England betrachtet – wir haben Munros Bilanz referiert, wonach die Hälfte der frühen Kapitalisten *Dissenter* waren – scheint letztlich offen, was Ursache, was Wirkung war. Setzten sich die *Dissenter* (viele darunter Puritaner, also Calvinisten) so häufig durch, weil ihr Glaube sie dazu antrieb? Oder weil ihnen als diskriminierte Minderheit nichts anderes übrigblieb, als sich auf privatwirtschaftliche Unternehmungen zu spezialisieren? Auch Munro traute sich übrigens keine eindeutige Antwort zu. Gerade das Beispiel Deutschland ist keineswegs schlüssig. Das Spektrum ist irritierend breit. Neben Mannheim oder Barmen gab es geradeso viele lutheranische Städte oder Regionen, wie etwa Sachsen oder Berlin und Hamburg, die sich ebenso reibungslos industrialisierten. Ein Teil des Ruhrgebietes, das zum Zentrum der deutschen Schwerindustrie werden sollte, war gar katholisch.

Es ist hier nicht der Ort, die Protestantismus-These zu widerlegen oder zu bestätigen, das ist nicht Ziel unserer Untersuchungen. Dennoch bleibt Weber für uns relevant, da manche einflussreichen, zeitgenössischen Autoren, auf die wir uns in der Folge ebenfalls stützen, wie etwa Deirdre McCloskey, Joel Mokyr oder David Landes sich ähnlicher, nachgerade Weber'scher Argumente bedienen, um das einzigartige Ereignis der Industriellen Revolution zu erklären, insbesondere deren sich dauernd selbst erneuernden technologischen Innovationsprozess, der seither festzustellen war.[209] Die amerikanische Ökonomin McCloskey spricht in diesem Zusammenhang von «the Great Enrichment», weil sich seit jenem Zeitpunkt, seit etwa 1800, das durchschnittliche Pro-Kopf-Einkommen im Westen nicht etwa bloss verdoppelt, sondern um den Faktor 30 erhöht hat.[210] Sowohl McCloskey als auch Mokyr halten kulturelle, mentale und religiöse Phänomene und Bedingungen, wie sie im 18. Jahrhundert fast nur in England auftraten, für weit entscheidender als etwa ökonomische Voraussetzungen (Kapitalakkumulation, moderne Landwirtschaft, transatlantischer Handel etc.) oder institutionelle Gegebenheiten (*rule of law*, Privateigentum, Patentrecht, etc.) – wobei sie letztere nicht vollkommen ausser Acht lassen. Auch dem Unternehmer und dessen speziellen kulturellen und psychologischen Eigenschaften sowie den kollektiven Verhaltensnormen dieser sozialen Gruppe messen sie deshalb eine grosse Relevanz zu. Mokyr etwa betont die informellen Regeln und Überzeugungen, denen sie sich scheinbar «freiwillig» unterwarfen, um dem damaligen Ideal des «Gentlemans» zu genügen: Verträge wurden eingehalten, ohne dass ein Gericht dies erzwingen musste, «ein Wort ist ein Wort», man betrog nicht, fälschte keine Zahlen, sondern verhielt sich als Geschäftsmann ehrlich. Ebenso legte man gemäss diesem kulturellen, oft religiös unterlegten Code zwar Wert auf Profit, wogegen Profitgier gering geschätzt wurde.[211] David Landes schliesslich, einer der herausragenden Wirtschaftshistoriker des 20. Jahrhunderts, hält Webers These nach wie vor für zutreffend. Über die protestantischen Ursprünge des Kapitalismus schrieb er in seinem Standardwerk *Wealth and Poverty of Nations*:

«The heart of the matter lay indeed in the making of a new kind of man – rational, ordered, diligent, productive. These virtues, while not new, were hardly commonplace. Protestantism generalized them among its adherents, who judged one another by conformity to these standards.»[212]

4.2 Schumpeter – «Prophet der kreativen Kräfte des Kapitalismus»

Ob Max Weber, Werner Sombart oder andere Protagonisten der deutschen Historischen Schule: auf die sogenannte Mainstream-Ökonomie, die vorwiegend von angelsächsischen Wissenschaftlern fortentwickelt wurde, wirkten diese stark auf den Unternehmer fokussierten Ansätze zunächst kaum ein. Sie wurden nur marginal rezipiert – bis ein Ökonom, der in beiden Kulturräumen heimisch war, sie aufgriff und davon ausgehend seine eigene Theorie des Unternehmers formulierte: Joseph Schumpeter (1883–1950), ein Österreicher, der sowohl im deutschsprachigen Raum (Graz, Bonn) als auch in den USA (Harvard) als Professor lehrte.[213] Nach dem Ersten Weltkrieg diente er kurzzeitig gar als (erfolgloser) Finanzminister der jungen Republik Deutsch-Österreich, ebenso versuchte er sich (erfolgreich) als Bankier. An Selbstvertrauen mangelte es ihm jedenfalls nicht. Er strebe im Leben drei Dinge an, pflegte er zu sagen. Er möchte der grösste Ökonom, der beste Liebhaber und der beste Reiter der Welt werden, – um nach einer Kunstpause einzuräumen: «Das mit den Pferden hat bisher nicht geklappt.»[214]

Tatsächlich kann seine Bedeutung kaum überschätzt werden. Wenn jemand die weitere Forschung über den Unternehmer auf Jahre hinaus bestimmen und die Mainstream-Ökonomie in dieser Hinsicht herausfordern sollte, dann Schumpeter, einer der grossen Ökonomen des 20. Jahrhunderts, der 1911 in einem seiner Hauptwerke, der *Theorie der wirtschaftlichen Entwicklung* (1934 ins Englische übersetzt) den Unternehmer zur Schlüsselfigur des modernen Kapitalismus schlechthin erhoben hatte. Als Herausforderung erwies sich Schumpeters Ansatz darum, weil er im Gegensatz zu manchen Mainstream-Ökonomen nicht bloss den aktuellen Zustand der Wirtschaft festhalten und begründen wollte, sondern vor allen Dingen den wirtschaftlichen Wandel zum Thema machte. Herrschte in der neoklassischen Theorie eine statische Betrachtungsweise vor, plädierte Schumpeter für eine dynamische Sicht. Bei diesem Unterfangen nahm er eine wesentliche Differenzierung vor:

«Unter ‹Entwicklung› sollen also nur solche Veränderungen des Kreislaufs des Wirtschaftslebens verstanden werden, die die Wirtschaft aus sich selbst heraus zeugt, nur eventuelle Veränderungen der ‹sich selbst überlassenen›, nicht von äusserem Anstosse getriebenen Volkswirtschaft. Würde sich ergeben, dass es solche auf dem wirtschaftlichen Gebiete selbst entstehende Veränderungsursachen nicht gibt und das Phänomen, was wir in praxi wirtschaftliche Entwicklung nennen, lediglich darauf beruht, dass sich die Daten ändern und dass sich die Wirtschaft ihnen fortschreitend anpasst, so würden wir sagen, dass es *keine* wirtschaftliche Entwicklung gäbe.»[215]

Dass eine Wirtschaft wuchs, weil die verschiedenen Produktionsfaktoren zunahmen, ob etwa Kapital oder Arbeit (Bevölkerung), wie dies in der Mainstream-Ökonomie betont wurde, interessierte Schumpeter weniger, er hielt dies nicht einmal für echtes Wachstum:

«Hier wird auch das blosse Wachstum der Wirtschaft, wie es sich in Bevölkerungs- und Reichtumszunahme darbietet, nicht als Entwicklungsvorgang bezeichnet. Denn es ruft keine qualitativ neuen Erscheinungen hervor, sondern nur Anpassungsvorgänge derselben Art wie etwa auf die Änderungen der natürlichen Daten.»[216]

Stattdessen konzentrierte er sich auf die qualitativen Ursachen des Wachstums, insbesondere die Steigerung der Produktivität – wie zum Beispiel infolge einer Innovation, was von der Mainstream-Ökonomie zwar ebenfalls als entscheidend angesehen wurde, aber im Rahmen des klassischen Modells kaum zu erklären war. Es blieb ein schwer fassbarer Fakt. Schumpeter dagegen nahm sich vor, genau dies zu untersuchen: Warum vollzog sich wirtschaftlicher Wandel? Um dies herauszufinden, so glaubte er, war es weniger ergiebig, sich um die Nachfrageseite zu kümmern. Wandel wurde nicht ausgelöst (oder zumindest kam das seltener vor), weil sich die Bedürfnisse der Kunden, also die Nachfrage plötzlich verändert hätten, sondern auf der Angebotsseite ereignete sich Revolutionäres, Diskontinuierliches, wenn ein Unternehmer etwas Neues, eine Innovation schuf, die das bestehende Gleichgewicht durcheinanderbrachte, wenn nicht zerrüttete. Später führte Schumpeter dafür den zum geflügelten Wort gewordenen Begriff der «schöpferischen Zerstörung»[217] ein: Indem ein Unternehmer die vorhandenen Produktionsmittel auf eine andere Art und Weise koppelte, untergrub er den bestehenden Gleichgewichtszustand zwischen Angebot und Nachfrage und rief das hervor, was man heute im Zeitalter der Digitalisierung als *Disruption* bezeichnen würde.

Wie und was der Unternehmer neu kombinierte, war dabei in verschiedenen Varianten denkbar. Schumpeter unterschied deren fünf: ein neues Produkt, eine neue Produktionsmethode, das Erschliessen eines neuen Marktes, die Entdeckung oder Nutzung neuer Rohstoffquellen, die Neuorganisation eines Unternehmens, wobei sich das sowohl auf interne Abläufe, als auch auf den Markt beziehen konnte, wenn ein Unternehmer etwa ein Monopol befestigte («Vertrustung» nannte es Schumpeter) oder ein Monopol aufbrach. Der Möglichkeiten gab es also viele. Theoretisch und empirisch erwies sich dies als Vorzug, weil Schumpeter damit den Innovationsbegriff dermassen erweiterte, dass er sich dazu eignete, flexibel und dennoch mit Gewinn auf die komplexe Realität angewandt zu werden. Der Unternehmer, dem Schumpeter damit eine zentrale Rolle zuwies, konnte vieles bedeuten. Er musste nicht alles sein – weder Erfinder noch Kapitalist, weder Eroberer noch Manager zugleich, sondern vor allem eines: Jener, der das, was viele als potentielle Neuerung übersahen, erkannte und auf dem Markt durchzusetzen verstand. Einer der die existenten Ressourcen neu zusammenfügte und entschied, dass darin die Zukunft lag. Unternehmerischem Eingreifen verdankten ganze Volkswirtschaften bahnbrechende Innovationen, die alles Bisherige umwarfen – und Wachstumsschübe, die diesen Verwerfungen entsprangen. Ohne Unternehmer, so Schumpeter, ergäbe sich keine ökonomische Entwicklung. 1947 schrieb er:

«The whole economic history of capitalism would be different from what it is if new ideas had been currently and smoothly adopted, as a matter of course, by all firms to whose business they were relevant. But they were not. It is in most cases only one man or a few men who see the new possibility and are able to cope with the resistances and difficulties which action always meets with outside of the ruts of established practice. This accounts for the large gains that success often entails, as well as for the losses and vicissitudes of failure.»[218]

Angesichts der Tatsache, dass Schumpeter seinen Unternehmer geradezu zum «Titanen» stilisierte (Berghoff)[219], kann nicht überraschen, dass er sich auch mit den speziellen Eigenschaften auseinandersetzte, die dieser Titan besitzen musste. Er hielt ihn für einen unverwechselbaren Typus: «Egoistisch gefärbt – auch in der Bedeutung von ‹gesteigertem Egoismus›, Rücksichtslosigkeit – sind zwar seine Motive ganz besonders: Ist er doch ganz besonders traditions- und beziehungslos, der wahre Hebel der Durchbrechung aller Bindungen».[220] Ein Querulant also, ein eigensinniger Mensch gewiss, manchmal narzisstisch, tüchtig und genialisch, unorthodox und kreativ, darüber hinaus aber auch mit dem Mut ausgestattet, alles Bisherige zu zerbrechen und hinter sich zu lassen. Irritierend schien besonders, dass Profitorientierung und Erwerbstrieb allein nicht zu begründen vermochten, warum ein Unternehmer, nachdem er etwa seine erste Million verdient hatte, immer weiter strebte und nie zur Ruhe kam:

«Der typische Unternehmer frägt [sic] sich nicht, ob jede Anstrengung, der er sich unterzieht, auch einen ausreichenden ‹Genussüberschuss› verspricht. Wenig kümmert er sich um hedonistische Früchte seiner Taten. Er schafft rastlos, weil er nicht anders kann, er lebt nicht dazu, um sich des Erworbenen geniessend zu erfreuen. Tritt dieser Wunsch auf, so ist das Erlahmen und nicht eine Station auf bisheriger Linie, Vorbote des physischen Todes und nicht Erfüllung.»[221]

Was aber motivierte ihn? Schumpeter:

«Da ist zunächst der Traum und der Wille, ein privates Reich zu gründen, meist, wenngleich nicht notwendig, auch eine Dynastie. Ein Reich, das Raum gewährt und Machtgefühl, das es im Grund in der modernen Welt nicht geben kann, das aber die nächste Annäherung an Herrenstellung ist, die diese Welt kennt und deren Faszination gerade für solche Leute besonders wirksam ist, die keinen andern Weg zu sozialer Geltung haben. (…) Da ist sodann der Siegerwille. Kämpfenwollen einerseits, Erfolghabenwollen des Erfolgs als solchen wegen andrerseits. (…) Freude am Gestalten endlich ist eine dritte solche Motivfamilie, die zwar auch sonst vorkommt, aber nur hier das *Prinzip* des Verhaltens beschliesst. Das kann *sowohl* blosse Freude am Tun sein: Der ‹Wirt schlechtweg› bewältigt mühsam seinen Arbeitstag, unser Typus hat einen Kraftüberschuss, der, wie andre Felder der Betätigung, so auch das wirtschaftliche wählen kann und an der Volkswirtschaft ändert und in der Volkswirtschaft wagt, um des Änderns und Wagens und gerade der Schwierigkeiten willen. Als *auch* speziell Freude am Werk, an der Neuschöpfung als solcher: Sei das nun etwas Selbständiges oder ununterscheidbar von der Freude am Tun.»[222]

1932 war Schumpeter in die USA gezogen, um einen Ruf nach Harvard anzunehmen. 1939 wurde er amerikanischer Staatsbürger. Hier entfaltete er eine fruchtbare Lehr- und Forschungstätigkeit. Zu seinen Schülern zählten etliche Ökonomen, die selber weltberühmt werden sollten, wie Paul A. Samuelson oder James Tobin; darunter auch viele, die wie etwa Robert Heilbroner oder Paul Sweezy zu den sogenannten heterodoxen Ökonomen zählten, weil sie sich der Mainstream-Ökonomie entzogen.[223] Ebenso produktiv war – zumindest in den ersten Jahren – ein Institut, das Schumpeter 1948 gemeinsam mit dem Amerikaner Arthur H. Cole ins Leben rief, das *Research Center in Entrepreneurial History*, das sich der Erforschung jenes Titanen widmete, dem Schumpeter einen so grandiosen Auftritt in der ökonomischen Theorie verschafft hatte. 1950 starb Schumpeter an einem Schlaganfall.

Auch wenn seine Theorie immer wieder kritisiert und modifiziert wurde, hatte sein Ansatz, den Unternehmer ins Zentrum des wirtschaftlichen Innovationsprozesses zu rücken, erhebliche Langzeitfolgen, und wird bis heute von manchen Ökonomen und Historikern vertreten.[224] In den vergangenen Jahren wurde Schumpeter geradezu neu entdeckt, und er erfreut sich inzwischen einer Wertschätzung wie schon lange nicht mehr. Vom «Propheten der kreativen Kräfte des Kapitalismus» schrieb die britische Zeitschrift *Economist*, als sie 2009 eine Business-Kolumne zu seinen Ehren «Schumpeter» taufte und dies folgendermassen begründete:

«Joseph Schumpeter was one of the few intellectuals who saw business straight. He regarded business people as unsung heroes: men and women who create new enterprises through the sheer force of their wills and imaginations, and, in so doing, are responsible for the most benign development in human history, the spread of mass affluence. ‹Queen Elizabeth [I] owned silk stockings›, he once observed. ‹The capitalist achievement does not typically consist in providing more silk stockings for queens but in bringing them within the reach of factory girls in return for steadily decreasing amounts of effort … The capitalist process, not by coincidence but by virtue of its mechanism, progressively raises the standard of life of the masses›. But Schumpeter knew far too much about the history of business to be a cheerleader. He recognised that business people are often ruthless monomaniacs, obsessed by their dreams of building ‹private kingdoms› and willing to do anything to crush their rivals.»[225]

4.3 Auf dem Weg zu einer Synthese: Chandler, Kirzner, Casson

Nachdem Schumpeter 1950 relativ früh gestorben war (er wurde 66), nahm sein Einfluss in den unmittelbar darauffolgenden Jahren zunächst zu, wofür nicht zuletzt das Institut in Harvard sorgte, das er und Cole gegründet hatten. Zahlreiche Bücher und Studien zur Geschichte und Theorie des Unternehmers erschienen. Darüber hinaus stiessen Schumpeters Ansätze auch auf das Interesse der Management-Lehre, die sich zu jener Zeit an manchen Universitäten, insbesondere in den USA, auszubreiten begann. Wer sich fragte, wie ein erfolgreicher Unternehmer (oder Manager) beschaffen sein müsste, hoffte, bei Schumpeter sachdienliche Hinweise zu finden; selbst Praktikern erschien der österreichische Professor, der in den 1920er-Jahren sein ganzes Vermögen an der Börse verloren hatte, jetzt als instruktiv.

Bald schwächte sich die Neugierde jedoch ab, schon 1958 musste das *Research Center* mangels finanzieller Ressourcen schliessen – was generell damit zu tun hatte, dass die Unternehmertheorie und der Unternehmer erneut ins wissenschaftliche Abseits zu geraten drohten. Das lag an einem anderen Titanen.

Der in jenen Jahrzehnten wohl prominenteste Vertreter der *Business History* überhaupt, der Amerikaner Alfred D. Chandler (1918–2007), konzentrierte sich kaum auf den Unternehmer, sondern viel mehr auf die organisatorischen, systemischen und ökonomischen Strukturen, denen die Unternehmen, ja ganze Branchen unterworfen waren. Wir haben ihn bereits angesprochen. Nicht der Schumpeter'sche Titan bewegte ihn, sondern die Frage, wie und warum Unternehmen sich anpassten, diversifizierten, wuchsen oder in der Bedeutungslosigkeit versanken. Dabei fasste er Unternehmen nicht als Schöpfung einzelner ausserordentlicher Gründer auf, wie das Schumpeter getan hatte, sondern Chandler analysierte sie systemtheoretisch. Worauf, auf welchen Engpass, auf welche Veränderung reagierten sie, mit welcher Organisation? Immenses empirisches Material trug er dafür zusammen, durchleuchtete, vermass und interpretierte es – doch der einzelne Unternehmer, jenen Helden der Innovation, würdigte er mit kaum einem Blick. Er suchte nicht nach Titanen, sondern nach Mustern, Sachzwängen und Regeln, gemäss denen Unternehmen und Branchen sich entfalteten.[226]

Natürlich hatte dies auch damit zu tun, dass sich in den 1950er- und 1960er-Jahren die amerikanische Wirtschaft längst zu einem Komplex verwandelt hatte, wo sehr grosse Konzerne den Markt nach Belieben zu beherrschen schienen, wo Erfindungen nicht spontan auftraten und keine Genies etwas Neues entdeckten, sondern imposante Forschungsabteilungen, die wie betriebseigene Universitäten funktionierten, zusahen, dass Innovationen am Laufband generiert wurden. Es hatten sich Konzerne herausgebildet, die sich intern wie Bürokratien oder Armeen aufbauten – und vor allen Dingen glichen jene Männer (es waren so gut wie ausschliesslich Männer), die diese Konglomerate führten, so in keiner Weise mehr den Unternehmern, die Schumpeter gefeiert hatte. Diese «Manager», wie man sie bald auch in Europa nannte, handelten rational, nicht genial, sie waren gut ausgebildet, hatten oft als Offiziere am Krieg teilgenommen; sie waren bestimmt keine Querulanten oder Aussenseiter, keine Willensmenschen, sondern datengetriebene, gewissenhafte, routinierte Vollstrecker systemischer Zwänge der modernen Ökonomie. Der Eigentümer-Unternehmer, der Schumpeter'sche Demiurg, war zwar nicht ganz vom Erdboden verschwunden, aber kaum mehr zu sehen. Er schien nur mehr in kleinen oder mittleren Unternehmen sein Dasein zu fristen. Für die Wissenschaft schien er verloren, da zu uninteressant.

Das hiess aber keinesfalls, dass Chandler den Schumpeter'schen Typus und dessen Wirkung abgewertet oder völlig ignoriert hätte. Wenn es darum ging, eine innovative Firma zu erklären, mass er dem kreativen Titanen durchaus Bedeutung zu, wie der Business-Historiker Geoffrey Jones relativiert:

«The modern industrial enterprise, Chandler observed, was ‹entrepreneurial and innovative in the Schumpeterian sense›. Moreover, while emphasizing the importance of large firms, Chandler and other business historians in his tradition never argued that size and managerial control alone were sufficient for making a firm entrepreneurial and innovative. Chandler's studies repeatedly deal with failure as well as success, and provided ample empirical evidence to support the extensive management literature that large established corporations face major challenges in innovation arising from technological and resource lock-ins, and routine and cultural rigidities».[227]

Weil Chandler so bedeutend war, weil er so viel Einfluss ausübte, und das weit über die Fachgrenzen hinaus, hatte das auch Folgen für die Unternehmerforschung; sie fand zwar weiterhin statt, aber beinahe unter Ausschluss der wissenschaftlichen Öffentlichkeit. Für unsere Untersuchung werden wir Chandler und seine zugegebenermassen hilfreichen Ansätze kaum nutzen, zwar werden wir die Entwicklung der BBC zum Konzern berühren, doch dabei interessieren uns die systemischen Zwänge weniger, die diese vorgaben. Für unser Bedürfnis hier, wo es uns darum geht, die Entwicklung der Unternehmertheorie zu verfolgen, genügen zwei Feststellungen. Erstens, unter dem Eindruck von Chandlers Präponderanz rückte der Unternehmer wieder aus dem Fokus der Wissenschaftler. Zweitens, auch die Forschung unterliegt hin und wieder den Konjunkturen des Zeitgeistes – auch diese Einsicht nehmen wir mit. Als *Big Business*, als der amerikanische, organisierte Kapitalismus in den 1960er-Jahren den Höhepunkt seiner Macht und seines Prestiges erreicht hatte, schlug sich dies auch in den Erkenntnisinteressen der Ökonomen, Soziologen und Historiker nieder.

Rascher, als sich das mancher Wissenschaftler wohl vorgestellt hatte, erwies sich die Richtigkeit dieser Erkenntnis schon wenige Jahre später. Als die grossen *Corporations* in den schwierigen Jahren der Stagflation nach der Ölkrise von 1974 an Ertrag und Glanz einbüssten, und fast gleichzeitig, 1979 bzw. 1980, sowohl in Grossbritannien, als auch in den USA mit Margaret Thatcher und Ronald Reagan zwei Politiker an die Macht gelangten, die den Unternehmer und unternehmerisches Denken zum Kern ihres politischen Programms erklärten, führte das auch einen Paradigmenwechsel in der Unternehmensforschung herbei. Von neuem beschäftigte man sich intensiv mit dem Unternehmer per se. Dass dabei die Schumpeter'schen Ansätze – durchaus in ihrer heroisierenden Form – eine Renaissance erfuhren, kann kaum verwundern, denn sowohl Reagan als auch Thatcher schienen geradezu den Schumpeter'schen Titanen vor Augen zu haben, wenn sie vom Unternehmer sprachen. Infolgedessen stieg die Nachfrage nach Rezepten, wie diese angeblich misshandelten Helden des Reaganismus und des Thatcherismus zu entfesseln wären. Man war begierig zu wissen, was die Politik machen könnte, um den Geist des Unternehmertums zu befreien.

Wenn es sich allein um eine andere politische Sensibilität und einen Wandel der Perzeption gehandelt hätte, wäre dieser Aufbruch vielleicht bald zum Erliegen gekommen, und manch ein Wissenschaftler hätte sich wieder anderen Fragen zugewandt. Weil sich aber in Kalifornien, im sogenannten *Silicon Valley*, in genau diesen Tagen tatsächlich eine dritte Industrielle Revolution anbahnte und man deren Tragweite und deren Treiber nahezu in Echtzeit und empirisch beobachten konnte, veränderte sich die Perspektive nachhaltig. Plötzlich war der Schumpeter'sche Unternehmer, so wirkte es auf manchen, als realer Mensch wiedergeboren worden. Ohne Frage glich dieser den Vorstellungen von Schumpeter: Junge, oft querulatorische Schulabbrecher, merkwürdige Aussenseiter und rücksichtslose Willensmenschen lancierten den *Personal Computer*, revolutionierende Softwarelösungen, erfanden das *iPhone* und die sogenannten *Social Media*, also Produkte, die es noch nie gegeben hatte. Sie erschlossen das *Internet* und erwarben dabei unermessliche Vermögen, ohne viel Wert darauf zu legen. Sie gründeten in einem einzigen Leben mehrere Firmen, die ganze Branchen ruinierten, sie rissen ab, zogen hoch, wälzten um. Wenn die «schöpferische Zerstörung» je zu besichtigen war, dann von den 1980er-Jahren an in Kalifornien und bald in der ganzen entwickelten Welt.

Unter dem Eindruck dieses fundamentalen Wandels setzte sich sowohl in der Öffentlichkeit als auch in der Wissenschaft eine geradezu imperiale Meistererzählung durch, die bis in die Gegenwart von grosser Wirkung blieb. Die Business-Historiker R. Daniel Wadhwani und Christina Lubinski kommen zum Schluss:

«Indeed, entrepreneurship has become a central language – perhaps the central language – of contemporary capitalism and crucial to how economic actors understand business. The belief and premise that entrepreneurial processes are crucial to the future of capitalism is pervasive – arguably more widespread than faith in organizations/management, in transactions and markets, or even institutions.»[228]

Diese erhöhte Wertschätzung, sei es für *Start-ups*, Jungunternehmer, oder sei es für Venture-Kapitalisten, drückte sich in zahllosen Studien aus, die vorwiegend an *Business Schools* entstanden, wo Sozialwissenschaftler und Ökonomen sich mit quantitativen, empirischen Methoden darum bemühten, zu diagnostizieren, worauf es ankam, wie neue Firmen geschaffen, wie sie finanziert werden sollten. Praktische Anwendbarkeit stand im Vordergrund, mathematische Zugänge sollten generalisierbare Aussagen erlauben. Oft stützten sich die Forscher zu diesem

4. Was ist ein Unternehmer? Theoretische Überlegungen

Zweck auf lange Datenreihen und viele Fälle, ob von Unternehmern oder Firmen, wogegen sie sich um die qualitativen, regionalen und zeitlichen Kontexte, die das Unternehmertum je unterschiedlich prägten, wenig kümmerten. Das blieb die Domäne der Wirtschaftshistoriker oder von Ökonomen, die schon immer eher zu den Dissidenten ihres Faches gehört hatten. Dennoch profitierten auch sie ganz wesentlich vom neu erwachten politischen wie wissenschaftlichen Interesse am Unternehmertum.[229]

Nach wie vor galt aber, dass sich die Vertreter der Mainstream-Ökonomie mit dem Phänomen des Unternehmers schwer taten, nach wie vor entzog er sich ihren Modellen, ja, man hielt es für ausgemacht, dass sich insbesondere Schumpeters Theorie, deren Plausibilität sich eben wieder in der Realität zu bestätigen schien, nie mit den Annahmen und Ergebnissen des Mainstreams vereinbaren liesse. Hier, im Rahmen des Gleichgewichtsmodells, überwog das Statische, das sich mathematisch gut erfassen liess – dort, in der Wirklichkeit, explodierte das Dynamische, das jede Formel und jede Berechnung sprengte. Zuweilen auf Schumpeter aufbauend, oft ihm auch widersprechend, hatten tendenziell heterodoxe Ökonomen schon lange neue Ansätze entwickelt, und es sind diese Ansätze, die wir nun zum Schluss unseres Exkurses in die Wissenschaftsgeschichte vorstellen möchten, weil wir sie für unsere Studie – abgesehen von Schumpeter – für am nützlichsten halten.

Israel M. Kirzner (geb. 1930, New York University), ein amerikanischer Ökonom, der der sogenannten Österreichischen Schule zugerechnet wird, arbeitete schon in den frühen 1970er-Jahren ein Konzept aus, das Schumpeters Ansatz auf den ersten Blick diametral zuwiderlief: den Unternehmer definierte er als einen Akteur, der anders als die meisten Marktteilnehmer ein scharfes Auge für Ungleichgewichte auf dem Markt besass.[230] Wenn eine Ware an einem Ort zu billig (oder zu teuer) verkauft wurde, erkannte er dies früher als andere und handelte danach, indem er die Ware dorthin verschob, wo er einen höheren Preis erzielen konnte. Und er tat dies, solange diese Preisdiskrepanz vorlag, die er ironischerweise selber durch seine Intervention zum Verschwinden bringen sollte, weil der Wettbewerb andere Akteure dazu trieb, ihn nachzuahmen. Was wir hier beschrieben haben, ist der trivialste Fall, den Kirzner schilderte: man kennt dieses Verhalten als Arbitrage – Kirzner meinte mit diesem Beispiel aber viel mehr. Zunächst zeichnete er den Unternehmer als einen aus, der als einer der wenigen über diese Witterung verfügte, die er auf Englisch als «Alertness», als Aufmerksamkeit bezeichnete – ein feines Gespür für Ungleichgewichte und die Bereitschaft, sich diese Differenzen zunutze zu machen. Aus dem Schumpeter'schen Titanen, der aktiv handelte und dazwischenfuhr, der Innovationen durchsetzte und Märkte eroberte, war bei Kirzner mithin ein sensibles, eher passives Wesen geworden, das auf der Lauer lag und beobachtete, was sich in der Wirtschaft zutrug, um sich ihm darbietende Chancen zu ergreifen.

Doch Kirzner schwebte anderes vor, als bloss diese psychologische Nuance hervorzuheben, die zweifellos einer Entzauberung des Titanen gleichkam. Vielmehr wollte er eine prinzipielle Differenz schaffen. Sein Unternehmer zerstörte nicht das aktuelle Gleichgewicht, wie Schumpeter das postulierte, sondern Kirzners Unternehmer sorgte stattdessen dafür, dass ein bestehendes Ungleichgewicht auf dem Markt beseitigt und wieder ein Gleichgewicht hergestellt wurde. Damit nahm er die Lösung eines alten Problems der Mainstream-Ökonomie in Angriff, das darin bestand, dass jedermann sich zwar darauf kaprizierte, Gleichgewichte zu beschreiben und zu kalkulieren, niemand aber genau anzugeben vermochte, wie es überhaupt dazu kam, dass diese stets wieder – wie von Smiths unsichtbarer Hand geleitet – in die Balance zurück tendierten. Dabei, so Kirzner, spielte der Unternehmer eine hervorstechende Rolle, indem er sich jedes Ungleichgewichts schon bewusst war, bevor die übrigen Akteure das realisierten. Seine *Alertness* war mit anderen Worten ein Frühwarnsystem und Krisenbewältigungsmechanismus zugleich. Ohne Wettbewerb unter den Unternehmern und Firmen, so Kirzner, fand dieser Prozess des Suchens und Findens gar nicht (oder nur ungenügend) statt, womit er einen Gedanken von Ludwig von Mises aufnahm, seinem Lehrer; ebenfalls stützte er sich auf die Erkenntnisse von Friedrich von Hayek, zwei herausragenden Vertretern der Österreichischen Schule.[231] Weil damit die attraktiven Eigenschaften des Schumpeter'schen Unternehmers, seine Kreativität, sein Mut, seine Aggressivität aus dem Blickfeld gerieten und ihnen offenbar keinerlei Signifikanz mehr zukam, wurde Kirzners Ansatz als Gegenentwurf aufgefasst – sowohl von Schumpeter-Skeptikern als auch Schumpeter-Anhängern, alle waren sich darin einig. Einzig Kirzner, so betonte er Jahre später in einer Art Synthese, sah es anders. Auch der kreative, initiative, selbstbewusste Unternehmer, wie ihn Schumpeter vorgeschlagen hatte, reagierte in den Augen von Kirzner auf Ungleichgewichte. Und zwar nicht bloss dann, wenn er als gewöhnlicher Arbitreur Preisunterschiede entdeckte und nutzte, sondern auch als Innovator tat er nichts anderes. Er bemerkte die ungünstige und ineffiziente Verwendung von Ressourcen und Produktionsmitteln früher und erahnte, wie sie sich besser kombinieren liessen. Im unausgeschöpften Entwicklungspotenzial eines existierenden oder eines geplanten Produktes, einer bekannten oder neuen Technologie oder eines scheinbar erschlossenen Marktes registrierte er einen Zustand, für den in der Gegenwart ein zu hoher Preis verlangt wurde. Weil er den künftigen Preissturz voraussah, sollte es ihm gelingen, die Möglichkeiten, die darin schlummerten, zu wecken. Kirzner hielt fest:

«The key to that conception is (…) to recognize the arbitrage element in all entrepreneurial activity, whether single-period or multi-period.»[232]

Um seinen Punkt zu erläutern, nannte Kirzner als Beispiel den Übergang vom alten Fuhrgewerbe, das vor allem auf Pferdekutschen setzte, zur Automobilindustrie. Was jene Unternehmer, die Anfang des 20. Jahrhunderts das Automobil einführten, zerstörten – kreativ zerstörten – war ohne Zweifel beachtenswert:

«Virtually overnight, we may be convinced, enormous loss of value occurred in capital investments that had been made in that industry [Pferdekutschen]; large numbers of skilled professional workers in that industry find that the market value of their skills has fallen catastrophically.»[233]

Und dennoch lag der destruktiven Tätigkeit der betreffenden Unternehmer eine Arbitrage zugrunde, sie hatten ein «grave disequilibrium» erkannt, von dem sich weder die Vertreter der Pferdekutschen-Branche noch die Kunden einen Begriff gemacht hatten:

«This was so, we now realize, in that the means (and even, in a sense, the technology) to replace expensive, inconvenient, time-consuming horse-drawn transportation by lower-cost, convenient and rapid motorized transportation was available at an acceptable cost, *at the very moment when the horse-drawn carriage industry (as far as the superficial vision of the person in the street could discern) seemed normally prosperous and secure.* The truth is, we now know, that the investments made in physical and human capital were *mal*investments. The value of the output of the horse-drawn carriage industry was, as we now know, far lower than the value which the market *at that very moment* would have been prepared to place upon the outputs of comparable inputs directed into an automobile-producing industry.»[234]

Auf elegante Art und Weise, das ist anzuerkennen, integrierte Kirzner so den Schumpeter'schen Titanen in seine Theorie. Wo er trotzdem auf einer Differenz bestand, und wir haben dies eben zitiert: Sein Unternehmer stürzte die Wirtschaft nicht ins Ungleichgewicht, sondern überwand existente Irrtümer und Fehlallokationen, um am Ende ein neues Gleichgewicht zu realisieren. Prinzipiell verwarf Kirzner damit seine früheren Positionen keineswegs. Gewissermassen semantisch revidierte er sie aber insofern, als er die ausserordentlichen Talente dieser Akteure, die Schumpeter so eindrücklich beschrieben hatte, nun ebenfalls stärker herausstrich und damit den Schumpeter'schen Titanen gleichsam rehabilitierte. Womöglich lag das daran, dass er seine frühen Arbeiten Anfang der 1970er-Jahre verfasst hatte – und auch er in den Jahrzehnten danach vom revolutionären, disruptiven Agieren des Schumpeter'schen Unternehmers überrascht worden war, wie man dies im *Silicon Valley* nun in der Wirklichkeit begutachten konnte.

Wenn wir im Folgenden die BBC-Gründer in einen theoretischen Bezugsrahmen einsetzen, werden wir daher beide Ansätze zusammenführen, die sich im Grunde ergänzen: Schumpeters kreativer, mutiger, selbstbewusster Unternehmer und Kirzners Virtuose des feinen Gespürs. Niemand beschrieb diese Synthese vielleicht besser als Kirzner selber:

«Once we permit the multi-period character of real-world entrepreneurial behavior to be explicitly considered, the relevance of the active, aggressive characteristics of Schumpeter's entrepreneurs becomes understandable and important. Entrepreneurial alertness, in this essentially uncertain, open-ended, multi-period world must unavoidably express itself in the qualities of boldness, self-confidence, creativity and innovative ability. In order to make a discovery, in this world, it is simply not sufficient to be somehow more prescient than others; it requires that that ‹abstract› prescience be supported by psychological qualities that encourage one to ignore conventional wisdom, to dismiss the jeers of those deriding what they see as the self-deluded visionary, to disrupt what others have come to see as the comfortable familiarity of the old-fashioned ways of doing things, to ruin rudely and even cruelly the confident expectations of those whose somnolence has led them to expect to continue to make their living as they have for years past.»[235]

Einen weiteren, produktiven Ansatz trug der britische Ökonom Mark Casson vor (geb. 1945, University of Reading, Grossbritannien). Bedeutete für Kirzner die *alertness* die essenzielle Eigenschaft, die einen Unternehmer auszeichnete, sah Casson im *judgment*, in der besseren Urteilskraft, die entscheidende Stärke. Wäre es nämlich so einfach, Informationen zu verarbeiten, Risiken einzugehen und deren Chancen abzuschätzen, bräuchte es wohl gar keinen Unternehmer. Jedermann, der eine Geschäftsidee hätte, könnte diese realisieren und die Früchte seiner Anstrengungen ernten. Doch viele Unternehmen scheitern, wenige reüssieren. Chancen richtig zu beurteilen, den Markt objektiv einzuschätzen, ein Produkt als gefragtes Produkt zu sichten, bevor andere es tun: Dies zu leisten, erfordert mitunter diagnostische Fähigkeiten. Der Erfolg eines Unternehmens lässt sich nicht mathematisch vorausberechnen, sondern der typische Unternehmer ist stets auf unvollständige Informationen angewiesen – und oft sieht er sich

4. Was ist ein Unternehmer? Theoretische Überlegungen

gar genötigt, in unsicheren Verhältnissen zu operieren, wo niemand die Übersicht hat. Gewiss, er stützt sich auf Daten und Fakten, aber genauso auf Intuition und Erkenntnisse vom Hörensagen. Er hantiert mit Informationsfragmenten, weil jede Kalkulation versagt oder wichtige Bestandteile fehlen, und fügt jene, die ihm vorliegen, zusammen, wie niemand sonst das vermag. Casson lag viel daran, Schumpeter zu modernisieren und mit Kirzner zu einer Synthese zu verschmelzen. Seine Unternehmer waren Virtuosen der Information, er definierte sie als

«Spezialisten, die über die Fähigkeit verfügen, Informationen mit der Aussicht auf Gewinn zu synthetisieren, indem sie Daten, Konzepte und Ideen auswerten, deren Bedeutung anderen Menschen nicht immer bewusst ist. Sie schaffen Organisationen, die wir Unternehmen nennen, um diese Informationen entsprechend ihren Bedürfnissen zu verwerten, und knüpfen soziale Netzwerke, um Informationsströme aus anderen Bereichen der Wirtschaft in ihre Organisationen zu lenken.»[236]

Wo steht die Unternehmertheorie heute? In einem grundlegenden Aufsatz im Jahr 2017 – wir haben bereits daraus zitiert – stellen R. Daniel Wadhwani und Christina Lubinski (Copenhagen Business School, DK) ein Konzept vor, das die Forschung der *Entrepreneurial History*, der Unternehmergeschichte, in den kommenden Jahren anleiten soll.[237] Es gewährt einen guten Überblick über die aktuelle Theoriebildung. Tatsächlich sind die beiden Autoren überzeugt, dass gerade Business-Historiker eine einzigartige Perspektive auf den Unternehmer und seine Handlungspraxis anzubieten haben, sie sprechen in diesem Zusammenhang von einer *New Entrepreneurial History,* die sich als besonders geeignet erwiesen hat, um historische Wandlungsprozesse zu verstehen. Dieses Anliegen kann nicht überbewertet werden. Es ist ein Ansatz, der in den Kern jeder historischen Forschung hineingreift: «Keeping in mind the fundamental historical task of explaining change over time, we define entrepreneurial history *as the study of the creative processes that propel economic change.*»[238]

Ausgehend von den Konzepten der deutschen Historischen Schule, aber auch insbesondere von Schumpeter und dessen Nachfolgern, formulieren die beiden Business-Historiker drei theoretische Prämissen, die ihrer Meinung nach die *Entrepreneurial History* so effektiv machen, wenn es darum geht, Wandel zu analysieren. Zum Teil schärfen sie die Ansätze, die wir bereits vorgestellt haben, zum Teil ergänzen sie sie – wir halten alle drei Prämissen für produktiv:

Erstens fassen sie den Unternehmer als einen Akteur auf, der sich dadurch auszeichnet, dass sein Handeln stets zukunftsorientiert ist. Woraus hervorgeht, dass es nicht reicht, ihn in seiner historischen Zeit zu verorten, vielmehr fragt sich, mit welchen Methoden es einem Unternehmer gelingt, die mögliche Zukunft zu konstruieren. Wenn wir uns an Kirzner oder Casson erinnern, dann liegt darin offensichtlich ein Schwerpunkt seiner Tätigkeit und seines Talents. Doch Wadhwani und Lubinski gehen weiter: «In emphasizing temporal orientation, we draw attention not only to how actors imagine and pursue futures, but also to how these imagined futures relate to interpreted pasts.»[239] Letzten Endes geht es Wadhwani und Lubinski um eine fundamentale Frage: Woher stammt die Kreativität des Unternehmers? Und inwiefern benutzt er sein Wissen über den Status quo oder die Vergangenheit, um die Zukunft zu antizipieren? Wie erkennt er einen *Gap* im Markt, eine Nische, ein Potenzial, eine Innovation? Wadhwani und Lubinski unterstreichen damit die Schumpeter'schen, geradezu revolutionären Eingriffe, die Unternehmer vornehmen: «Moreover, unlike approaches to business history built on the premise that actors optimize resources or coordinate them efficiently, entrepreneurial history considers how they seek to creatively build novel futures beyond the resource constraints of the present.»[240]

Zweitens schlagen die beiden Autoren einen erweiterten Wertbegriff vor. Bisher, so monieren sie, habe man den künftigen Gewinn, den ein Unternehmer aufgrund seines Informationsvorsprungs oder Innovationstalentes zu realisieren hoffte, in erster Linie materiell definiert. Doch den Unternehmer – auch hier erinnern wir uns an Schumpeter – kümmert Geld und Reichtum oft viel weniger als dessen Zeitgenossen dies unterstellen. Andere Ressourcen, andere realisierbare Wertsorten, zählen womöglich weitaus mehr: Reputation, soziale Stellung, politischer Einfluss, moralische Vorsätze, ökologische Ziele, ästhetische oder akademische Ambitionen:

«The premise of the multiplicity of motives and forms of value is partly what distinguishes new entrepreneurial history from approaches based on neoclassical economics, which embrace the assumption of an optimizing agent, motivated by the efficient use of resources within markets, and from those, such as Chandler's, that ascribe a single kind of rationality to management within the context of hierarchies.»[241]

Drittens: Unternehmer handeln nicht allein. Um sich vor dem Vorwurf zu schützen, eine allzu personalistische, mithin heroisch-affirmative Sicht auf den Unternehmer zu propagieren, betonen die beiden Historiker, dass es oft nicht einzelne Persönlichkeiten waren, die als Unternehmer historischen Wandel bewirkten, sondern ganze Generationen oder Gruppen von Unternehmern. Sie sprechen zu Recht von «kumulativen» Effekten: «The agency of actors rests in sequences and

4. Was ist ein Unternehmer? Theoretische Überlegungen

collections of action that cumulatively drive historical change.»[242] Mit Blick auf die BBC ist diese Warnung ernst zu nehmen. Auch wenn Charles Brown und Walter Boveri in unserer Arbeit prominent als Unternehmer untersucht werden, soll dies keineswegs dem Missverständnis Vorschub leisten, die beiden hätten allein, gleichsam im Vakuum agiert. Gerade Brown und Boveri waren Teil einer erstaunlichen Generation von jungen Ingenieuren, die die zweite industrielle, elektrotechnische Revolution vorantrieben, ob sie nun bei der AEG, Siemens, MFO, GE, Westinghouse oder vielen anderen Firmen tätig waren.

Ausserdem, und dies werden wir unten thematisieren, lag das Geheimnis des Erfolgs von Brown und Boveri offensichtlich darin, dass sie es verstanden, zahlreiche talentierte Techniker und Ingenieure nach Baden zu ziehen, einer Provinzstadt in einem kleinen Land, was deutlich macht, wie geschickt und attraktiv die beiden als Arbeitgeber, Chefs und Arbeitskollegen gewesen sein müssen. So entfalteten sich kumulative Effekte, die zu sich überstürzenden Innovationen führten.

Die Relevanz eines Ansatzes, der den Unternehmer oder Unternehmergruppen in den Fokus nimmt, ist für Wadhwani und Lubinski unbestritten. Sie berufen sich explizit auf Schumpeters Vorbild, wenn sie bilanzieren: «New entrepreneurial history offers an opportunity for business historians to examine more deeply and analytically the mechanisms through which human imagination and creativity work. In doing so, it responds to Schumpeter's plea to analyze ‹creative response› by ‹going into the details of its modus operandi, into the mechanisms through which it acts›.»[243]

Wir werden im Folgenden genau dies nachzuvollziehen versuchen: wie Brown und Boveri als Unternehmer auf neue Produkte, Märkte und Organisationen kamen, worauf sie kreativ antworteten, wie sie die Vergangenheit lasen, um die Zukunft vorwegzunehmen, und wie sie mit anderen Worten den sozioökonomischen Wandel beschleunigten, besser: befeuerten und damit eine ganze Region von Grund auf verwandelten.

4.4 Wie werden Unternehmer zu Unternehmern? Institutionelle Voraussetzungen

Wenn wir uns bisher auf jene Theorien konzentriert haben, die den Unternehmer selber ins Zentrum der Analyse stellen, so kehren wir nun zu Ansätzen zurück, die sich darum bemühen, den institutionellen und soziokulturellen Kontext zu erfassen, der das Aufkommen des Unternehmers, wie wir ihn besonders seit der Industriellen Revolution kennen, beförderten oder überhaupt erst ermöglichten. Douglass North (1920–2015, Nobelpreis 1993) und seine *Neue Institutionenökonomie* haben wir bereits eingeführt, er und seine Schüler haben auch in dieser Hinsicht Produktives hinterlassen. North interessierten nicht nur die institutionellen Voraussetzungen für nachhaltiges Wachstum, sondern genauso kümmerte er sich um die Frage, welche dieser Bedingungen hinreichend waren, um ein Unternehmertum zu erzeugen oder überleben zu lassen. Dabei betonte er die Bedeutung des Privateigentums, der Patentrechte, aber auch der politischen Arrangements, wie sie zuerst in England zu beobachten waren. Wo die politische Macht geteilt wurde, wie etwa hier zwischen König, Parlament und den Gerichten, ergaben sich Freiräume und Sicherheiten für Unternehmer. Letztlich schufen die Institutionen, so North, die Anreize (oder Barrieren), dass Unternehmer sich überhaupt engagierten. Wenn etwa die Transaktionskosten niedrig waren, weil Information ungehindert zu erhalten und der ökonomische Austausch rechtlich abgesichert waren, erleichterte dies unternehmerisches Handeln entscheidend.[244]

Neuerdings haben Daron Acemoglu (geb. 1967, MIT) und James A. Robinson (geb. 1960, University of Chicago) diesen Ansatz in ihrem viel beachteten Buch *Why Nations Fail* vertieft und mit wirtschaftshistorischen und entwicklungsökonomischen Erkenntnissen angereichert, wobei sie ihre Argumentation unter anderem mit dem Vergleich verschiedener Regionen untermauerten, die auf den ersten Blick ähnlich (geographisch, kulturell, klimatisch etc.), sich dennoch vollkommen unterschiedlich entwickelt hatten – eine Methode, die selbstverständlich nicht neu war, aber immer wieder zu frischen Einsichten führt.[245] Am Beispiel der beiden gleichnamigen und benachbarten Grenzstädte Nogales in Mexiko bzw. den USA arbeiteten sie heraus, worauf es aus ihrer Sicht ankam: die je verschiedenen institutionellen Gegebenheiten hatten darüber entschieden, warum das mexikanische Nogales arm blieb, während das amerikanische Pendant zu Wohlstand aufstieg. Um diesen Fall zu begründen, zeichneten sie die Geschichte Nord- und Südamerikas nach und blickten dafür bis zur europäischen Besiedlung des Kontinents zurück – womit sie auch ihre Auffassung bekräftigten, wonach Institutionen sich nur sehr langsam, wenn überhaupt verändern – und dass sie ausserdem einer Pfadabhängigkeit unterworfen sind. Alles lässt sich nie neu auf dem Reissbrett entwerfen – vor allem Institutionen nicht.

Wie Institutionen beschaffen sein müssen, damit sie Wachstum begünstigen – darüber herrscht in der Nachfolge von North seit langem ein gewisser Konsens, wir haben die bekanntesten Konditionen erwähnt. Wenn die Arbeit von Acemoglu und Robinson aber selbst in einer politischen Öffentlichkeit weit über die wissenschaftliche *Community* hinaus auf grossen Widerhall stiess, dann deshalb, weil die beiden Autoren kein Merkmal stärker hervorhoben als die sogenannte *Inclusiveness*. Je inklusiver, also je mehr Partizipation bietend und auf Feedback reagierend ein institutionelles Arrangement ist, desto mehr Wachstum gestattet es. Das Gegenteil von *inclusive* bezeichneten Acemoglu und Robinson als *extractive*, weil in diesem System die ökonomischen und politischen Chancen nur wenigen zukamen und entsprechende, «ausbeuterische» Institutionen dafür sorgten, dass diese ungleiche Verteilung von Macht und Prosperität erhalten blieb.

Den gleichen Gedanken wandten sie auf die Stellung des Unternehmers an. Von Schumpeters These der «schöpferischen Zerstörung» ausgehend, glaubten die Autoren, dass jeder Strukturwandel das politisch-institutionelle Gefüge einer betroffenen Region unter gehörigen Druck setzte, zumal dieser Wandel häufig brutal und abrupt vonstattenging, wie das Schumpeter mit einer hohen, empirisch abgestützten Plausibilität ja betont hatte. Weil etablierte Eliten – ob politische, kulturelle oder ökonomische – die Folgen dieser schöpferischen Zerstörung meistens schwer beherrschen konnten und deshalb riskierten, ohnmächtig zusehen zu müssen, wie ihre Stellung unterhöhlt wurde, zählten sie in der Regel nicht zu den Befürwortern oder Agenten des Strukturwandels. Innovationen betrachteten sie nicht als Möglichkeiten, sondern als Gefahren. Dafür gibt es historisch unzählige Beispiele – man denke etwa an die römisch-katholische Kirche, die an vielen Orten der Welt dafür gesorgt hatte, dass sich wirtschaftliche und politische Erneuerungen bloss schleppend, wenn überhaupt durchsetzten. Dieser passive oder auch aktive Widerstand gegen jede Modernisierung fiel alten Eliten aber schwerer, wenn sie das politische und institutionelle System nicht vollständig unter Kontrolle hatten. Je inklusiver, oder man kann auch sagen: je demokratischer, kompetitiver und offener ein politisches System war, desto weniger sahen sich traditionelle Eliten in der Lage, den Strukturwandel zu hintertreiben – und desto eher erhielten die Herausforderer, die kreativen Zerstörer, die Schumpeter'schen Unternehmer eine Chance, sich zu entfalten. Zuweilen pflügten sie in diesem Prozess nicht bloss die prävalenten wirtschaftlichen Verhältnisse um, sondern oft auch die politischen.

Daher, so kamen Acemoglu und Robinson zum Schluss, tauchten in Ländern, wo inklusive Institutionen existierten, auch mehr Unternehmer auf, die bereit waren, zu investieren, Risiken einzugehen und Innovationen auszulösen. Sie wussten das auf den ersten Blick unberechenbare, chaotischere System für sich zu nutzen. Damit leisteten die beiden Autoren, ein Ökonom (Acemoglu) und ein Politikwissenschaftler (Robinson), auch einen anschlussfähigen Beitrag zur Unternehmertheorie. Wie andere zeitgenössische Autoren zogen Acemoglu und Robinson das Beispiel des *Silicon Valley* heran, um die Wirkung von inklusiven Institutionen auf die unternehmerische Tätigkeit zu veranschaulichen:

«As institutions influence behavior and incentives in real life, they forge the success or failure of nations. Individual talent matters at every level of society, but even that needs an institutional framework to transform it into a positive force. Bill Gates, like other legendary figures in the information technology industry (such as Paul Allen, Steve Ballmer, Steve Jobs, Larry Page, Sergey Brin, and Jeff Bezos), had immense talent and ambition. But he ultimately responded to incentives. The schooling system in the United States enabled Gates and others like him to acquire a unique set of skills to complement their talents. The economic institutions in the United States enabled these men to start companies with ease, without facing insurmountable barriers. Those institutions also made the financing of their projects feasible. The U.S. labor markets enabled them to hire qualified personnel, and the relatively competitive market environment enabled them to expand their companies and market their products. These entrepreneurs were confident from the beginning that their dream projects could be implemented: they trusted the institutions and the rule of law that these generated and they did not worry about the security of their property rights. Finally, the political institutions ensured stability and continuity. For one thing, they made sure that there was no risk of a dictator taking power and changing the rules of the game, expropriating their wealth, imprisoning them, or threatening their lives and livelihoods. They also made sure that no particular interest in society could warp the government in an economically disastrous direction, because political power was both limited and distributed sufficiently broadly that a set of economic institutions that created the incentives for prosperity could emerge».[246]

Wir zitieren diese Stelle umso mehr, als sie sich leicht auf das Beispiel Baden übertragen lässt. Was Acemoglu und Robinson hier mit Blick auf die USA herausstrichen, galt für die Schweiz in unserer Untersuchungsperiode genauso. Nicht allein, aber sicher zu einem beträchtlichen Teil sahen sich die eingesessenen Eliten in Baden, die Badewirte und Hoteliers, ausserstande, den Zuzug der BBC und den darauffolgenden Strukturwandel zu vereiteln, weil sich Baden, der Aargau und die Schweiz im Laufe des 19. Jahrhunderts ausgesprochen intensiv demokratisiert hatten. Dazu gehörten unter anderem die Handels- und Gewerbefreiheit, die seit der Helvetischen Republik weitgehend etabliert war, dann ein öffentlich finanziertes, kostenloses Bildungssystem bis hin zu den Universitäten und ein einwandfreier, effizienter Rechtsstaat. Ebenso war das Privateigentum seit langem garantiert – auch in der Schweiz musste kein Unternehmer je fürchten, von einem Diktator enteignet zu werden. Kurz, die Schweiz besass spätestens seit den 1830er-Jahren das ganze Set an inklusiven Institutionen, das Acemoglu und Robinson aufgelistet haben:

«Inclusive economic institutions (...) are those that allow and encourage participation by the great mass of people in economic activities that make best use of their talents and skills and that enable individuals to make the choices they wish. To be inclusive, economic institutions must feature secure private property, an unbiased system of law, and a provision of public services that provides a level playing field in which people can exchange and contract; it also must permit the entry of new businesses and allow people to choose their careers.»[247]

Ohne Zweifel muss man im Fall von Baden von einem höchst inklusiven institutionellen Kontext sprechen. Wir werden diesen Befund in den folgenden Kapiteln weitere Male bestätigen können. Was Acemoglu und Robinson mit ihrem regionalen und historischen Vergleich zutage gefördert haben, war von North und seinen Schülern selbstverständlich schon vorher postuliert worden. Institutionen legten fest, ob Unternehmer überhaupt zum Zug kamen oder nicht.

Einen aufschlussreichen, anderen Blick auf den gleichen Sachverhalt hat der amerikanische Ökonom William J. Baumol (geb. 1922, Princeton, New York University) schon Jahre zuvor geworfen, indem er die Anreizstruktur untersuchte, mit der jeder potenzielle Unternehmer in seinem Land oder zu seiner Epoche zu rechnen hatte. Wenn die Vertreter der Institutionenökonomie die Institutionen in den Mittelpunkt rückten und deren Wirkung auf die Akteure thematisierten, nahm Baumol gewissermassen die entgegengesetzte Perspektive ein, indem er sich in die Situation des Unternehmers versetzte. Wie reagierte dieser individuelle Akteur auf sein institutionelles Umfeld? Im Anschluss an Schumpeters Charakterisierung des Unternehmers hielt Baumol zunächst fest, dass es diesen aggressiven, mutigen, unkonventionellen, ja auch alerten und hoch informierten Menschentypus schon immer gegeben haben musste, ob in der Antike oder im Mittelalter, ob in China oder im alten Mesopotamien. Mit anderen Worten, zu klären galt es nicht, warum dieser Typus auftrat, sondern warum er sich auf das mühselige, oft undankbare Geschäft der wirtschaftlichen Innovation und auf das ebenso anstrengende Schaffen von Wohlstand einliess. Hätten ihm nicht andere Möglichkeiten offen gestanden, seine aussergewöhnlichen Talente einzusetzen und bequemer zu grossem Reichtum zu kommen? In der Tat ging Baumol davon aus, dass genau dies in der Geschichte oft der Fall gewesen war. Meistens verschrieben sich solche Persönlichkeiten dem Krieg, dem Raub oder der Ausbeutung anderer. Nur selten sorgten einzigartige Bedingungen, wie sie etwa im England des 18. Jahrhunderts herrschten, dafür, dass diese schwer zu bändigenden Titanen menschenfreundlicheren, sozusagen sozialen Tätigkeiten nachgingen.[248] Baumol stellte fest:

«But there are a variety of roles among which the entrepreneur's efforts can be reallocated, and some of those roles do not follow the constructive and innovative script that is conventionally attributed to that person. Indeed, at times the entrepreneur may even lead a parasitical existence that is actually damaging to the economy. How the entrepreneur acts at a given time and place depends heavily on the rules of the game – the reward structure in the economy – that happen to prevail.»[249]

Zu diesem Zweck schlug Baumol eine Unterscheidung zwischen Institutionen vor, die potenzielle Unternehmer dazu motivierten, sich produktiv zu betätigen – und solchen, die ihn zu destruktivem Verhalten verleiteten, sei dies in der «harmloseren» Variante des *Rent-seekings* oder sei das in einer gar anti-sozialen Form, indem er sich etwa dem organisierten Verbrechen zuwandte. Für Baumol war mithin evident: Jene speziellen Eigenschaften, die einen Unternehmer zum gefeierten Innovator machten, konnten ihn an einem anderen Ort und in einer anderen Zeit geradeso gut in einen Ausbeuter, Kriegsherrn oder gar Kriminellen verwandeln. Dabei kam es jeweils auf die konkreten Anreize an – wovon die Aussicht auf Profit, Ansehen oder Macht stets eine bedeutsame Rolle spielte. Wenn mit anderen Worten die Profitmaximierung weder legal abgesichert, noch kulturell oder religiös erwünscht waren, dann bestand eine hohe Wahrscheinlichkeit, dass sich Schumpeters «kreativer» Menschentypus Aktivitäten widmete, die nichts zur Mehrung von Wohlstand beitrugen, sondern den vorhandenen Reichtum einfach zu dessen eigenen Gunsten umverteilten.

Wenn wir später die ausserordentlichen Vermögen analysieren, die Charles Brown und Walter Boveri, zwei mittellose, junge Männer, dank ihrer Unternehmensgründung erwerben sollten, wird noch plastischer erkennbar, wie gut das damalige Anreizregime ausgestaltet war, wie effektiv es dafür sorgte, dass Talente sich einer Karriere im Kapitalismus verschrieben – und nicht etwa anderen weniger produktiven Aktivitäten.

4.5 Theoretische Zwischenbilanz

Wir fassen zusammen: Um die beiden Gründer der BBC präziser beschreiben zu können und herauszuarbeiten, was an ihrem Wirken und Vorgehen allenfalls generalisierbar, was eher individuell zu erklären ist, werden wir uns im Wesentlichen auf zwei Theorieangebote stützen.

Erstens lassen wir uns von einer Synthese leiten, die sowohl den Schumpeter'schen Ansatz des Titanen integriert als auch die Verfeinerungen im Sinne der

Alertness berücksichtigt, wie sie Kirzner vorgenommen hat. Ausserdem wird jene Interpretation im Sinne von Casson einbezogen, dessen Unternehmer sich in erster Linie als Meister der Informationsbeschaffung und -verarbeitung profiliert. Die prinzipielle Frage, ob der Unternehmer ein ökonomisches Gleichgewicht unterminiert oder ganz im Gegenteil wiederherstellt, braucht uns nicht weiter zu beschäftigen, für unseren Zusammenhang ist sie weniger relevant – auch wenn wir Kirzners Position im Kontext der Theorie für plausibler halten als jene von Schumpeter.

Zweitens möchten wir die Ansätze der Institutionenökonomie nutzen, wie sie namentlich Douglass North zur Verfügung gestellt hat; ebenso die gewissermassen modernisierte Version davon, die Acemoglu und Robinson neuerdings präsentiert haben. Insbesondere halten wir ihr Konzept der inklusiven Institutionen für gewinnbringend und anschlussfähig – gerade mit Bezug auf den hoch demokratisierten, partizipativen Stand der schweizerischen Institutionen gegen Ende des 19. Jahrhunderts. Dazu ist – durchaus gemäss den Definitionen der Autoren – auch ein Bildungssystem zu zählen, das im internationalen Vergleich relativ egalitäre Zugangschancen garantierte. Last but not least muss dazu auch der Umstand gerechnet werden, dass die Schweiz ein überaus liberales Immigrationsregime aufwies. All dies erlaubte mobilen, fähigen Unternehmern nahezu ideale Entfaltungsmöglichkeiten – und gerade die BBC, die zu Anfang, was ihr Kader und ihre Gründer anbelangt, zu einem grossen Teil auf Ausländer setzte, lieferte hierfür einen guten Beleg.

Nachdem der Unternehmer als Typus und Forschungsgegenstand lange Zeit ein Sonderdasein an der Peripherie der Aufmerksamkeit bestritten hatte, ist er in der jüngsten Vergangenheit wiederentdeckt worden und hat zahlreiche Studien und Untersuchungen ausgelöst. Ebenso zahlreich sind die Versuche, ihn theoretisch zu erfassen, wobei eher heterodoxe Ökonomen sowie Soziologen, Psychologen und Business-Historiker die wesentliche Arbeit erledigt haben. Nach wie vor entwindet sich der Unternehmer zwar den Konzepten der Mainstream-Ökonomie, dennoch ist der Konsens inzwischen ungleich breiter geworden, wenn es sich darum handelt, seine unabdingbare Bedeutung im wirtschaftlichen Wachstumsprozess zu würdigen. Zweifellos wurde diese Einsicht gefördert durch die Macht des Faktischen: In den vergangenen dreissig Jahren hat sich vor unseren Augen in manchen Regionen dieser Welt, insbesondere im *Silicon Valley*, ein säkularer Innovationsprozess abgespielt, wo Unternehmer eine so unübersehbare Rolle spielten, dass sich auch die Wissenschaft diesem Phänomen von neuem annehmen musste.

Was sich seit den 1980er-Jahren in der realen Wirtschaft ereignet hat und unter dem Begriff der Digitalisierung oder auch *Disruption* bekannt geworden ist, wirkte, als ob die reale Welt nachträglich nachvollzog, was Schumpeter schon Jahrzehnte zuvor als «schöpferische Zerstörung» in der Theorie verewigt hatte. Vermutlich ist das kein Zufall. Schumpeter war 1883 geboren worden. Er hatte als Zeitgenosse selber die sogenannte zweite Industrielle Revolution erlebt, die sich in den letzten beiden Jahrzehnten des 19. Jahrhunderts in Europa und Nordamerika zutrug: der Aufstieg der Grosschemie und der Elektroindustrie hatte die Wirtschaft auf eine ähnlich disruptive Art und Weise umgewälzt. Walter Boveri und Charles Brown und ihre Firma gehörten – auch international betrachtet – zu den prominenten Demiurgen dieser Revolution. Ihnen wenden wir uns jetzt zu.

II. Teil. Gründerzeit

5. Charles Brown, Walter Boveri und die «schöpferische Zerstörung»

Als sich im Jahr 1885 ein zwanzigjähriger Ingenieur aus Bamberg in der Maschinenfabrik Oerlikon einfand, um ein Volontariat zu absolvieren, handelte es sich um einen Vorgang, wie er sich damals tausendfach zutrug – ein junger Mann, der eben eine Technikerschule abgeschlossen hatte, suchte nach praktischer Erfahrung und fand sie in einer kleinen Firma in der Schweiz. Warum Walter Boveri, so der Name des Volontärs, im Ausland eine Stelle antrat, ist offen; wann er seinem neuen Chef vorgestellt wurde, ebenfalls, was hingegen feststeht: Diese Begegnung sollte die schweizerische Wirtschaftsgeschichte auf Jahrzehnte hinaus verändern.[250]

Denn der Chef, dem er zugeteilt wurde, hiess Charles Brown – oder vollständiger: Charles Eugen Lancelot Brown – und obwohl er bloss zwei Jahre älter war als der Volontär, stand er als «Direktor» bereits der «elektrischen Abteilung» vor, einer Abteilung, in die die Geschäftsleitung hohe Erwartungen setzte. Es war eine Art Zukunftslaboratorium, das der Patron des Unternehmens, Peter Emil Huber, erst vor kurzem ins Leben gerufen hatte. Dass ein so junger Mann dieses Laboratorium führen durfte, lag daran, dass dieser Mann bereits über einen klingenden Namen verfügte – allerdings nicht aus eigenem Verdienst. Sein Vater war der berühmte englische Ingenieur Charles Brown, und weil dieser so bekannt war, schrieb der junge Brown seinen Namen stets mit sämtlichen Initialen: C. E. L. Brown – was man mit etwas Wohlwollen als Respekt vor dem Vater auslegen konnte oder stattdessen als Zeichen überschäumenden Selbstbewusstseins. Brown, der Sohn, schien davon überzeugt zu sein, dass er sich vom Vater unterscheiden und sich daher sowieso einen eigenen Namen schaffen würde. Warum das nicht jetzt schon klarstellen?

Dass der junge Brown diese Führungsposition in der MFO, wie die Firma bald meistens genannt wurde, erhalten hatte, verdankte er seinem Namen – und dem Verrat seines Vaters. Dieser war erst vor kurzem zur MFO gestossen und hatte seine Stelle aber zur grossen Enttäuschung von Peter Emil Huber schon nach fünf Monaten wieder verlassen – was letzteren umso mehr verärgert haben musste, weil ausgerechnet Brown es gewesen war, der Huber dazu überredet hatte, neu die Produktion von elektrischen Apparaten aufzunehmen und ihn selbst, den erfahrenen Ingenieur, als Chef der neuen Abteilung zu installieren. Bis zu diesem Zeitpunkt war die MFO als eine Firma hervorgetreten, die nur mechanische Geräte fabrizierte, Werkzeugmaschinen etwa oder Maschinen für den Mühlenbau. Um den berechtigten Ärger Hubers aufzufangen und allenfalls juristischen Auseinandersetzungen aus dem Weg zu gehen, die wegen dieses überstürzten Abgangs drohten, hatte Brown senior kurzerhand seinen Sohn als eigenen Nachfolger ins Spiel gebracht. C. E. L. Brown war 1884 zusammen mit seinem Vater und seinem jüngeren Bruder Sidney bei MFO angestellt worden. Offenbar war das Überzeugungstalent von Vater Brown intakt – oder man traute dem Sohn alles zu, weil er sich bereits bewährt hatte: Jedenfalls akzeptierte Huber diese geradezu dynastische Nachfolgeregelung und machte den jungen Brown zum Chef. Er dürfte es nie bereut haben.[251]

Denn Charles Brown, wie wir den Sohn der Einfachheit halber nun nennen, sollte in wenigen Jahren den Vater tatsächlich überflügeln und zu einem der prominentesten Elektroingenieure überhaupt werden. Man sollte ihn weit über die Schweiz hinaus kennen, in Europa geradeso wie selbst in Amerika. Seine technischen Errungenschaften und die damit verbundenen Patente sind zum Teil bis heute relevant geblieben. Wenn ihn aber eine Leistung in technischen und elektrowirtschaftlichen Kreisen fast über Nacht weltberühmt gemacht hatte, dann die sogenannte «Kraftübertragung von Lauffen nach Frankfurt am Main», wo er 1891 zusammen mit einem russischen Ingenieur zum ersten Mal bewiesen hatte, dass sich Strom über weite Distanzen transportieren liess. Browns Durchbruch entschied auf Jahre hinaus, wie wir sehen werden, die Zukunft der Stromübertragung und ermöglichte erst den Aufbau gigantischer, länderüberspannender Stromnetze.

Das alles hätte er ohne die Hilfe des jungen Volontärs erreicht – was er aber vermutlich nie fertiggebracht hätte, war die Gründung eines eigenen Unternehmens. Erst die Kooperation mit Walter Boveri, der die Idee dafür vorbrachte, der darauf drängte, der die Finanzierung sicherte, der auch später den Markt erschloss und dessen Entwicklung voraussah, erst die Kombination dieser beiden Männer dürfte den erstaunlichen Erfolg der BBC bewirkt haben.

Dass es zu dieser Art von Arbeitsteilung kam – zwischen einem brillanten Techniker und einem kommerziell orientierten Unternehmer – und erst dies den wirtschaftlichen Aufstieg bedeutete, ist ein Phänomen, das sich oft beobachten lässt. In einem Aufsatz über die britische Unternehmerschaft während der Industriellen Revolution hat Joel Mokyr darauf hingewiesen, wie häufig dies der Fall war, und mehrere Beispiele diskutiert – er spricht in diesem Zusammenhang von «*Couplings*» – «Paarungen»:

5. Charles Brown, Walter Boveri und die «schöpferische Zerstörung»

«The couplings of individuals with technical skill and those with commercial acumen personalize the great advantage that Britain enjoyed in this dimension, namely the complementarity of human capital and favorable institutions.»[252]

Neben den heroischen, Schumpeter'schen Unternehmern und genialen Erfindern, so betont Mokyr, habe sich England ausserdem auf eine ganze Armee von begabten Mechanikern und Handwerkern verlassen können, die grosse Ideen in praktische, funktionsfähige Maschinen umzusetzen verstanden. Er nennt sie die «unsung foot soldiers of the Industrial Revolution».[253]

Einen folgenreichen Fall eines solchen *Couplings* schildern die Ökonomen William J. Baumol und Robert J. Strom. James Watt (1736–1819), der Erfinder der Dampfmaschine, hätte sich womöglich nie durchgesetzt, wenn ihm sein Partner Matthew Boulton (1728–1809) nicht geraten hätte, das Produkt so zu modifizieren, dass es auf eine Nachfrage stiess. Watts Maschine meisterte zuerst lediglich die vertikale Auf- und Ab-Bewegung. Damit konnte man etwa Pumpen in Gang bringen, wie sie in Kohleminen eingesetzt wurden, um Wasser abzuführen. Das war ohne Zweifel nützlich – aber diese Anwendung reichte nicht, um genug dieser kostspieligen Maschinen abzusetzen. Boulton veranlasste Watt deshalb, seine Dampfmaschine umzubauen, so dass sie in der Lage war, Drehbewegungen zu bewirken, womit sich auch eine Spinnerei oder eine Sägerei betreiben liess – die Möglichkeiten schienen in einem solchen Fall grenzenlos. Boulton, selbst ein Erfinder, aber stärker kommerziell orientiert, hatte die Bedürfnisse des Marktes richtig erahnt. Kaum war es Watt gelungen, eine Dampfmaschine zu konzipieren, die dank eines eigens dafür entwickelten Mechanismus eine permanente Drehbewegung auszulösen vermochte, hatte er gewonnen, und die Dampfmaschine trat ihren unaufhaltsamen Siegeszug an. Dieser sollte sich als epochal erweisen. Das Maschinenzeitalter brach an.[254] Wenig hat mit anderen Worten die Industrielle Revolution derart vorangetrieben wie die Tatsache, dass James Watt auf Matthew Boulton gehört hatte, einen Mann, der in dieser Situation über ein untrügliches Gespür für die Zukunft bewies.

Wenn wir im Folgenden eine der wohl berühmtesten Paarungen der schweizerischen Wirtschaftsgeschichte erforschen, lassen wir uns von zwei, bereits ausführlich behandelten Theorien leiten.

Erstens suchen wir nach den Charakteristika, die Schumpeter, Kirzner und Casson als unverkennbar für einen Unternehmer definiert haben. Inwiefern trifft auf Brown oder Boveri zu, was diese Autoren als Idealtypus postulierten: Waren die beiden jungen Männer kreativ, mutig, aggressiv – traten sie als «schöpferische

Zerstörer» auf den Plan? Welche neue Kombination von Produktionsfaktoren entdeckten sie und führten sie zum Durchbruch? Gehörten Brown und Boveri darüber hinaus zu Aussenseitern, die «traditions- und bindungslos» (Schumpeter) gegen den Strom schwammen, Herkömmliches überwindend, Neues «rücksichtslos» durchdrückend? Und wie steht es mit jenen Eigenschaften, die Kirzner und Casson für zentral gehalten haben: Inwiefern waren sie sensibel, was die Zukunft ihrer Branche, der Technologie oder des Marktes anbelangte? Lernten sie aus der Vergangenheit, und wenn ja, mit welchen Methoden? Verfügten sie mithin über jene Kernkompetenz, die Kirzner als *Alertness* bezeichnet hat – die Gabe, Diskrepanzen auf dem Markt, ökonomische Ungleichgewichte, «falsche Preise» zu erkennen, um sie auszunützen? Casson umschrieb diese Stärke als *Judgment:* Hatte Brown so viel mehr davon als seine Konkurrenten – oder zeichnete dies stattdessen Boveri aus? Womit auch deutlich würde, warum diese Paarung lange so problemlos funktionierte, weil sich die beiden Partner ähnlich wie Watt und Boulton ideal ergänzten.

Zweitens integrieren wir die Biographien der beiden Gründer in den institutionenökonomischen Bezugsrahmen, wie ihn North, Acemoglu, Robinson oder Baumol in verschiedenen Varianten entwickelt haben. Zu diesem Zweck überprüfen wir, welche schweizerischen Begebenheiten sicherstellten, dass diese zwei Ingenieure hier Erfolg haben konnten – abgesehen von ihren individuellen Stärken und Schwächen. Auf welche Institutionen kam es an? Wie «inklusiv» waren sie, – um den Schlüsselbegriff von Acemoglu und Robinson ins Feld zu führen – wie viele Partizipationschancen also, welches Ausmass an Chancengleichheit, wie viel Rechtssicherheit boten sie? Selbstverständlich beziehen sich diese Fragen nicht bloss auf die beiden Gründer, sondern auf viele andere frühe Mitarbeiter der BBC auch. Um ein (evidentes) Ergebnis vorwegzunehmen: Dass der junge Charles Brown in Winterthur aufgewachsen war, als Sohn eines Engländers und einer Schweizerin, deutet darauf hin, dass die Offenheit der schweizerischen Institutionen beträchtlich war – zumal Charles Brown senior, der als junger Mann in die Schweiz übersiedelt war, rasch in Winterthur Fuss gefasst hatte, um dort einen spektakulären Beitrag an die Entwicklung der schweizerischen Maschinenindustrie zu leisten.

Dass sich die beiden BBC-Gründer schliesslich in der Maschinenfabrik Oerlikon kennenlernten, einer aufstrebenden Firma, die bald zu den wichtigen Anbietern von Elektrotechnik zählen sollte, belegt das bereits hohe Niveau der schweizerischen Industrialisierung im Jahr 1885 – wie ja auch der Umstand, dass Charles Browns Vater rund dreissig Jahre vorher hier eine interessante Stelle gefunden hatte, auf die gleiche Ursache zurückzuführen war. Die Schweiz zählte (mit Bel-

5. Charles Brown, Walter Boveri und die «schöpferische Zerstörung»

gien und Sachsen) zu den ersten Verfolgern des englischen industriellen Pioniers – und es steht zu vermuten, dass auch diese frühe Entwicklung mit dem spezifischen Set von Institutionen, wie sie die Schweiz aufwies, zusammenhing. Jedenfalls wäre Brown, der auch in seiner Heimat als gefragter Ingenieur galt, 1851 wohl kaum nach Winterthur gekommen, wenn ihn das, was er hier vorfand, enttäuscht oder er es nicht für entwicklungsfähig gehalten hätte. Dies bringt uns zur Frage der Anreizstruktur, wie sie etwa Baumol thematisiert hat: Was sorgte dafür, dass Charles Brown, Vater und Sohn, oder Walter Boveri ihre grossen Talente in der Schweiz und nicht anderswo zur Entfaltung bringen wollten? Als Boveri für die neue Firma eine Finanzierung suchte, bemühte er sich auch um Investoren in Deutschland. Er hätte sich durchaus vorstellen können, dort die BBC zu gründen, wenn er das erforderliche Kapital erhalten hätte. Das war indes nicht der Fall.

Wie er es schliesslich in der Schweiz fand, mag ein Hinweis auf die gleiche, oben erwähnte Offenheit der Schweiz geben: Conrad Baumann, ein vermögender Seidenindustrieller aus Zürich war bereit, ihm den grössten Teil des Gründungskapitals für die neue Firma zur Verfügung zu stellen – sofern Walter Boveri im Gegenzug seine Tochter Victoire Baumann heiratete. Um es etwas unsentimental zu interpretieren: Damit sicherte Baumann seine hohe Investition ab; denn, dass der eigene Schwiegersohn zum unzuverlässigen Schuldner werden würde, war weniger wahrscheinlich, zumal er sich im Falle des Scheiterns schwer der Kontrolle des Gläubigers entwinden konnte. Es handelte sich bei diesem Arrangement im Übrigen um eine damals recht verbreitete Praxis, Finanzierungen sozusagen familiär einzuhegen. Was zuerst gewesen war: Ein junger Mann wie Boveri, der sich in eine junge Frau verliebte, die sich praktischerweise als sehr gute Partie herausstellte – oder ob der gleiche Mann zuerst den Vater kennenlernte, der das Risikokapital, das Boveri suchte, einzuschiessen versprach, aber Bedingungen stellte – ob also die Liebe oder die Firma für diese Heirat ausschlaggebend gewesen waren: Es ist in den Quellen nicht zweifelsfrei zu eruieren. Immerhin erwies sich die Ehe bis Walter Boveris Tod im Jahr 1924 als stabil – auch wenn manche Indizien dafür sprechen, dass sie nicht besonders glücklich gewesen war, wir werden an geeigneter Stelle darauf zurückkommen. Für unser Erkenntnisinteresse bleibt vorerst relevant: Obwohl ein kaum geprüfter Ausländer ohne allzu tragfähiges Netzwerk in der Schweiz, brachte Walter Boveri es fertig, das Vertrauen eines eingesessenen Industriellen zu gewinnen. Vor allen Dingen, was entscheidender war, zeigte sich dieser risikofreudig genug, dem Einwanderer zu vertrauen. Beides illustriert die Offenheit und hohe Vertrauenskultur unter Geschäftsleuten in der damaligen Schweiz, was letztlich auch Folge war von institutionellen, sozialen und kulturellen Voraussetzungen.

Offen – und doch nach wie vor persönlich. Denn bei aller institutionell und kulturell herbeigeführten *Inclusiveness* kam den «familialen Banden» eine auffallende Bedeutung zu. Brown und Boveri verband nicht bloss eine freundschaftliche Beziehung und ein produktives *Coupling* ihrer unterschiedlichen Talente, sondern sie setzten beide intensiv ihr familiäres Netz ein, wenn es darum ging, die eigene Firma voranzubringen. Wann immer eine wichtige Stelle zu besetzen, eine neue ausländische Filiale aufzubauen oder ein Kredit zu sichern war: Die Gründer der BBC suchten zuerst, so scheint es, in der eigenen Familie; dazu zählten Cousins, Schwager, Schwiegerväter, später die eigenen Kinder und Bekannte, die seit Jahren mit der Familie verknüpft waren. Auf *Trust*, das war augenfällig, kam es an – und zwar sowohl bei der Finanzierung ihres rasch wachsenden Unternehmens als auch in der Personalpolitik. So entstand in Baden und in der BBC mit der Zeit ein dichtes Geflecht von verwandtschaftlichen Verbindungen, in dessen Mitte sich die beiden Gründer und ihre Familien befanden.[255]

Selbstverständlich, wir haben es angetönt, war dies keine Spezialität der beiden Jungunternehmer. Ganz im Gegenteil, es war zu jener Zeit gewissermassen die Norm, wie Serge Paquier hervorhebt: «L'analyse des trajectoires entrepreneuriales ne peut pas ignorer le rôle essentiel joué par la composante des réseaux familiaux.»[256] In einem Aufsatz exemplifizierte Paquier diese These anhand der Netzwerke der Genfer Unternehmer und Bankiers sowie der beiden Gründer der BBC – für beide Fälle konzentrierte er sich auf die Epoche des späten 19. Jahrhunderts bis zum Ersten Weltkrieg. Dabei stiess er auf ein familiales Ressourcensystem, das nicht nur die Risiken einer Unternehmensgründung beherrschbar machte, sondern auch später zu funktionieren hatte, wenn es sich darum drehte, den weiteren Betrieb und Fortschritt der Firma abzusichern: «Comme nous allons le démontrer, les relations amicales et familiales ne s'observent pas seulement aux débuts de l'entreprise, mais sont absolument fondamentales lorsque se pose le problème de la consolidation de l'entreprise.»[257]

Brown und Boveri, so zeigt Paquier auf, und wir werden seine Erkenntnisse unten vertiefen, stützten sich sehr häufig auf dieses familiäre Netz – und wir haben etlichen Aufwand betrieben, diesen immer wieder verblüffenden Tatbestand zu rekonstruieren. Wir werden an den gegebenen Orten darauf zurückkommen.

Wir fassen zusammen: Um die beiden Gründer, ihre Herkunft, ihre Eigenschaften und ihre Laufbahn zu analysieren, setzen wir grob auf zwei theoretische Ansätze, einerseits auf einen Unternehmertheoretischen nach dem Vorbild von Schumpeter, Kirzner und Casson; andererseits stützen wir uns auf die Erkenntnisse und Herangehensweisen der Neuen Institutionenökonomie, wie sie North, Acemoglu, Robinson oder auch Baumol offerieren. Ziel dieser Analyse ist es, den

5. Charles Brown, Walter Boveri und die «schöpferische Zerstörung»

zweiten Bestandteil jenes Verhältnisses zwischen BBC und Baden zu verstehen, das wir mit dem Begriff *Company Town* belegt haben – und zwar betrachten wir dieses Verhältnis sozusagen im embryonalen Zustand, bevor es überhaupt zur Etablierung der neuen Firma in dieser Stadt kam. Wir gehen davon aus, dass die Fokussierung auf die beiden Gründer weitere Antworten darauf liefert, warum Baden am Ende zum Standort der BBC wurde.

Natürlich fällt es schwer, in der Doppelbiographie der beiden Gründer, die wir nun darstellen, diese verschiedenen theoretischen Zugriffe trennscharf auseinander zu halten, zumal wir es vorziehen, der Lesbarkeit halber chronologisch vorzugehen. Je nach empirischem Material kommt eine andere Methode zur Anwendung. Die Theorien sollen unsere Fragestellung zwar anleiten, nicht aber die Struktur vorgeben, gemäss welcher wir die Karrieren von Brown und Boveri bis zur Gründung der BBC schildern. Ebenso versuchen wir zwar, die beiden Karrieren gesondert zu behandeln, solange es sinnvoll erscheint, doch liegt es in der Natur dieser «Paarung», dass sich die beiden Lebensläufe bald verschränkten und gegenseitig bedingten. Auch hier trennen wir analytisch, was real ineinandergriff.

5.1 Charles Brown senior. Gründer avant la lettre

Im Nachhinein betrachtet hat es etwas geradezu Surreales, wie eine Familie allein so massgeblich am Aufstieg von vier bedeutenden Unternehmen beteiligt war, die für nahezu ein Jahrhundert die schweizerische Maschinen- und Elektroindustrie prägen sollten. Die Familie Brown, genauer Vater Charles Brown, hat geholfen, Sulzer in Winterthur zu einem Weltunternehmen zu machen. Der gleiche Brown hat die Schweizerische Lokomotiv- und Maschinenfabrik SLM, ebenfalls in Winterthur, ins Leben gerufen und er bewog Peter Emil Huber, der einst unter ihm bei Sulzer gearbeitet hatte, die MFO in Oerlikon zu etablieren, um ihn wenig später davon zu überzeugen, aus der MFO eine elektrotechnische Fabrik zu machen. Hier arbeiteten während kurzer Zeit drei Browns gemeinsam: Charles, Vater und Sohn, sowie Sidney, der jüngere Bruder; und nachdem insbesondere Charles Brown junior der MFO zu weltweitem Renommee verholfen hatte, zogen die beiden Brüder weiter und gründeten in Baden die BBC, eine Firma, die schliesslich zu einem der grössten Konzerne des Landes emporsteigen sollte. Charles Brown war 1851 aus London nach Winterthur eingewandert, ein Enkel von ihm arbeitete noch in den 1960er-Jahren in führender Stellung bei der BBC: Die Familie blieb ihrer neuen Heimat, der schweizerischen Maschinenindustrie, mehr als hundert Jahre verbunden.

Dass die Browns diese herausragende Rolle zu spielen vermochten, kann man auf zweierlei Art interpretieren: Dass einerseits der Pool von begabten Ingenieuren oder Unternehmern in der Schweiz im 19. Jahrhundert noch recht begrenzt war, weshalb einer auswärtigen Familie diese überproportionale Bedeutung zukam. Andererseits, dafür haben wir bereits argumentiert, war dieser Erfolg auch Ausdruck der institutionellen, sozialen und kulturellen Offenheit der damaligen Schweiz. Beides trifft zu. Die ETH war erst 1855 als «Eidgenössisches Polytechnikum» gegründet worden, so dass 1851, zu dem Zeitpunkt, da Charles Brown senior in Winterthur bei Sulzer angestellt wurde, es noch kaum Ingenieure und Techniker gab, die in der Schweiz ausgebildet worden waren.[258]

Brown war jedoch ebenso wenig ein formal ausgebildeter Ingenieur, sondern ein Autodidakt, – wie viele Unternehmer und Erfinder in jener Zeit der frühen Industrialisierung auch, ob in England oder auf dem Kontinent. Dennoch war die Schweiz auf Leute wie ihn angewiesen, weil das Land sich zwar früh industrialisiert hatte, aber zu den Verfolgern des Pioniers England gehörte. Wenn schweizerische Unternehmer in der ersten Hälfte des 19. Jahrhunderts technisches Spitzenpersonal suchten, dann war es begreiflich, wenn sie in England rekrutierten, einem Land, das boomte und die meisten technologischen Standards setzte.

5.1.1 Vorbild England

1834 hatten die beiden Brüder Johann Jakob und Salomon Sulzer in Winterthur eine Eisengiesserei etabliert, sie ging auf eine ältere Messinggiesserei zurück, die noch ihr Grossvater betrieben hatte. Als «Gebrüder Sulzer» sollte dieses Unternehmen weltberühmt werden. Da Winterthur zu jener Zeit zu einem Handelszentrum der blühenden Baumwollindustrie im nahen Zürcher Oberland aufgestiegen war, entwickelten sich mehrere Betriebe der Stadt zu Reparaturwerkstätten dieser Branche, bald fingen sie an, selber Maschinen zu entwickeln, so auch Sulzer. Es handelte sich um ein Phänomen, das in der Geschichte der Industrialisierung noch häufiger zu konstatieren war, man spricht von «Kopplungseffekten»: Als Nebenerscheinung gewissermassen und als Zulieferer des damaligen Leitsektors, der Textilindustrie, wuchs die Maschinenindustrie heran, bis sie schliesslich die Textilindustrie übertreffen und als neuer Leitsektor ablösen sollte. Escher, Wyss & Cie. war 1805 in Zürich als eine Baumwollspinnerei entstanden, um bald auf die Produktion von Maschinen umzusatteln, sowie dies zukunftsträchtiger erschien. Sulzer selber stellte zuerst Ersatz- und Gussteile für Textilmaschinen her, bald hatte man auch technisch anspruchsvollere Feuerspritzen, hydraulische Pressen, Dampfkessel und Zentralheizungsanlagen im Angebot.[259]

1849 reiste Johann Jakob Sulzer (1806–1883) für zwei Monate nach England, mit dem Ziel, sich inspirieren zu lassen. Solche Expeditionen in den *Work-*

5. Charles Brown, Walter Boveri und die «schöpferische Zerstörung»

shop of the World waren unter Geschäftsleuten des Kontinents damals gang und gäbe. Alle wollten vom Pionier lernen. Sulzer hatte vorher auch Deutschland, Frankreich und Österreich aufgesucht – aber kein Ort beeindruckte ihn so nachhaltig wie England, wo man die Zukunft des eigenen Landes zu besichtigen vermeinte. Er lernte zahlreiche Firmen kennen, die in jenen Jahren als die modernsten der Welt galten. Noch schien der Vorsprung des *Leaders* uneinholbar, doch Leute wie Sulzer schickten sich an, diesen zu verkürzen: Am meisten fielen dem Schweizer die ungezählten Dampfmaschinen auf, die in fast jeder Fabrik standen, um Maschinen jeder Art zu betreiben. Hohen Absatz auf dem Kontinent witternd, kam er auf die naheliegende Idee, auch bei Sulzer die Produktion von Dampfmaschinen aufzunehmen. Was ihm aber fehlte, war das nötige *Know-how*, weshalb es zweckmässig schien, sich vor Ort nach einem Fachmann umzusehen.

Der Zufall wollte es – oder angesichts der zuvor geschilderten Wettbewerbssituation der schweizerischen Industrie war es nur folgerichtig – dass sein Schwager Gottlieb Hirzel in eben jenen Jahren als Ingenieur in einer englischen Maschinenfabrik tätig war: bei Maudslay, Sons & Field in London, einem angesehenen Etablissement, das sich auf Werkzeug- und Dampfmaschinen spezialisiert hatte und unter anderem die *Royal Navy* belieferte, was ein Hinweis auf den Rang der Firma sein mag. Nur die besten waren imstande, die prestigereichste Organisation des *British Empire* als Kunden zu gewinnen. Die Firma galt weltweit als der Pionier im Dampfschiffbau schlechthin: Sie stattete das erste Kriegsschiff der *Royal Navy* mit Dampfmaschinen aus, ebenso das erste Dampfschiff, das nach Indien fuhr (1825) sowie das erste, das den Atlantik überquerte (1838).[260] Eine viel bessere Adresse gab es damals in England nicht – und Sulzer hoffte, hier einen Experten abwerben zu können. Anscheinend hatte Sulzer zuerst an Hirzel selber gedacht, da dieser aber kein Interesse zeigte, in die Schweiz zurückzukehren, setzte er ihn kurz entschlossen als *Headhunter* ein. Hirzel empfahl ihm einen jungen Mann, der bis vor kurzem ebenfalls bei Maudslay, Sons & Field gearbeitet und bereits von sich reden gemacht hatte. Der Mann hiess Charles Brown. Wenig später stellte Sulzer Charles Brown senior an, 1851 fing dieser in Winterthur an. Er war 24 Jahre alt.

Dass Schweizer Unternehmer Techniker in England anwarben, kam zu jener Zeit häufig vor. Brown war bei weitem nicht der einzige Engländer, der in die Schweiz wechselte. Escher Wyss hatte schon 1844 den Engländer Matthew Murray Jackson (1821–1892) als Oberingenieur verpflichtet, der selbst aus einer renommierten Ingenieursdynastie in Leeds stammte, sein Grossvater war als Rivale von James Watt und George Stephenson, dem Erfinder der Eisenbahn, hervorgetreten.[261] Wie Murray Jackson waren diverse Briten bei Escher Wyss untergekommen, so etwa der Chef der Giesserei, King, der aus Birmingham in die Schweiz eingewandert war. Dessen Sohn Edward King war nachher ebenfalls

153

bei Escher Wyss tätig, bis er 1891 in Wollishofen eine eigene Maschinenbaufirma gründete.[262] Was Murray Jackson für die Zukunft von Escher Wyss bedeuten sollte, kann kaum überbewertet werden: Unter seiner Leitung verwandelte sich Escher Wyss zu einem europaweit führenden Dampfschiffhersteller für Binnengewässer, und der Engländer war verantwortlich für den Bau von mehr als hundert Dampfern für sämtliche Schweizer Seen, ebenso für die italienischen Seen, für die Donau oder den Rhein.[263]

Aus Sicht der Schweizer Industriellen war nachvollziehbar, warum sie diese englischen Fachkräfte anwarben, was aber zog diese in die Schweiz? Um eine kurze Antwort zu geben: Das Land war inzwischen kein Entwicklungsland mehr, seine Firmen hatten ehrgeizigen, talentierten Leuten etwas zu bieten. Spätestens in den 1830er-Jahren, zu diesem Schluss kommt der deutsche Soziologe Ulrich Menzel in einer Studie über die Frühindustrialisierung ausgewählter Länder, hatte die schweizerische Maschinenindustrie zum englischen Vorbild aufgeschlossen. Obschon nach wie vor abhängig vom Import von Technologie und Fachleuten aus England, war die junge Industrie aus dem kleinen Alpenland in der Lage, auf den Weltmärkten den englischen Giganten das Leben schwer zu machen – wie übrigens kaum ein anderes Land. Schon 1836 hatte der Export von Maschinen den Import übertroffen – mit anderen Worten, die Schweiz war zu einem Exporteur von Technologie geworden, was gemeinhin als Zeichen von industrieller Reife betrachtet wird. Aus dem Agrarland war definitiv ein Industrieland geworden, dem auch mehr und mehr eigene Innovationen gelangen.[264]

Weil die britischen Unternehmer auf den Weltmärkten immer öfter Schweizer Kollegen begegneten, war ihnen diese neue Konkurrenz längst aufgefallen: Mitte der 1830er-Jahre reiste der liberale Parlamentsabgeordnete John Bowring (1792–1872) deshalb in die Schweiz, um dieses Wirtschaftswunder zu untersuchen. Er gab sich beeindruckt. In seinem Bericht an das einflussreiche *Board of Trade* der Regierung schrieb er:

«It could not, indeed, but excite the attention of any reflecting person, that the manufactures of Switzerland – almost unobserved, and altogether unprotected, had been gradually, but triumphantly, forcing their way into all the markets of the world, however remote, or seemingly inaccessible. That such a remarkable result was not the consequence of geographical position is obvious, for Switzerland neither produces the raw material which she manufactures, nor, when manufactured, has she any port of outlet, except on the conditions which her maritime neighbours impose upon her».[265]

Bowring kam zum Schluss: «I doubt whether any country has made the same comparative progress in prosperity».[266]

5. Charles Brown, Walter Boveri und die «schöpferische Zerstörung»

Vor diesem Hintergrund wird verständlich, dass ein solches Land für manch einen britischen Spezialisten an Attraktivität gewonnen hatte. Da das Angebot an industriellen Fachkräften in England viel grösser war als in der Schweiz, steht zu vermuten, dass ein englischer Ingenieur auf dem Kontinent, insbesondere in der Schweiz, mit einem hohen, wenn nicht höheren Salär als in der Heimat rechnen konnte – vor allem in diesem jungen Alter. Gerade was diesen Punkt betrifft, sticht ins Auge, dass alle englischen Einwanderer, die damals in der Schweiz auftauchten, sehr jung kamen. Womöglich planten sie, nach einigen einträglichen Jahren wieder nach Hause zu fahren. Viele blieben indes. Wenn man die Karrieren dieser frühen *Expats* verfolgt, zeigt sich überdies, dass die meisten in ihren Firmen reüssierten und auch zusahen, dass ihre Söhne in der neuen Heimat eine vielversprechende Stelle in Aussicht hatten.

Warum sich aber Charles Brown aus London nach Winterthur verpflichten liess, einer kleinen Stadt von damals gut 5000 Einwohnern (1850), die er wohl kaum kannte und deren Sprache er nicht beherrschte, lässt sich aus den Quellen nicht rekonstruieren. Ohne Zweifel muss das Angebot lukrativ gewesen sein, denn Sulzer suchte eine Schlüsselfigur für seine Firma, um ein vollkommen neues Geschäftsfeld zu erschliessen. Ebenso mag Browns Alter die Auswanderung erleichtert haben. Brown war unverheiratet, also bindungslos. In Winterthur erwartete ihn zudem eine leitende Stellung mit privilegiertem Zugang zu den Patrons, ohne dass er sich hätte hinaufdienen müssen, wozu er in den etablierten englischen Unternehmen bestimmt gezwungen gewesen wäre. Was immer wir über seine Laufbahn vor Winterthur wissen – und es ist nicht allzu viel – deutet an, dass es sich bei Brown um einen eigenwilligen, nicht allzu leicht zu führenden, durchsetzungsfähigen Mann gehandelt haben muss, der es gewohnt war, sich die nötige Autonomie herauszunehmen.

5.1.2 *«Krasseste Unwissenheit»: Kindheit in einer Sekte*

1827 in Uxbridge geboren, wuchs Charles Brown senior in Woolwich auf, wohin die Familie kurze Zeit danach umgezogen war. Beide Orte waren Vororte von London, heute sind sie Teil der Metropole. Wenn man an die spätere Laufbahn von Brown als einem der besten Ingenieure seiner Generation denkt, ist leicht zu erkennen, warum dieser Wohnort an der Themse signifikant war: In Woolwich lag seit dem 16. Jahrhundert der Kern der englischen Rüstungsindustrie, im *Woolwich Dockyard* wurden Kriegsschiffe gebaut, im königlichen Arsenal Kanonen gegossen, Gewehre fabriziert, mit Sprengstoff hantiert und Munition hergestellt. Man suchte und erprobte neue Rüstungstechnologien. Zahlreiche nachher berühmte Ingenieure wirkten im Laufe ihrer Karriere irgendwann einmal in Woolwich. Kurz, das Arsenal galt als eines der besten Forschungszentren des

Vereinigten Königreichs. In der ebenfalls auf dem Gelände angesiedelten *Military Academy* schliesslich wurden Artillerieoffiziere und Militäringenieure ausgebildet. Während der Napoleonischen Kriege wuchs Woolwich enorm, allein das Arsenal beschäftigte jetzt 5000 Arbeiter, und es wurden Tag für Tag Unmengen von Rüstungsmaterial produziert, um Frankreich zu besiegen.

Als Brown jedoch als Kind mit seiner Familie hier lebte, wenige Jahre danach, befand sich Woolwich in einer schwierigen Phase. Die Rüstungsindustrie war 1815, nach dem Triumph über Napoleon, deutlich zurückgebaut worden, auch technologisch fiel das Arsenal zurück. Erst der Krimkrieg im Jahr 1853 löste erneut einen Boom aus. Dennoch war es in Woolwichs Militärfabriken, wo der junge Charles Brown sich seine ersten technischen Fertigkeiten aneignete, ja erst hier mag er überhaupt auf die Idee gekommen sein, Ingenieur werden zu wollen. Seine Familie hatte ihn dazu jedenfalls nicht ermuntert, im Gegenteil.

Sein Vater war Zahnarzt. Die Familie gehörte einer protestantischen Sekte an, war offenbar tiefgläubig, so gläubig, dass Brown, wäre es nach seinen Eltern gegangen, hätte Prediger werden sollen. Es muss sich um eine eher rigorose, separatistische Glaubensgemeinschaft gehandelt haben, denn als Erwachsener sollte er mit einer gewissen Verbitterung von diesem Herkunftsmilieu sprechen. Immerhin bestätigen sich bei Brown die Erkenntnisse von John Munro, wonach zu jener Epoche fast die Hälfte aller britischen Unternehmer und Ingenieure *Dissenter*, also keine Mitglieder der Anglikanischen Kirche waren. Wenn es darum geht, diese Übervertretung zu erklären, haben die Historiker und Ökonomen verschiedene Möglichkeiten diskutiert – wir haben das Thema bereits berührt. Unter anderem wies man darauf hin, dass die meisten *Dissenter* eigene Schulen unterhielten, die oft ihren anglikanischen Pendants überlegen waren.[267] Im Fall von Brown konnte es kaum an der Schule gelegen haben, dass er zu einem tüchtigen Ingenieur aufstieg; über seine Schule hatte er nur Negatives zu berichten:

«Ich bin in einer der bekannten Sektenschulen, wie sie damals fast ausschliesslich in England existierten, erzogen worden. Der Hauptzweck der Schule war, dem Geiste der Schüler die Wichtigkeit der Sekte einzuprägen und die Animosität gegen alle Andersgläubigen grosszuziehen. Im Jahre 1841 verliess ich diese Schule mit der krassesten Unwissenheit in allen Elementen, die von Wichtigkeit für mein späteres Leben gewesen wären.»[268]

Kaum hatte Brown dieser Schule den Rücken gekehrt, dürfte er sich gegen seine Eltern durchgesetzt haben, Genaueres ist unbekannt. Jedenfalls zog es Brown bald ins Arsenal, wo er angelernt wurde – vermutlich hat er sich den Chefs dort geradezu aufgedrängt. Schon vorher hatte er sich zu Hause eine private Werkstatt eingerichtet, wo er an Maschinen und Modellen tüftelte. Was sich Brown selber beigebracht hat, was er im Arsenal gelernt hat, ist heute nicht mehr zu entscheiden, zumal in einer Fabrik, selbst einer staatlichen wie dem Arsenal, keine formale Lehre angeboten wurde; die Regeln des zünftischen Handwerks galten hier nicht. Offenbar wurde Brown aber von manchen Koryphäen in Woolwich gefördert, die sein Talent erkannten, unter anderem wissen wir, dass Peter Barlow, ein eminenter Mathematiker und Physiker an der *Military Academy*, ihn unterstützte.[269] Wenn wir Browns Ausbildung bewerten möchten, dann gilt es auch das Arsenal in den Kontext der Zeit zu stellen. Es handelte sich um einen überaus modernen Betrieb, namentlich im Vergleich zu kontinentalen Firmen. Brown erinnerte sich:

«Die grossen Werke der Regierung, welche ich täglich Gelegenheit hatte zu besuchen, liessen in mir den Wunsch entstehen, mich den Wissenschaften und speziell dem Maschinenbau zu widmen. Es war die Zeit, wo der Eisenbahnbau sich mächtig entwickelte, wo die Entdeckungen Faradays in der Elektrizität, die Entwicklung der Galvanoplastik, der Photographie, der Telegraphie und andere wichtige Ereignisse die Gemüter erregten, ein Zeitabschnitt von kolossaler Tätigkeit und reich in seiner Vielseitigkeit. Dies hat mich veranlasst, gegen den Wunsch meiner Eltern mich den Wissenschaften zu widmen.»[270]

Im Alter von 19 Jahren wurde Brown eine Stelle bei Maudslay, Sons & Field in London offeriert – zweifellos eine Auszeichnung, denn Maudslay, Sons & Field stand zu jener Zeit im Zenith ihres Ruhms als einer der weltweit besten Hersteller von Dampf- und Werkzeugmaschinen. Dass Brown ausgerechnet hier eine Chance erhielt, mag damit zusammenhängen, dass er vom *Royal Arsenal* kam: Auch der Gründer der Firma, Henry Maudslay, hatte einst als Ingenieur im *Arsenal* gewirkt. Maudslay zählte zu den grossen Erfindern der Industriellen Revolution. Seine Leitspindel-Drehbank ermöglichte erst die industrielle Massenfertigung von Maschinenteilen, so dass er als Pionier des englischen Werkzeugmaschinenbaus gilt. In seiner eigenen Firma perfektionierte er diese Errungenschaften, seine Söhne führten seine Arbeit mit Gewinn weiter. Hier war es, wo der kaum zwanzigjährige Charles Brown in den 1840er-Jahren den Schweizer Gottlieb Hirzel kennenlernte, der ihn an Johann Jakob Sulzer empfahl – mit den ungeahnten Folgen, die nicht nur seinem Leben eine neue Richtung geben, sondern die schweizerische Maschinenindustrie insgesamt umwälzen sollten.

Brown mag ein Autodidakt gewesen sein, nie hat er eine Hochschule besucht, doch erweckt diese Feststellung einen falschen Eindruck: Vielmehr wurde er an einer der besten Schulen der Epoche ausgebildet, dem *Arsenal*. Und er arbeitete nachher in einem Betrieb, der zu den innovativsten der Ära gehörte und wie das *Royal Arsenal* Teil der britischen Rüstungsindustrie war, einer Industrie, die ein

Land mit Waffen versorgte, das als Weltmacht den halben Globus beherrschte. In einem Rückblick auf die um 1900 eingegangene Firma Maudslay, Sons & Field schrieb die Londoner *Times* 1935: «Such a firm was an exceptional training ground for engineers.»[271] Zahlreiche berühmte englische Ingenieure gingen aus dieser Schule hervor.

Mit anderen Worten, Brown brachte die Fachkenntnisse der seinerzeit modernsten Industrie nach Winterthur. Wir haben oben aufgezeigt, wie das Silicon Valley dazu beigetragen hat, dass der «Schumpeter'sche Unternehmer» selbst in der Wissenschaft eine neue Wertschätzung erfahren hat. Wenn wir die erste Hälfte des 19. Jahrhunderts in Betracht ziehen, dann kam England eine vergleichbare Stellung zu, seine Industrieregionen bedeuteten das Silicon Valley jener Epoche, und Unternehmen wie das *Arsenal* oder Maudslay, Sons & Field wiesen ein ähnlich phänomenales Image auf wie zu Beginn des 21. Jahrhunderts Firmen wie Apple oder Google. Dass ein talentierter Ingenieur, der in diesem Umfeld gross geworden war, im kleinen Winterthur, einer industriellen Provinz, etwas auszulösen vermochte: Es wirkt vor diesem Hintergrund weniger zufällig. Immerhin, man kann dies als eine notwendige Bedingung auffassen, hinreichend war sie nicht.

5.1.3 Der Chefingenieur von Sulzer

Johann Jakob Sulzer besass anscheinend ein gutes Auge für fähige Leute – das zeigte sich, kaum hatte Brown in Winterthur seine Arbeit aufgenommen. Zu seinem Entsetzen musste dieser nämlich feststellen, dass die Schweizer Firma so gut wie alles von Hand herstellte. Noch war Sulzer eine recht primitive Giesserei mit angehängter Reparaturwerkstatt. Werkzeugmaschinen, wie sie sich in England nicht zuletzt dank Browns ehemaligem Betrieb Maudslay, Sons & Field längst verbreitet hatten, waren in Winterthur unbekannt. So liessen sich keine wettbewerbsfähigen Dampfmaschinen produzieren. Als sich Brown bei Johann Jakob Sulzer beschwerte, soll dieser ihm etwas salopp bedeutet haben: «Werkzeugmaschinen können Sie haben, so viele Sie wollen, vorausgesetzt Sie stellen sie selber her.»[272]

Gesagt, getan. Bevor Brown auch nur eine Dampfmaschine gezeichnet hatte, entwarf er zuerst Werkzeugmaschinen und stattete Sulzers Fabrik mit einem Maschinenpark aus, wie ihn auf dem Kontinent kaum ein anderer Konkurrent vorwies. Bald baute er für Sulzer die ersten Dampfmaschinen, was der Firma den Durchbruch auf den Weltmärkten bahnte, insbesondere die Ventildampfmaschine, die Brown 1865 konstruiert hatte. Sie erzielte die hohe Leistung von 165 PS (121 kW) bei geringem Dampfverbrauch, wurde wegen ihrer ästhetischen Form weithin bewundert und galt bald als eine der besten, was an der

5. Charles Brown, Walter Boveri und die «schöpferische Zerstörung»

Weltausstellung von Paris im Jahr 1867 mit einer goldenen Medaille bestätigt wurde. Zu jener Zeit wogen solche Auszeichnungen schwer. Ein wirksamerer PR-Effekt liess sich kaum denken. Selbst in den USA wurde Brown attestiert, die derzeit leistungsfähigste Dampfmaschine entwickelt zu haben, und der Name seines Arbeitgebers wurde zum Begriff.[273] Für eine Firma wie Sulzer, die noch vor wenigen Jahren ein besserer Handwerksbetrieb gewesen war, der Gussteile und Feuerspritzen hergestellt hatte, bedeutete das ein sensationeller Aufstieg – zu verdanken hatten ihn die Gebrüder Sulzer dem Einwanderer Charles Brown. Aber nicht allein. Auch sie hatten einiges dafür getan.

Im Vordergrund stand hier der ältere der beiden Brüder: Johann Jakob Sulzer. Wenn es um die kommerzielle und industrielle Weiterentwicklung der Firma ging, kam es auf ihn an. Er hatte die Dampfmaschine als neues Produkt für den Kontinent erkannt, er hatte Charles Brown aufgespürt, er war der Unternehmer. Salomon, der jüngere Bruder, kümmerte sich um die Giesserei.

Wenn wir uns hier an das Phänomen der *Couplings* erinnern, im Sinne der Definition, wie sie Joel Mokyr vorgeschlagen hat,[274] so dürfte es sich auch bei der Beziehung von Johann Jakob Sulzer und Charles Brown senior um eine solche produktive Zusammenarbeit gehandelt haben, wo beide sich gut ergänzten, indem die Schwäche des einen beim anderen eine Stärke bedeutete, und umgekehrt. Was Sulzer fehlte, das konstruktive Genie, das besass Brown im Übermass. Woran es diesem mangelte, an Beharrlichkeit im Geschäft und am Sinn für das richtige Timing, wenn es darum ging, ein Produkt auf dem Markt zu lancieren, das steuerte Sulzer bei.

Johann Jakob Sulzer hat diese Kombination übrigens selber als ideal bezeichnet, weshalb er sie seinen Söhnen empfahl: «Wenn ein Geschäft reüssieren soll, muss ein unermüdliches Genie für die Technik und ein nicht minderes für die merkantile Richtung präsent sein.»[275]

Last but not least muss es Brown in Winterthur gefallen haben, weil er hier – wohl anders als bei Maudslay, Sons & Field, einer arrivierten Grossfirma – von Beginn weg an erster Stelle wirken konnte, trotzdem oder gerade weil er so jung war. Wenn es um die Dampfmaschinen und seine neue Abteilung ging, war Brown der Chef, der entschied oder unterliess. Der zeitgenössische deutsche Technikhistoriker Matschoss schrieb über Brown senior und dessen Beziehung zu seinem Patron: «Stürmisch drängte er [Brown] voran, manchmal zu rasch für den kühler denkenden Geschäftsleiter [Johann Jakob Sulzer], der sein eigenes Geld zu riskieren hatte. Aber Sulzer wusste, was er an Brown hatte, und so ging er so weit als irgend möglich auf die Ideen des jungen Feuerkopfes ein.»[276]

Dass Sulzer Brown so viel Spielraum gewährte, war Teil des unternehmerischen Talents von Sulzer. Denn, als Brown nach zwanzig äusserst kreativen Jahren die Firma verliess, gelang es Sulzer, ihn mit ebenso tüchtigen Ingenieuren zu ersetzen. Sulzer war gewissermassen ein personalpolitisches Genie – der bescheiden genug blieb, sich darauf nichts einzubilden. Seinem Schwager Gottlieb Hirzel, der ihn auf Brown aufmerksam gemacht hatte, schrieb er 1856, wenige Jahre, nachdem er Brown angestellt hatte, in einem Brief:

«Du hast mir seinerzeit einen guten Rat erteilt, als Du mir Freund Brown empfohlen. Grüsse mir Familie Brown und sage ihr, ich freue mich, an Herrn Brown nicht nur einen fleissigen Mitarbeiter, sondern zugleich einen lieben Freund zu haben.»[277]

Wie gut sich Charles Brown, der Engländer, in Winterthur integriert; wie problemlos ihn diese Stadt akzeptiert hat, lässt sich an der Tatsache ablesen, dass Brown ähnlich wie Murray Jackson von Escher Wyss in Zürich bald eine Einheimische aus guter Familie zur Frau gewann: 1862 heiratete er Eugénie Pfau, die einer Hafner- und Kachelofenbauer-Dynastie entstammte, die in Winterthur seit langem eine herausragende Position errungen hatte. Der glänzende, ehrgeizige, aber ausländische Oberingenieur der aufstrebenden Firma Sulzer erschien in den Augen der einheimischen Elite bereits als satisfaktionsfähig genug, um ihm eine adäquate Frau zu gönnen. Dass Sidney Brown, der jüngere Sohn von Charles Brown, 1896 dann sogar Jenny Sulzer heiraten sollte, die Enkelin von Johann Jakob Sulzer und Tochter von Heinrich Sulzer-Steiner (1837–1906), dem damaligen Chef der Firma, bestätigte, wie rasch ein Aussenseiter wie Brown in die Elite aufgenommen worden war.

Der Ehe von Charles und Eugénie Brown-Pfau entsprangen zwei Söhne und vier Töchter. Es bedeutete die Geburt einer veritablen Dynastie, einer Ingenieursdynastie: Die beiden Söhne, der erstgeborene Charles Eugen Lancelot Brown, und sein jüngerer Bruder Sidney wurden Ingenieure sowie Gründer der BBC, und drei der vier Töchter heirateten ihrerseits Ingenieure. Zwei dieser angeheirateten Schwiegersöhne kamen am Ende bei der BBC unter. 1884 sollte auch noch ein Neffe von Charles Brown, Eric Brown, aus London zu seinem Onkel in die Schweiz stossen, um als Ingenieur unter anderem zuerst bei Sulzer zu arbeiten und dann, 1900, bei der BBC zu landen, wo er zum Direktor der überaus wichtigen Turbinenfabrik bestimmt wurde.[278] Schliesslich übersiedelte auch Erics Bruder, Herbert Brown, aus England nach Baden, auch er ein Ingenieur, der ebenfalls von der BBC angestellt wurde. Insgesamt war so ein Netz von acht, nahe verwandten Ingenieuren entstanden, die alle in der einen oder anderen Weise auch einmal zusammenarbeiteten. Die Familie Brown schrieb schweizerische Ingenieursgeschichte wie kaum eine andere Familie zuvor.

1871 verliess Charles Brown Sulzer nach zwanzig Jahren. Er hatte sich mit dem designierten Nachfolger seines alten Chefs, dessen Sohn Heinrich Sulzer-Steiner, überworfen, was nicht der Tragik entbehrte, da Brown selber den Juniorchef angelernt und eng mit ihm die Entwicklung der Ventildampfmaschine gestaltet hatte. Vordergründig hatte man sich entfremdet, weil Brown darauf drängte, in die Produktion von Lokomotiven einzusteigen, während die Familie Sulzer das für eine zu riskante Diversifikationsstrategie hielt. Tatsächlich mag es dem älteren Brown aber aus psychologischen Gründen schwergefallen sein, sich dem Sohn seines Förderers unterzuordnen, zumal Heinrich Sulzer-Steiner am Polytechnikum in Karlsruhe studiert und ausgesprochen theoretische Ansätze für den Maschinenbau nach Winterthur zurückgebracht hatte, die dem erfahrenen, intuitiv vorgehenden Praktiker Brown missfielen. Seit 1870 führte der Sohn faktisch die Firma, sein Vater trat in die zweite Reihe, und es nahmen die Versuche zu, Brown zu kontrollieren, besonders finanziell. War dieser gewohnt gewesen, seine technischen Vorhaben ohne jedes Kostenmanagement zu verfolgen und lag gerade in dieser Autonomie eine Ursache des Erfolgs, insistierte der Sohn und neuerdings auch der Vater auf strikte Einhaltung des Budgets. Brown, der sich mehr als Künstler, denn als Rechner betrachtete, dürfte sich nicht mehr am richtigen Ort gefühlt haben.[279] Dass Heinrich Sulzer-Steiner nachher, 1872, gar noch einen Jugend- und Studienfreund, Johann Rudolf Ernst, als Teilhaber bei Sulzer aufnahm, wogegen Brown die gleiche Beförderung verwehrt geblieben war, mag eine weitere Kränkung bedeutet haben, die ihn darin bestärkte, seine Stelle bei Sulzer aufzugeben. Man schied im Unfrieden.[280]

5.1.4 Unternehmer ohne Fortüne: SLM

Stattdessen vertauschte Brown die Rolle des leitenden Angestellten mit jener des Unternehmers und gründete eine Fabrik für Lokomotiven, die Schweizerische Lokomotiv- und Maschinenfabrik, kurz SLM genannt.[281] Er war 44 Jahre alt, was zu jener Zeit ein eher fortgeschrittenes Alter darstellte. Das erforderliche Geld war ihm von Winterthurer, Basler und deutschen Investoren auf dem Kapitalmarkt mobilisiert worden.[282] Technisch vollbrachte Brown auch hier Bedeutendes, doch wirtschaftlich siechte die Firma auf Jahre dahin, bis sie in die Rentabilität kommen sollte, wofür Brown dann nicht mehr verantwortlich war. Was ihn in Verbindung mit Johann Jakob Sulzer unwiderstehlich gemacht hatte, war ihm auf sich allein gestellt nicht gegeben. Den Markt für Lokomotiven hatte er falsch eingeschätzt. Die Nachfrage für diese teuren, technisch anspruchsvollen Maschinen war in den 1880er-Jahren, nachdem unter anderem auch die Nationalbahn 1878 Konkurs gegangen war, schlechterdings nicht mehr vorhanden. Brown war ein genialer Ingenieur, aber kein begabter Unternehmer.[283] Wenn wir Schumpeters Definition oder noch passender Kirzners Vorstellung des Unternehmers als Arbitreur in Erinnerung rufen, dann wird deutlich, warum: Brown erahnte das Neue, sofern es sich um Technik drehte, fast traumwandlerisch. Marktchancen übersah er dagegen, der Sinn fürs Kommerzielle ging ihm ab, Zahlen und Kosten interessierten ihn kaum, womöglich fehlte ihm auch die Schumpeter'sche Rücksichtslosigkeit bei der Durchsetzung seiner Ziele. 1884 zog er die Konsequenzen und kehrte der SLM den Rücken. Vielleicht wurde auch dazu gedrängt, wie eine Aussage vermuten lässt, die Fanny Sulzer-Bühler in ihren Memoiren macht. Sie war die Tochter von Eduard Bühler-Egg, einem Verwaltungsrat der SLM, der diese Zeit der Krise erlebte. Die Firma befand sich am Rande des Bankrotts: «Immerhin blieb Papa noch im Verwaltungsrat der Lokomotivfabrik, trotzdem er mit der Geschäftsführung nicht einverstanden war. Er zog sich zurück kurz vor dem Austritt Browns, der zu viel gepröbelt hatte, wie der nachherige Aufschwung der Firma bewies.»[284]

«Zu viel gepröbelt»: Gut zwanzig Jahre später sollte die NZZ die Grenzen des Talents von Brown gut beschreiben, als sie 1905 über seine Leistungsbilanz bei SLM festhielt:

«So gross der technische, so klein war der direkte finanzielle Erfolg: einerseits waren die Zeitverhältnisse die unglücklichsten, andersseits hat Ch. Brown es nie verstanden, aus seinen Erfindungen Kapital zu schlagen. Sobald ein Problem gelöst war, interessierte ihn der Gegenstand nicht mehr und er ging zu etwas Neuem über, wie denn überhaupt jede neue Erscheinung sofort seine volle Aufmerksamkeit fesselte und ihn zu allerlei Versuchen veranlasste.»[285]

Wenn wir nachher auf seinen Sohn zu sprechen kommen, wird sich zeigen, dass auch der Sohn seinem Vater in dieser Hinsicht nicht unähnlich war; ja der Konflikt, den Charles Brown junior 1911 schliesslich dazu veranlasste, mit Walter Boveri zu brechen und die BBC auf immer zu verlassen, war auf nahezu identische Motivlagen zurückzuführen wie jene, die schon den Vater 1871 dazu bewogen hatten, bei Sulzer die Kündigung einzureichen. Beide, Vater und Sohn, strebten nach technischer Exzellenz um fast jeden Preis, Rentabilität oder Marktchancen kümmerten sie wenig. Vor der Gefahr, den unternehmerischen Fokus zu verlieren, weil man auf zu viele Geschäftsfelder und Technologien setzte, fürchteten sie sich nicht. Es brauchte im ersten Fall Johann Jakob Sulzer, um das Potenzial des brillanten Ingenieurs zu realisieren und auszuschöpfen, im zweiten Fall war es Walter Boveri, der es verstand, aus dem konstruktiven Genie, das Charles Brown junior genauso besass, das Bestmögliche für ein Unternehmen zu aktivieren. Die Browns – da erfüllten sie das definitorische Anforderungsprofil eines Schumpeter'schen Unternehmers nahezu perfekt – waren Querulanten und Künstler, kreative Köpfe und eigenwillige Angestellte, denen man kaum Anweisungen geben konnte. Aber als Patrons und Unternehmer eigneten sie sich geradeso wenig, weil ihnen die *Alertness* im Sinne von Kirzner fehlte, die minimen Diskrepanzen, die sich auf dem Markt zwischen Gegenwart und einer potenziellen Zukunft ergaben, zu bemerken und systematisch, entschlossen und organisiert auszunützen. Ob es sie überhaupt interessierte, ist offen, ob sie es als Mangel empfanden, darüber können wir nur spekulieren – sicher ist, sie benötigten einen Partner, einen Unternehmer, der ihnen diese unerlässliche Aufgabe abnahm.

5.1.5 Vom Scheitern einer Kooperation: Charles Brown senior und Peter Emil Huber

Für Charles Brown senior war es stets eine ambivalente Verbindung, die er mit seinen Patrons einging, diese zogen fast immer Nutzen daraus – er nur bedingt. Die Gebrüder Sulzer machte er zu einer Weltfirma, doch blieb er Angestellter und ihnen damit ausgeliefert, was sich zeigte, als er Lokomotiven bauen wollte und dafür das Plazet nicht erhielt. Seinen zweiten Patron, Peter Emil Huber, hatte er 1859 kennen gelernt, als der junge, eben diplomierte Ingenieur bei Sulzer ein paar Monate lang hospitierte. Brown war sein Chef. Wahrscheinlich fiel Brown das Potenzial des Zürchers aus guter Familie auf, weshalb er zu ihm den Kontakt aufrechterhielt – wiederholt gab er in der Folge guten, ja entscheidenden Rat. Weil Huber für die Geschichte der schweizerischen Elektroindustrie und insbesondere für die Vorgeschichte der BBC eine überaus bedeutsame Rolle spielte, gehen wir etwas ausführlicher auf seine Biographie ein.[286]

Peter Emil Huber, 1836 in Zürich geboren, hatte Privatunterricht erhalten und Schulen in Zürich sowie im Welschland besucht. Er stammte aus einer alten, wohlhabenden Zürcher Familie; Vater und Grossvater waren Seidenfabrikanten, ja, er selber sollte gar noch eine Werdmüller heiraten, was für Zürcher Verhältnisse einer Aufnahme ins Regiment des Ancien Régime gleichkam. Denn die Werdmüller, ebenfalls Seidenfabrikanten, Politiker und Offiziere in fremden Diensten, gehörten zu den grandiosen Geschlechtern des Alten Zürich. Sie waren reich und mächtig, in so hohem Masse, dass sie auch im 19. Jahrhundert, als sie wirtschaftlich und politisch kaum mehr von Gewicht waren, von diesem Ruhm zehrten (Bürgerrecht von Zürich seit dem 14. Jahrhundert). Nicht von ungefähr legte Peter Emil Huber Wert darauf, seinen Namen als Doppelnamen zu verewigen: Als Huber-Werdmüller ging er in die Geschichte ein. Im gesellschaftlichen Umgang liess er sich auch als Oberst Huber ansprechen, wie das seinerzeit recht verbreitet war. Er diente mit Begeisterung als Artillerieoffizier in der eidgenössischen Armee.

II. Teil. Gründerzeit

Huber hatte im ersten Jahrgang am 1855 etablierten Eidgenössischen Polytechnikum in Zürich Maschinenbau studiert. 1858 als Ingenieur diplomiert, sammelte Huber darauf als Volontär Erfahrungen zuerst bei Sulzer, dann bei Escher Wyss, schliesslich verbrachte er knapp ein Jahr in England. Im Sommer 1862 «nach Zürich zurückgekehrt», so schrieb er in seinen Erinnerungen, «wusste ich eigentlich nicht, was ich beginnen solle»,[287] also meldete er sich auf Wunsch seiner Eltern bei Escher Wyss und wurde angestellt, was für einen Huber, der bald eine Werdmüller heiraten sollte, in einem Unternehmen, das einem Zweig der Familie Escher vom Glas gehörte, keine allzu hohe Hürde dargestellt haben dürfte. Die Escher vom Glas waren eine kaum weniger imposante Familie aus dem Zürcher Regiment.[288]

Offenbar erwies sich der junge Huber aber als tüchtiger Ingenieur, sein Aufstieg erfolgte nicht unverdient. Nachdem er bei Escher Wyss auf Murray Jackson getroffen war, den englischen Konstruktionschef des Schiffbaus, und diesen schätzen gelernt hatte, kamen die beiden auf die Idee, eine Giesserei zur Verwertung von Alteisen zu etablieren. Sie hofften, mit den so gewonnenen hochwertigen Schmiedestücken Escher Wyss zu beliefern; zu jenem Zeitpunkt war die Firma nach wie vor auf teure Importe aus England angewiesen. Das Kapital schossen beide gemeinsam ein, Jackson brachte *Know-how* und die Verbindung zum ersten Kunden mit, Huber seine Arbeitskraft. Da Jackson faktisch bei Escher Wyss blieb, führte Huber die neue Firma allerdings auf sich selbst gestellt und wählte daher auch den Standort. Ohne es zu ahnen, sollte er damit Industriegeschichte schreiben: Er kaufte ein grosses Stück Land bei einem neu erstellten Bahnhof an der neuen Linie Zürich–Winterthur in einem kleinen Dorf, das damals keine 500 Einwohner zählte. Das Dorf hiess Oerlikon.

Hubers erstes Unternehmen scheiterte. 1863 gegründet, ging es schon 1867 ein, weil die englische Industrie inzwischen neue Verfahren anwandte, um Schmiedestücke zu produzieren, was den Preis halbierte und Hubers und Jacksons Firma aus dem Markt warf. Vielleicht hatte ihn dieser Rückschlag als Unternehmer verunsichert, jedenfalls widmete er sich jetzt einer politischen Laufbahn als Gemeinderat von Riesbach, einem Vorort von Zürich, wo er wohnte. Weil ihn das nicht auslastete, diente er ausserdem als «Oberfeuerkommandant» der Gemeinde. Zu Hubers Leistungsausweis zählten das «Reglement über das Central-Löschwesen der Kirchgemeinde Neumünster», sowie die neu redigierte «Feuerordnung der Gemeinde Riesbach». Überdies erneuerte er die Löschgeräte.[289]

Dass ihm, einem energischen Geist, das wohl auf Dauer nicht genügte, offenbarte sich, als Charles Brown senior sich 1873 bei ihm meldete. Brown muss bekannt gewesen sein, dass Huber nach wie vor auf ungenutztem Land und einer leeren Fabrik in Oerlikon sass und gab ihm deshalb den Tipp, diese Liegenschaften einer Rorschacher Firma anzubieten, von der Brown wusste, dass sie einen

5. Charles Brown, Walter Boveri und die «schöpferische Zerstörung»

neuen Standort suchte. Da es unübersehbar war, dass Oerlikon viel verkehrsgünstiger lag als der Ort am Bodensee, zog die Firma um – sie hiess Daverio, Siewerdt & Giesker, und Huber brachte sich als Teilhaber ein. Nach mehreren schwierigen Jahren gelang es ihm zum bestimmenden Mann zu werden. Hatte man sich zunächst auf Werkzeugmaschinen konzentriert, wurde bald der «Porzellanwalzenstuhl» produziert, eine in Zürich erfundene Müllereimaschine, die sich mit beachtlichem Erfolg in alle Welt exportieren liess. 1878 übernahm Huber mit einem Partner sämtliche Aktien, später, 1876, sollte daraus die «Maschinenfabrik Oerlikon» werden – oder kürzer: MFO.

Anfang der 1880er-Jahre rentierte sich diese Firma mehr schlecht als recht. Von einem profitablen Unternehmen konnte keine Rede sein – bis Charles Brown abermals intervenierte. Oberst Huber erinnerte sich später: «Im Jahre 1883/84 veranlasste mich Herr C. Brown, mit dem ich seit meinem Aufenthalt in Winterthur stets in freundschaftlichen Beziehungen gestanden hatte, der elektrischen Branche spezielle Aufmerksamkeit zu widmen.»[290]

Obwohl ein Maschineningenieur, der zeitlebens einer der besten seines Fachs war, was den Bau von Dampfmaschinen anbelangte, empfahl Brown senior seinem ehemaligen Lehrling Huber jetzt in die neue Elektrotechnik einzusteigen. Diese schien in jenen Jahren kurz vor dem Durchbruch zu stehen. Um den letzten Zweifel zu beseitigen, den Huber womöglich plagte, bot Brown an, persönlich diese neue elektrotechnische Abteilung bei MFO aufzubauen und zu leiten, was Huber wie eine Erfolgsgarantie vorgekommen sein dürfte. Im Oktober 1884 trat Charles Brown bei MFO ein und nahm die Arbeit auf. Als Assistenten hatte er seine beiden Söhne mitgebracht, den 21-jährigen Charles und den 19-jährigen Sidney. Huber muss grosse Stücke auf seinen alten Chef gehalten haben, dass er das akzeptierte. Beide jungen Browns hatten sich bisher kaum bewährt. Auch sie bedeuteten eine Wette auf die Zukunft – wie das die neue Elektrotechnik ebenfalls war.

Hatte Huber zu viel riskiert? Als Brown schon wenige Monate später das Unternehmen wieder verliess, dürfte er sich dieses Eindrucks nicht erwehrt haben können – zumal ihm Brown als Ersatz seinen älteren Sohn aufdrängte, der kaum 22 Jahre zählte. War der Junior der richtige Mann, eine Abteilung zu führen, die kaum entstanden, noch keinerlei geschäftliche Gewinne vorzuweisen hatte? Huber wagte es – und, wie wir sehen werden, gewann er ein Vielfaches.

Warum Charles Brown nach so kurzer Zeit bei der MFO das Handtuch warf, geht aus den Quellen nicht eindeutig hervor. Womöglich lockte es ihn, wieder für eine britische Firma zu arbeiten, eventuell war er überfordert: Jedenfalls nahm er 1885 eine Stelle beim Rüstungsunternehmen Armstrong, Mitchell & Co. in Elswick bei Newcastle an. Die Firma baute vor allem zivile und militärische Schiffe, berühmt und gefürchtet waren deren Panzerkreuzer und Schiffs-

II. Teil. Gründerzeit

kanonen; doch auch Lokomotiven, ja sogar Automobile gehörten später zur Produktepalette.[291] Mit Charles Mitchell, einem der Teilhaber, hatte Brown seinerzeit bei Maudslay, Sons & Field in London gearbeitet, das dürfte seinen Entscheid beeinflusst haben. Es war vorgesehen, dass er in Pozzuoli bei Neapel für Armstrong, Mitchell einen neuen Rüstungsbetrieb einrichten sollte, um vorab die italienische Kriegsmarine zu beliefern – was stimmig wirkt mit Blick auf die Tatsache, dass Charles Brown in Woolwich aufgewachsen war und dort im *Arsenal* seine erste Ausbildung als Techniker erhalten hatte. Im Alter von 58 Jahren schien Brown zu seinen Anfängen zurückzukehren.[292]

Wer weiss, vielleicht lag darin auch eine Ursache, warum er bei MFO aufgegeben hatte. Zwar ahnte er, dass der Elektrotechnik die Zukunft gehörte, doch er selber, der Dampfmaschinenspezialist, hielt sich nicht mehr für den richtigen Mann, diese Zukunft zu verwirklichen. Während er seinen Sohn Charles bei MFO zur Beförderung zurückliess, nahm er den jüngeren Sidney und seinen Neffen Eric Brown nach Italien mit.

Doch auch diese Stelle vermochte ihn nicht mehr zu fesseln, also kündigte er bei Armstrong, Mitchell & Co., um als freischaffender Ingenieur noch einige Jahre in Neapel zu bleiben. Anfang der 1890er kehrte er in die Schweiz zurück und liess sich in Basel nieder. Als nach wie vor gesuchter Berater begleitete er noch manche Projekte – aber kein Unternehmen beschäftigte ihn intensiver, keines lag ihm näher als das Unternehmen seiner Söhne, die BBC. Schon bei der Gründung gab er guten Rat, und wie bei Sulzer, SLM und MFO zuvor sollte er hier noch einige Male ausschlaggebend eingreifen – bis er 1905 im hohen Alter von 78 Jahren verstarb.

In zahlreichen Zeitungen erschienen respektvolle Nachrufe. «Am 6. Oktober», meldete die NZZ, «starb in Basel im 79. Altersjahre ein Mann, der, obschon Ausländer, auf die Entwicklung Winterthurs und die Maschinentechnik der Schweiz einen bedeutenden Einfluss ausgeübt hat.»[293] Die NZZ brachte diesen Nachruf auf der Front der Sonntagsausgabe, was belegt, wie prominent der alte Brown war und als wie wichtig man ihn bewertete. Auch die *Schweizerische Bauzeitung*, das Organ der schweizerischen Ingenieure und Architekten, würdigte den Techniker: «Blicken wir auf die Lebensarbeit des Verstorbenen zurück, so finden wir kaum ein technisches Gebiet, auf dem er sich nicht bahnbrechend oder doch durch Einführung bedeutender Verbesserungen hervorgetan hätte. Das Hauptfeld seiner Beschäftigung war die schöpferische Konstruktionstätigkeit (…). Zu seinen Schöpfungen gehört auch die Präzisions-Ventil-Steuerung für Dampfmaschinen, die heute in mehr als hundert Varianten von den verschiedenen Dampfmaschinenbauern der ganzen Welt angewendet wird und deren Prinzip immer noch als mustergültig betrachtet wird.»[294]

Auch in England wurde sein Tod vermeldet. *The Engineer*, das angesehene Fachblatt der britischen Ingenieure, schrieb:

«At the ripe age of seventy-eight years, there died at Basle at the end of last week Charles Brown, who was widely known in Europe as a highly successful engineer, and who played a very great part in the development of the machine industry of Switzerland. Charles Brown was by birth an Englishman».[295]

Den Briten war bewusst, was dieser Emigrant für die Schweiz, seine neue Heimat, geleistet hatte, als Beweis zitierten sie aus dem Nachruf der *Basler Nachrichten* – diese hatte geschrieben:

«'He was a genial engineer and, seeing that he struck out in the new paths in his special departments, he is to be ranked among the founders of technics in Switzerland. To his joy, Brown was able to witness the success of his sons, for the firm of Brown, Boveri and Co. won a world-wide reputation in a short space of time, and is one of the leading machine works on the Continent'».[296]

Dass eine Schweizer Zeitung einen Engländer so positiv darstellte, erfüllte den Autor des *Engineer* sichtlich mit einer gewissen patriotischen Genugtuung:

«It is highly gratifying to note that the entire Press of Switzerland [sic] speaks of Charles Brown in glowing terms, and acknowledges that to him is due the greatest meed of thanks for the growth of the Swiss engineering industry».[297]

1905, zu jenem Zeitpunkt, das geht aus den Nachrufen ebenfalls hervor, hatten die Söhne längst die Nachfolge ihres «genialen» Vaters angetreten. Insbesondere der Ältere war inzwischen berühmter. Nun liess er die vielen Initialen, die ihn einst vom Vater hätten unterscheiden sollen, meistens weg. Er nannte sich nur noch Charles Brown.

5.2 Charles Brown junior: vom Maschineningenieur zum Star der Elektrotechnik

Im Jahr 1882, also zwei Jahre bevor Charles Brown senior seinen Bekannten Peter Emil Huber-Werdmüller dazu überredete, in der Maschinenfabrik Oerlikon eine elektrotechnische Abteilung aufzubauen, erschien im «Bericht über Handel und Industrie im Kanton Zürich auf das Jahr 1882», dem offiziellen Organ der Kaufmännischen Gesellschaft von Zürich, folgende Einschätzung:

«Die grossartigen Fortschritte der Elektrizitätstechnik geben einem Lande wie das unsrige, das vermöge seiner geographischen Lage und Bodenbeschaffenheit über grosse Wasserkräfte verfügt, welche mit den bisher bekannten Mitteln in vielen Fällen wenig oder gar nicht ausgebeutet werden konnten, einen neuen Werth. Die Schweiz fände darin einen schwachen Entgelt für die Armuth ihrer Bodenproduktion und besonders für den absoluten Mangel an Steinkohle. Die Anwendung der Wasserkraft für die Erzeugung von Elektrizität, sei es zur Kraftübertragung, sei es zur Erzeugung von Licht oder anderen physikalischen und chemischen Zwecken, geht, wir sind dessen überzeugt, einer baldigen und bedeutenden Entwicklung entgegen.»[298]

Streng genommen wurde dieser Bericht nicht 1882 publiziert, sondern ein Jahr später, doch dessen Autor machte die Beobachtung 1882: Es zeigt, wie überaus rasch sich die Elektrotechnik im Bewusstsein der Zeitgenossen als Zukunftstechnologie festgesetzt hatte. Erst vor kurzem, im November 1879, hatte der Amerikaner Thomas Alva Edison der Welt die erste Glühbirne präsentiert und im September 1882 baute er in New York das erste städtische Stromnetz samt Kraftwerk auf. Längst war der Strom und seine unermesslichen Möglichkeiten zum Massenphänomen für ein Massenpublikum geworden. Nachdem 1878 an der Weltausstellung von Paris elektrischen Innovationen schon viel Raum geboten worden war – unter anderem konnten die Besucher das Bogenlicht bestaunen – wurde im Sommer 1881 im gleichen Paris die erste *Exposition internationale d'Électricité* veranstaltet, die sich ausschliesslich dem Strom verschrieb: Edison stellte seine eben patentierte Glühbirne vor, der Belgier Zénobe Gramme seine Dynamos, die er in den 1870er-Jahren entwickelt hatte, der Amerikaner Alexander Graham Bell führte ein Telefon vor und der Deutsche Werner Siemens, der Gründer der gleichnamigen Firma, liess die erste elektrische Strassenbahn fahren, ja man konnte sogar eine Version eines Elektroautos erleben.

Der junge deutsche Ingenieur Oskar von Miller war im Auftrag seines Arbeitgebers, des bayerischen Staatsbaudienstes, ebenfalls nach Paris gefahren. Am Stand von Edison dürfte auch er vom elektrischen Licht hingerissen gewesen sein, was ihn aber noch mehr beeindruckt hatte, war der Umstand, wie es auf die Zuschauer wirkte: «Die Beleuchtung übertraf jede Vorstellung. Das grösste Aufsehen machte eine Glühlampe von Edison, die man mit einem Schalter anzünden und auslöschen konnte. An dieser standen die Menschen zu Hunderten an, um selbst den Schalter drehen zu können.»[299] Miller kehrte mit der festen Absicht in seine Heimat zurück, auch in München eine solche Ausstellung zu organisieren, was er 1882 zustande brachte. Er sollte einer der aktivsten Förderer der Elektrizität in Deutschland werden.

Die Pariser Ausstellung kam bei den Zuschauern so gut an, dass Rekorde gebrochen wurden, was darauf schliessen lässt, dass die mehrmonatige Veranstaltung in hohem Masse zur Diffusion der Elektrizität beitrug. Keiner anderen neuen Technologie wurde eine Ausstellung allein gewidmet, was die aufkommende Bedeutung der Elektrotechnik unterstreicht. Mit anderen Worten, 1883, als die Zürcher Kaufleute und Industriellen diesen «Bericht über Handel und Industrie» lasen, wussten manche wohl schon Bescheid.

Ohne Charles Browns *Alertness* im Sinne von Kirzner gering schätzen zu wollen, wird damit fassbar, wie sehr die Elektrizität als neue Technologie in der Luft lag, als Brown 1884 bei der MFO die Arbeit aufnahm, um in diesen Zukunftsmarkt einzusteigen. Er war bei weitem nicht der einzige, weder in der Schweiz noch in anderen Ländern der entwickelten Welt. Im exakt gleichen Jahr, 1884, entschied sich etwa der Amerikaner George Westinghouse (1846–1914), ein Unternehmer, der sich bislang um Eisenbahnen gekümmert hatte, in die Elektroindustrie zu diversifizieren. Seine in Pittsburgh domizilierte Firma sollte schliesslich wie die BBC oder Siemens zu einem der grössten Konzerne der Branche werden.[300]

Im Nachhinein betrachtet haftet dem Siegeszug der Elektrizität gegen Ende des 19. Jahrhunderts etwas Atemberaubendes, Sensationelles an: Vielleicht innert dreissig Jahren, in einer einzigen Generation, bildete sich aus einem natürlichen Phänomen, das man seit langem zwar kannte, aber nie zu nutzen verstanden hatte, eine Technologie heraus, deren Anwendungen grenzenlos erschienen – was sie ja auch waren, wie wir heute, hundert Jahre später wissen, nachdem die dritte Industrielle Revolution im Zeichen der Mikroelektronik, der *Personal Computer* und der *Smartphones* Wirtschaft und Gesellschaft ein weiteres Mal umgestürzt hat.

5.2.1 Stand der elektrotechnischen Forschung Anfang der 1880er-Jahre

Die Geschichte der Elektrizität ist tausendfach erzählt, ihre Helden: die Erfinder, Ingenieure, Physiker und Chemiker, die Unternehmer und Politiker, die ihr zum Durchbruch verhalfen, und die Millionen von Menschen, die sie als Konsumenten schätzen lernten, sind Gegenstand unzähliger Biographien und Untersuchungen – auch die Elektrifizierung der Schweiz, einem Pionier in jeder Hinsicht, ist gut erforscht. Es kann hier nicht darum gehen, sie von neuem auszubreiten.[301] Die BBC und ihre Gründer sind allerdings Teil dieser Erfolgsgeschichte und sie leisteten einen essenziellen Beitrag dazu, sowohl in der Schweiz, als auch international gesehen; die BBC stieg in den Kreis der fünf bedeutendsten Elektrokonzerne der Welt auf. Dieser Kontext ist relevant, wenn wir hier das Verhältnis dieser Firma zu ihrem Standort in Baden erforschen. Um die Bedeutung der BBC technikhistorisch einzuordnen, halten wir deshalb einen kurzen Abriss dieser Geschichte für angebracht. Wir schildern sie in drei Etappen.

Etappe 1. Zwar hatte man das Phänomen der Elektrizität seit Jahrhunderten gekannt, besonders in ihrer dramatischen, oft zerstörerischen Form des Blitzes, man hat sie gefürchtet und bewundert, es wurde damit experimentiert und gespielt, aber Brauchbares, Wichtiges wurde kaum gefunden. Lange gab es bezeichnenderweise nicht einmal einen Terminus dafür. Bereits in der Antike war die Elektrizität zwar beschrieben worden, unter anderem von Thales von Milet, der von etwa 624 bis 546 v. Chr. gelebt hatte. Dem vorsokratischen Philosophen war aufgefallen, dass sich Bernstein «elektrisch» laden liess, wenn man ihn mit einem Fell rieb – wobei er diesen modernen Begriff allerdings nicht verwendete. Erst um 1600 prägte William Gilbert, ein englischer Arzt und Physiker, die Bezeichnung «vis electrica» für diese rätselhafte Kraft; ἤλεκτρον, «elektron», lautete das altgriechische Wort für Bernstein. Besonders im 18. Jahrhundert – auch im Zusammenhang mit der Aufklärung und dem Aufschwung der exakten Wissenschaften – intensivierten sich die Bemühungen, die Elektrizität zu begreifen. Doch es mangelte an Systematik, es fehlte an technischem Sachverstand, noch seltener erkannte man darin eine kommerzielle Verwertung oder einen Nutzen. Es war die Ära der interessanten, aber oft unsystematischen Entdeckungen: Benjamin Franklin (1706–1790), der amerikanische Gründervater etwa, der sich neben seinen vielen literarischen, politischen und wissenschaftlichen Interessen auch mit der Elektrizität befasste, erfand zu jener Zeit immerhin den Blitzableiter – oder Alessandro Volta (1745–1827), ein origineller italienischer Professor, setzte die erste Batterie zusammen. Man spricht in diesem Zusammenhang auch von «Gentleman-Forschern», gleichsam in ihrer Freizeit stiessen sie auf Bedeutendes. Doch es regierte der Zufall.

Aus Gründen, die uns hier nicht weiter zu beschäftigen brauchen – Joel Mokyr etwa hat dazu extensiv geforscht – häuften sich in den ersten Jahrzehnten des 19. Jahrhunderts die Erkenntnisse über die Elektrizität.[302] Meistens waren sie wissenschaftlicher, hin und wieder technischer Natur: Immerhin fand man das Bogenlicht, schuf erste Batterien oder stiess zufällig auf die Tatsache, dass Strom ein magnetisches Feld aufbaute. Eine überaus wichtige Entdeckung: Denn jetzt, dank der zahllosen Anstrengungen, den Elektromagnetismus zu ergründen, stellten sich endlich praktische Anwendungsmöglichkeiten ein. Der Engländer Michael Faraday (1791–1867) baute 1831 einen ersten Dynamo, wo aus Bewegungsenergie Strom generiert wurde, ein fundamentaler Durchbruch. Ohne

5. Charles Brown, Walter Boveri und die «schöpferische Zerstörung»

Generator, wie er am Ende genannt wurde, wäre es nie zum industriellen Triumphzug der Elektrizität gekommen. Zur gleichen Zeit, ebenfalls aufgrund der Arbeiten von Faraday, entwickelten deutsche und englische Erfinder den elektromagnetischen Telegrafen. 1837 patentiert, war dies das erste elektrische Gerät, das sich vermarkten liess. Dass sich die Telegrafie so unverzüglich verbreitete, hing eng mit dem Bau der Eisenbahnen zusammen, was stimmig ist: Die eine Technologie revolutionierte den Transport von Menschen und Gütern, die andere jenen der Nachrichten. Weil der wirtschaftliche Erfolg des Telegrafen so evident schien, entstanden jetzt erste Firmen, die sich vorwiegend dem Bau von elektrischen Apparaten widmeten: 1847 gründeten Werner Siemens (1816–1892) und Johann Georg Halske in Berlin einen Betrieb, aus dem der deutsche Konzern Siemens & Halske hervorgehen sollte, heute heisst er Siemens.[303] 1852 baute die Eidgenossenschaft eine «Eidgenössische Telegraphenwerkstätte» in Bern auf; wenig später privatisiert, wurde sie als Hasler AG bekannt, schliesslich ging sie in der heute noch bestehenden Ascom auf.[304]

Um die Geschichte der Elektroindustrie zu periodisieren, bezeichnete man diese frühen Jahre hinterher als die Phase der Schwachstromtechnik, da man bloss in der Lage war, mit schwachem Strom zu hantieren. Die Energie bezog man aus Batterien, was das Potenzial des Stroms stark einschränkte. Bald brach eine neue Phase an: jene der Starkstromtechnik. Darin spielte die BBC eine führende Rolle.[305]

Etappe 2. Diese zweite, wichtigere Phase der elektrotechnischen Revolution vollzog sich Ende der 1870er-Jahre, nachdem wesentliche Basisinnovationen gemacht worden waren: 1879 hatte Edison eine praktikable Glühbirne vorgelegt, die das nicht zukunftstaugliche, weil viel zu helle Bogenlicht ersetzte. Wenige Jahre zuvor war es verschiedenen Ingenieuren gelungen, aus Faradays Prototypen leistungsfähige Dynamos zu entwickeln, welche die zu engen Leistungsgrenzen von Batterien überwanden. Gleichzeitig und unabhängig voneinander hatten die Engländer Charles Wheatstone, Samuel Alfred Varley und der Deutsche Werner Siemens 1866 entsprechende Versionen entwickelt, die der Belgier Zénobe Gramme perfektionierte. Schliesslich konstruierten Techniker die ersten Elektromotoren, die den gesamten Maschinenbau im buchstäblichen Sinne elektrisieren sollten, um am Ende sogar die Dampfmaschine zu verdrängen.

Damit lagen die drei wichtigsten Produkte der künftigen Elektroindustrie vor: Elektrisches Licht und elektrische Motoren sollten das Leben der Konsumenten erleichtern und die industriellen Fertigungsprozesse und den Transport von Grund auf verändern, während die Generatoren den Strom erzeugten, der nötig war, um diese Wunder der Technik in Gang zu setzen.

Edison hatte die Glühbirne nicht erfunden. Manche waren vor ihm auf diese Idee gekommen, aber er war der erste, der eine Glühbirne schuf, die auf Dauer funktionierte, und vor allen Dingen war er der erste, der dieses neue, ungefährliche und geruchfreie Licht in ein komplettes System integrierte, das aus Kraftwerk, Versorgungsnetz, Stromleitungen – und zahlenden Kunden bestand. Edison war Ingenieur und Unternehmer zugleich: Was er entwickelte, musste sich rechnen. Schon bald verdiente er mit seinem ersten Stromversorgungsnetz in Manhattan viel Geld. Doch bei allem Genie, das diesen frühen Star der Elektrotechnik auszeichnete: Es unterliefen ihm auch Fehler. Von diesen profitierte die Konkurrenz, unter anderem Rivalen wie George Westinghouse, Nikola Tesla (1858–1943) oder ein gewisser Charles Eugen Lancelot Brown. Edison glaubte an den Gleichstrom – Westinghouse, Tesla und Brown hingegen setzten auf den Wechselstrom. Was als Systemstreit in die Geschichte einging, sollte auf Jahre hinaus die Elektrotechniker gegeneinander aufbringen.

Etappe 3. Edison betrieb alle seine Anlagen mit Gleichstrom, und selbst als der Wechselstrom aufkam, blieb er dabei, obwohl sich immer klarer abzeichnete, dass der Wechselstrom überlegen war. Insbesondere, wenn es darum ging, Strom über weite Strecken zu verteilen, was Voraussetzung dafür war, dass sich weitläufige Stromversorgungssysteme errichten liessen. Dank den Transformatoren, die man ebenfalls zu jener Zeit hervorbrachte, liess sich Wechselstrom auf sehr hohe Spannungen hinaufsetzen, was den Transport von Strom aus physikalischen Gründen ohne allzu grossen Verlust erlaubte. Nach etlichen Kilometern beim Kunden angekommen, wurde der Strom wieder vermittelst eines Transformators heruntergesetzt, damit man die Glühlampen oder Motoren speisen konnte, die mit einer viel niedrigeren Spannung funktionierten.

Im Gegensatz zum Wechselstrom liess sich Gleichstrom damals bloss über wenige Kilometer verfrachten – es sei denn man nahm groteske Energieeinbussen und extrem dicke Kabel in Kauf. Das war nicht praktikabel, das hatte vorderhand keine Zukunft. Nur die Wechselspannung liess es zu, ein Kraftwerk weit weg von den Städten zu bauen, wo die meisten Endverbraucher lebten; ebenso eröffnete dies die Aussicht, dass man Kraftwerke dort platzieren konnte, wo man über viel Wasserkraft verfügte, auch wenn es sich dabei um periphere Gebiete handelte, ob die Alpen oder die norwegischen Skanden. Für ein Land wie die Schweiz eröffneten sich so interessante Perspektiven.

Lange gab sich Edison nicht geschlagen. Wechselstrom, davon war er überzeugt, würde sich nie durchsetzen. Die hohen Spannungen, so befürchtete er, waren so gefährlich, dass sie die Elektrizität insgesamt diskreditierten, sollte sich je ein Unfall ereignen, wovon er ausging. Wer sich Edisons patentgeschützte Glühbirnen wünschte, kam daher nicht um den Gleichstrom herum, dafür

5. Charles Brown, Walter Boveri und die «schöpferische Zerstörung»

wollte Edison sorgen, was ihm aber nicht gelang. Zu kompetitiv war die Elektroindustrie der USA bereits. Manche Stadtingenieure, die jetzt nach dem Vorbild von New York Elektrizitätswerke konzipierten, wählten trotz Edisons Drohungen und Warnungen Wechselstrom. 1886 errichtete Westinghouse in Great Barrington, MA das erste Stromnetz, das auf Wechselstrom beruhte. Westinghouses gleichnamiges Unternehmen stieg zum schärfsten Rivalen der Firma von Edison auf, aus der ihrerseits – nach einer Fusion – der Weltkonzern General Electric hervorgehen sollte.[306]

Der Systemstreit tobte während der ganzen 1880er-Jahre. Etwas martialisch haben die Amerikaner diese Auseinandersetzung, die genauso in Europa stattfand, als *War of Currents* bezeichnet, wenn auch nicht ganz unberechtigt, was ihr Land betrifft: Edison, ein Virtuose der *Public Relations* in eigener Sache, schreckte vor nichts zurück. Er stellte Journalisten an, die Greuelgeschichten über die vermeintlich tödlichen Risiken des Wechselstroms verbreiteten, ja er brachte es sogar fertig, dass der erste elektrische Stuhl Amerikas, den man sich als «humanitärere» Hinrichtungsmethode ausgedacht hatte, mit Wechselstrom betrieben wurde. Um seinen Rivalen auf immer in Verruf zu bringen, schlug er für diese Art der Exekution gar ein neues Verb vor: «*westinghousing*».

Es half nichts. Der Systemstreit wurde gegen Edison und den Gleichstrom entschieden – dass dies der Fall war, lag auch an einem 28-jährigen Ingenieur in der Schweiz: Charles Brown. Als dieser in den späten 1880er-Jahren – nach wie vor als Chef der elektrischen Abteilung von MFO – das Experiment vorbereitete, das aufzeigen sollte, dass man Wechselstrom über beliebig weite Distanzen schicken konnte, war er noch ein vielversprechender Techniker, dessen Name man im Ausland höchstens kannte, weil er einen prominenten Vater besass. Ende 1891, nachdem er und der Russe Michael von Dolivo-Dobrowolsky den Strom von Lauffen nach Frankfurt übertragen und damit aller Welt demonstriert hatten, dass einzig der Wechselstrom in der Lage war, ein riesiges Stromnetz zu speisen, war er in Fachkreisen weltberühmt. Dass die Firma, die er kurz darauf mit seinem Partner Walter Boveri gegründet hatte, ebenso rasch weltberühmt werden sollte, hatte damit zu tun. Sein Ruf war etabliert, sein technisches Charisma bekannt.

Wenn wir diese elektrotechnische Entwicklung Revue passieren lassen, dann wird gut ersichtlich, dass Brown zu einem entscheidenden und offenen Zeitpunkt zugleich sich darin einreihte: Die ersten, grundlegenden Innovationen waren vollbracht. Doch in der Anwendung erschien vieles noch denkbar, was einer jüngeren Generation von Ingenieuren, zu der Brown gehörte, ein schier grenzenloses Betätigungsfeld in Aussicht stellte. Ebenso war die Elektrotechnik als industrielles und kommerzielles Neuland zwar deutlich am Horizont zu erkennen und manche ihrer künftig dominanten Unternehmen hatten sich bereits herausgebildet, dennoch war es früh genug, sich mit einer neuen Firma in dieses bald sehr lukrative Geschäft einzubringen. Die 1880er-Jahre stellten sich im Nachhinein als eine Schlüsselzeit für den *Take-off* der Elektrotechnik und ihrer Industrie heraus – und genau in dieser Epoche befand sich Charles Brown in seinen besten Jahren. Das *Timing* war nicht zu übertreffen.

Es folgte ein stupender Aufstieg, den wir nun nachzeichnen, um deutlich zu machen, wie aussergewöhnlich es im Grunde war, dass eine kleine, hochverschuldete Bäderstadt wie Baden ausgerechnet eines der grössten Talente der damaligen Zukunftstechnologie anzuziehen vermochte.

5.2.2 Aus dem Leben eines Exzentrikers

Charles Eugen Lancelot Brown wurde 1863 in Winterthur geboren.[307] Sein Vater arbeitete damals noch als Chefingenieur bei Sulzer, seine Mutter stammte aus der einheimischen Ofenbauerfamilie Pfau, er war das erste Kind von schliesslich sechs, mit anderen Worten, Brown wuchs in den soliden Verhältnissen der oberen Mittelschicht auf. Man gehörte nicht gerade zu den führenden Kreisen der Industriestadt, die vorrangig aus den Unternehmerfamilien wie etwa Sulzer, Rieter oder Bühler bestanden, doch man war in ständigem, auch gesellschaftlichen Kontakt mit ihnen, als geschätzte höhere Angestellte, als Leistungsträger ihrer Firmen. Inwiefern das Brown geprägt hat, ist nicht zu belegen, sicher scheint, er litt nie unter einem allzu geringen Selbstvertrauen: «Ich hätte alles werden können: Musiker, Bildhauer, Maler, ich wäre immer ein grosser Mann geworden», sollte er später sagen.[308]

In Baden, wo er selber das Establishment verkörperte, fiel es ihm nie schwer, dem entsprechenden Habitus nachzuleben: Seine Villa war eine der prächtigsten im Ort, was nicht zuletzt ihr monumentaler Name «Römerburg» unterstrich, und sie stand in keiner Weise den Vorbildern der Familie Sulzer in Winterthur nach. Brown war bestimmt nie ein sozialer Aussenseiter, was sein Selbstverständnis anbelangte, vielmehr neigte er dazu, mit seiner herausragenden Stellung zu kokettieren, indem er sich Dinge herausnahm, die kaum zu einem seriösen Industriellen passten. Im kleinen Baden wurde er als Gründer und technisches Genie bewundert – gleichzeitig war er berüchtigt für seine Exzentrik.

Walter Boveri junior, der Sohn des Geschäftspartners, hat in seinen Erinnerungen einige Beispiele dieses auffälligen Verhaltens beschrieben. Unter anderem kaufte Brown, der von Tigern schwärmte, eines Tages ein undefinierbares Raubtier. Es terrorisierte bald die halbe Stadt:

5. Charles Brown, Walter Boveri und die «schöpferische Zerstörung»

«Diese wahrscheinlich noch recht junge Wildkatze, die ungefähr zur Grösse eines kleineren Leoparden heranwuchs, scheint der Schrecken des Haushaltes gewesen zu sein, denn sie war imstande, mit einem Sprung die oberen Vorhangstangen zu erreichen, von wo sie, ebenso überraschend, mit oder ohne Vorhang zum Boden zurückkehrte. Ihre Zärtlichkeiten, die oft Spuren von Krallen auf den Kleidern besuchender Damen zurückliessen, verschafften ihr wenig Zuneigung im Bekanntenkreis. Dagegen liebte das Raubtier die derben Spässe seines Meisters, der es gelegentlich gegen die Wand schleuderte, um von ihm dann wieder angesprungen zu werden.»[309]

Hin und wieder riss die Katze aus und suchte die Nachbarn heim, die sich vor ihr fürchteten, was Browns Köchin dazu nötigte, das Tier zurückzulocken. Die Methode war ungewöhnlich: Weil die Katze auf rohe Eier ansprach, musste die Köchin den Heimweg mit Eiern markieren, damit die Katze wieder in die Römerburg zurückschlich. Als sich die Katze zusehends aggressiver aufzuführen begann und der Verdacht auf Tollwut aufkam, (der sich nicht bestätigte), hatte Brown ein Einsehen und verschenkte die Wildkatze dem Zoologischen Garten von Basel. Er blieb ihr aber verbunden, wie Boveri berichtet: «Bis zum Tod der Katze stattete er ihr jährlich einen Besuch ab und hielt Zwiesprache mit ihr durch die Gitterstäbe. Eine ungeheure Aufregung, die sich des Tiers dann bemächtigte, liess erkennen, dass sein alter Meister ihm kein Unbekannter geworden war.»[310]

Ebenso stadtbekannt waren Browns Velofahrkünste. Als einer der ersten in Baden hatte er ein Velo des neuen Typs erworben, das zur Jahrhundertwende das Hochrad verdrängen sollte, und fuhr damit jeden Tag von der Römerburg ins Büro. Weil ihm das offenbar nicht reichte, trat er am Feierabend mit seinem Velo auf dem Schulhausplatz auf, um sein Fahrtalent, auf das er sich offenbar viel einbildete, der versammelten Badener Jugend vorzuführen. Boveri junior, der dies mit eigenen Augen gesehen haben dürfte, erzählte:

«In voller Fahrt setzte er sich rücklings auf die Lenkstange, um die Pedale aus dieser Stellung zu betätigen, und was dergleichen Tricks mehr waren. Der Schlusseffekt bestand meist darin, mit einem Fuss auf dem Sattel stehend, das andere Bein weit nach hinten in die Luft gestreckt, das Fahrrad in Bogen auslaufen zu lassen, um schliesslich elegant daneben abzuspringen. Es fällt nicht leicht, sich einen heutigen Industriekapitän bei solcher Verrichtung vorzustellen. In jener Zeit, in der die Geschäftsherren zu ihren Sitzungen in Gehrock und Plastronkrawatte erschienen, dürfte es allerdings kaum weniger überraschend gewirkt haben.»[311]

II. Teil. Gründerzeit

In seinem Büro bei der BBC liess Brown irreale Türen einbauen, um seine Besucher in die Irre zu führen. Was das heissen konnte, erzählte Franz Dorosz, ein damals subalterner Angestellter, Jahrzehnte später in der BBC-Hauszeitung.[312] Als er in irgendeiner Angelegenheit beim Chef in dessen «geräumigen und hellen Arbeitszimmer» vorzusprechen hatte und das erledigt war, wandte er sich zum Gehen:

«Zu meiner Verblüffung sah ich mich plötzlich drei scheinbar gleichen Türen gegenüber. In meiner momentanen Verwirrung drückte ich einfach auf die Klinke der nächstliegenden Türe. In diesem Augenblick schnellte sie wie von innen gestossen auf und ein grinsender Negerkopf an einer stählernen Spiralfeder, die an einem Aktenbeschwerer aus Stahl oder Marmor auf dem oberen Tablar im Wandschrank befestigt war, pendelte heraus und verbeugte sich ins Leere, nachdem ich zurückgewichen war.»[313]

Brown sass nicht allein im Büro, sondern auch ein Gast; als die beiden sahen, wie Dorosz vor Schreck zusammengezuckt war, brachen sie in «schallendes Gelächter» aus. Dorosz, der diese Geschichte mehr als fünfzig Jahre später als «köstliches Erlebnis mit Charles Brown» in der BBC-Hauszeitung geschildert hat, war ursprünglich Beamter in k. u. k. Diensten gewesen und pflegte sich auch bei der BBC noch mit einer Verbeugung zu verabschieden, wie sie im kaiserlichen Österreich üblich war. Den informellen, exzentrischen, etwas narzisstischen Umgang mit Mitarbeitern, wie ihn Brown praktizierte, dürfte ihm weniger vertraut gewesen sein:

«Charles Brown sprang vom Sessel auf und krümmte sich vor Lachen. Dann kam er auf mich zu, legte seine Hand auf meine Schulter, beruhigte mich und sagte: ‹Junger Mann. Sie müssen stets mit offenen Augen durchs Leben gehen, wenn Sie nicht ein Opfer der Tücke werden wollen!› Dann öffnete er die richtige Türe und komplimentierte mich wohlwollend hinaus.»[314]

Charles Brown strotzte vor Selbstbewusstsein. *Full of himself*, wie die Amerikaner sagen würden, muss der Mann auch sozial schwerer verträgliche Seiten aufgewiesen haben, nicht selten schlug das Selbstvertrauen in Rechthaberei um. Als man einmal im Versuchslabor die Wassertemperatur mass und 18 Grad feststellte, behauptete Brown steif und fest, es besser zu wissen als das Thermometer: Er streckte seinen Finger ins Wasser, und beharrte darauf, es seien 22 Grad. Und obwohl man abermals mit einem präzisen Thermometer mass, blieb Brown unerschütterlich. 22 Grad! Ironischerweise wurde diese Geschichte von Max Schiesser überliefert, einem späteren, langjährigen Chef der BBC, einem Mann, der, wie wir sehen werden, ebensowenig unter allzu hartnäckigem Selbstzweifel litt.³¹⁵

Wenn Baumol in seiner Theorie des Unternehmers betont, je nach Kontext würden spezifisch für eine solche Tätigkeit begabte Persönlichkeiten Unternehmer oder Kriegsherren, Verbrecher oder Künstler werden wollen, dann passt diese Charakterisierung ohne Zweifel auf Brown. Nachdem Brown sich 1911 von der BBC zurückgezogen hatte, widmete er sich intensiv künstlerischen Aktivitäten, unter anderem schrieb und zeichnete er jetzt für seine kleinen Kinder aus zweiter Ehe Geschichten, er befasste sich mit Gedichten und Musik, er förderte und begleitete seinen pianistisch hochtalentierten Sohn Robin, der in den Zeitungen als «Wunderkind» gefeiert wurde.

Der amerikanische Psychologe Adam Grant hat unlängst darauf hingewiesen, dass viele Nobelpreisträger sich von ihren ähnlich begabten Kollegen, die keinen solchen Preis erhielten, in diesem scheinbar unwesentlichen Punkt unterscheiden: Sie betätigen sich in ihrer Freizeit öfter auch künstlerisch. Grant, der als Professor an der Wharton School der University of Pennsylvania lehrt, entnahm diese Korrelation einer entsprechenden Studie der Michigan State University.³¹⁶ Dort hatte ein Team von fünfzehn Forschern alle Nobelpreisträger von 1901 bis 2005 systematisch untersucht und sie mit anderen zeitgenössischen Wissenschaftlern ohne eine solche Auszeichnung verglichen. Die folgende Tabelle gibt die statistischen Wahrscheinlichkeiten wieder:³¹⁷

Tab. 5.1 Nobelpreisträger und künstlerische Aktivitäten

Künstlerisches Hobby	Wahrscheinlichkeit, einen Nobelpreis zu gewinnen
Musik: ein Instrument spielen, Komponieren, Dirigieren	2-mal grösser
Kunst: Zeichnen, Malen, Bildhauerei	7-mal grösser
Schreiben: Gedichte, Theaterstücke, Kurzgeschichten	12-mal grösser
Darstellende Kunst: Schauspiel, Tanz, Zaubern	22-mal grösser

Mit anderen Worten, spielte ein Wissenschaftler am Feierabend gerne Theater oder schrieb er Novellen, so lautete die Erkenntnis aus dieser Studie, war es wahrscheinlicher, dass er irgendeinmal einen Nobelpreis errang. Mag sein, dass dieser Befund auch auf Brown zuträfe. Er selber hatte sich als eine Art Universalgenie beschrieben («ich könnte alles werden»), und wir haben keinen Anhaltspunkt, dass er dies etwa ironisch gemeint hätte. Es war ihm ernst. Ähnliche Beobachtungen machten Zeitgenossen, wie etwa Boveri junior, wenn er über Brown urteilt:

II. Teil. Gründerzeit

«Bei ihm kombinierten sich Vitalität, Geltungsdrang und Romantik zu einer Persönlichkeit, die, abgesehen von der beruflichen Intelligenz, sehr starke Züge eines Don Quixote aufwies. Wenn die Nichte Don Quixotes dafür wirbt, man solle doch ja den Oheim nicht seiner Ritterbücher berauben, ansonst [sic] er auf den Gedanken verfallen könnte, ein grosser Poet zu werden, so lagen die Verhältnisse bei Charles Brown nicht sehr verschieden, denn er hätte sich, wäre er an der Ausübung seines Berufes verhindert worden, wahrscheinlich auf die Künste, vor allem die Musik gestürzt, in der er kaum begabter gewesen sein mochte als Don Quixote in der Poesie.»[318]

Auch Kirzners Konzept der *Alertness* trifft auf Brown genauso zu wie seinerzeit auf seinen Vater – wobei die gleiche Limitierung gilt. Brown war ausgesprochen wach, wenn es um technische Neuerungen oder künstlerische Spitzenleistungen ging, kommerziell aber blieb er auf seinen Partner Boveri angewiesen, wie wir unten zeigen werden, der Markt interessierte ihn nur am Rande. Walter Boveri, der Sohn, beschreibt in seinen Erinnerungen recht eindrücklich, wie sich diese technische *Alertness* von Brown mit dessen Skurrilität paarte:

«Sobald eine neue technisch-wissenschaftliche Erfindung bekannt wurde, löste sie bei Charles Brown ein brennendes Interesse aus; er musste von allem Anfang an dabei sein, obwohl dieses Interesse dann sehr rasch erkalten konnte. Als Blériot auf seinem Aeroplan 1909 den Kanal überquerte, kaufte er von ihm sogleich einen solchen Apparat; ich glaube, er wollte in der ägyptischen Wüste das Fliegen probieren. Wie er aus dem Handel herauskam, weiss ich nicht. Jedenfalls ist er nie geflogen, was bei seiner enormen Kurzsichtigkeit auch kaum möglich gewesen wäre.»[319]

Schon 1894 hatte er vom deutschen Flugpionier Otto Lilienthal ein Flugzeug gekauft, sobald er davon vernommen hatte. Auch diesen Apparat hat er nie bestiegen, womöglich hielt ihn die Tatsache davon ab, dass Lilienthal schon zwei Jahre später damit in den Tod gestürzt war. Am Ende überliess Brown sein Flugzeug dem Deutschen Museum in München. In seiner Römerburg, auf deren eigensinnige Architektur wir noch zu sprechen kommen, richtete er allerlei technische Spielereien ein, so berichtet Boveri junior von einem «komplizierten Gerät, um flüssige Luft herzustellen»[320], das aber ebenfalls unbenutzt im Keller herumstand. Überdies kaufte Brown Radium, nachdem er von den (am Ende tödlichen) Versuchen des Ehepaars Curie in Paris gelesen hatte. Ohne es je brauchen zu können, lagerte er das Radium in seinem Keller – und vergass es. So spontan er seine Aufmerksamkeit allem schenkte, was neu schien, so rasch erlosch sein Interesse, sobald anderes, noch Neueres auftauchte. Was diese eher freizeitlichen

5. Charles Brown, Walter Boveri und die «schöpferische Zerstörung»

Angelegenheiten anbetrifft, fällt auf, wie volatil seine Konzentrationsfähigkeit gewesen sein muss. Wenn es um seine technischen Innovationen ging, verfolgte er diese mit einer ganz anderen Hartnäckigkeit, was ihn aber auch hier charakterisierte, blieb jenes sprunghafte und scharfe Interesse für alles, was neu oder erst als Potenzial denkbar war.

Schumpeter hat dieses Vorgehen, das nicht nur den Unternehmer auszeichnete, so beschrieben, (wobei man sich vom inzwischen nahezu toxischen Begriff «Führer» nicht irritieren lassen sollte):

«Der Führer als solcher ‹findet› oder ‹schafft› die neuen Möglichkeiten nicht. Die sind immer vorhanden, reichlich angehäuft von Leuten im Lauf ihrer gewöhnlichen Berufsarbeit, oft auch weithin gekannt und, wo es Literaten gibt, auch propagiert. Oft sind – gerade lebenswichtige – Möglichkeiten gar nicht schwer einzusehen, (…) Nur sind diese Möglichkeiten tot. Die Führerfunktion besteht darin, sie lebendig, real zu machen, durchzusetzen.»[321]

Wenn Charles Browns exzentrische Hobbies etwas mit seiner unerhörten Leistungsbilanz als Ingenieur zu tun hatten, dann liegt dies wohl in dieser Brown'schen Eigenheit. Um es metaphorisch zu umschreiben: Er wühlte im Neuen herum, als bestünde die Gefahr, etwas zu übersehen, er roch an allem, was aus dem Boden schoss, er probierte aus, was immer es an Frischem und Unbekannten und Gefährlichem zu erfahren gab. Er war, mit anderen Worten, kreativ im Schumpeter'schen Sinn.

5.2.3 Winterthur: Aufwachsen in der Industriestadt

Charles Brown ist in Winterthur geboren und aufgewachsen. Obwohl er dieser Stadt bereits den Rücken kehrte, als er einundzwanzig Jahre alt war, hat ihn die Kindheit und Jugend in diesem Ort zweifelsohne beeinflusst. Es sind zwei Dinge, die wir für interessant halten und die wir im Folgenden untersuchen möchten: Erstens seine Familie, eine englisch-schweizerische Kombination, deren Stellung in Winterthur eine spezielle war. Zweitens die Stadt Winterthur, eine damals blühende Industriestadt, die jedoch ab 1878, infolge des Untergangs der Nationalbahn, ähnlich wie Baden eine Katastrophe zu verkraften hatte. Darüber hinaus auch keinesfalls eine *Company Town*, wo eine einzelne Firma oder Familie dominierte, wie später die BBC und ihre Gründer in Baden, sondern ein Ort, wo Wettbewerb innerhalb einer Elite herrschte, die schweizerische Geltung erlangt hatte.[322]

Wir haben Browns Selbstverständnis angesprochen – angesichts der Tatsache, dass er in der oberen Mittelschicht aufgewachsen ist, wäre es sicher falsch ihn als

II. Teil. Gründerzeit

«Aufsteiger» zu bezeichnen. Ebenso war er kein Aussenseiter, weil etwa sein Vater Ausländer gewesen wäre; Engländer waren privilegierte, hoch erwünschte, relativ seltene Einwanderer, ausserdem war seine Mutter eine Winterthurerin. Was in diesem Zusammenhang nicht zu unterschätzen ist: Die Familie Pfau, aus der die Mutter stammte, war früher eine geradezu legendäre Hafner- und Ofenmalerdynastie gewesen, die über fünf Generationen hinweg künstlerisch hochstehende, aber auch leistungsfähige Kachelöfen hergestellt hatte, die zeitweise bis nach Süddeutschland exportiert wurden. 1539 ins Winterthurer Bürgerrecht aufgenommen, gelang es den Pfaus, schon im 17. Jahrhundert zu den ratsfähigen Familien aufzuschliessen, einmal, 1672, stellten sie gar den Schultheis. Von der Mitte des 18. Jahrhunderts an verloren sie an Gewicht, zumal sie die neuesten Entwicklungen im Ofenbau versäumten. Noch im 19. Jahrhundert aber waren Pfaus in Winterthur als Hafner tätig, ebenso wirkten sie als Lokalpolitiker.[323]

Auf Brown bezogen: Zwar war sein Vater ein Immigrant, doch die Mutter blickte auf eine lange Familientradition in Winterthur zurück. Brown war genauso Engländer, wie er sich wohl als Schweizer betrachtete, wenngleich er das Schweizer Bürgerrecht erst 1916 erwarb. Er sprach beide Sprachen perfekt, Englisch und Schweizerdeutsch, selbstverständlich auch Hochdeutsch. Wenn er guter Laune war, so berichten Bekannte, sprach er mit Vorliebe Hochdeutsch, während er sogleich auf Schweizerdeutsch wechselte, wenn er «wild» wurde und schimpfte. Am Dialekt hörte man, dass er aus Winterthur kam.[324] Mit dem Vater und Bruder sprach er Englisch, mit der Mutter Schweizerdeutsch, mit seiner ersten Frau, einer Deutschen, Hochdeutsch. In der Familie nannte man ihn Charlie.

Diese Zwei- bzw. Dreisprachigkeit sollte sich für Brown als Ingenieur als kein geringer Vorzug herausstellen, weil er so Zugang fand zur deutschen wie zur angelsächsischen Welt, die beide in der Entwicklung der Technik und der Wissenschaften eine überragende Stellung beanspruchten. Brown war als Forscher stets in beiden Welten bekannt und aktiv: Er schrieb in Fachzeitschriften in beiden Sprachen und korrespondierte mit englischen, amerikanischen und deutschen Technikern. Sowohl in der deutschsprachigen als auch in der angelsächsischen Sphäre bewegte sich Brown problemlos, in der einen lebte und arbeitete er, die andere, besonders England, besuchte er regelmässig und bezog daraus Inspiration und Kontakte, in beiden war er vernetzt und hoch respektiert.

Anders als sein Vater wurde er auch nicht besonders religiös oder gar in einer Sekte grossgezogen, sondern in der evangelisch-reformierten Landeskirche, hinzu kommt, dass seine formale Ausbildung (Volks- und Kantonsschule Winterthur, Technikum) sich deutlich von jener seines Vaters unterschied, sie entsprach der schweizerischen Norm. Dennoch dürfte ihn, wir haben es erwähnt, die spezielle, hin und wieder prekäre Stellung seines Vaters in der Firma Sulzer und damit in ganz Winterthur bestimmt haben. Brown senior war Manager, nicht Eigentümer. So wichtig er für den Aufstieg der Firma war, und obschon er am Gewinn der Sulzer beteiligt wurde (zehn Prozent) – nie erhielt er die Prokura, noch wurde er je zum Teilhaber gemacht.

Wie subtil, aber real der hierarchische Abstand zwischen den Sulzers und den Browns in den 1860er- und 1870er-Jahren noch war, zeigt sich an den unterschiedlichen Ausbildungswegen der jüngeren Generation. Nachdem Charles Brown junior (wie auch die meisten Kinder der Familie Sulzer) die Winterthurer Volksschule und das dortige Gymnasium besucht hatte, nahm er 1879 das Studium der Maschinentechnik am neuen Technikum in Winterthur auf, sein jüngerer Bruder Sidney tat es ihm wenig später gleich. Vor kurzem, 1874, gegründet, war das Technikum Winterthur das erste seiner Art in der Schweiz und richtete sich explizit darauf aus, das «mittlere Kader» auszubilden, also jene Leute, die wie Charles Browns Vater nicht Eigentümer, sondern als Manager tätig werden sollten.[325]

Im Gegensatz zu diesem eher kurzen, zweijährigen Studium wurden die Sulzer-Söhne an ungleich prestigereichere Institutionen geschickt: Heinrich Sulzer-Steiner, der älteste Sohn von Johann Jakob Sulzer und dessen designierter Nachfolger, schrieb sich am damals renommierten Polytechnikum von Karlsruhe ein, sein jüngerer Bruder Albert (Sulzer-Grossmann) ebenfalls, während Emil sein (erfolgloses) Studium am Polytechnikum in Zürich verbrachte. Weil der jüngste Sohn Eduard (Sulzer-Ziegler) dazu vorgesehen war, einst die betriebswirtschaftliche Leitung des Geschäfts zu übernehmen, studierte er Jura und Nationalökonomie, was er in Genf, Heidelberg und Berlin erledigte. Später sollte er zu einem gewichtigen Schweizer Politiker aufsteigen, von 1900 bis 1913 sass er für den Freisinn im Nationalrat. Auch die Söhne von Salomon Sulzer, dem zweiten Besitzer der Gebrüder Sulzer, interessierten sich nicht für das heimische Technikum, dessen Gründung die Firma selber gefördert hatte: Johann Jakob (Sulzer-Imhoof), der ältere Sohn, studierte am Polytechnikum in Zürich und an der Technischen Hochschule Dresden; sein jüngerer Bruder Heinrich August (Sulzer-Bühler) wandte sich dem Jura-Studium zu, das er in Zürich, Heidelberg, Berlin und Strassburg absolvierte. Von diesen sechs Söhnen der zweiten Generation (keine der zahlreichen Töchter wurde intensiv ausgebildet) sollten fünf am Ende bei Sulzer arbeiten, wenn auch Emil, der kaum reüssierte, früh verstarb. Heinrich August schliesslich wurde Generaldirektor der «Schweizerischen Unfallversicherungs-Actiengesellschaft» in Winterthur (später «Winterthur Versicherungen»), auch er starb bereits mit 45 Jahren. Bevor sie studierten, das muss anerkannt werden, hatten die meisten Söhne (ausser den Juristen) auch eine Lehre im Familienbetrieb auf sich genommen, in der Regel in der Giesserei.[326]

Um den Wandel zu verdeutlichen, der sich hier zwischen der ersten und zweiten Generation Sulzer vollzogen hatte, sei daran erinnert, dass von den Gründern weder Johann Jakob noch Salomon je eine Universität besucht hatten, sondern beide waren so ausgebildet worden wie das für Handwerker seit Jahrhunderten üblich gewesen war: Eine Lehre im eigenen Geschäft wurde mit Wanderjahren ergänzt, die sie vorwiegend ins Ausland zu befreundeten Firmen geführt hatte. Die Sulzers der zweiten Generation dagegen waren samt und sonders Akademiker – während die beiden Söhne von Brown sich mit dem Technikum begnügten. Dass beide, Charles und Sidney, später den Ehrendoktor erhalten sollten, dürfte sie mit einer gewissen Genugtuung erfüllt haben, was sich daran ermessen lässt, dass beide nachher in den Akten stets als Doktor verzeichnet sind.

Wir betonen diesen Wandel aber auch, um ihn zu relativieren: Er macht deutlich, wie gering die soziale Distanz dann doch wieder war. Johann Jakob war noch mit dem beruflichen Selbstverständnis eines Giessers aufgewachsen, weswegen es ihm wohl nie eingefallen wäre, sich einem ursprünglichen Autodidakten und Mechaniker wie Charles Brown gesellschaftlich allzu überlegen zu fühlen; man war viel reicher, gewiss, aber sozial und mental dürften sich die Welten des Chefs und seines Chefingenieurs kaum differenziert haben. Ebenso befand sich dessen Sohn Heinrich sozial betrachtet nicht so weit weg von diesem Milieu, dem sein Vater und Onkel noch entstammten. Das dürfte es ihm, dem überaus wohlhabenden, mächtigen Seniorchef erleichtert haben, seine Tochter Jenny dem Sohn von Charles Brown senior, Sidney, zur Frau zu geben. Die persönlichen Zerwürfnisse der Vergangenheit zu vergessen, fiel ihm wohl schwerer. Im Übrigen, auch das mag eine Rolle gespielt haben, war die BBC zu diesem Zeitpunkt im Begriff, die Gebrüder Sulzer an Umsatz und Zahl der Belegschaft einzuholen. Ein Jahrzehnt später sollte die BBC Sulzer übertreffen. Was an sozialer Distanz einmal die Familien getrennt haben mag, war dramatisch zusammengeschrumpft: Es handelte sich bei dieser Heirat, mit anderen Worten, längst nicht mehr um eine Übernahme, sondern um die Fusion zweier gleichermassen führenden Familien des schweizerischen Establishments.

Warum Charles Brown seinen Söhnen das Technikum empfohlen hatte, warum sie nicht einmal das Eidgenössische Polytechnikum in Zürich berücksichtigten, wissen wir nicht. Womöglich lag es daran, dass Brown senior von der akademischen Ingenieurausbildung ohnehin nicht allzu viel hielt, was ihn ja auch in Konflikt mit Heinrich Sulzer-Steiner gebracht hatte. Vielleicht sagte es Brown zu, dass seine Söhne nach einer so kurzen Ausbildung von bloss zweieinhalb Jahren schon diplomiert waren und sich ohne Verzug in die Praxis stürzen konnten: Brown junior war 19 Jahre alt, als er 1882 das Technikum abschloss und eine Stelle zu suchen hatte. Formal war er nicht einmal ein Ingenieur: Abgänger des Winterthurer Technikums durften sich bloss «Techniker» nennen,

5. Charles Brown, Walter Boveri und die «schöpferische Zerstörung»

während der «Ingenieur», eine Bezeichnung, die einen hohen Nimbus aufwies, allein den Absolventen des Polytechnikums vorbehalten war. Was in der Theorie galt, wurde jedoch oft ignoriert: Brown nannte sich immer Ingenieur, nicht zuletzt wohl darum, weil sich ausländische Techniker mit vergleichbarer nicht-akademischer Ausbildung längst als Ingenieure bewarben. Eventuell war die Sache aber auch viel trivialer, und Charles Brown schickte seine Söhne ans Technikum, weil es ihm schlicht am nötigen Geld mangelte.

Wenn man nämlich die Vermögensverhältnisse der beiden Familien vergleicht, dürften sie weit auseinandergelegen haben; für die Sulzers haben wir präzise Angaben, bei Brown können wir auf Indizien verweisen. 1859, also acht Jahre nachdem Charles Brown senior völlig mittellos als Chefingenieur in Winterthur angefangen hatte, besassen die beiden Brüder Sulzer bereits je ein Vermögen von 750 000 Franken, wobei allerdings der grösste Teil davon in ihrem Unternehmen gebunden war. 1867 trat Salomon aus der Firma aus, von da an gehörte die Firma Johann Jakob Sulzer und seinen Erben allein, auch wenn die Bezeichnung «Gebrüder Sulzer» beibehalten wurde. 1869, als Salomon starb, hinterliess er 960 000 Franken. Noch reicher war sein älterer Bruder, der im Besitz der Firma blieb: 1883 betrug sein Vermögen insgesamt rund 3–4 Millionen Franken, was gegenwärtig 162 Millionen bzw. 217 Millionen Franken entspräche.[327]

Von einem solchen Reichtum blieb Charles Brown zeitlebens weit entfernt: Als er 1872 die SLM gründete, war er zu 100 Prozent auf Fremdkapital angewiesen (zuerst 1,8 Millionen Franken, dann gar 2,4 Millionen Franken), das die Banken am Kapitalmarkt aufbrachten – und zwar ohne zu zögern und ohne Schwierigkeiten, was immerhin seinen intakten Ruf bewies.[328] Doch seine eigene Firma wurde sie nie, im Verwaltungsrat sass er nicht, vielmehr blieb er der leitende Angestellte, wenngleich ein sehr hoch bezahlter. Für seine Arbeit bezog er das geradezu astronomische Salär von 30 000 Franken im Jahr, was heute etwa 1,8 Millionen Franken gleichkäme.[329] Wenn man aber die späteren Lebensverhältnisse Browns in Betracht zieht, gelang es ihm nicht, allzu viel von diesem hohen Einkommen zu sparen oder gut anzulegen: So wie er als Ingenieur sich kaum um die finanziellen und kommerziellen Implikationen seiner Erfindungen scherte, so nachlässig scheint er seine privaten Finanzen verwaltet zu haben. Als seine Söhne Charles und Sidney die BBC gründeten, hatten sie kein Geld, und ihr Vater war offensichtlich nicht in der Lage, etwas beizusteuern. So gut wie alles Kapital, das der BBC am Anfang zur Verfügung stand, war von Walter Boveri (oder seinen Verwandten) eingeschossen worden. Ebenso lebte Brown senior am Ende seines Lebens in einem Reihenhäuschen an der Güterstrasse in Basel, einer damals zwar neu angelegten, aber bescheidenen Strasse südlich des Bahnhofs im Gundeldinger Quartier, im Dialekt «Gundeli» genannt.[330] Jahrzehntelang gehörte das Gundeli nachher zu den strukturschwachen Gegenden der Stadt. Zwar

II. Teil. Gründerzeit

zeugten die vielen Nachrufe davon, dass der Mann aus England es zu etwas gebracht hatte, doch materiell hinterliess er nichts, das dies sichtbar gemacht hätte. Die Sulzers lebten in geräumigen Villen auf den Hügeln Winterthurs, Brown, der am Triumph der Sulzers einen so massgebenden Anteil hatte, starb in einem Reihenhaus im Gundeli hinter dem Bahnhof von Basel.

Charles Brown junior besuchte in Winterthur die Volks- und die Kantonsschule, er wuchs unter den Söhnen der führenden Unternehmer der Stadt auf, er kannte sie und schloss lebenslange Freund- und Feindschaften mit ihnen, doch nie zählte er oder seine Familie zu diesem selbstbewussten Establishment der Stadt, das schon damals eine Stellung erlangte, die weit über den Kanton Zürich hinausreichte – die Winterthurer Industriellen waren inzwischen unbestrittenermassen Teil der schweizerischen Eliten, was sich bis heute an den repräsentativen Bauten erkennen lässt, die sie in der Mitte ihrer Stadt grosszügig hinterlassen haben. So gesehen war Brown weder Aussenseiter noch Insider, sondern entstammte jener vielversprechenden, aber sozial etwas zurückgesetzten Schicht der potenziellen Aufsteiger. Ob er daraus etwas machte oder scheiterte, war offen. Auf Erbschaften oder verwandtschaftliche Netzwerke, die sich in der Regel als belastbarer erwiesen als Freundschaften (ausser seinem Vater), konnte er sich nicht verlassen. Er musste sich selber bewähren. Was ihm zur Verfügung stand, war weder ein allzu beeindruckender akademischer Abschluss noch Freunde, die ihn förderten, sondern allein sein Talent.

Nachdem wir hiermit das familiäre und vor allem das soziokulturelle Milieu beschrieben haben, dem Charles Brown entstammte, kommen wir auf den speziellen Ort zu sprechen, wo er seine Kindheit und Jugend, also etwa zwanzig, aber formative Jahre, verbrachte: Winterthur. Er erfuhr hier eine zweite Prägung, die wir für unseren Zusammenhang für relevant halten.

Als Charles Brown in Winterthur aufwuchs, hatte sich der Ort als zweite, bedeutende Industriestadt im Kanton Zürich etabliert, ja, es gab zu jener Zeit vielleicht keine andere Stadt in der Schweiz, die die erfolgreiche Industrialisierung des ganzen Landes so gut erkennbar widerspiegelte. Als Browns Vater sich 1851 hier niederliess, boomte die Stadt wie nie zuvor. Ursprünglich eine recht kleine, wenig spektakuläre Untertanenstadt, die sich stets im Schatten der Hauptstadt zu ducken hatte, eine Stadt auch, die vom Zürcher Regiment mehr schlecht als recht behandelt und oft vernachlässigt wurde, hatte sich Winterthur seit dem Ende des 18. Jahrhunderts erstaunlich entwickelt. Wenn es dabei von einem Faktor profitierte, dann von seiner Lage: Ein grosser Teil der Protoindustrie im Kanton Zürich war im Zürcher Oberland entstanden, und als – inspiriert und erzwungen von der englischen Konkurrenz – die Mechanisierung nach 1800 auch diese Betriebe erfasste, lag Winterthur günstig, um von diesem frühen In-

5. Charles Brown, Walter Boveri und die «schöpferische Zerstörung»

dustrialisierungsprozess ebenfalls ergriffen zu werden. Innert weniger Jahre wuchs Winterthur zum Zentrum der gesamten ostschweizerischen Baumwollindustrie heran. Zwar befanden sich viele Spinnereien und Webereien in der weiteren Umgebung, insbesondere im Tösstal, doch in Winterthur wurde der Baumwollhandel organisiert, hier befand sich im Casino die Baumwollbörse, wo die Händler und Makler jeden Donnerstag den Preis des Garns und des Rohstoffs festlegten, hier wurden die ersten Reparaturwerkstätten und Ersatzteillager für die Textilindustrie eingerichtet, aus denen bald Maschinenfabriken hervorgingen: namentlich J. J. Rieter (1795)[331] und Gebrüder Sulzer (1834), zwei Firmen, die am Ende wichtiger und umsatzstärker werden sollten als die Textilindustrie und der Baumwollhandel selbst und damit den geglückten Übergang von der einen Pionierbranche zu einer anderen, moderneren verkörperten.

Wir haben oben von solchen Kopplungseffekten gesprochen, in Winterthur liessen sich diese real besichtigen: Der Strukturwandel ereignete sich gewissermassen vor Charles Browns Augen. Noch in den 1850er-Jahren erfuhr die Baumwollindustrie eine glänzende Konjunktur, und die meisten grossen Firmen der Stadt und Region gehörten dieser Branche an. Von den 48 besten Steuerzahlern und grössten Arbeitgebern hatten 31 entweder mit der Textilproduktion oder dem Handel mit Baumwolle zu tun.[332] Immerhin erschienen Sulzer und J.J. Rieter zu diesem Zeitpunkt bereits auf dieser Liste der besten Steuerzahler. Insgesamt arbeiteten Mitte der 1850er-Jahre rund 2600 Personen in der Baumwollindustrie, während bei Rieter etwa 870 unter Vertrag standen und bei Sulzer 550 (beide Angaben für das Jahr 1862). Wie rasch Winterthur zur Industriestadt geworden war, liess sich auch an der Bevölkerungsentwicklung ablesen: Hatte die Stadt zu Anfang des 19. Jahrhunderts rund 3000 Einwohner gezählt, waren es zu Beginn der 1860er-Jahre, als Brown hier geboren wurde, bereits gegen 7000, betrachtet man die ganze Agglomeration waren es 16 000 – und das Wachstum sollte nicht mehr abbrechen. Anfang 1870 lebten in der Stadt allein 9300 Einwohner und weitere 10 200 in den fünf nächstgelegenen Vorortgemeinden, kurz Winterthur war für schweizerische Verhältnisse eine grosse Stadt geworden. Zürich zählte zur gleichen Zeit allerdings 20 000, mit den Vororten kam die Stadt gar auf rund 65 000, sie war also drei Mal grösser als Winterthur. Demgegenüber waren die aargauischen Städte klein: Aarau, die grösste, wies 5400 Einwohner auf, Zofingen 4000, Baden knapp 3300.[333]

Wenn wir Winterthur nun in den Kontext der Typologie stellen, die wir zu Anfang unserer Studie anhand einer Auswahl von *Company Towns* vorgeschlagen haben, und die Stadt so implizit auch mit dem späteren Baden vergleichen, stechen die Unterschiede ins Auge. Winterthur war ganz offensichtlich keine *Company Town*. Hier operierten stets mehrere grosse Unternehmen. 1861, wir haben es ausgeführt, hatten sich bereits 201 Firmen in der Region niedergelassen, während die Region Baden zur gleichen Zeit kaum fünf Industriebetriebe aufwies, die Stadt hatte mit anderen Worten so gut wie keine Industrie. Bis zum Ersten Weltkrieg sollte in Winterthur die Zahl der Firmen auf über 500 ansteigen, während sie in Baden – trotz der Gründung der BBC oder vielleicht gerade deswegen – auf höchstens 30 anwuchs, obschon sich Baden inzwischen in einen der wichtigsten Industriestandorte der Schweiz transformiert hatte. In Winterthur dagegen blieb die wirtschaftliche Struktur immer polymorph.

Inwiefern hat diese Stadt Charles Brown geprägt? Bestimmt ist zu beachten, dass er im Gegensatz etwa zu seinem Geschäftspartner in einer bedeutenden Industriestadt aufwuchs, während Bamberg, wo Walter Boveri herkam, eine beschauliche Provinzstadt darstellte, die ähnlich wie Baden von jeder Industrialisierung unberührt geblieben war. Was eine moderne Industrie zu leisten vermochte, wie sie sich auf einen Ort auswirkte, musste man Brown, einem Ingenieurssohn, nicht erklären. Ebenso hatte er miterlebt, wo die Grenzen und Risiken aus Sicht einer Stadt lagen: Als die Nationalbahn 1878 scheiterte, stürzte Winterthur in noch ernstere Schwierigkeiten als Baden. Auf Jahre hinaus waren die öffentlichen Finanzen zerrüttet, die vorher verwöhnte Gemeinde musste sparen, wo immer es ging. Selbst der junge Brown dürfte das mitbekommen haben.

Denn 1879 begann er sein Studium am Technikum, zu einer Zeit, da selbst seine Schule von diesem Debakel betroffen war. Mit dem Selbstvertrauen, das die Winterthurer Elite in den 1870er-Jahren auszeichnete, hatte die damals reiche Stadt das Schulgebäude selber finanziert und die Hälfte der jährlichen Betriebskosten zugesichert. Damit wollte man den ungeliebten Stadtzürchern zuvorkommen, die selber auf ein Technikum drängten. Inzwischen, angesichts des Schuldenbergs wegen der Nationalbahn, stellte sich die Lage anders dar. Verzweifelt versuchte die Stadt sich von ihren Versprechen gegenüber dem Technikum zu lösen und bat den Kanton um Hilfe. Doch erst 1896 übernahm der Kanton Zürich einen grösseren Teil der Betriebskosten und sorgte für den Unterhalt.

So gesehen waren Browns Erfahrungen in seiner Heimatstadt ambivalent. Eine einst selbstbewusste politische Elite, die sich vollkommen diskreditiert hatte, eine wirtschaftliche Elite ausserdem, deren einflussreichste Familie, die Sulzers, seinen Vater trotz enormen Verdiensten nicht an der Firma beteiligt hatte, aus welchen Gründen auch immer: Brown hielt vermutlich wenig in diesem Ort, und so dürfte es kein Zufall sein, dass er, ein Techniker, kaum je in Winterthur, der Industriestadt, gearbeitet hat. Sulzer war als Arbeitgeber keine Option, und dass Brown sich je dafür verwendet hätte, hier die BBC zu gründen, davon ist nichts bekannt. Es ist kaum denkbar – zumal er schon am Beispiel seines Vaters hatte mitverfolgen können, wie unwillkommen für manche einheimischen Un-

5. Charles Brown, Walter Boveri und die «schöpferische Zerstörung»

ternehmer, besonders die Sulzers, eine Neugründung erschien. Geradezu als Provokation hatten sie es schon nur empfunden, dass die Gebäude der SLM unmittelbar neben den Sulzer-Fabriken zu liegen kamen.[334] Warum sollte er das ausgerechnet in Winterthur auf sich nehmen? Eine neue Fabrik auf der grünen Wiese: Für Brown, den Ingenieur, der sich in mancher Hinsicht für einen modernen Michelangelo, also ein Genie, hielt, dürfte das verlockend gewesen sein. Umso mehr als in Baden die Aussicht bestand, unbelastet von Konflikten der Vergangenheit neu anzufangen und für einmal sich nicht mit anderen mächtigen Leuten arrangieren zu müssen, sondern zu den wenigen zu gehören, die das meiste bestimmten. 1884 verliess er Winterthur. Er kehrte nie mehr zurück.

5.2.4 Karriere in Oerlikon

Nachdem er 1882 das Technikum abgeschlossen hatte, nahm Brown eine Lehre bei der vor kurzem gegründeten Basler Firma Bürgin & Alioth auf. Warum er diese Firma wählte, ist unklar, auch hier dürfte der Vater die treibende Kraft gewesen sein, zumal er Emil Bürgin gut kannte: Dieser, ein Absolvent des Eidgenössischen Polytechnikums, hatte zuvor als Ingenieur unter Charles Brown senior in der SLM gearbeitet und mit Geschick Lokomotiven entworfen. Er galt als origineller Pionier. Schon in den 1870er-Jahren hatte er die ersten Gleichstrommaschinen der Schweiz konstruiert und war 1881 an der Pariser Elektrizitätsausstellung dafür mit der Goldmedaille ausgezeichnet worden. Im selben Jahr rief er in Basel eine Firma ins Leben, wo er seine Dynamos weiterentwickelte und auch Elektromotoren ins Produktionsprogramm aufnahm. Kurz darauf stieg der Ingenieur Rudolf Alioth ein (1848–1916). Aus Basel von Leuten vertrieben, die keinen weiteren industriellen Betrieb dulden wollten, liess sich die Firma im Vorort Münchenstein nieder. Zwar verliess Bürgin schon 1883 die Firma, die sich von da an Elektrizitätsgesellschaft Alioth (oder EGA) nannte, bis sie 1911 mit der BBC fusionierte. Immerhin reichte für Bürgin aber die Zeit, um Brown, den vielversprechenden Maschineningenieur, optimal in die Elektrotechnik einzuführen; an seiner Schule in Winterthur hätte Brown solches nicht lernen können, das Technikum sollte erst 1886 ein entsprechendes Kursprogramm anbieten. Vor allen Dingen galt Bürgin zu jener Zeit in der Schweiz als einer der besten seines Fachs. Nach der einjährigen Lehre wurde Brown vom eigenen Vater bei der SLM angestellt.

Dass Charles Brown junior tat, wie ihm der Vater geheissen, sollte zu einem Muster werden, das sich nicht auswuchs, je älter und berühmter der Sohn wurde. Sehr oft, so können wir in den folgenden Jahren und Jahrzehnten feststellen, stützte sich Brown auf den Rat seines Vaters. Der wohl dominante Mann hatte aber auch einen dominanten Sohn – es wäre falsch zu meinen, der Sohn hörte bloss auf den Vater, weil ihm nichts anderes übrigblieb. Im Gegenteil, bald sollte er seinen Vater in jeder Disziplin übertreffen: Er war der begabtere und einflussreichere Ingenieur, am Ende auch der viel Erfolgreichere und Wohlhabendere. Doch Charles Brown senior hatte ohne Frage entscheidenden Anteil am Triumph seines Sohnes. Nie hätte der Sohn das wohl in Abrede gestellt, und nie dürfte der Vater darunter gelitten haben, dass der Sohn nicht immer auf seine Anregungen einging. Was aber relevant ist für unsere Fragestellung: Wenn man mit einer gewissen Bewunderung hervorhebt, wie jung Charles Brown war, als er die Elektrotechnik revolutionierte, so darf nicht vergessen werden, dass sich sein persönlicher Erfahrungsraum weit über sein eigenes Leben hinaus erstreckte. Er baute auf dem technologischen Kapital auf, das sein Vater über Jahrzehnte hinweg vor ihm akkumuliert hatte.

Die Beziehung der beiden blieb zeitlebens eng und produktiv – manchmal wurde auch der jüngere Bruder Sidney miteinbezogen, doch das Verhältnis zwischen dem Vater und seinem ältesten Sohn scheint für alle Beteiligten prioritär gewesen zu sein. Ob man sich gut verstand? Das ist vermutlich die falsche Frage. Die Beziehung war fokussiert, wenn nicht zielorientiert.

Besonders der Briefwechsel zwischen Vater und Sohn Brown ist in dieser Hinsicht charakteristisch: Kaum je dass die beiden Persönliches verhandelten, kaum Finanzielles, nie Politisches, aber dauernd tauschten sie sich über technische Fragen, Neuerungen, Ideen, Designs, Missgriffe und Durchbrüche aus. «Deine Anordnung für Trams ist sehr hübsch und hat leider nur den Nachteil, dass sie 4 Motoren benötigt, was punkto Nutzeffekt in Anbetracht der kleinen Grössen ungünstig und der Gewinn auf der einen Seite durch den Verlust auf der andern Seite wieder aufgehoben wird.»[335] Oft bis in jedes Detail wurde der Vorzug einer technischen Lösung diskutiert, mit Akribie darüber nachgedacht, wie ein Elektromotor, eine Lokomotive oder ein Generator verbessert werden könnte:

«Nun bezüglich Nutzeffekt kann folgendes als sicher gerechnet werden: Die grossen Generatoren, welche leicht für ganze Touren gebaut werden können, und somit direkt an Stelle des Schwungrades kommen, werden zirka 94 % Nutzeffekt haben. Reibung ist daher ausgeschlossen, da ja diese auch bei dem Schwungrade vorhanden wäre. Motoren von 10–100 PS haben einen Nutzeffekt von 85–90 % je nach der Grösse ansteigend.»[336]

Wenn wider Erwarten einmal Persönliches in diesen Briefen auftauchte, dann waren es Patientenberichte. Sidney hatte wegen einer Erkältung seine Stimme verloren, und der Vater wurde über den Stand der Genesung auf dem Laufenden gehalten. Oder Nelly, die älteste Tochter von Brown junior und erste Enkelin

5. Charles Brown, Walter Boveri und die «schöpferische Zerstörung»

von Brown senior lag ebenso im Krankenbett und befand sich aber auf dem Weg der Besserung: «Vom anderen Patienten, der kleinen Nelly, kann ich auch günstiges mitteilen. Nachdem anfangs in Baden eine starke Zunahme der Hustenanfälle stattfand, sind seit einigen Tagen dieselben fast ganz verschwunden, so dass sie statt 20–40 mal [sic] pro Nacht nur noch 4–6 mal kommt. Binnen kurzem soll auch sie wieder ganz hergestellt sein.»[337] Von den Müttern ist nie die Rede, vom eigenen Befinden noch weniger. Zwei Perfektionisten bei der Verfertigung ihrer Gedanken sind zu beobachten. Zwei Ingenieure auch, die mit Zahlen hantieren und Begriffen, aber nicht mit Gefühlen oder Träumen. Das Einzige an Persönlichem, an Warmem, das in jedem Brief aufschien, war der Gruss: «Mein lieber Papa!», fing der Sohn an – und er schloss mit «Dein Charlie».[338]

Fairerweise ist einzuräumen, dass wir nicht über allzu viele Exemplare dieses Briefwechsels verfügen, Generalisierungen sind daher mit Vorsicht zu bewerten. Was aber feststeht: Die beiden Ingenieure pflegten eine vertraute, aber sachliche Beziehung, die mehr einer Forschungskooperation unter Kollegen glich als dem Verhältnis zwischen einem Vater und einem Sohn. Doch sie sollte Geschichte schreiben.

Als Emil Bürgin 1881 eine Firma für elektrische Apparate etablierte, war er zwar einer der ersten, aber nicht der einzige: Anfang der 1880er waren auch in der Schweiz, wie in anderen westlichen Ländern, verschiedene solcher Firmen entstanden; insbesondere in der Westschweiz: de Meuron et Cuénod in Genf (1881), aus der später die S. A. des Ateliers de Sécheron hervorging, oder die ebenfalls in Genf domizilierte Société genevoise d'Instruments de Physique (SIP, 1862) sowie die Fabrik für Telegrafen und elektrische Apparate, Favag, die Matthias Hipp schon 1860 in Neuenburg aufgebaut hatte. Hipp, ein Einwanderer aus Württemberg, war 1852 bis 1860 Chef der Eidgenössischen Telegraphenwerkstätte in Bern gewesen, des faktisch ältesten elektrotechnischen Betriebes des Landes. Ausgesprochen innovativ und vielseitig, war Hipp seinerzeit ein Begriff, weil er den ersten Gleichstrommotor der Schweiz gebaut hatte, ihm glückten auch wesentliche Erfindungen im Bereich der elektrischen Uhren.[339] Im Kanton Zürich schliesslich war schon vorher, noch zu Zeiten der Schwachstromtechnik, die Zürcher Telephon-Gesellschaft begründet worden, eine amerikanisch-schweizerische Firma, die 1880 in Zürich das erste Telefonnetz der Schweiz verlegt hatte (1922 ging sie ein.) Ebenfalls als ein Unternehmen der Schwachstromtechnik hatte Zellweger & Ehrenberg in Uster begonnen, das Telegrafen, Telefone und andere elektrische Geräte fertigte. In jenen Jahren versuchte auch die SLM, sich in der Elektrotechnik zu profilieren, blieb aber ohne Erfolg und trat die elektrische Abteilung an Rieter ab.

Wie rasch sich nun in den 1880er-Jahren die Elektrotechnik als Industrie verbreitete, zeigt auch eine Zusammenstellung, die 1887 in der *Schweizerischen Bauzeitung* erschien, wo die «Fabrication electrischer Apparate» bereits als Teil der «Metall-Industrie» aufgeführt wurde, wozu sonst auch Giessereien, «mechanische Werkstätten» und die «Maschinen-Fabrication» zählten, wie sie etwa Sulzer, SLM oder Rieter betreiben.[340] Rund 11 000 Arbeiter stellte damals diese Metall-Industrie an, eine beachtliche Zahl, womit sie zu den grösseren Industrien gehörte, die Chemie etwa beschäftigte erst rund 1300 Arbeiter, doch im Vergleich zur etablierten Textilindustrie war es immer noch viel weniger: Allein die Baumwollindustrie (Produktion und Verarbeitung) brachte es auf gegen 40 000 Beschäftigte, die Seidenindustrie auf 26 000 und die Stickerei hatte 20 000 Leute unter Vertrag, insgesamt arbeiteten gegen 100 000 Menschen in der Textilindustrie. Mit anderen Worten, der Strukturwandel war zwar im Gang, aber lange nicht abgeschlossen. Noch war selbst die Maschinenindustrie gegenüber der mächtigen Textilindustrie eine Randerscheinung, nicht zu reden von der sehr jungen Elektroindustrie. Schon in dreissig Jahren sollten sich diese Grössenverhältnisse jedoch fast umgekehrt haben. Immerhin, 1888 waren bereits sechs Schweizer Firmen damit beschäftigt, Dynamos herzustellen, oder Lichtanlagen, Zähler, Schalter und so weiter; darunter befand sich jetzt auch die MFO.

Charles Brown sollte nur wenige Monate bei der SLM tätig sein. Schon 1884 trat er mit seinem Vater und seinem jüngeren Bruder Sidney bei der MFO ein, um die neue elektrische Abteilung aufzubauen. So klar der Vater die Zukunft der Technologie voraussah, so wenig traute er sich offenbar zu, in diese neue unbekannte Welt vorzudringen. Ohne allzu viel in Oerlikon geleistet zu haben, verliess er die MFO bereits 1885 wieder mit der Destination Italien; Browns grösste Tat bei MFO bestand wohl darin, seinen Sohn als Chef der neuen elektrischen Abteilung installiert zu haben, in der Hoffnung, seinen Patron Peter Emil Huber damit zu besänftigen.

Auf lange Sicht dürfte ihm das geglückt sein, denn der Sohn erwies sich als ein sehr geeigneter Nachfolger. Dennoch hatte Huber Nerven bewiesen, einem 22-jährigen seine neueste und delikateste Abteilung anzuvertrauen. Denn das Geschäft mit der Elektrizität lief zunächst schleppend. Zwar wandte Brown sogleich an, was er bei Bürgin gelernt hatte, und konstruierte die ersten Dynamos für die MFO, wobei er den sogenannten Manchestertyp, eine englische Weiterentwicklung der Maschinen von Edison, wesentlich verbesserte. Nicht ohne Eitelkeit teilte er seinem Vater mit:

«Die Dynamos sehen recht hübsch aus, da ich dem Ganzen durch Änderung einiger Details bedeutend mehr Schwung gegeben habe.»[341]

5. Charles Brown, Walter Boveri und die «schöpferische Zerstörung»

Doch hübsch reichte nicht: Wirtschaftlich blieb die elektrische Abteilung der MFO in den ersten Jahren weit unter den Erwartungen, weder die von Brown verfeinerten Dynamos noch die Bogenlichter, die man anbot, liessen sich gut absetzen, nur dank Quersubventionen aus dem Mühlemaschinenbau liessen sich die Verluste wettmachen. In Oerlikon breitete sich eine gewisse Panik aus, wie ein Mitarbeiter der MFO sich später erinnerte: «Anfänglich hatten wir fürchterliche Schwierigkeiten in der Fabrikation, und mehr als einmal waren wir kleinen Angestellten davon überzeugt, die Abteilung würde bald wieder geschlossen.»[342] Weil das elektrische Geschäft so hoffnungslos schien, weigerte sich Friedrich Wegmann, der Teilhaber von MFO, schon nach kurzer Zeit es mitzutragen und verlangte 1885 von Huber, dass dieser es alleine übernehme. Nolens volens wurde Huber so Alleinbesitzer einer Firma, die kaum rentierte; immerhin, was Brown als Ingenieur geleistet hatte, sobald er die Verantwortung trug, stand für Huber ausser Frage: «Von jetzt an sind wirkliche technische Errungenschaften zu registrieren»[343], vermerkte er in seinen Erinnerungen.

Es bricht eine Phase an, die vermutlich zu den entscheidenden in der Karriere von Brown zu zählen ist, es sind jene sechs Jahre von 1885 bis 1891, da Brown aus einem unbekannten Sohn eines bekannten Vaters zu einem der berühmtesten Elektroingenieure der Schweiz und darüber hinaus aufstieg – für uns sind sie relevant, weil drei wesentliche Voraussetzungen für die spätere Gründung der BBC jetzt geschaffen wurden, die alle mit Browns Persönlichkeit und frühem Ruhm zusammenhingen.

Erstens schaffte Brown bei MFO den Durchbruch als einer der auffälligsten Ingenieure seiner Generation. Zuerst deutete er dies mit der sogenannten Kraftübertragung von Kriegstetten nach Solothurn an, wo es um den Stromtransport über eine Strecke von 8 Kilometer ging. Dann bewies er es vollends, als er die gleiche, aber viel grösser dimensionierte Stromübertragung von Lauffen nach Frankfurt projektierte und umsetzte. Die Distanz, die hier überwunden wurde, mass 175 Kilometer. Es war eine gewaltige Steigerung. Wäre er 1891 als Ingenieur nicht derart produktiv gewesen – die Geschichte der BBC wäre mit Sicherheit anders verlaufen. Vielleicht hätte sie sich gar nie durchgesetzt – wie die Performance von anderen frühen Elektrofirmen nahelegt: Wer damals in die neue Technologie einstieg, hatte zwar ein gutes Gespür bewiesen, aber eine Garantie zum Erfolg bot es nicht. Mehr Elektrounternehmer und ihre Firmen scheiterten, als dass sie reüssierten.

Zweitens verfügte Brown genau zum richtigen Zeitpunkt über das richtige Set an Talenten und Kenntnissen. Im Gegensatz zu Edison oder Siemens war er kein Schöpfer von Basisinnovationen, sondern er entwickelte weiter, was andere vorgelegt hatten, auf eine Art und Weise allerdings, die zu wesentlichen Fortschritten führte. Dabei handelte es sich gleichzeitig um Erfindungen und Verfeinerungen, die sich kommerziell verwerten liessen, auch wenn ihn das nicht sonderlich kümmerte. Doch in jener Phase der Generalisierung elektrotechnischen Wissens, als die Anwendung fast wichtiger war und auch rascher vorankam als die Erkenntnisprozesse der Naturwissenschaftler, passten die Umstände perfekt zu dem, was Brown beherrschte.

Drittens war Brown nicht nur ein aussergewöhnlicher Ingenieur, sondern er verstand es, sich zu inszenieren und seine Erfolge zu verbreiten. Brown scheint überzeugt gewesen zu sein, dass er mit seinen Leistungen die Welt zu beeindrucken vermochte – und daran lag ihm offenkundig auch etwas. Als es darum ging, ob er die Stromübertragung von Kriegstetten nach Solothurn zustandebrachte, schrieb er einem Bekannten:

«Dass ich da noch viel zu rechnen und zu zeichnen habe, werden Sie begreifen; geht die Sache gut, so bin ich ein gemachter Mann, denn eine solche Leistung wurde bis jetzt auch nur annähernd von niemandem erreicht.»[344]

Was sein Selbstbewusstsein und die Überzeugung, von einer technischen Mission erfüllt zu sein, betrifft, glich er durchaus Edison – und wie dieser nichts unternahm, ohne dass alle Journalisten davon erfuhren, wusste auch Brown um den Wert der *Public Relations*. Während Edison den Umgang mit der aufkommenden Boulevard-Presse bewundernswert meisterte, konzentrierte sich Brown jedoch stärker auf Fachzeitschriften. Im Gegensatz zu Edison wurde Brown deshalb nie ein Star, den alle in der Öffentlichkeit kannten, aber in Fachkreisen war er rasch sehr bekannt. Es gab wenige Ingenieure, die sich so gut vermarkteten wie er.

5.2.5 Hohe Spannungen: Kriegstetten

Als sich in den 1880er-Jahren die Elektrizität technologisch und kommerziell durchzusetzen begann, erfolgte dies zuerst vorwiegend in zwei Anwendungsbereichen: Zum einen als neue Art der Beleuchtung, womit die Elektrizität das Gaslicht bedrängte, zum anderen als sogenannte Kraft, will heissen: indem sie die Elektromotoren antrieb und damit die Möglichkeit schuf, die Wasserkraft oder die Dampfmaschine abzulösen. Was die Elektrizität aber zusätzlich auszeichnete – oder was die Techniker sich als Potenzial ausmalten, war die «Kraftübertragung», ein Begriff, den wir heute kaum mehr verwenden, weil der Sachverhalt, den man damals so beschrieb, selbstverständlich geworden ist. Im

5. Charles Brown, Walter Boveri und die «schöpferische Zerstörung»

19. Jahrhundert hingegen lag hier ein Engpass vor: Wasserkraft war lokal – das heisst, es liessen sich damit zwar recht viele Maschinen in Gang setzen, aber sie alle mussten sich in der Nähe des Wassers befinden. Es war kaum möglich, die Wasserkraft an einen anderen Ort zu «übertragen», zwar versuchte man deren natürliche Grenzen zu überwinden, indem man mit Drahtseilen, Riemen, Wellen oder komplizierten Druckluftsystemen weiter entfernte Maschinen anschloss, doch blieben diese durchwegs mechanischen Lösungen unbefriedigend.

An die gleiche Limite stiess die Dampfmaschine, auch wenn es hier immerhin möglich war, eine Dampfmaschine an jedem Ort zu installieren, wo deren Energie gebraucht wurde; die «Kraftübertragung» wurde dabei gewissermassen vollzogen, indem man Kohle von einem Ort zum anderen transportierte, was jedoch mit relativ hohen Kosten verbunden war. Strom bot hier Anlass zu ganz anderen Fantasien: Wenn es praktisch durchführbar wäre, den Strom über längere Distanzen zu übermitteln, wie man sich das theoretisch längst ausgedacht hatte, dann bedeutete dies eine wesentliche Innovation. Was das hiesse und warum der Strom jeder mechanischen «Kraftübertragung» überlegen war, skizzierte Charles Brown 1887 in einem Vortrag:

«Die Electricität [sic] bietet den grossen Vortheil ausserordentlicher Transportfähigkeit (…) Der Stromleiter ist sauber, kalt, bewegt sich nicht und scheint gänzlich indifferent. Er kann gebogen, bewegt oder in irgend welcher Art verschoben werden, während er viele Pferdestärken transportirt [sic]. Ausserdem kann er um scharfe Ecken gebracht werden, besitzt ein geringes Gewicht und lässt sich mit grösserer Leichtigkeit wie jedes andere mechanische Transmissionsmittel befestigen; in Folge dessen ist es möglich, Energie in Räume und Plätze zu bringen, welche für jede andere Kraftübertragungsmethode unzugänglich sind.»[345]

Charles Brown hielt diesen Vortrag an der Generalversammlung des Schweizerischen Ingenieur- und Architektenvereins (SIA) im Juli 1887; zahlreiche Mitglieder waren nach Solothurn geströmt, um das fünfzigjährige Jubiläum dieser einflussreichen Organisation zu feiern, mit anderen Worten, wer die *Community* der Techniker und Erfinder in der Schweiz von einer Innovation überzeugen wollte, hätte keinen besseren Ort auswählen können. Es ist zu den Stärken von Brown zu rechnen, wir haben es erwähnt, dass er nicht nur ein guter Ingenieur, sondern auch ein talentierter Verkäufer seiner Errungenschaften war, denn zufällig war er nicht in Solothurn anwesend, vielmehr ging es ihm darum, von einem Durchbruch zu berichten, der ihn und die MFO gleichsam von einem Tag auf den anderen berühmt machen sollte. Vor wenigen Monaten, im Dezember 1886 war es ihm als einem der ersten in der Schweiz, ja in Europa gelungen, Strom über eine relativ kurze Strecke, aber ohne nennenswerte Verluste zu transportieren –

und was speziell für Aufsehen sorgte: es handelte sich nicht um ein Experiment, dessen Installationen man nachher wieder abräumte, sondern um einen auf Dauer angelegten Betrieb, der sich in der Praxis zu bewähren hatte. Was zahlreiche Techniker in Amerika und in Europa in jenen Tagen angestrebt hatten, eine «Kraftübertragung» über Distanz zu meistern und die untauglichen mechanischen Versuche hinter sich zu lassen, war in Kriegstetten und Solothurn realisiert worden.[346]

Dieser Erfolg hatte mit einem Auftrag begonnen, den die MFO im Juli 1886 von Josef Müller-Haiber, einem Solothurner Unternehmer, bekommen hatte, und auf den die MFO wohl dringend angewiesen gewesen war. Wie dringend mag daraus hervorgehen, dass Charles Brown es für nötig befand, seinen Vater eigens darüber zu informieren: «Betreffend Kraftübertragung kann ich Dir mitteilen, dass wir jetzt die Bestellung erhalten haben.»[347] Als Charles Brown dies schrieb, muss ihm bewusst gewesen sein, wie wichtig dieser Auftrag war – für ihn, für die elektrische Abteilung und für die vielen ebenso jungen Mitarbeiter, zu denen inzwischen auch ein weiterer 21-jähriger Ingenieur namens Walter Boveri gehörte. Man war unter Druck, endlich zu beweisen, dass sich die «hübschen» technischen Dinge, die Brown und seine Kollegen entwickelten, auch rentierten. Generationen rieben sich: Huber war 49 Jahre alt, sein wichtigster Mitarbeiter 23, die meisten Angestellten im elektrotechnischen *Start-up* der MFO waren kaum älter – was deutlich macht, wie gross das Vertrauen war, das Huber seinen «Jungen» entgegenbrachte, aber es kannte Grenzen: Huber war Unternehmer, nicht Mäzen.

Was man sich im Juli 1886 vornahm, war in jeder Hinsicht risikoreich. Einem Geschäftsfreund vertraute Charles Brown an: «Eine Kraftübertragung haben wir in Solothurn auszuführen. Es sind 30–50 PS [22 kW – 36,5 kW] auf 8000 m zu übertragen und ein Nutzeffekt von 65% zu garantieren, ansonsten die ganze Geschichte nicht angenommen wird.»[348] Zwar hatte man in Europa schon weitere Distanzen überwunden, acht Kilometer schien verhältnismässig kurz – selten war jedoch von einem Kunden ein so hoher Wirkungsgrad verlangt und vom Auftragnehmer auch akzeptiert worden, zumal die MFO, auch das Zeichen einer gewissen Verzweiflung, mindestens 65 Prozent vertraglich zugesichert hatte, um den Auftrag erteilt zu bekommen.[349] Offenbar hatte sich Brown von den Experimenten amerikanischer Ingenieure inspirieren lassen, die sich in jenen Jahren vermehrt kürzeren Distanzen zuwandten, weil man bei den weiten nie auf halbwegs befriedigende Resultate gekommen war.[350]

Dass Brown die Gelegenheit erhielt, seine Fähigkeiten zu beweisen, verdankte er einem Unternehmer, der genauso bereit war, viel zu riskieren. Josef Müller-Haiber besass in Solothurn eine Maschinenfabrik (später: Sphinx-Werke

5. Charles Brown, Walter Boveri und die «schöpferische Zerstörung»

Müller & Cie.), die in erster Linie die Uhrenindustrie mit Präzisionsteilen belieferte. Da diese sehr genau zu sein hatten, war er mit dem Problem konfrontiert, dass seine Maschinen ruhig laufen mussten – wofür er bisher Wasserkraft genutzt hatte. Als er in Solothurn aber keine zusätzliche Konzession für Wasserkraft mehr erwerben konnte, suchte er nach neuen Antrieben – eine Dampfmaschine schien unzweckmässig, da sie zu sehr rüttelte, worunter wiederum die Präzision gelitten hätte. Also interessierte er sich für Elektromotoren. Wie er davon erfahren hatte, ist offen, vielleicht las er darüber in der *Schweizerischen Bauzeitung*, die regelmässig von den neuesten Entwicklungen in der Elektrotechnik berichtete. Wenn ein Umstand ihn dazu bewogen haben dürfte, auf eine elektrische Lösung zu setzen, dann die Aussicht, dass er sich in Kriegstetten eine Wasserkraft an der Oesch, einem Bach, sichern konnte. Im Frühling 1886 kaufte er hier eine Konzession, die vorher einer Papierfabrik gehört hatte, die 1882 eingegangen war.[351]

Das Dilemma, vor dem er nun stand, erscheint prototypisch: Müller-Haiber hatte Zugang zur Wasserkraft in Kriegstetten, brauchte aber deren Energie im acht Kilometer entfernten Solothurn, wo seine Fabrik stand. Da ihn nichts aus dieser Lage befreien konnte ausser eine dieser elektrischen «Kraftübertragungen», beauftragte er im Juli 1886 die MFO, ihm eine solche einzurichten. Als Unternehmer war er so gesehen ebenfalls ein Pionier – denn nur wenige Unternehmer, ob in der Schweiz oder in Europa, hatten es bis zu jenem Zeitpunkt gewagt, eine derartige Anlage zu bestellen. Sie war kostspielig – und es gab kaum Exemplare, die sich in der Praxis bewährt hätten.

Schon sieben Monate später, am 18. Dezember 1886, war die Anlage fertiggestellt; die MFO hatte, so scheint es, alles darangesetzt, diesen Auftrag in Rekordtempo abzuwickeln. Da Müller-Haiber Wert darauflegte, dass der Betrieb möglichst störungsfrei zu erfolgen hatte, liess Brown zur Sicherheit je zwei Generatoren und Motoren montieren, so dass bei einer Panne das eine Paar in der Lage gewesen wäre, die Arbeit alleine fortzusetzen. Weil man längst wusste, dass sich Strom (ob Gleichstrom oder Wechselstrom) in hohen Spannungen besser transportieren liess, wenn man Energieverluste vermeiden wollte, schraubte Brown die Spannung so hoch, wie es technisch realisierbar war. Die Gleichstrom-Dynamos, die er in Serie schaltete, arbeiteten mit je einer Spannung von 1000 bis 1250 Volt, was damals ziemlich hoch war. Um den Strom von Kriegstetten nach Solothurn zu leiten, hängte man drei Kupferdrähte, die je sechs Millimeter dick waren, an Holzmasten, wie man sie von der Telegrafie her kannte. Alle vierzig Meter wurde ein Mast aufgestellt – isoliert wurden die Leitungen, das war eine Innovation, durch Flüssigkeit, so dass eine vollkommene Isolation von der Erde gewährleistet wurde.[352]

Sensationell war an dieser Anlage nicht bloss, dass sie so schnell installiert

195

worden war, und sie, wie sich bald erwies, jahrelang so zuverlässig arbeitete, sensationell war der hohe Wirkungsgrad. Die MFO hatte sogar übertroffen, wozu sie vertraglich verpflichtet gewesen wäre: Man erzielte 75 Prozent, was im internationalen Vergleich ein beispielloses Ergebnis war. Es trug viel dazu bei, dass diese Kraftübertragung und ihr junger Ingenieur so bekannt wurden. Das dürfte allerdings nicht der einzige Grund gewesen sein. Brown tat nicht nur Gutes, er redete auch davon.

In der später sich ausbildenden Gründungsmythologie der schweizerischen Elektroindustrie, die, wie wir sehen werden, schon bald eine erstaunliche Erfolgsgeschichte darstellte, kam «Kriegstetten» eine überragende Signifikanz zu – sie galt als erste, pionierhafte, ja heroische Tat und deren Urheber, Charles Brown, errang eine geradezu sakrale Stellung. Vieles traf durchaus zu, manches wurde übertrieben, was wiederum zur Mythenzertrümmerung einlud, die ebenso ihre Berechtigung hatte; der Zürcher Technikhistoriker David Gugerli mag hier als vorrangiger Vertreter dieser Schule Geltung beanspruchen. Er relativierte die Bedeutung von Kriegstetten stark.[353]

Wie ist Kriegstetten einzustufen? Im Folgenden bemühen wir uns um einen Mittelweg der Interpretation: ohne den heroisierenden Darstellungen erneut zu verfallen, halten wir dieses Ereignis gleichwohl für bahnbrechend – besonders im Kontext unserer Untersuchung. Was Gugerli rekonstruierte – die diskursive Verarbeitung des Vorgangs in Kriegstetten mit dem Ziel, es zu einem «generalisierbaren Paradigma» zu formen – möchten wir dabei als interessante, durchaus valable Erkenntnis gar nicht in Abrede stellen, dennoch halten wir auch diesen Ansatz für zu einseitig, weil er die technischen und wirtschaftlichen Faktoren, die Kriegstetten zu einem besonderen Fall machten, systematisch unterschätzt.

Was auf jeden Fall zutrifft: Streng genommen ist Brown keineswegs als Pionier zu betrachten wenn es um Kraftübertragungen ging, vielmehr war es der Franzose Marcel Deprez (1843–1918), der als erster damit erfolgreich experimentiert hatte. Ja nicht einmal in der Schweiz war Brown der allererste, sondern der Genfer René Thury vollbrachte es vor ihm – ohne aber Teil der Mythologie zu werden, was es durchaus zu erklären gilt. Wir beginnen mit Deprez.

Schon in den 1870er-Jahren war der französische Physiker und Ingenieur mit einigen Stromübertragungen hervorgetreten, aber internationale Beachtung erzielte er zum ersten Mal an der Pariser Elektrizitätsausstellung von 1881, wo er mit zwei Dynamos Gleichstrom produzierte und diesen über eine Leitung von 1,8 Kilometer führte, um damit insgesamt 27 Maschinen in Gang zu setzen, was vorher als kaum machbar angesehen worden war. Noch spektakulärer war der Fortschritt, den er an der «Electrizitäts-Ausstellung» in München zustande brachte, die ein Jahr danach stattfand – initiiert von Oskar von Miller, der diese Idee direkt aus Frankreich importiert hatte.

5. Charles Brown, Walter Boveri und die «schöpferische Zerstörung»

Miller war ein Ingenieur, der ein feines Gespür dafür ausbildete, wie sich die neue Technologie der Elektrizität am besten popularisieren liess. In Paris hatte er erkannt, wie gross das Potenzial einer solchen Leistungsschau war, und danach lernte er schnell, wie man die Elektrizität zu inszenieren hatte, damit sie die Zukunftsfantasien des Publikums maximal anrege. Rekorde, Premieren, Sensationen: Um aus München einen *Event* zu machen, setzte er auf eine Kraftübertragung, wie sie noch viel kühner war, als was Deprez in Paris präsentiert hatte, und er schaffte es, den Franzosen für dieses Wagnis zu gewinnen. Ziel war es, Strom aus Miesbach nach München in den Glaspalast der Ausstellung zu übermitteln, wo damit eine elektrische Pumpe gespiesen werden sollte, die ihrerseits einen Wasserfall in Gang setzte. Miesbach, eine kleine Stadt, liegt am Rand der bayerischen Alpen, im Südosten von München, und die Strecke, die es zu bewältigen galt, mass – aus elektrotechnischer Perspektive – schier unendliche 57 Kilometer. Deprez brachte das Kunststück fertig, wenn auch – und das mag ein erster Hinweis darauf sein, warum Kriegstetten die Fachwelt so sehr verblüffte – mit einem jämmerlichen Wirkungsgrad von bloss 25 Prozent, ebenso arbeitete die Anlage höchst unzuverlässig, so dass sie nur an wenigen Tagen überhaupt funktionierte. Wilhelm Füssl, der Biograph von Miller, kommt zum Schluss: «Das Miesbach-Münchner Experiment bestätigte die Theorie, zeigte aber auch, dass eine wirtschaftliche Nutzung noch unrealistisch war.»[354] Weitere Versuche folgten, ob von Deprez oder anderen, ob in Amerika oder Europa, doch blieben es weitgehend Experimente. Zum Teil erreichte man gute Wirkungsgrade, dann wieder nicht, alles blieb volatil. Noch handelte es sich nicht um auf Dauer installierte Anlagen.

Brown war ebensowenig der erste in der Schweiz, dem eine Kraftübertragung geglückt war; zwei Jahre vor ihm, 1884, hatte etwa René Thury (1860–1938) in Biel eine Anlage errichtet, um 30 PS (= 22 kW) über 1,2 Kilometer zu übertragen. Auch an der Landesausstellung von 1883 in Zürich waren Kraftübertragungen erprobt worden. Der Genfer Thury war bloss drei Jahre älter als Brown und zählte wie dieser zu den grossen Talenten der aufstrebenden schweizerischen Elektrotechnik, er hatte bei Bürgin das Rüstzeug gelernt, als dieser in Genf bei SIP angestellt war. Nachher fuhr Thury nach New York, wo er für sechs Monate bei Edison arbeitete, zu dem er gar eine Freundschaft entwickelte. Aus Amerika kehrte er mit der Überzeugung zurück, zwar einem Genie begegnet zu sein, der aber Gleichstrommaschinen konstruierte, die sich noch wesentlich optimieren liessen – was Thury in der Folge sogleich bewies. Kurz, Thury war geradeso ein charismatischer und selbstbewusster Ingenieur – und dennoch galt Brown am Ende als der schweizerische Pionier schlechthin.

Auf den ersten Blick mag es damit zu tun haben, dass Brown nachher eine weltberühmte Firma gründete, während Thury bei A. de Meuron & Cuénod in

Genf unterkam (ab 1918: Ateliers de Sécheron), wo er fast dreissig Jahre lang als Angestellter arbeitete. Zwar hinterliess er originelle Erfindungen, aber keinen Konzern, der seinen Namen trug. Bei näherem Hinsehen wird jedoch deutlich, dass die Ursachen tiefer reichen. Einerseits bedeutete Browns Anlage technisch einen wesentlichen Fortschritt: Ob Streckenlänge, Isolation, Wirkungsgrad oder Alltagspraxis – sie war Thurys Werk zweifelsohne überlegen. Andererseits, und darauf wollen wir hinaus, lassen sich hier zum ersten Mal die ausserordentlichen Marketing-Fähigkeiten von Brown sozusagen in *Slow motion* beobachten. Während Thurys Kraftübertragung, kaum realisiert, schon wieder vergessen ging, setzte Brown alles in Bewegung, dass dies in seinem Fall nicht geschah.

Schon vor der Installation lud die MFO anerkannte Experten nach Oerlikon ein, um im Labor die Anlage zu begutachten und insbesondere deren Wirkungsgrad zu messen: «Der grösseren Bequemlichkeit halber», berichtete Brown, «wurde die Bestimmung des Nutzeffectes schon in Oerlikon vorgenommen und zwar unter stricter [sic] Einhaltung der Verhältnisse, wie sie sich in Solothurn bieten.»[355] Angeführt wurde die Kommission von Jakob Amsler-Laffon, einem Industriellen und Produzenten von Präzisionsinstrumenten sowie Gymnasialprofessor in Schaffhausen, und es waren Leute beteiligt wie unter anderem der Ingenieur Gustave Naville-Neher, der bald (zusammen mit Peter Emil Huber) die Aluminium Industrie Aktien Gesellschaft (AIAG, die spätere Alusuisse) gründen sollte, oder August Waldner, ebenfalls Ingenieur und Chefredaktor der *Bauzeitung*. Vor allen Dingen war Heinrich Friedrich Weber gekommen, Physikprofessor am Eidgenössischen Polytechnikum, der hier seit 1881 auch die ersten Vorlesungen über Elektrotechnik anbot und gleichzeitig ein elektrisches Labor eingerichtet hatte.[356] Wenn es jemanden gab, den man in der Schweiz als Kapazität der Elektrotechnik ernst nahm, dann Weber. Mit anderen Worten: sollte Weber die Anlage absegnen, wäre für die MFO viel gewonnen. Und so kam es. Nachdem die Kommission an mehreren Tagen Messungen durchgeführt hatte, stellte sie unter Laborbedingungen einen Wirkungsgrad der neuen Anlage von über 70 Prozent fest; Amsler schrieb in seinem Schlussbericht:

«Ein so hoher Nutzeffect ist bis jetzt im practischen Betrieb kaum erreicht worden; eine erhebliche Steigerung desselben ist schwerlich zu erwarten. Die Möglichkeit ist damit geboten, endlich mancherlei Projecte zu verwirklichen, welche auf der Anwendung electrischer Krafttransmission beruhten.»[357]

Obschon das ein klarer Befund schien, hatte Brown bei weitem nicht alle überzeugt. Manche Experten, die nicht in Oerlikon dabei gewesen waren, äusserten Zweifel, unter anderem wurde moniert, dass die Funktionstüchtigkeit der Anlage bloss im Labor und eben nicht in der realen Welt bewertet worden war,

5. Charles Brown, Walter Boveri und die «schöpferische Zerstörung»

ebenso kritisierte der eine oder andere die Messmethoden. Besonders skeptisch war etwa die *Elektrotechnische Zeitschrift*, die in Berlin erschien. Nachdem der Autor verschiedene Plausibilitätsberechnungen angestellt hatte, die nie einen so hohen Wirkungsgrad ergeben hatten, selbst wenn er ausserordentliche Werte in seine Gleichung einsetzte, kam er zum Schluss:

«Selbst, wenn wir von dem von uns als Beispiel gewählten extremsten Fall absehen wollten, haben somit die in Oerlikon angestellten Versuche Resultate ergeben, die man mindestens als überaus unwahrscheinlich ansehen muss. Die Ursache dieser unwahrscheinlichen Ergebnisse dürfte in der Methode zu suchen sein, welche für [die] Messung der von den Stromerzeugern aufgenommenen und von den Stromempfängern abgegebenen mechanischen Energie verwendet wurde.»[358] Ungnädig fiel das Fazit aus:

«Ein Urtheil [sic] über den wirthschaftlichen [sic] Wirkungsgrad der Kraftübertragungsversuche in Oerlikon [sprich Kriegstetten] muss daher vorläufig noch ausgesetzt bleiben.»[359]

Da es sich bei der *Elektrotechnischen Zeitschrift* um das Organ der Berliner Ingenieure und Techniker handelte, war dieses Urteil sehr ungünstig. In Berlin waren zu jener Zeit bereits die künftigen Giganten der deutschen Elektroindustrie entstanden, Siemens & Halske sowie die Deutsche Edison-Gesellschaft, aus der in Kürze die AEG hervorgehen sollte.[360] Mit anderen Worten, in Berlin musste mit seinen Resultaten durchdringen, wer in der Welt der Elektrotechnik bestehen wollte.

Um jeden Zweifel auszuräumen, stellte die MFO deshalb eine zweite Kommission zusammen. Diese war noch prominenter besetzt,[361] und weil Weber sich vermutlich in seiner persönlichen Integrität als Wissenschafter angegriffen fühlte, sorgte er dafür, dass die Ergebnisse dieses Mal zusätzlich im eigenen, hochmodernen Labor des Polytechnikums analysiert wurden – was besonders aus Sicht der MFO ein hoch erwünschter Schachzug war, denn die zweite Untersuchung wurde damit, so Gugerli, «scheinbar aus dem privatwirtschaftlichen Interessenbereich herausgehoben und in die lautere Sphäre eidgenössischer Wissenschaft verlegt.»[362]

Im Oktober 1887 erhob die zweite Kommission ihre Daten, im Januar 1888 wurden sie in der *Schweizerischen Bauzeitung* publiziert – auch die ersten Berichte waren auf diesem Weg einer technisch interessierten Öffentlichkeit mitgeteilt worden: Und die Resultate waren überwältigend. Nun hatte die Kommission, an deren Kompetenzen und Methoden niemand mehr eine ernstzunehmende Kritik anzubringen vermochte, einen Wirkungsgrad von 75 Prozent gemessen.

Geradezu euphorisch schrieb Weber: «Ein Nutzeffect von dieser Höhe ist in den bisher ausgeführten grösseren Anlagen für electrische Arbeitsübertragung noch nirgends erreicht worden.»[363] Der Bericht, den Weber verfasst hatte, war sehr ausführlich, er enthielt alle Berechnungen und umfasste insgesamt 14 Seiten, was selbst für ein Fachblatt wie die *Bauzeitung* aussergewöhnlich lang war, was erahnen lässt, wie sehr man darum bemüht war, jeden Kritiker endgültig zum Verstummen zu bringen. Weber erklärte:

«Mehrere physikalische Ursachen wirken zusammen, um dieses so ausserordentlich günstige Resultat zu gestalten: der hohe commercielle Nutzeffect (87% – 89%) der Dynamos der Oerlikoner Maschinenfabrik, die kleine Distanz (nur 8 km) und der durch beträchtlichen Kupferaufwand erreichte kleine Leitungswiderstand (ca. 9 Ohm), die verhältnismässig grossen zur Anwendung kommenden electromotorischen Kräfte (von der Ordnung 2000 Volt), und endlich die fast vollkommene Isolation der Leitung.»[364]

Auch die zuvor so reservierte *Elektrotechnische Zeitschrift* in Berlin gab sich nun befriedigt und druckte den Bericht von Weber in einer leicht gekürzten Fassung nach. Einleitend räumte man ein: «Nach Kenntnisnahme der vorliegenden Arbeit geben wir gern zu, dass unsere damals geäusserten Bedenken durch die neue, vollkommen einwurfsfreie Untersuchung nunmehr widerlegt worden sind und erkennen mit Freuden an, dass die Arbeitsübertragung Kriegstetten-Solothurn als eine Musteranlage ihrer Art anzusehen ist. Die Redaktion.»[365]

Damit erhielt dank Weber eine gleichsam höchstrichterliche Bestätigung, was schon seit Monaten mit einer publizistischen Offensive als Sensation dargestellt worden war: Kaum hatte Browns Anlage den Betrieb aufgenommen, waren in diversen Zeitungen einschlägige Artikel erschienen, und Brown oder sein Mitarbeiter Walter Boveri hatten mit Vorträgen in der Öffentlichkeit darüber informiert. Wenn es eines Beweises bedurft hätte, dass die MFO und ihr elektrischer Direktor sich zu vermarkten wussten, dann war dies an der Generalversammlung des SIA in Solothurn zu studieren: Nicht nur Brown warb hier mit einem Referat für seine Anlage – wir haben dies bereits angesprochen – sondern auch ein zweiter Redner, Viktor Nietlisbach, Professor am Polytechnikum, befasste sich – wohlwollend – damit. Alles schien sich an diesen beiden Tagen im Juli, wo so viele Techniker der Schweiz sich in Solothurn trafen, um Kriegstetten zu drehen, wie ein Bericht in der *Bauzeitung* nahelegt:

«Für die Besichtigung von Solothurns Bauten aus alter und neuer Zeit, der Sammlungen und Sehenswürdigkeiten reichte die knapp bemessene Zeit kaum aus, da das Hauptinteresse des Tages: die electrische Kraftübertragungsanlage in

5. Charles Brown, Walter Boveri und die «schöpferische Zerstörung»

der Uhrenfabrik des Herrn Müller-Haiber, die grösste Anziehungskraft auf alle Besucher der Versammlung ausübte. Es ist in dieser Zeitschrift schon wiederholt von dieser bemerkenswerthen Anlage die Rede gewesen und es wird in nächster Zeit noch Weiteres hierüber folgen, so dass wir uns für heute darauf beschränken können, zu sagen, dass die Installation, deren Betrieb, die musterhafte Ordnung und Sauberkeit, welche allenthalben herrschte, auf alle Besucher einen überaus günstigen Eindruck machten.»[366]

Eine bemerkenswerte Anlage: Selbst in Deutschland attestierte das *Centralblatt für Elektrotechnik*, das deutsche Pendant zur *Schweizerischen Bauzeitung*, den Ingenieuren der MFO, eine hervorragende Leistung vollbracht zu haben, über die Generatoren zeigte man sich geradezu begeistert: «Wir waren schon öfter in der Lage über Dynamomaschinen der Maschinenfabrik Oerlikon Gutes zu berichten, und wollen heute die Gelegenheit wahrnehmen, unsere Leser mit den Details der Construction dieser Maschinen bekannt zu machen.»[367] Es folgte eine detailgenaue Schilderung aller Einzelheiten, Skizzen, Berechnungen und ein fast seitengrosses Foto des Dynamos, den Brown auf Grundlage des Manchestertyps optimiert hatte: «Die Disposition der Maschine ist eine geradezu mustergültige.»[368] Dabei erkannte der Autor die spezifische Gabe von Brown, die wir oben thematisiert haben: Zwar erfand Brown nichts fundamental Neues, doch verbesserte er das Bestehende in so hohem Masse, dass die Maschine, die er verändert hatte, kaum mehr wiederzuerkennen war: «Das Neue und Originelle der Oerlikon-Maschine besteht nun in der Ausführung der Wickelung auf den Ankern. In dieser Beziehung weicht die Oerlikon-Maschine wesentlich von anderen Maschinen ab. Die Wickelung befindet sich nämlich nicht auf dem Anker, sondern unter der Oberfläche des Ankers in Bohrungen.»[369] Nachdem der Autor weitere technische Finessen dargestellt und erklärt hatte, wie sich diese auswirkten und die Maschine zu Höchstleistungen antrieben, kam er zum Schluss: «Es ist deshalb ersichtlich, dass die Oerlikon-Maschine auch in dieser Richtung einen erheblichen Fortschritt repräsentirt.»[370]

Im gleichen Heft druckte das *Centralblatt* die «Resultate der Versuche über elektrische Kraftübertragung mittels Dynamomaschinen System C. E. L. Brown» ab, also den Bericht der ersten Kommission, die unter der Leitung von Jakob Amsler-Laffon gestanden hatte. Zum Abschluss erschien ausserdem ein Text von Charles Brown persönlich, worin er sein Projekt eingehend beschrieb. Mit anderen Worten, Kriegstetten war damit auch in deutschen Fachkreisen zu einem vertrauten Ereignis geworden. Sehr viel mehr Renommee war kaum zu erreichen.

Wie wir bald sehen werden, war diese internationale Aufmerksamkeit, die

Kriegstetten auf sich zog, für die spätere Karriere von Brown und die Geschichte der BBC von einer nicht zu unterschätzenden Bedeutung: Mit anderen Worten, wenn Brown zu Anfang dieses Auftrages seine Aussichten abgewogen und das Scheitern geradeso einkalkuliert wie er die ungeheuren Chancen erblickt hatte, die sich ihm auch persönlich boten, war er richtiggelegen: Er war nun «ein gemachter Mann».

Für Gugerli lag die Signifikanz von Kriegstetten vor allen Dingen darin, dass es Brown und seine Mitarbeiter zustande gebracht hatten, ein «verbindliches Paradigma» zu schaffen, das sich verallgemeinern liess und sich so als Standard für «die technische Praxis» empfahl; er sprach in diesem Zusammenhang von einer Art «Übertragbarkeit der Übertragbarkeit», weil nicht Strom allein übertragen worden war, sondern eine technische Lösung in die weitere Öffentlichkeit transportiert und damit legitimiert worden war:

«‹Kriegstetten› hatte nicht nur gezeigt, dass Wasserkraft elektrisch übertragbar war – das wusste man schliesslich schon seit geraumer Zeit –, ‹Kriegstetten› hat vielmehr erst die Möglichkeit geschaffen, die in der Kraftlieferung für Müller-Haibers Fabrik erworbenen Erfahrungen zu generalisieren und auf weitere ähnliche Anlagen zu ‹übertragen›».[371]

Oder um es anders zu formulieren, die Innovation erfuhr sozusagen ihre soziale und kulturelle Einbettung; mit den Mitteln einer ausgeprägten Diskursivierung gelang es, eine noch ungeprüfte Technologie zu legitimieren.

Das traf ohne Zweifel zu, dennoch überzieht Gugerli unseres Erachtens seine Argumentation: Voraussetzung für diese erfolgreiche publizistische Verbreitung war die Tatsache, dass diese Stromübertragung in Kriegstetten auch funktionierte. Und das war bis zu diesem Zeitpunkt alles andere als ausgemacht, noch hatten sich die Techniker damit schwergetan.

«Die elektrische Kraftübertragung», schrieb etwa das deutsche *Centralblatt für Elektrotechnik* im Jahr 1888, «welche eine Zeit lang durch die Versuche von Deprez ziemlich in Misscredit gekommen war, hat nun nach und nach doch ganz schöne Erfolge zu verzeichnen. In Amerika sind bekanntlich die Elektromotoren jetzt bereits sehr verbreitet. Aber auch bei uns findet die Sache immer mehr Eingang. Besonders hat die Maschinenfabrik Oerlikon bei Zürich durch einige treffliche Anlagen verstanden das Misstrauen gegen die elektrische Kraftübertragung zu zerstreuen.»[372] Dieser Text erschien einige Monate nach dem Durchbruch von Kriegstetten und bestätigt damit, wie wichtig dieser war, weil er die *technische* Machbarkeit nachgewiesen hatte, ein Beweis, den die MFO wenig später mit weiteren geglückten, in der Praxis bewährten Installationen wieder-

5. Charles Brown, Walter Boveri und die «schöpferische Zerstörung»

holte. Kurz, die technischen und praktischen Herausforderungen, die Brown zu bewältigen hatte, und worin nachher auch der Grund für die Anerkennung in breiten Fachkreisen lag, waren am Ende entscheidender. Gugerli blendet dies nicht aus, doch nimmt er eine Gewichtung vor, die wir für wenig plausibel halten:

«Auch wenn der Erfolg ohne die besonders sorgfältige Konstruktion der Dynamomaschinen und ohne eine hervorragende Isolation der Übertragungsleitungen ausgeblieben wäre, so hätte sie ohne die begleitende Publizistik nie modellhaften Charakter erhalten, noch hätte sie den Möglichkeitsraum weiterer ähnlicher Projekte schaffen können.»[373]

Eine kühne These, die sich schwer belegen lässt, weil sie letztlich kontrafaktisch ist. Wären Browns Innovationen unbeachtet geblieben – hätte er sich publizistisch mehr zurückgehalten? Wir halten das für unwahrscheinlich. So schwer fiel es den Ingenieuren nicht, das Interesse ihrer Kollegen oder der Öffentlichkeit zu wecken. Alles, was die Elektrizität in jenen Jahren zu versprechen schien, wurde aufmerksam notiert, und zwar nicht in erster Linie, weil darüber gesprochen wurde, sondern weil es sich um Innovationen handelte, die Sensationelles ermöglichten und das Leben der Menschen spürbar erleichterten. Wer in Paris erlebt hatte, was es hiess, wenn Hunderte von Glühbirnen einen Saal erleuchteten, war für diese neue Technologie gewonnen – ohne allzu viel Marketing. *Public Relations* war wohl nötig, weil nicht alle Zeitgenossen nach Paris oder München oder an eine andere Ausstellung fahren konnten, aber diese Verbreitung zu sichern, war vergleichsweise trivial, sobald man funktionsfähige Innovationen anzubieten hatte. Denn das Gegenteil fand ja dauernd statt: Dass Erfindungen, die nichts taugten, genauso intensiv vermarktet wurden – und dennoch scheiterten und deshalb vergessen gingen. Der diskursiven Verarbeitung von Kriegstetten hätte es mithin kaum bedurft, um den «Möglichkeitsraum weiterer ähnlicher Projekte» (Gugerli) aufzuzeigen. Dass Stromübertragungen grosse Potenziale eröffneten, realisierten die Zeitgenossen rasch – es brauchte nicht allzu viel Überzeugungsarbeit. So schrieb zum Beispiel Friedrich Engels schon kurz nach der Ausstellung von München, im März 1883, dem sozialistischen Theoretiker Eduard Bernstein:

«In der Tat aber ist die Sache enorm revolutionär. Die Dampfmaschine lehrte uns Wärme in mechanische Energie zu verwandeln, in der Ausnutzung der Elektrizität aber wird uns der Weg eröffnet, *alle* Formen der Energie: Wärme, mechanische Bewegung, Elektrizität, Magnetismus, Licht, eine in die andre und wieder zurückzuverwandeln und industriell auszunutzen. Der Kreis ist geschlossen.

Und Deprez' neuste Entdeckung, dass elektrische Ströme von sehr hoher Spannung mit verhältnismässig geringem Kraftverlust durch einen einfachen Telegraphendraht auf bisher ungeträumte Entfernungen fortgepflanzt und am Endpunkt verwandt werden können – die Sache ist noch im Keim –, befreit die Industrie definitiv von allen Lokalschranken, macht die Verwendung auch der abgelegensten Wasserkräfte möglich, und wenn sie auch im Anfang den Städten zugute kommen wird, muss sie schliesslich der mächtigste Hebel werden zur Aufhebung des Gegensatzes von Stadt und Land.»[374]

Mit einem Wort, schon 1883 hatte Engels, der Sozialist und zweifellos ein Laie, fast alles richtig gesehen, was die künftigen Möglichkeiten der «Kraftübertragung» anbelangte; und mit seinen Erkenntnissen stand er keineswegs allein. In den 1880er-Jahren experimentierten zahlreiche Forscher und Ingenieure mit Stromübertragungen, manche mit Erfolg, manche weniger, Brown leistete dabei einen technisch signifikanten Beitrag, der auf jeden Fall in Fachkreisen aufgenommen worden wäre – auch ohne die Marketing-Bemühungen der MFO. Das unterschied ihn, wir wiederholen uns, letzten Endes von Thury oder Deprez.

Wie wichtig dieser rein technische Aspekt war, mag man daran ermessen, dass zum Beispiel Deprez, einer der prominentesten Forscher in diesem Bereich, nach seinem Exploit in München zwar noch einige Übertragungen verwirklichte – finanziert vom Pariser Bankier Alphonse de Rothschild und publizistisch bestens unterstützt – er jedoch nie die gleichen konstant guten Ergebnisse wie Brown vorzuweisen vermochte. In München hätte Deprez' Anlage an zwölf Tagen vorgeführt werden sollen – sie lief bloss an vier Tagen einwandfrei. Die Prüfungskommission, die man hier eingesetzt hatte, zertifizierte einen Wirkungsgrad von bloss 22 Prozent. Seine weiteren, zeitlich begrenzten Experimente, die er nachher in Frankreich vornahm, fielen ebenso durchwachsen aus: Einmal transportierte er Strom über eine Distanz von 17 Kilometer und erreichte einen Wirkungsgrad von 46 Prozent, dann steigerte er dieses Resultat bei einer Strecke von 14 Kilometer auf 67 Prozent, um beim nächsten Versuch, zugegebenermassen einer sehr langen Distanz von 112 Kilometer (Creil–Paris), wieder auf einen Nutzeffekt von 45 Prozent abzusinken. Ohne Deprez' Leistungen damit schmälern zu wollen, haben wir diese Zahlen zusammengetragen, um Browns technische Errungenschaft in den Kontext zu stellen: Brown erreichte in Kriegstetten einen Wirkungsgrad von 75 Prozent. Kurz, seine technischen Resultate begründen am besten, warum seine Stromübertragung auf so viel Interesse stiess. *Publicity* spielte eine Rolle, keine Frage, aber der reale, störungsfreie, kommerziell nutzbare Betrieb war weitaus entscheidender.

Wenn man dagegen erklären will, wie es möglich war, dass so viele Ingenieure und Techniker sich unabhängig voneinander an einem grossflächigen, dynami-

5. Charles Brown, Walter Boveri und die «schöpferische Zerstörung»

schen Forschungs- und Entwicklungsprozess beteiligten, der am Ende gültige Resultate und belastbare Lösungen hervorbrachte, dann sehen wir uns mit einer ungleich anspruchsvolleren Aufgabe konfrontiert. Wir werden unten einen einflussreichen, modernen Ansatz von Joel Mokyr vorstellen – auch um Brown als Ingenieur besser zu verorten. An dieser Stelle begnügen wir uns mit der Bemerkung: Ein Faktor, der bestimmt dazu beitrug, dass dieser Innovationsprozess selbsttragend vonstatten ging, ist unter anderem in der ausserordentlichen Vernetzung unter Ingenieuren, Technikern, Erfindern und Unternehmern zu suchen – es herrschte wissenschaftlicher Wettbewerb und Austausch zugleich. Indem Brown seine Ergebnisse in Fachzeitschriften und Vorträgen verbreitete, tat er, was viele andere ebenso leisteten, aber in seinem Fall von mehr Belang war: Er hatte auch etwas zu vermitteln. Seine Anlage in Kriegstetten lieferte, was man dem Auftraggeber versprochen hatte.

Denn das ist es, was Kriegstetten eben auch bedeutete: Es war ein gutes Geschäft und machte die MFO zu einem gefragten Anbieter der Elektroindustrie. Wenn Brown und die MFO sich so sehr darum bemühten, ihre Innovation bekannt zu machen, und sie sich sogar zwei Mal dem Urteil von Experten unterwarfen, dann weniger um einen «verbindlichen Standard» festzusetzen, sondern aus kommerziellen Gründen. Sie wollten ihre Technologie verkaufen – es lag ihnen viel daran, dass sich die Risiken und Investitionen, die sie für Kriegstetten eingegangen waren, ausbezahlten – ansonsten die elektrische Abteilung wohl bald hätte geschlossen werden müssen, ja die MFO selbst schien bedroht. Man kann den wirtschaftlichen Druck, unter dem die MFO stand, kaum überschätzen, die Konjunktur in den 1880ern gestaltete sich unfreundlich, die elektrische Abteilung kam nicht vom Fleck – und diese betriebswirtschaftlichen Überlegungen prägten das ganze Unterfangen, in zweierlei Hinsicht. Zum einen musste diese Anlage um jeden Preis funktionieren – weil man das dem Kunden vertraglich garantiert hatte, ansonsten Konventionalstrafen zu erwarten waren. Zum andern – und das erklärte die publizistische Begleitung – war man auf Folgeaufträge angewiesen. Der Firma kam es darauf an, dass Kriegstetten sich als Referenzanlage eignete, auf die sie verweisen konnte, wenn es darum ging, den nächsten Kunden zu akquirieren.

Wie kann man Kunden zu einem Projekt bewegen, das sich technisch und wirtschaftlich noch nicht als ausgereift erwiesen hatte? Brown selber brachte diese Problematik, die sehr viel spezifischer mit diesen Anlagen zu tun hatte, als man vielleicht annimmt, in seinem Vortrag vor der schweizerischen Technikergemeinde in Solothurn auf den Punkt:

«Warum ist die electrische Kraftübertragung gegenwärtig nicht mehr verbreitet? Der Hauptgrund liegt darin, dass Kraftübertragungen immer eine beträchtliche

Grösse besitzen und nicht als blosse Experimente ausgeführt werden können. Sollte z. B. in irgend einem Falle eine kleine Beleuchtungsanlage nicht befriedigend ausfallen, so verursacht das dem Unternehmer keinen bedeutenden Schaden. Die Dynamo's [sic], Lampen und die Leitungen behalten ihren normalen Werth und können, im Falle sie von einem Orte weggenommen werden müssen, an einem andern wieder verwendet werden. Dies ist aber bei einer Kraftübertragung, welche bestimmt war, eine bis dahin nicht benutzte Kraft nutzbar zu machen, nicht der Fall. Die Dynamo [sic] und der Motor müssen den speciellen Verhältnissen entsprechend construirt werden und es ist die Möglichkeit, dieselben an einem anderen Orte anwenden zu können, sehr gering. Desgleichen ist die Leitung mit den Stangen ein kostspieliger Theil, der nur da seinen vollen Werth behält, wo er aufgestellt wurde. Das Gleiche gilt von der Turbinenanlage. Es ist also *absolut nothwendig*, dass die Anlage eine vollständig gelungene und erfolgreiche sei, ansonst [sic] der grösste Theil derselben keinen Werth mehr besitzt. Deshalb ist es nicht zu verwundern, dass die Capitalisten vor derartigen Ausgaben zurückschrecken, wenn nur der leiseste Schatten eines Experimentes darauf liegt. Erst dann, wenn einige solcher Anlagen sich in der Praxis vollständig bewährt haben, werden dieselben allgemein werden, und dann können speciell in der Schweiz die reichen Naturkräfte zu ihrem vollen Werthe kommen.»[375]

Weil also keine Anlage gleich war und sich überall die Erfordernisse der Umgebung unterschiedlich darstellten, war es unabdingbar, dass man vor der Montage die Anlage im Labor testen konnte, um so den Kunden zu überzeugen, aber auch zu beruhigen: Nur wenige Kunden, wie etwa Müller-Haiber, waren so risikofreudig, dass sie eine so teure, einzig auf ihre Bedürfnisse konzipierte Anlage aufbauen liessen, ohne dass sie zuvor eine Simulation der Betriebstüchtigkeit im Labor verlangt hätten. Im Fall von Müller-Haiber bot dies die MFO unaufgefordert an: Weil man sich bewusst war, dass man nur dann in der Lage sein würde, weitere Anlagen zu verkaufen. Nichts belegt diese Motivlage vielleicht besser als die Bescheinigung, die sich die MFO von Josef Müller-Haiber ausstellen liess. Mit Blick auf die neue Kraftübertragungsanlage, die man ihm eingerichtet hatte, hielt der Solothurner Kunde fest:

«Ihrem Wunsche entsprechend bezeuge ich hiermit gerne, dass sich dieselbe bis heute vorzüglich bewährt und alle vorher gehegten Erwartungen durch das günstige Resultat übertroffen hat. Nicht nur dass die mit den Kraftmessungen betraute Commission constatirte [sic], dass der Nutzeffect der Übertragung 10% über der mir von Ihnen gegebenen Garantie liegt, sondern auch nach jeder Richtung bin ich mit der Anlage bestens zufrieden.»[376]

5. Charles Brown, Walter Boveri und die «schöpferische Zerstörung»

Das ist ein als Referenz getarnter Werbeprospekt. Was für Brown und Huber dabei wohl am hilfreichsten war: Müller-Haiber bestätigte die Funktionstüchtigkeit der Anlage unter den Bedingungen des Normalbetriebs. Aus einem interessanten Experiment, das die Kraftübertragung zuvor meistens bedeutet hatte, aus einem vagen Versprechen für die Zukunft, war definitiv ein solides Produkt geworden, das man ohne Bedenken weiterempfehlen konnte. Müller-Haiber fuhr fort:

«Obenan aber unter allen Vorzügen der Anlage steht die bis jetzt absolute Sicherheit des Betriebes; es kam auch nicht die kleinste Unterbrechung vor. Dabei ist der Gang der Motoren ein ungemein ruhiger, fast geräuschloser; die Tourenzahl ist fast vollkommen constant [sic] und sinkt beim Leerlauf mit abgeworfenem Riemen nur um ca. 10 Touren oder 1 ½ % gegen die volle Belastung.»[377]

Tatsächlich trafen nun weitere Bestellungen in Oerlikon ein, und die MFO baute in den kommenden Jahren Kraftübertragungsanlagen in Thorenberg/Littau/LU (Gebrüder Troller), in Aarau (Chocolat Frey), in Diesbach/GL (Textilfabrik Legler), in Derendingen/SO (Kammgarnspinnerei) oder sogar im Ausland, ob in Piovene in Italien (Gaetano Rossi, Textilfabrik) oder in Rickenbach bei Lindau/Bayern (Anglo-Swiss Condensed Milk Co.), kurz: für die elektrische Abteilung der MFO und ihren neuen Chef dürfte sich das Risiko Kriegstetten gerechnet haben. Insbesondere war es ihnen geglückt, einen neuen Markt zu schaffen für ein Produkt – die Kraftübertragung –, das es so vorher wegen technischer Unzulänglichkeiten als marktfähiges Angebot noch gar nicht gegeben hatte.

5.2.6 Unternehmer oder Ingenieur? Klärungen

Wenn wir uns hier erneut an Kirzners Theorie erinnern, wonach der Unternehmer mit einer ausgeprägten *Alertness* unrealisierte Marktchancen erfasst oder an Cassons Konzept des *Judgment* denken, dann zeigt sich, dass Kriegstetten diesen Prämissen sehr nahekommt. Es fragt sich jedoch, wer in diesem konkreten Fall dafür verantwortlich war, wer handelte als Unternehmer: Hat Brown die Marktfähigkeit der Kraftübertragung erahnt oder war es Peter Emil Huber? Die Quellen erlauben keine abschliessende Antwort. Aber angesichts der späteren Laufbahn sowohl von Brown als auch von Huber scheint es plausibel, dass es Huber gewesen war, der für die Marktbeobachtung und -bearbeitung im Sinne von Casson zuständig gewesen war, während Brown die technischen Voraussetzungen schuf, die nötig waren, um das Produkt zur Marktreife zu bringen.

Obwohl sich das kaum belegen lässt, besitzen wir dafür doch Indizien: Dass die MFO von Beginn weg auf das Polytechnikum setzte, um sich abzusichern, deutet auf eine Initiative von Huber hin. Im Gegensatz zu Brown war er eng mit dem Eidgenössischen Polytechnikum in Zürich verbunden. Als junger Maschinenbaustudent hatte er der ersten Diplomklasse der neuen Hochschule angehört, danach wirkte er jahrelang als aktives Vorstandsmitglied in der *Gesellschaft der ehemaligen Polytechniker* (G.e.P.) mit, bei deren Gründung im Jahr 1869 er eine massgebliche Rolle gespielt hatte. Ingenieur Gustave Naville und August Waldner, Chefredaktor der *Bauzeitung*, die beide der ersten Expertenkommission für Kriegstetten angehört hatten, sassen mit Huber im Vorstand der G.e.P. – darüber hinaus waren zwei der vier Professoren der zweiten Kommission am Polytechnikum tätig. Ebenso scheint es wahrscheinlich, dass Huber es war, der die Generalversammlung des SIA in Solothurn zu einer faktischen Werbeveranstaltung für Kriegstetten umfunktionierte, denn auch in diesem nicht weniger einflussreichen Verein, im SIA, machte er seit Jahren im Vorstand mit. Am Vorabend der Generalversammlung stiess er zu jenem kleinen Kreis, der sich zur Einstimmung des Anlasses im Gemeinderatssaal traf.[378] Wenn ein Unternehmer damals über ein dichtes Netzwerk verfügte, dann war es Huber, der seit 1883 überdies als Präsident des Vereins Schweizerischer Maschinen-Industrieller (VSM) fungierte[379], der als Oberst in der eidgenössischen Armee diente[380] und in Riesbach bei Zürich Gemeinderat gewesen war. Wie wenigen sonst dürfte ihm vertraut gewesen sein, wie man eine neue Technologie auf dem Markt präsentierte und welche Fäden man ziehen musste, um Publizität zu erzielen – insbesondere welche wissenschaftlichen, zivilgesellschaftlichen und wirtschaftlichen Institutionen zu diesem Zweck zu involvieren waren (elektrisches Labor des Polytechnikums, SIA, G.e.P., VSM).

Vor diesem Hintergrund halten wir es für schlüssig, dass man in Huber den Unternehmer sehen darf, während Brown der Innovator war, der möglich machte, was der Unternehmer Huber gemäss unseren theoretischen Annahmen als Produkt der MFO erfasst hatte und in der Folge durchsetzte. Zu diesen Kompetenzen zählten auch die kommunikative Durchdringung des Marktes und die Gabe, das eigene Netzwerk dafür einzusetzen. Es war ja nicht das einzige und letzte Mal, dass Huber diese Befähigung unter Beweis stellen sollte, sondern kurze Zeit später, 1888, war das erneut der Fall, als er mit Naville und deutschen Investoren, darunter der Chef der AEG, Emil Rathenau, und dessen Berliner Bankier Carl Fürstenberg, die Aluminium Industrie Aktien Gesellschaft (AIAG) in Neuhausen am Rheinfall gründete. Das neue Verfahren der Aluminium-Elektrolyse hatte nicht Huber entwickelt, sondern der Franzose Paul Héroult – aber zu merken, dass Aluminium ein begehrtes Metall werden würde, darin lag die Leistung von Huber. Der fulminante Aufstieg der späteren Alusuisse zu einem der grössten Aluminiumhersteller der Welt gab ihm Recht. 1900 kam die AIAG auf einen weltweiten Marktanteil von 30 Prozent. Das Werk in Neuhausen war die erste Aluminium-Fabrik Europas.[381] Huber war ein Meister der Informationsbeschaffung, wie ihn Casson als typischen Unternehmer definiert hatte: Tatsächlich war er so gut vernetzt, ob in Vereinen, Institutionen, Verbänden und Gremien, dass ihm Informationen, Hinweise und Geschäftsideen aus allen Richtungen gleichsam zuflogen.

Charles Brown dagegen war der Innovator und Techniker schlechthin. Wie sein Vater war er allerdings weniger für fundamentale Durchbrüche verantwortlich, sondern man könnte ihn als Genie der operativen und praktischen Optimierung bezeichnen. Er erfand nicht den Dynamo, verbesserte ihn aber entscheidend; er war nicht der Pionier der Kraftübertragung, aber er wurde zu einem der ersten, der sie praxistauglich umsetzte. Aus Sicht eines Unternehmers war das eine ausserordentliche Fähigkeit, und es kann nicht überraschen, dass auch Walter Boveri dies sofort bemerkte. Wir werden nachher sehen, wie sehr Boveri in seinem unternehmerischen Talent Huber glich – und weshalb sich die Kooperation von Brown und Boveri ebenso bewähren sollte.

Brown war auch kein Wissenschaftler, der sich etwa mit Fragen der Theorie und Wissensvermehrung auseinandergesetzt hätte, sondern er sah sich und handelte konsequent als Ingenieur, der sich an der Praxis orientierte. Um diese Nuance zu verstehen, mag ein Ansatz hilfreich sein, den der Wirtschaftshistoriker Joel Mokyr entwickelt hat. Mokyr hat mehrere Standardbücher zum Prozess der technologischen und wissenschaftlichen Innovation verfasst.

Grundsätzlich unterscheidet er zwei Arten des «nützlichen Wissens»: Ω und λ. Mit Ω oder «propositional knowledge» sind all jene Kenntnisse gemeint, die den Zeitgenossen über die Vorgänge und Gesetzmässigkeiten in der Natur vorliegen – wobei im Auge zu behalten ist, dass sich gewisse Bestände dieses Wissens später als falsch oder unpräzis herausstellen können. Als λ oder «prescriptive knowledge» bezeichnet Mokyr jene Vorschriften und Rezepte, die auf der Grundlage des Ω-Wissens vorgeben, wie man etwas tut, wie man die Prozesse in der Natur nutzt, um etwas herzustellen oder zu verändern – kurz, wie man die Natur manipuliert: man könnte es auch als technisches Wissen auffassen. Sobald ein solches Rezept ausgeführt wird, auch das ist zu beachten, spricht Mokyr nicht mehr von λ-Wissen, sondern dann handelt es sich um Produktion. Beide Wissensarten befinden sich entweder in den Köpfen der Zeitgenossen oder sind in Speichern, wie Büchern oder Bildern abgelagert, beide können jederzeit abgerufen oder angewandt werden. Mokyr liegt viel daran, dass man die beiden Wissensarten nicht zu eng definiert: Ω ist nicht bloss der neueste, allgemein bekannte Stand der Wissenschaft, sondern umfasst das gesamte Wissen über die Natur – demzufolge beinhaltet es auch Erfahrungen von Laien, Kenntnisse über die Wirkung von gewissen Substanzen, wie sie allenfalls seit Jahrhunderten zum

Beispiel in einem Handwerk, einer Branche, einer Region oder einer Familie tradiert worden sind.[382]

Noch leichter zu verstehen – und für den historischen technologischen Fortschritt oft wirkungsmächtiger – ist die Tatsache, dass auch das λ-Wissen mehr bedeutet als schriftlich niedergelegte Anleitungen. Was der moderne Begriff *Know-how* recht bündig veranschaulicht, gilt hier noch viel mehr: Handwerker wissen, wie sie gewisse Eigenheiten der Natur nutzen, um ihr Produkt herzustellen; Ärzte kennen Heilungsmethoden, die aus keinem Theoriebuch stammen, sondern dem Erfahrungswissen vergangener Generationen entnommen sind, oft ist dieses Wissen nicht explizit:

«Sometimes instructions are ‹tacit› even when they could be made explicit but it is not cost-effective to do so. Much like elements of Ω, the elements of λ require carriers to be ‹expressed› (that is, used) and transmitted over time and across space. Each society has access to some metaset of feasible techniques, a monstrous compilation of blueprints and instruction manuals that describe what society can do. What these techniques looked like in the more remote past is often hard to pin down».[383]

Auch wenn beide Wissensformen für den technologischen Innovationsprozess unabdingbar sind, existiert doch eine Art Hierarchie, besonders wenn es darum geht, ihn systematisch voranzutreiben: Alles, was in λ vorhanden ist, muss sich auf irgendeinen Tatbestand in Ω stützen. Oder einfacher ausgedrückt: Damit eine Maschine funktioniert, muss sie sich an die Naturgesetze halten, die in Ω niedergelegt sind. Was die beiden voneinander absetzt, zeigt sich vielleicht am besten an dieser semantischen Differenz: Wenn das Ω-Wissen erweitert wird, spricht Mokyr von einer «Entdeckung»; wird das λ-Wissen ergänzt, dann handelt es sich um eine «Erfindung». Ebenso werden die beiden nach je eigenen Kriterien beurteilt. Während bei Ω die Frage lautet: richtig oder falsch? Gilt es bei λ zu entscheiden: erzielt die Technik das gewünschte Ergebnis oder scheitert sie? Erfolg oder Misserfolg? Keine Technik, die nicht hält, was sie verspricht, überlebt lange.

Diese beiden Prozesse – das Bemühen, die Natur besser zu verstehen, und die Suche nach neuen Techniken, sie zu beherrschen – beziehen sich aufeinander, sie bedingen und befruchten sich – in der Praxis finden sie hin und wieder im gleichen Kopf statt. Michael Faraday vertiefte mit seinen theoretischen Arbeiten das Ω-Wissen genauso, wie er das λ-Wissen erweiterte, als er einen Dynamo konstruierte.

Fortschritte werden in beiden erreicht, aber oft nicht zeitgleich: Manchmal setzen sich Techniken durch, ohne dass deren Erfinder sich genau im Klaren ist, warum sie überhaupt wirken, da es ihm an den nötigen Ω-Grundlagen fehlt. Zufällig wird ein Wirkstoff für ein Medikament entdeckt, im Vorbeigehen stösst ein Forscher auf ein natürliches Phänomen.

Ebenso oft aber liegt das naturwissenschaftliche Wissen Ω seit langem vor, und dennoch bringen es die Ingenieure und Techniker nicht fertig, daraus etwas Nützliches abzuleiten – vielleicht versuchen sie es auch nicht. Es ist dies ein entscheidender Punkt von Mokyrs Ansatz: In der Antike, so stellt er fest, waren den Griechen der hellenistischen Epoche weitreichende Einsichten in die Geheimnisse der Astronomie gelungen, dennoch nutzten sie dieses Wissen nicht, um ihre seefahrerischen Navigationsfähigkeiten zu optimieren. Je nach Technik kann es vorkommen, dass das zugrunde liegende Ω-Wissen sehr umfangreich ist oder auch sehr schmal. Mokyr ist überzeugt, dass dies eine ganz wichtige Voraussetzung für unablässige Innovation ist, wie sie die moderne Industriegesellschaft auszeichnet: Je breiter und dichter Ω, desto wahrscheinlicher ist es, dass sich λ ebenfalls ausdehnt – und gleichzeitig glaubt er darin eine Ursache zu erkennen, warum es früher so viel seltener zu technologischen Durchbrüchen kam:

«Although new techniques appeared before the Industrial Revolution, they had narrow epistemic bases and thus rarely if ever led to continued and sustained improvements. At times these inventions had enormous practical significance, but progress usually fizzled out after promising beginnings».[384]

In der Ära der «Gentleman-Forscher», also jener Zeit im 18. Jahrhundert etwa vor der Industriellen Revolution, ergaben sich die Fortschritte in der Elektrotechnik genauso: Zufällige Entdeckungen folgten auf beiläufig erworbene Einsichten. Lange reichte der so langsam wachsende Bestand von Ω aber nicht aus, um eine breite Entwicklung von λ auszulösen. Erst um die Zeit von Michael Faraday verdichtete sich Ω – und ebenso λ: zuerst rasch und hoffnungsvoll, dann deutlich langsamer. Es kennzeichnet nach Auffassung von Mokyr die Entwicklung der Elektrotechnik in jenen Tagen: Zwar war mit der Telegrafie eine erste, erfolgreiche Umsetzung der neuen elektromagnetischen Kenntnisse realisiert worden, doch in anderen Gebieten, insbesondere der Starkstromtechnik, wir haben bereits darauf hingewiesen, verlief die Fortentwicklung bloss zögerlich.

Kaum hatte Faraday seinen Dynamo konstruiert, verlor er merkwürdigerweise jedes Interesse; die Arbeit blieb liegen, auch andere Forscher brachten es gut dreissig Jahre lang nicht fertig, einen brauchbaren Generator zu entwerfen. Erst in den 1860er-Jahren tauchten solche auf dem Markt auf. Ähnliches widerfuhr dem Bogenlicht: Humphry Davy (1778–1829), ein britischer Chemiker, hatte es um 1800 aus Zufall aufgespürt, doch jahrzehntelang kam man kaum vorwärts, wenn es darum ging, ein bezahlbares und praktisch nützliches elektrisches

Licht zu finden. Erst die Erfindung der Glühlampe, die Edison und dem Engländer Joseph Swan fast zeitgleich Ende der 1870er-Jahre glückte, wies der elektrischen Beleuchtung einen Weg in die Zukunft, wobei auch diese beiden Techniker einen Apparat zur Marktreife brachten, an dem andere schon Jahrzehnte vor ihnen gearbeitet hatten. Edisons Version stellte sich am Ende als besser heraus, jene von Swan ging vergessen. Beide waren aber in erster Linie Techniker, auch sie vermehrten das λ-Wissen, während ihr Beitrag an Ω eher gering ausfiel. Das Gleiche gilt in hohem Masse für Charles Brown.

Wenn wir von Mokyr etwas lernen können, dann unter anderem die Einsicht, dass sich diese beiden Wissensformen nicht immer parallel entwickeln, hin und wieder stürmt die Akkumulation von Ω voran, dann ergeben sich Fortschritte bei λ: Brown gehörte zu einer Generation von Ingenieuren, die in den 1880er-Jahren wissenschaftlich und technisch sozialisiert, das nützliche, elektrotechnische Wissen im Sinne von λ ganz entschieden vorantrieben, wogegen zu jener Zeit die Grundlagenforschung über die Elektrizität eher zurückfiel.

Brown profitierte davon, dass sein Talent zu jener Zeit des Durchbruchs der Elektroindustrie genau passte – wir haben dieses Argument bereits vorgebracht. Es ist uns wichtig, weil es erklärt, warum sich Brown jetzt so rasch eine beachtliche Reputation in Fach- und Industriekreisen erwarb; die Nachfrage nach Ingenieuren, die genau das vollbrachten, was Brown leistete, war hoch; und die Nachfrage nach elektrotechnischen Produkten, die hielten, was die sensationellen Weltausstellungen, die mit *Science-Fiction* angereicherten Zeitungsartikel und Bücher versprachen, war ebenso ausgeprägt. So dass eine Firma wie die MFO, die beides vorwies: die entsprechenden Produkte und einen Stab von Ingenieuren, die diese entwickelten, rentieren musste. Hatte die elektrische Abteilung Huber zunächst vor allem Sorgen bereitet, so verwandelte sie sich jetzt in den Wachstumsmotor des ganzen Unternehmens.

Schon im November 1886 hatte MFO den prestigiösen Auftrag erhalten, im Pariser Quartier du Panthéon die Strassenbeleuchtung zu installieren, nach Kriegstetten folgten mehrere Kraftübertragungen, 1889 gewann die MFO den Wettbewerb um die elektrische Beleuchtung der Stadt Zürich mit einem Auftragsvolumen von 1.3 Millionen Franken und im Frühjahr 1891 richtete die Firma die erste elektrische Schmalspurbahn der Schweiz ein. Die Strecke mass 3,2 Kilometer und führte im Baselbiet von Gelterkinden nach Sissach. Für diese Bahn hatte die MFO sämtliche elektrischen Anlagen geliefert, unter anderem die Generatoren und die elektrische Lokomotive. Sie fuhr mit einer Geschwindigkeit von 15–19 km/h. Tatsächlich wurde die MFO in jenen Jahren zu einer der namhaftesten Firmen der noch jungen schweizerischen Elektroindustrie.

Dass ihr bald einer der wichtigsten Aufträge ihrer Geschichte zugetragen wurde, hing mit allem zusammen, was wir bisher dargestellt haben: mit ihrer ausgereiften Technologie, mit Charles Brown, mit der Reputation, die Kriegstetten im In- und Ausland gebracht hatte, nicht zuletzt aber auch mit dem Netzwerk des sehr alerten Unternehmers Peter Emil Huber.

5.2.7 Frankfurt und die Folgen

Wir haben den Systemstreit zwischen Gleichstrom und Wechselstrom bereits zur Sprache gebracht, insbesondere in seiner fast bizarren Ausformung in Amerika, wo Edison sogar versucht hatte, den Wechselstrom auf immer mit dem elektrischen Stuhl in Verbindung zu bringen, um ihn auf diese Weise zu diskreditieren. Im Lauf der 1880er-Jahre sollte sich diese Auseinandersetzung weiter verschärfen. Das lag zum einen an den propagandistischen Apparaten, die auf beiden Seiten in Stellung gebracht worden waren, zum andern aber auch daran, dass viel auf dem Spiel stand: für die Unternehmen, die ihre Maschinen und Anlagen verkaufen und ihre Investitionen in Patente schützen wollten, aber auch für die Kunden, die sich zu entscheiden hatten, welchem System sie vertrauten. Weil es für die Kunden genauso um sehr viel Geld ging, zögerten sie oft, manche Aufträge wurden nicht erteilt, viele warteten zu. Die Konfusion war gross – und sie erhielt zusehends eine politische Dimension, da zur gleichen Zeit ein neuer, wichtiger Kunde auf den Plan trat: die Gemeinden. In der Regel waren es grosse und kleine Städte, die sich jetzt, obwohl sie oft schon ein Gaswerk besassen, auch für eine elektrische Versorgung zu interessieren begannen.

Seit Edison 1882 in New York das erste elektrische Versorgungssystem aufgebaut hatte, waren manche Kommunen gefolgt, oft dazu motiviert von Unternehmern, die auf eigene Rechnung eine erste Referenzanlage erstellten, in der sicheren Erwartung, damit die Nachfrage erst auszulösen. 1884 hatte etwa die Deutsche Edison-Gesellschaft, die spätere AEG, die erste Zentralstation (wie man damals ein Kraftwerk nannte) in Berlin errichtet und hier 1885 auch das erste öffentliche Elektrizitätswerk Deutschlands ins Leben gerufen. Schon 1883 hatte die Stadt Lausanne das erste Elektrizitätswerk der Schweiz eröffnet, also bloss ein Jahr nach Edisons Pilotanlage, was zeigt, wie rasch sich die elektrische Beleuchtung zu verbreiten im Begriff war. Je mehr diese Anlagen zu öffentlichen Angelegenheiten wurden, desto mehr befassten sich auch Politiker, die Parlamente, die Presse und die Chefbeamten damit, was den Systemstreit vertiefte und vor allen Dingen politisierte. Die Frage: Gleichstrom oder Wechselstrom war zu einem Gegenstand des Stammtischgesprächs geworden.

Was sollten die Gemeinden bestellen? Ratlosigkeit herrschte vor. Wie verunsichert selbst die Techniker und Experten waren, mag ein Artikel illustrieren, den die *Schweizerische Bauzeitung* 1889 einer deutschen Fachzeitschrift entnommen hatte, wo alle Vor- und Nachteile der jeweiligen Systeme aufgeführt wurden: «Die Frage, ob bei der Anlage grösserer Centralstationen dem Wechsel- oder Gleichstrom die Zukunft gehöre, ist noch immer eine sehr bestrittene. Die Electrotechniker haben sich hinsichtlich derselben in zwei Lager getrennt und verfechten ihre Ansichten mit steigender Wärme. In diesem Kampfe, in dem das Interesse selbstverständlich auch eine gewisse Rolle spielt, berührt es wohlthuend, einer ruhigen und sachlichen Zusammenstellung aller Gründe, welche für und wider das eine oder das andere System sprechen, zu begegnen.»[385]

Der Autor nannte sehr viele Argumente, insgesamt fand er rund dreissig positive und negative Eigenschaften der beiden Systeme, doch im Kern ging es um zwei Dilemmata: Gleichstrom hatte sich zwar gut etabliert, und man verfügte über entsprechende Lichtsysteme und Motoren, doch liess sich dieser Strom nicht über allzu weite Distanzen transportieren – es sei denn man nahm empfindliche Verluste und hohe Kosten in Kauf. Jede Zentralstation hatte in der Nähe der Konsumenten zu stehen, was die Elektrifizierung der ländlichen, weniger dicht besiedelten Gebiete unbezahlbar machte. Aber auch in den Städten war es unpraktisch, da unzählige Kraftwerke vonnöten gewesen wären, um die Kunden zu bedienen; unpraktisch und ebenso teuer, weil in den Städten die Bodenpreise sehr viel höher lagen. An bester Lage, wo die zahlungskräftigsten Kunden lebten, ein Kraftwerk zu bauen, schien wenig sinnvoll, war aber unumgänglich, wollte man auf Gleichstrom setzen. Schliesslich liessen sich mit dem Gleichstrom die reichlich vorhandenen Wasserkräfte in abgelegenen Gebieten nicht nutzen – eine Möglichkeit, von der man sich so viel versprach.

Wechselstrom dagegen schien diesen Engpass beseitigen zu können, weil sich Wechselstrom viel besser für den Transport über grosse Distanzen eignete – doch lange gab es keine Motoren, die mit Wechselstrom funktionierten, was den Wert einer Wechselstromanlage stark relativierte. Ende der 1880er-Jahre sahen sich die Ingenieure mit einer schier unlösbaren Aufgabe konfrontiert: «Comparable to the transmission problem that had frustrated the direct-current inventors», stellt der amerikanische Technikhistoriker Thomas Hughes fest, «the most serious problem for the alternating-current system was the need for a practical motor. Another problem stemmed from the use of higher voltages in a.c. practice than in d.c. and the resulting need to insulate and ground circuits to guard against injury and death from electric shocks».[386]

Charles Brown gehörte zu dieser Generation von Ingenieuren, die sich in jenen entscheidenden Jahren an die Lösung dieses Problems machten. Obwohl er in Kriegstetten auf der Basis des Gleichstroms ein beeindruckendes Ergebnis erreicht hatte, war er offenbar bald zur Überzeugung gelangt, dass sich für die Kraftübertragung der Wechselstrom besser einsetzen liess. Ab 1889 begann er

5. Charles Brown, Walter Boveri und die «schöpferische Zerstörung»

sich intensiv mit den Möglichkeiten des Wechselstroms vertraut zu machen – um schliesslich, im Sommer 1891 an der *Internationalen Elektrotechnischen Ausstellung* in Frankfurt am Main zusammen mit Michael von Dolivo-Dobrowolsky eine Kraftübertragung zustande zu bringen, die definitiv klarstellte, dass dem Wechselstrom in der Stromverteilung die Zukunft gehörte. Zum ersten Mal war es gelungen, Strom mit der rekordhohen Spannung von 15 000 Volt über eine rekordweite Strecke von 175 Kilometer von Lauffen am Neckar nach Frankfurt am Main zu transportieren. Dazu benutzte man Wechselstrom, genauer: Dreiphasenwechselstrom, der auch Drehstrom genannt wurde.

Es war eine glänzende Leistung zweier junger Ingenieure, die sich bald zerstreiten sollten, weil sie sich nicht mehr einig waren, wer wie viel zu diesem Triumph beigetragen hatte. Brown war 28 Jahre alt, Dolivo-Dobrowolsky 29. Zwar beendeten die beiden damit den Systemstreit nicht sogleich, aber sie machten den Anfang und leiteten dessen Schluss ein; in den kommenden Jahren wurde der dreiphasige Wechselstrom zum Standard für alle Stromnetze der Welt, und ist es bis heute geblieben.

Wenn wir im Folgenden diese berühmt gewordene Kraftübertragung näher untersuchen, dann tun wir dies, weil wir sie als ein Schlüsselereignis für die spätere Gründung der BBC betrachten. Zwei Erkenntnisinteressen leiten uns an.

Zum ersten möchten wir aufzeigen, auf welche Weise Brown in Frankfurt den internationalen Durchbruch erzielte, der ihn so bekannt machte, dass der Name seiner eigenen Firma, der *Brown, Boveri & Cie.* schon ein Begriff war, bevor sie auch nur den ersten Auftrag ausgeführt hatte. Ohne «Frankfurt» hätte sich der Erfolg der BBC wohl kaum so bald eingestellt, was wiederum die Transformation Badens von einem Kurort in eine Industriestadt stark beeinflusste. Sie ging ebenso rasant vonstatten.

Seit Frankfurt verfügte Brown als Ingenieur über eine ausserordentliche Reputation, sowohl in Amerika, als auch in Europa – wie ausserordentlich, zeigte sich 1893, als die Stadt Frankfurt endlich den Auftrag zu ihrem neuen Elektrizitätswerk erteilte. Obwohl sich alle Spitzenunternehmen der deutschen Elektroindustrie darum beworben hatten, obwohl es sich damals um den grössten, mithin prestigereichsten Auftrag in Deutschland handelte, kam die BBC zum Zug. Ohne Brown, der in Frankfurt in gewissen Kreisen im Ruf stand, geradezu ein «Genie» zu sein und ohne dessen technischen Exploit an der Ausstellung, woran sich viele erinnerten, wären Magistrat und Stadtverordnetenversammlung wohl nie auf die Idee gekommen, eine ausländische, junge, kaum arrivierte Firma zu berücksichtigen. Auf die Geschichte der BBC sollte diese Bestellung weitreichende Auswirkungen haben: Um den Auftrag zu erfüllen, gründeten Walter

Boveri und Charles Brown in Deutschland eine Filiale, woraus BBC Mannheim hervorging, ein Tochterunternehmen, das bald das Mutterhaus in Baden übertraf und schliesslich neben Siemens und der AEG zu den grossen Drei der deutschen Elektroindustrie zählen sollte. In Frankfurt wurde, mit anderen Worten, auch die sehr frühe Auslandexpansion, die die BBC auszeichnete, vorentschieden.

«Frankfurt» offenbarte aber auch das überragende technische Talent von Brown, das dem neuen Unternehmen in den folgenden Jahren viele weitere Spitzenprodukte sicherte und eine sehr hohe Rentabilität erbrachte. Solange Brown faktisch Chefingenieur der BBC war, setzte sich deren Aufstieg zum grössten Unternehmen der Schweiz fort. Weil er dank seinem aussergewöhnlichen Können der technischen Innovationskraft von Anfang an so viel Bedeutung beimass, legte er den künftigen Entwicklungspfad der Firma fest, von dem sie nie mehr abwich, auch lange nachdem Brown ausgetreten war: technische Exzellenz wurde gewissermassen Teil der DNA der BBC. Sie war eine Firma der Techniker, zog solche immer an, und blieb eine Firma der Techniker.

Zum zweiten lässt sich anhand von «Frankfurt» gut darstellen, wie hoch politisiert in jener Phase des Systemstreits die Elektrifizierung geworden war: vordergründig rein technologische Such- und Eliminationsprozesse verschränkten sich mit politischen Auseinandersetzungen, wo es nicht allein um die Frage der besten Energieversorgung ging, sondern ebenso um Macht und Ideologie. Brown profitierte davon: Dass sein Erfolg so viel Beachtung fand, hatte zwar in erster Line damit zu tun, dass er einen wesentlichen Beitrag zur Beilegung des Systemstreits leistete – aber genauso lag es daran, dass er dies sozusagen unter den Augen der Weltöffentlichkeit tat. Die *Internationale Elektrotechnische Ausstellung* von 1891 war eines der grössten Ereignisse dieser Art in jenen Jahren. Gut 1,2 Millionen Menschen fanden sich in Frankfurt ein, insbesondere viele Ingenieure, Unternehmer, Bankiers, Politiker und Beamten, über 400 in- und ausländische Journalisten hatten sich akkreditiert, selbst Wilhelm II., der deutsche Kaiser, kam zu einem unangekündigten, deshalb umso spektakuläreren Besuch. Wenn Brown, der mit der Kraftübertragung für den offiziellen Höhepunkt der Show verantwortlich war, unter solchen Bedingungen sich einen Namen machte, kann das kaum verblüffen. Weil so vieles derart öffentlich und so politisch war, erhalten wir aber auch Einblicke in die real existierende Elektrifizierung, die sich durchaus verallgemeinern lassen. Gewiss, was etwa zur gleichen Zeit in Baden geschah, als es darum ging, in einer so viel kleineren Stadt ein Elektrizitätswerk zu bauen, ist sicher nicht mit den Vorgängen in Frankfurt zu vergleichen – allein die Grössenverhältnisse machten ein solches Unterfangen grotesk: Frankfurt zählte 1890 rund 180 000 Einwohner, Baden 3000. Nichtsdestotrotz wirken manche Dinge vertraut.

5. Charles Brown, Walter Boveri und die «schöpferische Zerstörung»

Frankfurt war 1866 gegen seinen Willen von Preussen annektiert worden, womit eine jahrhundertalte Existenz als freie, also souveräne Reichsstadt kassiert worden war. Doch die halbdemokratische, bürgerliche, im Zweifelsfall republikanische politische Kultur, wie sie typisch war für eine unabhängige Freie Stadt und wie sie sich auch 1848 während der (gescheiterten) Revolution erkennen liess, überlebte diesen Schock. In der Frankfurter Paulskirche hatte das erste deutsche Parlament getagt, seither galt die Stadt im Deutschen Bund als eine der Hochburgen demokratisch-liberaler Gesinnung, und ein grosser Teil der Frankfurter Elite blieb liberal orientiert.[387] Wenn die Elektrifizierung in Frankfurt zu so unerhört heftigen Konflikten führte, lag das auch daran: an einer seit alters hoch politisierten Bürgerschaft, an einer kritischen Öffentlichkeit, die nicht zuletzt von bedeutenden, liberalen Zeitungen wie zuvorderst der *Frankfurter Zeitung* hergestellt wurde, aber auch an einer alten, eingesessenen Elite von Bankiers, die der Moderne, insbesondere der Industrie eher reserviert gegenüber standen. Das alles ähnelt den Verhältnissen in Baden, wo eine vollendete direkte Demokratie dafür sorgte, dass der Bau eines Elektrizitätswerkes zu einem Politikum ersten Ranges wurde, wo Zeitungen und Journalisten grossen Einfluss nahmen, wo ebenso eine alte Elite darum rang, wie sie sich der Moderne gegenüber verhalten sollte. Mit einer gewissen Ironie könnten wir sagen: In Frankfurt beobachten wir, was en miniature auch in Baden ablief – und beide Male zog am Ende die BBC daraus Nutzen.[388]

5.2.7.1 *Der Systemstreit wird ausgestellt*

1886 hatte sich die Stadt Frankfurt am Main entschieden, ein Elektrizitätswerk zu erstellen. Vorangegangen waren jahrelange Querelen; dass es noch einmal so lange dauern würde, ahnten damals wohl die wenigsten Beteiligten. Frankfurt gehörte seinerzeit zu den grössten und auch wohlhabendsten Städten des Reiches, und daher handelte es sich für die gesamte deutsche Elektroindustrie um einen entscheidenden Auftrag, weil die Anlage ohne Frage für viele andere Kommunen als Referenzanlage dienen würde. Wenn sich die Auseinandersetzung um dieses Kraftwerk so lange hinziehen und so viele Bürger gegeneinander aufbringen sollte, dann lag das auch daran, dass das *Timing* nicht schlechter hätte sein können. Ausgerechnet auf dem Höhepunkt des Systemstreits hatte die Stadtverordnetenversammlung, das städtische Parlament, darüber zu beschliessen, welches Stromsystem sie bevorzugte. Tatsächlich ging es längst nicht mehr bloss um Gleich- oder Wechselstrom, sondern konkret standen fünf Systeme zur Auswahl: das Zweileitersystem mit 110 Volt Gleichstrom, das Dreileitersystem mit 220 bis 250 Volt Gleichstrom, dann Gleichstrom mit hoher Spannung und Wechselstrom mit hoher Spannung. Schliesslich tauchte noch eine fünfte Stromart auf, der dreiphasige Wechselstrom, den man auch Drehstrom nannte; dieser war vor kurzem vom russischen Ingenieur Michael von Dolivo-Dobrowolsky, einem Angestellten der AEG, entwickelt worden, der damit einen Wechselstrom-Motor zum Laufen gebracht hatte. Er war nicht der einzige. Vor ihm hatten der Italiener Galileo Ferraris und der Serbo-Amerikaner Nikola Tesla unkoordiniert voneinander die ersten funktionsfähigen Wechselstrommotoren konstruiert, womit sie einen der zentralen Mängel des Wechselstroms beseitigten. Ob Gleichstrom oder Wechselstrom: Was nach wie vor offen blieb, war die Frage, wie sich Strom am besten über längere Distanzen verfrachten liess.

Für die Frankfurter Politiker machte dies die Sache nicht einfacher – und obwohl sich 1888 eine international zusammengesetzte Expertenkommission für eine Wechselstromversorgung ausgesprochen hatte, konnte sich eine Mehrheit der Stadtverordneten nicht mit dieser Empfehlung anfreunden. Man zweifelte, man zauderte, man misstraute, man stritt. Erneut wurden Abklärungen verlangt, interessierte Firmen, insbesondere jene des mächtigen Gleichstromlagers, schickten noch mehr Berichte und Studien und Warnungen. In der Presse schlugen sich die Experten und die Journalisten die Köpfe ein – bis Leopold Sonnemann, selber ein Publizist, aber eben nicht nur, den originellen Vorschlag machte, den schier ausweglosen Konflikt mit einer Ausstellung zu lösen. Hier sollten die verschiedenen Systeme vorgeführt werden, und alle Firmen konnten mit ihren besten Produkten dafür werben. Am Schluss sollte eine offizielle Prüfungskommission dieses visualisierten Wettbewerbs die diversen Angebote bewerten, damit, so hoffte Sonnemann, die Frankfurter endlich imstande wären, einen guten Entscheid in Sachen Elektrizität zu fällen.

Sonnemann (1831–1909) war einer der prominentesten Frankfurter überhaupt, deshalb hatte sein Wort Gewicht: als Sohn konservativer, eher ärmlicher jüdischer Eltern in einem kleinen Dorf in Franken geboren, hatte er, kaum ausgebildet, sondern ein Autodidakt, eine beispiellose Karriere zustande gebracht, die ihn zu einem vermögenden Bankier in Frankfurt, einem einflussreichen Politiker und zum noch einflussreicheren Verleger gemacht hatte. Sonnemann war der Gründer der *Frankfurter Zeitung*, für die er selber schrieb, und was diese Zeitung schrieb, galt nicht nur in Frankfurt als massgeblich: die *Frankfurter Zeitung* war eines der wichtigsten überregionalen Blätter Deutschlands.[389]

So hatte es etwas Zwangsläufiges, dass diese Ausstellung sogleich in Angriff genommen wurde, Sonnemann blieb einer der tonangebenden Akteure, doch bald, im März 1890, stellte er einen Mann an, der zum Kopf der Veranstaltung wurde: Oskar von Miller, dem wir bereits begegnet sind, ein glänzender Kurator und Ingenieur zugleich, der es wie kaum ein anderer verstand, die Elektrizität unter die Massen zu bringen.

Oskar von Miller (1855–1934) war damals erst 35 Jahre alt.[390] Noch kannte

5. Charles Brown, Walter Boveri und die «schöpferische Zerstörung»

ihn kaum jemand, bald sollte er, eine charismatische Persönlichkeit, einer der wirkungsvollsten Promotoren der Elektrotechnik werden, nicht bloss in Deutschland, sondern in ganz Europa. Frankfurt war sein Gesellenstück. Von der Persönlichkeit und seinen Fähigkeiten her eine Fusion von Ingenieur, Generalunternehmer, Propagandist und Volkserzieher, brachte Miller beides fertig: er projektierte und baute reale Kraftwerke, genauso wie er die symbolischen Monumente der Elektrizität errichtete. Er organisierte Ausstellungen, Wettbewerbe, Experimente und gewissermassen als Krönung dieser Vermittlungstätigkeit gründete er 1903 das *Deutsche Museum* in München, das seinerzeit als eines der besten technischen Museen der Welt galt, was es bis in die Gegenwart anerkanntermassen geblieben ist.

Miller stammte aus einer in den Adelsstand erhobenen Beamtenfamilie: 1875 als Sohn des Ersten Inspektors der Königlichen Erzgiesserei in München geboren und aufgewachsen, hatte er an der dortigen Technischen Hochschule das Diplom als Bauingenieur erworben, um kurz darauf ebenfalls als Beamter für den bayerischen Staat tätig zu werden; in dieser Eigenschaft hatte man ihn 1881 an die Elektrizitätsausstellung in Paris geschickt, als *Scout* sozusagen, damit er imstande wäre, die bayerische Regierung danach über den Stand dieser aufregenden, neuen Technologie zu informieren.

Für Charles Brown, und somit für die Geschichte der BBC, sollte sich Miller als eine zentrale Figur erweisen. Wie gut sich die beiden Ingenieure verstanden, ob man sie gar als Freunde bezeichnen könnte, ist schwer zu beurteilen, jedenfalls erinnert die Rolle, die Miller in der Karriere von Brown spielte, an jene eines älteren Bruders – er war acht Jahre älter. Als Ingenieur sicher weniger begabt als Brown, tat er alles, damit sich der jüngere optimal entfalten konnte. Er förderte ihn, schob ihm Aufträge zu, brachte ihn mit den richtigen Leuten in Kontakt, setzte sich für ihn ein. Zum Dank überliess Brown dem *Deutschen Museum* legendäre Prototypen seiner Turbinen und Generatoren. Sie sind dort noch heute zu besichtigen.

Paris bedeutete für den jungen Miller einen Wendepunkt. Als Bayer, als Bewohner eines Alpenlandes, hatte Miller sofort erfasst, welche ungeahnten Möglichkeiten insbesondere in der Kraftübertragung lagen. Kaum aus Paris zurück, hatte er seiner Regierung geschrieben:

«Möge auch in Bayern dieses neue Gebiet der Technik in jeder Weise unterstützt werden, damit das Volk die Vorteile geniessen könne, welche die Anwendung des elektrischen Stromes bietet, damit der Staat Nutzen ziehen könne aus dem Kapitale, das er in seinen bisher unbenützten Wasserkräften besitzt.»[391]

Mit Blick auf diese Zeilen wird nachvollziehbar, warum Miller 1882 auf die Idee gekommen war, Marcel Deprez für seine Ausstellung in München zu verpflichten. Die erste deutsche Elektrizitätsausstellung sollte nicht allein die Elektrizität feiern, sondern mit einer Kraftübertragung wollte Miller auch seine eigene Regierung beeindrucken, mit Fakten sollte bewiesen werden, was Miller für eine spezifisch bayerische Chance hielt. Seine Rechnung ging auf. Obschon Deprez' Anlage nur an wenigen Tagen wunschgemäss gelaufen war, hatte sie für unerhörtes Aufsehen gesorgt. Die Neuigkeit ging um die Welt.

Als die Stadt Frankfurt wenige Jahre später auf ihn zukam und eine ähnliche Ausstellung mit einer vergleichbaren Erfolgsgarantie in Auftrag gab, dürfte es Miller deshalb von vornherein klar gewesen sein, worauf es ankam, was es dazu brauchte: Einen Höhepunkt, von dem Journalisten, Politiker, Unternehmer, Beamten, die Techniker und vor allen Dingen die Besucher noch lange reden würden. Damit dies der Fall war, schienen ihm zwei Ingredienzen erforderlich, zum einen musste das Ereignis eine technische Relevanz vorweisen, so dass die Experten darauf aufmerksam wurden, zum anderen sollte es sensationell in der wahren Bedeutung des Wortes sein, also gross, rekordverdächtig, erstaunlich und visuell erfassbar, damit es sämtliche Sinne eines breiten Publikums ansprach. Was lag näher, als eine Kraftübertragung über eine längere Distanz zu initiieren, die alle Fragen klärte und jeden Rekord brach? Dass dieses Experiment gleichzeitig die Systemfrage zu beantworten versprach, was ja das eigentliche Anliegen von Sonnemann war, machte die Idee vollends bestechend.[392]

Nicht dass dies das einzige gewesen wäre, was Miller vorschwebte: Als er beim Organisationskomitee zum ersten Mal seine Ideen präsentierte, redete er von allem, was man sich damals in der Welt der Elektrizität vorstellen konnte: elektrische Bahnen, grandiose Lichtparaden, elektrische Schiffe und eine Leistungsschau elektrischer Haushaltsgeräte. Am Ende sollte er das meiste davon realisieren – und noch viel mehr. Weil er einen ausgeprägten Sinn für *Entertainment* besass und geradeso um die sentimentalen Bedürfnisse seines Publikums wusste, liess er alt-deutsche Fachwerkhäuser mit Türmchen bauen, viel Gotik und Renaissance war an dieser elektrotechnischen *Road Show* zu sehen, als ob es darum ginge, die Besucher mit der Zukunft zu versöhnen. Neben Dynamohallen und metallurgischen Fabriken standen gemütliche hessische Wirtshäuser, kalifornische und ungarische Restaurants oder ein original-bayerischer Bierkeller: «In unverfälschter Aechtheit heimelt ihn [den Besucher] der oberbayerische Holzbau an, der die bayerische Bierhalle birgt. Luftig steigen die mit Jagdemblemen gezierten Giebel der weit ausladenden steinbelasteten Dächer empor, einladend wirken die Holzgallerien und die mit Blumenstöcken bestellten Fenster», lobte die *Elektricität*, die offizielle Zeitung der Ausstellung.[393]

Ferner wurden Schiessbuden hingestellt, wo man auf Glühlampen feuern konnte, oder man schüttete einen künstlichen Hügel auf, legte einen See an und versah die theatralische Landschaft mit einer Grotte, wo ein Drachen Wasserdampf spie und eine junge Frau zu verschlingen schien. Schliesslich überragte ein 40 Meter hoher Aussichtsturm das Geschehen – und wem dies zu wenig Nervenkitzel bot, konnte mittels Fesselballon in die Höhe schweben. Wenn man sich diese Ausstellung heute vor Augen führt, so muss sie in mancher Hinsicht einem modernen *Theme Park* geglichen haben, mit dem Unterschied nur, dass das Ziel des ungewöhnlichen Aufwandes nicht allein in der Unterhaltung lag, sondern vor allen Dingen sollte für eine Technologie geworben werden, die manche noch skeptisch betrachteten. Die Feststimmung sollte wohl alle Bedenken und Ängste zerstreuen.

Keiner Attraktion mass Miller allerdings mehr Bedeutung zu als der Kraftübertragung. Nichts beschäftigte ihn intensiver – nirgendwo waren die Schwierigkeiten grösser. Nachdem er die Ausstellungskommission von seinem Konzept überzeugt hatte, begab sich Miller auf die Suche nach einem geeigneten Ort, von dem aus sich Strom nach Frankfurt leiten liesse. Ebenso erkundigte er sich nach Ingenieuren und risikofreudigen Unternehmern, die bereit wären, sich dafür zu engagieren. Bald stiess er auf ein altes Städtchen, das er damit weltberühmt machen sollte: in Lauffen am Neckar bestand die Option, eine Wasserkraft anzuzapfen. Er hatte den Ort gefunden, weil er neben seiner neuen Aufgabe in Frankfurt nach wie vor ein eigenes Konstruktionsbüro betrieb – und unabhängig von der Ausstellung den Auftrag erhalten hatte, in Lauffen ein Kraftwerk zu errichten. Man plante damit die Stadt Heilbronn mit Strom zu versorgen, die zehn Kilometer entfernt lag. Da es sich um eine vergleichsweise lange Strecke handelte, setzte Miller auf den neuen Drehstrom – und bestellte bei einer kleinen Firma in Oerlikon einen passenden Dynamo. Die Firma hiess MFO.

Warum er auf die MFO und ihren Chefingenieur Charles Brown gekommen war, ist unklar und lässt sich in den Quellen nicht rekonstruieren. Im Nachhinein betrachtet, sollte es sich für Brown, die MFO und indirekt für die spätere BBC als eine denkwürdige Bestellung erweisen. Fest steht, dass nicht allzu viele deutsche Firmen darauf aus waren, sich auf die neue Technologie des Drehstroms einzulassen. Überdies war die MFO dank Kriegstetten in Deutschland längst zu einem Begriff geworden.

Auch Brown war deutschen Lesern vertraut, seine Leistungsbilanz manchem bekannt, 1888 hatte das *Centralblatt* in diesem Zusammenhang festgehalten: «Nachdem es C. E. L. Brown gelungen ist, durch die Kraftübertragungsanlage Kriegstetten-Solothurn das Misstrauen zu zerstreuen, welches bei Laien und Technikern durch die Resultate bekannter mit viel wissenschaftlichem und literarischem Nimbus inscenierter Kraftübertragungsversuche wachgerufen wurde, hat die Maschinenfabrik Oerlikon eine Reihe von Kraftübertragungsanlagen ausgeführt. Eine der bedeutendsten unter diesen ist die Anlage, welche die Firma Gaetano Rossi in Piovene hat ausführen lassen.»[394]

Das *Centralblatt* erschien in München. Miller lebte ebenfalls in München, wo sich sein Büro befand, ausserdem kann man davon ausgehen, dass er den Herausgeber der Zeitschrift, Friedrich Uppenborn, ein Ingenieur wie er selbst, kannte.[395] Vor diesem Hintergrund und angesichts der Tatsache, dass die damalige Elektroindustrie noch eine junge, mithin überschaubare Branche war, wo sich die meisten Akteure dauernd begegneten, mag es denn auch weniger überraschen, dass Miller mit MFO ins Geschäft kam.

Gemäss den Wünschen des Auftraggebers war vorgesehen, das Kraftwerk in Lauffen, das Heilbronn beliefern sollte, erst 1892 ans Netz anzuschliessen. Das gab Miller etwas Spielraum und brachte ihn vermutlich auf die Idee, die Anlage zügig fertigzustellen und sie zuerst provisorisch für die Kraftübertragung nach Frankfurt von Lauffen aus einzusetzen. Die Ausstellung sollte im Sommer 1891 eröffnen und drei Monate dauern, Zeit genug also, um den Dynamo in Lauffen für diesen Zweck zu nutzen, um danach den Strom nach Heilbronn zu leiten. Dass Miller mit MFO bereits ein gemeinsames Projekt in Arbeit hatte, stellte sich als Glücksfall heraus. Denn obwohl er sich intensiv bemüht hatte, fand er lange keine deutsche Firma, die sich am Experiment einer Kraftübertragung nach Frankfurt beteiligen wollte.

Zum einen mag das damit zusammenhängen, dass Miller eine sehr lange Strecke ausgewählt hatte, was die Aufgabe schier unlösbar machte: Von Lauffen bis nach Frankfurt waren es 175 Kilometer, eine so lange Distanz zu überwinden hatte man sich noch nie und nirgendwo vorgenommen. Zum anderen schien damit evident, dass nur Wechselstrom in Frage kam. Weil die meisten grossen deutschen Elektrofirmen noch auf Gleichstrom setzten, insbesondere Siemens & Halske – unter anderem weil sie bereits beträchtliche Summen in die entsprechenden Patente investiert hatten – blieb Miller lange erfolglos. Man war zwar gerne bereit, in Frankfurt kürzere Gleichstrom- ja selbst vereinzelte Wechselstromübertragungen zu zeigen, was ja auch im Sinne Sonnemanns war, der alle Varianten ausgestellt haben wollte. Aber 175 Kilometer? Man hielt das für undenkbar und gab sich überzeugt, dass man mit einem lächerlich geringen Wirkungsgrad von 4 bis höchstens 15 Prozent zu rechnen hatte. Selbst die AEG, deren Ingenieur Michael von Dolivo-Dobrowolsky ja den Drehstrom erfunden hatte, blieb reserviert. Dass auch die Behörden in Form der Reichspost intervenierten, weil man sich Sorgen machte, die neuen Wechselstromleitungen würden das Telefon- und Telegrafennetz stören, stürzte Miller vollends ins Elend. Standen seine Pläne vor dem Scheitern?

In diesem Moment der Krise, als Miller kaum mehr vorwärtskam, bewährte sich von neuem das *Coupling*, die Paarung von Oerlikon: namentlich der Unternehmer Peter Emil Huber und sein Techniker Charles Brown. Ohne lange nachzudenken liessen sie sich auf etwas ein, dessen Durchführbarkeit alles andere als

5. Charles Brown, Walter Boveri und die «schöpferische Zerstörung»

garantiert war. Um eine Distanz von 175 Kilometer zurückzulegen, war es nötig, den Strom auf eine Spannung von 25 000 Volt heraufzusetzen, so hatte Miller berechnet, wobei er davon ausging, dass er drei Kupferdrähte mit einer Dicke von vier Millimeter einsetzte. 25 000 Volt? Das war für die damaligen Begriffe eine unfassbar hohe Spannung. Noch nie war dergleichen erprobt worden. Oskar von Miller schrieb in seinen Erinnerungen:

«Zur Besprechung dieser Frage benutzte ich im Frühjahr 1890 einen Aufenthalt in Örlikon, wohin ich wegen verschiedener geschäftlicher Verhandlungen bezüglich des Elektrizitätswerkes Heilbronn zu reisen hatte. Auf dem Wege zwischen Zürich und Örlikon frug ich Charles Brown, den damaligen Chefelektriker der Maschinenfabrik Örlikon, ob er die Erzeugung von Strom mit 25 000 Volt Spannung für möglich hielte. Er verwies zunächst auf den Versuch von Swinburne in London, der unter Benutzung von Öl als Isolier-Material ausserordentlich hochgespannte Ströme erzeugte. Charles Brown bemerkte hierzu, dass auch er schon in ähnlicher Weise Öl zur Isolation von Transformatoren benutzt habe.»[396]

Was die technische Machbarkeit anbelangte, strahlte Brown einen Optimismus aus, wie ihn Miller bisher nirgendwo vorgefunden hatte; was das unternehmerische Risiko betraf, kam es indessen auf Huber an – und von neuem erwies sich dieser als entscheidungsfreudiger als manche Kollegen. Sein Engagement gab den Ausschlag: «Ich werde nie vergessen», schrieb Miller im Sommer 1915 an Huber, kurz bevor dieser starb: «in welch opferwilliger und weitblickender Weise Sie die wichtige Kraftübertragung nach Frankfurt unterstützten, als das geplante Unternehmen fast verloren schien.»[397]

Denn mit Huber auf seiner Seite fiel es Miller nun leichter, die eher unterkühlte AEG zur Kooperation zu bewegen: An Emil Rathenau (1838–1915) kam in einem solchen Fall niemand vorbei, er war der Mann, den es zu überzeugen galt, der Patriarch, der gewaltige, durchaus genialische Gründer der Firma. Schon bald sollte die AEG zum grössten deutschen, ja europäischen Elektrokonzern aufsteigen. Der Konzern war eine Legende:

«‹A.E.G.› Whereever you go in Germany», schrieb Frederic William Wile, ein amerikanischer Journalist, 1913, «a trio of initials is constantly hitting you in the eye and striking the ear. You encounter them in your newspaper and find them cropping up in conversation. They are as ubiquitous as the *Liberté, Egalité et Fraternité* of France. Before you cease wondering whether they, too, may not be an national emblem, you learn that they are the popular form given to the name

223

of Germany's foremost industrial undertaking, the *Allgemeine Electricitäts-Gesellschaft* – General Electric Company. The home address of the A.E.G. is Berlin, but its interests and influence comprehend the globe. (…) In its own country it is almost as much of an institution as the Army».[398] Wile hatte vor dem Ersten Weltkrieg als Korrespondent englischer und amerikanischer Zeitungen in Berlin gelebt.

Zwar kannte Miller Rathenau persönlich, zumal er bis vor wenigen Jahren selber im Vorstand der AEG in Berlin mitgewirkt hatte – doch man hatte sich entzweit, Miller war im Unfrieden ausgeschieden und nach München zurückgekehrt.[399] Huber dagegen stand in engem, ja freundschaftlichem Kontakt zu Rathenau. Beide hatten (wenn auch nicht zur gleichen Zeit) am Eidgenössischen Polytechnikum studiert, vor allen Dingen hatten sie vor Kurzem, 1888, gemeinsam die AIAG in Neuhausen/SH gegründet, die dereinstige Alusuisse, beide waren deren Besitzer und sassen im Verwaltungsrat. Wie intensiv Huber Rathenau bearbeitete, entzieht sich unserer Kenntnis, doch man darf davon ausgehen, dass dies der Fall war, denn rund drei Monate später, im Juli 1890 entschlossen sich die beiden Unternehmen einzusteigen. Während Huber sofort einverstanden gewesen war, hatte Rathenau den Entscheid lange aufgeschoben. Nicht zuletzt durch Huber unter Zugzwang gesetzt, der als der kleinere Partner auch mehr zu gewinnen hatte, überwand sich Rathenau endlich. In seiner schriftlichen Zusage an Miller klingt an, wie hart er mit sich gerungen hatte:

«Wir bringen durch die Aufstellung der nötigen Turbine, der Dynamo-Maschinen und der Transformatoren, sowie durch Übernahme und Führung des Betriebes ein grosses pekuniäres Opfer, zu dem wir uns nur entschliessen konnten in Rücksicht auf die eminente Bedeutung, welche die Durchführung einer derartigen Anlage für die Entwicklung der elektrischen Kraftverteilung haben wird, denn nur durch ein Beispiel von derartig grossen Dimensionen kann den Behörden und Interessenten gegenüber der unumstössliche Beweis geliefert werden, dass die Kraftversorgung einer grösseren Landstrecke oder einer ganzen Provinz von einer Zentralstation aus erfolgen kann.»[400]

Wie gestört die Beziehungen von Miller zu Rathenau nach wie vor waren, zeigte sich daran, dass er ihm misstraute und diesen Brief sogleich integral in der *Elektrotechnischen Zeitschrift* veröffentlichen liess, damit Rathenau nicht mehr von seinem Versprechen zurücktreten konnte. Auch die *Schweizerische Bauzeitung*, mit der Huber in bestem Einvernehmen stand, meldete die Einigung – obwohl noch gar nichts unterschrieben war:

5. Charles Brown, Walter Boveri und die «schöpferische Zerstörung»

«Ueber das schon in der Tagespresse erwähnte Anerbieten der Maschinenfabrik Oerlikon in Verbindung mit der Allgemeinen Electricitäts-Gesellschaft in Berlin der nächsten Frankfurter Ausstellung 300 Pferdekräfte von der 175 Kilometer entfernten Stadt Lauffen a. N. auf electrischem Wege zuzuführen, können wir einige nähere Angaben machen.»[401]

Was auf dem Spiel stand, wie viel dieser Auftrag der MFO bedeutete, musste man dem Redaktor August Waldner, einem Vertrauten von Huber, wohl kaum erklären. Er kam zum Schluss:

«Es wäre in hohem Grade wünschbar, dass dieser grossartige Versuch zur Ausführung gelangen möchte, einerseits um die Ausführbarkeit der electrischen Kraftübertragung auf so grosse Entfernung augenscheinlich zu zeigen und – was uns noch wichtiger erscheint – über die zur Zeit nicht unberechtigten Befürchtungen, welche hinsichtlich der Verwendung so ungeheurer Spannungen bestehen, ins Klare zu kommen.»[402]

5.2.7.2 Ungleiche Partner: MFO und AEG

Trotz öffentlich aufgebauten Druckes dauerte es noch recht lange, bis sich die beiden Firmen zu einigen vermochten. Erst im Dezember 1890 unterzeichnete man einen Zusammenarbeitsvertrag, was angesichts der Tatsache, dass die Ausstellung schon im Mai 1891 beginnen sollte, einen sehr disziplinierten Zeitplan erforderte und die Risiken des Projektes erhöhte. Der Vertrag legte fest, dass die MFO den Generator bauen sollte, die AEG den Motor in Frankfurt, und beide Firmen die Transformatoren. Technisch brachte Dolivo-Dobrowolsky seinen Drehstrommotor ein, Brown konstruierte den Drehstromgenerator, löste das Problem der Isolation so hoher Spannungen und verbesserte sowohl den Motor als auch die Transformatoren. Die Isolatoren lieferte die Berliner Firma H. Schomburg & Söhne; die teuren (und langen) Kabel steuerte das Frankfurter Unternehmen F. A. Hesse Söhne bei, wenn auch nur leihweise – übrigens keine Selbstverständlichkeit: Der Transport allein war kostspielig, da diese dünnen, aber sehr langen Drähte insgesamt 60 Tonnen (!) wogen.

Es war geplant, dass eine Turbine in Lauffen einen MFO-Drehstromgenerator mit einer Leistung von 221 kW (oder 300 PS) antrieb, der so einen Strom von 55 Volt Spannung erzeugte; zwei Transformatoren der AEG setzten diese Spannung dann auf 15 000 Volt (bzw. 30 000 Volt) hinauf, um den Strom anschliessend über drei Kupferdrähte von je vier Millimeter Durchmesser nach Frankfurt zu führen. Hier standen drei Transformatoren bereit (AEG und MFO) – was zu viel war, aber womit man jeden Betriebsausfall auszuschliessen suchte. Sie hatten den Zweck, den Strom wieder in die normale Spannung von 110 Volt umzuwandeln – so dass man einen Elektromotor der AEG von 74 kW (100 PS) und rund tausend Glühbirnen versorgen konnte. Um dieses Licht möglichst wirkungsvoll zu inszenieren, errichtete die AEG eine riesige Tafel, eine Art Leuchtreklame, wo die unzähligen Glühbirnen drei grosse Schriftzüge umrandeten und bestrahlten: Links las man «Maschinenfabrik Oerlikon», in der Mitte «Kraftübertragung Lauffen-Frankfurt», rechts «Allgemeine Elektricitäts-Gesellschaft». Wenn es eines Beweises bedurft hätte, dass die beiden Firmen einen äusserst prominenten Auftritt erhielten, dann war er hier zu besichtigen: die Tafel, die in Tat und Wahrheit ein grosses Tor bildete, das die Besucher passierten, wenn sie das Gelände betraten, stand mitten im Geschehen. Es war nicht zu übersehen, und so auch die Logos der beiden Firmen nicht. Dahinter ragte eine neo-mittelalterliche Burg mit Türmen und Zinnen empor, wo Elektromaschinen jeder Art gezeigt wurden.

Genauso wie in München – das war eine Spezialität von Miller – sollte der Motor auch in Frankfurt eine Pumpe betreiben, die einen künstlichen Wasserfall von zehn Meter Höhe in Gang brachte. Wenn es einen Einfall gab, der verdeutlichte, warum Miller sich so gut darauf verstand, die Elektrizität, diese unheimliche, ja abstrakte Naturgewalt, für den Menschen sichtbar zu machen, dann dieser Trick. In Lauffen floss Wasser, das man gewissermassen in Elektrizität verzauberte, um es 175 Kilometer später in Frankfurt wieder in schäumendes Wasser zurückzuverwandeln. Es war ein Wunder, das dank des Wassers scheinbar natürlich wurde – und so sollten es die Besucher wohl auch empfinden. Miller war ein Romantiker und ein Showtalent zugleich. Ihm war bewusst, wie stark dieses Bild auf die Besucher einwirken würde, weil es erlebbar machte, was nicht zu fassen war. Selbstverständlich war dies kein origineller Gedanke: Die meisten Ausstellungen jener Epoche, aber auch die meisten Technikpublizisten und Elektropropagandisten versuchten mit allerlei Mitteln, diese eingängige Verbindung zwischen Elektrizität und Wasser zu stiften, was sich ja auch im Sprachgebrauch festsetzte, ob im deutschen «Strom», im französischen «courant», im englischen «current», (das zu jener Zeit verbreiteter war als das heutzutage übliche Wort «power») oder im italienischen «corrente»: Metaphorisch wurde naturalisiert und materialisiert, was immer surreal blieb.

Wir haben die Risiken angesprochen, die die beiden Firmen, aber auch Miller und sein Ausstellungskomitee eingingen: Tatsächlich waren sie extrem hoch. Allein die Leitung zu bauen, erforderte technisches, logistisches und politisches Geschick, vor allem Nerven. Um die genau 169,93 Kilometer langen Drähte in einer Höhe von 8,5 bis 10 Meter zu spannen, waren 3200 Holzmasten nötig, wie man sie sonst für die Telefonie benutzte. Darüber hinaus führte die Leitung

5. Charles Brown, Walter Boveri und die «schöpferische Zerstörung»

durch vier deutsche Länder: Württemberg, wo Lauffen lag, Baden, Hessen und schliesslich Preussen (Frankfurt), was bedeutete, dass die Regierungen all dieser Staaten ihre Bewilligungen zu erteilen hatten, was sich diese umso mehr vorbehielten, da man derart hohe Spannungen in weiten Kreisen für lebensgefährlich hielt: Waren nicht Mensch und Tier bedroht, wenn solche gewaltigen Ströme über hohe Masten durchs Land zischten? Ebenfalls involviert war die Reichspost, die befürchtete, dass diese Stromleitungen auch das bestehende Telefon- und Telegrafensystem bedrohten, wenn nicht künftig ganz ruinierten. Gleichzeitig waren die AEG und die MFO auf deren *Goodwill* angewiesen, weil die Leitungen vom Telegrafenamt gelegt werden sollten.

All diese politischen Einwände aus der Welt zu schaffen, war in erster Linie Millers Aufgabe, und wie er in seinen Erinnerungen nicht ohne einen gewissen Sarkasmus verrät, schien dies manchmal unerfüllbar: Zwar war der Direktor der Frankfurter Post- und Telegrafenverwaltung dem Projekt gegenüber positiv eingestellt.

«Dagegen wurden von der Reichstelegrafenverwaltung immer wieder neue Schwierigkeiten gemacht, die geeignet waren, den so überaus wichtigen Versuch zu verhindern. Ich geriet hierüber in eine derartige Erregung, dass ich in einer Sitzung dem königlichen Postrat zu seinem grössten Erstaunen erklärte, man sollte ihn nicht einen königlichen Rat, sondern einen königlichen Radschuh nennen.»[403]

Besonders schikanös verhielten sich die badischen Beamten. Noch kurz bevor die ganze Anlage in Betrieb gehen sollte, untersagten sie plötzlich den Zusammenschluss der Leitung an der badischen Grenze:

«Nachts noch fuhr ich hin, ging den ganzen Tag mit dem badischen Vertreter die Leitung ab, jede Kleinigkeit, die er beanstandete, wurde sofort behoben, aber als ich abends mit der Kommission nach Eberbach kam, wollte er den Zusammenschluss wiederum verhindern, so dass ich noch nachts zum Minister nach Karlsruhe fahren wollte. Ich war so aufgeregt, dass ich wegen Beamtenbeleidigung fast einen dreiwöchigen Urlaub im Gefängnis bekommen hätte.»[404]

Immerhin musste er sich verpflichten, jeden Mast mit einem grossen Totenkopf zu bemalen, um Passanten zu warnen, im Grossherzogtum Baden wurde ihm überdies befohlen, jeden Mast mit einem Zaun zu umgeben – eine Sicherheitsmassnahme, die Miller nachher als «Narrenhäuser» verspottete.

Das grösste Risiko trugen allerdings die beiden Unternehmen: finanziell, prestigemässig, aber auch was die negativen oder positiven Folgen des Experimentes anbelangte. Schliesslich herrschte ein unerträglicher Zeitdruck, was leicht zu Fehlern, vielleicht gravierender Natur, hätte führen können – zumal hier eine unerprobte Technologie angewandt wurde. 25 000 Volt. Drohten nicht unkalkulierbare Gefahren? Hätte sich ein schwerer Unfall ereignet, schlimmstenfalls mit Toten, was durchaus im Bereich des Möglichen lag – und das im Rampenlicht der Weltöffentlichkeit – wären beide Firmen auf Jahre, wenn nicht für immer, zurückgeworfen worden. Finanziell ging es um ebenso viel: Beide Firmen hatten sich bereit erklärt, die Anlage gemeinsam auf eigene Kosten zu bauen, also für gutes Geld, das sie, falls sie scheiterten, vollständig verlieren würden. Ferner schien offen, wer im Fall eines Erfolges mehr davon profitierte: die grosse AEG oder die kleine MFO? So eng man miteinander auch zusammenarbeitete, so sehr sich die Patrons Rathenau und Huber schätzten, die beiden Unternehmen blieben Konkurrenten. Vorerst überwog aber die unbedingte Kooperationsbereitschaft, nicht zuletzt, weil der Zwang zum Erfolg für alle Beteiligten übermächtig war.

Schon im Juni 1889, also lange bevor man den Vertrag zu Lauffen/Frankfurt unterzeichnet hatte, waren Huber und Brown nach Berlin gereist, um sich bei der AEG den neuen Drehstrommotor von Dolivo-Dobrowolsky vorführen zu lassen, wenig später kamen die MFO und die AEG überein, gemeinsam daran weiterzuarbeiten und ihre Erkenntnisse in Forschung und Entwicklung regelmässig auszutauschen. Wenn Brown in Oerlikon eine Innovation geglückt war, schickte er seine Notizen und Pläne nach Berlin – und umgekehrt liess Michael von Dolivo-Dobrowolsky sein Material den Schweizern zukommen.

«Sie hatten bei meiner Anwesenheit in Oerlikon die Güte gehabt», schrieb Dolivo-Dobrowolsky an Brown: «mir eine Skizze und Daten des Drehstrommotors, der bei Ihnen gelaufen, zu versprechen. Da ich gerade in dieser und nächster Woche weniger belastet werde, so möchte ich die Dimensionirungsfrage näher studiren [sic]. Senden Sie also, bitte, sobald Sie es können, die Skizze, Theilungs- und Wicklungsdaten etc. vom Motor...».[405] Wiederholt fuhr Brown in jenen Monaten nach Berlin oder Dolivo-Dobrowolsky kam nach Oerlikon. Im Grunde verhielten sich die beiden Firmen so, als ob sie in Kürze zu fusionieren beabsichtigten.

Im Dezember wurde der Vertrag zwischen der AEG und der MFO unterzeichnet, seit Monaten war jedoch in den Entwicklungsbüros fieberhaft an der Realisierung gearbeitet worden. Insbesondere auf die MFO und Charles Brown kam es an, denn die deutschen Behörden hatten ihre Bewilligung davon abhängig gemacht, dass die beiden Firmen nachwiesen, dass so hohe Spannungen keine Gefahr bedeuteten. Weil sich Brown von Anfang an überzeugt gezeigt hatte, dass

5. Charles Brown, Walter Boveri und die «schöpferische Zerstörung»

dies technisch möglich war und vor allem eine Isolation der Leitungen in der freien Luft kein Problem darstellte, lag es an ihm und an der MFO, die entsprechenden Demonstrationen vor den Behörden durchzuführen.

Zu diesem Zweck war in Oerlikon eine Versuchsanlage eingerichtet worden: acht Kilometer Draht hatte man in der Fabrik hin- und hergelegt, um damit zu testen, ob sich höchste Spannungen durch diese Leitungen jagen liessen – ohne dass das System kollabierte oder Menschen zu Schaden kamen. Alles wurde simuliert: der Drehstrommotor kam zum Einsatz, die Transformatoren und die Leitungen. Was die Ingenieure allerdings am meisten interessierte, war weniger das vermeintliche gesundheitliche Risiko, sondern der Wirkungsgrad. So probierte man Spannungen von 15 000 Volt aus, dann 30 000 Volt, schliesslich sogar 40 000 Volt – mithin Spannungen, die noch vor wenigen Jahren für *Science-Fiction* gehalten worden wären – und man stellte fest, dass sich nach dem Transport kaum ein Verlust ergab. Nach weiteren Versuchen, die alle optimal ausgefallen waren, luden Peter Emil Huber und Charles Brown Vertreter der deutschen Behörden nach Oerlikon ein, wo ihnen am 24. Januar 1890 die Anlage vorgeführt wurde.

Es hatte sich eine Delegation von Beamten im Zürcher Industrievorort eingefunden, die schon allein wegen ihrer wohlklingenden Titel wie eine Parade aus dem Kaiserreich wirkte. Die Reichspost in Berlin hatte ihren *Geheimen Oberpostrat* Massmann in die Schweiz geschickt, ferner *Oberpostrat* Münch und *Obertelegrafeningenieur* Graswinkel, während die Generaldirektion der Grossherzoglich Badischen Staatseisenbahn in Karlsruhe ihren *Baurat* Bissinger und den *Telegrafenkontrolleur* Stolz abgeordnet hatte. Von der Königlichen Direktion der Preussischen Staatsbahnen in Frankfurt war *Direktor* Oestreich und *Regierungsbauführer* Pfeil zugegen, und die Generaldirektion der Königlich Württembergischen Posten und Telegraphen in Stuttgart hatte *Baurat* Wagner nach Oerlikon fahren lassen. Schliesslich wollte sich auch der Vorstand der Internationalen Elektricitäts-Ausstellung ein Bild machen, weshalb Oskar von Miller und Dr. Oskar von May angereist waren. Die AEG hatte ihren Projektleiter Michael von Dolivo-Dobrowolsky aus Berlin entsandt. Hinzu kamen noch einige Schweizer, deren Namen aber in keiner Quelle auftauchen.[406] Von der MFO führten Brown und *Oberst* Huber durch die einzelnen Schritte des Experiments.

Den ganzen Tag lang dauerten die Versuche für das kritische Publikum. So gross die Skepsis zu Beginn gewesen sein mag, sie erwies sich als unberechtigt: Browns Anlage funktionierte einwandfrei, selbst wenn 30 000 Volt durchgeleitet wurden, verlief alles ohne Zwischenfall und es resultierte stets ein ansprechender Nutzeffekt. Dennoch waren die Vertreter der Reichspost noch nicht zufrieden, ihnen fehlte der Beweis, dass diese hohen Spannungen keinen negativen Einfluss auf Telefonleitungen ausübten. Um auch diesen Einwand zu entkräften, zogen

II. Teil. Gründerzeit

die Ingenieure und Arbeiter der MFO über Mittag kurzerhand eine Telefonleitung in die Fabrik und montierten sie der Hochspannungsleitung entlang, so dass man am Nachmittag auch dieses angebliche Problem aus der Welt schaffen konnte: weder Telefon noch Telegraf wurden beeinträchtigt. Derart umfassend ins Bild gesetzt und beruhigt, willigten die vielen deutschen Chefbeamten ein. Lauffen-Frankfurt war von kaiserlichen, königlichen und grossherzoglichen Amtes wegen genehmigt. Alle vier Länder hatten zugestimmt. Miller erinnert sich: «Die Freude hierüber war gross und Oberst Huber, der Leiter der Maschinenfabrik Örlikon, gab ein Souper, bei welchem der glückliche Erfolg dieser Versuche gefeiert wurde.»[407]

5.2.7.3 Brown als Techniker: der Virtuose des Operativen

Es ist hier der Ort, die technischen Leistungen Browns zu bewerten, weil sie am Ende dafür sorgten, dass ihn diese Kraftübertragung so berühmt machte. Von Neuem bestätigte sich, was wir bereits mehrfach herausgearbeitet haben: Brown hatte nicht den Transformator erfunden oder den Drehstrommotor (der auf Dolivo-Dobrowolsky zurückging), aber er machte die entscheidenden Innovationen, die das ganze System in Gang brachten und die komplette Kraftübertragung über diese weite Distanz erst ermöglichten. Er war der Vollender in der Praxis. So war es Brown, der sofort die Chance erkannte, eine Hochspannungsübertragung zu bauen, und so in der Realität zu beweisen, woran er längst glaubte: Dass (zu jener Zeit) nur der Wechselstrom für lange Distanzen in Frage kam und dass man dies mit möglichst hohen Spannungen erreichen würde. Im Februar 1891, also kurz nach den geglückten Versuchen vor den deutschen Behörden in Oerlikon, hielt Brown vor der Elektrotechnischen Gesellschaft in Frankfurt einen Vortrag, worin er dies mit Verve vertrat – was Aufsehen erregte, weil er so eindeutig Stellung nahm:

«Für die *Fortleitung* solcher Ströme durch weite Strecken meist freien Landes kann wohl nur die oberirdische Leitung in Betracht kommen. Ich weiss, dass die Elektricität in diesem Punkte noch manchem Vorurtheil begegnen wird, allein ich bin ebenso überzeugt, dass Zeit und Erfahrungen dieselben überwinden werden.»[408]

Ebenso war er selbstsicher genug, sogar eine Spannung von 25 000 Volt für realisierbar zu halten – was letztlich Miller darin bestärkte, weiterzufahren. Was für ein Potenzial in dieser Technologie lag, darüber liess Brown keinen Zweifel:

5. Charles Brown, Walter Boveri und die «schöpferische Zerstörung»

«Auf die Wichtigkeit solcher Anlagen für unsere gesammte Industrie [sic], der hierdurch die noch vorhandenen enormen natürlichen Betriebskräfte in vielfachster Vertheilung dienstbar gemacht werden können, brauche ich wohl detaillirter nicht einzugehen. (...) Die Übertragung elektrischer Energie mittels Stromspannungen von z.B. 30000 Volt wird es uns ermöglichen, die Energievertheilung auf ganz grosse Entfernungen auf elektrischem Wege zur Thatsache werden zu lassen, und somit die Ausnutzung so mancher, jetzt noch schlummernden Kraftquelle führen und die Wohlthaten des elektrischen Stromes der gesammten Industrie im ausgedehntesten Massstabe dienstbar machen.»[409]

Brown war nicht der erste und der einzige, der diese Vision vertrat, sondern viele vor ihm haben das ebenso hellsichtig erkannt, selbst ein Laie wie Friedrich Engels. Die Idee lag in der Luft, doch Brown war es, der einen der grössten Schritte auf dem Weg zur Verwirklichung dieser Vision machte, was ihm nicht bloss in der Schweiz oder Deutschland attestiert wurde, sondern weltweit. Der britische Physiker Silvanus P. Thompson, ein Zeitgenosse und eine Koryphäe, schrieb vier Jahre später, 1895, über das Experiment von Lauffen/Frankfurt:

«Great skepticism prevailed at first as to the possible result of transmission under the novel conditions of using such very high voltages over so long a line, and with polyphase currents. It was anticipated by some that the efficiency would be greatly reduced by possible disturbances due to the capacity of the lines acting as condensers or to leakage over the 10000 insulators on which the line was supported. In private, some who were very closely connected with the enterprise expressed their fears that the efficiency should fall below 50 per cent».[410]

Thompson (1851–1916) lehrte als Professor am City and Guilds Technical College in Finsbury (in London), einer renommierten technischen Hochschule; er kam zum Schluss:

«The Lauffen-Frankfort transmission was much more than a mere experiment. It was a daring and successful demonstration not only of the utility of high voltages in the transmission of power, but of the success of polyphase currents. As such it marked an epoch in the commercial development of electricity. It evoked an extraordinary interest throughout the continent of Europe and in Germany in particular».[411]

Als es darum ging, diese Leitungen zu isolieren, war es Brown, der das Problem löste, indem er auf Öl setzte. Wieder war das ursprünglich nicht seine Idee, sondern er hatte sie in England gesehen, doch war er es, der sie konsequent anwandte. Um die Überlandleitungen in der Luft zu isolieren, wurden deshalb rund 10 000 Isolatoren mit drei Ölrinnen eingesetzt, für jeden Mast benötigte man davon drei Stück, was leidige Beschaffungsprobleme nach sich ziehen sollte. Brown musste sie höchstpersönlich beheben. Noch wenige Wochen vor dem Tag, an dem die Anlage in Betrieb gehen sollte, eilte er nach London, wo er an Isolatoren zusammenkaufte, was er finden konnte. Desgleichen kam er auf die Idee, die Transformatoren zu isolieren, indem er sie in Ölwannen stellte, eine Methode, die nachher weltweit zum Standard werden sollte.

Last but not least konstruierte Brown das Kernstück der Anlage, den Drehstromgenerator, den er faktisch neu erfand. Man sprach nachher vom «Lauffener Typ», und die MFO sollte ihn noch an vielen Orten installieren; auf dessen Grundlage entwickelte Brown später den Turbogenerator der BBC, der schliesslich zu einem glänzenden Verkaufserfolg der jungen Firma heranwuchs – wir werden unten darauf zurückkommen. In einer Würdigung von Charles Brown, die der amerikanische Ingenieur Bernard Arthur Behrend in einer Fachzeitschrift 1902 vornahm, erklärte er in allen Details die exzellenten technischen Eigenschaften, die der Lauffener Generator aufwies, und schrieb mit Blick auf eine dieser Neuerungen:

«To grasp these facts, so important and yet so long persistently misunderstood, is one of Mr. Brown's greatest achievements, or, we had better say, the fact of his understanding it at a time when most electricians were floundering from one chaos of prejudices into another, and vacillating from one type to another, led of necessity to the start that he soon obtained over them».[412]

Am 16. Mai 1891 wurde die Frankfurter Ausstellung eröffnet, generalstabsmässig, feierlich, unter Anwesenheit zahlreicher Honoratoren und Aristokraten, von Fürsten und Generälen, von Ministern und hohen Beamten der Länder und des Reiches – nur der Kaiser fehlte, der aber sein allerhöchstes Interesse an dieser bisher grössten deutschen Elektrizitäts-Ausstellung bereits mit einer Spende von 10 000 Mark bewiesen hatte. Dass er diesen Betrag explizit für die Kraftübertragung Lauffen-Frankfurt vorsah – «in Würdigung der an die beabsichtigten Versuche sich knüpfenden national-wirtschaftlichen Interessen», wie Berlin verlauten liess, unterstreicht, für wie bedeutsam selbst der Kaiser dieses Experiment hielt.[413] Ein paar Wochen später sollte Wilhelm II. überraschend auf dem Gelände erscheinen, was der Ausstellung viel Prestige verschaffte. Gemäss dem deutschen Wertsystem jener Epoche gab es für einen Veranstalter kaum eine begehrtere Auszeichnung – kein Marketing vermochte den Stellenwert eines Kaiserbesuchs auch nur annähernd aufzuwiegen. In der offiziellen Zeitung wurde das Programm des Eröffnungstages auf die Minute genau referiert:

5. Charles Brown, Walter Boveri und die «schöpferische Zerstörung»

«Präzis 12 Uhr beginnt die Feier mit einer Ansprache des Vorsitzenden des Vorstandes Herrn Sonnemann, worauf der Ehrenpräsident der Ausstellung, der K. Staatsminister und Minister der Finanzen Exzellenz Dr. Miquel, die Ausstellung eröffnet. Dann Rundgang durch die Ausstellung unter Führung des zweiten Vorsitzenden und technischen Leiters der Ausstellung, Herrn Oscar v. Miller. Um 2 Uhr Eröffnung der Ausstellung für das Publikum gegen Abgabe von zwei Eintrittskarten; Konzert der Kapelle des 81. Infanterieregiments Grossherzog Ludwig v. Hessen und des 13. Hessischen Husarenregiments König Humbert von Italien. Um 1 Uhr Festbankett in der grossen Restauration, welche an diesem Tage für die Bankettteilnehmer reservirt ist. Um 6 Uhr Festvorstellung im Viktoriatheater der Ausstellung. Von 7 Uhr ab Commerse in der Bergrestauration und in den Bierhallen. Schluss des Ausstellungsplatzes 11 Uhr.»[414]

Der Zeitplan war perfekt aufgegangen, die meisten Anlagen standen bereit. Hunderte von Ausstellern zeigten die jüngsten Wunder der Elektrotechnik, und die Besucher strömten schon in den ersten Wochen in hellen Scharen auf das Gelände. Miller allerdings muss gelitten haben, denn sein «Höhepunkt», mit dem er doch das breite Publikum anziehen und bezaubern wollte, die Kraftübertragung aus Lauffen, war nicht vollendet – und das sollte noch für geraume Zeit so bleiben. Keine Glühbirne leuchtete auf dem Schild der AEG und der MFO, kein Wasserfall stürzte sich in die Tiefe. Wiederholt hatten sich die beteiligten Firmen gezwungen gesehen, den Betriebsbeginn aufzuschieben, bis in die letzte Minute tauchten immer wieder neue Schwierigkeiten auf – technischer Natur oft, manchmal, weil die Behörden neue Auflagen machten, noch häufiger wegen Lieferverzögerungen des schweren Materials, das nach Lauffen und Frankfurt hatte geschafft werden müssen. Je länger es dauerte, bis man etwas sah, desto umstrittener und fantastischer erschien das Projekt. Konventionalstrafen wurden angedroht. Kritiker warfen der MFO und der AEG vor, allein aus PR-Gründen das Ganze ausführen zu wollen, Skeptiker liessen sich vernehmen, Zweifler traten auf, so dass Miller sich immer öfter zu rechtfertigen hatte. In einem Vortrag vor Mitgliedern des elektrotechnischen Vereins in Frankfurt sagte er im April 1891:

«Dieser Versuch hat leider zu manchen Controversen Veranlassung gegeben; es wurde in Zeitschriften jetzt schon theoretisch festzustellen versucht, welche Resultate wol [sic] herauskommen würden. Ich muss sagen, dass ich bei einem Versuch in so grossen Dimensionen, wie man sie noch nicht gekannt hatte, immer der Ansicht bin: Probiren geht über Studiren.»[415]

Und als ob er sich schon geistig darauf vorbereitete, dass die Sache auch fehlgehen könnte, fuhr er fort:

II. Teil. Gründerzeit

«Wenn der Versuch in dieser Art ausgeführt wird, werden ganz sicher werthvolle Resultate gewonnen, indem in allen verschiedenen Stadien des Versuches Messungen und Untersuchungen vorgenommen werden können. Ich glaube es dankbar anerkennen zu müssen, dass die beiden Fabriken [MFO und AEG] nicht nur financielle Opfer gebracht, sondern auch ihren Namen für die Durchführung eines Versuches eingesetzt haben, der zwar viele Schwierigkeiten noch bieten mag, der jedoch für die Gesammtheit der Electrotechnik von weittragendster Bedeutung ist.»[416]

Angesichts der Emotionalität, die den Systemstreit schon immer gekennzeichnet hatte, ist davon auszugehen, dass da und dort im Gleichstromlager Schadenfreude aufkam. Fröhlich richtete man sich darauf ein, ein grandioses Scheitern erleben zu dürfen. Man war überzeugt, dass vom Strom, der in Lauffen generiert wurde, in Frankfurt so gut wie nichts mehr ankam. Die Totenköpfe an den Masten, so lautete ein böser Scherz, passte als Sinnbild für das ganze Unterfangen. Dass die Stimmung am Kippen war, zeigte sich auch daran, dass die ersten Exponenten sich präventiv distanzierten. Noch wenige Tage vor der geplanten Betriebsaufnahme liess die unabhängige Prüfungskommission mitteilen, «dass sie für die Kraftübertragung Lauffen-Frankfurt nicht verantwortlich sein wollte und dass die Bereitwilligkeit, die Messungen zu machen, nicht dahin gedeutet werden dürfe, als ob sie das Gelingen des Versuches als ihre Überzeugung aussprechen wollte.»[417]

Am Abend des 24. August sollte die gesamte Leitung zusammengeschlossen werden. Weil Miller den badischen Behörden nach wie vor misstraute, begab er sich persönlich nach Eberbach, wo die Leitungen die badische Grenze überschritten, damit er, falls ein Beamter sich erneut querstellte, sofort einschreiten konnte.

Deshalb befand er sich nicht in Frankfurt, als endlich geschah, worauf alle Beteiligten seit Monaten hingearbeitet hatten: Abends um 20 Uhr erreichte der Strom aus Lauffen zum ersten Mal Frankfurt. Dolivo-Dobrowolsky, der mit Miller und anderen Vertretern der Behörden ebenfalls nach Eberbach gekommen war, soll, so schildert er es jedenfalls in seinen Erinnerungen, vor lauter Aufregung auf einen Mast geklettert sein, um auszurufen: «der Strom ist in Frankfurt!» Da er damals ein junger Mann von 29 Jahren war, ist ihm dieser körperliche Exploit durchaus zuzutrauen. Brown erlebte den Triumph in Frankfurt. Am nächsten Tag leuchteten auch die Glühbirnen, ein paar Tage später rauschte der künstliche Wasserfall, und am 12. September nahm die Anlage den Normalbetrieb auf. Das Experiment, das so viele Kritiker längst abgeschrieben hatten, war gelungen. Als die Prüfungskommission die Leistung mass und einen sensationellen Wirkungsgrad von 75,2 Prozent feststellte, war der Versuch endgültig

5. Charles Brown, Walter Boveri und die «schöpferische Zerstörung»

in die Geschichte eingegangen. Das hatte – ausser vielleicht den beteiligten Ingenieuren und Unternehmern – niemand erwartet.

Dieser Erfolg stiess international auf ein enormes Echo. Die *Times* in London hatte einen eigenen Korrespondenten nach Frankfurt entsandt. Am 8. September, also kurz nach dem Durchbruch, schrieb er:

«The most important question to be settled at this Exhibition was whether the projected power transmission from Lauffen, on the Neckar, to Frankfort of 175 kilomètres [sic] (about 108 English miles), would prove a practical success. I may say, without exaggeration, that the eyes and minds of electricians all over the world were turned with eager expectation, and not without anxiety, towards this city, where the results of the most momentous experiments of modern times would first be known».[418]

Nachdem er sehr ausführlich das Experiment und die beiden beteiligten Firmen beschrieben hatte – nicht ohne zu erwähnen, dass es insbesondere der MFO schon vorher (in Kriegstetten) gelungen war, Strom über eine gewisse Distanz zu übertragen, kam er zum Schluss:

«I do not think that I am guilty of exaggeration in expressing an opinion that the Lauffen-Frankfort transmission is the most difficult and most momentous experiment made in technical electricity since that mysterious natural force which we call electricity has been made serviceable to mankind».[419]

Da es sich um eine Ausstellung in Deutschland und einen Erfolg handelte, an dem auch eine deutsche Firma beteiligt war, mag es nicht überraschen, dass die *Vossische Zeitung* in Berlin ebenfalls enthusiastisch reagierte. Das führende Blatt Preussens sprach von einer «That von epochemachender Bedeutung; eine neue Periode menschlichen Schaffens erhält durch die Kraftübertragung (…) ihren Markstein.»[420]

Anlässlich einer Besichtigung der Anlage hielt Emil Rathenau, der Chef der AEG, eine Rede. Vom Zweifel, den seine Leute zu Anfang gehegt hatten, vom eigenen Zögern, war nichts mehr zu spüren:

«Wir haben es heute gezeigt, dass auf eine Entfernung von über 170 km mit mathematischer Gewissheit Elektrizität die ihr von einem Wasserfall zugeführte Kraft überträgt, und was heute auf 175 km und mit 16 000 Volt Spannung gelingt, wird gewiss in *wenig Jahren* [sic] *mit 100 000 Volt auf weit riesigere Entfernungen ein Leichtes sein*.»[421]

Auch wenn Rathenau zu den am besten informierten Zeitgenossen gehört haben dürfte, verblüfft im Nachhinein doch, wie klar er die Zukunft der Elektrizität sah – um dies begreiflich zu machen, verglich er sie mit der Dampfmaschine:

«Wir haben kein Mittel, um mit materiellem und technischem Vorteil den Dampf direkt in die Wohnung des Kleinmeisters zu führen, ebenso wenig können wir die Wirkungen des Dampfes, sei es durch Transmissionen oder durch andere Art, gut auf erhebliche Entfernungen übertragen. Ganz anders die Elektrizität! Die neuesten Fortschritte werden uns gestatten, *grossartige Krafterzeugungszentren an beliebigen Stellen*, im Bergwerk, an der Meeresküste, um die Ebbe und Flut zu benutzen, an den grossen Katarakten anzulegen, die dort vorhandenen, bisher zwecklos vergeudeten Kräfte in nutzbringende Elektrizität umzusetzen, diese in, wir können fast sagen, *beliebige Entfernungen* zu versenden und dort in beliebiger Art zu verteilen und zu verbrauchen. Wir können dem Handwerkmeister seine Nähmaschine elektrisch betreiben, wir heizen ihm sein Bügeleisen, wir rüsten dem Vergolder die chemischen Bäder für seine Erzeugnisse. Wir geben noch dazu einem jeden die Beleuchtung in der Stärke und an dem Orte und zu der Zeit, wo sie am vorteilhaftesten ist.»[422]

Wenn wir diese Aussagen mit den Eigenschaften vergleichen, die etwa Schumpeter, aber auch Kirzner und Baumol für den Unternehmer als prototypisch postuliert haben, dann erfüllt Rathenau diese theoretischen Erwartungen exakt: Das unerhörte Risiko, das er mit Huber-Werdmüller eingegangen war, hatte sich ausbezahlt. Aufmerksamer, sensibler als manche andere hatten die beiden Unternehmer im Sinne der Arbitrage Chancen auf dem Markt erkannt, die nicht zuletzt darin bestanden, dass sie Dinge liefern konnten, die die alte Technologie der Dampfmaschine nicht zu bieten vermochte – oder wenn, dann nur zu einem viel höheren Preis. Sie sahen, mit anderen Worten, einen *gap* im Markt.

Heinrich Weber, jener Professor des Eidgenössischen Polytechnikums, der schon in Kriegstetten die Anlage der MFO zertifiziert hatte, sollte diese Verantwortung auch in Frankfurt übernehmen.[423] Ob Huber-Werdmüller dafür gesorgt hatte, ist offen, anzunehmen ist es, denn er verfügte über den besten Kontakt zu Weber. Dieser fungierte als Vorsitzender der Prüfungskommission in Frankfurt. Nachdem deren Schlussbericht erschienen war und der Nutzeffekt von 75 Prozent zweifelsfrei bestätigt worden war, schrieb Silvanus P. Thompson, ein eminenter Wissenschaftler, den wir bereits vorgestellt haben, ebenfalls in der *Times*:

«For three months the result of the elaborate tests applied by the jury of experts under Professor Weber, of Zurich, has been anxiously awaited. Now that the tests are completed, it is gratifying to know that the prophets of evil have been disappointed. To put it briefly, the final result is as follows: – When 113-horse power was taken from the river at Lauffen, the amount received 110 miles away at Frankfort through the wires was about 81-horse power, showing an efficiency, in spite of all possible sources of loss, of 72 1/6 per cent. With this splendid result to encourage electrical and hydraulic engineers, it will be expected that many schemes for further developments will now be put upon an assured basis».[424]

Wir haben die *Times* auch deshalb zitiert, um aufzuzeigen, wie weit, wie international die Anerkennung trug, die Brown und Dolivo-Dobrowolsky für ihre Leistung in Frankfurt zuteil wurde – die Londoner *Times* bedeutete zu jener Zeit gewissermassen der Goldstandard für einen Auftritt in der Weltöffentlichkeit. Wessen Errungenschaft hier verzeichnet wurde, der hatte den Durchbruch geschafft. Das ist für uns relevant, weil sie die Reputation Browns belegt und damit plausibel macht, warum sich die BBC von Anfang an so rasant durchsetzte. Keine Schweizer Firma verfügte über einen weltweit derart anerkannten Chefingenieur.

Darüber hinaus hatte diese hohe Aufmerksamkeit natürlich mit dem Systemstreit zu tun, der Europa genauso wie Amerika beschäftigte. Der amerikanische Technikhistoriker Thomas Hughes bilanziert in seinem Standardwerk *Networks of Power*:

«Not only did this display [die Kraftübertragung Lauffen/Frankfurt] promise practical application for long-distance or point-to-point transmission (from a mountain waterfall, for example, to an industrial city on the lowland plain), but the transmission system, working with three-phase current, also contributed greatly to the establishment of this system as standard instead of the two-phase system that was being tried by Westinghouse in the United States and by other manufacturers abroad. Oil emerged as a practical insulator. Only the working frequency of 40 cycles was not adopted. Engineers and designers throughout the world looked upon the Frankfort exhibition as justification for further transmission ventures, including a Niagara Falls project».[425]

Frankfurt erbrachte einen wichtigen Vorentscheid – und dieser wurde maximal beachtet, weil zahlreiche Delegationen von Städten oder interessierten Investoren aus diesem Grund eigens nach Frankfurt gereist waren: aus dem Tirol, aus Siebenbürgen, aus Japan, aus Deutschland und Frankreich sowieso, vor allen Dingen aber aus Amerika, jenem Land, wo der Systemstreit besorgniserregende Formen der Aggressivität angenommen hatte.

Um sich in dieser Hinsicht ein Bild zu machen, waren im Auftrag einer amerikanischen Firma zwei führende Techniker nach Frankfurt gekommen: William Unwin, ein britischer Ingenieur und Spezialist für Hydraulik, und Théodore Turrettini, ein Ingenieur aus Genf, der zu den bekanntesten Schweizer Elektrotechnikern der älteren Generation zählte. Die beiden waren Mitglied einer Expertenkommission, die eingesetzt worden war, um eines der ehrgeizigsten Projekte Amerikas wissenschaftlich zu begleiten: die Nutzung der gigantischen Wasserkräfte der Niagarafälle. In Frankfurt fassten sie einen folgereichen Entschluss.

5.2.8 Charles Brown und die Zähmung der Niagarafälle

Die Niagarafälle liegen an der Grenze zwischen den USA und Kanada, im Norden des Staates New York. Sie bestehen aus drei unterschiedlich grossen Katarakten und sie haben den Menschen wohl seit je beeindruckt; was Wassermenge und Breite betrifft, sind sie die grössten von Nordamerika. Die Idee, diese gewaltigen Wassermassen zu nutzen, war schon lange aufgekommen. Es wurde auch einiges realisiert, Wassermühlen, kleinere Kraftwerke, Räder, doch erst 1889 wurde ein Unternehmen ins Leben gerufen, das über das Kapital und die nötigen politischen Verbindungen verfügte, um eine Anlage zu errichten, die den Dimensionen dieses stiebenden und tosenden Naturwunders gerecht wurde. 103 Financiers, unter Führung des mächtigsten Bankiers der *Wall Street*, John Pierpont Morgan, taten sich zu diesem Zweck zusammen und gründeten die *Cataract Construction Company*. Das Aktienkapital betrug zunächst 2,6 Millionen Dollar, eine ebenso gewaltige Summe, die in der Folge sukzessive erhöht wurde.[426]

Zum Präsidenten der Gesellschaft wurde ein Geschäftsmann aus New York bestimmt, Edward Dean Adams (1846–1931), der aus einer der besten Familien Bostons stammte; zu seinen Vorfahren zählten der zweite und der sechste Präsident der Vereinigten Staaten, John Adams und John Quincy Adams. Ursprünglich am MIT in Cambridge, MA zum Ingenieur ausgebildet, war er früh ins Bankgeschäft gewechselt und hatte als Financier diverse Fusionen und Restrukturierungen von Firmen begleitet, vor allem von Eisenbahngesellschaften; wiederholt arbeitete er mit Morgan zusammen, geradeso war er mit Edisons Firma *Edison Electric Light Company* verbunden, eines der vielen Unternehmen des Erfinders. Wenn ihn aber etwas berühmt machen sollte, dann sein Engagement für das Kraftwerk an den Niagarafällen: Noch 1929, als er bereits im hohen Alter von 83 Jahren stand, widmete ihm das *Time Magazine* eine Titelgeschichte und bildete ihn auf dem *Cover* ab, was seinerzeit in den USA allerhöchste Anerkennung ausdrückte.[427] Adams galt als der Mann, der den grössten Wasserfall Amerikas gezähmt hatte. Über diese erstaunliche Geschichte hat Adams gegen Ende seines Lebens auch ein Buch verfasst, eine Mischung aus Memoiren und Technikgeschichte: sehr nüchtern, kaum eitel geschrieben, bietet es eine Fülle von Informationen und Einblicken.[428] Adams starb 1931, 85-jährig, an den Folgen eines Autounfalls, der ihm auf dem Weg zum 84-jährigen Edison in dessen Ferienhaus in Florida zugestossen war. Man hätte sich in wenigen Tagen treffen wollen. Edison verschied übrigens im Oktober 1931 ebenfalls.[429]

Im Jahr 1889 stand man jedoch am Anfang – in jeder Hinsicht: Es handelte sich wohl um eines der ehrgeizigsten Projekte der damaligen Welt. Noch nie war versucht worden, eine Wasserkraft von an die 100 000 PS (73 500 kW) zu nutzen, oder wie es die Amerikaner ausdrückten: *to harness* – zu zähmen.[430] Ausser der Tatsache, dass man mit einem Kanal bzw. Tunnel einen Teil des Wassers erfassen wollte, war alles offen. Noch war nicht einmal entschieden, ob sich diese Kraft am besten mit Wasserrädern und Riemen, Drahtseilen, Druckluft oder Elektrizität verwerten liesse – und falls es ein Kraftwerk sein sollte: Wie wäre es auszugestalten? Mit Gleichstrom oder Wechselstrom, einphasig oder dreiphasig? Was die Frankfurter Politiker zur gleichen Zeit entzweit und es ihnen so schwergemacht hatte, ein Elektrizitätswerk zu planen – davon war auch dieses riesige Vorhaben betroffen. Der Systemstreit spielte mitten hinein.

5.2.8.1 Expeditionen nach Europa

Um diese Fragen zu beantworten, suchte Adams nach Vorbildern und wandte sich deshalb nach Europa. Er nahm sich vor, jene Länder zu besuchen, die dafür bekannt waren, dass sie die Wasserkraft einzusetzen verstanden – was nicht ganz überraschend Regionen waren, die in den Alpen lagen, wo es viele Flüsse und Wasserfälle gab. Also fuhr er nach Frankreich – und in die Schweiz. Wenn wir nach einem Gradmesser suchten, wie hoch das Prestige der Schweizer Industrie zu jener Zeit bereits war, dann mag man das daran ablesen, wo und beim wem Adams sich nun erkundigte. In seinen Erinnerungen schrieb er 1927:

«Switzerland, an industrial country, dependent, through lack of fuel, upon its never-failing waterfalls, had made hydraulics and mechanics special features of its educational system and had developed leaders of those sciences and masters of those arts. At that period, they had won international recognition and could point with pride to engineering works abroad as well as at home, in their evidence of their skill and experience. Therefore it was to Switzerland and its engineers that special attention was given in the first communications regarding prime movers».[431]

II. Teil. Gründerzeit

Bevor Adams sich nach Europa einschiffte, studierte er Bücher, Broschüren, Pläne und Artikel zum Thema, dann stellte er mithilfe der amerikanischen Konsulate in Genf und Zürich eine Liste der «most prominent and experienced ingenieur-constructeurs in Switzerland»[432] zusammen, mit denen er in Verbindung treten wollte. Dazu gehörten: Escher Wyss in Zürich, ein international führender Anbieter von Wasserturbinen, zweitens Faesch & Piccard in Genf, ebenfalls ein Spezialist für Turbinen und Kraftübertragungen, ferner Theodor Bell in Kriens/LU, weil diese Firma vor Kurzem ein Kraftwerk für Bern gebaut hatte, schliesslich J. J. Rieter, Winterthur, deren Turbinen ebenfalls in gutem Ruf standen. Von besonderem Interesse aber waren eine Firma in Oerlikon und ihr Chefingenieur, wie Adams Jahre später festhielt:

«The Machine Works (Maschinenfabrik) of Oerlikon, near Zurich, of which Chas. E. L. Brown was then electrical director, was awarded the only Grand Prix for dynamos at the Paris Exhibition of 1889, in competition with several American exhibitors of electrical machinery.»[433]

Um zu illustrieren, wie kompetitiv diese Firma war, erwähnte Adams mehrere Aufträge, die MFO vor Kurzem ausgeführt hatte, unter anderem einen Generator für ein Kraftwerk in Chile, vor allem aber deren *Know-how* auf dem Gebiet der Kraftübertragung, was die Amerikaner am meisten angezogen haben dürfte:

«Alternating-current apparatus for transmitting current considerable distances, principally for lighting, was an important feature of the work at Oerlikon, but of particular interest was the project for the transmission of several hundred horse-power for more than a hundred miles for the Frankfort Exhibition to be held the following year».[434]

Adams bereiste die Schweiz im Frühjahr 1890, also genau in jenen Wochen, da sich die MFO darauf festgelegt hatte, die Kraftübertragung für die Frankfurter Ausstellung zu realisieren, während die AEG noch abwartete. Einen besseren Zeitpunkt hätte er nicht wählen können. Brown und seine Mitarbeiter befanden sich damals mitten in den Vorarbeiten für dieses Projekt. Ähnliche Parforceleistungen waren zu jener Zeit in Amerika nicht zu besichtigen, und kaum jemand hatte so viel Erfahrung wie Brown, der schon mehrere solcher Anlagen gebaut hatte, die sich kommerziell betreiben liessen. Für Adams muss der Aufenthalt in Oerlikon deshalb aufschlussreich gewesen sein: Zum einen plante man auch in Niagara eine Kraftübertragung – und zwar nach Buffalo, NY, einer aufstrebenden Industriestadt, die man so an den Strom anschliessen wollte. Alles schien jedoch unsicher: welche Stromart? Welche Generatoren? Wie die Leitungen isolieren? Alles, was die MFO und die AEG nun bald in Angriff nahmen, stand den Amerikanern noch bevor. Buffalo liegt 32 Kilometer von den Wasserfällen entfernt. Wenn also die MFO und die AEG imstande wären, die Strecke von Lauffen nach Frankfurt zu überwinden (175 Kilometer), dann würde sich das als Vorbild für Buffalo eignen.

Zum andern hatte Brown inzwischen den Schritt zum Wechselstrom vollzogen, was in Amerika Westinghouse und Tesla ebenfalls getan hatten, aber wogegen sich Edison nach wie vor stemmte: Wenn Brown dessen Vorzüge zu demonstrieren vermochte, dann liessen sich diese Erkenntnisse auch auf das Kraftwerk an den Niagarafällen anwenden; der Systemstreit, so stand zu erwarten, liesse sich so auch in Amerika klären. Schliesslich hatte Brown zu jenem Zeitpunkt auch Generatoren gebaut, die 1890 zu den leistungsstärksten der Welt gehörten, nur Siemens & Halske und die ungarische Firma Ganz & Co. in Budapest hatten ähnliche Maschinen im Angebot, wie Adams in einer Art Inventar notierte. Escher Wyss merkte er sich als jene Firma, die bislang die weltweit effektivsten Wasserturbinen installiert hatte.

Nachdem der Amerikaner diesen Schweizer Fabriken einen Besuch abgestattet hatte, begutachtete er auch ein paar hydroelektrische Anlagen, die bereits in Betrieb standen; dann reiste er nach Frankreich weiter und korrespondierte mit Marcel Deprez, dem Pionier der Kraftübertragung, um am Ende zu einem eindeutigen Urteil zu kommen. Am 11. Mai 1890 meldete Adams per Telegramm aus Paris nach New York:

«After careful investigation conclude practise here far ahead ours. Recommend defer execution construction contracts. Considering inviting American, English, French, Swiss houses to submit competitive preliminary schemes to commission composed of Sellers, Edison and English, French and Swiss engineers, one each. Important Sellers meet me London immediately. Cable views directors».[435]

New York antwortete:

«Directors present approve your plan. Edison impossible. Sellers sails Saturday with all papers».[436]

Coleman Sellers, ein angesehener Ingenieur und Professor aus Philadelphia, war der technische Berater der Cataract Construction Company. Adams hatte ihn kurz zuvor angestellt. Mit ihm reiste Adams jetzt ein zweites Mal in die Schweiz, wo sie die erwähnten Betriebe von neuem aufsuchten und mit allen relevanten Persönlichkeiten, unter anderem Charles Brown und Oberst Huber, konferierten. Beeindruckt von dem, was er auf dem Kontinent gesehen hatte, war er überzeugt von seiner Idee, eine internationale Kommission von Experten aus jenen Ländern zusammenzustellen, die am meisten *Know-how* vorzuweisen hatten. Aus Sicht von Adams waren das England, Frankreich und die Schweiz. Den Vorsitz bot er dem Briten Sir William Thomson an (1824–1907), dem späteren Lord Kelvin, einem renommierten Professor der Universität Glasgow, als Schweizer Vertreter sah Adams den Genfer Théodore Turrettini vor. Turrettini (1845–1916), der aus einer der alten patrizischen Familien kam, galt als einer der einflussreichsten Genfer seiner Zeit; er war Stadtrat, Nationalrat, Oberst der Artillerie und vor allem Direktor der SIP *(Société genevoise pour la construction d'instruments de physique),* eines Pioniers der schweizerischen Maschinenindustrie.[437] Diese Firma hatte er zum Blühen gebracht: man stellte Luftkompressoren her und lieferte die Bohrmaschinen für den Gotthard-Tunnel. 1880 fuhr Turrettini mit seinem Genfer Kollegen René Thury für sechs Monate zu Thomas Edison nach Menlo Park, NJ. Von diesem Zeitpunkt an interessierte er sich auch für elektrotechnische Produkte, insbesondere Glühlampen, was aber bald in den Hintergrund trat, da er zusehends zum Experten für Wasserbau und Energieübertragung aufstieg. Bald war er weltweit anerkannt.[438]

Adams berief ihn – nicht ohne dies vorher mit dessen Schweizer Kollegen in der Branche abgesprochen zu haben. Offenbar lag Adams viel daran, dass die Schweizer Ingenieure und Unternehmer sich angemessen repräsentiert sahen. Als Adams die fünf Experten, die er ausgewählt hatte, den Investoren und Direktoren der Cataract Construction Company vorstellte, zeigten sich diese, wie er später erzählte, hell begeistert, dass es ihm gelungen war, «so brilliant a combination of talent» gewonnen zu haben.[439] Das Beratergremium firmierte fortan als *International Niagara Commission,* es gehörten ihm zwei Engländer, ein Amerikaner, ein Franzose und ein Schweizer an.[440]

In den kommenden Wochen wurden die Recherchen intensiviert; auch mehrere Experten der Kommission reisten nun persönlich nach Frankreich und in die Schweiz, wo sie in der Regel mit denselben Unternehmern und Technikern redeten, die schon Adams kontaktiert hatte. Solcherart umfassend dokumentiert, schrieb die Kommission im Juni 1890 zwanzig Firmen direkt an und lud sie ein, Vorprojekte einzureichen, wobei ihnen überlassen blieb, welche Art der Nutzung sie vorschlugen. Konkret handelte es sich um fünf amerikanische, neun französische, sieben britische, ein ungarisches und sechs schweizerische Unternehmen, denen man die Jahrhundertaufgabe zutraute, «to harness the Niagara Falls», die Niagarafälle zu zähmen. Wenn ein Umstand veranschaulicht, wie weit überlegen die Europäer in diesen spezifischen hydraulischen und elektrotechnischen Fragen zu jener Zeit waren, dann dieses Übergewicht: 15 der angeschriebenen Firmen stammten aus Europa, während bloss 5 in den USA domiziliert waren. Dass die kleine Schweiz in den Augen der internationalen Experten mehr

5. Charles Brown, Walter Boveri und die «schöpferische Zerstörung»

interessante Produzenten vorzuweisen hatte als der industrielle und so viel grössere Pionier England, unterstreicht, was Adams in seinem Rückblick folgendermassen beschrieb: «It was natural that this development should have progressed rapidly in Switzerland where there were many sources of water-power and no coal.»[441]

Was die Amerikaner in der Folge veranstalteten, war nichts weniger als ein internationaler, überaus transparenter Wettbewerb; im Grunde jenem Verfahren nicht unähnlich, das auch Sonnemann zur gleichen Zeit in Frankfurt initiiert hatte, um den Systemstreit beizulegen. Die amerikanische Historikerin Jill Jonnes stellt fest: «It was an ingenious way to gather the collective knowledge of the scientific elite».[442] Noch schien es gar keine Rolle zu spielen, ob das Projekt von Amerikanern oder Ausländern ausgeführt wurde: Fast unpatriotisch, emotionslos, streng technokratisch ging Adams vor, der Nachkomme von zwei Präsidenten – später sollte sich das ändern, wobei das nicht an ihm lag. Amerikanisch, im Sinne der Systematik und Rationalität des Prozesses, war aber wohl die enge wissenschaftliche Begleitung von Beginn weg, ebenso speziell wirkte die Tatsache, dass ein grosser Teil der Arbeit der Kommission in Europa selber anfiel, meistens traf man sich in London. Angesichts der Tatsache, dass man per Telegraf mit der Geschäftsleitung in New York sämtliche Entscheide abzustimmen und der eine oder andere der Experten wiederholt mit dem Schiff den Atlantik zu überqueren hatte, kann man erst ermessen, wie erstaunlich gut organisiert dieser Auswahlprozess ablief. Brown und Dolivo-Dobrowolsky fuhren regelmässig zwischen Oerlikon, Frankfurt und Berlin hin und her – Adams und seine Ingenieure hingegen überwanden Tausende von Kilometern, um zu entscheiden, was man in Niagara überhaupt bauen wollte. Allein der Genfer Berater Turrettini begab sich drei Mal – 1891, 1893, 1899 – für mehrere Wochen nach den USA, um die Bedingungen vor Ort zu studieren. Dass dieser Prozess ins Geld ging, versteht sich von selbst, was Adams, Abkömmling von Puritanern, noch Jahrzehnte später beschäftigt zu haben schien. Als ob er sich nach wie vor zu rechtfertigen hätte, listete er im Anhang seines Buches aus dem Jahr 1927 Auslagen und Spesen seiner internationalen Kommission im Detail auf: Insgesamt kostete dieser Wettbewerb, inklusive Reisen, Konferenzen und Schlussbericht 430 000 Dollar – ein sehr hoher Betrag. Heute entspräche er etwa 116 Millionen Franken.[443] Im Vergleich dazu muss man im Fall von Frankfurt von einem geradezu kostengünstigen Projekt sprechen, wenn wir an die unbürokratische, viel informellere Zusammenarbeit der MFO und der AEG denken.

Im Februar 1891 traf sich die Kommission in London, um die eingereichten Projekte zu bewerten und je nachdem mit einem Preis auszuzeichnen. Selbst diese Sitzung war monumental: Man tagte für sechs Tage, jeweils sieben Stunden lang, ohne einen *break*, wie Adams hinterher betonte. Zugegen waren nicht nur die Kommission und ihr berühmter Präsident, Lord Kelvin, sowie die verschiedenen Experten der Cararact Construction Company, sondern auch diverse Ingenieure und Techniker der Firmen, die am Wettbewerb teilgenommen hatten. Da nicht alle Englisch beherrschen, sorgte Clemens Herschel, ein amerikanischer Ingenieur, für die nötige Übersetzung der Diskussion, der gebürtige Wiener sprach fliessend Deutsch und Französisch.

Zu diesem Zeitpunkt hatte sich niemand festgelegt, noch blieben alle Varianten der Nutzung denkbar: insbesondere rangen die Kommissionsmitglieder mit der Frage, wie die unermesslichen Kräfte der Wasserfälle, einmal mit Wasserturbinen gewonnen, an entferntere Orte übertragen werden sollten? Was die MFO und die AEG in Frankfurt beweisen wollten: Dass Elektrizität dieses Problem lösen konnte, war noch nicht bewiesen, die Ausstellung fing erst in wenigen Monaten an. So prüfte die Kommission nach wie vor, ob sich nicht auch Druckluft oder komprimiertes Wasser eignen würde. Elektrizität stand zwar im Vordergrund, doch hier wütete – wie überall Anfang der 1890er-Jahre – der Systemstreit. Gleichstrom oder Wechselstrom für Niagara? Längst war dies auch ein Kampf der Generationen geworden, wie Adams sich erinnerte: Während die älteren Kapazitäten wie etwa Lord Kelvin den Gleichstrom verteidigten als die einzige richtige Methode, propagierten jüngere Ingenieure den Wechselstrom.

Ob Charles Brown an jener Sitzung in London dabei war, lässt sich nicht mit Sicherheit angeben, es scheint aber wahrscheinlich – denn bei der Schilderung dieses Treffens erwähnte Adams Brown als einen der jüngeren Ingenieure, der zusammen mit Michael von Dolivo-Dobrowolsky für den Wechselstrom eingetreten sei. Wobei unklar bleibt, ob Adams nur Browns Meinung referierte, wie sie zu jener Zeit auch aus Fachzeitschriften bekannt war, oder er sich auf reale Aussagen stützte, die dieser in London gemacht hatte. Adams nennt konkret nur diese beiden Namen, sie waren für ihn offenbar die wichtigsten Vertreter dieser jüngeren Generation.

Wie dem auch sei: Entscheidend für unsere Fragestellung ist die Tatsache, dass erstens die Evaluation der neuen Anlage in Niagara genauso vom Systemstreit beeinflusst und erschwert wurde wie der Bau des Elektrizitätswerkes in Frankfurt – und dass zweitens Brown auch in dieser Diskussion sehr präsent war. Man involvierte ihn als Promotor des Wechselstroms und als jenen Ingenieur, der gerade im Begriff war, an einer internationalen Ausstellung die Überlegenheit des Wechselstroms zu beweisen, man kontaktierte ihn als Chefelektriker der MFO, einer Firma, die als Hersteller der Generatoren in Frage kam und wiederholt von Kommissionsmitgliedern aufgesucht worden war, last but not least kannte man ihn als einen jener wenigen Techniker in Europa, der bereits am Beispiel mehrerer Anlagen erfolgreich Strom übertragen hatte.

5. Charles Brown, Walter Boveri und die «schöpferische Zerstörung»

Im Februar 1890 obsiegten in der Kommission indessen die konservativen Kräfte der älteren Generation, nach tagelanger Debatte entschied man sich für Gleichstrom. Im Schlussbericht zog man folgendes Fazit:

«The general opinion of the commission was in favor of the adoption of electrical methods as the chief means of distributing the power, though perhaps not as the only means. In the selection of electrical methods they were not convinced of the advisability of departing from the older and better understood methods of continuous currents in favor of adoption of methods of alternating currents».[444]

Wenn man die Tätigkeit der Kommission etwas weniger nachsichtig beurteilt als Adams, der wohl etwas befangen war, weil er sie selber ins Leben gerufen hatte, dann verfügte dieses kostspielige Gremium jetzt zwar über viele Informationen und Projekte, doch von der Entscheidungsreife befand man sich nach wie vor weit entfernt. Der Berg hatte eine Maus geboren. Wie verworren die Verhältnisse sich darstellten, erwies sich bei der Preisverleihung: Acht Projekte wurden prämiert, davon setzten vier auf pneumatische Lösungen, die anderen vier auf Elektrizität, gar keinen Preis konnte man für die Kraftübertragung aussprechen, weil offenbar keine Firma ein überzeugendes Konzept vorgelegt hatte. Somit blieben zentrale Fragen unbeantwortet: Elektrizität oder Druckluft? Gleichstrom oder Wechselstrom? Dennoch lud der Vorsitzende, Sir William Thomson, alle Mitglieder am Ende dieses sechstägigen Sitzungsmarathons in den *Whitehall Club* in London ein, wo man unter Zuzug allerlei technischer und unternehmerischer Prominenz sowohl Englands, als auch Europas die Ergebnisse feierte, auch wenn sie mehr einer organisierten Konfusion gleichkamen. Immerhin: da man sich über die hydraulische Nutzung der Fälle einig war, wurden nun erste Aufträge erteilt. Drei Firmen wurden aufgefordert, ihre Projekte zu vertiefen: Escher Wyss, Zürich; Faesch & Piccard in Genf, sowie J.J. Rieter aus Winterthur. Dass die Schweizer Wasserbauingenieure damals als die führenden Experten für Wasserturbinen galten, war internationaler Konsens.

5.2.8.2 Warten auf Frankfurt

Kurz nachdem die Kommission ihre letzte Sitzung Anfang Februar 1891 abgehalten hatte, vernahm Adams vom Vortrag, den Charles Brown in jenen Tagen in Frankfurt gehalten und wo dieser sein Experiment für die Ausstellung so selbstsicher vorgetragen hatte, dass nicht nur die Anwesenden beeindruckt waren, sondern offenbar selbst die vielen Experten und Investoren, die im fernen London und New York das Kraftwerk in Niagara konzipierten. Wie es genau dazu gekommen ist, bleibt offen. Jedenfalls notierte Adams, dass jetzt allen Beteiligten klar war, dass man mit weiteren Entscheiden zuwarten wollte – dass «no contract for either hydraulic or electrical machines could prudently be made until the official report of the Lauffen-Frankfort transmission had been made and analyzed».[445]

Folgerichtig, wir haben es oben erwähnt, reisten die beiden Kommissionsmitglieder Turrettini und Unwin im Sommer nach Frankfurt, mit der Absicht, die Kraftübertragung von Brown und Dolivo-Dobrowolsky vor Ort zu inspizieren, Turrettini war auch dabei, als die unabhängige Kommission unter Leitung von Weber im September 1891 die Tests vornahm. Dass Weber vom Eidgenössischen Polytechnikum das Experiment zu überprüfen hatte, wurde selbst in den USA mit Genugtuung vermerkt, wie sich Adams erinnerte: «It was stated that the choice of Professor Weber gave the assurance that these trials would be made in the most conscientious and competent manner».[446]

Am 24. August 1891 wurden die Leitungen von Lauffen nach Frankfurt zusammengeschlossen, und der Strom erreichte die Elektrizitäts-Ausstellung. Am 12. September setzte der Normalbetrieb ein, 1000 Glühbirnen brannten, der Wasserfall donnerte, Brown und Dolivo-Dobrowolsky hatten bewiesen, was so lange umstritten gewesen war: 175 Kilometer liessen sich mit Wechselstrom überwinden. Turrettini dürfte dies alles selber miterlebt haben – und seine Auftraggeber in New York und London umgehend davon in Kenntnis gesetzt haben. Was wahrscheinlich nicht nötig gewesen wäre, denn auch die *New York Times* meldete 1891 den Durchbruch:

«NO LONGER CHIMERICAL», titelte sie am 24. November 1891, «ELECTRICITY THE MEDIUM – ELECTRICAL POWER TRANSMITTED TO A DISTANT POINT IN GERMANY». Und der Bericht kam – unter anderem – zum Schluss:

«The most recent and successful attempt at the transmission of electrical power is that now in service at the Frankfort electrical exposition. Here the power equal to that exerted by 300 horses is transmitted from Lauffen to Frankfort for the purpose of running the machines of the exposition».[447]

Kaum etwas hat den Entscheidungsprozess über die beste Nutzung der Niagarafälle mehr bestimmt als diese Meldungen aus Frankfurt, die im Laufe des Herbstes 1891 in New York eintrafen, Adams hielt fest: «it became evident that the alternating current of electricity could be safely and economically controlled for the transmission of power more than five times the distance from Niagara to Buffalo», womit er sich auf die Strecke von Lauffen nach Frankfort (175 Kilometer) bezog – die Kraftübertragung, die er plante, sollte über 32 Kilometer gehen.

«From this period all serious attention was concentrated upon electrical installations, generators, transformers, lines of transmission, motors and power and light distribution».[448]

Noch im Dezember 1891 ging ein Brief der Cataract Construction Company, unterzeichnet von Adams, an sechs ausgewählte Firmen, die man nun erneut dazu aufforderte, Projekte auszuarbeiten; man führte im Grunde eine zweite Runde des Wettbewerbs durch, doch dieses Mal richtete sich die Einladung ausschliesslich an Elektrofirmen, der Entscheid für Elektrizität war gefallen, ebenso zog man nun den Wechselstrom vor, immerhin überliess man diesen endgültigen Entscheid den Auftragnehmern.[449] Wenig später, im Januar 1892, informierte Weber Turrettini persönlich über die Resultate der Kraftübertragung von Lauffen nach Frankfurt: Sie waren sehr gut. Ein Wirkungsgrad von über 75 Prozent. Auch in Amerika zeigte man sich beeindruckt.

Wenn ein Umstand unsere These bestätigt, wonach Brown dank Frankfurt zu internationalem Renommee gelangt war – und dies konstitutiv für den Erfolg der BBC war, dann manifestiert sich dies in diesem Auftrag vom Dezember 1891. Denn die sechs Firmen, die jetzt an der letzten Ausscheidungsrunde beteiligt wurden – für ein Projekt immerhin, das zu jener Zeit als das teuerste und ehrgeizigste der Welt galt, hiessen:

– *Edison General Electric*, New York, die Firma Edisons,
– *Thomson-Houston Electric Company*, Boston, die bald mit der ersteren zu General Electric fusionieren sollte, schliesslich
– *Westinghouse Electric and Manufacturing Company*, Pittsburgh, die Firma des Rivalen von Edison.

Aus dem Ausland stammten die übrigen drei Firmen, alle drei aus der Schweiz:

– *Maschinenfabrik Oerlikon, MFO*, Oerlikon,
– *Compagnie de l'industrie électrique*, Genf, (die späteren Ateliers de Sécheron), und eine Firma, die vor bloss zwei Monaten gegründet worden war:

– *Brown, Boveri & Cie.*, Baden.

Dass die BBC, die niemand kannte, bereits für eines der grössten Kraftwerkprojekte der Epoche in Frage kam, hatte natürlich mit Brown zu tun. Es belegt den

II. Teil. Gründerzeit

hohen Stellenwert, den er nun selbst in den USA besass, wie hoch, hatte sich schon wenige Wochen vorher offenbart. Wäre es nämlich nach Adams gegangen, hätte es die BBC gar nie geben sollen, oder besser: auf jeden Fall nicht in Baden in der Schweiz. Anscheinend hatte Adams erfahren, dass Brown MFO verlassen hatte. Am 18. Oktober 1891 schrieb Adams Charles Brown deshalb einen Brief:

«Dear Sir:

Not having heard of your establishing permanent since the severance of your connections with the Oerlikon Company, I beg to suggest to you the opportunity that now exists for a gentleman of your profession for the establishment at Niagara Falls of manufacturing enterprises with which you are somewhat familiar. The number of contracts that we have made and now have under negotiation, indicate very clearly that there will be a very rapid development at that place. The most favorable opportunity is that for the establishment of a machine shop».[450]

Adams schlug Brown mehrere Geschäftsideen vor, um in Niagara ein Unternehmen zu etablieren. Ebenfalls deutete er an, dass Brown dann bestens positioniert wäre, erste Aufträge der Cataract Construction Company zu erhalten – genauso wie seinerzeit in Baden, mit dem nicht unbeträchtlichen Unterschied jedoch, dass es sich hier in den USA um ein gigantisches Projekt mit einem Auftragsvolumen von mehreren Millionen Dollar handelte. Mit Blick auf die ungeheuren Möglichkeiten, die Browns neue Fabrik zweifelsohne winkten, fuhr Adams fort:

«Primarily this would have its first large business in the construction of turbine wheels, and such additional machinery as it had the capacity to supply for the new manufactories in the process of construction. As this will become the great electrical center, all electrical machinery will of course be in great demand, and a manufactory of such articles upon the spot would, of course, have a superior advantage, if their work represented the highest state of the art, and not only in the supply of the original installation, but of their repair and extension».[451]

Es folgten weitere Idee, – was zum Ausdruck bringt, wie sehr Adams daran interessiert war, den jungen Ingenieur nach Amerika zu locken. Wir kennen die Antwort von Brown nicht, wissen aber – offensichtlich – dass er abgesagt hat, weil er wenige Tage zuvor in Baden die BBC gegründet hatte, was Adams in seinen Erinnerungen mit einem gewissen Verständnis vermerkte. Er war zu spät gekommen – und Brown war loyal genug, Walter Boveri nicht im Stich zu lassen.

5. Charles Brown, Walter Boveri und die «schöpferische Zerstörung»

Hinterher betrachtet regt dieser Abwerbeversuch die kontrafaktische Fantasie an: Was wäre mit BBC geschehen, wäre die Firma in den USA angesiedelt worden? Wäre sie ähnlich erfolgreich geworden – oder eben gerade nicht?

Zur gleichen Zeit, im Oktober 1891, brachte die *Electrical World*, eine Fachzeitschrift, die in New York erschien, ein Porträt von Charles Brown mit Bild – was vielleicht am besten den weltweiten Ruf wiedergibt, den er sich inzwischen erworben hatte. Anlass war der Durchbruch von Frankfurt. Nachdem der Autor Browns Herkunft beschrieben und insbesondere an dessen Vater erinnert («his father was well known as a constructing engineer of great skill, especially in the line of steam engine design»), ausserdem dessen Ausbildung erwähnt hatte («Young Brown received his education in the excellent gymnasium and technical school in his native town»), kam er auf dessen ersten Erfolg zu sprechen:

«His name was first made familiar to the public through his connection with the transmission of power plant at Solothurn when he was barely 23 years old. In that installation he successfully demonstrated both his own ability and the possibility of the successful long distance transmission of power. This feat gave him a considerable reputation and at the same time gave a powerful impetus to that particular class of work on the continent».[452]

Keine Errungenschaft, so glaubte auch dieser Autor, war jedoch höher einzustufen, als das, was Brown in Frankfurt vollbracht hatte:

«Very recently Mr. Brown's work has been, aside from the routine duties of the great firm with which he has been connected [MFO], turned in the direction of the long distance transmission of power by means of alternating currents, and he has taken an important part in the Lauffen-Frankfort enterprise, designing the very simple and ingenious dynamo used for the supply of power, and also the step-up transformers which are employed at the Lauffen end of the line. Very lately he has left the Oerlikon Works and has established himself in Baden, carrying on the manufacture of electrical machinery, for which his very considerable experience has so well fitted him. He is one of the brightest and best known of the continental electricians, and has a reputation of international importance».[453]

Bis im September 1892 hatten die drei Schweizer Firmen ihre Pläne abgeliefert, die Amerikaner folgten erst später, dabei schlugen MFO und BBC Varianten mit Wechselstrom vor, während die Genfer *Compagnie de l'industrie électrique* eine Gleichstromanlage vorsah; auch die inzwischen fusionierte *General Electric* (GE) konzipierte noch einmal eine Gleichstrom-Anlage, legte diese aber bald freiwillig auf Wechselstrom aus, nachdem klargeworden war, dass in Niagara niemand mehr an den Gleichstrom glaubte. Westinghouse, der Champion des Wechselstroms, reichte selbstredend ein Projekt mit Wechselstrom ein. Bei näherem Hinsehen erwiesen sich die Ausländer den Amerikanern als weit überlegen, und die meisten technischen Experten der Cataract Construction Company rieten, auf das Angebot einer Schweizer Firma einzusteigen; ob MFO oder BBC war offen, die einen tendierten zu MFO, andere präferierten die BBC, die leicht im Vorteil schien.[454] Adams schildert den Stand der Verhandlungen folgendermassen:

«The Swiss designs submitted in this connection were so promising that negotiations were opened for terms and conditions of contract for manufacture in Switzerland or for construction in the United States under Swiss supervision».[455]

Da der Auftrag für die Turbinen schon vorher an die Genfer Firma Faesch & Piccard gegangen war, schien es eine Zeitlang, als ob nur Schweizer Unternehmen dieses Prestigeobjekt der USA bauen würden, was jetzt, als es um definitive Entscheide ging, beim einen oder anderen Amerikaner dann doch patriotisches Unbehagen auslöste. Besonders Coleman Sellers, der alte, verdiente Chefingenieur von Adams wehrte sich nun gegen eine Vergabe an Ausländer:

«I do most earnestly protest against the purchase of the foreign plant if as good electrical results can be anticipated from the home made machine, even if the first cost is seemingly greater».[456]

Welche Anlage billiger gekommen wäre, ob eine schweizerische oder eine amerikanische, war ohnehin unsicher, da mit hohen Einfuhrzöllen der USA zu rechnen war. Da die Schweizer ausserdem nicht garantieren wollten, dass ihre Maschinen keinerlei Patente in Amerika verletzten – wovor sie deshalb zurückschreckten, weil damals nach wie vor ein kalter Krieg zwischen Westinghouse und GE um Patente tobte und daher die juristischen Verhältnisse höchst unübersichtlich waren – kamen nun bei den amerikanischen Auftraggebern Bedenken auf. Zwar anerkannte man nach wie vor die technische Superiorität der Pläne der MFO und der BBC, doch abgesehen davon, schien das Negative das Positive zusehends zu überlagern. War es der Preis? Spielten die Patentschwierigkeiten eine Rolle oder regten sich subkutan eben doch auch bei Adams und seinen vielen amerikanischen Investoren nationale Gefühle? Jedenfalls kamen die Verhandlungen mit MFO und BBC 1893 zu einem Ende. Man entschied sich, nur einen amerikanischen Anbieter zu berücksichtigen, entweder GE oder Westinghouse, und die Schweizer zogen sich zurück: «There appeared to be disappointment on both sides», bilanziert Adams, verteidigt seinen damaligen Entschluss aber mit den grossen Unsicherheiten im Zusammenhang mit Patentfragen.[457]

5. Charles Brown, Walter Boveri und die «schöpferische Zerstörung»

5.2.8.3 Brown und Niagara

Nach weiteren Gefechten, die sich nun GE und Westinghouse von Neuem in fast schon gewohnter Art und Weise lieferten, beauftragte die Cataract Construction Company im Oktober 1893 Westinghouse mit dem Bau des Kraftwerks. Im August 1895 nahm es den Betrieb auf. Seine Generatoren produzierten Wechselstrom und besiegelten damit das Ende des Systemstreits auch in Amerika.

Dass Adams und seine Geschäftsleitung auf mehrphasigen Wechselstrom setzten, um ihren Strom nach Buffalo zu transportieren, lag zu einem wesentlichen Teil an «Frankfurt». Es bestand mit anderen Worten ein direkter Zusammenhang zwischen dem Experiment von Brown und Dolivo-Dobrowolsky und dem gigantischen Bauwerk an den Niagarafällen. Dies rückt in den Mittelpunkt, warum «Frankfurt» so weitreichende wirtschaftliche und technische Auswirkungen hatte und warum Charles Brown infolgedessen so gefragt und prominent werden sollte. Um das zu belegen, möchten wir zum Abschluss drei zeitgenössische Wortmeldungen anführen.

Schon im Dezember 1891 hatte der amerikanische Generalkonsul in Frankfurt einen Bericht über die Kraftübertragung von Lauffen nach Frankfurt geschrieben, aus dem die *Times* (London) Ende Dezember in einem Artikel zitierte. «AN IMPORTANT EXPERIMENT IN ELECTRICAL TRANSMISSION», titelte die britische Zeitung mit Blick auf den Versuch der MFO und der AEG und schrieb:

«The United States Consul-General in Frankfort, in a recent report, describes what he calls the most momentous experiment in technical electricity ever made since electricity has been rendered serviceable to mankind».[458]

Der Generalkonsul hiess Mason. Offenbar hatte er die Anlagen in Frankfurt und Lauffen persönlich besichtigt – und davon vollends überzeugt, war ihm bewusst, welche Möglichkeiten sich nun seinem eigenen Land boten, wie die *Times* referierte:

«The way, concludes Mr. Mason, is now open for Americans to harness the wasted energy of Niagara and a thousand smaller cascades and rapids in every part of our great country to varied purposes of daily life».[459]

Als ob man auf Mason gehört hätte – doch selbstverständlich hätte es seiner Aufforderung nicht bedurft – wurden in den kommenden Monaten, wir haben es bereits dargestellt, die wesentlichen Schritte eingeleitet: die Cataract Construction Company schrieb die sechs Firmen an, die definitiv als Auftragnehmer in

II. Teil. Gründerzeit

Frage kamen, und brachte das Projekt zur Entscheidungsreife. Im Juli 1892, vermutlich von Vertretern der Firma informiert, vielleicht sogar von Adams selbst, veröffentlichte die *New York Times*, das amerikanische *Paper of Record*, einen Artikel, der diese Fortschritte bekannt machte und selbstredend pries. Unter dem Titel «NIAGARA FALLS IN HARNESS: Its Great Water Power Soon To Be Made Use Of»[460] berichtete die *New York Times*, dass die Cataract Construction Company ihre Arbeit praktisch erledigt habe und bald die Vollendung dieses säkularen Werkes erwartet werden könne:

«Wonderful Triumph of Engineering Skill – Greatest Enterprise Of Its Kind In The World», lautete die Unterzeile. «It is not so very long since the proposition to harness Niagara and make the great waterfall do duty for manufacturing purposes, like any ordinary little cascade, as well-nigh impossible. And yet that same thing is now an almost accomplished fact».[461]

Nachdem der Autor den ganzen bisherigen Entscheidungsprozess zusammengefasst, sowie alle technischen Fragen im Detail berührt hatte: den Kanal, den Tunnel und die Turbinen, wobei er darauf hinwies, dass diese nach Plänen aus der Schweiz gebaut würden, kam er auf die Generatoren und die Stromübertragung zu sprechen:

«The dynamos at the upper ends of the shafts will have all the improvements which can be suggested by electrical science. The electricity thus developed may be used locally and distributed for power in the mills, and it will doubtless also be carried to the neighboring City of Buffalo».[462] Darüber bestand für den Autor kein Zweifel, denn:

«The transmission last year of electricity from the Falls of Lauffen to the City of Frankfort, a distance of 100 miles, with but a very small ratio of loss, shows conclusively that its transmission to Buffalo, a distance of but twenty miles, can be successfully accomplished». Und er schloss: «Beyond question this is the greatest enterprise for the development of water power ever undertaken».[463]

Einen Monat später, im August 1892, nahm auch die *Times* in London das Thema von Neuem auf und widmete ihm sogar einen Leitartikel:

«If we would know what the future industry is likely to be» begann der Autor und stellte zunächst fest, was noch galt: «That steam has had its day as the chief motor power is not quite true. But it looks as if water, perhaps the earliest motor force used by men, had a new future before it».[464]

5. Charles Brown, Walter Boveri und die «schöpferische Zerstörung»

Damit bezog er sich auf die Wasserkraft, meinte aber in erster Linie die Elektrizität, die sich dank der Wasserkraft herstellen liess, insbesondere deren Verteilung. Dass er in diesem Zusammenhang bald die Niagarafälle erwähnte, überrascht nicht – kein Projekt, so macht es den Anschein, dürfte die Fantasie der Zeitgenossen mehr beflügelt haben:

«At Buffalo, which is a considerable distance from the Falls, arrangements are being made to utilize the power of Niagara, and the success of the Frankfort-Lauffen experiment makes it certain that electrical distribution can be carried out with surprising economy over long distances. Hydraulic and electric engineers have well nigh carried out a change which promises to revolutionize modes of industry and alter its seats».[465] Weil der Autor Engländer war, interessierten ihn besonders die Möglichkeiten, die sich nun ergaben, um die Kohle abzulösen, den Treibstoff der Industriellen Revolution:

«In place of the fears prevalent some years ago, and suggested by the rapid consumption of our stock of coals, as to the motor power of the future, there seems a limitless prospect».[466]

Limitless prospect. Die *Times* sollte recht bekommen. 1990 erklärte das *Institute of Electrical and Electronic Engineers*, IEEE, den 24. August 1891, also den Tag, da der Strom aus Lauffen in Frankfurt ankam, offiziell als «the beginning of the industrial use and transmission of alternating current».[467] Der IEEE ist der internationale Berufsverband der Ingenieure der Elektro- und Informationstechnik und gilt mit mehr als 430 000 Mitgliedern als der grösste technische Verband der Welt.

Charles Brown und Michael von Dolivo-Dobrowolsky haben mit ihrem Experiment in Frankfurt eine wichtige Voraussetzung für das gewaltige Kraftwerk an den Niagarafällen geschaffen und damit auch den Systemstreit in Amerika massgeblich mitentschieden.

5.3 Walter Boveri: Ein Mann will nach oben

Wir haben die Biographie von Charles Brown bis 1891 recht ausführlich dargestellt, weil wir in dessen frühen Ruhm als Ingenieur einen zentralen Faktor für den raschen Aufstieg der BBC sehen. Im Fall von Walter Boveri können wir uns kürzer fassen – nicht etwa weil er über die ganze Geschichte des Unternehmens gesehen weniger bedeutend gewesen wäre, sondern weil sein Wirken erst nach der Gründung sichtbar zum Tragen kam, als er seine ausserordentliche unternehmerische Begabung ausspielte. War Brown von Beginn weg als technischer Innovator und kreativer Kopf unentbehrlich, erwiesen sich die finanztechnischen und organisatorischen Fähigkeiten von Boveri, die wohl zu Anfang nicht einmal ihm selbst so vertraut waren, erst nach der Etablierung der BBC als essenziell für den Erfolg der Firma. Wir werden deshalb diesen Aspekt seiner Persönlichkeit zu einem späteren Zeitpunkt vertiefen, wenn es darum geht, den Aufbau des Weltkonzerns, ja der gesamten schweizerischen Elektrowirtschaft, den Boveri an erster Stelle vorantrieb, zu erklären und in den Badener Kontext zu stellen. Vorerst kümmern wir uns um jene Eigenschaften des jungen Deutschen, die die Gründung unmittelbar bestimmten.

Wenn wir Boveri hier weniger Raum zugestehen, dann handelt es sich um ein quantitatives, kein qualitatives Urteil. Im Gegenteil, Boveris Bedeutung für die BBC war überragend – nicht nur in den Jahren des Aufstiegs, der Konsolidierung und der Krise –, sondern genauso in den Zeiten vor der Gründung. Ohne Boveri, diese These möchten wir im Folgenden begründenn dürfte es nie zur Etablierung der BBC gekommen sein. Er war die treibende Kraft, der den älteren, brillanteren, berühmteren, wohl auch eitleren Brown für sich gewann und dazu bewegte, den Schritt in die Selbständigkeit zu wagen. Ohne Boveri hätte Brown dies kaum riskiert. Stattdessen wäre er vermutlich wie sein Vater ein genialer Ingenieur geblieben, der aber als Angestellter einem anderen Unternehmer zugedient hätte. Mit Nachrufen freundlich bedacht wäre er gestorben – ohne allzu umfangreiches Vermögen, vor allen Dingen, ohne eine Firma zu hinterlassen, die seinen Namen trug.

Wohl hatte Boveri bis 1891 viel weniger vorzuweisen als der bloss zwei Jahre ältere Brown, dennoch sind wir empirisch in einer weitaus komfortableren Lage, wenn wir Boveris frühe Jahre und sein Wirken für die BBC untersuchen wollen. Walter Boveri hat seine recht umfangreiche Korrespondenz bis in die frühen 1890er-Jahre in einem Kopienbuch abgespeichert, das im Archiv der BBC/ABB erhalten geblieben ist. Leider ist ein Teil der gut zweihundert Briefe kaum mehr lesbar, weil die auf dünnem, transparentem Papier verzeichneten Kopien verschmiert oder vergilbt sind. Was aber verwertbar ist, gestattet einen faszinierenden Einblick in die private und geschäftliche Tätigkeit von Boveri, die damals weitgehend darin bestand, Geld für die neue Firma zu suchen. Im Gegensatz zu Brown, wo wir nur wenige Briefe besitzen, die es uns erlauben, ihn psychologisch zu erfassen, ist es daher im Fall von Boveri möglich, auch seine Persönlichkeit zu erforschen. Diese interessiert uns nicht zuletzt deshalb, weil wir die theoretischen Vorgaben über den prototypischen Unternehmer von Schumpeter, Kirzner, Baumol, Casson und Mokyr verifizieren oder falsifizieren möchten. Beide, Brown und Boveri, haben als Patrons der BBC die Stadt Baden dermassen geprägt, dass es Sinn macht, auch ihre Persönlichkeiten zu analysieren.

5. Charles Brown, Walter Boveri und die «schöpferische Zerstörung»

Ob es sich bei diesen Briefkopien von Boveri um die vollständige Korrespondenz jener Jahre zwischen 1887 und 1891 handelt, ist unklar; immerhin beschreiben sie eine Schlüsselzeit der BBC-Protogeschichte. Wie immer bei dieser Art von Quellen, liegen Reiz und Risiko ihrer Interpretation nahe beieinander: Einerseits sind sie zeitnah und authentisch, andererseits höchst subjektiv, einseitig und zuweilen auch emotional. Ausserdem sind manche Informationen, die wir daraus beziehen, nicht mehr mit anderen Referenzen überprüfbar. Manchmal erwies es sich sogar als aussichtslos, den Adressaten eines Briefes zu eruieren. Oft bleibt uns nur ein Name ohne jeden Kontext. Wo eine Identifizierung aber möglich war, haben wir sie vorgenommen.

Als ob dieses Material nicht schon diffizil genug wäre, sahen wir uns für die folgende Untersuchung von Boveri auf ein zweites Quellenkonvolut angewiesen, das ebenfalls mit einer gewissen Vorsicht zu behandeln ist – nämlich die Memoiren von Autoren, die mit Walter Boveri sehr vertraut, ja verwandt waren: so etwa die ausgedehnten, auch nachdenklichen Erinnerungen von Walter Boveri junior, seinem zweiten Sohn. Dann die handschriftlichen Memoiren seiner Tochter Victoire Hämmerli-Boveri, sowie schliesslich die informative, anschauliche Autobiographie von Margret Boveri, einer Nichte, die nach dem Zweiten Weltkrieg zu den berühmtesten Journalistinnen Deutschlands zählen sollte. Das Buch erschien in den 1970er-Jahren posthum unter dem Titel «Verzweigungen»; der Schriftsteller Uwe Johnson hatte es herausgegeben.[468]

Was wir über die Briefe gesagt haben, gilt in vielleicht noch höherem Masse für diese autobiographischen Berichte. Sie sind nicht bloss subjektiv gefärbt und womöglich ungenau, sondern all diese Aufzeichnungen sind darüber hinaus viel, viel später vorgefallen als die Begebenheiten, die sie schildern. Oft trügt vielleicht das Gedächtnis, manchmal nimmt der Autor Rücksichten und verschweigt oder beschönigt, was krasser zu beschreiben wäre; immer beurteilt ein Erwachsener in den späten Jahren seines Lebens die Dinge oder Personen anders als zu jener Zeit, da er sie erlebt hat. Dennoch möchten wir keinesfalls auf diese Quellen verzichten, weil sie eben doch von hohem Nutzen sind, um eine historische Persönlichkeit aus möglichst vielen Perspektiven zu beleuchten. Mit diesen Warnungen im Hinterkopf möchten wir uns nun mit Walter Boveris sozialer und kultureller Prägung, seiner Karriere und Persönlichkeit bis zur Gründung der BBC befassen.

5.3.1 Der Beginn einer wunderbaren Freundschaft? Boveri und Brown

Walter Boveri, 1865 als Sohn eines Arztes in Bamberg geboren und aufgewachsen, war 1885 in die Schweiz gekommen, um bei der MFO eine Stelle als Volontär anzutreten. Zuvor hatte er sich an der (bayerisch)-königlichen Industrieschule in Nürnberg zum Ingenieur ausbilden lassen. Offenbar ein fähiger Projektleiter, war er Charles Brown, dem eben ernannten Chef der neuen elektrotechnischen Abteilung, bald aufgefallen: Schon kurze Zeit nach Eintritt wurde er vom Volontär zum Montageleiter befördert. Boveri überwachte und führte als Manager den Bau zahlreicher Anlagen aus, sowohl in der Schweiz als auch im Ausland, ob in Kriegstetten oder in Lauffen, stets in engem Kontakt mit Brown, aber mit beträchtlicher Autonomie. Man könnte ihn die «rechte Hand» von Brown nennen, der aber zu jener Zeit, obwohl nur zwei Jahre älter, sein unbestrittener Chef blieb. Es soll sich jetzt in Oerlikon eine «Freundschaft» zwischen den beiden entwickelt haben, glaubt man den Erinnerungen der Zeitgenossen, was durchaus möglich ist, wenn wir aber die Korrespondenz zwischen den beiden in jenen Jahren lesen, drängt sich eher das Bild einer ungleichen Beziehung auf: Brown, der Chef, Boveri, der willige, oft geradezu beflissene Vollstrecker.

«Verehrter Herr Brown», schrieb Boveri am 11. Mai 1889: «Ich kam in der letzten Zeit nicht mehr dazu Ihnen zu schreiben, denn unser Dienst ist gegenwärtig sehr anstrengend, überdies waren wir die vergangene Woche von der Garnison abwesend.»[469] Boveri hatte 1888 Oerlikon verlassen, um in Deutschland als sogenannt Einjährig-Freiwilliger seinen Militärdienst abzuleisten. Wie der Begriff verrät, dauerte diese Verpflichtung ein Jahr, was im Kaiserreich ein Privileg bedeutete, das nur Absolventen höherer Schulen zustand.[470] Ob er danach wieder bei MFO eingestellt würde, schien offen – auch deshalb pflegte er den Kontakt zu Brown. Offenbar hatte dieser reklamiert, und Boveri fühlte sich unter Druck. Also warb er um ihn:

«Es scheint mir, dass ich mich seinerzeit in meinem Brief, den ich rasch schrieb und von dem ich leider keine Copie besitze, in einer Weise ausgedrückt habe, die von Ihnen missverstanden werden musste, denn es macht mir den Eindruck, als ob Sie aus demselben ein Gefühl von Zurücksetzung und Unzufriedenheit meinerseits herausgelesen haben, an das ich niemals gedacht und für welches ich niemals Veranlassung gehabt habe. Ich würde es sonst wohl nicht von jeher als meinen liebsten Wunsch und mein Bestreben angesehen haben, so bald als möglich nach Oerlikon zurückzukehren, ebenso wenig hatte ich sonst Bestrebungen, die mich hier festhalten wollten, ohne Weiteres von der Hand gewiesen.»[471]

Was nicht ganz den Tatsachen entsprach. Nur wenige Wochen später, im Sommer 1889, bemühte sich Boveri darum, bei Schuckert & Co. in Nürnberg eine Stelle zu erhalten: aus privaten Gründen, wie er Sigmund Schuckert, dem Inhaber dieser bekannten Elektrofirma, schrieb:

5. Charles Brown, Walter Boveri und die «schöpferische Zerstörung»

«Nebenbei jedoch hatte ich schon seit längerer Zeit aus verschiedenen Rücksichten den Wunsch, mir bei Gelegenheit eine entsprechende Anstellung in Deutschland anstatt in der Schweiz zu suchen, und familiäre Verhältnisse lassen mich vor allem wünschen, mich in nicht zu grosser Entfernung von hier festsetzen zu können.»[472]

Inwiefern das zutraf, lässt sich kaum mehr beurteilen, womöglich waren bei Boveri auch Zweifel aufgekommen, ob er mit Brown überhaupt weiterkam. Dafür spricht, dass Boveri diese Bewerbung einen Tag nach einem Brief an Brown abschickte, aus dem hervorgeht, wie unkonsolidiert das Verhältnis zwischen den beiden späteren Partnern nach wie vor war, wie abhängig von Brown sich Boveri fühlen musste. Der Brief an Schuckert war wohl als Befreiungsschlag gedacht. Das soll uns hier nicht weiter kümmern, relevant für uns, die wir die Qualität der Beziehung bewerten möchten, ist allein diese Tatsache: Der Ton gegenüber dem bloss zwei Jahre älteren Brown blieb unterwürfig, nicht freundschaftlich, sondern hierarchisch. Wenig verdeutlicht das besser als dieser erwähnte Brief an Brown, den Boveri geschrieben hatte, um eine Auseinandersetzung beizulegen, deren Anlass wir nicht kennen: Er wandte sich derart defensiv an den Chef, dass es beinahe peinlich berührt, umso mehr, wenn man bedenkt, dass sich hier einer der künftigen Titanen der schweizerischen Industrie äussert:

«Sie haben mich vielleicht noch zur rechten Zeit daran erinnert, dass ich Ihnen wie dem Geschäfte niemals mehr war und sein werde, als jeder andere Techniker auch», schrieb Boveri im Juli 1889 an Brown: «und dass ich sehr froh sein muss, wenn ich nach einer Abwesenheit von 1 Jahr [sic] überhaupt wieder nach Oerlikon zurückkehren kann, von der Anmassung gar nicht zu reden, unter solchen Umständen auch noch Ansprüche zu machen.»[473]

Offenbar gelang es Boveri aber damit nicht, die Verstimmung zu zerstreuen, die er beim kapriziösen, sicher nicht unkomplizierten Brown aus welchen Gründen auch immer herbeigeführt hatte. Bis im September weist das Korrespondenzbuch von Boveri keinen Austausch mehr mit Brown auf. Eine erneute Entfremdung ist denkbar. Erst im Herbst meldete sich Boveri wieder – aber vorsichtig, den Älteren mit Schmeicheleien überschüttend:

«Verehrter Herr Brown,
Frau Weber schrieb mir vor einiger Zeit, dass Sie nach Paris und London gefahren seien, also Ihre projektierte Reise ausgeführt haben. Ich nehme an, dass Sie bereits wieder in Zürich sind. Gerade höre ich von Ihrer Prämierung in Paris, zu der ich Ihnen herzlich gratuliere, ich habe es nicht anders erwartet. Sogar in den

Ausstellungsbriefen der *Frankfurter Zeitung* fand ich die Maschinenfabrik Oerlikon mehrere Male. Allerdings waren da auch die Werkzeuge und schnellgehenden Dampfmaschinen sehr lobend erwähnt worden.»[474]

Zu diesem Zeitpunkt, so können wir festhalten, in den Jahren vor der Gründung der BBC handelte es sich bei der Beziehung der beiden Partner um eine eher einseitige Angelegenheit. Der jüngere Boveri fühlte sich Brown unterlegen und befand sich in der Stellung desjenigen, der um die Gunst des Älteren zu werben hatte, dem genialischen Chef – was nicht verwundert: Brown galt in seinem Fach bereits als internationaler Star, während von Boveri kein Mensch sprach. Erst Jahre später, so nehmen wir an, entwickelte sich zwischen den beiden eine echte Freundschaft, die egalitärer war, wenn auch nicht unbedingt einfacher, bis sie schliesslich, 1911, abrupt und irreversibel zerbrach. Es muss ein verheerender Bruch gewesen sein: dieser Auflösung einer der wirkungsmächtigsten Verbindungen der schweizerischen Industriegeschichte haftete etwas Melodramatisches an. Die beiden sprachen nachher kaum mehr miteinander, sahen sich so gut wie nie mehr; nach dem Rückzug von Brown blieb Boveri einsam, wenngleich unangefochten in Baden – und er hatte die schwersten Jahre der noch jungen BBC allein durchzustehen, während Brown sich im Tessin als Privatier einem sorgenfreien, geruhsamen Leben hingab. Dass die beiden im gleichen Jahr 1924 sterben sollten: es mutet widersinnig an. Sie hatten nichts mehr miteinander gemein – ausser der Weltfirma, die sie zurückliessen.

Unterlegen, defensiv, von ihm abhängig: Es liegt hier ein interessantes Paradox vor. Denn so sehr sich Boveri um Brown zu bemühen hatte, am Ende war doch er der entscheidende Mann. Ohne ihn, wir wiederholen uns, hätte Brown die BBC wohl kaum gegründet.

Wir haben oben das Konzept der sogenannten *Couplings* eingeführt, wie es etwa Joel Mokyr vorgeschlagen hat: Ein Techniker, der in seinem Bereich der Innovation manches vorausnimmt und realisiert, was die Zukunft bringt, kooperiert mit einem Geschäftsmann, der stattdessen über die nötigen Kenntnisse und *Alertness* verfügt, um die kommenden Bedürfnislücken, Preisdiskrepanzen und Launen des Marktes zu erahnen. Erst diese Kombination wirkt wie eine Initialzündung. Erst jetzt wird eine Innovation als solche modelliert und deren Marktchancen erspürt, um sie rechtzeitig, in einer geeigneten Form und mit dem richtigen Preis zu vermarkte. Erst von diesem Zeitpunkt an bildet sich ein Unternehmen heraus, das den technischen Innovationsprozess verstetigt, Produktion und Vertrieb rentabel organisiert und Kunden sucht, findet und auf Dauer an sich bindet. In der Schweiz dürfte kaum je ein Duo eine Firma ins Leben gerufen haben, das diesem theoretischen Modell der Paarung besser entsprach als Brown und Boveri. Wie perfekt und in welchen Bereichen sich dieses *Coupling* ergänzte, war übrigens schon den Zeitgenossen ins Auge gefallen, in einem Nachruf der NZZ auf Walter Boveri, der 1924 nach dessen Tod erschienen war (auch Brown war kurz zuvor verstorben), brachte es der Autor, Carl J. Brupbacher, ein Zürcher Privatbankier, folgendermassen auf den Punkt:

«Wohnte dem ihm im Tode vor wenigen Monaten vorangegangenen Mitgründer der Firma, Charles Brown, der erfinderische Geist inne, der das Unternehmen von allem Anfang an an die Spitze der elektrotechnischen Industrie führte, so war es Walter Boveri mit seiner allgemeinen Bildung, seiner Intelligenz und seinem gesunden Urteil, gepaart mit gründlichem technischen Wissen und eiserner Energie, der von tüchtigen Mitarbeitern unterstützt, mit genialem Weitblick die Notwendigkeit erkannte, nicht nur den Absatz der Produkte der Firma auf dem Weltmarkte auf dem üblichen Wege zu suchen, sondern gleichzeitig initiativ zur Verwertung und Finanzierung der Wasserkräfte überzugehen.»[475]

Brown war der Innovator und Techniker; Boveri der Unternehmer. Obwohl kein schlechter Ingenieur, war Boveri in dieser kommerziellen Hinsicht ungleich begabter – begabter auch als Brown, vor allem viel interessierter. Boveri erkannte dies vermutlich früh als seine spezielle Expertise: Finanzierungsfragen, Kundenpflege, Marktbearbeitung, Kommunikation und Netzwerk. Als es darum ging, die Gründung einer eigenen Firma vorzubereiten, befasste sich Boveri so gut wie allein damit.

Damit keine Missverständnisse aufkommen: Brown war nie der realitätsfremde, selbstverliebte Erfinder, der sich bloss um seine Innovationen gekümmert hätte, ohne je einen Gedanken darauf zu verwenden, ob diese auch einen praktischen Nutzen erbrachten und damit über die nötige Marktfähigkeit verfügten. Dass dem nicht so war, bewies er, als er sich zielsicher auf die Kraftübertragung fokussierte, an deren Potenzial er als einer der ersten so entschlossen glaubte und sich dabei gleichzeitig bewusst war, dass nur ein hoher Wirkungsgrad, betriebliche Verlässlichkeit und Alltagstauglichkeit zu einem vernünftigen Preis den Erfolg bringen würden. Als Ingenieur dachte Brown überaus praxis- und kundenorientiert. Was ihn aber weniger anzog, was er auch weniger beherrschte, war die Beobachtung und Bearbeitung des Marktes.

Walter Boveris Sohn, der ebenfalls Walter hiess und später, von 1938 bis 1966, als Verwaltungsratspräsident die BBC jahrzehntelang führen sollte, hat dieses *Coupling* der beiden BBC-Gründer akkurat beschrieben:

«Denn für den, der sie genau kannte und ihr Wirken überschaut, ist es kaum fassbar, wie zwei Menschen in ihren Fähigkeiten sich so unglaublich ergänzen konnten. In ihrem visionären Glauben ist dieses sich gegenseitige Ergänzen geradezu erstaunlich. Wo Charles Brown in seiner Vorstellung und Phantasie die konstruktive Entwicklung der einzelnen Maschinen vor seinem geistigen Auge entstehen sah, da erblickte Walter Boveri die Möglichkeiten ihrer Anwendung in der menschlichen Gesellschaft. Wo das erfinderische Talent des einen die technischen Probleme mass und erfasste, da erkannte der andere ihre wirtschaftlichen und kommerziellen Auswirkungen.»[476]

Boveri stellte diese Gedanken 1941 an, als die BBC mitten im Zweiten Weltkrieg ihr 50-jähriges Jubiläum feierte und er als Präsident in einer Ansprache in der grossen Montagehalle in Baden vor Tausenden von Gästen und Mitarbeitern die Geschichte der Firma Revue passieren liess. Er fuhr fort:

«Aus dieser Erkenntnis ist es wohl begreiflich, dass Walter Boveri die Bedeutung seines Freundes Charles Brown wohl bewusster einzuschätzen wusste als dieser selbst und dass seine Pläne als Grundvoraussetzung auf der Zusammenarbeit mit ihm fussten. Charles Brown war viel mehr vom Drange fortgetrieben, seine technischen Visionen in Gestalt zu giessen, als lange dabei zu verweilen, welche wirtschaftlichen Auswirkungen daraus geschöpft werden könnten.»[477]

Ob der Sohn diese Einschätzung vom Vater bezogen hatte oder nicht: Die frühe Korrespondenz von Walter Boveri senior, die wir zum Teil zitiert haben, legt nahe, dass tatsächlich er es war, der Brown dazu bewogen hatte, die Idee einer eigenen Firma ins Auge zu fassen.

5.3.2 Anbahnung einer dualen Karriere

Anfang 1888 hatte Boveri seinem Chef Brown vermutlich zum ersten Mal vorgeschlagen, sich gemeinsam selbständig zu machen. Genau datieren lässt sich dies nicht, doch der Zeitpunkt macht Sinn, da die beiden erstens gerade den Auftrag in Kriegstetten abgeschlossen hatten – und damit Browns Karriere als herausragender Ingenieur der jüngeren Generation recht eigentlich lanciert worden war. Wenn Boveri dies nutzen wollte, indem er mit dem aufgehenden Star eine Firma gründete, dann war jetzt eine günstige Gelegenheit gekommen. Zweitens hatte sich Boveri Ende 1887 mit einem Chef der MFO überworfen. Wer es gewesen war, ist offen, jedenfalls nicht Brown. Nachdem Boveri im Auftrag der MFO eine Geschäftsreise nach Russland unternommen hatte, warf ihm dieser unbekannte Vorgesetzte vor, die Spesen nicht korrekt abgerechnet zu haben, was Boveri zutiefst verärgerte – wir werden weiter unten auf diesen Konflikt zurückkommen. Hier genügt es festzustellen, dass Anfang 1888 ein plausibles Datum ist, wenn wir die konzeptionelle Gründung ansetzen wollen; umso mehr als wir einen Brief besitzen, den Boveri am 6. Februar 1888 geschrieben hat, worin er Ernst Schmid, einen Bankier in Augsburg, als Investoren zu gewinnen versucht.

Dass das seine Aufgabe war, hatte ihm Brown von Beginn weg zu verstehen gegeben: Er machte seine Beteiligung davon abhängig, dass Boveri für die Finanzierung besorgt war. Es ist dies bezeichnend: Mit Geld wollte Brown nichts zu tun haben. Die Arbeitsteilung, die sich später so sehr bewähren sollte, war früh festgelegt worden. Einfach war diese Aufgabe nicht. Aufgrund seiner Erfahrungen bei MFO hatte Boveri einen Kapitalbedarf von mindestens einer halben Million bis zu einer ganzen Million Franken berechnet, was heute (2009) rund 26 Millionen bis 52 Millionen Franken entsprechen würde.[478] Eine enorme Summe für zwei junge Leute von 23 bzw. 25 Jahren, die nichts anderes zu offerieren hatten, als ihre Intelligenz und ihre Arbeitskraft. Weder Brown noch Boveri verfügte auch nur annähernd über dieses Geld, was in diesem jungen Alter kaum überraschen kann. Darüber hinaus hatte keiner eine grössere Erbschaft in Aussicht oder durfte sonst auf allzu viel Hilfe von Seiten der Familie hoffen.

Dieser Brief an Ernst Schmid stellte einer der ersten in einer langen Reihe von ähnlichen Schreiben dar, die Boveri jetzt in den nächsten drei Jahren verschicken würde, um Geld für die neue Firma zu beschaffen. Wir halten diesen Brief für ein Schlüsseldokument der Gründungsgeschichte der BBC, weshalb wir ihn hier länger zitieren. Aufschlussreich ist er, weil er manches belegt, was wir bisher vorgetragen haben. Ernst Schmid war nicht irgendein Bankier, sondern zusammen mit seinem Bruder Paul Schmid führte und besass er das Bankhaus Friedr. Schmid & Co. in Augsburg, eine Privatbank, die damals zu den bedeutendsten in Süddeutschland zählte und sich einen Namen gemacht hatte in der Industriefinanzierung.[479] Anscheinend hatte Boveri Ernst Schmid in Augsburg kennen gelernt, die Details sind nicht restlos zu klären, jedenfalls war es angesichts der Reputation der Bank und angesichts der hohen Beträge, um die es ging, keine abwegige Idee, sich an diesen Financier zu wenden. Boveri schrieb Schmid:

«Sie erinnern sich vielleicht meiner Persönlichkeit noch von der Ausstellung in Augsburg her, wo ich die Ehre hatte, Ihnen vorgestellt zu werden. Es ist Ihnen von damals wohl noch in Erinnerung, dass ich meiner Stellung nach Elektrotechniker bin und hier in Oerlikon unter Herrn C. Brown jun. und mit demselben in der hiesigen elektrotechnischen Abteilung arbeite. Herr Brown hat diese Abteilung von Anfang an geleitet, und unter seiner bedeutenden Fähigkeit als Konstrukteur hat sich dieselbe in [der] Zeit von 2 Jahren zu einem bedeutenden Ruf, ich darf wohl sagen zu einem Weltruf emporgearbeitet. Hauptsächlich hat er es durch seine einzig dastehenden Leistungen auf dem Gebiete der elektrischen Übertragung von Kraft möglich gemacht, die sehr bedeutenden Wasserkräfte der Schweiz, die bis heute tot dalagen, auszunützen und steht nun im Begriffe, in den nächsten Jahren sehr bedeutende Anlagen auf diesem Gebiete zur Ausführung zu bringen.»[480]

Boveris Sätze bestätigen verschiedene Thesen: Brown war der Star, den Boveri anpries («Weltruf»), um Kapital für die eigene Firma aufzutreiben, keinesfalls redete er von sich selbst; seine eigene Leistungsbilanz als Ingenieur oder Manager fasste er kaum als Argument auf, wenn es darum ging, Vertrauen in dieses Investment herzustellen. Brown war sozusagen das Pfund, mit dem Boveri wucherte. Demgegenüber erwies er sich als der aufmerksame Unternehmer, der begriff, warum Browns Innovationen auf dem Gebiet der Kraftübertragung einen ganz neuen Markt erschlossen («sehr bedeutende Wasserkräfte»). Wenn er auch mit dieser Einsicht keineswegs allein stand, wie wir bereits dargestellt haben, – gerade Brown hatte das genauso, wenn nicht früher erkannt – so offenbart sich hier doch eine Nuance. Die beiden wandten sich an verschiedene Publika: Während Brown in Solothurn anlässlich des SIA-Jubiläums (oder dann später in Frankfurt vor dem Ingenieur-Verein) in erster Linie die Fachkollegen beeindrucken wollte, war es Boveri, der diese Vision zu den Investoren trug, er war es, der sich um die Finanzierung und darauf um die Durchdringung des Marktes kümmerte. Wohl um noch einmal zu betonen, wie sicher er sich seiner Sache war, fuhr Boveri fort:

«Nun läuft aber mit diesem Jahre der Vertrag des Herrn Brown mit der Maschinenfabrik Oerlikon ab und Herr Brown hat, so sehr dies auch hier gewünscht wird, keine Lust denselben zu erneuern. Es sprechen hierfür Gründe, die ich heute wohl noch unerwähnt lassen darf, die ich Ihnen aber sofort auseinandersetzen kann, sobald Sie sich für meinen Zweck anfangen zu interessieren. Herr Brown hat nun von verschiedenen Häusern Anerbietungen eine ähnliche Stellung wie hier anzunehmen, allein er möchte nach den schlechten Erfahrungen, die er hier gemacht hat, gerne darauf verzichten, und [so] sind wir zu der Überzeugung gelangt, dass, nachdem es uns möglich war, hier unter teilweise sehr unangenehmen und schwierigen Verhältnissen und noch mit wenig Erfahrung die elektrische Abteilung auf ihre heutige Höhe zu bringen, wir auch im Stande wären, ein eigenes Geschäft zu leiten, umso mehr als bei Beginn der hiesigen Fabrikation weder er noch ich einen Namen hatten, während Herr Brown heute schon zu den bedeutendsten Elektrotechnikern zählt. Wir haben daher vorläufig beschlossen zu versuchen, nach Ablauf der hiesigen Vertragszeit ein eigenes Geschäft anzufangen, wozu es jetzt vor allem unsere Aufgabe ist, hiefür [sic] ein

5. Charles Brown, Walter Boveri und die «schöpferische Zerstörung»

bestimmtes Kapital aufzubringen, und zwar ist es speziell meine Aufgabe, in dieser Beziehung Verhandlungen zu führen.»[481]

Auch wenn Boveri stets das Gegenteil beteuerte: So ausgemacht war es nicht, dass Brown die MFO verliess. So ohne Weiteres liess sich der Star nicht überreden, wie aus einem Brief an Ernst Schmid hervorgeht, den Boveri einen Monat später verfasst hatte:

«Wenn das Projekt auch im Bezug [sic] auf seine Finanzierung noch keine weiteren Fortschritte gemacht hat, so verzeichne ich doch als einen grossen, dass ich Herrn Brown jetzt als vollkommen für die Sache gewonnen betrachten muss, während anfangs seine Beteiligung nur eine bedingungsweise war.»[482]

Vor dem Hintergrund, dass Boveri von diesem Bankier Geld wollte, ist leicht nachzuvollziehen, warum er behauptete, Brown habe sich definitiv entschieden. Der Wahrheit indessen entsprach das nicht. Es sollte noch fast drei Jahre dauern, bis die beiden einen entsprechenden Kooperationsvertrag unterzeichneten, erst im Dezember 1890 war dies der Fall.

Tatsächlich zögerte Brown lange, bis er sich von seinem jüngeren Angestellten dazu überreden liess, eine sichere und respektable Stellung bei der MFO aufzugeben und sie mit der prekären Position in einem *Start-up* zu vertauschen. Warum sollte er auch? So viel wir aus den Quellen ersehen, besass Brown in Oerlikon alle Freiheiten, insbesondere Peter Emil Huber, der Patron, förderte ihn in jeder Hinsicht. Wer hätte – ausser ihm – dem so jungen, unerprobten Charles Brown seine wichtigste Abteilung übergeben? Wer einen Vertrag unterschrieben, der wie im Fall der Kraftübertragung von Kriegstetten dem Auftraggeber einen als unmöglich geltenden Nutzeffekt von 75 Prozent garantierte – was Huber nur wagte, weil er seinem Ingenieur Brown geradezu blind vertraute? Und wer hätte so viel Geld in ein hochriskantes Experiment investiert, das Brown in Lauffen und Frankfurt mit jugendlichem Enthusiasmus in Angriff genommen hatte – es sei denn, er hiess Peter Emil Huber? Emil Rathenau, der grosse Unternehmer der AEG, brachte diesen Mut zunächst nicht auf – womöglich weil er nicht über einen so guten Ingenieur wie Brown verfügte. Bernard Arthur Behrend, der bereits zitierte deutsch-amerikanische Ingenieur, hatte in den 1890er-Jahren selbst bei MFO mit Peter Emil Huber zusammengearbeitet. Über dessen Verhältnis zu Brown schrieb er 1902:

«In October, 1891, Mr. Brown left the Oerlikon Company after having been their designer and director for six years. For Mr. Brown is proud of calling himself a designer, as it is his superior designing ability that established the high reputation of the Oerlikon Company, leading not only in design but also in workmanship; and those who admire the work of Brown cannot fail to yield their appreciation and esteem to Colonel Huber, the president of the Oerlikon Company, for having been wise and large-minded enough to have seen the worth of the young director of his plant. For it doubtless redounds greatly to the credit of a man's intellect who, in an executive position, is capable of discerning between the shallowness and tall talk of the bully and the more modest claims of the truly able man. That the designer, aside from questions of organization and management, in large measure makes and unmakes a concern, has been experienced by many a large concern during the past ten years».[483]

Behrend dürfte in der Lage gewesen sein, diese Beziehung zwischen dem älteren Huber und dem jüngeren Brown zu beurteilen, er kannte wohl beide persönlich. Vertraut man ihm, hatte Brown wenig Anlass, der MFO den Rücken zu kehren. Auch Behrend hob hier die beiden Rollen eines *Couplings* hervor, indem er zwischen dem «Designer» und demjenigen, der für «organization and management» verantwortlich war, differenzierte.

Brown genoss bei Huber eine hohe Autonomie. Wen immer er anstellen wollte, konnte er verpflichten, selbst, wenn es der eigene Bruder war, dem es in Italien offenbar nicht mehr gefiel und der deshalb zurück zur MFO strebte. Womöglich hing das auch damit zusammen, dass Brown senior selber in die Schweiz zurück wollte. Charles Brown junior regelte alles und schrieb im Juni 1889 an Sidney Brown nach Pozzuoli:

«Lieber Syd
Mit diesem [Brief] die Nachricht, dass mit dem Herrn Oberst [Huber] gesprochen. Er ist mit Deinem Eintritt in hier [sic] einverstanden und magst du kommen, wann Du willst, je eher desto besser, da viel Arbeit vorhanden und viele Techniker die Ausstellung in Paris besuchen wollen. Eingeschlossen findest Du eine Photographie meiner Tochter. Wir machen sie Papa zum Geschenk für seinen kommenden Geburtstag. Wir hoffen, es werde ihm Freude machen; das Bild ist vorzüglich getroffen. In der Erwartung bald von Dir zu hören und Dich binnen kurzem hier begrüssen zu können, verbleibe mit besten Grüssen an alle, Dein Dich liebender Bruder Charles»[484]

Ohne Huber hätte sich Brown nicht entfalten können. Es ist anzunehmen, dass Brown sich dessen bewusst war, auch wenn sein neuer Compagnon Walter Boveri in seinen Briefen wiederholt andeutete, es sei da und dort zu Unstimmigkeiten zwischen Huber und Brown gekommen – vielleicht auch um bei seinen Adressaten den Glauben zu festigen, es sei eine beschlossene Sache, dass Brown seine

Stelle bei der MFO aufgebe. Ob das zutraf oder nur Teil der Propaganda war, lässt sich nicht mehr feststellen.

«Allein die Herren dort verderben sich ihre Sache selbst», schrieb Boveri in einem solchen Brief an Johannes Scharrer, einen anderen potenziellen Investor, über die Chefs der MFO. «Vor allem suchen sie Herrn Brown, der ihrem [Geschäft] zu einer Leistungsfähigkeit auf diesem Gebiete unersetzlich ist, möglichst zurückzudrängen, und haben Ihn [sic] 3 Jahre lang um seine Patenttantiemen geradezu betrogen.»[485] Scharrer war ein überaus wohlhabender Kaufmann in Nürnberg, dessen Reichtum auf dem Hopfenhandel beruhte.[486]

Im Nachhinein ist kaum abzuschätzen, ob diese Schilderung den Tatsachen nahekommt oder nicht. Vermutlich traf beides zu: Brown genoss bei MFO eine privilegierte Stellung und hatte objektiv kaum Anlass, die Firma zu verlassen. Huber förderte ihn, Huber gab ihm Vertrauen. Gleichwohl musste er Grund zur Unzufriedenheit gehabt haben, sonst hätte er sich nie auf Walter Boveris Plan eingelassen. Aus der Luft gegriffen dürften daher Boveris Bemerkungen gegenüber den möglichen Investoren nicht gewesen sein. Patentstreitigkeiten, Salär, Prestige, Nachfolge? Es ist ein Faktum, dass auch Huber es versäumte, seinem Charles Brown junior anzubieten, sich an der MFO zu beteiligen – was bei einem solch unentbehrlichen Kadermann wohl rational gewesen wäre. Auch Huber dachte in erster Linie an seine beiden Söhne, Emil und Max, die später beide in das Unternehmen einsteigen sollten. Für Brown war kein Aufstieg in die Eigentümerschaft vorgesehen. Mag sein, dass Brown auch ein besonders empfindlicher Angestellter war – und sich sehr rasch zu wenig geschätzt fühlte. Wenn ihn die Karriere seines Vaters eines gelehrt hatte, dann die Einsicht, dass ein Angestellter am Ende einem Eigentümer ausgeliefert war. Sulzer hatte Charles Brown senior verloren, weil dieser nicht weiterkam und sich schlecht behandelt fühlte. Bestimmt hat dies den Sohn gewarnt, sicher liess er sich deshalb wenig gefallen. Die Tatsache, dass er schliesslich Huber im Stich liess, weist darauf hin, dass aus seiner Sicht bei MFO nicht alles zum Besten bestellt war. Es war ein Bruch, den er vollzog, und Huber sollte ihn noch Jahre später als Verrat empfinden.

Wie dem auch sei, Brown nahm sich Zeit. Boveri hatte diesen Brief an Johannes Scharrer Ende Februar 1888 verfasst – es sollte also noch fast drei Jahre dauern, bis Brown kündigte, und in dieser Zeit baute er für die MFO noch etliche Anlagen, vor allen Dingen sorgte er an der Frankfurter Ausstellung für den bei weitem grössten Erfolg der Firma. So unerträglich kann es für Brown nicht gewesen sein, für die MFO zu arbeiten.

Für Boveri dagegen gab es viel bessere Gründe, nach etwas Neuem zu suchen, ja, wenn ein grosser Unterschied zwischen den beiden auffällt – und dieser Eindruck stellt sich besonders bei der Lektüre von Boveris Korrespondenz ein –, dann dieser: Boveri war ein Mann, der sich fast obsessiv damit befasste, seine Stellung zu verbessern oder für sein Geschäft neue Chancen zu realisieren. Man spürt eine permanente Unruhe in seinen Briefen: Er will auswandern, er will eine andere Stelle, er will sich selbständig machen. Kurz, Boveri war der Mann, der um jeden Preis nach oben wollte. Genie und Ehrgeiz, so könnte man den Kontrast zwischen den beiden Partnern auf den Punkt bringen. Während Brown für seine technischen Innovationen zu glühen schien und von wenig Anderem berichtete, falls wir überhaupt empirische Spuren davon besitzen, lernen wir in manchen Zeilen von Boveri einen Mann kennen, der sich ständig auf der Ausschau nach noch besserer Gelegenheit befindet. Nie zufrieden, nie ganz sicher, nie entspannt: Boveri kämpft, Brown fliegt.

Wir möchten im Folgenden diesen Charakterzug diskutieren, weil er den Kern des unternehmerischen Talents von Boveri darstellt. Woher stammte dieser Drang nach oben? Gewiss war es eine Frage der Persönlichkeit, aber nicht allein: Boveris Ambitionen hatten viel mit den Deprivationen zu tun, die er in jungen Jahren erfahren hatte. Wir wenden uns seiner Familiengeschichte zu.

5.3.3 Eine Familie von Beamten

Wenn wir Boveris Elternhaus und Vorfahren betrachten, dann wirkt es auf den ersten Blick erstaunlich, dass ausgerechnet aus dieser Familie ein derart ausgeprägt unternehmerisches Talent wie Walter Boveri hervorgegangen ist. Seit Generationen gehörte die Familie Boveri zwar der bürgerlichen, oberen Mittelschicht an, aber kaum je kamen Unternehmer vor oder Geschäftsleute, ebenso wenig Techniker oder Ingenieure, ja nicht einmal Kaufleute oder Handwerker waren allzu viele zu vermelden. Stattdessen begegnen wir zahlreichen Stadtschreibern, Richtern, Beamten und Steuerverwaltern, auch Priestern und Mönchen. Mit anderen Worten, in dieser Familie wurde Einkommen selten auf dem Markt generiert, sondern es überwog die staatliche Besoldung. Oder um es soziologisch auszudrücken: Eine prototypischere, bildungsbürgerliche Familie lässt sich kaum denken. Qua hoher Bildungsqualifikation sicherten sich die Boveris meist unkündbare, gut bezahlte, angesehene Positionen, ohne sich je Sorgen machen zu müssen, dass sie diese wieder verlieren könnten, weil sie etwa eine Wirtschaftskrise oder ein zahlungsunfähiger Schuldner traf. Es war der Staat, besser: die Behörden, ein Fürst, dann der König, auf dessen Gunst sie zu achten hatten, nicht der unberechenbare, oft mitleidlose Markt. Kaum je war in dieser Familie also dieses häufig kollektiv tradierte Wissen aufgebaut worden: die Launen des Marktes erkennen und nutzen, Kunden gewinnen und pflegen, Profit anstreben und Kosten senken, Produkte lancieren und Innovationen durchsetzen, Firmen übernehmen oder verdrängen. Dass Walter Boveri genau über diese Expertise verfügte, die in seiner Familie noch nie gefragt gewesen war, hat etwas Spektakuläres und schwer Erklärliches zugleich.

Die Boveris stammten ursprünglich aus Italien, wie der in Deutschland kaum gebräuchliche Name verrät. Man weiss, dass sie aus Savoyen nach Franken eingewandert sind, das genaue Datum kennt niemand, gesichert ist, dass ein Carolus Boveri im Jahr 1605 in Iphofen eine Apollonia Lindwürmin heiratete, wie das dortige Kirchenbuch festhielt. Iphofen war damals eine alte Stadt von bloss 400 Einwohnern, sie liegt in Unterfranken, zwischen Würzburg und Nürnberg, und blieb bis heute klein (2017 rund 4400 Bewohner). Im Kirchenbuch wurde Carolus Boveri als «Handelsmann» registriert, womit klar ist, dass immerhin der vielleicht erste Boveri in Deutschland einen merkantilen Hintergrund hatte. Warum er oder seine Vorfahren indes Savoyen verlassen hatten, ist ungeklärt, auch die Tatsache, dass er in Iphofen überhaupt aufgenommen wurde – und offenbar mit offenen Armen, denn seine Frau gehörte einer der führenden Bürgersfamilien an – ist genauso verblüffend. Schon ein Jahr später wurde er in Iphofen eingebürgert, wovon wir wiederum einen schriftlichen Beleg besitzen: «Carl Powery, Welsch» steht in den Akten des Rates; «welsch» nannte man damals alle, die eine romanische Sprache benutzten, ob Franzosen oder Italiener.

Offenbar hatte Carl Powery in Iphofen bald als Kaufmann Erfolg, denn bei seinem Tod im Jahr 1616 galt er als einer der wohlhabendsten Bürger der Stadt. Wenn wir darüber spekulieren, wie dieser rasche Aufstieg eines «Welschen» in einer kleinen, soziokulturell wohl eher abgeschlossenen Stadt möglich war, dann könnte die Ursache in den grassierenden konfessionellen Konflikten jener Zeit zu finden sein: Iphofen gehörte zum Fürstbistum Würzburg, war aber im Laufe des 16. Jahrhunderts fast vollständig protestantisch geworden – bis ein energischer Fürstbischof in den 1580er-Jahren mit Nachdruck und Gewalt die Rekatholisierung der Stadt durchzusetzen begann. Manche Bürger konvertierten unter Zwang, andere aber zogen weg, so dass Iphofen zwar bald wieder katholisch war, aber einen bedeutenden Bevölkerungsschwund erlitten hatte, zumal die Stadt zur gleichen Zeit, zwischen 1582 und 1586, auch von einer Pestepidemie heimgesucht worden war. Es scheint plausibel, dass aus diesem Grund katholische Zuwanderer, wie eben Boveri, hoch willkommen waren, selbst wenn sie aus dem «Welschen» stammten. Vor diesem Hintergrund scheint es kaum ein Zufall gewesen zu sein, dass 1606 ein Ausländer so prompt akzeptiert wurde. Die konfessionellen Kämpfe dauerten übrigens an, doch um 1650 galt Iphofen wieder als durchgehend katholisch, was es bis ins 19. Jahrhundert blieb.

Die einen wurden vertrieben, die andern zogen zu – für die Boveris sollte sich die Migration vom Süden in den Norden auszahlen. Zwar mag der Name Boveri in Deutschland immer fremd geklungen haben, selbst wenn man ihn bald eindeutschte und ihn un-italienisch auf der zweiten Silbe betonte statt auf der ersten – dennoch handelte es sich übers Ganze gesehen um eine phänomenale Erfolgsgeschichte. Trotz anfänglichem Status als Aussenseiter gelang es den Boveris überaus rasch sich zu integrieren und in den führenden Kreisen festzusetzen, und zwar nach einer kurzen, sozusagen privatwirtschaftlichen Phase bereits im verbeamteten Bildungsbürgertum, einer in Deutschland in jenen Jahren zu grossem Renommee aufsteigenden Funktionselite. Schon ein Urenkel von Carolus, Wolfgang Christoph Boveri (1673–1744), ein direkter Vorfahr des BBC-Gründers, wurde Beamter im Hochstift Würzburg, wie das von einem Fürstbischof regierte, faktisch souveräne Territorium innerhalb des Heiligen Römischen Reichs deutscher Nation hiess. Zuerst diente er als Stadtschreiber in Iphofen, dann Steuerverwalter und Richter. Damit hatte ein Boveri jene berufliche Position erreicht, die in den folgenden Generationen für mehr als hundertfünfzig Jahre fast immer die bevorzugte Tätigkeit der männlichen Familienmitglieder blieb. Auch Walter Boveris Grossvater Albert war Landrichter, ebenso dessen Bruder – damit verbunden war die immer gleiche akademische Ausbildung. Man studierte Jura, meistens an der Universität Bamberg, und man verheiratete sich häufig mit Töchtern aus ebensolchen, soliden Beamtendynastien. Kurz, die Boveris waren eine deutsche, verbeamtete Akademikerfamilie, kaum jemand scherte je aus diesem familiären Sozialprofil aus.

Wir verdanken die meisten dieser Erkenntnisse dem jüngeren Bruder von Walter Boveri, Robert (1873–1934), der während des Ersten Weltkriegs die Familiengeschichte lückenlos erforschen liess, was einigermassen verblüfft, weil Robert damals auch BBC Mannheim leitete – also in einer der grössten Krisen seit Bestehen der Firma fand er Zeit, sich mit Carolus Boveri und dessen Nachkommen zu befassen. Das lässt erahnen, wie viel Wert Robert Boveri auf diese doch grundsolide, ja beeindruckende Herkunft legte, und wohl auch Walters Sohn, Walter Boveri junior, der diese genealogischen Exkurse in seinen Erinnerungen auf nahezu dreissig Seiten in extenso ausbreitete.[487] Alle drei dürfte das gleiche Motiv dazu bewogen haben, alle drei laborierten am gleichen Trauma: Dem Niedergang eben dieser einst glänzenden Familie. Schuld war der Vater, bzw. der Grossvater.

Theodor Boveri, der Arzt, hatte so gut wie all sein Geld verloren, verspielt, vergeudet – und auch sonst sich nicht so verhalten, wie dies von einem Boveri zu erwarten gewesen wäre. Nach Jahrhunderten der Solidität und des tadellosen Rufs erlitt die Familie Boveri eine Art Buddenbrooks-Moment, der aber im Fall von Walter Boveri nicht dazu führte, dass er wie der Schriftsteller Thomas Mann einen Roman geschrieben hätte, um den «Verfall einer Familie» literarisch zu verewigen. Vielmehr dürfte Walter Boveri aus dieser dynastischen Schande jenen

5. Charles Brown, Walter Boveri und die «schöpferische Zerstörung»

Ehrgeiz und jene Energie bezogen haben, die ihn zu einem der berühmtesten Schweizer Unternehmer machen sollte.

Theodor Boveri, 1829 geboren, wuchs in Bamberg auf, wo er fast sein ganzes Leben verbrachte. Sein Vater Albert, also der Grossvater von Walter Boveri senior, diente – wie so viele vor ihm – als Richter. Wenige Jahre nach Theodors Geburt wurde er zum Appellationsgerichtsrat in Bamberg befördert, einem bedeutenden Amt in einer vergleichsweise bedeutenden Stadt, was er seit Jahren angestrebt hatte. Zahlreiche fast peinliche, da sehr unterwürfig formulierte Bittgesuche an den bayerischen König sind überliefert, die aber alle nicht zum Ziel führten. An den bayerischen König richtete sich Albert Boveri deshalb, weil Franken seit 1803 zu Bayern gehörte. So waren auch die Boveris zu Bayern geworden.[488] Während der älteste Sohn dieses Bamberger Richters (der ebenfalls Albert hiess) sich der Familientradition gemäss, zum Juristen ausbilden liess und dann eine steile Karriere als Beamter einschlug, studierte sein jüngerer Bruder Theodor Medizin und liess sich danach in Bamberg als Arzt nieder. Lange hatte er diesen Beruf aber nicht ausgeübt, sondern bald nur noch nebenbei, wenn überhaupt, was er sich leisten konnte, weil er eine reiche Frau geheiratet hatte. Neben beträchtlichem Vermögen brachte sie auch ein kleines Schlösschen mit Ländereien in die Ehe. Das Anwesen hiess Höfen und sollte noch lange im Besitz der Familie Boveri bleiben. War es der unverdiente Reichtum, war es der Charakter? Jedenfalls gab sich Theodor Boveri schon bald einem Leben der Verschwendung und der Ausschweifung hin.

Er galt als allen Künsten zugetan, kaufte wahllos Bilder, er musizierte, vor allem auf dem Klavier, versuchte sich mit eigenen Kompositionen, die unspielbar blieben, förderte Musiker und finanzierte Konzerte. Er setzte Geld für alles ein, was ihm gefiel – auch für Menschen, insbesondere für Frauen, mit anderen Worten er leistete sich zahllose Mätressen. «Die wenigen von ihm erhaltenen Bilder deuten darauf hin, dass er eine romantische Natur war», beschreibt Walter Boveri junior das Treiben seines Grossvaters diskret. «Mit vielen Künstlern war er persönlich bekannt oder befreundet, wobei der Überlieferung nach die Künstlerinnen, wie überhaupt alle schönen Frauen, in seinem Leben einen besonderen Platz beanspruchten.»[489] Margret Boveri, die Nichte von Walter Boveri senior, und als Journalistin mit einem unbestechlichen Sinn für eine gute *Story* ausgestattet, sollte den gleichen Sachverhalt etwas expliziter schildern:

«Das Liebesleben blieb der Legende nach vielfältig bis ins Alter. Meine Mutter wusste nur eine Geschichte (es war ihr Hauptanliegen, in mir die Familieneigenschaft der Sinnlichkeit zu bekämpfen), und ich habe den Verdacht, dass sie auch diese nur ihrer snob-Eigenschaft [sic] wegen sich gemerkt hat. Der Grossvater habe eines Tages seinen Koffer für eine Reise gepackt. Ziel der Reise: das reichste

Barockpalais der Stadt, am Fuss des Stephansbergs gelegen, wo hinter der üppigen bergan geschwungenen Fassade Treppen, Balustraden, Terrassen von einem Innenhof zum unteren und zum oberen Garten ansteigen, eine in sich geschlossene figurengeschmückte Welt für Lebenskünstler und Taugenichtse. Dort verbrachte der Reisende Tage oder Wochen bei seiner damaligen Liebsten, kaum tausend Meter vom schwiegerväterlichen Haus am Fuss des Dombergs entfernt.»[490]

Diese exzessive Treulosigkeit hätte an sich nur seine Frau zu kümmern brauchen, auch uns Historiker nur am Rand – wenn Theodor Boveri dabei nicht das gesamte Familienvermögen pulverisiert hätte, insbesondere das Geld, das seine Frau in die Ehe eingebracht hatte. Um ihr Konto zu plündern, wandte er geradezu kriminelle Methoden an, sofern stimmt, was Margret Boveri von ihrer eigenen Mutter gehört hatte:

«Er war ein genialer Mann – er war ein Verschwender. Er hat die Grossmutter zur Morphinistin gemacht – dies als Arzt; unter dem Einfluss der Spritzen unterschrieb die Grossmutter dann die Wechsel: so die Mutter, die zu den Missbilligenden gehörte.»[491]

Am Ende war die einst so gediegene Beamtenfamilie Boveri so gut wie bankrott. Besinnungslos hatte Theodor Boveri alles Geld aufgebraucht. Unverdrossen häufte er danach Schulden an, bis ihm niemand mehr Geld gab, ja seine Situation schien manchmal so verzweifelt, dass er alles Mögliche versuchte, um an Geld heranzukommen, selbst Bauern in der Umgebung von Bamberg ging er um Geld an, was für einen Arzt und Abkömmling einer Familie aus bestem Bildungsbürgertum nichts als eine Schande bedeutete. Wie tief konnte man sinken? Seine Söhne vergassen das nie – und an den Folgen litten sie. Er war ein rotes Tuch, was Margret Boveri schon als Kind bemerkte, sobald die Rede auf den Grossvater kam: «Es war zu spüren, dass er ein schwieriges Thema war. Wenn ein Satz zwischen seinen Söhnen über ihn fiel, war darin Ablehnung und lachende Bewunderung.»[492]

Theodor Boveri hatte vier Söhne. Walter, 1865 geboren, war der dritte. Für ihn und den jüngsten Sohn Robert sollten die Konsequenzen des väterlichen Ruins am meisten spürbar sein. Für sie blieb kein Geld zum Studieren übrig, so dass sich Walter gezwungen sah – entgegen der jahrhundertalten Familientradition – die Königliche Industrieschule in Nürnberg zu besuchen, eine nicht-akademische Institution, die sich eher an begabte Handwerker und vielversprechende Aufsteiger richtete. Eine Universität lag finanziell für Walter nicht mehr drin, als er an der Reihe war. Seine beiden älteren Brüder dagegen hatten noch studiert, der älteste, Albert, Jura, und zwar als Korpsstudent, während Theodor, der zweite (und Vater von Margret Boveri), sich der Biologie zugewandt hatte. Schon er war dazu nur mehr in der Lage, weil er dank Talent ein Stipendium erhalten hatte. Er sollte es zum weltberühmten Zellforscher bringen. Was es im hoch stratifizierten, streckenweise pseudo-feudalistischen Kaiserreich für einen Sohn aus gutem Hause bedeutete, kein Akademiker werden zu dürfen, ist an sozialer Dramatik kaum zu überschätzen: Es kam einer Deprivation gleich. Ein Studium schien manchen Bürgersöhnen der Königsweg zu sein, sich in einer Gesellschaft zu behaupten, wo der Adel sozial, kulturell, ja selbst politisch nach wie vor dominierte. Der Doktortitel war im Kaiserreich eine Art Adelstitel-Ersatz für ein Bürgertum, das nicht immer über jenes Selbstbewusstsein verfügte, das es eigentlich aus seinen jüngsten Erfolgen hätte schöpfen müssen. Innert einer Generation war aus Deutschland eine wirtschaftliche, wissenschaftliche und politische Grossmacht geworden – und zu einem wesentlichen Teil hatte das deutsche Bürgertum dies zustande gebracht – nicht der Adel.[493]

Wie stark Walter Boveri darunter litt, wegen des Versagens seines Vaters aus dem sicheren Bildungsbürgertum katapultiert worden zu sein, lässt sich empirisch kaum belegen, er sprach und schrieb nicht darüber, doch die Tatsache, dass er zeitlebens grossen Wert darauf legte, die Kunst, die Musik, weniger ausgeprägt die Literatur zu pflegen, dass er regelmässig ins Theater oder in die Tonhalle nach Zürich fuhr, dass er, wo und wann immer möglich, sich als deutschen Kulturmenschen inszenierte, mag ein Hinweis darauf sein, wie sehr es ihn verfolgte. Es wurmte ihn, er verwand es nicht und er setzte alles daran, es vergessen zu machen.

Selbst sein Sohn Walter Boveri junior gab sich Mühe, diese bildungsbürgerlichen Aspirationen seines Vaters nachträglich zu adeln:

«Obzwar mein Vater von seinen industriellen Unternehmungen fast vollständig ausgefüllt war und mit allen Fasern seines Geistes am stürmischen, technischen Fortschritt jener Zeit teilnahm, blieb mit seinem Wesen doch ein inniges künstlerisches Empfinden verwachsen, welches Geburtsstätte und Vorfahren in ihn eingepflanzt hatten. Ein tiefer Sinn für das Schöne hat ihn auf seinem ganzen Daseinsweg begleitet.»[494]

Im Nachruf, den Walter Boveri senior auf seinen Bruder hielt, der 1915 verstorben war, beschreibt er fast etwas zu ausführlich die Herkunft des Bruders, die auch die eigene war. Ein Drittel des Textes, um genau zu sein, bestand aus der Familiengeschichte, und es frappiert, wie sehr er das jahrhundertalte Renommee seiner Familie hervorkehrte:

II. Teil. Gründerzeit

«Theodor Boveri stammte aus einer im Frankenland seit mehr als dreihundert Jahren ansässigen Familie. Sein Grossvater Albert Boveri war Landrichter in Uffenheim gewesen und später als Appellationsgerichtsrat mit seiner Familie nach Bamberg gekommen. Die Grossmutter Euphrosine, geb. v. Bozold, entstammte der in Bayern bekannten Familie dieses Namens aus Rothenburg o. T. Die grossväterliche Familie bot nach allem, was an Überlieferungen davon erhalten ist, das Bild des schöngeistigen, hochgebildeten Lebens der Empire- und Biedermeierzeit, in der jedermann dichtete und zeichnete und Briefe schrieb, die literarischen Wert besassen.»[495]

Auffällig oft wird in diesem Text die Herkunftsfamilie von Theodor (und Walter) mit einem positiven Adjektiv qualifiziert, um ihren guten Ruf zu bekräftigen, und auch vom Vater wird nur das Allerbeste erwähnt, als handelte es sich um ein überaus geglücktes Leben. 1915, als er das schrieb, also gut 25 Jahre nach dem faktischen Bankrott der Familie, hielt es Walter Boveri, der es längst zum Millionär gebracht hatte, immer noch für nötig, die Ehre der Familie posthum zu retten – und war es auch nur im Rahmen eines Nachrufes auf den eigenen Bruder. Wir haben es mit einer Zweckentfremdung zu tun, die Bände spricht.

Boveri war erst siebzehn, als er nach Nürnberg wechselte, also hat er vermutlich nicht einmal das Abitur absolviert, sondern bloss die Mittlere Reife, ebenso dauerte das Studium an der Industrieschule zwei kurze Jahre, so dass er, mit anderen Worten, über eine recht bescheidene Ausbildung verfügte, umso mehr muss ihn dies angetrieben haben, den sozialen Abstieg, den er unverdient erfahren hatte, rückgängig zu machen.[496] Als er 20-jährig in Oerlikon auftauchte, um bei der MFO als Volontär anzufangen, dürfte ihn nichts anderes bewegt haben, als dies: Er wollte nach oben.

Margret Boveri hat diese Motivlage präzis erfasst. Sie sprach allerdings in diesem Zusammenhang von einem «Doppel», einem Vorzug und einem Nachteil; denn Walter Boveri hatte – im Gegensatz zum jüngsten Robert – beides erlebt: die Zeit, als die Familie noch wohlhabend und daher hoch geachtet gewesen war, was etwa hiess, dass die Boveri-Buben als erste in Bamberg Fahrräder erhalten hatten – und Walter Boveri hatte auch den Absturz der Familie mitbekommen, die Schande und den Ruin. Margret Boveri schrieb über ihren Onkel Walter:

«Das Doppel, das aus dieser Verschlechterung der äusseren Lebenssituation ein Plus machte, scheint mir darin zu liegen, dass dieser begabte junge Mann in einem Zeitalter, in dem die Klassen und Stände, die Reichen und die Armen noch streng geschieden lebten, in dem es für die aussergewöhnliche Begabung wohl den Aufstieg ‹aus dem Volk› gab, in dem ein solcher ‹Selfmademan› in Europa aber doch meist mit dem Minderwertigkeitsgefühl belastet war, nicht wirklich

5. Charles Brown, Walter Boveri und die «schöpferische Zerstörung»

dazu zu gehören, keine ‹Kinderstube› zu haben, als Parvenü angesehen zu werden – dass also in dieser Epoche Walter Boveri die Selbstsicherheit besass, die einer Abstammung aus gutem Hause entsprang, dass er aber doch auch einen genauen Begriff davon bekam, wie die Welt von unten aussieht. Solche Erfahrungen befähigen zu einer Tiefensicht der Art, wie sie das stereoskopische Bild einer Landschaft bietet, die von zwei Blickwinkeln aus aufgenommen wurde.»[497]

Wenn wir hier den sozialen Abstieg beschreiben, den Boveri empfunden haben muss, dann ist es schwer zu entscheiden, was ihn mehr beschäftigte: Die Tatsache, dass es an Geld fehlte, dass die Familie, die reich gewesen war, plötzlich als arm galt, oder die soziale Zurücksetzung an sich, die Kränkung, die er erfahren hatte, die darin lag, als Mitglied einer so lange, so stabilen, selbstsicheren Familie auf Hilfe angewiesen zu sein und gelegentlich mit einer gewissen Verachtung betrachtet zu werden. Wie viel er sich auf seine Herkunft einbildete, beweist die Auseinandersetzung, in die er bei MFO verwickelt wurde, als er aus Russland zurückkam und sein Chef seine Spesen monierte. Offenbar hatte ihm der Chef vorgehalten, auf Geschäftskosten in zu teuren Hotels abgestiegen zu sein – vielleicht hatte Boveri auch den einen oder anderen Beamten und Angestellten zu grosszügig bestochen. Konkret handelte es sich um eine Geschäftsreise, die Boveri 1887 nach Nischni Nowgorod unternommen hatte. Seine Aufgabe war es, eine Beleuchtungsanlage der MFO zu installieren. Zu jener Zeit fand in diesem Ort, 400 Kilometer östlich von Moskau gelegen, eine elektrotechnische Ausstellung statt – was an sich eine Sensation war, weil Russland vollkommen unterentwickelt war, was die Elektrifizierung anbelangte. Es gab Boveri wohl das erste Mal eine Ahnung, was für Potenziale noch brachlagen. Anscheinend verlief die Reise zu vollster Zufriedenheit, und MFO konnte im Fernen Osten einige Geschäfte abschliessen, was aber den Chef bei MFO, dessen Namen wir nicht kennen, nicht davon abhielt, Boveri wegen des Spesenaufwands zu tadeln. Wie heftig diese Kritik ausfiel, wie schwer der Vorwurf materiell wog, ist kaum mehr zu eruieren, doch nach der Reaktion von Boveri zu schliessen, muss es sich um eine ernsthafte Sache gehandelt haben – oder eben nicht, und Boveris beleidigte Antwort hatte mehr mit seinen subjektiven Statusproblemen zu tun als mit dem Vorwurf an sich. Boveri konterte emotional:

«Sie sahen sich veranlasst mir gestern unter dem Datum des 4. November ein Schreiben zugehen zu lassen, dessen Inhalt mich im höchsten Grad überraschte, da es mir, dem Angehörigen einer sehr angesehenen und wohlhabenden Familie, ein Vergehen zur Last legt, welches man gelinde gesagt im deutschen mit Veruntreuung gezeichnet [hätte] und, wenn ich nicht im Stande bin den Vorwurf von mir abzuweisen, meine ganze Lebensstellung vernichtet.»[498]

II. Teil. Gründerzeit

Aus heutiger Perspektive wirken Ton und Inhalt dieses Briefes überspannt – insbesondere was die fast grotesken Befürchtungen angeht, die der 22-jährige Boveri äusserte – man muss ihn im Kontext einer Gesellschaft lesen, die der persönlichen Ehre eine existentielle Bedeutung beimass, vor allen Dingen in jenen bürgerlichen Kreisen, die sich den Adel als Vorbild nahmen, was gerade im deutschen Kaiserreich der Fall war. Zieht man diesen sozusagen historischen Affektionsüberschuss ab, bleibt Boveris Brief aufschlussreich. Dass der junge Ingenieur seine Herkunft aus einer «sehr angesehenen und wohlhabenden Familie» derart zu betonen hatte, bestätigt, was wir oben vermutet haben. Wäre er so selbstbewusst gewesen, wie er vorgab zu sein, und vor allem, hätte zugetroffen, was er behauptete, dass nämlich seine Familie materiell nach wie vor gut gestellt war, hätte er es wohl kaum für nötig befunden, das eigens hervorzuheben. Psychologisch ist leicht nachzuvollziehen, was in ihm vorging: Je heftiger er sich wehrte, desto mehr verriet er sich und liess tief blicken, wie sehr es ihn getroffen hatte – zumal der Chef womöglich einen Punkt hatte. Boveri leistete sich ein gutes Hotel und vielleicht nicht deshalb, weil die anderen Unterkünfte so unzumutbar gewesen wären, sondern weil Boveri aus Distinktionsgründen geglaubt hatte, ihm, einem Abkömmling aus einer «sehr angesehenen» deutschen Familie stehe das gerade im «Wilden Osten» umso mehr zu. Wer aus einer so zivilisierten Familie kam, wer im Deutschen Reich aufgewachsen war, der Kulturnation schlechthin, durfte im rückständigen Russland ein standesgemässes Quartier erwarten.

«Deutsch». Wir stellen in diesem Brief von Boveri auch fest, was nachher, in dessen späteren Karriere in der Schweiz, immer wieder auftaucht: Dass er explizit daran erinnerte, dass er Deutscher war und sich schon allein den Gedanken verbat, dass er, ein Deutscher, Geld zu Unrecht abgezweigt hätte. Auch hier gilt, dass, was als Gegenangriff gemeint war, eher die prekäre Position des Angreifers freilegte. Boveri bekannte sich als Ausländer, mithin als Aussenseiter, dessen Status stets gefährdet schien, und der deshalb mit einer gewissen Panik reagierte, wenn ihm ein Chef, vermutlich ein Schweizer, Vorhaltungen machte. Wurde ihm nicht abgenommen, dass er die Spesen korrekt abgerechnet hatte, weil er ein Ausländer war? Er konnte es nie wissen – und allein der Verdacht muss ihn gequält haben. Es liegt hier ein tragisches Paradox vor: Wir wissen nicht, warum Boveri ausgerechnet in die Schweiz gekommen war, doch es spricht manches dafür, dass auch dies mit der sozialen Marginalisierung seiner Familie zusammenhing. Der Mann, der nach oben strebte, betrachtete es womöglich auch als einen Vorteil, zunächst an einem Ort anzufangen, wo der Name Boveri kein Begriff war und niemand wusste, wie fürchterlich der eigene Vater versagt hatte.

Im selben Brief kündigte Boveri an, jede Ausgabe im Einzelnen nachzuweisen – was ihm nachher auch gelang, so dass seine «ganze Lebensstellung» nicht «vernichtet» wurde. Übrig blieb aber eine tiefe Verstimmung, die zweifellos dazu beigetragen hatte, dass Boveri nun die Anstrengungen forcierte, die MFO zu verlassen und eine eigene Firma zu gründen.

5.3.4 Vergleich mit Brown und anderen Gründern

Wenn wir hier kurz die bisherigen Ergebnisse sichten und mit der Situation von Brown vergleichen, wird erkennbar, wie unterschiedlich die beiden Gründer der BBC waren, was ihren kulturellen und sozialen Status in der Schweiz betrifft. Wer Brown als Immigranten auffasst, gibt sich einer Täuschung hin. Zwar klang sein Name immer ausländisch, dennoch war er längst ein Schweizer, von Geburt her hier aufgewachsen und bestens integriert in Winterthur, wo der Vater eine so gute Reputation besass, dass er imstande gewesen war, für die SLM etwa innert kurzer Zeit Millionen von Franken zu mobilisieren. Browns Mutter war eine einheimische Winterthurerin aus einer hochgeschätzten Familie von durch die Jahrhunderte bewährten Ofenbauern. Brown sprach Schweizerdeutsch so perfekt und unverfälscht, wie er Englisch beherrschte, was ihm manche Vorzüge brachte, die in der Historiographie meistens übersehen werden – wir haben das bereits hervorgehoben. Er fühlte sich als Ingenieur in zwei, sehr relevanten Kulturräumen zu Hause.

Im Fall von Boveri traf das nicht zu: Er war sehr deutsch, kannte keinerlei Fremdsprachen, insbesondere sprach er kaum Englisch, wie seine Tochter Victoire Hämmerli-Boveri in ihren Erinnerungen erwähnt. Als er 1919 nach London fahren sollte, um einen Fusionsvertrag mit dem britischen Vickers-Konzern zu unterzeichnen, scheute er die Reise, weil er «nur sehr wenig Englisch konnte».[499] Deshalb reiste seine Tochter als Dolmetscherin mit. Ihre Sprachkenntnisse, unter anderem erworben von einer englischen Nanny, bewahrte die BBC indessen nicht davor, eine Kooperation einzugehen, die nie die Vorteile brachte, die man sich erhofft hatte. Boveri unterschrieb einen Vertrag, den man wenige Jahre später mit grossen Schwierigkeiten wieder auflöste.

Darüber hinaus liegt zwischen den beiden Partnern eine Differenz vor, was das soziale und kulturelle Selbstverständnis anbetrifft. Im Grunde ist es paradox: Boveri durfte sich Brown unterlegen und überlegen zugleich fühlen. Während Browns Familie einen unerhörten Aufstieg zustande gebracht hatte, und der Vater zu den prominentesten Ingenieuren der älteren Generation gehörte, der zwar kein allzu grosses Vermögen zusammengetragen hatte, aber doch in finanziell geordneten Verhältnissen lebte, stammte Boveri aus einer Familie, die sich bestimmt für etablierter hielt als diese englischen Handwerker – wozu damals auch Zahnärzte zählten. Weder Vater Brown, noch der Grossvater (der Zahnarzt), noch ein anderer Vorfahre waren je Akademiker gewesen, was in deutschen, bildungsbürgerlichen Augen ohnehin ein bedauernswertes Defizit bedeutete. Etabliert, aber ruiniert: Boveri sah sich gezwungen, wie es Margret Boveri gut beschrieb, gleichsam als «Selfmademan» wieder von vorne anzufangen, dabei aber darauf aufbauend, dass er das soziale und kulturelle Kapital einer jahrhundertalten deutschen Funktionseliten-Dynastie einsetzen konnte. Was das hiess, haben wir bereits festgestellt, als wir uns mit den Briefen von Boveri befassten, die er verschickte, um Kapital zu beschaffen. Trotz des familiären Niedergangs blieb ein Netzwerk bestehen, das ihn trug, besonders in Deutschland, was Brown nie und nimmer im gleichen Masse hätte vorweisen können. In der Schweiz dagegen blieb Boveri ein *homo novus* in jeder Hinsicht, was ihm nur zu bewusst war, wie in einem Brief an Ernst Schmid in Augsburg zwischen den Zeilen zu lesen ist. Offenbar überlegte sich Boveri zu diesem Zeitpunkt, die neue Firma in Deutschland zu gründen, was neu war, bisher hatte er einzig von einem Standort in der Schweiz gesprochen – oder zumindest behauptete er das dem deutschen Bankier gegenüber, was auch taktisch motiviert gewesen sein könnte. Warum hatte er seine Meinung geändert? Im März 1888 schrieb Boveri an Schmid:

«Diese Auseinandersetzung könnte mich vielleicht inconsequent [sic] gegen früher erscheinen lassen, allein meine damalige Annahme, das Geschäft müsse in der Schweiz liegen, war besonders durch die Befürchtung begründet, Herr Brown würde nicht mit nach Deutschland gehen, die sich jetzt als unbegründet erwiesen hat. Für mich als Deutschen ist in natürlicher Weise Deutschland in vieler Beziehung ein angenehmeres Arbeitsfeld, abgesehen davon, dass ich bei der Gründung eines Geschäftes in Deutschland wohl noch verschiedene Persönlichkeiten aus dem Bekanntenkreis meiner Eltern dafür interessieren könnte, zu denen ich von der Gründung eines Geschäfts in der Schweiz nicht sprechen darf.»[500]

Wäre die BBC in Deutschland entstanden, hätte Boveri wenigstens einen Teil des Ungleichgewichtes korrigieren können, der zwischen ihm und Brown, dem Star, ohnehin bestand. Selbst in finanzieller Hinsicht war Brown in der stärkeren Position, was Boveri Schmid schon vorher angedeutet hatte:

«Ein weiterer Zweck dieser Zeilen besteht noch darin, Ihnen mitzuteilen, dass ich heute Abend mit Herrn Brown bereits eine längere Conferenz hatte und wir uns nicht nur im Stande fühlen, sondern auch bereit sind, in das von uns projektierte Geschäft eine Einlage von zusammen nicht unter frs. 100 000 zu machen. Hierüber habe ich nun heute mit Brown verhandelt, der voraussichtlich durch seinen Vater in den Stand gesetzt werden wird, diese Einlage zu machen, ausser-

5. Charles Brown, Walter Boveri und die «schöpferische Zerstörung»

dem aber noch einige andere Quellen hätten [sic]; er hält also von sich aus die [Möglichkeit] einer solchen Einlage für annehmbar. Schwieriger steht das Verhältnis jedoch bei mir, für den noch dazu die Wichtigkeit einer solchen Beteiligung noch grosser wäre, als Brown mir gegenüber in der technischen Leistungsfähigkeit als der Überlegene anzusehen ist. Von zu Hause habe ich in dieser Beziehung nichts zu erwarten, denn einerseits lässt es die Art unserer Vermögensanlage überhaupt nicht zu und andrerseits wäre ein Betrag von frs. 50 000 für uns viel zu hoch.»[501]

Der Zürcher Historiker Joseph Jung hat mit ein paar Mitarbeitern eine Art Inventar der schweizerischen Wirtschaftspioniere des 19. und 20. Jahrhunderts erstellt, und dabei unter anderem deren Herkunft und den sozialen Status der Eltern sowie Konfession, Geschlecht, Ausbildung oder Karriere verglichen, statistisch ausgewertet und in einzelnen Fällen vertieft. Insgesamt wurden 272 Persönlichkeiten erfasst, darunter auch Boveri und Brown.[502] Wenn wir die beiden BBC-Gründer in dieser relativ umfangreichen Stichprobe verorten, dann fallen Einzigartigkeit und Normalität auf: Boveri war römisch-katholisch, womit er zu einer Minderheit der Pioniere zählte, bloss 11 Prozent waren Mitglieder der römisch-katholischen Kirche, wogegen die erdrückende Mehrheit Protestanten waren, wobei nicht zwischen reformiert, lutherisch oder anglikanisch differenziert wurde. Brown war reformiert, sein Vater aber war in einer evangelikalen Sekte sozialisiert worden. Beide BBC-Gründer galten als Ausländer, wenn auch Brown eine Schweizer Mutter besass und in Winterthur aufgewachsen war. Damit fanden sich beide in einer kleinen Minderheit wieder, denn bloss 8 Prozent der Pioniere, so stellten Jung et al. fest, stammten aus dem Ausland, während 92 Prozent Schweizer waren. In ihrer Firma dagegen, darauf kommen wir zurück, stellten sie selber die Regel dar, im Kader der frühen BBC kamen viele Ausländer vor, insbesondere aus Deutschland und Grossbritannien. Dies gehörte zu den Besonderheiten des Badener Unternehmens.

Was die Herkunft anbelangt, haben wir die Nuancen zwischen Boveri und Brown in extenso ausgeleuchtet, im Vergleich zu ihren Unternehmerkollegen fallen sie hier beide nicht besonders auf. Unter den Pionieren gab es viele, deren Familien zur Ober- oder etablierten Mittelschicht gehörten. 63 Prozent der untersuchten Persönlichkeiten hatten eine Kindheit im Wohlstand verlebt, wie das auf Boveri und Brown zweifelsohne zutraf; bei 25 Prozent handelte es sich um Aufsteiger aus einfachen Verhältnissen. In ihren Ausbildungswegen unterschieden sich Boveri und Brown ebenso wenig von anderen Pionieren: 52 Prozent von jenen, die das Sample erfasste, hatten eine Lehre absolviert, 41 Prozent waren Akademiker, ein Wert, der sich im Lauf des 20. Jahrhunderts deutlich erhöhen sollte – doch in der «heroischen» Zeit der schweizerischen Wirtschaftsgeschichte

II. Teil. Gründerzeit

gab es zahlreiche Unternehmer, die gleichsam aus der Werkstatt in die Teppichetage vorgedrungen waren. Schliesslich waren die meisten jung, als sie ihr Unternehmen schufen. 35 Prozent waren zwischen 21 und 30 Jahren alt, 41 Prozent zwischen 30 und 41 Jahren, das bedeutet, wer bis 40 kein Unternehmen ins Leben gerufen hatte, dürfte es tendenziell auch nachher nie mehr getan haben. Brown war 28 Jahre alt, Boveri 26, als sie die BBC gründeten, auch in dieser Hinsicht entsprachen sie mehr oder weniger der Norm. Wenn wir diese Resultate überblicken, dann kommen wir zu einem überraschenden Schluss. Obgleich sowohl Brown und Boveri in mancher Hinsicht als Aussenseiter anzusehen waren, unterschieden sie sich kaum von anderen Pionieren.

Im Gegensatz zu Charles Brown, so halten wir am Ende dieses Vergleichs hingegen fest, war Walter Boveri ein Mann, der seine persönliche, berufliche und finanzielle Lage um jeden Preis verbessern wollte. Ihn befeuerte ein sozialer Ehrgeiz, der wohl eng mit dem relativen Abstieg seiner Familie zu tun hatte, wie ihn Charles Brown so nie erlebt hatte. Wenn einer der beiden ein Aussenseiter und eine merkwürdige Variante von Aufsteiger war, dann Boveri. Nicht, dass es Brown an Ehrgeiz gemangelt hätte, im Gegenteil, Brown muss davon gebebt haben, aber dieser war viel stärker auf die Welt der Technik und Innovation gerichtet, wo er «Grosses» vollbringen wollte. Wir erinnern uns an seine unbescheidene Selbstbeschreibung: «Ich hätte alles werden können: Musiker, Bildhauer, Maler, ich wäre immer ein grosser Mann geworden».[503] Er betrachtete sich als moderne Version eines Künstlers. Von Unternehmer oder Millionär, was er ebenfalls werden sollte, war keine Rede. Vor diesem Hintergrund war nur folgerichtig, dass er die Initiative zur Gründung der BBC fast völlig seinem jüngeren Montageleiter überliess. Boveri brachte jenen Mut, jenen Drang zu gestalten und jene Selbstsicherheit auf, die es brauchte, um sich als Unternehmer durchzusetzen.

5.3.5 *Prototyp des Unternehmers*

Aufs Ganze gesehen, so unser Eindruck, entsprach Walter Boveris Motivlage recht gut der theoretischen Definition, wie sie etwa Schumpeter, fast ein Zeitgenosse, 1913 in seiner ersten, sehr einflussreichen Unternehmertheorie vorgetragen hatte; wir zitieren eine bezeichnende Stelle zum zweiten Mal:

«Da ist zunächst der Traum und der Wille, ein *privates Reich* zu gründen, meist, wenngleich nicht notwendig, auch eine Dynastie. Ein Reich, das Raum gewährt und Machtgefühl, das es im Grund in der modernen Welt nicht geben kann, das aber die nächste Annäherung an Herrenstellung ist, die diese Welt kennt und deren Faszination gerade für solche Leute besonders wirksam ist, *die keinen andern Weg zu sozialer Geltung haben.*»[504]

5. Charles Brown, Walter Boveri und die «schöpferische Zerstörung»

Es lohnt sich, das Tempo zu rekapitulieren, mit dem Boveri sich aufmachte, ein «privates Reich» zu errichten. Er verlor keine Zeit. Kaum hatte er in Nürnberg sein Diplom erworben, kaum hatte er sein Volontariat mit einer Kaderposition bei MFO vertauscht, schon 1887, also im Alter von bloss 22 Jahren, leitete er die ersten Schritte ein, die ihn zu einem der grossen schweizerischen Unternehmer machen sollten. Interessanterweise können wir bei zwei seiner etwas älteren Kollegen (und Konkurrenten), die er gut gekannt hatte, dieses Tempo genauso beobachten. Sowohl Peter Emil Huber als auch Emil Rathenau setzten alles daran, sich möglichst rasch selbständig zu machen, kaum hatten sie ihre berufliche Laufbahn aufgenommen. Im Gegensatz zu Boveri reüssierten sie allerdings nicht sogleich. Ihre ersten Firmen scheiterten, aber auch bei ihnen blieb der Drang, etwas Eigenes zu schaffen, unwiderstehlich, wofür sie alles Menschenmögliche taten, bis sie ihre eigenen Unternehmen zum Erfolg geführt hatten. Boveri fiel insofern auf, als ihm auf Anhieb ein geradezu kometenhafter Aufstieg als Unternehmer glückte.

Wie stark dieser Drang zur Selbständigkeit bei Boveri war, illustriert eine Korrespondenz, die er kurz nach seiner Russlandreise, im Herbst 1887, mit einem Auslandsschweizer führte, der nach Moskau ausgewandert war. Gottlieb Nabholz, so sein Name, stammte aus Flaach im Zürcher Weinland, war ursprünglich Monteur und hatte hier im Zarenreich eine Eisengiesserei aufgebaut: Dobrov & Nabholz.[505] Offenbar hatte Boveri bei ihm ausgelotet, ob er bei ihm eine Stelle erhalten könnte – der Antrieb, sich zu verändern scheint übermächtig gewesen zu sein. Das zerschlug sich zuerst, doch dann zeigte Nabholz Interesse, nun war es Boveri, der sich zierte:

«Als ich seinerzeit nach Russland ging, hoffte ich allerdings halb und halb, es könnte daraus eine bleibende Stelle für mich werden, weil ich annahm, dass viel dort zu machen sei und sie wohl allmählig [sic] zur Fabrikation übergehen würden. Allein ich fand einerseits bei Ihnen hiezu [sic] keine besondere Neigung und ausserdem erschien mir ein grosser und günstiger Absatz nicht gerade gesichert, so dass ich den Gedanken in Russland zu bleiben vollständig aufgab. Doch ihr letzter Vorschlag machte denselben wieder rege, weil ich von vornherein wusste, dass das Geschäft zuerst an mich denken würde, wenn in Russland eine Ingenieurstelle errichtet werden solle».[506]

Umgehend formulierte Boveri seine Salärvorstellungen:

«Einerseits wäre mein Gehaltsanspruch für Russland von vornerehein ein ziemlich hoher, andrerseits würde ich mich zu einer Übersiedlung nach Russland nur dann entschliessen können, wenn damit die Möglichkeit verbunden wäre, eine definitive Stellung zu erringen, d.h. wenn die Sache so arrangiert werden könnte, dass im Falle sich ein Geschäft entwickelt, ich an dessen Werden beteiligt wäre.»[507]

Dann bestätigte er, worum es uns hier geht; Boveri stellte klar, dass er nichts anderes als Unternehmer werden wollte:

«Denn meine Absicht ist keineswegs für immer angestellter Techniker zu bleiben, sondern ich möchte es womöglich zu einem eigenen oder wenigstens zu einem von mir geleiteten Geschäfte, an dem ich beteiligt bin, bringen. (…) Ob Sie glauben, dass ein regeres elektrotechnisches Geschäft entwickelt werden kann, was mit den Jahren eine eigene Fabrikation rentabel machen könnte?»[508]

Schon jetzt, kaum 22-jährig, zielte er die unternehmerische Selbständigkeit an, was bemerkenswert ist, denn von dem fast gleichaltrigen Brown, der ungleich erfolgreicher war, sind ähnliche Wünsche zu jener Zeit nicht überliefert. Bei aller Risikofreude, die Boveri eigen war: Offenbar erschienen ihm die kommerziellen Aussichten für sich selbst, aber auch für eine Firma in Russland zu wenig eindeutig. Seinem Vater schrieb er wenig später – er steckte mitten in den letzten Arbeiten an der Kraftübertragungsanlage von Kriegstetten:

«Lieber Papa
Am Ende dieser Woche tritt in Solothurn eine wissenschaftliche Kommission zur Prüfung von uns gelieferter Dynamos zusammen, wobei ich, weil Herr Brown keine Zeit hat, Delegierter des Geschäftes sein muss. Eine andere Persönlichkeit hierzu ist nicht vorhanden, so dass ich das nicht abschlagen konnte. (…) Was meint Ihr dazu ganz nach Russland zu gehen? Ich habe noch keine rechte Lust, aber die Stelle wäre sehr gut.»[509]

So gut dann doch nicht: Kurze Zeit später, im Oktober, sagte er Nabholz definitiv ab. Die Begründung ist erhellend – den deutschen Bildungsbürger schreckte der «Wilde Osten» am Ende doch zu sehr ab. Wohl zog es ihn weg, um neu anzufangen, aber Oerlikon, dann Baden waren ihm weit weg genug. Was auffällt und das unternehmerische Talent von Boveri aufscheinen lässt: Boveri stellte überaus genaue Überlegungen an, ob für seine Firma in Russland allenfalls ein Markt vorhanden war.

«Es macht mir beinahe den Eindruck, als ob ich in dem civilisierten Europa bleiben würde und mich zu einer Ansiedelung in Russland nicht würde entschliessen können. (…) obwohl ich glaube, dass besonders bei eigener Fabrika-

5. Charles Brown, Walter Boveri und die «schöpferische Zerstörung»

tion entschieden ein Geschäft zu machen wäre, denn die inländische Conkurrenz [sic] ist eigentlich nicht gerade bedrückend und die Ausbreitung der elektrischen Einrichtungen überall ganz überraschend grossartig. In Deutschland registriert bald in jeder Stadt ein Geschäft, der [sic] elektrische Maschinen baut und eigentlich machen alle recht gute Geschäfte.»[510]

Walter Boveri zeichnete sich nicht nur dadurch aus, dass er ständig den Markt beobachtete und nach Geschäftschancen Ausschau hielt, was gemäss unseren theoretischen Prämissen ein typisches Merkmal eines Unternehmers bedeutete. Ebenso wenig erschöpfte sich sein Talent darin, dass er mit Aktionsdrang oder mit der Wut des sozial Deklassierten sich seinen Weg nach oben bahnte, mit dem Ziel, ein eigenes, ein «privates Reich» zu beherrschen. Schliesslich ist es auch nicht damit getan, darauf hinzuweisen, dass er intuitiv die Talente anderer erfasste, nein, Boveri besass auch jene Eigenschaften eines Unternehmers, die manchen, der damit konfrontiert war, abstiessen.

Im Zusammenhang mit einer solchen eher psychologischen Perspektive auf den Unternehmer, nannte Schumpeter einige polarisierende Eigenschaften, die wir auch bei Boveri diagnostizieren. Schumpeter sprach von «Rücksichtslosigkeit», «gesteigertem Egoismus», einem «traditions- und beziehungslosen» Verhalten, dann stellte er auch diese widersprüchliche materialistische und idealistische Disposition zugleich fest, die daraus besteht, sich bereichern zu wollen, den Profit zu maximieren, ohne aber die Früchte dieser Anstrengungen wirklich zu geniessen, vielmehr zeigt der typische Unternehmer gemäss Schumpeter eine «bemerkenswerte Gleichgültigkeit, ja selbst Abneigung gegen untätigen Genuss» und er kommt zum Schluss:

«Solche Wirtschaftssubjekte leben freilich meist luxuriös. Aber sie leben luxuriös, weil sie die Mittel dazu haben, sie erwerben nicht, um luxuriös zu leben.»[511]

Boveri war rücksichtslos, er war durchtrieben und unloyal, falls es ihm nützte, und er war mit einem überdimensionalen Selbstbewusstsein ausgestattet, das manche wohl als Arroganz oder Selbstüberschätzung bezeichnet hätten – wäre er denn je gescheitert. Doch der Erfolg schien ihm immer wieder Recht zu geben. Wir möchten diese pointierte Charakterisierung anhand verschiedener Belege konkretisieren.

Margret Boveri, seine Nichte, erzählt in ihrer Autobiographie eine Begebenheit, die deutlich macht, was wir meinen. Um diese zu verstehen, kommen wir nicht umhin, den Kontext auch ihres Lebens zu beleuchten. Margret Boveri (1900–1975) stammte aus einer veritablen Gelehrtenfamilie. Ihre Mutter Marcella O'Grady (1863–1950), eine Amerikanerin (daher der englische Vornamen

II. Teil. Gründerzeit

Margret), hatte in den USA als eine der ersten Frauen am MIT ein naturwissenschaftliches Studium absolviert und schloss in Biologie ab. Zunächst als Dozentin in den USA tätig, war sie 1896 nach Würzburg gekommen, um als Wissenschaftlerin an der Universität zu arbeiten. Hier lernte sie Theodor Boveri (1862–1915) kennen, den älteren Bruder von Walter Boveri. Wie erwähnt, hatte Theodor ebenfalls Biologie studiert und leitete jetzt als junger Professor das Zoologisch-Zootomische Institut. Kurz darauf heirateten die beiden in Boston, MA. 1900 kam ihr einziges Kind Margret zur Welt. Während Marcella Boveri-O'Grady ihre wissenschaftliche Karriere vorläufig aufgab, machte sich Theodor Boveri bald einen Namen als einer der führenden Biologen Deutschlands, noch heute gilt er als Mitbegründer der modernen Zytologie, unter anderem formulierte er eine zukunftsweisende Chromosomentheorie der Vererbung. Trotz mehrerer Rufe an andere Universitäten und Forschungseinrichtungen – so wurde ihm etwa die Direktion des neuen Kaiser-Wilhelm-Institutes für Biologie in Berlin angeboten, was enormes Prestige bedeutete – blieb Theodor Boveri zeitlebens in Würzburg; nicht zuletzt aus gesundheitlichen Gründen, da er seit der Jugendzeit ständig kränkelte. Ausserdem litt er an Depressionen. Er starb 1915 mit 53 Jahren, was für die Familie, also seine Frau und Margret, eine Katastrophe darstellte, die künftige Journalistin sollte in ihren Erinnerungen drastisch von einer «Amputation» sprechen. Sie selber liess sich in den 1920er-Jahren an der Universität Würzburg zur Lehrerin für Deutsch, Englisch und Geschichte ausbilden, einen Beruf, den sie nie praktizierte, stattdessen zog sie nach Berlin, wo sie an der Hochschule für Politik und der Friedrich-Wilhelms-Universität weiter studierte, um am Ende mit einer historischen Arbeit zu promovieren. Bald danach stieg sie in den Journalismus ein, den sie unverdrossen ausübte, ob im «Dritten Reich» für das *Berliner Tageblatt*, die *Frankfurter Zeitung* und das nationalsozialistische, von Joseph Goebbels herausgegebene *Das Reich*, oder später in der Bundesrepublik als Autorin von viel beachteten Büchern und Artikeln in angesehenen Blättern. Wie sehr sie sich den Nazis angepasst hatte, ist Gegenstand der Debatte, sie war nie Mitglied der NSDAP, aber dachte bestimmt deutschnational, was ein Grund gewesen sein mag, dass sie nie auswanderte, was ihr als perfekt zweisprachiges Kind einer Amerikanerin wohl leichtgefallen wäre. Nach dem Krieg stieg sie zu einer der renommiertesten Journalistinnen Deutschlands auf. 1975 starb sie in Berlin. Ihre Erinnerungen erschienen posthum.

Als Kind verbrachte Margret Boveri viele Wochen in Baden in der Villa Boveri oder auch im Engadin, wohin sie jeweils von ihrem Onkel eingeladen wurde. Besonders gut verstand sie sich mit dessen Frau, Victoire Boveri-Baumann, und ihrem Cousin Walter Boveri junior, dem späteren Verwaltungsratspräsidenten der BBC, den sie, wie alle offenbar in der Familie, «Büdi» nannte:

5. Charles Brown, Walter Boveri und die «schöpferische Zerstörung»

«Baden fand ich herrlich, den grossen Garten bis hinunter zur Limmat, den Gartensaal, das Schwimmbad. Auch die übrige Familie akzeptierte mich, sogar Onkel Walter. Er hörte den Geschichten zu, die ich bei Tisch erzählte; ich gab mir Mühe, amüsant zu sein. Vor Onkel Walter hatte ich Respekt, für den Vetter Walter, Büdi, schwärmte ich nach wie vor. Wenn er da war, begleitete ich sein Geigenspiel. War er abwesend, holte ich mir aus seinem Zimmer Bücher: Ibsen, Wedekind, Plato, Detektivromane, die neuesten, die besten. Wenn er das Zimmer betrat, sich in den besten Sessel lümmelte, waren alle Weiblichkeiten charmiert.»[512]

Weil sie so oft in Baden war, zu Gast bei ihren überaus reichen Schweizer Verwandten, nicht nur gemessen am normalen Gehalt eines deutschen Professors, verdanken wir ihren Erinnerungen sehr erhellende Einsichten in das Leben der Fabrikantenfamilie in Baden. Wenn sie sich in diesem verwöhnten Kreis als arme Verwandte bewegte, fielen ihr Dinge auf, die sonst nur Ethnologen ins Auge springen, gleichzeitig musste sie ertragen, dass sie ihr Gastrecht jederzeit verwirken konnte, sobald sie sich nicht so benahm, wie man es in Baden von ihr erwartete.[513]

Früh beteiligte sich ihre Familie auch an der BBC, wohl in der Meinung, damit ihre Ersparnisse gut angelegt zu haben – was ja bis zum Ersten Weltkrieg zweifellos zutraf. Als Vater Theodor 1915 starb, erwog man jedoch, dieses Geld zurückzuziehen, was Walter Boveri strikte ablehnte, immerhin versprach er höhere Zinsen. Noch glaubten Marcella und Margret Boveri ihm, dass er nur ihr Bestes wollte, aber später, als sie infolge der deutschen Inflation in den 1920er-Jahren in ernsthafte Schwierigkeiten geraten waren, weil die Rente des verstorbenen Professors sich dramatisch zersetzte, lernten sie den «reichen Onkel» von einer anderen Seite kennen. Von neuem wollten Mutter und Tochter ihre Anlage bei der BBC abheben, doch weil sie diese seinerzeit in Mark eingezahlt hatten, als die deutsche Währung noch mehr oder weniger einem Franken entsprach, war dieser Betrag von der deutschen Inflation aufgerieben worden.[514] Die Mutter hatte dieses Geld in Baden mit einem gewissen Fatalismus schon aufgegeben, doch Margret, die mit ihrem Onkel stets gut ausgekommen war, gab sich der Hoffnung hin, ihn zu einer gewissen Kulanz bewegen zu können. Hatte nicht er sie selber davon abgehalten, zu einem viel günstigeren Zeitpunkt das Geld zu repatriieren, als die Mark noch eine Mark galt? Zwar war auch die BBC inzwischen in eine existenzielle Krise abgestürzt, und Boveri hatte grosse Sorgen, dennoch schrieb Margret Boveri ihm einen bestimmt höflichen Brief, in dem sie sich erkundigte, wie es um ihr Geld stehe:

283

«Die Antwort kam handgeschrieben: wir müssten uns an den Gedanken gewöhnen, unser Vermögen verloren zu haben; er habe auch ein Drittel des seinigen verloren. ‹Schreibe mir, was ihr braucht›. Der letzte Satz entfachte meinen Widerstand. Ich wusste, was es bedeuten würde, wenn ich darauf eingige. Denn zu genau hatte ich seit Jahren erfasst, was es heisst, arme Verwandte zu sein. Der Zustand war erträglich, manchmal fast vergessen, durch die Freundschaft mit verschiedenen Mitgliedern der Badener Familie und durch die Güte der Tante Victoire. Der Zustand konnte unerträglich werden – das erkannte ich in den selben Jahren am Beispiel einer Tante und ihrer Tochter, die schon regelmässig aus Baden unterstützt wurden.»[515]

Also schrieb sie einen zweiten, noch längeren Brief, auf den sie drei Tage verwandte, um möglichst alle Argumente auszubreiten:

«Onkel Walters Antwort war kurz. Er denke nicht daran, sich mit mir auf einen Advokatenbriefwechsel einzulassen. Wenn ich weitere Auskünfte wünschte, könne ich mich an Herrn Direktor Staub wenden. Im Übrigen sei mein bevorstehender Osterbesuch unter diesen Umständen unerwünscht.»[516]

Es war ein schwarzer Tag, erinnert sich Margret Boveri, einige Zeit später aber brachte sie ein gewisses Verständnis auf, das uns interessiert:

«Das Verhalten des bewunderten und geliebten Onkel Walter hat mich viel tiefer getroffen, und ich brauchte lange, es zu verarbeiten. Verhältnismässig schnell setzte der Verstand ein, gefördert von der Mutter. Ich sagte mir, dass ein Mann, der in einer Generation ein Werk aufbaute, das mit älteren Firmen wie Siemens und AEG konkurrieren konnte, andere Eigenschaften entwickeln musste, andere Grade der Rücksichtslosigkeit als unsereiner, um zu so raschen Erfolgen zu kommen. Was ich nicht wusste, war, dass die Firma sich tatsächlich in einer Krise befand, teils durch Fehldispositionen – in erster Linie durch die Folgen der Entwertungen in den Ländern, die die Schweiz umgaben. Onkel Walter hat ihre Überwindung nicht erlebt.»[517]

Ein zweites Beispiel, das die Rücksichtslosigkeit, mitunter Ruchlosigkeit von Walter Boveri erkennen lässt, datiert aus einer viel früheren Periode, nämlich aus jener Zeit, da der junge, vollkommen unbekannte Ingenieur aus Bamberg sich auf die Suche nach Geld für seine Firma machte. In den Briefen, die er zu diesem Zweck in alle Welt verschickte, lernen wir einen Angestellten kennen, der sich durch eine bemerkenswerte Bereitschaft zum Verrat auszeichnete. Wir zitieren erneut aus dem Schreiben an den Nürnberger Hopfenhändler Johannes Scharrer; den ersten Teil des folgenden Auszugs haben wir bereits vorgebracht, wiederholen ihn aber um der Verständlichkeit willen. Nachdem Boveri das ausserordentliche Talent von Brown hervorgehoben hatte, um Scharrer zu einer Investition zu motivieren, ging er auf einen zusätzlichen Grund ein, der seiner Meinung nach dafür sprach:

«Diese Umstände geben uns zunächst eine ausgezeichnete Geschäftschance für das Oerlikoner Geschäft. Allein die Herren dort [bei der MFO] verderben sich ihre Sache selbst. Vor allem suchen sie Herrn Brown, der ihrem [Geschäft] zu einer Leistungsfähigkeit auf diesem Gebiete unersetzlich ist, möglichst zurückzudrängen, und haben ihn 3 Jahre lang um seine Patenttantiemen geradezu betrogen.»[518] Nun kam Boveri indirekt auf seine Person und sein Potenzial für eine neue Firma zu sprechen: «Ausserdem ist das Oerlikoner Geschäft besonders kaufmännisch nicht hinreichend gut geleitet, um die ganze Sache richtig in die Hand zu nehmen, wofür schon das Vorgehen gegen Brown eine gute Illustration bietet. Es werden fortwährend grosse Fehler gemacht, die es schliesslich der Conkurrenz möglich machen müssen, uns [der MFO] den Rang abzulaufen.»[519]

Auch gegenüber dem Bankier Schmid, ein Mann, den er offensichtlich nicht allzu gut kannte, schreckte Boveri vor keiner Illoyalität zurück:

«Schliesslich habe ich noch eine weitere Idee im Hintergrunde. Man weiss hier [bei der MFO] sehr gut, dass mit dem Abgange des Herrn Brown der hiesigen elektrischen Abteilung ihre Lebensfähigkeit genommen ist. Ich habe daher die Überzeugung, dass das Oerlikoner Geschäft dafür gebraucht werden kann, dem neu entstehenden seine elektrische Abteilung abzutreten, wofür die Maschinenfabrik Oerlikon die vielen Lieferungen, die wir an eine Maschinenfabrik zu vergeben hätten, gesichert werden könnten.»[520]

Mit anderen Worten, Boveri war sich vollkommen bewusst, dass er seinen aktuellen Arbeitgeber nachhaltig schädigte, wenn es ihm gelang, Brown für eine eigene Firma abzuwerben, immerhin ein Arbeitgeber, dem er seine ganze bisherige Karriere vom ausländischen Volontär zum gefragten Montageleiter verdankte. Ohne die Chance, die MFO ihm geboten hatte, wäre er nie und nimmer in die Lage versetzt worden, auch nur darüber nachzudenken, sich selbständig zu machen. Was an infamem Kalkül hinzukam: Boveri nahm gerne in Kauf, dass die elektrische Abteilung, die Brown nur dank der Generosität und Nervenstärke von Peter Emil Huber hatte aufbauen können, dadurch zerstört wurde, ja er setzte sogar darauf, dass er und Brown die so ruinierte Abteilung dann beerbten.

II. Teil. Gründerzeit

Wenn es je ein Dokument gegeben hat, das Boveris Durchtriebenheit und sein Selbstbewusstsein zugleich festhielt, dann dieser Brief. Das gleiche Szenario, das ihm jederzeit eine fristlose Entlassung hätte einbringen können, wäre es den Chefs der MFO bekannt geworden, nannte Boveri übrigens gegenüber zahllosen anderen potenziellen Investoren. Auch die Kunden der MFO, die er bisher betreut hatte, nahm er ins Visier:

«Was nun die übrige Ausstattung des schweizerischen Geschäftes angeht, so habe ich in der letzten Zeit mit verschiedenen mir bekannten Kapitalisten, besonders den Herren, welche die ersten Brown'schen Anlagen für die Kraftübertragung bezogen haben, gesprochen und sie für die Sache recht eingenommen gefunden.»[521]

Am Ende ging Boveri so weit, der MFO ein Ultimatum zu unterbreiten, oder besser, er schickte Brown vor, das zu tun, indem dieser der Geschäftsleitung mitteilen sollte, «dass er mit Oerlikon nur dann in weiterer Verbindung zu bleiben geneigt ist, wenn die Maschinenfabrik [Oerlikon] ihre eigene elektrische Fabrikation aufgibt und sich dafür an dem neuen Geschäft beteiligt, das speciell unter der Leitung des Herrn Brown ins Leben treten soll.»[522]

Das schrieb Boveri dem Augsburger Bankier Ernst Schmid im März 1888. Ob Brown seinen Arbeitgeber tatsächlich je so unter Druck gesetzt hat, wie es Boveri vorgeschwebt hatte, wissen wir nicht. Es scheint eher unwahrscheinlich, weil eine solche Forderung bestimmt schon dann zum Bruch geführt hätte. Dieser Art von Erpressung konnte sich keine Geschäftsleitung fügen. Brown verliess die MFO erst 1891. Von einem früheren Eklat ist nichts zu vernehmen. Für unseren Zusammenhang ist dies auch nicht weiter von Belang: Es zeigt aber, wie skrupellos Boveri handelte, wenn es darum ging, seinen Vorteil zu suchen.

In Kenntnis dieses wenig loyalen, ja intriganten Verhaltens von Boveri kann nicht verwundern, dass der Abgang der beiden jungen Ingenieure, als es 1891 dann endgültig dazu kam, nicht ohne Spannungen erfolgte. Wir wissen wenig Genaues, aber wir verfügen über einige Indizien: Bevor Brown seine Stelle in Oerlikon kündigte, hatte er offenbar noch mit Huber verhandelt und ihm die Gelegenheit eingeräumt, ihn mit einem Gegenangebot zurückzuhalten. Vielleicht verlangte er eine Beteiligung an der MFO oder andere Garantien und Konzessionen. Allerdings verhielt sich Huber nicht so, wie sich Brown das erwünscht hätte. An seinen Vater schrieb er in diesen turbulenten, wohl emotionalen Tagen im Januar 1891:

5. Charles Brown, Walter Boveri und die «schöpferische Zerstörung»

«Lieber Papa
(…) Nach allem was ich bis jetzt vernommen, scheint Oberst [Huber] seinen ersten Vorschlag vollständig vergessen zu haben. Sein einziges Bestreben besteht jetzt nur noch darin, uns womöglich aus der Schweiz herauszukriegen. Aber das geht nicht so leicht, wie er sich [das] vorstellt. Boveri ist gegenwärtig nach Hause verreist, da sein Vater plötzlich gestorben. Sofort nach seiner Rückkehr (die jedenfalls in den nächsten Tagen erfolgt) gehen wir energisch hinter unsere Sache und lassen Oerlikon links liegen. Auf weitere Vorschläge warten wir nicht mehr.»[523]

Huber schwieg. Eine Antwort ist nicht überliefert. Dass ihn der Verlust seines wertvollsten Angestellten aber schwer getroffen haben dürfte, dafür gibt es manche Hinweise, einen entnehmen wir einem Brief, den er kurz darauf von seinem Sohn Emil Huber erhalten hatte. Dieser befand sich in jenen Tagen zu Studienzwecken in den USA, wo er sich bei zahlreichen Unternehmen, so auch in Edisons Labor und bei Westinghouse, über die neuesten elektrotechnischen Errungenschaften ins Bild setzen liess. Zu Browns Abgang bemerkte Emil Huber:

«Dass er uns einen sehr unangenehmen Streich spielt, ist sicher»,[524] schrieb er seinem Vater und stellte damit klar, für wie illoyal er diesen Schritt hielt. Interessant ist, welche Schlüsse er daraus zog: «Die Frage ist hauptsächlich die: Willst Du Dich nach einem grossen Elektriker umsehen oder nicht?»[525] Weil der junge Huber am Beispiel von Brown gerade erlebt hatte, wie abhängig man von einem Angestellten werden konnte, riet er seinem Vater implizit davon ab, nach einem Ersatz zu suchen – was einigermassen erstaunt, aber eben auch zeigt, warum sein Vater ein grosser Unternehmer war, während Emil Huber bloss ein tüchtiger Verwalter seines Erbes werden sollte:

«Ich frage mich, indem ich die Geschichte mehrerer anderer Fabriken vor Augen habe, ob wir nicht im Besitze einer solchen Menge verschiedener Konstruktionen sind, dass es mehr im Interesse des Geschäftes ist, nach und nach die Stabilität in den Bau der Maschinen zu bringen. Die neuen Wechselstrommotoren, von denen Du mir gelegentlich berichtet [hast], sind natürlich sehr bedeutend, und ich möchte mit dem Obigen nicht etwa sagen, dass solche Neuerungen nicht im Interesse des Geschäftes seien (…) aber ich glaube, wir hätten auf dem Gebiete des Gleichstroms vieles, was im Interesse des Geschäftes nach und nach sollte stabilisiert werden.»[526]

Stabilität, Ruhe, Innovation nur, wenn unbedingt nötig: Es sind bemerkenswerte Sätze, die den defensiven Charakter von Emil Huber offenbaren und so deutlich machen, was ihn von einem Walter Boveri unterschied, dem Aufsteiger und Gekränkten, dem Rücksichtslosen und Selbstbewussten, der nur einem Drang nachgab: dem Drang nach oben und nach mehr.

Schon wenig später sollte Emil Huber die Stelle des Chefingenieurs von Brown übernehmen, 1894 auch die operative Leitung der ganzen MFO, da sein Vater an einer schweren Augenstörung erkrankt war und kaum mehr sah. Peter Emil Huber blieb aber bis zu seinem Tod im Jahr 1915 Verwaltungsratspräsident der MFO. Während dieser Innovationen stets offen gegenüber stand und kaum genug davon bekommen konnte, war der junge Emil Huber auf Konsolidierung des Erreichten aus: Experimente, Risiken, Erfindungen, wie sie ein Charles Brown unablässig und spielend hervorbrachte – dieser permanenten Hektik mochte sich Emil Huber nicht aussetzen. Es hatte etwas Folgerichtiges, dass Walter Boveri, der dieses ausserordentliche Talent von Brown – ähnlich wie der brillante Unternehmer Peter Emil Huber – sogleich erkannte, in Zukunft daraus Nutzen ziehen sollte, und es hatte etwas Zwangsläufiges, dass die Firma, die so entstand, die BBC, die ältere, so berühmte MFO, innert allerkürzester Zeit überrunden sollte.

Eine letzte Quisquilie ist nachzutragen. In welch zwielichtigen Licht Walter Boveri erschien, wenn man diese Briefe las, in denen er die MFO hinterging, war offenbar auch seinen Kindern bewusst. Jedenfalls hielten sie diese Korrespondenz lange unter Verschluss. Noch 1974 schrieb sein ältester Sohn Theodor, der als Delegierter des Verwaltungsrates dem obersten Führungsgremium der BBC angehört hatte, in seinen Erinnerungen: «Die unerhörten Schwierigkeiten, die Walter Boveri zu überwinden hatte und die sich in gleicher Sache sogar über das Gründungsdatum von BBC hinaus noch fortsetzten, gehen klar aus noch vorhandener Korrespondenz hervor, die sich aber nicht zur Veröffentlichung eignet.»[527]

Schliesslich möchten wir auf ein letztes Set von Eigenschaften eingehen, die gemäss Schumpeter einen Unternehmer kennzeichnen, und die wir ebenso bei Boveri vorfinden, auch wenn hier die Quellen, die das belegen sollen, problematischer sind. Wir stützen uns vorwiegend auf die Nachrufe, die 1924 anlässlich des Todes von Walter Boveri erschienen sind; problematisch, weil die Konvention es will, dass bei solchen Gelegenheiten auch schöngefärbt und unterschlagen wird.[528] Dennoch glauben wir, dass diesen Nachrufen zu trauen ist, wenn es um die Darstellung jener Stärken geht, die uns hier interessieren. Zunächst muss Boveri ein sehr guter Kommunikator gewesen sein, was wir weiter unten bei der Schilderung seiner politischen Aktivitäten in Baden noch einmal thematisieren werden. Das *Badener Tagblatt* schrieb 1924 in einem ihrer Nachrufe (es erschienen mehrere):

5. Charles Brown, Walter Boveri und die «schöpferische Zerstörung»

«Seit Anfang der neunziger Jahre Badener Bürger und 1916 mit dem Ehrenbürgerrecht bedacht, ist seine segensreiche Tätigkeit als langjähriger Präsident der Budget- und Rechnungskommission hervorzuheben, seinen klaren Darstellungen lauschte jeweils die lautlose Zuhörerschaft in Gemeindeversammlungen, und es war eine Freude, die formvollendete Sprache mit den prägnant vorgetragenen Äusserungen entgegenzunehmen.»[529]

Die Gemeindeversammlung war in Baden bis in die 1970er-Jahre das oberste Organ der Stimmbürger, das sämtliche Beschlüsse der Einwohnergemeinde fasste; wer in Baden etwas bewegen wollte, musste hier überzeugen. Erst 1972 wurde sie abgeschafft und mit einem städtischen Parlament, dem Einwohnerrat ersetzt. Wenn wir in Betracht ziehen, dass in schweizerischen Gemeindeversammlungen in der Regel Schweizerdeutsch als Verhandlungssprache vorgezogen wurde, muss es für einen Deutschen wie Boveri nicht immer einfach gewesen sein, hier populär zu werden oder zu brillieren: Es galt die richtige Kombination von Rhetorik und Bodenständigkeit zu treffen. Boveri lernte nie Schweizerdeutsch, sondern sprach ein fränkisch gefärbtes Hochdeutsch. Dass Boveri in diesem öffentlichen, hoch demokratisierten, eher egalitären Kontext anscheinend gut ankam – er setzte sich so gut wie immer durch, wie wir später aufzeigen werden – spricht für sein kommunikatives Talent. Das *Badener Tagblatt* fuhr im gleichen Nachruf fort:

«Wer mit Herrn Dr. Boveri persönlich verkehrte, freute sich über die geistvolle Art des Verkehrs, über seine Entschiedenheit und Schlagfertigkeit, mit welcher so viele schwierige Fragen ihrer Lösung entgegengeführt wurden. Stets war die meisterhafte Beherrschung seines Auftretens bei der Leitung grosser Versammlungen zu erkennen.»[530]

Boveri feilte an seiner Rhetorik, es kümmerte ihn, ob er verstanden wurde, wie ein Brief aus seiner frühen Karriere verrät, als er noch Montageleiter bei der MFO war. Wir haben erwähnt, dass seinerzeit auch Boveri in die Marketing-Anstrengungen einbezogen wurde, die Brown und die MFO inszenierten, um die Vorzüge der Kraftübertragungsanlage von Kriegstetten/Solothurn bekannt zu machen. Zu diesem Zweck hielt auch Boveri zum Beispiel in Lenzburg einen Vortrag vor dem Aargauischen Handels- und Industrieverein, unter anderem weil Brown verhindert war. Offenbar kam Boveri nicht so gut an, was ihn stark beschäftigte. Dem Veranstalter, Adolf Jenny-Kunz, Unternehmer, demokratischer Grossrat und Präsident des Verbandes, schrieb er:

«Ich fühle mich verpflichtet Ihnen noch schriftlich meinen verbindlichsten Dank für das freigebige Honorar auszusprechen, das sie [sic] mir für meinen Vortrag gewährten, und muss nur bedauern, dass meine Leistung in einem so schlechten Verhältnis zu demselben steht. Sehr verbunden wäre ich Ihnen auch, wenn Sie mir in den grösseren aargauischen Zeitungen etwa erschienene Berichte zuzuschicken die Güte hätten. Aus dem kurzen Bericht der ‹Neuen Zürcher Zeitung› ersehe ich leider, dass ich dem betreffenden Berichterstatter ziemlich unverständlich geblieben bin und werde ich mich in einem etwaigen ähnlichen Falle in Zukunft bemühen, mein Referat auf einen noch elementareren Boden zu stellen.»[531]

Darüber hinaus fiel Boveri durch einen hohen Energiehaushalt auf: Wer immer über Boveri schrieb und sprach, alle Grabredner, betonten die extreme Arbeitsbelastung, der sich der BBC-Chef unterzog, aber auch die ausserordentliche Energie, die er verströmte, wo immer er auftrat, was immer er vorantrieb. Auch hier ist Vorsicht geboten, weil eine solche Zuschreibung in jenen Tagen zum Standard gehörte, wenn um verdiente Persönlichkeiten getrauert wurde. Aber ein Blick auf die vielen Positionen, die Boveri zeitlebens versah, lassen vermuten, dass Boveri ohne einen solchen «Kraftüberschuss», den Schumpeter bei Unternehmern diagnostizierte, kaum in der Lage gewesen wäre, dies alles zu bewältigen. Neben seinen zahlreichen Aufgaben bei der BBC diente Boveri als Verwaltungsratspräsident der Motor, der Columbus, sowie diverser Elektrizitätswerke in der Schweiz und im Ausland, darüber hinaus sass er in den Verwaltungsräten anderer Schweizer Firmen, dann amtierte er als Präsident der Budget- und Rechnungskommission der Einwohnergemeinde Baden, ebenso fungierte er als Präsident der Museumskommission.[532] Boveri muss das ausgestrahlt haben, was man heute als «dynamisch» bezeichnen würde: eine ständige Unruhe.

«Noch vor wenigen Monaten», erinnerte sich Henri Naville, Direktor der BBC, am Grab seines Vorgesetzten, «stand Dr. Walter Boveri noch an unserer Spitze in voller Rüstigkeit und Jugendfrische. Nicht selten, wenn er öffentlich auftrat, wurde man gefragt: ‹Ist das Euer grosser Boveri, ist der noch so jung?› Jetzt ist dies frische Leben plötzlich erlöscht».[533] Gewiss, wenn Naville fortfuhr: «Am Tage und oft auch nachts arbeitete sein aussergewöhnlicher Geist in der Sorge um das Wohlergehen all dieser weitverzweigten Organisationen»[534], dann waren das auch die Worte eines loyalen Mitarbeiters. Doch selbst Margret Boveri, die nicht weniger unbefangen, aber mit einem unabhängigeren Blick urteilte, erzählte die gleiche Anekdote, wenn auch leicht variierend:

«Walter Boveri senior war zur Zeit der Friedensschlüsse [1919] vierundfünfzig Jahre alt. Gleich seinem Sohn wirkte er ungeheuer jung, und es war ihm gelegentlich passiert, dass im Ausland der Leiter eines Unternehmens, mit dem er zu verhandeln hatte, verärgert sagte: ‹Nicht mit dem Sohn, sondern mit dem Vater wollte ich ein Gespräch führen.› Niemand bezweifelte damals, dass dieser Mann in der ihm noch bevorstehenden Lebenszeit alle Krisen überwinden würde.»[535]

Auch die *National-Zeitung* in Basel strich in ihrem Nachruf Boveris Leistungsfähigkeit heraus, selbst wenn es sich hier zugegebenermassen um eine fast kitschige Wendung handelte:

«Einer der prominentesten Industriellen unseres Landes scheidet mit Dr. Boveri von uns. *Mit rastloser Energie* und grosser Umsicht hat er am industriellen Aufschwung der Schweiz mitgearbeitet. (…) Als bedeutende Pioniere der Elektrotechnik [Brown und Boveri] machten die Dahingeschiedenen [Brown war im Mai 1924 gestorben] die Schweiz zum klassischen Boden der Elektroindustrie.»[536]

Über wie viel Energie und Arbeitsethos Boveri selbst dann noch verfügte, als er wegen gravierender Verletzungen kaum mehr handlungsfähig war, mögen die letzten Jahre seines Lebens illustrieren. Im Sommer 1922 reiste Boveri mit seiner Frau nach Holland und erlitt auf dem Weg dorthin einen schlimmen Autounfall, mit dessen gesundheitlichen Folgen er nie mehr fertigwerden sollte, – was zu jener Zeit selbstredend niemand ahnte. Es begann eine schier endlose Agonie, verbunden mit zahlreichen Arztwechseln und ergebnislosen Therapien; erst im Oktober 1924 wurde er durch den Tod davon erlöst. Weil Boveri nach seinem Unfall für geraume Zeit nicht in die Schweiz zurücktransportiert werden konnte, sass er als Patient in einem Spital im deutschen Emmerich nahe der holländischen Grenze fest. Um ihn zu betreuen und zu zerstreuen, verbrachten nun immer ein paar Familienmitglieder Tage oder gar Wochen bei ihm in Deutschland; seine Kinder, seine Frau, selbst Margret Boveri erschienen am Krankenbett. Monate später war er endlich reisefähig und wurde in die Schweiz zurückgebracht. Wenn man indes gehofft hatte, dass er zu Hause besser genesen würde, dann sah man sich bald enttäuscht, wie Margret Boveri erzählt:

«Und als Walter Boveri mit geheilten Gliedern heimkehrte, war seine Lebenskraft gebrochen, wenn auch damals noch kaum einer das erkennen mochte. Zu grosse Dosen von Schlafmitteln im Spital hatten eine akute Schlaflosigkeit zurückgelassen, und alle Kuren, die dagegen versucht wurden, konnten die Schlafgewohnheit nicht wiederbringen.»[537]

II. Teil. Gründerzeit

Trotz dieser Beschwerden arbeitete Boveri weiter – zumal nicht nur sein Leben, sondern auch sein Lebenswerk auf dem Spiel zu stehen schienen. Die BBC machte eine bedrohliche Krise durch. Vom Bett aus steuerte er die Firma, was in der Zeit des erzwungenen Exils bedeutete, dass auch leitende Angestellte aus Baden nach Emmerich fuhren, um mit ihm die Geschäfte zu besprechen. Victoire Hämmerli-Boveri schildert in ihren Erinnerungen eine solche Begebenheit, die deutlich macht, wie viel Energie Boveri nach wie vor für sein Unternehmen aufbrachte:

«In jener Zeit wurde die Gesellschaft Motor A. G. mit der Gesellschaft Columbus zur Gesellschaft Motor-Columbus vereinigt. Die Gesellschaft Motor hatte eine gutausgebaute technische Organisation und Verwaltung aber keine Arbeit. Für Columbus boten sich Arbeitsmöglichkeiten in Südamerika, es bestand aber keine technische Organisation. Herr Nizzola kam angefahren und war entzückt über das Projekt, das Papa im Bett ausgedacht hatte. Er ass mit mir zu Mittag und schaute sich etwas erstaunt in dem Lokal um. Am nächsten Tag sagte der Papa etwas erstaunt, Herr Nizzola habe ihm zu seiner schneidigen Tochter gratuliert.»[538]

Agostino Nizzola (1869–1961) war Direktor der Motor AG; und sowohl die Motor als auch die Columbus waren Finanzierungsgesellschaften, die Boveri seinerzeit etabliert hatte. Nizzola wurde 1924 nach der Fusion Verwaltungsratspräsident der neuen Motor-Columbus und blieb in dieser Funktion bis 1942.[539]

Zum Schluss möchten wir eine dritte Eigenschaft von Boveri untersuchen, die aus allen Nachrufen, manchen Erinnerungen, aber auch aus seiner Korrespondenz hervorgeht und die ebenfalls zu den psychologischen Charakterisierungen eines Unternehmers passt, wie sie Schumpeter oder Kirzner vorgeschlagen haben: Boveri war mit einem sehr stabilen Selbstbewusstsein gesegnet, das wohl Voraussetzung dafür war, dass er überhaupt den Mut aufbrachte, ein Unternehmen in die Welt zu setzen. Einen Sinn für dieses expansive Selbstvertrauen erhalten wir, wenn wir den Lebenslauf lesen, den er seinerzeit, 1889, Sigmund Schuckert zukommen liess, als er sich um eine Stelle in dessen Betrieb bemühte:

«Meine Tätigkeit in Oerlikon war im Verlauf der Jahre eine ziemlich vielseitige. Nachdem ich mit dem Jahr 1885 meine praktische Beschäftigung als Arbeiter, Monteur und Maschinist beendet hatte, war ich auf dem Bureau anfangs mit Zeichnen und mit Anfertigen der gewöhnlichen Kostenvoranschläge beschäftigt. Allmählig erhielt ich die Führung fast aller, besonders der wichtigen, schriftlichen Arbeiten, welche einen vollständig orientierten Techniker erforderten. Ich nahm hiezu Angaben und Rathschläge bezüglich grosser Projekte, vollständige

5. Charles Brown, Walter Boveri und die «schöpferische Zerstörung»

Ausarbeitung und Kalkulation solcher, Abfassung aller von Oerlikon ausgegebenen Betriebsreglements, Abfassung von Patentschriften, Aufsätzen für Zeitschriften, Gutachten und was sonst in diese Sparte einschlägt. Zu diesen Arbeiten hinreichend orientiert war ich durch fortwährend-vollständige Kenntnis alles dessen, was sich in der Konstruktion befand, durch meine Beteiligung bei allen im Geschäft angestellten Versuchen und endlich durch meine Zweite Hauptthätigkeit, welche ausserhalb des Geschäftes zu suchen ist. Die meisten Ausführungen der grossen Montagen leitete ich persönlich».[540]

Walter Boveri muss von seiner Mission beseelt gewesen sein. Selbstzweifel wurden selten sichtbar, Widerstand brach er, Ausdauer zeichnete ihn aus. 1887, im Alter von 22 Jahren, beschloss er für sich, dass er eine Firma gründen wollte und vier Jahre lang arbeitete er darauf hin, ohne je davon abzulassen, dabei galt es, einen stets kapriziösen, genialischen Brown bei Laune zu halten und Geld in einem Ausmass aufzutreiben, wie nur wenige sich das zugetraut hätten. Vier Jahre lang schrieb er zu diesem Zweck Dutzende von Briefen, an mögliche Investoren, die er kaum kannte und die dauernd zu behelligen er sich nie scheute. Fast aufsässig verfolgte er den schon mehrfach angesprochenen Ernst Schmid. Nachdem der Augsburger Bankier höflich, aber unüberhörbar sein Desinteresse signalisiert hatte, fasste Boveri nach:

«Wenn Sie auch nicht in der Lage sind meinen etwas kühnen Wünschen ganz zu entsprechen, so hat doch der Inhalt Ihres Schreibens mein eigenes Vertrauen zu meinem Projekte bedeutend erhöht. Allein es wäre mir nun sehr viel daran gelegen, noch in einigen Fragen Ihren liebenswürdigen Rat zu hören, und doch dürfte Sie eine Korrespondenz hierüber mit mir allzusehr belästigen. Ich denke daher es wäre Ihnen vielleicht weniger unangenehm, wenn ich für einen Tag nach Augsburg käme, wo Sie vielleicht die Güte hätten, sich mit mir über meine Angelegenheit zu unterhalten.»[541] Ohne eine Antwort abzuwarten, schlug Boveri sogleich ein Datum für ein Treffen vor, als ob er bei einem Hausierer in die Lehre gegangen wäre:

«Ich hätte am kommenden Samstag Gelegenheit nach Augsburg zu kommen und gedenke, wenn ich Sie nicht höre, Sie an diesem Tage zu besuchen. Falls Ihnen dieser Tag oder mein Besuch überhaupt nicht angenehm sein sollte, haben Sie vielleicht die Güte, mich durch eine Postkarte zu benachrichtigen.»[542]

Einseitig scheint Boveri seine Geschäftsreise bereits gebucht zu haben, und Schmid sah sich genötigt, ihn aktiv auszuladen – wie Schmid reagiert hat, ist nicht bekannt, ebenso wenig wissen wir, ob Boveri je nach Augsburg gefahren ist.

II. Teil. Gründerzeit

In Anbetracht dessen, was wir über Schmid wissen, der ein eher konzilianter Mann gewesen sein muss, dürfte sich Boveri durchgesetzt und eine Audienz erhalten haben. Dennoch blieb ihm der Erfolg versagt: das Bankhaus Friedr. Schmid & Co. beteiligte sich nie an der BBC.[543]

Dass ihn aber wenige von dem abzuhalten vermochten, was er sich vorgenommen hatte, wurde selbst in den Nachrufen vermerkt, als er, dieser hartnäckige, entschlossene, mitunter aufdringliche Mann gestorben war:

«Für einen Charakter seiner Art, für einen Tatmenschen seines Ausmasses, mussten die Entwicklungen der letzten Jahre tief deprimierend wirken. War man überorganisiert? Hatte man sich zu weit gewagt? Kritteler und Nörgeler, die nachher immer alles besser gewusst haben wollen, haben ja ihren Senf zu allem zu geben. Dass damals, als die Herren Brown, Boveri und Funk anno 1891 in Baden den Grundstein zu der Schaffung der Weltfirma legten, ein ungeheurer Wagemut von nöten war [sic], ein Risiko für Gut und Namen, das wird oft vergessen!»[544]

Selbstbewusst, mit Zügen des Missionarischen ausgestattet, hartnäckig, zäh: Obschon Boveri dies alles auszeichnete, gelang es ihm nicht, auch nur einen einzigen Investor von seiner Idee zu überzeugen. Alle Briefe, die in seinem Korrespondenzbuch abgelegt sind, führten zu nichts. Auch nach drei Jahren intensiver Bemühungen standen er und Brown nach wie vor ohne jedes Kapital da.

5.3.6 Deus ex machina: Conrad Baumann

Am 20. Dezember 1890 schlossen Walter Boveri und Charles Brown einen Kooperationsvertrag ab, worin sie sich gegenseitig verpflichteten, zwecks Gründung einer neuen Firma zusammenzuarbeiten. Ende Jahr verliess Walter Boveri die MFO, zu der er erst vor Kurzem zurückgekehrt war, und auch für Charles Brown dürfte dieser Schritt absehbar geworden sein: die beiden Partner hatten sich definitiv festgelegt, sie waren im Begriff, alle Brücken hinter sich abzubrechen. Das Gründungskapital von etwas über 600 000 Franken lag bereit.

Wie war es dazu gekommen? Wenn es ein Element der Gründungsgeschichte der BBC gibt, das sich nie restlos klären lässt, dann die Tatsache, wie Walter Boveri es so plötzlich fertiggebracht hatte, das nötige Kapital zu beschaffen – das er so lange, so vergeblich gesucht hatte. War es Zufall, Strategie oder Liebe, war es das Kalkül des Schwiegervaters, eines klugen Industriellen? Fast alles ist offen. Fest steht bloss, dass Walter Boveri im Lauf des Jahres 1890 den Zürcher Seidenindustriellen Conrad Baumann kennenlernte – oder zuerst dessen Tochter Victoire (1865–1930) – und dass aus dieser Bekanntschaft bzw. dieser Heiratsan-

5. Charles Brown, Walter Boveri und die «schöpferische Zerstörung»

bahnung der grösste Teil des Gründungskapitals der BBC resultierte. Nachdem sich Walter Boveri entschieden oder dazu bereit erklärt hatte, Victoire Baumann zu heiraten, garantierte ihm der Vater einen Betrag von 500 000 Franken als Mitgift; dieser gemäss aktuellem Wert gigantische Betrag von rund 25 Millionen Franken (2009) muss auch bei Charles Brown den letzten Zweifel beseitigt haben. Seine Beteiligung stand nun ausser Frage.[545] Dass die neue Firma dennoch seinen Namen zuerst aufführte, zeigt, wie hoch man die Prominenz von Charles Brown einschätzte – obwohl doch der Löwenanteil des Gründungskapitals von Walter Boveri eingebracht worden war. So weit sich das feststellen lässt, steuerte Charles Brown so gut wie keinen einzigen Franken an Kapital bei.

Conrad Baumann senior (1832–1905) hatte eine Seidenweberei geerbt, die von seinen Vorfahren schon Ende des 18. Jahrhunderts in Horgen ins Leben gerufen worden war, woher die Familie auch kam. Die Firma blühte auf, 1853 verlegte sie der Vater von Conrad Baumann nach Zürich, dabei errichtete er den Hauptsitz am damals praktisch unbebauten Bleicherweg, unmittelbar vor der Stadt. 1861 zog sich der Vater zurück, und Conrad Baumann führte die Firma allein, die weiterhin als Conrad Baumann älter & Cie. firmierte. Den Geschäftssitz beliess er in der Enge, produziert wurde aber im Letten. Offenbar rentierten die Geschäfte, man spezialisierte sich auf Futterstoffe aus Seide, die in Pelzmänteln verwendet wurden, auch belieferte man die chinesischen Mandarine, was bizarr wirkt. Dass die anspruchsvollen Chefbeamten des Chinesischen Reiches, wo die Seidenherstellung vor zweitausend Jahren erfunden worden war, sich nun ausgerechnet mit Seide aus Zürich einkleiden liessen, belegt die aussergewöhnliche Leistungsfähigkeit der Zürcher Seidenindustrie zu jener Zeit. Tatsächlich war sie zu den wichtigsten Exportbranchen der Schweiz aufgestiegen. Vor diesem Hintergrund erscheint es folgerichtig, dass Baumann seine Produktion auch ins Ausland expandierte, es entstanden Betriebe im Elsass und in Lyon, der französischen Seidenstadt. Die Baumanns zählten schliesslich zu den bekannten Seidenherren Zürichs, wohl auch zu den reichsten; an genaueren Angaben mangelt es. Immerhin, so viel wissen wir, spielte Baumann eine massgebliche Rolle im Branchenverband, der Seidenindustrie-Gesellschaft, ebenfalls half er mit, die bald weiterum renommierte Seidenwebschule in Zürich zu etablieren. Walter Boveri junior schildert seinen Grossvater als «sehr gut aussehenden, gewandten und energischen Geschäftsmann», mit dem «Kirschen zu essen, keinesfalls immer angenehm gewesen sein» muss.[546]

Wie energisch er auch seinen sozialen Aufstieg betrieb, zeigt der Umstand, dass er sich 1890 intensiv darum bemühte, in die Gesellschaft der Schildner zum Schneggen aufgenommen zu werden.[547] Dieser Verein, den es seit 1380 gab, war vielleicht das Exklusivste an Geselligkeit, was man in Zürich anstreben konnte: Im Grunde war es unmöglich beizutreten, da die 65 Schilde vererbt wurden. Jedes Mitglied besass einen solchen, weswegen sie sich auch Schildner nannten. Meistens ging ein Schild vom Vater auf den Sohn über, war kein Sohn vorhanden, kam allenfalls ein eingeheirateter Schwiegersohn zum Zug, wie dies etwa beim Unternehmer Peter Emil Huber der Fall gewesen war, der von seinem Schwiegervater und somit von der legendären Familie Werdmüller einen Schild übernommen hatte. Sehr selten wurden mittels eines selektiven Verfahrens Mitglieder ohne familiären Hintergrund kooptiert: um einen solchen Ausnahmefall handelte es sich bei Baumann. Offenbar hatte sich der Aufsteiger aus Horgen, der erst 1853 Stadtbürger geworden war, aber allzu impertinent aufgedrängt: Jedenfalls brach ein hässlicher Konflikt aus, und manche Schildner bekämpften seinen Beitritt aktiv, dabei exponierte sich keiner so sehr wie Johann Conrad Nüscheler, ein pensionierter Generalmajor der k. k. österreichischen Armee, der einer alten Zürcher Familie entstammte.[548]

Nach dem Streit, den er verlor, schrieb er ein Memoire, das seine Sicht der Dinge wiedergab.[549] Wenn er darin Baumann vorwarf, dieser habe «als Chef eines grossen Handelshauses und Millionair [sic], auch als Mitglied des Freimaurer-Bundes» nur ein Ziel vor Augen gehabt, sich sozial zu verbessern, dann hatte er damit wohl nicht ganz Unrecht. Baumann, so monierte Nüscheler, wolle bloss Schildner werden, «weil diese Gesellschaft trotz aller demokratischer Umwandlungen der politischen und sozialen Verhältnisse, ihren auf historischer Grundlage aristokratischen Charakter bewahrt hatte, und als eine Elite-Vereinigung der Nachkommen altzürcherischer Familien angesehen wurde, daher es seiner Ambition schmeicheln musste, derselben anzugehören.» Sollte man einen solchen ungeeigneten Kandidaten integrieren, so gab sich Nüscheler überzeugt, würde die Gesellschaft der Schildner «allmählig zu einem der zahlreich bestehenden cosmopolitischen Unterhaltungs- und Vergnügungsvereine verflachen». Trotz dieser Warnungen wurde Baumann in geheimer Abstimmung mit 22 gegen 13 Stimmen aufgenommen. Verbittert zog Nüscheler die Konsequenzen und blieb den Zusammenkünften bis auf weiteres fern.

Für unseren Zusammenhang bietet diese Episode einen Anhaltspunkt, wenn es darum geht, Conrad Baumanns Persönlichkeit zu erschliessen: Das Aristokratische, das Elitäre scheint diesen Seidenfabrikanten aus dem ländlichen Horgen angezogen zu haben, geradeso das Deutsche. Nachdem schon seine erste, jung verstorbene Frau aus Deutschland gekommen war, heiratete er in zweiter Ehe Eleonore von Tischendorf, die Tochter eines damals weltberühmten deutschen Theologen.[550] Regelmässig mietete er das Schloss Wildegg im Aargau, um hier mit seiner Familie, Verwandten und Freunden die Sommerferien standesgemäss zu verbringen.

Warum ein solch vermögender, auf distinguierte Soziabilität bedachter Mann wie Conrad Baumann ausgerechnet einem jungen, gewiss talentierten, aber voll-

5. Charles Brown, Walter Boveri und die «schöpferische Zerstörung»

kommen unbekannten und mittellosen Ausländer wie Walter Boveri die Tochter und eine halbe Million Franken anvertraute, ist schwer zu ergründen. Wir können nur spekulieren. Mag sein, dass ihm ein Deutscher besonders vertrauenswürdig erschien, zumal einer, der wie Boveri mit einem gewissen Selbstbewusstsein, wenn nicht Dünkel, seine bildungsbürgerliche Herkunft betonte. Gleichzeitig bewies Baumann damit ein unerhört gutes Gespür – für Talent, für einen kommenden Mann, aber auch für eine aufsteigende Branche. Allein deshalb erweist sich Baumann als ein fähiger Unternehmer. Ob er gar den langfristigen Niedergang seiner Branche voraussahnte und deshalb nach Investitionsmöglichkeiten suchte, um sein Kapital sozusagen in eine sicherere Industrie zu verschieben – oder ob er einfach der Überzeugungskraft des jungen Walter Boveri erlag, der ihm von der aussichtsreichen Elektrotechnik vorschwärmte: auch all dies bleiben plausible Vermutungen. Belege fehlen.

Undurchdringlich ist schliesslich die Beziehung zwischen Walter Boveri und seiner Braut Victoire, die beide im Jahr 1865 geboren, 26 Jahre zählten, als sie sich 1891 vermählten. War es Liebe, oder heiligte diese den Zweck? Wenn es heute schwerfällt, diese Transaktion zwischen Schwiegervater Baumann und Schwiegersohn Boveri zu beurteilen, dann liegt es auch daran, dass womöglich beides zutraf: Boveri und Victoire Baumann dürften sich durchaus sympathisch gewesen sein, auch wenn das rationale Interesse des Bräutigams dessen emotionale Begeisterung befeuert haben dürfte. Darauf deutet die Tatsache hin, dass die Ehe offenbar nicht allzu glücklich wurde, obwohl Victoire nicht nur das bedeutete, was man in jener Epoche als «gute Partie» zu bezeichnen pflegte. Sie muss intelligent und attraktiv zugleich gewesen sein, wie Margret Boveri festhielt:

«Diese Tochter [Victoire] mit ihren gewellten blonden Haaren, ihren blauen Augen, ihrer schlanken Geschmeidigkeit hatte es unter dem strengen Regiment einer Stiefmutter [Eleonore Baumann-v. Tischendorf] nicht leicht gehabt. Umso genauer erlernte sie alle Künste des Haushalts neben den üblichen Sprach-, Mal- und Musikkünsten der damaligen ‹höheren› Töchter. Ihre Freunde nannten sie Vixli, und das schien mir immer bezeichnend für ihr quicklebendiges Wesen, ihren Charme, die sprühende Art ihres Interesses für andere Menschen und die heitere Form ihres Witzes.»[551]

Trotz dieser Qualitäten scheinen sich die beiden Ehegatten, aus deren Ehe immerhin drei Kinder und ein Weltunternehmen hervorgingen, bald auseinandergelebt zu haben. Victoire, ihr jüngstes Kind, das gleich hiess wie die Mutter, erzählt in ihren Erinnerungen von einem Vorfall, bei dem ihr dies bewusst wurde, wenn auch erst dunkel. Weil sie wie ihre Brüder unbedingt ans Gymnasium wollte, zerstritt sie sich mit ihrer Mutter, die das für überflüssig hielt. Vom Vater, dem so bildungsbürgerlich ambitionierten Walter Boveri, erhielt sie keinerlei Unterstützung, was sie irritierte:

«Dass mit der Ehe meiner Eltern nicht alles zum Besten stand, hatte ich schon lange irgendwie gefühlt. Ich konnte aber absolut nicht begreifen, warum sich der Papa nicht einfach auf meine Seite stellte. Viel später habe ich dann erfahren, dass die Ehe schon lange keine Ehe mehr war, und dass die Abmachung bestand, dass die Mutter freie Hand in der Erziehung der Tochter haben sollte, der Vater aber die Erziehung der Söhne bestimmen werde.»[552]

Walter Boveri junior, der zweite Sohn, schilderte die unterkühlte Beziehung seiner Eltern ähnlich, wenn auch etwas vorsichtiger:

«Meine Mutter muss trotz der zahlreichen Bekannten, die in unserem Hause ein- und ausgingen, mit ihren Gedanken viel allein gewesen sein, liess es mein Vater ihr gegenüber doch an jeglichen Äusserungen der Zärtlichkeit ermangeln, obwohl er zweifellos eine tiefe Zuneigung zu ihr hatte, die aber der Bewunderung, die meine Mutter für ihn hegte, nichts Gleichwertiges entgegenzusetzen vermochte. Ihn deswegen als Egoist zu bezeichnen, wäre seinem Geist als krasse Ungerechtigkeit erschienen, denn die Bestrebungen, die ihn am meisten beschäftigten, galten keineswegs seiner Person, sondern einzig den Dingen, die ins Leben zu rufen er sich in den Kopf gesetzt hatte. Manchen mehr subjektiv eingestellten Menschen fällt es schwer, diejenigen zu verstehen, deren Gestaltungsdrang so zwingend ist, dass ihre Person sich ständig dahinter auslöscht.»[553]

Nach dem Tod von Walter Boveri musste sich dessen Freund (und ehemaliger Anwalt), Bundesrat Edmund Schulthess, mit der Forderung einer Hausangestellten auseinandersetzen, die behauptete, Boveri hätte ihr eine lebenslange Rente versprochen und später 100 000 Franken aus seiner Hinterlassenschaft testamentarisch zugesichert – aus Gründen, die zwar nie in allen Details genannt wurden, aber offensichtlich waren. Gemäss ihrer Darstellung soll sie eine jahrelange aussereheliche Affäre zu Boveri unterhalten haben. Es kam zu einer Gerichtsverhandlung in Baden. Aus Diskretionsgründen wurde Bundesrat Schulthess nicht in Person vorgeladen, sondern durfte schriftlich, aber unter Eid versichern, von solchen Zusagen nie etwas gehört zu haben; die entsprechenden Unterlagen befinden sich in seinem Nachlass im Bundesarchiv. Öffentlich wurde dieser Konflikt nie, zu prominent waren die Involvierten, zu kompromittierend schon allein der Vorwurf. Tatsächlich verlief die Sache im Sand. Vielleicht hatte die Frau alles erfunden und die Gelegenheit genutzt, um an Geld zu kommen – sehr wahrscheinlich sagte sie aber die Wahrheit. Denn explizit hatte Schulthess

5. Charles Brown, Walter Boveri und die «schöpferische Zerstörung»

die Affäre nie bestritten, sondern nur die testamentarischen Verfügungen. Träfen die Aussagen der Frau zu, böte dies ein weiteres Indiz dafür, dass es um die Ehe der beiden Boveris nicht mehr allzu gut bestellt war.[554]

Wie dem auch sei, in welchem Zustand sich die Beziehung zwischen Walter und Victoire Boveri-Baumann zur Zeit der Eheschliessung befand, können wir genauso wenig eruieren, fest steht hingegen: Conrad Baumann, der reiche Vater, verfolgte ohne Zweifel rationale und weniger emotionale Interessen. Indem er Boveri zu seinem Schwiegersohn machte, sicherte er die Bürgschaft für das hohe Darlehen von 500 000 Franken ab, die er ihm gewährt hatte; auf einen verwandten Schuldner hatte er notfalls direkten Zugriff und übte auch sonst eine Kontrolle aus, wie das bei einem gewöhnlichen Kreditnehmer nie möglich gewesen wäre. Es handelte sich hierbei übrigens um eine Art der Kreditabsicherung, wie sie damals sehr verbreitet war. Wenn alle Stricke rissen: nichts schien zuverlässiger zu halten als familiäre Bande. Was zusätzlich offenbart, wie zielstrebig Baumann diese Ehe für seine Interessen nutzte, ist der Umstand, dass er Walter Boveri dazu verpflichtete, seinem Sohn, Conrad Baumann junior, einen Direktorenposten in der neuen Firma anzubieten – was Boveri selbstverständlich tat, der junge Baumann trat als Ingenieur bei der BBC ein. Man gab ihm ein Pult und einen Titel, zu tun hatte er nie viel.[555] Bald zog er mit seiner Familie ebenfalls nach Baden und baute hier mit der Villa Burghalde einen der grössten Paläste der neuen BBC-Elite, die sich überall im Stadtgebiet strategisch mit mächtigen, gut sichtbaren Wohnhäusern festsetzte, als wollte sie ihre Hegemonie in Stein meisseln – wir werden auf dieses Phänomen der symbolischen Herrschaft in der *Company Town* zurückkommen.

Dass Vater Baumann sich um seinen Sohn Sorgen machte und ihm eine Stelle zu verschaffen suchte, hatte aber einen Hintergrund, der Walter Boveri bekannt gewesen sein dürfte: Conrad Baumann junior litt an einer schweren psychischen Störung; jahrelang war er faktisch arbeitsunfähig, 1911 musste er schliesslich wegen «Geisteskrankheit» in eine psychiatrische Klinik eingewiesen werden. Zuerst brachte man ihn im teuren Sanatorium Bellevue von Ludwig Binswanger in Kreuzlingen unter, später kam er ins Burghölzli, der psychiatrischen Universitätsklinik des Kantons Zürich, wo er 1923 starb. Er hatte die Klinik nie mehr verlassen. Noch vor dem Ersten Weltkrieg war Walter Boveri zum Vormund seines Schwagers bestimmt worden.[556]

*

Im Januar 1891 schrieb Walter Boveri einen Brief an Ernst Schmid, den Bankier in Augsburg, den er so lange, so intensiv umworben hatte:

II. Teil. Gründerzeit

«Es interessiert Sie vielleicht, von mir zu erfahren, dass mein langgehegtes Projekt einer Assoziation zwischen meinem Freunde Brown und mir behufs Gründung eines eigenen Geschäftes endlich doch zur Wirklichkeit geworden ist, und steht dieses Geschäft heute auf einer erfreulich festen Grundlage dadurch, dass den Grundstock unseres Kapitals meine eigene Einlage von Fr. 500 000.– bilden wird, welche mir durch die Unterstützung meines künftigen Schwiegervaters möglich wird. Das Geschäft wird seinen Hauptsitz voraussichtlich hier in Zürich haben und führt die Firma Brown & Boveri.»[557]

Nach dreieinhalb Jahren hartnäckiger Geldsuche, nach Dutzenden von höflichen Briefen und manierlichen Gesprächen, Aufwartungen und Schmeicheleien, die Boveri alle dennoch nie ans Ziel geführt hatten, nach einem Marathon der Selbstvermarktung, was wohl nur ein ausdauernder, ja missionarischer und in seinem Selbstbewusstsein schwer zu erschütternder Mann wie Boveri durchhielt, konnte Boveri den Vollzug melden. Am Ende war alles sehr schnell, fast mühelos abgelaufen: 1890 hatte er Conrad Baumann und dessen Tochter Victoire kennen gelernt, am 20. Dezember 1890 unterschrieben Walter Boveri und Charles Brown einen Kooperationsvertrag, Ende 1890 verliess Boveri die MFO, und am 26. Februar 1891 heiratete er Victoire Baumann. Gut einen Monat zuvor, am 21. Januar 1891, war in seiner Korrespondenz zum ersten Mal ein Name aufgetaucht, der die Geschichte der Stadt Baden neu schreiben sollte: Carl Pfister, ein Stadtrat und Kaufmann von Baden.

Zu jenem Zeitpunkt, wir haben es in Boveris Brief gelesen, galt Zürich als «voraussichtlicher» Sitz der neuen Firma. Das sollte sich in den nächsten Wochen ändern.

6. Ein leeres, weites Feld: Die Gründung der BBC in Baden

Woher, ist unklar, von wem, ist offen, doch irgendwie hatte Carl Pfister vernommen, dass zwei junge Unternehmer aus Zürich, genauer: Oerlikon, auf der Suche nach Bauland waren für eine neue, elektrotechnische Fabrik. Mag sein, dass irgendein Bekannter aus der Region Zürich Pfister darauf aufmerksam gemacht hatte, denn inzwischen war Boveri hier überaus aktiv geworden, und viele Leute hatten deshalb von seinen Plänen erfahren. Da er die MFO offiziell verlassen hatte, war auch jede Geheimhaltung entbehrlich geworden. Überall sah sich Boveri um, kein Ort blieb ungeprüft, im Januar 1891 rapportierte er an Brown:

«Bei meiner heutigen Exkursion nach Bendlikon (am unteren Zürichsee) werde ich die Gelegenheit wahrnehmen, mich nach Bauplätzen am linken Seeufer umzusehen. Auch wegen Plätzen an der rechtsufrigen Seebahn lasse ich Erkundigungen einziehen».[558]

Von Anfang an, auch dies offenbart sich in seinen Briefen, galt ein Bahnanschluss als zentrale Bedingung für einen Standort – was leicht zu verstehen ist, wenn man bedenkt, dass die BBC später rund achtzig Prozent seiner Exporte über die Bahn verschicken sollte. Ebenso bezog sie ihre Rohstoffe und Halbfabrikate auf diesem Weg. Schon Jahre vorher, als Boveri zu kalkulieren versuchte, wie hoch der Kapitalbedarf für eine eigene Firma anfiele, hatte er sich zu diesem Zweck bei einem Baumeister erkundigt: «Wären Sie vielleicht auch in der Lage mir angeben zu können», schrieb er im März 1888 Carl Arnold Séquin-Bronner, dem Inhaber eines Baugeschäfts im zürcherischen Rüti, «welchen Durchschnittspreis man für einen geeigneten Bauplatz aufsetzen muss, wenn ich annehme, dass das Geschäft in einer kleineren Stadt mit Bahnstation in der Nähe der Eisenbahn (wegen direkter Gleisverbindung) liegen soll?»[559]

Obwohl Boveri damals keinesfalls an Baden gedacht haben dürfte, wirkt diese Aussage im Nachhinein prophetisch, Baden entsprach offensichtlich schon lange dem Profil. Die künftige BBC entstand unmittelbar neben dem Bahnhof von Baden. Bis es aber soweit war, sollten noch fast drei Jahre verstreichen, und als das nötige Kapital endlich vorhanden war, um eine eigene Firma zu etablieren, stand für Boveri und Brown zunächst keine «kleinere» Stadt mehr im Vordergrund. Wie der Brief von Boveri an Bankier Schmid belegt, gingen die beiden jetzt davon aus, sich in Zürich niederzulassen.

II. Teil. Gründerzeit

Doch Mitte Januar erhielt Charles Brown überraschend einen Brief von einem Carl Pfister, den er nicht kannte; wenige Tage darauf, am 21. Januar, antwortete Walter Boveri in dessen Namen:

«Mein Associé Herr Brown übergab mir Ihr an ihn gerichtetes Schreiben vom 17. ct., da ich die Geschäfte unserer neuen Gesellschaft einstweilen allein besorge. Es würde mich freuen, einmal mündlich mit Ihnen über die besagte Angelegenheit verhandeln zu können, und beabsichtige ich [sic], Sie im Falle Ihres Einverständnisses in nächster Zeit einmal in Baden aufzusuchen. Sie sind vielleicht so freundlich, mir mitzuteilen, ob und wann Ihnen ein solcher Besuch am besten passen würde».[560]

Carl Pfister war nicht irgendwer, wir haben ihn bereits kennen gelernt als einen der Promotoren der Elektrizität in Baden; dies war ein Mann mit Einfluss in seiner Heimatstadt, ausserdem hatte er einen Bruder, Theodor, der als Kaufmann in London wirkte und dort sehr reich geworden war. Vor gut einem Jahr hatten die beiden Pfister in Baden versucht, ein Elektrizitätswerk zu bauen – doch die Sache war kaum vorangekommen. Nun, so muss man annehmen, witterte Carl Pfister eine neue Chance. Er bot Boveri und Brown nicht nur die Möglichkeit an, in Baden ihre Firma zu gründen, sondern stellte ihnen zugleich einen ersten Auftrag in Aussicht: das neue Elektrizitätswerk, das zu errichten ihm bisher aus verschiedenen Gründen nicht gelungen war. Das dürfte er Boveri allerdings nicht mitgeteilt haben.

Wenig später traf Boveri in Baden ein, und Carl Pfister zeigte ihm das Land, das er für die neue Fabrik ausersehen hatte – auch was den Preis anbetrifft, konnte er nur das Beste versprechen: er war sehr tief. Zusammen, so erzählte man sich später bei der BBC, stiegen die beiden danach auf den Martinsberg hinauf, der über der Stadt liegt und von wo aus man das mögliche Firmengelände im Haselfeld gut zu überblicken vermochte, einer weiten, damals fast leeren Ebene zwischen dem steilen Hang des Martinsbergs und der Bahnlinie, die vor den Toren der Stadt verlief. Boveri, der seit Monaten überall in der Schweiz nach Land gesucht hatte, ob in Zürich oder Basel, muss beeindruckt gewesen sein – falls diese apokryphe Geschichte überhaupt stimmt, was wenig zur Sache tut, denn feststeht: Das Land war mit 40 000 m² gross genug, so dass auch eine spätere Expansion der Fabrik gut zu realisieren war, es verfügte über den alles entscheidenden Bahnanschluss, und es lag in einer Stadt, wo man sonst wenig industrielle Konkurrenz zu fürchten hatte.

Ohne Frage war dies eine ambivalente Sache: Denn geradesogut mussten die beiden Unternehmer damit rechnen, hier gar keine Arbeitskräfte zu finden; insbesondere an gelernten Fachleuten mangelte es vollkommen. Baden wies allerlei

6. Ein leeres, weites Feld: Die Gründung der BBC in Baden

Spezialisten eines blühenden Tourismus auf: Badeärzte, Hoteliers, Wirte, Kutschenfahrer, Kellner, Köche, Concierges, Putzfrauen, Masseure, Gesellschaftsdamen, Zimmermädchen, Gärtner, Reitlehrer, Stallknechte, Chauffeure, Musiker, Fremdenführer oder Bademeister – aber kaum Industriearbeiter.

Offenbar wurde diese Frage durchaus kontrovers diskutiert, und an der Debatte nahmen alle teil, die in den ersten Jahren der BBC eine tragende Rolle spielen sollten: nicht bloss Walter Boveri und Charles Brown, sondern auch dessen Vater Charles Brown senior, ferner Boveris Schwiegervater Conrad Baumann, sowie Fritz Funk, ein Cousin von Boveri, der in diesen Tagen zum Gründungsteam gestossen war.

Funk (1857–1938) stammte wie Boveri aus Bamberg, sein Vater war ebenfalls Arzt, doch war er acht Jahre älter als Boveri. Nachdem er in Bamberg eine Banklehre absolviert hatte, war er als Kaufmann tätig geworden, unter anderem in Nürnberg und Triest, schliesslich arbeitete er als Leiter eines grossen Holzhandelsgeschäfts in Bayern – wenn auch unfreiwillig. Eigentlich hätte Funk Offizier werden wollen, doch eine gravierende Erkrankung zwang ihn, die bereits begonnene militärische Karriere abzubrechen. Boveri hatte ihn angeworben, damit er sich um die kaufmännischen Belange kümmerte. Um ihn auf seine Aufgabe vorzubereiten, schickte ihm Boveri nachher das vor wenigen Jahren neu in Kraft getretene schweizerische Obligationenrecht, so dass Funk wenigstens wusste wie man hierzulande Verträge aufsetzte. Darüber hinaus hatte ihm Boveri eine Beteiligung an der neuen Firma zugesichert, wenngleich bloss als untergeordneter «Kommanditär» – im Gegensatz zu Boveri und Brown, die als «Associés» die eigentlichen Besitzer der Firma blieben. Hinter dem «Cie.» im Firmennamen verbarg sich künftig Funk, vorerst fungierte er als kaufmännischer Leiter, am Ende überlebte er Brown und Boveri um Jahrzehnte und verbrachte sein ganzes Leben bei der BBC in Baden; von 1924 bis 1934 amtierte er als deren Verwaltungsratspräsident.[561]

Als sich die Gründer im Februar 1891 mit der Standortfrage zu befassen hatten – sehr viel länger dachte man kaum darüber nach, da die Zeit drängte – war die Liste auf drei Optionen zusammengeschrumpft: In Zürich war ihnen jenes Gelände offeriert worden, wohin schliesslich die seinerzeit so viel grössere Escher Wyss umziehen sollte, dieser altehrwürdige Betrieb war ursprünglich weiter oben beim Hauptbahnhof an der Limmat situiert gewesen. Heute ein zentrales Gebiet in Zürich-West, erinnert nur mehr die Bezeichnung «Escher Wyss-Platz» an den einstigen Industriestandort. Zweitens hatte man in Basel ein Grundstück in der Nähe des alten Güterbahnhofs evaluiert; drittens lag das Angebot der Gebrüder Pfister in Baden vor, wobei die beiden keineswegs Besitzer des Baulandes waren, sondern nur als Vermittler auftraten.

Um sich vor Ort ein Bild zu machen, reiste am 23. Februar 1891 eine zweite,

II. Teil. Gründerzeit

umfangreichere Expedition nach Baden; sie umfasste Charles Brown, Walter Boveri, Fritz Funk, ausserdem Conrad Baumann senior, den Seidenindustriellen, und Charles Brown senior. In Baden angekommen, wurden sie von den beiden Pfisters «freundlichst empfangen», wie Funk in seinen Erinnerungen notierte. Er fuhr fort:

«Wir besichtigten zunächst das in Aussicht gestellte Terrain, für das Herr Carl Pfister von den Eigentümern ein festes Angebot hatte; auch die gute Möglichkeit eines Bahnanschlusses und dessen Bewilligung durch die Nordostbahn-Gesellschaft waren vorhanden, die Grundstücke waren Wiesen und Äcker ohne Gebäude. Wir hielten nach der Besichtigung eine Besprechung im Restaurant zum Schwert, zunächst ohne, dann mit den Herren Pfister; gegen die Wahl von Baden war Vater Brown, der die Befürchtung aussprach, wir würden hier nur sehr schwer die nötigen Arbeiter, besonders ‹gelernte› auftreiben können, weil solche viel lieber in einer grösseren Stadt leben. Er war für Basel, wo er seit einigen Jahren lebte. Demgegenüber wies ich darauf hin, dass wir wohl schwerer Arbeiter erhalten, solche dann aber besser halten würden als in der Grossstadt, wo sie gerne von einem zum andern laufen, auch mehr sozialistisch seien; zudem aber zeigte sich, dass die angebotenen Grundstücke in Zürich und in Basel bedeutend teurer kämen als die in Baden und dabei nicht gleiche Möglichkeit für weitere Zukäufe bei späteren Vergrösserungen böten.»[562]

Gewiss, Funks Angaben sind mit Vorsicht zu interpretieren, da sie in den 1930er-Jahren, also gut vierzig Jahre später entstanden sind. Insbesondere seine Warnung vor möglichen sozialistischen Neigungen der Arbeiterschaft, die in einer Kleinstadt wie Baden weniger virulent sein sollten als in einer Grossstadt, scheinen von einer Paranoia geprägt zu sein, wie sie unter Arbeitgebern in den 1930er-Jahren verbreitet war, aber schwerlich zu Anfang der 1890er-Jahre – vor allem in der Schweiz nicht. Noch stellte die Sozialdemokratie damals eine marginale Kraft dar, ebenso wurde selten gestreikt, da die Gewerkschaften erst im Entstehen begriffen waren. Womöglich hatte Funk, der gerade erst aus Deutschland gekommen war, aber auch die deutschen Verhältnisse vor Augen, wo die Sozialisten damals schon ungleich besser organisiert agierten.

Obwohl der Mangel an gut ausgebildeten Arbeitskräften ein Problem bedeutete und man sich dessen bewusst war, überwog am Ende doch der Reiz der industriellen Provinzialität von Baden. Weil die Stadt kaum Industrie aufwies, war das Land preisgünstiger zu haben als in den arrivierten Industriezentren Basel und Zürich; weil es in der Bäderstadt wenige andere Betriebe gab, lief man zudem nicht Gefahr, dass die Arbeitskräfte allzu leicht ihren Arbeitgeber wechseln konnten («von einem zum andern laufen» hatte Funk gesagt), was, wie wir anhand unserer Typologie von Industriestandorten gesehen haben, sich als ein Vorzug einer sogenannten *Company Town* erwies. Einer dominanten Firma in einem solchen Ort fiel es leicht, den Arbeitsmarkt zu monopolisieren und somit einen wichtigen Kostenfaktor zu internalisieren. Wer in Baden eine andere Stelle suchte, fand sie meistens innerhalb der BBC – wenig anderes blieb ihm übrig, was aus Sicht der Arbeitgeber erwünscht schien, da dies Lohnsteigerungen abbremste. Überdies verursachte jede allzu hohe Fluktuation unnötige Kosten. Drittens schien es in Baden ohne Weiteres möglich, das Firmengelände zu erweitern, was weder in Basel noch in Zürich in diesem Ausmass der Fall war. Tatsächlich hatte Carl Pfister gut daran getan, Boveri auf den Martinsberg zu locken: Denn das Gebiet zwischen Bahnlinie und dem Fuss des Martinsbergs, das er ihm zeigte, reichte bis in die 1960er-Jahre aus, um sämtliche Platzbedürfnisse des stets wachsenden Konzerns zu befriedigen. Erst dann stellte es sich als erforderlich heraus, Produktionskapazitäten nach Turgi und Birr zu verlagern.

Grob zusammengefasst lassen sich diese Vorteile alle unter dem Begriff der Konkurrenzlosigkeit subsumieren, die man in Baden vorfand. Die Tatsache, dass es im Ort kaum andere Unternehmen gab, die einem Arbeitskräfte, Land, Bahnanschluss oder politischen Einfluss streitig machten, muss auf die beiden Gründer Brown und Boveri unwiderstehlich gewirkt haben. Brown und sein Vater dürften sich dabei auch an die negativen Begleiterscheinungen erinnert haben, die dieser seinerzeit bei der Gründung der SLM in Winterthur erfahren hatte. Wohl gab es mehr Arbeitskräfte in einem Ort, der schon industrialisiert war, oft aber stemmten sich die bereits ansässigen Unternehmen gegen jede Ansiedlung neuer Betriebe. In Baden bestand dieses Risiko nicht – es gab kaum Industrie.

Am Ende dürften aber alle diese Kriterien nicht ausschlaggebend gewesen sein. Entscheidend war das Angebot, das Pfister, mit dem Bauland verband, ein Angebot, das er eigentlich gar nicht machen konnte: Er versprach Boveri, dass die neue Firma als ersten Auftrag das Elektrizitätswerk bauen und ausrüsten könnte. Vertrauen wir Funks Erinnerungen, bestimmte dies letzten Endes den Standort:

«Nach kurzer Diskussion über dieses Haupttraktandum wurde zu Gunsten Badens entschieden, wobei natürlich auch der Auftrag für das Elektrizitätswerk Baden eine grosse Rolle spielte. Hierauf folgten wir noch einer Einladung des Herrn Karl Pfister zu einem Glas Wein, einem vorzüglichen Goldwändler.»[563]

Einen Tag später, am 24. Februar 1891, bestätigte Walter Boveri in einem Brief Carl Pfister diesen Entscheid schriftlich.[564] Man wollte nach Baden kommen.

6.1 Industrialisierung als direktdemokratischer Akt

Was an jenem Montagnachmittag im Februar 1891 sieben Männer mit einem Schluck Goldwändler besiegelten, kann als einer der wirkungsmächtigsten Beschlüsse der jüngeren Geschichte der Stadt Baden bezeichnet werden, wenn nicht des Aargaus. Die Gründung der BBC, die darauf folgte, sollte die Region auf eine beispiellose Art und Weise transformieren. So gesehen, läge man auf den ersten Blick nicht ganz falsch, würde man einen gewissen Mangel an Demokratie monieren. Immerhin waren unzählige Menschen davon betroffen. Tatsächlich trifft das Gegenteil zu. Wenn etwas die Gründung der BBC so merkwürdig und einzigartig macht, dann dies: Dass indirekt an einer Gemeindeversammlung darüber abgestimmt wurde. Sie sollte bloss einen Monat später, am 18. März 1891 stattfinden. Sie erregte und spaltete die Stadt über Wochen.

Dass es dazu kam, lag am grossen Versprechen, das Carl Pfister den beiden jungen Unternehmern aus Oerlikon gemacht hatte – ohne eigentlich dazu autorisiert gewesen zu sein. Wohl konnte er ihnen Bauland verschaffen, sofern er die Eigentümer auf seiner Seite hatte, was zutraf, aber den Auftrag für den Bau eines Elektrizitätswerkes zu erteilen, lag weit ausserhalb seiner Kompetenzen – da mochte er noch so lange schon im Stadtrat sitzen und sein Bruder über noch so viel Geld verfügen. Wer in Baden – wie in allen Gemeinden in der Schweiz – ein Elektrizitätswerk installieren wollte, kam am Souverän, also der Gemeindeversammlung nicht vorbei, ein solches Projekt wurde sogleich einem politischen Verfahren unterworfen, insbesondere wenn es so ausgestaltet war, wie es den Gebrüdern Pfister vorschwebte.

Die Gründung der BBC war daher in mancherlei Hinsicht ein aussergewöhnlicher Akt. Faktisch wurde darüber in einem direktdemokratischen Prozess entschieden, was selbst für schweizerische Verhältnisse nicht üblich war. Faktisch, weil die Badener Gemeindeversammlung formell natürlich nicht über diese neue Maschinenfabrik abstimmte, sondern über die Frage, ob man den Gebrüdern Pfister erlauben sollte, ein Elektrizitätswerk zu errichten. Da Walter Boveri und Charles Brown aber nur dann bereit waren, in Baden ihre Firma zu etablieren, wenn sie als ersten Auftrag, das neue Elektrizitätswerk mit Generatoren beliefern und das gesamte Stromnetz aufziehen konnten, kam dem direktdemokratischen Beschluss der Einwohnergemeinde eine ausschlaggebende Relevanz zu. Hätten die Stimmbürger den Antrag des Stadtrates verworfen – die BBC wäre nie in Baden entstanden, und die Geschichte der Stadt wäre vollkommen anders verlaufen. Der Akt war aussergewöhnlich – und prägte das Verhältnis der Stadt zu diesem Unternehmen auf lange Sicht, im Guten, wie im Problematischen. Gut, weil sich die Badener stets bewusst blieben, dass sie es selbst gewesen waren, die

6. Ein leeres, weites Feld: Die Gründung der BBC in Baden

diesen bald so übermächtigen Konzern gerufen hatten; es war keine Naturkatastrophe über sie hereingebrochen, sondern sie selber hatten ihre eigene Zukunft gestaltet, auch wenn sie sich diese nie so auszumalen vermocht hatten, wie sie schliesslich aussah. Es war ein höchst politischer Akt gewesen, was dessen breite Akzeptanz garantierte. Niemand konnte hinterher behaupten, er sei übergangen worden.

Problematisch aber war diese Prägung, weil schon in jener bewegten Gemeindeversammlung vom 18. März 1891 eine gewisse Einseitigkeit der Beziehung festgelegt wurde, die eigentlich nie mehr verschwand. Baden steckte in der Bredouille, die Stadt hatte kaum eine andere Wahl, als dem Wunsch der Gebrüder Pfister – und im Hintergrund der beiden Firmengründer – zu entsprechen. Diese Abhängigkeit überdauerte die nächsten Jahrzehnte – ja vertiefte sich im Lauf der Zeit noch, da die BBC die einzige, sehr grosse Firma blieb – alles, was an Industrie oder Dienstleistungsbetrieben dazu stiess, kam wegen der BBC und richtete sich nach deren Erfordernissen aus. Dass BBC-Baden praktisch von Beginn weg eine *Company Town* wurde, wie man es vor allem aus den USA kannte, wo oft eine einzige Firma eine einzelne Stadt beherrschte: Es muss den beiden Gründern früh als Vorzug bewusst gewesen sein. Als sie im Hasel, dem Feld zwischen Bahnhof, Bädern und Martinsberg, Land aufkauften, sicherten sie sich von vornherein so viele Quadratmeter, dass gar keine andere Firma hinzuziehen konnte – es hätte ihr der Platz gefehlt. Die Politik kam nie mehr an diesen beiden Männern und ihrer Firma vorbei: Worüber am 18. März 1891 entschieden wurde – es sollte für lange gültig bleiben.

Pfister hatte eine privatwirtschaftliche Angelegenheit, die Ansiedlung einer Firma, mit einem öffentlichen, politischen Beschluss verknüpft. Es war ein abenteuerliches, ja halsbrecherisches Versprechen, das Pfister gegeben hatte: sein ganzes politisches und soziales Kapital, das er in Baden besass, hatte er darauf verwettet. Sollte es Pfister misslingen, das zu liefern, was er zugesagt hatte, würden Brown und Boveri ihre Firma nicht in Baden gründen – sondern in Zürich oder Basel. Ohne Auftrag, keine Fabrik. Pfister hatte, mit anderen Worten, das Resultat eines direktdemokratischen Prozesses garantiert – und wer wusste, wie unberechenbar sich eine schweizerische Gemeindeversammlung verhalten konnte, erahnte, wie hoch Pfister damit gepokert hatte.

Wie hoch, wusste Pfister wohl am besten selber. Vor bald einem Jahr, im April 1890, hatten er und sein Bruder vom aargauischen Regierungsrat die Konzession zum Bau eines Elektrizitätswerkes in Baden erhalten und seither waren er und sein Bruder wieder und wieder vertröstet worden – Kommissionen tagten, Beschlüsse wurden gefasst, nichts ging vorwärts. Treten am Ort. Zu Anfang waren sie sogar bereit gewesen, der Stadt die Konzession und das bereits gekaufte Land im Kappelerhof zum Selbstkostenpreis zu überlassen, wenn es die Sache befördert hätte. Trotzdem waren sie um keinen Millimeter weitergekommen. Woher nahm Pfister die Zuversicht, dass die Stadt ausgerechnet zwei Unbekannten, Ungeprüften und Auswärtigen alles anvertrauen würde? Das grösste Bauland, das neue Kraftwerk, das gesamte Stromnetz, die Zukunft?

Wir kommen nun auf den Kern der Gründungsgeschichte der BBC zu sprechen, wo sich all jene Faktoren, die wir bisher untersucht haben, verbinden und gleichsam unter einem Mikroskop vergrössert betrachten lassen. Die konkrete politische Auseinandersetzung um das neue Elektrizitätswerk von Baden, die in den Jahren 1889 bis 1891 stattfand, zeigt in komprimierter Form auf, was wir an verschiedenen Ursachen postuliert haben, um ein Phänomen zu erklären, das nicht von vornherein als selbstverständlich aufzufassen ist. Wir wiederholen die zentralen Argumente: Eine Stadt, die jahrhundertelang als Kurort floriert hatte und dies nach wie vor tat, wurde 1891 industrialisiert, *obwohl* dies dem Wesen und den Bedürfnissen eines Kurortes diametral widersprach. Dies geschah nur deshalb, weil sich diese Stadt ökonomisch in einer Defensive befand, nachdem ihre Finanzen von mehreren Bankrotten zerrüttet worden waren. Neue Steuerzahler galten als höchst erwünscht, weshalb ein initiativer Stadtrat wie Carl Pfister mehr Spielraum erhielt als unter normalen Umständen.

Und wären die Zeiten normal gewesen, hätte eine etablierte Elite, wie jene der Hoteliers und Badewirte, die seit jeher vom Kurtourismus glänzend gelebt hatte, wohl kaum je zugelassen, dass ein Industriebetrieb sich festsetzte, dessen Potenzial sowohl im Positiven (Steuereinnahmen) als auch im Negativen (Immissionen, Konkurrenz) kaum abzuschätzen war. Doch diese Elite war geschwächt und hatte sich delegitimiert. Intern zerstritten und verunsichert, war sie überdies politisch unter Druck geraten, seit mit den Demokraten eine neue, streckenweise populistische Kraft aufgetaucht war, die ihre Vorherrschaft in Frage stellte. Den Herausforderern kam dabei die Demokratisierung aller Institutionen zupass, die sie selbst seit den 1870er-Jahren überall in der Schweiz vorangetrieben hatten: Sich politisch zu behaupten, fiel jedem Establishment künftig schwerer – ob in Baden oder anderswo. Schliesslich sah sich die alte Elite der Hoteliers auseinanderdividiert, weil mit der BBC und dem Elektrizitätswerk zwar neue, industrielle Betriebe entstanden, doch handelte es sich um Betriebe, die etwas brachten, was manche Hoteliers überaus begehrten: die Elektrizität. Daraus ergab sich ein weiterer Bruch innerhalb des kleinen, kompakten Establishments des Kurorts. Während die einen Hoteliers die Interessen des Gaswerkes verteidigten, weil sie sich daran beteiligt hatten, drangen die anderen auf mehr Strom, um ihre Hotels elektrisch erstrahlen zu lassen und ihren Gästen etwas Besonderes zu bieten. Es ist diese Ambivalenz der Moderne, die die Hoteliers zu einer speziellen Art von etablierter Elite machte, da man es sich aus kommerziellen Gründen nicht erlauben konnte, sich allzu konservativ am Hergebrachten festzukrallen. Eine geschmeidige, selektive Akklimatisierung an die Moderne war gefragt – wie sie nicht allen gegeben war.

6.2 Kollektivbiographie einer Great Generation

Baden zählte zur Zeit der Gründung der BBC rund 4000 Einwohner, es war selbst für die kleinräumigen Standards der Schweiz eine Kleinstadt.[565] Wenn wir die Beziehung dieser Stadt zu seiner Firma erforschen, profitieren wir davon, dass in einem solchen Ort die Elite entsprechend klein war. Wer immer eine Rolle spielte, ob in der lokalen Politik oder im späteren Weltkonzern selbst, zu dem die BBC bald heranwuchs, er war allen anderen bekannt. Es war ein sehr dichtes, überschaubares Netz von Personen, die das Geschehen gestalteten. Zwar unterlagen die politischen Entscheidungsprozesse den Bedingungen der direkten Demokratie, und daher kam diese Elite nie darum herum, für Mehrheiten zu sorgen. Methodisch reicht es keinesfalls, sich darauf zu konzentrieren, was die Elite dachte und wie sie handelte, wenn man rekonstruieren will, wie sich die Stadt mit diesem neuen Gebilde namens BBC arrangierte. Selbst wenn die Stadt und ihr politischer Raum kleinformatig blieben, als anspruchsvoll erwies sich die Mehrheitsbeschaffung allemal. Wer sich durchsetzen wollte, musste die Präferenzen und Empfindlichkeiten eines schwer lesbaren Souveräns in Rechnung stellen, er musste die Institutionen ernst nehmen und die damit verbundenen Prozesse beherrschen. Ebenso wenig heisst klein, dass es an Konflikten in dieser Elite gemangelt hätte, Allianzen wurden gebildet und gebrochen, ja, vielleicht, weil alles so miniaturhaft und vertraut war, wuchsen sich die Differenzen auch eher zu persönlichen Fehden aus als das in grösseren Städten der Fall gewesen wäre. Dem Persönlichen kam mitunter eine eigendynamische Bedeutung zu.

Die Badener Elite war klein – und stabil. Was in den ersten Jahren der anbrechenden BBC-Ära auffällt, ist die Tatsache, dass viele Persönlichkeiten, die schon an der Auseinandersetzung um das Elektrizitätswerk in den Jahren zwischen 1889 und 1891 an vorderster Stelle teilnahmen, auch in den nächsten Jahrzehnten der tonangebenden Gruppe zuzuordnen waren. Ob in der lokalen Politik oder in der Firma selbst: Bis in die 1920er-Jahre prägten nahezu die gleichen Politiker, Anwälte, Journalisten, Unternehmer, Ingenieure oder Manager die Geschicke einer Stadt, die mit der BBC-Ansiedlung gewissermassen eine zweite Gründung erlebte. Eine Stadt, die sich in diesem kurzen Zeitraum dramatischer verändert haben dürfte, als in den fünfhundert Jahren zuvor. 1890 war Baden eine Stadt, die 1920 nicht mehr wiederzuerkennen war. Es trieben wenige Leute diese Transformation voran – und sie blieben weitgehend dieselben, was umso bemerkenswerter anmutet, als es sich bei manchen um einstige Aussenseiter handelte. Um einen Begriff aus der amerikanischen Geschichtsschreibung zu entlehnen, der dort dazu dient, eine Generation zu feiern, die den Zweiten Weltkrieg für die USA entschieden hatte: Es war auch im Fall Badens durchaus eine *Great Generation,* die von 1890 bis 1920 einen etwas angeschlagenen Kurort zu einer der wichtigsten Industriestädte des Landes umbaute.

Deren Kollektivbiographie soll hier auch erzählt werden – durchaus aus erkenntnisleitenden Gründen. Denn, so die These, in der geringen Grösse und Kompaktheit dieser Gruppe von Leuten lag auch eine Ursache, warum dieser fundamentale Wandel vergleichsweise reibungsfrei bewältigt werden konnte. *Small is beautiful.* Was in der schweizerischen Wirtschaftsgeschichte an manchen Orten beobachtet werden kann – dass die Kleinräumigkeit der Verhältnisse, ja die Intimität der personalen, kulturellen und politischen Beziehungen die Industrialisierung sozial verträglicher machte und politisch breiter abstützte als in anderen Regionen Europas, anhand von Baden und ihrer fast ruckartigen Industrialisierung lässt sich das gut aufzeigen. Die Elite war klein – und musste gleichzeitig in der Lage sein, den sozialen Wandel demokratisch zu legitimieren. Ohne ihre Verbundenheit mit dem Ort und den Leuten, von denen sie gewählt oder abgewählt wurden, die ihnen zustimmten oder ihre Anliegen verwarfen, hätten sie nie reüssiert und sich so lange an der Macht gehalten. Das galt selbst für die Gründer, die sich von Anfang an – nolens volens – dem direktdemokratischen Prozess aussetzten.

Es gehört zu den Privilegien einer Studie über die BBC und ihren Standort, dass wir uns hier mit relativ übersichtlichen Tatbeständen in einer Kleinstadt auseinandersetzen, die dennoch aufgrund der herausragenden Bedeutung der BBC eine schweizerische, ja internationale Dimension aufweisen. Während Baden stets eine mittlere Kleinstadt in einem kleinen Land blieb, selbst dann noch, als sie zu einem der zentralen Industriestandorte der Schweiz mutiert war, stieg der BBC-Konzern in die erste Liga der weltweit führenden Elektrounternehmen auf. Zeitweise zählte Baden wegen der BBC mehr Arbeitsplätze als Einwohner, 1970 etwa wohnten rund 15 000 Menschen in der Stadt, während insgesamt fast 17 000 Leute hier arbeiteten, gegen 8000 allein bei der BBC. Diese Kombination zwischen sehr kleinem Standort und sehr grossem Unternehmen war in dieser Branche selten. Ob Siemens und die AEG (beide in Berlin) oder Westinghouse (Pittsburgh, PA): die meisten Konkurrenten hatten sich in Metropolen angesiedelt. General Electric, GE, der grösste Konzern, glich in dieser Hinsicht ironischerweise der BBC und operierte seinerzeit von Schenectady aus, einer Kleinstadt mitten im Staat New York. Für unsere Untersuchung heisst dies, dass wir die Beziehung der BBC zu ihrem Standort Baden ohne allzu grossen Aufwand mikrohistorisch untersuchen können, es bedeutet, dass wir die Gründungsgeschichte und die kausalen Faktoren, die sie bestimmt haben, sogar personalisieren können, was der Darstellung zugutekommt – ohne damit diese einzelnen Personen zu überschätzen. Für jede strukturelle, anonyme Kraft lässt sich gewissermassen ein Repräsentant finden, der diese mehr oder weniger gut verkörpert.

Wenn wir etwa die Skepsis der alten Elite personalisieren wollen, dann bietet sich der Hotelier **Joseph Borsinger** an, der lange zu den einflussreichsten Hoteliers gezählt hatte, aber als einer der Besitzer des Gaswerks sich nie mit dem Gedanken anzufreunden vermochte, dass Baden auch ein Elektrizitätswerk erhalten sollte. Sein Kampf dagegen war engagiert – und aussichtslos. Borsinger verrannte sich, nachher stieg er ab. Ihm lässt sich jener Hotelier gegenüberstellen, der nicht nur diese Auseinandersetzung um den Strom gewinnen sollte, sondern Borsinger auch den Rang als erster Hotelier vor Ort ablaufen sollte: nämlich **Rudolf Bruno Saft**, dessen Karriere wir bereits geschildert haben.

Als sich auch in Baden der Kampf zwischen aufsteigenden Demokraten und defensiven Liberalen verschärfte, stand dafür ein Mann, der die Politik in Baden für die kommenden Jahrzehnte prägen sollte: **Josef Jäger**, ein Journalist und demokratischer Politiker, der sich jetzt, als es darum ging, Baden zur Industriestadt zu machen, zu einem der effektivsten Akteure aufschwang. Ohne Jäger, ohne seine vielen propagandistischen Interventionen in der eigenen Zeitung *(Schweizer Freie Presse),* hätten die Gebrüder Pfister ihr Versprechen wohl nie einlösen können. Jäger verschaffte ihnen jene Mehrheiten im direktdemokratischen Prozess, für welche sie sich etwas tollkühn den beiden auswärtigen Unternehmern Brown und Boveri gegenüber verbürgt hatten. Eine vierte Person, die wir für prototypisch halten ist **Armin Kellersberger**: ein Mann des Establishments, deshalb ein Liberaler, fungierte dieser Politiker als Vermittler, der zwar wie Jäger die neue Firma und ihre Gründer umwarb und betreute, gleichzeitig aber (und im Gegensatz zum aggressiveren Jäger) sich um die Anliegen der alten Elite kümmerte und diese so mitnahm. Wenn wir ihn in unseren personalisierenden Darstellungsansatz einordnen, drückt sich in seiner Tätigkeit aus, was den Triumph der BBC in den ersten Jahren eben auch absicherte: Die Versöhnung der faktisch neuen Herren der Stadt mit der eingesessenen Elite des Kurorts. Nicht immer gelang das geräuschlos, aber sehr oft – dank Leuten wie Kellersberger.

Mit den beiden Gründern **Charles Brown** und **Walter Boveri** haben wir uns bereits extensiv befasst, selbstverständlich spielten sie in der Auseinandersetzung um das Elektrizitätswerk eine Hauptrolle, wenn sie sich auch stets hinter den Kulissen verborgen hielten, nur wenige Badener wussten zu jenem Zeitpunkt um ihre Namen, alles blieb geheim. Mikrohistorisch betrachtet lässt sich an ihnen die «schöpferische Zerstörung» exemplifizieren, von der Schumpeter gesprochen hatte. Was er besonders mit Blick auf die wirtschaftlichen Strukturen meinte (aber keineswegs nur), galt im Fall Badens auch für die politischen, sozialen und kulturellen Gegebenheiten dieser traditionsreichen Kurstadt. Kaum hatten sich Brown und Boveri hier festgesetzt, war bald nichts mehr so, wie es früher gewesen war. Sie zerstörten Altes und schufen Neues. Dass ihr Erfolg zum Erfolg der Stadt wurde, dass ihre Krisen immer das Potenzial besassen, zu Krisen der ganzen Region heranzuwachsen: Es sollte die Stadt für die kommenden Jahrzehnte bestimmen. Charles Brown und Walter Boveri verwandelten eine Kurstadt innert weniger Jahre in eine *Company Town*, als hätten sie eine neue Stadt geschaffen.

Schliesslich sind aus einer solchen personalhistorischen Perspektive **Carl** und **Theodor Pfister** als die Initianten dieses Transformationsprozesses hervorzuheben. Ohne Bankrott der Nationalbahn, ohne Verschuldung der Stadt Baden und ohne den damit verbundenen Niedergang wären sie wohl kaum je zum Zug gekommen. Sozial- und wirtschaftshistorisch betrachtet, modellierten sie die Ablösung einer letztlich vorindustriell geprägten Branche, dem Bädertourismus, durch einen hochmodernen Sektor der Zweiten Industriellen Revolution, der Elektroindustrie. Baden hatte vorher manche Modernisierung versäumt, ausser jenen Neuerungen, die der Hotellerie zugutekamen, doch dank der Standortpolitik der Gebrüder Pfister wurde die Stadt in eine neue Epoche katapultiert, ohne je eine erste, spürbare Industrialisierung erfahren zu haben.

Natürlich waren sich die Pfisters genau dieser Wirkung wohl kaum bewusst, wir beurteilen die beiden mit dem Kenntnisstand der Nachgeborenen – und wären es nicht die Pfisters gewesen, hätte vielleicht jemand anders sich um die Ansiedlung dieses vielversprechenden *Start-ups* zweier Ingenieure aus Oerlikon bemüht – oder eben auch nicht. Niemand weiss das. Wir personalisieren hier keinesfalls, um Kausalitäten zu behaupten, sondern um das, was strukturell, aber auch personell (und damit einer gewissen Kontingenz unterworfen) vorfiel, zu veranschaulichen.

6.3 Drei Phasen der Gründung

Für unsere Analyse der Gründungsjahre der BBC erscheint es zweckmässig, drei Phasen zu unterscheiden. 1888 eskalierte in Baden ein Konflikt, wie er damals in zahllosen Kommunen des Westens ausgetragen wurde: Sollte man auf das Gaslicht setzen, das bereits eingeführt war, oder gehörte dem elektrischen Licht die Zukunft? Ausserstande diese Frage zu entscheiden, tagten zahllose Gremien, es wurde am Stammtisch gestritten und in den Zeitungen vieles geschrieben, doch man gelangte zu keiner Lösung. Es herrschte ein Patt. Wir bezeichnen diese Zeit der Lähmung als Phase I.

Im Herbst 1890 wurde bekannt, dass die Gebrüder Pfister in Baden ein komplettes Kraftwerk planten, es handelte sich um ein ungleich grösseres Projekt als alles andere, was bisher diskutiert worden war. Das befeuerte zwar die Debatte, aber vertiefte den Streit, zumal die Gebrüder Pfister alle propagandistischen Mittel ergriffen, um für ihr Anliegen zu werben. Trotzdem kam auch dieses Projekt nicht vom Fleck. Diese Monate der Agonie bedeuteten die Phase II.

Plötzlich überschlugen sich die Ereignisse, und es setzte die Phase III ein: Carl Pfister war es im Februar 1891 gelungen, mit Brown und Boveri ins Gespräch zu kommen, wenig später sagten diese zu, sich mit ihrer neuen Firma in Baden niederzulassen. Sie stellten dafür allerdings eine Bedingung: Baden hatte ihnen im Gegenzug das Kraftwerk als ersten Auftrag zuzuhalten. Ausserdem verlangten sie einen prompten Entscheid. Pfister nutzte dieses Ultimatum, um seinerseits die Stadt unter Druck zu setzen: Die Gemeindeversammlung hatte rasch zu beschliessen, ob sie ein neues Elektrizitätswerk wollte, jetzt oder nie. Zeit oder Geld, ein eigenes, öffentliches Kraftwerk zu bauen, war nicht vorhanden. Derart unter Zugzwang geraten, stimmte der Souverän an einer emotionalen Gemeindeversammlung dem Vorhaben der Gebrüder Pfister zu. Indirekt beschloss man so auch die Industrialisierung eines der ältesten Kurorte Europas.

6.3.1 Phase I: Ende des Waffenstillstandes

1882 hatte Rudolf Bruno Saft in seinem Grand Hôtel die ersten Glühbirnen von Baden zum Leuchten gebracht, wenig später wurde während der Saison der Kurpark «elektrisch illuminiert», wie man das nannte; gleichzeitig hatte sich das Gaswerk ausgebreitet und manche neuen Kunden für sein Gaslicht gewonnen. Doch die Zeit sprach wohl gegen das Gas. Im ganzen Westen liessen sich im Lauf der 1880er-Jahre immer mehr Kunden – Hotels, Fabriken, aber auch einzelne, sehr reiche private Haushalte – auf das elektrische Licht ein, das den Charme des Ultramodernen, Luxuriösen und Praktischen zugleich verströmte. Im Gegensatz zum Gas liess es sich bequem ein- und ausschalten, es roch nicht, flackerte nie und verbrauchte vor allem keinen Sauerstoff, was einen wesentlichen Nachteil des Gaslichtes darstellte. In grossen Räumen wie Theatern oder Restaurants ging den Gästen mit der Zeit buchstäblich die Luft aus, wenn mehrere Gaslampen zu lange brannten, aufwendige Belüftungsmassnahmen waren daher nötig, teure Massnahmen, wie sie das elektrische Licht nie erforderte.

Auch in Baden kam das Gas und insbesondere das Gaswerk, das einigen wichtigen Hoteliers gehörte, daher unter Druck. Hatte zuvor eine Art Waffenstillstand zwischen Elektrizität und Gas bestanden, meldeten sich gegen Ende der 1880er-Jahre immer mehr Interessenten, die in Baden Strom produzieren wollten. Albert Spörry etwa, der Besitzer der Spinnerei in der Aue, bot der Stadt 1888 an, den Kurpark günstiger als der bisherige Lieferant mit Elektrizität zu versorgen. Bis zu diesem Zeitpunkt hatte ein Fabrikant aus Ennetbaden den Strom geliefert. Ausserdem schlug Spörry vor, einige Badehotels zusätzlich zu elektrifizieren – womit er die Besitzer des Gaswerks aufs Höchste gegen sich aufbrachte. Spörry hatte in der Aue einen Dynamo montiert, um die Wasserkraft der Limmat zu nutzen, die überschüssige Energie, die er nicht für seine Fabrik benötigte, hätte er gerne verkauft. Zur gleichen Zeit wollte Saft seinen Vertrag mit Oederlin auflösen und selber ein kleines Kraftwerk an der Limmat erstellen, um sein Hotel zu beleuchten; es flatterten in jenen Tagen weitere Angebote, Strom zu erzeugen, auf den Tisch des Badener Stadtrats, der dies alles zu entscheiden hatte. Bald, so machte es den Eindruck, war die Behörde heillos überfordert.

Für jene Hoteliers, die seinerzeit unter Führung von Joseph Borsinger auf eigene Rechnung ein Gaswerk erstellt hatten, waren das alles beunruhigende Nachrichten. Sie fürchteten um ihren Absatz, der Konflikt brach nun offen auf: Gas oder Elektrizität? Dabei waren die Hoteliers von Beginn weg in einer geschwächten Position, weil gespalten. Die einen, die ins Gaswerk investiert hatten, allen voran Borsinger, verlangten staatlichen Schutz, so zum Beispiel das Monopol für die Strassenbeleuchtung, die anderen, wie etwa der mächtige Saft, wollten elektrisches Licht um jeden Preis und nahmen nur widerwillig auf die alten Gasinteressen Rücksicht, umso mehr als sie sich ja nie am Gaswerk beteiligt hatten.

In der Politik herrschte ein Patt: «Gas oder elektrisches Licht?» titelte die *Schweizer Freie Presse* im Februar 1889: «Die letzten Tage brachten dem Gemeinderat Erwägungen und Berechnungen von grosser finanzieller Tragweite. Eine Spezialkommission der Behörde befasste sich mit der Beleuchtungsfrage, die durch Offerten einerseits von der Firma A. Spörry hinsichtlich elektrischen Lichtes – und anderseits von der Gasgesellschaft neuerdings eingegangen waren. Die drei Mitglieder der Kommission haben das Verdienst, die wichtige Frage allseitig genau studiert und die Interessen der Gemeinde in weitgehendster Weise wahrgenommen zu haben.»[566]

Zu den drei – einflussreichen – Mitgliedern der Kommission gehörte natürlich Saft selber. Dass er befangen sein könnte, scheint niemanden gekümmert zu haben. Monatelang wogte nun der Streit – im Stadtrat, in der Gemeindeversammlung, in der «Beleuchtungskommission», in der Stadt, wenig ging – bis Ende November ein weiteres Projekt bekannt wurde, das alles Bisherige in den Schatten stellte, im wahrsten Sinne des Wortes.

6.3.2 Phase II: Die Mission der Gebrüder Pfister

Am 19. November 1889 reichte Carl Pfister, Stadtrat von Baden, im Namen seines jüngeren Bruders Theodor, der in London lebte, beim aargauischen Regierungsrat das Gesuch um eine Konzession für ein Kraftwerk im Kappelerhof an der Limmat ein. Es war ein grosszügiges, es war ein revolutionäres Projekt: Nachdem alle Promotoren des elektrischen Lichts in Baden bislang nur begrenzte, spezifische Lösungen vorgeschlagen hatten, also hier ein Dynamo und dort eine Leitung für einen bestimmten Beleuchtungszweck, handelte es sich jetzt um ein komplettes Elektrizitätswerk, das die ganze Stadt auf einen Schlag mit Elektrizität ausstatten sollte, wie das manche Schweizer Gemeinde zu jener Zeit prüfte. Als erste Zeitung berichtete die *Schweizer Freie Presse* davon. Warum ihr Chefredaktor Josef Jäger so früh im Bild gewesen war, schien zunächst ein Zufall, im Nachhinein betrachtet, dürfte er schon zu diesem Zeitpunkt mit den Pfisters kooperiert haben:

«Soeben erfahren wir, dass Herr Theodor Pfister in London die Konzession für Anlage eines Etablissements zur elektrischen Beleuchtung der Stadt und der Bäder in Baden nachgesucht hat», meldete am 21. November 1889 die *Schweizer Freie Presse*. «Die Betriebskraft wird der Limmat entnommen, zu welchem Zwecke ein etwa 700 Meter langer Kanal bei der alten Badeanstalt auf dem linken Ufer angelegt wird. Die sämtlichen Vorarbeiten sind von erprobten Fachmännern durchgeführt und das Projekt ist bis ins Detail fertig zur sofortigen Ausführung. – Herr Pfister, der die Früchte seiner glücklichen finanziellen Unternehmungen in wahrhaft nobler Weise seiner Vaterstadt zu Teil werden lässt, erwirbt sich durch sein Unternehmen unvergängliches Verdienst um die Prosperität Badens und errichtet sich ein Denkmal, köstlicher als Erz und Marmor.»[567]

Wenn man sich vor Augen hält, dass es noch fast anderthalb Jahre dauern sollte, bis der Bau dieses so angekündigten Elektrizitätswerks auch nur beschlossen war, und wenn man bedenkt, wie viele Unternehmer und Firmen gleichzeitig Baden mit elektrischem Licht ausrüsten wollten und dieses Projekt als Konkurrenz auffassen mussten, wenn man ferner weiss, wie schwer sich Stadtrat, Einwohnergemeinde und ihre Kommissionen bisher getan hatten, sich in der Beleuchtungsfrage zu entscheiden, dann erstaunt der Optimismus in dieser Notiz doch sehr. Offensichtlich waren sich der Autor und die Kreise, die hinter ihm steckten, ihrer Sache sehr sicher.

Der Artikel war als «Eingesandt» deklariert. Ob das eine Finte war und Jäger selber den Text verfasst hatte, dies aber verbarg, oder ob jemand, der den Gebrüdern Pfister nahestand, ihn geschrieben hatte: Es lässt sich nicht mehr herausfinden. Klar ist aber, mit der *Schweizer Freien Presse* und ihrem Chefredaktor und Besitzer stand den Gebrüdern Pfister künftig eine zuverlässige Propaganda-Maschine zur Verfügung. In den kommenden Monaten erschienen in dieser demokratischen, anti-liberalen Zeitung verdächtig viele Artikel, die das Publikum über die Vorzüge und Fortschritte der Elektrizität aufklärten – ebenso wurde je-

II. Teil. Gründerzeit

der Vorstoss der Pfisters positiv verzeichnet, jede Verzögerung kritisiert, jede Konkurrenz in Misskredit gezogen. Man nahm Partei. Wenn Jäger dabei seine Konkurrenz, das liberale *Badener Tagblatt*, lächerlich machen konnte, dann umso besser:

«Gas oder Elektrizität? Das ‹Bad. Tagblatt› druckt ein Telegramm der ‹Neuen Zürch. Ztg.› ab wie folgt: ‹Das spanische Theater in Barcelona ist vollständig niedergebrannt, glücklicherweise erst nachdem die Vorstellung zu Ende war. Es ging daher kein Menschenleben zugrunde.› In der ‹Neuen Zürch. Ztg.› aber lautet das Telegramm: ‹Das spanische Theater in Barcelona ist vollständig niedergebrannt, glücklicherweise erst nachdem die Vorstellung zu Ende war. Es ging daher kein Menschenleben zugrunde. Das Theater hatte Gasbeleuchtung.› Helf was helfen mag!»[568]

War Geld geflossen? Hatte Theodor Pfister, der reiche Mann in London, Jäger unziemliche Versprechungen gemacht? Im Nachhinein lässt sich das alles nicht mehr aufklären – und der Verdacht ist vermutlich unbegründet. Vielmehr ergab sich die enge Kooperation aus einer Interessenkonvergenz der beiden Seiten: Jäger war ein aufsteigender, aber oppositioneller Politiker, dem jeder sympathisch erscheinen musste, der wie er selber an den Grundfesten des Establishments rüttelte. Die Pfisters waren ohne Zweifel solche Herausforderer des Status quo.

Carl Pfister sass zwar seit längerem im Stadtrat; was seine Parteizugehörigkeit betrifft, ist wenig bekannt, er scheint aber kein Demokrat gewesen zu sein. Nie war er als Dissident aufgefallen. Was ihn aber auf einmal zu einem ernsthaften Konkurrenten vieler Lokalpolitiker, Unternehmer und Hoteliers in Baden machte, war das viele Geld, das er dank seinem Bruder nun in seinem Rücken wusste. Den «Millionenpfister» nannte man diesen reichen Bruder im Hintergrund schon bald, halb spöttisch, halb besorgt.[569] Das Kraftwerksprojekt sollte von Theodor finanziert werden – niemand in Baden, ja nicht einmal die Gemeinde selber, verfügte über so viel Kapital. Das verlieh Carl, dem «Generalbevollmächtigen» seines Bruders Theodors vor Ort, formidable Macht – umso mehr wurde er wohl beneidet, gemieden und bekämpft.

Wir haben die *Great Generation* als Konzept eingeführt; diese kennzeichnete nicht bloss, dass es ein kleiner Kreis von ehrgeizigen Leuten war, der die Transformation von Baden vorantrieb, sondern ebenso typisch war, dass es sich bei den meisten von ihnen um Aussenseiter, Zugezogene oder Ausländer handelte: Boveri stammte aus Deutschland, Funk ebenso, die Gebrüder Brown aus England und Winterthur; Saft kam ebenfalls aus Deutschland, Jäger, wir werden ihn bald näher in den Fokus nehmen, war aus dem Fricktal zugezogen. Allein Kellersberger und Borsinger bedeuteten das, was man gemeinhin als Einheimische oder Repräsentanten der lokalen Elite bezeichnen würde; denn auch die Pfisters, wenngleich Badener, gehörten keineswegs dem Establishment an. Mit anderen Worten, in Baden, einer alten Stadt, sollten bald Leute die wirtschaftliche und politische Macht übernehmen, die noch vor Kurzem nichts mit dieser Stadt zu tun gehabt hatten – oder bloss in der zweiten Reihe der örtlichen Führungsschicht gestanden waren. Die Gebrüder Pfister bieten dafür ein gutes Beispiel.

6.3.2.1 *Einheimische Aussenseiter*

Carl, der ältere der beiden, war 1847 in Baden geboren worden; Louis Theodor 1852, im gleichen Jahr wie Josef Jäger.[570] 1891, als die drei sich anschickten, Badener, wenn nicht Schweizer Geschichte zu schreiben, waren sie alle um die vierzig Jahre alt. Die beiden Brüder wuchsen in einer unspektakulären Familie des Badener Bürgertums auf, sie kleinbürgerlich zu nennen, wäre überzogen, doch zur Elite gehörte man ebenfalls nicht. Sicher ging es den Pfisters materiell aber gut, das lässt sich daran erkennen, dass sich die Familie 1856 in Baden für die damals hohe Summe von 5000 Franken einbürgern liess. Der Vater war als junger Mann aus Klingnau zugewandert, einer Kleinstadt am Rand der Schweiz, und hatte eine Einheimische geheiratet. Hier in Baden betrieb das Paar an der Badstrasse einen «Bazar», an jener Strasse also, die die Altstadt mit den Bädern verband.

Man dürfte vorwiegend von Badegästen gelebt haben – und bewegte sich somit inmitten des oft spannungsreichen Verhältnisses zwischen dem Gewerbe in der Altstadt und den nobleren Gastwirten in den Bädern. Das städtische Gewerbe warf den Hoteliers fast routinemässig vor, ihre Gäste zu wenig dazu anzuhalten, oben in der Stadt einzukaufen. Dieser Bazar war eine Art Warenhaus, eine Mischung von billiger Jakob und Ramschladen, so macht es den Eindruck, wenn man das Angebot des Bazars Pfister studiert: «Korb- und Kinderspielwaren», heisst es in einem zeitgenössischen Inserat der Firma, «Leder- und Luxusartikel. Engl. Frictionsbürsten. Handschuhe, Gürtel etc. Parfümerien. Bürsten. Bureauartikel. Albums. Musikdosen. Musikwerke. Reise-Artikel, Koffer etc. Bronze- und Tonfiguren. Fischerei-Utensilien. Glacéhandschuhe. Wollene Unterkleider. Tafelbestecke etc. etc.»[571] Die Anzeige erschien dreisprachig, deutsch, französisch und englisch, was einen Hinweis gibt auf die Herkunft der Kunden.

Die beiden Brüder besuchten in Baden alle Schulen und liessen sich danach zu Kaufleuten ausbilden, Carl in der Westschweiz, in St. Gallen und Paris; Louis Theodor in Basel – danach wandte er sich nach Italien, wo er drei Jahre blieb, schliesslich zog er nach London. Carl, der älteste, stieg in das Geschäft des Vaters an der Badstrasse ein, während Louis Theodor in London überaus viel Geld machte – mit welchen Geschäften der junge Kaufmann das zustande brachte, ist nicht mehr zu eruieren. Liest man die Zeitungen jener Zeit, schien es aber für alle in Baden unbestritten, dass Louis Theodor sehr reich sein musste. Von einem «Millionär» wurde gesprochen, aber ohne Bewunderung, wohl weil man nicht genau Bescheid wusste, woher der Reichtum stammte.

Carl Pfister dagegen nahm sich vor, in Baden jemand zu werden. Indem er sich mit Marie Küpfer, der Tochter des Hotelbesitzers des «Schwanen», vermählte, war ein erster Schritt getan – wenn auch ein kleiner. Denn der Schwanen lag in Ennetbaden, was ein wesentlicher Nachteil war, wenn es darum gegangen wäre, die informelle Elite in Baden zu beeindrucken, geschweige denn als einer der Ihrigen zu gelten. Wer in den Kleinen Bädern wirtete, war auch ein kleiner Hotelier, während die Noblesse der Badener Gastronomen in den Grossen Bädern residierte.

Ob Bazar oder Hotel Schwanen: Carl Pfister genügte das offenbar nicht, sondern zunehmend verschrieb er sich der Politik, seine Frau führte das Hotel bald allein. Stattdessen liess er sich in den Stadtrat wählen, 1894 stieg er gar zum Stadtammann auf. Mag sein, dass diese Doppelfunktion – Geschäftsmann und Politiker – ihn darin beeinflusste, sich dafür zu engagieren, neue Industrien nach Baden zu holen, einer Stadt, die bisher kaum industrialisiert worden war. Schliesslich mag die Tatsache von Belang gewesen sein, dass er einen Bruder hatte, der in einer der Metropolen des Industriezeitalters lebte und ihm wohl regelmässig von den neuesten Entwicklungen berichtete. Denn trotz seines Durchbruchs im grossen London, hatte sich Louis Theodor nie endgültig von seiner Heimat gelöst, an der Badhalde bei der reformierten Kirche erwarb er das prächtige «Haus zum Schwert», fast jedes Jahr kehrte er für ein paar Wochen in die Bäderstadt zurück. Er kannte ihre Freuden, er kannte ihre Miseren.

6.3.2.2 Erleuchtung in Paris

Im Sommer 1889 fuhren die beiden Brüder Pfister an die Weltausstellung in Paris. Es war eine Reise, die, so will es die Gründungsmythologie der BBC, den beiden das Wunder der Elektrizität vor Augen geführt hatte und sie dazu bewog, in Baden das Gleiche zu verwirklichen. Paris als eine Art Damaskus-Erlebnis für Investoren. Stellt man auf die Chronologie ab, scheint diese Version plausibel: Schon am 19. November 1889, also kurz nachdem die Ausstellung Ende Oktober ihre Tore geschlossen hatte, bemühte sich Carl Pfister beim aargauischen Regierungsrat um eine Konzession für ein Kraftwerk in Baden.

Ob es sich genau so zugetragen hatte, ist nicht mehr zu klären. Selbstverständlich ist dieser Antrag belegt, ebenso die Reise nach Paris, aber ob es der Eindrücke von der Weltausstellung bedurft hatte, um den beiden Brüdern das Potenzial der Elektrizität bewusst zu machen, ist unsicher. Quellen aus jener Zeit, die das bewiesen, fehlen. Doch schon früh, zum Beispiel 1916 in einem Bericht des *Badener Kalenders* zum 25-jährigen Jubiläum der BBC, erschien diese Geschichte des entscheidenden, im wahrsten Sinne des Wortes erhellenden Besuchs in Paris.[572] Vielleicht haben die Gebrüder Pfister selber diese Legende verbreitet, um jeden Widerstand in Baden gegen die Elektrifizierung von vornherein aus dem Weg zu räumen. Denn es hatte etwas Romantisches, Berückendes: Die meisten Badener hatten vermutlich von dieser Ausstellung in Paris gehört und den Sensationen, die sie bot – der Eiffelturm, der Maschinenpalast, das elektrische Licht!

Wir haben bereits die Frankfurter Elektrizitäts-Ausstellung und die konzeptionellen Absichten, die ihr zugrunde lagen, geschildert: Paris lieferte den Prototypen für diese sehr effektive Art der Technologie-Propaganda. Was 1851 in London zum ersten Mal erprobt wurde, eine Weltausstellung als Leistungsschau der Moderne, war danach in verschiedenen Städten mit immer spektakulärerem Erfolg wiederholt worden, oft in London, ebenso oft in Paris, das sich bald den Ruf als beste Ausstellungsstadt schlechthin erwarb. Wenn es um die Zukunftstechnologie der Elektrizität ging, setzten die Pariser Ausstellungsmacher einen Standard, dem sich niemand mehr zu entziehen vermochte. Alles redete von Paris. Dass die Zeitgenossen weit über diese Metropole hinaus von den Neuerungen erfuhren, die dort präsentiert worden waren, dafür sorgte eine Pressearbeit, deren Professionalität man noch heute bewundern muss: Kaum ein kommunikatives Ereignis wurde in Echtzeit so intensiv besprochen. Die Zeitungen jener Zeit waren voll von entsprechenden Informationen, auch in der Schweiz. Um zwei Beispiele zu nennen: Die Basler *National-Zeitung* entsandte einen eigenen Korrespondenten nach Paris, der während der Dauer der Ausstellung zahllose Artikel, Betrachtungen und Kommentare nach Basel telegrafierte; von der Eröffnung schrieb er:

«Glauben Sie nicht, dass der Enthusiasmus des ersten Augenblicks meine Feder durchgehen lässt, ich übernehme völlige Garantie: sollte von den Korrespondenten ausländischer Zeitungen einer, welcher gestern unter der Kuppel des Hauptgebäudes gestanden, welcher die unbeschreibliche Illumination betrachtet [hat], ein Wort gegen den Besuch der Ausstellung schreiben, so macht er sich des Hochverrats an dem Inbegriff der Schönheit schuldig.»[573]

Auch die *Neue Zürcher Zeitung* berichtete fast jede Woche über Paris. Wenn der Schah von Persien sein Kommen nach Paris ankündigte: Es stand in der NZZ. Wenn die schweizerische Maschinenindustrie mit ihren Produkten auf Beachtung stiess: In der NZZ wurde es gewürdigt. Weil so viele Schweizer nach Paris reisten, kümmerte sich die NZZ sogar um den Fahrplan und bot einen modern

II. Teil. Gründerzeit

anmutenden Leserservice an: «Da es manchen unserer Leser erwünscht sein dürfte, genauen Aufschluss über die Fahrgelegenheiten und die Fahrtenpreise nach und von der Pariser Weltausstellung zu erhalten», schrieb die NZZ im Juli 1889, «so haben wir uns in diesem Sinne an die Direktion der schweizerischen Nordostbahn gewandt, welche uns auf unser Ansuchen in verdankenswerter Weise die nachstehenden Mitteilungen zukommen liess», und es folgte eine Übersicht über die Billetpreise in erster und zweiter Klasse; von den verschiedensten Orten aus nach Paris.[574]

Selbst der Staat förderte den Besuch der Ausstellung. So beschloss der Zürcher Kantonsrat, die Fahrt nach Paris für jene Leute zu subventionieren, die sich aus beruflichen Gründen dafür interessierten – oder interessieren sollten. Der kantonale «Handwerks- und Gewerbeverein» hatte die Kandidaten auszuwählen: «Es ergeht deshalb», meldete der Verband via Inserat in der NZZ, «hiemit an alle diejenigen – *Arbeiter und Arbeitgeber* – des Gewerbe- und Handwerkerstandes, die Lust haben, die Pariser Ausstellung zu besuchen, die Einladung, sich bis zum 15. dieses Monats beim Präsidenten des Kantonalen Handwerks- und Gewerbevereins Herrn Heinrich Berchtold in Thalweil [sic] schriftlich zu melden. Die Anmeldung soll enthalten: Angaben über Alter, Wohnort und Heimatsort, Berufstätigkeit, sowie Mitteilungen über Befähigung, das in Paris Gesehene in einem schriftlichen Berichte niederzuschreiben und in fachlichen Kreisen darüber mündliche Mitteilungen zu machen.»[575]

Die Pfisters waren mit Sicherheit nicht die einzigen Badener, denen das elektrische Licht in Paris erschienen war. Wenn sie in Baden davon schwärmten, wenn sie dank dieses Besuchs sich gleichsam als Augenzeugen der Zukunft inszenieren konnten, dann half ihnen das aber an der Gemeindeversammlung in Baden. Vor diesem direktdemokratischen Hintergrund wäre es begreiflich, dass die Pfisters aus ihrer Reise nach Paris ein Erweckungserlebnis machten. Viele andere hatten es auch so erfahren.

Die Ausstellung, die im Sommer 1889 hauptsächlich auf dem Marsfeld stattfand, war die zehnte ihrer Art und eine der grössten, glänzendsten und – auch für Baden – eine der folgenreichsten.[576] Es gab zwei Dinge, die die Millionen von Besuchern faszinierten: Der neue Eiffelturm, der schon während der Planung die Pariser Bevölkerung in Feinde und Freunde geteilt hatte, und das elektrische Licht, das die riesige Maschinenhalle, deren Anbauten, sowie deren Umgebung ausleuchtete. Beeindruckend in jeder Hinsicht war das Eingangsportal der Ausstellungshallen: Der «dôme central», ein gläserner und eiserner Kuppelbau von sechzig Metern Höhe, der in der Tat einem Dom glich. Es war eine geräumige Kathedrale der Industrie, deren Innenraum jetzt dank 48 elektrischen Glühlampen, 16 Bogenlampen und 14 Lüstern, die aus je 20 Glühlampen bestanden, taghell erstrahlte. Vor dem Dom hatte man ein Becken mit zahlreichen Wasserfontänen angelegt, die im Untergrund elektrisch beleuchtet, dauernd ihre Farben wechselten.[577]

Im Gegensatz zum Eiffelturm, dem seinerzeit höchsten Gebäude der Welt, war hier, was die Wunder der Elektrizität anbelangt, die Begeisterung ungeteilt. In einem Bericht für die *Schweizerische Bauzeitung* schrieb ein unbekannter Korrespondent:

«Wer es aber vollends gut machen will, der besteige ein beliebiges Stockwerk des Eiffelturmes. Von hier aus liegt die Ausstellung wie auf einer Karte vor ihm ausgebreitet. Es ist dies die beste vorläufige Orientierung; wir möchten sie jedem neuankommenden Besucher empfehlen und ihm raten die Abendstunden darauf zu verwenden. Senkt sich dann die Nacht hernieder, so umsäumen sich die Profile der grossen Paläste mit goldglänzenden feurigen Linien während die Wasserstrahlen der Fontänen in allen Farben zu glühen anfangen und die grossen Reflektoren von der Spitze des Turmes ihr silbernes Licht in mächtigen Strahlenbündeln weit hinauswerfen, bald hier eine Gruppe, bald dort einen Gebäudeteil taghell erleuchtend.»[578]

Dass die *Bauzeitung* diesen Bericht abdruckte, war kein Einzelfall, das Interesse ihrer schweizerischen Leser, vorwiegend Techniker, Architekten, Ingenieure, muss immens gewesen sein: Insgesamt berichtete die *Bauzeitung* zwischen 1889 und 1890 31 Mal über Paris.

Tatsächlich kam an dieser Ausstellung nicht vorbei, wer etwas über den neuesten Stand der Elektrotechnik erfahren wollte. 26, so gut wie alle damaligen «Elektriker und elektrischen Gesellschaften» der Welt, die über ein gewisses Renommee verfügten, waren von den Pariser Organisatoren eingeladen worden, um die Elektrifizierung des Ausstellungsgeländes sicherzustellen. Sechs kleine provisorische Kraftwerke waren errichtet worden, wo Dynamos den Strom generierten; betrieben wurden sie von Dampfmaschinen. Auch die zu jener Zeit führenden Elektrofirmen der Schweiz waren alle hier vertreten, wie ein französischer Ingenieur in der *Bauzeitung* mit Anerkennung feststellte: «Les machines dynamo Brown d'Oerlikon, Cuénod, Sautter et Co. de Genève, Alioth de Bâle et de la Zürcher Telephon-Gesellschaft sont excellentes.»[579]

Da es darum ging, den Besuchern das ganze Spektrum der Elektrizität aufzuzeigen, aber verschiedene technische Ansätze noch in Konkurrenz untereinander standen, sah man in Paris die älteren Bogenlampen genauso wie die Glühlampen, wie etwa die neuesten Versionen von Edison. Desgleichen gab es Dynamos, die Gleichstrom erzeugten, und solche, die Wechselstrom lieferten. Der *War of the Currents*, den wir oben geschildert haben, war noch längst nicht entschieden.

II. Teil. Gründerzeit

In Paris kam man in dieser Hinsicht nicht weiter, erst Frankfurt würde – dank Charles Brown – die nötige Klärung bringen, aber Paris brannte sich im kollektiven Bewusstsein der damaligen Epoche als jener Ort ein, wo sich die Elektrizität, diese neue unsichtbare, fast extraterrestrische Kraft, endgültig auf der Erde niedergelassen hatte. Die schiere Grösse der erleuchteten Hallen, das elektrische Licht, das das halbe Marsfeld flutete, der Zauber des farbigen, scheinbar entflammten Wassers, die hohe Zahl der Aussteller, welche elektrische Motoren, Generatoren, Lampen und dergleichen präsentierten: All dies liess keinen Zweifel mehr aufkommen, dass dieser Technologie die Zukunft gehörte.

Dass sich der Aufwand für die Organisatoren gelohnt hatte, bewiesen die Zahlen: mehr als 32 Millionen Besucher waren herbeigeströmt. Wenn man bedenkt, dass diese vielen Menschen in bloss sechs Monaten, vom 6. Mai bis zum 31. Oktober 1889, die Ausstellung aufsuchen konnten, und dass Frankreich selber damals knapp 40 Millionen Einwohner zählte, sind das ganz erstaunliche Werte. Finanziell schloss die Rechnung positiv ab: Der Staat schrieb einen Gewinn von acht Millionen Francs. Ob sich die Veranstaltung hingegen für die privaten Aussteller auszahlte, ist offen. Wenn man sich indes die langfristigen Folgen vor Augen hält, dürfte dies die Frage beantworten. 32 Millionen Menschen hatten in Paris das elektrische Licht gesehen – darunter auch die Gebrüder Carl und Louis Theodor Pfister aus Baden.

6.3.2.3 Die «Elektro-Karawane» nach Locle

Kaum zurück aus Paris, erfüllt von diesem charakteristischen, post-Pariser Enthusiasmus, wie er so viele Besucher zu ergreifen pflegte, waren die Gebrüder Pfister überzeugt, mit einer forcierten Elektrifizierung sämtliche Probleme ihrer Heimatstadt lösen zu können: die Überschuldung genauso wie den Mangel an Industrie. Die Pfisters bewiesen dabei jenen Mut oder Übermut, wie er vielleicht nur den Aussenseiter kennzeichnet, der sich der realen Schwierigkeiten vor Ort nicht bewusst ist. Das gilt wohl vor allem für Theodor Pfister, der im fernen London lebte, und sich kaum vorstellen konnte, wie unerwünscht sein Geld in Baden war. Ihr schwungvolles Projekt sass bald fest: Im November 1889 hatten sie um eine entsprechende Konzession für ein Kraftwerk ersucht, im April 1890 war es vom Regierungsrat bewilligt worden, dann versank es in den Untiefen der Badener Lokalpolitik.

Zwar besassen die Gebrüder Pfister in Baden anscheinend viele Freunde, dennoch zog sich der Entscheidungsprozess sehr lange hin. Warum, ist nicht ganz klar, Jahre später, 1917, sollte Theodor Pfister in einem Rückblick schreiben: «Die Einwohnergemeinde lag dazumal in Ohnmacht; es geschah absolut nichts; man pflog keinerlei Beratungen.»[580] Die letztere Bemerkung stimmt zwar nachweislich nicht: Die Beleuchtungskommission tagte und tagte, ein Entscheid kam allerdings nicht zustande. So gesehen täuschte die Erinnerung Theodor Pfister nicht.

Im Lauf des Jahres 1890, als sich nichts mehr bewegte, wäre es verständlich gewesen, wenn die Gebrüder Pfister die Geduld verloren hätten. Offensichtlich war es ihnen aber ernst. Carl wusste um die finanzielle Krise in der Stadt, und man darf ihm wohl glauben, wenn er betonte, es liege ihm viel an einer besseren Zukunft für Baden. Bei Theodor scheinen die Motive ähnlich gelagert gewesen zu sein – auch wenn er, der versierte Kaufmann es ebenso verstand, mit Geld umzugehen. Ohne Zweifel darf nicht unterschätzt werden, wie sehr sich sein Leben in London von jenem gemütlichen, aber provinziellen Dasein in Baden unterschied. Theodor wohnte damals in der modernsten Stadt Europas, noch galt, dass so gut wie jede Technologie, die neu auftauchte, hier zuerst angewandt wurde. Er lebte in der Zukunft, Baden in der Vergangenheit. Sein wirtschaftlicher Sachverstand mag ihn ebenso darin bestärkt haben, durchzuhalten. Wie sich nachher erwies, war ein Elektrizitätswerk in Baden eine glänzende Investition – die Pfisters wurden für ihr Risiko mehr als reichlich entschädigt. Dass sie mit diesem Erfolg rechneten, lag wohl auch daran, dass Theodor in London mit eigenen Augen gesehen hatte, wie sich die Elektrizität verwerten liess. Ihm musste man nicht erklären, wie rentabel ein solches Unternehmen sein könnte.

Um die Vorzüge ihres Projektes den Leuten näher zu bringen und die Sache zu beschleunigen, organisierten die Gebrüder Pfister im September 1890 eine Werbefahrt für 25 ausgewählte Politiker und Kommissionsmitglieder nach Le Locle, einer Stadt, die bereits über eine perfekte Elektrizitätsversorgung verfügte. In der Presse wurde die Expedition zwar als «elektrische Karawane» verspottet, dennoch fiel die Berichterstattung günstig aus, was nicht ganz überraschend war, Josef Jäger fuhr selber mit, wahrscheinlich war er auch der Reporter:

«Wir werden in nächster Zeit Gelegenheit genug finden, auf elektrotechnische Einzelheiten einzutreten», schrieb die *Schweizer Freie Presse*: «Für heute genügt es wohl, zu konstatieren, dass die elektrische Anlage der Gemeinde Locle jedem Beobachter den Eindruck eines ungemein sorgfältig und wohlberechneten Werkes von grösster Solidität und Zuverlässigkeit hinterlässt. Über den bisherigen Betrieb sprechen sich sowohl Licht- als Kraftkonsumenten hochbefriedigt aus.»[581]

Die Pfisters hatten nichts dem Zufall überlassen, die Reise war im Detail geplant worden. An einem Samstagmorgen um 7 Uhr waren die Badener abgefahren, um rechtzeitig in der Westschweiz anzukommen; und nachdem man das Kraftwerk und die übrigen Anlagen besichtigt hatte, wurden die Elektro-Touristen auf

Boote verladen, um den Doubs zu befahren und schliesslich «das Echo der hochromantischen Felsenufer des Lac du Doubs»[582] zu hören, wie die *Schweizer Freie Presse* rapportierte. Schliesslich erreichte man das französische Ufer, wo ein Wasserfall die Badener vollspritzte, was niemanden störte, will man dem Journalisten (Jäger) folgen, sondern als «charakteristische Episode aus dem Zeitalter der Elektrizität» aufgefasst wurde – wobei Jäger dies ironisch meinte. Ob es daran lag, dass Jäger gemerkt hatte, wie erfolgreich dieser PR-Anlass gewesen war, oder ob es ihm einfach gut ging: Es war ein äusserst launiger Bericht, der nach dieser Expedition in seiner Zeitung erschien.

6.3.2.4 Propaganda-Kriege: Josef Jäger und seine Truppen

Es sollte nicht das letzte Mal sein, dass sich Josef Jäger als Propagandist der Gebrüder Pfister betätigte, ja in den kommenden Monaten wirkte seine *Schweizer Freie Presse* zuweilen nicht wie eine politische Tageszeitung, sondern wir ein Fachblatt für Elektrotechniker: So oft wurden den Badenern Artikel vorgesetzt, die die Segnungen der Elektrizität priesen. Über seine Motive haben wir bereits spekuliert. Selber ein Aufsteiger und Aussenseiter erkannte er die Chancen dieser Umwälzung, welcher die Pfisters das Wort redeten. Alles, was die Stadt veränderte und modernisierte, festigte auch seine Stellung, der sich selber als Modernisierer und Reformer inszenierte – und das durchaus auch war. Wir wollen hier seine politischen, ideellen Überzeugungen keineswegs in Zweifel ziehen, sondern zusätzlich an deren strategische Dimension erinnern. Jäger sollte in jenen Jahren zur dominanten politischen Persönlichkeit der Stadt Baden aufsteigen. Wenn wir uns hier mit seiner Biographie befassen, dann geschieht das auch, um unsere These zu untermauern, wonach die Gründung der BBC unter anderem ein zutiefst politischer Akt war – und deshalb so eminent politisch begabte Leute wie Jäger anzog und ihnen Profilierungsmöglichkeiten bot, die sie kaltblütig nutzten.

Das Patt, das in der Badener Politik seit 1888 herrschte, seitdem nicht mehr ganz klar war, welcher Beleuchtungsmethode, ob Gas oder Elektrizität, man den Vorzug geben sollte und wer damit zu beauftragen sei, dieses Patt, das die etablierten Kreise lähmte, kam Josef Jäger maximal entgegen: Wo viele zweifelten, war er sich sicher, wo manche zögerten, schritt er zur Tat. Im Sommer 1889 drängte er sich in die nun plötzlich so wichtige Beleuchtungskommission, im Stadtrat sass er schon, es war mit anderen Worten nicht der Beginn einer Karriere, sondern deren Fortsetzung, die ihn am Ende, 1909, ins Amt des Stadtammanns von Baden führen sollte, in jener Periode also, da sich die Stadt infolge der Gründung der BBC vollkommen verwandelte. Es gab wenige Politiker, die diesen Prozess so intensiv begleiteten und gestalteten wie Josef Jäger (1852–1927). Ein Zeitgenosse schilderte den Stadtammann in seiner Autobiographie als «Diktator im Kleinen», so unwidersprochen herrschte er in Baden, dazu trug auch bei, dass er ein politischer Vertrauter von Walter Boveri wurde.[583] Wer Jägers Herkunft und seine politischen Vorlieben kannte, hätte nicht unbedingt erwartet, dass ausgerechnet dieser Mann sich mit einem der mächtigsten Kapitalisten des Landes so gut verstehen würde. Denn Jäger kam aus der Provinz, man hielt ihn für einen Querulanten, und er war ein linker Demokrat. Manche schimpften ihn einen «Sozialisten».[584]

1852 in Säckingen geboren und in Laufenburg aufgewachsen, war Jäger ein Mann aus der Peripherie. Das mag ihn zeitlebens beeinflusst haben. Das aargauische Kleinstädtchen Laufenburg lag am Rhein. Kaum industrialisiert und abgehängt, war es erst seit Kurzem, seit 1815, überhaupt Teil der Schweiz geworden, nachdem es wie das ganze Fricktal jahrhundertelang den Habsburgern gehört hatte. Jägers Grossvater war noch Untertan der österreichischen Monarchie gewesen. Natürlich war diese Gegend durchwegs katholisch, was sie in den Augen vieler Aargauer zusätzlich zur Bedeutungslosigkeit verdammte. Regiert wurde im fernen, reformierten Aarau – das Fricktal, zu dem Laufenburg gehörte, dämmerte im Niemandsland. Jäger entstammte einem Unternehmermilieu, sein Vater wirkte als Direktor in einem der wenigen Industriebetriebe im Ort, einer Weberei, was vermutlich die liberalen, anti-klerikalen Neigungen erklärt, die Jäger, ein gläubiger Katholik, von Anfang an als junger Mann bewies. Er dürfte sie im Elternhaus mitbekommen haben.

Vor diesem Hintergrund überrascht es auch nicht, dass Jäger das damals berühmte, ausgesprochen liberale Lehrerseminar in Wettingen besuchte, um danach in Genf, Tübingen und Zürich Germanistik und Nationalökonomie zu studieren, samt und sonders protestantischen, liberalen Universitäten. Wie das recht üblich war, wenn man diese Fächer belegt hatte, fing Jäger seine Berufslaufbahn als Lehrer an. Nachdem er in der Bezirksschule Schinznach Deutsch und Geschichte unterrichtet hatte, wechselte er 1875 an die Knabenbezirksschule Baden, wo er bald zum Rektor gewählt wurde. Doch die Politik interessierte ihn mehr. Im Seminar Wettingen war Jäger ein bevorzugter Schüler von Franz Dula gewesen, einem Seminardirektor, der seinerseits mit Augustin Keller, dem grossen aargauischen Radikalen, befreundet gewesen war. Es mag mit diesem Stammbaum zu tun haben, dass es Jäger ebenfalls in die Politik zog.[585]

In den 1880er-Jahren kam im Aargau eine starke Strömung auf, die darauf abzielte, die Verfassung geradeso wie im Bund oder in anderen Kantonen im Sinne der direkten Demokratie zu revidieren. Unverzüglich warf sich Jäger in diesen Kampf. Er machte sich jetzt einen Namen als Linker, als guter Redner, als *Agent provocateur*, der jede Volksversammlung nach Belieben zu formen verstand. Seine Partei waren die Demokraten, jene oppositionelle Kraft, die überall in der Schweiz die Herrschaft der Liberalen in Frage gestellt und oft überwunden hatte. Um mehr Wirkung zu erzielen, gab Jäger seine Stelle an der Bezirksschule auf und wechselte in den Journalismus. Eigentlich wäre er gerne für das *Badener Tagblatt* tätig geworden, das Leitmedium der Stadt, doch dessen Besitzer, der legendäre Joseph Zehnder, wollte davon nichts wissen.[586] Obwohl Zehnder seinerzeit als Stadtammann die Nationalbahn propagiert hatte, zählte er sich nach wie vor zum altliberalen Lager und lehnte die meisten Forderungen der Demokraten ab, insbesondere die Volkswahl des Regierungsrates, die Jäger seinerseits mit einer Vehemenz vertrat, dass sich die beiden Journalisten und Politiker, der alte und der junge, nicht bloss zerstritten, nein, sie begannen sich gegenseitig geradezu zu verfolgen. Jäger hatte als Konkurrenz zum *Badener Tagblatt* ein eigenes Blatt ins Leben gerufen. Hier, in der *Schweizer Freien Presse*, rächte er sich an Zehnder, wann immer er eine Gelegenheit fand.

Das klang dann so – das Thema ist irrelevant: «Wir haben die Ergüsse des *Badener Tagblatt* in Sachen des Alt-Siegrist Jeuch als dasjenige bezeichnet, was sie sind»[587], schrieb die *Schweizer Freie Presse*. Oder: «Die Arbeiter, die durch elende Schimpfartikel [im *Badener Tagblatt*] nichtsnutziger Subjekte gegen uns aufgehetzt werden sollen, wissen aber ...».[588]

Umgekehrt schlugen die Angesprochenen zurück, indem sie Jäger einen «Jargon der Stallknechte» vorhielten, was dieser weit von sich wies. Er verspreche jedem 100 Franken, der in den letzten 186 Ausgaben seiner Zeitung auch nur einen einzigen «unanständigen» Ausdruck entdecke. Niemand meldete sich, was Jäger triumphierend vermeldete. Im *Badener Tagblatt* wurde das frühere Schimpfwort «ultramontan», mit dem man die Katholisch-Konservativen seinerzeit beleidigte, nun definitiv ersetzt: «demokratisch» war neuerdings alles, was man verabscheute.[589]

Die Rivalität der beiden Zeitungen dauerte übrigens selbst dann noch an, als sich Joseph Zehnder zurückgezogen, und dessen Enkel Otto Wanner das *Badener Tagblatt* übernommen hatte. Auch Wanner mischte sich zielstrebig in die Badener Politik ein – doch stand ihm zeitlebens Josef Jäger vor der Sonne. Das verbesserte die Beziehung nicht.

Schweizer Freie Presse, der Name war Programm: Jägers Ambitionen reichten weit über die Grenzen der Kleinstadt hinaus. Während Jahren füllte er eine Doppelfunktion aus, wie sie im 19. Jahrhundert häufig vorkam: Journalist und Milizpolitiker, was es ermöglichte, wie ein Berufspolitiker sich ausschliesslich der Politik zu widmen, ohne das Milizsystem zu untergraben.

Obwohl aus dem Fricktal zugezogen, gehörte Jäger in Baden bald zu den Männern, die die Lokalpolitik prägten, nicht zuletzt, weil er über eine eigene Zeitung verfügte, die er laufend mit eigenen Artikeln vollschrieb. Zu allem Elend für seine Gegner – und er hatte zahllose – schrieb er glänzend und viel. Er formulierte seine Attacken so elegant, und er vernichtete seine Kritiker so grazil, dass ihm oft Hass entgegenschlug, weil sich mancher Gegner kaum mehr anders zu wehren wusste. Weil er so leicht schrieb, versuchte sich Jäger auch als Romanautor, diese Werke blieben aber unter den Erwartungen: bombastisch, oft kitschig fanden sie kein Publikum.[590] Schriftsteller wäre er vielleicht gerne geworden, doch Politiker ebenso. In den kommenden Jahren sollte er zu einem der schillerndsten Staatsmänner Badens und des Aargaus heranwachsen, den eine lange Karriere fast in alle Gremien trug: Grossrat, Nationalrat, Stadtrat, schliesslich Stadtammann von Baden – weil er aber derart polarisierte, brachte er es nie fertig, auch auf der nationalen Ebene jenen Einfluss auszuüben, der ihm wohl aus seiner Sicht zugestanden hätte. Otto Hunziker, ein ihm durchaus wohlgesinnter Kollege, schrieb:

«In dieser langen parlamentarischen Laufbahn ist ihm aber im aargauischen Grossen Rat wie im Nationalrat sehr selten von den herrschenden Gruppen die Aufgabe übertragen worden, etwa am Referentenpult die fertigen Anträge der Kommissionen über dieses oder jenes Gesetzeswerk darzulegen und zu vertreten», stellte Hunziker fest, selber ein Politiker, der in den 1930er-Jahren eine Biographie über Jäger verfasst hatte: «Im aargauischen Grossen Rat ist er z.B. jahrzehntelang bei der Bestellung des Ratspräsidiums übergangen worden. Es sind ihm Jahr um Jahr andere, viel jüngere Volksvertreter vorgezogen worden, darunter auch welche mit mässigen Verdiensten – bis im Jahre 1911 der Verfasser dieses Lebensbildes als damaliger Präsident der freisinnig-demokratischen Partei – allerdings ohne Zutun Josef Jägers – dieser ständigen kränkenden Missachtung ein Ende bereitete. In seinem Präsidialjahr 1911/12 hat Jäger den Rat mit Umsicht und geistreicher Würze geleitet. Man geht nicht fehl, wenn man die systematische Zurücksetzung, die der geistig hervorragenden Persönlichkeit Jägers durch die herrschenden Zirkel angetan wurde, im Grunde genommen im Motiv eines kleinlichen Neides gegenüber der vielseitigen Begabung Josef Jägers sucht.»[591]

Dass Hunziker hier so verständnisvoll über Jäger schrieb, hatte sicher auch damit zu tun, dass beide derselben Partei angehörten, formell der FDP. Beide waren aber als Demokraten politisiert worden, jener Kraft des Dissenses, die gegen den Widerstand der Liberalen den direktdemokratischen Umbau des Landes herbeigeführt hatte, was die Politik in der Schweiz bis fast zum Ersten Weltkrieg bestimmen sollte. Zwar schlossen sich Liberale, Radikale und Demokraten 1894 zusammen und gründeten die freisinnig-demokratische Partei, FDP, doch die Zeit davor, als man sich befehdet hatte, war so schnell nicht vergessen. Kränkungen, Widerstand, Marginalisierung: Als Oppositioneller gegen die liberale Vorherrschaft sozialisiert, hatte Jäger gelernt, dies zu ertragen – und zurückzuschlagen. Dass Jäger immer anstiess, dass er oft übertrieb, dass er lange ein Querulant blieb: Es hatte mit dieser Vergangenheit zu tun.

Wie schwierig und polemisch, wie eigensinnig und machtverliebt er auch war, für Baden erwies sich Jäger als Glücksfall. Als er 1927 im Amt starb, bereiteten ihm die Badener ein Staatsbegräbnis wie zuvor nur Walter Boveri, dem anderen grossen Aussenseiter in der Stadt. Vielleicht lag es daran, dass Jäger selber ein solcher war, ein Fricktaler in Baden, ein Mann ohne jede Verbindung zu den Hoteliers, der eingesessenen Elite – dass er deshalb klarer sah und entschlossener zugriff, als etwas Neues von aussen kam.

Wenn wir uns diese Karriere nun vor Augen halten, wird im Nachhinein auch leichter verständlich, warum Jäger, der Rebell und Reformer, in jenem späten Herbst des Jahres 1889 sich sofort für ein Projekt begeistern liess, das grösser und revolutionärer war als so vieles, was vorhin in Baden gewagt worden war. Kaum hatten die Gebrüder Pfister ihr Kraftwerksvorhaben angekündigt, unterstützte sie Jäger – mit seinen politischen Truppen, mit seinem rhetorischen Talent, mit seiner Schreibgewalt. Ironischerweise glich er sich damit seinem alten, verhassten Rivalen an: Joseph Zehnder, dem Verleger des *Badener Tagblattes* und glücklosen Promotoren der Nationalbahn. Doch im Gegensatz zu Zehnder bewies Jäger ein besseres Gespür dafür, was wirklich Zukunft besass. Vielleicht hatte er auch einfach Glück. Was immer die Gebrüder Pfister nun planten, sagten und verlangten, Jäger stellte sich an ihre Seite. Er setzte sich für sie in der Beleuchtungskommission ein, er reiste nach Le Locle mit und schrieb darüber einen günstigen Bericht, er beriet sie, er exponierte sich an jeder Gemeindeversammlung für ihr Kraftwerk. Und er wurde ihr Intimus, der mehr Bescheid wusste als andere Politiker oder Journalisten.

Trotz der vielfachen Bemühungen von Jäger, trotz der Propagandareise nach Le Locle kam die Sache der Gebrüder Pfister aber nicht merklich zügiger voran; ein halbes Jahr nach der Bewilligung durch den Regierungsrat, regte sich in Baden immer noch nichts. Also legte Josef Jäger nach und veröffentlichte in seiner Zeitung noch mehr Artikel, die sich mit «elektrotechnischen Einzelheiten» befassten, so dass es bald unmöglich schien, in Baden zu leben, ohne unter dem Eindruck zu stehen, es sei nur mehr eine einzige Zukunft denkbar: eine Zukunft mit Elektrizität. Ging es nach Jäger, war die spätere Hauptstadt der schweizerischen Elektroindustrie auf dem Papier eine solche schon gewesen, bevor sich auch nur eine einzige Turbine drehte.

Am 9. September 1890, zwei Tage nach der Reise nach Le Locle, brachte die *Schweizer Freie Presse* auf ihrer Front einen langen, ausführlichen Text zum Thema «Elektrizität und Steinkohle», wo die Frage aufgeworfen wurde, «was aus den Menschen werden soll, wenn einst die Kohlenlager erschöpft sind, wenn dieser bewegende Faktor unserer modernen Technik fehlt und unsere Dampfmaschinen still stehen müssen».[592] Zwar, so räumte der unbekannte Autor ein, rechneten die meisten Experten damit, dass die Kohle noch lange reichte, vielleicht drei- bis vierhundert Jahre. Dennoch sei es «eine dringende Mahnung an die Maschinentechnik, Mittel und Wege zu finden, wie einerseits durch Kohleersparnis der Termin der Erschöpfung der Kohlenlager hinausgeschoben werden kann, anderseits aber auch für genügenden Ersatz der Dampfkraft bei schliesslich eintretendem Kohlenmangel zu sorgen.»[593] Wie das zu geschehen hatte, war für den Autor (und dessen Auftraggeber Jäger) keine Frage: mit Elektrizität. Weil sich Kohle aber kaum einsparen liess, wenn man Strom mit Dampfmaschinen erzeugte, wie das damals noch meistens der Fall war, gab es wiederum nur eine Alternative: «Anders aber liegt die Sache da, wo man Wasserkräfte zur Erzeugung der Elektrizität verwenden kann; dort tritt eine wirkliche Ersparnis an Kohlen ein, und für die Verwendung der so gewonnenen Kraft in der Industrie neue Mittel und Wege zu finden, wird demnächst Aufgabe der Elektrotechnik sein.»[594] Warum nicht auch an der Limmat? Jägers Leser ahnten, was sie zu denken hatten.

Es handelte sich hier übrigens um ein Argument, das man in der Schweiz bald noch viel, viel öfter hören sollte. Wenn es darum ging, die Abhängigkeit von (ausländischer) Kohle zu reduzieren, kam der Wasserkraft und dem Strom eine hervorragende Rolle zu – im Ersten Weltkrieg wurde die Elektrifizierung der SBB nicht zuletzt so begründet und vorangetrieben.[595] Einer der wichtigsten Promotoren, der zu diesem Zweck dann auch im Verwaltungsrat der SBB sitzen sollte, war Walter Boveri, von dem man in Baden im Herbst 1890 noch kein Wort gehört hatte. Der Artikel ist aufschlussreich, weil er zeigt, wie rasch die Zeitgenossen erfassten, was die Elektrizität bedeutete. Ist es nicht verblüffend? Erst 1882 hatte Thomas Edison in New York das erste funktionierende Stromnetz gebaut und ein paar hundert Haushalte im südlichen Manhattan angeschlossen – schon sieben Jahre später diskutierte man selbst in der Kleinstadt Baden in aller Öffentlichkeit, dass Strom die Energie der Zukunft sein würde, die sogar imstande sein sollte, die Kohle abzulösen, den Stoff, der die gesamte erste Industrielle Revolution befeuert hatte.

Josef Jäger konnte schreiben und werben, so viel er wollte, das Kraftwerkprojekt kam trotzdem nicht voran. Die Verhandlungen der Gebrüder Pfister mit der Stadt dauerten an, auf eine ineffiziente Art und Weise, die wohl jeden anderen, normalen Investor längst zermürbt hatte – die Beleuchtungskommission traf sich und traf sich, ohne auch nur einen Entscheid zu fällen. Im Januar 1891 änderte sich alles.

6.3.3 Phase III: Das Diktat

Am 17. Januar 1891 hatte Carl Pfister dem ihm unbekannten Charles Brown jenen ersten Brief geschrieben, um ihn und dessen Geschäftspartner Walter Boveri für Baden zu interessieren. Und nach einem kurzen Entscheidungsprozess hatten sich die beiden Ingenieure auf diese Stadt als Standort ihrer neuen Firma festgelegt, was sie am 24. Februar in einem Brief bestätigten. Innerhalb eines Monates war es Carl Pfister also gelungen, die Dinge in Baden vollkommen auf den Kopf zu stellen. Was sich seit mehr als einem Jahr fast schmerzhaft langsam hingezogen hatte, die Bewilligung eines Kraftwerkes, erfuhr nun eine Beschleunigung, die niemand erwartet hatte. War Baden dazu imstande? Pfister selber befand sich unter einem unerhörten Druck. Denn die Zusage von Brown und Boveri galt ja nur, wenn er es fertigbrachte, den beiden den Auftrag für das neue Kraftwerk zu verschaffen. Das wiederum hiess: Baden hatte sich jetzt und schleunigst zu entscheiden, ob es überhaupt ein Kraftwerk wünschte – oder die beiden Unternehmer weiterziehen liess.

Von diesem Druck oder von den neuen Interessenten, die den alten Kurort industrialisieren wollten – von dieser gänzlich neuen Situation erfuhren die Badener aber vorerst nichts. Die Gebrüder Pfister spielten mit verdeckten Karten. Ob sie ihr Ziel erreichten, wussten sie allerdings nicht. Was Pfister aber wohl sicher wusste: Sollte er es zustande bekommen, die BBC nach Baden zu locken, tat er nicht nur etwas Gutes für seine Vaterstadt, wie er das immer wieder zu bekräftigen pflegte, sondern er tat auch etwas Gutes für sich und seinen Bruder selbst. Die BBC, das stand fest, dürfte sich bald zu einem wichtigen Abnehmer von Strom entwickeln, weil sie ihre Fabrikhallen zu beleuchten und ihre elektrischen Motoren zu betreiben hatte. Damit war die Rentabilität des neuen Elektrizitätswerkes von vornherein abgesichert. Aus einem guten Geschäft würde ein glänzendes Geschäft werden.

Carl Pfister erwies sich jetzt als durchtriebener Politiker. Ohne öffentlich davon viel Aufhebens zu machen, suchte er das Gespräch mit dem Stadtrat, dem er ja selber angehörte. Im Wissen, wie sehr die Finanzlage die Stadt niederdrückte, boten er und sein Bruder wider Erwarten an, das Kraftwerk auf eigene Kosten erstellen zu lassen, falls die Stadt rasch entschied. Man kann es eine Erpressung nennen oder diplomatisches Zureden: Jedenfalls stellte Carl Pfister dem Stadtrat nun ein Ultimatum. Den Zeitdruck lieh er sich bei den beiden Unternehmern aus, die ihre Fabrik, so konnte er glaubwürdig drohen, nur dann in Baden ansiedelten, wenn sie erstens den Auftrag erhielten – und zweitens dieses Elektrizitätswerk so schnell bewilligt würde, wie in Baden wohl noch nie ein grösseres Projekt bewilligt worden war. Dass Baden dringend auf neue Steuerzahler angewiesen war, darüber bestand in Baden offenbar ein derart breiter Konsens, dass

Pfister die Möglichkeit, dass eine Firma nach Baden kam, maximal nutzte, um alle Probleme aus der Welt zu schaffen, die ihn mehr als ein Jahr lang geplagt hatten.

Der Forderungskatalog war lang.

Er oder genauer, sein Bruder Theodor verlangte nun das Monopol für die gesamte Energieversorgung. Das Gezerre mit der Gasgesellschaft hatte ihnen zur Genüge aufgezeigt, wie leidig eine Konkurrenzsituation war; ja sie schlugen aus dem gleichen Grund vor, das Gaswerk den Eigentümern abzukaufen (oder zurückzukaufen, wie das damals hiess), sobald die Konzession dafür erlosch. Das war in zwei Jahren, 1893. Ab diesem Zeitpunkt lief auch die 25-jährige Frist, die sie für ihr Monopol wünschten. Des Weiteren legten die Gebrüder zum vornherein einen Preis für ihren Strom fest, der es ihnen auf 25 Jahre hinaus ermöglichen sollte, eine ansehnliche Rendite zu erzielen. Ausserdem liessen sie sich von der Stadt garantieren, dass diese jedes künftige Bauvorhaben der beiden Unternehmer Brown und Boveri, das für deren Firma nötig würde, kulant behandeln und speditiv genehmigen würde, und darüber hinaus umgehend für die öffentliche Infrastruktur sorgte – sei das Wasseranschluss, Bahnunterführungen oder neue Strassen: «Ebenso erklärt sich die Gemeinde schon jetzt grundsätzlich bereit», forderte Theodor Pfister, «alle durch die Erstellung des Etablissements nothwendig werdenden Übergänge der dort gelegenen und der Gemeinde gehörenden Strassen (Überschienung und Überbrückung) zu bewilligen und überhaupt dem Unternehmen, soweit Neuanlagen und Veränderungen nothwendig werden sollten, nach Möglichkeit entgegenzukommen.»[596]

Zwar sollte das Monopol erst in zwei Jahren in Kraft treten, doch schon jetzt bedingten sie sich aus, dass die öffentliche Strassenbeleuchtung, die bisher mit Gas betrieben wurde, ohne Verzug mit elektrischen Bogenlampen ersetzt wurde – und selbstverständlich hatte die Stadt dafür den Strom bei ihnen zu beziehen. Last but not least boten sie Baden eine Beteiligung von 25 Prozent an – nicht, weil sie Geld brauchten, sondern um die Politiker auch finanziell einzubinden.

Wenn man sich diese lange Liste von Bedingungen vor Augen führt, wird deutlich, wie unverschämt gut im wahrsten Sinne des Wortes die Pfisters verhandelt hatten – oder in welch verzweifelter Lage die Stadt Baden gesteckt haben muss. Die Pfisters hatten das genau gespürt, und weil der jüngere Bruder wohl ahnte, dass der eine oder andere Stadtrat bei der Lektüre all dieser Forderungen leer geschluckt haben dürfte, hatte er in seinem Brief versöhnlich angefügt:

«Zum Schlusse glaube ich sagen zu dürfen, dass ich bei meinem Vorgehen bei Verwerthung der Conzession die Interessen meiner Vaterstadt in allererster Linie berücksichtigte und darum heute in der Lage bin, Ihrer tit. Behörde zu Handen der Gemeinde so günstige Propositionen zu machen. Was ich von Ihnen verlange

II. Teil. Gründerzeit

ist verhältnismässig wenig, gegenüber den Vortheilen, die ich Ihnen zuwenden möchte.»[597] Ohne langes Zögern, ohne jeden Widerstand, schwenkte der Stadtrat um und akzeptierte das Angebot, das man ebenso gut als Diktat hätte empfinden können.

6.3.3.1 Pfisters Schachzug

Wir haben betont, wie einzigartig es war, dass die Badener faktisch mit einem direktdemokratischen Beschluss entschieden, dass die BBC sich in Baden niederliess. Das ist formal ohne Zweifel richtig. Aber ebenso trifft zu, Carl Pfister, der schlaue Politiker, reizte diesen demokratischen Prozess optimal aus. Er spielte mit den Ängsten des Souveräns. Hätte Pfister nicht diesen ausserordentlichen Zeitdruck aufbauen können, hätte die Stadt nicht unter einer beispiellosen Schuldenlast geächzt, wäre das Elektrizitätswerk nie und nimmer so zügig gutgeheissen worden – und die BBC wäre wohl kaum in Baden entstanden.

Das dürfte den Zeitgenossen sehr wohl bewusst gewesen sein. Wie sehr sich insbesondere der Stadtrat in der Rücklage befand – und darum wusste, beweist der Antrag, den er nun entwarf, um ihn der Einwohnergemeinde zu unterbreiten. Schon am 18. März, das legte man fest, sollten die Badener an einer Gemeindeversammlung definitiv über das Kraftwerksprojekt der Gebrüder Pfister befinden – also weniger als einen Monat, nachdem Brown und Boveri den Pfisters eine Zusage gegeben hatten. So schnell funktionierte die Badener Demokratie unter normalen Umständen nie, doch normal war nichts mehr, wie der Stadtrat in seinem Antrag an die Einwohnergemeinde feststellte:

«Die Situation ist gegenwärtig in Folge der besonderen Verhältnisse so, dass alle Garantien für die sichere Rentabilität des Projektes vorhanden sind, sofern die einzige und unerlässliche Bedingung erfüllt wird: *rascher Entschluss und rasches Handeln.*»[598]

Wollte die Stadt aber das Elektrizitätswerk selber bauen, war sie dazu nicht in der Lage, wie der Stadtrat zugab:

«Es würde noch Monate Zeit brauchen, um alle die Vorverhandlungen zum Abschluss zu bringen, welche unbedingt nötig sind, bevor die Gemeinde sich entschliessen könnte, ob sie die Wasserwerkkonzession selbst übernehmen und ausbeuten wolle oder nicht.»[599]

Deshalb war man gezwungen, die Initiative Privaten zu überlassen, deshalb blieb der Stadt nichts anderes übrig, als den Forderungen der Gebrüder Pfister nachzugeben. Baden sollte somit eine der wenigen Schweizer Städte werden, deren Elektrizitätsversorgung zuerst, und dann noch über 25 Jahre hinaus, von Privaten aufgebaut und betrieben wurde. Die künftige Elektrizitätsgesellschaft war eine private Firma. Weil diese Privaten gleichzeitig den Generalunternehmer und guten künftigen Kunden mitbrachten, konnten sie davon ausgehen, dass ihr Kalkül aufgehen würde. Die BBC, so zeigte sich bald, errichtete nicht nur das Werk, sondern wurde bald dessen grösster Abnehmer, die Gebrüder Pfister hatten sich bei ihrer Investition keineswegs falschen Illusionen hingegeben.

Dass diese Gründung der Elektrizitätsgesellschaft und die darauffolgende Ansiedlung der BBC die Stadt dermassen verändern würde: Der Stadtrat konnte das nicht voraussehen und hätte es vermutlich in diesem Ausmass auch nicht unbedingt gewünscht. Nach wie vor schien der Kurort das, was Baden ausmachte – als Industriestadt existierte sie noch lange nicht. Aber die Defensive, in der man stand, war schwer zu ertragen, eine Diversifizierung war ausdrücklich erwünscht, so dass man zu vielem bereit war. Es stellte sich im Nachhinein als prophetisch heraus, was der Gemeinderat in seinem Antrag an die Stimmbürger für die Gemeindeversammlung vom 18. März 1891 formuliert hatte:

«Baden darf das Heil seiner Zukunft nicht einseitig und ausschliesslich vom Kurort erwarten, noch weniger darf es sich zu sehr der Hoffnung überlassen, es werden, durch die Annehmlichkeit des Ortes bewogen, fremde Rentier hieher [sic] ziehen und die Steuerkraft erhöhen und die Erwerbsverhältnisse verbessern.»[600]

Wie wir bereits angesprochen haben, war dies das Geschäftsmodell, das die deutschen Kurstädte zu jener Zeit anwandten, und zwar mit Erfolg, vor allem Baden-Baden und Wiesbaden hatten sich zu bevorzugten Wohnorten reicher Privatiers entwickelt. Wiesbaden galt inzwischen als Stadt der Millionäre. Dem schweizerischen Kurort stand dieser Weg nicht mehr offen, seit man sich derart verschuldet hatte. Welcher Millionär hatte schon ein Interesse daran, diesen Schuldenabbau mit seinen Steuern zu finanzieren? Der Stadtrat sah deshalb keine Alternative:

«Die Gemeinde muss vor allem darauf trachten, die industrielle Entwicklung des Ortes zu heben. Wenn fremdes Kapital herangezogen werden kann, das sich in den Dienst der Industrie und des Verkehrs stellt, wenn gute Arbeitsgelegenheit geschaffen wird und diejenigen, welche arbeiten wollen, einen ergiebigen Verdienst erhalten können, wenn Handel und Verkehr sich heben und die Unternehmungslust angeregt wird, dann ist die Zukunft Badens gesichert; dann öffnen sich dauernde, unversiegliche Erwerbsquellen, die ihren Reichtum gleichmässig über den ganzen Ort und auf alle Geschäfts- und Tätigkeitszweige verteilen».[601]

Charles Brown und Walter Boveri waren zum richtigen Zeitpunkt aufgetaucht. Der Stadtrat und seine Kommission waren gewonnen. Am 18. März 1891 sollte der Souverän entscheiden.

6.3.3.2 Kurort versus Industrie: Entscheidung an der Gemeindeversammlung

Die Zeit drängte, und alle, die an diesem Mittwochabend, dem 18. März 1891, ins Schulhaus von Baden geströmt waren, dürften darum gewusst haben. Vieles stand auf dem Spiel: Sollte in Baden ein Elektrizitätswerk gebaut werden? Würde also die alte Bäderstadt ins moderne oder je nach Standpunkt, neumodische Zeitalter der Elektrizität eintreten? Diese Frage hatte die Gemeindeversammlung heute zu entscheiden – es handelte sich um den Souverän der Stadt, der abschliessend urteilte. Entsprechend war der Andrang: «Auf gestern Abend 8 Uhr (eine Zeit, zu welcher jeder Stimmberechtigte bei gutem Willen seine Teilnahme bewerkstelligen konnte) wurde die Einwohnergemeinde einberufen», schrieb das *Badener Tagblatt*. «Der grosse Saal im Schulhause konnte die Anwesenden kaum fassen!»[602]

Der Gemeinderat oder Stadtrat – beides war damals gebräuchlich, um die städtische Regierung zu bezeichnen – hatte im Vorfeld alles getan, damit jeder Bürger die Tragweite dieses Abends erkannte. Es ging nicht bloss um Strom, sondern um die Zukunft Badens an sich. Im Antrag, den der Gemeinderat rechtzeitig an alle Stimmbürger verschickt hatte, hiess es:

«Den Bemühungen des Hrn. Pfister ist es gelungen, von renommierten Technikern Zusicherungen zu erhalten, dass sie im Falle Zustandekommens des elektrischen Wasserwerkes im Hasel ein industrielles Etablissement gründen würden, das alle Garantien für eine bedeutende Entwicklung bieten und keiner in Baden schon bestehenden Industrie Konkurrenz machen würde.»[603]

Mit «Hrn. Pfister» war Carl Pfister gemeint, der Stadtrat und Promotor des Kraftwerks. Die Namen der «renommierten Techniker» dagegen verriet man nicht. Was man von ihnen wissen durfte: Sie wollten keine Zeit verlieren und erwarteten einen speditiven Entschluss:

«Die betreffenden Unternehmer drängen aber auf eine rasche Entscheidung, sie wollen binnen kurzer Zeit wissen, woran sie sind», schrieb der Gemeinderat.

«Kann ihnen die Zusage erteilt werden, dass die elektrische Wasserwerkanlage sofort in Angriff genommen wird, so werden sie unverzüglich mit dem Bau der Fabrik beginnen. Dieselbe soll noch in diesem Jahr eröffnet werden; sie wird bis nach Erstellung der elektrischen Anlage mit Dampf betrieben und gleich von Anfang an 80–100 Arbeiter beschäftigen. Sobald sie mit elektrischer Kraft arbeiten kann, wird der Betriebsumfang ganz bedeutend erweitert, so dass Baden alle Aussicht hat, in kurzer Zeit zu einem bedeutenden Industrieorte zu avancieren.»[604]

Je grösser die Versprechen der Behörden, desto verdächtiger die Sache? Tatsächlich klang die Sache zu schön, um wahr zu sein. Carl und dessen Bruder Theodor Pfister hatten vorgeschlagen, auf eigene Rechnung an der Limmat ein Kraftwerk zu bauen und die gesamte Stadt an den Strom anzuschliessen. Überdies, so stand es auch im Antrag des Gemeinderates, behaupteten die Pfisters, eine neue Firma nach Baden bringen zu können. Was sonst noch?

Schon vor der Gemeindeversammlung hatten sich in den lokalen Zeitungen Skeptiker bemerkbar gemacht, wenn auch eigenartigerweise keine Journalisten, sondern bloss «besorgte» Bürger. Warum diese Hast? Warum dieser Druck? Zumal die gleiche Stadtregierung zahlreiche Vorstösse in diese Richtung bisher fast provokativ hinausgezögert hatte, mehr als ein Jahr lang hatte die «Beleuchtungskommission» über verschiedenen Varianten gebrütet, ohne sich zu einer Lösung durchzuringen. Gas oder Elektrizität oder gar nichts? Auch vom Anliegen des Herrn Pfister, wie er im Antrag nun so auffällig gelobt wurde, hatten sich die Politiker bislang nie aus der Ruhe bringen lassen.

Jetzt war auf einmal alles anders – warum, schien nebulös. Dieselbe Dringlichkeit, vermengt mit sehr viel Zuversicht, verbreiteten die Pfisters. In einem ungewöhnlichen Schritt hatte sich Theodor Pfister entschieden, die Badener direkt anzusprechen. Er schrieb ihnen einen Brief, liess diesen als Broschüre drucken und kostenlos an alle Haushaltungen verteilen. Im Wissen, dass nichts die Leute so misstrauisch machte wie der Anschein der «Zwängerei», versuchte er sich zu erklären:

«Nun ist aber dem unterzeichneten Konzessionsinhaber plötzlich und unerwartet die Möglichkeit geboten worden, sein Projekt auszuführen und zwar in einer Art und Weise auszuführen, durch welche der Erfolg des Unternehmens garantiert wird.»[605] Auch ihn hatten die «renommierten Techniker» unter Druck gesetzt:

«Die Frist, die mir zu dieser hochwichtigen Entscheidung offensteht, ist darum selbstverständlich äusserst kurz bemessen und erstreckt sich nur auf wenige Wochen.»[606] Für Schweizer Verhältnisse, unter denen die direkte Demokratie jeden

Beschluss zu einer Frage von Jahren der Deliberation machte, war das eine knappe Zeit. «Sie werden es daher gewiss begreiflich finden», fuhr der Londoner Kaufmann fort, «wenn ich zu einem sofortigen Abschlusse der längst angehobenen Unterhandlungen drängen muss. Nicht allein meine persönlichen Interessen sind in hohem Masse bei der prompten Lösung der Dinge engagiert, sondern auch diejenigen der Gemeinde, welche ich stetsfort im Auge behalten und getreulich gewahrt, werden hiebei [sic] in hervorragender Weise berührt und betroffen.»[607]

Allem Anschein nach hatten es die Gebrüder Pfister fertiggebracht, den Gemeinderat genauso nervös zu machen, wie sie selber zu sein vorgaben. Die Politiker waren überzeugt: Jetzt oder nie! «Im gegenwärtigen Moment ist das Projekt gesichert», stellte der Gemeinderat in seinem Antrag klar, aber warnte, «nur einige Wochen, und die Situation ist eine total veränderte, unendlich ungünstigere.» Jetzt müsse die Gelegenheit daher beim Schopf gepackt werden, «sonst entflieht sie, wahrscheinlich ohne sich je wieder zu zeigen.»[608] Es war der Ton einer Behörde, die am Ende ihres Lateins war. Es war der Ton der Verzweiflung.

Als ob sich die Politiker mit den Chefredaktoren abgesprochen hätten, trommelten auch die lokalen Zeitungen im Sinne des Gemeinderates. Die *Schweizer Freie Presse* von Jäger war ohnehin schon lange zum Hoforgan der Pfisters geworden, nun schwenkte auch das zuvor distanzierte *Badener Tagblatt* auf die Linie der Pfisters um. Zwar erschienen ab und zu kritische Stimmen, doch immer handelte es sich um Artikel, die als «Eingesandt» gezeichnet waren, wie damals der Leserbrief hiess; im redaktionellen Teil, wie wir das heute nennen würden, herrschte dagegen ein Konsens der Bejahung. Sogar die gleichen Wörter wie der Gemeinderat benutzten die Journalisten, wenn sie darüber berichteten. Zwei Tage vor der entscheidenden Versammlung schrieb die *Schweizer Freie Presse*:

«Unermüdlichen Bemühungen der HH. Gebrüder Th. und C. Pfister dahier ist es gelungen, unserer Stadt, die bisher leider nicht in wünschbarem Masse an dem industriellen Aufschwung der neueren Zeit partizipierte, die sichere Aussicht auf einen baldigst einzuführenden, der höchsten Entwicklung fähigen Fabrikationszweig, der den hiesigen Gewerben keinerlei Konkurrenz macht, zu eröffnen.»[609]

Natürlich war das von vornherein nicht so eindeutig, deshalb wurde es dermassen betont – von einem Autor, auf den man in Baden hörte: Denn wahrscheinlich hatte diesen Text Josef Jäger höchstpersönlich geschrieben. Er fuhr fort:

«Die Fabrikanten sind Techniker von Weltruf und es kann keinem Zweifel unterliegen, dass ihr Unternehmen, höhere Gewalt vorbehalten, unter normalen Verhältnissen allmälig [sic] Dimensionen annimmt, die dasselbe den grössten inländischen Fabrikationsgeschäften an die Seite stellen.»[610]

Eine optimistische Prognose. Jäger wagte sie, bevor die unbekannte Firma auch nur eine einzige Maschine abgesetzt hatte – mit anderen Worten, jene Kreise, die ihn, den Meinungsmacher in Baden, ins Vertrauen gezogen hatten, waren sehr selbstbewusst aufgetreten – womöglich war es Boveri selber gewesen, der wie kein anderer die Zukunft seiner Firma zu verkaufen verstand. Weil aber ein Politiker wie Jäger aus eigener Erfahrung wusste, wie launenhaft der Souverän sich hin und wieder benahm, glaubte er, seine Mitbürger geradezu beschwören zu müssen:

«Die ganze Angelegenheit, deren Schwerpunkt offenbar in der Herbeiziehung des mehrerwähnten industriellen Unternehmens liegt, ist mit spezieller Rücksicht auf dieses letztere äusserst dringlicher Natur, und es muss bis Donnerstag, den 19. März, die endgültige Feststellung der vorerwähnten Präliminarien stattgefunden haben. Die Einwohnergemeinde Baden wird keinen Augenblick zögern, die erste und einzige Gelegenheit zu ergreifen, die ihr endlich die Bahn einer industriellen Entwickelung eröffnet, in welcher allein die Prosperität der Zukunft zu suchen ist.»[611] 19. März – das war in drei Tagen. Baden lief die Zeit davon.

6.3.3.3 Der einsame Kampf des Albert Spörry

Um acht Uhr eröffnete Stadtammann und Ständerat Armin Kellersberger die Gemeindeversammlung. Nachdem die üblichen Formalien abgehandelt waren, ergriff Fabrikant Albert Spörry das Wort und verlangte, den Antrag abzulehnen. Er drang auf eine andere Lösung, er störte sich daran, dass die Zukunft der Gasfabrik seiner Ansicht nach ungeklärt blieb: «Der Gemeinderat sei zu beauftragen, mit Hrn. Pfister die erforderlichen Verträge auszuarbeiten» und danach sollten sie (sowie die von einer früheren Gemeindeversammlung angeforderten Expertenberichte) «jedem Stimmberechtigten mindestens 10 Tage vor der betreffenden Gemeindeversammlung gedruckt zugestellt werden.»[612]

Zwar redete Spörry, als wäre er aufrichtig besorgt, doch offensichtlich ging es ihm darum, die Sache zu verschleppen. Das versetzte Stadtammann Kellersberger in Alarmzustand und er warnte, dass unter «den bestehenden Verhältnissen und Vereinbarungen mit den Gründern der Fabrik die Gemeinde heute grundsätzlich Beschluss fassen müsste, wenn das ganze Unternehmen nicht in Frage gestellt werden soll.»[613]

II. Teil. Gründerzeit

Kaum hatte der Stadtammann das gesagt, traten Sekundanten auf den Plan. Fürsprech Heinrich Guggenheim, einer der angesehenen Anwälte der Stadt, stiess nach. Es gehe um «wichtige Interessen» der Gemeinde, daher beantrage er Eintreten, nach ihm meldete sich ein Friedrich Widmer und sprach sich ebenfalls für den Vorschlag des Gemeinderates aus. Man stimmte ab. Eintreten oder Zurückweisung? Spörry blieb allein. Mit «grossem Mehr», so stellten die Stimmenzähler Kommandant Zehnder und Fabrikant Merker fest, hatte die Versammlung der Badener Bürger beschlossen, sich auf das Projekt der Gebrüder Pfister einzulassen.[614] Damit war die erste Hürde genommen – nun ging es um die Beteiligung der Stadt am neuen Werk, die fast noch mehr umstritten war.

Dass Albert Spörry sich gegen das Elektrizitätswerk aussprach, dürfte für die meisten an diesem Abend keine Überraschung gewesen sein. Er hatte ja den Konflikt um die Beleuchtung in Baden seinerzeit ausgelöst, als er offeriert hatte, das Kurhaus, das Kurtheater sowie ein paar Badehotels elektrisch zu beleuchten. Auch dieses Gesuch hatte der Stadtrat nur dilatorisch behandelt, dann mit Abstrichen bewilligt, so dass Spörry nicht mehr wollte – bis die Gebrüder Pfister auftauchten und sich die Stimmung komplett gegen Spörry drehte. Plötzlich war von seiner Konzession gar keine Rede mehr. Spörry hatte das nicht vergessen, vielleicht hegte er die Hoffnung, doch noch zum Zug zu kommen. Jedenfalls konnte ihm das neue Elektrizitätswerk nicht gelegen sein. Denn die Pfisters hatten im Sinn, ein ganzes Stromnetz aufzubauen, das am Ende jeden Haushalt und jeden Betrieb mit Elektrizität versorgen sollte. Selbstverständlich konnte er das nicht ahnen, doch was an diesem Abend beschlossen wurde, hatte auf lange Sicht auch Auswirkungen auf sein Geschäft.

Entgegen den Beschwichtigungen der Behörden sollte die neue Firma, die diese zwei unbekannten «Techniker» noch in diesem Jahr gründeten, der einheimischen Industrie nämlich zusetzen – nicht allen, aber Albert Spörry auf jeden Fall. 1904 brannte seine Spinnerei in der Aue vollständig nieder. Es war ein Unfall. Doch verzichtete er darauf, die Fabrik wiederaufzubauen, stattdessen gab er sein Geschäft auf, unter anderem, weil er auf dem Arbeitsmarkt nicht mehr konkurrenzfähig war. Er hatte zusehends Schwierigkeiten erlebt, die nötigen Arbeitskräfte zu finden. Seine Löhne waren zu tief. Selbst für einfache Arbeiter und Handlanger waren die Löhne stark gestiegen, seit die BBC fast jedes Jahr neue Leute einstellte.[615]

An jenem Abend des 18. März 1891 war von solchen Folgen bezeichnenderweise kaum die Rede. Spörry schien bloss ein schlechter Verlierer. Was kümmerte die Badener Bürgerschaft Spörrys unausgelasteter Dynamo?

6.3.3.4 *Armin Kellersberger: Vermittler und Versöhner*

Die Gemeindeversammlung an jenem Abend des 18. März 1891 leitete Armin Kellersberger, der damalige Stadtammann. Dass er dies tat, mag dazu beigetragen haben, dass sie nicht im Aufruhr endete, denn Kellersberger (1838–1905) war ein Mann der Integration, der an diesem Abend nicht zum letzten Mal diese Aufgabe erfüllen sollte. Zudem war er ein erfahrener Politiker. Seit 1880, also seit elf Jahren, amtierte er als Stadtammann.

1838 in Baden geboren und aufgewachsen, war Armin Kellersberger eine Kontrastfigur zu Jäger: Kellersberger galt als konziliant, man lobte seinen «köstlichen Humor» und sein «würdiges» Auftreten, er muss rundum beliebt gewesen sein, also kein Mann der Polarisierung und Polemik, vor allen Dingen gehörte er dem Establishment an, und natürlich war er aus diesem Grund – im Gegensatz zu Jäger – ein Liberaler.[616] Dennoch setzte er sich als Stadtammann entschlossen für das Projekt der Gebrüder Pfister ein, ja, er agierte als Verbündeter von Jäger: Warum? Das hatte mit der eigenen Familiengeschichte zu tun, die wir zum Teil bereits erzählt haben.

Kellersberger war der Sohn von Josef Beat Kellersberger, jenem Stadtrat also, der seinerzeit von Joseph Zehnder aus dem Amt gedrängt worden war, weil er sich gegen die Nationalbahn gestellt hatte. Nachdem diese gescheitert und Zehnder deshalb unfreiwillig zurückgetreten war, hatten die Badener Armin Kellersberger zum Stadtammann gewählt – sozusagen als familiäre Wiedergutmachung, vielleicht aber auch, um Zehnder speziell zu demütigen. Es begann eine blendende Karriere: Schon 1881 wurde Kellersberger für den Freisinn vom Grossen Rat auch in den Ständerat gewählt – wie das zu jener Zeit in manchen Kantonen noch üblich war, bevor die Volkswahl eingeführt wurde. Zuerst in Baden, dann im Aargau, schliesslich in Bern stieg er zu einem gewichtigen Politiker auf. Angesichts dieser Vorgeschichte wird verständlich, warum Kellersberger den jungen Josef Jäger, der den alternden Joseph Zehnder mit einem giftigen Pressekrieg überzog, als natürlichen Verbündeten ansah: Die beiden hassten den gleichen Gegner, das dürfte sie verbunden haben.

So hatte es etwas Folgerichtiges, aber zugleich Ironisches, dass er 1891 bei der Gründung der BBC eine prominente Rolle spielte, einem Vorhaben, mit dem man Baden geradeso industriell fördern wollte, wie es seinerzeit Zehnder mit der Nationalbahn vorgeschwebt hatte. Für Kellersberger zahlte sich die frühe Parteinahme für die BBC aus: Er diente dem jungen Unternehmen, bald auch ihrer Schwesterfirma Motor AG für geraume Zeit als Rechtsberater, was ihm am Ende ein lukratives Verwaltungsratspräsidium beim Berner Elektrizitätswerk Hagneck eintrug, das die BBC erstellt hatte und das der Motor gehörte. Ebenso sass er im Verwaltungsrat der Motor selbst, sowie der Schweizerischen Nordostbahn. In

Bern galt der Ständerat als Verbindungsmann der BBC, er lobbyierte für die Firma, er hielt sie auf dem Laufenden in allen Fragen der für sie relevanten Gesetzgebung. Wenn wir seine Laufbahn mit jener Zehnders vergleichen, könnte der Gegensatz nicht grösser sein: Zehnder, der politische Prophet, war mit der Nationalbahn den Bankrotteuren aus Winterthur aufgesessen, Kellersberger, der milde Gegner, bewies ungleich mehr Instinkt. Er schätzte das Potenzial der beiden BBC-Gründer aus Oerlikon richtig ein. Er setzte auf Gewinner.

Kellersberger hatte in Heidelberg, München und Zürich Jura studiert, und sich in dieser Zeit einer schlagenden Verbindung, der Helvetia, angeschlossen; offenbar mit grosser Leidenschaft, denn während der beiden Semester in Heidelberg widmete er sich kaum etwas anderem: 15 Mensuren habe er hier durchgestanden, berichtete er in seinen Erinnerungen, und dabei habe er etliche Schmisse eingesteckt – aber noch mehr ausgeteilt.[617] Ein bizarres Bild: Das Gesicht des sonst so friedfertigen Mannes war zeitlebens von diesen martialischen Zeugnissen aus der Studentenzeit im deutschen Kaiserreich entstellt. Und paradoxerweise wurde dieser draufgängerische Korpsstudent zur Integrationsfigur des aargauischen Freisinns: Mit viel Geschick und Geduld bemühte er sich darum, die beiden zerstrittenen freisinnigen Parteien, die Liberalen und die Demokraten, auch im Aargau zusammenzuführen. Dies gelang erst 1895, ein Jahr nachdem der gleiche Schritt auf schweizerischer Ebene vollzogen und die FDP gegründet worden war. Kellersberger war im Aargau massgeblich daran beteiligt.

Obschon auf der liberalen Seite, sympathisierte Kellersberger mit jenen, die wie die Demokraten die Volkswahl der Regierung guthiessen, was es ihm sicher erleichterte, als Mediator aufzutreten. Es zeigte aber auch, wie sehr sich der etablierte Kellersberger dem demokratischen Rebellen Jäger angenähert hatte. Als es um die BBC ging, verstanden sich die beiden blind. Kellersberger war kein Aussenseiter, kein Zugezogener wie Jäger, im Gegenteil, was sich allein daran erkennen lässt, dass er Blanka Dorer geheiratet hatte, die Tochter von Ignaz Eduard Dorer, eines berühmten, ehemaligen aargauischen Regierungsrates. Die Dorer selber, 1488 in Baden eingebürgert, gehörten seit Jahrhunderten zur Elite der Badewirte, sie besassen Hotels oder besetzten wichtige politische Positionen in der Stadt. Sie waren verschwägert und verwandt mit allen Familien, die in Baden zu dieser kleinen, exklusiven Gruppe zählten, ob sie nun Borsinger, Diebold, Egloff oder von Schnorff hiessen. Mit anderen Worten, sehr viel besser konnte man in Baden nicht heiraten als Armin Kellersberger es getan hatte.

Doch 1871 liess er sich von Blanka Dorer scheiden. Weitere Angaben fehlen. Zu vermuten steht aber, dass dies, was damals wohl als «Skandal» angesehen wurde, Kellersberger in den Kreisen der informellen Elite in den Grossen Bädern nicht populär machte, zumal er mit Blanka Dorer drei gemeinsame Kinder hatte. 1877 heiratete er ein zweites Mal, keine Badenerin, sondern eine Frau aus Laufenburg. Mit ihr zeugte er fünf weitere Kinder, was begreiflich macht, dass er als Politiker gerne auch in Verwaltungsräten mitarbeitete: Kellersberger brauchte Einkommen, auch wenn er beide Male sehr gut geheiratet hatte. Denn die Familie seiner zweiten Frau Anna Maria Stolz besass ebenfalls ein Hotel – aber im wenig prestigereichen Laufenburg.

Mag sein, dass dieser Bruch mit dem Badener Establishment Kellersberger darauf vorbereitet hatte, mit Jäger zu kooperieren, der den gleichen Bruch fast jeden Tag von neuem vollzog. Am 18. März 1891 bewährte sich die Zusammenarbeit der beiden ungleichen Partner reibungslos.

6.3.3.5 Aufmarsch der Verbündeten

Inzwischen hatte Kellersberger zum zweiten Teil der Debatte im Schulhaussaal übergeleitet: Sollte sich die Stadt Baden an diesem Projekt der Gebrüder Pfister beteiligen? Zu befinden war über eine Investition von 75 000 Franken in eine Firma, die am Ende insgesamt ein Aktienkapital von 350 000 Franken aufweisen sollte. Den grössten Teil der Aktien wollte Theodor Pfister zeichnen, der jüngere Bruder von Carl Pfister, doch beide legten Wert darauf, dass die Stadt sich ebenfalls engagierte – nicht aus finanziellen Gründen, offensichtlich, sondern wohl eher aus politischen. Bankbuchhalter Wetzler stand als Erster auf und wandte sich gegen einen solchen Schritt der Stadt, «da ihre Finanzlage eine Beteiligung nicht ratsam erscheinen lasse, eventuell müsste dafür gesorgt werden, dass die Gemeinde offiziell einen bestimmenden Einfluss im Direktorium erhalte, da sie mit ihrer blossen Stimmenzahl pro rata der Aktien wenig ausrichten könne».[618] Wetzler genoss in der Gemeinde einen guten Ruf, da er an seinen Feierabenden jeweils Gewerblern und Handwerkern beibrachte, wie sie sich ins Handelsregister eintragen konnten, falls das Gesetz sie dazu zwang. Er tat dies kostenlos und ehrenamtlich.[619]

Fürsprech Guggenheim gab Wetzler teilweise recht, indem er vorschlug, die Frage der Beteiligung aufzuschieben und sie erst dann zu klären, wenn man den konkreten Vertrag aushandelte. Ihm schloss sich Grossrat Schnebli-Müller an, auch er hätte es lieber gesehen, diese «Details» später zu regeln. Wie ein Fluch lag auf der Versammlung der katastrophale Zustand der Gemeindefinanzen. Baden war Anfang der 1890er-Jahre nach wie vor praktisch bankrott.

Nachdem die Skeptiker gesprochen hatten, und die Stimmung in der Burgerschaft wohl bedenklich ins Wanken geraten war, hielt es Carl Pfister für nötig, persönlich einzugreifen. Im Namen seines Bruders, der nicht an die Versammlung gekommen war, weil er meistens in London lebte, erklärte Pfister, die Frage der Beteiligung müsste heute entschieden werden. Was etwas bitter schmeckte, überzog er sogleich mit Zucker: «Zur Beruhigung für diejenigen, welche glauben, die Gemeinde werde das Geld nicht auftreiben können, teile er mit, dass sein Bruder eventuell bereit sei, der Gemeinde das Geld zu annehmbaren Bedingungen zu verschaffen.»[620]

Wenn es in der Versammlung noch Zweifel gegeben haben sollte, dass Theodor Pfister, der Auslandschweizer, ein vermögender Mann war, dann dürften sich diese jetzt aufgelöst haben. Ob Theodor Pfister den Leuten damit auch sympathischer erschien, steht auf einem anderen Blatt. Um den Badener Charakter des Projektes zu unterstreichen, beteuerte sein Bruder zudem, von den «7 Verwaltungsräten seien die Mehrzahl (5–6) in Baden domizilierte Aktieninhaber in Aussicht genommen; sofern sich die Gemeinde beteilige, so werden ihr ex officio 2 Vertreter im Verwaltungsrat eingeräumt».[621]

Mit Blick auf die Zusammensetzung des Verwaltungsrates, wie sie später vorgenommen wurde, war diese Aussage instruktiv: Anscheinend hatten die Gebrüder Pfister jene Badener, die sie in ihrer Firma haben wollten, bereits ausgesucht – und diese selber wussten darum, was ihr Verhalten an der Gemeindeversammlung sicher beeinflusste. Johann Weber, der vor Kurzem eine Bierbrauerei in Baden etabliert hatte, würde nachher im obersten Gremium der neuen Firma sitzen – an der Gemeindeversammlung sprach er sich stets für die Gebrüder Pfister aus. Emil Baldinger, Aargauer Oberförster und Nationalrat aus Baden, nahm später ebenfalls Einsitz im Verwaltungsrat – und hatte vor der Gemeinde konsequent die Wünsche der Gebrüder Pfister verteidigt. «Man könne sich heute schon prinzipiell über die Beteiligung aussprechen», sprang er Carl Pfister bei und beantragte, «die Beteiligung grundsätzlich zu beschliessen, dem Vertrage aber die Bestimmung des Umfanges vorzubehalten.»[622]

Nun trat der wortgewaltige Josef Jäger auf den Plan, einer der besten Redner nicht bloss von Baden, sondern im Aargau, was er schon an zahlreichen Volksversammlungen bewiesen hatte. Er betonte:

«dass die vorliegende Frage in ihrer Totalität aufzufassen und zu behandeln sei. Es handle sich nicht nur um Lichtabgabe, sondern um Abgabe von Licht und Kraft, und die Kraftproduktion sei sogar die Hauptsache. Das eine bedinge das andere. Damit die Prosperität des Unternehmens gesichert sei, müsste den Herren Pfister die Konzession für alleinige elektrische Licht- und Kraftabgabe auf dem Gemeindeterritorium erteilt werden. Das Hauptinteresse der Gemeinde liege aber in der Kraftabgabe, weil dadurch eine neue Industrie von grosser Entwicklungsfähigkeit herangezogen werde.»[623]

Johann Weber, der treue, geistig wohl bereits im Verwaltungsrat sitzende Gefolgsmann doppelte nach. Er konnte nicht verstehen, warum über diese Sache so

6. Ein leeres, weites Feld: Die Gründung der BBC in Baden

lange diskutiert wurde. Man habe früher «viel weniger wichtigen Unternehmungen als das heutige» viel grösseres Vertrauen entgegengebracht.[624] Stadtammann Kellersberger trat noch einmal auf. Er machte sich stark für eine Beteiligung, offenbarte aber auch die schwache Position, in der sich seine Stadt befand: «Das Richtigste wäre, wenn die Gemeinde die Lichtproduktion selbst betreiben würde. Da dies unter den gegebenen Verhältnissen der Gemeinde aber nicht möglich sei, so müsste sie bestrebt sein, sich am Unternehmen wenigstens einen Einfluss durch die finanzielle Beteiligung zu sichern.»[625]

Was Carl Pfister im Namen seines zahlungskräftigen Bruders forderte, war ja nicht wenig, auch wenn die beiden Brüder ihr Projekt gerne als einen gleichsam karitativen Akt für ihre «Vaterstadt» darstellten: Das neue Elektrizitätswerk sollte ab 1893 ein 25-jähriges Monopol der öffentlichen und privaten Elektrizitätsversorgung für das ganze Gemeindegebiet erhalten. Niemandem sonst war es erlaubt, Elektrizität anzubieten. Jeder Badener, der Strom bezog, um sein Haus zu beleuchten («Lichtabgabe»), jeder Unternehmer, der seine Fabrik mit Licht versorgen oder seine Maschinen und Motoren mit Elektrizität betreiben wollte («Kraftabgabe»), wurde so zwangsläufig zum Kunden der Gebrüder Pfister. Angesichts der Wahrscheinlichkeit, dass sich Strom bald als die beliebteste Energieform durchsetzen würde – Beispiele im Ausland legten das nahe – erschlossen sich die Pfisters für ihr Unternehmen eine Goldmine, zumal selbst die Preise für den Strom jetzt schon, 1891, in den Vertrag geschrieben werden sollten – und sich 25 Jahre nicht mehr verändern liessen, selbst wenn es in Zukunft viel billiger werden dürfte, den gleichen Strom zu produzieren.[626]

Doch die Stadt hatte keine andere Wahl. Stadtammann Kellersberger sagte es, die Versammlung ahnte es, Carl Pfister wusste es – und er verstand es, das Dilemma, in dem die verarmte Stadt steckte, optimal auszunutzen. Denn konsequent wäre ja gewesen, die Stadt hätte sich in diesem Fall gar nicht erst beteiligt und somit auch keine Verantwortung übernommen – wie etwa für überhöhte Strompreise, die zum grössten Teil privaten Aktionären zugutekamen. Nun waren aber die Erfahrungen mit der Gasgesellschaft, die vollständig von Privaten beherrscht wurde, auch nicht gerade ermutigend gewesen. Sodom oder Gomorrha? Die Gemeinde musste sich entscheiden.

Inzwischen hatten so viele Sprecher geredet wie selten zuvor, und nach einer Debatte, die gut anderthalb Stunden gedauert hatte, liess Kellersberger die Bürger endlich das Urteil fällen. Gemeinderat, Jäger, die Pfisters und die unbekannten «renommierten Techniker» im Hintergrund siegten auf der ganzen Linie. «In offener Abstimmung», vermerkte das Protokoll, «wird mit grosser Mehrheit beschlossen: die Gemeinde wolle sich am Unternehmen bis zu einem Viertel des Aktienbetrages rsp. bis zum Maximalbetrage von 75 000 Franken beteiligen. Die

II. Teil. Gründerzeit

Höhe des Betrages und die näheren Details werden nun mit Herrn Pfister unter Ratifikationsvorbehalt der Gemeinde dem abzuschliessenden Vertrag vorbehalten.»[627]

Um seinen guten Willen zu zeigen, erhöhte Theodor Pfister von sich aus den Anteil der Gemeinde auf 100 000 Franken, indem er ihr 25 000 Franken an Aktien schenkte – und in den kommenden Wochen wurde wie geplant der Vertrag in allen Einzelheiten ausgearbeitet. Schon am 5. April wollte man ihn einer zweiten Gemeindeversammlung vorlegen, die Zeit war knapp.

6.3.3.6 «Nörgeleien und Düfteleien»: Rückzugsgefechte

In den wenigen Tagen, die noch blieben, meldeten sich noch einmal, ein letztes Mal, die Skeptiker zu Wort. In den Zeitungen wurde die eine und andere Bestimmung kritisiert, insbesondere die Tatsache, dass der Vertrag auf 25 Jahre hinaus die Dinge regelte und die Stadt band. Dunkel ahnte man wohl, dass sich Baden in eine Abhängigkeit von den Herren Pfister und ihren unbekannten «Technikern» begeben sollte, aus der sie sich kaum mehr befreien konnte. Dennoch waren die Meinungen gemacht, so dass sich kaum einer traute, Fragen zu stellen. Es wurde bloss gewarnt und um Nachbesserungen gebeten. Ein unbekannter Autor schrieb im *Badener Tagblatt*:

«Dass Hr. Pfister es mit seiner Vaterstadt gut und ehrlich meint, daran zweifelt wohl Niemand, allein es kommt die Zeit, wo auch er das Zeitliche segnen muss, dann kommen andere, und wer weiss, was für welche. Mehr brauchen wir nicht zu sagen. Deshalb also kann man nie zu vorsichtig sein.»[628]

War es nicht ein einseitiges Geschäft – und das auf 25 Jahre hinaus?

«Man missverstehe uns nicht», versicherte ein anderer Kritiker in der gleichen Ausgabe des *Badener Tagblatts*, «wir anerkennen voll die sehr verdankenswerthe Initiative, dem Kurort elektrisches Licht, der Gemeinde motorische Kräfte und neue Industrie zuzuführen, aber wir betrachten auch die prinzipiell schon auf volle 25 Jahre ertheilte Konzession als ein schönes Zutrauensvotum, als eine Leistung, von der erwartet werden darf, dass sie dem Gemeinwesen nicht nur indirekte, sondern auch unserm finanziellen Haushalt direkte Vortheile sichere.»[629]

Schon jetzt, und das ist bemerkenswert, war diesem Badener klar, dass die Stadt sich verändern würde, und nicht alles, was auf sie zukam, sah er positiv:

6. Ein leeres, weites Feld: Die Gründung der BBC in Baden

«Überhaupt sei bei diesem Anlass betont, dass der Vertrag nicht unbedeutende Lasten für die Gemeinde zur Folge haben wird. Wir erinnern beispielsweise nur an die Schulhausbaufrage, welche des Zuzuges fremder Elemente wegen in allerkürzester Zeit zu einer akuten werden dürfte und fragen uns wirklich, ob nicht solche Pflichten das Mass der unserer Gemeinde vertraglich proponirten [sic] Rechte weit, zu weit übersteigen?»[630]

Abermals äusserten sich nurmehr Leserbriefschreiber. Kein Redaktor nahm gegen die Pfisters Stellung, geschweige denn ein Chefredaktor, jeder Widerstand innerhalb der Elite schien zusammengebrochen, Spörry war verstummt – und Borsinger? Der alte, einsame Hotelier hatte an der Gemeindeversammlung nicht einmal mehr das Wort ergriffen, vielleicht weil er es für aussichtslos hielt, vielleicht war er vollends demoralisiert, wir wissen es nicht.

Es war in diesen Tagen ein Machtwechsel zu konstatieren: Joseph Borsinger (1822–1905) stammte aus einer der grossen Dynastien der Bäderstadt, die seit Jahrhunderten den Ton angegeben hatten, womit er geradezu idealtypisch den alten Badener Hotelier verkörperte.[631] Lange galt er als der mächtigste und reichste vor Ort, bis Saft, der Einwanderer aus Preussen, ihn verdrängte. Vorher war Borsinger immer als Sieger hervorgegangen. Nachdem er eine reiche Erbin geheiratet und die Mitgift sogleich dazu verwendet hatte, andere Hotels aufzukaufen und zusammenzulegen, war sein gastronomisches Reich seit den 1840er-Jahren unablässig gewachsen. Am Ende besass er mit dem Verenahof und dem Limmathof die beiden grössten Häuser – nach dem Grand Hôtel. Wenig, was in jenen Jahren vor 1891 die Bäder betraf, war ohne seine Beteiligung geschehen: Er hatte den Bieler Investoren als Badener Alibi-Aktionär gedient, als sie den Hinterhof und den Staadhof kauften, um daraus das Grand Hôtel zu entwickeln. Er hatte den Bau des Kursaales forciert und er war der führende Mann gewesen, als die Hoteliers und ein paar Fabrikanten das Gaswerk gründeten und das Gaslicht in Baden einführten. Der Gasgesellschaft diente er seither als Präsident, und er besass bedeutende Anteile am Aktienkapital der Firma. Es hatte wohl etwas Bitteres: Seit die Beleuchtungsfrage die städtische Politik beherrschte, hatte er nur verloren. In die entscheidenden Kommissionen wurde er nicht mehr berufen, sondern Saft. Die Gasgesellschaft wurde zwar zunächst geschont, aber kaum waren die Pfisters und ihre ominöse neue Firma aufgetaucht, hatte Borsinger nichts mehr auszurichten.

Über sein Gaswerk befanden nun andere. Bereits machte man sich Gedanken, wie man es anderweitig nutzen konnte, jetzt, da man definitiv auf die Elektrizität setzte. Man sprach über Druckluft, mit der unter anderem ein «Tramway» zwischen den Bädern, der Stadt sowie Wettingen betrieben werden sollte, wozu die Gasdirektion bereits einen Ingenieur, Herrn Lipra, beigezogen hatte, einen

«Luft-Techniker», der «unbestritten als grösste Autorität» galt.[632] Noch gab es Probleme:

«Herr Lipra gedenkt die Schwierigkeiten innert Jahresfrist zu lösen und von der Elektrizitätsgesellschaft Baden [Pfisters Firma, die noch gar nicht formiert worden war] ist die Zusicherung ertheilt worden, dass sie gegen den pneumatischen Tramway keine Einwendungen erheben werde.»[633]

Borsinger schwieg. Oder handelte es sich beim folgenden «Eingesandt» im *Badener Tagblatt* um einen Text von ihm? Jedenfalls gab dieser Autor zu Bedenken:

«Herr Pfister hat 25 Jahre (also ein Viertel-Jahrhundert) lang das Monopol, Baden mit elektrischem Licht und elektrischer Kraft allein zu versehen. Möge man auch in den Fall kommen, elektrisches Licht und Kraft billiger erstellen zu können, sie dürfen dies nicht an dritte Personen abgeben, wenn sie zur Zuleitung städtisches Gebiet benutzen müssen. Für die städtische Beleuchtung ist in einem anderen Paragraphen die sichernde Bestimmung getroffen, dass die öffentliche Beleuchtung im jetzigen Umfange nicht höher zu stehen kommen dürfe, als heute die Gasgesellschaft zahlt. Aber die Privaten?»[634]

Präzis hatte der Kritiker erfasst, warum dieses Arrangement für die Pfisters so vorteilhaft war: Er hielt den Vertrag für einseitig, weil «das elektrische Licht, welches momentan in Folge des hohen Preises noch ein Luxuslicht ist, in Folge von Fortschritten in der Erstellung bald jedoch billiger und somit ein allgemein verbreiteteres Licht werden dürfte»,[635] was den Pfisters Jahr für Jahr eine bessere Rendite garantierte. Kein Wunder hatten sie darauf bestanden, die Preise jetzt schon festzuschreiben, während ihre privaten Kunden das Nachsehen hatten. Diese werden, prognostizierte der Autor korrekt, «somit keinen Antheil an den Fortschritten haben, welche die Technik auf dem elektrischen Gebiete noch machen wird.»[636] Um diesen Nachteilen vorzubeugen, schlug der Autor vor, dem Beispiel von Luzern und Schaffhausen zu folgen, wo entsprechende Verträge viel kürzer befristet und Preisanpassungen, je nach technischem Entwicklungsstand, vorgesehen waren.

Dass Borsinger diesen Text geschrieben haben könnte, diese Vermutung kommt auf, weil Jäger in seiner Zeitung auf keinen Kritiker so allergisch reagierte und so brutal zurückschlug wie bei diesem. Man glaubt zu spüren, dass es sich um einen formidablen Gegner gehandelt haben muss.[637] Vielleicht hatte Joseph Zehnder seinem alten Freund Borsinger einen letzten Dienst erwiesen und die Spalten seines *Badener Tagblattes* für ihn freigeräumt; dieses «Eingesandt» lief über nahezu eine ganze Seite. Borsinger war seinerzeit der einzige Hotelier gewesen, der sich mit seinem eigenen Geld an der Nationalbahn beteiligt und so Zehnder unterstützt hatte. Borsinger und Zehnder waren alte Verbündete, und deshalb bekämpfte Jäger beide.

«Die Gemeindebeschlüsse vom 18. März sind insgesammt [sic] mit an Einstimmigkeit grenzender Majorität gefasst worden», belehrte Jäger jeden Zweifler in seiner *Schweizer Freien Presse*, «und wohl nicht ein einziger Theilnehmer an jener denkwürdigen Gemeindeversammlung war im Unklaren darüber, dass mit jenen Beschlüssen der Grundstein zur längst ersehnten industriellen Entwickelung Badens gelegt werden sollte.»[638] Zum imaginierten Borsinger gewandt, warnte Jäger: «Hier liegt der Schwerpunkt der ganzen Angelegenheit – u. unter diesem Gesichtspunkte allein ist dieselbe vor der morgigen Gemeindeversammlung zu erwägen, *wenn nicht wiederum kleinliche Sonderinteressen dem öffentlichen Wohl störend und hemmend entgegentreten sollen!* Bereits sind denn auch die unvermeidlichen Nörgeleien vom Stapel gelassen worden. Wir nennen sie ‹unvermeidlich›, weil erfahrungsgemäss bisher jedes lebenskräftige Projekt zur thatsächlichen Förderung und Hebung der öffentlichen Interessen dahier an solchen Nörgeleien und Düfteleien zu Falle gekommen ist.»[639]

Und Jäger führte Beispiele an, die informativ sind, weil sie erkennen lassen, woher der Widerstand gegen die Modernisierung häufig gekommen war:

«Die kantonale Krankenanstalt, ein moderner, den allerneusten Anforderungen entsprechender Spitalbau, wäre in Baden errichtet worden, wenn die Düfteler nicht herausgefunden hätten, ein Spital vertrage sich nicht mit den Interessen eines Kurortes! Vor wenigen Tagen aber konstatirte [sic] der Balneologen-Congress in Berlin, dass ein gut eingerichtetes Spital zu den ersten und unerlässlichsten Anforderungen an einen modernen Kurort gehöre.»[640]

Einen Tag vor der zweiten Gemeindeversammlung, die den definitiven Vertrag genehmigen sollte, gab sich Jäger jedoch zuversichtlich – als erprobter Politiker war ihm bewusst, dass er nichts anderes zu tun hatte.

«Genug hierüber! Die Einwohnergemeinde Baden wird *diesmal* über die Nörgeler und Düfteler strammen Schrittes zur Tagesordnung übergehen. Die Gasmotoren- und Licht-Rabattschmerzen werden sich auf sehr naturgemässem Wege, ohne Beruhigungspülverchen seitens der Einwohnergemeindeversammlung, lediglich durch die Verhältnisse des Angebots und der Nachfrage, im Laufe der Zeiten mildern und heilen lassen.»[641]

II. Teil. Gründerzeit

Der Vertrag mit Theodor Pfister war übrigens so gut wie unverändert geblieben, fast nichts, was die Kritiker angemahnt hatten, war berücksichtigt worden. Von «Beruhigungspülverchen» keine Spur. Jägers Finale:

«Die Verhältnisse liegen für jeden Stimmfähigen, der nicht ganz spezielle Sonderinteressen [lies: Borsinger] vor den öffentlichen Interessen berücksichtigt wünscht, ungemein klar: Der Gemeinde Baden werden durch ein Zusammenwirken glücklicher Umstände, sowie durch die energischen und gemeinnützigen Bestrebungen eines wohlmeinenden Mitbürgers [Theodor oder Carl Pfister] Vortheile geboten, die man sich anderwärts mit grossen Geldopfern und noch grösseren Risiken zu erringen und zu erkämpfen sucht. Es wird der Gemeinde nicht schwerfallen, zwischen Düfteleien und Nörgeleien anerseits – und reellen Vortheilen anderseits zu entscheiden!»[642]

Vermutlich wäre dieser letzte Aufruf nicht nötig gewesen. Am Sonntagmorgen, am 5. April 1891, genehmigte die Badener Gemeindeversammlung auch den Vertrag mit Theodor Pfister mit klarem Mehr, nach einer Diskussion, die abermals sehr viel Zeit in Anspruch nahm, aber in der Substanz kaum Änderungen zum Vertrag brachte, den der Stadtrat und die Beleuchtungskommission mit den Gebrüdern Pfister ausgehandelt hatten. Die Gemeinde ging um halb eins, kurz nach Mittag, auseinander. Wenige andere Geschäfte waren zuvor noch zu erledigen gewesen, wie etwa der Ankauf des Hauses der Witwe Baldinger durch die Stadt. Das Haus an der Salzgasse war für 38 000 Franken zu erwerben. Kellersberger setzte sich dafür ein, weil «in diesem Hause sich leicht Schulzimmer einrichten lassen und ein Neubau für lange Zeit unnöthig mache», womit er, so macht es den Anschein, jene Bürger zu beruhigen versuchte, die vor dem Zuzug «fremder Elemente»[643] und knapper Schulhausressourcen gewarnt hatten. Dass bald so viele Manager, Angestellte und Arbeiter zuziehen würden: Selbst der optimistische Kellersberger hätte sich das wahre Ausmass wohl nicht vorzustellen vermocht. Obwohl die Gegner deutlich verloren hatten, folgte ein letztes Rückzugsgefecht – eine Mischung aus Verzögerungstaktik und Pedanterie:

«Wann kommen die Statuten der Electrizitätsgesellschaft zur Veröffentlichung?»[644], reklamierte im Juni ein «Stimmberechtigter», der es vorzog, anonym zu bleiben; den Text publizierte er als Inserat im *Badener Tagblatt*. «Da die Gemeinde in erheblicher Weise betheiligt ist, so hat jeder stimmfähige Einwohner das Recht von denselben Einsicht zu nehmen.»[645] Einen Tag darauf erschien ein zweiter Artikel als «Eingesandt», worin bemängelt wurde, dass nur ein einziges Exemplar der Statuten der neuen Firma auf der Gemeindekanzlei vorhanden sei und allein die Stadträte und der Protokollführer der Firma es lesen durften.

6. Ein leeres, weites Feld: Die Gründung der BBC in Baden

«Die ganze Auflage soll in Händen Herrn Pfisters sein, der gegenwärtig abwesend, erst Ende Woche zurückkehren wird.»[646]

Der Londoner Millionär, der sozusagen auf der Durchreise das Schicksal des Kurorts besiegelte: Welchen Badener musste das nicht empören? Am 21. Juni stand eine allerletzte Abstimmung über das Elektrizitätswerk an, wo es zwar um blosse Formalien ging, wie etwa um die Statuten einer mehrheitlich privaten Gesellschaft. Dennoch liess der «Stimmberechtigte» nicht locker, bald trat er mit vollem Namen auf: Richard Diebold war es, der Hotelier des Ochsen, des drittgrössten Hauses im Ort; es wirkte, als hätte man eine Arbeitsteilung vereinbart: während Borsinger im Dunkeln blieb, trat nun ein anderer Vertreter der alten Elite ins Tageslicht, um im letzten Moment die Sache zu vereiteln. In diesem dritten, gezeichneten Artikel, den er wiederum im *Badener Tagblatt* veröffentlichte, griff Diebold die Gemeinde frontal an und hielt ihr vor, eine «traurige Rolle» zu übernehmen, indem sie «bei einem Gründungsschacher Handlangerdienste» leiste.[647] Um seine Kritik zu belegen, enthüllte er den Inhalt des § 11 der Statuten: Hier sprach die neue Elektrizitätsgesellschaft ihrem Verwaltungsratspräsidenten und Mehrheitseigner, Theodor Pfister, 100 000 Franken zu, um ihn für seine bisherigen Auslagen zu entschädigen. Das war *juicy* – eine saftige Enthüllung, würde man heute im Jargon der Politik- und Krisenberater sagen. Hatte die Geschichte nicht das Potenzial, das ganze Unternehmen zu diskreditieren und Theodor Pfisters Charakter zu zerstören? Tatsächlich handelte es sich um einen exorbitanten Betrag, wie selbst ein «Freund der Unternehmung und des Unternehmens» in einem «Eingesandt» einräumte und sich wunderte, dass die «übrigen Aktionäre derselben beistimmten.»[648] Damit waren die Verwaltungsräte der Gemeinde gemeint, konkret: Josef Jäger und Armin Kellersberger.

Wahrscheinlich hatte sich Diebold selber entlarvt. Alle merkten, dass hier ein weiterer Hotelier unter dem Vorwand statuarischer Bedenken zu hintertreiben versuchte, worauf niemand verzichten konnte. Dass Baden ein Elektrizitätswerk brauchte, dass die Stadt dringend auf neue Industrie angewiesen war: Der Konsens darüber – das hatten die beiden Abstimmungen an der Einwohnergemeinde gezeigt – war inzwischen so breit, dass jeder Gegner dieser Strategie umgehend zum Schweigen gebracht wurde.

Am schärfsten schoss Josef Jäger zurück: «Im ‹B.T.› [*Badener Tagblatt*] wird hinten und vorn darauf hingewirkt, über die Beziehungen der Gemeinde zur Elektrizitätsgesellschaft *Beunruhigung* zu erzeugen», schrieb er in seiner *Freien Schweizer Presse*. «Die gestrige Denunziation des § 11 der Statuten in jener vagen, nichts *sagenden*, aber um so mehr *verdächtigenden* Weise, die stets das Merkmal unlauterer Absicht ist, veranlasst uns, den § 11 im Wortlaute und mit den nöthi-

II. Teil. Gründerzeit

gen Erläuterungen hier mitzutheilen, um die Lawine der falschen Vorstellungen, der Missverständnisse, der Vorurtheile und Verdächtigungen, die allbereits im Rollen ist, nicht ins Unendliche anwachsen zu lassen.»[649]

Und es folgte eine Exegese des § 11, wo Punkt für Punkt erklärt wurde, warum Pfister diese 100 000 Franken zustünden: «Abtretung der Konzession, als Entschädigung für gehabte und pendente Vorstudien, Gutachten, Reisespesen, Finanzirungskosten [sic]»[650] – das alles hätte aber auch Verwaltungsrat Jäger nicht dazu gebracht, diese Statuten gutzuheissen, wäre die Schuld der Gemeinde nicht bereits beglichen gewesen. Tatsächlich hatte Pfister die Beteiligung der Gemeinde an der EGB selber um 25 000 auf 100 000 Franken aufgestockt, was jenem Viertel entsprach, den er für seine Auslagen verlangte.

«Die Beziehungen der Gemeinde zur Elektrizitätsgesellschaft sind demnach durchaus *reinliche* und *klare*, die in keiner Weise Anlass zu Beunruhigung der Steuerzahler geben können.»[651]

Am Ende führte auch dieser Vorstoss ins Nirgendwo, und Diebold ging an der Gemeindeversammlung im Juni unter: Was einen «elektrodynamischen Verlauf» nehmen sollte, spottete die *Schweizer Freie Presse*, «blieb ohne weitern Zwischenfall. Anlässlich der gemeinderätlichen Berichterstattung über die Elektrizitäts-Angelegenheit machte § 11 den schwachen Versuch, etwas Sensation zu erzeugen, ein Versuch, der jedoch kläglich misslang».[652] Mit grossem Mehr stimmte die Einwohnergemeinde den letzten offenen Punkten zu. «Vorüber!», quittierte der Journalist, der vermutlich wiederum Jäger hiess. In der gleichen Sitzung reduzierte die Gemeinde den Kredit für die geplante Bundesfeier von 2500 auf 1000 Franken, aus Rücksicht auf die «Mönchensteiner Katastrophe» [sic]. In Münchenstein bei Basel war es vor wenigen Tagen zu einem schweren Eisenbahnunfall gekommen, der bis heute der schwerste in der Schweiz geblieben ist. Eine Brücke war eingestürzt, und die Hälfte des Zuges in der Birs versunken. 75 Passagiere starben.[653]

Vorüber. Schon am 9. Mai wurde im «Haus zum Schwert» die Elektrizitätsgesellschaft Baden, EGB, mit einem Aktienkapital von 350 000 Franken gegründet. Theodor Pfister, der reiche Mann aus London, besass eine klare Mehrheit von annähernd zwei Dritteln, die Gemeinde einen Minderheitsanteil, weitere Aktien hielten private Investoren, ein grosses Paket davon Walter Boveri. Theodor Pfister wurde Präsident des Verwaltungsrates, Boveri Vize, das operative Geschäft führte als Direktor Carl Pfister. Es war eine überwiegend private Gesellschaft entstanden, die von Privaten geprägt wurde. Baden hatte damit einen Sonderfall geschaffen, wogegen die meisten Schweizer Städte darauf bestanden, ihre Elektrizitätswerke selber zu besitzen. Unter normalen Umständen wäre Baden wohl geradeso verfahren – doch die hochverschuldete Stadt war dazu nicht mehr in der Lage.

Nun, am 21. Juni, hatte die Einwohnergemeinde auch die Statuten der neuen Firma genehmigt, und diese machte sich daran, das neue Kraftwerk an der Limmat zu projektieren und zu bauen. Eine politische Auseinandersetzung um das richtige Licht für Baden, die streng genommen fast drei Jahre gedauert hatte, war damit an ihr Ende gekommen.

*

Natürlich konnten die Zeitgenossen unmöglich erahnen, was dieser Entscheid nach sich ziehen sollte, den sie an jenem langen Mittwochabend, am 18. März 1891, getroffen und den sie am 5. April und 21. Juni bestätigt hatten. War es Glück? War es Wunschdenken, das ausnahmsweise zur Realität wurde? Und doch ist es im Nachhinein erstaunlich, wie sehr sich die Badener damals im Klaren waren, etwas Bedeutendes beschlossen zu haben. Nichts belegt dies vielleicht so gut, wie die Berichte, die am Tag darauf, nach der ersten, entscheidenden Debatte, am 19. März 1891, in den Zeitungen erschienen:

«In den letzten Tagen haben sich für unsern Ort wider alles Erwarten Dinge abgespielt, die uns zu grossen Hoffnungen für unsere Zukunft berechtigen», schrieb das *Badener Tagblatt*. «In den letzten Tagen wurden nun unter der Hand bedeutende Landankäufe gemacht zwischen der Bruggerstrasse und dem Eisenbahndamm gelegen (man spricht von einem Komplex von gegen 20 Jucharten [rund 70 000 m^2].) Auf demselben soll, sobald die Gemeinde den bescheidenen Forderungen des Herrn Pfister entsprochen haben werde, eine Fabrik erstellt werden (welcher Art dieselbe sein soll, bleibt vor der Hand noch Geheimnis).» Und die Zeitung zog Bilanz: «Wir freuen uns dieser Schlussnahme, indem wir hoffen, dass damit für Baden der Grundstein einer schönern [sic] Zukunft gelegt werden dürfte.»[654]

Noch selbstbewusster, was die prognostische Kraft anbelangt, noch präziser, was die historischen Auswirkungen betrifft, schrieb Josef Jäger in seiner *Schweizer Freien Presse*:

«Der 18. März 1891 wird der Ausgangspunkt einer hochbedeutsamen Entwicklungsperiode für Baden sein. Schon mit künftigem Spätjahr wird im ‹Hasel›, woselbst bereits für 100 000 Fr. Landankäufe stattgefunden haben, die *Maschinenfabrik* eröffnet werden, an deren Spitze ein Techniker von Weltruf steht, dessen erprobtes Genie, in Verbindung mit anderen günstigen Faktoren, nach menschlicher Voraussicht das rasche Emporblühen des dortigen *Industriequartiers* und die mächtige Förderung der materiellen und geistigen Interessen der Stadt Baden in sichere Aussicht stellt. Die Einwohnergemeinde Baden hat durch die wuchtigen, imponirenden [sic] Mehrheiten, mit denen die gestrigen Beschlüsse gefasst wurden, den Beweis geleistet, dass sie die Situation begriffen hat und dass sie derselben gewachsen ist.»[655]

Jäger war sich seiner Sache sicher:

«Wir können unsern kurzen Bericht nicht schliessen, ohne aus tiefster Überzeugung für Reellität [sic] und Solidität des nunmehr sanktionierten Unternehmens laut und freudig zu rufen: Glückauf der industriellen Zukunft unserer lieben Stadt Baden!»[656]

Jäger hatte von Anfang an auf das Projekt der Pfister gesetzt, er hatte es durch alle Böden verteidigt, als es kaum mehr realisierbar schien, er war den Brüdern beigesprungen, wann immer sie seine Hilfe brauchten. So muss es ihn mit besonderer Genugtuung erfüllt haben, als er einen Tag darauf, schon am 20. März, in seiner Zeitung als erster die Namen der beiden «renommierten Techniker» enthüllen konnte:

«Wir sind heute in der angenehmen Lage, der Bevölkerung von Baden und dem weitern Publikum die Namen der beiden Techniker nennen zu können, welche die Maschinenfabrik Baden gründen und deren Bau unmittelbar in Angriff nehmen werden. Es sind die Herren Brown, Direktor der Maschinenfabrik Oerlikon und Boveri, der die hervorragendste Stellung in der Administration des genannten weltberühmten Etablissements einnimmt. Wir glauben mit der einfachen Nennung dieser Namen unser Wort in der letzten Einwohnergemeindeversammlung, sowie unsere Versicherungen über die vertrauenerweckenden Auspizien des neuen Unternehmens vollgültig eingelöst zu haben und wir wiederholen noch einmal: Glückauf der industriellen Zukunft Badens!»[657]

Als Jäger in seinem ersten Artikel nach dem Entscheid der Gemeindeversammlung vom «erprobten Genie» der «renommierten Techniker» sprach, meinte er damit natürlich Charles Brown. Allein dieser inzwischen so anerkannte Name, so muss er sich gedacht haben, sollte den Erfolg des neuen Unternehmens garantieren. Bestimmt hatte er von Beginn weg gewusst, wer hinter dem Plan der neuen Firma steckte. Deshalb war er so zuversichtlich gewesen. Zu Recht, wie er in Kürze selber erleben sollte.

6.4 Vollzug oder der letzte Sommer vor der BBC

Im «Haus zum Schwert» an der Badhalde, jenem schönen, spätbarocken Palais, das Theodor Pfister einst erworben hatte, um in Baden eine Art Residenz für seine Heimaturlaube zu besitzen, wurde am 9. Mai 1891 die Elektrizitätsgesellschaft ins Leben gerufen, und im gleichen Haus mietete Walter Boveri im Juli 1891 Büros an, um die Gründung seiner neuen Firma vorzubereiten: Es war zum provisorischen Hauptquartier eines künftigen Weltunternehmens geworden. Drei Zimmer im oberen Stock in den Mansarden. Auch an Angestellten war nicht allzu viel vorhanden; als ersten stellte Boveri im Juli Emil Hunziker an, einen jungen Techniker, der später zum Oberingenieur aufsteigen und sein ganzes Berufsleben, 43 Jahre lang, bei der BBC verbringen sollte.[658] Im August stiess Fritz Funk aus Deutschland dazu: «Im Hause zum Schwert», erinnerte sich dieser, «fand ich vorläufig nur einen Kollegen vor: Herrn Emil Hunziker. Herr Boveri wohnte zunächst mit seiner jungen Frau in Zürich-Enge und war in diesen Tagen in Frankfurt bei der Elektrischen Ausstellung, die ich nach seiner Rückkehr ebenfalls kurz besuchte.»[659]

Tatsächlich hatten sich die Ereignisse in jenem Sommer überschlagen: Während in Baden über das Elektrizitätswerk gestritten und für die BBC entschieden wurde, waren die künftigen Gründer Brown und Boveri anderweitig beschäftigt – intensiv beschäftigt: Brown arbeitete so gut wie Tag und Nacht an der Vollendung der Kraftübertragung von Lauffen am Neckar nach Frankfurt, die bis im August, bis im letzten Moment, zu scheitern drohte. Boveri dagegen hatte schon im April angefangen, alles in die Wege zu leiten, um die neue Firma zu etablieren; oft hielt er sich dafür in Zürich auf. Dass politisch in Baden derweil alles nach Plan verlief, dafür konnten sie sich auf ihre Sekundanten vor Ort verlassen. Ob Pfister, Jäger oder Kellersberger: Die BBC wusste die entscheidenden Lokalpolitiker schon auf ihrer Seite, bevor sie überhaupt gegründet war.

6.4.1 Ankunft in Baden

Was Brown und Boveri in der Zwischenzeit taten und unternahmen, darüber erfuhren die Badener ohnehin alles – ob sie es wissen wollten oder nicht. Seit bekannt geworden war, wer die Unternehmer waren, die in Baden investierten, wurde in der lokalen Presse alles zum Thema gemacht, was mit diesen oder der neuen Firma zusammenhing.

Wenn Brown in Frankfurt seinen Durchbruch vorbereitete, dann erschienen in der *Schweizer Freien Presse* zwei seitenlange Artikel über die Elektrizitäts-Ausstellung und ihre Attraktionen – von einem «Fachmanne», der ganz im Sinn von Chefredaktor Jäger die ausserordentlichen Leistungen des künftigen Badener Unternehmers Brown würdigte:

«Von allen für die diesjährige elektrotechnische Ausstellung in Frankfurt am Main geplanten Unternehmungen dürfte sich keine von so einschneidender Bedeutung für die Zukunft erweisen, als die jetzt in der Ausführung begriffene Kraftübertragung von Lauffen nach Frankfurt», schrieb er in der *Schweizer Freie Presse*. «Es ist in der Tat auf diesem Gebiet nie ein grossartigeres Experiment ausgeführt worden als dieses.»[660]

Noch war offen, ob das ambitionierte Projekt Erfolg haben würde, was sich für diesen Korrespondenten gleichwohl erwiesen hatte: Brown war der kommende Mann – und Baden konnte sich glücklich schätzen, einen solchen bald hier zu haben, lautete die implizite Botschaft:

«Der Drehstrom, so scheint es, wird das Problem lösen, und wenn auch die allseitig mit Spannung erwarteten Resultate des grossartigen Experimentes von Herrn Brown in Oerlikon-Baden nicht sofort die höchste Vollkommenheit des Systems beweisen werden, so darf man doch anderseits hoffen, dass nach diesem entscheidenden Schritte der Elektrotechnik nur noch geringfügige Verbesserungen nöthig sein werden».[661]

Es ist ein Detail, und doch ein bezeichnendes: «Herr Brown in Oerlikon-Baden». Obwohl Brown nach wie vor in Oerlikon tätig war und weder in Baden lebte noch je eine Minute hier gearbeitet hatte, war er bereits zum Einheimischen befördert worden.

Genauso viel Aufmerksamkeit erregte sein Partner, wann immer er sich in Baden bemerkbar machte. Wenn Boveri im Hasel Land für seine Fabrik akquirierte, machte sich das *Badener Tagblatt* umgehend Gedanken, wie das ganze Quartier besser erschlossen werden könnte:

«Neben den Fabrikbauten, die durch die Herren Brown und Boveri von der weltbekannten Maschinenfabrik Oerlikon in Verbindung mit Herrn Th. Pfister in nächster Zeit in dieser Gegend entstehen werden, sind es auch eine Anzahl Privathäuser, so dass in wenigen Jahren ein bedeutender Theil der grossen Landfläche im Hasel von Bauten bedeckt wird. Es trägt dies nun auch wesentlich dazu bei, einem argen Uebelstand abzuhelfen und dem längst gehegten Wunsche der Bewohner an der Bruggerstrasse einmal gerecht zu werden. Wir meinen die dortige Barriere. Dieses Verkehrshinderniss [sic] ist der hiesigen Bevölkerung und speziell Denjenigen, die mit den dortigen Geschäftsleuten in enger Beziehung stehen, sattsam genug bekannt.»[662]

Seit Baden die Eisenbahn erhalten hatte, war dies ohne Frage ein Ärgernis: die Bahnlinie zerschnitt zwei wichtige Strassen, vor und hinter dem Schlossberg, was die Leute zwang, lange vor den Barrieren zu warten. Baden war deshalb als «längste Stadt» der Schweiz verrufen. In späteren Jahren, etwa nach dem Zweiten Weltkrieg, schloss und öffnete sich die Barriere am Schulhausplatz 230 Mal im Tag. Da nun, 1891, im Hasel ohnehin alles umgestaltet wurde, schien der Zeitpunkt gekommen, so hoffte der Autor, dass «im Interesse unserer industriellen Entwicklung» dieses Problem endlich gelöst würde. Nichts geschah. Die Barriere verschwand erst in den 1960er-Jahren.[663]

Was aber geschah: Es wurde vermessen, geplant und gebaut mit einer Entschlossenheit, die die Bewohner dieses jahrhundertealten Kurortes erschüttert haben dürfte. In der Mitte der Unruhe wirbelte Boveri. Albert Hafter, ebenfalls langjähriger Oberingenieur der BBC, beschrieb diese Tage der Hast in seinen Memoiren:

«Die Vorarbeiten für die Bauten im ‹Hasel› Baden und die Organisation des Fabrikbetriebes setzten mit einem Tempo ein, wie es nur grosse und bestimmte Ziele gebären können. Herr Boveri verband die grossen Fäden, die das Netz zu einer Neuanlage erforderten, er leitete die ersten Geschäfte persönlich ein und übernahm das Präsidium der Elektrizitätsgesellschaft. Die ersten Bestellungen sind handschriftlich von ihm erhalten und er blieb Führer und Leiter der Aussen-Verhandlungen für die kommenden grossen Abschlüsse und Gründungen.»[664]

Boveris Tempo. Kaum hatte die Gemeindeversammlung in ihrem Sinne beschlossen, ja zum Teil schon vorher, begannen Walter Boveri und Charles Brown das Land aufzukaufen, das sie für ihre neue Fabrik ausgewählt hatten. Boveri schloss diese Geschäfte schon im März und April ab, indem er das Land zunächst privat erwarb, da die Firma ja noch gar nicht bestand. Es war ironisch und es war logisch: Die Grundstücke, die er für die BBC erwarb, kaufte er jenen ab, die seit Jahrhunderten den Kurort beherrscht hatten und bald diese Macht abgeben sollten: Das eine Grundstück gehörte dem Grand Hôtel, also Rudolf Bruno Saft, das andere einem Investor aus Zürich, der es aber vor wenigen Jahren von einem Gastwirt in der Altstadt übernommen hatte. Das erste kostete rund 23 000 Franken, das zweite 20 000 Franken. Boveri zahlte in bar. Wenige Jahre später kaufte man ein drittes kleineres dazu. Es hatte einst dem langjährigen und höchst angesehenen Badearzt Johann Alois Minnich gehört.

Allein schon territorial hatte sich die BBC somit auf Kosten des alten Kurorts festgesetzt. Safts Fall ist dafür instruktiv: Ursprünglich viel grösser planend, hatten die Bieler Investoren des Grand Hôtels seinerzeit sehr viele Flächen zusammengekauft, in der Meinung ihren Hotelkomplex bald auch bis in das Haselfeld hinauf mit einem zweiten Palast zu erweitern. Eine eigene Bahn hätte die Gäste gar auf die höhere Ebene bringen sollen. Nach dem Bankrott sah sich der neue Besitzer Saft jedoch gezwungen, zu redimensionieren und war froh, dass er das Land schliesslich an die beiden jungen Männer aus Oerlikon verkaufen konnte. So gesehen, profitierte die BBC ganz direkt von einem der Bankrotte, die Badens Finanzen und Wirtschaft zerrüttet hatten.

Insgesamt kaufte Walter Boveri in jenen Tagen 26 000 m^2 Land, was für Baden eine sehr grosse Fläche war, bebaut wurden davon zunächst bloss 2800 m^2. Dass Boveri so viele Reserven schuf, zeigt, wie optimistisch er die künftige Geschäftsentwicklung seiner Firma einschätzte. Dass er recht bekam, zeugt von seinen unternehmerischen Fähigkeiten. Die BBC breitete sich in den nächsten Jahrzehnten unaufhaltsam aus, am Ende war fast das ganze Haselfeld Territorium der BBC. Man sprach von der «verbotenen Stadt», weil niemand, der nicht dort arbeitete oder zu tun hatte, sie betreten durfte.

Im März und April hatte Boveri das Bauland erworben, im Juli fing man an, die Fabriken zu errichten, im Februar 1892 wurden sie bezogen. Auch wenn Ende des 19. Jahrhunderts in der Regel rasch gebaut wurde, weil weniger Vorschriften als heute zu beachten waren: Selbst für die damaligen Standards war das ein ungewöhnliches Tempo. Es beweist einen besonderen Vorzug des neuen Standortes. Legitimiert durch ein überwältigendes Votum der Bürgerschaft, hatten die Badener Behörden alles sehr schnell bewilligt. Ebenso offenbart sich hier eine Stärke der damaligen liberalen Schweiz. Innert weniger Wochen war es möglich, eine Firma zu gründen und die nötigen Produktionskapazitäten zu schaffen.

Die einfachen Bauarbeiten, insbesondere das zweistöckige Bürogebäude, führte ein Badener Bauunternehmer aus, Louis Mäder. Für die eigentlichen Fabrikbauten zog Boveri hingegen den schon erwähnten Spezialisten Carl Arnold Séquin-Bronner aus Rüti/ZH bei, der dafür garantierte, dass sich die BBC auf dem neuesten Stand der Industriebauarchitektur bewegte. Es entstanden vier 60 Meter lange, weitläufige, bis zu 10 Meter hohe, aber eingeschossige Fabrikhallen. Deren Fassaden wertete man mit allerlei klassizistischen Dekorationen auf, was dem damaligen Geschmack entsprach und der neuartigen Industrie wohl eine gewisse Respektabilität verleihen sollte. Innen waren die Hallen alle miteinander verbunden, nur Säulenreihen trennten sie, Oberlichter sorgten für sehr viel Licht. Séquin-Bronner war ein vielbeschäftigter Mann, zahlreiche Firmen im In- und Ausland setzten auf sein *Know-how*, entsprechend teuer kam die Anlage: 214 000 Franken kostete sie, was heute rund zehn Millionen Franken entspräche. Der Bau sollte sich als gute Investition erweisen, jene ersten Hallen 1–4 wurden noch hundert Jahre später genutzt.[665]

Vermutlich kam man auch so schnell voran, weil sich die Badener Behörden äusserst kulant verhielten, wenn es um die Baubewilligungen und andere Regulierungen ging – wie sie das Theodor Pfister ja sogar schriftlich zugesichert hatten: «nach Möglichkeit entgegenzukommen» war da versprochen worden – was das konkret bedeutete, war freilich eine Interpretationssache. Zuweilen, so muss man annehmen, wurde gar nicht interpretiert, sondern einfach ein Auge zugedrückt. Manchem Anwohner im Hasel entging das nicht, man protestierte:

«Seit vorgestern sind die Profile für die neue Maschinenfabrik aufgestellt. Wie aus denselben zu ersehen ist, soll die bis jetzt angenommene Baulinie an der Bruggerstrasse um cirka 1 1/2 Meter überschritten werden»[666], schrieb ein «Haselbewohner» in einem «Eingesandt» an das *Badener Tagblatt* und verlangte strikte Einhaltung der Bauvorschriften. «Einsender dies [sic] begrüsst es, dass der Titl. Stadtrath in der elektrischen Frage eine so fortschrittliche Haltung eingenommen hat, aber er erlaubt sich, den Wunsch auszusprechen, dass über der elektrischen Frage eine würdige und schöne bauliche Entwicklung der Stadt Baden nicht vergessen werde, und das um so mehr, als wir trotz der neuen Maschinenfabrik immer noch Kurort sind.»[667]

Ob der Stadtrat darauf einging und die BBC dazu anhielt, ihre Gebäude auf die vorgeschriebene Baulinie zurückzunehmen, ist offen. Eine Bemerkung aus späterer Zeit, die Willy Boller machte, ein ehemaliger Baufachmann der BBC, lässt eher vermuten, dass man geradeso baute, wie es einem passte: «Bis im Jahre 1918 existierten weder Pläne der Fabrikbauten noch der Kanalisation noch der Installationen von Gas, Wasser und Elektrizität. (…) Die Fabrikbauten hatten sich in der Gründerzeit in einem derart stürmischen Tempo entwickelt, dass für Planarbeiten keine Zeit übrigblieb. Auch waren viele Bauten nur Provisorien, vor allem waren dies aber sämtliche Installationen».[668] Konkret bedeutete dies, dass bei jeder Reparatur in der Fabrik zuerst die Leitungen gesucht werden mussten, da niemand wusste, wo genau sie verlegt worden waren. Boller führte von 1933 bis 1951 die Bauabteilung der BBC.

Alles in allem errichtete die Firma in dieser ersten Bauetappe eine Giesserei, ein Portierhäuschen, ein Magazin, vier Fabrikhallen und ein Bürogebäude, wo die Geschäftsleitung, die Ingenieure und Konstrukteure, die Buchhalter, das Postbüro und die Sekretäre unterkommen sollten (weibliche Angestellte gab es zunächst keine). Bis diese Gebäude und die neue Fabrik aber im Februar 1892 bezugsfertig waren, setzte sich das Kader der künftigen Firma im «Haus zum Schwert» fest und verwandelte das Palais aus dem späten 18. Jahrhundert in die

II. Teil. Gründerzeit

Betriebszentrale eines *Start-ups*. Der Kontrast könnte nicht grösser sein: Aussen die spätbarocke, heitere, gelassen wirkende Fassade, drinnen im zweiten Stock Aufbruch, Hektik, Nervosität, eine Ansammlung von sehr jungen Männern, die sich aufmachten, Baden, die Schweiz, ja bald halb Europa und Übersee mit einer der modernsten Technologien der Epoche zu beliefern.

6.4.2 BBCisten der ersten Stunde oder Mythologie des Anfangs

Hunziker war der erste Angestellte, als Nr. 2 kam Funk, ein Teilhaber, Woche für Woche tauchten nun mehr Leute auf, die für eine Firma arbeiteten, die noch gar nicht existierte; Fritz Funk erinnerte sich:

«Mit Anfang September begann dann die regelmässige Arbeit in den drei Bureaux des oberen Stockes im Schwert, eine Arbeit, deren Aufgaben sich die wenigen Anwesenden zunächst selbst zu stellen hatten. Boveri nahm die Beaufsichtigung der Fabrikbauten in die Hand, bestellte unter gütiger Unterstützung durch Charles Brown senior die ersten Arbeitsmaschinen und Werkzeuge, disponirte [sic] zusammen mit Herrn Hunziker über die Aufstellung der Maschinen in der Fabrik. Dann kamen C. E. L. Brown und sein Bruder Sidney, die sich an die Schaffung von Konstruktionszeichnungen für die zunächst zu bauenden Generatoren und Motoren machten. Dabei musste natürlich auch noch verschiedenes Personal ausser dem bereits engagierten gesucht werden. Ich befasste mich mit dem Entwerfen der vollständigen Buchhaltung, besorgte Materialbestellungen und sonstige Korrespondenz, für die vorläufig nur eine einzige Schreibmaschine zur Verfügung stand und nur einer, der mit ihrer Bedienung vertraut war, Herr Boveri!»[669]

Die meisten, die in jenen Monaten zur Firma stiessen, waren jung und sollten Jahrzehnte bei der BBC bleiben, wenn nicht gar bis zur Pensionierung. Sie bildeten einen personellen Kern des künftigen Weltkonzerns, der sich als erstaunlich stabil erweisen sollte – in den ersten zwanzig Jahren veränderte und erweiterte sich dieses Führungsteam nur unwesentlich. Wenn wir in Betracht ziehen, wie jung diese ersten Mitarbeiter waren und wie volatil die neue Branche, für die sie tätig sein sollten, ist diese tiefe Fluktuation bemerkenswert. Es muss mit dem Charisma der Firmengründer zusammengehängt haben, die ihr Personal an sich zu binden verstanden, aber genauso mit dem Reiz, in einer neuen, bald so erfolgreichen, nicht weniger charismatischen Firma zu arbeiten. Gewiss, ein zweites Charakteristikum trug zu dieser Stabilität bei, das wir bereits eingeführt haben: Brown und Boveri setzten bei ihrer Personalpolitik in hohem Masse auf Familienmitglieder, was im Übrigen in jener Epoche in manchen Unternehmen vorkam. Um gute Leute zu finden, nutzte man jene informellen sozialen Netze, die vorhanden waren, darunter war die Familie immer noch eines der tragfähigsten. Brown brachte seinen Bruder Sidney und zwei Cousins aus England (Eric, Herbert) in die Firma, ausserdem zwei Schwager, die mit seinen Schwestern verheiratet waren (Carl Täuber, Georg Boner), während Boveri seinen Cousin Fritz Funk aus Bamberg in die BBC zog, sowie den eigenen Schwager Conrad Baumann junior – wenn diesen auch nur deshalb, weil es der Schwiegervater verlangt hatte. Weitere angeheiratete und verwandte Ingenieure und Juristen sollten folgen.[670]

Wer wann zur BBC gefunden hatte, wurde Teil der Mythologie: Je länger bei der BBC, desto gediegener der Stammbaum. Es gehörte bald zum Geheimwissen innerhalb der Firma. Wenn wir uns die Erzählungen über die Anfänge der BBC vergegenwärtigen, wie wir sie von Funk, Hunziker oder Hafter kennen – alles Leute, die dabei gewesen waren – dann fällt auf, wie vertraut sie wirken. Es sind Reportagen des Triumphs und der Nostalgie zugleich, wie sie uns von Autoren geläufig sind, die heute etwa über *Start-ups* im Silicon Valley schreiben. Albert Hafter, BBC-Ingenieur der ersten Stunde:

«Es war in ihrer Art eine erfreuliche Zeit, wo jeder Angestellte eine Person war, wo der Chef der kaufmännischen Abteilung die Monatsgehälter noch persönlich, aber auch schon im bekannten braunen Couvert austeilte.»[671]

Als ob es kein privates Leben mehr gäbe, zog man faktisch ins Labor ein:

«Da war keine Überzeit zu viel, wenn auch grössere Versuche wegen der Antriebsmöglichkeiten stets nach Geschäftsschluss stattfinden mussten: durch das Interesse im lebenswichtigen Sinn für das Ganze wurde das Personal mitgerissen.»[672]

In der Tat treffen wir in aktuellen Firmengeschichten auf die gleichen narrativen Elemente: Es werden die menschlichen, überschaubaren Verhältnisse betont; es wird die Einfachheit oder Enge der Räume hervorgehoben, wo das Unternehmen entstand, wie etwa bei Steve Jobs, dem Gründer von Apple, der seine ersten Computer in einer Garage gebaut haben soll; es werden die ersten Mitarbeiter wie Ahnen aufgelistet und zelebriert, indem man sie durchzählt, wie etwa bei Google, wo man über den dort angestellten Schweizer Ingenieur Urs Hölzle immer wieder erfährt, dass er als Nummer 8 zu Google gestossen sei; oder es wird das Chaotische und Improvisierte herausgestrichen, was sich dann anhört wie ein Bericht eines Kriegsveteranen, wofür wiederum Hölzle zeugt, der sich in einem Interview mit dem deutschen *Manager Magazin* so geäussert hat:

II. Teil. Gründerzeit

«Von Anfang an ging es eigentlich nur darum, die nächste Woche zu überstehen (…) wir mussten dafür sorgen, dass unser Produkt nicht zusammenbricht. Jeweils montags war es kritisch, weil unser Verkehr jede Woche um ungefähr fünf Prozent anstieg. Montag und Dienstag hatten wir die höchste Nutzung.»[673]

Genauso betonte Fritz Funk vor bald hundert Jahren, auf welch begrenztem Raum die BBC zunächst operierte (drei Mansardenzimmer im «Haus zum Schwert»), er schilderte das Improvisierte (die ersten Mitarbeiter hatten sich die Aufgaben selbst zu stellen; eine einzige Schreibmaschine) und er führte in seinen Memoiren eine Liste all jener Kadermitarbeiter auf, die in den ersten Monaten zur BBC gekommen waren, als handelte es sich gewissermassen um eine Galerie der Helden. Nicht alle Lebensläufe lassen sich rekonstruieren, doch schon eine Auswahl macht deutlich, wie jung diese Techniker und Ingenieure waren, die jetzt die BBC aufbauten: Walter Boveri war 26, Charles Brown 28, dessen Bruder Sidney 26, Albert Aichele, 26, Agostino Nizzola, 22, Walter Bärlocher, 27, Albert Hafter, 22, Emil Hunziker, 22. Mit bloss 34 Jahren war Fritz Funk fast der Älteste, nur der Portier war älter, 41: er hiess Lang; und natürlich gehörte er nicht zum Kader.[674]

Diese ausgeprägte Jugendlichkeit (und durchgehende Männlichkeit) der ersten Mitarbeiter mag den Korpsgeist gestärkt, und ebenso die Innovationskraft sowie eine meritokratische, nonkonformistische Betriebskultur gefördert haben, im täglichen Geschäft sollte sie aber nicht immer von Vorteil sein. Fritz Funk erinnerte sich:

«Der Chef dieses Hauses [ein potenzieller Kunde], ein Kommerzienrat, kam selbst nach Baden, (ohne dass sein Buch angezeigt worden wäre) und wurde von Herrn Bärlocher [27] und mir [34] empfangen, weil die Herren Brown und Boveri abwesend waren; aber der Herr war sichtlich gekränkt, dass er von so jungen Leuten empfangen wurde und war entsetzt, als ich ihm – unvorsichtiger Weise – sagte, Herr Boveri [26] sein noch jünger als wir. Doch Herr Bärlocher beherrschte die technischen Fragen sehr gut und die Besichtigung der Fabrik imponierte dem alten Herrn, sodass er uns den Auftrag versprach und nach unserem Kostenvoranschlag auch erteilte.»[675]

Am 2. Oktober 1891 wurde die BBC formell gegründet und ins Aargauer Handelsregister eingetragen, das Gründungskapital betrug 615 000 Franken, davon hatte Boveri 500 000 beigesteuert, Funk 100 000, ein paar Badener Banken die restlichen 15 000, wogegen Brown, wir haben es bereits betont, überhaupt kein Kapital einbrachte, sondern allein seinen klingenden Namen und sein Talent.[676]

6. Ein leeres, weites Feld: Die Gründung der BBC in Baden

Einen Tag zuvor waren Charles und Sidney Brown in Baden eingetroffen. Brown hatte soeben das Experiment von Frankfurt zu allgemeiner Zufriedenheit abgeschlossen, er war ein Star, von dem die halbe Fachwelt sprach. Wenn es einen günstigen Zeitpunkt gab, unter diesem Namen ein Unternehmen in die Welt zu setzen, dann jetzt. Kein besseres *Timing* war denkbar. Dass Browns Name inzwischen weit trug, belegt die Tatsache, dass selbst die *Elektrotechnische Zeitschrift* in Berlin, das zentrale Organ der deutschen Elektroindustrie, diese Gründung im kleinen Baden meldete:

«Brown, Boveri & Cie. in Baden (Schweiz). Herr C. E. L. Brown hat mit dem 1. Oktober a. c. die Direktion der elektrotechnischen Abteilung der *Maschinenfabrik Oerlikon* niedergelegt und sich mit seinem mehrjährigen Mitarbeiter dortselbst W. Boveri, unter der obgenannten Firma selbständig etablirt. Die Firma wird sich damit beschäftigen, in einer speciell hierfür eingerichteten, mit den besten und grössten Arbeitsmaschinen ausgestatteten und in allen Theilen elektrisch betriebenen Werkstätte die neuesten Dynamos für Gleich- und Wechselstrom zu fabriciren und alle damit zusammenhängenden Anlagen für elektrische Beleuchtung, Kraftübertragung und Bahnen auszuführen.»[677]

Der Text erschien gleichlautend in verschiedenen Zeitungen, auch in Baden, was darauf hinweist, dass es sich um die offizielle Pressemitteilung der BBC handelte.[678] Insofern ist interessant, worauf die jungen BBC-Unternehmer Wert legten: auf ihre «besten und grössten Arbeitsmaschinen». Was sie implizit damit wohl sagen wollten: Wir haben freie Kapazitäten. Tatsächlich hatte die Firma zwar schon eine Bestellung – das Kraftwerk in Baden – ansonsten begann jetzt die Zeit der Bewährung. Waren die Produkte der BBC überhaupt gefragt? Waren die optimistischen Businesspläne von Walter Boveri gerechtfertigt?

«Mit der Aufnahme des Fabrikbetriebes in den ersten Monaten des Jahres 1892 begannen natürlich auch die Sorgen», schrieb Fritz Funk. «Vor allem mussten Bestellungen herein und zu diesem Zweck mussten Verbindungen geknüpft werden. Einen, für die damalige Zeit recht bedeutenden Auftrag hatten wir uns ja – wie ich schon erwähnte – durch die Wahl Badens für unsere Niederlassung gleich gesichert».[679]

Im Februar 1892 zog die BBC definitiv in ihre neue Fabrik ein. 62 Arbeiter sowie 12 Angestellte nahmen die Produktion auf.[680]

*

II. Teil. Gründerzeit

Für Baden war es ein grosser Sommer gewesen, der Sommer 1891, als Charles Brown und Walter Boveri auf dem Haselfeld ihre Fabrikhallen hochzogen. Selten war in so kurzer Zeit so Bedeutendes vorgefallen, und selbst die Zeitgenossen schienen das zu spüren. Vielleicht beschäftigte sie in den letzten Tagen des Julis aber anderes mehr: Nach langer Planung und intensiver Vorbereitung stand die Bundesfeier an, die dieses Jahr zum ersten Mal überhaupt begangen wurde. 600 Jahre nach der vermeintlichen Gründung der Eidgenossenschaft, das war die Idee der Initianten, sollte am 1. August überall in der Schweiz ein Fest stattfinden – so auch in Baden, und deshalb war schon im Februar 1891 eine erste Sitzung im Wirtshaus Hirschli anberaumt worden. 80 Leute waren gekommen. «Es ist dies ein so bedeutender Anlass», hielt das *Badener Tagblatt* fest, «dass man, wie gestern sehr richtig hervorgehoben wurde, diese Angelegenheit nun nicht mehr auf die lange Bank verschieben kann. Herr Redaktor Jäger eröffnete und leitete die Versammlung.»[681] Wie immer, wenn es in Baden etwas voranzutreiben galt, ob ein Elektrizitätswerk, eine Firmenansiedlung oder eben eine 1. August-Feier: An Jäger, so scheint es, kam niemand vorbei. Entschieden wurde im Hirschli noch nicht allzu viel – ausser dem Grundsatz, dass man das Fest mit dem traditionellen Jugendfest zusammenlegen wollte, was auch auf die knappen Finanzen zurückzuführen war, alles Übrige blieb offen: «Was an der Bundesfeier in Baden einst geschehen soll», schloss das *Badener Tagblatt*, «kann man natürlich noch nicht feststellen: jedenfalls etwas Rechtes.»[682]

Nachdem man zunächst Armin Kellersberger, den Stadtammann, zum Präsidenten des Organisationskomitees gemacht hatte, dieser aber bald verzichtete, weil er als Ständerat in Bern aus dem gleichen Grund gefragt war, kam Jäger zum Zug. Er wurde Präsident. Ebenfalls im Komitee sassen unter anderem Carl Pfister, Stadtrat, Wegmann, ein Fabrikant, ausserdem Merker, ebenfalls ein Fabrikant. Dabei handelte es sich bloss um die Zentrale, hinzu kamen zahlreiche Subkommissionen, was belegt, wie gross die Anstrengungen waren, die die ganze Stadt aufbrachte. Zu tun gab es auf jeden Fall genug: Immerhin nahm sich dieses Komitee Grosses vor, nämlich eine «theilweise Rekonstruktion des Schlosses Stein durch gemalte Versatzstücke, und die Beleuchtung der also restaurirten Burg».[683] Insgesamt reihten sich 86 Badener in diese Kommissionen ein, die nun wochenlang Sitzungen abhielten, Theater organisierten, Rechnungen bezahlten, bastelten, Choräle probten, kochten, die halbe Stadt dekorierten und illuminierten, planten und ausführten, es war Ausdruck einer zivilgesellschaftlichen Selbstmobilisierung, wie es typisch war für eine Kleinstadt wie Baden, aber auch für das schweizerische Milizsystem.[684] Die gleichen Leute hatten vor wenigen Wochen die Elektrifizierung ihrer Stadt beschlossen und einer noch unbekannten Firma die Niederlassung erlaubt, welche Tausende von Leuten in die Region bringen und die Stadt Baden auf immer verwandeln sollte.

6. Ein leeres, weites Feld: Die Gründung der BBC in Baden

Am Ende brachten sie es fertig, für den 1. und 2. August ein komplettes Festprogramm aufzuziehen, das samt und sonders von zahllosen Bürgern in unbezahlter Arbeit erstellt worden war.[685] Es wurde Schillers *Wilhelm Tell* im Stadttheater aufgeführt, man zog mit Tambouren und Fahnen durch die Stadt, man sang und tanzte, man verlas den Bundesbrief von 1291, es wurden Reden gehalten und es wurde gemeinsam gebetet, selbst die Schüler präsentierten verschiedene patriotische Theaterstücke, natürlich wurde viel getrunken und viel gegessen. Das Fest galt als glänzender Erfolg, trotzdem war OK-Präsident Jäger nicht ganz zufrieden. In seiner *Schweizer Freien Presse* erschien eine Manöverkritik, deren Urheber er wohl selber war: «Die mitwirkenden Bezirksschüler haben ihre Aufgabe mit heiligem Eifer und hoher Begeisterung erfüllt und die patriotische Stimmung des Publikums, gehoben durch das ungeahnt schöne Wetter, kam den Intentionen der jugendlichen Akteure auf halbem Wege entgegen.»[686] Jäger ortete aber Verbesserungspotenzial: «Es wird gut sein, wenn die Gemeinde Baden verschiedene Lehren, die in der eigenthümlichen Lokal-Geschichte der Bundesfeier von 1891 enthalten sind, sich gründlich zu Herzen nimmt! Wir werden auf diese Geschichte zurückkommen, um für spätere Zeit, soviel an uns liegt, es zu verhüten, dass in Baden je wieder ein grosser Moment so kleine – Verhältnisse findet.»[687]

2500 Franken hatte die Gemeinde ursprünglich einsetzen wollen, um das Fest zu unterstützen, das wurde auf 1000 gekürzt, angeblich aus Rücksicht auf das Unglück von Münchenstein, tatsächlich wohl, weil Baden nach wie vor unter seinen Schulden litt. Ob Jäger dies so beelendet hatte, oder andere Mängel: Es bleibt unklar.

Jedenfalls bedankte sich der OK-Präsident bei «allen Männern und Frauen, die zum Feste ihr Scherflein beitrugen.»[688] Und es waren ja viele gewesen. Was Rang und Namen besass im alten Baden hatte sich engagiert. Es sollte das letzte grosse Ereignis sein, das hier organisiert wurde, ohne dass eine gewisse Firma und ihre Geschäftsleitung etwas dazu zu sagen hatten. Es war der letzte Sommer vor der BBC.

Victoire Boveri(-Baumann) und ihre Kinder (v. l.):
Victoire, Theodor und Walter jun., 1905.

Victoire Boveri und ihre Tochter Victoire
(später: Victoire Hämmerli-Boveri), 1905.

Walter Boveri (1865–1924), 1899.

Die Villa Boveri am Ländliweg in Baden, 1899.

Sicht vom englischen Garten her, 2017.

Im Innern der Villa, 2017.

Charles und Amelie Brown(-Nathan), 1905.

Charles Brown (1863 – 1924), 1905.

Charles Brown und (vermutlich) sein jüngster Sohn Alfred, 1902 (oder 1905).

Charles und Amelie Browns Söhne: Charles Norman («Charlie», rechts) und Alfred Eric («Freddy»). Alfred posiert als Mädchen verkleidet, 1905.

Die Römerburg, die Villa von Charles Brown, an der Römerstrasse in Baden, 1899.

Margot Brown, die zweitälteste Tochter der Browns.

Nelly Brown, die älteste Tochter der Browns. Nelly heiratete 1907 den Arzt Walter Minnic, von dem sie sich kurz darauf wieder scheiden

Die Familien Brown, Boveri, Baumann, Funk und Naville an einem Picknick im Rebberg an der Burghalde, Baden: Herbert Brown (2.v.l.), Fritz Funk (7.v.l.), Henri Naville (mit Strohhut), Margot Brown (9.v.l.), Jenny Brown-Sulzer (10.v.l. mit Hutschlaufe), Charles E. L. Brown (Zentrum), Victoire Boveri (5.v.r.), Conrad Baumann (4.v.r.), Johanna Funk (2.v.r.), Sidney Brown (1.v.r.), ca. 1915. Im Vordergrund ist das Bild unscharf, da die Kinder nicht so lange still sitzen konnten.

Der Ländliweg, Wohnstrasse des BBC-Managements, links die Villa von Fritz Funk, rechts davon die Villa Boveri, 1898.

Blick auf die Grossen Bäder, links die Kleinen Bäder und Ennetbaden. Im Hintergrund rechts das weitgehend leere Haselfeld, wo 1891 die BBC entstehen sollte, ca. 1880.

Flugaufnahme der BBC. Inzwischen sind Baden, Ennetbaden und Wettingen zu einer einzigen Siedlung zusammengewachsen, so gut wie jeder freie Quadratmeter ist überbaut, 1951.

Arbeiter bauen einen Generator oder einen Elektromotor; beim Mann im Anzug handelt es sich vermutlich um einen höheren Vorgesetzten, BBC Baden, ca. 1892.

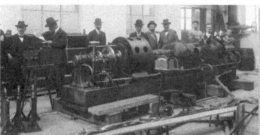

Eine der ersten Turbogruppen der BBC. Dieses Aggregat wurde an die Markt- und Kühlhallengesellschaft Berlin geliefert. Von links nach rechts: Eric Brown, C.E.L. Brown, Sidney Brown, Walter Boveri, Albert Aichele, Fritz Funk sowie drei Arbeiter: Keller, Stauber (oder Steuber) und Siegrist, 1901.

Trafohalle 37, 1941.

Ingenieure im Zeichnungssaal, 1946. Bis in die 1960er-Jahre trugen sie bei der Arbeit weisse Kittel.

Haupteingang des Grand Hôtels in Baden, Jahr unbekannt.

Das Grand Hôtel vom Ennetbadener Ufer aus, 1936.

III. Teil. Transformation

7. Company Town oder die Metamorphose einer Stadt

Nachdem wir die Voraussetzungen untersucht haben, die die unwahrscheinliche Gründung eines Industriebetriebes wie der BBC in einem jahrhundertalten Kurort wie Baden möglich machten, und wir diese Gründung mikrohistorisch aufgearbeitet haben, möchten wir nun die Transformation von Baden zu einer *Company Town* in den Fokus nehmen. Tatsächlich gab es in der Schweiz nur wenige Beispiele, wo ein einziges Unternehmen eine so alte und etablierte Stadt wie Baden vollkommen veränderte und dermassen zu kontrollieren imstande war. Um diesen Transformationsprozess analytisch zu durchdringen, kehren wir zu unserer Typologie zurück, die wir am Anfang unserer Studie vorgetragen haben. Ihr entnehmen wir die Kriterien, die unser Erkenntnisinteresse anleiten sollen. Der Vergleich von rund vierzig *Company Towns*, sowohl in den USA und Europa als auch in der Schweiz hat ergeben, dass folgende Merkmale eine *Company Town* auszeichnen, – wenngleich wir vorsichtig angemerkt haben wollen, dass es sich hier um einen Idealtypus handelt, ein Modell, das in dieser theoretischen Ausformung in der Wirklichkeit nie zu beobachten war.

Erstens. In einer *Company Town* dominiert eine einzige Firma das wirtschaftliche Geschehen. Dies bedeutet zuerst: es befinden sich an diesem Standort kaum andere vergleichbare Unternehmen, die der *Company*, wie wir sie im Folgenden nennen wollen, auf dem Arbeitsmarkt, bei lokalen Lieferanten oder in Bezug auf den politischen Markt Konkurrenz machen könnten. Wenn es andere Betriebe vor Ort gibt, sind es Zulieferer, die von der *Company* leben. Müsste man einen einzigen Indikator wählen, der den Zuzug und die Präsenz einer solchen Firma zuverlässig anzeigt, dann wäre das ohne Zweifel die demographische Entwicklung, die eine solche Standortgemeinde nimmt, sobald sich eine *Company* niedergelassen hat. Inwiefern die Firma diesen Bevölkerungswandel auslöst, variiert – aber immer trägt sie in wesentlichem Masse dazu bei. Handelt es sich um Neugründungen, wie so oft in den USA, aber auch in Deutschland, bedarf es keiner weiteren Erörterung, die Frage beantwortet sich von selbst: die Firma gründet den Ort und dieser wächst dank der Firma – zu hundert Prozent ist die

Firma für die Demographie verantwortlich. Sprechen wir dagegen von alten Städten wie etwa Eindhoven oder Baden, dann ist der historische Kontext aufschlussreich: In der Regel lässt sich der Wandel zu einer *Company Town* an einem fast sprunghaften Wachstum des Standortes im Vergleich zu früheren Perioden festmachen. Baden belegt diese Hypothese unmissverständlich.

Die beherrschende Stellung einer *Company* in ihrer Town offenbart sich auch im Verhältnis der Zahl der Arbeitnehmer, die bei der *Company* unter Vertrag stehen, zur Gesamtzahl der Arbeitsplätze in dieser *Town*; es zeigt sich ferner daran, dass der grösste Teil des Kaders dieser Firma im betreffenden Ort stationiert ist und somit alle wichtigen Entscheidungen des Unternehmens auch an diesem Ort gefällt werden; und es lässt sich ausserdem daran ablesen, inwiefern die Steuerleistung des Unternehmens den lokalen Finanzhaushalt prägt. Weil in der Schweiz das Steuersystem höchst föderalistisch ausgestaltet ist, kommt diesem Punkt hier noch grössere Bedeutung zu als in den meisten ausländischen *Company Towns*, die wir in unserer Typologie aufführen, wo meistens ein beachtlicher Prozentsatz der Steuern, die ein Unternehmen dem Staat schuldet, einer Zentralregierung zufliessen und somit der Standortgemeinde entgehen.

In der Schweiz ist das bis heute in ähnlichem Ausmass nicht der Fall, und für jene Zeit zwischen 1870 und 1925, die wir untersuchen, galt dies noch ausgeprägter. Ein schweizerisches Unternehmen zahlte damals den weit überwiegenden Teil seiner Steuern der Gemeinde und dem Kanton, so gut wie nichts davon erhielt der Bund. Eine direkte Bundessteuer oder etwas Vergleichbares gab es vor dem Ersten Weltkrieg in der Schweiz nicht, indirekte Steuern, die Bern zugeströmt wären, ebenfalls nicht; der Bund lebte weitgehend von den Zöllen. Für unseren Kontext ist das bedeutsam: Was die BBC insgesamt dem Fiskus zu überweisen hatte, zahlte sie etwa zur Hälfte der Stadt Baden. Wenn wir in Betracht ziehen, dass auch die Besitzer und das Kader der BBC hauptsächlich in der Stadt wohnten und hier steuerpflichtig waren, zeigt sich, dass die Gemeinde indirekt noch drastischer von der Präsenz dieser *Company* profitierte – oder je nach Standpunkt – noch einseitiger von ihr abhängig war. Schliesslich gilt dies für alle *Company Towns*: Je höher das Steueraufkommen, das eine einzige Firma bringt, desto stärker, so die theoretische Erwartung, ist die politökonomische Stellung dieser Firma in ihrer Standortgemeinde. Ein letztes Merkmal, das trivial scheint, aber erst die Voraussetzung für die besondere Konstellation einer *Company Town* schafft: Das Unternehmen, das seinen Standort beherrscht, muss auch gute Geschäfte machen; insbesondere zu Beginn dieser Beziehungsgeschichte. Eine *Company Town* entstand historisch nur dort, wo deren Firma über eine gewisse Zeit, sagen wir mindestens zwanzig bis vierzig Jahre, wirtschaftlich blühte. Geriet sie schon nach fünf bis zehn Jahren in Schwierigkeiten, reichte diese Zeit in der Regel nicht, um jene Position aufzubauen, die uns interessiert und die wir für konstitutiv halten. Ging die Firma gar bankrott, kam der Grundlage einer *Company Town* die entscheidende Ingredienz abhanden.

Ohne ein nachhaltiges Wachstum, ohne hohe Renditen, ohne laufende Zunahme der Arbeitskräfte, die in der Firma tätig waren, bildete sich kaum eine *Company Town* heraus. Die meisten *Company Towns*, die wir für unsere Typologie benutzt haben, hatten sich dank eines zunächst sehr starken, rasch expandierenden Unternehmens entwickelt. Gewiss, unsere Selektion unterlag einem gewissen *Bias* des Nachgeborenen, da wir jene Orte privilegierten, die noch existierten oder an die man sich zu erinnern vermochte. *Company Towns*, die untergegangen sind, ohne Spuren zu hinterlassen (solche gab es), entgingen unserem Blick. Dennoch bleibt die Definition theoretisch gültig und relevant: Eine *Company Town* bedingt eine *Company*, die etlichen Erfolg vorzuweisen hat, ansonsten sie gar nicht in der Lage gewesen wäre, das wirtschaftliche Geschehen in diesem Ort je zu beherrschen.

Das *zweite* wesentliche Charakteristikum einer *Company Town* ist politischer Natur: Wo eine *Company* wirtschaftlich dominiert, ergibt sich daraus fast naturgemäss ein überdurchschnittliches Gewicht in der lokalen Politik dieses Ortes. Ob es zu einer Einflussnahme seitens der *Company* kommt, steht dabei ausser Frage – eine solche ist so gut wie immer festzustellen. Interessanter sind Ausmass und Methode; das unterscheidet die eine *Company Town* von der anderen, wobei die nationalen institutionellen Arrangements in den jeweiligen Ländern von Belang sind. Je demokratischer, je partizipativer oder je inklusiver ein politisches System organisiert ist, desto komplizierter gestaltet sich die Politik für alle Beteiligten, also auch für die Chefs einer *Company* und deren Besitzer. Kompliziert heisst aber keineswegs weniger vorteilhaft: Die Bilanz fällt aus Sicht eines Unternehmers oder Managers meist differenziert aus. Was ein direktdemokratisches und dezentrales System wie die Schweiz an zusätzlichem Aufwand und Unberechenbarkeit bedeutet – was durchaus als Nachteil empfunden werden kann – wird meistens aufgewogen durch eine sehr hohe Rechtssicherheit, insbesondere einen hohen Schutz des Eigentums, aber auch, wir haben diesen Faktor am Beispiel der BBC-Gründung exemplifiziert, eine hohe Legitimation für alles, was einmal diesen komplexen politischen Prozess überstanden hat. Davon profitiert auch eine Firma, vor allem dann, wenn sie die Regeln dieses Prozesses geschickt und routiniert beherrscht, wie das bei der BBC der Fall war. Wir kommen darauf zurück.

Was Acemoglu/Robinson als Inklusivität von Institutionen bezeichnen und was sie als eine zentrale Determinante für Aufstieg oder Fall von ganzen Gesellschaften beurteilen, lässt sich in einer hoch politisierten, direktdemokratisch verfassten Gemeinde wie Baden in nuce studieren und überprüfen. Was auf den ersten Blick eine sehr einseitige Beziehung ist, die BBC diktiert schon von Beginn weg die Bedingungen, unter welchen sie bereit ist, hier, in dieser finanziell angeschlagenen, kaum industrialisierten Stadt, zu operieren, erweist sich bei näherem Hinsehen als ein verblüffend stabiles, meist reibungsfreies Verhältnis. Streiks, überraschende Strafaktionen der Gemeindeversammlung gegen die BBC, unerwünschte Interventionen seitens der Stadtregierung, all das kommt vor, aber doch sehr selten. Das ist nicht selbstverständlich. Wenn wir das zu erklären versuchen, leistet uns Acemoglu/Robinsons Ansatz gute Dienste: Zu einem grossen Teil, so werden wir argumentieren, ist diese relativ tiefe Konfliktintensität zwischen *Company* und *Town* auf die vergleichsweise hohe Inklusivität der schweizerischen Institutionen zurückzuführen.

Wenn wir konkret die wichtigsten Felder möglicher Reibungen abstecken, dann sind das folgende: Zentral sind wohl die städtischen Finanzen, sprich: die Höhe der Steuern, welche die *Company* der Standortgemeinde schuldet. Hier hat die Firma ein enormes Interesse, Einfluss zu nehmen, und wir werden sehen, dass sich die BBC nirgendwo mehr engagierte. Walter Boveri präsidierte jahrzehntelang die Budget- und Rechnungskommission der Einwohnergemeinde, er stellte sich nicht von ungefähr für diese zeitraubende Aufgabe zur Verfügung. Was immer die Gemeinde ausgab, was immer der Stadtrat einnehmen wollte: Die Budgetkommission hatte das zu prüfen und zu bewilligen. Boveri, der multiple und grösste Steuerzahler im Ort, behielt sich faktisch ein Veto-Recht vor.

Weiter ist eine *Company* darauf angewiesen, dass ihre räumliche, betriebliche Expansion nicht behindert, sondern von den Behörden nach Kräften gefördert wird, besonders wenn es sich wie bei der BBC um einen *Start-up* handelt, der so exponenziell schnell wächst. Ob Baubewilligungen, Infrastruktur, Wasser- , Gas- und Stromversorgung, Strassen, Bahnanschluss oder SBB-Fahrplan – es gibt zahlreiche Dinge, die für die Firma unentbehrlich sind, die sie sich aber nur sichern kann, wenn Behörden, lokale Parlamente, mitunter die gesamte Bevölkerung damit einverstanden sind.

Schliesslich muss sich eine Firma um die Bildungsinstitutionen vor Ort kümmern. Zum einen, weil sie selber von deren Qualität abhängt, zumal sie hier einen grossen Teil ihres eigenen Nachwuchses rekrutiert – eine überwiegende Mehrheit der Lehrlinge etwa, die die BBC ausbildete, stammte aus der Region und hatte somit deren Schulen besucht. Zum andern lebten viele Mitarbeiter der BBC mit ihren Familien in der Stadt. Dass sich diese auf gute Ausbildungsstätten verlassen konnten, besonders wenn sie zuzogen oder das erwogen – gehörte somit auch zu den Anliegen der BBC. Es war ein indirektes Mitarbeiterförderungsprogramm, wenn die BBC mit politischem Druck dafür sorgte, dass gute Lehrer angestellt und gute Schulen geführt wurden. Da Volksschule und Bezirksschule Gemeindesache waren und alle betreffenden Entscheide dem direktdemokrati-

7. Company Town oder die Metamorphose einer Stadt

schen Prozess unterlagen, waren hier die Einflussmöglichkeiten der BBC beträchtlich, wenn auch anspruchsvoll. Allzu viel Druck konnte sich wie immer in diesen Wechselbeziehungen kontraproduktiv auswirken.

So weit eine Auswahl der wesentlichen Konfliktfelder, andere sind denkbar, wie etwa die Sozial- oder Sicherheitspolitik; wir werden am gegebenen Ort darauf zurückkommen.

Drittens. Der Begriff *Company Town* kam aus gutem Grund zuerst in den USA auf. Nirgendwo entwickelte die *Company Town* augenfälligere Züge als hier. Aus Amerika rühren die Bilder einer Musterstadt her wie etwa Hershey, PA, wo alles, die Architektur der Häuser, die Parks, die Freizeiteinrichtungen, die Strassen, die Schulen, die Geschäfte, die Kultur und die soziale Fürsorge die Handschrift eines einzigen Mannes und seiner Firma trugen: jene von Milton Hershey und Hershey, der grössten Schokoladenfabrik der USA. Wir möchten diese Eigenheit, die wie kaum etwas anderes eine *Company Town* heraushebt, als soziale und kulturelle Dimension bezeichnen, wobei sich diese auf immaterielle Dinge bezieht, aber auch auf deren physische Ausformungen.

Konkret: Wir interessieren uns für die firmeneigenen Wohnungen der Arbeiter und die Villen der Patrons und Manager, die das Aussehen der Stadt auf immer veränderten – genauso betrachten wir die betriebsinterne Sozialpolitik oder befassen uns damit, wie die Firma sich selber und ihren Mitarbeitern zu einer *Corporate Identity* verhalf. Nie blieb dies ohne Wirkung auf die *Town*, oft formierten sich zwei Gruppen innerhalb der Stadt, die *In-Group* jener, die zur Firma gehörten, und die *Out-Group* der übrigen Einwohner, die nicht bei der Firma angestellt und dennoch von ihr betroffen waren, wie dies in einem «normalen» Industriestandort kaum im selben Masse der Fall gewesen wäre.

Wenn wir von «immateriellen Dingen» sprechen, dann haben wir also zwei Phänomene im Blick: einerseits die betriebliche Sozial- und Kulturpolitik, die vorab auf die eigenen Mitarbeiter zielte, andererseits jene schwerer fassbaren Bemühungen der Patrons und Manager, der Firma sowohl intern, als auch extern eine Identität zu verschaffen, – wofür sie diverse Methoden einsetzten: Firmengründungsmythen, Feste, Jubiläen, Lehrlingslager, Ferienheime, Lehrlingsmusikkapellen, Hobbyvereine oder Sportklubs. Zu wesentlichen Teilen bildete sich eine solche *Corporate Identity* ungeplant und spontan heraus; selten liess sie sich synthetisieren, dennoch kamen zahlreiche Versuche der Firmenleitung vor; eine spezielle Rolle spielten dabei die Patrons und Gründer.

Stets verfolgten die Patrons mit dieser Geschäftspolitik, die im engeren Sinne nichts mit dem *Bottom line* ihrer Erfolgsrechnung zu tun hatte, vielfältige Ziele, praktische und politische, oft spielten echte sozialmoralische Anliegen hinein,

III. Teil. Transformation

wir haben es in unserer Typologie bereits thematisiert: Manch ein Patron gab sich eine Mission. Während der eine sich aufgrund seines religiösen Glaubens dazu veranlasst fühlte, für «seine Leute» zu sorgen und ihnen ein gutes, christliches Leben zu ermöglichen, trachtete der andere danach, die Defizite des Kapitalismus auszumerzen, indem er eine Idealstadt baute. Mit dieser kapitalistischen, privatisierten Variante eines modernen Wohlfahrtstaates wurde vor allem in England experimentiert, wo man in diesem Zusammenhang von *model villages* sprach.

Weder Brown und Boveri gehörten zur Kategorie der kapitalistischen oder religiös bestimmten Missionare. Dennoch lassen sich viele Elemente einer sozialmoralisch gefärbten Betriebspolitik auch bei der BBC feststellen. Meistens überwogen pragmatische Überlegungen – die BBC baute für ihre Arbeiter und Angestellten Wohnungen und Häuser, weil das Angebot in Baden, einer Kurstadt, schlechterdings nicht vorhanden war: Baden wies Hotelbetten auf, keine Arbeiterwohnungen. Nach dem Streik von 1899, dem einzigen namhaften Arbeitskonflikt in der Geschichte der BBC, lassen sich aber vermehrt Ansätze zu einer betriebseigenen sozialen Fürsorge beobachten, die vorwiegend politisch motiviert waren. Sicher wurde man dabei vom Beispiel manch anderer Industriebetriebe beeinflusst. Je effektiver die aufkommende Arbeiterbewegung mobilisierte, desto mehr setzten auch die schweizerischen Arbeitgeber auf eine Doppelstrategie, um dieser Herr zu werden: Man blieb in manchen Fragen hart, lehnte zum Beispiel Gesamtarbeitsverträge ab – versuchte aber gleichzeitig, in der Praxis die Situation der Arbeiter zu verbessern, um den Gewerkschaften und der Sozialdemokratie den Wind aus den Segeln zu nehmen.

Etwas Zusätzliches interessiert, wir haben es angesprochen: Die BBC brachte es rasch fertig, ein kollektives Selbstverständnis zu entwickeln. Dass die halbe Stadt bald schon von den «Elektrischen» oder den «BBCisten» bzw. «Bebecisten» redete – die Schreibweise wurde nie kanonisiert – belegt diese recht wirksame Identitätsstiftung, die zuerst in der Firma begann, dann die ganze Region ergriff. Mit Blick auf andere *Company Towns* bildet die BBC keineswegs eine Ausnahme, viele *Company Towns* wurden ja gerade deshalb etabliert, um eine *Corporate Identity* mit dem Genius loci zu verschmelzen.

Wenn diese Fusion von Firmenkultur und lokaler Identität gerade hier so häufig auftrat, dann lag das an einer weiteren, typischen Eigenschaft der Patrons solcher Orte: Manche dieser Unternehmer verfügten über ein ausgeprägtes Charisma, so dass sie in der Lage waren, die *Corporate Identity* und den Genius loci gleichermassen zu imprägnieren. Ob Milton Hershey, George Pullman, die Dynastie Schneider oder die Familie Bally: ihre Persönlichkeiten wurden Teil des Selbstverständnisses ihrer Firma und der betreffenden *Company Town*. Oft wurden Firma und Ort nachgerade zu einer Familienangelegenheit, und ähnlich wie bei monarchischen Dynastien bewegte das private Schicksal der Gründerfamilie die gesamte Region. In Ansätzen war dies auch in Baden zu beobachten. Was immer die Browns und die Boveris ausserhalb der Firma taten und unternahmen: In Baden war es Stadtgespräch. Vor allem der exzentrische Charles Brown befriedigte das städtische Klatschbedürfnis in hohem Masse. Was trivial erscheint, gab wieder, wie hoch die Identifikation zwischen *Company* und *Town* inzwischen geworden war.

Soziale und kulturelle Dimension – darunter verstehen wir das gesamte Ensemble von Interventionen, die auf die Firma und ihre Patrons zurückzuführen waren – wir meinen damit aber auch die unbeabsichtigten Effekte, welche die Präsenz des Unternehmens verursachte. Oft sind diese wesentlicher. Um ein konkretes Beispiel anzuführen, das für Baden von Belang war: Der demographische Wandel, den die BBC ausgelöst hatte, bedeutete nicht nur einen Urbanisierungsschub für die ganze Region, was sich insbesondere in Baden und Wettingen, aber auch in Ennetbaden oder Nussbaumen zeigte, sondern die BBC stürzte auch die konfessionelle Zusammensetzung der ehemaligen Grafschaft Baden um. Viele Arbeitnehmer, die die BBC anzog – insbesondere die Ingenieure – waren Protestanten, so dass schon zwanzig Jahre nach der Gründung der BBC die Region Baden beinahe ein paritätisches Gebiet geworden war. Ennetbaden, der bevorzugte Wohnort der Ingenieure, wies neuerdings sogar eine reformierte Mehrheit auf. In Anbetracht der Tatsache, dass die Grafschaft Baden jahrhundertelang eine Hochburg der katholischen Schweiz gewesen war, kann die historische Tragweite dieser religiösen, mithin sozialen und kulturellen Umwälzung kaum überschätzt werden. Soziale Aspekte und kultureller Wandel fliessen oft ineinander über, aus diesem Grund haben wir hier diese beiden Dimensionen zusammengezogen – in unserer Untersuchung werden wir sie hingegen gesondert behandeln.

Wann wurde Baden zur *Company Town?* Selbstverständlich handelte es sich um einen Prozess, der unterschiedlich lange dauerte, je nach Kriterium, das man in Betracht zieht. Der wirtschaftliche Aufstieg stellte sich früh ein und verlief rasant, während die soziale und kulturelle Umformung der Stadt langsamer vonstattenging. Politisch, wir haben die Auseinandersetzung um das neue Elektrizitätswerk geschildert, waren die beiden Gründer von Beginn weg herausgefordert – nie, so darf man annehmen, gaben sie sich der Illusion hin, die lokale Politik vernachlässigen zu dürfen. Schon früh liess sich Walter Boveri einbürgern, was seinerzeit bedeutete, dass er seine bayerische Staatsbürgerschaft aufzugeben hatte. Mit anderen Worten, kaum hatte er die BBC gegründet, brach er die Brücken zur Heimat ab. Angesichts der Tatsache, dass er einst Reserveoffizier in der bayerischen Armee werden wollte, lässt sich daran zweierlei ablesen: Wie irreversibel sich Boveri auf Baden und auf die Schweiz einliess; weil er offenbar davon ausging, dass sein geschäftlicher Erfolg von Dauer sein würde. Zweitens zeigt es, wie sehr Boveri Wert darauf legte, dass er sich persönlich, als Staatsbürger, um die politische Interessenvertretung kümmern konnte. Sein politisches Engagement in Baden war, wir werden das sehen, bis zu seinem Tod ausserordentlich intensiv.

Für die folgende Untersuchung der Transformation Badens zur *Company Town* gehen wir aus heuristischen Gründen von fünf Dimensionen des Wandels aus – demographisch, wirtschaftlich, politisch, sozial und kulturell – ein grobes Raster gewiss, das in der Realität so nie vorkam, doch hat es sich für unsere Zwecke als nützlich erwiesen. Um diese Dimensionen zu erfassen, folgen wir nicht der Chronologie, sondern bewegen uns thematisch innerhalb dieses analytischen Rahmens. Um das zeitliche Element dennoch nicht aus den Augen zu verlieren und der Dynamik dieses Veränderungsprozesses gerecht zu werden, möchten wir versuchen, den Durchbruch des einen oder anderen Elementes zu datieren, um so unsere Untersuchung auch zeitlich zu nuancieren. Die Badener wachten nicht eines Morgens in einer *Company Town* auf, nachdem sie zuvor Jahrhunderte lang in einem Kurort gelebt hatten. Es wäre falsch, wenn der Eindruck aufkäme, Baden hätte sich gleichsam über Nacht und das in allen Dimensionen gleichzeitig, zu einer *Company Town* verwandelt.

1924 starben die beiden Gründer der BBC – und das Verhältnis zwischen Baden und seiner *Company* erfuhr einschneidende Modifikationen, unter anderem, weil das, was wir als charismatisches Element dieser Beziehung bezeichnen würden mit dem Tod von Walter Boveri verschwand. Weder Fritz Funk, sein direkter Nachfolger, noch sein Sohn Walter Boveri junior, der nachher das Präsidium der BBC übernehmen sollte, würden je wieder die gleiche Position in Baden und in der BBC erringen wie Walter Boveri senior. Aus diesem Grund, wir haben es in der Einleitung ausgeführt, beenden wir unsere Untersuchung formell im Jahr 1925. Aus quellentechnischen Erfordernissen, aber auch weil es sich um Prozesse handelte, die nicht 1925 plötzlich aussetzten, werden wir uns in der folgenden Analyse der Transformation nicht immer an dieses Stichjahr halten. Manche Phänomene verfolgen wir über diesen Zeitpunkt hinaus, manche Belege, die wir beibringen, um unser Argument zu stützen, stammen aus einer späteren Periode. Was wir uns selbstredend nur dann erlauben, wenn sie tatsächlich im Trend jener Entwicklung liegen, die wir erklären möchten. Neuere Phänomene dagegen kennzeichnen wir als solche und verwenden sie nicht für unsere Argumentation.

Eine letzte Bemerkung: Die Typologie, die wir zu Anfang unserer Studie erstellt haben, wird uns zum einen methodisch anleiten und uns die Kriterien verschaffen, gemäss derer wir die Transformation Badens analysieren. Zum anderen werden wir die Stadt aber auch konkret mit anderen *Company Towns* vergleichen, wann immer dies die Erkenntnis fördert, insbesondere, wenn es sich darum handelt, angebliche Sonderentwicklungen Badens zu relativieren oder gänzlich zu entzaubern. Erst der Vergleich, wir wiederholen uns, zeigt an, was strukturelle Voraussetzungen einer *Company Town* sind, die sich so erklären lassen, und welche Phänomene, die wir am konkreten Beispiel Badens entdecken, auf den historischen Entwicklungsweg der Bäderstadt oder auf die Eigenschaften ihrer speziellen *Company* BBC zurückzuführen sind. Wenn wir uns zu Anfang stärker auf internationale Beispiele konzentriert haben, möchten wir in diesem zweiten Teil vor allem schweizerische *Company Towns* berücksichtigen.

7.1 Demographischer Wandel

Wenn es zuverlässige Indizien gibt, dass sich ein Ort in einem fundamentalen Wandel befindet, dann gehört die Bevölkerungsentwicklung fraglos dazu. Setzt hier eine auffallende Veränderung ein, die sich zudem datieren und mit der Etablierung einer einzigen Firma gleichsetzen lässt, dann ist darin ein ziemlich guter Hinweis zu erkennen, dass sich ein Ort zu einer *Company Town* verwandeln könnte. Bleibt diese eine Firma der einzige grössere Betrieb in der Region und verläuft ihr Wachstum parallel mit der weiteren Bevölkerungszunahme, darf man von einer *Company Town* sprechen. Nuancen ergeben sich, wenn wir das absolute und prozentuale Ausmass der demographischen Veränderung in Betracht ziehen, von zusätzlichem Belang ist das Tempo.

7.1.1 *Signifikantes Wachstum*

Gemessen an diesen Kriterien stellt Baden einen geradezu idealtypischen Fall dar. Jahrhundertelang wuchs die Stadt kaum, obschon sie ein bedeutender Kurort war, der stets ein überdurchschnittliches Gästeaufkommen vorzuweisen hatte. Genaue Zahlen fehlen, Schätzungen gehen von konstant 1000 bis 1200 Einwohnern seit dem 16. Jahrhundert aus. Die erste offizielle Volkszählung, die die Behörden der Helvetischen Republik 1798 vornahmen, ermittelte eine Zahl von 1517 Einwohnern, wobei rund 300 Ennetbadener mitgezählt worden waren.[689] Ennetbaden trennte sich 1819 von der Stadt. Bis 1870 nahm Baden auf rund 3800 Einwohner zu, was einer Verdoppelung innert 70 Jahren entsprach und mit der günstigen Entwicklung des Kurorts zusammenhing. Nachher, ohne Frage verursacht von der wirtschaftlichen Krise, in die Baden seit Ende der 1870er-Jahre geraten war, nahm die Stadt nurmehr geringfügig zu. 1880 zählte sie 4059 Menschen. 1888, unmittelbar vor dem Zuzug der BBC, wohnten in Baden präzis 4215 Einwohner.[690]

1891 wurde die BBC gegründet, 1892 nahm sie den Betrieb auf und schon acht Jahre später hatte die Stadt um mehr als 2000 Einwohner zugelegt: 1900 registrierte man rund 6500, womit Baden, das immer kleiner gewesen war als Aarau oder Zofingen, innert kürzester Zeit zu diesen aufgeschlossen hatte: Aarau wies 1900 7800 Einwohner auf, Zofingen 4600. Beide Städte hatten seit jeher als die grössten im Aargau gegolten. Wenn wir spekulieren möchten, wie sich die Stadt Baden entwickelt hätte, wäre es nicht zum Zuzug der BBC gekommen, dann lohnt sich der Vergleich mit Zofingen, einer einst blühenden Stadt der frühen Industrialisierung im Aargau, die geradeso wie Baden von der Nationalbahnkrise getroffen worden war, der es aber nicht gelang, einen ähnlich bedeutenden Betrieb wie die BBC anzuziehen. 1870 verzeichnete Zofingen gegen 4000 Einwohner (Baden: 3800). Im Jahr 1880 waren es 4439, doch jetzt, nachdem die Krise ausgebrochen war, sollte diese Zahl auf Jahre hinaus stagnieren: Bis 1888 nahm Zofingen bloss um elf Einwohner zu, bis 1900 kamen 141 dazu.

Baden dagegen steigerte sich in der gleichen Zeit, von 1888 bis 1900, um mehr als 2000 Einwohner. 1910 lebten in Baden bereits 8700 Einwohner, während Zofingen, die abgehängte Stadt, bei 5000 verharrte. Aarau brachte es auf 9600.[691]

Tab. 7.1 Bevölkerungsentwicklung Baden, 1798–1940

Jahr	Einwohner	Jahr	Einwohner
1798	1517	1900	6489
1850	3159	1910	8732
1870	3786	1920	9704
1880	4059	1930	10624
1888	4215	1940	10901

Um den Unterschied zwischen der Krisenzeit vor der BBC und den Jahren des Aufstiegs dank der BBC zu verdeutlichen, wiederholen wir zwei Zahlen: Von 1880 bis 1888 wuchs Baden um 156 Einwohner, von 1888 bis 1900 um 2274. Prozentual wirken diese Steigerungen vielleicht noch spektakulärer: In der ersten Periode der Krise nahm die Stadt um 3,8 Prozent zu, in der zweiten, der Zeit mit der BBC, stieg ihre Einwohnerzahl um 54 Prozent. Dass diese Entwicklung keine einmalige blieb, sondern erst den Anfang eines säkularen Trends andeutete, zeigen die folgenden, gerundeten Bevölkerungsdaten von Baden.[692]

Tab. 7.2 Bevölkerungsentwicklung Baden, 1900–1930, absolut und prozentual (Zahlen gerundet)

Jahr	Bevölkerung Baden	Zunahme in Prozent
1900	6500	
1910	8700	34
1920	9700	11
1930	10 600	9

Aarau, das früher annähernd doppelt so gross wie Baden gewesen war, brachte es 1930 auf 11 600 Einwohner.

Wir haben bisher nur die Zahlen der Kernstädte angeführt. Eindeutiger lässt sich aber ein Urbanisierungsschub aufgrund einer Industrialisierung meistens an der Entwicklung des Umlandes ablesen – dies gilt umso mehr für Baden, das eingeklemmt in die Juraklus ausser dem Haselfeld, das die BBC in Anspruch nahm, wenig freies Bauland aufwies und deshalb bald in die Nachbarschaft ausgriff. Wenn wir die unmittelbar in der Nähe von Baden liegenden Gemeinden in den Fokus nehmen, in erster Linie Wettingen und Ennetbaden, ergibt sich ein noch eindrücklicheres Bild – allen voran fällt Wettingen auf, das topographisch gesehen im Grunde das Gegenstück zum Haselfeld darstellte: eine weite, ebene Fläche, die kaum bebaut, sich hervorragend dafür eignete, die vielen Arbeiter und Angestellten unterzubringen, die auf der anderen Seite der Limmat in Baden bei der BBC ihrer Arbeit nachgingen. Diese grosse, unbebaute Ebene von Wettingen hatte der Publizist und Archivar Franz Xaver Bronner noch 1844 so beschrieben:

«Eine schöne Ebene verbreitet sich vom Fusse des Lägerberges [sic] bis zur Limmath, auf welcher der Kreisort Wettingen mit seinen Baumgärten einladend ruht. Aus dem waldigen Abhange herab fliesst ihm ein labendes Bächlein zu. Im Jahre 1840 wählte die eidgenössische Militärbehörde dies flache Feld zum Übungslager für einige Bataillone Milizen.»[693]

Innert weniger Jahre, ab 1892, sollte dieses idyllisch anmutende Dorf zu einem Industrievorort von Baden mutieren; zuvor war es jahrhundertelang von Wein- und Ackerbauern bewohnt worden, die vorwiegend für das dortige Kloster tätig waren.[694] 1888 zählte Wettingen rund 2000 Einwohner – war also etwa halb so gross wie Baden; zwölf Jahre später hatte sich die Bevölkerungszahl auf 3100 gesteigert. 1910 gar auf knapp 6000, was einer Zunahme von insgesamt 200 Prozent entsprach. Wenn wir die drei Nachbargemeinden über den gleichen Zeitraum, also von 1888 bis 1910, betrachten, sehen wir ähnliche Raten:[695]

III. Teil. Transformation

Tab. 7.3 Bevölkerung Ennetbaden, Wettingen, Baden im Vergleich, 1888–1910

Jahr	1888	1910	Zunahme in Prozent
Ennetbaden	639	1387	+117
Wettingen	1991	5986	+200
Baden	4215	8732	+107

Wenn wir Baden, Ennetbaden und Wettingen als Agglomeration auffassen, eine Kategorie, die die eidgenössischen Statistiker nach dem Ersten Weltkrieg auch in ihren Untersuchungen einführten, dann erhalten wir ein realistischeres Abbild des Ausmasses der Urbanisierung. Denn Baden sollte kaum je einen Vorort eingemeinden, so dass die Gemeindestatistik in die Irre führt. Insbesondere Wettingen entwickelte sich zum eigentlichen Arbeiterquartier der Stadt, das indes in einer anderen politischen Gemeinde lag, – so wie das ursprünglich etwa auch in Zürich zu beobachten war, als Aussersihl oder Oerlikon real zwei Arbeiterviertel ausserhalb der Stadt bildeten. Beide blieben zunächst selbständige Kommunen, am Ende gemeindete Zürich sie jedoch ein (1893 bzw. 1934).

Baden zeigte an solchen Schritten lange kein Interesse, insbesondere aus Steuergründen, bis die betreffenden Gemeinden sich selber dagegen wandten. Am Ende musste sich die Stadt 1962 mit einer kleinen Erweiterung um Dättwil zufriedengeben. Ein ähnliches Phänomen stellte Ennetbaden dar, wenn auch am entgegengesetzten Ende der sozioökonomischen Schichtung. Das von der Sonne verwöhnte Dorf stieg bald zum Wohnort der Ingenieure und Manager auf und verwandelte sich faktisch geradeso in ein Quartier der Stadt Baden. Betrachten wir deshalb die Zuwachsraten der ganzen Agglomeration, die man damals als Baden, Ennetbaden und Wettingen zusammenfassen kann, dann vermehrte sich die Bevölkerung in dieser Agglomeration zwischen 1888 und 1900 um 55 Prozent, zwischen 1900 und 1910 um 51 Prozent, kumuliert kam das erstaunlichen 135 Prozent gleich. Keine Region im Aargau war rascher gewachsen, bald lebten nirgendwo im Kanton mehr Menschen. Schon 1910 liess Baden selbst Aarau hinter sich, wenn wir auf die jeweilige Agglomeration statt auf die politische Gemeinde abstellen:[696]

Tab. 7.4 Bevölkerung Agglomeration Aarau und Baden im Vergleich, 1910

Jahr	1910
Aarau	11 536
Baden	16 105

1930, als das Eidgenössische Statistische Amt routinemässig die Bevölkerungszahl von Agglomerationen erhob, übertraf die Agglomeration Baden jene von Aarau noch deutlicher:[697]

Tab. 7.5 Bevölkerung Agglomeration Aarau und Baden im Vergleich, 1930

Jahr	1930
Aarau	14 386
Baden	20 871

Zu jenem Zeitpunkt zählten die Statistiker im Fall von Aarau nur Buchs/AG zu dessen Agglomeration, bei Baden integrierten sie Ennetbaden und Wettingen in die Rechnung. Mit anderen Worten, zwanzig Jahre nach Gründung der BBC war deren Standortregion Baden zur grössten Agglomeration des Kantons geworden.

Aarau war keineswegs eine Stadt ohne jede Industrie. Im Gegenteil. Wie Zofingen hatte es sich einst, im 18. Jahrhundert – auch dank der Immigration von Hugenotten – früh und recht erfolgreich industrialisiert. Doch wirtschaftlich war die aargauische Hauptstadt bereits im Niedergang begriffen, als Baden erst anfing, sich zu industrialisieren. Vor allen Dingen handelte es sich bei Aarau um keine *Company Town*. Es gab in Aarau wohl Industriebetriebe, aber mehrere, alle waren klein, keiner dominierte, selbst die berühmte Kern AG blieb überschaubar. Von der Textilindustrie (Seide, Baumwolle), die Aarau Ende des 18. Jahrhunderts zu einer wohlhabenden Stadt gemacht hatte, war 1910 nicht mehr viel übrig geblieben. Die Stadt lebte nun vorwiegend von der kantonalen Verwaltung, der Armee, die hier einen prestigereichen Waffenplatz der Kavallerie unterhielt, von der Kantonsschule, der Kantonalbank und anderen staatlichen Einrichtungen. Die beiden Städte, die immer rivalisierten, hätten sich gegensätzlicher nicht entwickeln können. Während das reformierte Aarau zu einer Stadt der Administration und des öffentlichen Sektors heranwuchs, verwandelte sich ausgerechnet der einstige katholische, mitunter etwas unseriöse, vergnügungssüchtige Kurort Baden in eine ungleich hektischere und reichere Industriestadt – auch zürcherischere.

Wenn wir den Zustand von Baden im Jahr 1910 beurteilen, dann war sie, was deren demographische Umwälzung anbelangt, definitiv zu einer *Company Town* geworden. Nicht nur hatte sie sich rasant vergrössert, sondern diese Expansion war ganz überwiegend der BBC zu verdanken. Seit 1891 war keine zweite bedeutende Firma mehr zugezogen, ja kaum überhaupt eine, und für die einzige nennenswerte Neugründung hatte die BBC selber gesorgt, als sie 1895 die Motor AG ins Leben rief. Im Detail lässt sich dieser kausale Zusammenhang nicht dokumentieren, da wir nicht bei jedem BBC-Mitarbeiter wissen, wo er zu jener Zeit gewohnt hat, aber die Zahlen sprechen für sich selbst, wie etwa jene des Mitarbeiterbestandes der BBC seit 1892:[698]

Tab. 7.6 Zahl der Mitarbeiter bei der BBC, 1892–1920

Jahr	BBC Arbeiter/Angestellte
1892	74 oder 124
1900	1600
1910	3500
1920	5800

Allein die Zahl von 1900 unterstreicht, welches demographische Gewicht die BBC schon acht Jahre nach Produktionsaufnahme besass. Um die Jahrhundertwende zählte die Stadt Baden gegen 6500 Einwohner, zusammen mit Wettingen und Ennetbaden waren es rund 10 500, gleichzeitig beschäftigte die BBC inzwischen etwa 1600 Mitarbeiter. Welche relative Bedeutung hatte die BBC damit als Arbeitgeber erreicht – oder anders gefragt: wie hoch lag der Anteil der BBCisten an der gesamten Zahl der Erwerbstätigen in der Region? Selbstverständlich waren nicht alle in diesen drei Gemeinden ansässig, bestimmt aber der weitaus überwiegende Teil davon, so dass wir für unsere Argumentation davon ausgehen, als wäre dies der Fall gewesen. Die Verzerrungen, die daraus resultieren, sind wohl vernachlässigbar, besonders für die beiden Jahre 1900 und 1910. Gemäss Zahlen des Bundesamtes für Statistik lag die durchschnittliche Bruttoerwerbsquote, also der Anteil der Erwerbstätigen an der Wohnbevölkerung, im Jahr 1900 in der Schweiz bei 47 Prozent, auf die Agglomeration Baden bezogen ergibt das eine absolute Zahl von rund 5000 Erwerbstätigen.[699] Wenn die BBC davon 1600 unter Vertrag nahm, dann entsprach das einem Anteil von 32 Prozent, also fast einem Drittel. Das ist bereits ein hoher Wert, doch 1910 lag er noch höher: rund 37 Prozent, und 1920 war er auf schwindelerregende 65 Prozent gestiegen, wobei diese Zahl zu hoch gegriffen sein dürfte.[700] Offensichtlich lebten nun viele BBC-Angestellten auch in anderen Gemeinden der Umgebung.

Dennoch liegen wir mit unserer Bilanz kaum falsch: Schon nach kurzer Zeit hatte die BBC als Arbeitgeber in der Region eine überragende Stellung erlangt. An dieser Firma kam kaum ein Arbeitnehmer vorbei, entweder arbeitete man für sie oder lieferte ihr oder den Familien ihrer Mitarbeiter zu. Die BBC hatte Baden wirtschaftlich faktisch übernommen. Wenn wir annehmen, dass jeder BBC-Arbeitnehmer eine Familie von durchschnittlich zwei Personen versorgte (eine konservative Schätzung), dann ergibt dies 1910 etwa eine Zahl von 8400 Menschen, die direkt von der BBC abhängig waren. 1910 belief sich die gesamte Bevölkerung der Agglomeration Baden auf rund 16 100; mit anderen Worten, die Hälfte gehörte zur «BBC-Familie», ein ironisch-emotionaler Begriff, wie er schon in jenen Jahren intern gebräuchlich wurde.[701]

Während sich Baden dank der BBC rasch industrialisierte und die Bevölkerung ebenso schnell anschwoll, trug sich in manchen Dörfern der Region eine gegenläufige Entwicklung zu; die Menschen zogen ab, und es setzte eine regelrechte Deindustrialisierung ein, wie der Badener Historiker Patrick Zehnder festgestellt hat. Kleine industrielle Betriebe in Rohrdorf, Stetten, Spreitenbach, aber auch in Ennetbaden gaben auf, unter anderem weil sie nicht mehr die nötigen Arbeitskräfte anzusprechen imstande waren.[702] Gegenüber der BBC waren sie auf dem Arbeitsmarkt nicht mehr konkurrenzfähig. Ausserdem lag besonders der Rohrdorferberg seinerzeit zu weit von Baden entfernt, was es ausschloss, dass die Einheimischen als sogenannte Arbeiterbauern zu überleben vermochten. Diese Mischform kam häufig in Wettingen vor. Ein Teil der Familie betrieb weiterhin den Bauernhof, während ein anderer das Einkommen mit Fabrikarbeit in der nahen BBC ergänzte.

In manchen Dörfern im Limmat- und Surbtal, besonders aber am Rohrdorferberg nahm um die Jahrhundertwende die Bevölkerung ab, weil manche Leute nach Baden zogen, wo sie Arbeit fanden. Erst in den 1960er-Jahren sollte diese Region im weiten Reusstal wieder zulegen, dann aber stark, weil sie zum bevorzugten Wohnort von BBC-Kadern wurde, die in Ennetbaden, Baden oder Nussbaumen kein Bauland mehr für ihre Einfamilienhäuser erhielten. Hier waren die Baulandreserven erschöpft.

Schon um die Jahrhundertwende zeichnete sich ab, dass Ennetbaden faktisch zum Viertel der Ingenieure und Techniker werden sollte, das mittlere Kader schätzte offenbar diese mildere Seite der Klus, während Wettingen vorwiegend die Arbeiterschaft der BBC aufnahm. Diese Aufteilung war natürlich den beengten Verhältnissen in Baden geschuldet. Die Stadt in der Klus verfügte über relativ wenig Bauland, die besten Flächen hatte man der BBC zugestanden, und die Allmend oberhalb des Martinsbergs war noch nicht erschlossen. Dass die Bautätigkeit in diesen drei Gemeinden rasch das Land verbrauchte, das zur Verfügung stand, illustriert die folgende Tabelle. Sie stützt sich auf eine Dissertation aus den 1930er-Jahren, wo der «Kulturlandverlust» in der Region seit 1888 inventarisiert wurde:[703]

Tab. 7.7 Kulturland (Acker, Wiesen, Rebland) in ha, Region Baden, 1888–1931

Jahr	1888	1931	Veränderung in Prozent
Baden	271	103	−62
Ennetbaden	115	50	−57
Wettingen	698	472	−32
11 Nachbargemeinden	3642	3435	−6
7 entfernte Gemeinden	1552	1598	3

III. Teil. Transformation

Vor allem zu Anfang dieser Entwicklung, als deren Folgen noch nicht absehbar waren, verzeichneten die Badener Zeitungen diese Landnahme durch eine Firma und ihr Management akribisch, ja mit Genugtuung. 1895 schrieb etwa das *Badener Tagblatt*: «Das 6 Jucharten enthaltende Landstück zwischen der Villa Jeuch und dem ‹Neuen Heim› ist von Hrn. Rob. Jeuch an Hrn. Boveri verkauft worden. Es wird viel gehandelt in letzter Zeit in Baden.»[704] 6 Jucharten entsprachen der Fläche von 21 600 m^2. Kaum war die BBC etabliert worden, sicherten sich deren Gründer genügende Reserven – und wurde ihnen im Haselfeld ein Grundstück angeboten, kauften sie es umgehend.

7.1.2 Vergleich mit anderen Company Towns

Was in Baden an demographischen Veränderungen zu beobachten war, kam so gut wie in allen *Company Towns* vor. Wie wir schon mehrfach betont haben, gehörte dies zu den Merkmalen einer solchen Stadt. Normale Industriestädte, die mehrere grosse Betriebe aufwiesen, wuchsen selbstverständlich genauso, doch in der Regel weniger sprunghaft, sondern kontinuierlich, da neue Firmen nach und nach zuzogen oder entstanden. In der Regel lassen sich nur in *Company Towns* so einzigartig hohe Raten wie in Baden zwischen 1888 und 1900 (+ 54 Prozent) oder deren Vororte feststellen (Wettingen: + 57 Prozent). Ebenso gilt, dass sich in den meisten *Company Towns* nach einer solchen stürmischen Gründungsphase das Wachstum normalisierte. Schliesslich zeigte sich, dass die demographische Entwicklung auf Dauer mit dem Aufstieg bzw. Fall einer einzigen Firma gekoppelt blieb. Wenn die *Company* in Schwierigkeiten geriet, wirkte sich das meistens, wenn auch zeitversetzt, auf die Bevölkerungszahlen der betreffenden *Town* aus. Auch das lässt sich bei normalen Industriestandorten weniger ausgeprägt konstatieren.

Instruktiv sind etwa die beiden Solothurner *Company Towns* Gerlafingen und Schönenwerd – das erstere Standort der Stahlfirma Von Roll, das letztere der Ort, wo die Schuhfabrik Bally residierte.[705] Im Gegensatz zu Baden hatte es sich um kleine Dörfer gehandelt, bevor sie die Industrialisierung erfasste, doch beide durchliefen eine ähnlich abrupte demographische Entwicklung. Der Historiker André Kienzle hat Gerlafingen ausgiebig erforscht,[706] unter anderem auch die demographische Entwicklung: Zwar war Von Roll schon 1810 gegründet worden, doch erst ab den 1880ern legte die Bevölkerung der Gemeinde stark zu, was damit zusammenhing, dass Von Roll zunächst nur langsam gewachsen war.[707] Kaum blühte die Firma jedoch auf und wandelte sich in ein Grossunternehmen, erweiterte sich auch Gerlafingen rapide: zwischen 1870 und 1880 um 43 Prozent, zwischen 1888 und 1900 gar um 88 Prozent, was nahezu einer Verdoppelung gleichkam. Zu betonen ist indes, dass Gerlafingen ungleich kleiner als Baden gewesen war. 1888 zählte die Gemeinde bloss 926 Einwohner, zwölf Jahre später war diese Zahl auf 1743 Einwohner hochgeschnellt (1900). Gerlafingen erlitt aber auch, was wir oben angetönt haben: Als die Auftragslage der Von Roll nach dem Ersten Weltkrieg einbrach, nahm auch die Bevölkerung ab, es kam zu Auswanderungen und Wegzügen, selbst die Geburtenziffer der Familien, die im Ort wohnhaft blieben, ging zurück.[708]

In Schönenwerd stellen sich die Verhältnisse fast identisch dar: 1850 lebten lediglich 556 Menschen in diesem kaum bekannten Dorf, 1851 etablierte Carl Franz Bally hier eine Schuhproduktion, die sich von Anfang an dadurch auszeichnete, dass er Schuhe seriemässig herstellen liess.[709] Dennoch brauchte es eine gewisse Zeit, bis Bally den Durchbruch erzielte. Als er diesen aber schaffte, war es ein erstaunlicher. Innert kurzer Zeit stieg Bally aus dem kleinen Schönenwerd zu einem der grössten Schuhhersteller der Welt auf – und im Gleichtakt mit der Firma wuchs nun dessen Standort. 1888 lebten bereits 1123 Menschen hier, dann steigerte sich die Bevölkerungszahl bis 1900 zunächst um 61 Prozent auf 1812 Menschen und bis 1910 abermals um 35 Prozent auf 2642. Seit der Gründung der Bally-Schuhfabriken hatte sich damit die Bevölkerungszahl von Schönenwerd verfünffacht. Nach dem Ersten Weltkrieg wuchs die Gemeinde indes viel langsamer.

Als drittes Beispiel in der Schweiz möchten wir Uzwil im Kanton St. Gallen anführen, das insofern interessant ist, weil es dieses Dorf ursprünglich gar nicht gegeben hatte. 1855 wurde hier eine Bahnlinie durchgezogen und man baute einen Bahnhof unweit des bestehenden Dorfes Niederuzwil – kein Haus und keine Strasse waren aber an dieser Stelle je vorhanden gewesen, der Bahnhof stand auf einer grünen Wiese. Dank Bahnanschluss industrialisierte sich aber das unmittelbare Umfeld der Station bald. 1859 entstand die Maschinenfabrik Benninger, 1860 rief der Zürcher Adolf Bühler hier eine Eisengiesserei ins Leben, aus welcher das bis heute weltweit führende Mühlebauunternehmen Bühler AG hervorging.[710] Trotz dieses Aufstieges verlief die Bevölkerungsentwicklung ähnlich wie in Gerlafingen und Schönenwerd zuerst weit weniger spektakulär als in Baden, stattdessen stetiger. Das Dorf um den Bahnhof erreichte 1870 eine Zahl von 2665 Einwohnern und legte von diesem Zeitpunkt an jedes Jahrzehnt um 20 Prozent zu, zwischen 1900 und 1910 waren es gar 25 Prozent, nachher flachte das Wachstum aber deutlich ab. 1910 wies Uzwil rund 6200 Einwohner auf. 1855 hatte hier noch niemand gewohnt.

Mit Blick auf diese Wachstumsraten ist gut erkennbar, worin Baden dem Normalfall entsprach, wo es aber eine Ausnahme bildete: Alle *Company Towns*, die wir untersucht haben, verzeichneten eine deutliche Bevölkerungszunahme, die auf die Präsenz einer einzigen Firma zurückzuführen war. Weiter konzentrierte sich dieses überdurchschnittliche Wachstum auf eine Phase, die in der Regel zwischen zehn und zwanzig Jahre dauerte; um nachher wieder auf moderatere Raten zurückzufallen. Baden unterschied sich aber insofern, als hier die Zunahme ausserordentlich hoch ausfiel, besonders wenn wir die ganze Agglomeration berücksichtigen, also zusätzlich Ennetbaden und Wettingen. Wir wiederholen diesen Befund: Zwischen 1888 und 1900 legte die Agglomeration um 55 Prozent zu, zwischen 1900 und 1910 um 51 Prozent.

Für schweizerische Verhältnisse sind solche Wachstumsraten aussergewöhnlich, nicht nur, wenn wir sie anderen *Company Towns* gegenüberstellen, sondern selbst im Vergleich zu normalen Industrieorten, wie etwa der viel grösseren Städte Zürich, Winterthur oder Basel. In der gleichen Periode, 1870 bis 1920, legten diese ebenso deutlich zu, aber nur Zürich dehnte sich zwischen 1888 und 1900 stärker aus als Baden, nämlich 61 Prozent, von 103 862 auf 168 021. Dass die Stadt in jenem Zeitraum die erste grosse Eingemeindung vornahm, was diese erstaunlichen Zahlen erklärt, ist hier irrelevant, da wir uns auch bei Baden auf die Agglomeration bezogen haben. Die Industriestadt Winterthur, das unbestrittene Zentrum zuerst der schweizerischen Textil-, dann der Maschinenindustrie wuchs zwar permanent, aber nie in dem Masse, wie wir es in Baden registriert haben: die höchste Zunahme erfuhr es zwischen 1888 und 1900, damals legte Winterthur um 38 Prozent zu. Ein ähnliches Bild bietet Basel dar, auch diese Stadt nahm nur einmal so rapide zu wie Baden, ebenso im letzten Jahrzehnt des 19. Jahrhunderts, nämlich um 51 Prozent.

Wenn wir vergleichbare Zuwachsraten wie in Baden suchen, dann sind solche am ehesten ausserhalb der Schweiz zu finden. Ein bemerkenswertes Beispiel stellt Leverkusen dar, jene deutsche Stadt, die es unter diesem Namen erst seit 1930 überhaupt gibt. 1890 wohnten an diesem Ort, im damaligen Wiesdorf 2500 Menschen. Nachdem der Bayer-Konzern jedoch 1892 einen Teil seiner Produktion aus Barmen, etwas später auch den Hauptsitz hierher verlegt hatte, schwoll Wiesdorf geradezu an: 1900 zählte es bereits gegen 6000 Einwohner. 1910 sogar 15 000; in der ersten Periode wuchs Wiesdorf somit um 132 Prozent, in der zweiten um 156 Prozent, zweifelsohne sind das ganz andere Zuwächse als selbst in Baden. Heute ist Leverkusen eine Grossstadt von 170 000 Einwohnern.[711]

Ähnlich eindrucksvoll nahm Eindhoven in den Niederlanden zu, eine mittelalterliche Stadt, die 1815 etwa gleich gross wie Baden gewesen war; damals bestand es aus 2310 Einwohnern, und genauso legte die Bevölkerung nach der Etablierung von Philips im Jahr 1891 fulminant zu. 1900 zählte die Stadt bereits 4730, 1920 zehn Mal mehr: 48 000, um nur fünf Jahre danach gar auf 64 000 anzusteigen. Auch hier stellen wir ein Wachstum fest, das absolut und prozentual gesehen die Verhältnisse in Baden weit übertraf.[712]

Als dritten Fall erwähnen wir Zlín. Als hier 1894 der Bata-Konzern gegründet wurde, wies die alte mährische Stadt im damaligen Österreich-Ungarn rund

3000 Einwohner auf. Je erfolgreicher Bata mit seinen preiswerten, in Massen produzierten Schuhen die Weltmärkte eroberte, desto schneller legte auch Zlín zu, besonders in der Zwischenkriegszeit. Uns ist kaum ein Fall bekannt, wo der kausale Zusammenhang zwischen dem Aufstieg einer einzigen Firma und dem Wachstum der Standortbevölkerung so ins Auge sticht: Von 1923 bis 1932 wurde die Belegschaft von 1800 auf 17 000 Arbeitnehmer erweitert, ein Ausbau um mehr als 800 Prozent, was sich sogleich auf die Einwohnerzahl von Zlín übertrug: im selben Zeitraum erhöhte sich diese von 5300 auf 26 400, was einer Steigerung von rund 400 Prozent gleichkam. 1922 hatte der Gründer der Firma, Thomas Bata, entschieden, die Preise seiner Schuhe zu halbieren, was ihn alsbald zum Weltmarktführer machte.[713]

Wir fassen zusammen: Kaum war die BBC 1891 etabliert worden, wuchs die Bevölkerung von Baden ganz ausserordentlich; noch ausgeprägter war dieser Effekt in den unmittelbaren Nachbardörfern Ennetbaden und Wettingen zu spüren. Darin unterschied sich der Ort nicht von anderen *Company Towns*, doch im schweizerischen Vergleich legte Baden mit rekordhohen Raten zu. Schon 1910 war es zur grössten Agglomeration des Kantons Aargau aufgestiegen, selbst Aarau, das jahrhundertelang die bevölkerungsreichste Stadt in dieser Region gewesen war, wurde distanziert. Wenn es aber einen Wert gibt, der den Status des alten Kurortes als neue *Company Town* belegt, dann ist dies der enorm hohe Anteil der «BBCisten» an der gesamten Zahl der Beschäftigten in der Region. 1910 arbeiteten gegen 40 Prozent aller Arbeitnehmer bei der BBC, unmittelbar nach dem Ersten Weltkrieg gar über 60 Prozent (1920). Demographisch betrachtet und was die Dominanz der BBC auf dem lokalen Arbeitsmarkt anbelangte, war Baden somit längst eine *Company Town* geworden. Um diese herausragende Stellung der BBC zu erklären, möchten wir uns nun der wirtschaftlichen Entwicklung der Firma seit 1891 zuwenden. Denn ohne den frühen, verblüffenden Erfolg dieses jungen Unternehmens wäre es nie zu dieser demographischen Umwälzung gekommen.

8. Auf dem Weg zur wirtschaftlichen Dominanz

Im Sommer 1911 reiste eine Delegation der *Institution of Mechanical Engineers*, dem britischen Ingenieurverein, in die Schweiz, um sich vor Ort ein Bild über den Stand der Elektrifizierung zu machen. Zu diesem Zweck wurden verschiedene Kraftwerke besichtigt, wie etwa die gerade erstellte, hochmoderne Anlage an der Aare in Beznau oder das seinerzeit ebenso einzigartige Speicherkraftwerk am Löntsch, das den Klöntaler See im Glarnerland nutzte. Gleichzeitig besuchten die britischen Ingenieure die führenden Firmen der Schweizer Maschinenindustrie: Auf dem Programm standen Sulzer und die SLM in Winterthur, MFO in Oerlikon, Escher Wyss in Zürich – und Brown, Boveri & Cie. in Baden. Schliesslich hielt der Verein seine Jahresversammlung an der Eidgenössischen Technischen Hochschule in Zürich ab, der ETH, wie das Polytechnikum seit kurzem hiess.[714] Hier hörte man sich Vorträge der Schweizer Kollegen an, es wurden technische Fragen erörtert, Durchbrüche erklärt und diskutiert, oder Anlagen im Detail beschrieben, die gegenwärtig in der Schweiz oder von Schweizer Firmen irgendwo in der Welt realisiert wurden. Es schien, als könnten die Briten nicht genug in Erfahrung bringen, was in der Schweiz, diesem kleinen Land, das sie auch touristisch so schätzten, in den vergangenen Jahren in Sachen Elektrizität erreicht worden war. Tatsächlich gab es 1911 nur wenige Länder in Europa, die dermassen elektrifiziert waren. Schon um die Jahrhundertwende hatte sich die Schweiz an die Spitze gesetzt, nirgendwo wurde pro Einwohner mehr Strom produziert. Während in Deutschland um 1900 pro Kopf 18 kWh Strom hergestellt wurde, in Frankreich 8 kWh und in Grossbritannien gar bloss 4 kWh, generierte die Schweiz 53 kWh, also selbst deutlich mehr als Deutschland, das ebenso als Zentrum der Elektrizität galt.[715] Mit anderen Worten, wenn man sich für diese neue Energie interessierte, dann war die Schweiz eine gute Destination. Das war den Briten bewusst. Deshalb waren sie gekommen.

Offenbar war die Reise perfekt verlaufen: «The Institution of Mechanical Engineers has never enjoyed a more successful summer meeting than that which took place last week in Switzerland», schrieb das Organ des Verbandes, *The Engineer*, nach der Rückkehr: «There was only one complaint the whole time, which was that the weather was too fine. Even the excessive heat, however, did not stand in the way of the general pleasure, and did but little to check the energy of those who were bent on seeing the engineering works of Switzerland.»[716] Auf besonderes Interesse waren die Kraftwerke gestossen, da solche in Grossbritannien, dem kohlenreichen Land, weit weniger verbreitet waren. In den Fabriken, die man anschaute, fiel die schweizerische Gastfreundschaft auf: «The various owners had thrown their works open in the most liberal way and made very few restrictions as to what should be seen at the same time, providing capable guides from their own staffs who spoke – to the surprise of many visitors – excellent English.»[717]

Sulzer, Escher Wyss, MFO, SLM: Die Namen dieser Firmen, die man aufgesucht hatte, waren selbst für Ingenieure aus dem angelsächsischen Raum vertraute, klingende Namen – doch es handelte sich auch um Firmen, die seit Jahrzehnten auf dem Weltmarkt tätig gewesen waren und manch britischem Unternehmer schon Konkurrenz gemacht hatten. Nur eine Firma war ein *Newcomer*, aber das ein erstaunlicher: die BBC. Dass die Briten dieses Unternehmen besuchten, zeigt, wie rasch sich die BBC einen internationalen Ruf erworben hatte, sie galt in mancherlei Hinsicht als *Frontrunner* der gesamten, weltweiten Elektroindustrie, besonders seit sie als erste Firma die Dampfturbine auf dem Kontinent durchgesetzt und dabei faktisch ein Monopol errungen hatte, was ihr nicht nur sehr hohe Erträge brachte, sondern der BBC auch technisch viel Bewunderung eintrug. Von einem Engländer, Charles Algernon Parsons, erfunden, war die Dampfturbine von Charles Brown auf entscheidende Weise verbessert worden. In erster Linie, weil es ihm gelang, sie mit einem Turbogenerator zu verbinden, so dass sie sich erst vielfach anwenden liess, wie vor allen Dingen in der Stromerzeugung. Wie sehr die junge BBC die Briten anzog, mag man auch daran ermessen, dass sie ihr 1911 gleich zwei Mal einen Besuch abstatteten, im Februar waren sie bereits nach Baden gekommen, einige Monate später, im Juli, suchten sie die BBC erneut auf. Stets wurden sie von Eric Brown betreut, dem Cousin von Charles Brown, der in London aufgewachsen war, und jetzt die modernste Fabrik der BBC, die Turbinenfabrik leitete. In der Direktionssitzung hatte Eric Brown den Besuch der Briten angekündigt:

«Am 24. Juli kommen etwa 40 Engländer, Mitglieder der Institution of Mechanical Engineers, zum Werkstattbesuch nach Baden. Wir hatten sie zu einem Thee [sic] eingeladen; infolge einer Programm-Änderung kommen sie nun aber schon 12 Uhr 48 nach Baden. Wir werden sie also, an Stelle des Thees, wahrscheinlich zu einem Lunch einladen müssen.»[718]

Obschon das offenbar nicht ganz gelegen kam, wurde keine Diskussion gewünscht, sondern das Protokoll konstatierte:

«Es wird beschlossen, im Kurhaus einen Lunch zu offerieren.»[719]

Jedes Mal erschienen nachher ausführliche Berichte im *Engineer*, und die Texte wurden mit zahlreichen Fotos der Fabriken und ihrer Umgebung in Baden angereichert. In einer Art Abriss der Firmengeschichte schrieb *The Engineer*:

III. Teil. Transformation

«It [BBC] began with about 150 workmen and 34 clerks and managers, and was so successful that in 1900, only eight or nine years later, it was converted into a public company, with a capital of 12½ million francs, or about half a million sterling, and at the same time extended the scope of its operation by taking up the manufacture of the Parsons steam turbine. At the present day [1911] the company employs 3000 workpeople and about 700 clerks and managers, and has besides numerous branches in various parts of Europe, which brings the staff up to 10 100».[720]

Wenn man die Schilderungen im *Engineer* mit den Erinnerungen namhafter BBC-Kaderleute vergleicht, fällt auf, wie in beiden Fällen die rasche Entwicklung hervorgehoben wird. Offensichtlich hatte das alle beeindruckt, die dabei gewesen waren. *The Engineer* lieferte dafür eine interessante Begründung:

«The rapid development of the firm is partly due to the excellency of its manufactures, and partly to its enterprise in taking up new subjects when the rest of the world was hesitating about them. It was, for example, one of the first to devote attention to alternating current machinery, of which it has a very large output to its credit, a list of the principal stations, provided with its machines, which has been sent to us, adding up to nearly 450 000 horse-power. Of these the most notable is St. Denis [bei Paris], with steam turbines reaching a total of 105 000 horse-power. Another direction in which the firm was amongst the first in the field was in the development of three-phase locomotives.»[721]

Nachdem er weitere technische Rekorde der BBC aufgezählt hatte, schloss der Autor: «These few notes will give rather an impression of the greatness of the firm than of the arrangement and construction of its shops, but of the latter one of our supplements with this week's issue will give a good idea». Im Übrigen könne man mehr Informationen auch dem Bericht vom Februar entnehmen, der tatsächlich noch länger war, als jener, der im August publiziert wurde.[722]

Um das Ausmass des Wachstums der Firma zu demonstrieren, druckte *The Engineer* auch ein Foto ab, das aus der Vogelperspektive einen Überblick über das ganze Haselfeld gab und tatsächlich eine imposante Fabrikanlage zeigte, ausserdem präsentierte man einen Plan der diversen Gebäude:

«In the first place, we reproduce a very remarkable photograph, which gives almost a bird's-eye view not only of the whole works, but of a good deal of the neighbouring parts of Baden; it was taken from an elevation to the north-east and we have placed the plan in almost the same position to the observer, so that the principal buildings may be identified.»[723]

Zweifelsohne handelt es sich hier um den subjektiven Bericht eines zeitgenössischen Ingenieurs, dessen Agenda wir nicht kennen. Vielleicht verstand er sich mit den Besitzern der BBC besonders gut, von denen einer ein halber Engländer war, vielleicht wollte er mit ihnen ins Geschäft kommen, und schrieb deshalb so begeistert. Ebenso ist schwer zu bestimmen, ob die BBC bei ihren Besuchern aus objektiven Gründen einen so starken Eindruck hinterliess, oder ob jene Briten, die nachher darüber schrieben, das einheimische Publikum im Auge hatten, das sie aufzurütteln versuchten. In England befürchtete man zu jener Zeit, den Anschluss an die neuesten Entwicklungen in der Elektroindustrie verpasst zu haben. Eine solche gewissermassen didaktische Absicht ist nicht auszuschliessen, immerhin würde das die Glaubwürdigkeit der Aussagen nicht per se in Frage stellen. Man kann etwas bewusst loben, ohne dass man die Faktenlage übertreibt.

Trotz dieser quellenkritischen Vorbehalte erweist sich der Bericht über die BBC für unsere Zwecke als aufschlussreich, besonders, wenn es darum geht, den *Impact* der Firma auf die Region Baden als entstehende *Company Town* der BBC zu bestimmen. Wir leiten aus dieser zeitgenössischen Bestandsaufnahme eines ausländischen Experten diese Erkenntnisse ab:

– Die BBC wuchs rasch.
– Sie wuchs so rasch, weil sie wichtige Innovationen machte und das Risiko auf sich nahm, diese sofort auf den Markt zu bringen, zu einem Zeitpunkt, da andere Konkurrenten zögerten.
– Die BBC arbeitete vorab für den Export und sie hatte früh ins Ausland expandiert. Ihre Anlagen waren überall gefragt. Sie hatte sich sehr früh als ein *Global Player* durchgesetzt.
– Der Autor nahm eine Periodisierung vor: Er definierte eine erste Phase, die von der Gründung im Jahr 1891 bis 1900 dauerte, und eine zweite, die bis in seine Gegenwart, also 1911 reichte. Die erste Phase war gekennzeichnet durch die Produktion von Dynamos, besser: von Generatoren und elektrischen Motoren, in der zweiten kam die Dampfturbine dazu. Ausserdem erfolgte von der ersten zur zweiten Phase eine Modifikation der Gesellschaftsform: aus der kleinen Kommanditgesellschaft wurde eine grössere Aktiengesellschaft.

Um zu verdeutlichen, was wir meinen, wenn wir im Zusammenhang mit der BBC von einem rasanten Wachstum sprechen, möchten wir zunächst ein paar Zahlen nennen, bevor wir gestützt auf die Erkenntnisse, die wir dem *Engineer* entnehmen, unsere Thesen formulieren. Tatsächlich war der Aufstieg dieses Badener *Start-ups* – nicht allein für schweizerische Standards – beispiellos: In gut zwanzig Jahren hatte die BBC sich zum mit Abstand bedeutendsten Elektrokonzern der Schweiz entwickelt. Mit der Elektrizitätsgesellschaft Alioth (EGA) hatte

III. Teil. Transformation

sie 1910 einen unbequemen Konkurrenten übernommen. Die MFO, aus der sie einst als eine Art *Spin-off* entsprungen war, lag weitab distanziert. Ebenso gehörte die Firma inzwischen zu den grössten Unternehmen des Landes überhaupt. Wir führen die aussagekräftigsten Zahlen an:[724]

Tab. 8.1 BBC, MFO, Alioth im Vergleich, 1903–1914, (Aktienkapital)

Aktienkapital (in Mio. CHF)			
Jahr	1903	1910	1914
BBC	12,5	20	32
MFO	8	8	8
Alioth	3	3	Teil der BBC

1910 belief sich Aktienkapital der BBC auf 20 Millionen Franken, hinzu kam eine Obligationenschuld von 10 Millionen Franken. Ein Jahr später, 1911, wurde das Aktienkapital auf 28 Millionen Franken hinaufgesetzt, kurz darauf gar auf 32.

Die MFO wies 1903, also nur wenige Jahre früher, ein Aktienkapital von 8 Millionen Franken und eine Obligationenschuld von 4 Millionen Franken auf; die BBC hatte 1903 bereits über ein Aktienkapital von 12,5 Millionen Franken verfügt. Zur gleichen Zeit sah sich Alioth gezwungen, ihr Aktienkapital von 6 auf 3 Millionen Franken zu reduzieren (1901), sie hatte einen Verlust von nahezu 3 Millionen Franken erlitten und wäre beinahe eingegangen. Ursache war die Krise, die um die Jahrhundertwende die Elektroindustrie Europas verwüstet hatte. Auch die Schweiz war betroffen, besonders die MFO und Alioth, während die BBC dank des Booms ihres Dampfturbinen-Geschäftes kaum etwas davon abbekommen hatte.[725] Auch bei der Zahl der Beschäftigten schwang die BBC inzwischen deutlich oben aus:

Tab. 8.2 Beschäftigte in der schweizerischen Elektroindustrie bzw. Maschinenindustrie, 1884–1914

Jahr	1884	1892	1910	1914
BBC	0	74	3500	4166
MFO	621	973	1993	2047
Alioth	30–50	150	700	Teil der BBC
Sulzer	1600[726]	2000	3500	4000

1910 waren in Baden rund 3500 Mitarbeiter für die BBC tätig – im ganzen Konzern, also mit den neuen Tochtergesellschaften in Mannheim, Le Bourget (bei Paris), Mailand und Kristiania (Oslo) waren es gegen 6000. 1914 zählte das Stammhaus in Baden und Münchenstein 4166 Mitarbeiter, und der Konzern kam auf mehr als 13 000 Beschäftigte, allein in Deutschland (Mannheim, Saarbrücken, München) waren jetzt rund 6000 Arbeiter und Angestellte für die BBC tätig. Demgegenüber hatte Alioth 1910, kurz bevor sie Teil der BBC wurde, 700 Arbeiter und Angestellte unter Vertrag, und die MFO beschäftigte ebenfalls 1910 rund 2000 Personen.[727]

Welch überragende Stellung die BBC in der noch jungen Branche der Elektroindustrie mittlerweile errungen hatte, illustriert auch diese Zahl: 1908/09 exportierte die Schweiz elektrische Maschinen und Anlagen im Gewicht von insgesamt 7542 Tonnen (wie man damals diesen Export mass), davon stammten allein 4795 Tonnen von der BBC in Baden, das entsprach einem Anteil an der gesamten schweizerischen Ausfuhr von elektrischen Produkten von rund 64 Prozent.[728]

In der gesamten Maschinenindustrie, die inzwischen eine der grössten Exportbranchen des Landes geworden war, hatte die BBC den alten *Leader* Sulzer inzwischen eingeholt, wenig später sollte sie das Winterthurer Unternehmen gar übertreffen: 1910 beschäftigte Sulzer 3500 Arbeiter und Angestellte in der Schweiz, die BBC kam ebenfalls auf 3500, doch schon 1914 waren es 4166, während Sulzer rund 4000 zählte. Würden wir ausserdem die Konzerne vergleichen, also die ausländischen Tochtergesellschaften berücksichtigen, hatte die BBC Sulzer weit hinter sich gelassen. Für Sulzer waren im deutschen Ludwigshafen rund 1500 Leute tätig, hinzu kamen ein paar Hunderte in Frankreich, Grossbritannien und Ägypten – für den BBC-Konzern dagegen arbeiteten rund 9000 Beschäftigte im Ausland.

1914 wurde Sulzer in eine Aktiengesellschaft umgewandelt und die Gebrüder Sulzer AG gegründet, das Aktienkapital für den gesamten Konzern wurde auf 24 Millionen Franken angesetzt, zur gleichen Zeit, 1914, wies die BBC ein Aktienkapital von 32 Millionen Franken auf. Mit anderen Worten, die BBC, die Firma von Charles Brown junior, hatte Sulzer, das Unternehmen, das sein Vater Charles Brown senior so entscheidend geprägt hatte, endgültig überholt.

Last but not least legte die BBC so gut wie jedes Jahr einen Gewinn vor. Meistens gelang es ihr, ihn von Jahr zu Jahr zu steigern, wie aus den Geschäftsberichten seit 1900 hervorgeht, seit jenem Jahr, da die BBC sich als Aktiengesellschaft konstituiert hatte:[729]

III. Teil. Transformation

Tab. 8.3 Gewinnentwicklung BBC ab 1900 (in CHF)

Jahr	Reingewinn in Tausend CHF	Jahr	Reingewinn in Tausend CHF
1900/01	2271	1908/09	2753
1901/02	726	1909/10	2142
1902/03	1042	1910/11	2300
1903/04	1356	1911/12	2444
1904/05	1527	1912/13	2745
1905/06	2048	1913/14	3089
1906/07	2177	1914/15	2353
1907/08	2351		

Praktisch jedes Jahr zahlte die BBC ihren Aktionären eine zweistellige Dividende. Leider wurde in den zeitgenössischen Geschäftsberichten fast nie der Umsatz ausgewiesen, so dass es unmöglich ist, die Renditen der BBC zu ermitteln. Wir kennen lediglich den Umsatz im Geschäftsjahr 1913/14, dieser belief sich auf 90 Millionen Franken, was bedeutet hätte, dass die Firma bloss eine Umsatzrendite von rund 3,5 Prozent erreichte, was im Vergleich zu heutigen hoch rentablen Unternehmen wenig beeindruckend wäre.[730] Doch wurden zu jener Zeit die Gewinne systematisch versteckt und in stillen Reserven versenkt, so dass diese Zahlen mit Vorsicht zu bewerten sind. Was die BBC (oder andere Firmen) damals offiziell an Daten der Öffentlichkeit mitteilten, gab keineswegs die realen betrieblichen Verhältnisse wieder.[731] Wie dem auch sei, erstaunlich gewachsen war die BBC auf jeden Fall: Erst vor wenigen Jahren hatte die AEG einen Umsatz von 100 Millionen Mark überschritten, was deutlich macht, wie gross die BBC inzwischen geworden war. 100 Millionen Mark entsprachen 125 Millionen Franken. Ein Umsatz von 90 Millionen Franken bedeutete heute (2009) rund 3 Milliarden Franken.[732]

*

Wenn wir uns nun Gedanken machen, inwiefern die Sachverhalte, die dem englischen Autor des *Engineer* aufgefallen waren, die Transformation von Baden zur *Company Town* geprägt haben, dann möchten wir drei Thesen formulieren – wobei wir diese zum Teil vom zitierten Bericht herleiten, zum Teil aber auch von Erkenntnissen, die wir bereits in anderen Zusammenhängen gewonnen haben. Wir möchten mit diesen drei Thesen arbeiten:

Erstens. Der frühe Durchbruch der BBC hing eng mit dem innovativen und konstruktiven Genie von Charles Brown zusammen – Boveri hatte dessen Potenzial korrekt eingeschätzt. Gleichzeitig zeichneten sich beide Gründer durch eine hohe Risikofreude aus, sie brachten Produkte auf den Markt, wenn die übrige Konkurrenz noch zögerte, weil diese an der technischen Machbarkeit zweifelte. In der Regel lag die BBC, insbesondere Brown, richtig. Browns Charisma bestimmte die Firma, sein Charisma und sein Ruf zogen eine Reihe ähnlich brillanter Ingenieure an, sie stammten aus der ganzen Schweiz, oft aus dem Ausland. Es entstand eine frühe Form von *Expat Community* an der Limmat. Baden musste sich damit arrangieren. Es veränderte die Stadt.

Zweitens. Die BBC arbeitete von Anfang an für den Export, weil der Inlandmarkt sie zu wenig ausgelastet hätte. Zollschranken zwangen die Firma früh, sich zu internationalisieren. Es entstanden Fabriken und Verkaufsstellen in ganz Europa. Für Baden hatte das Folgen: Zwar war sich der alte Kurort einer gewissen internationalen Kundschaft gewohnt, doch nun wurde die Stadt Sitz eines weltumspannenden Konzerns, der überdies zu den ersten seiner Branche aufstieg. Es kamen nicht nur Ausländer in die Stadt, sondern zunehmend reisten Badener um die halbe Welt. Nicht nur Manager besuchten Kunden oder Filialen im Ausland, sondern genauso Monteure, also Arbeiter, Leute, die in Baden, Wettingen oder Fislisbach lebten. Die BBC internationalisierte das Selbstverständnis der Bäderstadt und ihrer Bevölkerung insgesamt.

Drittens. Weil die Firma so rasant wuchs und ihr Anfangserfolg so überwältigend schien, nahm sie auch sehr bald eine überaus dominante Position in der Stadt ein. Die wirtschaftliche Entwicklung der BBC determinierte zusehends den wirtschaftlichen Zustand der Stadt. Wenn die Firma boomte, wie in den ersten Jahren bis 1900, sprudelten die Steuereinnahmen und es zogen viele Menschen zu, geriet sie in die Krise, wie etwa kurz nach dem Ersten Weltkrieg, traf das die Stadt auf eine Art und Weise, wie dies früher die Hotellerie tat. War Baden einst den Konjunkturen des Fremdenverkehrs unterworfen, so musste sie sich nun der Volatilität einer jungen, ausgesprochenen High-Tech-Branche fügen.

Es kann im Folgenden nicht darum gehen, die vollständige wirtschaftliche Entwicklung der BBC zwischen 1891 und 1925, unserem Untersuchungszeitraum, darzustellen, vielmehr fokussieren wir auf jene Ereignisse und Prozesse, die zur Klärung und Bestätigung unserer eben vorgestellten Thesen erforderlich sind. Dass sich am Ende dennoch ein kleiner Abriss der Unternehmensgeschichte ergibt, ist unvermeidlich und erwünscht. Ebenso gehen wir chronologisch vor, nicht thematisch; unsere Thesen leiten jedoch im Hintergrund unser Erkenntnisinteresse an.

III. Teil. Transformation

8.1 1891 bis 1900: Unheimlicher Aufstieg

8.1.1 Baden als Referenzanlage

Der Badener Historiker Tobias Wildi hat in einem Artikel darauf hingewiesen, wie wichtig der erste Auftrag der BBC für das Elektrizitätswerk Baden einzuschätzen ist, weil er der Firma künftig als Referenzanlage diente, um weitere Kunden zu gewinnen.[733] Tatsächlich war Baden eine der ersten Städte der Schweiz, die vollständig elektrifiziert wurde, was zu einem grossen Teil ein Verdienst der BBC war.[734] Unüblich für die Firma, wenn wir an ihre spätere Geschäftstätigkeit denken, lieferte sie nicht nur die Generatoren, Transformatoren und Schalter, sondern installierte das gesamte Netz. Dabei wurde viel improvisiert, da noch keinerlei Erfahrungen vorlagen, ebenso wenig gab es staatliche Vorschriften, die etwa Sicherheitsprobleme ausgeräumt hätten, im Gegenteil, man lernte diese erst jetzt kennen. Albert Hafter, der Ingenieur der BBC, der dafür als Projektleiter verantwortlich war, hat in einem Journal diese Beleuchtungsgeschichte Badens im Detail festgehalten.[735] Manche Innovation, die er machte, wurde nachher zum Standard, manche praktische Lösung, die die BBC in Baden realisierte, um ein Problem zu bewältigen, das man vorher gar nicht gekannt hatte, wurde später vom Schweizerischen Elektrotechnischen Verband, SEV, als Sicherheitsvorschrift sanktioniert.[736] Es unterliefen der BBC aber auch Fehler: Im Nachhinein räumten deren Ingenieure ein, dass jeder Kurzschluss, der vorfiel, mancher Hausbrand, der daraus folgte, auf Mängel der elektrischen Installation zurückzuführen war. Das schadete offenbar dem Ruf des Badener Stromnetzes und seines Erbauers BBC jedoch nicht. Im Gegenteil, da das Netz auf Wechselstrom ausgelegt war, weil es rasch wuchs und meistens tadellos funktionierte, galt es bald als vorbildlich und auf dem aktuellsten Niveau der Technik stehend.

In den Jahren 1891 und 1892 hatte die BBC als allerersten Auftrag das neue Elektrizitätswerk im Kappelerhof an der Limmat hochgezogen, am 24. September 1892 zündete Direktor und Stadtrat Carl Pfister in seinem Büro an der Badstrasse im Rahmen einer kleinen Feier die erste Glühbirne an, und nach einem mehr oder weniger störungsfreien Probebetrieb wurde die Anlage ab Januar 1893 in Betrieb gesetzt. Wie privilegiert, wie glücklich sich die Badener schätzen mussten, war diesen offenbar nicht hinreichend bekannt, jedenfalls hielt es die BBC für angebracht, im *Badener Tagblatt* auf der Front in einem seitenlangen Artikel die Bevölkerung über diese neueste Errungenschaft des alten Kurorts aufzuklären. Man schickte Albert Hafter vor, den verantwortlichen Ingenieur, dieser verfasste eine Art Bedienungsanleitung:

«Überall, wo's einem behagt, kann durch den leisesten Druck auf einen Taster oder eine kleine Drehung an einem Ausschalter die Anzahl der brennenden Lampen dirigirt werden; so schnell, wie angezündet, können die Lampen auch gelöscht werden, ja, die Elektrizität erreicht beinahe die Geschwindigkeit des menschlichen Gedankens!»[737]

Um in Baden erste Kunden zu binden, verschenkte man den Strom bis im Dezember, was vermutlich nicht nötig gewesen wäre, denn die Nachfrage zog umgehend an, wie Albert Hafter in seinem Werbetext im *Badener Tagblatt* richtig erahnt hatte:

«Ist hier einmal die elektrische Beleuchtung zur Wirklichkeit geworden, so wird das im festlichen Festschmuck sich gefallende Baden erst recht erwachen und auch hier wird das sich anderorts zeigende Bedürfnis nach ‹mehr Licht, mehr Licht› sich zeigen. Je mehr man hat, desto mehr begehrt man; das ist [eine] alte Thatsache.»[738]

Wie recht Hafter behalten sollte, bewies nicht bloss die steigende Zahl der Stromabonnenten in Baden, sondern der weitere Bestellungseingang. Weil die BBC, genauer: Brown, auf eine damals noch eher seltene, aber technisch überlegene Wechselstromanlage gesetzt hatte, deren Funktionstüchtigkeit sich jetzt Tag für Tag in Baden besichtigen liess, fand die BBC bald Kunden. Allein im ersten Geschäftsjahr der neuen Firma vom Januar 1892 bis März 1893 trafen 34 Bestellungen ein, 20 aus der Schweiz und bereits 14 aus dem Ausland, namentlich aus Deutschland, Italien, Grossbritannien, Spanien, Belgien und Russland. Innert kurzer Zeit produzierte die BBC nun Dutzende von Generatoren, Transformatoren, Hochspannungsschaltern und elektrischen Motoren. Konkret wurden 1892 drei Getreidemühlen in Gossau/SG mit elektrischen Antrieben bestückt, die Villa Patumbah im Zürcher Seefeld beleuchtet oder die Schuhfabrik von Bally in Schönenwerd elektrifiziert, darüber hinaus rüstete die BBC ein Kraftwerk in Fürstenfeldbruck bei München aus, ein zweites in Rouen in Frankreich. Dynamos (Gleichstrom und Wechselstrom) wurden nach Grossbritannien geliefert, nach Madrid, nach Turin und nach St. Petersburg in Russland. Last but not least, und für die weitere Geschichte der Firma als Geschäftszweig genauso folgenreich, stattete die BBC schon im ersten Jahr ihrer Existenz zwei «dampfelektrische» Lokomotiven des französischen Bahnpioniers Jean-Jacques Heilmann in Paris mit Motoren aus – ein Auftrag, der übrigens wie so vieles zu jener Zeit Charles Brown senior vermittelt und mit dem er von neuem gezeigt hatte, wie klarsichtig er die technologische Entwicklung einschätzte. Bald sollte BBC auch zu einem bedeutenden *Frontrunner* in sämtlichen Fragen der elektrischen Traktion werden.

III. Teil. Transformation

Schon das erste Jahr zeigte, wie rasch und unbekümmert, vielleicht auch etwas rücksichtslos die BBC den Standort Baden zu ihrer *Company Town* machte. Denn wie Wildi zu Recht hervorhebt, nutzte die BBC die städtische Stromversorgung als eine Referenzanlage, was faktisch bedeutete, dass die ganze Stadt zu ihrem Experimentierfeld umgestaltet wurde. Was hier funktionierte, wandte man andernorts an, was hier scheiterte, empfahl man nicht weiter. Fluch und Segen zugleich: Einerseits nahm Baden damit Unfälle, Brände und gar Tote und Verletzte in Kauf, Gefahren mithin, die zu jener Zeit, da die Elektrizität noch eine unerprobte Technologie war, in den Augen der Zeitgenossen viel wahrscheinlicher erschienen, als wir das heute beurteilen würden. Tatsächlich gab es manche Störungen, aber nie Tote. Nur ein Affe starb, der einem Badener entlaufen war. Er hatte sich im Rohr einer Hochspannungsleitung versteckt und verursachte so einen Kurzschluss. Er verglühte zwischen den Stromdrähten.[739]

Andererseits erfreute sich Baden stets der neuesten Technologie und verfügte mit der BBC über eine Service-Stelle vor Ort: Zahlreich sind die Anekdoten über BBC-Ingenieure, die kurzfristig ausrückten, um Kurzschlüsse zu beheben. Eines Abends, so ging die Legende hinterher, holte man BBC-Techniker gar aus einer laufenden Aufführung im Kurtheater heraus, und diese eilten im Frack zur Unfallstelle. In anderen Städten dauerte es in der Regel viel länger, bis ein Stromunterbruch repariert war – ebenso wurde in Baden das Stromnetz nach neuesten Kriterien installiert und manche innovative Lösung zum ersten Mal angewandt, woraus die Stadt nur Nutzen zog. Um etwa die Bahnlinie an der Bruggerstrasse mit der Stromleitung zu kreuzen, verlegte Hafter sie unter den Boden, was bisher kaum praktiziert worden war, aber sehr viel sicherer schien und bald zur Norm wurde. Bereits früh, so wird deutlich, liess sich Baden dieses recht expansive Verhalten der BBC gefallen. Mit Blick auf Hafters originelle Installationen kommt Wildi zum Schluss: «Das Beispiel zeigt, mit welch grossem Vertrauen der Stadt BBC den öffentlichen Raum als Versuchsanordnung verwenden konnte.»[740]

Womöglich lag das auch daran, dass für die Badener die Vorteile zunächst überwogen. Endlich erhielten sie Zugang zur Elektrizität. Gleichwohl trugen sie kaum finanzielle Risiken, da die EGB ja eine private Firma war, an der die Einwohnergemeinde lediglich einen Minderheitsanteil hielt. Später empfand man dies als einen Nachteil, weil man deshalb nicht in gleichem Masse an den laufend höheren Gewinnen partizipieren durfte.

In der Korrespondenz von Walter Boveri, die wir oben eingehend untersucht haben, kommt gut zum Ausdruck, wie sehr dieser um den internationalen Ruf von Charles Brown wusste und dass darin geradezu seine Geschäftsidee lag. Wenn er mit potenziellen Investoren oder Kunden in Kontakt trat, wies er stets darauf hin, wie anerkannt Brown und wie einzigartig dessen konstruktive Begabung war. Ebenso gab er sich überzeugt, dass sie, die beiden ehemaligen

MFO-Kaderleute, in der Lage sein würden, ihren ehemaligen, berühmten Arbeitgeber schon bald zu überflügeln. Beides erwies sich als zutreffend: Browns Talent und Reputation zog Kunden an, geradeso gewannen sie Aufträge, weil man sie als einstige Manager der nicht weniger bekannten MFO als fähig einschätzte. Fritz Funk schrieb in seinen Erinnerungen:

«Man darf überhaupt sagen, dass die junge Firma mit Ihrem ersten Betriebsjahr (das vom 1. Januar 1892 bis 31. März 1893 ging) recht gute Erfolge hatte, was umso erwähnenswerter ist, als die grundlegenden Zeichnungen für alle zu liefernden Maschinen & Apparate neu geschaffen werden mussten, nichts existierte noch, keine Berechnungsunterlagen, keine Serien, keine Preislisten, keine Kalkulationen. Dass dadurch auch der Verkauf erschwert wurde, ist umso verständlicher, als bei der zukünftigen Kundschaft das Vertrauen in die ganze, neue Wissenschaft der ‹Elektrizität› noch recht beschränkt war und die grosse Jugend der Chefs hie und da unzweifelhaft Bedenken erregte. Ein wichtiges Aktivum war allerdings, dass diese jungen Herren von der Maschinenfabrik Oerlikon kamen, und dass die Maschinen für die Aufsehen erregende Kraftübertragung Lauffen-Frankfurt dort von den Herren Brown konstruiert worden waren.»[741]

8.1.2 Zweite Sensation in Frankfurt

Selbstverständlich war Charles Brown nirgendwo berühmter als an jenem Ort, wo er diesen technologischen Durchbruch erzielt hatte: in Frankfurt – und so hatte es etwas Zwangsläufiges, dass hier die BBC auch die erste Sensation ihrer noch jungen Firmengeschichte schuf. Im Herbst 1893 erteilte die Stadt Frankfurt nach langen Jahren der Debatte ausgerechnet der BBC, einer neuen, kleinen Firma aus der Schweiz den damals grössten und begehrtesten Auftrag Deutschlands: Die BBC sollte das neue Elektrizitätswerk ausrüsten und bauen sowie das gesamte Netz der Stadt installieren. Man sprach von Kosten von über 2 Millionen Mark, was heute etwa 120 Millionen Franken bedeuteten.[742] Die BBC hatte damals keine 200 Arbeiter und ein paar Angestellte unter Vertrag. Gegen die Konkurrenz aller deutschen Giganten, insbesondere Siemens & Halske, Schuckert und AEG, setzten sich Brown und Boveri durch. Es war ein Triumph: zunächst, was die Grössenordnung anbelangte. Zu jenem Zeitpunkt handelte es sich um den grössten Auftrag in Deutschland überhaupt. Frankfurt gehörte zu den zehn bevölkerungsreichsten Grossstädten Deutschlands, und galt als eine der reichsten. Mit anderen Worten, im Vergleich zu ihrer ersten Aufgabe in Baden, handelte es sich hier um ein Projekt ganz anderer Dimensionen. Darüber hinaus war Frankfurt eine schillernde und raffinierte Stadt, und wer hier baute, baute eine Referenzanlage, die in ganz Deutschland, ja weit darüber hinaus auf

III. Teil. Transformation

Beachtung stiess. Tatsächlich stieg die BBC danach innerhalb kurzer Zeit zu den grossen, wichtigen Anbietern im Kaiserreich auf, mehrere genauso prestigereiche Aufträge folgten, oder um es amerikanisch auszudrücken: *Frankfurt put BBC on the map.*

Schliesslich war auch die symbolische und politische Bedeutung dieses Auftrages umso höher zu veranschlagen, als die Stadt Frankfurt mehrere Jahre benötigt hatte, um sich endlich zu diesem Beschluss durchzuringen. In kaum einer anderen deutschen Stadt war so intensiv darüber gestritten worden, welches Stromsystem am besten wäre, ja, man führte sogar eine internationale Ausstellung durch, um diesen Entscheidungsprozess zu befördern: Kurz, wer aus dieser Ausscheidungsrunde als Gewinner hervorging, also die BBC, erfuhr eine maximale Aufmerksamkeit in einer Öffentlichkeit, die seit Jahren diesen Krieg um den richtigen Strom in Frankfurt mitverfolgt hatte. Ironischerweise muss es für Brown und Boveri ein *Déjà-vu* gewesen sein. Wie zwei Jahre zuvor in Baden hatte sich die Frage des neuen Elektrizitätswerkes in Frankfurt zu einem Politikum allererster Güte entwickelt, es wurde in Versammlungen und Zeitungen gekämpft und polemisiert, es lagen sich Politiker, Unternehmer und Bürger in den Haaren, und Experten traten auf und ab, schliesslich entschied die Politik. In Baden war es die Gemeindeversammlung, in Frankfurt zuerst der Magistrat, die Stadtregierung, dann die Stadtverordnetenversammlung, das städtische Parlament. Letzten Endes bewies Frankfurt, wie entscheidend Charles Brown für den spektakulären Erfolg der BBC war: Hätte sich Brown in Frankfurt nicht bereits einen grossen Namen verschafft, wäre die BBC kaum je zum Zug gekommen.

Wenn wir den Aufstieg der BBC bis 1900 illustrieren möchten, dann gibt es vielleicht kein Ereignis, das diesen besser beschreibt und komprimierter begründet als die Vergabe dieses Auftrages in Frankfurt. Aus diesem Grund möchten wir hier dessen Geschichte etwas vertiefen, weil nicht zuletzt anhand der Kontroverse, die sich entspann, aufgezeigt werden kann, was die junge BBC damals ausmachte.

Der BBC kam in Frankfurt ganz eindeutig die Tatsache entgegen, dass Charles Brown bloss zwei Jahre zuvor die Kraftübertragung von Lauffen nach Frankfurt realisiert hatte. Schon allein die personellen Kontinuitäten machen dies deutlich: Denn die gleichen Akteure, die seinerzeit die Internationale Elektricitäts-Ausstellung geprägt hatten, spielten auch bei der Vergabe des neuen Elektrizitätswerkes eine entscheidende Rolle, namentlich Leopold Sonnemann, Bankier und Verleger der *Frankfurter Zeitung*, Oskar von Miller, der Projektleiter der Ausstellung, und William H. Lindley. Die ersten zwei haben wir an anderem Ort bereits vorgestellt, beim dritten handelte es sich um den Stadtbaurat von Frankfurt, ein Chefbeamter, der im Magistrat sass und für den gesamten Tiefbau der Stadt verantwortlich zeichnete. Was für die beiden ersteren galt, traf auch auf ihn zu: ohne Lindley wäre die Ausstellung seinerzeit kaum zustande gekommen. Alle drei verband seither etwas Weiteres: Sie hatten Charles Brown als jenen jungen, brillanten Ingenieur kennen und schätzen gelernt, der hielt, was er versprach, auch wenn das Ziel, das zu erreichen war, unmöglich, ja fantastisch schien. Brown war es gewesen, der Miller darin bekräftigt hatte, eine rekordlange Stromübertragung zu versuchen, Brown war es gewesen, dem dies gelungen war und der so der Ausstellung jenen Glanz gegeben hatte, wie er den Ausstellungsmachern so dringend erwünscht gewesen war. Damit hatte Brown Millers Reputation genauso vermehrt, wie die eigene erst geschaffen.

Auch Sonnemann und Lindley hatten auf Brown gesetzt und waren nicht enttäuscht worden. Alle drei waren nun überzeugt, dass dem Wechselstrom die Zukunft gehörte – und dass niemand in Europa diese Technologie besser beherrschte als Charles Brown. Dass sie jetzt zu den unerschütterlichen Promotoren der BBC in Frankfurt zählten, als es darum ging, der Firma den Auftrag für das Elektrizitätswerk zuzuhalten, kann vor diesem Hintergrund nicht überraschen. Dass sie die Entscheidung im Systemstreit, den Frankfurt gebracht hatte, sogleich nutzen wollten, solange dieser Rückenwind noch blies, ebenso wenig.

Kaum war die Ausstellung im Herbst 1891 beendet worden, nahmen sie das Heft in die Hand. Sonnemann war selbst Stadtverordneter und sass in der vorberatenden Kommission des lokalen Parlaments, welche das Projekt des Elektrizitätswerkes vorzubereiten hatte. Ob Sonnemann den Ausschlag gegeben hatte oder nicht, lässt sich zwar nicht zweifelsfrei belegen, doch vermutlich sorgte er dafür, dass seine Verbündeten Miller und Lindley als «Sachverständige» beigezogen wurden, um die Politiker bei den technischen Fragen zu beraten. Schon im Sommer 1892 plädierten die beiden Experten in einem Gutachten für eine Wechselstrom-Anlage – was wie erwartet den Systemstreit aufs Neue entfachte, zumal manch deutsche Firma nach wie vor zum Gleichstrom tendierte, nicht zuletzt aus Rücksicht auf die eigenen Patente, in die man Unsummen investiert hatte. Der prominenteste Fall war Siemens & Halske in Berlin.

Weil es um sehr viel Geld ging, weil es einen Auftrag mit Signalwirkung darstellte, bemühte sich alles darum, was in der deutschen Elektroindustrie Rang und Namen besass. Weil Charles Brown und Walter Boveri die Verhältnisse in Frankfurt kannten, reichten auch sie ein Angebot ein. Im Juni 1893 entschied die Kommission, dann der Magistrat – und auf Empfehlung von Miller und Lindley sprachen sich beide Gremien für die Offerte der BBC aus. Diese sah ein sogenanntes Einphasen-Wechselstromsystem vor, was Charles Brown wohl deshalb vorgeschlagen hatte, weil Miller und Lindley ihm das nahegelegt hatten. Mit anderen Worten, die einstigen Partner bei der Kraftübertragung von Lauffen nach Frankfurt arbeiteten Hand in Hand. Sie stimmten sich ab. Gleichzeitig erklärte sich die BBC damit einverstanden, die Anlage in Frankfurt als Generalunternehmerin zu bauen und in den ersten Jahren auf eigene Rechnung und eigenes Risiko zu betreiben. Schliesslich sicherte sie zu, in Frankfurt eine Niederlassung zu etablieren. Gewiss, die BBC hatte mit Miller, Sonnemann und Lindley einflussreiche Fürsprecher, aber sie setzte sich aus objektiven Gründen durch: Ihre Offerte war die billigste, ihre Anlage setzte auf den zukunftsfähigen Wechselstrom und sie bot die modernste Technologie.

Insgesamt belief sich das Auftragsvolumen auf knapp über 2 Millionen Mark. Konkret lag das Angebot der BBC 95 000 Mark, also 4,75 Prozent, unter jenem von Siemens & Halske, sowie 135 000 Mark, oder 6,75 Prozent, tiefer als, die Kölner Firma Helios verlangte. Andere Unternehmen, die offeriert hatten, waren bereits früher ausgeschieden. Diese Prozentsätze zeigen ganz beträchtliche Unterschiede auf. Womöglich hatte die BBC einen Preis berechnet, an dem sie kaum verdiente. Den Auftrag zu erhalten, koste es, was es wolle, hiess die allererste Priorität.

Wenn wir uns diesen gigantischen Auftrag vor Augen halten, den die BBC ja zum Teil vorzufinanzieren hatte, wenn wir ausserdem daran denken, dass Brown für Frankfurt auf dem Reissbrett einen Prototypen zu bauen hatte, der sich so noch nirgendwo bewährt hatte, dann muss man die Offerte der BBC als geradezu tollkühn bezeichnen. Hätten diese unerprobten Anlagen nicht zur Zufriedenheit der Kunden funktioniert, wären teure Nachrüstungen und Garantieleistungen nötig geworden, wäre schliesslich die neue Technologie von Brown gescheitert: die junge, kleine Firma wäre wohl umgehend bankrott gegangen. Dabei setzten Brown und Boveri nicht etwa das Geld von Aktionären aufs Spiel, sondern zu hundert Prozent das eigene. Mit anderen Worten, die beiden jungen Männer bewiesen eine aussergewöhnliche Risikobereitschaft, als sie diesen Auftrag annahmen und die diversen Bedingungen der Frankfurter akzeptierten.

Noch war indes die letzte Hürde zu nehmen, erst im Oktober sollte die Stadtverordnetenversammlung definitiv beschliessen. Zeit genug für die Konkurrenz, alles in Bewegung zu setzen, um diesen Vorentscheid zu wenden – besonders Siemens & Halske, die «Weltfirma», wie man sie nannte, und einer der Titanen der deutschen Elektroindustrie, konnte schwerlich hinnehmen, dass ihr eine winzige Firma aus der Schweiz sozusagen auf dem eigenen *Turf* diesen Auftrag abnahm.

Wie genau das Lobbying des Berliner Grossunternehmens in Frankfurt vor sich ging, lässt sich nicht mehr in allen Einzelheiten rekonstruieren, dessen Konsequenzen hingegen sind gut zu erkennen. Geradezu im Akkord schickte Siemens & Halske in den kommenden Wochen neue, immer preisgünstigere Offerten, ebenfalls alliierte sie sich mit W. Lahmeyer & Co., einer Frankfurter Firma, um so die lokalen Loyalitäten, denen sich die Politiker verpflichtet fühlen mussten, für sich zu nutzen.[743] Überdies motivierte sie scheinbar unabhängige Experten, für ihre Technologie einzutreten. Als nichts mehr verfing, setzte sie auf den Patriotismus – auch der Frankfurter. Ob auf Siemens' Veranlassung oder nicht: bald wurde der Systemstreit von einem national-industriellen Selbstbehauptungsdiskurs abgelöst. Dass eine ausländische Firma das bislang grösste Elektrizitätswerk Deutschlands bauen sollte, wurde zum Thema der Kommentarspalten und der Politik. Adolf Slaby, Vorsitzender des Verbandes der Elektrotechniker Deutschlands, schrieb dem Frankfurter Oberbürgermeister Franz Adickes und dem gesamten Magistrat einen offenen, konsternierten Brief:

«Dem Vernehmen nach beabsichtigt der Magistrat der Stadt Frankfurt a. M., die dortige Zentrale an die Firma Brown, Boveri & Co. zu vergeben. Diese Angelegenheit berührt die Gesammtinteressen [sic] der deutschen Elektrotechnik so empfindlich, dass der unterzeichnete Vorstand sich erlaubt, dem geehrten Magistrat die folgende Vorstellung zu unterbreiten: Die Vergebung der Zentrale Frankfurt an eine ausländische Firma wäre ein indirektes, aber darum nicht weniger deutliches Misstrauensvotum gegen die deutsche Industrie.»[744]

Slaby galt als Autorität, nicht bloss in Wissenschaft und Technologie, sondern in sämtlichen Fragen der Elektropolitik: als erster Professor für Elektrotechnik an der Königlich Technischen Hochschule in Charlottenburg hatte er dort ein weltweit bewundertes Laboratorium eingerichtet und Berlin damit auch zu einer ersten Adresse der elektrotechnischen Ausbildung und Forschung gemacht, wobei ihm natürlich zustatten kam, dass hier mit Siemens & Halske und der AEG auch zwei der grössten Firmen der Elektroindustrie domiziliert waren. Elektropolis im Aufstieg: Berlin war unangefochtenes Zentrum dieses neuen Leitsektors geworden, und Slaby bewegte sich darin wie ein Fisch im Wasser. Er hatte nicht nur den Verband für Elektrotechnik ins Leben gerufen (VDE, Sitz: Berlin), den er nun führte, sondern präsidierte auch den Verein Deutscher Ingenieure (VDI, Sitz: Berlin), vor allen Dingen aber: Er hatte direkten Zugang zum Kaiser.[745] Wenn er jetzt die Frankfurter Politiker warnte, dann erhielt dies eine geradezu offiziöse Eindringlichkeit:

«Liegt aber keine thatsächliche Inferiorität der deutschen Projekte und Leistungen vor, so muss der geehrte Magistrat sich klar darüber sein, dass er durch eine Abweisung der deutschen Projekte die Verantwortung für eine empfindliche Schädigung unseres Rufes vor der ganzen Welt übernehmen würde. Denn das ganze Ausland würde, wo es mit deutscher Produktion auf dem Gebiete der Elektrotechnik in Wettbewerb tritt, auf das Beispiel Frankfurts hinweisen und es

III. Teil. Transformation

benutzen, um darzuthun, dass eine der grössten Städte in unserem Vaterlande zu der Leistungsfähigkeit unserer Landsleute kein Vertrauen habe. Die Behörden anderer Länder denken über solche Dinge sehr vorsichtig; wir verweisen in der Beziehung auf das ‹made in Germany› der Engländer, und wir verweisen besonders auch darauf, dass gerade in der Schweiz ein nicht schweizerischer Unternehmer kaum jemals Aussicht hat, mit einer Submission in städtischen Angelegenheiten Erfolg zu erzielen.»[746]

Es ist nicht überliefert, wie die Frankfurter diese Intervention aus Berlin konterten, immerhin fand der Brief aber Eingang in die Unterlagen der Minderheit der Kommission, die sich für Siemens & Halske stark machte – wobei diese Minderheit aus einem einzigen Abgeordneten bestand: Dr. Humser, ein Anwalt, der den Ehrentitel eines Justizrates trug. Die übrigen sechs, darunter selbstredend Sonnemann, aber auch Oberbürgermeister Franz Adickes, hatten für die BBC votiert.[747] Da die Beziehung zwischen Frankfurt und Preussen generell als vergiftet galt, seit Preussen Frankfurt vor wenigen Jahren annektiert hatte, dürfte Slaby eher Abwehrreflexe erzeugt haben. Es ist nicht ausgeschlossen, dass die BBC, eine Firma aus der neutralen Schweiz, auch aus diesem Grund in Frankfurt bessere Karten hatte als die ungeliebte, grosse Konkurrenz aus Berlin, der deutschen *und* preussischen Hauptstadt.[748] Wenn wir indes die Debatte verfolgen, die im Herbst in der Stadtverordnetenversammlung geführt wurde, um abschliessend zu entscheiden, dann spielten solche anti-preussischen Ressentiments kaum eine Rolle; was zählte – und das ist für unseren Zusammenhang relevant – war der Preis, die modernere Technologie der BBC (Wechselstrom) und – Charles Brown.

Am 10. Oktober 1893 trat die Stadtverordnetenversammlung von Frankfurt zusammen. Die erste Sitzung musste nach mehreren Stunden ergebnislos abgebrochen werden, zwei Tage später wurde sie fortgesetzt: So emotional, so verbissen hatte man sich gestritten.[749]

Dr. Humser gab nicht auf – Slaby reflektierend hatte er in seinem Minderheitsbericht geschrieben: «Meines Erachtens ist es nicht zu verkennen, dass die deutsche Elektrotechnik nicht ohne Berechtigung sich zurückgesetzt fühlt durch den Gang, welchen die Dinge bei uns genommen haben.»[750]

Insbesondere hob er hervor, dass Siemens & Halske schon mehrere Städte mit solchen Anlagen beliefert hätte, während die BBC keinerlei Erfahrung aufweise:

«Ein Projekt wird vorgeschlagen, welches von einem Sachverständigen und unserem städtischen Baurat aufgestellt und nirgendwo (auch nicht in Zürich) bisher ausgeführt wurde, ein Projekt, welches selbst die hauptsächlich auf dem Gebiete des Wechselstroms thätige Gesellschaft Helios unter eigener Verantwortung auszuführen, sich weigern musste.»[751] Und mit Blick auf die BBC hielt er fest: «Die Ausführung soll erfolgen durch eine Firma, welche sich vor zwei Jahren in der Schweiz etablierte, welche gute Dynamomaschinen herstellen mag, welche auch nach dem Urteile des diesseitigen Sachverständigen ‹in Bezug auf Motoren Hervorragendes› leisten mag, welche aber keine einzige grössere Zentrale gebaut hat.»[752]

Am 10. Oktober bekräftigte Humser diese Kritik vor allen Stadtverordneten, hier waren die Mehrheitsverhältnisse erheblich prekärer als in der handverlesenen Kommission. Humser wurde jetzt von mehreren Stadtverordneten unterstützt, unter anderem von Franz Josef Henrich, einem Drucker und Verleger, der die Qualifikation von Lindley, des einen Sachverständigen, in Zweifel zog, wozu Henrich sich wahrscheinlich umso mehr verlockt fühlte, weil Oskar von Miller, der konkurrenzlose, international anerkannte Experte nicht an der Sitzung teilnahm:

«Der Herr Oberbürgermeister stützt sich also lediglich auf Herrn Lindley. Frankfurt ist ja glücklich, einen so hochbegabten Baurat zu besitzen, die höchste Autorität auf dem Gebiete des Kanalwesens (Heiterkeit). Ich gebe ja auch zu, dass von Anfang an Herr Lindley mit der ihm eigenen Energie sich auf das Studium der Elektrotechnik geworfen hat, allein er hat noch niemals ein selbständiges Werk gebaut oder geführt. Ich kann mich also Herrn Oberbürgermeister nicht anschliessen.»[753]

Tatsächlich hatte Lindley die gesamte Wasserversorgung der Stadt gebaut oder modernisiert, mit Elektrizitätswerken hingegen hatte er bisher nicht allzu viel zu tun gehabt. 1853 in Hamburg als Sohn eines englischen Ingenieurs und einer deutschen Mutter geboren, war er seit 1878 in Frankfurt zuständig für alle Fragen des Tiefbaus. Sein Vater war seinerzeit nach Hamburg geholt worden, um die Stadt nach dem grossen Brand von 1842 zu sanieren.[754]

Auch Henrich verlangte, Siemens & Halske den Auftrag zu erteilen, einer Firma, die «wirklich Weltruf geniesst», und nachdem er Lindley, der immerhin anwesend war, in aller Öffentlichkeit lächerlich gemacht hatte, schoss er sich auf den Oberbürgermeister ein. Ihm warf er nichts weniger als Erpressung vor:

«Schliesslich hat er [Adickes] uns gedroht: das müsst Ihr annehmen, sonst kriegt Frankfurt lange kein elektrisches Licht, und Ihr seid daran Schuld [sic]! Bange machen gilt nicht. Wenn Sie heute den Beschluss fassen, nach dem Entgegenkommen von Siemens & Halske, dass wir dieser Firma den Zuschlag geben, wird vielleicht der Herr Baurat [Lindley] ein wenig ärgerlich, aber er hat soviel Patriotismus gegen seine zweite Vaterstadt, dass er mit demselben Eifer an dieses Werk herangehen wird, wie an das von Brown-Boveri.»[755]

«Herr Henrich hat gesagt, ich berufe mich nur auf Herrn Lindley», verwahrte sich Oberbürgermeister Adickes, «O. v. Miller hat aber alles bestätigt, was Herr Lindley vorgeschlagen, und zwar in einem Telegramm, welches ausspricht, dass er noch heute auf demselben Standpunkt stehe.»[756]

Schon vorher hatte Lindley zwar eingeräumt, dass auch er es lieber gesehen hätte, wenn man diesen Auftrag einer deutschen Firma hätte übergeben können, doch erinnerte er daran, dass ein grosser Teil des Arbeitsvolumens ohnehin an deutsche Zulieferer der BBC ginge. «Ausserdem werde die genannte Firma hier eine Niederlassung gründen, das sei ebenfalls ein Vortheil für die Stadt.»[757] Und um dem nationalen Argument die Spitze zu brechen, fügte Sonnemann an, Boveri sei «übrigens ein Bamberger».[758]

Wenn wir das Image der frühen BBC bestimmen wollen, wie es sich den Zeitgenossen darstellte, dann ist vielleicht nichts aufschlussreicher als der Vergleich, den Lindley nun zog – zwischen Siemens & Halske auf der einen Seite und der BBC auf der anderen – es war ein Vergleich zwischen Vergangenheit und Zukunft, zwischen Establishment und Herausforderer. Lindley sagte:

«Nun noch die Garantie der Firma Siemens u. Halske in Bezug auf Erfahrung. Das ist eine Erfahrung einer Anzahl von Ingenieuren, die sie engagiert. Werner Siemens lebt nicht mehr. Es thut mir leid, sagen zu müssen gegenüber den Einflüsterungen der Vertreter der Firma, als langjähriger Berater der Stadt: Was sind unsere Erfahrungen mit Siemens u. Halske?»[759] Und Lindley führte eine Chronik des Versagens und der Unberechenbarkeit an, laufend hätten die Berliner ihre Offerten abgeändert, um zu gefallen. Zuerst schlug Siemens & Halske Gleichstrom vor, dann schwenkte die Firma nolens volens auf ein Mischsystem um, schliesslich schloss sie sich der Technologie von W. Lahmeyer an, dem kleinen Juniorpartner vor Ort – ein solches Verhalten empfand Lindley als wenig vertrauensbildend: «Von einer Weltfirma erwarte ich mehr Gediegenheit. Jetzt macht sie wieder einen Versuch, das Aufblühen der Elektrotechnik zu unterdrücken. Der alte Schuckert hat Thränen geweint wegen der Art und Weise, wie er von Siemens u. Halske verfolgt wurde. Das Wechselstromsystem, welches von Siemens u. Halske für unbrauchbar erklärt wurde, hat glänzende Bahn gemacht und wird siegen. Was steht auf der anderen Seite?»[760] fragte Lindley mit Blick auf die BBC – und er stimmte eine Hymne auf Charles Brown an:

«Statt eines Konglomerats von Technikern, deren Unkenntnis bewiesen ist, steht einer der geistreichsten, tüchtigsten Ingenieure auf dem Gebiet der Elektrizität, der von Allen anerkannt wird, dessen Maschinen von der genialen Hand eines tüchtigen Konstrukteurs zeugen. Wir sollen solche genialen Leute engagieren, uns ein tüchtiges Werk zu schaffen, und uns nicht durch eine schwere und schwerfällige Lokomotive unterdrücken lassen.»[761]

Im offiziellen Protokoll wirkte diese Stelle noch heroisierender: «Dem gegenüber stehe die Firma Brown, Boveri & Comp. deren Theilhaber Herr Brown, ein genialer, hochbedeutender Ingenieur sei, der geachtet dastehe und dessen Constructionen sich stets bewährt hätten. Die technische Garantie sei daher bei Brown, Boveri & Comp. zu finden.»[762]

Eine schwere, schwerfällige Lokomotive: Die Worte, die Lindley wählte, um den alten Marktführer Siemens & Halske zu beschreiben, muss den einen oder andern geschmerzt haben, sie waren bezeichnend. «Werner Siemens lebt nicht mehr.» Umso mehr lebte Charles Brown, der erst 30 Jahre alt war – Lindley hatte in diesem Statement vor den Stadtverordneten den Generationenwechsel in der Elektrotechnik auf zwei Namen verdichtet. Mag sein, dass er sich, ein halber Engländer, dem halben Engländer Brown besonders verbunden fühlte und ihn auch deshalb so positiv beurteilte, doch niemand widersprach. Es herrschte bei diesem Namen Konsens, in Frankfurt hatte Brown schon einmal für eine Sensation gesorgt, allen war er ein Begriff.[763]

Man kam zum Schluss. In seinem letzten Votum als Sprecher der Kommissionsmehrheit plädierte Sonnemann, der entscheidende Mann seit Jahren in dieser Auseinandersetzung, noch einmal für die BBC und nahm dabei den Gegensatz zwischen Vergangenheit und Zukunft auf, den Lindley angezogen hatte:

«Was bekommen wir, wenn das Projekt Siemens-Lahmeyer-Hagen ausgeführt wird? Das hätte vielleicht vor 1891, als man noch nicht den ganzen Wert auf Kraftverteilung legte, Aussicht gehabt. Heute ist es ein veraltetes System, bei dem der Strom fortwährend Verluste erleidet. Sie sagen, Brown, Boveri & Co. hätten noch kein Werk ausgeführt und verweisen uns auf das kleine Bockenheim. Die Herren haben in Baden ein Werk mit 600 PS, in Luzern haben sie eine Maschine von 600 PS, an Stelle einer Ganzschen Maschine gesetzt, und auch hier Wechselstrom mit Sekundärnetz. Ich pflege an Ort und Stelle zu gehen und die Sache anzusehen. Ich habe die Fabrik von Brown-Boveri gründlich besichtigt. Wer das Werk, seine Leiter und seine Kommanditisten kennt, wird besser urteilen können. Die Herren sind fortgeschritten, während Siemens & Halske zurückgeblieben sind, weil sie in den letzten Jahren keine neuen Ideen gebracht haben.»[764]

III. Teil. Transformation

Man schritt zur Abstimmung. Mit 27 gegen 21 sprachen sich die Frankfurter Stadtverordneten für die Offerte der BBC aus. Brown hatte die zweite Sensation von Frankfurt zustande gebracht. Seine Firma, die erst vor zwei Jahren gegründet worden war, hatte die gesamte deutsche Konkurrenz ausgestochen und den damals umfangreichsten Auftrag im Kaiserreich gewonnen. Die drei Einphasengeneratoren, die die BBC in der Folge für Frankfurt herstellte, waren die ersten Wechselstromgeneratoren überhaupt, die man in einem städtischen Elektrizitätswerk in Deutschland installierte, – womit deutlich wird, wie weit die BBC die deutschen Rivalen technologisch distanziert hatte. Diese taten sich nach wie vor schwer, den Gleichstrom aufzugeben und auf den Wechselstrom umzustellen.

Diese technische Überlegenheit der Schweizer war eine notwendige Bedingung, um überhaupt an diesen Auftrag heranzukommen, doch hinreichend dürfte sie wohl nicht gewesen sein. Darüber machte sich niemand Illusionen. Fritz Funk:

«So hatten wir schon bei der Bewerbung um das Elektrizitätswerk Frankfurt die bittere Erfahrung machen müssen, dass *beinahe* die deutsche Konkurrenz vorgezogen worden wäre, trotzdem sie unseren Konstruktionen nichts Ebenbürtiges entgegenzusetzen hatte – nur weil sie deutsches Fabrikat bot, d.h. aus rein nationalen Gründen. Nur der Umstand, dass wir einflussreiche und sachverständige Fürsprecher hatten, liess uns in diesem wichtigen Kampfe siegen.»[765]

Schon im Oktober 1894 wurde das neue Elektrizitätswerk von Frankfurt in Betrieb genommen. Laut Vertrag hatte die BBC es während der ersten fünf Jahre als Pächterin selber zu führen – bis 1899 –, wir haben diese Bedingung bereits erwähnt. Auf den Stromrechnungen der Frankfurter erschien deshalb der Aufdruck: «Städtisches Elektrizitätswerk Brown, Boveri & Cie.». Zum ersten Direktor des Werkes bestimmte die BBC Gustav Melms. Wie so oft setzte man auf die eigene Familie. Melms (1863–1943), ein amerikanischer Ingenieur, war seit 1889 mit Juliet Brown (1869–1943) verheiratet, der jüngsten Schwester von Charles Brown. Für die neue Stelle zog das Paar eigens nach Deutschland, zuvor hatte es in den USA gelebt.[766] Wenn die Familie rief, so macht es den Anschein, war kein Atlantik zu breit.

Der zweite grosse Gewinner von Frankfurt war Oskar von Miller. Besonders nachdem sich erwiesen hatte, dass die Wechselstromanlage von BBC einwandfrei arbeitete, stieg er zum Experten aller Experten in Deutschland auf. Zahlreiche Kommunen vertrauten ihm und zogen ihn als Berater bei – was der BBC genauso zugute kam, denn er vermittelte ihr weitere Aufträge. Die beiden Seiten: Experte und Unternehmen kooperierten reibungslos – ohne dass dies Anstoss erregte.

Wenn es aber jemanden gab, der erleichtert war und deshalb nur Gutes über die BBC zu sagen hatte, dann waren das die Magistraten und Stadtverordneten der Stadt Frankfurt, die zweifellos viel Risikofreude und Mut bewiesen hatten, als sie eine kleine und ausländische Firma gegen den Widerstand des deutschen (oder Berliner) Establishments durchgedrückt hatten. Sowie klar war, dass die BBC hervorragende Entwicklungsarbeit geleistet und die modernste und preisgünstigste Technologie zugleich montiert hatte, verfasste die Frankfurter Stadtregierung einen Abschlussbericht über ihr neues Werk und verschickte diesen in alle Welt; zu den Interessenten gehörten St. Petersburg, Meran, Prag, Zürich, London, Brüssel, Paris und Mühlhausen im Elsass.[767] Besseres hätte der BBC nicht geschehen können. Frankfurt wurde die Referenzanlage für die BBC schlechthin.

«Die grösste Wichtigkeit dieses Auftrages», notierte Fritz Funk, «aber lag natürlich in der riesigen Reklame, die er für den Namen Brown Boveri und für die Tüchtigkeit seiner Konstrukteure machte. Die Generatoren wurden in Baden gebaut und erhielten eine elegante äussere Form, die auch dem Laien gefallen musste, und später vielfach von der Konkurrenz zur Grundlage des Aufbaues solcher Maschinen angenommen wurde.»[768]

In der Tat trafen nach Frankfurt zahlreiche Bestellungen ein, natürlich aus Deutschland, wo die BBC nun weitere grosse Kraftwerke errichtete, wie etwa in Elberfeld, Mannheim oder Ludwigshafen, aber ebenso in der Schweiz, Italien und Frankreich. Besonders in diesen beiden letzteren Ländern sorgte die BBC für Aufsehen, als sie erneut gegen die gesamte internationale Konkurrenz die allerseits begehrten Aufträge erhielt, die Elektrizitätswerke von Lyon bzw. Mailand mit Generatoren auszustatten. Schliesslich ist eine weitere Konsequenz von Frankfurt von grosser Bedeutung: deutsche Bankiers und Financiers wurden nun auf diesen erstaunlichen *Start-up* in der kleinen Schweiz aufmerksam. Bald sollte die BBC vor allem in Deutschland Investoren und Banken finden – auf die sie dringend angewiesen war, um ihre rapide Expansion zu finanzieren.

Funk sprach von «Reklame», Brown spitzte dieses Selbstbewusstsein zu, das darin zum Ausdruck kam. Er glaubte, auf Reklame überhaupt verzichten zu können, im wortwörtlichen Sinne: «Inserate brauchen wir nicht», sagte er seinen Mitarbeitern, «unsere Anlagen müssen sich selbst empfehlen durch vollkommene Ausführung und durch rechtzeitige Ablieferung.»[769] Die ersten Jahre der BBC gaben ihm ohne Zweifel recht. Seine Technik und seine Anlagen wurden in Fachkreisen *the Talk of Town*.

III. Teil. Transformation

8.1.3 Expansion ins Ausland

«Boveri ist übrigens ein Bamberger», hatte Leopold Sonnemann in der Debatte der Stadtverordneten gesagt – womit er auch durchblicken liess, wie gut er Boveri inzwischen kennen gelernt hatte. Als es seinerzeit darum gegangen war, die Kraftübertragung von Lauffen nach Frankfurt zu realisieren, kam Boveri bloss als Projektleiter seines Chefs Brown junior zum Einsatz. Jetzt, anlässlich der Bewerbung um den Auftrag in Frankfurt, wuchs Boveri in eine neue Rolle hinein – und spielte zum ersten Mal jene Talente aus, die ihn zu einer so guten Ergänzung zum «genialen» Brown machen sollten. Boveri profilierte sich als der eigentliche unternehmerische Kopf der BBC. Fritz Funk:

«Die Leitung des Verkaufes lag damals fast ausschliesslich bei Herrn Boveri, der in den Verhandlungen mit den Kunden sehr wirkungsvoll von C. E. L. Brown unterstützt wurde; Boveri führte in der Anfangszeit sogar selbst das noch recht einfache Buch über den Bestellungseingang. Seine Gedanken beschäftigten sich übrigens bereits sehr frühzeitig mit der Organisation eines Verkaufes in anderen Ländern; ja er hatte schon damals die Überzeugung, dass man auch anfangen müsse, in anderen Ländern zu fabrizieren.»[770]

Schon Mitte der 1890er-Jahre leitete Boveri zwei Entwicklungen ein, die BBC auf Jahrzehnte hinaus bestimmen sollten: Zum einen die Expansion ins Ausland mit eigenen Produktionsstätten und Verkaufsbüros, zum andern die Gründung der Motor AG, einer Finanzierungsgesellschaft für Kraftwerke. Beides waren seine Projekte, Brown war nur peripher daran beteiligt, für den weiteren Erfolg der BBC aber stellten sie sich als geradeso entscheidend heraus wie Browns technische Errungenschaften. Sie wiesen der Firma den Weg zum Weltkonzern.[771]

Um sich den Auftrag in Frankfurt zu sichern, hatte die BBC seinerzeit versprechen müssen, eine Niederlassung zu gründen, und so entstand hier die erste Auslandfiliale der BBC. Zunächst handelte es sich bloss um ein Baubüro, dann um eine Service-Stelle, die man nutzte, um das Elektrizitätswerk instand zu halten. Aus dieser Filiale entwickelte sich Anfang des Jahrhunderts eine veritable Fabrik, als die BBC die Produktion von Dampfturbinen aufnahm und die Badener Kapazitäten nicht mehr ausreichten, um den riesigen deutschen Markt vollständig zu beliefern. Ebenso ausschlaggebend war jedoch eine politische Überlegung gewesen: Die neuen Turbinen kamen nicht nur in der Stromerzeugung zum Einsatz, sondern eigneten sich besonders auch, um Schiffe zu betreiben. Wichtigster Interessent für solche Maschinen war in Deutschland die Kriegs- und Handelsmarine, mitunter staatliche Kunden, die man kaum aus der Schweiz allein bedienen konnte. Zu schwer wogen die politischen und militärischen

Rücksichten, die solche Auftraggeber zu nehmen pflegten. Deshalb schien es unerlässlich, in Deutschland eigene Produktionskapazitäten zu besitzen.

Die neue Fabrik wurde indes nicht in Frankfurt hochgezogen, wo man bisher tätig gewesen war, sondern in Mannheim, weil man hier einen grossen Auftrag für ein Elektrizitätswerk in Aussicht hatte. Die Geschichte schien sich zu wiederholen: Von neuem war es ein Projekt, um das sich fast die gesamte deutsche Elektroindustrie beworben hatte, und BBC erhielt den Zuschlag, musste sich im Gegenzug aber verpflichten, in Mannheim eine Fabrik zu platzieren. Immerhin hatte die Stadt Mannheim ihr dafür ein preisgünstiges Grundstück zugehalten, um sie anzulocken, während Frankfurt im Zweifelsfall nach wie vor zur Industriefeindlichkeit neigte und den Wegzug der BBC weder verhinderte noch bedauerte.

So wuchs BBC Mannheim heran, eine hundertprozentige Tochter der BBC Baden, die bald grösser sein sollte als das Mutterhaus. Man fing mit 400 Beschäftigten an. Schon vier Jahre später wies die deutsche Filiale 1200 auf, 1906 waren es 1800, um bis 1914, unmittelbar vor Ausbruch des Ersten Weltkriegs, auf über 3000 anzusteigen. Ein fulminanter Beginn. Schliesslich war BBC Mannheim stets etwa doppelt so gross wie BBC Baden. 1970, um irgendein Jahr herauszugreifen, waren bei BBC in der Schweiz 21 000 Mitarbeiter beschäftigt, bei BBC Mannheim hingegen 40 000.[772]

Kurz darauf folgten weitere ausländische Fabriken. Dafür war ebenfalls die Politik verantwortlich. Denn im Lauf der 1890er-Jahre ergriffen die meisten europäischen Staaten protektionistische Massnahmen, was die BBC vor zusehends ernsthaftere Schwierigkeiten stellte. Wir erinnern uns an Fritz Funks Bemerkungen: Schon in Frankfurt wäre die BBC um ein Haar wegen deutschnationaler Empfindlichkeiten übergangen worden. Inzwischen war die «nationale» Ökonomie zu einem Anliegen fast aller europäischen Politiker aufgerückt. Sei es mit hohen Zöllen, sei es mit Auflagen oder Schikanen: mit diversen Mitteln versuchten Regierungen die stark exportorientierte BBC fernzuhalten, wo immer es ging, um eigene nationale Champions zu schützen oder die Schweizer zu zwingen, sich anzusiedeln. Dagegen hatte in der Regel keine Regierung etwas einzuwenden. Weil viele Auftraggeber mit dem Staat verbunden waren, ob Kommunen, Provinzregierungen oder öffentliche Werke, war das Kraftwerksgeschäft ohnehin politisch imprägniert; weil es zudem meistens um sehr hohe Investitionen ging, wurden manche Geschäfte zu Politika. Was wir in Baden oder in Frankfurt haben beobachten können, kam in anderen europäischen Städten genauso häufig vor.

Aus diesem Grund war eine Firma aus einem kleinen Land ohne grossen Heimmarkt besonders verletzlich, deshalb drängte Boveri früh darauf, sich im Ausland festzusetzen. BBC Mannheim entstand 1900, ein Jahr später, 1901, etablierte sich die BBC in Kristiania, Norwegen, wie die Hauptstadt Oslo damals hiess, mit dem Ziel die dort rasch wachsende elektrochemische Industrie zu beliefern. Darüber hinaus verfügte Norwegen ähnlich wie die Schweiz über unermessliche Wasserkräfte, die es zu nutzen galt.

Zur gleichen Zeit, 1901, brachte die BBC die Compagnie Electro-Mécanique (CEM) unter ihre Kontrolle, eine französische Firma, mit der man seit längerem geschäftlich verbunden gewesen war. Jetzt verwandelte man sie in eine Tochtergesellschaft für Frankreich, um sich hier ebenfalls als einheimisches Unternehmen um Aufträge bewerben zu können. Kurz darauf wurde in Le Bourget bei Paris eine neue, grosse Fabrik in Betrieb genommen. So umging man die Importhürden, die im französischen Fall traditionell beträchtlich waren und sich laufend erhöhten, ausserdem ging es wie in Deutschland darum, leichter an Aufträge der französischen Kriegsmarine für Turbinen heranzukommen.[773] Ferner übernahm die BBC 1903 in Mailand ebenfalls eine bestehende Firma und fusionierte sie mit der eigenen Verkaufsorganisation für Italien in die Tecnomasio Italiano Brown Boveri (TIBB). 1910 gründete man schliesslich in Österreich-Ungarn eine eigene Gesellschaft, auch hier in erster Linie wegen des Protektionismus der k.u.k. Behörden. Die Firma wurde in Wien situiert.

Wenig später, im Oktober 1910, erwarb die BBC die Isaria-Zähler-Werke in München, eine Firma, die unter anderem elektrische Zähler, Motoren und Glühlampen herstellte. Im Verwaltungsrat referierte Boveri über die Motive – sie sind für unseren Zusammenhang interessant, weil sie illustrieren, warum man ins Ausland expandierte. Nachdem Boveri erklärt hatte, dass man längst beabsichtigt hatte, «unser Fabrikationsgebiet auch auf die Herstellung von Massenartikeln der Elektrizitätsbranche auszudehnen»[774], wie zum Beispiel Glühlampen, kam er auf das zweite Motiv zu sprechen:

«Noch wichtiger aber ist der Umstand, dass die Isaria über sehr gute Beziehungen in Bayern verfügt, die unserer Firma von grösstem Nutzen sein werden. Gerade in Bayern ist man lebhaft bestrebt, die vorhandenen Wasserkräfte zu verwerten. Die Elektrifizierung der Bahnen wird dadurch erleichtert, und wir haben grosse Aussicht, an diesen Arbeiten beteiligt zu werden, wenn wir als bayerische Firma auftreten können.»[775]

Schliesslich nannte Fritz Funk in seinen Erinnerungen eine dritte Überlegung, die auf Jahre hinaus die Expansionspolitik der BBC bestimmen sollte. Mit Blick auf den begrenzten Heimmarkt, mit dem die BBC von Anfang an konfrontiert war, stellte Funk fest: «Dennoch zeigte sich bereits, dass die Auslandsaufträge diejenigen in der Schweiz erheblich überschritten, so dass nicht daran zu denken sein würde, den Fabrikbetrieb [in Baden] mit dem notwendigen, grossen Stabe von Ingenieuren ohne einen ergiebigen Export aufrecht zu erhalten.»[776] Baden, mit anderen Worten, war längst zum Forschungs- und Entwicklungshub ausgebaut worden, den es zu beschäftigen galt. Nebenbei flossen der Muttergesellschaft so Millionen von Lizenzgebühren zu, die die Töchter im Ausland abzuliefern hatten, um die in Baden entwickelte Technologie benutzen zu dürfen.

Innert zehn Jahren war die BBC damit zu einem europaweit verzweigten Konzern geworden; neben den fünf Tochtergesellschaften mit eigener Fabrikation, hatte man in der ganzen Welt ein Netz von Verkaufsorganisationen und Agenten aufgezogen.

Originell war diese Expansion für ein Schweizer Unternehmen nicht: auch Sulzer (etwa in Ludwighafen, Bayern) oder Escher Wyss (Ravensburg, Württemberg) waren ins Ausland vorgestossen, ebenso die Basler Chemie, die ostschweizerische Textilindustrie, Nestlé oder die AIAG (Alusuisse). Tatsächlich gehörte die Schweiz vor dem Ersten Weltkrieg zu jenen kleinen Ländern, deren Unternehmen am meisten Direktinvestitionen im Ausland tätigten, selbstverständlich kam es dabei auf den Entwicklungsstand des jeweiligen Landes an. Den entsprechenden Vergleich hat der deutsche Wirtschaftshistoriker Harm Schröter vorgelegt, wir nennen die Zahlen für 1914:[777]

Tab. 8.4 Direktinvestitionen im Ausland, Zahl der Fälle, 1914

Dänemark	19
Schweden	38
Niederlande	49
Belgien	126
Schweiz	159

Mit anderen Worten, es gab kaum ein anderes kleines Land, dessen Wirtschaft sich schon vor dem Ersten Weltkrieg so stark internationalisiert hatte. Im Fall der Schweiz sticht ins Auge, dass der grösste Teil dieser Investitionen in den Nachbarländern anfiel, insbesondere in Deutschland und in Frankreich, wo fast die Hälfte vorgenommen wurde. Die BBC stellte insofern einen Sonderfall dar – selbst für schweizerische Verhältnisse – weil sie in so kurzer Zeit, zwischen 1900 und 1903 gerade vier Fabriken etabliert und zugleich ein derart weit gespanntes internationales Verkaufsnetz aufgebaut hatte. Das lag einerseits daran, dass sie damals mit den Dampfturbinen und Turbogeneratoren ein technologisch der gesamten Konkurrenz überlegenes Produkt auf den Markt brachte, das rasch einen enormen Umsatz generierte: Man war dringend auf mehr Produktionskapazitäten angewiesen und legte diese in jene Länder, wo man am meisten Dampfturbinen abzusetzen hoffte.[778]

Andererseits war die BBC von Anfang eine «kosmopolitische» Firma (Serge Paquier).[779] Nicht allein die Gründer waren Ausländer – wenn auch im Fall Browns bloss partiell –, sondern auch dem engsten Führungsteam gehörten viele Ausländer an, insbesondere Deutsche und Engländer. Das prägte die Firma in jeder Hinsicht. Als Walter Boveri sich Ende der 1880er-Jahre auf die Suche nach Geld für seine Firma machte, wandte er sich nicht zufällig nach Deutschland – und wie erwähnt, konnte er es sich damals durchaus vorstellen, seine Firma hierhin zu verlegen. Nur die Rücksicht auf Brown hielt ihn davon ab, von dem er annahm, dieser ziehe es vor, in der Schweiz zu bleiben – was gar nicht zutraf, wie sich hinterher erwies. Dennoch entstand die BBC in der Schweiz – nicht zuletzt, weil Boveri in Zürich bei seinem Schwiegervater das nötige Geld fand. Auch später schien immer evident, wie intensiv Boveri seine Kontakte in Deutschland pflegte und nutzte, wie eng sein Verhältnis zur alten Heimat blieb; dass die BBC hier zeitweise fast als einheimische Firma betrachtet wurde, hatte auch damit zu tun. Die Familie Boveri galt in Deutschland stets als deutsch. Im Nachruf, den die Schiffbautechnische Gesellschaft in Berlin auf Walter Boveri veröffentlichte, hiess es: «Walter Boveri war in deutschen und schweizerischen Industrie- und Handelskreisen eine bekannte und hochgeachtete Persönlichkeit. Schon von früh an waren seine hervorragenden Eigenschaften Vornehmheit der Gesinnung, Arbeitswille und Ausdauer».[780] Dass er die BBC in Baden gegründet hatte, wurde wohl erwähnt, aber viel mehr Raum nahm selbstredend BBC Mannheim ein, Boveri galt als deutscher Unternehmer:

«Der Aufschwung und der Weltruf der Brown, Boveri u. Cie. A.-G., Mannheim-Käfertal, ist zu einem grossen Teil auf die Tatkraft und Entschlossenheit von Dr. Walter Boveri, einem der angesehensten Industriekapitäne, zurückzuführen.»[781]

In gleichem Masse orientierte sich Charles Brown am Herkunftsland seines Vaters, vor allem wenn es um den Transfer von Technologie ging: Die meisten Innovationen, die Brown machte, beruhten ursprünglich auf englischen Erfindungen. Oft sorgte er auf dem Kontinent für Furore, weil er als Erster hier mit einer Lösung auftauchte, die sich im angelsächsischen Raum bereits bewährt hatte. Manchmal führte ihn diese Methode aber auch in die Irre. Als man 1892 für Aufträge in Fürstenfeldbruck und Bad Ragaz kurzfristig zusätzlich Einphasen-Wechselstrommotoren liefern musste und keine solchen im Angebot hatte, griff Brown auf ein englisches Design zurück. Fritz Funk schildert den Vorfall:

«Herrn Brown waren nämlich von dem englischen Konstrukteur Mordey eine Erfindung für die Konstruktion von Einphasen Wechselstrom-Maschinen [sic] angeboten worden, die sich durch Einfachheit auszuzeichnen schien und Herrn Brown sehr gefiel; er liess die Sache meines Erinnerns auch durch einen englischen Professor prüfen, der nichts einzuwenden hatte.»[782]

Man beachte: Eine *englische* Erfindung, eigens geprüft von einem *englischen* Professor, doch Brown hatte offensichtlich zu vorschnell auf England vertraut: «Als nun aber diese kleine Mordey-Maschine, die ich mir noch genau vorstellen kann, fertig war, wurde sie durch die Locomobile [Dampfmaschine] angetrieben, aber – oh Jammer – sie gab weder Einphasen- noch Mehrphasenstrom, sondern gar nichts!»[783] Es war eine Katastrophe. Denn der Liefertermin stand kurz bevor. Kompliziert wurde die Lage, weil Brown zunächst nicht eingestehen mochte, dass ihm ein Fehler unterlaufen war. Was ihm vermutlich deshalb so schwer fiel, weil ihn ein junger, ebenso selbstbewusster Mitarbeiter, Agostino Nizzola, von vornherein genau davor gewarnt hatte. Es bedurfte des gesammelten diplomatischen Geschickes von Boveri, um Browns verletzten Stolz zu heilen und ihn dazu zu bewegen, die Mordey-Maschine abzuschreiben. Um die Lieferfrist einzuhalten, konstruierten Charles und Sidney Brown, Hunziker und Nizzola stattdessen in Tag- und Nachtarbeit einen eigenen Motor, der dann als erster Brown-Boveri-Einphasenmotor auf den Markt kam. Der Auftrag wurde pünktlich erfüllt.

Beschränkt auf einen kleinen Heimmarkt sah sich die BBC früh gezwungen, zu exportieren. Da ihre Technologie international konkurrenzfähig war, lag es nahe, den Weltmarkt zu bedienen, wo man sich oft durchsetzte, öfter auch als vergleichbare, aber kleinere Firmen aus kleinen Ländern wie etwa die ASEA aus Schweden. Während diese sich in erster Linie auf Skandinavien konzentrierte, verschickte die BBC ihre Maschinen in die ganze Welt, ob in Europa oder Übersee. Generatoren, Turbinen und Transformatoren gingen nach Spanien oder Russland, aber auch nach Ägypten und Argentinien. Besonders erfolgreich operierte die BBC in Italien, Deutschland und Frankreich – zeitweise bewegte sich die Firma aus der neutralen Schweiz hier wie ein einheimischer Anbieter.

Das war umso bemerkenswerter, als die Schweiz selber ihren Markt strikte abschloss – und zwar nicht mit protektionistischen Massnahmen oder Kartellen, sondern informell: Da sich inzwischen die meisten Elektrizitätswerke, Bahnen oder Trambetriebe in öffentlichem Besitz befanden, wurde meistens politisch entschieden, wenn es um einen öffentlichen Auftrag ging. Man berücksichtigte praktisch nur noch schweizerische Firmen, wie die MFO, Alioth, Sécheron oder eben die BBC. Weil in der Regel direktdemokratisch über solche Aufträge beschlossen wurde, hielten es manche Behörden für ratsam, auf diese Art ökonomischen Nationalismus zu setzen, um sich die nötigen Mehrheiten der Bürger zu sichern. Serge Paquier spricht in diesem Zusammenhang von einer «Suissification», die, so seine These, der heimischen Elektroindustrie zwar nicht von Anfang an, aber bald kritischen Schutz und – Schubkraft verlieh.[784] Um diesen krassen Protektionismus eines Landes zu bemänteln, das sich aussenwirtschaftlich sonst als liberal darstellte, bot sich das Ideologem der «Wasserkraft» als einzigem nationalem «Rohstoff» an, den es auszubeuten und vor ausländischer Kontrolle zu bewahren galt. Damit verlieh man der Elektrifizierung einen höheren Zweck, was durchaus erwünscht war, um einerseits politischen Konsens herzustellen, andererseits der neuen Technologie Legitimität zu verschaffen. Paquier schreibt:

«Pour fonctionner il faut que le système ait un but qui transcende les objectifs contradictoires des acteurs. Ce but doit être capable de remplir une mission économique et sociale acceptable par tous. L'objectif ne manque pas de hauteur puisqu'en diffusant une nouvelle technologie qui tire son énergie primaire des ressources hydrauliques on lutte pour l'indépendance du pays.»[785]

Bei aller Vorzugsbehandlung, die so auch die BBC in der Schweiz erfuhr, hätte dies allerdings nie gereicht, um als Firma weiter wachsen zu können, wir haben darauf hingewiesen. Die Exportorientiertheit der BBC blieb extrem: Im ersten Geschäftsjahr 1893 gingen bereits 53 Prozent der gesamten Produktion ins Ausland, 1900/1901 wurden 80 Prozent exportiert,[786] und dieser hohe Anteil sollte sich erst mit Kriegsausbruch zugunsten der Schweiz reduzieren, um nachher wieder auf das alte Niveau anzusteigen. Gleichzeitig war die BBC für gut die Hälfte des gesamten Exportes der schweizerischen Elektroindustrie verantwortlich, dieses Übergewicht nahm in den folgenden Jahren noch zu.

8.1.4 Finanzierungsprobleme, Gründung der Motor AG

Serge Paquier hat gemeinsam mit dem schwedischen Technikhistoriker Mats Fridlund in einer Studie die BBC und die ASEA verglichen, also die beiden Unternehmen, die fast ein Jahrhundert später, 1988, zur ABB fusionieren sollten. Dabei konzentrierten sich die Autoren auf die frühen Jahre vor dem Ersten Weltkrieg.[787] Insbesondere gingen sie der Frage nach, wie die beiden etwa zur gleichen Zeit gegründeten Firmen die drei zentralen Herausforderungen meisterten, die sich ihnen bei ihrer Expansion stellten: Zugang zu neuen Technologien, Erschliessung neuer Märkte und Mobilisierung von mehr Kapital.[788]

Uns interessiert im Folgenden vorwiegend die BBC, und zwar die Frage der Finanzierung, zumal wir die beiden anderen Probleme schon behandelt haben: Dank des Talents von Charles Brown und dessen internationalen Kontakten (sowie jenen seines Vaters) bewegte sich die BBC stets an der vordersten Front des technischen Fortschrittes – während die ASEA sich hier kaum hervortat.

Zudem gelang es der BBC im Gegensatz zur ASEA auch besser, ins Ausland vorzustossen und den Weltmarkt zu bearbeiten. Sowohl Brown als auch Boveri verfügten über ein ausgezeichnetes Beziehungsnetz in den grossen Exportmärkten. Erst kurz vor dem Ersten Weltkrieg legten die Exporte der ASEA zu – und die meisten gingen ins nahe Norwegen, einem weltweiten Zentrum der hydroelektrischen Produktion, wogegen die BBC so bedeutende Länder wie Italien, Frankreich oder vor allem Deutschland zu beliefern vermochte. Dass die BBC mit den deutschen Verhältnissen so vertraut war, muss dabei als ein kaum zu überschätzender Aktivposten gewertet werden: Hier befand sich die führende Elektroindustrie Europas, wenn nicht der Welt. Sie zu imitieren und zu konkurrenzieren (siehe Frankfurt), fiel der deutsch-englisch-schweizerisch geprägten BBC ungleich leichter als dem Aussenseiter im peripheren Schweden.[789]

Was nun aber die Finanzierung betrifft, geriet die BBC schon bald in eine Wachstumskrise: Das ursprüngliche Eigenkapital von 615 000 Franken reichte nirgendwo hin, um den stürmischen Aufstieg zu finanzieren, gleichzeitig blieben sowohl Boveri als auch Brown für die schweizerischen Banken ohne Reiz. Zweifellos gehörte es nicht zu den Kernkompetenzen der damaligen Banken, *Startups* mit Risikokapital zu versorgen, dennoch scheint es eklatant: In den ersten zwanzig Jahren ihres Bestehens war die BBC kaum in der Lage, auf dem schweizerischen Finanzmarkt Kredit zu erhalten oder Banken zu einer Beteiligung zu bewegen. Während die viel kleinere Münchensteiner Alioth auf den Schweizerischen Bankverein (SBV) in Basel zählen konnte, und die MFO seit langem sich engster Beziehungen zur Schweizerischen Kreditanstalt (SKA) in Zürich erfreute, drohte der BBC das Geld auszugehen, – was die Konkurrenz ohnehin mit einer gewissen Schadenfreude erwartet hatte.

«Der hübsch beginnende Geschäftsgang des ersten Betriebsjahres brachte aber begreiflicher Weise auch Geldsorgen», erinnerte sich Fritz Funk. «Hatte doch Herr Oberst Huber, der Chef der M.F.O. einer führenden Bank klipp und klar erklärt, dass die junge Firma [die BBC] in spätestens sechs Monaten bankrott sein werde; bei solcher Prognose war es schwer, Bankkredit zu finden!»[790]

Die einzige Bank, die der BBC Geld anvertrauen wollte, war die kleine «Bank in Baden»: 100 000 Franken. Verantwortlich zeichnete dafür Direktor Rudolf Staub, der wenige Jahre später selber zu BBC wechseln sollte. Funk:

«Zur Bank in Winterthur, der Vorgängerin der Schweiz. Bankgesellschaft hatten wir keinerlei Beziehung, und die Kreditanstalt stand ganz auf der Seite von

Oerlikon, von ihr war also nichts zu hoffen. Der Bankverein in Zürich half uns etwas später einmal aus, indem er uns eine Forderung in Lyon (…) belieh. Doch das waren alles nur Mittelchen, keine Mittel; wir lebten von der Hand im Mund, suchten möglichst hübsche Anzahlungen zu erhalten und waren in beständiger Sorge.»[791]

Erst 1894 brachte es die BBC fertig, an grössere Fremdmittel heranzukommen, aber im Ausland und bezeichnenderweise in Deutschland: die Allgemeine Deutsche Credit-Anstalt in Leipzig gewährte ihr einen Kredit. Allerdings verdankte die BBC selbst diese Verbindung eher familiären Gründen, als ökonomischen: Die Frau von Fritz Funk kannte offenbar eine leitende Persönlichkeit dieser Bank.[792] Bis 1910 blieben die Schweizer Banken desinteressiert und liessen zu, dass vor allem deutsche Investoren bei der BBC einstiegen, so dass die Firma am Ende Gefahr lief, ganz von deutschen Interessen beherrscht zu werden.

Warum hielten sich die Schweizer Banken so lange zurück – immerhin war doch bald zu erkennen, dass die BBC sich zum neuen Star der schweizerischen Elektroindustrie entwickeln würde? Um die Jahrhundertwende war sie die mit Abstand umsatzstärkste Firma der Branche geworden. Hier rächte sich die Tatsache, dass die BBC ein *latecomer* war. Was ihr sonst manche Vorteile verschaffte, darunter litt sie jetzt. Elektrotechnische Firmen hatte es in der Schweiz schon vor der BBC gegeben und diese stützten sich deshalb auf längst etablierte Bankenbeziehungen, die sie gerne für sich monopolisierten, was die eigene Branche anbelangte. Die MFO arbeitete vertrauensvoll mit der Kreditanstalt zusammen. Keiner der beiden Partner hatte ein Interesse daran, die Konkurrenz der MFO, die BBC, zu fördern. Soziale, kulturelle, aber auch persönliche Idiosynkrasien mögen diesen Entscheid ebenso bestimmt haben: Wir haben Hubers blasierten Kommentar zitiert, dessen Abneigung gegen die BBC natürlich mit dem Fakt zu tun hatte, dass ihn mit Brown und Boveri zwei ehemalige Kader nun konkurrenzierten. Sie hatten ihm viel zu verdanken. Dieser Verrat war nicht vergessen.[793]

«Oberst Huber», wie man ihn nannte, gehörte aber auch dem Zürcher Establishment an, und die Schweizerische Kreditanstalt, die Bank von Alfred Escher, war dessen Bank. Huber hatte in die Familie Werdmüller eingeheiratet, eine alte regimentsfähige Familie. Als Schwiegersohn eines Werdmüllers wurde er ohne viel Aufhebens in die Gesellschaft der Schildner zum Schneggen aufgenommen, während sich Boveris Schwiegervater Conrad Baumann hineinzukämpfen hatte. Diese Episode allein verdeutlicht das unterschiedliche gesellschaftliche *Standing*. Nicht zu unterschätzen dürfte ausserdem der Umstand sein, dass die MFO trotz alledem eine Zürcher Firma war, während die BBC im Aargau operierte; nahe bei Zürich zwar, aber in einem anderen Kanton, betrieben von zwei Aussenseitern, die man in Zürich nur als Angestellte kennen gelernt hatte.

Desgleichen verfügte die Elektrizitätsgesellschaft Alioth in Münchenstein über einen privilegierten Zugang zum Bankverein in Basel, und neben der Anciennität der Beziehung mögen persönliche Rücksichten ebenfalls eine Rolle gespielt haben. Rudolf Alioth, einer der Gründer, stammte aus dem Basler Daig, und im Bankverein waren Vertreter dieser ehrwürdigen, mächtigen Familien genauso prominent vertreten.[794]

Die Bank in Winterthur schliesslich war damals noch klein, erst 1912 nach der Fusion mit der Toggenburger Bank stieg sie zu einer Grossbank auf. Hinzu kam, dass diese Bank gute Beziehungen zum Winterthurer Establishment pflegte, das von der Familie Sulzer dominiert wurde. Das Verhältnis der Sulzers zu den Browns, ob Vater oder Sohn, wir haben es geschildert, kann bestenfalls als eine *rocky relationship* beschrieben werden. Es ging auf und ab. Mit anderen Worten, wenn Charles Brown hier vorsprach, konnte er nicht automatisch mit einem Kredit rechnen. Dennoch war es wohl kein Zufall, dass sich die Bank in Winterthur 1896 als erste an der BBC beteiligte, und ihren starken Mann Rudolf Ernst ab 1900 in den Verwaltungsrat der BBC delegierte. Rudolf Ernst war mit Sidney Brown in die Schule gegangen, die beiden Winterthurer kannten sich.

Schliesslich zogen es die Schweizer Banken zu jener Zeit vor, mit den beiden grossen Berliner Unternehmen, der AEG und Siemens & Halske, zusammenzuarbeiten und deren Projekte zu finanzieren. Tatsächlich handelte es sich um ungeheure Beträge, die nötig waren, um die neue elektrotechnische Infrastruktur Europas hochzuziehen, was nun, zwischen 1895 und 1914, in Angriff genommen wurde. Die Wirtschaftshistoriker William Hausman, Peter Hertner und Mira Wilkins stellen fest:

«With the exception of steam railways during that industry's formative years, no other public utility or manufacturing industry came close to approaching the capital intensity of the electric power industry from its inception in the late nineteenth century up to World War I.»[795]

Es waren erhebliche Risiken, die die Schweizer Grossbanken lieber mit den Riesen der Branche eingingen, als mit den einheimischen Aufsteigern. Es mag sich darin ein wenig risikofreudiger Konservativismus ausgedrückt haben. Gleichzeitig waren die Banken überzeugt, dass die Eidgenossenschaft zu klein war, um ihre Interessen zu schützen, dass sie deshalb, wo immer sie im Ausland operierten, auf Partner aus grösseren Ländern angewiesen waren. Noch 1913 hatte der damalige Verwaltungsratspräsident der Kreditanstalt, Julius Frey, am Bankiertag in Genf das so umrissen: «Wir haben bei Unternehmungen im Auslande leider nicht die Beruhigung, dass hinter uns ein mächtiges Auswärtiges Amt mit starkem diplomatischem Einfluss und den nötigen Panzerkreuzern steht, das gewillt

III. Teil. Transformation

und im Stande ist, auch fremden Regierungen gegenüber für unsere Rechte und Ansprüche jederzeit einzustehen.»[796] Ohne dies explizit zu nennen, dachte Frey natürlich an Deutschland. Vor bloss zwei Jahren, 1911, hatte der Kaiser das Kanonenboot «Panther» nach Marokko entsandt, um Frankreich davon abzuhalten, das Land zu besetzen. Was nicht gelang, aber als «Kanonenbootpolitik» in die Geschichte einging, weil es eben doch Eindruck gemacht hatte, wie selbst der neutrale Schweizer Frey erkennen liess.

In jenen Jahren, da der grossflächige Aufbau der Kraftwerke und der Stromnetze in Europa mit Macht einsetzte, also ab Mitte der 1890er-Jahre, taten sich viele Interessenten schwer, die nötigen Kapitalien zu mobilisieren, selbst wenn sie gerne investieren mochten. Was wiederum für die Elektrokonzerne ein Problem bedeutete, da manche Kunden sich deshalb nicht zutrauten, solch kostspielige Anlagen zu bestellen. Hausman, Hertner und Wilkins haben in ihrer Studie über die globale Elektrifizierung diese erheblichen Finanzierungsprobleme der Branche eingehend untersucht. Die Lösungen, die man damals fand, prägten die Unternehmen auf lange Sicht.[797]

Um Abhilfe zu schaffen, schufen insbesondere die deutschen Elektrokonzerne sogenannte Finanzierungsgesellschaften, um ihren Kunden die Finanzierung und Planung der grossen Anlagen zu erleichtern, deren Maschinen sie ihnen nachher liefern wollten.[798] Aus steuerlichen und rechtlichen Gründen, aber auch um leichter Zugang zu internationalem Kapital zu erhalten, wandten sich die AEG und Siemens & Halske auch an Schweizer Banken. Ebenso verlegten sie den Sitz dieser neuen Firmen in die Schweiz und begründeten so eine Partnerschaft, die die kommenden Jahrzehnte überdauern sollte: Es entstanden Gesellschaften, an denen deutsche Elektrokonzerne, deutsche Banken und Schweizer Banken beteiligt waren. Zwar wurden ähnliche Konstrukte bald auch in anderen Ländern etabliert, insbesondere in Belgien und Kanada, doch die Schweiz blieb für lange Zeit der wichtigste Standort, um die zusehends multinational organisierte Elektrifizierung der damaligen Welt mit den nötigen finanziellen Kapitalien zu versorgen. Hausman, Hertner und Wilkins halten fest:

«The first such European holding companies for electric utilities were incorporated in Switzerland, a congenial nation for tax and other reasons. Swiss commercial law allowed far larger bond issues than German law. Switzerland was a neutral ground, where German and French finance could meet and interact. And Switzerland had already an established, sophisticated banking sector. In addition, Switzerland was a splendid setting for hydroelectric power, and there was substantial investment within Switzerland in such facilities and great experience in the field. Because Switzerland had excellent polytechnical schools, engineering talent was readily available.»[799]

8. Auf dem Weg zur wirtschaftlichen Dominanz

Mit einer gewissen Ehrfurcht oder auch Skepsis sprach man seinerzeit von «Elektro-Trusts». Diese oft überaus reichen und mächtigen Gesellschaften galten bald als Inbegriff des modernen, weltumspannenden Kapitalismus. Die bedeutendste unter ihnen sollte die «Bank für elektrische Unternehmungen» werden, kurz «Elektrobank» genannt, die spätere Elektrowatt. 1895 von der AEG und der Kreditanstalt sowie weiteren deutschen Banken ins Leben gerufen, domiziliert in Zürich, finanzierte sie zahllose Kraftwerke in Europa und Südamerika, aber wenige in der Schweiz. Ihr erster und langjähriger Präsident war der eben erwähnte Julius Frey, was seine Aussage etwas verständlicher erscheinen lässt.[800]

Der Rivale der AEG, Siemens & Halske, schloss sich stattdessen mit der Basler Handelsbank in Basel zusammen und etablierte hier 1895 die «Schweizerische Gesellschaft für elektrische Industrie», die auch unter dem Kürzel Indelec bekannt werden sollte. Beide Gesellschaften arbeiteten fast exklusiv mit ihren deutschen Partnern zusammen, das heisst, wenn sie einen Auftrag akquiriert und die Finanzierung sichergestellt hatten, bestellten sie so gut wie immer die ganze *Hardware*, also Generatoren, Turbinen, Transformatoren, Netze und Schalter bei der AEG bzw. Siemens & Halske. Obwohl die Kreditanstalt darauf bestanden hatte, ab und zu auch ihren Geschäftspartner MFO berücksichtigen zu dürfen, gingen faktisch alle Aufträge der Elektrobank an die AEG.[801]

Mit anderen Worten, Schweizer Firmen kamen kaum zum Zug, die BBC sowieso nicht, und was aus Schweizer Sicht noch nachteiliger erschien: Diese Gesellschaften kümmerten sich um fast jedes Land in Europa und versorgten es mit Kapital, damit es Kraftwerke erstellen konnte, aber selten kümmerten sie sich um die Schweiz, so dass dieses Land, das über eines der grössten Reservoirs von Wasserkraft verfügte, bei der Elektrifizierung ins Hintertreffen zu geraten drohte.

Um diese Gefahr abzuwenden, aber vor allem wohl, weil er ein gutes Geschäft witterte, gründete Walter Boveri eine eigene Finanzierungsgesellschaft nach deutschem Vorbild. 1895 wurde die Motor AG in Baden etabliert.[802] Es beteiligten sich die BBC, die Allgemeine Deutsche Credit-Anstalt in Leipzig, sowie die Bank Leu in Zürich.[803] In einem Brief an Theodor Pfister in London erklärte Boveri seine Motive:

«Eine derartige Gesellschaft ist speziell für die Schweiz geradezu ein Bedürfnis geworden. Denn bei den vorhandenen grossen Wasserkräften unseres Landes wird es sich in nächster Zeit nicht mehr um Anlagen für einzelne Städte handeln, die eventuell von den Gemeinden selbst ausgeführt werden könnten, sondern vielmehr um Anlagen für die Versorgung grosser Landgebiete, wofür private Unternehmungen, eventuell mit partieller Beteiligung der betreffenden Gemeinden, erforderlich sind. Die Durchführung solcher Unternehmungen ist bis heute in der Schweiz deshalb fast immer eine Unmöglichkeit gewesen, da es an einem

417

III. Teil. Transformation

Organe gebricht, dem man einerseits im Publikum die nötige Beurteilungsfähigkeit der einzelnen Objekte zutraut und welches andererseits eine entsprechende Garantie für die Sache übernimmt, bis das betreffende Einzelunternehmen sich jeweilen soweit entwickelt hat, dass auch einem grösseren Publikum die nähere Beurteilung desselben möglich geworden ist».[804]

Die BBC bediente in jenen Jahren hauptsächlich zwei Arten von Kunden: private Unternehmen und private Hotels, die sich Motoren und Lichtanlagen montieren liessen, und öffentliche Körperschaften, in der Regel Gemeinden, meistens Städte, seltener Dörfer, die Elektrizitätswerke bauen oder ihre Trams elektrifizieren wollten; zu diesen öffentlichen Auftraggebern sind später auch die SBB zu zählen. Während die ersteren, besonders Firmen der Maschinenindustrie und Textilindustrie, kaum zögerten, um sich die neuen Möglichkeiten der Elektrizität zunutze zu machen, scheuten die Kommunen, also ihre Politiker, oft das Risiko. Zum einen war das verständlich: Elektrizitätswerke erforderten viel grössere Investitionssummen als ein Elektromotor in einer Fabrik, das Risiko war objektiv höher. Zum anderen lag es aber auch an der Tatsache, dass solche Projekte rasch politisiert wurden, wir haben dies schon mehrfach aufgezeigt. Nicht ganz zufällig legte Boveri Wert darauf, einem «grösseren Publikum die nähere Beurteilung» möglich zu machen, wie er im zitierten Brief an Pfister ausführte. Er wusste um die Tücken der direkten Demokratie.

Obwohl sich im Lauf der 1890er-Jahre zusehends herumgesprochen hatte, dass das Wechselstromsystem bestens funktionierte, blieben manche Kommunen zurückhaltend und orderten keine Kraftwerke. Da die Schweizer Banken sich ähnlich risikoscheu zeigten, wenn es um die Finanzierung von inländischen Elektrifizierungsprojekten ging, öffnete sich hier eine riesige Lücke, die die neue Motor AG nun füllte. Im Gegensatz zu den schweizerischen Grossbanken muss Boveri den Zeitgeist besser erahnt haben: Die «Verschweizerung» der Stromversorgung, die wir oben erwähnt haben, lag im Trend, was die Banken zu Anfang übersahen:

«De plus», hält Paquier fest, «les banques d'affaires suisses n'apprécient pas le mouvement de *suissification* de l'infrastructure, les réseaux techniques étant exploités de plus en plus par des collectivités publiques (communes, cantons, Chemins de fer fédéraux).»[805]

Bald trafen bei der Motor AG zahlreiche Bestellungen ein, die so gut wie immer als Aufträge an die BBC weitergereicht wurden. Die BBC baute jetzt ein Kraftwerk nach dem andern, die alle zu Kernelementen des jetzt entstehenden schweizerischen Stromversorgungssystems werden sollten. David Gugerli hat eine entsprechende Schätzung vorgenommen, wonach bis zum Ersten Weltkrieg insgesamt 671 Millionen Franken investiert wurden, um diese moderne, überaus wichtige Infrastruktur zu erstellen; umgerechnet wären das heute (2009) rund 21 Milliarden Franken.[806] Wie wir oben schon angedeutet haben, mit durchschlagender Wirkung: kein Land generierte um die Jahrhundertwende mehr Strom pro Kopf als die Schweiz.[807] Daran hatte die Motor, die BBC und somit Walter Boveri dank seiner Initiative einen massgebenden Anteil. Die Motor finanzierte, und die BBC lieferte das Kraftwerk Rathausen in der Innerschweiz, woraus die «Centralschweizerischen Kraftwerke», CKW, hervorgehen sollten. Die beiden Firmen errichteten Anlagen an der Kander bei Spiez und in Hagneck am Bielersee, die sich als die beiden ersten Kraftwerke der «Bernischen Kraftwerke», BKW, erweisen sollten. Schliesslich kamen Boveri und Nizzola, der die Motor seit 1896 führte, auf die Idee, das Niederdruckwerk in Beznau an der Aare mit dem Hochdruckkraftwerk am Löntsch im Glarnerland zu kombinieren, womit man den Klöntalersee als Speicher einsetzte und so eine durchgehende, preisgünstige Stromproduktion garantieren konnte. Es war eine Innovation, die es der Schweiz künftig ermöglichen sollte, zum Stromexporteur zu werden.[808]

Für unsere Arbeit ist die Gründung der Motor aus verschiedenen Gründen von Belang. Zunächst zeigte sich erneut, wie aufmerksam Boveri Vorgänge in Deutschland beobachtete und darauf reagierte. Zwar war die BBC keine deutsche Firma, aber manchmal wirkte sie wie eine extraterritoriale Erweiterung der deutschen Elektroindustrie. Darüber hinaus, und auf den ersten Blick wirkt dies paradox, zeigte Boveri, der eingewanderte Deutsche, ein ebenso subtiles Gespür für die Konjunkturen der nationalen Empfindlichkeiten in seiner neuen Heimat. Die Gründung der Motor entsprach exakt den Bedürfnissen nach einer «Verschweizerung» der Stromversorgung, wie sie sich in der Öffentlichkeit und unter Politikern zusehends bemerkbar machte. Boveris Initiative war nicht originell, aber der Zeitpunkt klug gewählt.

Schliesslich schuf er in Baden ein zweites elektrotechnisches Unternehmen, das wiederum zahlreiche Ingenieure einstellte. Jahre später, 1913, rief Boveri mit Columbus eine weitere Finanzierungsgesellschaft ins Leben, die sich von Baden aus vorwiegend um Lateinamerika kümmerte[809], und 1914 sollte er auch dafür sorgen, dass die «Nordostschweizerischen Kraftwerke», die NOK, sich in Baden niederliessen. Damit hatte sich die alte Bäderstadt definitiv in die unbestrittene Metropole der schweizerischen Stromwirtschaft verwandelt, was auf die Beschäftigungsstruktur vor allem des Bürgertums eine nachhaltige Auswirkung hatte. Elektropolis an der Limmat. In Baden ergab sich eine aussergewöhnliche Dichte an Ingenieuren und Elektrotechnikern. Weil jedes schweizerische Elektrizitätswerk sowie die bald elektrifizierten Bahnen einschlägig qualifizierte Leute benötigten, wurde Baden überdies zu einer Art zentraler Ausbildungsstätte kommender Fachkräfte der Stromwirtschaft. Zahllose Techniker, die nachher in den kommunalen und kantonalen Werken oder bei den SBB unterkamen, verbrachten eine Zeitlang bei der BBC, bei Motor, bei Columbus oder der NOK.

8.2   1900 bis 1911: Unter Giganten

8.2.1   Parsons' Erfindung, Browns Triumph: die Dampfturbine

Um 1900 nahm die BBC die Produktion der Dampfturbine auf.[810] Es war ein Schritt, dessen Folgen kaum überschätzt werden können. Es veränderte die Firma fundamental. Weil die BBC dafür vollkommen neue Produktionskapazitäten schaffen musste, benötigte sie viel mehr Kapital, deshalb wurde sie nun in eine Aktiengesellschaft umgewandelt, ihr Aktienkapital setzte man auf 12,5 Millionen Franken fest, was für Schweizer Verhältnisse beachtlich war. Weil sich darüber hinaus selbst mit einer neuen Fabrik in Baden die gewaltige Nachfrage nicht befriedigen liess, expandierte das Unternehmen in grossem Stil ins Ausland, wir haben es erwähnt, womit die BBC innert weniger Jahre zu einem Weltkonzern aufstieg. «The internationalisation of BBC was essentially shaped by one outstanding product», schreibt Dietrich Eckardt, Professor für Gasturbinen-Technologie an der Technischen Universität Dresden: «In 1900 the company made the courageous and momentous decision to include steam turbines in its range of products.»[811] Weil die Firma sich als Aktiengesellschaft konstituierte, stiegen nun bedeutende deutsche Investoren ein, während sich die Schweizer Banken nach wie vor abseits hielten, so dass die BBC auch auf der Finanzierungsseite zu einem überaus internationalen Unternehmen wurde – was für Boveri und Brown, die ursprünglichen Inhaber, eine ambivalente Entwicklung bedeutete: Ihre BBC wuchs kolossal, doch die eigene Beteiligung, und somit die Kontrolle, schrumpfte.

Weil eine Aktiengesellschaft schliesslich eine sehr viel rationalere, bürokratische Organisation erforderte, leitete der grösste Triumph der jungen Firma ironischerweise aber auch einen der härtesten Rückschläge personeller Natur ein: Charles Brown wurde nun Verwaltungsratspräsident der BBC, eine Position, die, so geht aus manchen Äusserungen hervor, ihm nie behagte. Impulsiv, spontan, genialisch und unruhig zugleich fühlte sich Brown in der neuen BBC nie mehr so wohl wie im kleinen, beweglichen *Start-up*, den er einst mit Boveri gegründet hatte. Wo über Nacht ein Motor erfunden und am nächsten Tag alles wieder verworfen wurde; wo Brown meistens schaltete und waltete, wie es ihm gefiel, während Boveri den betriebswirtschaftlichen und finanziellen Rahmen sicherte. 1911, nach einem wüsten Streit mit Boveri, verliess er die BBC für immer.

«In his 20 years of designing, Brown had dozens of inventions patented; technology was his world, but he cared little for the commercial aspects of BBC», bilanziert Eckardt, der einst selber bei BBC bzw. ABB gearbeitet hatte. Mit Blick auf die Fusion der BBC mit der ASEA zur ABB fährt er fort:

«In this respect the end of the ‹over-engineered company› BBC (with an anti-bookkeeping mentality) sounded like a last echo of the spirit of its original founder.»[812]

Die Dampfturbine war keine Innovation der BBC, doch sie war die erste grosse Firma, die sich darauf einliess. Kurz vor 1900 hatte die BBC vom englischen Ingenieur Charles Algernon Parsons (1854–1931) das Patent zu dessen Dampfturbine erworben, das der BBC die Erlaubnis gab, diese nachzubauen und in Deutschland, Italien, Frankreich, in der Schweiz, in Russland und Skandinavien zu vertreiben.

Es war wohl das letzte Mal, dass sich das *Coupling* von Boveri und Brown, jene spezielle Kombination zweier gegensätzlicher Talente, bewährte. Und selten hat es sich vielleicht so gut bewährt. Von seinem Vater darauf aufmerksam gemacht, der auch den nötigen Kontakt zu Parsons hergestellt hatte, zeigte sich Brown junior überzeugt vom technischen Potential der Dampfturbine und drängte darauf, sich die Patente zu sichern. So klarsichtig wie die beiden jungen Chefs der BBC hatte das niemand von der Konkurrenz erfasst, weswegen die BBC als einzige Firma mit einem Produkt auf dem Kontinent auftauchte, das sogleich für Furore sorgte.

Um das zu verstehen, sind einige technische Angaben vonnöten. Gut hundert Jahre lang beherrschte die Kolbendampfmaschine von James Watt den Markt. Zwar wurde diese im Lauf der Zeit wesentlich verbessert, unter anderem von Charles Brown senior, doch das zentrale Problem blieb: Wie liess sich die Leistung steigern? Die Leistung einer sogenannten Wärmekraftmaschine hängt von zwei Faktoren ab. Einerseits davon, wie viel Dampf pro Zeiteinheit durch eine Maschine geleitet werden kann, man spricht in diesem Zusammenhang vom «Massendurchsatz». Andererseits kommt es auf die Differenz des Wärmeinhaltes an, worunter man den Unterschied versteht, mit welcher Temperatur sowie mit welchem Druck der Dampf in eine Maschine eintritt und nachher wieder austritt. Diese beiden Faktoren miteinander multipliziert ergibt die Leistung der Maschine. Charles Parsons bemerkte, dass dieser Massendurchsatz bei einer Turbine viel leichter zu erhöhen war als bei einer Kolbendampfmaschine. Ein weiterer Vorteil der Turbine bestand darin, dass die mechanische Leistung direkt in eine Rotation überführt werden konnte. Bei der Kolbendampfmaschine versetzte der Dampf den Kolben zuerst in eine Auf- und Abbewegung, die sich erst danach mittels eines Mechanismus in eine Drehung verwandeln liess, was das Potenzial der Dampfmaschine ebenfalls limitierte.

Bei gleicher Differenz des Wärmeinhaltes des Dampfes konnte somit die Leistung bei einer Turbine ganz gewaltig gesteigert werden. Ein paar Zahlen mögen das verdeutlichen: Um 1900 erreichte die beste, aber herkömmliche Kolbendampfmaschine eine Leistung von 4000 kW, während die Maximalleistung einer Dampfturbine schon 1903 bei 5500 kW lag. Wenig später, 1907, erreichte sie 18 000 kW und 1916 gar 50 000 kW. Die Watt'sche Dampfmaschine war, mit anderen Worten, um mehr als den Faktor 10 übertroffen worden.[813] Dass die Dampfturbine heute zu den grundlegenden Innovationen des 20. Jahrhunderts zählt, ist angesichts dieser Dimensionen nachvollziehbar.

Doch Charles Brown machte diese Dampfturbine noch unwiderstehlicher, vor allem marktfähiger, indem er einen passenden Generator entwickelte, der diese exorbitante Leistung aufzunehmen in der Lage war. Dieser sogenannte *Turbogenerator* war so einfach und ingeniös zugleich konstruiert, dass er bis in die Gegenwart vorbildlich blieb. Mit allen Mitteln, mit technischen, politischen, ja gerichtlichen, versuchte die Konkurrenz zwar diesen Turbogenerator zu kopieren, doch es gelang ihr nicht, das Patent zu umgehen. Am Ende sahen sich alle vier Giganten: GE, Siemens & Halske, die AEG und Westinghouse gezwungen, Browns Design zu übernehmen. Der BBC zahlten sie dafür Millionen an Lizenzgebühren. Eckardt fasst zusammen:

«Watt's steam piston engines [Kolbendampfmaschine] had triggered the first industrial revolution in the early 19th century; a hundred years later steam turbines coupled with generators were to play a role of similar importance. Rotating turbo-engines subject to constant impingement by jets of steam replaced the venerable piston steam engine. Consequently, the production of turbine generators soon became a major line of business at BBC. The fast-rotating, alternating current generator, a stroke of genius on the part of Charles Brown, led to the breakthrough of turbine generators at the turn of the century and to an influx of orders for BBC from around the world.»[814]

1905 schilderte Charles Brown gegenüber dem deutschen Technikhistoriker Conrad Matschoss, wie die BBC dazu gekommen war, Parsons zu entdecken – seine Angaben sind instruktiv und bestätigen abermals verschiedene Erkenntnisse, die wir bisher zutage gefördert haben. Matschoss hatte sich danach erkundigt, weil er an einem Porträt über Charles Brown senior schrieb, der gerade verstorben war. Sein Sohn Charles junior erzählte:

«Was nun die Einführung der Dampfturbine auf dem Continent betrifft, so kann ich mich erinnern, dass mein Vater anno, ich glaube 83 oder 84 in England mit Herrn Parsons zusammentraf, der damals mit der ersten Turbine gerade an die Öffentlichkeit trat, und dass er bei dieser Gelegenheit die Bekanntschaft des damals noch jungen Erfinders machte. Dass sich mein Vater für diese neue Sache sofort begeisterte, ist für jeden, der ihn kannte, kein Wunder.»[815]

In den frühen Jahren der BBC war Brown senior ein unverzichtbarer Berater und *Scout* der beiden jungen Unternehmer – was deren oft bewundertes «junges Alter» natürlich etwas relativiert. Die beiden stützten sich somit auf die Erfahrung eines renommierten, und offensichtlich bestens vernetzten Ingenieurs. Wir haben diesen Aspekt schon mehrere Male belegt.

Charles Brown junior fuhr fort:

«Ich selbst hatte anno 85 Gelegenheit, an einer Ausstellung der Inventories in England eine Parsons'sche Dampfturbine zu sehen; zu dieser Zeit war sie zwar vielversprechend, aber noch zu unvollkommen. Mitte der 90er Jahre sodann ging ich nochmals eigens mit der Absicht nach England, die Fabrikation der Dampfturbine aufzunehmen, da aber die damals noch ausgeführten Turbinen 4000 Touren machten und wir speziell in Wechselstrom arbeiteten, so war die Turbine noch nicht für uns geeignet. – Gegen Ende der 90er Jahre entschloss sich Herr Baurat Lindley [von Frankfurt] die Möglichkeit der Anschaffung für seine Elberfelder Anlage in Betracht zu ziehen, und lud meinen Vater und mich ein, mit ihm zusammen Parsons zu besuchen und einige ausgeführte 500 KW Turbinen zu besichtigen. Die Maschinen, die wir in England sahen, befriedigten uns so, dass ein Lieferungsvertrag zu Parsons zu Stande kam und ich nahm mir bei dieser Gelegenheit vor, bei einem befriedigenden Ausfall der Elberfelder Maschinen, die Ausführung auf dem Continent an die Hand zu nehmen, was dann auch wirklich geschah.»[816]

Es erweist sich hier erneut, wie eng die drei englischen *Expats* Brown senior und junior sowie Lindley kooperierten und welchen Nutzen sie für sich selbst und die BBC aus ihrem leichten Zugang zur *Anglosphere* zogen – es ist nicht das erste Mal, dass wir diesem Sachverhalt begegnen. Das Geheimnis des phänomenalen Erfolges der frühen BBC lag in dieser einzigartigen Mischung aus deutschen, englischen und schweizerischen Kenntnissen und Tugenden, wie sie kaum einer anderen Firma eigen war. Sie verstand es, die Vorzüge dieser drei Kulturen zu kombinieren.

Wie wirkungsvoll sie dies machte, zeigte gerade das Beispiel der Dampfturbine und der zugehörigen Turbogeneratoren. Ab 1900 begann die BBC diese sogenannten Turbogruppen in hoher Zahl zu produzieren, im Wissen, eine Zeitlang faktisch ein Monopol zu besitzen, weil niemand anders imstande war, sie herzustellen. Was nicht heissen will, dass sich die BBC von Beginn weg ihres Erfolgs sicher sein konnte. Viele Kunden äusserten Skepsis. Zu unglaublich schienen die Leistungen der neuen Dampfturbine, wie sich Raimund Pfeiffer, ein deutscher BBC-Verkäufer erinnert: «Ganz besonders habe ich auf Granit gebissen, wenn ich unsere Dampfturbinen und Turbogebläse in Vorschlag brachte und die Umdrehungszahlen von 3000 bis 6000 pro Minute zur Sprache kamen. Da haben die Leute einen Schreck gekriegt, der keine Erwiderung, sondern nur ein stummes Kopfschütteln auslöste».[817] Pfeiffer war dafür zuständig, im Siegerland, einem Industriegebiet im preussischen Westen, Aufträge zu akquirieren. Erst nach etlichen Anstrengungen gelang es ihm, die Kunden umzustimmen – allerdings mit nachhaltigem Erfolg: «Nach einigen Jahren hatte ich mit meinen zwölf Turbo-Generatoren und zehn Gebläsen in meinem Bezirk eine grössere Anzahl solcher Maschinen geliefert als die gesamte Konkurrenz.»[818]

Was Pfeiffer fertigbrachte, gelang auch anderen Verkäufern. Bald beherrschten die neuen Turbogruppen der BBC den Markt. Insbesondere die deutsche Konkurrenz, die ohnehin an einer schweren Absatzkrise laborierte, war völlig überrumpelt worden. Sie wusste nicht, wie ihr geschah. In Berlin schrieb Professor Emil Budde, der die Starkstromabteilung von Siemens & Halske führte, seinem Chefingenieur einen besorgten Bericht. Noch stützte er sich einzig auf Gerüchte:

«Aus mancherlei Nachrichten haben wir den Eindruck, dass die Parsons-Turbine in der Tat grosse Aufmerksamkeit verdient, und da dieser Gegenstand nicht bloss uns, sondern die Gesamtfirma interessiert, möchten wir Sie bitten, sich der Sache anzunehmen, die erforderlichen Informationen einzuziehen und evtl. Vorschläge über die Verwendung zu machen.»[819]

Es war zu spät. Also fuhr Budde eigens nach Baden, um mit Brown und Boveri über eine mögliche Zusammenarbeit oder eine Lizenz zu verhandeln. Doch die beiden waren sich ihrer starken Position offenbar nur allzu bewusst. Sie hielten Budde hin, dieser berichtete an die Zentrale nach Berlin:

«Sie rechnen darauf, dass der Vorsprung, den ihnen die langjährigen Erfahrungen aus England und aus dem eigenen Betriebe geben werden, lange anhält. Vorläufig halten sie im Einverständnis mit Parsons die Preise so hoch, dass eine tausendpferdige Dampfturbine ziemlich ebensoviel kostet wie eine gute Dampfmaschine von gleicher Kraft. Weitere Bestellungen halten sie jetzt hintenan, indem sie absichtlich sehr lange Termine stellen. Herr Brown sprach übrigens die Überzeugung aus, wenn sie erst einmal ihre Werkstätte vollständig eingerichtet hätten, würde die Nachfrage nach Turbinen wahrscheinlich ausserordentlich gross werden, dann müssten sie sich überlegen, ob sie anderen Fabriken Lizenzen erteilen wollen. Bezüglich dieses Punktes waren die beiden Socien nicht ganz derselben Meinung. Herr Brown dachte mehr daran, Fabrikationslizenzen in ziemlich grossem Massstabe zu erteilen, während Herr Boveri meinte, es würde sich vielleicht mehr lohnen, wenn sie selbst ausserhalb Badens eine eigene grosse Fabrik für Dampfturbinen errichteten.»[820]

Zwar hatte Boveri Budde noch im Unklaren gelassen, tatsächlich hatte die BBC zu diesem Zeitpunkt bereits entschieden, in Deutschland eine eigene Fabrik zu bauen. In Mannheim sollte die zweite Turbinenfabrik entstehen, eine erste errichtete man in Baden, zum Chef bestimmte man Eric Brown, den Cousin von Charles und Sidney. Die Investitionen in Baden waren beträchtlich: Eine Turbine zu fertigen erforderte vollkommen neues *Know-how*, neue Räumlichkeiten, neue, spezielle Werkzeugmaschinen und neue Arbeiter, die von Anfang dafür zu schulen waren. Wenn die BBC diese hohen Risiken einging, in einer Zeit, da die übrigen Elektrofirmen wirtschaftlich schwer unter Druck geraten waren, weil eine erste Elektrifizierungsphase vorüber und die Nachfrage nach Generatoren und Motoren eingebrochen war, dann zeugte das von Wagemut, aber auch von Zuversicht. Brown und Boveri waren überzeugt, ihr faktisches Monopol noch geraume Zeit nutzen zu können, sie rechneten mit vier Jahren – und sie irrten sich nicht. Die BBC wurde in der Folge mit Bestellungen geradezu überschüttet, so dass sie bald die Hälfte ihres Umsatzes mit Dampfturbinen machte: «Der Absatz überstieg die kühnsten Erwartungen»[821], schrieb der Ökonom Julius Einhart 1906 in seiner Dissertation, und in den Geschäftsberichten der BBC gab es lange nur Gutes zu berichten, 1900/01 hiess es:

«Allgemeinen Anklang fanden wir bei unserer Kundschaft mit unseren Angeboten auf [sic] Dampfturbinen, System Parsons, deren Produktion wir während des Jahres für die meisten Länder des europäischen Kontinents aufgenommen haben.»[822]

Drei Jahre später: «Den wesentlichsten Teil unserer Beschäftigung bilden die Aufträge auf Dampfturbinen mit zugehörigen Dynamos [Turbogruppen], worin sich das Geschäft ausserordentlich entwickelt hat.»[823] Dass dies nicht auf immer der Fall sein dürfte, schien klar: «Es ist selbstverständlich, dass wir auf diesem Gebiete nicht auf Dauer ohne Konkurrenz bleiben können.»[824]

Um die Gunst des Monopols zu nutzen, eröffnete die BBC innert kürzester Zeit auch in Le Bourget, Kristiania und Mailand Fabriken, um noch rascher, noch

III. Teil. Transformation

mehr Turbinen auf den Markt zu werfen. Mit einer gewissen Hektik stürzte sich die Firma auf dieses Geschäft, jedes Jahr, das sie alleine blieb, war ein gewonnenes Jahr. Serge Paquier stellt fest:

«Thus, the BBC took advantage of this period of crisis, which weakened its competitors, in order to expand its business. BBC established no less than four manufacturing plants between 1900 and 1903.»[825]

Doch die Konkurrenz ruhte nicht. Nach einem ersten Schock bemühten sich so gut wie alle, ebenfalls Dampfturbinen zu entwickeln, wobei insbesondere Escher Wyss bald eine konkurrenzfähige Version auf den Markt brachte.[826] Darüber hinaus bildeten sich zwei internationale Syndikate unter Führung der Giganten, die sich den Markt aufteilten und die BBC zum Anschluss zwangen, da diese befürchten musste, dass ihr Patent eben doch umgangen werden würde. In der Folge fand sich die BBC in einer Art Kartell mit General Electric (GE) und der AEG wieder, während sich die Siemens-Schuckertwerke, MAN, Krupp und Escher Wyss verbanden.

Es war die Zeit der «Trusts», und manche erwarteten damals, dass die BBC am Ende mit der AEG zu einem weiteren «Elektrotrust» verschmolzen werden würde. In der Tat arbeitete die AEG darauf hin. In Absprache mit Boveri und Brown tauschte man 1904 gegenseitig Aktien, hinter deren Rücken erwarben die Berliner aber heimlich noch weitere Aktien, so dass die AEG zeitweise die Mehrheit der BBC besass. Es drohte die «Überfremdung», wie man das zu jener Zeit nannte.[827] Offensichtlich versuchte die AEG auf diese Weise, sich die wertvollen Dampfturbinen-Patente der BBC anzueignen. Wichtige Vertreter der AEG zogen in den Verwaltungsrat der BBC ein, darunter Walther Rathenau, der Sohn von Emil Rathenau und spätere Aussenminister der Weimarer Republik, der 1922 einem Attentat zum Opfer fallen würde.[828] Oder Felix Deutsch, ein ebenso mächtiger Manager der AEG, der 1915, nach dem Tod von Emil Rathenau, faktisch zum Chef der AEG aufstieg.[829] Trotz der neuen Mehrheitsverhältnisse, die dieser nicht ganz transparente Aktientausch im Jahr 1904 schuf, blieb die operative Führung der BBC aber in Baden, und die beiden Gründer bestimmten die Geschäftspolitik, worauf sie in ihrem Geschäftsbericht fast etwas zu trotzig beharrten:

«An den Verhältnissen wie an der Leitung unseres Unternehmens wird sich hierdurch nichts ändern; dagegen wird die Interessengemeinschaft mit so mächtigen Gesellschaften [AEG, Elektrobank, GE] unserer Firma einen verstärkten Rückhalt bieten und der Zusammenschluss grosser Gruppen die Möglichkeit erleichtern, Konkurrenzverhältnisse zu vermeiden, wie sie in den letzten Jahren in erster

Linie die Krisis in der elektrotechnischen Industrie verschuldeten. Endlich wird der gegenseitige Austausch von Erfahrungen und Einrichtungen auch in technischer Hinsicht neue Impulse und geschäftliche Förderung bringen.»[830]

Die Partnerschaft zerbrach hingegen nach ein paar Jahren, und die AEG stiess ab 1908 ihre BBC-Aktien wieder ab, warum, ist nicht ganz durchschaubar, geschweige denn in den Quellen definitiv zu klären. Sicher half es nicht, dass man sich fast pausenlos um Patente gestritten und sich gegenseitig bis vor das Reichsgericht in Leipzig gezogen hatte. Eine andere Ursache war exogener Natur: Mit ihrem Vorstoss hatte die AEG die Schweizer Banken aufgeschreckt. Auf einmal erschien diesen die BBC in einem anderen Licht.

Schon in den vorhergehenden Jahren war in der Schweiz eine Art ökonomischer Nationalismus aufgekommen, der darauf drängte, jene Teile der Volkswirtschaft «einzuschweizern» und zu fördern, die für die Unabhängigkeit des Landes zentral erschienen, wir haben darauf hingewiesen. Lange hatten die Banken dies ignoriert, aber die öffentliche Meinung hatte sich zusehends radikalisiert, so dass selbst die mächtigen Banken unter Druck gerieten. Nicht nur mit Blick auf die BBC hielt man ihnen vor, die heimische Industrie zu vernachlässigen, ja auszuhungern. Selbst die wirtschaftsfreundliche NZZ zeigte sich erbost: «Und die Banken? Sie treten in den seltensten Fällen der Industrie so energisch zur Seite, wie das die deutschen Banken tun», tadelte die NZZ 1910 und verlangte mehr Engagement: «Soll unsere industrielle Exporttätigkeit erstarken, so müssen die schweizerischen Banken nach ausländischem Muster in den Vordergrund!»[831]

Angesichts solch wachsender nationaler Sensibilitäten nicht nur in der Schweiz, sondern in ganz Europa, überdachten die Banken ihr bisher kühles Verhältnis zur BBC und stiegen 1910 ein, um auf Dauer sicherzustellen, dass der grösste Schweizer Elektrokonzern nicht in deutsche (oder andere ausländische) Hände fiel. Anlass war die Übernahme der Alioth durch die BBC, womit diese in eine engere Beziehung zum Basler Finanzplatz trat, wenig später beteiligte sich der Bankverein an der BBC und ordnete zwei Vertreter in den Verwaltungsrat ab.[832] Gleichzeitig wurde das Aktienkapital von 20 auf 28 Millionen Franken erhöht.[833] Als kurz darauf auch die Bank in Winterthur, aus der bald die Schweizerische Bankgesellschaft entstand, ihr Engagement ausdehnte und selbst die Kreditanstalt zur AEG auf Distanz ging und sich der BBC zuwandte, war aus der BBC, diesem zeitweilig faktisch deutschen Unternehmen, wieder eine überwiegend schweizerische Firma geworden. Seither sassen stets Repräsentanten der Grossbanken im Verwaltungsrat.

Von Finanzierungsproblemen war die BBC deshalb nicht auf immer befreit, doch es zeigte sich, wie vorteilhaft es war, über eigene Hausbanken zu verfügen, wie die folgende Konversation im Verwaltungsrat im Jahr 1911 verdeutlicht:

«Herr Funk teilt mit, dass wir gegenwärtig nur ein Bankguthaben von ca. 5 Mill. besitzen. Das ist für unsere Gesellschaft nicht ausreichend. Mannheim allein schuldet uns ca. 4 Mill. Wir müssen unser Geldbedürfnis früher oder später befriedigen. Die gegenwärtigen Verhältnisse des Geldmarktes scheinen für die Unterbringung einer Obligationenanleihe nicht günstig. Ich möchte daher beantragen, dass man weiter zusieht und sich zu behelfen sucht.»[834]

Dem widersprachen aber die Bankenvertreter im Verwaltungsrat: «Die Herren Dr. Frey [Kreditanstalt] und Oberst Simonius-Blumer [Bankverein] sind der Ansicht, dass es nicht rätlich sei, die Befriedigung des Geldbedürfnisses bis gegen den Herbst zu verschieben. Eine Anleihe zu 4½% werde sich schon placieren lassen.»[835] Wofür die beiden Bankdirektoren, das sagten sie damit implizit, sorgen würden.

Als die BBC im Begriff war, sich die Alioth einzuverleiben, ging es nicht nur darum, an deren exzellente Beziehungen zum Basler Finanzplatz heranzukommen, sondern die Münchensteiner Firma galt nach wie vor als ein lästiger Konkurrent, besonders auf dem Gebiet der elektrischen Eisenbahnen. Jetzt, in Zeiten der Krise, erschien das doppelt unerfreulich, im Grunde handelte man aus einer Defensive heraus, wie aus den Aussagen hervorgeht, die Walter Boveri im September 1910 im Verwaltungsrat machte:

«Herr Boveri berichtet über diese geplante Vereinigung [mit Alioth]. Er hebt besonders hervor, dass die Gesellschaft Alioth über sehr gute Beziehungen speziell in Frankreich verfügt. Der Schweizerische Bankverein stand eben im Begriff, sich Alioth ganz anzuschliessen, und dadurch wären uns wichtige Arbeitsgebiete mit ziemlicher Sicherheit verloren gegangen. Alioth hat eine gute Fabrikation und einen grossen Absatz in Frankreich, Italien, Spanien, sowie auch in der Schweiz; ganz besonders im normalen Bahngeschäft, in dem wir so gut wie gar nichts machen, hat Alioth schon bedeutende Objecte zur Ausführung gebracht».[836]

Dass Alioth auf dem Gebiet der elektrischen Bahn gut positioniert war, damit hatte man sich abgefunden, doch offenbar versuchten die Münchensteiner auch Kraftwerke zu bauen. Das kam in den Augen von Boveri gar nicht in Frage und löste die Fusionsverhandlungen aus:

8. Auf dem Weg zur wirtschaftlichen Dominanz

«Die Besprechungen hierüber [die Annäherung] ergaben sich gelegentlich einer Unterhandlung, die wir mit der Aliothgruppe anknüpfen mussten, um den Bau des Elektrizitätswerkes Rupperswil zu verhindern. Diese letztere Unternehmung war durch die Firma Kummler & Matter aufgegriffen und der Aliothgruppe angeboten worden. Der Bau eines solchen Werkes, das für seine Kraft noch gar keine Absatzaussicht hatte, wäre natürlich sehr gegen die Interessen der Gesellschaft Motor gewesen und konnte durch unsere Verhandlungen mit den Herren des Bankvereins zunächst verhindert werden. Bei dieser Gelegenheit ergaben sich – wie gesagt – von selbst Besprechungen über ein engeres Zusammengehen unserer Firma und der Gesellschaft Alioth.»[837] Noch sprach man von einer Fusion, tatsächlich war es eine Übernahme, die wenig später vollzogen wurde. Münchenstein blieb bis in die 1990er-Jahre ein Standort der BBC/ABB.

Dampfturbinen und Turbogeneratoren, die sogenannten Turbogruppen, hatten sich in jenen Jahren zum wichtigsten Produkt der BBC entwickelt, doch selbstverständlich stiess sie auch in andere Geschäftsfelder vor oder pflegte ältere weiterhin, wie besonders die sogenannte elektrische Traktion, also elektrische Bahnen, wo sie mit technologischen Innovationen wiederholt für Aufsehen sorgte: 1899 hatte die BBC die erste Bahn Europas zwischen Burgdorf und Thun vollständig elektrifiziert, ein Jahr zuvor eine elektrische Zahnradbahn auf den Gornergrat ausgerüstet. Als sie diese 1912 gar bis auf das Jungfraujoch (3454 m ü. M.) hinaufführte, galt dies als Sensation sondergleichen: «The locomotives were considered technological wonders of the world at the time»[838], hält der deutsche Ingenieur Eckardt fest. Weil viele Touristen aus aller Welt diese Anlagen sahen, befestigten diese den Ruf der BBC als eine der raffiniertesten High-Tech-Firmen der Epoche. In einem deutschen Nachruf auf Walter Boveri hiess es 1924 über die BBC: «Der Konzern erlangte Weltruf durch den Bau der bekanntesten Schweizer Bergbahnen, von denen wir nur die Jungfrau- und die Simplonbahn erwähnen.»[839]

Des Weiteren elektrifizierte die BBC die Simplon-Strecke, was sie zunächst auf eigene Rechnung tat, da die SBB zögerten und zweifelten, ob eine solche Anlage im Tunnel funktionierte. Zwei Jahre später kauften die Bundesbahnen das gesamte System der BBC ab, weil es sich bewährt hatte.[840] Von neuem war die BBC erhebliche Risiken eingegangen – und hatte gewonnen. Jahr für Jahr lancierte die Firma neue Produkte, wie etwa eine neuartige Beleuchtung für das Innere von Eisenbahnwagen oder immer leistungsfähigere Schalter. Vor allem Brown bestand auf einer hohen Innovationskadenz, die am Ende aber die Firma überforderte und ebenfalls zum Bruch mit Boveri führte, der auf eine Fokussierung drängte, wie man das modern ausdrücken würde. Weniger schien ihm mehr, während Brown immer mehr als weniger vorzog.

429

III. Teil. Transformation

Wenn wir hier den Vorstoss der BBC ins Geschäft mit Dampfturbinen und Turbogeneratoren so ausführlich beschrieben haben, dann aus verschiedenen Gründen: Erstens hat die BBC mit keinem Geschäft wohl je so rasch so viel Geld verdient. Zweitens lässt sich an diesem Beispiel abermals aufzeigen, was die BBC in jenen Jahren unter anderem so erfolgreich machte: die Firma war in erster Linie technologiegetrieben, aber gleichzeitig ausgesprochen risikobereit und realisierte damit häufig einen Vorsprung, der sie in die Lage versetzte, den grössten Firmen der Branche Konkurrenz zu machen. Dass die AEG 1904 sich nicht mehr anders zu helfen wusste, als die BBC schlucken zu wollen, zeigt, wie ernst diese als Wettbewerber genommen wurde. Emil Rathenau, Chef der AEG, hoffte, damit die überlegene Technologie der BBC erwerben zu können.

Drittens haben die Turbogruppen die Internationalisierung der BBC ausgelöst und vorangetrieben, was diesem Unternehmen einen speziellen Charakter verlieh. Wenige schweizerische, geschweige denn ausländische Firmen hatten sich so früh so breit im Ausland aufgestellt. Das prägte das Selbstverständnis der BBC und die Identität ihres Standortes Baden auf Jahre hinaus. Eng mit dieser Internationalisierung verbunden war die Tatsache, dass die BBC zu einem Akteur im Kreis der Elektro-Giganten wurde, wenn auch zum kleinsten: GE, Westinghouse, die AEG und Siemens & Halske galten als die vier Grossen, während sich die BBC zum fünften und kleinen unter den Grossen aufschwang.

Um einen Begriff von den unterschiedlichen Grössenverhältnissen zu erhalten, mag der Vergleich mit der AEG illustrativ sein: 1903/04 belief sich das Aktienkapital der BBC auf 12,5 Millionen Franken, während jenes der AEG ein Jahr später auf 86 Millionen Mark kam, bald erhöhte man es auf 100 Millionen Mark, womit die AEG einer der grössten Konzerne der Welt wurde. Zur gleichen Zeit, 1910, war das Aktienkapital der BBC auf 20 Millionen Franken angewachsen. Die AEG war mithin etwa fünf Mal grösser als die BBC. 1900 arbeiteten 1600 Leute für die BBC, aber rund 17 000 für die AEG.[841] Hingegen hatte die BBC wenig später alle schweizerischen Konkurrenten überrundet: 1913/14 betrug ihre Bilanzsumme 84 Millionen Franken, jene der MFO bloss 19, die Alioth hatte man inzwischen integriert.[842] Ein Gigant in der Schweiz, ein (kleiner) Gigant aber auch in Europa. So war die BBC vor dem Krieg vier Mal grösser als etwa die schwedische ASEA.[843]

8.2.2 Ursachen des unternehmerischen Erfolges

Wir haben nun die ersten zwanzig Jahre der Existenz der BBC beschrieben und möchten hier abbrechen, da die Einsichten, die wir gewonnen haben, für unsere Fragestellung genügen, wo es uns in erster Linie um die Auswirkungen dieses wirtschaftlichen Durchbruchs auf die Region Baden geht. Bevor wir weiterfahren und diese im Einzelnen darstellen, gilt es aber, jene alles durchdringende Frage zu klären, die – um es auf Englisch auszudrücken – wie ein *Big Elephant in the Room* steht: Woher dieser Erfolg? Warum setzte sich die BBC durch?

Zum Teil, das ist uns bewusst, haben wir diese Frage schon beantwortet: So haben wir auf den Beitrag einer überlegenen Technologie hingewiesen, wofür insbesondere Charles Brown und sein Team verantwortlich waren, geradeso haben wir das unternehmerische Talent eines Walter Boveri herausgestrichen, der die Marktfähigkeit von Browns Innovationen sah und die passenden Absatzmärkte erschloss. Ebenso betonten wir wiederholt die extreme Risikobereitschaft sowohl von Brown als auch von Boveri, darüber hinaus war das deutsch-britisch-schweizerische, kosmopolitische Netzwerk der beiden ein Thema – doch selbstverständlich dürften diese Faktoren nicht ausreichen, um den stupenden Aufstieg dieses *Start-ups* zu erklären. Weitere strukturelle Voraussetzungen mussten stimmen – und auf diese möchten wir abschliessend zu sprechen kommen. Es sind im Wesentlichen drei:

– keine *Legacy*-Probleme
– Timing
– Standort Schweiz

8.2.2.1 Keine Legacy-Probleme

Die BBC war die jüngste der elektrotechnischen Firmen, die im 19. Jahrhundert in der Schweiz gegründet wurden – und sie stellte sich als die erfolgreichste heraus. Das eine hing mit dem andern zusammen. Weil sich die BBC als ein neues Unternehmen formierte, konnte sie sich wie kaum ein anderes auf die aktuellsten Technologien konzentrieren. Von *Legacy*-Problemen, also von früheren Investitionen in existente Produkte, aber auch in Fabrikhallen, Werkzeugmaschinen, Patente oder Vertriebsorganisationen, auf die sie Rücksicht hätte nehmen müssen, war sie nicht betroffen – ganz im Unterschied etwa zu Siemens & Halske, der AEG oder auch der MFO, geschweige denn zu arrivierten Firmen, die wie beispielsweise Sulzer den Einstieg in die Elektrotechnik gar nicht erst wagten. Andere Unternehmen der bestehenden schweizerischen Maschinenindustrie wie die SLM oder Rieter versuchten sich in der Elektrotechnik, doch sie gaben bald wieder auf oder stiessen entnervt ab, was sie aufgebaut hatten. Das unterstreicht, wie anspruchsvoll der Vorstoss in die neue High-Tech-Industrie selbst für etablierte Champions gewesen sein dürfte. Umso höher ist einzustufen, was die BBC zustande brachte, und zwar auf internationaler Ebene. Wenige trauten sich das zu, viele scheiterten. Im Grunde überlebten nur zwei: die BBC und die MFO, während die Alioth und die verschiedenen Genfer Unternehmen zurückfielen oder übernommen wurden. Ebenso misslang es jenen Firmen, die wie Ehrenberg und Zellweger in Uster (später Zellweger AG Uster) oder Hasler (Bern) mit der Schwachstromtechnik gross geworden waren, in die lukrativere Starkstromtechnik zu diversifizieren.

Interessanterweise handelte es sich bei den Gewinnern dieser Konsolidierung um zwei Firmen, die in dieser Hinsicht differierten, die MFO hatte sich mit *Legacies* auseinanderzusetzen, sie hatte ursprünglich ihr Geld mit Werkzeug- und Mühlebaumaschinen verdient, die BBC dagegen nicht. Wie wir wissen, hingen die beiden gewissermassen genetisch zusammen. Serge Paquier schreibt:

«Les deux entreprises qui réussissent le mieux à long terme sont une ancienne qui a élargi ses activités vers la nouvelle technologie (Ateliers de construction Oerlikon) et une nouvelle firme spécialisée (Brown, Boveri & Cie). Cette dernière bénéficie de plusieurs avantages. Il y a d'abord l'expérience acquise auprès d'une ancienne entreprise – les deux cofondateurs sont des anciens des Ateliers de construction Oerlikon – qui peut être mise au service d'une nouvelle structure entièrement tournée vers le nouveau produit.»[844]

Unbelastet von der Vergangenheit, stand die BBC bereit, maximal von der kräftig anziehenden Nachfrage nach den neuen Produkten der Elektrotechnik zu profitieren, sie war unter den schweizerischen Firmen der Elektrotechnik die einzige, die diesen Vorteil ausspielen konnte, und so entbehrt es nicht der Logik, dass sie am Ende zur grössten wurde.

8.2.2.2 *Timing*

Allerdings trat sie nicht bloss als letzte auf – sie hatte auch den besten Zeitpunkt gewählt: Das Timing war beneidenswert. Im Lauf der 1890er-Jahre, nachdem der Systemstreit zwischen Wechselstrom und Gleichstrom nach Jahren des Konflikts entschieden war, erfuhr die Elektroindustrie einen phänomenalen Boom. Die Zeiten der Unsicherheit waren vorbei, da jeder Kunde befürchten musste, viel Geld in das falsche System zu investieren, und deshalb seinen Entscheid aufgeschoben hatte. Als ob sich ein böser Bann gelöst hätte, bestellten nun zahlreiche Kommunen und private Kunden wie etwa aus der Maschinen- und Textilindustrie oder der Hotellerie neue elektrische Anlagen. Der Wechselstrom setzte sich auf breiter Front durch, wenn es darum ging, grosse Mengen von Strom zu transportieren. Die ganz überwiegende Zahl der neuen Kraftwerke wurde auf Wechselstrom ausgerichtet – und kaum eine Firma zog mehr Nutzen aus dem Siegeszug des Wechselstroms als die BBC, nicht bloss in der Schweiz, sondern genauso in Deutschland, Italien oder Frankreich.

Der Zeitpunkt, zu dem sich Brown und Boveri selbständig gemacht hatten, erwies sich aus einem weiteren Grund als glücklich gewählt: Denn kaum war die BBC 1891 ins Leben gerufen worden, setzte ein Aufschwung nicht allein in der Elektrobranche ein, der bis 1900 vorhielt, sondern die gesamte schweizerische Wirtschaft hatte sich nach einer langen Rezession erholt und legte mächtig zu. Zwischen 1890 und 1900 wuchs sie jährlich um 3,17 Prozent im Durchschnitt, was deutlich mehr war als in Westeuropa (2,34 Prozent) oder Skandinavien (2,69 Prozent), aber etwas weniger als in den USA (3,82 Prozent).[845]

Tab. 8.5 Durchschnittliches Wachstum des realen BIP in Prozent, ausgewählte Regionen und Länder, 1890–1929

Periode	1890–1900	1900–1913	1913–1922	1922–1929
Schweiz	3,17	2,67	−0,96	4,73
Westeuropa[846]	2,34	2,28	−0,56	3,51
Skandinavien[847]	2,69	2,46	0,51	4,5
USA	3,82	3,95	1,88	4,69

Noch ausgeprägter stellte sich indes die Wohlstandsvermehrung dar, wenn man sie pro Kopf bewertet: hier befand sich die Schweiz in den ersten Rängen, 2,02 Prozent reales Wachstum pro Kopf, das war selbst mehr als in den reichen Vereinigten Staaten von Amerika (1,89 Prozent), geschweige denn im übrigen Westeuropa (1,47 Prozent).

Tab. 8.6 Durchschnittliches Wachstum des realen BIP pro Kopf in Prozent, ausgewählte Regionen und Länder, 1890–1929

Periode	1890–1900	1900–1913	1913–1922	1922–1929
Schweiz	2,02	1,43	−0,99	4,17
Westeuropa	1,49	1,39	−0,31	2,83
Skandinavien	1,78	1,64	−0,25	3,94
USA	1,89	2,01	0,49	3,18

Von 1900 bis 1913 schwächte sich dieses reale Wachstum in der Schweiz auf 2,67 Prozent pro Jahr ab (1,43 Prozent pro Kopf), um in der Zeit des Ersten Weltkriegs nachgerade zusammenzubrechen: die Wirtschaft schrumpfte von 1913 bis 1922 um jährlich gegen 1 Prozent. Besonders die Krise nach dem Krieg traf das Land schwer, speziell auch die BBC und somit ihre Stadt, die zum ersten Mal mit einer relativ hohen Arbeitslosigkeit fertigzuwerden hatte. Der Schock sass tief, der Rückgang dauerte aber kurz. Von 1922 bis 1929 schnellte das Wachstum von neuem, jetzt spektakulär in die Höhe: auf 4,73 Prozent, was erneut viel mehr bedeutete als in Westeuropa (3,51 Prozent) oder selbst in den USA (4,69 Prozent).

Wenn wir das BIP pro Kopf zum Massstab nehmen, zählte die Schweiz schon um die Jahrhundertwende zu den reichsten Ländern der Welt. Nach Grossbritannien lag es 1912 noch vor Belgien an zweiter Stelle. Die Zürcher Wirtschaftshistoriker Margrit Müller und Ulrich Woitek diskutieren einige der Ursachen:

«Die Schweiz gehörte im 19. Jahrhundert zu den früh industrialisierten Ländern mit einem besonders hohen Anteil Beschäftigter im Industriesektor und zu den im internationalen Wettbewerb besonders erfolgreich agierenden kleinen Ländern. Im Zuge des Industrialisierungsprozesses in der zweiten Hälfte des 19. Jahrhunderts und infolge der mit dem Ausbau der Verkehrsinfrastruktur der Bahnen stark sinkenden Transportkosten veränderte sich die Position der Schweiz in der internationalen Arbeitsteilung markant: Sie wurde von einem Emigrations- zu einem Immigrationsland und sie verstärkte ihre Rolle als Nettokapitalexporteur insbesondere auch für Direktinvestitionen. Im Zuge dieser Neupositionierung weg von traditionellen und hin zu den technologieintensiven Branchen erhielten Forschung und Entwicklung eine entscheidende Bedeutung.»[848]

Was die Autoren mit Blick auf die ganze Schweiz schreiben, belegt im Konkreten wohl kaum eine andere Firma besser als die BBC: Sie verwandelte Baden in eine *Company Town* mit einem hohen Anteil von Beschäftigten in der Industrie, sie zog Fachkräfte aus dem Ausland an und sie exportierte in grossem Umfang *Know-how* und Kapital ins Ausland. Schliesslich konzentrierte sie sich von Anfang an auf Forschung und Entwicklung und sicherte sich so einen komparativen Vorteil gegenüber der internationalen Konkurrenz.

8.2.2.3 *Standort Schweiz*

Hinzu kamen Standortfaktoren der Schweiz, die die günstigen konjunkturellen Umstände, von denen die BBC in den 1890er-Jahren verwöhnt wurde, noch günstiger machten: Die Schweiz verfügte aus topographischen Gründen über immense Ressourcen an Wasserkraft, gleichzeitig mangelte es ihr an Kohle, was die Umstellung ihrer Industrie und ihrer Bahnen auf Elektrizität besonders attraktiv erscheinen liess. Wir haben aus dem *Bericht über Handel und Industrie* der Kaufmännischen Gesellschaft von Zürich bereits zitiert, wo für diesen natürlichen Vorteil schon 1882 geworben wurde. Es lag auf der Hand, diesen zu nutzen, sobald das technisch möglich war.

Dass die Existenz von Wasserreserven eine notwendige, aber keine hinreichende Voraussetzung war, um eine eigene Elektroindustrie aufzubauen, zeigt das Beispiel Norwegen. Trotz einer ebenso üppigen Ausstattung mit Wasserkraft, entstand hier im Gegensatz zur Schweiz keine nennenswerte, international konkurrenzfähige Elektroindustrie. Die Elektrifizierung des Landes und den Aufbau der zahlreichen Wasserkraftwerke nahmen ausländische Firmen vor, unter anderem die BBC-Filiale in Kristiania. Mit Blick auf die Schweiz hält Serge Paquier fest:

«Il y a toujours la condition primordiale de base déterminée par la géographie physique. Alors que le pays ne dispose pas de mines de charbon exploitables à grande échelle, il est miraculeusement doté d'abondantes ressources hydrauliques. Mais attention, pour que cette dotation naturelle puisse fonctionner come carte maîtresse, encore faut-il atteindre un certain niveau dans sa mise en oeuvre avant l'émergence des réseaux à courant fort. Sinon on pourrait se retrouver dans le cas figure de la Norvège, où les groupes internationaux déferlent sur le pays.»[849]

Zu jener Zeit, Ende des 19. Jahrhunderts, war Norwegen noch kaum von der Industrialisierung berührt worden, während die Schweiz seit längerem zu den höchst entwickelten Ländern Europas zählte. Schon um 1830 war ihre Industrie imstande, es mit dem Pionier England aufzunehmen, wir haben mehrfach davon berichtet. Aus diesem Grund hatte sie ein hohes Know-how in der Nutzung von Wasserkraft angehäuft. Viele Fabriken der Textil- und Maschinenindustrie betrieb man mit Wasserkraft. So dass es kaum ein Land gab, wo sich die Ingenieure und Techniker besser in der Hydraulik auskannten als in der Schweiz. Beleg dafür ist das ausserordentliche Interesse, das die amerikanischen Investoren und Ingenieure an der hiesigen Technologie zeigten, als sie das Kraftwerk an den Niagara-Fällen konzipierten – auch diesen Sachverhalt haben wir oben geschildert. Als es technisch machbar wurde, die Wasserkraft zur Stromerzeugung einzusetzen, befand sich die Schweiz daher in einer ausgezeichneten Position: Sie verfügte über Wasserkraft in Hülle und Fülle, sie besass Firmen und Experten, die die modernsten Wasserturbinen zu bauen verstanden – und Anfang der 1890er-Jahre standen auch Unternehmer und Ingenieure bereit, die die elektrotechnischen Anlagen, die es dafür brauchte, beisteuern konnten. Brown, Boveri – und viele andere – zählten dazu. Die BBC befand sich gewissermassen in der *pole position* in einem vielversprechenden Umfeld.[850]

Gewiss half, dass die Schweiz mit dem Eidgenössischen Polytechnikum (später ETH) über eine eigene, leistungsfähige technische Hochschule verfügte.[851] Jahr für Jahr entliess das Polytechnikum zahlreiche qualifizierte Ingenieure in die Schweizer Industrie, die hier deren Forschungs- und Entwicklungskapazitäten laufend verbesserten.[852] Unbekümmert von heutigen Bedenken der *Corporate*

435

Governance hielt die Hochschule einen geradezu intimen Kontakt zur Privatwirtschaft – mit höchst profitablen Ergebnissen für beide Seiten. Professoren liessen sich von Unternehmen für spezifische Projekte engagieren oder liehen ihre Assistenten aus, ebenso wechselte man wiederholt zwischen Stellen in der Industrie und am Polytechnikum. Manch ein Patent bezog sich auf eine Erfindung, bei der es schwer zu bestimmen war, wo sie entstanden war: an der Hochschule oder in der Firma? Selbst im obersten Führungsorgan des Polytechnikums, dem Schulrat, war die Privatwirtschaft stets mit eigenen, einflussreichen Repräsentanten vertreten.[853]

Darüber hinaus war von Belang, dass das Polytechnikum als eine deutschsprachige Institution akademisch und kulturell eng mit den deutschen Hochschulen verbunden war, die zu jener Zeit zu den besten der Welt zählten. Daraus zog die eidgenössische Hochschule wohl überproportionalen Nutzen, zumal sie es verstand, junge, vielversprechende, deutsche Professoren früh nach Zürich zu holen, wo diese ihre kreativsten Zeiten durchlebten, bis sie in Deutschland einen Ruf annahmen. Oft fingen bedeutende Forscherkarrieren in Zürich an, die an den berühmten Universitäten und technischen Hochschulen in Berlin, München oder Karlsruhe gipfelten.

Paradoxerweise spielten diese «Polytechniker» jedoch nicht in allen Firmen von Beginn weg eine tragende Rolle. Zwar hatten Huber-Werdmüller oder dessen Sohn das Polytechnikum besucht und hier das Diplom als Ingenieur erworben, wogegen kaum einer der Pioniere der frühen BBC je am Polytechnikum studiert hatte, weder die Browns noch Boveri oder manch anderer Techniker der ersten Jahre. Zum gleichen ambivalenten Befund kommen wir, wenn wir die Genfer Firmen betrachten. Ausgerechnet René Thury, der innovativste Elektrotechniker der Westschweiz, hatte nie an einer Akademie studiert. Erst etwas später, nachdem sich diese meist jungen Unternehmen konsolidiert hatten, setzten sich die ETH-Ingenieure durch – nun allerdings unübersehbar. So gut wie alle entscheidenden Positionen in der Elektroindustrie besetzten seit der Jahrhundertwende bis auf weiteres ETH-Abgänger. Das «Poly», wie man es fast liebevoll nannte, bildete indessen nicht nur aus – die Schule diente der kommenden technischen Elite auch als Sozialisationsort ersten Ranges. Serge Paquier schreibt:

«Cette dernière [das Polytechnikum] qui attire des leaders de l'industrie électrique fonctionne en partie comme plate-forme qui permet d'établir de fructeuses relations interentreprises. A ce titre, la coopération qui s'établit entre les dirigeants de l'AEG et des Ateliers Oerlikon [MFO], doit certainement beaucoup à la fréquentation de ce lieu d'études commun.»[854] Sowohl Peter Emil Huber-Werdmüller (MFO) als auch Emil Rathenau (AEG) haben am Poly in Zürich studiert.

Wir haben bisher sozusagen die Angebotsseite der positiven Standortfaktoren dargestellt, doch auch die Nachfrageseite erleichterte den Durchbruch der BBC ganz entscheidend. In einem so reifen Industrieland wie der Schweiz fand die BBC und die übrigen Unternehmen der Elektroindustrie sogleich Kunden, die sich deren modernen Technologien leisten konnten und wollten. Zum einen in der Maschinen- und Textilindustrie, die im Vergleich zu manchen Ländern Europas schon umfangreich war. Zum anderen unter den Hoteliers, wo die Elektrizität früh auf Interesse gestossen war. Ironischerweise hatte die Schweizer Hotellerie aus den gleichen, topographischen Gründen gegen Ende des 19. Jahrhunderts eine international herausragende Stellung errungen – auch für den Tourismus erwiesen sich die hohen Berge und die vielen Flüsse und Seen als Standortvorteil. Es gab, mit anderen Worten, enthusiastische und zahlungskräftige Kunden, kaum tauchte eine Firma wie die BBC auf, die technologisch bewährte Produkte der Starkstromtechnik anzubieten hatte.

Last but not least, wir haben dies schon angesprochen, gelang es den Schweizer Elektrofirmen in durchaus protektionistischem Einvernehmen mit ihren vielen Bestellern in Gemeinden und Kantonen, den nationalen Binnenmarkt weitgehend abzuschliessen. Kaum ein ausländischer Produzent erhielt einen Auftrag in der Schweiz, ob es sich nun um Kraftwerke oder elektrische Bahnen handelte. Wobei dieser Befund zeitlich zu differenzieren ist: Zu Anfang der Entwicklung kamen ausländische, vorab deutsche Anbieter durchaus zum Zug, was die heimische Industrie befruchtete und zugleich stählte, weil sie sich so dem Wettbewerb mit den modernsten Elektrounternehmen der Epoche zu stellen hatte. Desgleichen erlaubte es ihr diese Offenheit des Heimmarktes, im Sinne der Reziprozität in anderen Ländern ebenso als legitimer Anbieter aufzutreten, ob in Deutschland, Italien oder Frankreich. Kaum war die schweizerische Elektroindustrie jedoch konkurrenzfähig, – was etwa die BBC in Frankfurt bewies –, wurde den ausländischen Mitbewerbern der Zugang zum schweizerischen Infrastrukturmarkt erschwert. Weil dies in der Schweiz dezentral, also auf kantonaler, ja meistens kommunaler Ebene realisiert wurde, und zudem oft mittels direktdemokratischer Verfahren, liess sich dieser «Heimatschutz» leichter verteidigen. Während die Politiker des Bundes ihre Hände gewissermassen in Unschuld wuschen, fiel es den übergangenen ausländischen Unternehmen und deren Regierungen schwer, dagegen einzuschreiten.[855]

Weitgehend ungestört sahen sich die schweizerischen *Champions* deshalb in der Lage, den Markt vor Ort zu kontrollieren, wie das seinerzeit in manchen Branchen üblich war. Es existierte keine Kartellgesetzgebung, und noch wurde es keineswegs als anrüchig betrachtet, sich abzusprechen, ob bei Preisen, Interessensgebieten oder Aufträgen. Oft bezogen sich diese Abmachungen nicht bloss auf die Schweiz. Vielmehr sah man zu, dass Schweizer Firmen sich auch im Ausland nicht gegenseitig das Leben schwer machten. Konkurrenz galt in den Kreisen der damaligen Industriellen (noch) nicht als unbedingt erstrebenswert.

Ein typisches Beispiel solcher Absprachen, die man traf, um sich gegenseitig zu schützen und den Markt aufzuteilen, ist das Abkommen, das die BBC 1911 mit Sulzer schloss. Die BBC verzichtete auf die Produktion von Dieselmotoren und Zentrifugalpumpen, im Gegenzug verpflichtete sich Sulzer, ihr Dampfturbinengeschäft aufzugeben, das sie eben mit etlichem Erfolg angeschoben hatte. Die Debatte, die darüber im Verwaltungsrat der BBC stattfand, ist aufschlussreich, weswegen wir sie hier etwas breiter referieren. Walter Boveri führte aus:

«Mit den Herren Gebrüder Sulzer verbinden uns von jeher freundschaftliche und verwandtschaftliche Beziehungen», womit er auf die Tatsache anspielte, dass Sidney Brown, Mitglied des Verwaltungsrates und anwesender Sitzungsteilnehmer, mit Jenny Sulzer verheiratet war, der Tochter des ehemaligen, vor wenigen Jahren verstorbenen Seniorchefs, Heinrich Sulzer-Steiner.[856] «Als die Firma Sulzer die Fabrikation von Dampfturbinen aufnahm, wurde sie unsere Konkurrentin. Dies führte schon damals zu verschiedentlichen Verhandlungen. Beiderseits erkannte man die Wünschbarkeit einer Verständigung.»[857]

Erste Absprachen scheiterten jedoch. Als Sulzer sich wenig später an Alioth annäherte und die beiden gemeinsam Turbinen und Generatoren nach Frankreich und Russland zu exportieren begannen, sah die BBC dies mit grossem Unbehagen:

«Kurzum es entwickelte sich eine Gruppierung, die uns nicht gefiel, und welche mit einen Grund zur Übernahme der E.G. Alioth bildete. Infolgedessen kam es zu neuen Besprechungen mit der Firma Sulzer, wobei sich die Herstellung eines freundschaftlichen, durch langjährigen Vertrag zu sanktionierenden Verhältnisses als durchführbar erwies. Ein derartiger Vertrag, welcher die Ausschaltung der Konkurrenz durch Ausscheidung der Fabrikationsgebiete bezweckt, ist nach monatelangen Verhandlungen in der heute perfekt vorliegenden Form zu Stande gekommen und soll einstweilen auf die Dauer von 10 Jahren abgeschlossen werden.»[858]

Boveri hielt den Kompromiss für akzeptabel: «Das Opfer, das uns zugemutet wird, scheint uns nicht allzu gross, denn das Geschäft in Pumpen war nie bedeutend und viel wurde dabei nicht verdient. Das einzige, was wir zu überlegen haben, ist der Verzicht auf den Bau von Dieselmotoren.»[859] Doch angesichts der Tatsache, dass auch die AEG in dieses Geschäft eingestiegen war, glaubte Boveri, es machte Sinn, sich fernzuhalten: «Letzterer Umstand ist für uns entscheidend,

8. Auf dem Weg zur wirtschaftlichen Dominanz

denn durch diese Konkurrenz werden die Preise bald auch auf diesem Gebiete geworfen werden.»[860] Das galt für Boveri umso mehr, als Sulzer aus seiner Sicht das grössere Opfer brachte: «Die Dampfturbinenabteilung dieser Firma hat sich bedeutend entwickelt. In Russland und speziell in Frankreich macht uns die Sulzer-Turbine mehr und mehr Konkurrenz.»[861]

Walther Rathenau, der Vertreter der AEG, gab sich skeptisch: «Ist ein zehnjähriger Verzicht auf die Fabrikation von Dieselmotoren nicht zu weitgehend? Würde es zur Verwirklichung des an sich gesunden Gedankens der Ausschaltung gegenseitiger Konkurrenz durch Ausscheidung der Fabrikationsgebiete nicht genügen, eine Verständigung dahin zu treffen, dass man sich gegenseitig in das Ressort der einen oder andern Firma fallenden Bestellungen überwiese?»[862]

Diese Idee wies Boveri umgehend zurück: «Der Kunde, welcher eine Turbine bei Sulzer bestellt, will eine Sulzerturbine. Wir haben nicht die Wahl, ihm dasjenige Fabrikat zu liefern, welches einer internen Vereinbarung entspräche.»[863] Rathenau hatte auch gestört, dass man sich auf zehn Jahre hinaus binden wollte – dem wiederum trat nun Sidney Brown entgegen, der mit der Familie Sulzer verschwägert war, und stellte klar, dass Sulzer nur dann an einem solchen Abkommen interessiert sei, wenn es auf mindestens zehn Jahre abgeschlossen werde. Denn Sulzer wollte die BBC um jeden Preis davon abhalten, Dieselmotoren herzustellen. Zu Recht und aus verständlichen Gründen: Der Dieselmotor sollte auf Jahrzehnte hinaus das Spitzenprodukt der Winterthurer Maschinenbauer werden. Zahllose Schiffe dieser Welt rüstete Sulzer damit aus.

Boveri doppelte nach: «Wenn das Abkommen nicht getroffen wird, dann werden Gebrüder Sulzer gezwungen sein, mit ihrer Fabrikation in's Ausland zu gehen und speziell in Frankreich Dampfturbinen zu bauen, dann steht die Cie. Electro-Mécanique [CEM, die BBC-Tochter in Le Bourget] überall mit ihnen in Konkurrenz.»[864] Und er fügte an, was wohl das entscheidende strategische Ziel dieses Abkommens war: «Wichtig ist es auch, dass die Firma Sulzer darauf verzichtet, in die Elektrizität hineinzugehen, sonst bekämen wir einen neuen Konkurrenten auf diesem Gebiet.»[865]

Nachdem die Basler Bankiers Alfred Sarasin und Oberst Simonius-Blumer dem BBC-Chef in allen Punkten beigepflichtet hatten, gab Rathenau auf, wenn auch widerwillig, wie er sich protokollieren liess: «Unangenehm aber bleibe bewusster Verzicht.»[866] Boveri, so macht es den Anschein, war nicht besonders beeindruckt von den Äusserungen des Sohns des grossen Emil Rathenau: «Nachdem Herr Boveri neuerdings betont, dass wir ja mit der Dieselmotorenfabrikation auf etwas verzichten, was gar nicht in den Rahmen unseres Geschäftes falle und dass unsere Gesellschaft in der Schweiz nicht prädestiniert sei, alles zu machen, wird das Abkommen mit Gebrüder Sulzer einstimmig genehmigt.»[867]

Wir fassen zusammen: Abgesehen vom spezifischen unternehmerischen und innovatorischen Talent der Gründer waren es drei Faktoren, die unseres Erachtens den stupenden Aufstieg der BBC erklären.

Erstens war die BBC ein *latecomer*, weswegen sie sich von Beginn weg auf die modernste Technologie und Produktion konzentrieren konnte. Investitionen in Fabriken, veraltete Maschinen, überholte Patente oder überkommene Techniken hatte sie nicht abzuschreiben. Unbeschwert von früheren unternehmerischen Entscheiden war sie in der Lage, für ihre neuen Produkte neue Märkte zu kreieren, und breitete sich rasch aus.

Zweitens bewiesen die Gründer eine glückliche Hand, als sie den Zeitpunkt für ihren Gang in die Selbständigkeit festlegten. Im Lauf der frühen 1890er-Jahre erholte sich die europäische, insbesondere die schweizerische Wirtschaft, bald folgte eine fast ununterbrochene Expansion. Dazu trug in hohem Masse die Elektrifizierung in Europa bei, die jetzt grossflächig einsetzte, nachdem der Systemstreit zwischen Gleich- und Wechselstrom entschieden war. Die BBC gehörte zu den Siegern, zumal sie auf den Wechselstrom gesetzt hatte und nun die entsprechenden Produkte im Angebot hatte.

Drittens bot die Schweiz Rahmenbedingungen und eine Ressourcenausstattung, die für eine sich neu formierende Elektroindustrie als ideal angesehen werden müssen: Wasserkraft war in rauen Mengen vorhanden, und das Land wies eine lange Tradition hydraulischer Anwendungen und des damit verbundenen Knowhows auf. Zudem war die Schweiz bereits ein hoch industrialisiertes Land: Längst hatten sich unternehmerische Talente, ausgewiesene Techniker und Ingenieure in der Textil- und vor allem Maschinenindustrie etabliert. Ebenso bestand eine technische Hochschule, die für den Nachwuchs sorgte und die *Leader* der Industrie vernetzte. Schliesslich profitierte auch die BBC von einer stufenweisen Abschottung des schweizerischen Heimmarktes gegenüber ausländischer Konkurrenz.

8.3 Elektropolis und Bäderstadt

Nachdem wir die wirtschaftliche und unternehmerische Entwicklung der BBC in ihren ersten Jahrzehnten untersucht haben, möchten wir nun deren Auswirkungen auf die Stadt Baden thematisieren. Welche Charakteristika sind relevant, wenn es darum geht, die Transformation Badens zur *Company Town* zu erklären? Zwei Strukturmerkmale erwiesen sich als besonders wirkungsmächtig.

– frühe Internationalisierung des Kaders, der Belegschaft, des Konzerns: «Weltfirma»
– rasantes Wachstum, wirtschaftlicher Erfolg

Wenn wir im Folgenden die Konsequenzen beschreiben, die sich daraus für die Stadt Baden ergaben, möchten wir diese grob in drei Themenkomplexen gruppieren. Zunächst fokussieren wir auf das Kader, das diese junge, gewissermassen charismatische Firma rekrutierte. Dann zeigen wir auf, wie die frühe Expansion ins Ausland sowie die hohe Exportorientiertheit die BBC tatsächlich zu einer «Weltfirma» machte, und zwar im buchstäblichen Sinne des Wortes. Das hatte soziokulturelle Folgen auch für die Stadt. Schliesslich möchten wir anhand der Steuerleistungen der Firma und ihrer Führungsspitze analysieren, wie sich dieser wirtschaftliche Aufstieg in den Finanzen der Stadt niederschlug und inwiefern Baden sich zu einer typischen *Company Town* wandelte, einer Stadt mithin, deren Schicksal zu weiten Teilen dem konjunkturellen Glück und unternehmerischen Geschick einer einzigen Firma unterworfen war.

8.3.1 Charisma der Gründerzeit

Charles Brown waren früh in seiner Karriere technische Spitzenleistungen gelungen, die ihn weit über die Schweiz hinaus bekannt machten – wir haben darauf hingewiesen. Seit der Gründung der BBC wandte er sein Können und sein Talent nun zum eigenen Vorteil an, was bei ihm einen nicht zu unterschätzenden Motivationsschub ausgelöst haben dürfte. Dass diese Firma eine neue Firma war, erleichterte es ihm, sie auf die aktuellsten, meist von ihm entwickelten Technologien auszurichten. Keine Hypotheken der Vergangenheit bedrückten ihn, keine *Legacies* hielten ihn zurück – zumal er zusammen mit Boveri Herr seiner selbst war. Ob er sich bei MFO, einer Firma mit vielen herkömmlichen Produktionslinien, und das als Angestellter, je hätte dermassen verwirklichen können? Das scheint wenig wahrscheinlich.

Es war ein Glücksfall für die BBC, dass Browns Kreativität längst nicht erschöpft war: So gut wie an jeder Errungenschaft der BBC war Brown in der Folge beteiligt, er meldete weitaus die meisten Patente an und für die meisten fundamentalen Neuerungen, die der BBC in den ersten zwanzig Jahren ihres Bestehens neue Geschäfte erschlossen, war er verantwortlich.

Zum einen verlieh das der Firma zweifellos einen charismatischen Charakter: Brown zog ähnlich brillante Techniker an, wie etwa Albert Aichele[868], Emil Hunziker oder Jakob Buchli.[869] Bei der BBC, das sprach sich in Fachkreisen herum, bewegte man sich an der vordersten Front des Fortschrittes, was hier entwickelt wurde, war *cutting-edge technology*, und bald scharte Brown eine Gruppe von jungen, erfolgshungrigen Ingenieuren aus aller Welt um sich. Zum andern legte er damit eine Art DNA der Firma fest. Von Anfang kam der Technologie und der damit verbundenen Forschung bei der BBC ein ausserordentliches Gewicht zu, was sich an der stets relativ hohen Zahl von technischem Kader ablesen lässt. Schon 1900 wies die BBC mehr als hundert Angestellte auf; vor dem Ersten Weltkrieg zählte sie 1100 Angestellte, also einen Viertel der gesamten Belegschaft. Von diesen 1100 Angestellten waren gegen 40 Prozent Ingenieure und Techniker. Das ist ein überdurchschnittlicher Anteil.[870] Früh zeichnete sich ab, dass die BBC im Zweifelsfall der technischen Innovation Vorrang vor der Rentabilität einräumte, was an Brown lag – und am Ende zum Konflikt mit dem mehr renditeorientierten Boveri führte. Selbst nachdem dieser Konflikt gelöst wurde, indem Brown die Firma Knall auf Fall verliess, blieb diese DNA erhalten: Die BBC galt bis in die jüngste Vergangenheit als überaus technologiegetriebene Firma. Für Baden hiess das zweierlei:

Erstens untermauerte dies die Stellung des Unternehmens in der Stadt. Denn diese junge Firma war nicht bloss erfolgreich, sie war auch charismatisch oder um es modern auszudrücken: sie galt als High-Tech-Firma schlechthin, die sich in einer der jüngsten und aufregendsten Industrien der Welt betätigte und durchsetzte. Der Kontrast zum altehrwürdigen, vorindustriell bestimmten Kurort konnte kaum schärfer wirken.

Zweitens zogen jetzt hochbegabte, hochqualifizierte Leute von überall her zu, viele Schweizer aus anderen Kantonen, selbst aus dem Tessin und dem Welschland, ausserdem auffällig viele Auslandschweizer, dann zahlreiche Deutsche, aber auch Engländer, Holländer, Österreicher oder Italiener. Die BBC war in jenen Jahren schon, was man viel später ein multinationales Unternehmen nennen würde. Die Stadt Baden sah sich daher gezwungen, innert kurzer Zeit nicht nur ein starkes quantitatives Wachstum seiner Bevölkerung zu bewältigen, wie wir oben gezeigt haben, sondern man hatte auch mit einer folgenreichen qualitativen

Veränderung zu Rande zu kommen: Es entstand eine neuartige, international zusammengesetzte Mittel- und Oberschicht, deren meist akademisches Bildungsniveau sehr viel höher lag als jenes der alten vorindustriellen Elite der Hoteliers.

Dass die BBC von Anfang an ein derart international zusammengesetztes Kader aufwies, lag an ihren Gründern – aber auch an der Internationalisierung, die die Firma früh erfasst hatte. Diese Internationalisierung zeigte sich überall: nicht bloss im Kader, sondern genauso in der Geschäftstätigkeit, dem entschlossenen Aufbau eines weltumspannenden Konzerns, selbst die Belegschaft – und das auf allen Stufen – war davon betroffen.

8.3.2 Die «Weltfirma»

Da die BBC gewissermassen eine Abspaltung der MFO gewesen war, erbte sie auch deren internationale Ausrichtung, was die Kunden anbetraf. Von Anfang an lieferte die BBC nicht bloss in die Schweiz, sondern nach Deutschland, Italien oder Frankreich. Mitte der 1890er-Jahre ging bereits die Hälfte ihrer Produktion ins Ausland. Nachdem die BBC 1900 die Produktion der Dampfturbinen aufgenommen hatte, verstärkte sich diese Exportorientiertheit noch. Nun verschickte man Turbogruppen nach Grossbritannien, in die Niederlande, nach Belgien, Dänemark, Spanien, Südamerika, in den Nahen Osten, nach Russland und selbst nach China und Australien.[871] Gleichzeitig baute die BBC ein Netz von eigenen Produktionsbetrieben im Ausland auf. Bis vor dem Ersten Weltkrieg waren fünf Tochtergesellschaften entstanden, die zum Teil – wie im Fall von Mannheim – das Stammhaus in Baden an Grösse bald sogar übertreffen sollten, wir haben das erwähnt.

Zwar wurden alle diese Filialen lokal von eigenen Geschäftsleitungen und Verwaltungsräten geführt, doch am Ende liefen alle Fäden in Baden zusammen, die BBC kontrollierte diese Betriebe als hundertprozentige Töchter und bestimmte von Baden aus deren Führungsteams. Darüber hinaus wurde in diesen Fabriken vorwiegend nach Plänen, Patenten und Lizenzen der BBC produziert und somit Technologien angewandt, die im Mutterhaus entwickelt worden waren. BBC Baden stieg zum *Hub* für Forschung und Entwicklung für den ganzen Konzern auf, was wiederum erklärt, warum so viele Angestellte, meistens. Ingenieure, in Baden tätig waren – wir haben diesen Sachverhalt bereits angedeutet. Wenn diese Experten Ausländer waren, verbrachten sie zuerst oft ein paar Jahre in Baden, um nachher in ihre Heimat geschickt zu werden und hier Managementaufgaben zu übernehmen. So stellte die Firma sicher, dass auch die Führungskräfte ihrer Tochtergesellschaften die spezifische BBC-Betriebskultur kannten und ins Ausland transferierten.

III. Teil. Transformation

All dies bewirkte eine hohe internationale Fluktuation, die besonders vor dem Ersten Weltkrieg sich stark ausweitete, als in Europa faktisch die Personenfreizügigkeit herrschte. Es war ein Kommen und Gehen in Baden. – in beide Richtungen. Genauso wie Ausländer nach Baden kamen, blieben oder weiterzogen, begaben sich Schweizer und niedergelassene Ausländer, die bei der BBC untergekommen waren, dauernd ins Ausland – und was wesentlich ist mit Blick auf die sozialen und kulturellen Folgen für die Region: Nicht nur Kader, Ingenieure und Verkäufer reisten in ferne Länder, sondern auch zahlreiche Monteure und Mechaniker, die so ihren Wohnort Wettingen, Fislisbach oder Nussbaumen mit exotischen Arbeitsplätzen in Kairo, St. Petersburg oder Buenos Aires vertauschten.

Wir werden die mentalen Auswirkungen dieser Internationalisierung auf allen Hierarchiestufen an gegebenem Ort wiederaufnehmen, wenn wir die sozialen und kulturellen Dimensionen des Wandels von Baden zur *Company Town* behandeln.

Schon frühzeitig bürgerte sich in der BBC die Selbstzuschreibung der «Weltfirma» ein, bald führten ihn auch alle im Mund, die in der Region Baden lebten, selbst wenn sie nicht bei der BBC arbeiteten. Ja selbst die Medien akzeptierten diesen Begriff bereitwillig, und bis in die 1980er-Jahre verwendeten Journalisten «Weltfirma» als Synonym, wann immer sie über die BBC schrieben und ihre Wortwahl variieren wollten. Wenn auch ein Klischee, falsch war die Bezeichnung nie, besonders, weil die BBC nicht nur vorwiegend für den Export arbeitete – das taten viele andere Schweizer Firmen auch –, sondern auch beizeiten ins Ausland expandiert hatte und bald mehr Mitarbeiter im Ausland für sie tätig waren als in der Schweiz, was vor dem Ersten Weltkrieg in kaum einem anderen Schweizer Unternehmen vorkam. Beides führte eine Internationalisierung der Firma herbei: Sowohl Kader als auch Ingenieure und Techniker, ja sogar die Belegschaft bis zum einfachen Arbeiter wurden davon erfasst. Schliesslich wiesen die Gründer und ihre engsten Mitarbeiter selber eine bemerkenswerte *Diversity* auf, wie man das heute ausdrücken würde: Die Firma war multinational in jeder Hinsicht – zu einem Zeitpunkt schon, als man diesen Begriff noch gar nicht kannte.

8.3.3 Überleben auf dem Weltmarkt

Weil die Firma so unaufhaltsam wuchs und ihr Anfangserfolg so überwältigend schien, errang sie auch sehr schnell eine überaus dominante Position in der Stadt. Das Moment der «Überwältigung» ist dabei wörtlich zu verstehen und nicht gering zu schätzen. Ehe die alte, kleine Bäderstadt sich's versah, war sie mit der Tatsache konfrontiert, dass eines der grössten Unternehmen der Schweiz auf der grünen Wiese vor ihren Toren entstanden war. Schon um 1900 war die BBC zum Grossunternehmen herangewachsen – bloss neun Jahre nach ihrer Gründung. Die Entwicklung verlief so stürmisch, dass der Anpassungsdruck, dem sich die Region ausgesetzt sah, umso höher ausfiel. Was an Arbeitskräften vorhanden war, sog die BBC sogleich auf; weil sie florierte, zahlte sie vergleichsweise hohe Löhne, und weil sie gut verdiente, stieg sie umgehend zum besten Steuerzahler auf. Obwohl die Kurhotels zur gleichen Zeit einen Boom erlebten, fielen sie als Steuerzahler zurück, was ihr relatives Gewicht anbelangt. Das Tempo der Expansion, das die junge BBC anschlug, machte es auch unwahrscheinlich, dass andere Industriebetriebe nach Baden zogen. Niemand war darauf aus, mit dieser florierenden Firma auf dem Arbeitsmarkt in Wettbewerb zu treten, ebenso wenig liess die BBC zu, dass im Haselfeld Land an andere Interessenten verkauft wurde. Das Fabrikgelände erweiterte sich fast Jahr für Jahr.

Im Januar 1910 erschien im *Badener Tagblatt* ein Artikel, der den Zustand der schweizerischen Maschinenindustrie beschrieb: «Nach dem Massstabe unserer kurzlebigen Zeit gemessen, liegt die vor etwa zwei Jahren aufgetretene geschäftliche Krise weit hinter uns. Ihre Folgeerscheinungen hängen aber heute noch wie schwere Bleiklumpen an den Ketten, mit welchen die gesamte heimische Metallindustrie durch ausländische Praktiken, behördliche Kurzsichtigkeit und eigene Schwerfälligkeit immer stärker gefesselt wird.»[872]

Wir haben bereits aus diesem Text zitiert, es handelte sich um einen Leitartikel, der zuerst in der NZZ publiziert worden war. Dass er aber wenig später vom *Badener Tagblatt* übernommen wurde, zeigt, für wie relevant die Redaktion diesen Text gerade auch für Baden gehalten hatte. Weckruf, Kritik, Ermahnung, Paranoia des bevorstehenden Abstiegs: Es war ein Artikel, wie er in der Schweiz künftig noch oft geschrieben werden sollte, seit das Land sich industrialisiert hatte und für den Weltmarkt produzierte und alles – Wohlstand, Politik und nicht zuletzt Publizistik – von der Konjunktur dieser Märkte berührt wurde. Regelmässig, wie eine Art *Memento mori* der Moderne, tauchten in der Presse nun diese Durchhalteparolen und ökonomischen Patientenberichte auf, einmal ging es gut und man warnte dennoch vor dem nahen Rückgang, dann verharrte man in der Rezession und verlor den Glauben an die eigene Kraft zur Gesundung. Im Gegensatz zu vorindustriellen Zeiten fürchtete man nicht mehr die Missernten und Hungersnöte, sondern das Auf und Ab der Konjunktur, man sprach nicht mehr vom Wetter, sondern vom Börsenkurs. Seit die BBC in Baden residierte, war auch diese Stadt ganz direkt mit dem Weltmarkt verflochten, gerade Baden, dessen wichtigste Firma weit über die Hälfte seiner Produkte im Ausland absetzte. Es war eine neue Erfahrung. Umso begieriger, so müssen wir annehmen, las man die Zeitung, die einen über die internationalen Märkte ins Bild setzte. Für die lokale Presse eröffnete sich ein ganz neues Feld der Berichterstattung, und das lässt sich in jenen Jahren gut belegen. Hatte man früher (und tat es immer noch) die Gästelisten der Badener Badehotels veröffentlicht und kommentiert, erschienen nun auch Börsenbericht und Unternehmensnachrichten – und Leitartikel, die vor der deutschen Konkurrenz warnten:

«Man mag es vielleicht da und dort als unpatriotisch ansehen, wenn der deutsche Nachbar als musterhaftes Beispiel angeführt wird; dies zu unterlassen, wäre aber Vogel Strauss-Politik. Schöntun heisst noch lange nicht patriotisch handeln; eine wahrhaftige Schilderung schafft wohl Feinde, aber auch Remedur.»[873]

Zwar war schon die alte Bäderstadt von den Launen seiner Gäste abhängig gewesen. Kriege, andere politische Ereignisse, aber auch die Konjunktur hatten sie schon immer getroffen; blühten die privaten Finanzen und Geschäfte der potenziellen Gäste, fuhren sie vielleicht nach Baden, wenn nicht, blieben sie zu Hause. Weil Zürich traditionell so viele Gäste schickte, war Baden ganz direkt mit der wirtschaftlichen Verfassung dieser Stadt verbunden, zumal es gerade für manche Zürcher Teil des Luxuskonsums war, einmal im Jahr eine Badenfahrt zu unternehmen. In schweren Zeiten sparte man allenfalls an einer solchen Reise. Wir haben auch geschildert, wie die Badener Hoteliers seit Anfang des 19. Jahrhunderts immer aufmerksamer nach Norden blickten, als die Bäderstadt sich zusehends der Konkurrenz der deutschen (und französischen) Modebäder ausgesetzt sah. Internationaler Wettbewerb war den Badenern also vertraut. Dennoch erwies sich der Badener Fremdenverkehr meistens als relativ stabil und weniger konjunkturempfindlich, da die Menschen die Thermalquellen nicht bloss zum Vergnügen, sondern vermehrt auch aus medizinischen Gründen aufsuchten. Und Krankheiten kamen immer vor, in Zeiten des Booms genauso wie während der Krise.

Im Vergleich zum Bädertourismus war die Elektroindustrie ungleich stärker den Schwankungen des Weltmarktes ausgeliefert. Was die BBC produzierte, waren überwiegend kostspielige Investitionsgüter – sowie eine Rezession einsetzte, nahm die Lust der Kunden rapide ab, so hohe Risiken einzugehen, und meistens erholte sich die Konjunktur danach auch schleppender. Je rascher die BBC wuchs, desto sichtbarer veränderte sich die wirtschaftliche Exponiertheit der Stadt: Schon um die Jahrhundertwende zeichnete sich ab, dass das Geschick der Stadt nicht mehr allein vom Fremdenverkehr abhing, sondern zusehends vom Zustand der schweizerischen Maschinenindustrie insgesamt, vor allem aber vom Erfolg und Misserfolg einer einzigen Firma. Dabei gehörten die ersten zwanzig Jahre zweifellos zu den sorgloseren, ja meistens euphorischen.

8.3.4 Höhen und Tiefen: Die Steuerleistungen der BBC

Nirgendwo lässt sich diese Abhängigkeit empirisch wohl besser erfassen als anhand der Steuern, die die BBC an die Stadt Baden überwies. Blühten ihre Geschäfte und stiegen ihre Gewinne, zahlte die BBC gigantische Beträge. Schrieb sie dagegen Verluste und wurde von Krisen ergriffen, versiegte der Geldstrom, der der Gemeinde zuzufliessen pflegte. Oft genug versank Baden dadurch selbst im Elend. Aus diesem Grund möchten wir im Folgenden die Steuern analysieren, die die BBC und ihre Kader an Baden leisteten; Untersuchungsperiode ist grob die Zeit von 1890 bis 1940, wobei wir mit Stichproben arbeiten. Im Übrigen konzentrieren wir uns auf die Gemeindesteuern, da nur sie für unseren Zusammenhang relevant sind, wenn wir die fiskalische Bedeutung der BBC in ihrer *Company Town* messen wollen. Selbstverständlich schuldeten die Steuerpflichtigen aber nicht bloss der Gemeinde, sondern auch dem Kanton direkte Steuern (die man Staatssteuer nannte), wogegen sich der Bund zu jener Epoche wie erwähnt, ganz weitgehend mit Zöllen und anderen Abgaben finanzierte.[874] Um die Zahlen, die wir behandeln, einordnen zu können, scheinen uns vorab ein paar Erläuterungen zum damaligen Steuersystem angezeigt.

Besteuert wurden in Gemeinde und Kanton Vermögen und sogenannter Erwerb, worunter man das Einkommen aus selbständiger und unselbständiger Tätigkeit verstand, sowie Renten und Pensionen, nicht aber das Einkommen aus Vermögenserträgen. Dieses war im Aargau bis zum Zweiten Weltkrieg steuerfrei. Erst seit 1945 wurde es ebenfalls miteinbezogen. Als steuerpflichtig galten alle natürlichen und juristischen Personen, wobei bei den natürlichen Personen der Haushalt die Bezugsgrösse darstellte, Eltern, Kinder und andere Personen, die einen gemeinsamen Haushalt führten, wurden gemeinsam besteuert, in den Steuerbüchern wurde namentlich aber nur der Haushaltsvorstand genannt, meistens war dies der Ehemann. In der Regel unterschieden sich Gemeinde- und Staatssteuer in der Höhe, in unserer Periode verlangte die Gemeinde meistens mehr. Als Faustregel kann man davon ausgehen, dass etwa 60 Prozent der Steuern der Gemeinde zuflossen und 40 Prozent dem Kanton. Diese Feststellung ist wesentlich: Wenn wir in unserer Untersuchung nun ausschliesslich von der Gemeindesteuer reden, die eine Firma wie etwa die BBC zu zahlen hatte, darf nicht vergessen gehen, dass dies keinesfalls die ganze Steuerlast der Firma umfasste. Fast noch einmal so viel überwies die BBC nach Aarau an den Kanton.

Um den konkreten Steuerbetrag festzulegen, berechnete man zunächst die «einfache Steuer», eine Rechnungsgrösse. Je nach Form des Vermögens (Gebäude, Grundstücke, sogenannte Fahrhabe etc.) kam ein anderer Steuersatz zur

Anwendung. Ein Haus wurde beispielsweise zu einem Satz von 0,6 Promille des Schätzwertes belastet. Vom Erwerb waren 1 Prozent an den Fiskus abzuführen, wobei für die ersten 1000 Franken «Erwerb» eine Pauschale von 1 Franken verlangt wurde. Ausserdem kannte man schon damals zahlreiche Abzüge, die hier zu referieren zu weit führen würde. Dass das Steuersystem aber recht sozial ausgestaltet war, zeigt sich etwa an diesen zwei Details: Kinderabzüge existierten, aber nur für die Armen, ebenso mussten wohlhabende Haushalte einen Zuschlag auf die einfache Steuer akzeptieren, der einer starken Progression unterlag, die von 5 bis 70 Prozent reichte.

Am Ende addierten die Steuerbeamten alle diese verschiedenen Summen, reduzierten das Ergebnis um allfällige Steuerfreibeträge und Abzüge und legten auf diese Weise die einfache Steuer fest. Um jedoch auf den real geschuldeten Betrag zu kommen, wurde diese anschliessend mit einem Faktor multipliziert, der je nach Finanzlage der Gemeinde oder des Kantons variierte. Wie hoch er lag, wurde selbstverständlich politisch entschieden: 1890 berechnete Baden 3 Einheiten, 1910 waren es 3¼, 1920 gar 4; wogegen der Kanton sich in jenen Jahren meistens mit 2 Einheiten begnügte. 1937 stieg dieser Faktor auf 2½. Was auf den ersten Blick komplex wirkt, war in der Anwendung simpel: Um die Steuern eines einzelnen Steuerpflichtigen zu berechnen, reichten meistens zwei Seiten in den Steuerbüchern, eine für die Gemeindesteuer, eine für die Staatssteuer. Selbst die Steuerrechnung der BBC, einem der grössten Konzerne des Landes, wurde auf zwei Seiten abgehandelt und notiert.[875]

In den 1890er-Jahren, wir haben es erwähnt, boomte die gesamte Elektroindustrie, und die BBC im Speziellen, schon bald machte sich das auch in den städtischen Finanzen bemerkbar. Hatte Baden 1890 114 404 Franken an Steuern kassiert, waren es 1902 bereits 209 665 Franken, und 1910 stiegen diese Erträge weiter auf 450 566 Franken, um 1920 bei über einer Million Franken (1.135 Mio.) zu liegen, mit anderen Worten, alle zehn Jahre verdoppelte der städtische Fiskus seine Einnahmen.[876] Von solchen Steigerungen konnte vor 1890 nie die Rede sein. Zwar erweiterten sich mit dem Zuzug der BBC und dem damit verbundenen Bevölkerungswachstum auch die Aufgaben der Stadt und deshalb die Ausgaben, so dass die Überschüsse nicht unbedingt zulegten; ausserdem war die Stadt nach wie vor hoch verschuldet und musste einen substanziellen Teil ihrer Einnahmen in den Schuldendienst leiten. Weil aber die Stadt immer reicher wurde, fiel dieser Teil prozentual gesehen immer weniger ins Gewicht: 1890, vor der BBC, zahlte Baden sagenhafte 41 Prozent seiner gesamten Ausgaben, um seine Schulden zu verzinsen und zu amortisieren. 1902 entsprach dieser Aufwand noch 30 Prozent der Ausgaben, 1910 waren es 15 Prozent und 1920 bloss 10 Prozent. Mithin ein verkraftbarer Prozentsatz, was umso bemerkenswerter erscheint, weil die Stadt absolut betrachtet, nun viel mehr Geld für die

8. Auf dem Weg zur wirtschaftlichen Dominanz

Tilgung der Schulden bereitstellte, um die Vergangenheit der Nationalbahn zu bewältigen. Gleichzeitig stieg der Anteil der Investitionen in die Zukunft. Angesichts der vielen Zuzüger baute die Stadt ihre gesamte Infrastruktur Jahr für Jahr aus. 1910 wurden 41 Prozent aller Ausgaben dafür eingesetzt, um Schulen, Strassen, Kanalisation oder das Spital zu vergrössern oder ganz neu zu erstellen.[877]

Wie reich Baden innert kurzer Zeit geworden war, lässt sich an der Entwicklung der Ausgaben der Gemeinde pro Einwohner ablesen:[878]

Tab. 8.7 Ausgaben der Stadt Baden pro Kopf seiner Einwohner, 1890–1941 (in CHF)

Jahr	Ausgaben pro Kopf
1890	39.1
1902	57.6
1910	86.9
1920	183.4
1930	189.6
1941	235.6

Eine zweite Tabelle beleuchtet den Aufstieg Badens zu einer ausgesprochen wohlhabenden Stadt aus einer anderen Perspektive, nämlich durch einen Vergleich mit seinen unmittelbaren Vororten Ennetbaden und Wettingen. Dabei ist vor allen Dingen der Steuerertrag pro Einwohner aufschlussreich:[879]

Tab. 8.8 Steuerertrag der Gemeinden Baden, Wettingen und Ennetbaden, 1920–1943 (in CHF)

Steuerertrag (in Tausend CHF)			
Jahr	Baden	Wettingen	Ennetbaden
1920	1133	156	101
1930	1311	248	142
1943	1370	431	242

Steuerertrag pro Kopf in CHF			
Jahr	Baden	Wettingen	Ennetbaden
1920	123	25	61
1930	129	29	64
1943	132	47	105

Baden nahm deutlich mehr Steuern ein, in absoluten Zahlen wirkte der Unterschied zwischen Baden und Wettingen geradezu grotesk: 1.1 Millionen Franken standen 1920 156 000 Franken gegenüber, was sieben Mal mehr bedeutete. Wettingen war allerdings in jenen Jahren genauso markant gewachsen wie Baden, es hatte sich faktisch zum Arbeiterviertel der Stadt entwickelt und stand daher unter dem gleichen Druck, seine Infrastruktur für die vielen neuen Einwohner zu erweitern. Ebenso kostete allein der Betrieb der Schulen zusehends mehr: 1920 zählte Wettingen rund 6300 Einwohner, während Baden auf gut 9200 kam. Doch im Gegensatz zu Baden hatten die Steuererträge in Wettingen offensichtlich nicht so kräftig zugenommen wie die Einwohnerzahl, was dazu führte, dass die Wettinger Gemeindefinanzen ausser Rand und Band gerieten. Es fehlte das Geld für die vielen neuen Schulen, die es zu bauen und führen galt, es mangelte an Geld, um die Strassen und die Kanalisation den sich schnell verändernden Gegebenheiten anzupassen, kurz Wettingen steckte im Elend.[880]

An einer Gemeindeversammlung im Juli 1916 beklagte sich der Wettinger Gemeindeammann Josef Huser deshalb, «dass dank dem Einzug der Weltfirma Brown, Boveri u. Cie. Baden eine bedeutende Steuerkraft und Steuereinnahmen hat. Infolgedessen könnten sie sich alle möglichen praktischen und luxuriösen Einrichtungen aller Art gestatten, während wir uns nebenan mit den notwendigsten und primitivsten Einrichtungen kümmerlich Jahr für Jahr durchschlagen müssen.»[881] Um Wettingen zu sanieren, sah Huser nur zwei Alternativen: Entweder brachte Wettingen das reiche Baden dazu, es mit einer Subvention zu unterstützen, oder Wettingen liess sich eingemeinden. Davon wollten die Wettinger indessen nichts wissen, und einstimmig wurde eine «Verschmelzung» verworfen, jedenfalls «zur Zeit», stattdessen bat man Baden um einen jährlichen Beitrag von 30 000 Franken. Nach langwierigen, mitunter demütigenden Verhandlungen liess sich Baden 1919 herbei, Wettingen einen einmaligen Betrag von 10 000 Franken zukommen zu lassen. Auch in den folgenden Jahren stand eine Eingemeindung immer wieder zur Debatte, ja selbst der Zusammenschluss zu einem «Grossbaden», das Baden, Wettingen und Ennetbaden umfasst hätte, wurde erwogen, doch konnten sich die drei Gemeinden nie einigen.

Dass Baden so viel mehr Steuern generierte, dafür gab es natürlich einen Grund, und der hiess BBC. Josef Huser hatte recht. Das Unternehmen war schon in den 1890ern zum ersten Steuerzahler der Gemeinde aufgestiegen, und nachdem 1895 die Motor AG gegründet worden war, bestritten diese beiden eng miteinander verknüpften Firmen stets den grössten Teil der Steuererträge, die die Stadt von den juristischen Personen einzog. Der Anteil der BBC und der Motor an den gesamten Steuern schwankte – je nach Konjunktur und Geschäftslage –, doch fiel er kaum jemals mehr unter zehn Prozent. Um einen Sinn für die relative Bedeutung der Steuerkraft der BBC und ihrer Trabanten zu vermitteln, greifen wir ein Jahr heraus, das keineswegs zu den Guten der BBC zählte, sondern von einer konjunkturellen Abkühlung in der ganzen Elektrobranche geprägt war, nämlich 1910. In diesem Jahr zahlte die Firma 44 317.80 Franken Steuern an die Stadt Baden; insgesamt nahm diese zu jenem Zeitpunkt 450 566 Franken von ihren natürlichen und juristischen Personen ein. Die BBC bestritt also etwa

8. Auf dem Weg zur wirtschaftlichen Dominanz

10 Prozent des gesamten Steuerertrags; wenn wir ausserdem noch jene Firmen berücksichtigen, die mit der BBC verbunden waren, dann erhalten wir einen noch höheren Anteil:[882]

Tab. 8.9 Gemeindesteuer ausgewählter Badener Firmen, 1910 (in CHF)

BBC und ihr nahestehende Firmen	
BBC	44 318
Motor AG	21 659
Beznau-Löntsch, Kraftwerke[883]	5016
Elektrizitätsgesellschaft Baden[884]	3287
Total	*74 280*

Andere Firmen	
Grand Hôtel	2532
Bank in Baden	1753
Schuhfabrik Guggenheim	389

Insgesamt erbrachten die BBC-Gesellschaften im Jahr 1910 eine Steuerleistung von 74 280 Franken. Dieser Betrag entsprach rund 16 Prozent der gesamten Steuererträge der Stadt Baden. Dabei bedeutete 1910 für die BBC nicht einmal ein besonders erfreuliches Geschäftsjahr. 1902 zum Beispiel, als sich das Dampfturbinengeschäft das erste Mal positiv in den Büchern der BBC niederschlug, zahlte die Firma 62 939 Franken Steuern, 1909 waren es 69 560; die Motor AG steuerte 1909 21 875 Franken bei.

Ein Vergleich mit den anderen wenigen Firmen in der Stadt macht deutlich, wie ausserordentlich das fiskalische Gewicht der BBC zu berurteilen ist: 1910, als die Firma insgesamt 44 318 Franken zahlte, belief sich die Steuerrechnung der «Bank in Baden» auf 1753.40. Das war 25 Mal weniger, was wir betonen, damit beim Leser nicht etwa der Eindruck aufkommt, es handelte sich hier um einen Druckfehler. Umgerechnet entspräche ein Steuerbetrag von rund 44 000 Franken heute etwa 1.5 Mio. Franken (2009).[885] Die Bank in Baden war damals übrigens das wichtigste Institut vor Ort. 1915 wurde es von der SBG übernommen.[886] Noch weniger zahlte die Schuhfabrik Baden AG von Leopold Guggenheim: 388.70 Franken; die Firma beschäftigte etwas über zweihundert Arbeiter, vorwiegend Frauen.[887]

Schliesslich lässt sich in den Badener Steuerbüchern auch der Bedeutungsrückgang des Kurorts im Vergleich zur neuen Elektroindustrie dokumentieren. Kein Beispiel ist dabei wohl eindrücklicher als jenes des Grand Hôtels, immerhin des grössten und rentabelsten Hotels am Platz: 1910 entrichtete es eine Gemeindesteuer von 2531.75 Franken; die BBC bezahlte zur gleichen Zeit 18 Mal mehr. Selbstverständlich gab es noch weitere Badehotels, doch alle zusammengenommen übertrafen die Steuerleistung der BBC nie mehr, bald fielen sie noch weiter zurück. Angesichts der Tatsache, dass eine einzige Firma nun mehr Geld an den Fiskus abführte als alle Häuser der seit jeher dominanten Branche in der Bäderstadt zusammen, lässt sich ermessen, wie dramatisch sich die politökonomischen Machtverhältnisse in Baden verschoben hatten. Innert zwanzig Jahren war beendet worden, was vorher jahrhundertelang die Stadt geprägt hatte: die Hegemonie der Badewirte und Hoteliers war gebrochen, die als eine Art informelle Elite bestimmt hatten, was in ihrem Kurort geschah und was nicht. Baden war 1910 definitiv die *Company Town* der BBC geworden.

Mit Blick auf andere *Company Towns* bildete Baden keine Ausnahme, ja, es gehörte geradezu zur Essenz einer *Company Town*, dass ihre Steuereinnahmen so einseitig aus einer Quelle stammten, oft waren die Verhältnisse in anderen Orten noch krasser. In Gerlafingen zum Beispiel, der Standortgemeinde der Stahlwerke Von Roll, kam diese alles bestimmende Firma gar für 70 Prozent der Steuereinnahmen auf.[888] Wenn wir den Badener Befund allerdings mit der Situation in Winterthur vergleichen, offenbaren sich die erheblichen Unterschiede zwischen einer *Company Town* wie Baden und einer gewöhnlichen Industriestadt: In Winterthur residierten mehrere Steuerzahler, die alle mehr oder weniger dasselbe Gewicht aufwiesen, sei es Sulzer, SLM, Rieter und die Winterthur Versicherungen, sei es die Bank in Winterthur und das Handelshaus der Gebrüder Volkart oder die zahlreichen Betriebe der Textilindustrie. Schon 1861 verfügte dieses alte Zentrum der schweizerischen Textil- und Maschinenindustrie über eine sehr viel ausgewogenere Unternehmensstruktur, wie das «Verzeichnis der Handelshäuser und Fabriken des Kantons Zürich» belegt, das wir oben im Zusammenhang mit Browns Jugend in Winterthur bereits erwähnt haben. In dieser Liste wurden die grössten Winterthurer Firmen aufgelistet, die naturgemäss auch als die besten Steuerzahler galten. Es handelte sich um sechs Firmen, die praktisch alle die gleich hohe Handelsklassensteuer (die damalige Gewinnsteuer) von um die 1000 Franken zahlten, was zeigt, wie breit die Spitze in dieser Stadt war – sie blieb es weitgehend auch in den kommenden Jahrzehnten.[889]

Da die meisten Angehörigen des Managements der BBC, insbesondere deren Gründer, in Baden wohnten, fand auch eine Art Wachablösung unter den besten privaten Badener Steuerzahlern statt. Aus diesem Grund wären diese Steuern (und jene der vielen BBC-Mitarbeiter, die in der Stadt lebten), eigentlich zu den Steuerleistungen der Firma zu addieren, wenn es darum geht, die reale fiskalische Bedeutung der BBC für die Gemeinde abzuschätzen. Der beste Steuerzahler im Jahr 1910 war Walter Boveri – das war er schon seit mehreren Jahren, und das sollte er noch bis zu seinem Tod im Jahr 1924 bleiben. Fast so hoch lagen Charles

8. Auf dem Weg zur wirtschaftlichen Dominanz

Browns Steuern, etwas weniger hoch jene von Sidney Brown, obwohl er mit Jenny Sulzer eine reiche Frau geheiratet hatte. Wir zeigen in der folgenden Tabelle erstens die Steuerrechnungen einer ausgewählten Zahl von Führungsleuten der BBC und zweitens jene der wichtigsten Hoteliers, um auf diese Weise den Kontrast zwischen den *Newcomern* aus der Hightechindustrie zur einstigen wirtschaftlichen Elite der Stadt zu verdeutlichen.[890]

Tab. 8.10 Gemeindesteuer ausgewählter Badener, 1910 (in CHF)

BBC-Management	
Walter Boveri	22 027
Charles Brown	20 832
Sidney Brown	16 937
Conrad Baumann junior	14 246
Fritz Funk	7807
Albert Aichele	2483
Agostino Nizzola (Direktor Motor AG)	1053
Eric Brown	1012
Hoteliers	
Rudolf Bruno Saft (ex Grand Hôtel)	223
Wilhelm Hafen, Grand Hôtel	1556
Joseph Borsinger junior, Hotel Verenahof	6389
Max Borsinger, Hotel Blume	995

Der mit Abstand reichste Hotelier in Baden war Joseph Borsinger junior vom Verenahof, der Sohn des alten Joseph Borsinger, der vor Kurzem, 1905, gestorben war. Rudolf Bruno Saft, ein Millionär, dürfte bis vor wenigen Jahren der beste Steuerzahler unter den Hoteliers gewesen sein; inzwischen zahlte er aber den grösseren Teil seiner Steuern in Frankreich, wohin er als Rentier übersiedelt war, nachdem er sein Grand Hôtel an Wilhelm Hafen verkauft hatte. Im Vergleich zu den Steuerleistungen der BBC-Gründer verblassen aber selbst Borsingers beachtliche Zahlungen. Alle aus dem engeren Führungskreis der keine zwanzig Jahre alten Firma – Boveri, die Gebrüder Brown, Funk, sowie Conrad Baumann junior, der gesundheitlich schwer angeschlagene, meistens arbeitsunfähige Schwager von Boveri – waren viel wohlhabender und zahlten dementsprechend höhere Steuern. Im Fall von Boveri und Brown eigentlich astronomische Summen; aktuell käme Boveris Steuerleistung einem Betrag von rund 750 000 Franken gleich.[891] Die beiden zahlten als Private zusammen fast so viel wie ihre Firma. Wenn wir uns diese Zahlen vor Augen führen, wird leicht nachvollzieh-

453

bar, warum die BBC-Gründer in Baden über derart viel Ansehen und Einfluss verfügten: Ohne ihre Steuern und jene ihrer Firma wäre die Gemeinde deutlich ärmer gewesen. Ohne Boveri und ohne Brown ging nichts mehr.

Vor dem Ersten Weltkrieg spürte die Stadt die Auswirkungen dieser Abhängigkeit von einer Firma, die ihrerseits den Launen der Weltwirtschaft ausgesetzt war, kaum je negativ. Zwar erlitt die europäische Elektroindustrie zwei scharfe Konjunktureinbrüche: 1900 und 1910 – doch während die BBC die erste Krise nahezu unbeschadet überstand, erholte sie sich von der zweiten bald und ging eher gestärkt daraus hervor. Vor allen Dingen war die Firma nie gezwungen, Personal abzubauen, noch mutierten ihre Gewinne je zu Verlusten, was aus Sicht der Stadt entscheidend war: Die BBC zahlte immer Steuern. Nach 1910 blühte die Firma von neuem auf. Wie gut es dem Badener Fiskus dabei erging, lässt eine weitere Tabelle erahnen:[892]

Tab. 8.11 Gemeindesteuer der BBC, 1910–1914 (in CHF)

Jahr	Gemeindesteuer der BBC
1910	44 318
1911	66 913
1912	71 355
1913	85 286
1914	66 239

In den Jahren nach dem Ersten Weltkrieg dagegen gestalteten sich die Zeiten ungleich schwieriger. Kaum herrschte Frieden, wir haben es erwähnt, stürzte die BBC in eine tiefe Krise, was umgehend auf deren Steuerleistungen durchschlug. Dividenden wurden keine mehr ausgeschüttet, womit der Stadt ein dramatischer Steuerausfall drohte. Die gleiche «Gewinnwarnung» hatten die Politiker von der Motor AG vernommen, die in nicht weniger kritischen Verhältnissen steckte. Mit einem fiskalischen Notstand konfrontiert, kam im Stadtrat Misstrauen auf: Hat die BBC ihre Steuern womöglich unanständig optimiert? Konnte man die Firma eventuell zu einer anderen Steuerleistung heranziehen? Es folgten unerspriessliche Verhandlungen, an deren Ende die beiden Firmen sich bereit erklärten, die Hälfte des Steuerausfalls trotzdem zu begleichen.[893] Angesichts der Bedeutung der beiden Firmen für das gesamte Steueraufkommen der Stadt, kann man sich vorstellen, wie alarmiert der Stadtrat gewesen sein musste. Die Krise der BBC war definitiv eine Krise der Stadt geworden. 1922 beschrieb Jäger in der ersten Sitzung des Jahres, wie sehr die *Town* inzwischen auf ihre *Company* angewiesen war:

«Herr Stadtammann Jäger erläutert der neugewählten Budgetkommission die Situation der Gemeinde, soweit diese von der Kommission mitzuverantworten sei. Diese sei für das begonnene Jahr derart ausserordentlich, und unterscheide sich von der bisherigen derart, dass sich der Gemeinderat entschlossen habe, die wesentlichen neuen Elemente der Kommission zu eröffnen.»[894]

Vielleicht hatte sich dieser *Crash-Kurs* in kommunaler Steuerpolitik auch deshalb aufgedrängt, weil vor wenigen Wochen der schwer erkrankte Walter Boveri das Präsidium der Budgetkommission abgegeben hatte. Jäger fuhr fort:

«Die Finanzgebahrung [sic] der Gemeinde sei in erster Linie abhängig vom Geschäftsgang bei BBC, Motor, Columbus und den anderen hiesigen grösseren Firmen. Bei den beiden letztgenannten Unternehmungen [BBC, Motor] habe sich die fatale Tatsache eingestellt, dass sie keine Dividende bezahlen, sodass die Gemeinde dadurch einen wesentlichen Steuerausfall erleide.»[895]

Im Jahr zuvor hatte die BBC bereits zehn Prozent ihrer Belegschaft abgebaut, ebenso waren schrittweise die Saläre zurückgenommen worden.[896] 1924 verzeichnete das Unternehmen einen phänomenalen Verlust von 15 Millionen Franken; wobei eine wichtige Ursache in Deutschland lag, wo BBC Mannheim natürlich den monetären Katastrophen unterworfen war, die das ganze Land im Zeichen der Hyperinflation ergriffen hatten. 1914 entsprach ein amerikanischer Dollar 4,20 Mark, im November 1923 kostete er 4,2 Billionen Mark. Der Wert der deutschen Währung hatte sich vollkommen zersetzt. Was die BBC in Mannheim niederwarf, steckte auch Baden an. Mit einer Parforceleistung – und ohne Walter Boveri, der mitten im Chaos verstorben war – gelang es dem Management aber, den Konzern zu sanieren. Schon bald schrieb sie wieder schwarze Zahlen, ja realisierte hohe Gewinne. Also boomte die gesamte Wirtschaft Badens, wie der Stadtrat 1929 mit einer gewissen Genugtuung festhielt:

«Das Jahr 1928 hat den wirtschaftlichen Aufschwung, der sich im Vorjahr ankündigte, weiter entfaltet. Die erfreuliche Entwicklung der hiesigen Hauptindustrien gab sich nach aussen schon durch eine erhebliche Steigerung der Angestellten- und Arbeiterzahlen zu erkennen.»[897]

Die BBC erhöhte im gleichen Jahr die Dividende und zog neue Fabriken hoch. Insgesamt beschäftigte sie damals rund 6400 Mitarbeiter allein in Baden. Alles schien in bester Ordnung, was sich auch in den Steuerrechnungen des Jahres 1930 ausdrückte; wie seit eh und je bestritten die BBC und die mit ihr verbundene Motor-Columbus den Löwenanteil der städtischen Einnahmen. Wir stellen den Zahlen von 1930 jene von 1940 gegenüber, dazwischen lagen die katastrophalen Jahre der Grossen Depression:[898]

Tab. 8.12 Gemeindesteuer ausgewählter Badener Firmen, 1930 und 1940 (in CHF)

Jahr	1930	1940
BBC	195 977	101 853
Motor-Columbus	207 687	97 544
Metallwarenfabrik Merker	16 734	14 965
Nordostschweizerische Kraftwerke (NOK)	9 893	9 917
Schnebli's Söhne Bisquitfabrik	2 427	1 962

1930 war das letzte gute Jahr vor einer langen Phase des Niedergangs. Zu diesem Zeitpunkt war die Motor-Columbus sogar der bessere Steuerzahler als die BBC. 1923 aus der Fusion der Motor AG mit der Columbus AG hervorgegangen, besass diese Finanzierungs- und Ingenieurgesellschaft bedeutende Beteiligungen und Anlagen sowohl in der Schweiz als auch im Ausland, insbesondere in Italien und Südamerika. Nachdem die Schweiz zunächst kaum von der Weltwirtschaftskrise berührt worden war, änderte sich das ab 1931 drastisch, und das ganze Land verharrte bis 1936 in einer hartnäckigen wirtschaftlichen Depression. Die Unternehmen schrieben rote Zahlen, die Arbeitslosigkeit stieg, die Steuererträge brachen ein. Besonders brutal traf die Krise Baden, weil ihre wichtigsten Firmen, sowohl die BBC als auch die Motor-Columbus so ausgeprägt vom Ausland lebten. Ernüchtert schrieb der Stadtrat im Frühjahr 1931: «Im Bericht über das Verwaltungsjahr 1929 konnte festgestellt werden, dass der wirtschaftliche Aufschwung vom Vorjahr angehalten habe. Das Jahr 1930 brachte ihn zum Stillstand.»[899] Wenn die Weltwirtschaft hüstelte, brach in Baden das hohe Fieber aus. Nie zeigte sich einschneidender, in welchem Ausmass die *Company Town* Baden diesen beiden Arbeitgebern und Steuerzahlern ausgeliefert war. Ging es diesen gut, florierte die Stadt, gerieten sie in die Krise, stürzte die Stadt mit ihnen ab. 1930 zahlten die beiden Firmen rund 400 000 Franken Steuern, 1931, nachdem sie beide präzedenzlose Verluste erlitten hatten, reduzierte sich dieser Beitrag auf Null. Bis 1937 zahlten sie keine Steuern mehr. Erst dann, nachdem sie sich regeneriert hatten, begannen BBC und Motor-Columbus wieder, die städtischen Finanzen mitzutragen.

Was dieser Einbruch für die Stadt bedeutete, kann man sich leicht ausmalen: Insgesamt hatte die Stadt 1930 rund 1.3 Millionen Franken an Steuern eingenommen, so dass sie sich also von einem Jahr auf das andere gezwungen sah, mit fast einem Drittel weniger auszukommen – was ihr umso schwerer fallen musste, weil die Krisenbewältigung zusätzliche, hohe Ausgaben erforderte. Die vielen Arbeitslosen hatten versorgt zu werden.

8. Auf dem Weg zur wirtschaftlichen Dominanz

Und solche gab es in der Tat, und zwar immer mehr. «Das vergangene Jahr 1932 war in den Annalen unserer Gesellschaft das schlechteste, das sie je erlebt hat», schrieb die Delegation des BBC-Verwaltungsrates am 1. Januar 1933 allen Mitarbeitern. «Der Bestellungseingang ist unter 30 % dessen gesunken, was unsere Badener und Münchensteiner Werke bedürfen, um die Geschäftsunkosten zu decken und eine bescheidene Dividende zu verdienen. (…) Zu diesem Zwecke mussten wir leider nicht nur die Bezüge unseres gesamten Personals von oben bis unten erheblich reduzieren, sondern auch in grösserem Massstabe Pensionierungen und Entlassungen vornehmen.»[900]

Trotzdem versuchte die Geschäftsführung ihren «Neujahrsgruss» mit etwas Zuversicht zu schliessen: «Zum Beginn des neuen Jahres 1933 begrüssen wir alle unsere Mitarbeiter und Aussenorganisationen und bitten sie, nicht zu verzagen, sondern mit neuem Mut an die Arbeit zu gehen. Es sind Zeichen vorhanden, dass die furchtbare Depression nach und nach abflaut, und man kann hoffen, dass bald bessere Zeiten kommen werden.»[901]

Das war noch nicht so bald der Fall. Wie nie zuvor in ihrer Geschichte baute die BBC in den 1930er-Jahren Personal ab, so schwer hatte sie die Weltwirtschaftskrise versehrt. 1931 beschäftigte das Unternehmen in Baden und Münchenstein noch rund 7000 Mitarbeiter, bis im März 1933 entliess das Management 2000, ein Jahr später abermals 1500, so dass die BBC im März 1934 noch eine Belegschaft von bloss 3500 Leuten aufwies. Innert drei kurzer Jahre hatte man die Zahl der Beschäftigten halbiert. Im Wissen, dass nicht nur die Region von der BBC abhing, sondern die BBC auch von der Region, wies das Unternehmen zwar seine Abteilungschefs und Meister an, die Arbeiter fair zu behandeln und auf eine Art zu entlassen, dass sie später, wenn es wieder besser ging, zurückkämen – dennoch war es für viele BBCisten ein Schock. Die BBC hatte jahrzehntelang als eine Firma gegolten, die nur wachsen konnte. Nun schien sie Jahr für Jahr zu schrumpfen.

Die Weltwirtschaftskrise stellte die Stadt vor aussergewöhnliche Herausforderungen – wie sie damit zu Rande kam, möchten wir hier jedoch nicht vertiefen, das läge ausserhalb unseres Untersuchungszeitraums. Sicher ist, und darum ging es uns hier: Baden war inzwischen eine prototypische *Company Town*, die auf Gedeih und Verderb mit ihrer grössten Firma verkettet war. Neuerdings ist die Badener Historikerin Andrea Ventura dieser Frage in einer Studie nachgegangen, so dass wir uns mit zwei Bemerkungen begnügen möchten, die sich auf ihre Erkenntnisse stützen. Baden hat diese Krise erstaunlich gut gemeistert, mit «Geschicklichkeit und Glück», wie Ventura feststellt.[902] Dass die Stadt das fertiggebracht hatte, lag zum einen an der klugen, entschlossenen Politik ihrer Behörden, zum andern vermochte die Stadt die ausserordentlichen Steuerausfälle der BBC und der Motor-Columbus aufzufangen, weil sie reich war und über grosse Reserven verfügte. Insbesondere halfen ihr die stabilen Einnahmen, die sie aus den städtischen Werken bezog, also vor allen Dingen aus dem Elektrizitätswerk, das einst die Gebrüder Pfister und die BBC errichtet hatten. 1916 war es in den Besitz der Stadt gekommen. Es schloss sich der Kreis. Dieses Elektrizitätswerk hatte einst die BBC hierhergelockt. Ihm verdankte Baden den Aufstieg zu einer der reichsten Städte der Schweiz – und in den 1930er-Jahren, in der schwersten Krise, die es je erlitt, wohl auch die Rettung.

*

Im November 1914 – der Erste Weltkrieg hatte vor wenigen Monaten begonnen – schrieb Walter Boveri dem Stadtrat von Baden einen besorgten Brief:

«In meiner doppelten Eigenschaft, einerseits als Vorsitzender der hier ansässigen grossen Aktiengesellschaften und anderseits als Präsident der Einwohnerlichen Budget- und Rechnungskommission, sehe ich mich veranlasst, Ihre ganz besondere Aufmerksamkeit auf die chicanösen [sic] Beschlüsse der hiesigen Bezirkssteuerkommission gegenüber einer grösseren Anzahl höherer Beamter der erwähnten Gesellschaften zu lenken.»[903] Wie das häufig vorkam, wurde nicht direkt gedroht, doch Boveris Warnung war schwer zu überhören:

«Falls diese Beschlüsse der Bezirkssteuerkommission nicht vollständig rückgängig gemacht werden sollten, werden sich die in Rede stehenden Gesellschaften zu den schwersten Gegenmassregeln veranlasst sehen, die, einmal getroffen, nicht mehr rückgängig gemacht werden können. Es besteht die grosse Gefahr, dass dadurch nicht nur die jetzige finanzielle Basis des Gemeindehaushaltes der Stadt Baden über den Haufen geworfen wird, sondern es wird auch der Staat Aargau dadurch nennenswerte finanzielle Einbussen erleiden. Ich bin meinerseits immer dafür eingetreten, dass die Steuerinteressen der Gemeinde Baden möglichst geschützt worden sind. Ich würde es ausserordentlich bedauern, wenn durch das Vorgehen der Bezirkssteuerkommission, das durch gar nichts gerechtfertigt ist, in dieser Hinsicht einschneidende Änderungen sich vollziehen müssten.»[904]

Anlass für Boveris Ärger hatte die Bezirkssteuerkommission gegeben, weil sie im Juli 1914 die Steuersätze noch einmal hinaufgesetzt hatte, nachdem die Gemeinde sie schon angehoben hatte. Das war unerhört genug. Was hingegen Boveri und die meisten anderen guten Steuerzahler der Stadt vollends aus der Fassung gebracht hatte, war die Tatsache, dass sie davon erst im Oktober erfuhren, nachdem manche ihre Steuerrechnung bereits bezahlt hatten – und zwar aufgrund der alten Steuersätze, so dass jetzt exorbitante Nachsteuern fällig wurden. In Kriegszeiten, da vielen das Salär gekürzt worden war, weil die Konjunktur zusammengebrochen war, und auch sonst die Aussichten finster wirkten, waren dies unerfreuliche Nachrichten. So unerfreulich, dass schwer zu kontrollieren war, was das bei den guten Steuerzahlern auslöste – das war dem Stadtrat bewusst. Im Protokoll über die Sitzung, an der die Stadträte Boveris Demarche behandelt hatten, hiess es:

«Am meisten aber fallen die von Hrn. Boveri erwähnten Gegenmassregeln in Betracht. Es ist sehr wahrscheinlich, dass ein Grossteil der Angestellten von Brown, Boveri & Cie. von Baden wegziehen & in Zürich Wohnsitz nehmen werden.»[905]

Die Konsequenzen wären gravierend: «Solche Massnahmen würden für die Gemeinde einen sehr grossen Ausfall an Steuern zur Folge haben & es wäre der Gemeindehaushalt aufs höchste gefährdet. Aber auch der Staat [Kanton Aargau] würde, statt eine Mehreinnahme zu erzielen, eine bedeutende finanzielle Einbusse erleiden. Erhebungen, die der Vorsitzende [Stadtammann Jäger] nach dieser Richtung anstellen liess, haben ergeben, dass die Einbusse nur an Staatssteuer in die Tausende gehen würde.»[906]

Angesichts solcher Risiken kann es kaum überraschen, dass im Badener Stadtrat die Meinungen nicht auseinander gingen. Es wurde kaum diskutiert, ob Freisinnige, Konservative oder Sozialdemokraten, es herrschte Konsens: «Es wird deshalb beschlossen, die Finanzdirektion auf das die Gemeinde & den Staat schädigende Vorgehen der Bezirkssteuerkommission aufmerksam zu machen & sie zu ersuchen, der Bezirkssteuerkommission in geeigneter Weise nahe zu legen, sie möchte auf ihre Beschlüsse zurückkommen & dieselben mit Rücksicht auf die eingetretenen Verhältnisse aufheben.»[907]

Wie der Aargauer Finanzdirektor darauf reagierte und ob die Bezirkssteuerkommission ihren Entscheid überdachte und ihre eigenen Beschlüsse kassierte, geht aus den Akten nicht hervor. Weder in den Protokollen noch in der Presse lassen sich Spuren davon finden. Was den Badener Stadtrat anbelangt, tat er jedenfalls alles, um Boveri zu beschwichtigen. In ihrem Antwortschreiben auf Boveris Brief, liess die Stadt ihm vorsorglich mitteilen, dass man bereit sei, die Steuern zu den alten Sätzen zu bemessen – Bezirkssteuerkommission hin oder her, «er wolle daher in den massgebenden Kreisen dahin wirken, dass von den angedrohten Massnahmen abgesehen werde.»[908]

Eine Antwort, die von unfreiwilligem Humor zeugt. Denn der wichtigste massgebende Kreis, der nicht wegziehen sollte, war Boveri und seine Firma selber. Auf diese einzuwirken, sollte ihm nicht schwerfallen.

Die Intervention belegt, wie selbstverständlich es für Boveri war, die Interessen seiner Firma und ihrer leitenden Angestellten bei den politischen Behörden durchzusetzen. Sie zeigt ausserdem, wie selbstverständlich dies die Politiker hinnahmen – niemand im Stadtrat kritisierte etwa Boveris geradezu erpresserische Drohung – und wie selbstverständlich Baden sich als *Company Town* den Anliegen seiner *Company* fügte. Die wirtschaftliche Dominanz, die die BBC seit ihrer Gründung in der Region entfaltet hatte, war längst ins Politische projiziert worden. Im Folgenden möchten wir analysieren, wie die BBC und ihr Management das zustande gebracht hatten. Wie wir sehen werden, erzielte die BBC meistens das gewünschte Resultat, oft virtuos, immer effizient. Fast nie scheiterte sie.

In der gleichen Sitzung entschied der Stadtrat, der sich mit allem zu befassen hatte, was Baden beschäftigte, ein paar seiner Einwohner zu disziplinieren: «Sieben wegen unentschuldigtem Wegbleiben von der Feuerwehrhauptübung Beanzeigte verfallen in gesetzliche Busse.»[909] Der Betrag wurde nicht angegeben.

9. Politische Herrschaft in der Company Town

9.1 Das Fest der 1000 Dynamos

Am Freitag, den 23. August 1895, kündigte das *Badener Tagblatt* Bedeutendes an – oder immerhin mussten die Leser das annehmen, weil der Chefredaktor damit die ganze Front bespielte:

«Nachdem in den letzten Wochen die Wehrmänner und turnerischen Kräfte Badens an festlichen Anlässen ihre Kunst in so vortrefflicher Weise erprobt, wird sich nächsten Samstag den 24. Aug. auch der neueste Faktor unserer Stadt, welcher ihr vor wenigen Jahren eine Ära neuen Aufschwungs eröffnete, zum Wort melden: unsere junge Grossindustrie. An diesem Tage wird die gesamte, bereits zirka 400 Mann starke Arbeiterschaft der Firma *Brown, Boveri u. Cie.* ein bescheidenes Fest feiern, das wohl dazu angetan ist, um auch vor der Öffentlichkeit einen kurzen Rückblick zu werfen auf die bisher geleisteten Werke, welche ein Resultat tüchtiger geistiger Leitung und reger Hände Fleiss sind.»[910]

Bescheiden? Die Geschäftsleitung der BBC hatte an diesem Samstag alles aufgeboten, um einen Anlass zu feiern, der die neue industrielle Zeitrechnung in der alten Bäderstadt deutlich machte: Die BBC hatte ihren 1000. Dynamo ausgeliefert, diesen Triumph galt es in grossem Stil zu begehen, die gesamte Belegschaft und alle ihre Chefs sollten wie ein Regiment der Elektrizität durch die Stadt paradieren, vom Haselfeld, wo die Fabriken lagen, hinüber in die «Linde», einem beliebten, geräumigen Gasthaus auf der anderen Seite der Stadt, so dass jeder Badener sehen konnte, wer die neuen Generäle der Stadt und ihre Truppen waren. Der 1000. Dynamo stand zum Versand bereit in der Fabrik. Er war für Kairo bestimmt.

Tatsächlich schien die ganze Stadt auf den Beinen, als die rund 400 BBCisten am späten Nachmittag durch die Gassen der Altstadt zogen, um ein «epochemachendes Ereignis in der Geschichte der schweizerischen Industrie» zu markieren, wie die *Schweizer Freie Presse* von Josef Jäger schrieb, als ob man selbst bei den Superlativen das verhasste *Badener Tagblatt* übertreffen wollte: «Eine charakteristische Introduction desselben bildete der ohne jeglichen äusseren Prunk lediglich durch die Zahl und die Qualität seiner Teilnehmer imposante Festzug.»[911] Qualität war durchaus wörtlich zu verstehen: «Prinzipalität, Bureaux und Angestellte sowohl, als auch die Arbeiterschaft repräsentieren durchweg das jüngere Mannesalter. In der Arbeiterschaft tritt uns der Typus des modernen schweizerischen Industriearbeiters einer der obersten Lohnkategorien entgegen, der in Haltung, Kleidung und Ernährung die Spuren einer humanen Arbeiterschutzgesetzgebung nicht verleugnet. Möchte das arbeitende Volk insgesamt auf die Höhe der Leistungs- und Erwerbsfähigkeit des Elite-Bataillons, das am Sonnabend unsere Strassen durchzog, gebracht werden!»[912]

Es sprach die demokratische, also linksfreisinnige Presse, weshalb es an patriotischen Tönen nicht fehlen durfte. Die Arbeiterschaft und ihre Patrons vereint in gemeinsamem Wirken für das Vaterland: «Im Übrigen nahm die Feier, trotz der abendlichen Stunde ihres Beginns, den Verlauf eines wohlgelungenen schweizerischen Volksfestes, zu dessen Verschönerung die insgesamt aus Arbeitern der Firma rekrutierten Vereine, Dynamo Musikgesellschaft, Dynamo-Männerchor und Turnverein unermüdlich ihr Bestes beitrugen.»[913] Um die 400 Leute zu bewirten, liess die Firmenleitung ein «solides Nachtessen» auftragen. Dann folgten die Reden.

9.1.1 Das BBC-Narrativ

Walter Boveri, vor wenigen Monaten 30 Jahre alt geworden, blickte zurück: «Es erweckt ein eigentümliches Gefühl, wenn wir versuchen, im Geiste diese tausend Maschinen an uns vorüberziehen zu lassen, wenn wir versuchen uns zu vergegenwärtigen, wo und zu welchen Zwecken dieselben Verwendung finden. Sind sie doch zerstreut auf alle Länder des Kontinents und teilweise noch darüber hinaus, dienen sie doch all den vielseitigen Zwecken, denen die angewandte Elektrizität in den letzten Jahren dienstbar gemacht worden ist.»[914]

Boveris Ausführungen stellen sich aus einer historischen Perspektive als aufschlussreich heraus, denn er brachte jetzt schon vor, was noch jahrzehntelang das firmeninterne Narrativ darstellte, das bei jeder festlichen oder öffentlichen Gelegenheit die Identität der Firma beschwören sollte: Die BBC arbeitete für den Export, vor allem für den Export, und sie überlebte auf den Weltmärkten nur, weil sie sich auf tüchtigeres, loyaleres und besser ausgebildetes Personal als die Konkurrenz verlassen konnte. «So wichtige Anwendung die Elektrizität in der Schweiz auch gefunden hat, so dürfen wir doch nicht übersehen, dass der weitaus grössere Teil·unserer Produktion nach dem Auslande abfliesst; und dieser Umstand muss uns zunächst in Erstaunen versetzen.»[915] Und Boveri zählte all jene Gründe auf, warum es aus der Schweiz heraus schwer sein müsste, eine leistungsfähige Exportindustrie aufrechtzuerhalten: Mangel an Rohstoffen, Binnenlage, kein aussenpolitisches Gewicht, weswegen man sich der protektionistischen Zollpolitik aller Nachbarn ausgeliefert sah, kleiner Heimmarkt. Welche Stärken machten es trotzdem möglich, dass die BBC all diese Nachteile überwand? Boveri:

«Diese Faktoren erblicken wir einerseits in der hohen Stufe, auf welcher die schweizerische Technik steht, anderseits in der vorzüglichen Ausbildung, in der quantitativ und qualitativ gleich hervorragenden Leistungsfähigkeit unserer mechanischen Arbeiterschaft. Diese Faktoren sind es, die uns bis jetzt einen Vorrang gesichert haben, und ich habe mich veranlasst gesehen, Sie heute gerade auf diese Punkte aufmerksam zu machen, weil Sie alle, die Sie hier versammelt sind, es selbst in der Hand haben, diese Vorteile auch für die Zukunft zu erhalten und noch weiter auszubilden.»[916]

Know-how, Technologie, Ausbildung, um im internationalen Wettbewerb zu bestehen – diese Maximen sollten sich seither noch in manchen Reden schweizerischer Wirtschaftsführer wiederfinden, wobei Boveri selber diesen berühmten Kanon nicht erfunden haben dürfte. Er war wohl älter, so alt, wie der industrielle Vorsprung des Landes überhaupt, der die Zeitgenossen schon immer verblüfft hatte – wir haben in diesem Zusammenhang aus dem Bericht von John Bowring zitiert, der sich in den 1830er-Jahren darüber den Kopf zerbrochen hatte, wie dieses frühe Wirtschaftswunder des an natürlichen Ressourcen so armen Binnenlandes Schweiz zu erklären war.

Einen letzten Faktor nannte Boveri an jenem fröhlichen Abend in der «Linde» noch, der ebenfalls in diesen Kanon aufgenommen werden sollte, heute würden wir von Sozialpartnerschaft reden: «Aber nicht nur die persönliche Tüchtigkeit des Einzelnen kann ein Gemeinwesen, und als ein solches darf ich auch ein Geschäft wie das unsrige betrachten, zur Blüte bringen, sondern hiezu [sic] ist es vor allem notwendig, dass Jeder an seinem Platze und nach seinen Fähigkeiten alles einsetzt, um die Interessen und das Wohl des Ganzen zu fördern. Dass wir bis jetzt in dieser Beziehung mit Sicherheit auf Sie alle zählen konnten, diesem Umstande verdanken wir vor allem die bis heute so gedeihliche Entwicklung unseres Unternehmens. Empfangen Sie deshalb hiermit unsern herzlichsten Dank für die angestrengte erfolgreiche Tätigkeit, welche Sie alle uns bis heute gewidmet haben. Möge auch in Zukunft das Einvernehmen zwischen unserer Firma und ihren sämtlichen Angehörigen ein gleich gutes und ungetrübtes bleiben wie bisher.»[917]

Nach diesem «herzlichsten Dank» war es an der Belegschaft zu danken, und Werkführer Zehnder trat vor, um eine kurze Ansprache zu halten, dabei fragte er mit Blick auf die vergangenen, bloss 3½ Jahre: «Woher kommt wohl dieser grosse Erfolg? Vor allem haben wir ihn unserem genialen Chef zu verdanken» – und damit meinte er offensichtlich Brown, «der es, wie selten ein Mann, versteht, die Elektrizität seinen Diensten unterzuordnen und dadurch den Weltruf der von uns verfertigten Maschinen schuf.»[918] Und auf Boveri gemünzt sagte Zehnder: «Es ist ferner das so schöne Zusammenarbeiten unserer Herren Prinzipale untereinander und mit den Untergebenen. Sodann ist es auch der Fleiss und das Vorwärtsstreben fast jedes einzelnen Arbeiters, die uns ermöglichen, das Fest der 1000. so früh zu feiern.»[919] Schliesslich übergab er den «hochgeehrten Herren Chefs» eine Urkunde: «Ich tue es, indem ich meine Mitarbeiter ersuche, ihr Glas zu erheben und ein dreimaliges Hoch auf unsere Herren Prinzipale auszubringen.»[920]

Theodor Pfister hatte aus London ein Telegramm geschickt und gratuliert, sein Bruder, Stadtammann Carl Pfister, der auch Direktor jenes Elektrizitätswerkes war, das die BBC gebaut hatte, überbrachte die Grüsse des Stadtrates, schliesslich meldete sich Josef Jäger zu Wort, der eloquente Verleger der *Schweizer Freien Presse*, Promotor der BBC und ebenfalls Stadtrat. Er «toastierte» auf den «Funken, der ohne mechanische Maschine schafft, der im Kopfe eines Brown die genialen Entwürfe zeitigt, durch die er die Elemente bändigt und in seine Dienste zwingt, der die kommerziellen Chefs des Hauses lehrt, sich die Kräfte des Weltmarktes dienstbar zu machen, der die Angestellten und Arbeiter entflammt, ihr Bestes zu leisten zum Gedeihen des Ganzen; der den Menschen zum Bürger erweckt und in seiner Brust das edelste und höchste aller Gefühle entflammt: Die Liebe zum Vaterland». Ob die Arbeiter diesem rhetorischen Finale furioso von Jäger folgten, der damals als einer der besten Volksredner des Landes galt, ist nicht überliefert, jedenfalls setzte sich der Abend friedlich fort. Um 9 Uhr brachten die vereinigten Musik- und Gesangvereine der Firma den Frauen der Chefs ein Ständchen, dann wurde bis in alle Nacht gefestet. Aus der Presse geht nicht hervor, ob die Polizeistunde überschritten wurde.

Selbstverständlich hatte die BBC den gesamten Stadtrat zu ihrer Feier eingeladen, und im Stadtrat war darüber diskutiert worden, wie umfangreich die Delegation der Regierung sein sollte, schliesslich wurden Stadtammann Pfister und Vizeammann Bürli abgeordnet, den «übrigen steht es frei, auch teilzunehmen».[921] Wer wirklich kam, ist nicht mehr eruierbar, sicher ist, Pfister, Bürli und Jäger fanden sich in der Linde ein. Pfister und Jäger waren natürlich Parteigänger der BBC, wenige hatten die Ansiedlung der Firma so unterstützt und gefördert. Deshalb war ihre Anwesenheit zwingend, deshalb dürften sie auch auf Ehrenplätzen gesessen haben. Was Pfister in seiner Ansprache sagte, war vor diesem Hintergrund ebenfalls keine Überraschung: «Herr Stadtammann Pfister», berichtete die *Schweizer Freie Presse* von Jäger, vielleicht war er selber der Reporter, «liess die vereinigte Wirksamkeit der neuen Grossindustrie und der alten Fremdenindustrie des Kurorts, die sich trotz anfänglicher Bedenken so gut zusammen vertragen, hochleben.»[922]

Es war keine vier Jahre her, dass genau diese Frage die ganze Stadt gespalten hatte. 1895, so schien es, war davon kaum mehr etwas zu spüren. Die Firma der beiden Aussenseiter war eine Firma von Badenern geworden – am Ende verwandelte sie sich zur Firma aller Badener, selbst wenn sie gar nicht dort arbeiteten.

9. Politische Herrschaft in der Company Town

Walter Boveri hatte von Beginn weg grossen Wert daraufgelegt, die Popularität der BBC in ihrer neuen Standortgemeinde zu fördern. Ereignisse der BBC, ob der 100. oder 1000. Dynamo, dann zahlreiche Jubiläen und Fabrikeröffnungen wurden stets als Volksfeste inszeniert, und die Bevölkerung wurde zwar nicht immer komplett eingeladen, doch immer bekam sie es mit. Kein Durchbruch schien zu gering, um ihn nicht zu zelebrieren, was jedes Mal eine Gelegenheit bedeutete, für die neue Industrie und insbesondere die Elektrizität zu werben; es schien, als ob in kurzer Zeit nachgeholt werden sollte, was im Fall des Kurorts während Jahrhunderten an Identität aufgebaut worden war. Als das Elektrizitätswerk 1893 vor der Fertigstellung stand, hatte man lange vorher geplant, wie dieser Erfolg zu markieren wäre. Wie es gewissermassen der Routine entsprach, war die mit der Elektroindustrie alliierte *Schweizer Freie Presse* vorinformiert worden: «Dem Vernehmen nach», schrieb das Blatt im Juni 1893, «soll mit dem diesjährigen Jugendfest eine Feierlichkeit zur Ein- und Durchführung der elektrischen Beleuchtung in Baden, die bis zu dem gedachten Anlass in der Hauptsache vollendet sein dürfte, verbunden werden. Die Elektrizitäts-Gesellschaft Baden wird es sich nicht nehmen lassen, der Jugend, die berufen ist, dem Fortschrittsgedanken in der Zukunft Bahn zu brechen, eine bleibende Erinnerung an die in der Geschichte der Vaterstadt epochemachende Tatsache der Einführung der Elektrizität in das öffentliche Verkehrs- und Erwerbsleben zu schaffen.»[923] Und genauso wie der 1000. Dynamo Anlass zum kollektiven Jubel geben sollte, hatte man schon den 100. Dynamo für ein Fest genutzt, in der *Schweizer Freie Presse* hiess es:

«Samstag abends feierte in der Bierbrauerei zum Falken die Firma Brown, Boveri & Cie. mit ihren Angestellten und Arbeitern die Fertigstellung der 100. Dynamomaschine. Dieselbe ist für den bekannten französischen Grossindustriellen Menier bestimmt und ging bereits nach Paris ab.»[924]

Schon früh hatte die BBC Spezialisten der Kommunikation, oft Philologen oder Germanisten, angestellt, die nicht nur die technische und geschäftliche Korrespondenz der Firma besorgten, sondern auch PR betrieben. Zum Dynamo-Fest in der «Linde» hatten sie eine Festzeitung beigesteuert, die journalistisch so professionell gemacht war, dass selbst der Reporter der *Schweizer Freien Presse* dies anerkennen musste: «Schliesslich bleibe nicht unerwähnt, dass eine gelungene ‹Festzeitung› den Beweis erbrachte, dass die Bureaux der Firma Brown, Boveri & Cie. auch publizistisch-belletristische Kräfte aufweisen, um die das ‹Journal amusant› zu beneiden ist.»[925] Wer diese Kräfte waren, lässt sich nicht mehr feststellen. Womöglich hatte Carl Täuber den Text verfasst; der promovierte Romanist aus Winterthur war 1895 zur BBC gestossen, um sich der fremdsprachigen

465

Korrespondenz zu widmen. Wie so oft in jenen Jahren der jungen BBC war Täuber nicht ganz zufällig nach Baden gekommen, sondern verdankte seine Stellung familiären Beziehungen: Er hatte Ellen Brown, eine Schwester von Charles Brown geheiratet.[926]

9.1.2 Chefsache Akzeptanz

Wir haben diesen feierlichen Anlass geschildert, weil er zeigt, wie planmässig sich die BBC bemühte, ihre Akzeptanz in Baden sicherzustellen. Ebenfalls sticht ins Auge, wer diese Aufgabe an sich gezogen hatte: Es war Walter Boveri, er an allererster Stelle, später sollte ihn Fritz Funk dabei unterstützen, doch insbesondere sein Partner, Charles Brown, engagierte sich nie für diese erweiterte Form von Unternehmenspolitik. Ihn beschäftigten seine Maschinen – und nur seine Maschinen. Nach allem was wir bisher über die beiden Gründer erfahren haben, hatte sich auch hier eine typische Arbeitsteilung herausgebildet: Während sich Boveri als eine Art Aussenminister der BBC sowohl um die lokale, kantonale, als auch nationale Politik kümmerte, insoweit sie die BBC betraf, blieb Brown immer im Hintergrund. Obwohl in Winterthur aufgewachsen, hielt er es bis 1916 nicht einmal für nötig, sich einbürgern zu lassen. Brown – und auch sein Bruder Sidney – blieben Engländer und verzichteten so auf ein Stimm- und Wahlrecht in der Schweiz. Boveri dagegen, der Einwanderer aus Bayern, hatte sich schon 1893 in Baden einbürgern lassen, Funk 1899. Nichts drückte vielleicht besser aus, wer sich für Politik interessierte – und wer nicht.

Es war Teil einer höheren Mission: Boveri hat wie kein anderer in der Führung der BBC sogleich erkannt, wie sehr die Firma auf die lokale Politik angewiesen war – vielleicht nicht ganz überraschend, zumal er den öffentlich ausgetragenen Konflikt um das Elektrizitätswerk in Baden aus der Nähe mitbekommen hatte. Das muss ihm eine Ahnung vermittelt haben, was alles schiefgehen konnte, wenn allzu viel lästiger Widerstand gegen eine mächtige Firma aufkam. Der Souverän war launenhaft. Mit dem Souverän war zu rechnen.

Wenn wir im Folgenden die politische «Herrschaft» der BBC in Baden beschreiben – und wir führen das Wort an, weil es sonst ein zu drastisches Bild evozierte – werden wir noch oft auf Herrschaftstechniken und -Inhalte stossen, die schon in dieser kleinen Feier zum Ausdruck kamen. Wir fassen sie grob zusammen:

– Boveri suchte die Nähe zu den Behörden. Er pflegte sie, er nahm sie ernst, er hofierte ihnen, wenn nötig.
– Er wusste um die Bedeutung der *Public Relations* in der Politik, insbesondere um die Wirkung der Presse. Auch sie betreute er systematisch. Nichts überliess er dem Zufall.

– Er schuf (allerdings nicht er allein) einen Gründungsmythos der Firma. Diesen brachte er unentwegt in Umlauf. Er begründete eine neue Identität nicht bloss für die BBC, sondern für die ganze Stadt, die am Ende sogar das alte Selbstverständnis als Kurort überlagern sollte. Die «Weltfirma» verdrängte die 2000-jährige Bäderstadt.
– Er setzte Feste, Jubiläen, Umzüge, betriebseigene Musik- und Gesangsvereine, mithin öffentliche, gesellige Anlässe dafür ein. Er stiftete eine Art «BBC-Familiensinn», der sich in der ganzen Stadt ausbreitete. Die «Elektrischen» und die «BBCisten» waren geboren.
– Er besetzte die entscheidenden Positionen. An der Feier redete nicht Charles Brown, das «Genie», fraglos der *Darling* in den Augen der Belegschaft, ebenso wenig Fritz Funk, der faktische Personalchef, sondern Walter Boveri. Er sprach als erster – und am längsten.
– Die Ehefrauen der Chefs hatten anwesend zu sein. Die Familien der Gründer standen genauso im Dienst der soziopolitischen Machtentfaltung der BBC.

Gewiss, zu jener Zeit war das eine weit verbreitete Erscheinung, dass eine Firma wie die BBC, zumal eine so prädominante, an ihrem Standort sich mit der lokalen Politik befasste. Gerade in *Company Towns* bedeutete dies geradezu der Standard. Ausgeprägt waren die entsprechenden Hegemonialansprüche in den USA, wo Patrons wie Pullman oder Hershey wie kleine Diktatoren, je nach Temperament: der milden oder autoritären Sorte, schalteten und walteten, und ihre Städte, die der Firma als Besitz gehörten, kaum mehr demokratischen Anforderungen genügten – wir haben diese Beispiele bereits erläutert. Selbst in Europa beobachten wir zu jener Zeit ein auffallendes Engagement der Unternehmer in der lokalen Politik, so liessen sich Vertreter der Familie Schneider vom gleichnamigen französischen Rüstungskonzern in ihrer Standortgemeinde, in Le Creusot, wiederholt zum Bürgermeister machen, genauso wie Thomas Bata nach dem Ersten Weltkrieg jahrelang als Bürgermeister im tschechischen Zlín amtierte, der *Company Town*, wo sich seine Schuhfirma befand.

In der Schweiz dürfte ein derartiges Engagement noch verbreiteter gewesen sein. Wegen des auf allen Stufen des Staates geltenden Milizprinzips, das die Eintrittsschwelle für die Unternehmer in die Politik zusätzlich senkte, kam es auch in Orten vor, die keineswegs als *Company Towns* einzustufen sind. In Orten indes, die wir als solche definieren würden, war es so gut wie immer der Fall, dass die Patrons in die kommunale Politik eingriffen. In Gerlafingen etwa, einem Dorf, das wir dank der erwähnten Studie von André Kienzle à fonds kennen gelernt haben, waren die Verhältnisse vielleicht am extremsten. Die Firmenleitung der Von Roll beherrschte den Gemeinderat direkt, indem sie eigene Leute dorthin abordnete, was die BBC in Baden nie tat.[927] Oder Adolf Bühler junior, der

Sohn des Gründers der gleichnamigen Firma: Er war nicht bloss der alles überblickende Mann der Gebrüder Bühler AG, sondern sass jahrelang höchstpersönlich im Gemeinderat von Uzwil, darüber hinaus liess er sich für die FDP in den St. Galler Kantonsrat wählen. Ebenso wirkte er im evangelisch-reformierten Kirchenvorstand von Henau mit, der Kirchgemeinde, zu der Uzwil gehörte. Auch Caspar Honegger, der Gründer der Maschinenfabrik Rüti im Zürcher Oberland, fungierte gleichzeitig als Gemeindeammann des Industriedorfes, das stark gewachsen war, seit es seine Firma gab.[928]

Dieses letzte Beispiel erinnert daran, was für die meisten *Company Towns* zutraf: In der Regel handelte es sich um Orte, die vor dem Zuzug der Firma entweder gar nicht existiert hatten, oder nur unbedeutende Siedlungen gewesen waren; dementsprechend leicht musste es den Patrons gefallen sein, sich auch politisch festzusetzen. Etablierte Eliten fehlten, die ihnen in die Quere hätten kommen können. Ihrer wirtschaftlichen und politischen Hegemonie stand wenig im Weg. Sie begannen buchstäblich auf einer grünen Wiese.

Baden ist in dieser Hinsicht ein Sonderfall – wir haben das bereits ausführlich dargestellt. Der alte Bäderort war alles andere als eine «grüne Wiese», sondern eine alte, meistens blühende Stadt. Es mag damit zusammenhängen, dass die BBC-Chefs, allen voran Boveri, der lokalen Politik so viel Aufmerksamkeit schenkten. Sie wussten um die touristische DNA dieser Stadt, sie ahnten, dass die wirtschaftlich und legitimatorisch zwar angeschlagene Elite der Hoteliers nach wie vor über Einfluss verfügte, sei es einzig weil ihr symbolisches, soziales Kapital intakt geblieben war. Industriestadt versus Kurstadt: Boveri, der diese Debatte aus Deutschland gekannt haben dürfte, war sich wohl nur zu bewusst, wie feindselig das Eindringen der BBC in diese alte Bäderkulturstadt aufgefasst werden könnte, wie viele Ressentiments, wie viel Opposition befürchtet werden mussten, wenn man es falsch machte. Baden war politisch gesehen eine Herausforderung. Dass Boveri – und es war von 1891 bis 1924 Boveri, der dies übernahm – dass er diesen *Challenge* so virtuos und in den meisten Fällen konfliktarm meisterte, ist bemerkenswert. Als wir Boveris Biographie oben in Angriff nahmen, wiesen wir darauf hin, dass manche seiner Talente sich erst nach der Gründung der BBC zu ihrer Kenntlichkeit entfalteten und wir sie an gegebenem Ort vertiefen wollten. Seine unternehmerische Begabung haben wir mit der Schilderung des Aufstieges der BBC beleuchtet, nun wenden wir uns einem zweiten Set von Fähigkeiten zu, die ihn auszeichneten. Boveri erwies sich als überaus geschickter Politiker – wenn auch der besonderen Art.

Es mag sein, dass sich hier auslebte und bewährte, was in seiner Familie immer eine vertraute Expertise bedeutet hatte: die Boveris waren als hohe Beamten und Richter seit Jahrhunderten mit dem Management von Politik befasst gewesen – und der Begriff ist mit Bedacht gewählt. Sie herrschten nie direkt und persönlich, sondern sie vermittelten Macht, sie dienten ihr zu und besorgten deren *Clearing*, als Manager der Bürokratie und des Vorzimmers, als Makler im Verborgenen, als graue Eminenzen. In mancher Hinsicht spielte Boveri in Baden, dieser kleinen direktdemokratisch verfassten, alten Stadt, genau diesen Part: zeitweise war er die graue Eminenz, die im Séparée die Dinge entschied, ohne dass man ihn sah. Bald und öfter trat er aber als Politiker sui generis in den Vordergrund und suchte die öffentliche Auseinandersetzung. Jedermann sah ihn.

Damit beschreiben wir die zwei Methoden der Herrschaft, die Boveri anwandte, um die Interessen seiner Firma zu wahren – die eine könnte man als indirekte auffassen, die andere als direkte. Während die BBC in den frühen Jahren fast ausschliesslich mit der indirekten Methode der Einflussnahme arbeitete, kamen später beide zum Einsatz. Selbstverständlich kümmerte sich die BBC bei weitem nicht um alle Aspekte der Politik, sondern sie ging selektiv vor: Worauf sie sich konzentrierte, deutet an, welche Bereiche aus Sicht der Firma kritisch waren, wo sie gemäss einer institutionenökonomischen Perspektive eine Art von Internalisierung möglicher politischer Kosten vornahm.

Erstens. Im Grunde hatte Walter Boveri die indirekte Methode der Herrschaft schon benutzt, bevor die BBC überhaupt gegründet worden war. Als es im März 1891 darum ging, die Badener an jener alles entscheidenden Gemeindeversammlung von einem neuen Elektrizitätswerk zu überzeugen, konnte Boveri sich auf gut vernetzte, einheimische Politiker verlassen. Drei Stadträte – Pfister, Jäger und der damalige Stadtammann und hoch geachtete Ständerat Kellersberger setzten sich für ihn ein; sie handelten in seinem Sinne, ohne dass er zu erkennen war. Dabei bewies Boveri von Neuem, was für ein scharfes Auge er für fähige oder nützliche Leute besass; alle drei stellten sich als effektiv und ebenso loyal heraus – so dass Boveri alle Ziele erreichte, die er sich gesteckt hatte. Nachdem diese erste politische Auseinandersetzung gewonnen war, setzte Boveri auch in den folgenden Jahren auf die indirekte Methode: Es entstand ein Machtnetz von zugewandten Politikern vor Ort, das in der Regel zuverlässig trug. Oft ergaben sich Kooperationen aus Interessenkonvergenzen, wie wir sie beim Bau des Elektrizitätswerkes haben studieren können. Die BBC lieferte, was diese Politiker seit langem selber angestrebt hatten. Lagen die Interessen nicht unbedingt beieinander, kam es aus anderen Gründen zur Zusammenarbeit. Insoweit den zeitgenössischen Akten zu trauen ist, floss dafür nie Geld, noch wurden allzu plump Geschenke verteilt, sondern es fanden Gegengeschäfte der subtileren Art statt. Die BBC wusste ihre Anliegen in guten Händen, wenn deren Durchsetzung in politischen Gremien anstand, und die dienstbaren Politiker erfreuten sich im Gegenzug des Wohlwollens einer mächtigen Firma: des besten Steuerzahlers, des ersten

Arbeitgebers, des wichtigsten Investors vor Ort. Diesen Sukkurs im Rücken, fiel es ihnen ihrerseits leichter, ihre eigenen Projekte zu verwirklichen.

Es bildeten relativ wenige Politiker dieses Netz, keine Position schien Boveri jedoch von mehr Belang zu sein als jene des Stadtammanns von Baden. Stets baute er ein verbindliches, auch persönliches Verhältnis zum jeweils amtierenden Stadtammann auf: zuerst zu Armin Kellersberger, der schon die Debatten um das Elektrizitätswerk umsichtig moderiert hatte; dann zu Carl Pfister, den er bestens kannte, seit dieser ihn und Brown überhaupt nach Baden gebracht hatte, schliesslich und vor allem zu Josef Jäger, der sich seit Anfang der 1890er-Jahre im Stadtrat und in seiner Zeitung für die BBC verwendet hatte, bis er 1909 zu einem sehr potenten, fähigen Stadtammann aufstieg. In Jäger hatte die BBC einen perfekten Verbündeten, der so gut wie immer den Standpunkt der Firma in den Stadtrat einbrachte und damit meistens auch durchdrang.

Um ihre Anliegen auch auf der kantonalen und nationalen Ebene einzubringen, verfuhr die BBC ähnlich: Man band loyale Repräsentanten an sich, immer handelte es sich um Freisinnige, man arbeitete mit Grossräten, Nationalräten und Ständeräten zusammen. Allerdings musste der Badener Freisinn bei den Nationalratswahlen mit einer aus seiner Sicht ungünstigen Wahlkreisgeometrie leben – es galt seinerzeit noch der Majorz: Baden lag im sogenannten Rheinkreis, der nicht bloss aus dem Bezirk Baden bestand, sondern zusätzlich die Bezirke Zurzach, Laufenburg und Rheinfelden umfasste, samt und sonders katholische und wenig industrialisierte Gebiete, weswegen hier die Katholisch-Konservativen vorherrschten. Von den zuerst drei, ab 1911 vier Nationalratssitzen, die dem Rheinkreis zustanden, besetzten sie in der Regel zwei bzw. drei, während die FDP bloss einen Vertreter stellte. Die SP blieb bis zum Wechsel zum Proporz im Jahr 1919 ohnehin chancenlos.[929]

Aus diesem Grund setzte die BBC vorwiegend auf die Ständeräte, denn zu jener Zeit besetzte der Aargauer Freisinn stets beide Sitze. Sie stellten sich als Schlüsselfiguren der Einflussnahme heraus: Ständerat Kellersberger (FDP) haben wir genannt, er war ein formidabler Vertreter der Badener Industrie in Bern, zumal er als Schwergewicht im Bundeshaus agierte. Nach dessen Tod besetzte Edmund Schulthess (FDP) diese Position, er sollte noch mehr Wirksamkeit entfalten.[930] Schulthess (1868–1944), der zu Beginn seiner Laufbahn in Brugg eine Anwaltspraxis geführt hatte, war der BBC seit 1900 als Rechtskonsulent und Revisor zur Seite gestanden. 1904 trat er in ihre Direktion ein, allerdings blieb er nur ein halbes Jahr. Lieber widmete er sich seiner politischen Karriere, diese verlief steil: Schon 1905, erst 37-jährig, zog er in den Ständerat ein. Als er 1912 gar in den Bundesrat gewählt wurde, verfügte die BBC über einen direkten Zugang in die Landesregierung – umso mehr, als Schulthess das damals zentrale Volkswirtschaftsdepartement übernahm. Bald galt er als einer der mächtigsten Bundesräte der Epoche.[931] Am Ende zählte er zu den engen persönlichen Freunden von Walter Boveri, der Austausch war regelmässig und intensiv, bei dessen Beerdigung im Jahr 1924 hielt er eine Grabrede.[932] Der BBC blieb er lange darüber hinaus verbunden. Nachdem er 1935 aus dem Bundesrat zurückgetreten war, berief ihn die Firma in ihren Verwaltungsrat, wo er bis zu seinem Tod, 1944, mitwirkte.

Boveri selber entwickelte ebenfalls bundespolitische Ambitionen, schon 1906 war er im Gespräch als Nationalratskandidat für die FDP, und 1912 überlegte er sich ernsthaft, sich um die Nachfolge von Schulthess zu bewerben, dieser dürfte ihn darin bestärkt haben. Um sicher zu gehen, hatte Boveri verlangt, dass ihm kein Gegenkandidat entgegengestellt wurde, was so gut wie alle Parteien sofort akzeptierten. Allerdings kam die Ständeratskandidatur, die unter solchen Bedingungen aussichtsreich gewesen wäre, nicht zustande: seine Geschäftspartner, insbesondere Funk und Sidney Brown, aber auch der Verwaltungsrat der BBC stellten sich dagegen, man brauchte Boveri dringender in Baden als in Bern.

Parteipolitisch setzte Walter Boveri stets auf die FDP, weder Katholisch-Konservativen, geschweige denn Sozialdemokraten vertraute er politische Projekte der Firma an. Auch was Wirtschaftsanwälte und Notare anbelangte, mit denen man in Baden oder im Aargau zusammenarbeitete, hielt sich die BBC vorwiegend an freisinnige Kanzleien. Da die BBC recht häufig ihr Aktienkapital erhöhte, winkten Anwälte so regelmässig lukrative Mandate, was wiederum deren Loyalität erhöhte. Schliesslich gehörten Vertreter der BBC immer den massgebenden Vorständen der wichtigsten Wirtschaftsverbände der Maschinenindustrie und der Wirtschaft insgesamt an: so beim Verein der Schweizerischen Maschinenindustriellen (VSM), dessen Arbeitgeberverband (ASM) oder dem Schweizerischen Industrie- und Handelsverein, besser bekannt als Vorort, dem Spitzenverband schlechthin. Von 1916 bis 1924 fungierte Funk zum Beispiel als Präsident des ASM.[933]

Da wir uns in erster Linie dafür interessieren, wie die BBC sich in ihrer *Company Town* politisch Geltung verschaffte und die Transformation der Bäderstadt in eine Industriestadt modellierte, werden wir die eben umrissene Herrschaftstechnik auf kantonaler und nationaler Ebene nicht weiter vertiefen. Die BBC und die Schweizer Politik wäre ohne Zweifel ein lohnender Untersuchungsgegenstand, zumal die BBC über weite Strecken des 20. Jahrhunderts das grösste Industrieunternehmen des Landes darstellte – es brächte uns aber zu weit ab von dem, was wir hier beschreiben und erklären möchten. Deshalb konzentrieren wir uns in der Folge auf das lokale Machtnetz der BBC, das die Badener Politik auf Jahre hinaus bestimmen sollte.

Zweitens. Nachdem sich die BBC in den ersten Jahren ihres Bestehens weitgehend auf dieses Netz und auf die damit verbundene, indirekte Methode der Interessenartikulation verlassen hatte, scheint ihre Führung um die Jahrhundertwende zum Schluss gekommen zu sein, dass dies nicht mehr ausreichte. Wann genau dieser Sinneswandel vorgefallen war, lässt sich nicht mehr genau datieren, aber ein Paradigmenwechsel war es gewiss. Auf einmal traten die BBC-Chefs aus dem Schatten und suchten geradezu das Rampenlicht der städtischen Politik, insbesondere Walter Boveri und Fritz Funk, während sich Charles Brown weiterhin vollständig zurückhielt.

Boveri übernahm 1902 das Präsidium der Budget- und Rechnungskommission der Einwohnergemeinde. Unter den vielen Kommissionen, die die Stadt gemäss Milizsystem mit Bürgern zu besetzen hatte, stellte diese die mit Abstand mächtigste dar: Sie prüfte Budget und Rechnung der Stadt, sie beriet über die Höhe des Steuerfusses und stellte der Gemeindeversammlung entsprechende Anträge. Boveri blieb bis 1922 in dieser Position, als er sich aus gesundheitlichen Gründen zurückziehen musste. In diesen gut zwanzig Jahren referierte er praktisch an jeder Gemeindeversammlung über die Finanzen der Stadt. Niemand – ausser den Stadträten – kam häufiger zu Wort, niemanden kannten die Einwohner von Baden als Politiker deshalb besser. Darüber hinaus delegierte die BBC (oder Walter Boveri) verschiedene Manager der Firma in weitere Kommissionen, die sie für relevant hielt: wie Schulpflegen, Spitalkommission, Museumskommission oder die Aufsicht der Handwerkerschule, eine frühe Form von Berufsschule. Besonders aktiv betätigte sich in dieser Hinsicht auch Funk.

Offenbar genügten diese Positionen, um den nötigen Einfluss zu nehmen: Jahrelang liess die Firma nie einen ihrer Angestellten in den Stadtrat wählen. Als es 1919 trotzdem dazu kam und Heinrich Hurter, ein BBC-Werkmeister, in den Stadtrat einzog, war dies ohne Zutun der Firma geschehen, man legte wenig Wert darauf; Hurter hatte seine politische Karriere auf eigene Faust angestrebt. Wenigstens, so mag die BBC-Führung sich gedacht haben, gehörte er der FDP an.[934]

Wenn auch zahlreiche Manager der BBC in dieser direkten «Herrschaftsausübung» involviert waren, drehte sich doch alles um Walter Boveri. Aus diesem Grund überrascht es nicht, dass mit dessen Tod im Jahr 1924 ein weiterer Paradigmenwechsel stattfand, der sich bei näherem Hinsehen als eine Rückkehr zu den Anfängen entpuppte: von Neuem verliess sich die BBC überwiegend auf Methoden der indirekten Einflussnahme. Kein Besitzer oder Manager der BBC sollte sich je wieder dermassen in der kommunalen Politik exponieren. Weder Fritz Funk, noch Walter Boveri junior oder etwa Max Schiesser, der starke Mann der BBC in den 1930er- und 1940er-Jahren, errangen je diese alles beherrschende Stellung, wie sie Walter Boveri senior von 1902 bis 1924 so souverän und meistens unangefochten ausgefüllt hatte – noch suchten sie danach.

9.1.3 Politische Herrschaft als Lernprozess

Wenn wir bis hierhin den Eindruck erweckt haben sollten, es hätte sich beim Verhältnis der BBC zu Baden um eine sehr einseitige Angelegenheit gehandelt, wo die Herren der Firma den Politikern der Stadt und ihren Bürgern diktierten, was immer ihnen einfiel, dann wäre das eine Irreführung. Die Beziehung der BBC zu ihrer *Company Town* war weitaus komplizierter und ambivalenter. Es war ein Geben und Nehmen. Gewiss, objektiv betrachtet war der Spielraum der Stadt klein, die Fakten und Zahlen, die wir beigebracht haben, sprechen für sich selbst. Sei es das fiskalische Gewicht der Firma oder die hohe Zahl der Arbeitsplätze, die sie in der Region anbot: Baden war in hohem Masse von der BBC abhängig, umso mehr als die Bedeutung des Kurortes im Vergleich zur expandierenden Firma laufend abnahm. Sie konnte es sich nicht leisten, allzu wählerisch auf die Wünsche der BBC einzugehen. Und dennoch wäre die Beziehung bald eine vollkommen toxische gewesen, hätte die Geschäftsleitung der BBC diese Übermacht rücksichtslos und permanent ausgespielt. Sie musste den Politikern und Einwohnern der Stadt hin und wieder auch das Gefühl geben, sich gegenüber der mächtigen Firma behauptet zu haben, ab und zu war eine Niederlage zu akzeptieren – ohne dass man von der BBC aus alles unternahm, sie hinterher zu korrigieren. Ebenso war die direkte Demokratie in Baden nicht vollends kontrollierbar, sondern die Gemeindeversammlung entschied manchmal unberechenbar und sprunghaft. Selbst wenn die Stadtregierung sich mit Verve für die Interessen der BBC einsetzte, garantiert waren damit die Mehrheiten in der Stadt keineswegs. Manchmal setzte der Souverän der mächtigen Firma auch Grenzen. Mit anderen Worten, es reichte nicht, den Stadtrat auf die eigene Seite gezogen zu haben, es wäre kontraproduktiv gewesen, ständig an die hohen Steuerrechnungen zu erinnern, die man bezahlte, kurzum, es reichte nicht, einfach die BBC zu sein. Es brauchte Argumente, es bedurfte einer hohen Glaubwürdigkeit, wie sie nur über Jahre aufgebaut werden konnte, es war ein Management der lokalen Politik erforderlich, das nicht trivial war.

Die BBC-Chefs, insbesondere Walter Boveri wussten, dass es auf ihr politisches *Standing* vor Ort ankam; was ihnen aber nicht von vornherein klar gewesen sein dürfte, ist die Frage, wie man sich am besten durchsetzte, wie eine wirkungsvolle, aber sozialverträgliche Interessenpolitik zu betreiben wäre.

Wenn wir nun die Formen der politischen Herrschaft der BBC in Baden analysieren, schlagen wir daher eine Periodisierung in zwei Phasen vor – wir haben diese Chronologie bereits angedeutet. Die beiden Phasen halten wir für das Resultat eines Lernprozesses des BBC-Managements. Die erste Phase begann im Februar 1891, als Boveri und Brown das erste Mal mit Carl Pfister in Kontakt traten, und sie dauerte etwa bis zur Jahrhundertwende. Man könnte diese Phase, als es praktisch ausschliesslich zu indirekten Interventionen kam, auch als Epoche der «grauen Eminenzen» bezeichnen, weil sich die BBC meistens im Hintergrund verbarg, und stattdessen befreundete Politiker vorschickte, die sich der Anliegen der Firma annahmen.

Die zweite Phase setzte ab 1901/02 ein. Jetzt suchten die BBC-Leiter persönlich die Öffentlichkeit und waren sich nicht zu schade für den politischen Nahkampf. Als diese zweite Phase anbrach, bedeutete dies aber keineswegs, dass die BBC ab diesem Zeitpunkt auf ihr Machtnetz verzichtet hätte und keine Politiker mehr indirekt für sich sprechen und handeln liess. Allerdings fand eine Art Konzentration der Kräfte statt: Josef Jäger, der schliesslich auch Stadtammann werden sollte, erhielt eine überragende Bedeutung für die BBC als ihr Sachwalter und Mediator in der Stadt. Kellersberger starb 1905, Pfister zog sich fast gleichzeitig aus der Politik zurück, neue Trabanten tauchten lange nicht auf. Seither herrschte ein Duopol in der Stadt: Jäger und Boveri. Im Fall des Letzteren scheint der Paradigmenwechsel eklatant: Bis zur Jahrhundertwende trat Boveri in der lokalen Politik kaum in Erscheinung, nachher, wir haben es angetönt, kam niemand mehr an ihm vorbei, er war unübersehbar präsent an jeder Gemeindeversammlung, sass in jeder wichtigen Kommission, wusste über alles Bescheid.

Wir möchten im Folgenden zunächst die erste Phase abhandeln, um daraufhin jenes Ereignis in den Fokus zu nehmen, das, – so vermuten wir – dazu beigetragen hatte, dass die BBC-Spitze sich seit der Jahrhundertwende auch persönlich in die lokale Politik einbrachte. 1899 war die BBC bestreikt worden. Dieser Arbeitskonflikt, der in der ganzen Schweiz auf Beachtung stiess, dauerte acht Tage, und es war der erste und – wenn wir vom Generalstreik absehen – so gut wie letzte Streik, den die Firma je erlebt hat.[935] Dennoch oder gerade deswegen dürfte er bei der Firmenleitung einen Schock ausgelöst haben. Es erfolgte ein Lernprozess, im Zuge dessen man nicht bloss die Methoden der Einflussnahme überdachte, sondern gleichzeitig wurden personalpolitische Konsequenzen gezogen: Pfister hatte sich nicht bewährt, während sich Jäger als der zuverlässigste Verbündete erwiesen hatte. Jetzt stieg er zum *Champion* der BBC auf. Wann immer es darauf ankam, im Sinne der BBC auf die städtische Politik einzuwirken, hielt man sich künftig an ihn.

Sodann wenden wir uns der zweiten Phase zu, die nach 1900 begann, und jenem Mann, der sie prägte: Walter Boveri, dem Unternehmer, der sich in jenen Jahren zu einem Lokalpolitiker allerersten Ranges entwickelte. Wenn es der BBC vergleichsweise gut gelang, sich in Baden politisch zu behaupten ohne auf allzu grossen Widerstand zu stossen, dann lag das daran, dass sie die nötige Kombination von Machtanspruch, Druck und Grosszügigkeit vorzüglich beherrschte – und keiner ihrer Chefs brachte das besser fertig als Walter Boveri, ihr oberster

Politiker. Ohne kontinuierliches Engagement seinerseits, ohne hohen Einsatz auch von zeitlichen und ideellen Ressourcen, ging das nicht. Boveri, der strenge und doch geschmeidige Herr der Finanzen, das ist Thema des zweiten Abschnitts.

Zum Schluss unserer Analyse des politischen Verhaltens der BBC in ihrer *Company Town* möchten wir drittens das komplizierte, oft emotionale Verhältnis zwischen *Company* und *Town* beschreiben, das wie kein anderes Thema dazu geeignet war, die politische Stellung der Firma in Gefahr zu bringen, weil mit Kurzschlüssen eines irritierten Souveräns stets zu rechnen war. Wir sprechen in diesem Zusammenhang von Ambivalenzen einer meist glücklichen, aber eben auch schwierigen Beziehung. Um diese zu veranschaulichen, möchten wir auf die Auseinandersetzungen eingehen, die 1916 im Stadtrat entbrannten, als es darum ging, das Jubiläum der BBC angemessen zu würdigen.

Es war das erste grosse Jubiläum der Firma. 25 Jahre waren vergangen, seit Brown und Boveri sie gegründet hatten, ebenfalls seit 25 Jahren gab es die Elektrizitäts-Gesellschaft, was gleichermassen auf irgendeine Art und Weise zelebriert werden sollte. Da Krieg herrschte, hielt sich die BBC bewusst zurück: Man feierte moderat, ohne Pomp, dennoch handelte es sich zweifellos um ein bedeutsames Ereignis. Die Stadt, namentlich der Stadtrat, tat sich schwer mit dieser Feier, wie die entsprechenden Sitzungsprotokolle verraten, besonders das Jubiläum der EGB wurde geradezu als Zumutung empfunden. Selten lässt sich die Ambivalenz der Stadt zu ihrer neuen, so dominanten Industrie derart gut festmachen wie anhand dieser Debatten – sie wirken kleinlich, emotional, zuweilen muten sie tragikomisch an. Was sie aber deutlich machen: 25 Jahre nach der Gründung der BBC war die Stadt endgültig zur *Company Town* geworden – mit allen Vorteilen und allem Wohlstand, die ein solcher Status mit sich brachte, und allen Ressentiments und gemischten Gefühlen, die das manchmal eben auch hervorrief. Gewissermassen als Zeremonienmeister dieser glücklichen und schwierigen Beziehung empfahl sich – ob im internen Gezänk um das Jubiläum oder ob bei der offiziellen Feier – Josef Jäger, der Stadtammann der *Company Town*, der Mann der kleinen Leute und der grossen Millionäre seiner Stadt zugleich.

9.2   1890 bis 1902: Die Epoche der «grauen Eminenzen»

9.2.1 *Antichambrieren in einer freisinnigen Stadt*

Carl Pfister, Armin Kellersberger, Josef Jäger: auf diese Politiker stützte sich die BBC im ersten Jahrzehnt ihrer Existenz in Baden. Ganz trivial war es nicht, die drei ungleichen Verbündeten zusammenzuhalten. Jäger war ein Querulant und scharfzüngiger Journalist, der sich mit allen anlegte, darüber hinaus ein Demokrat, während Pfister und Kellersberger als Altliberale politisierten, weshalb Spannungen programmiert waren, auch wenn ihre beiden Parteien 1895 fusionieren sollten. Besonders Jäger und Pfister gerieten heftig aneinander. 1893 wollten beide Nachfolger von Kellersberger als Stadtammann werden, es kam zu einer Kampfwahl der beiden BBC-Loyalisten – und sie schenkten sich nichts. Jäger, als ausgesprochen linker Demokrat, konnte sich damals noch auf den grössten Teil der organisierten Arbeiterschaft verlassen. Wie gross der Rückhalt war, den Jäger in diesen Kreisen fand, belegt ein Artikel in der *Arbeiterstimme*, einem Gewerkschaftsblatt, der 1893 vor der Wahl erschien:

«Man kann also wohl sagen, dass Herr Jäger der Kandidat der bedrückten Volksklassen ist und als solcher auch für sociale Interessen eintreten wird. Wohl wissen wir, dass Herr Jäger kein Socialdemokrat ist und dass er jederzeit frank und frei erklärt, alle Bestrebungen der Arbeiterschaft nur so weit unterstützen zu können, so lange dieselben den Boden der bürgerlichen Demokratie nicht verlassen. Aber dessen ungeachtet müssen wir gestehen, dass in unsern [sic] aargauischen Verhältnissen der Gegenwart es keine Kandidatur gibt, welche bessere Aussichten bietet zur Unterstützung des Arbeiterwahlprogramms.»[936]

Jäger war damals selber Mitglied im *Grütliverein*, einer Kreuzung von Gewerkschaft und politischer Organisation, die sowohl den Demokraten als auch den aufkommenden Sozialdemokraten nahestand. 1901 schloss man sich der SP an. Trotz dieses *Supports* durch die Arbeiterbewegung verlor Jäger 1893 die Auseinandersetzung mit Pfister – wovon er sich erst erholt haben dürfte, als er 1909 – erneut in einer Kampfwahl – den damals amtierenden, liberalen Stadtammann Reisse aus dem Amt drängte, ein Brudermord, der die Aargauer FDP, diese damals junge, neu fusionierte Partei schwer belastete. Doch die Beziehungen waren längst zerrüttet.

In der Retrospektive unterschätzen manche Historiker, so unser Eindruck, wie lange diese neue *freisinnig-demokratische* Partei nur auf dem Papier existierte. Intern befehdeten sich die alten Freisinnigen und die ehemaligen Demokraten weiterhin mit einer Verbissenheit sondergleichen, als hätte es die Fusion gar nie gegeben. Gerade die Verhältnisse in der Region Baden sind in dieser Hinsicht instruktiv, und wir gehen davon aus, dass empirische, mikrohistorische Untersuchungen der frühen FDP in anderen Schweizer Regionen zu einem ähnlichen Befund gelangen würden. Erst der Fokus auf die lokale Politik macht jene Risse sichtbar, die auf Bundesebene besser überkleistert wurden. Kurz, in der freisinnigen Grossfamilie herrschte ein derart raues, gehässiges Binnenklima, dass es manchmal schien, die Freisinnigen bekämpften sich selber brutaler als den politischen Gegner – «Familie» ist deshalb vielleicht der treffende Begriff, um diese «Partei» zu erfassen, weil auch die Emotionalität dieser innerparteilichen Auseinandersetzungen stets eine hohe war. Gewiss, Jäger dürfte aufgrund seiner konfliktfreudigen Persönlichkeit ein besonders schwer zu integrierender Parteifreund gewesen sein. Was zwischen ihm und «seiner» FDP in jenen Jahren vor sich ging: Es war eine Chronik der gegenseitigen Vernichtungsversuche – nicht physisch freilich, sondern politisch.

Arnold Reisse war 1901 anstelle von Carl Pfister Stadtammann geworden, der sich künftig allein auf seine Funktion als Direktor der Elektrizitäts-Gesellschaft Baden zurückzog. Diese Ersatzwahl war vergleichsweise zivilisiert abgelaufen. Doch bei den Gesamterneuerungswahlen des Badener Stadtrats, die ein paar Monate später im Herbst 1901 stattfanden, betrieben die Liberalen offen die Abwahl von Jäger, indem sie ihn als einzigen FDP-Vertreter nicht mehr unterstützten und einen eigenen Sprengkandidaten aufstellten, wogegen die Demokraten ihrem Mann natürlich die Treue hielten. Für eine Partei, die sich als gemeinsame Partei verstand, ein überaus provokatives, ja feindseliges Manöver. Jäger schaffte die Wiederwahl trotzdem, wenn auch knapp. 1905 wurde er aber zu seinem Entsetzen als Nationalrat abgewählt. Erneut hatten sich die Liberalen wenig loyal verhalten, was ihm naturgemäss keine Ruhe liess, bis er 1911 den Wiedereinzug in den Nationalrat geschafft hatte. Er gründete zu diesem Zweck sogar eine eigene Partei, die «Rheinkreispartei», die sich als die einzig «wahre» freisinnige Partei stilisierte, tatsächlich aber eine Abspaltung war, die dem Freisinn im Aargau stark zusetzte. Erst nach 1911 vereinigte sich diese Rheinkreispartei wieder mit dem freisinnigen *Mainstream*. Dass Jäger 1909 in einer Art Racheakt nun auch den Badener Stadtammann Reisse angriff und aus dem Amt vertrieb: Es war angesichts dieser Vorgeschichten nachvollziehbar.

Aus Sicht der BBC stellte es keinen Nachteil dar, dass sich ihre wichtigsten Verbündeten politisch unterschieden, im Gegenteil – vorausgesetzt diese Differenzen eskalierten nicht auf eine Weise, die das gesamte Bündnis in Frage stellte und die nicht-freisinnige Konkurrenz an die Macht brachte. Nicht immer, das geht aus dem eben Geschilderten hervor, schien das gewährleistet. Solange die Hegemonie des Freisinns insgesamt alle innerparteilichen Querelen überstand, konnte sich die BBC auf Zuspruch aus breitesten Schichten verlassen: Jäger mobilisierte das demokratische Milieu – also einfache Leute, Handwerker, Wirte und Gewerbler, aber ebenso manche Arbeiter und Angestellte der BBC. Später, nach dem Ersten Weltkrieg, sollten sie zur SP und teilweise zu den Christlichsozialen überlaufen, doch in jenen Jahren, die wir untersuchen, hatte dieser Prozess noch kaum richtig eingesetzt. Auf der anderen Seite des sozialen Spektrums, im Bürgertum und insbesondere in der alten Elite der Hoteliers und Badewirte sorgten Pfister und Kellersberger für die nötige Akzeptanz der neuen Firma und deren Chefs, die allesamt von auswärts eingewandert waren – ob aus dem Ausland, oder aus den übrigen Kantonen der Schweiz. Es bedeutete auch, dass die BBC mit jedem Stadtammann leben konnte, ob demokratischer oder liberaler Provenienz, da man ja stets beide Flügel der Partei gefördert hatte. Erst ab 1927 musste man sich mit einem sozialdemokratischen Stadtammann arrangieren.

Natürlich war dieses breite Bündnis, das der BBC in ihren Anfangsjahren meist wohlwollend gegenüberstand, auch Ausdruck der politischen Monokultur der Stadt. Baden war seit Jahrzehnten eine durch und durch freisinnige Stadt, und es handelte sich um einen Freisinn, der praktisch alle Milieus der Stadt ansprach – was sich in dessen einzigartiger Dominanz in den Behörden widerspiegelte: der Stadtrat bestand aus sieben Mitgliedern. Sechs, dann fünf, gehörten der FDP an, einmal waren es mehr Demokraten, dann wieder mehr Liberale, manchmal liess sich das auch nicht so einfach festlegen. So gut wie immer stellte der Freisinn den Stadtammann, eine einzige Ausnahme lag Jahrzehnte zurück. Lange sass bloss ein einziger nicht-freisinniger Vertreter im Stadtrat, ein Katholisch-Konservativer 1909 wurde der erste Sozialdemokrat in dieses Gremium hinzu gewählt – der Freisinn verteidigte seine fünf Sitze. Erst Jahre nach dem Ersten Weltkrieg wurde diese Hegemonie relativiert, als 1927 Jäger starb und ein Sozialdemokrat, Karl Killer, ihn als Stadtammann ablöste. Er war der zweite Sozialdemokrat in der Stadtregierung. Bis 1927 stellte der Freisinn stets fünf Sitze.

Noch drastischer wirkte sich die freisinnige Übermacht in der Zusammensetzung der Delegation aus, die der Wahlkreis Baden in den Grossen Rat nach Aarau schickte. 1905 standen diesem Wahlkreis, der aus Baden, Ennetbaden, Dättwil und Ehrendingen bestand, acht Grossräte zu. Von diesen acht waren sieben freisinnig, der achte gehörte der SP an. Es war der erste Sozialdemokrat überhaupt, den der Wahlkreis Baden ins kantonale Parlament gewählt hatte. Gleichzeitig war der einzige katholisch-konservative Vertreter abgewählt worden. Ein paar Jahre später, 1913 – inzwischen war die Bevölkerung des Wahlkreises gewachsen und man hatte Anrecht auf zehn Grossräte – stellte die FDP nach wie vor sieben davon. Die SP schickte zwei nach Aarau, und die Katholisch-Konservativen einen einzigen – eine sehr kleine Abordnung in einer einst so katholischen Region wie Baden.

Was dem Freisinn aber an ausserparteilichem Wettbewerb abging, das kompensierte er gewissermassen intern mit einem permanenten Bürgerkrieg. 1909 etwa brachte es Jäger auch fertig, die Liberalen praktisch auszuschalten: von den fünf damaligen freisinnigen Grossräten aus der Region Baden galten vier als «Jägerianer», also Demokraten, und bloss einer war liberal, alle übrigen Liberalen scheiterten. Die SP eroberte damals ihren zweiten Sitz. Die Katholisch-Konservativen mussten sich weiterhin mit einem einzigen zufriedengeben. Die etwas anders gelagerten Verhältnisse auf der nationalen Ebene, wo die Wahlkreiseinteilung dazu führte, dass die FDP des Ostaargaus bloss mit einem einzigen Repräsentanten im Nationalrat sass, haben wir bereits behandelt. Im Ständerat dagegen herrschte unangefochten der Freisinn, stets wurden beide Sitze beansprucht, meistens stammte ein Ständeherr aus der Region Baden. Kurz, Baden war eine freisinnige Hochburg schlechthin. Wenn ein Freisinniger hier verlor, dann meistens an einen anderen Freisinnigen.

9.2.2 «Brutale Herausschmeissereien»: Der Streik von 1899

Trotz dieser faktischen Alleinherrschaft des Freisinns in Baden, also einer Partei, die als industriefreundlich galt, sah sich die BBC um die Jahrhundertwende dazu veranlasst, einen Paradigmenwechsel vorzunehmen. Zwar setzte man auch in Zukunft auf verbündete Politiker und ein lokales Machtnetz, doch wurde diese Methode der indirekten Einflussnahme vermehrt mit eigenem, direktem Engagement ergänzt. Allen voran Walter Boveri, aber auch Fritz Funk und weitere Manager mischten sich nun selber in die Lokalpolitik ein, sie liessen sich wählen, übernahmen Kommissionssitze und sogar Präsidien, sie intervenierten offen an den entsprechenden Gemeindeversammlungen. Anscheinend war man bei der BBC zur Einsicht gelangt, dass die bisherigen Methoden der verdeckten Intervention nicht mehr genügten. Wollte die Firmenleitung ihren Standpunkt einbringen, wollte sie spüren, wie sich das politische Klima in der Stadt veränderte, musste sie früher in die Entscheidungsprozesse eingreifen – zumal in der direkten Demokratie jede kleinste Regung rasch grössere politische Komplikationen herbeiführen konnte.

Manches deutet darauf hin, dass ein Lernprozess diesem Paradigmenwechsel zugrunde lag: 1899 lähmte ein Arbeitskonflikt die BBC, und die städtischen Behörden hielten sich dabei auffallend zurück – man könnte ein solches Verhalten auch als neutral bezeichnen, doch die BBC-Führung dürfte es als suboptimal empfunden haben. Ob dieser Eindruck allein ausschlaggebend gewesen war, um das verstärkte politische Engagement der BBC-Manager auszulösen, bezweifeln wir. Die Jahrhundertwende bedeutete in der Elektroindustrie konjunkturell einen empfindlichen Einbruch, wir haben ihn erwähnt. Ein besserer Zugriff auf die politischen Entscheidungsprozesse erschien auch in diesem Kontext angezeigt, es war wichtig, präsent zu sein, wenn allfällige sozialpolitische Massnahmen auf die Agenda kamen. Ebenso drohte ein Defizit in den städtischen Finanzen oder höhere Steuern, kurz, mehr Kontrolle durch die BBC schien unerlässlich. Hinzu kam, dass die BBC sich 1900 zur Aktiengesellschaft gewandelt hatte, was ohnehin mehr Transparenz bewirkte, weswegen auch deren Chefs sich von nun an weniger scheuten, ihre Interessen im Licht der Öffentlichkeit durchzusetzen. Wie dem auch sei, nach der Jahrhundertwende liess sich eindeutig ein Paradigmenwechsel auf Seiten der BBC registrieren, und der Streik hatte diesen ohne Frage mitverursacht. Der Aargauer Publizist Christian Müller hat diesen Streik in seiner Dissertation in allen Einzelheiten untersucht, weswegen wir uns, was den Hergang betrifft, mit ein paar kursorischen Bemerkungen begnügen.[937]

Der Anlass war nichtig: Drei BBC-Arbeiter waren unentschuldigt der Arbeit ferngeblieben, weil sie ein militärisches Manöver auf dem Wettinger Feld besucht hatten, und wurden deshalb ausgesperrt. Als der Präsident des Arbeiterbundes Dynamo, einer Organisation von BBC-Arbeitern, sich für die drei Kollegen einsetzte, wurde ihm prompt gekündigt – was den Konflikt eskalieren liess. Umgehend rief der Arbeiterbund eine Versammlung ein, an der rund 500 Arbeiter erschienen. Man forderte die Firma auf, die Kündigung zurückzunehmen, vor allem sah man darin eine Verletzung des Koalitionsrechtes der Arbeiter, eines Rechtes, das in der Bundesverfassung garantiert war. Ebenso involvierte der Arbeiterbund sogleich den Schweizerischen Gewerkschaftsbund in Zürich, indem er einen Vertreter dieses Dachverbandes nach Baden holte. Und man nationalisierte sozusagen den Konflikt: «Die Generalversammlung des Arbeiterbundes Dynamo vom 25. September 1898 beauftragt das Bundeskomitee des Schweizerischen Gewerkschaftsbundes, so lange Sperre über das Etablissement BBC in Baden zu verhängen, bis sich diese Herren die Mühe nehmen, ordentlich und anständig mit den Arbeitern zu verkehren und die brutalen Herausschmeissereien der Arbeiter energisch zu verhindern.»[938]

Auf die Firmenleitung der BBC muss das alles sehr provokativ gewirkt haben, besonders die Tatsache, dass externe, ungleich besser geschulte, mithin konfliktfähigere Gewerkschaftsfunktionäre beigezogen worden waren. In jenen Jahren vertraten viele Unternehmer einen sogenannten Herr-im-Haus-Standpunkt und verbaten sich jede «Einmischung» von Auswärtigen in die firmeninternen, da «privaten» Angelegenheiten, was faktisch einem Ausschluss jeder überbetrieblich organisierten Gewerkschaft gleichkam. Im deutschen Kaiserreich wurde diese Position noch entschiedener vertreten als in der Schweiz – und da sowohl Funk als auch Boveri aus Deutschland stammten, mag dieser Umstand ihre Reaktion beeinflusst haben. Dennoch gab die Geschäftsleitung bei dieser ersten Konfrontation mit einer organisierten Aktion ihrer Belegschaft bald nach. Das «Vereinsrecht» wurde explizit akzeptiert, der Arbeiterbund offiziell anerkannt und man versprach, den entlassenen Dynamo-Gewerkschafter wieder einzustellen. Ob das geschah, ist offen, fest steht allerdings: Die Entspannung hielt nicht lange vor.

Denn wenige Wochen später gerieten ein paar BBC-Maler mit ihrem Meister aneinander, der Mann hiess Rymann. Ohne sich an den Dienstweg zu halten, schalteten die Maler den Arbeiterbund Dynamo ein, und dessen Aktuar lud

9. Politische Herrschaft in der Company Town

Rymann zu einer Aussprache ein. Womöglich ist «Einladung» das falsche Wort, jedenfalls empfand es der Meister eher als «Vorladung». Tatsächlich hatten die Arbeitervertreter ihn schriftlich zitiert, «um sich wegen starker Ungehörigkeiten, die er sich einer bestimmten Arbeiterkategorie gegenüber hatte zu schulden kommen lassen, zu verantworten.»[939]

Statt sich darauf einzulassen, zeigte der Meister diesen Brief umgehend der Firmenleitung, was diese dermassen reizte, dass sie den Aktuar fristlos entliess. Es handelte sich erneut um eine Missachtung des Koalitionsrechts – so sahen es zumindest die Arbeiter, weil der Aktuar ja bloss im Namen der Gewerkschaft diesen Brief verfasst hatte. Gleichzeitig kündigte die BBC einem weiteren Arbeiter, weil er seinem Vorgesetzten angeblich nicht den nötigen Respekt entgegengebracht hatte. Dieses Mal liess sich ein Streik nicht mehr abwenden. Zwar zögerte die Belegschaft zunächst und setzte auf Verhandlungen. Erneut wollte man aber Vertreter des Gewerkschaftsbundes damit betrauen, «da man wohl wusste, dass es für unsere Mitglieder unmöglich ist, sich mit so redegewandten Herren, wie die Herren Funk etc. es sind, zu messen.»[940]

Doch die BBC-Direktion lehnte das ab. Selbstverständlich ging es ihr darum, dem Gewerkschaftsbund keinerlei Mitsprache einzuräumen – und weil sie auf dieser Position beharrte, riefen die BBC-Arbeiter den Streik aus. Eine entsprechende Resolution wurde der Presse zugespielt, darin wurde mitgeteilt: «Die heutige Versammlung von 654 Arbeitern der Firma Brown, Boveri & Cie. beschliesst, es sei die Arbeit erst dann wieder aufzunehmen, wenn sich die Firma zur Unterhandlung mit dem Bundeskomitee des Schweizerischen Gewerkschaftsbundes bereit erklärt hat».[941] Diese Drohung wurde offenbar mit beachtlicher Geschlossenheit durchgesetzt: Am ersten Tag des Streikes tauchten bloss 14 Arbeiter, 78 Handlanger und rund 50 Lehrlinge in der Fabrik auf. Die BBC beschäftigte damals insgesamt 1100 Arbeiter.

Diese (für beide Seiten) kostspielige Arbeitsniederlegung dauerte acht Tage.[942] Zum einen, weil Brown, Boveri und Funk sich zeitweise gar nicht in Baden aufhielten, zum andern lag es auch an den diversen Verhandlungsrunden, die sich lange ergebnislos hinzogen. Vermutlich waren beide Seiten dafür verantwortlich. Die Arbeiter wollten um jeden Preis den Gewerkschaftsbund beteiligt sehen, die BBC-Direktion verhielt sich ungeschickt und kompromisslos, besonders Funk fiel als autoritär auf. Allem Anschein nach konnte oder wollte er seine frühe Prägung als deutscher Berufsoffizier im Kaiserreich nie ganz unterdrücken. Erst als man den aargauischen Landammann Hans Müri als Vermittler beizog, einen linken Demokraten, schien sich der Konflikt innert kurzer Zeit aufzulösen. Die BBC versprach eine unabhängige Untersuchung der Vorwürfe gegen Rymann, während die entlassenen Arbeiter «freiwillig» darauf verzichteten, wieder eingestellt zu werden. Wesentlicher waren für die Belegschaft hingegen zwei Konzes-

481

sionen der BBC. Erstens anerkannte die Firma (abermals) den Arbeiterbund und damit das Vereinsrecht der BBC-Beschäftigten, wie sie es in einer Erklärung festhielt, die in diversen Zeitungen veröffentlicht wurde: «Wegen Zugehörigkeit zu irgend einem Vereine oder Vereinsthätigkeit ausserhalb des Geschäftes soll kein Arbeiter entlassen, ebensowenig wegen Teilnahme an dem Streik ein solcher gemassregelt werden. Der fällige Lohn wird ohne jeden Abzug bei Wiederaufnahme der Arbeit ausbezahlt.»[943]

Zweitens wurde eine paritätisch zusammengesetzte Arbeiterkommission geschaffen, die künftig alle Beschwerden zu prüfen und potenzielle Konflikte zu entschärfen hatte. Als Vorbild diente eine vergleichbare Institution bei Sulzer, einer «befreundeten» Firma, was es den beiden BBC-Besitzern wohl erleichterte, sich darauf einzulassen. Ausserdem hatte die Kommission lediglich das Recht, Lösungsvorschläge zu formulieren, wenn ein Streit vorlag – abschliessend und ohne Berufungsmöglichkeit entschied die Firmenleitung. Wie dem auch sei: Offensichtlich bewährte sich diese Einrichtung. Die BBC galt in der Branche bald als solider Sozialpartner, ein Ruf, der bis in die 1990er-Jahre anhalten sollte. Gemäss dem ehemaligen Präsidenten der SP Schweiz, Helmut Hubacher, fiel es seiner Partei und dem Gewerkschaftsbund immer schwer, die BBC-Arbeiter im Konfliktfall zu einem etwas kompromissloseren Verhalten gegenüber ihrer Firmenleitung zu bewegen. Die Loyalität zur BBC, so Hubacher, schien unverbrüchlich.[944]

Einige Wochen später ergab die unabhängige Untersuchung, dass sich Meister Rymann nichts hatte zuschulden kommen lassen. Er wurde wieder eingestellt.

Wer hatte gewonnen? Arbeiter oder Geschäftsleitung? Das ist nicht ganz einfach zu entscheiden. Nimmt man die damalige Reaktion der Arbeiter zum Massstab, dann waren diese von ihrem Erfolg überzeugt. Sie feierten das Verhandlungsergebnis mit einem Umzug durch die Stadt, dabei spielten ihre Musikvereine auf, und selbst das eher konfliktfreudige *Volksrecht*, die führende Arbeiterzeitung der Schweiz, sprach von einem «moralischen Sieg».[945]

Dass die Arbeiter mehr erreicht hatten als die Gegenseite, legt auch ein Kommentar der wirtschaftsliberalen *Basler Nachrichten* nahe, der noch vor dem Ende des Streikes erschienen war: «Wohl noch nie ist von der Arbeiterschaft ein Zwist so frivol und in tollem Übermute heraufbeschworen worden wie gerade hier!»[946], urteilte der Autor und ging davon aus, dass dieser Streik Schule machen würde: «Was indessen bei der Firma Brown, Boveri & Cie. möglich war, das droht von heute auf morgen jedem industriellen Grossbetrieb.»[947] Die *Basler Nachrichten* hatten den Streik über mehrere Tage hinweg publizistisch begleitet, im Wissen, dass mehr auf dem Spiel stand als der soziale Frieden im fernen, kleinen Baden. In der Basler chemischen Industrie hatte man es mit einer besser organisierten

Arbeiterbewegung zu tun. Steckte Baden womöglich Basel an? Immerhin, der Autor der *Basler Nachrichten* tröstete sich damit, dass die Mehrheit der Schweizer einen solchen Streik wohl nicht guthiess – was im Nachhinein schwer zu sagen ist. Sein Kommentar klang jetzt wie eine Drohung: «Eine derartig unmotivierte, aus blosser Rechthaberei entsprungene Schädigung der Industrie entspricht nicht der geraden Denkweise unseres Volkes und wird, auch wenn momentan die äussere Macht und das geringe Rechtsgefühl der irregeleiteten Arbeiter einen Erfolg erlangen sollten, was wir zwar für sehr unwahrscheinlich halten, sich zuletzt an der Arbeiterschaft selbst noch rächen.»[948] Er hielt es für «unwahrscheinlich», dass die BBC nachgeben würde. Zwei Tage später war dies der Fall. Die *Basler Nachrichten* dürften enttäuscht gewesen sein.

Christian Müller dagegen interpretiert den «Sieg» der Arbeiter und ihrer Gewerkschaft aus der Perspektive des Nachgeborenen eher skeptisch und stuft die Konzessionen der BBC als geringfügig ein. Wir möchten das hier nicht abschliessend beurteilen. Langfristig betrachtet stellte sich die Art und Weise, wie man den Konflikt beigelegt hatte, für die Firmenleitung aber zweifellos als ein Durchbruch heraus: Denn es kam bei der BBC nie mehr zu einem Streik. Unseres Erachtens deutet das darauf hin, dass die Konzessionen, die man gewährt hatte, signifikant genug waren. Darüber hinaus muss die BBC-Führung ihr Verhalten gegenüber den Beschäftigten nachhaltig geändert haben, sonst hätte sich irgendwann mit Sicherheit wieder ein Arbeitskonflikt ergeben. Das war, wie gesagt, so gut wie nie mehr der Fall, was im Vergleich zu anderen Firmen, ob in der Schweiz oder im Ausland, eine doch bemerkenswerte Bilanz darstellt.

Wir haben uns bis jetzt auf die innerbetriebliche Auseinandersetzung zwischen BBC-Führung und Belegschaft konzentriert, weil ansonsten dieser Streik kaum zu beschreiben gewesen wäre – für unser Erkenntnisinteresse ist jedoch mehr von Belang, wie sich dieser Konflikt auf die Beziehungen zwischen der BBC und ihrem Standort ausgewirkt hat. Wenn wir vom Konzept der *Company Town* ausgehen, wie wir es bislang angewandt haben, wonach zwischen *Company* und *Town* ein eher asymmetrisches Verhältnis zugunsten der *Company* bestand, dann glauben wir, dass das Verhalten der Badener Behörden bei diesem Streik dieser theoretischen Erwartung widersprach. Besonders der Stadtrat, das war nicht zu übersehen, hielt sich mit einer Parteinahme zurück – er blieb neutral, was er sich wohl kaum geleistet hätte, wäre die BBC bereits als derart dominant empfunden worden, wie es nachher öfter zu beobachten war. So gesehen stellen wir nach diesem Streik eine interessante Wende fest: Die BBC muss dieses geradezu agnostische Verhalten von Seiten (durchwegs bürgerlicher) Behörden irritiert haben, und nicht zuletzt aufgrund dieser Erfahrung, so vermuten wir, hat sich die BBC bald gründlich und mit dem hohen Engagement einiger ihrer führenden Leute der Lokalpolitik gewidmet. Kurz nach der Jahrhundertwende, also wenige Jahre nach diesem Streik, tauchten die Manager der BBC, vor allen Dingen Walter Boveri und Fritz Funk, an allen Kampfplätzen der städtischen Politik auf.

Beweisen lässt sich diese These allerdings kaum, wir stützen uns allein auf die zeitliche Koinzidenz dieses intensivierten Interesses der BBC für die lokalen Angelegenheiten und dem Schock, den der Streik wohl bei ihrer Führung hinterlassen hatte. Es sind Plausibilitätsüberlegungen, die sich in den Quellen jedoch schwerlich bestätigen lassen. Eine zweite, leichter zu belegende Konsequenz dieses Streiks auf das politische Verhalten der BBC war dagegen personeller Natur: Josef Jäger, der schon 1890/91 zu den frühesten Vertrauten der neuen Firma gehört hatte, stieg jetzt endgültig zum zentralen Alliierten in der städtischen Politik auf. Er wurde so wichtig, dass alle anderen Politiker, die der BBC ab und an zuarbeiteten, zweitrangig erschienen. Wenn die BBC neben dem neuen direkten Engagement ihrer Chefs sich weiterhin auf ein Machtnetz vor Ort verliess, um ihre Interessen auch indirekt zu schützen, dann bestand dieses in den folgenden zwei Jahrzehnten im Wesentlichen aus einem Mann, aus Jäger. Dass dieser sich das gerne gefallen liess und dieses Zweckbündnis durchaus reziproken Nutzen garantierte, versteht sich von selbst.

Mit dem Aufstieg von Jäger vollzog sich der Abstieg seines Rivalen Carl Pfister. Bald sollte er ohnehin sein Amt als Stadtammann abgeben, aber die BBC dürfte ihn schon vorher in die zweite Reihe versetzt haben, weil es ihm 1899 keineswegs gelungen war, als Stadtammann den Arbeitskonflikt zu entschärfen. Im Gegenteil, seine Vermittlungsbemühungen blieben wirkungslos, während Jäger sich immerhin als radikaler Parteigänger der BBC in den Vordergrund schob. Von Pfister zu Jäger: Der Streik beschleunigte diese Wachablösung.

Wenn wir von einer «auffallenden» oder gar «irritierenden» Zurückhaltung der Behörden gesprochen haben, dann entspricht dies selbstverständlich der Perspektive der BBC. Aus Sicht der Stadt dagegen verhielt sich der Stadtrat klug: Indem er keine Partei nahm, sicherte er den sozialen Frieden in der *Company Town* – das war umso nötiger, als die BBC ja durchaus objektiv über ein erdrückendes Gewicht verfügte. Hätte sich der Badener Stadtrat in jenen Tagen des Streiks einseitig auf die Seite des Unternehmens geschlagen, es wäre ihm auf Dauer schwergefallen, die Interessen der BBC prioritär zu berücksichtigen (wozu er oft guten Grund hatte). Man hätte den Stadtrat stets der Parteilichkeit verdächtigt, selbst wenn dies gar nicht der Fall gewesen wäre. Kurz, er hätte an Aktionsfähigkeit eingebüsst, womöglich wären die Sozialdemokraten viel früher in dieses Gremium gewählt worden. In Anbetracht der Tatsache, dass zu jener Zeit die meisten kommunalen Regierungen in der Schweiz (und im Ausland) bürgerlich beherrscht waren und diese bei Arbeitskonflikten meistens und fast instinktiv die Unternehmerseite unterstützten, ja manchmal sogar die Polizei gegen Streikende aufboten, ist die Neutralität der Badener Behörden beachtenswert.

Warum sie so handelte, ist schwer herauszufinden. Vielleicht lag es an der Einsicht der Politiker, dass sie sich in einer *Company Town* in Konflikten, die die *Company* betreffen, umso vorsichtiger zu positionieren hatten. Womöglich fiel es einem derart geschlossen bürgerlichen Stadtrat auch leichter, grosszügig zu sein, er musste gegenüber der Opposition kaum Härte markieren, weil er noch unangefochten regierte. Vermutlich spielte eine Rolle, dass im Stadtrat auch Demokraten sassen, die sozialpolitisch oft wie Sozialdemokraten dachten – wenngleich das auf Jäger ironischerweise im Fall dieses Streiks gerade nicht zutraf, wie wir unten zeigen werden. Auf jeden Fall gelang es dem Badener Stadtrat, der aus sechs Freisinnigen und einem Katholisch-Konservativen bestand, dass ihm kein einziger Arbeiter nachträglich vorwarf, sich unfair verhalten zu haben – insoweit wir die entsprechenden Quellen überblicken. Tatsächlich erfuhren die Arbeiter von Seiten der Behörden sogar die eine oder andere Hilfestellung.

Als sich etwa die BBC-Arbeiter nicht mehr länger in der «Linde», dem grossen Gasthof von Baden, versammeln konnten – Reinigungsarbeiten standen an – und sie daher den Stadtrat anfragten, ob sie die Turnhalle benutzen durften, lehnte dieser das zwar ab. Die Turner sollten keinesfalls ihr Training versäumen. Stattdessen bot der Stadtrat das Stadttheater als Lokal an, was manch ein Streikender wohl kaum erwartet hatte. Das einzige, was man von den Arbeitern verlangte, war die Einhaltung der feuerpolizeilichen Vorschriften. Zu diesem Zweck wurden ein paar Polizisten im Theater postiert – aber einzig aus diesem Grund. Gemäss Streikprotokoll bat Streikführer Kessler deshalb seine Leute zu Anfang der Versammlung, die Präsenz dieser Polizisten nicht falsch zu deuten: Sie seien wirklich nur da, um den Feuerschutz zu überwachen.[949] Was im Stadttheater als ein äusserst neutraler Polizeieinsatz positiv auffiel, galt für den Arbeitskampf insgesamt. So gut wie nie rückte die Polizei aus, nie ging sie gegen Streikende vor, ein einziger Zwischenfall ergab sich, bei dem die Sicherheitskräfte intervenierten, doch handelte es sich um eine Schlägerei, bei der Arbeiter von Oederlin einen BBC-Kollegen angegriffen hatten, der nicht streiken wollte.[950] Hinterher attestierte sogar ein führender Funktionär des Gewerkschaftsbundes den Badener Behörden und ihrer Polizei, sie hätten sich «vorbildlich» verhalten.[951] Anscheinend hatte der Stadtrat, dem die städtische Polizei unterstand, diese entsprechend instruiert. Schliesslich hatte Carl Pfister auf Bitte der Arbeiter versucht, die BBC-Firmenleitung zu Verhandlungen zu bewegen; was ihm glückte, doch das Resultat blieb aus, und die Gewerkschaften und die BBC vertrauten sich an seiner Stelle mit Hans Müri einem anderen Vermittler an.[952]

Wie erwähnt, dürfte die BBC diese konsequente Neutralität der Behörden wenig geschätzt haben. Sie war unüblich im zeitgenössischen Vergleich, wenn auch auf lange Sicht, das realisierten die BBC-Chefs wohl erst im Nachhinein, ihnen der Stadtrat einen Dienst erwiesen hatte. Die Akzeptanz der Firma nahm nach

III. Teil. Transformation

dem Streik zu, weil sie zu Konzessionen bereit gewesen war. Die Legitimation der Interessenvertretung der BBC blieb intakt, weil der Stadtrat sich nicht als verlängerter Arm der Firma hatte missbrauchen lassen. Ein durch und durch bürgerlicher Stadtrat hatte sich als fairer Partner auch der Arbeiterschaft profiliert.

9.2.3 Josef Jäger: Der BBC-Mann im Stadthaus

Immerhin, Jäger, zu diesem Schluss muss die BBC gekommen sein, hatte die Erwartungen erfüllt. Als Stadtammann Pfister endlich eine Verhandlungsrunde zwischen sieben Delegierten der Streikenden sowie Boveri, Brown und Funk zustande gebracht hatte, nahm auch Jäger daran teil. Dabei sabotierte er die Gespräche geradezu mutwillig, indem er sich einseitig auf die Seite der BBC stellte und die Streikführer als «Verhetzer der Arbeiter» beschimpfte. Er habe es «für nötig befunden», so kritisierte das Streikprotokoll des Arbeiterbundes hinterher, «in einer längeren Rede den Genossen – wie man zu sagen pflegt – so recht die Kappe zu waschen».[953] Gewiss, der Autor dieses Streikprotokolls war genauso Partei, dass er aber mit seinem subjektiven Eindruck nicht allein stand, erwies sich nach dem Streik: Der Grütliverein schloss Jäger aus. Man goutierte sein Verhalten nicht. Jahrelang war er Mitglied gewesen. Ebenso war seine Attacke während der Verhandlungen keine einmalige, spontane Aktion gewesen, sondern Jäger hatte sich seinen Positionsbezug gut überlegt, wie sich anhand seiner Zeitung, der *Schweizer Freien Presse*, belegen lässt. Selbst nachdem man eine Einigung erzielt hatte, liess er an den Streikenden kein gutes Haar:

«Wie wir bereits gestern meldeten, entspricht der Inhalt des Vergleichs, den Herr Landammann Dr. Müri zwischen den Parteien vermittelte, *prinzipiell und materiell genau den von der Firma schon am Samstag gemachten und vor dem Gemeinderath Baden bestätigten, sowie einigermassen erweiterten Propositionen*. Es untersteht auch nicht dem geringsten Zweifel, dass genau dieselben Feststellungen von der Firma auf bezügliches Begehren der Arbeiterschaft ohne weiteres erhältlich gewesen wären. Damit ist wohl über die *Berechtigung* des sensationellen Ausstandes und über den *Nutzen der grossen Opfer*, die er dem einzelnen Arbeiter und der Organisation auferlegte, für jeden Denkenden genug gesagt.»[954]

Diese eindeutige Parteinahme für die BBC ist einigermassen erstaunlich. Jäger hatte bisher immer als «Arbeiterfreund» gegolten und war von der Arbeiterbewegung politisch stets gefördert worden, manche Wahl verdankte er ihr – wir haben den schmeichelhaften Artikel in der *Arbeiterstimme* aus dem Jahr 1893 oben angeführt. Aus welchen Motiven Jäger bei Anlass des Streiks gegen die BBC die Seite gewechselt hatte, muss offen bleiben. Christian Müller vermutet ein persönliches Zerwürfnis mit einem Gewerkschaftsfunktionär als Ursache, ebenso dürfte die zunehmende Rivalität der Demokraten mit den jetzt auf den Plan tretenden Sozialdemokraten hineingespielt haben. Vielleicht stellte sich Jäger jetzt auch einfach als Opportunist heraus und hatte sich deshalb für die BBC entschieden: Was diente seiner Karriere langfristig mehr? Die Solidarität mit einer Gewerkschaft, die er als Konkurrenz fürchten musste, gerade wenn es um seinen eigenen Zugang zu den Wählern in der Arbeiterschaft ging – oder die Nähe zum bald grössten und mächtigsten Unternehmen im ganzen Land?

Um den Reiz dieser Verbindung zu verstehen, hilft es, wenn man an Jägers politische Positionierung denkt: Jäger war ein überzeugter, im Zweifelsfall etatistischer, gerne auch interventionistischer Demokrat. Er sah sich als ein «Freund des Fortschritts», das heisst, sowohl sozial-, als auch bildungspolitisch setzte er auf einen stärkeren, grösseren Staat – was immer auch einen teureren Staat bedeutete. Ebenso gehörte er zu jenen Politikern, die die laufende Perfektionierung der öffentlichen Infrastruktur für ein Zeichen zunehmender Demokratisierung hielten. Je mehr die öffentliche Hand jedem Bürger zur Verfügung stellte, desto gleicher und gleichberechtigter schienen ihm diese Bürger. Die BBC, die formidable Steuerzahlerin, war Garant dafür, dass die Gemeinde Baden die nötigen Ressourcen für dieses Modernisierungsprogramm erhielt. Bald sollte er die nötigen politischen Instrumente in die Hand bekommen, dies zu verwirklichen.

Denkbar knapp, mit bloss 45 Stimmen Vorsprung und 7 Stimmen über dem absoluten Mehr, war Jäger im Herbst 1909 zum Stadtammann gewählt worden und löste den liberalen Reisse ab. Dieser zog sich verbittert ins Privatleben zurück. Knapp und doch deutlich genug, denn mit Jäger zog nun ein weiterer Demokrat in den Stadtrat, der ihm nahestand: Fürspech Arnold Bollag, schon vorher war Voser in den Stadtrat gewählt worden, ebenfalls ein Jäger-Mann und Demokrat, der jetzt als Vizeammann fungierte, so dass diese drei linksfreisinnigen Politiker in der städtischen Regierung den Ton angaben, zumal alle als eloquent und durchsetzungsstark galten. Es mutete fast wie ein Putsch an, den die Demokraten gegen die Liberalen zustande gebracht hatten. Dass sie dazu imstande waren, verdankten sie zu einem wesentlichen Teil der sogenannten «Jungmannschaft», einer Wahlmaschine von Jäger, die jeweils vor jeder Wahl für ihn mobilisierte. Deren Kern bildeten die BBC-Werkmeister, sozusagen das mittlere, aber «proletarische» Kader der Firma. Selber oszillierend zwischen Arbeiterbewegung und Bürgertum, sprachen diese Meister genau auf jene Mischung von linksbürgerlicher, anti-sozialistischer und dennoch sozialreformerisch aktivistischer Politik an, für die sich Jäger und seine Demokraten seit Jahren eingesetzt hatten.

Kaum war er Stadtammann geworden, entwickelte er deshalb eine geradezu

487

fieberhafte Aktivität. Was immer ihm vorgeschwebt hatte: nun sollte es realisiert werden, und weil jedes Projekt Geld verschlang, war er nun umso mehr auf ein gutes Einvernehmen mit der BBC angewiesen, die ja das meiste davon zu finanzieren hatte. Jäger kam entgegen, dass die Stadt Baden seit der Etablierung der BBC erheblich gewachsen war, und deshalb ein Ausbau ihrer Infrastruktur unumgänglich schien. Mehrheiten waren dafür leicht zu gewinnen; und weil die BBC das Steueraufkommen dermassen verbessert hatte, war auch das nötige Geld vorhanden. Also nutzte Jäger die Gunst der Stunde und stiess sogleich ein ambitioniertes Bauprogramm an. Das neue Spital, das die Einwohnergemeinde schon vor den Wahlen bewilligt hatte, wurde noch während des Baus neu entworfen und erweitert, ein Altersheim wurde errichtet, mehrere Schulen, und das baufällige Landvogteischloss zu einem Museum umgestaltet, später renovierte man den Tagsatzungssaal sowie den Stadtturm; schliesslich liess Jäger, der die Autos keineswegs liebte, trotzdem Hartbeläge (im Gegensatz zu Kies) für alle Durchgangsstrassen auftragen, um den wachsenden Automobilverkehr aufzunehmen und die Staubentwicklung einzudämmen. Kurz, Jäger war der «Diktator», der innert weniger Jahre seine kleine Stadt neu zu bauen vermochte.

Mit dem gleichen Elan trieb er die Ausweitung des lokalen Wohlfahrts- und Bildungsstaates voran: die Geburtshilfe wurde neuerdings kostenlos angeboten, ebenso die Beerdigung. Die freiwillige Armenpflege wurde geschaffen, ein Dienstbotenheim gebaut, sozial schwache Schüler erhielten medizinische und zahnmedizinische Behandlungen umsonst, Schulbücher wurden allen gratis abgegeben, für die städtischen Lehrer und Angestellten richtete man eine Pensionskasse ein. Ausserdem erhöhte Baden die Saläre seiner Lehrer auf ein Niveau, das im ganzen Kanton unerreicht blieb. Man richtete in den Bädern ein städtisches Inhalatorium ein und zu guter Letzt, worauf Jäger besonders stolz zu sein schien, erstellte Baden «auf lichter Bergeshöhe» (Jäger) ein eigenes Kinder- und Ferienheim. All diese sozialen Errungenschaften, auf die Jäger so viel Wert legte, wären ohne das Geld und die Unterstützung der BBC nicht realisierbar gewesen.

Hans Raschle, der langjährige Stadtschreiber von Baden, schrieb 1935 über Jägers Beziehung zur BBC:

«Seine Hauptsorge aber war, das Verhältnis zu den wenigen Grossfirmen [BBC, Motor-Columbus], auf denen der Finanzertrag der Gemeinde zur Hauptsache beruhte, ohne jede dienerische [sic] Bindung in einem loyalen Verhältnis zur Gemeindeverwaltung zu halten und in dieser Atmosphäre gegenseitigen Verständnisses die Abwanderungsgelüste dieser nicht an Baden geketteten interkantonal und international eingestellten Gesellschaften auszulöschen. Wohl keine bedeutungsvolle Aktion hat er ohne irgendeine unverbindliche Form der Fühlungnahme mit den massgebenden Leitern jener für Baden so wichtigen Unternehmungen eingeleitet. Dadurch vernahm er nicht nur Stimmungen und Prognosen, dadurch gewann er, wie er selber gestand, immer tiefere Einsicht in die Art der Behandlung solcher Fragen.»[955]

Raschle, ein promovierter Jurist, war 1913 zum Stadtschreiber gewählt worden, was er bis 1938 blieb, als er völlig überraschend starb. Er war kaum 50 Jahre alt. Sein Kontakt zu Jäger war intensiv, ja bald freundschaftlich. Als er noch neu im Amt war, und er sich einmal darüber beklagte, dass die Lehrer eine Kampagne gegen ihn losgetreten hatten, sagte ihm Jäger – an der Gemeindeversammlung in aller Öffentlichkeit, vor mehr als tausend Badenern:

«Herr Stadtammann Jäger bittet seinen jungen Mitarbeiter, persönliche Anödereien im politischen Leben nicht allzu tragisch aufzufassen; er möge sich ein Beispiel am Sprechenden nehmen.»[956]

Tatsächlich zählte Jäger zu den kontroversesten Politikern jener Zeit, und seine zahlreichen Gegner überzogen ihn mit etlichen Prozessen, zum einen, weil er sich als Polemiker stets angreifbar machte, zum anderen aber auch, um ihn definitiv aus dem Verkehr zu ziehen. Man wusste um sein prekäres Einkommen, das er allein aus seiner Zeitung bezog, man konnte ihn daher mit juristischen Mitteln leicht wirtschaftlich treffen. Jäger wurde bekämpft, und er schlug zurück, er wurde abgewählt und schaffte die Wiederwahl, kurz: aus Sicht der BBC musste es zweifelhaft scheinen, ob es sich lohnte, auf einen solchen Politiker zu setzen. Kellersberger oder Pfister, die mehrheitsfähigen und ausgewogenen Zentristen, waren im Vergleich eine sichere Bank, während Jäger wie ein politischer Hasardeur wirkte – um im Bild zu bleiben. Doch am Ende hatten sie keine Wahl. 1909 wurde er Stadtammann, und es stellte sich bald heraus, wie hellsichtig Walter Boveri gewesen war, Jäger schon vorher als Verbündeten gewonnen zu haben. Umso mehr als sich Jäger wider Erwarten zum mehrheitsfähigen Stadtvater entwickelte. In seiner etwas pittoresken Sprache schildert Raschle diesen Wandel:

«Es ist ein landläufiges Vorurteil, dass schöne Frauen immer dumm seien. Nicht weniger verbreitet ist im Bereiche des öffentlichen Lebens das andere Vorurteil, dass glanzende Politiker immer schlechte Verwaltungsmänner seien. Die Gegner Jägers setzten auf diese Prognose ihre ganzen Rehabilitätshoffnungen [sic]. Sogar ein Teil seiner Freunde fragte sich neugierig, wie der temperamentvolle Kämpfer sich in den gesetzesumzäunten Bezirken der Verwaltung zurechtfinden möchte. Wohl hat Josef Jäger seine stürmische Energie, unterstützt von gleichgesinnten Mitarbeitern, in der ersten Zeit seines Stadtammannamtes immer wieder abbiegen müssen, um den zwangsläufigen Verwaltungsapparat ihrem Wollen und ihre Impulse dem gemessenen Mass der Verwaltungsbedürfnisse anzupassen; aber seine aussergewöhnliche Intelligenz, seine treffsichere Menschenkenntnis und seine Ritterlichkeit wiesen seinem Streben rasch den Weg, der von der gesunden Finanzbasis des Gemeindehaushaltes aus durch den dämmrigen Wald von Gesetzen und Verordnungen hindurch in die Helle der schöpferischen Tat hinausführt.»[957]

Jäger, der talentierte Politiker, dem seine Freunde stets eine viel glänzendere Karriere auch ausserhalb Badens zugetraut hätten: Er war angekommen in einem Amt, das ihn sogar in den Augen seiner Gegner verwandelte. Josef Jäger wurde zum Staatsmann von Baden – zum «Diktator im Kleinen» zwar, aber doch meistens zu einem, den die Bürger respektierten, ja mochten. Wenn Jäger sich bestimmt auch hätte vorstellen können, in Bern oder Aarau in einer Exekutive zu sitzen, so liess er doch nie einen Zweifel offen, dass er gerne der Stadtammann von Baden war – dieser Eindruck stellt sich noch heute ein, wenn man die zahllosen Wortmeldungen Jägers an Gemeindeversammlungen oder im Stadtrat liest. Dieser Mann fühlte sich als Stadtammann in seinem Element – als ob er sich an den apokryphen Grundsatz des römischen Diktators Julius Cäsar gehalten hätte: Lieber in Baden der erste, als in Rom der zweite.

9.3 1900 bis 1924: Die Ära Boveri

9.3.1 Der Lokalpolitiker

Walter Boveri liess sich bereits 1893 in Baden einbürgern. Für sich und seine Familie bezahlte er eine Gebühr von 2600 Franken.[958] Man mag darin einen Hinweis sehen, wie rasch er sich zu integrieren suchte, vor allem aber war er damit stimmberechtigt. Für geraume Zeit scheint er sich aber politisch nicht besonders engagiert zu haben, zwar nahm er an Gemeindeversammlungen teil, doch erst nach der Jahrhundertwende wurde er politisch aktiv, dann aber mit einer aussergewöhnlichen Intensität, die erst wieder nachlassen sollte, als seine zerstörte Gesundheit dies ab 1922 nicht mehr erlaubte. 1902 wählte man ihn zum Präsidenten der Budget- und Rechnungskommission der Einwohnergemeinde, der mächtigsten Kommission in der Stadt. Seit diesem Zeitpunkt gehörte er zu den am meisten zitierten oder besprochenen Badenern, sei es in den Protokollen der Gemeindeversammlungen oder des Stadtrates, sei es in der lokalen oder auch nationalen Presse.

9. Politische Herrschaft in der Company Town

Vorher war sein Name zwar regelmässig in den Akten kursiert; oft im Zusammenhang mit den vielen Baubewilligungen für Fabriken der BBC, welche die Stadt – wir haben dies bereits bemerkt – gewöhnlich mit unerhörtem Tempo erledigte. Am 13. August 1896 zum Beispiel reichte die BBC ein Baugesuch für eine Giesserei ein, am 20. August wurde es vom Stadtrat genehmigt – sieben Tage später.[959] Wenn wir die Akten der frühen Baugeschichte der BBC überblicken, kamen solche Blitzbewilligungen häufig vor, sie bedeuteten beinahe den Normalfall.

Etwas weniger kulant zeigte sich die Stadt indes bei den privaten Bauvorhaben der BBC-Gründer, die alle schon wenige Jahre nach der Etablierung ihrer Firma offenbar genug Geld verdient hatten, um sich sehr grosse Villen zu leisten – «gross» haben wir mit Absicht qualifiziert, denn es handelte sich mit Abstand um die geräumigsten Häuser im damaligen Baden. Kein Hotelier hatte für sich privat je so prächtig gebaut. Allein die Familie von Schnorff, eine einst reiche Dynastie, hatte im 18. Jahrhundert feudaler in einem Schloss gewohnt, das stand aber nicht einmal in Baden, sondern im nahen Schneisingen. 1895 erhielt Boveri die Baubewilligung für sein Haus, 1898 folgte Charles Brown. Als Boveri zu bauen begann, räumten die Behörden ihm zwar ein, dass er am Ländliweg, seiner Wohnstrasse, «Baumaterial ablagern» dürfe,[960] als es ein paar Monate später aber an die Gestaltung des Gartens ging, gaben sie sich misstrauischer: «Auf dem Land von W. Boveri werden z. Zt. Gärten angelegt. Deshalb ist darauf aufmerksam zu machen, dass er um eine Konzessionierung des benötigten Wassers nachzusuchen hat.»[961] Immerhin, als er im Januar 1897 seinen Zaun um 60 Zentimeter erhöhen wollte, erhielt er dazu das Plazet, doch man hatte sich – gemessen an der BBC-Bewilligungspraxis – viel Zeit genommen. Boveri musste beinahe zwei Monate auf diesen Entscheid warten.[962]

Wir berichten von diesen Kleinigkeiten, nicht weil sie von epochemachender Relevanz wären, sondern weil sie illustrieren, wie sehr sich der Stadtrat an das Gesetz und an die Regeln hielt, gerade wenn es um Bagatellen ging. Es scheint ihm viel daran gelegen zu haben, den schon damals besten Steuerzahler der Stadt nicht weniger kleinlich zu behandeln als jeden anderen Bürger auch. Als 1898 dessen jüngste Tochter Victoire zur Welt kam, meldete Walter Boveri diese Geburt zu spät an. Der Stadtrat verzeigte ihn prompt «wegen verspäteter Geburtsanzeige» und die leidige Sache wurde «zur Erledigung an das Bezirksamt zugewiesen».[963]

Gewiss, die Stadtbehörden jener Zeit, das geht gut aus den Protokollen hervor, verstanden sich als Stadtväter im eigentlichen Sinne des Wortes. Streng, aber gerecht hatten sie für ihre Bürger zu sorgen, es hatte etwas Patriarchalisches und Rührendes zugleich, wenn man mit einer Distanz von hundert Jahren in den Akten nachliest, wie gewissenhaft sie sich mit jedem Detail, jeder Abweichung, aber auch jeder Not ihrer Einwohner beschäftigten: Nicht nur Boveri oder Brown oder die Direktoren der BBC wurden ab und zu getadelt, sondern ungleich ernstere Fälle waren zu behandeln: einer Verena Lehmann, die offensichtlich als Prostituierte arbeitete, wurden kurzerhand die unehelichen Zwillinge weggenommen, um sie in einer Anstalt unterzubringen,[964] und man tat es mit der gleichen Entschlossenheit und mit dem gleichen Tempo, wie man Eric Brown, den Direktor der BBC-Turbinenfabrik, ermahnte, seine Kehrichtkübel unverzüglich vom Trottoir zu entfernen.[965]

Später, als Boveris Machtstellung in der Stadt überragend geworden war, das ist zuzugeben, verhielten sich die Behörden deutlich vorsichtiger und kamen den Boveris fast immer entgegen, wenn ihnen etwas nicht passte: 1913 beschwerte sich Frau Boveri etwa, es würden vom nahen Turnplatz am Ländliweg Steine in ihren Garten geworfen. Ohne abzuklären, wer dafür verantwortlich war, massregelte der Stadtrat sofort sämtliche Turnvereine, die dort zu turnen pflegten. Sollte das noch einmal vorkommen, so drohten die Stadtväter den Turnern, würde man ihnen den Turnplatz sperren. Das Bauamt wurde angewiesen, eine Verbotstafel aufzustellen. Nachher tauchte das Problem in den Akten nie mehr auf. Offensichtlich hatte das Steinewerfen aufgehört.[966]

So viel zu den mehr atmosphärischen Ausprägungen eines diffizilen Verhältnisses zwischen einer übermächtigen Firma, ihrem Besitzer und einer Stadt – in der Substanz aber, dort, wo es wirklich darauf ankam, sah Boveri zu, dass die BBC ihren Einfluss maximal auszuüben vermochte, ohne Überraschungen erleben zu müssen. Zentral für jede Herrschaft, ob formeller oder informeller Natur, waren schon immer die Finanzen. Daher erstaunt es nicht, dass Boveri sich hier am meisten engagierte.

9.3.2 Herr der Finanzen

Als Boveri das Präsidium der Budget- und Rechnungskommission übernahm, und zum ersten Mal vor der Gemeindeversammlung in dieser Funktion referierte, dankte er seinem Vorgänger, Direktor Schaufelbühl, für die «hervorragenden Leistungen» und bat die Gemeinde, die Kommission, also ihn, so zu unterstützen, wie das bisher geschehen war, er setzte auf Kontinuität, obschon allen Anwesenden bewusst gewesen sein dürfte: Es war eine neue Ära angebrochen.[967] Nie sollte es mehr so sein wie zuvor, vielmehr hatte die BBC, der beste Steuerzahler und grösste Arbeitgeber vor Ort, jetzt auch die Gemeindefinanzen unter ihre Kontrolle gebracht. Neben Boveri zog mit Rudolf Staub kurz darauf ein weiterer Manager der BBC in die Kommission ein. Der ehemalige Bankdirektor, der sich mit Zahlen auskannte, fungierte künftig als Vizepräsident, so dass jede Ausgabe und jede Einnahme der Stadt Baden faktisch von der BBC geprüft und für gut befunden wurde, bevor die Einwohnergemeinde darüber entscheiden durfte. Nicht immer stiess das in der Stadt auf Begeisterung, verständlicherweise, vor allem der Stadtrat selber fühlte sich allzu sehr unter Aufsicht der BBC gestellt, was sich manchmal in passiver Obstruktion einzelner Stadträte ausdrückte. Oder zu Deutsch: Man murrte, aber gab meistens nach.

Jahr für Jahr, nein, alle drei Monate gar – in diesem Rhythmus fanden die Gemeindeversammlungen üblicherweise statt – mussten sich Stadtrat und die Einwohnergemeinde nun die Zensuren anhören, die ihnen Walter Boveri austeilte; einmal klang er wohlwollend: «Die von einer Abordnung der Kommission vorgenommene Revision hat ergeben, dass die Bücher sehr schön und ordnungsgemäss geführt sind, die Rechnungen wurden richtig und mit der gedruckten Vorlage übereinstimmend befunden»[968] – ein anderes Mal erbarmungslos: «Unsere Strassen kosten phänomenal viel Geld»[969], monierte Boveri dann. «Es darf bezweifelt werden, ob alle bezüglichen Positionen im Budgetjahr zur Ausführung gelangen werden, namentlich bei f) Bruggerstrasse und g) Parkstrasse wird dies nicht der Fall und der Ansatz zu streichen sein.»[970]

War Boveri ausnahmsweise abwesend und konnte die Gemeindeversammlung nicht zum Sparen anhalten, sprang Direktor Rudolf Staub ein und trat gleichsam als *His Master's Voice* auf; im August 1910 etwa klang das so: «Die Bureauauslagen weisen eine Büdgetüberschreitung [sic] von 33 % auf, herrührend von Publikationen und Drucksachen, die Kommission mahnt zur Zurückhaltung.»[971] In solchen Momenten wurde deutlich, warum Boveri seinen obersten Buchhalter auch zum Vizepräsidenten der Budgetkommission bestimmt hatte. Staub kannte alle Tricks, die Angestellte anwandten, wenn sie unerfreuliche Zahlen vor den Augen ihres Vorgesetzten verschwinden lassen wollten: «Durch den Umstand, dass das Steuerertägnis das Büdget [sic] um 16 % überstieg, soll sich die Verwaltung nicht verleiten lassen, derartige Eingänge künftig als Norm zu betrachten und Überschreitungen einfach mit zu minimen Büdgetansätzen [sic] zu motivieren.»[972] Adressaten dieser Kritik waren in erster Linie die Stadträte, nicht die Badener, ihnen, den Politikern, die die Ausgaben zu verantworten hatten, klopfte die Budgetkommission auf die Finger. Man verstand sich als Sachwalter der Bürger und Steuerzahler – dass einer dieser Steuerzahler, die BBC, wesentlich mehr an jede Ausgabe beisteuerte, wussten alle im Saal und akzeptierten die Belehrungen des BBC-Managements stoisch. Hatte irgendein Badener Stadtrat gehofft, der Angestellte Staub liesse etwas mehr Milde walten als sein Chef, sah er sich getäuscht. Staub fuhr fort: «Das Bauwesen weist 45 % Büdgetüberschreitungen [sic] auf, macht also eigentlich jeden Voranschlag illusorisch, was von der Kommission allen Ernstes gerügt wird.»[973]

Überhaupt das Bauen, hier waren regelmässig Kostenüberschreitungen zu beanstanden, Boveri entging nichts, wobei Vizepräsident Staub jeweils die Details

III. Teil. Transformation

für ihn aufgearbeitet haben dürfte. Ein paar Monate vor diesem eben geschilderten Auftritt von Staub, im November 1909, hatte sich schon Boveri über die Zustände im Bauwesen beschwert: «Die bedeutenden Mehrausgaben auf dem Baukonto», kritisierte Boveri, «rechtfertigen das wiederholte Postulat, es sei das Baubudget genauer aufzustellen und während des Rechnungsjahres besser innezuhalten.»[974] Selbstverständlich war sich der Delegierte der BBC solches gewohnt, so führte er auch seine *Controller* in der Firma, doch das war die Einwohnergemeinde, und er fuhr fort: «Eine Äuffnung [sic] und separate Verwaltung eines Feuerwehrfonds ist weder nötig noch wünschenswert. Gegen Unfälle ist die Mannschaft versichert; tritt ein Fall ein, wo mehr als ein Versicherungsbetrag notwendig sein mag, so ist die Gemeinde immer wieder da. Die Kommission beantragt: Die Gemeinde solle sich über künftige Verwendung dieses Fonds freie Hand behalten.»[975] Und nachdem Boveri die Nachtragskredite im Einzelnen erläutert und bewertet hatte – unter anderem Trottoir Kunstgütli, «Beitrag an die Reussbrücke bei Gnadental» oder «Bodenbelag der Durchfahrt Rathausgasse – Theaterplatz»[976] – hiess es im Protokoll: «Der Referent [Boveri] rügt, dass betr. Leitungsnetz in den Grossen Bädern die Überschreitung des Budget 41 Prozent betrug und beantragt im übrigen Gewährung der Kredite.»[977] Kein Hotelier aus den Grossen Bädern hatte hier offenbar etwas einzuwenden, die «Diskussion wird nicht benützt» und «der Antrag beschlossen».[978]

Unter Varia gab Stadtammann Reisse den Badenern schliesslich die Gelegenheit noch etwas vorzubringen: «Bei der Umfrage reklamiert Herr Pfarrer Merz eine Antwort der Behörde auf die Motion der reformierten Kirchenpflege betr. Erstellung einer Abdankungshalle. Der Vorsitzende antwortet, die Angelegenheit befinde sich noch bei der Baukommission und werde nach Einlangen [sic] des Antrages derselben weiter verfolgt werden.»[979] Die Sitzung näherte sich dem Ende, noch einmal war es an Boveri, die Versammlung zu leiten: «Im Austritt [Ausstand] der Verwalter [Beamten] und des Gemeinderates [Stadtrat] bringt der Präsident der Kommission [Boveri] die Rechnungen zur Abstimmung, worauf deren Genehmigung erfolgt. Schluss 8 ½ Uhr.»[980]

Wenn wir uns vor Augen halten, wer hier sprach, nämlich der Chef der BBC, der beste Steuerzahler, der so vielen Badenern Arbeit gegeben hatte und in einer der schönsten Villen der Stadt wohnte, dann kann kaum überschätzt mit welch erdrückender, aber möglicherweise auch polarisierender Autorität er hier in der Gemeindeversammlung auftrat. Hunderte von Badenern sassen vor ihm in der reformierten Kirche oder im Kursaal und nahmen zur Kenntnis, wie er ihre Finanzen durchleuchtete, beschnitt oder erhöhte – und trotz all dieser Machtfülle: auch er musste sich am Ende ihrem Verdikt beugen. Wenn sie ihm, dem deutschen Zuwanderer und kapitalistischen Fabrikherren, nicht über den Weg trauten, wenn er sie nicht überzeugte, konnten sie auch Nein stimmen. Der Herrscher war ihnen auf eine sonderbare Art und Weise ausgeliefert – wie sie ihm. Wenig kann die Ambivalenz der BBC-Herrschaft unter direktdemokratischen Bedingungen einer schweizerischen Gemeinde besser veranschaulichen als dieses politische Engagement von Boveri, das für alle sichtbar ihm auch viel Arbeit abverlangte. Hatte der vielbeschäftigte, vielgereiste Mann nichts Wichtigeres zu tun?

Um jedes Detail kümmerte sich der Chef. Wenn die Kulturgesellschaft des Bezirks Baden im Winter einen Kochkurs anbieten wollte und dafür von der Stadt eine Subvention von 600 Franken erbat, dann studierte auch Boveri diesen Antrag, um nachher folgenden Befund mitzuteilen: «Dagegen sei sie [die Rechnungskommission] mit einem Beitrag von Fr. 600.– an den Kochkurs einverstanden, der aber in die 1908er Rechnung kommen soll. Bezüglich des von der Gesuchstellerin gewünschten Holzes werde erwartet, dass dasselbe von der titl. Ortsbürgergemeinde geliefert werde.»[981]

Was auf den ersten Blick wie die selbstverständlichen Pflichten eines Milizpolitikers wirkt, von denen kein besonderes Aufheben gemacht zu werden brauchte, stellte in Tat und Wahrheit den Kern einer äusserst effektiven Legitimationsbeschaffung dar. Jedermann konnte sehen, dass auch der reichste und mächtigste Mann vor Ort sich nicht zu schade war, sich mit der Finanzierungsfrage eines Kochkurses zu befassen. Was die Kulturgesellschaft des Bezirks Baden bewegte, bewegte auch Walter Boveri, der zur gleichen Zeit in Berlin mit den bedeutendsten Industriellen von Europa den Markt für Dampfturbinen aufteilte. Was den Badener Bauverwalter deprimierte, weil etwa der Hartbelag in der Rathausgasse zu viel Geld verschlungen hatte, das deprimierte auch Boveri, der am Abend mit seinem Freund, Bundesrat Schulthess, telefonierte, um sich über die Zollpolitik der französischen Republik zu beschweren. Wenn wir die hohen Steuern betrachten, die Boveri damals bezahlte, was ja nur Ausdruck davon war, um wie viel wohlhabender er war als jeder, der seinen Ausführungen zum Kochkurs in der Gemeindeversammlung folgte, oder wenn wir durch Baden spazieren und feststellen, wie gewaltig, wie unbekümmert die BBC-Gründer, ob Boveri, die Gebrüder Brown oder Fritz Funk, mit prunkhaften Villen ihren Reichtum und ihren Erfolg zur Schau stellten, dann können wir ermessen, wie geschickt, aber eben auch einigermassen demütig sie sich, insbesondere Boveri, verhielten, um Neid, politische Opposition und Ressentiments vorzubeugen.

Da auch die Mitglieder der Budget- und Rechnungskommission sich regelmässig einer geheimen Wahl an der Urne zu stellen hatten, wissen wir ziemlich genau, wie populär oder unpopulär Boveri war, insbesondere auch, ob er seine Aufgabe als Präsident der Budgetkommission in den Augen seiner Mitbürger korrekt erledigte: Offensichtlich war er recht beliebt, offensichtlich machte er seine Arbeit gut. Boveri erzielte in der Regel das beste Wahlergebnis, und das notabene in einer geheimen Wahl, wie zum Beispiel im Januar 1910.

Das absolute Mehr lag bei 487, Stimmen hatten gemäss *Badener Tagblatt* erhalten:[982]

Walter Boveri, BBC: 890
Rudolf Staub, BBC: 855
Th. Zingg, Buchbinder: 854
Stöckli, Lehrer: 807
Karl Schaufelberger: 539
Eggspühler, Kassier: 536
Link, Fabrikant: 528
Sandmeier: Amtsschreiber: 525

Acht Kandidaten fielen in dieser Kampfwahl durch, unter anderen so ambitionierte Männer wie Otto Wanner, Chef des *Badener Tagblatts* oder Fürsprech Emil Guggenheim. Dass die Vertreter der BBC die ersten beiden Plätze belegten, ist bemerkenswert.

Ein zusätzliches, mehr kulturelles Detail soll unterstreichen, wie ausserordentlich diese sozusagen amtlich bescheinigte Popularität eines mächtigen Kapitalisten einzuschätzen ist: Boveri sprach immer Hochdeutsch, ob an der Gemeindeversammlung oder in der Fabrik, nie lernte er Schweizerdeutsch. Mit anderen Worten, dieser Mann biederte sich nicht an. Umso deutlicher macht dies, wie wirkungsvoll sein politisches Engagement seine Stellung in der Stadt konsolidierte. Das dürfte damit zu tun haben, dass in der Schweiz, diesem ungewöhnlich hochpolitisierten Land, wenige Dinge so eindeutig darüber entscheiden, ob man auch integriert ist, wie die Politik.

Boveri, Funk und viele BBC-Manager fügten sich nicht bloss dem direktdemokratischen Prozess – etwas anderes blieb ihnen auch nicht übrig – sondern sie beteiligten sich daran, gestalteten mit, nahmen ihn ernst. Von Klassendünkel, der sie davon abgehalten hätte, sich den plebejischen Debatten in der Gemeindeversammlung auszusetzen, war nichts zu spüren, von Verachtung gar, die sie den einfachen Leuten, die über jede Frage mitentschieden, entgegengebracht hätten, war in der Stadt nie die Rede. Auch Fritz Funk liess sich aktiv auf die Gemeindepolitik ein – genauso wie sein Cousin Boveri, mit anderen Worten, die beiden eingewanderten Deutschen verwandelten sich zu Superschweizern.

Wenn wir uns noch einmal vergegenwärtigen, woher Boveri kam: aus einem eher autoritären, mitunter snobistischen, standesbewussten Milieu von höheren Beamten, wo man die Unterschichten auf sichere Distanz hielt und demokratischen Verhältnissen wenig abzugewinnen pflegte, dann können wir erst ermessen, wie beachtlich die Adaptationsleistung war, die dieser deutsche Bildungsbürger erbracht hatte, seit er als 20-jähriger Volontär in die Schweiz gekommen war. In der Welt seines Bruders etwa, dem angesehenen Biologen, war es ganz undenkbar, dass man den «gewöhnlichen Leuten» zugestanden hätte, über die Höhe der Steuern zu befinden, die Professor Dr. Theodor Boveri zu bezahlen hatte. Für Walter Boveri dagegen, den unendlich viel reicheren Bruder in der Schweiz, war das Normalität. Er hatte sich rasch darauf eingestellt, ja, bald bewegte er sich geschmeidig in diesem System und nutzte es für seine Zwecke. Nirgendwo tat er dies mit mehr Wirkung, als bei jenem kommunalpolitischen Thema, das die BBC am meisten betraf: der Höhe der Steuern. Wir möchten an dieser Stelle einen instruktiven Fall schildern.

9.3.3 «Ungesundes Herumpendeln»: Kampf um den Steuerfuss

Am 7. Februar 1911 hatte die Badener Gemeindeversammlung darüber zu befinden, ob der Steuerfuss gesenkt werden sollte. Nicht zuletzt wegen der Krise, die 1909 auch die BBC erfasst hatte, war dieser in den vergangenen Jahren erhöht worden und lag inzwischen bei 3 ¼ einfachen Steuern – wir haben oben die damit verbundene Berechnungsmethode erläutert; die Steuerbeträge, die wir dort aufgeführt haben, beruhen auf diesem Steuerfuss. Nun schlug die Kommission vor, diesen wieder auf 3 Einheiten zurückzunehmen, zumal das vor Kurzem beschlossene neue Aktiensteuergesetz auch für die Gemeinde zusätzliche Einnahmen generieren sollte. Gegen diese Steuersenkung wehrte sich der Stadtrat aber, was nicht ganz überraschte, keine Behörde verzichtete gerne auf ihre Ressourcen, und so stand an jenem Abend ein Machtkampf an – zwischen der Regierung und einer Kommission, die faktisch von der BBC beherrscht wurde.

Stadtrat Arnold Bollag, ein Anwalt und Demokrat, ein Parteigänger von Jäger, aber immer radikaler geworden und inzwischen ein regelmässiger und scharfer Kritiker der BBC, vertrat die Meinung des Gemeinderates, wie der Stadtrat damals auch genannt wurde: «Rechtfertigt die gegenwärtige Situation der Gemeinde eine Heruntersetzung der Steuern? Und diese Frage muss angesichts des Schuldenstandes und der bevorstehenden Aufgaben von finanzieller Tragweite entschieden verneint werden.»[983] Und maliziös fügte er an: «Dieser Tatsache sollte sich die Budgetkommission, als Hülfsorgan des Gemeinderates, gerade in Finanzsachen nicht verschliessen, sondern mit demselben für eine gewisse Stetigkeit im Steuerbezug sorgen und ungesundes, eine solide Arbeit der Gemeindebehörde beeinträchtigendes Herumpendeln mit den Steuern vermeiden.»[984] Bollag, ein Demokrat, dessen Partei den Kampf gegen die «fetten Säcke» zuweilen zu ihrem ersten Programmpunkt gemacht hatte, sprach wie Politiker oft sprechen, wenn sie um ihre Einnahmen fürchten, der ungnädige Unterton war nicht zu überhören: als blosses «Hülfsorgan» des Stadtrates minimierte er die mächtige Kommission, die der mächtige Boveri präsidierte, von «Herumpendeln» spottete er, wenn diese Kommission die Steuern wieder senken wollte. Als Bollag schliesslich noch die BBC hineinbrachte, war allen klar, gegen wen er in erster Linie argumentierte: «Dazu kommt, dass wahrscheinlich die Rechnung 1910 mit einem Defizit abschliessen wird, weil die Steuererträgnisse der Firma Brown, Boveri u. Cie. unter dem erwarteten und in Berechnung gestellten Ansatz blieben.»[985]

Boveri liess sich nicht provozieren: «Folgende einfache Rechnung zeigt, dass 3 Steuern genügen. 1 Steuer betrug letztes Jahr Fr. 132 000.–, ¼ Gemeindesteuer gleich Fr. 33 000.–, eine Aktiensteuer gleich 14 000.– Franken, 3 Aktiensteuern gleich 42 000.– oder Fr. 9 000.– mehr als ¼ Gemeindesteuer. Die finanzielle Situation der Gemeinde ist nicht ungut»[986] und versöhnlich sagte er: «im Übrigen ist nicht zu vergessen, dass wir ja nur für ein Jahr Steuern zu beschliessen haben, nächstes Jahr also wieder zu haben sind.»[987] Es half dem Stadtrat nichts, dass er in Vollbesetzung auftrat: zuerst protestierte Vizeammann Voser, dann Stadtammann Jäger höchstpersönlich, «der im Antrag der Kommission den Anfang einer Defizitwirtschaft erblickt und Namens des Gemeinderates die Verantwortlichkeit dafür ablehnt.»[988]

Doch es war zu spät, die Meinungen in der Gemeindeversammlung dürften gemacht gewesen sein, umso mehr als alle, die jetzt aufstanden und das Wort verlangten, Boveri unterstützten: die Herren Spiess, Giesser, Hoenig, Bosshardt, Dr. Zehnder, der Hotelier Joseph Borsinger junior vom Verenahof (ebenfalls ein guter Steuerzahler) und nicht zuletzt Fritz Funk sprachen sich alle für eine Steuersenkung aus – von diesen war nicht nur Funk ein Mann der BBC, sondern auch Bosshardt und Hoenig. Der letztere hatte vor einem Jahr, 1910, eine Tochter von Conrad Baumann senior aus zweiter Ehe geheiratet, er war somit ein Schwager von Walter Boveri. Vor der Gemeindeversammlung verwies Hoenig, Ingenieur und 31 Jahre alt, auf Malthus und dessen Verelendungstheorien, um einen tieferen Steuerfuss zu begründen – niemand konnte das wahrscheinlich verstehen.[989] Fritz Funk dagegen, berüchtigt für undiplomatische Aussagen, argumentierte eingängiger und verglich den Stadtrat mit einer Hausfrau: Wenn man dieser viel «Haushaltungsgeld» gebe, dann brauche sie auch viel.[990]

Schliesslich meldete sich der Vizepräsident der Kommission, Rudolf Staub, zu Wort, also der fünfte Vertreter der BBC (nach Boveri, Hoenig, Bosshardt und Funk), und versuchte zunächst den inzwischen wohl ziemlich beleidigten Stadtrat zu besänftigen: Wenn das Geld nicht reiche, könne man ja jederzeit im Lauf des Jahres einen Nachtragskredit bewilligen, sagte er, um bald wieder härter zu werden: «Für Bestreitung der momentan budgetierten Ausgaben genügen nachweislich 3 Steuern. Redner [Staub] protestiert gegen die Unterschiebung, als sei es den Aktiengesellschaften darum zu tun, durch Herabdrücken der Gemeindesteuer die Folgen des Aktiensteuergesetzes aufzuheben.»[991] Jäger liess die Gemeindeversammlung entscheiden, und der Protokollführer registrierte lakonisch: «Die offene Abstimmung ergibt grosse Mehrheit für 3 Steuern.»[992]

Walter Boveri und die BBC, die mit Abstand besten Steuerzahler von Baden, hatten somit eine Mehrheit der anwesenden Badener Stimmbürger in einer offenen politischen Auseinandersetzung dafür gewonnen, gegen den Willen des Stadtrates die Steuern zu senken – wovon niemand mehr hatte als diese Firma und ihr Chef. Eine Meisterleistung, die belegt, wie mehrheitsfähig Boveri inzwischen war, sogar dann, wenn es zuallererst um die ureigenen Interessen seiner Firma ging. Es war nicht das erste Mal, dass er sich direktdemokratisch durchgesetzt hatte – und es sollte nicht das letzte Mal sein.

9.3.4 Der launische Souverän

Wenn wir die Protokolle der Gemeindeversammlungen in jenen Jahren studieren, dann war das, was wir eben beschrieben haben, keine Ausnahme: BBC-Vertreter erschienen regelmässig an diesen direktdemokratischen Treffen, äusserten sich und entschieden oft den Ausgang einer Abstimmung, da sie natürlich Teil der neuen Elite der Stadt waren, auf die man hörte. Hoteliers meldeten sich ebenfalls zu Wort, aber nie mehr mit jener Häufigkeit, wie sie im 19. Jahrhundert üblich gewesen war. Der relative Bedeutungsverlust der alten Fremdenindustrie lässt sich auch daran erkennen, dass die lokale Politik zusehends von der BBC und ihren Trabanten beherrscht wurde. Damit keine Missverständnisse aufkommen: Keine Regeln wurden dabei gebrochen, keine ungerechtfertigten Vergünstigungen bezogen, sondern man stellte sich den demokratischen Prozessen. Mehrheiten musste man bilden und verteidigen. Hunderte von einfachen Bürgern, viele davon arbeiteten bei der BBC: Manche hatten bestimmt schon einmal schlechte Erfahrungen an ihrem Arbeitsplatz gemacht oder die Chefs, die an der Gemeindeversammlung das grosse Wort führten, von einer unangenehmen Seite kennengelernt. Kurz, es war nicht selbstverständlich, es war keine triviale Aufgabe, all diese Leute für sich zu gewinnen.

Von Vorteil war für die BBC zweifellos die Tatsache, dass so gut wie alle Manager der Firma in Baden wohnten und hier ihr Stimmrecht ausübten, sofern sie Schweizer waren. Sie erfüllten nichts anderes als ihre Bürgerpflicht, wenn sie an der Gemeindeversammlung mitdiskutierten. Niemand konnte ihnen eine ungebührliche Einflussnahme vorhalten. Etwas Weiteres kommt hinzu, das ihren *Impact* zusätzlich steigerte: Auch wenn der Souverän aus allen stimmberechtigten, männlichen Einwohnern der Stadt bestand und stets Hunderte an die Gemeindeversammlungen strömten, wurde die politische Debatte doch von wenigen Vertretern der lokalen Elite bestritten. In den Protokollen tauchten zwar ab und zu die Namen von «normalen» Bürgern auf, die sich äusserten, doch viel häufiger waren es immer dieselben zehn bis dreissig Personen, die das Wort ergriffen. Neben den erwähnten Direktoren und Ingenieuren der BBC handelte es sich meist um stadtbekannte Anwälte, wie etwa Emil Guggenheim, Arnold Reisse, René Lewin oder Robert Senn, sie machen immer von sich reden. Legendär waren auch die permanenten Einwürfe von Bierbrauer Hans Müller, der die grösste Brauerei vor Ort («Müllerbräu») besass[993], oder vom Verleger und Chefredaktor des *Badener Tagblattes*, Otto Wanner, einem ausdauernden Kritiker von Stadtammann Jäger. Es kommt einem zuweilen vor, als ob Wanner damit aus familiären Loyalitätsgefühlen eine Art Erbfeindschaft fortzuführen hatte; schon sein Grossvater Zehnder war – wie wir wissen – mit Jäger ständig über Kreuz gelegen.

Eine andere Feindschaft bestand offenbar zwischen Emil Guggenheim und Arnold Bollag, zwei prominenten Repräsentanten der Badener Juden, die zu jener Zeit in Baden eine vitale und relativ mitgliederstarke Gemeinde bildeten; Guggenheim war ein gesuchter Anwalt mit eigener Kanzlei,[994] Bollag einer der ersten jüdischen Grossräte und Stadträte in der Schweiz, beide galten als grandiose Redner.[995] Regelmässig gerieten sie in der Gemeindeversammlung aneinander. Als Baden etwa nach dem Ersten Weltkrieg wegen knapper Finanzen jeden Franken umdrehen musste und der Stadtrat dennoch eine Turnhalle in der Aue plante, protestierte Guggenheim: «Es sei unbegreiflich, dass man jetzt eine Turnhalle in der Aue wolle, obwohl man noch nicht wisse, wohin das neue Schulhaus zu stehen komme. Die Aue sei der unglückseligste Platz für eine Turnhalle; die Zugangsverhältnisse durch die Halde seien zu gefährlich. Die Auslage von 200 000 Fr. sei viel zu hoch. Auch gegen die Einrichtung des Sportplatzes möge man solange stimmen, bis Gemeinderat und Budgetkommission sagen, welche Summe für die Einrichtung notwendig sei.»[996]

Mit dieser spitzen Bemerkung traf Guggenheim Kollega Bollag genau auf jene Weise, wie er es wohl auch beabsichtigt hatte: «Herr Dr. Bollag verbittet sich die Besserwisserei des Herrn Dr. Guggenheim, der den Eindruck erwecke, als ob der Gemeinderat aus sieben Lumpen bestünde. Die Schwarzmalereien der unverantwortlichen Redner seien zu verachten, man möge doch die Gemeinde nicht wie einen Konkursiten hinstellen.»[997] Nach weiterer unruhiger Debatte, die uns hier nicht weiter zu beschäftigen braucht, stimmte die Einwohnergemeinde für die Turnhalle – gegen die Sparer. Wann immer sich Bollag und Guggenheim stritten: einmal obsiegte der eine, das andere Mal der andere, toxisch blieb es meist.

Ähnlich explosiv waren die Beziehungen Jägers zu Lehrer Killer, einem Sozialdemokraten, dem er seine Abneigung so offen zeigte, dass wir sie heute noch in den Protokollen der Gemeindeversammlungen spüren. Vielleicht lag es auch daran, dass beide im Nationalrat sassen, sicher hatte es auch mit der alten Rivalität zwischen Demokraten und Sozialdemokraten zu tun. Ironischerweise sollte Killer Jägers Nachfolger werden, 1927, nach dessen Tod, wählten die Badener Karl Killer zum ersten sozialdemokratischen Stadtammann, nachdem der Freisinn seit den 1830er-Jahren dieses Amt so gut wie immer besetzt hatte.

Wenn einfache Leute in den Protokollen erschienen, dann meistens als Stimmenzähler, wozu man ebenfalls gewählt wurde, am 6. Juli 1917 etwa waren dies:[998]

Hugo Frick, Werkmeister (BBC)
Ernst, Armenpfleger
Casimir Moser, Kaufmann
Fischer, Direktor
Bärlocher, Direktor (BBC)
Hans Suter, Kaufmann
Albert Gubler, Techniker (BBC?)

Anwesend waren «1090 Stimmfähige».[999] Wenn auch die einfachen Bürger unter den Stimmenzählern überwogen, das zeigt diese Liste, wurden eben auch Direktoren mit dieser kommunen, aber wichtigen Aufgabe betraut. Walter Bärlocher war einer der führenden Manager der BBC.

Am 15. Dezember 1916 bestand das Stimmenzähler-Gremium aus diesen Badenern:[1000]

Konsumverwalter Berger
Karl Brunner, Spengler
Ingenieur Eugen Diebold (BBC)
Hugo Frick, Werkmeister (BBC)
Notar Schmid
Josef Winiger, Magaziner
Samuel Wyler-Brandeis

Dieses Mal waren 865 Bürger an die Versammlung gekommen, die im Kursaal stattfand, was wir hier verzeichnen, um eine Vorstellung davon zu vermitteln, wie gross die Menge der Leute war, die es zu überzeugen galt, meistens waren es gegen 1000 Stimmberechtigte. Walter Boveri und seine Manager stellten sich jeweils einem mächtigen, da umfangreichen Gremium.

Wenn wir hier betonen, dass die lokale Elite die Debatte dominierte, heisst

III. Teil. Transformation

dies keineswegs, dass die übrigen Anwesenden einfach schwiegen und zusahen. Trotz allem war dies eine Demokratie, und in den Protokollen wurden immer wieder Interventionen von gewöhnlichen Leuten aufgezeichnet. Im Unterschied zu den prominenten Vertretern der Elite erschienen ihre Namen einfach sehr viel seltener, wenn überhaupt mehr als einmal. Oft sprachen sie auch nicht zu den zentralen Konflikten, sondern brachten Anliegen vor, wie etwa dieses, das Briefträger Haus [sic] beschäftigte:

«Herr Briefträger Haus verlangt, dass die untere Bruggerstrasse besser in Ordnung gehalten werde. Sie stinke vor Schlamm. Obwohl das zweite Kanalisationsstück schon seit 2 Jahren erstellt sei, leiteten gegen 30 Häuser ihre Abwässer immer noch in den Strassengraben. Letztes Jahr sei ein Kind im Strassengraben beinahe ertrunken. Ein Anstösser leite die Abwässer in ein Fass am Strassengraben, damit er für sein Land Jauche habe. Der Gemeinderat solle unverzüglich für Abhilfe sorgen.

Herr Stadtammann Jäger gibt Herrn Haus darin Recht, dass an der untern Bruggerstrasse unhaltbare Zustände bestehen. Schuld daran seien aber die Anstösser. Mit einem Kostenaufwand von 22 000 Franken habe man das neue Teilstück der Kanalisation erstellt, weil die Anstösser danach riefen. Bis heute habe aber noch kein einziger Anstösser an die Leitung angeschlossen.»[1001] Das Problem konnte an dieser Gemeindeversammlung nicht gelöst werden, doch der Wortwechsel belegt, wie niederschwellig der Zugang zu dieser Institution trotz allem war.

Insofern lässt sich die Badener Gemeindeversammlung (oder jene anderer Schweizer Kommunen) keinesfalls mit den deutschen Stadtparlamenten der Epoche vergleichen, wie wir sie etwa in Frankfurt oder Wiesbaden kennengelernt haben. Selbst wenn sich in Baden die gewöhnlichen Bürger seltener zu Wort meldeten – was ihnen ja in einer so riesigen Versammlung auch einiges rhetorisches Selbstbewusstsein abverlangte – am Ende entschied die Mehrheit der Anwesenden, was bei tausend Leuten ein gerüttelt Mass an Unberechenbarkeit miteinschloss. Überdies und ebenso im Gegensatz zu den Verhältnissen in den deutschen Kommunen war diese Versammlung nicht aufgrund eines undemokratischen Dreiklassenwahlrechts wie überall in Deutschland zusammengesetzt worden, sondern jeder männliche Einwohner ab 20 Jahren war stimmberechtigt und zugelassen. Gewiss, die Abstimmung war in der Regel offen, seltener geheim, das heisst, jedermann sah, wie sein Nachbar stimmte, und manch ein BBC-Arbeiter dürfte sich zurückgehalten haben, wenn er seinen Chef in der Nähe wusste, gleichzeitig war es eine so grosse Versammlung, dass eine systematische Einschüchterung schlechterdings unmöglich war. Hin und wieder kam diese Problematik auf – und wurde ebenso transparent diskutiert. Wir schildern im Folgenden einen Schlagabtausch im April 1920, der auch die ruppige Art illustriert, mit der Jäger, der «Diktator» von Baden diese Versammlungen zu präsidieren pflegte.

Nachdem ein Antrag von SP-Nationalrat Killer in offener Abstimmung verworfen worden war, verlangte ein Bürger eine Wiederholung:

«Herr R. Schaffner ersucht, die Abstimmung nochmals und zwar geheim vorzunehmen; wenn der Bureauchef neben einem Angestellten sitze, getraue sich der Angestellte nicht, seine Meinung offen auszudrücken.

Herr Stadtammann nimmt an, dass es solche ‹politische Hosenscheisser› hier im Saale nicht gebe.

Herr Egloff protestiert gegen den von Herrn Stadtammann gebrauchten Ausdruck. Eine offene Abstimmung sei nie genau, er beantrage ebenfalls geheime Abstimmung.

Herr Stadtammann bedankt sich dafür, dass Herr Egloff die Rolle eines *Zeremonienmeisters* in der Gemeinde übernehmen will. Wir haben jedoch diese zimperliche Institution nicht nötig und wollen jedermann, sogar den Vorsitzenden [Jäger], reden lassen, wie ihm der Schnabel gewachsen ist. Sofern bei irgend einer Position geheime Abstimmung verlangt wird, soll sie erfolgen.»[1002]

Darauf verzichtete Killer staatsmännisch, auch eine Wiederholung lehnte er ab, stattdessen schlug er vor, dass die Leute beim Abstimmen, statt aufzustehen, nur die Hand hochstrecken sollten, das erleichtere die Stimmenzählung. Und so verfuhr man in Zukunft auch. Wie schwer zu steuern eine solche Gemeindeversammlung generell war, verriet die Fortsetzung: Ein paar Minuten später brachte Boveri es fertig, dass die Löhne der Kanzlisten zwar angehoben wurden, aber weitaus moderater, als verlangt worden war. Hatte sich Boveri als Herr der gut gehüteten Finanzen durchgesetzt, so behielt kurz darauf Nationalrat Killer die Oberhand, der Herr der linken Opposition, die seit dem Krieg viel aggressiver auftrat: Killers Vorstoss, die Besoldungen der Stadträte um 500 auf 2500 Franken im Jahr zu erhöhen, wurde mit 377 gegen 222 Stimmen angenommen.[1003]

9.3.5 Die Kunst des Nachgebens

Wir haben Boveris gut zwanzigjährigen Einsatz als Präsident der Budget- und Rechnungskommission so breit dargestellt, weil die BBC auf diese Weise wohl am wirksamsten ihre politischen Ziele in der *Company Town* Baden realisierte, ebenso dürfte evident geworden sein, dass Boveri damit auch die Legitimation und Akzeptanz seiner Firma in der Region nachhaltig befestigte. Dazu trug auf der politischen Ebene freilich nicht nur er allein bei, sondern viele andere Manager der BBC, die sich dank dem schweizerischen Milizsystem problemlos in die kommunale Politik einbringen konnten – und das auch taten. Rudolf Staub, Direktor bei der BBC, versah, wie erwähnt, das Amt des Vizepräsidenten der Budget- und Rechnungskommission; Sidney Brown sass schon seit 1894 im Vorstand der Handwerkerschule; Fritz Funk beteiligte sich als Präsident an den Arbeiten der Spitalkommission, ebenso in der Forstkommission, die den Badener Wald bewirtschaftete, drittens sass er in der Schulpflege der Bezirksschule, die eine Art Progymnasium der Badener darstellte. Desgleichen sorgte Direktor Curt Hoenig als Mitglied in der Gemeindeschulpflege dafür, dass die Interessen des grössten Arbeitgebers in der Primarschule berücksichtigt wurden. Darüber hinaus machten sich auch die Frauen der Manager einen Namen als aktive Einwohnerinnen ihrer Stadt: Johanna Funk und Anna Brown-Moser, die Gattin von Eric Brown, dem Direktor der Turbinenfabrik, betätigten sich in der Frauenaufsichtskommission, Johanna Funk wirkte zudem in der Kleinkinderschulkommission mit.[1004]

Am meisten engagierte sich aber ohne Frage Walter Boveri – als hätte er zu viel Zeit, was bei ihm, der ab 1911 auch Verwaltungsratspräsident der BBC sowie deren Delegierter war, bestimmt nicht zutraf. Wir haben bei der Schilderung des wirtschaftlichen Aufstiegs der BBC festgestellt, wie oft Boveri auch ins Ausland zu verreisen hatte, was seine Flexibilität zusätzlich einschränkte. «Da Dr. Boveri, Präsident der Einwohner-Rechnungskommission bis Anfangs Oktober abwesend ist», hiess es dann im Protokoll des Stadtrates, «und auch Hr. Staub, Vicepräsident, noch in den Ferien ist, so muss die Rechnungsgemeinde, die letzten Mittwoch nicht verhandlungsfähig war, auf unbestimmte Zeit verschoben werden.»[1005] Auch die Gemeindeversammlungen, die der BBC-Chef sonst immer besuchte, waren hin und wieder davon betroffen: «Herr Dr. Boveri ist verhindert, an der nächsten Gemeindeversammlung für die Budgetkommission zu referieren. Die Kommission werde einen anderen Referenten bezeichnen.»[1006] Oder die Stadt wartete auf ihren wichtigen Einwohner, bis es diesem passte: «Der Präsident der Einwohnerrechnungskommission ist anzufragen, wann er bereit sei, über letzte Rechnungen zu referieren.»[1007] Terminkollisionen kamen häufig vor, doch die Stadt richtete sich meistens nach der Agenda ihres vielbeschäftigten Kommissionsmitgliedes. Das dürfte allerdings anspruchsvoll gewesen sein.

Denn Boveri diente der Gemeinde nicht nur zwanzig Jahre als Herr der Finanzen und Steuern und besetzte damit eine Schlüsselposition, sondern er stellte sich für weitere Kommissionen zur Verfügung. Oft trat er erst dann ein, wenn dort Beschlüsse von einiger Tragweite anstanden. Als es darum ging, das Landvogteischloss zu einem Museum umzubauen, wurde er selbstverständlich Mitglied der Museumskommission, die man zu diesem Zweck neu konstituierte. Boveri hatte den Umbau mit einer namhaften Spende von 10 000 Franken erst initiiert.[1008] Als ein neues Schulhaus gebaut werden sollte, zog er auch in diese

Kommission ein und befasste sich nun mit der langwierigen Standortsuche und der Einrichtung von Schulzimmern; 1914 nahm er ausserdem in der Theaterrenovationskommission Einsitz. Allein die Mitarbeit in diesen vielen gewichtigen Kommissionen dürfte sein Zeitbudget erheblich strapaziert haben, wobei nicht bloss an die vielen Sitzungen und Ortsbegehungen zu denken ist, sondern auch an den Aufwand, den das Aktenstudium erforderte. Mit anderen Worten, der Millionär von der Villa Boveri setzte sich ganz ausserordentlich für seine kleine Stadt Baden ein. Wir wiederholen uns: Das fiel jedem Badener auf.

Wenn Boveri somit sehr viel an Immateriellem investierte, so dürfte auch die Rendite entsprechend hoch gewesen sein: Boveri erhielt einerseits direkt Einfluss auf Projekte und Entscheide, die in der Regel viel kosteten und daher die Steuerzahler BBC und Motor AG betrafen, welche Boveri vertrat. Andererseits akkumulierte er ein beträchtliches soziales und politisches Kapital, das ihm und seiner Firma in schwereren Zeiten half, wenn die BBC unpopuläre Massnahmen zu ergreifen hatte. Ob die Steuerleistungen zurückgingen und das städtische Budget gekürzt werden musste, ob die Firma gezwungen war, Leute zu entlassen, ob ein Generalstreik drohte wie 1918: Die BBC kam zwar unter Druck, doch in der Regel überstand sie solche Legitimationskrisen und möglichen Konflikte äusserst glimpflich. Vertrauen in ihre Führung, Loyalität der *Town* gegenüber ihrer *Company* überwogen, und die Opposition, die der BBC in Baden entgegenschlug, erwies sich meistens als marginal. Auch wenn die Tatsache, dass diese Stadt objektiv in so hohem Masse von der Firma abhängig war, natürlich deren Spielraum begrenzte, bleibt beachtlich, wie geschickt die BBC ihre überaus dominante Position in Baden modellierte und mehrheitsfähig machte, wie unverkennbar ihr Management der lokalen, direktdemokratisch organisierten Politik ihren Stempel aufdrückte, ohne dass dies zu unkontrollierbarer Feindseligkeit und Widerstand geführt hätte.

Inzwischen sollte hinreichend klargeworden sein, worin wir die Ursachen für diese positive Bilanz sehen: Einerseits im politischen System, wo sich jedes Ressentiment, das hin und wieder aufkam, sogleich und ohne allzu grossen Aufwand artikulieren liess, andererseits im überdurchschnittlichen Engagement der BBC-Führung in diesem politischen Prozess. Dies erleichterte es ihr, frühzeitig Konflikte zu erkennen und zu entschärfen, gleichzeitig wuchs sie so zu einer Elite in dieser *Company Town* heran, die man sah, die man kannte und deren Einsatz man beurteilen konnte und deshalb auch (meistens) schätzte. Wer sich regelmässig einer Abstimmung stellt und diese oft auch gewinnt, häuft beträchtliches politisches Kapital an. Unter solchen Umständen musste es jeder Opposition, ob demokratischer oder sozialdemokratischer Provenienz, schwerfallen, genügend Leute gegen diese eindeutige, aber milde, demokratisch so oft legitimierte Herrschaft zu mobilisieren. Boveri, Brown und ihre Direktoren waren vielleicht «Bonzen», «reiche Säcke» und mächtige Barone, Fabrikherren und «Kapitalisten», aber sie liessen es zu, dass man über ihre Interessen in offener oder geheimer Abstimmung entschied, genauso wie man über jedes Anliegen eines einfachen Bürgers debattierte und beschloss. Fabrikant Boveri hatte rein formell betrachtet nicht mehr zu sagen als Briefträger Haus.

Schliesslich verhielten sich die Chefs der BBC auch klug. Hätte die BBC sich immer durchgesetzt, die Spannungen in der kleinen Stadt wären vermutlich gestiegen und irgendwann eskaliert. Zur Herrschaftstechnik von Boveri und der BBC gehörte auch das Verlierenkönnen; ob mutwillig oder unbeabsichtigt, lässt sich hinterher kaum mehr feststellen. Ebenso galt es, manchmal nachzugeben. Wenn wir die vielen Gemeindeversammlungen Revue passieren lassen, die zwischen 1890 und 1925 stattfanden, dann kamen solche vermeintlichen Rückschläge wiederholt vor, nie handelte es sich zwar um substanzielle Niederlagen, eher waren sie symbolisch – für die Legitimation und Akzeptanz der BBC dürften sie jedoch produktiv gewesen sein. Eine objektiv so erdrückend dominante Firma wie die BBC zu ertragen, war hart genug, hätten die Badener diese Übermacht aber dauernd erleiden müssen, sie hätten sich wahrscheinlich häufiger dagegen aufgelehnt.

Boveri verstand es, am richtigen Ort Konzessionen zu machen, gerade wenn es um Ausgaben ging, die zu bekämpfen, wenig populär gewesen wäre. Als Baden 1909/10 ein neues Spital plante – ein besonderes Anliegen des neuen Stadtammanns Jäger, der damit seine sozialpolitischen *Credentials* beweisen wollte – arbeitete Boveri nicht nur von Anfang an engagiert in der Spitalbaukommission mit, die diese Planungen vorantrieb, sondern er gehörte stets zu jenen, die auf eine solide, grosszügige Lösung drangen. Im Zweifelsfall durfte es durchaus mehr kosten. Am 18. Februar 1910 schien das Projekt entscheidungsreif und wurde der Einwohnergemeinde vorgelegt. Jäger, der Volksredner, der vor Pathos selten zurückschreckte, sagte:

«Der Vorsitzende weist darauf hin, dass der Spital Baden, gegründet von der Königin Agnes, einer Frau, die besser war als ihr Ruf, heute auf eine 500-jährige Vergangenheit zurückschaut. Im Grossen und Ganzen sind seine Raumverhältnisse bis heute die ursprünglichen geblieben. Es dürfte daher an der Zeit sein, dass die Einwohnerschaft Badens, die sich des guten Rufes einer humanen und fortschrittlichen Gemeinde erfreut, auch ihrerseits des Mahnwortes gedenke: res sacra miser, mit anderen Worten, dass sie für ihre Kranken, insbesondere für bedürftige Kranke, mit Herz, Verstand und Opferwilligkeit Sorge trage.»[1009]

Auf Jäger folgte Boveri, der weniger feierlich, aber genauso überzeugt für diese horrende Investition von 340 000 Franken warb:

9. Politische Herrschaft in der Company Town

«Namens der Budgetkommission befürwortet Herr Boveri der Einwohnergemeinde die Erstellung des Neubaues. Wohl wird der Betrieb noch weitere namhafte Opfer erfordern; aber die Einwohner werden sich der sittlichen Pflicht nicht entziehen wollen, auch an den Spitalbetrieb das Erforderliche beizutragen. Trotzdem die Bundes- und Kantonsbeiträge voraussichtlich nur eine geringe Rolle spielen dürften, wird die Gemeinde die Finanzierung fertig bringen.»[1010]

Was Boveri an dieser Stelle nicht eigens betonen musste, weil es jedermann wusste, war die Tatsache, dass die BBC 100 000 Franken als Spende zu den Kosten beitrug, umgerechnet wären das heute 3,5 Millionen Franken.

Ursprünglich waren zwei Stockwerke vorgesehen, doch schon während des Baus kamen Zweifel auf, ob das reichte, und man überlegte sich, das Gebäude höher zu konzipieren. Wieder war dies Thema an einer (ausserordentlichen) Gemeindeversammlung, wieder machte sich der sonst so zugeknöpfte Herr der Finanzen Boveri für mehr Ausgaben stark: «Die Anregung, einen dritten Stock zu bauen, war überraschend und die Kritik derselben begreiflich. Es ist jedoch festzustellen, dass man mit dem blossen Einwand, es wolle heute etwas anderes gemacht werden, als was man vor kurzer Zeit beschlossen, jeden Fortschritt bekämpfen könnte, auch handelt es sich nicht etwa um einen Fehler, der begangen worden wäre, sondern um eine begreifliche Wandlung vom bisherigen zu einem neuen Projekt.»[1011] Wenn man jetzt gleich erweiterte, argumentierte Boveri, käme dies günstiger, als in wenigen Jahren von neuem bauen zu müssen: «Der Redner beantragt aus allen diesen Gründen: Zustimmung zum gemeinderätlichen Antrag.»[1012]

Nachdem ihn der beste Steuerzahler und grösste Spender so unterstützt hatte, schien für Jäger die Sache gelaufen, und vermutlich lag er richtig. Mit Genugtuung stellte er fest: «Das Votum des Vorredners, der von Anfang an sich intensiv mit der ganzen Angelegenheit beschäftigt hat, der ferner Verfasser des früheren einlässlichen gedruckten Kommissionsberichtes ist, wird auch für die heutige Versammlung massgebend sein.»[1013]

Zwar meldete sich noch einmal die Opposition: «Hr. Dr. Senn gibt zunächst die Erklärung ab, dass er sich an der Pressepolemik nicht beteiligt, sondern in der Spitalbaukommission gegen den dritten Stock votiert habe, was er auch heute tun werde.»[1014] Dem anscheinend verärgerten Anwalt ging es aber um mehr. Auf Jäger gemünzt, der seit gut einem Jahr als Stadtammann Baden führte, sagte er: «Es soll die Praxis des kritiklosen Jasagens, die sich seit Beginn des neuen Regimentes entwickelt hat, aufgegeben werden.»[1015]

Doch wenige im Kurhaussaal sahen das so – schon damals (wie hundert Jahre später) war es schwer, den Bürger gegen ein Spital zu mobilisieren. Wer hier sparen wollte, stand meistens auf verlorenem Posten. Senn, der Anwalt, sah sich isoliert, Boveri, der offensichtlich solche Naturgesetze der direkten Demokratie besser begriff, fand sich auf der Seite der Sieger. Nachdem die Stimmenzähler Sigrist, Graf (ein Dreher von der BBC), Schleuniger (ein Drechsler) und Max Guggenheim ihres Amtes gewaltet hatten, teilte man das Ergebnis mit: «Die Abstimmung ergibt grosse Mehrheit für den gemeinderätlichen Antrag.»[1016]

Jäger, also das «neue Regiment», und sein mächtiger Verbündeter Boveri hatten auf der ganzen Linie gewonnen.

Der Neubau des Spitals kam am Ende viel teurer zu stehen: rund 600000 Franken, was aktuell 20 Millionen Franken bedeuteten.[1017] Neben der Spende der BBC gingen bald weitere Zuwendungen beim Stadtrat ein: Walter Boveri schenkte privat 10000 Franken, legte aber Wert darauf, dass er nicht genannt wurde, ebenso spendeten Charles Brown, Sidney Brown, Fritz Funk und Georg Boner, alle von der BBC, je 2000 Franken – auch sie wollten anonym bleiben. Vermutlich hatte sich das Management in dieser Hinsicht abgesprochen. Boveris 10000 Franken waren übrigens eine stolze Summe, heute entsprächen sie rund 350000 Franken; aber auch die 2000 Franken der übrigen BBC-Manager muss man als grosszügig bezeichnen: umgerechnet kämen sie gegenwärtig rund 70000 Franken gleich.

Schliesslich leistete selbst der FC Baden einen Beitrag. Aus einem Wettspiel, das er veranstaltet hatte, überwies der Fussballclub den Gewinn: 55 Franken. Der Stadtrat verdankte diese «schöne Schenkung».[1018] Heute wäre sie rund 2000 Franken wert. Ebenfalls sprach man dem Präsidenten der Spitalkommission, Fritz Funk, seinen Dank dafür aus, dass dieser «namentlich mit der Aufstellung des Reglements für das Krankenhaus eine ganz bedeutende Arbeit geleistet hatte».[1019] 1912 wurde das neue Spital eröffnet.

9.4 Ambivalenzen einer schwierigen und glücklichen Beziehung

Wir haben von der Ambivalenz gesprochen, die die Einwohner einer *Company Town* wie Baden ihrer wichtigsten Firma gegenüber empfanden, empfinden mussten, zu einseitig war die Beziehung objektiv gesehen, und es brauchte wohl einen Mediator wie Jäger, um dieses Verhältnis auf längere Sicht erträglich zu gestalten. Dass es mit Jäger ein eher linker Politiker war, wie später der Sozialdemokrat Karl Killer, entbehrt nicht der Logik. Aus Sicht einer aus strukturellen Gründen misstrauischen Bürgerschaft hatte es ein Politiker zu sein, der nicht auf den ersten Blick als Büttel der *Company* zu erkennen war. Jäger war nie ein Büttel irgendeiner Organisation – dafür war er zu sehr selber ein Querulant und Polemiker. Nie wäre es einem Badener eingefallen, ausgerechnet Jäger als Mann der BBC zu verdächtigen – gerade seine polarisierenden persönlichen Eigenschaften und seine politische Positionierung erwiesen sich so als äusserst vorteilhaft, wenn es darauf ankam, eine Beziehung mehrheitsfähig zu machen, die bei näherem Hinsehen tatsächlich recht einseitig war.

Wann immer die BBC etwas wünschte, fast immer wurde ihr gewährt, wonach sie verlangte. Wenn die Firma eine Erlaubnis für Nachtarbeit benötigte: sie erhielt sie umgehend, ging es um Sonntagsarbeit: dito. Verlangte jedoch eine andere, kleinere Firma wie ein Bauunternehmen nach der gleichen Vergünstigung, fragten die Behörden zuerst bei der BBC nach, und wenn diese gerade kein Interesse an Sonntagsarbeit hatte, lehnte der Stadtrat das Gesuch des KMU streng ab.[1020] Plante die BBC schliesslich ein Bauvorhaben – und das war fast permanent der Fall, traf die Bewilligung postwendend ein. Manchmal regte sich aber Widerstand, oft äusserte sich dieser spontan, eruptiv, um rasch wieder abzuklingen, sobald eine rationalere Herangehensweise sich wieder zurückmeldete.

1912 wollte die BBC einen zweiten Gleisanschluss für ihr Fabrikareal verlegen lassen, wozu es nötig war, dass zwei neue Geleise über die Haselstrasse geführt wurden. Die Stadt hatte zu diesem Zweck diese Strasse tiefer zu legen und gemeinsam mit den SBB eine breitere Eisenbahnbrücke zu bewilligen. Alles musste sehr schnell gehen, die BBC drängte, nicht zuletzt, weil offenbar die SBB die Sache hatten anstehen lassen. Doch je eindringlicher die BBC darum bat, desto schwerer fiel es dem einen oder anderen Politiker, nachzugeben. Bald war der Stadtrat gespalten. Um sich ein Bild zu machen, hatte sich eine Delegation des Stadtrates mit Vertretern der Baukommission sowie der BBC zur Haselstrasse begeben und die Situation begutachtet. Einen Tag nach diesem «Augenschein» setzte sich der Stadtrat mit der Baukommission zusammen, um ohne Vertreter der BBC über das Gesuch zu entscheiden. Da Jäger verhindert war, leitete Joseph Voser, der Vizeammann, die Sitzung, er hatte die Gruppe auch angeführt. Ganz im Sinne des «Zusammenwirkens» zwischen Firma und Stadt sagte er nachher:

«Der Vorsitzende erblickt in einer Entsprechung des Gesuches eine rationale Erweiterung der ganzen Rangiergeleiseanlage, auch haben die Behörden keinen Grund, die Interessen der Gesuchstellerin [die BBC] zu kreuzen, weshalb er beantrage, die Bewilligung zur Verbreiterung der Haselstrassenüberbrückung sofort und conditionslos [sic] zu erteilen.»[1021] Nachdem die zwei Architekten der Baukommission Voser zugestimmt hatten, meldete sich Stadtrat Bollag zu Wort: «Herr Dr. Bollag begrüsst die Voten der gehörten beiden Fachleute, kritisiert das anmassende Verhalten der Gesuchstellerin [BBC], die zweifellos schon lange gewusst habe, dass sie die Behörde brauche und dieselbe veranlassen wolle, a prima vista, von einem Tag auf den andern, zu entsprechen. Er beantragt: Heute die Bewilligung nicht zu erteilen, sondern über die drei gehörten Conditionen mit der Gesuchstellerin zu unterhandeln.»[1022]

Daraufhin geriet Voser beinahe in Panik: «Der Vorsitzende warnt vor zu rigorosem Vorgehen, für dessen Consequenzen [sic] er die Verantwortung nicht übernehmen würde.»[1023] Immerhin hatte die BBC am Tag zuvor von einer «direkten Schädigung» der Firma gesprochen, sollte sich die Sache weiter verzögern – eine unmissverständliche Drohung. Sofort wurde dem Vorsitzenden beigepflichtet, Humbel von der Baukommission verzichtete auf eine Bedingung, die er zuvor hatte stellen wollen und zog den entsprechenden Antrag zurück, und Stadtrat Dr. Mauchle, der Arzt im Gremium, erklärte «Heimatschutzliebhabereien» für unangebracht, er befinde sich «auf dem Boden des Vorsitzenden»,[1024] schliesslich gab auch Schärer, ein weiteres Mitglied der Baukommission, jeden Widerstand auf. Bollag wurde innert Kürze isoliert. Eine Warnung des Vizeammanns, der hier Jäger vertrat, hatte genügt. So gut wie einstimmig wurde das Gesuch der BBC genehmigt.

Bei aller Ambivalenz, bei allen unwirschen Gefühlen, die die Badener ab und zu beschleichen mochten: Nie liess man dieses Unbehagen eskalieren. Es lag jedoch auch an der BBC, dass deswegen nie ein ernsthafter Konflikt ausbrach. Immer wieder gab die Firma auch etwas nach, besonders Jäger war der Mann, dem Walter Boveri gerne Konzessionen gewährte – Herrschaftstechnik musste man diesem Nachfahren deutscher Funktionseliten nicht beibringen. Wenn die BBC etwa ein neues Pumpwerk erstellen wollte und die Stadt befürchtete, die BBC als Kunden ihres eigenen Wasserwerkes zu verlieren, baute die BBC zwar am Ende trotzdem, da sie schlicht viel mehr Wasser benötigte, als die Stadt je liefern konnte. Doch sie sah zu, dass sie die Stadträte bei dieser Gelegenheit nicht demütigte. Dieses Mal beschwerte sie sich nicht, sie drohte nicht, sie unterzog sich noch den unsinnigsten Bauvorschriften und Regulierungen, insbesondere akzeptierte die BBC, dass sie das Wasser nur für die eigene Fabrik benutzen und keinesfalls weiterverkaufen durfte.[1025]

Oder wenn Jäger, der es als Journalist stets auf zu wenig Einkommen brachte – im Gegensatz zum *Badener Tagblatt* rentierte seine *Schweizer Freie Presse* nur mässig – wenn Jäger also mehr Geld brauchte, sorgte Boveri persönlich dafür, dass die Gemeindeversammlung ihm eine Lohnerhöhung verschaffte, was sich bereits im Jahr 1911 zutrug, bloss ein gutes Jahr nach dessen Wahl zum Stadtammann. «Herr Boveri, Referent der Rechnungskommission, konstatirt [sic] zunächst Übereinstimmung der Kommission und des Gemeinderates auf sämtlichen Budgetposten mit Ausnahme der Besoldung des Stadtammanns, bezüglich welcher die Budgetkommission beantragt, mit Rücksicht auf die durch den bedeutend vergrösserten Geschäftsumfang der Gemeindeverwaltung wesentlich erhöhte Arbeitslast des Gemeindeammanns sei die Besoldung desselben um Fr. 2000.– zu erhöhen.»[1026] Und mit grosser Mehrheit stimmten mehr als 1000 Badener diesem Antrag von Boveri zu. Ein Jahr später wurde die bisher nebenamtliche Position des Stadtammanns professionalisiert und in ein Vollamt mit festem Salär verwandelt – auch dieses Mal hatte Boveri Jäger geholfen, so dass dieser nie mehr in finanzielle Schwierigkeiten geraten sollte.[1027]

9.4.1 Jägers Stunde: Die Verstaatlichung des Elektrizitätswerkes

Keine Konzession, die Jäger von Boveri erhalten hatte, wog aber so schwer und half Jäger politisch dermassen, wie die Tatsache, dass Boveri ihm noch vor dem Ersten Weltkrieg die Bereitschaft signalisiert hatte, die Elektrizitäts-Gesellschaft Baden, EGB, allenfalls der Gemeinde zu verkaufen. Wohl war Boveri keineswegs der grösste Aktionär. Er besass Aktien, doch die bedeutendsten Besitzer der EGB waren die Motor AG und Theodor Pfister in London. Dennoch war allen Beteiligten klar, dass es auf Boveri ankam, zumal er in Personalunion Verwaltungsratspräsident der EGB, der Motor und der BBC war, dem wichtigsten Kunden des Elektrizitätswerkes.

Als Jäger 1917 die Einwohnergemeinde davon zu überzeugen hatte, die EGB zu kaufen, erzählte er, wie er kurz vor dem Krieg das erste Mal mit Boveri über diese Idee gesprochen hatte: «Da sagte Herr Dr. Boveri in seiner klaren, wohlwollenden und liebenswürdigen Art: ‹Ja, Herr Stadtammann, Sie werden in erster Linie an die Kommunalisierung denken, Sie müssen daran denken, denn das liegt im Zug der Zeit und im Interesse der Gemeinde Baden, die auf diesem Gebiete nicht hinter ihren Schwesterstädten zurückbleiben will und kann. Das ist für unsere Gesellschaft ja nicht gerade eine angenehme Aussicht, vor allem nicht eine lukrative Aussicht; aber wir werden uns dem berechtigten Wunsche der Gemeinde nicht widersetzen›.»[1028]

Es klang diplomatisch, was Boveri hier gesagt haben soll – ganz akkurat hatte Jäger Boveris Auffassungen indes nicht wiedergegeben. Hinter verschlossenen Türen, an einer Sitzung mit dem Stadtrat, hatte Boveri vor Kurzem noch gesagt:

«Ich persönlich habe nicht das Bedürfnis, die Objekte [die EGB] zu veräussern, ich kenne aber anderseits die Bestrebungen von Staat und Gemeinde, die Elektrizitätswerke zu kommunalisieren. Wenn man sich auch fragen kann, ob die Kommunalisierungen im Interesse der Sache sind, möchte ich mich ihnen doch nicht entgegenstellen. Ich werde nur eine Proposition machen, die für die Gemeinde günstig ist.»[1029]

Boveri war also keineswegs überzeugt, dass eine Verstaatlichung die Dinge verbesserte. Dass Jäger sich etwas selektiv daran erinnerte, scheint jedoch verständlich, immerhin wollte er die Badener Einwohnergemeinde dazu überreden, einen Rekordbetrag zu bewilligen. Es war die grösste Summe, die Baden bis zu jenem Zeitpunkt je investiert hatte; es war mehr noch als seinerzeit in die Nationalbahn gesteckt worden war. Auf lange Sicht sollte Jäger jedoch (und nicht Boveri) recht behalten: Es erwies sich als eine kluge Investition. In der verheerenden Krisenzeit in den 1930er-Jahren sollten die Einnahmen aus den (dann) städtischen Werken die Steuerausfälle der BBC kompensieren. Was 1917, mitten im Krieg, in unsicheren Zeiten, wie eine irrwitzige Wette auf die Zukunft erscheinen mochte, bewährte sich keine fünfzehn Jahre später als Lebensversicherung. Die einstige EGB rettete Baden vor den schlimmsten Verwerfungen der Weltwirtschaftskrise – wir haben Andrea Venturas Erkenntnisse bereits angesprochen.[1030]

Gewiss, Boveris Konzession an Jäger war bloss eine halbe. Boveri musste wissen, wie schwierig es für ihn und seine Aktionäre gewesen wäre, sich politisch gegen den Verkauf zu stemmen. Er selber hatte es ja angedeutet. Die Kommunalisierung von Infrastrukturanlagen, ob Stromversorgung oder Bahnnetz, entsprach in jenen Jahren dem Zeitgeist, «staatssozialistische» Konzepte standen in Mode und selbst in liberalen Kreisen galten sie als mehrheitsfähig. 1918 lief zwar die Konzession für das Elektrizitätswerk aus, und die private EGB musste sich ohnehin um eine neue Konzession bewerben, doch der Gemeinde stand kein sogenanntes Rückkaufsrecht zu, wie das damals häufig vorkam. Die EGB hätte gut als private, hochrentable (das war sie in der Tat) weiterexistieren können, selbst wenn sie ohne Versorgungsmonopol hätte auskommen müssen. Die Konzession, die ihr 1893 zugesprochen worden war, hatte ein solches Monopol festgelegt.

Dennoch schuf Boveri die entscheidenden Voraussetzungen dafür, dass Jäger dieser politisch für ihn so bedeutsame Erfolg glückte. Boveri motivierte die Aktionäre zum Verkauf, was im Fall von Theodor Pfister nicht so einfach war, da er sich lange dagegen sträubte. Boveri verbrachte lange Stunden in zahllosen Sitzungen mit den Behörden, er studierte Berichte und beauftragte seine eigenen Leute mit Gutachten. Boveri kooperierte jederzeit mühelos mit Jäger, Boveri stützte «seinen» Stadtammann, wo immer es nötig schien. Dem war sich Jäger nur zu bewusst. In jener Sitzung des Stadtrates vor dem Krieg, als er das erste Mal über dieses Projekt referierte, wies er zunächst darauf hin, dass der (bürgerlich beherrschte) Regierungsrat des Kantons die Gemeinden dazu dränge, jene privaten Betriebe, denen «im Grund öffentliche Interessen zukommen»[1031] zu verstaatlichen, gemeint waren Strom-, Wasser- oder Gaswerke, kurz, die Zeit war günstig, da man mit Rückendeckung aus Aarau rechnen durfte. Doch ein zweiter Faktor schien ihm genauso essenziell. Jäger fuhr fort: «Für die Verhältnisse in

Baden fällt ausser diesem psychologischen Moment die Erwägung in Betracht, dass zur Zeit sehr wohlwollende, den Gemeindeinteressen sehr zugetane Herren an der Spitze der betreffenden Privatbetriebe stehen.»[1032]

Wer aber erwartet hatte, dass sich dieses «Wohlwollen» gegenüber der Stadt, das Boveri so gerne herausstrich und Jäger ebenso oft anpries, auch im Preis für die EGB niederschlagen würde, sah sich getäuscht – wogegen niemand, der Boveri als Geschäftsmann kennengelernt hatte, überrascht gewesen sein dürfte. Symbolisch, atmosphärisch, politisch machte Boveri Konzessionen, aber selten, wenn es sich um Geld drehte. Von Anfang an verlangte er rund 4,7 Millionen Franken, worin ein Zuschlag von 400 000 Franken auf dem Buchwert enthalten war – und das war es, was er am Ende exakt für seine Aktionäre herausholte. Er wich keinen Franken davon ab, er gab keinen Rappen nach – die Gemeinde mochte noch so lange lamentieren und protestieren, mittels «unabhängiger» Gutachten eine andere Bewertung vorschlagen oder einfach schimpfen, was insbesondere Jägers Freund Bollag übernahm, der sich längst zum hartnäckigsten Kritiker der BBC im Stadtrat entwickelt hatte.

Boveri liess sich nicht beirren. Und im Oktober 1917 stimmte die Badener Einwohnergemeinde trotzdem mit einer erdrückenden Mehrheit von 904 gegen 154 Stimmen dieser grössten Investition der Stadtgeschichte zu. Für 4,7 Millionen Franken erwarb die Gemeinde Baden zwei Kraftwerke (Kappelerhof und Aue), das Gaswerk, das gesamte Stromnetz sowie Transformatorenstationen und ein Grundwasserwerk. Es handelte sich zu jenem Zeitpunkt um eine der bedeutendsten und modernsten Infrastrukturanlagen der Schweiz, die sich noch unter privater Kontrolle befand. Weil Baden Anfang der 1890er-Jahre vor dem Bankrott gestanden war, hatten Private das Elektrizitätswerk finanziert und gebaut – jetzt, 25 Jahre später, wurde dieser Sonderfall korrigiert, den manche eher etatistisch eingestellten Politiker im Stadtrat immer als Abnormität empfunden hatten. «Die Stadt Baden», schrieb etwa Bollag in seinem Bericht zuhanden der Einwohnergemeinde, «ist durch diesen Gang der Entwicklung in eigenartige, in der Schweiz sonst wohl nirgends bestehende Verhältnisse gekommen. Im Gegensatz zu fast allen grössern Ortschaften des Landes liegt bei uns die Erzeugung und Verteilung der elektrischen Kraft und des Leucht- und Kochgases in den Händen ein und derselben Privatgesellschaft, die dazu auch noch Lieferantin eines beträchtlichen Teils des von der Stadt abgegebenen Wassers ist. Es ist natürlich, dass unter diesen Umständen der Gedanke mehr und mehr Boden fand, es seien diese Werke bei geeigneter Gelegenheit durch die Gemeinde zu erwerben und zu betreiben.»[1033]

Es bedeutete in jeder Hinsicht einen epochalen Schritt. Die nach wie vor junge Industriestadt Baden war mit einem Mal selber in den Besitz eines industriellen Betriebes gelangt. Die neuen städtischen Werke wurden einer vom Stadtrat unabhängigen Kommission unterstellt und sollten konsequent nach betriebswirtschaftlichen Prinzipien geführt werden. Da der Strom- und Gasbedarf in den kommenden Jahren weiterhin laufend zunahm, hatte sich die Stadt damit – neben den Steuern – eine alternative, krisensichere Einkommensquelle erschlossen. Ihr wichtigster Kunde aber wurde nun die BBC – was kurios wirkt. Zwar war Baden nun etwas weniger auf die Steuern der BBC angewiesen, doch auch die Einnahmen der städtischen Werke hingen zum grössten Teil von der BBC ab.

Für Jäger war die Verstaatlichung ein Triumph, und er hatte ihn Boveri zu verdanken. Dass er sich stets als loyaler Alliierter der BBC empfohlen hatte, war honoriert worden.

9.4.2 Rebellion im Stadtrat: Das ungeliebte Jubiläum von 1916

Es hatte etwas Bizarres: Zur gleichen Zeit, da der Stadtrat sich darum bemühte, die EGB zu kaufen, was da und dort zu Spannungen zu Boveri und seinen Leuten von der EGB, BBC und Motor führte, besonders dann, als man sich nicht auf einen Preis einigen konnte – ausgerechnet in jenen Wochen standen zwei grosse Anlässe an, wo die Stadt nicht darum herumkam, eben diese Kontrahenten zu feiern. Die EGB war im Mai 1891 gegründet worden, die BBC wenige Monate danach, im Oktober 1891 – es war keine Frage, dass auch die Stadt Baden diesem 25-jährigen Jubiläum in irgendeiner Weise Respekt zu erweisen hatte. Im Stadtrat brachen früh erbitterte Kämpfe aus, die erahnen lassen, wie demütigend es manch ein Politiker und manch ein Badener ab und zu empfunden haben mag, der BBC und ihren Trabanten ausgeliefert zu sein. Geradeso war es bezeichnend, dass sich diese aufgestauten Kränkungen an einem solch symbolischen, an sich unwichtigen Ereignis wie einem Jubiläum entluden – wäre es um Substanzielleres gegangen, die Politiker hätten sich wohl besser beherrscht.

Als sich der Stadtrat im April 1916 damit befasste, stand anfänglich bloss die Frage im Raum, wie die beiden Initianten des Elektrizitätswerkes, die Gebrüder Pfister, geehrt werden sollten.[1034] Jäger schlug vor, die beiden zu Ehrenbürgern von Baden zu ernennen und ihnen eine «Erinnerungsmedaille» zu schenken. Karl Surläuly, der einzige Sozialdemokrat im Gremium, äusserte «Bedenken», er habe persönlich nichts gegen die Pfisters, aber:

«Jeder aufgeklärte Bürger muss sich sagen, dass die Gemeinde mit der Elektrizitätssache etwas hätte machen können, wenn man seinerzeit das Nötige gewollt hätte. Wenn die Gemeinde Werkeigentümerin wäre, dann läge ein Grund zu einer Ehrenfeier vor.»[1035] Das sei aber nicht der Fall; die BBC, behauptete Surläuly, wäre auch sonst nach Baden gekommen. Von einem Verdienst der Pfisters und der EGB wollte er deshalb nichts erkennen und gab zu Protokoll: «Aus Prinzip und Überzeugung ist Herr Surläuly gegen jede Ehrung der Gründer der E.G.B.»[1036]

Jäger (FDP) widersprach dezidiert: «Herr Surläuly ist im Irrtum, wenn er annimmt, dass es möglich gewesen wäre, die Gemeinde seinerzeit zur Übernahme der Elektrizitätswerke zu bewegen. Der Gang der Gemeindeverhandlungen über diesen Gegenstand weist anders; selbst im Gemeinderat [Stadtrat] mussten sich diejenigen Mitglieder noch Insultationen gefallen lassen, die seinerzeit für die Erwerbung der Liegenschaft Spörri [sic] in der Aue eintraten.»[1037] 1906 hatte die EGB den ehemaligen Standort der Spinnerei Spörry gekauft, die zwei Jahre zuvor niedergebrannt und nicht mehr wiederaufgebaut worden war. An ihrer Stelle liess die EGB ein zweites Kraftwerk erstellen – auch damals scheute die Gemeinde das Risiko und stockte ihre Beteiligung nicht auf.[1038] Noch war der Enthusiasmus der Badener etwa grösser, als es 1890/91 um das erste Kraftwerk ging, wie Vizeammann Voser (FDP) sich erinnerte:

«Herr Voser war seinerzeit [1890] beauftragt, bei den hiesigen Einwohnern, speziell den Hoteleigentümern und Geschäftsinhabern anzufragen, wer geneigt sei, Licht und Kraft zu mieten, wenn ein Elektrizitätswerk erstellt würde. Die meisten Angefragten verhielten sich ablehnend. Daraus geht hervor, dass die damalige Badener Bevölkerung für die Kommunalisierung der Elektrizität nicht zu haben war. Auch die Firma Brown, Boveri wäre nicht hiehergezogn [sic], wenn die Gebrüder Pfister die E.G.B. nicht gegründet hätten; das wisse Herr Voser aus persönlicher Kenntnis der Sache.»[1039] Voser gab sich überzeugt: «Alles das sind Verdienste, die der Ehrung wohl wert sind. Man achtete schon kleinere Verdienste grossartiger, als für den vorliegenden Fall vorgeschlagen wird.»[1040]

Bollag (obwohl ebenso FDP) konnte Vosers Argumenten nichts abgewinnen:

«Herr Dr. Bollag hält dafür, dass die vorgeschlagenen beiden Arten der Ehrung nicht recht mit dem Grund der Ehrung übereinstimmen. Mit Ehrenbürgerrecht und Plakette lohnt man künstlerische und wissenschaftliche Leistungen, die einem Gemeindewesen direkt zugute gekommen sind. Hier liegt der Fall anders. Die Verdienste der beiden Herren Pfister bestehen lediglich darin, dass sie die Anschicksmänner [sic] für eine zu gründende Privatgesellschaft waren. Die E.G.B. sowohl, wie die A.G. Brown Boveri sind private Erwerbsgesellschaften, die allerdings die Gemeinde Baden ökonomisch förderten.»[1041]

In Anbetracht der laufenden Verhandlungen über den Kauf der EGB fand Bollag es taktisch falsch, jetzt die Pfisters auszuzeichnen:

«Aus diesen Erwägungen ist Herr Dr. Bollag zwar nicht dagegen, dass man Herrn Pfister von Gemeinde wegen gratulirt [sic], muss er aber dafür halten, dass Ehrenbürgerrecht und Plakatte [sic] weit übers Ziel schiessen würden, solange die Kommunalisierungsverhandlungen nicht ein erfreulicheres Resultat geben».[1042]

Jäger protestierte: Man könne die Ehrung von Pfister nicht verschieben, «man muss sie ihm zukommen lassen, bevor er ein Greis ist.»[1043] Dass Bollag die Pfisters als blosse «Anschicksmänner» denunziert hatte, regte Jäger besonders auf, das sei ungerechtfertigt, wehrte er sich für sie – aber wohl auch für sich selbst, der seinerzeit ja eng mit ihnen kooperiert hatte, bis er sich mit Carl Pfister heillos zerstritt, als beide Stadtammann werden wollten. Von Bollag war damals keine Spur zu sehen, während hier auch Jägers Lebenswerk abgewertet wurde. Die Pfisters, so insistierte Jäger, «beabsichtigten von Anfang an, der Gemeinde Baden ein Werk zu schenken».[1044] Reibereien, wie es sie zwischen der Stadt und der EGB manchmal gegeben habe, seien auch an anderen Orten vorgekommen, selbst wenn diese Werke in öffentlichen Besitz waren, und Jäger brachte einen neuen Gedanken ins Spiel, der am Ende die Sache entspannen sollte: «Auch mit Rücksicht auf Herrn Boveri wäre eine Ehrung desselben nicht deplatziert [sic]».[1045]

Die Stadträte Deuschle und Dr. Müller äusserten sich unentschieden: Eine Ehrung konnten sie sich allenfalls vorstellen. «Dagegen», gab Deuschle zu Bedenken, «würde die Schaffung einer Medaille bei der Bevölkerung Kopfschütteln hervorrufen, da viel über die Licht- und Kraftlieferungen der E.G.B. geklagt werde. Man möge den beiden Herren eine Dankesurkunde überreichen.»[1046]

Inzwischen musste man die Debatte, je nach Standpunkt, entweder als differenziert oder als kleinkariert taxieren, sie schwankte zwischen staatsbürgerlichem Engagement und unschönem Ressentiment, man stritt über äusserst subtile Varianten, die von einer Ehrung mit Plakette oder Medaille, einer Ehrung ohne Plakette, einer Ehrung ohne Plakette, aber mit Urkunde oder Gratulation, bis zu gar keiner Ehrung, geschweige denn einer Plakette reichten. Es war grotesk. Entnervt, so muss man annehmen, brach Jäger die Debatte ab und die «Beschlussfassung» wurde auf die nächste Sitzung verschoben.

9.4.3 Wer hat Angst vor diesen Ehrenbürgern?

Wenige Tage später präsentierte Jäger einen Kompromiss: Weil die EGB und die Pfisters offenbar so toxisch wirkten, schlug er vor, gleichzeitig die BBC und deren Gründer – Boveri, die beiden Browns und Funk – zu Ehrenbürgern zu machen und ebenfalls mit einer Plakette zu beschenken. Damit niemand mehr auf

9. Politische Herrschaft in der Company Town

die Idee kam, dass die EGB irgendeinen speziellen Beitrag an die Entwicklung von Baden geleistet hätte, wollte er ausserdem bloss noch generell die «Einführung der elektrischen Industrie» in Baden feiern. Fast schon kurios, wenn nicht verzweifelt klang das Argument, mit dem er an seiner «Denkmünze» festzuhalten versuchte: Eine Stadt wie Baden müsse auch die einheimischen Künstler fördern, was mit einem solchen Auftrag garantiert werden könnte. Jäger hatte sich alle Einzelheiten bereits gut überlegt:

«Auf die eine Seite der Münze kämen die Namen der Gründer der E.G.B. und der B.B.C. zu stehen, während für die andern wohl eine Silhouette der Stadt Baden in Aussicht genommen werden könnte. Jedoch werde man die Détails [sic] der Ausführung dem Künstler überlassen müssen.»[1047]

Weil der Sozialdemokrat Surläuly nicht anwesend war, und Jäger offenbar Wert darauflegte, dass man vollzählig über seinen neuen Vorschlag abstimmte, wurde die Sitzung abermals verschoben. Am nächsten Morgen traf man sich wieder.

Wenn Jäger aber gemeint hatte, es nun endlich allen recht gemacht zu haben, dann befand er sich im Irrtum. Der Konflikt brach noch heftiger auf. Die Debatte, die sich nun entspann, illustriert gut, wie sich der damalige Stadtrat von Baden zu seiner grössten Firma stellte, wie er um eine rationale Haltung rang, wo manche unerwünschte Emotion an die Oberfläche drang. Wie der Stadtrat unter dieser BBC litt, aber auch dankbar um sie war. Sämtliche Gefühlslagen, die die Einwohner dieser *Company Town* wohl bestimmten, traten zutage. Da dem Stadtrat durchaus eine gewisse Repräsentativität zukam, werden wird diese Debatte im Folgenden in extenso wiedergeben.

Man trat am Morgen um 11 Uhr im Stadthaus zusammen.[1048] Nachdem Jäger noch einmal für seine neue Idee geworben hatte, ergriff als erster Skeptiker der einzige Sozialdemokrat das Wort:

«Herr Surläuly hält nach wie vor dafür, dass es einem Gemeinwesen nicht anstehe durch einen Akt wie ihn Vorsitzender vorschlägt, die Gründer einer Privatindustrie zu ehren für eine Sache, die lediglich im Privat-Interesse unternommen worden sei. Die Überreichung einer Plakette würde seinem innersten Denken widersprechen, wenn er sich auch damit einverstanden erklären könnte, dass der Gemeinderat bei Anlass der Erinnerungsfeier schriftlich gratulire [sic] und dass den Gründern das Ehrenbürgerrecht verliehen würde.»[1049]

Dem widersetzte sich Eugen Lang-Schnebli, ein Katholisch-Konservativer:

517

«Herr Lang hebt die Bedeutung der Einführung der elektrischen Industrie für die Entwicklung der Stadt Baden hervor, die viel grösser sei als Herr Surläuly glaube. Wenn Brown, Boveri nicht nach Baden gekommen wäre, wäre Baden ein kleines Städtchen geblieben. Aus diesen Gründen möge man anlässlich der Erinnerungsfeier seine Anerkennung in der vom Vorsitzenden vorgeschlagenen Form zum Ausdruck bringen.»[1050]

Lang-Schnebli führte den stadtbekannten «Bazar Lang» an der Badstrasse, eine Art Warenhaus. Wie so oft war Bollag, obwohl mit Jäger politisch befreundet, der schärfste Kritiker, wenn es um die BBC ging:

«Herr Dr. Bollag hält an dem fest, was er früher in der Angelegenheit vorgebracht hat. Er kann sich des Eindrucks nicht erwehren, dass der Gemeinderat vor ein fait accompli gestellt werden sollte. Gewisse Vorbereitungshandlungen gehörten allerdings zur Geschäftsvorbereitung. Wenn aber der Vorsitzende andeute, dass die Angelegenheit in gewissen Kreisen besprochen worden sei, lasse das vermuten, dass sich gewisse Vorgänge abgespielt haben, die zu kennen interessant sein müsste. Soviel über das Vorgehen. Was die Sache selbst anlange [sic], schiesse die Erstellung einer Plakette weit über das Ziel hinaus, speziell mit Rücksicht auf die E.G.B., mit der man 25 Jahre im Krieg gelegen habe», die EGB sei eine private Gründung und eine solche speziell auszuzeichnen, meinte Bollag, würden 99 Prozent der Bevölkerung nicht goutieren.[1051]

Das konnte Jäger selbstverständlich nicht hinnehmen, er habe ja den Antrag nun modifiziert, es gehe nicht länger darum, einzig die Pfisters und deren EGB zu ehren:

«Es solle vielmehr des für die Geschichte der Gemeinde epochalen Ereignisses der Einführung der elektrischen Industrie gedacht werden, das die Stadt Baden aus einem ‹Krähwinkelnest› zu einem Industrieort erster Klasse habe werden lassen, der Wohlstand über die ganze Gegend verbreitet habe.»[1052] Ebenso wies Jäger die Unterstellung von Bollag zurück, wonach er vorher unerlaubte Geheimgespräche geführt hätte, um so ein «fait accompli» zu schaffen. Natürlich habe er im Vorfeld mit Leuten sprechen müssen. Unter anderem erwähnte er Carl Pfister und den Künstler Frei in Basel, der die Plakette modellieren sollte, doch dürfte er genauso – wie fast immer – bei Boveri vorsondiert haben, was er aber nicht sagte. Er sei im Übrigen gerne bereit, die Spesen zu übernehmen, die ihn die Fahrt nach Basel gekostet hatte, um Frei aufzusuchen – falls man seinen Antrag heute ablehnte. Übrigens hatte Frei schon die Jubiläums-Plakette der Gebrüder Sulzer im Jahr 1906 gestaltet – was ein weiteres Indiz dafür sein könnte, dass

Jäger Boveri vorgängig ins Vertrauen gezogen hatte.[1053] Womöglich gab Boveri den Tipp. Wer – ausser einem gut vernetzten Unternehmer – wusste schon, dass Sulzer bei Hans Frei in Basel eine Plakette bestellt hatte?

Der Vizeammann versuchte zu vermitteln:

«Herr Voser gibt den Herren Dr. Bollag und Surläuly darin Recht, dass allerdings E.G.B. und B.B.C. Privatgründungen darstellen. Diese beiden Gründungen hätten aber eine vollständige Umwälzung des Gemeindebetriebes bewirkt. Dann sei gerade B.B.C. durch Herrn Boveri, den langjährigen Präsidenten der Budgetkommission, in enge Beziehung zur Gemeindeverwaltung getreten. Nicht vergessen bleiben solle, dass B.B.C. u.a. Fr. 100 000.– ans Krankenhaus, einen namhaften Beitrag ans Ferienheim geleistet habe. Auch die E.G.B. habe sich, wenn auch im bescheidenerem Masse der Gemeinde verbunden gezeigt. Man dürfe also festgestellt sein lassen, dass beide Unternehmungen sich über die Grenzen des ursprünglichen Privatgeschäftscharakters hinausentwickelt haben. Deshalb dürften auch die Behörden nicht engherzig sein, sondern ein aufmerksames Erinnerungszeichen schaffen. Auch die Bevölkerung werde gegen Erstellung einer Plakette nichts haben, selbst wenn man dafür Fr. 1000.– aufwerfe, weil man bei den beiden Geschäftsjubiläen auf [sic] Spenden der Gemeinde rechnen dürfte.»[1054]

Immerhin, die ersten Gegner lenkten ein. Deuschle, der freisinnige Bäckermeister, gab seinen Widerstand auf, «nachdem nicht mehr speziell die Gebrüder Pfister, sondern die Einführung der elektrischen Industrie in Baden geehrt werden sollen. Diese Tatsache zu feiern, liege allerdings Grund vor. Viele Gemeinden würden Baden um seine Industrie beneiden, und mit allen Mitteln versuchen, neue Industrien anzuziehen.»[1055]

Als ob Deuschle den Ausschlag gegeben hätte, änderten nun fast alle ihre Meinung. Dr. Müller, ein Apotheker, der ebenfalls die FDP vertrat, konstatierte, «dass die ganze Angelegenheit sich heute von einer andern Seite präsentirt [sic] als gestern. Das berechtige zur Einnahme eines andern Standpunktes. Man solle die Gründung der elektrischen Industrie marquiren [sic] und zwar in gediegener Weise. (…) Und zwar nicht durch Papier, sondern durch eine Plakette.»[1056]

Selbst Surläuly scheint es nun fast etwas mulmig geworden zu sein beim Gedanken, ganz alleine gegen eine Ehrung anzutreten:

«Herr Surläuly hat ein Interesse daran zu betonen, dass seine Stellungnahme in der Sache nicht persönlichen Motiven entspringe, sondern in seiner prinzipiellen Überzeugung begründet sei. Er werde daher auch nichts gegen die Erstellung der Plakette unternehmen, falls sie beschlossen würde.»[1057]

Jäger, der gespürt haben dürfte, dass sich für ihn ein Sieg abzeichnete, gab sich versöhnlich:

«Vorsitzender bestätigt die Erklärung des Herrn Surläuly mit der Hoffnung, dass hier überhaupt nur die ehrliche Überzeugung allseits zum Ausdruck gelangt sei. Auch er selbst habe manche persönlichen Bedenken zurückgestellt, um der Sache gerecht zu werden. Es sei zu erwarten, dass sich auch die Herren, die sich heute in der Angelegenheit ablehnend verhalten, mit der Erstellung des Erinnerungszeichens nachträglich befreunden werden.»[1058]

Wirklich? Bollag blieb unbeeindruckt und schlug zurück:

«Herr Dr. Bollag möchte den gegen ihn und Herrn Surläuly erhobenen Vorwurf des Krähwinkeltums durch die Bemerkung quittiren [sic], dass man sagen könne, es sei auch kleinbürgerlich, wenn man glaube, Baden sei mit der Einführung der elektrischen Industrie etwas passirt [sic], was sonst nirgends sich ereignet habe. In Winterthur und in Schönenwerd hätte die Grossindustrie für die Gemeinde weit mehr getan, als das in Baden der Fall sei. Es sei eine berechtigte Klage der Arbeit[er] der Firma B.B.C., es werde für sie zu wenig getan. Dass aber Winterthur oder Schönenwerd ihrer Grossindustrie eine Plakette geprägt hätten, sei ihm nicht bekannt, umsoweniger liege für Baden ein Grund vor es zu tun.»[1059] Bei Grossindustrie dachte Bollag wohl an Sulzer und Bally.

Wenn man diesen Stadträten zuhört und ihren Zank um diese ominöse «Plakette» rekapituliert, könnte man meinen, es hätte sich um einen Tempel aus Gold gehandelt, den man den Gründern der BBC und der EGB in Baden hätte errichten wollen. Tatsächlich war die Plakette ein kleines Stück aus Silber oder Bronze. Hans Frei, der Basler Künstler, schilderte hinterher, wie er sie hergestellt hatte, und er tat dies mit einer akribischen Begeisterung, als hätte es sich um einen Durchbruch höchster Raffinesse und Kreativität gehandelt:

«Um mir von der absoluten Richtigkeit der Proportionen und Perspektive des Bildes Rechenschaft zu geben, musste ich dasselbe in fast vierfacher Grösse modellieren, welche Arbeit ich in Eisen getrieben und bossiert habe. Nach diesem grossen Modell habe ich dann die eigentliche Jubiläums-Plakette auf die richtige verkleinerte Form in Bronze geschnitten.»[1060] Das Bild zeigte auf der Vorderseite die Stadt Baden und die Fabriken der BBC, auf der Rückseite das Kraftwerk im Kappelerhof. Frei fuhr fort: «Für die Vervielfältigung der Plakette, ausser Silberguss, habe ich das Zinnbronzeverfahren angewandt.»[1061] Und er schilderte in allen Details, was wohl niemand so genau hätte wissen wollen: «Zu diesem

9. Politische Herrschaft in der Company Town

Zwecke musste ich eine zweiseitige Bronzeform herstellen mit Einguss, Luft und Zuleitungskanälen, in welche Form das Modell der Plakette beidseitig eingraviert wurde (Handarbeit). In diese Bronzeform wurde dann das flüssige Metall (Zinn, Kupfer und Antimon) eingegossen.»[1062]

Hans Frei mochte den Herstellungsprozess seiner Plakette so bombastisch beschreiben, wie er wollte: Es war ein äusserst bescheidenes Geschenk, das Baden jenen Leuten zukommen liess, die die Stadt innerhalb kürzester Zeit mehr verändert und reicher und bedeutender gemacht hatten, als je irgendjemand zuvor. Umso grotesker wirkt im Rückblick diese Auseinandersetzung im Stadtrat. Es ging um eine kleine, triviale Plakette, zu dieser Auffassung könnte man auf den ersten Blick gelangen – tatsächlich, und das macht diese Debatte so aufschlussreich, ging es um die komplizierten Gefühle der Bewohner einer Stadt, die unversehens zu einer *Company Town* geworden war.

Wie dem auch sei, nach drei Sitzungen hatte Jäger seinen Stadtrat auf Linie gebracht. Ausser Bollag und Surläuly stimmten alle zu. Die Gebrüder Pfister, Boveri, die Gebrüder Brown und Funk sollten zu Ehrenbürgern ernannt werden und jeder eine Plakette erhalten, auf welcher stand:

«Die Gemeinde Baden zur Erinnerung an die Einführung der elektrischen Industrie & zur Ehrung ihrer Begründer Dr. C. E. L. Brown, W. Boveri, F. Funk, S. W. Brown, Th. L. Pfister, C. Pfister, 1891–1916».[1063]

Vor der Abstimmung hatte Jäger noch erklärt, «sich nicht bewusst zu sein, dass den Herren Dr. Bollag und Surläuly der Vorwurf des Krähwinkeltums gemacht worden sei.»[1064] Damit, so schien es, konnte man die Sache auf sich beruhen lassen.

Zum Kummer von Bollag und Surläuly wurde später per Indiskretion trotzdem bekannt, dass sie sich im Stadtrat gegen jede Ehrung der BBC und EGB-Gründer ausgesprochen hatten, besonders Surläuly machte das zu schaffen.[1065] Als wenig später das Festessen der EGB stattfand, wollten Bollag und Surläuly nicht teilnehmen, was den gesamten Stadtrat zwang, bloss eine kleine Delegation zu schicken, damit ja niemand merkte, dass die beiden aus Protest fernblieben.[1066] Trotz Indiskretion wurde alles getan, um den internen Dissens zu verschleiern.

Im August liess Jäger mitteilen, dass Künstler Frei nun so weit wäre, und 6 bis 7 silberne Plaketten und rund 70 bronzene prägen werde, womit man sich einverstanden erklärte. Sechs Plaketten für die Gründer, eine eventuell für das städtische Museum. Die Kosten für die silbernen wurden auf je 70–80 Franken veranschlagt, die bronzenen auf 13–17 Franken; diese bronzenen wollte man

521

allen verkaufen, die sich dafür interessierten. Umgerechnet entsprechen 80 Franken im Jahr 1916 heute rund 634 Franken, und 17 Franken wären aktuell 135 Franken. Wenn man bedenkt, dass die Stadt die bronzenen Plaketten ja weiterverkaufte, brachte Baden also höchstens 4438 Franken (aktueller Wert) auf, um die Gründer der BBC und der EGB auszuzeichnen.

9.4.4 Bankett im Grand Hôtel

Anscheinend gelang es dem Stadtrat in den kommenden Wochen, diese internen Querelen vergessen zu machen. Als am 21. Oktober 1916, einem Samstag, endlich das grosse Jubiläum der BBC in Baden gefeiert wurde, war nichts mehr davon zu spüren, wie schwer es den Behörden gefallen war, sich zu positionieren. Nur Eingeweihten war klar, warum auch an diesem Samstag bloss eine kleine Delegation des Stadtrates auftauchte und nicht das Gremium in corpore, wie das wohl angemessen gewesen wäre. Dass das nicht weiter auffiel, lag vielleicht auch daran, dass der Stadtrat vom generellen *low profile* profitierte, mit dem die BBC dieses Fest begehen wollte. Es wütete nach wie vor ein Krieg. Der Firma ging es nicht schlecht, doch die Aussichten waren unsicher. Jede übertriebene Ausgelassenheit schien frivol, wenn nicht geschmacklos. Weil Krieg herrschte, hatte man auch darauf verzichten müssen, den Konzern in seiner ganzen weltumspannenden Grösse zu präsentieren. So gut wie kein Vertreter der ausländischen Tochtergesellschaften war eingeladen worden, allein Robert Boveri, der Bruder von Walter und Chef von BBC Mannheim hatte sich nach Baden aufgemacht, ansonsten war kein Direktor aus Mannheim oder Saarbrücken oder München zu sehen, kein Vertreter der französischen Gesellschaft aus Paris war zugegen, noch ein Ingenieur der Tecnomasio Italiano in Mailand, keiner aus Oslo und keiner aus Wien: Es wäre auch seltsam gewesen, wenn jetzt in Baden Leute aus Ländern fröhlich zusammengesessen wären, deren junge Männer sich Tag für Tag gegenseitig totschossen.

Immerhin, die Fabrik war ansprechend dekoriert worden, wie die *Schweizer Freie Presse* zufrieden feststellte:

«Der Zentral-Eingang zu den Werken war nach künstlerischen Entwürfen des Architekten der Firma, Herrn Steinbüchel, zu einer wahren *Via triumphalis* umgestaltet worden, die im Lichte tausender von Glühlampen erstrahlte. Die Bureaux [sic] der Chefs hatten stimmungsvolle Aussendekorationen der Kreuzstöcke erfahren. Die Elektrizitätsgesellschaft Baden hatte hoch auf dem alten Stein zu Baden das Fabrikzeichen der Firma in einem Strahlenkranz errichtet, der zu nächtlicher Stunde weit ins Land hinaus leuchtete.»[1067]

9. Politische Herrschaft in der Company Town

Am Morgen hatten sich verschiedene Delegationen in den Chefbüros der BBC eingefunden. «In dem reizend mit Blumen geschmückten Sitzungssaale der Gesellschaft», lobte das *Badener Tagblatt*, «trafen sich um 11 Uhr der Beamtenkörper und Vertreter der Arbeiterschaft, diese zum Teil mit dem werktäglichen Ehrenkleide der Arbeit angetan, um den 4 Herren Gründern [Boveri, Charles und Sidney Brown, Funk] ihre Gratulationen darzubringen.»[1068] Dann trat eine Abordnung der ETH auf und überbrachte Walter Boveri das Diplom, mit dem er zum Ehrendoktor dieser wichtigsten Hochschule der Schweiz ernannt wurde. Für Boveri, der aus einer jahrhundertealten deutschen Akademikerfamilie stammte und wegen des faktischen Bankrotts seines Vaters nicht hatte studieren können, dürfte dies eine besondere Genugtuung bedeutet haben. «Dr. Boveri» hiess es von nun an immer, wenn von ihm in den Quellen die Rede war.

Schliesslich war es an der Stadt, sich erkenntlich zu zeigen – oder wie es das *Badener Tagblatt* ausdrückte – wohl ohne zu ahnen, welche Schwierigkeiten hatten überwunden werden müssen, bis der Stadtrat sich auf eine mehrheitsfähige Form geeinigt hatte: «Gewiss hat die Stadt Baden guten Grund, nicht nur die Tatsache in gebührende Erinnerung zu bringen, sondern auch der Männer zu gedenken, die seit der Gründung ihre ganze Kraft dem neu geschaffenen Werke zu Gute kommen liessen und dasselbe zur Blüte und zu einer Grösse brachten, die sich in jenen bescheidenen Anfängen niemand vorgestellt hatte.»[1069]

Stadtammann Jäger war allein gekommen – ohne irgendeinen Kollegen aus dem Stadtrat, was offenbar ebenfalls keinen Verdacht erregte, und überreichte den Gründern der Firma die Ehrenbürgerurkunden sowie die Plaketten. Bei dieser Gelegenheit zeichnete er auch die Gebrüder Pfister aus, die sich dafür eigens ins Verwaltungsgebäude der BBC hatten begeben müssen, womit Jäger erfüllte, was er seinen Kollegen versprochen hatte: Das Jubiläum der ungeliebten EGB war spurlos im Jubiläum der BBC aufgelöst worden.

«Mit herzlichen Beifallsbezeugungen», so berichtete das *Badener Tagblatt*, «teilten die Anwesenden die Freude der Herren Jubilare von Brown, Boveri & Cie., während im Fabrikhofe Männerchor Dynamo und Stadtmusik Baden mit trefflichen Darbietungen die Feier umrahmten.»[1070]

Am Abend fand im Grand Hôtel ein Bankett statt, zu dem man die Direktoren und Verwaltungsräte der BBC, die Gründer und Besitzer, sowie Politiker und Unternehmer aus befreundeten Unternehmen eingeladen hatte, im Wesentlichen war das Gebrüder Sulzer aus Winterthur, also jene Familie, mit der man via Sidney Brown ohnehin verwandt war, und mit der die Browns seit fast hundert Jahren eine gemeinsame, wenn auch wechselhafte Geschichte teilten.

Die Gästeliste war relativ kurz, (76 Männer, keine Frauen), die Sitzordnung interessant:[1071] In die Mitte der Festtafel, die als Hufeisen angeordnet war, setzte man zwei Politiker, Jäger und den freisinnigen Baudirektor des Aargau, Emil

523

Keller.[1072] Eingerahmt wurde dieser von Charles Brown und Walter Boveri, die so nicht allzu viel miteinander reden mussten, was es ihnen wohl einfacher machte, am Fest überhaupt gemeinsam teilzunehmen. Die beiden befanden sich seit 1911 nicht mehr *on speaking terms*, um dies englisch auszudrücken. Ihnen gegenüber, Jäger in ihrer Mitte, sassen Sidney Brown und Fritz Funk. In unmittelbarer Nähe der vier Gründer, was ja immer auch eine Topografie des Ranges wiedergibt, thronten Carl Sulzer, einer der Chefs und Besitzer von Sulzer, zudem Nationalrat der FDP aus dem Kanton Zürich und damals auch Präsident des Vereins Schweizerischer Maschinen-Industrieller (VSM), mithin einer der einflussreichsten Wirtschaftspolitiker des Landes überhaupt. Nicht weit davon entfernt fand sich sein Bruder Hans Sulzer, der später jahrelang den Vorort präsidieren sollte, ihm schräg gegenüber sass Ernst Schmidheiny, der Chef der Holderbank, dem grössten Zementkonzern des Landes, ebenfalls Nationalrat der FDP (St. Gallen).

Ebenfalls in Rufnähe sozusagen hatte sich der Solothurner Ständerat Casimir von Arx (FDP) niedergelassen, der gleichzeitig Verwaltungsratspräsident der SBB war, also jenem Kunden, den es aus Sicht der BBC jetzt, da die Schweiz ihr Bahnnetz mit Nachdruck elektrifizierte, besonders gut zu behandeln galt. Die BBC zählte zu den grössten Lieferanten dieser epochalen Umstellung auf die sogenannte «weisse Kohle», also auf den Strom, die enorm beschleunigt worden war, seit der Krieg den Zugang der Schweiz zur echten, schwarzen Kohle verengt hatte.[1073]

Prominente Plätze hatte man schliesslich den Financiers der Firma zugewiesen: den Verwaltungsratspräsidenten der Grossbanken, so Julius Frey (SKA), Rudolf Ernst (SBG), Léopold Dubois (Delegierter des Bankvereins), Alfred Sarasin (Sarasin, ex Alioth) sowie Oberst Simonius (Bankverein). Im Übrigen dominierten die Direktoren der BBC den Tisch, so gut wie das gesamte oberste Kader war zugegen, ebenfalls die Gebrüder Pfister (wenn auch wenig vorteilhaft platziert).

Last but not least nahm am Bankett der Chefredaktor der NZZ teil, Albert Meyer, damals auch Nationalrat der Zürcher FDP; wenige Jahre später, 1929, sollte er in den Bundesrat gewählt werden. Meyer sass am Tisch, während der Chefredaktor und Verleger des *Badener Tagblattes*, Otto Wanner, fehlte. Meyer verfasste danach gewissermassen als Reporter höchstpersönlich einen Bericht über den Anlass in der NZZ – und den Badener Zeitungen blieb nichts anderes übrig, als daraus zu zitieren.[1074] Kurz, trotz deklarierter Selbstbeschränkung umfasste die Gästeliste der BBC einen wesentlichen Teil der schweizerischen Elite, mächtige Politiker der wichtigsten Partei, grosse Industrielle, die führenden Bankiers, den Chef des massgebenden Blattes.

Was auffällt, ist die schwache Präsenz von Aargauer Politikern, Keller und Jäger waren die einzigen, wenn auch einflussreichen; nicht gekommen, obwohl eingeladen, war der aargauische Bundesrat Edmund Schulthess, der enge Freund von Boveri. Immerhin hatte er aus Bern ein Telegramm geschickt:

«Durch Unwohlsein zu meinem grossen Bedauern verhindert, Ihrem Jubiläumsfeste beizuwohnen, bin ich in Erinnerung an unsere langjährigen freundschaftlichen Beziehungen in Gedanken bei Ihnen und beglückwünsche Ihre Gesellschaft und deren Leiter von Herzen zu den in der Spanne eines Vierteljahrhunderts erzielten, gewaltigen Erfolgen.»[1075]

Und als ob er das firmeninterne Narrativ der Gründung ebenso verinnerlicht hätte, schilderte der mächtige Magistrat die Leistungen von Charles Brown (hat «der elektrischen Industrie bahnbrechend den Weg gewiesen») und Walter Boveri («genialer Leiter») sowie von Sidney Brown und Fritz Funk («geborener Organisator»). Wenn jemandem das Gewicht bewusst sein musste, das die BBC in so kurzer Zeit in der gesamten schweizerischen Wirtschaft erhalten hatte, dann dem Vorsteher des Eidgenössischen Volkswirtschaftsdepartementes. Er fuhr fort:

«Durch diese Männer wurde mit Hilfe arbeitsfreudiger Beamter und einer tüchtigen Arbeiterschaft eine industrielle Unternehmung von internationaler Bedeutung geschaffen, die mit allen ihr angegliederten Betrieben heute in der ganzen Schweiz an erster Stelle steht und ein wichtiger Faktor in der wirtschaftlichen Entwicklung des Landes, besonders aber des Kantons Aargau und der Stadt Baden geworden ist.»[1076]

Walter Boveri bedankte sich am Tag darauf postwendend, ebenfalls per Telegramm:

«Die sämtlichen Begründer von Brown, Boveri & Cie. danken Ihnen herzlich für Ihre freundlichen Wünsche zum weiteren [?, schwer lesbar] Gedeihen der Firma. Sie danken Ihnen aber auch bei dieser Gelegenheit aufrichtig für die hervorragenden Dienste, die Sie der Firma im engeren und weiteren Sinne während einer langen Reihe von Jahren geleistet haben. Mit allen Teilnehmern an der gestrigen Feier haben sie [die Gründer] Ihre Abwesenheit tief bedauert und wünschen Ihnen von Herzen baldige vollständige Wiederherstellung.»[1077]

Das Essen war eher auf der schweren, deftigen Seite: unter anderem Rindsfilet («Tournedos Rossini»), Rehrücken («Selle de chevreuil Diana»), Geflügel («Volaille à la Stanley»), Dampfkartoffeln und Sauce Hollandaise. Die Weine alle schweizerischer Provenienz, was womöglich mit der kriegsbedingten miserablen

Versorgungslage zu tun hatte (Neuchâtel, Goldwändler, Yvorne Château Maison). Das Musikprogramm schien leicht und schwer zugleich, man begann mit der Ouvertüre aus Mozarts Hochzeit des Figaro, unterbrach mit zwei spanischen Tänzen von Pablo de Sarasate, einem Komponisten und Geiger, der damals sehr in Mode war, dann folgte ein melancholisches Stück von Carl Maria von Weber, am Ende donnerte Wagners Tannhäuser. Nachher begann ein Wunschkonzert: die Kapelle spielte, wonach die Gäste verlangten, wobei nicht mehr herauszufinden ist, was denn die 76 Männer hören wollten.[1078]

Selbstverständlich gab es etliche Tischreden, am längsten sprach Walter Boveri, und er wiederholte, was er schon an den Feiern anlässlich des 500. Dynamos, des 1000. Dynamos und bei etlichen anderen Gelegenheiten erzählt hatte: die heroische Geschichte einer Zusammenarbeit zwischen «meinem Freund Brown und mir». Der fulminante Aufstieg nach so kleinen Anfängen, der Durchbruch von Frankfurt, der Triumphzug der Dampfturbine, die Krisen, die man meisterte: «Einige Zahlen mögen Ihnen noch einen kurzen Überblick über die Entwicklung geben: 1891 erfolgte die Gründung der Firma mit dem bescheidenen Kapital von Fr. 615 000.–. Heute arbeitet die Firma mit mehr als dem hundertfachen Betrag und ihre Bilanzsumme beträgt ca. 88 Millionen Franken.»[1079]

Wenn man gar den ganzen Konzern betrachtete, fuhr Boveri fort, belief sich diese Summe gar auf 200 Millionen Franken. «Es ist klar, dass eine solche Entwicklung nicht auf die Tätigkeit eines Einzelnen oder Einzelner zurückgeführt werden kann. Sie ist das Resultat des Zusammenarbeitens Aller [sic]»[1080] und Boveri dankte allen Mitarbeitern, besonders jenen, die seit 25 Jahren an führender Stelle dabei und hier vollzählig erschienen waren: «es sind die Herren Sidney Brown, Hunziker, Aichele, Bärlocher, Hafter und Nizzola».[1081]

Charles Brown, das technische Genie, dem er und die BBC so viel zu verdanken hatten, und der ebenfalls im Saal sass, erwähnte er jetzt nicht mehr – kein Dank, kein warmes Wort.

Stattdessen dankte Boveri allen übrigen Tausenden von Mitarbeitern der BBC – weltweit waren es mittlerweile über 15 000 – die man deswegen leider nicht alle habe einladen können: «Dazu hätte geradezu ein Volksfest veranstaltet werden müssen, und dafür sind die Zeiten nicht angetan.»[1082] Boveri klang finster: «Heute liegen die Verhältnisse aber so schwierig, dass Niemand [sic] weiss, was in der nächsten Zukunft eintreten wird.»[1083] Und wohl zum imaginären Schulthess gewandt, der in Bern im Krankenbett lag, sagte Boveri:

«Infolgedessen sucht man, wie der arme Sünder in der Not zum Beten kommt, die Hilfe beim Staat. Mancher, der bisher noch nie an sein Vaterland gedacht hat, erwartet nun von dort her Hilfe für Alles [sic]. Glücklicherweise haben die schweren Zeiten Persönlichkeiten in der höchsten Behörde des Landes angetroffen, die in der Blüte der Jahre stehend, mit voller Energie und Gewandtheit in der Lage sind, die Interessen unseres Staates zu vertreten.»[1084]

Wenn wir die Korrespondenz überfliegen, die sich in jenen Jahren zwischen Boveri und Schulthess, zwischen Baden und Bern entsponnen hatte, wird deutlich, wie kontinuierlich und vertrauensvoll die beiden, sich nach wie vor siezenden Freunde jetzt kooperierten.[1085] Die Schweiz befand sich mitten im Wirtschaftskrieg zwischen Alliierten und Zentralmächten, und die BBC stand mittendrin. Boveri hing von Schulthess ab, der einem Staat vorstand, der sich zusehends mehr einmischte. Schulthess war auf Boveri angewiesen, weil dieser eine der wichtigsten Firmen des Landes führte, – doch diese Zusammenarbeit soll uns hier nicht weiter beschäftigen, sie böte Stoff für eine andere Untersuchung.

Nach einer Ermahnung an das «Schweizervolk» sich geeinter hinter die Landesregierung zu stellen, schloss Boveri, der einstige Deutsche und eingebürgerte Schweizer:

«Diesem Wunsche möchte ich Sie bitten, unser Glas zu weihen. Das Schweizerland lebe hoch!»[1086]

Nach Boveri sprachen Regierungsrat Keller, BBC-Manager Oscar Busch, Fritz Funk und vor allem Jäger, der Stadtammann, der wie kein anderer die zuweilen prekäre, aber insgesamt geglückte Symbiose zwischen der neuen Firma und der alten Stadt organisierte, er war der gewählte und natürliche Ammann der *Company Town*. Sicher hatte er seine Rede akribisch vorbereitet, jedes Wort mit Bedacht gewählt, jede Pointe sollte sitzen, was offenbar gelang, denn selbst NZZ-Chefredaktor Meyer attestierte ihm nachher in der NZZ, er habe mit «heiterm Wort» den Wandel beschrieben, den das «aufstrebende und arbeitsame Element der Herren Brown, Boveri und Funk in den Geist der Stadt gebracht» hatten.[1087] Etwas bösartig könnte man diese Bilanz so interpretieren: Der reformierte Meyer aus Zürich stellte fest, dass dank Intervention von vier Auswärtigen die einst etwas verruchte, katholische Vergnügungsstadt der Zürcher sich positiv fortentwickelt hatte. Jäger selbst war dafür verantwortlich, dass man diese Transformation so verstehen konnte. Vor den rund 70 handverlesenen Repräsentanten der schweizerischen Elite sagte er:

«Als Baden nach einer grossen politischen und wirtschaftlichen Vergangenheit so klein geworden war, dass es vielfach ins Kleinliche verfiel, da waren hier die grossen Worte nicht selten. Seitdem Baden wieder Grösseres erfuhr [die Gründung der BBC], sind die Worte kleiner und die Taten des Gemeinwesens grösser und zahlreicher geworden. Langsam bahnte die Stadt eine soziale Praxis an, die, zumeist unvermerkt nach Aussen, um so [sic] tiefer in alle Schichten der Bevölkerung eindrang und weiterhin eindringt.»[1088]

Und Jäger, der Sozialpolitiker und Fortschrittsfreund, zählte alle Errungenschaften auf, die er und sein Stadtrat für die Badener erzielt hatten. Wem er diesen politischen Erfolg zu verdanken hatte, darüber liess Jäger keinen Zweifel offen:

«Bei alledem und vielem andern steht die werktätige Mithülfe [sic] der Firma Brown Boveri und ihrer Einzelmitglieder im Vordergrund. Dieser Mithülfe, insbesondere Seitens der Herren Boveri und Funk, hatte sich auch die städtische Verwaltung im engern Sinn zu ihrem grossen Vorteil zu erfreuen, und es ist mir die angenehme Pflicht, den Herren meinen Dank hier auszusprechen für den Zug zum Grossen, den sie auch auf diesen Gebieten gefördert haben.»[1089]

Jäger hatte diese für die damalige Zeit energische Expansion des Staates betrieben, weil er ein Demokrat war und dies seiner Überzeugung entsprach. Er ging aber auch davon aus, dass er damit allfälligen Spannungen vorbeugte, die die Industrialisierung an anderen Orten ausgelöst hatte:

«Baden hat sich in der Ära Brown Boveri u. Cie. einerseits des proletarischen Elends zu erwehren gewusst, und anderseits es verstanden, den idealen Anforderungen an ein Gemeinwesen seiner Art gerecht zu werden. Es dankt diesen Vorzug der starken, klaren kulturverständigen Einsicht der massgebenden Männer des industriellen Zeitalters, dessen erstes Vierteljahrhundert hinter uns liegt.»[1090]

Und zur Festgemeinde gewandt, rief er:

«Ich lade Sie ein, meine Herren, mit mir anzustossen auf das unverbrüchliche Zusammenwirken der bürgerlichen Verwaltung mit den leitenden Kräften der grossen Industrie – hier in Baden und allerorten im Schweizerland. Diesem Zusammenwirken unser Hoch!»[1091]

Im Fall von Jäger hatte dieses Zusammenwirken schon 1890 begonnen, als er sich sogleich auf die Seite der beiden jungen Unternehmer gestellt hatte, kaum waren sie in Baden erschienen. Jäger hatte seine Zeitung besinnungslos für sie eingesetzt, als wäre es ein amtliches Organ von Brown und Boveri, er war mit der «elektrischen Karawane» nach Le Locle gefahren und hatte als Reporter darüber berichtet, er war in der entscheidenden Gemeindeversammlung für sie eingetreten und als die BBC-Arbeiter streikten, kämpfte er für deren Arbeitgeber, kurz: es hatte sich früh eine Allianz zwischen dem ehrgeizigen, aktionistischen Politiker und dem aufstrebenden Unternehmen und gewichtigen Steuerzahler herausgebildet, die ab 1909, nachdem Jäger zum Stadtammann aufgestiegen war, für beide Beteiligten noch wichtiger und belastbarer wurde.

Das Bündnis sollte bis zum Tod von Boveri, ja darüber hinaus, anhalten. Jäger wurde der Mann, dem die BBC vertraute, und der seinerseits alles dafür tat, dass die Badener der BBC vertrauten.

Der soziale Arbeitgeber. Aus Anlass des Jubiläums machte die BBC die schon bestehende Pensionskasse der Angestellten zu einer Firmenangelegenheit, sie zahlte künftig sämtliche Beiträge und stattete die Kasse mit zusätzlichen 1,5 Millionen Franken Kapital aus. An die Pensionskasse der Arbeiter spendete sie 50 000 Franken für diese in Baden sowie 20 000 Franken an jene in Münchenstein. Ausserdem zahlte sie jedem Arbeiter 1917 einen «Extralohn». Schliesslich stiftete die Firma insgesamt 50 000 Franken an verschiedene gemeinnützige Institutionen in Baden, Ennetbaden und Wettingen.[1092]

10. Klassengesellschaft in der Kleinstadt: Die soziale und kulturelle Transformation

Zu Anfang des dritten Teils unserer Untersuchung haben wir das Ziel formuliert, die Transformation Badens zur *Company Town* nicht nur darzustellen, sondern auch zu datieren. Weiter gingen wir davon aus, dass sich dieser Wandel am besten in verschiedenen Dimensionen erfassen lässt, und jede dieser fünf Dimensionen einer unterschiedlichen Zeitrechnung unterliegen dürfte. Selbstverständlich ist auch, dass es sich bei dieser Aufspaltung auf Dimensionen um eine analytische Trennung handelt, die in der Realität so nie vorkam. Alles hing zusammen, alles beeinflusste sich gegenseitig. Nachdem wir den demographischen, den wirtschaftlichen und politischen Dimensionen dieser Transformation nachgegangen sind, trauen wir uns zu, sie auch sinnvoll zeitlich zu determinieren. Demographisch und wirtschaftlich betrachtet, war Baden schon um die Jahrhundertwende zur *Company Town* geworden. Ob Bevölkerungswachstum, anschwellende Zahl der Arbeitsplätze bei der BBC oder zunehmendes Steueraufkommen dieser Firma: In jeder Hinsicht hatte die BBC diesen Prozess geprägt und blieb nahezu allein dessen Motor. Politisch erreichte die BBC etwa in den Jahren zwischen 1909 und 1911 jene prädominante Stellung, die es ihr erlaubte, ihre Interessen effizient und doch mehrheitsfähig durchzusetzen. Die Badener Politik war seit diesem Zeitpunkt in einem hohen Masse von den Interventionen und Investitionen der BBC ins Gemeinwesen bestimmt. Wenn wir uns jetzt den sozialen und kulturellen Aspekten dieses Wandlungsprozesses annehmen, dann fällt eine Datierung schwerer. Solche Veränderungen sind oft komplexer und diffiziler Natur, sie erfolgen zügig und langsam zugleich, weshalb wir hier eine etwas statischere Betrachtungsweise vorziehen. Im Folgenden fokussieren wir zunächst auf die soziale Umschichtung, die sich im Zeichen der BBC vollzog, dann versuchen wir – was wir für anspruchsvoll halten – die langsame Mutation Badens von einer Kurstadt zu einer Industriestadt in ihren kulturellen Ausprägungen auszuleuchten. In beiden Dimensionen verlor die Bäderstadt zwar weniger rasch an Bedeutung, dennoch, um es metaphorisch auszudrücken, glich der Zuzug der BBC und dessen Folgen der Landung eines Raumschiffes, dem Ausserirdische entstiegen waren. Eine jahrhundertalte Stadt wurde sozial und kulturell abrupt mit einer vollkommen neuen Spezies konfrontiert, sie wurde von ihr durchdrungen und kolonisiert, bald auch beherrscht.

10. Klassengesellschaft in der Kleinstadt: Die soziale und kulturelle Transformation

10.1 Topographie des Sozialen

Wer diesen sozialen und kulturellen Wandel, der sich vor gut hundert Jahren abspielte, gleichsam physisch erleben möchte, fährt am besten nach Baden und besichtigt auf einem Spaziergang durch die Stadt die architektonischen Zeugen der BBC-Ära. Der Spaziergang dauert nicht lange. Es gehört zu den Besonderheiten dieser Industriestadt, dass alles, was für die BBC zählte, Fabriken, Bahnhof, die Villen der Gründer, die Villen des Managements, die Häuser der Angestellten und die Wohnsiedlungen der Arbeiterschaft auf kleinstem und engstem Raum beieinanderlagen.[1093] Das macht deren Reiz aus und muss schon damals den Zeitgenossen aufgefallen sein, zumal den zahlreichen Besuchern aus dem Ausland, besonders den Geschäftspartnern aus Berlin, ob Fürstenberg, Rathenau oder Deutsch, die nach Baden zur BBC kamen. Ein vergleichbarer Spaziergang war in Berlin schon zu jener Zeit nicht mehr zu leisten, in der Elektropolis schlechthin, die zu jener Zeit zur Millionenstadt aufgestiegen war. Hier hatten sich mit der AEG und Siemens & Halske zwei der wichtigsten Konkurrenten der BBC grossräumig ausgebreitet. Die Wohnhäuser der Besitzer lagen weit weg von ihren Betrieben, meistens im Berliner Westen. Die Villen von Felix Deutsch und Walther Rathenau zum Beispiel, den beiden führenden Leuten der AEG vor dem Ersten Weltkrieg, lagen 6 Kilometer bzw. 12 Kilometer vom zentralen Fabrikgelände der AEG in Berlin-Gesundbrunnen entfernt.[1094] Hätte sich Rathenau am Abend zu Fuss nach Hause aufgemacht, wäre er gegen drei Stunden unterwegs gewesen.

Walter Boveri dagegen wohnte in einer Villa am Ländliweg 5, einen Kilometer bloss entfernt von der Haselstrasse, wo der Haupteingang der BBC-Werke lag. Ging er zu Fuss, brauchte er dafür eine Viertelstunde. Meistens zog er es aber vor, mit der eigenen Kutsche zu fahren, was ihn etwa zehn Minuten kostete, vorausgesetzt, er musste nicht vor der Bahnbarriere an der Bruggerstrasse warten. Zu diesem Zweck hatte er einen Stallmeister aus Bayern angestellt, der vorher für die Familie Thurn und Taxis gearbeitet hatte, also Hochadel, was die ungeheuren gesellschaftlichen Ambitionen Boveris erahnen lässt. Bei den Thurn und Taxis hatte Joseph Polster, so hiess der Kutscher, die Hofdamen zum Spazieren ausgefahren, jetzt brachte er jeden Morgen seinen Chef pünktlich zur Arbeit ins Büro und holte ihn am Abend wieder ab. Dazu trug er eine dunkelblaue Uniform, weisse Hosen und Lackstiefel mit gelbbraunen Stulpen. Wenn er jemanden grüsste, hielt er, hoch auf dem Bock sitzend, die Peitsche an den Rand seines Zylinders.[1095]

Charles Browns Römerburg in der Römerstrasse befand sich noch näher bei der Fabrik, 800 Meter mass die Distanz, was ihm einen Fussmarsch von höchstens zehn Minuten abverlangt hätte, in der Regel benutzte er indes das Velo, das er, wir haben es erwähnt, mit einer gewissen Virtuosität zu lenken verstand. Ob Fritz Funk, Sidney Brown oder die übrigen Direktoren: Praktisch das gesamte Management der BBC wohnte in einem Umkreis von einem, höchstens 2 Kilometer von der Fabrik entfernt. Über Fritz Funk erzählte Walter Boveri junior 1938 in seiner Trauerrede: «Wer sieht ihn nicht vor sich, den grossen starken Mann, wie er Tag für Tag durch das alte Städtchen Baden schreitet zu seiner Arbeit und nach Hause zurück. 47 Jahre lang hat er diesen Weg fast täglich zurückgelegt.»[1096]

Doch auch die Arbeiter hatten es oft nicht so weit. Exakt 1,6 Kilometer betrug die Strecke zwischen der BBC und dem Dynamoheim etwa, der ersten Arbeitersiedlung, die die Firma 1898 in Wettingen beim Bahnhof gebaut hatte. Rund zwanzig Minuten hätten die Arbeiter gebraucht, um diese Strecke zu Fuss zu bewältigen, viele nahmen jedoch den Zug, der sie in fünf Minuten zur Arbeit brachte. Praktischerweise verliess jeweils um 13.05 Uhr ein Zug den Wettinger Bahnhof Richtung Baden, wofür sich die BBC-Direktion bei den SBB eingesetzt hatte, was es den vielen BBCisten erlaubte, sich fürs Mittagessen nach Hause zu begeben. Übrigens traf sich die BBC-Direktion regelmässig mit Vertretern der SBB, um ihre Fahrplanwünsche zu deponieren. Sofern möglich, wurden die Züge nach Zürich oder auch nach Brugg und Koblenz mit den Bedürfnissen der BBC koordiniert. Allzu schwer dürfte es der BBC nicht gefallen sein, hier Konzessionen zu erlangen. Denn die BBC bedeutete inzwischen mit Abstand der wichtigste Kunde der Bahn in der Region, ob für Güter oder Personen – auch in dieser Hinsicht hatte das Unternehmen die Hotellerie längst überflügelt. Früher waren die zahlreichen Kurgäste die besten Kunden der Bahn gewesen.

Zehn Minuten dauerte die Velofahrt vom Dynamoheim oder anderen Arbeitersiedlungen in Wettingen zur BBC. Je mehr sich das Velo nach dem Ersten Weltkrieg verbilligte und verbreitete, desto mehr Arbeiter benutzten es für ihren Weg in die Fabrik, was bald zu Staus in den Stosszeiten führte. Bevor 1926 die Hochbrücke über die Limmat erstellt wurde, stockten die Velos in der Halde oder auf der schmalen Holzbrücke beim Landvogteischloss, oder die Arbeiter standen geraume Zeit vor den Barrieren in der Innenstadt.

Es war diese Kompaktheit der Industriestadt, die Baden auszeichnete, was einerseits aus topographischen Gründen erzwungen wurde, aber anderseits auch visueller Ausdruck dieser *Company Town* war.[1097] Alle Arbeitsplätze zentralisierten sich bei der BBC im Haselfeld, eine Mehrheit ihrer Arbeiter lebte in Wettingen auf der anderen Seite der Limmat, mittendrin lag die malerische Altstadt wie ein permanentes Verkehrshindernis. War die Stadt früher in der Epoche des Kurtourismus geprägt gewesen durch die Polarität der beiden Städte, der Altstadt einerseits und der Grossen Bäder anderseits, die von der Badstrasse wie mit einer Arterie verbunden wurden, war sie jetzt bestimmt durch eine Art Herzschrittmacher in der Mitte des Haselfeldes. Jeden Morgen pumpte die BBC von neuem Tausende von Menschen in ihre Fabriken, setzte sie in der Mitte des Tages für eine Stunde an die Luft und sog sie wieder ein, um sie am Ende des Tages alle auf einen Schlag wieder auszustossen. Eine gleitende Arbeitszeit kam in den Fabriken erst in den 1970er-Jahren auf, so dass Arbeitsbeginn und -schluss bei der BBC fast für hundert Jahre das Bild, den Verkehr und den Tagesablauf der übrigen Bewohner dieser *Company Town* diktierten. An den sich in die BBC wälzenden Massen kam niemand vorbei – weil die Fabrik beinahe mitten in der mittelalterlichen Stadt lag.

Wir haben vorher den etwas unstatthaften Vergleich mit Berlin gezogen, unstatthaft, weil die Grössenverhältnisse der beiden Städte so grotesk auseinanderlagen: Berlin zählte 1910 schon zwei Millionen Einwohner, Baden bloss etwa 9000. Allerdings waren die drei Firmen, die wir gegenüberstellten, keineswegs so unterschiedlich gross. Wohl waren Siemens & Halske und die AEG viel umsatzstärker, aber die BBC war immerhin etwa halb so gross und gehörte, wir haben dies oben ausgeführt, zu den fünf Giganten der damaligen Elektroindustrie. Mit anderen Worten, wären die Proportionen im Fall der beiden Städte ähnlich gewesen, hätte Baden es auf eine Million Einwohner bringen müssen. Das unterstreicht den Sonderfall, den die *Company Town* Baden ausmachte. Sie war nicht bloss innert kurzer Zeit zu einer Stadt geworden, die von einer Firma beherrscht wurde, sondern diese Firma war auch extrem gross für diese kleine Stadt. Gross war deshalb auch der soziale und kulturelle Wandel, den sie auslöste.

Nirgendwo konnten die Badener das deutlicher erkennen als auf den Sonntagsspaziergängen durch ihre Stadt, wenn sie die immerzu wachsenden Fabriken auf dem Haselfeld betrachteten, die ebenso rasch sich ausdehnenden Siedlungen auf dem Wettinger Feld oder wenn sie an den Villen der BBC-Gründer vorbeizogen. Besonders diese Villen fielen aus dem Rahmen, fünf an der Zahl, waren sie innert zehn Jahren, zwischen 1895 und 1905, hochgezogen worden. Sie beanspruchten sehr viel Raum. Von schönen Gärten umgeben, in die Höhe ragend und bedenkenlos in die Breite gehend, gaben sie das Selbstverständnis der neuen Herren der Stadt wieder: Sie waren tatsächlich mit Raumschiffen in Baden gelandet und hatten diese an den freien Rändern der alten Stadt abgestellt.

Charles Brown und Sidney Brown errichteten kolossale Wohnhäuser an der Römerstrasse im Norden, einer lauschigen Strasse mit schönen Bäumen, die jetzt neu entstanden war. Walter Boveri, Fritz Funk und Conrad Baumann junior bauten genauso expansiv am Ländliweg bzw. an der Burghalde im Süden der Stadt. Selbstverständlich handelte es sich um Plätze mit Aussicht. Abgesehen von der Villa Baumann, die auf einem Rebberg unterhalb des Schlosses Stein zu stehen kam, wählten die übrigen vier für ihren Wohnort die Hangkanten oberhalb der Limmat, des Flusses, der sich tief unten durch die Klus gearbeitet hatte. Auch

533

III. Teil. Transformation

an den Abhängen unterhalb des Ländliwegs war vorher Wein kultiviert worden, was in der Regel einen Hinweis auf ein angenehmes Klima und ausreichende Besonnung gibt. Denn ironisch bleibt: Baden besass so gut wie keine Südhänge. Wer Sonne suchte, wäre besser nach Ennetbaden gezogen. Trotzdem wählten alle Gründer Baden als Wohnort.

Wenn wir in Betracht ziehen, dass zu jener Zeit diese Flächen vor der Stadt noch viel leerer als heute standen, und auch die Gärten erst im Wachstum begriffen waren, weswegen man die Gebäude besser und zwar von weitem sah, dann können wir ermessen, wie drastisch die Bewohner dieser *Company Town* mit ihren eigenen Augen die neuen Herrschaftsverhältnisse wahrgenommen haben dürften.[1098] Es hatte sich eine neue Topographie der sozialen Rangordnung in Baden herausgebildet, sie offenbarte sich in einer neuen sozialen Segregation, sie äusserte sich im Gigantismus der Industriellen, die sich Häuser bauten, die selbst im Berliner Westen nicht als besonders bescheiden aufgefallen wären.

Der Kontrast zu den Verhältnissen von früher, als die Badewirte und Hoteliers die Stadt beherrschten, war kaum zu übersehen. Die meisten Badewirte, eine vorindustrielle, gewerbliche Elite, lebten in ihren eigenen Gasthäusern, selbst während der letzten Blüte der Kurstadt vor dem Ersten Weltkrieg blieben die Hoteliers auch privat in den Grossen Bädern. Rudolf Bruno Saft, ein Millionär, wohnte im Grand Hôtel, Joseph Borsinger, fast so wohlhabend, in seinem Verenahof, also unten an der Limmat, einem eher schattigen, ja feuchten Gebiet, das nur wegen seiner Quellen zum Standort der Hotels geworden war. Zwar grenzte man sich in den Grossen Bädern von der Altstadt oben ab – die Polarität, die wir erwähnt haben, war auch eine Polarität der Macht und des Reichtums, doch von luxuriösen Zuständen konnte in den Bädern keine Rede sein. Es war objektiv keine privilegierte Wohnlage, weder sonnig, noch mit einer Aussicht verwöhnt, sondern es reichte das Wissen: hier unten im Limmatknie wurde Geld verdient, und oben lebten viel bedrückter die Handwerker und Gewerbler. Das Bedürfnis nach sozialer Distinktion, das die alte informelle Elite besass, musste sie dadurch befriedigen, dass sie in den etwas grösseren, aus Stein gebauten Gasthöfen lebte, wo überdies während der Saison der europäische Adel und die eidgenössischen Eliten verkehrten.

In einer Art Zwischendeck der sozialen Ordnung der vorindustriellen Ära lebten die *Professions*, das Bildungsbürgertum von Baden: nämlich an der Badhalde, jener Strasse, die beide Teilstädte verband. Wie erwähnt, heisst sie inzwischen im oberen Teil Badstrasse und dient der Stadt als Einkaufsmeile. Hier residierten im 19. und frühen 20. Jahrhundert in bequemen, stattlichen, aber doch moderaten Stadthäusern die Advokaten (Senn, Guggenheim, Reisse etc.), die Bezirkslehrer, die Ärzte und die Bazarbesitzer. Bezeichnenderweise hatte sich 1837/38 der berühmte Bade- und Stadtarzt Johann Alois Minnich die vielleicht schönste Villa vor der BBC errichten lassen. Minnichs Haus lag ebenfalls an der Geländekante bei der reformierten Kirche, glich einem Palazzo aus der italienischen Renaissance und überragte sämtliche übrigen Häuser, selbst das «Haus zum Schwert», das Anfang des 19. Jahrhunderts als das vornehmste Gebäude in der Bäderstadt betrachtet worden war. Es hatte durchaus etwas Symbolisches: Vor der Ära der BBC galt der Kurarzt neben den Hoteliers als einer der wichtigsten Honoratioren der Kurstadt.

Vielleicht lag es am stupenden Erfolg, den die BBC-Gründer mit ihrer Firma so bald realisieren konnten, sicher am schnellen Reichtum, den sie errangen, ebenso an den generell «amerikanischen», also etwas gigantomanischen Zügen der zweiten industriellen Revolution, deren Nutzniesser sie waren: Jedenfalls stellten Boveri, die Gebrüder Brown und Funk ihren unternehmerischen Triumph und ihre schier grenzenlose Zahlungsfähigkeit auf eine Art und Weise zur Schau, wie sie vorher in Baden unüblich gewesen war, selbst in dieser katholischen Stadt, wo noch im 18. Jahrhundert immerhin der kaiserliche Botschafter des Heiligen Römischen Reiches ständig residiert hatte. So ungeniert war Luxus bisher nicht vorgezeigt worden, auch der Lebensstil der BBC-Gründer hob sich deutlich von der herkömmlichen Praxis in der Kleinstadt ab. Die soziale Schichtung Badens erfuhr eine dramatische, ins Auge springende, da gleichsam in Häusern verbaute Transformation. Ihre soziale Überlegenheit gegenüber allen Bewohnern der Stadt, ob Hoteliers, Advokaten oder Ärzten, brachten die BBC-Chefs mit Häusern zum Ausdruck, mit Kutschen, dann mit den ersten Automobilen der Stadt; mit Tennisplätzen, wo sie sich einem Spiel widmeten, das kaum jemand kannte, oder mit einem der ersten privaten Swimmingpools der Schweiz, den Walter Boveri 1911 in seinem Garten bauen liess.

Es hatte etwas Protziges, keine Frage, wie diese jungen Ausländer (Boveri, Funk) oder Anglo-Winterthurer (die Browns) sich in Baden breitmachten. Bestimmt störte dies den einen oder anderen Einheimischen, sicher gab das zu reden, während die dritten dieser ansonsten friedfertigen Invasion das Positive abzugewinnen versuchten. Manchmal wurden die Dinge einfach schöngefärbt. Je emphatischer das Lob, desto beunruhigter war wohl jener, der es aussprach. Selbst im sonst unverdächtigen «Adressbuch für Stadt und Bezirk Baden» des Jahres 1910 hielt man es für nötig, nur die guten Seiten des Wandels hervorzuheben:

«Baden ist der Sitz einer weltbekannten Industrie geworden, die den Typus des Badeortes wohl änderte, aber keineswegs entstellte. Zu den schönsten Bauten, die dem Casino und seinem Parke ebenbürtig, wenn nicht überlegen an die Seite treten, zählen wir heute die dem Landschaftsbild vorzüglich eingepassten Villen: Römerburg, Langmatt, Boveri und Burghalde. Der Preis der Arbeit dokumentiert sich in ihnen und fügt sich als wertvolles Glied in den Kranz der Lebensfreude.»[1099]

Tapfer schrieb auch der *Badener Kalender* 1917:

«Die Gründer und Leiter der Firma Brown Boveri & Cie. liessen es sich angelegen sein, mit ihren Familien am Stammsitz ihrer Unternehmungen heimisch zu werden. Sie sind heute insgesamt Schweizerbürger und Badener Bürger und haben sich auf dem Grund und Boden der Bäderstadt Familiensitze erbaut, die in das alte Stadt- und Landschaftsbild, soweit es nicht allbereits [sic] schon pietätlose Störungen erlitten hatte, glücklich ein Moment neuzeitlicher Architektur einfügten.»[1100]

Hätten die Villen und alles, wofür sie standen, nicht Unbehagen hervorgerufen, wäre man je auf den Gedanken gekommen, ihre Ästhetik dermassen zu preisen?

10.1.1 Villa Boveri: Repräsentation in der Company Town

Ein «Moment neuzeitlicher Architektur». Damit hatte der Autor des *Badener Kalender* sicher recht. Als Walter Boveri 1895, nur vier Jahre nach der Gründung der BBC, seine Villa konzipieren liess, beauftragte er mit Karl Moser vom Architekturbüro Curjel & Moser einen gesuchten, jungen Architekten. Er galt als aufstrebender Star. Mit anderen Worten, einen sehr viel aufregenderen Entwerfer konnte man zu jener Zeit in der Schweiz nicht anstellen, was wohl genauso dem Selbstverständnis des Firmengründers Boveri entgegenkam, der in der modernsten Industrie der Epoche tätig war.

Moser (1860–1936) war in Baden als Sohn des Architekten Robert Moser aufgewachsen. Der Vater hatte zum Beispiel das Schulhaus auf dem Schulhausplatz, sowie den Kursaal gebaut.[1101] Man kannte Moser also in Baden, er war einer der Ihren, so dass seine Wahl durch Boveri durchaus etwas Sensibles hatte, als ob dieser die Stadt mit seinem überdimensionierten Bauprojekt hätte versöhnen wollen. Karl Moser hatte am Eidgenössischen Polytechnikum in Zürich, sowie an der École des Beaux-Arts in Paris Architektur studiert und danach in Frankreich und in Deutschland einige Praxis erworben, bis er 1888 mit Robert Curjel, einem gebürtigen St. Galler dänischer Herkunft, ein gemeinsames Entwurfsbüro in Karlsruhe etablierte.[1102] Es bestand bis 1915. Bald erhielten die beiden in Deutschland und in der Schweiz zahlreiche Aufträge, insbesondere wurden sie bekannt mit Kirchenbauten. Später planten und errichteten sie unter anderem die Pauluskirche in Basel, den dortigen Badischen Bahnhof, das Kollegiengebäude der Universität Zürich oder das Kunsthaus am gleichen Ort – mit-

10. Klassengesellschaft in der Kleinstadt: Die soziale und kulturelle Transformation

hin berühmte, repräsentative Bauten, die den Rang des Büros unterstreichen. Moser war im Übrigen verwandtschaftlich mit der BBC verbunden, womöglich spielte das bei der ersten Auftragsvergabe eine Rolle. Seine Schwester war Anna (Anny) Moser, die schon in den 1890er-Jahren Eric Brown, den Cousin von Charles Brown, geheiratet hatte, der später zum Direktor der Dampfturbinenfabrik werden sollte.[1103]

1915 kehrte Karl Moser in die Schweiz zurück, um an der ETH eine Professur anzutreten, die er bis 1928 versah, daneben führte er weiterhin ein eigenes Büro. 1936 starb er in Zürich. Moser muss ein exzentrischer Mensch gewesen sein, was sich nicht zuletzt daran erkennen lässt, dass er noch zu Lebzeiten einen eigenen Nachruf verfasst hatte, den die Familie – wohl auf seinen Wunsch – vollständig und unredigiert in der *Bauzeitung* abdrucken liess. Darin schrieb Moser über den verstorbenen Moser: «So nehmen wir Abschied von dieser eigenwilligen, ausgeprägten Künstlernatur. Wie in unserem Bilde Licht und Schatten scharf gegeneinander stehen, so war er [Moser] auch im Leben, in seinen Taten und Werken stark umstritten. Immer wieder überraschte sein impul[si]ves Wesen mit Neuem, oft Unverständlichem. Aber er hat sich in so vielen hervorragenden Bauten, um nur die Zürcher Universität zu nennen, ein unvergängliches Denkmal unbestrittener Qualität gesetzt, sodass die Nachwelt ihn als grossen Architekten nicht vergessen wird».[1104]

Die Villa Boveri und weitere Villen in Baden gehörten zu den frühen Projekten von Curjel & Moser. Villen im Plural, denn nachdem sie für Boveri gebaut hatten, kamen auch Charles und Sidney Brown, sowie Conrad Baumann junior auf sie zu, insgesamt bauten sie vier der fünf BBC-Paläste in Baden, der letzte Auftrag war die Villa Baumann an der Burghalde, die 1905 vollendet wurde. In der Regel war Moser für diese Bauten in Baden verantwortlich. Sie dienten dem Büro nachher als exzellente Referenzen. Baden muss für das junge Büro ein Glücksfall gewesen sein. Welcher Architekt erhielt sonst die Chance, so gut wie alle Villen der neuen Oberschicht eines Ortes zu bauen? Vier der fünf BBC-Villen überdauerten die Jahre, nur eine, die Römerburg von Charles Brown, wurde inzwischen abgerissen.[1105]

Noch heute wirkt die Villa Boveri majestätisch.[1106] Man nähert sich vom Ländliweg an, betritt einen grossen, von alten Bäumen verschatteten Park und steht unversehens vor einer Burg. Die Villa Boveri, entworfen im neugotischen Stil, verströmt etwas Finsteres, Mittelalterliches, die Mauern bestehen aus klobigen, eckigen, gut sichtbaren Natursteinen, die Fenster gleichen Kirchenfenstern, wenn nicht Schiessscharten, das satte Walmdach wird ergänzt mit allerlei Pseudo-Zinnen und Treppengiebel. Balkons ducken sich unter Säulen, hängen an den unmöglichsten Orten, umsäumt von dekorativen Balustraden. Und dennoch – entgegen dem Eindruck, den diese Schilderung erwecken könnte – hat das Haus etwas wohl Proportioniertes, durchaus Solides, wenn nicht Gemütliches an sich. Man kann sich darin ein behagliches Leben vorstellen.

Boveri dagegen, so behauptete dessen Sohn Walter junior in seinen Memoiren, habe sich hier nie wohl gefühlt, das Haus sei ihm zu gotisch vorgekommen, ihm, der aus Bamberg kam, einem katholischen, fränkischen Städtchen, das architektonisch von verspieltem, fröhlichem Barock geprägt war. Doch sein Vater habe sich gegen den «damals schon sehr anerkannten und eigenwilligen Architekten» Karl Moser nicht durchzusetzen vermocht.[1107] Nachdem, was wir über Boveri erfahren haben, scheint das schwer vorstellbar, doch Tatsache ist, dass Boveri später einen zweiten, neobarocken Garten anlegen liess mit einem Gartensaal, der einem fürstbischöflichen Park des 18. Jahrhunderts hätte entwendet sein können. Das Gartenhaus war aber neu gebaut worden von Carl Sattler, einem Münchner Gartenarchitekten, der auch den zweiten Park gestaltet hatte. Der erste Park, näher bei der Villa, war nämlich ein englischer Garten, das heisst, ein Garten, der möglichst natürlich zu erscheinen hatte, obwohl jedes Detail inszeniert war. Grosse, ausladende Bäume wechseln mit freien Rasenflächen ab, von Blumen fehlt jede Spur, plötzlich taucht eine pseudo-antike Statue in den Büschen auf. Wer durch den Park spaziert, erlebt eine Art hortologisches Kino, bei jedem Schritt eröffnet sich dem Besucher eine neue, fremdartige Sicht auf das Haus.

Hatte Boveri sich zu wenig um die Planung des Hauses und dessen ersten Garten gekümmert, so scheint er dem zweiten umso mehr Aufmerksamkeit geschenkt zu haben. Mit Blick auf diesen Garten schreibt sein Sohn:

«Lange nach dem Tode meines Vaters fand ich einmal unter seinen Papieren Skizzen der Balustraden, die Zeugnis ablegen von der Gründlichkeit und dem Kunstverständnis, mit welchem jede Einzelheit geplant und ausgearbeitet wurde. Da gibt es raffinierte Unterschiede zwischen scharfen Kanten, welche Schatten werfen, und solchen, die abgerundet werden, um es zu vermeiden. Dieses wohlerwogene Formenspiel lässt jene Vollendung und Geschlossenheit entstehen, die so beruhigend auf empfindsame Menschen wirken.»[1108]

Boveri junior hatte recht. Dieser neobarocke Garten weckt vollkommen andere Assoziationen als der englische: Überwiegt im letzteren das Romantische, Unheimliche, so dass der Spaziergänger hier jederzeit ein Gewitter erwartet, entführt ihn der neobarocke Garten in eine Welt der Ruhe und des Glücks, alles wirkt klar, hell und heiter. Wenn man sich oben beim Gartensaal hinstellt, wo die Boveris ihre Gäste empfingen, wenn sie zu Hauskonzerten oder Gartenfesten luden, dann überblickt man eine weitläufige Anlage, die sich in mehreren Terrassen bis zur Limmat hinunter fortsetzt. Statuen, Brunnen, zu Kugeln geschnittene Büsche, streng quadratische Beete, Geländer und Säulen, Treppen und Nischen erzeugen jenes barocke Freilufttheater, das Walter Boveri junior beschreibt, wo totes Material sich scheinbar bewegt, tänzelt und changiert, vibriert und lebt. Nicht ohne Berechtigung zählt dieses Gesamtkunstwerk noch heute zu den schönsten Gärten der Schweiz. Boveri muss sich in diesem barocken Garten ausserordentlich geborgen gefühlt haben. Wenn er schwierige Entscheide zu fällen hatte, wenn er sich auf die Suche nach neuen Ideen machte, so berichtet sein Sohn, ging er auf dem Weg der untersten Terrasse, unmittelbar oberhalb des Flusses, hin und her. Manchmal nahm er seinen Hund mit. Um gewissermassen für immer in diesem Garten zu bleiben, liess er sich hier begraben, später beerdigten seine Kinder auch Victoire Boveri-Baumann, die Frau und Mutter, an der gleichen Stelle. Es wurde für die beiden ein eigenes, schlichtes Grabmal errichtet, das wie eine gebogene Steinbank aussieht, eine Tafel erinnert an das Ehepaar, das seit langem nicht mehr sehr glücklich zusammengelebt hatte.

Dass die Villa Boveri zunächst einen englischen Garten erhielt, war vermutlich kein Zufall, denn Moser liess sich für die Badener Villen von englischen Vorbildern inspirieren, ja er war sogar eigens nach London gereist, um ein solches «englisches Landhaus» vor Ort zu studieren, weil es ihm als Inbegriff moderner Wohnkultur erschien.[1109] Ob Boveri sich dessen bewusst war, ist offen. Im Gegensatz zu Charles Brown wirkte er wie gesagt, wenig auf die Gestaltung seines Hauses ein. Im Innern, auch das entsprach englischem Stil, empfängt den Besucher eine grosse Halle *(the hall)*, von der aus die übrigen Zimmer zu erreichen sind. Auch drinnen herrscht das Dunkle oder je nach Standpunkt Häusliche vor. Wenn man heute durch die Zimmer geht, glaubt man zu spüren, dass hier viel gelesen und musiziert wurde, was wir aus den Erinnerungen der Zeitgenossen wissen. Ein bildungsbürgerliches Haus – eines Unternehmers. Margret Boveri, die Nichte von Walter Boveri, schrieb:

«Das Haus des Onkel Walter und der Tante Victoire hat in meiner Jugend eine grosse Rolle gespielt. Es war dort alles vollkommen. Die Teppiche waren weich und tief in der grossen Eingangshalle, auf deren halbhoher Täfelung die gotischen Altarfiguren standen, die mein Vater ihnen für 2000 Mark bei Seligsberger in Würzburg gekauft hatte. Zwischen dem riesigen Esszimmer und der grossen blitzsauberen Küche gab es ein Office, da nahmen die drei Mädchen und der Diener ihre Mahlzeiten ein. Der Salon mit dem Flügel war so schön wie in einem Museum, aber nicht so abweisend, die helle Vertäfelung und die Möbel stammten aus einem französischen Schloss. Der Blick ging durch eine Glastüre in einen Wintergarten, wo immer blühende Pflanzen standen, ganze Alpenveilchen oder Erika oder Chrysanthemen. Sie kamen aus den Warmhäusern auf der anderen

Seite der Strasse – daneben die Reithalle, das Kutscherhaus, der Stall. Sechs Gärtner. Das Wohnzimmer, wo sich alle versammelten, bevor auf die Sekunde pünktlich die Essensglocke läutete, war mit tiefen bequemen Sesseln das gemütlichste. Es hatte einen Alkoven, in dem quer der grosse Schreibtisch der Tante Victoire stand. Sie musste viel rechnen; der Onkel war ein Millionär.»[1110]

Die Hausherrin, deren Vater schon in Zürich-Enge ein grosses Haus geführt hatte, öffnete ihr Heim für zahllose Gäste. Margret Boveri:

«Für mich, die um sechs Jahre jüngere Cousine aus der deutschen Universitätsstadt, war die ‹Villa Boveri› mit ihrer schönen Einrichtung, der reibungslos funktionierenden Dienerschaft und der Freizügigkeit, die allen Gästen gewährt wurde, das grosszügigste Haus, das ich kannte. Die Tante Victoire machte es zum Rahmen für eine grosse Verwandtengesellschaft – oft wurde im Spass vom ‹Hotel Boveri› gesprochen, so ununterbrochen war der Durchzug der Logiergäste, bis selbst dieser gastfreundlichsten und schenkfreudigsten Hausfrau gelegentlich einmal die vielen Schwägerinnen und Schwäger, Nichten, Cousinen und alten Tanten zuviel wurden.»[1111]

Walter Boveri junior erinnerte sich, wie regelmässig junge, vielversprechende Ingenieure, meistens Ausländer, eingeladen wurden, vermutlich auch, um für Tochter Victoire, genannt «Wigge», einen geeigneten Ehepartner zu finden – nicht immer zu deren Freude, wie Margret Boveri berichtet:

«Der Altersunterschied zur Cousine Wigge war zusammengeschrumpft, wir schlossen Freundschaft. Sie hatte ihren Ärger mit ihrer Mutter, die für sie ‹eine gute Partie› wünschte, die unglücklich war, weil sie studierte statt ‹auszugehen›. Wigge war in ihrer Jugend eine Schönheit; sie hätte es bis ins Alter bleiben müssen, aber sie setzte ihren ganzen Widerstand gegen die Versuche ihrer Mutter, sie zum Friseur zu schicken, sie zu eleganten Kleidern zu bewegen. Sie zog die Schultern vor, das tat ich auch – aus Verlegenheit, so oft ich ein Zimmer mit Menschen betrat. Ich stand ganz auf ihrer Seite. Wir von Nummer 9 [Wohnort in Würzburg] waren immer gegen ‹affig› angezogene Mädchen gewesen.»[1112]

Der Bau der Villa Boveri hatte zwei Jahre gedauert. 1897 zog die Familie ein, Walter Boveri war bloss 32 Jahre alt, besass aber bereits das mit Abstand grösste und teuerste Haus in Baden. In den folgenden Jahren kamen zahlreiche Nebengebäude hinzu, Stallungen, eine Reithalle, Garagen, ein Tennisplatz, das Gartenhaus, eine Schwimmhalle – am Ländliweg war eine moderne Schlossanlage entstanden.

10.1.2 Browns Römerburg oder die «Propyläen» von Baden

Wenn wir die Villa Boveri und ihr Innenleben mit jener Villa vergleichen, die sich Charles Brown 1898/1899, kurze Zeit nach Boveri, ebenfalls von Karl Moser an der Römerstrasse errichten liess, dann stossen wir ironischerweise auf dieselben Unterschiede zwischen den beiden perfekten, aber ungleichen Geschäftspartnern, wie wir sie diagnostiziert haben, als wir ihre unternehmerischen Aktivitäten behandelten.

Wo Boveri deutsch, repräsentativ, klassenbewusst und bildungsbürgerlich auftrat, da zog Charles Brown es vor, sich englisch, geradezu imperial, exzentrisch und genial zugleich darzustellen. Wie sollte es auch anders sein? Kaum ein Objekt diente der soziokulturellen Distinktion und Repräsentation mehr als das eigene Haus, zumal in jenen Jahren, da das Automobil diesen Zweck noch kaum erfüllte. Hinzu kam, dass Karl Moser in seinen privaten Bauprojekten sich darauf kaprizierte, den Bauherrn, so wie er ihn sah, in dessen Haus zu widerspiegeln. Der Schweizer Kunsthistoriker Thomas Gnägi spricht in diesem Zusammenhang von der «*Personality* eines Hauses», die Moser für seinen Bauherrn jeweils zu schaffen trachtete.[1113] Glauben wir Walter Boveri junior, tat Moser dies im Fall der Villa Boveri eher unbekümmert, unilateral, ohne Boveri immer einzubeziehen, wogegen wir bei Charles Brown wissen, dass dieser sich intensiv mit seinem Haus befasste und dem Architekten detaillierte Anweisungen gab. Er stelle sich ein Haus vor «ähnlich wie die Propyläen in München», also einen «Mittelbau mit 2 seitlich abschliessenden Pylonen», soll Charles Brown von Karl Moser verlangt haben, erinnerte sich ein Mitarbeiter des Architekten.[1114]

Wenn Brown, das selbst deklarierte Universalgenie, baute, dann baute er auch wie ein Universalgenie: Bei den Propyläen handelte es sich um einen Bau, der noch heute zu den berühmtesten, aber auch monumentalen Bauten des damals zeitgenössischen, also klassizistischen Münchens zählt. 1862 eröffnet, ist es ein Torbau, der einer Kreuzung zwischen antiker Festung und Sakralbau gleicht. In der Mitte ruht ein Tempel mit dorischen Säulen, auf beiden Seiten ragen aus riesigen Quadern aufgeschichtete Türme in die Höhe, die mehr bedrohlich, als ästhetisch erscheinen. Als Modell dienten die noch berühmteren Propyläen der Akropolis in Athen.

Charles Brown bekam von Karl Moser, was er sich gewünscht hatte. Wenn man seine Römerburg betrachtet, sind die Münchener Anleihen unverkennbar, ebenso deren pompöse Geste. Wir haben schon Boveris Villa als gigantisch bezeichnet, doch Browns Haus übertrifft noch eine solche Charakterisierung. Weil es 1957 abgebrochen wurde, können wir es in der Realität nicht mehr überprüfen, doch die zahlreichen Fotografien, die davon existieren, untermalen den generellen Eindruck: Charles Brown, der kreative Kopf der BBC, dessen Talent erst

III. Teil. Transformation

den Firmenerfolg möglich gemacht hatte, stellte auch mit seiner Villa klar, wer das neue, industrielle Baden am besten verkörperte.

Wer von Basel mit dem Zug in Baden einfuhr, sah fast als Erstes diese antike Festung der Familie Brown – was insbesondere Charles Brown senior häufig erlebt haben dürfte, der ja in Basel wohnte. Was ihm, der in einem kleinen Haus im Gundeli lebte, durch den Kopf ging, wenn er diesen steingewordenen Herrschaftsanspruch seines Sohnes erblickte, wissen wir nicht. Wer dagegen von Zürich mit der Bahn nach Baden kam, fuhr zwar an der Villa Boveri vorbei, man konnte sie aber schwerer erkennen, da zuerst deren Ökonomiegebäude, dann die vielen Bäume sie verdeckten. Symbolisch, visuell dominierte Brown und seine Römerburg das Gelände. Kunsthistoriker Gnägi kam zum Schluss: «in der Römerburg wird der unerschöpfliche charakterliche Eigensinn des Bauherrn zur Schau getragen».[1115] Und mit Blick auf die Brown'schen Propyläen in Baden schrieb er: «Damit wurde diese Fassade letztlich zum charakteristischen architektonischen Ausdruck der Persönlichkeit von Charles E. L. Brown.»[1116]

Und genauso wie Boveri seine Gärten zu einem zweiten Repräsentationsraum seiner hohen Position in der *Company Town* gestaltete, umgab sich Brown mit einem Glacis seiner Eitelkeit und seines Ehrgeizes. Nach der Fertigstellung der Villa beschrieben Curiel & Moser in der *Bauzeitung*, wie sie den Garten konzipiert hatten:

«Es ist stets eine besondere Gunst des Schicksals, wenn dem Architekten vom Bauherrn ein interessanter Baugrund zur Verfügung gestellt werden kann. Einen solchen hat sich der Besitzer der Römerburg auf dem Hochgestade der Limmat an die Römerstrasse grenzend ausgesucht. Die Römerstrasse im Süden, die Limmat nördlich fällt das Terrain auf der Westseite stark auf der Ostseite schwach gegen einen Wiesengrund ab. Diese Verhältnisse boten Gelegenheit gegen Westen einen Terrassengarten zu schaffen, der gesonderte und interessante Gartenteile mit Treppenanlagen, Stützmauern, Brustwehren, und Laubgängen enthält».[1117]

Das Land, auf dem die Römerburg zu stehen kam, hatte vorher dem Grand Hôtel gehört. Am Ende kostete die neue Villa rund 320 000 Franken, dieser Betrag von 1899 entspricht heute rund 4 Millionen Franken, für den Garten zahlte Brown zusätzlich 80 000 Franken, was aktuell (2009) etwa einer Million Franken gleichkommt. 5 Millionen Franken für ein neues Heim.[1118] Charles Brown, der Ingenieur aus Winterthur, war sehr reich geworden – und alle Badener sollten das auch sehen. Der Mann war 36 Jahre alt, verheiratet mit Amelie Nathan, und hatte zwei Töchter.[1119]

Kurz darauf, 1899–1901, liess auch Sidney Brown neben dem Grundstück seines Bruders an der Römerstrasse ein genauso schönes, aber vollkommen anders gestimmtes Landhaus im englischen Stil errichten, die Villa Langmatt, wobei erneut Karl Moser zum Zug gekommen war. 1904 beauftragte Conrad Baumann junior den gleichen Architekten mit der Villa Burghalde, die noch grösser und gewaltiger am Schlossberg sich ausdehnte, sie wurde 1905 fertiggestellt. Schon 1896 war Fritz Funk ebenfalls an den Ländliweg gezogen, nachdem er neben der Villa Boveri sein Haus hatte bauen lassen. Er war der einzige, der sich nicht an Moser gewandt hatte, sondern das Badener Architekturbüro Dorer & Füchslin beizog. Sein Haus erscheint neben den Moser'schen Bauten beinahe bescheiden, was weniger an der Kubatur liegt, diese ist beachtlich, sondern am Stil. Die Villa war einem italienischen Landhaus nachempfunden und zeichnete sich durch geradezu klassische Proportionen aus. Ein grosser Garten bis hinunter zur Limmat unterstrich den Rang des «dritten Mannes» der BBC. Damit standen neuerdings fünf repräsentative, riesige, teure Villen in der Stadt, alle gehörten sie dem Führungspersonal der BBC.

10.1.3 Soziale Segregation in der Company Town?

Es ist diese neue Topographie der sozialen Ungleichheit, die bemerkenswert ist: Zum einen, weil sie so offen erkennbar war, und jene, die den höchsten Rang einnahmen, Brown und Boveri, keinerlei Anstrengungen unternahmen, diese Tatsache zu verbergen, im Gegenteil, jedermann sollte es sehen und Bescheid wissen. Sie stellten ihren Reichtum zur Schau. Zum andern irritieren die Ausmasse: 5 Millionen Franken, so viel dürfte zu jenem Zeitpunkt in Baden noch nie für ein Privathaus ausgegeben worden sein. Bald folgten weitere BBC-Manager dem Vorbild ihrer obersten Chefs: Direktor Oscar Busch erwarb eine Villa an der Römerstrasse, ebenso Herbert Brown, ein Cousin von Charles und Sidney, während Jean Ehrensperger, Direktor der Motor AG, an den Ländliweg zog, wenn auch erst 1926.[1120]

Nachdem die BBC in der Burghalde und am Fuss des Martinsbergs geräumige Mehrfamilienhäuser und Villen errichtet hatte, die vorwiegend ihren höheren Angestellten offenstanden (in der Regel waren das Ingenieure), wandelten sich auch diese Quartiere zu bevorzugten Wohnorten des akademischen Kaders. Ennetbaden war der dritte Ort, wo die Ingenieure lebten, während die Arbeiter, wir haben es erwähnt, zuerst hauptsächlich in Wettingen oder in Baden eine Wohnung fanden, dann in Nussbaumen und Neuenhof, schliesslich in Fislisbach, Turgi oder Freienwil, und so weiter; mit jedem Jahrzehnt weitete sich der Kreis aus, in dem die BBCisten sich niederliessen. Die BBC stieg in jenen Jahren schon bald zum grössten Investor auf dem lokalen Wohnungsmarkt auf, zahlreiche Arbeitersiedlungen und Angestelltenhäuser wurden in der Region errichtet, eine Praxis, die die BBC bis in die 1970er-Jahre beibehielt.

Mit Blick auf die Besiedlungsmuster, die sich seit dem Zuzug der BBC in der Region herauszubilden begannen, spricht der Badener Historiker Patrick Zehnder von «sozialer Segregation», gewiss etwas pointiert, im Kern aber zutreffend: In Baden zentralisierten sich jetzt die meisten industriellen Arbeitsplätze, ebenso liess sich hier ein Teil der Arbeiter und Ingenieure der BBC nieder, gesondert in verschiedenen Quartieren. Vor allen Dingen zog die gesamte Führungsspitze der BBC in die Stadt und baute hier ihre Villen, was aussergewöhnlich scheint, wenn wir an die Präferenzen der heutigen wirtschaftlichen Eliten denken, die oft weit weg von den Unternehmen leben, die sie führen. Diesen Sachverhalt veranschaulicht die folgende Tabelle; sie enthält all jene Leute, die von 1891 bis etwa 1914 den engsten Führungskreis der BBC bildeten:[1121]

Tab. 10.1 Wohnorte des BBC-Managements, ca. 1900–1914

Walter Boveri	Baden	Agostino Nizzola	Baden
Charles Brown, junior	Baden	Oscar Busch	Baden
Conrad Baumann, junior	Baden	Emil Hunziker	Baden
Sidney Brown	Baden	Eduard Thomann	Baden
Fritz Funk	Baden	Albert Widmer	Baden
Eric Brown	Baden	Rudolf Staub	Baden
Albert Aichele	Baden	Karl Schnetzler	Baden
Walter Bärlocher	Baden	Georg Boner	Zürich
Albert Hafter	Baden		

Gewiss, auch in anderen *Company Towns* jener Epoche, wie etwa Uzwil, Gerlafingen oder Schönenwerd, wohnte das oberste Management und die Besitzer im Ort, in genauso repräsentativen Villen; oft im gleichen Stil – besonders das «englische Landhaus» erfreute sich in der Schweiz grosser Beliebtheit. Das mag damit zusammenhängen, dass viele Unternehmer eine Schwäche für den *lifestyle* der britischen Eliten hegten, der sich durch Understatement und rustikale *outdoor hobbies* auszeichnete, denen man gerne in der *countryside* nachging, was in der republikanischen Schweiz besser ankam als die allzu monarchische, demonstrative Machtentfaltung der deutschen Bourgeoisie. Nicht von ungefähr befanden sich auch die meisten Villen der Familie Sulzer in Winterthur selber, wenn auch weiter von den Fabriken entfernt als in Baden, vorab auf den Hügeln in der Umgebung der Stadt.

Was Baden speziell machte, wir haben es bereits mehrfach angedeutet, waren erstens das Tempo, mit dem diese BBC-Villen hochgeschossen waren, was synchron mit dem Aufstieg der Firma erfolgte, zweitens die räumliche Kompaktheit, was mit der geographischen Situation vor Ort zu tun hatte. Damit verbunden war schliesslich eine dritte Eigenheit: In Baden lagen die Villen so nahe bei der Altstadt, dass sie die etablierte Siedlung sogleich visuell konkurrenzierten. Die Römerburg war für den Besucher genauso gut zu erkennen wie die alte katholische Stadtkirche, von den Badehotels gar nicht zu reden, die schon immer in der Tiefe am Limmatknie versteckt lagen, obwohl sie solange den wichtigsten Faktor, ja die Identität dieser Stadt bedeutet hatten.

Früher, zu Zeiten der Flussschifffahrt, als diese den bequemsten Zugang in die Stadt ermöglicht hatte, waren die Badegasthöfe natürlich viel besser für den auswärtigen Besucher zu sehen gewesen, da er ja auf der Limmat Baden erreichte – und so erblickte er von unten zunächst eine steil aufsteigende, imposante Altstadt, dann die stattlichen Fassaden der Hotels. Erst die Eisenbahn hatte auch hier die Wahrnehmungsordnung verrückt, nun kam der Besucher oben auf dem Haselfeld in Baden an, wo die junge Industrie sich ausbreitete. Es hatte etwas Zwangsläufiges: Die neue Zeit hatte die Eisenbahn gebracht, und bald darauf die BBC, deren Fabriken und deren Villen nun jeder zuerst bemerkte, der mit dem Zug in Baden einfuhr.

Visuell, an der physischen Oberfläche gewissermassen, wurde damit sichtbar, was sich in der sozialen Tektonik der Region verschoben hatte. Mit den BBCisten waren ganz neue soziale Gruppen in Baden aufgetaucht, die es hier bisher kaum gegeben hatte: insbesondere Manager, Ingenieure, Juristen, Techniker, aber auch Industriearbeiter in hoher Zahl wie Schlosser, Mechaniker, Schweisser, Giesser, Dreher, Monteure, Handlanger, darüber hinaus Werkmeister und kaufmännische Angestellte, Buchhalter, Sekretäre. Schliesslich Sekretärinnen, Telefonisten und Korrespondenten. Viele lebten erst seit Kurzem in Baden oder seiner Agglomeration. Sie bauten Häuser oder bezogen Wohnungen, die die BBC hingestellt hatte, ihre Kinder besuchten hier die Schulen, was deren Kapazitäten bald überlastete, weswegen Baden, Wettingen und Ennetbaden in jenen Jahren diverse zusätzliche Schulhäuser zu erstellen hatten. Irreversibel formten die vielen zugezogenen Akademiker die Bezirksschule Baden um, die nun vollends den Charakter eines Progymnasiums erhielt, da sie nun auch den Nachwuchs vieler ambitionierter und hochqualifizierter Ingenieure und Juristen aufzunehmen hatte. Nachher wechselten diese Schüler in der Regel an die Kantonsschule in Aarau, oder noch häufiger nach Zürich, woher so viele ihrer Eltern ohnehin gekommen waren. Baden selber war inzwischen Teil der grossen Industrieregion Zürich geworden. Sogar der Dialekt der Badener zürcherte sich ein.

Sozial betrachtet, bildete sich mit dem Zuzug der BBC der Aufbau der Badener Gesellschaft markant um, indem eine neue, viel potentere Oberschicht, eine neu zusammengesetzte Mittelschicht und eine überaus umfangreiche untere Mittelschicht entstanden. Diese neue Spitze der Gesellschaft war zudem kaum mehr mit der alten informellen Elite der Stadt gleichzusetzen. Sie war nicht nur viel besser ausgebildet, reicher, moderner und auch noch kleiner, sondern sie gehörte der gesamtschweizerischen Oberschicht an – diesen Status hatten die Hoteliersfamilien Badens nie errungen. Während insbesondere die Familien Brown und Boveri sich nun wie selbstverständlich auf dem gleichen sozialen Niveau bewegten wie etwa die Sulzer, Bally, Saurer oder Schmidheinys. Hätte ein Publizist den ursprünglich amerikanischen Begriff der «oberen Zehntausend», der sich damals auf die herrschenden Familien New Yorks bezog, auf die Schweiz anwenden wollen, dann wären die Boveris und die Browns mit Sicherheit dazugezählt worden.

Am unteren Spektrum der sozialen Skala wies Baden keine Auffälligkeiten auf, von einer Proletarisierung der Unterschicht, wie sie etwa in manchen europäischen Industriestädten festzustellen war, konnte keine Rede sein. Eine solche war zugegebenermassen aber auch in anderen Orten der Schweiz kaum zu diagnostizieren. Dennoch ist dieser Befund nur relativ aufzufassen. Wenn wir uns das Leben der Gründerfamilien der BBC vor Augen führen, wie wir es anhand ihrer Häuser illustriert haben, und es mit jenem ihrer Arbeiter kontrastieren, dann sind das gewaltige Unterschiede zwischen oben und unten. Wenig mag das besser verdeutlichen, als die nackten Zahlen.

Wir haben die Steuerrechnungen der BBC-Chefs analysiert, als wir das Gewicht der BBC für die städtischen Finanzen festlegten. Nun wenden wir uns den realen Vermögens- und Einkommensverhältnissen in Baden zu. Um einen ersten Eindruck zu bekommen, führen wir jene drei BBC-Gründer an, die schon 1903 den drei reichsten Haushalten der Stadt vorstanden. Für das Jahr 1910 haben wir überdies den aktuellen Wert berechnet (2009), was es erlaubt, das spektakuläre Ausmass der Wohlstandsvermehrung der drei massgebenden BBC-Gründer zu erfassen:[1122]

Tab. 10.2 Einkommen und Vermögen von Walter Boveri, Charles und Sidney Brown, 1903 und 1910 (in CHF, pro Jahr)

Einkommen in CHF	1903	1910	1910 = 2009
Walter Boveri	22 900	61 000	2 100 000
Charles Brown	22 500	37 500	1 300 000
Sidney Brown	22 500	41 000	1 400 000
Vermögen in CHF	1903	1910	1910 = 2009
Walter Boveri	2 341 850	4 164 300	143 Mio.
Charles Brown	1 624 200	5 044 080	173 Mio.
Sidney Brown	823 020	4 044 780	139 Mio.

Innerhalb von sieben Jahren hatte sich Boveris Vermögen nahezu verdoppelt. Was uns bereits bei den Steuerrechnungen aufgefallen ist, zeigt sich jetzt noch

10. Klassengesellschaft in der Kleinstadt: Die soziale und kulturelle Transformation

deutlicher. Die neue industrielle Elite hatte um die Jahrhundertwende, also rund zehn Jahre nach der Gründung der BBC, die alte Oberschicht der Hoteliers überholt. Nehmen wir Wilhelm Hafen als Beispiel, den neuen Besitzer des Grand Hôtels. Um 1900 war er selbstverständlich noch hoch verschuldet, hatte er doch das Hotel erst vor Kurzem Rudolf Bruno Saft abgekauft. Laut Steuerbuch schuldete er seinen Gläubigern damals rund zwei Millionen Franken. Aus diesem Grund führen wir seine finanziellen Verhältnisse sowohl für 1900 als auch für 1910 an:[1123]

Tab. 10.3 Einkommen und Vermögen von Wilhelm Hafen, Hotelier, Grand Hôtel, 1900 und 1910 (in CHF, pro Jahr)

Jahr	1900	1910
Einkommen in CHF	22 000	5 000
Vermögen in CHF	601 130	1 121 600

Warum Hafen im Jahr 1910 ein derart tiefes Einkommen in seiner Steuererklärung angab, können wir nicht mehr eruieren, wir vermuten eine Steueroptimierung, da sich in den folgenden Jahren sein Einkommen wieder auf dem Niveau von 1900 bewegte. Immerhin hatte er prächtig gewirtschaftet, denn in der gleichen Periode war es ihm gelungen, seine Schuldenlast von zwei Millionen auf 74 700 Franken zu reduzieren.

Gleichwohl lässt sich unsere These, wonach die alte informelle Elite schon vor dem Ersten Weltkrieg auch materiell gegenüber der BBC-Führung zurückfiel, anhand der Zahlen von zwei weiteren führenden Hoteliers bestätigen. Wir konzentrieren uns auf das Jahr 1910, der Anschaulichkeit halber führen wir Hafen ein zweites Mal auf:[1124]

Tab. 10.4 Einkommen und Vermögen ausgewählter Badener Hoteliers, 1910 (in CHF, pro Jahr)

Einkommen in CHF	1910
Wilhelm Hafen, Grand Hôtel	5 000
Joseph Borsinger junior, Verenahof	32 000
Max Borsinger, Blume	12 000
Vermögen in CHF	1910
Wilhelm Hafen, Grand Hôtel	1 121 600
Joseph Borsinger junior, Verenahof	1 373 100
Max Borsinger, Blume	152 130

Die Familie Borsinger hatte über Jahrhunderte ihr Vermögen angehäuft und weitervererbt, während die Gründer der BBC noch vor wenigen Jahren so gut wie

547

nichts besassen. Noch kamen sie aus besonders wohlhabenden Familien. In bloss zwanzig Jahren waren aus den begabten, aber fast mittellosen Ingenieuren mehrfache Millionäre geworden. Boveri und die Gebrüder Brown verfügten je für sich inzwischen über fast vier Mal so viel Vermögen wie die Borsingers, die einst zu den reichsten Badener Hoteliers gezählt hatten – und das immer noch waren. Wenn ein Faktum den schwindelerregenden, mitunter verstörenden Wandel belegt, den Baden zu jener Zeit erfuhr, dann diese rasante Erosion überkommener sozialer Hierarchien. Es waren amerikanische Karrieren, die jetzt in Baden möglich wurden, es war eine kapitalistische Ära, die in der alten Kurstadt angebrochen war.

Als hätte sich die neue Elite mit der alten versöhnen wollen, kam es 1907 zu einer Hochzeit, die in der Stadt viel zu reden gab. Nelly Brown, die älteste Tochter von Charles Brown, heiratete Walter Minnich, einen eingesessenen Badener, der aus der berühmten Badearzt-Dynastie des Kurortes stammte. Zudem war man mit den Borsingers verschwägert und verwandt. Minnichs Grossvater war Badearzt gewesen, sein Vater ebenso, und auch er war Arzt geworden; man schätzte ihn als kompetenten Lungenspezialisten. Weniger kompetent war offensichtlich sein Verhalten als Ehemann, jedenfalls kam es schon nach einem Jahr zur Scheidung. Nelly zog aus und kehrte (oder flüchtete) mit ihrem Kind in die Römerburg zurück, in der Stadt herrschte Betroffenheit, es war ein Skandal. Woran es lag, wer die Schuld trug, verhandelte die bessere Badener Gesellschaft nun wochenlang. Vielleicht war der Altersunterschied schlicht zu gross gewesen, Minnich war bei der Heirat 43 Jahre alt, Nelly bloss neunzehn; vielleicht war Minnich ein Grobian oder einfach ein seltsamer Mensch. Schon zwei Jahre zuvor hatte er sich scheiden lassen, und seine erste Frau musste in eine psychiatrische Klinik eingewiesen werden. In der Familie Brown war das Thema seither tabu. Doch die neuen Machtverhältnisse in der Stadt traten nie deutlicher zutage als nach dieser Scheidung. Minnich, der Sohn einer alten Badener Dynastie, musste die Stadt fluchtartig verlassen, wofür die Familie Brown sorgte. Er zog nach Montreux und kam nie mehr zurück.[1125]

Nachdem wir bis hierher die Spitzen der Badener Gesellschaft quantitativ und auch qualitativ beschrieben haben, möchten wir im Folgenden die soziale Ungleichheit, wie sie sich in der Stadt um die Jahrhundertwende herausgebildet hatte, in ihrer ganzen Spannweite abbilden. Zu diesem Zweck haben wir eine Auswahl von Einkommens- und Vermögensangaben zusammengetragen, Ziel war es weniger, eine repräsentative Gruppe zusammenzustellen, dafür ist das Sample viel zu klein, vielmehr ging es darum, der etwas abstrakten sozialen Ungleichheit mit konkreten Zahlen mehr Aussagekraft zu verleihen. Von Neuem

10. Klassengesellschaft in der Kleinstadt: Die soziale und kulturelle Transformation

haben wir uns entschieden, gewisse Angaben zu wiederholen, damit der Kontrast zwischen oben und unten auf den ersten Blick ersichtlich wird. Wir beschränken uns auf die Einkommen.[1126]

Tab. 10.5 Einkommen ausgewählter Badener, 1903 (in CHF, pro Jahr)

Walter Boveri, BBC	22 900
Charles Brown, BBC	22 500
Sidney Brown, BBC	22 500
Fritz Funk, BBC	12 000
Wilhelm Hafen, Hotelier Grand Hôtel	22 000
R. Welti, Bierbrauer zum Falken	10 025
Herbert Brown, Ingenieur BBC	5100
Emil Guggenheim, Fürsprech	5000
Walter Bärlocher, Ingenieur BBC	3600
Armin Kellersberger, Fürsprech, Ständerat	3000
Giuseppe Berri, Koch Grand Hôtel	2000
Max Behrens, Monteur BBC	1500
Max Schiesser, Elektrotechniker BBC	1200[1127]
Hermann Burg, Schriftsetzer Wanner-Druckerei (BT)	1200
Theophil Keller, Ingenieur Motor AG	1200
A. Fischinger, Bademeister Grand Hôtel	1200
Alfred Farner, Commis BBC	1200
Heinrich Wülser, Bahnwärter	1200
W. Hafen junior, Sohn des Besitzers des Grand Hôtels	1200
Josef Müller, Metzger	1200
Emil Völkel, Koch Löwen	1200
Johann Meier, Briefträger	1100
Albert Balli, Mechaniker BBC	1000
Johann Georg Bucher, Conditor Schnebli AG	1000
M. Guggenheim, Zuschneider Schuhfabrik Guggenheim	1000
Eduard Belser, Giesser BBC	1000
Kuno Wechselberger, Schriftsetzer Jäger-Druckerei (SFP)	1000
Angelo Fontana, Portier Verenahof	900
August Biedermann, Handlanger BBC	800
Ferdinand Häfeli, Ausläufer BBC	800
A. Agnoli, Arbeiter BBC	800
Salvatore Galeazzi, Arbeiter Schuhfabrik Guggenheim	700
Albert Müller, Fabrikarbeiter Spinnerei Spörry	600
Frau Graf-Küpfer, Verkäuferin	600

Walter Boveri verdiente rund 28 Mal mehr als ein Handlanger bei der BBC wie etwa August Biedermann. Das waren erhebliche Einkommensunterschiede.

Wenn wir die Vermögen in Betracht zögen, wären die Differenzen noch grösser, denn der erwähnte Handlanger Biedermann verfügte über praktisch kein Vermögen, während Boveri schon damals mit rund 2,3 Millionen Franken ein Millionär war.

Verglichen mit der aktuellen Situation, insbesondere in der Schweiz oder den USA, darf man wohl trotzdem von moderaten Ungleichheiten sprechen. In der Schweiz verdiente zu Anfang des 21. Jahrhunderts, also rund hundert Jahre später, ein CEO durchschnittlich 151 Mal mehr als ein Arbeiter. In Deutschland stellte man zur gleichen Zeit ein Verhältnis von 147:1 fest.[1128] Noch deutlicher haben sich die Diskrepanzen in den USA ausgeweitet: 2012 belief sich das Durchschnittsverdienst eines CEO, der eine *S&P 500 Company*[1129] führte, auf 12,3 Millionen Dollar, was 354 Mal mehr war, als was ein Arbeiter in einem Jahr realisierte, nämlich 35 000 Dollar.[1130] Dieses Verhältnis zwischen oben und unten hat sich in der jüngeren Vergangenheit übrigens ständig akzentuiert: 1965 zum Beispiel hatte es in den USA erst 20:1 betragen, also vergleichbar mit dem Befund von 28:1, den wir in Baden für das Jahr 1903 errechnet haben, ein Gegensatz mithin, den die meisten Zeitgenossen heute wohl für akzeptabel halten würden.[1131]

Was heisst akzeptabel? Die beiden Forscher Michael Norton von der Harvard Business School und Sorapop Kiatpongsan von der Chulalongkorn University in Bangkok, Thailand haben entsprechende Meinungsumfragen in vierzig Ländern untersucht und kamen zum Schluss, dass die meisten Befragten erstens die realen Einkommensunterschiede zwischen CEOs und ungelernten Arbeitern unterschätzten, und zweitens so gut wie immer eine andere, egalitärere Verteilung befürworteten – und zwar interessanterweise weitgehend unabhängig von ihrer politischen Einstellung oder ihrer sozioökonomischen Position.[1132] Was von Land zu Land variierte, war das Ausmass dessen, was man gerade noch für «fair» hielt, wobei die Menschen in den meisten Industrieländern, die Schweiz miteingeschlossen, ein Verhältnis von etwa 4:1 als angemessen ansahen. Mit anderen Worten, selbst die Differenz, die wir für Baden im Jahr 1903 eruiert haben – 28:1, würde heute als zu extrem eingestuft werden.

Ohne Frage zählte ein Handlanger wie August Biedermann zur Badener Unterschicht, dennoch lebte er nicht in Armut, die BBC zahlte vergleichsweise gute Löhne, was man daran ermessen mag, dass ein Ingenieur, immerhin ein Angehöriger der oberen Mittelschicht, in der Regel bloss 3,75 Mal mehr Einkommen erzielte. Ausserdem bot die BBC erstaunliche Aufstiegsmöglichkeiten: Max Schiesser, der spätere Delegierte des Verwaltungsrates der BBC, hatte 1901 als Mechaniker zu einem Stundenlohn von 43 Rappen in der Schlosserei der Firma angefangen; die BBC-Hauszeitung schrieb 1942 in einem Porträt über ihn:

10. Klassengesellschaft in der Kleinstadt: Die soziale und kulturelle Transformation

«Die etwas eintönige Arbeit in der Schlosserei unter dem Vorarbeiter Ferd. Fischer, der vor Jahresfrist pensioniert wurde, sagte Schiesser wenig zu und er ruhte nicht, bis es ihm nach 3 ½ Monaten gelang, in die Wicklerei versetzt zu werden, wo er sich allerdings zunächst mit einem Handlangerposten und 32 Rp. Stundenlohn begnügen musste.»[1133]

Unermüdlich arbeitete sich Schiesser (1880–1975) empor, aus dem Handlanger wurde ein anerkannter Elektrotechniker, doch seine Karriere war damit längst nicht am Ende, im Gegenteil, der Aufsteiger wurde fast Jahr für Jahr befördert. 1925 zog er in die Direktion ein, 1937 trat er in den Verwaltungsrat ein, wo er als einer der Delegierten zum faktischen operativen Chef der BBC wurde. Walter Boveri junior, der kurze Zeit später, 1938, das Verwaltungsratspräsidium übernehmen sollte, hatte Schiesser gegen starken internen Widerstand in diese Position gebracht, die dieser bis 1953 beibehielt. Bis 1961 sass er im Verwaltungsrat.[1134] Es war ein triumphales Berufsleben, zumal wenn man weiss, woher er gekommen war.

Schiessers Vater hatte sich als Textilarbeiter durchgeschlagen, später als Schlosser – unter anderem bei der SLM, er war von Firma zu Firma gezogen, weil er nie richtig Fuss fassen konnte. Die Familie liess er in Winterthur auf sich allein gestellt zurück, so dass der junge Max praktisch ohne Vater aufgewachsen war. Dass dieser Max Schiesser es fertigbrachte, bis an die Spitze der BBC vorzudringen, lag zum einen an der sozialen Vorurteilslosigkeit und Leistungsorientiertheit der damaligen BBC-Führung, die selber ja aus Aufsteigern bestand, zum andern am Ehrgeiz, dem Talent und nicht zuletzt am exzessiven Selbstbewusstsein, das den jungen Mann aus Winterthur auszeichnete, der eine Lehre und ein paar wenige Semester am dortigen Technikum absolviert und 1901 das Diplom erworben hatte. Dies illustriert eine Anekdote, die Walter Boveri junior 1947 anlässlich des 40-jährigen Dienstjubiläums von Schiesser in einer Ansprache erzählte. 1902 war Schiesser, knapp 22 Jahre alt, von der BBC als Monteur nach Luxemburg geschickt worden, um ein Hüttenwerk einzurichten. Dabei fiel ihm auf, dass die Generatoren, die die BBC geliefert hatte, schwere, aber kaum sichtbare Schäden aufwiesen. Er meldete dies nach Baden, und man teilte ihm mit, ein Experte sei schon unterwegs, um die Generatoren zu reparieren. Schiesser telegrafierte nach Baden zurück: «Entsendung von Experten unnötig, da bester Experte bereits am Platz. – sign. Max Schiesser».[1135]

Gewiss, eine Relativierung drängt sich auf: zwar war Schiesser kein Akademiker, doch hatte er das Technikum in Winterthur besucht, was seine Karriere wesentlich befördert haben dürfte. Fast die gesamte frühe Führungsspitze der BBC wies seinerzeit eine ähnliche technische, aber nicht-akademische Ausbildung auf: namentlich Boveri, Funk (Banklehre), Hunziker oder die Gebrüder

Brown. Die letzteren hatten beide ebenfalls das Technikum von Winterthur absolviert. Zugegebenermassen sollte sich das bald ändern, schon 1920 überwogen auch bei der BBC die Akademiker in der Direktion, es handelte sich vorab um ETH-Ingenieure.

Wenn man das oberste Kader der Schweizer Firmen vor dem Ersten Weltkrieg betrachtet, bedeutete Schiesser hingegen keinesfalls ein Kuriosum. In ihrer Untersuchung über die Schweizer Wirtschaftseliten von 1910 bis 2010 gelangten die Lausanner Autoren André Mach et al. zu interessanten Ergebnissen: 31 Prozent der Spitzenmanager im Jahr 1910 hatten eine Berufslehre abgeschlossen, und 10 Prozent hatten (wie Schiesser) eine «höhere Fachschule» abgelegt.[1136] Demgegenüber waren 1910 32 Prozent der höchsten Führungskräfte Absolventen einer Universität – es gab in jenen Jahren demnach mehr Spitzenkräfte ohne akademischen Abschluss als solche mit dieser Qualifikation. Allerdings erfolgte nach dem Ersten Weltkrieg ein eigentlicher Akademisierungsschub in den Führungsetagen, und der Anteil von Absolventen einer Berufslehre nahm rapide ab: 1937 lag er bloss noch bei 18 Prozent, 1957 bei 17 Prozent, um 1980 auf rekordtiefe 12 Prozent abzusinken. Parallel zu dieser Entwicklung hatte der Prozentsatz der Akademiker laufend zugelegt: Schon 1937 lag er bei hohen 61 Prozent. Im gleichen Jahr wurde Schiesser zum Delegierten des Verwaltungsrates ernannt. Nur 16 Prozent der Manager hatten zu diesem Zeitpunkt wie er eine höhere Fachschule besucht, was unterstreicht, wie selten ein solcher Berufsweg inzwischen geworden war.

Zu einem ähnlichen Befund kamen Joseph Jung et al.: Von den 272 Wirtschaftspionieren, die sie erforscht haben, hatten gar die Mehrheit, 52 Prozent, eine Berufslehre durchlaufen, während 41 Prozent als Akademiker einzustufen sind, und sieben Prozent konnten gar keine Ausbildung vorweisen, was in einem traditionell bildungsfreundlichen Land wie der Schweiz ein doch recht hoher Prozentsatz bedeutet. Dabei ist im Auge zu behalten, dass ein grosser Teil dieser Unternehmer im 19. Jahrhundert aktiv war.[1137]

Auch wenn solche Karrieren, wie sie Schiesser zustande gebracht hatte, keineswegs den Normalfall bildeten, kamen sie in der Schweiz doch oft genug vor, um die Legitimität der Unternehmer und ihrer Manager abzusichern. Schiesser war in der BBC berühmt dafür, dass er nie vergass, dass er jahrelang selber an der Drehbank gestanden hatte. Noch als oberster Chef der BBC ging er regelmässig durch die Fabriken, wie sich der ehemalige CVP-Nationalrat Paul Eisenring erinnerte.[1138] Er hatte Schiesser verschiedentlich dabei begleitet. Dann und wann blieb der BBC-Chef bei einem Arbeiter stehen und schaute ihm eine Weile bei der Arbeit zu, bis er ihn unterbrach:

10. Klassengesellschaft in der Kleinstadt: Die soziale und kulturelle Transformation

«Sie, wie heissen Sie?»

«Müller».

«Wie Sie das machen, das ist schon recht» und dabei nahm er dem Arbeiter die Feile aus der Hand: «aber wenn Sie es so machen, dann geht es mit der Hand ringer.»[1139]

Schiesser, so erzählte Eisenring, kannte jede Maschine, jedes Werkzeug, jede Schraube in der Fabrik: «Schiesser war sagenhaft, da kommen mir heute noch die Tränen, wenn ich an ihn denke. Eine sagenhafte Persönlichkeit, von einer Korrektheit, das ist schwer auszudrücken.»[1140]

Eisenring sass jahrelang im Verwaltungsrat der BBC, in den 1950er-Jahren war der damalige Chefredaktor der *Schweizerischen Handelszeitung* ein enger Berater von Boveri junior, dem Verwaltungsratspräsidenten, und hatte daher oft mit Schiesser zu tun.[1141]

Es gehört zu den besonderen Ironien der BBC-Geschichte, dass Schiesser, der in bescheidenen Verhältnissen aufgewachsen war – dass dieser ehemalige Schlosser von keinem so intensiv gefördert worden war wie von Walter Boveri junior, dem eleganten Sohn des Firmengründers, der seine Kindheit in der Villa Boveri mit fünfzehn Hausangestellten verbracht hatte.[1142] Boveri junior hatte eine Schwäche für teure Autos und war in Baden berüchtigt für zu schnelles Fahren.[1143] Als Verwaltungsratspräsident lebte er nicht mehr in Baden, sondern hoch über Herrliberg am Zürichsee in einem Haus, das er selber geplant und gebaut hatte: «Felsengrund» hiess es, eine Art toskanisches Landgut, abseits der Menschen und des Dorfes. Weit und breit war von der Moderne nichts zu sehen.[1144] Nur an einem einzigen Tag in der Woche, tauchte Walter Boveri im Büro in Baden auf. Immer mit Chauffeur in einem Cadillac unterwegs, kam und ging er, ohne je ein Wort zu viel gewechselt zu haben. Er war ein Einzelgänger, der spät heiratete und ohne Kinder blieb. Er trug mit Vorliebe Kamelhaarmäntel und legte Wert darauf, mit Herr Doktor angesprochen zu werden. Geduzt wurde im Geschäft nie. Wenn es ihm ernst war, wenn es etwas Wichtiges zu besprechen gab, sprach er Hochdeutsch.

Von den beiden Brüdern war er, obwohl der Jüngere, derjenige, der den Ton angab. Offenbar fand sich der ältere Theodor ohne Weiteres damit ab. Und als ob er die menschlichen Defizite des Jüngeren kompensieren wollte, übernahm er in der Firma den Part des Gutmütigen. Man nannte ihn «Teddy». Wenn er in der Fabrik unterwegs war, stellte er sich jedermann vor und gab höflich die Hand. Wenn ein Ingenieur seinen ersten Tag bei der BBC hatte, liess es sich Teddy selten nehmen, ihn persönlich am neuen Arbeitsplatz zu begrüssen.[1145]

Hätte Walter Boveri junior dagegen solches getan, man wäre erschrocken. Er

553

galt als fähig, hochintelligent und visionär und wurde dafür bewundert, aber nie geliebt. Anders als sein Vater konnte er es mit den wenigsten Menschen. Rudolf Sontheim, ein BBC-Manager, der jahrelang mit ihm eng zusammengearbeitet hatte, schrieb: «Infolge seiner unbestreitbaren Fähigkeit, in geschäftlichen Fragen nicht nur die Probleme zu erkennen, sondern auch Lösungen vorauszusehen, gelang es ihm immer wieder, nicht nur seine Freunde in Bann zu ziehen, sondern seine Gegenspieler regelrecht mundtot zu machen. Damit verscherzte er viel ‹Goodwill›, was schliesslich mit sich brachte, dass er vor seinem Tode kaum mehr Freunde hatte in der Schweiz.»[1146] Boveri glaubte an die Astrologie, manchmal liess er es gar zu, Geschäftsentscheide von der Konstellation der Sterne abhängig zu machen. Sontheim fuhr fort: «Dafür fing er an, Verehrerinnen um sich zu scharen, die ihm bei seinen endlosen Ausführungen über das Himmelszelt und die Sphärenmusik andächtig zuhörten.»[1147]

Er war überheblich und verletzend, meistens schwierig, wenn nicht depressiv, immer autoritär. Das Gegenteil von Schiesser. Doch vor diesem, so berichtete Paul Eisenring, hatte Boveri «allergrössten Respekt». Schiesser führte die BBC aus der Depression der 1930er-Jahre in die Zeit des Wirtschaftswunders. 1936, im historischen Tief der BBC, arbeiteten in Baden bloss noch 3900 Beschäftigte, 1960, kurz bevor Schiesser abtrat, waren es 15 000, der Umsatz stieg von 90 Millionen Franken im Jahr 1945 auf 482 Millionen Franken im Jahr 1960. Es war womöglich eine der besten Zeiten der BBC, als Max Schiesser sie führte – seit den ersten Jahrzehnten nach der Gründung, der Periode also, die wir hier in erster Linie untersuchen. 1961 zog sich Schiesser aus dem Verwaltungsrat zurück.[1148] 1975 starb er. Walter Boveri junior war drei Jahre zuvor, 1972, verschieden.

10.1.4 Zwei Welten: Arbeit bei BBC, Armut bei Spörry

Wir fassen zusammen: die neue Elektroindustrie, die BBC oder die Motor AG führten keineswegs unhaltbare Zustände in ihrer *Company Town* herbei, sondern boten vielmehr gutes Verdienst und Karrieremöglichkeiten, wie sie vorher undenkbar gewesen wären. Die soziale Umschichtung, die sich ergab, war dramatisch und tiefgreifend, aber die sozialen Probleme, die in Baden durchaus auftraten, hatten weniger mit der BBC zu tun, sondern eher mit der Vergangenheit vor der BBC. Gewiss, zur Badener Unterschicht zählten nun auch Handlanger und Hilfsarbeiter, die bei der BBC arbeiteten, und wenn wir uns auf die Stadtratsprotokolle als empirische, anekdotische Ressource stützen, stossen wir oft auf Leute von der BBC, die negativ in den Akten erschienen: Hier war ein BBC-Dreher in eine Prügelei verwickelt, dort fuhr ein BBC-Monteur zu schnell Velo oder ein alkoholisierter BBC-Handlanger wurde nach der Polizeistunde aufgegriffen.[1149] Die Disziplinierung abweichenden Verhaltens, die Implementierung von Ruhe und Ordnung in der kleinen Stadt, was zu den zentralen Aufgaben des damaligen Stadtrates gehörte, galt zusehends auch BBC-Beschäftigten. Selbst Angehörige des Managements waren betroffen, wenn auch selten genug: 1914 musste sich der Stadtrat um ein uneheliches Kind kümmern, das Ingenieur Herbert Brown, ein Cousin von Charles, offenbar gezeugt hatte. Man suchte diskret nach einem Beistand. Das war peinlich genug.[1150] Ferner mussten sich Direktoren und Ingenieure genauso ermahnen lassen, den Kehricht zu räumen oder das Trottoir sauberzuhalten, auch für zu schnelles Velofahren zahlten BBC-Chefs die eine oder andere Busse. Wenn wir allerdings bedenken, wie viele Tausende mittlerweile bei der BBC angestellt waren, sind es dann doch sehr wenige BBCisten, die zwischen 1891 und 1925 aktenkundig wurden, weil sie kriminell oder sonstwie unangenehm aufgefallen wären.

In der Regel zahlte die BBC selbst einem Hilfsarbeiter einen vergleichsweise guten Lohn. Wenn Industriearbeiter in Baden in finanzielle Nöte gerieten, dann handelte es sich meistens um Textilarbeiter, die in den niedergehenden Betrieben in der Aue oder in Wettingen tätig waren.[1151] Besonders Albert Spörry, der Besitzer der Spinnerei in der Aue, zahlte offenbar notorisch schlechte Löhne. Seine Firma steckte seit Jahren in Schwierigkeiten. 1904 erschien im *Badener Tagblatt* ein geradezu vernichtender Artikel, offensichtlich gehörte der Autor nicht der Redaktion an, sondern es handelte sich um einen Gastbeitrag eines Arbeiters, wenn nicht eines Gewerkschafters. Dass das liberale *Badener Tagblatt* ihn aber überhaupt abdruckte, sprach Bände:

«Es hat sich hier in Baden (…) eine Zahlstelle des Schweizerischen Textilarbeiter-Verbandes (…) gegründet, um den Arbeitern der Firma A. Spörry, die moralisch wie physisch auf der denkbar niedersten Stufe stehen, auf die Beine zu helfen. Was für traurige ‹Löhne› – wenn man sie überhaupt so nennen darf – dieser Fabrikant seinen Arbeitern bezahlt, das pfeifen die Spatzen von den Dächern und dürfte der tit. Einwohnerschaft von Baden zur Genüge bekannt sein. Aber, so frage ich im Namen der Arbeiterschaft Spörrys die Allgemeinheit: Ist es nicht himmelschreiend, dass wir mit 15, 16, 17, 18, 20 und 22 Cts. Stundenlohn abgespeist werden? Ist ein Arbeiter im Stande, mit diesem ‹Lohne› sich standesgemäss zu nähren und zu kleiden? In welchen Zustand der Degeneration gerät er mit der Zeit infolge des schlechten Lebensunterhaltes, da es die Mittel nicht erlauben, ordentlich sich nähren zu können? Die Schamröte treibt es mir ins Gesicht, wenn ich und meine Leidensgenossen auf der Strasse von der übrigen Arbeiterschaft Badens nur so verächtlich von der Seite angeschaut werden und ich's den Leuten ab den Gesichtern lesen kann: ‹Ein Spinner von Spörry›.»[1152]

Max Schiesser hatte als Handlanger bei der BBC 32 Rappen Stundenlohn erhalten, das war deutlich mehr als die «besten» Löhne bei Spörry – das lässt erahnen, wie schwer es den wenigen, alten Industriebetrieben fiel, mit der modernen BBC auf dem Arbeitsmarkt zu konkurrieren. Wenn schon ein Handlanger so viel besser verdiente, wie wollte ein Fabrikant wie Spörry gar einen Facharbeiter für sich gewinnen? Als kurz darauf in der Spinnerei Spörry ein heissgelaufener Transmissionsriemen ein Feuer auslöste und die Fabrik vollständig niederbrannte, erledigte sich das Problem von selbst. Spörry, der sich in der legendären Gemeindeversammlung von 1891 dagegen gewehrt hatte, dass die BBC zuzog, blieb nichts anderes übrig, als den Betrieb einzustellen. Hunderte von Arbeitern verloren ihre Stelle, manche stürzten ins Nichts. Da der Stadtrat befürchtete, dass diese sozialpolitisch explosive Lage den Sozialisten und den Gewerkschaften Auftrieb geben könnte, tat er alles, um den Arbeitern und ihren Familien möglichst zu helfen und rasch eine neue Stelle zu verschaffen. Zu diesem Zweck verlangte der Stadtrat von Spörry eine Liste der Härtefälle, was dieser zwar lieferte, doch die Liste war so unverschämt kurz – sie bestand aus bloss sechs Namen – dass der Stadtrat einen Polizisten losschickte, damit dieser die Situation der Spörry-Spinner von neuem überprüfte. Beliebt war Spörry nicht, noch weniger, so scheint es, traute man ihm. Tatsächlich stiess der Polizist auf erbärmliche Verhältnisse. Er erweiterte die Liste mit sechzehn Namen und kommentierte sie. Es war ein Inventar des Elends:

35-jähriger Spinner: «Verheiratet, 7 Kinder, hat gegenwärtig gar keinen Verdienst, ist zudem noch lungenkrank, schnelle Hilfe ist hier sehr notwendig.»
38-jähriger Carderiearbeiter: «Verheiratet, 7 Kinder, allein zum Verdienen, sehr arm und bedürftig.»
28-jähriger Spinner: «Verheiratet, 3 Kinder, sehr arm und bedürftig, nicht einmal Schuhe hat die Frau.»
26-jähriger Öler: «Verheiratet, arbeitet noch bei Spörry, nur sehr kleiner Lohn, ein Kind schon lange krank, sehr arm.»
35-jähriger Spinner: «Verheiratet, 4 Kinder, arbeitet gegenwärtig noch bei Spörry, Verdienst natürlich gering, kann bloss 9 Stunden arbeiten.»
36-jähriger Spinner: «Verheiratet, 5 Kinder, allein zum Verdienen, Frau im Wochenbett, sehr arm und bedürftig, der Mann ist auf der Suche nach Arbeit.»
70-jährige Fabrikarbeiterin: «Gebrechlich, alleinstehend, wird schwerlich anderswo noch Arbeit bekommen, lebt einzig von guten Leuten, welche ihr etwas geben.»[1153]

Dem Stadtrat gelang es, Spörry zu einem kulanteren Verhalten zu bewegen, und es wurde auf dessen Initiative ein Hilfskomitee gebildet, das der liberale Stadtammann Reisse leitete. Spörry war selber Mitglied, aber auch Johanna Funk, die Frau des BBC-Direktors. Am Ende überstand Baden diese Krise, ohne dass es zu sozialen Unruhen, Streiks oder einer schlechten Presse in den Arbeiterzeitungen gekommen wäre. So gut wie alle Arbeitslosen fanden eine neue Arbeit. Insbesondere die BBC und die Merker AG bemühten sich, ihnen eine Stelle anzubieten, manche Spörry-Angestellten kamen auch in der Spinnerei in Wettingen unter, andere verliessen die Region.[1154]

Im Vergleich zum Arbeitskonflikt bei der BBC im Jahr 1899 war das Krisenmanagement dieses Mal reibungslos verlaufen, was womöglich auch daran lag, dass der Stadtrat mit Spörry viel weniger zimperlich umsprang, als mit den Spitzenleuten der BBC. Man setzte Spörry unter Druck, man zeigte wenig Nachsicht. Für unseren Zusammenhang ist indes die folgende Bilanz relevanter: Die BBC zahlte viel höhere Löhne, selbst für die unteren Chargen. Dass dies der Fall war, wurde der Firma von ihren Arbeitern selbst dann attestiert, als sie 1899 streikten: Es gehe ihnen keinesfalls um bessere Löhne, betonten sie, sondern allein um ihr Koalitionsrecht. «Die Arbeit ist mit heute niedergelegt worden», schrieb damals ein Arbeiter oder Gewerkschafter in einem Gastbeitrag im *Badener Tagblatt*: «Um bei der hiesigen Bevölkerung und auswärts keine irrige Meinung aufkommen zu lassen, sei hier festgestellt, dass die Arbeitseinstellung in der Dynamofabrik mit Lohn- und Arbeitszeitverhältnissen nichts zu tun hat. Die Arbeiterschaft ist diesbezüglich zufrieden».[1155]

Das höhere Verdienst der BBC-Arbeiter stellte selbstredend keinen Einzelfall dar, überall in Europa erhielt mehr, wer in den modernen Sektoren der Industrie beschäftigt war: ob Elektro-, Maschinenindustrie oder Chemie, hier wurde besser bezahlt als etwa in der älteren Textilbranche. Die Hotellerie, die in Baden nach wie vor die zweite bedeutende Branche darstellte, war ein Sonderfall: Zwar verdiente man hier weitaus weniger gut als in der Elektroindustrie, doch erhielten die meisten Angestellten zusätzlich freie Kost und Logis, ausserdem arbeiteten sie nur saisonal hier und kehrten in der Zwischensaison in ihre Heimat zurück, ob im Ausland oder in den Bergen. Wichtiges Personal, wie etwa Köche, Conciergen oder Bademeister, kamen im Übrigen auf relativ hohe Saläre, wie unsere Auszüge aus den Steuerbüchern aufgezeigt haben. Kurz, wenn in Baden Leute in sozial prekärer Lage lebten, dann waren diese selten bei der BBC angestellt.

Das hing auch damit zusammen, dass viele Beschäftigten damals als sogenannte Arbeiterbauern ihr Einkommen aufbesserten, indem sie (oder meistens ihre Frauen) zu Hause noch einen landwirtschaftlichen Betrieb unterhielten. Wir haben dieses Phänomen bereits erwähnt, es war besonders typisch für Arbeiter der BBC, zumal die Firma dies gezielt förderte: beim Dynamoheim in Wettingen stellte sie ihren Arbeitern Pflanzplätze zur Verfügung oder sie rekrutierte mit Vorliebe solche, nach wie vor ländlich geprägten Arbeiter, was in Baden leichtfiel, da ja die Agglomeration bis noch vor Kurzem kaum Industrie gekannt hatte, sondern eine Domäne der Landwirtschaft geblieben war. Fritz Funk hatte seinerzeit, als man über den Standort diskutierte, explizit diese Möglichkeit als Vorzug ins Feld geführt, und die BBC nutzte ihn während Jahrzehnten.

Vielleicht beschreibt kein Text diese doppelte Berufstätigkeit, die unter BBC-Arbeitern weit verbreitet war, anschaulicher und rührender zugleich als der folgende Nachruf auf Martin Schibli, einen BBCisten, der 1945 im Alter von nur 54 Jahren gestorben war. Der Text erschien in der BBC-Hauszeitung und war mit einem Foto versehen, das einen ernst blickenden Mann im Sonntagsanzug und mit eng geschnürter Krawatte zeigte:

«Martin Schibli, ein gesunder, kräftiger Mann, besass in Fislisbach ein eigenes Haus mit einem kleinen Landwirtschaftsbetrieb. Als er diesen Herbst seinen Erntesegen einheimste, stürzte er so unglücklich von der Heubühne, dass er in das Krankenhaus der Stadt Baden überführt werden musste, wo er an den Folgen seiner Verletzungen verschied. Der Verunfallte wohnte zeitlebens in Fislisbach. Nach der Schulentlassung war er bis zu seinem zwanzigsten Lebensjahr als Waldarbeiter tätig. Gerne hätte er einen Beruf erwählt, doch als der älteste von fünf Brüdern musste er möglichst früh an den Lebensunterhalt der Familie beisteuern. 1911 kam er in unsere TF [Abteilung bei der BBC]. Hier war er nach kurzer Anlernzeit als Hilfsdreher tätig, doch entwickelte er sich im Laufe der Jahre zu einem selbständigen Arbeiter, der in Bezug auf exakte Ausführung der Werkstücke erhöhten Anforderungen gerecht wurde. Er drehte hauptsächlich Wellen für Getriebe, Gebläse und dergl. Seines ruhigen, friedfertigen Wesens wegen war er in der Werkstätte sehr beliebt. Aber auch seine Dorfgenossen in Fislisbach schätzten ihn. Gemeinsam mit seiner Gattin gab er sich alle Mühe, neben der Berufsarbeit auch noch als Pflanzer zu wirken, um so weit als möglich Selbstversorger zu sein.»[1156]

10.1.5 Römerburg zu verkaufen

Am 26. November 1920 hatte sich der Badener Stadtrat das erste Mal mit diesem Ärgernis zu befassen: «Da das Leerstehen der Römerburg die Bevölkerung nachgerade beunruhigt, wird Herrn Charles Brown angezeigt, wenn er das Haus seiner Familie nicht bis 1. Januar 1921 bezogen hätte, würde die Villa beschlagnahmt und zimmerweise angemietet.»[1157] Seit Jahren hatte niemand mehr in der Römerburg gewohnt, seit Charles Brown 1911 mit Walter Boveri gebrochen hatte. Zunächst war er zu einer Weltreise aufgebrochen, die ihn ein Jahr lang in aller Herren Länder brachte, kurz darauf zog er ins Tessin, nach Montagnola bei Lugano, wo er die «Villa Roccolo» erworben hatte. 1914 starb seine erste Frau

Amelie, 1916 heiratete er seine zweite, Hilda Goldschmid. Er war 51 Jahre alt, sie 21, also 30 Jahre jünger als er. Im Tessin lebte er als wohlhabender Privatier bis zu seinem Tod im Jahr 1924, selten kam er zurück nach Baden, wie etwa 1916 ans Jubiläum, um ein, zwei Tage in der Römerburg zu übernachten. Sonst stand sie leer. Ein Gespensterhaus.

1920 herrschte in Baden Wohnungsnot, was erklärt, warum der Stadtrat jetzt unter Druck kam: Er kontrollierte damals jede Wohnungsvermietung streng. Wer von aussen zuzog, benötigte eine Bewilligung, die er kaum bekam. Daher ging es nicht an, dass ein 13-Zimmer-Haus mitten in der Stadt, das jeder kannte und sah, ohne Bewohner blieb. Brown schaltete seinen Anwalt ein:

«Herr Dr. Lewin antwortet für Herrn Dr. Charles Brown, Herr Brown sei durch die Krankheit seiner Frau verhindert, die Römerburg zu beziehen. Herr Brown sei bereit, die Römerburg an eine Familie zu vermieten, die für die gute Instandhaltung der Einrichtung Gewähr biete und den Mietzins aufzubringen vermöge. Zimmerweise Vermietung sei unmöglich, die jährliche Entschädigung für 13 Zimmer, wovon 3 für Aufbewahrung der Kunstgegenstände nötig wären, würde mindestens Fr. 30 000.– betragen, die Heizung würde pro Winter etwa Fr. 8000.– kosten.»[1158] Eine extrem hohe Miete. Umgerechnet beliefe sie sich heute auf etwa 400 000 Franken.[1159]

Um sich ein Bild zu machen, beschloss der Stadtrat, Herrn Stoeri, einen Beamten des Bauamts zusammen mit Anwalt Lewin in die Römerburg zu schicken. Sein Befund war ernüchternd:

«Herr Stoeri erstattet mündlich Bericht über das Ergebnis seines Augenscheins in der Villa Römerburg. Die Villa besitze eine zentrale Halle, welche durch die ersten beiden Stockwerke gehe. Um diese Halle gruppiere sich im Erdgeschoss und im 1. Stock die Herrschaftswohnung, die Küche befinde sich im Erdgeschoss. Im Dachgeschoss seien einige abgeschrägte Dienstenzimmer [sic], zu denen ein eigenes Treppenhaus führe. Im Dachgeschoss fehle eine Küche, die auch nicht nachträglich eingerichtet werden könnte. Von der Zentralheizung seien 2 grosse Öfen und ein kleiner Ofen im Keller vorhanden. Die elektrische Heizung könnte nur mit grossen Kosten eingerichtet werden, weil nur eine Lichtleitung vorhanden sei und diese in die Mauer eingelassen sei. Es wäre nur möglich, die untere Wohnung zu vermieten, wobei dann die Dachzimmer mitgebraucht würden, oder man könnte nur den obersten Stock vermieten, müsste dann die Hauptwohnung leer lassen. Auch zimmerweise Vermietung sei unmöglich.»[1160] Ob der Stadtrat über diesen Bericht überhaupt noch diskutierte, ist offen, jedenfalls gab man Brown recht: «Unter diesen Umständen wird von der Beschlagnahmung der Villa Römerburg abgesehen.»[1161]

Die Römerburg, eine der spektakulären Villen der Epoche, ein Monument des Triumphes einer der grossen Ingenieurdynastien der Schweiz und Grossbritanniens zugleich, blieb noch weitere Jahrzehnte leer, so jedenfalls macht es den Anschein. 1957 wurde sie abgerissen. Charles Brown und seine Familie – und sie allein, hatten es knapp zehn Jahre bewohnt. An seiner Stelle liess die BBC schmucklose Bürogebäude errichten.

Der Villa Boveri stand zunächst eine vergleichbare, glamourlose Zukunft bevor. Nachdem Walter Boveri 1924 gestorben war, lebte seine Witwe Victoire Boveri-Baumann noch bis zu ihrem Tod im Jahr 1930 dort. Dann stand auch die Villa Boveri leer. Keines der Kinder mochte einziehen. Theodor wohnte in Zürich, Walter ebenfalls, Victoire in Chur. 1943 schenkte Walter Boveri junior die Villa den Angestellten der BBC und liess sie als Clubhaus herrichten. Heute nutzt es die ABB für Seminare und Empfänge. Das Haus wurde renoviert, der Park wird regelmässig gepflegt, alles steht unter Denkmalschutz. Ab und an spazieren alte Leute im Park, und obwohl der Verkehr so nahe vorbeizieht, hört man kaum einen Ton. Es herrscht Ruhe.

Als Boveri nach dem Ersten Weltkrieg schwer verunfallte, verbrachte er jeweils Wochen im Krankenbett in seiner Villa. An Spaziergänge in seinem schönen Park war nicht mehr zu denken, stattdessen dämmerte er dem Tod entgegen. Es mag daran liegen, dass er sehr empfindlich geworden war. Im Sommer 1921 fand wie jedes Jahr, in Baden das Jugendfest statt, und wie immer war der Schulhausplatz ein Ort des Geschehens, also in der Nähe des Ländliwegs. Es war wohl etwas lärmig. Boveri schrieb dem Stadtrat einen Brief:

«Hierdurch möchte ich mir die ergebene Anfrage erlauben, mit welchem Recht der Gemeinderat die Erlaubnis zu nächtlicher Ruhestörung geben kann. Als solche schlimmster Sorte qualifiziert es sich doch, wenn man Einwohnern, wie am letzten Sonntag, gleich die ganze Stadtmusik bis früh 2 Uhr unmittelbar unter den Fenstern spielen lässt. Ich muss dagegen, soweit es meine Liegenschaft betrifft, für die Zukunft energischen Protest einlegen.»[1162] Wenn die Stadt das nächste Mal solche «Massenveranstaltungen» plane, dann sollten sie an einem anderen Ort durchgeführt werden, zum Beispiel in der Aue – ein Vorschlag, auf den Boveri kam, weil die Stadt zu jener Zeit dort eine neue Turnhalle errichten wollte, jedenfalls stand für Boveri fest: «Ich kann nicht dulden, dass mein Garten als öffentliches Terrain angesehen wird».[1163]

Der kranke Boveri war in Rage – und unter normalen Umständen hätte der Stadtrat sogleich alles getan, um ihn zu beruhigen. Normal waren diese aber nicht. Jäger war in den Ferien. Deshalb geriet die Antwort des Stadtrates ausser Kontrolle:

«Dr. Boveri beschwert sich, weil der Gemeinderat die Erlaubnis zu nächtlichen Ruhestörungen durch festliche Veranstaltungen auf dem Jugendfestplatz erteilt habe. Die Feste möchten zur Schonung der Ruhe der Liegenschaft Boveri künftig in den Sportplatz in der Aue verlegt werden. Die Anschuldigungen gegen den Gemeinderat werden als unzutreffend zurückgewiesen. Herr Dr. Boveri wird darauf aufmerksam gemacht, dass jener Platz von Alters her für Feste benützt wurde und dass die dadurch nur wenige Male im Jahr verursachte Fröhlichkeit weit weniger Störung bringt, als sie die Nachbarn grosser Fabriken Tag und Nacht das ganze Jahr hindurch über sich ergehen lassen müssen.»[1164]

Eine solch aggressive Replik war höchst unüblich, und Boveri zog die Sache umgehend ans Bezirksamt weiter, das ihm recht gab: «Unter Bezugnahme auf meine Korrespondenz mit Ihnen bezüglich die Benutzung des Festplatzes teile ich Ihnen mit, dass das Bezirksamt den Standpunkt, den der Gemeinderat eingenommen hat, ablehnt.»[1165] Die Stadt hatte behauptet, das Bezirksamt habe die Bewilligung erteilt, ohne dies mit der Stadt koordiniert zu haben.

Bald trat der Stadtrat den Rückzug an – das dürfte weniger am Bezirksamt gelegen haben, als an der trivialen, aber entscheidenden Tatsache, dass Jäger, der Stadtammann der BBC, inzwischen aus den Ferien zurückgekehrt war. Am 21. Juli beschloss die Stadtregierung, jetzt unter dem Vorsitz von Jäger: «Überwirtungs- und Tanzbewilligungen auf dem Jugendfestplatz sollen in Anbetracht der berechtigen Klagen der Nachbarschaft zukünftig unbedingt auf Mitternacht beschränkt werden.»[1166]

Am gleichen Tag büsste der Stadtrat den Wirt der Krone, Häfeli, mit 5 Franken wegen «Überwirtung». Eine geschlossene Gesellschaft in seiner Beiz, so meldete die Polizei, habe bis 6 Uhr morgens «durch Singen und Radau machen» die Nachtruhe gestört. «Häfeli nimmt den Entscheid an.»[1167]

10.2 Vom Kurort zur «Stadt der Arbeit»: die kulturelle Transformation

1910 erschien im *Badener Kalender* ein Auszug aus einem Reisebericht über Baden, den eine französische Autorin verfasst hatte. «Au cœur de la vie» lautete der Titel des Buches.[1168] Offensichtlich hatte die Frau literarische Ambitionen, mehrere Romane stammten aus ihrer Feder, und vielleicht war dies der Grund, warum sie sich als Mann ausgab und ihre Texte meistens unter dem Pseudonym

III. Teil. Transformation

«Pierre de Coulevain» veröffentlichte. Zu jener Zeit hatten es Schriftstellerinnen in der Regel schwer, als Autorinnen ernst genommen zu werden, weswegen ihre Tarnung verständlich sein mag. In Wirklichkeit hiess sie Jeanne Philomène Laperche, war 1853 in Bordeaux geboren worden, lebte lange in Paris, um nach dem Tod ihres Mannes vor allen Dingen viel zu reisen, unter anderem kam sie des Öftern nach Baden. 1927 starb sie bei Paris. Der Text ist aufschlussreich. Denn die Französin beschreibt präzis, und doch mit munterer Herablassung, was wir im folgenden Kapitel thematisieren: Die kulturelle Transformation einer alten Stadt des Vergnügens in ein junges Zentrum der Industrie. Dass der Text sich wahrscheinlich auf Beobachtungen stützt, die um die Jahrhundertwende entstanden sind, macht ihn umso wertvoller. Schon den Zeitgenossen fiel auf, was wir mehr als hundert Jahre später zu rekonstruieren versuchen. Wir zitieren aus der deutschen Übersetzung, da es diese war, die die meisten Badener damals wohl lasen und wir somit die damalige Fremd- bzw. Selbstwahrnehmung der Badener wiedergeben können.

«Baden, welches ordinäre Leute mit Vorliebe ein Loch nennen, ist eine kleine artige Stadt im Aargau und das Loch das grösste und ruhigste, das ich kenne. Es ist gelegen in einem Talkessel, eingerahmt in zarten Linien von bewaldeten Hügeln, durchströmt von der Limmat, einem reissenden und geräuschvollen Flusse. Vom Ufer steigen die menschlichen Wohnungen staffelförmig in lieblichen Gruppen zu den Anhöhen auf. Das alte Baden ist reizend. Der in eine scharfe Spitze auslaufende Kirchturm, ein dicker, viereckiger Turm mit einem rot-weiss-schwarz angestrichenen Dach, eine hölzerne Brücke geben ihm eine starke deutsche Physiognomie. Es gibt gelbe Häuser mit grünen Fensterladen, geschmückt mit roten Geranien, Wirtshausschilder, welche im Winde sich bewegen, Gasthöfe mit Tiernamen, unzählige Treppen, kurze Strassen, holprige öffentliche Plätze. (…) Baden erleidet eine Veränderung, es wird industriell. Eine Dynamofabrik ist errichtet worden. Die Stadt dehnt sich mit überraschender Schnelligkeit aus.»[1169]

Wie die meisten Franzosen jener Zeit, war Jeanne Laperche im Grand Hôtel abgestiegen, das einst mit französischem Geld erbaut worden war. Hier sagte ihr die «Stille» im nahen Park an der Limmat besonders zu. Vom Lärm der Fabrik war offenbar nichts zu hören. Unübersehbar war sie trotzdem:

«Baden ist in völliger Umwandlung begriffen. Die Dynamofabrik, welche hier errichtet worden, hat in das moralische und materielle Leben fremde Elemente geworfen, welche den alten Badener Geist trüben werden. Sie hat Arbeiter von allen Nationen hieher [sic] geführt. Sie besitzt englische, französische, holländische und italienische Ingenieurs. Deren Frauen bilden den Kern einer neuen Gesellschaft. Sie drängen in den Hintergrund die reiche Bürgerschaft mit ihren Warenlagern und Magazinen. Man nennt sie, nicht ohne ein Körnchen Humor, die ‹Elektrischen Damen›. Sie bewohnen die schönen neuen Villen, welche man dort gebaut hat.»[1170]

Obschon Laperche für das alte, «reizende» Baden durchaus viel übrig hatte, zeigte sie sich über das neue keine Sekunde beunruhigt.

«Auf dem gleichen Plateau erhebt sich die Fabrik, welcher dieser Luxus und Comfort zu verdanken ist. In der Tat, der moderne Geist ist im Stande, Baden umzugestalten. Ist es dann glücklicher? Der Anblick der freundlichen Häuschen, umgeben von Gärtchen, wo der Arbeiter des Abends seine Ruhe findet, wo er seine Kinder mit Bequemlichkeit erziehen kann, erlaubt die Frage zu bejahen. Die Vorsehung gibt uns unaufhörlich Beweise, dass sie mehr Aufklärung, mehr Glück, mehr materielles Wohlsein will.»[1171]

Der Bericht zeugt vom ungebrochenen Fortschrittsglauben jener Epoche, der in bloss wenigen Jahren im Ersten Weltkrieg irreparabel zerstört werden sollte – auch Laperche verlor ihren einzigen Sohn in diesem Krieg. Oder sprach aus ihrem Text nur der rationalistische, französische Optimismus? Wie kamen die Badener mit der Transformation ihrer einst geruhsamen, behaglichen, anscheinend so «deutschen» Kurstadt zurecht?

Wir haben in diesem Zusammenhang auch schon von einem Raumschiff gesprochen, das seinerzeit mit der BBC in Baden gelandet war. Diese womöglich etwas überzogene Metaphorik lässt sich nirgendwo so gut rechtfertigen wie in jenem Bereich der Transformation, den wir als kulturelle Dimension bezeichnet haben und dem wir uns nun widmen.

Auch unserer französischen Besucherin Laperche war eine offensichtliche und problematische Seite dieser Modernisierung nicht entgangen: Zunächst entstand in Baden eine Art Zwei-Klassen-Gesellschaft, die zum einen, wie der Begriff besagt, sozial determiniert war, zum andern aber genauso kulturell – und dabei denken wir nicht in erster Linie an die Tatsache, dass eine Oberschicht immer auch einen anderen Lebensstil und Habitus pflegt, sondern in Baden waren die Verhältnisse insofern speziell, als sich diese neue Elite kulturell in dreifacher Hinsicht unterschied:

Erstens. Gründer und Kader der BBC stammten vorwiegend aus dem Ausland oder aus der übrigen Schweiz, und damit meinen wir nicht bloss die Direktoren, sondern geradeso die Ingenieure, Techniker und Juristen, die Kaufleute oder Verkaufsspezialisten. Badener kamen so gut wie keine vor, ganz wenige waren Aargauer. Es galt die Regel: Wer in der BBC zum leitenden, konstruierenden oder forschenden Personal gehörte, kam von aussen.

Zweitens. Die überwiegende Mehrheit aller, die in der BBC Verantwortung übernahmen, war protestantisch, selten kamen unter ihnen Katholiken vor. Von den Gründern war Walter Boveri zwar katholisch, die Gebrüder Brown dagegen, Fritz Funk und Conrad Baumann junior, sowie alle jene ersten Kaderleute, die nachher zu Helden der Firma erklärt wurden, waren reformiert bzw. lutherisch. Bei den Ingenieuren, die damals den grössten Teil des Kaders ausmachten, stellte sich die Situation ebenso einseitig dar. Insbesondere die Schweizer waren allesamt reformiert, nicht zuletzt deshalb, weil es zu jener Zeit für Katholiken höchst unüblich war, das Eidgenössische Polytechnikum zu besuchen. In Ausbildungsgängen der Natur- und Ingenieurwissenschaften waren die Schweizer Katholiken zu jener Epoche stark untervertreten. Eine interessante Ausnahme bildeten die Tessiner.

Drittens. Die Berufsgruppen, die jetzt zuzogen, ob Techniker, Ingenieure oder auch Industriearbeiter, waren bisher in der Region Baden kaum verbreitet gewesen. Ihnen allen war in unterschiedlichem Masse ein anderes kulturelles, sei es ein industrielles oder merkantiles, sei es ein akademisches Selbstverständnis eigen, das vorher in Baden wenig bekannt gewesen war. Merkantil, kommerziell orientiert waren vor allem die Hoteliers gewesen, akademisch allenfalls die Lehrer, Ärzte, Journalisten und Advokaten, industriell aber nur wenige einzelne Fabrikanten, die oft ebenfalls von auswärts zugewandert waren.

Wenn wir Baden mit jenen *Company Towns* vergleichen, die wir zu Anfang in unserer Typologie vorgestellt haben, bedeutete die einstige Kurstadt auch diesbezüglich einen Sonderfall: Es gab so gut wie keine andere *Company Town*, wo das Kader der dominanten Firma so überwiegend von Ausländern gestellt wurde. Dass Auswärtige eine Firma gründeten und leiteten, das kam ab und zu vor: Philips und Eindhoven stellten einen solchen Fall dar, wo sowohl Gründer als auch das leitende Personal aus dem Norden der Niederlande herbeigezogen waren. Ebenso stammte etwa Adolf Bühler, der das Uzwiler Mühlebauunternehmen Bühler AG etabliert hatte, aus dem Zürcher Oberland, genauso wie die Gründer von Landis & Gyr in Zug keine Einheimischen gewesen waren.[1172] Keine *Company Town* hatte sich jedoch wie Baden mit der Tatsache zu arrangieren, dass ihre neue Elite fast zur Hälfte aus Ausländern bestand.

Genauso selten stösst man auf die Tatsache, dass sich Management und Besitzer konfessionell so durchgängig von der ansässigen Bevölkerung unterschieden wie in Baden. Landis & Gyr war in dieser Hinsicht vergleichbar: Das Management war vorwiegend reformiert, während die Arbeiterschaft im Kanton Zug rekrutiert wurde, also katholisch sozialisiert worden war. Eine ähnliche Situation finden wir in Eindhoven vor, einer katholischen Stadt im Süden der Niederlande. Die Gründerfamilie Philips war jüdischer Herkunft, während das Management vorwiegend calvinistisch geprägt war. Da die Einheimischen in allen *Company Towns* jeweils das Gros der Arbeiter zur Verfügung stellten, wurde in Städten wie etwa Eindhoven, Zug oder Baden die soziale, hierarchische Differenz zwischen Management und Belegschaft auch kulturell und konfessionell überformt.

Mit anderen Worten, Baden sah sich mit einer besonderen Herausforderung konfrontiert, als die BBC und ihr führendes Personal in der Region auftauchten. Die Stadt hatte sich mit einer neuen, fremden Elite abzufinden, und diese Elite hatte gleichermassen auf ihren neuen Standort zu reagieren. Erstaunlicherweise, so unser Befund, ging diese gegenseitige Akkulturation vergleichsweise problemlos vonstatten. Warum? Im Folgenden möchten wir uns mit dieser Frage befassen, wobei wir in zwei Stufen vorgehen: Zunächst beschreiben wir anhand der Statistik, wie die BBC die *Company Town* kulturell umwälzte. Dann fokussieren wir auf das, was man als Integrationsproblematik auffassen könnte. Warum fiel es dieser *Company Town* am Ende so leicht, die Hunderten von Familien zu integrieren, die mit der BBC zuzogen, und die sich in so entscheidenden Punkten von der einheimischen Bevölkerung abhoben wie etwa Herkunft, Konfession, sozialer Status und Habitus?

Um es kurz zu fassen: die dezentralen, direktdemokratischen Institutionen sowie die kleinräumigen, zivilgesellschaftlichen Strukturen wie sie in der damaligen Schweiz bestanden, erwiesen sich als höchst inklusiv. Dies versuchen wir im Folgenden zu belegen.

10.2.1 Statistische Evidenz

Wenn wir nur schon die Führungsspitze der BBC der frühen Jahre betrachten, dann setzte sich diese samt und sonders aus Zugezogenen zusammen, oft Ausländern, wie die folgenden Statistiken belegen. Bevor wir darauf eingehen, aber noch ein paar terminologische Bemerkungen: Als engsten Führungskreis definieren wir hier jene Leute, die das eigentliche Management bildeten; also keineswegs die Ingenieure oder die Techniker, geschweige denn die Angestellten insgesamt, sondern allein jene Kader, die die höchsten Linienfunktionen innehatten. Diese Namen zweifelsfrei zu benennen, ist nicht immer einfach, da insbesondere für die frühe Periode von 1891 bis 1900 keine Organigramme vorliegen, so dass wir uns weitgehend auf die zahlreichen Erinnerungen von BBC-Mitarbeitern aus jener Zeit verlassen müssen, wie jene von Funk, Hafter, Hunziker, Sachs oder Boveri junior.

1900 wurde die BBC in eine Aktiengesellschaft umgewandelt, ab diesem Zeitpunkt verfügen wir über bessere Angaben, noch transparenter werden die Verhältnisse ab 1909, als die Firma formell eine Direktion einführte. Vorher lag die Geschäftsleitung im Wesentlichen bei den Delegierten des Verwaltungsrates, namentlich: Walter Boveri, Charles Brown, Sidney Brown und Conrad Baumann junior. 1906 stieg Funk ebenfalls zum Delegierten auf und wurde zum Mitglied des Verwaltungsrates befördert, schon vorher hatte er der Firma als kaufmännischer Direktor gedient. 1909 traten mehrere Manager in die sich neu konstituierende Direktion ein: Eduard Thomann, Albert Widmer, Oscar Busch, Walter Bärlocher und Albert Aichele. Diese Direktion führte nun das operative Geschäft, im Protokoll der ersten Sitzung am 13. April 1909 hiess es dazu:

«Den Direktoren untersteht der eigentliche laufende Geschäftsbetrieb in Baden. Die Herren stehen zu diesem Zwecke ihren einzelnen Abteilungen vor. Zum Zweck der Sicherung eines geeigneten Zusammenarbeitens vereinigen sich die Direktoren mit den Delegierten des Verwaltungsrates zu regelmässigen Direktions-Sitzungen. Diese Sitzungen finden in der Regel Dienstag, Mittwoch, Donnerstag und Freitag jeder Woche von 2–3 Uhr Mittag statt; am Montag sollen Sitzungen nur in dringenden Fällen abgehalten werden. In den Sitzungen führt ein Delegierter des Verwaltungsrates den Vorsitz.»[1173]

1909 fungierten Boveri, Charles und Sidney Brown, Funk und Baumann als Delegierte. Das Protokoll fuhr fort:

«Kann über einen Gegenstand keine vollständige Einigung erzielt werden, so entscheidet in einer Abstimmung die Majorität. Im Falle von Stimmengleichheit hat der Vorsitzende den Stichentscheid.»[1174]

Unsere Tabelle gibt nicht den Zustand eines einzelnen Jahres wieder, sondern soll den engsten Führungskreis von 1891 bis 1913 widerspiegeln. Einzelne Namen tauchen daher auf, die 1909 schon lange nicht mehr bei der BBC tätig waren, wie etwa Agostino Nizzola, der 1896 zum Direktor der Motor AG ernannt wurde, aber in dieser Eigenschaft freilich mit der BBC verbunden blieb. Baumann junior war schon früh erkrankt, und es ist schwer festzustellen, ab wann er überhaupt noch aktiv war; formell verliess er 1910 den Verwaltungsrat und auch die Direktion. Bald lieferte man ihn ins Sanatorium in Kreuzlingen ein. 1913 stiessen zwei weitere, neue Direktoren hinzu: Rudolf Staub und Karl Schnetzler,

10. Klassengesellschaft in der Kleinstadt: Die soziale und kulturelle Transformation

und beide waren ebenfalls keine Einheimischen. Staub stammte aus Andelfingen im Kanton Zürich, zuvor war er Direktor der Bank in Baden gewesen. Schnetzler kam aus Deutschland, er war der Sohn des recht prominenten Oberbürgermeisters von Karlsruhe, Karl Schnetzler – was unterstreicht, wie gut das Netzwerk von Walter Boveri in Deutschland nach wie vor trug. 1925 wurde Schnetzler operativer Chef von BBC Mannheim, eine Position, die er bis zum Ende des Zweiten Weltkrieges bekleidete.

Tab. 10.6 Herkunft des obersten BBC-Managements, 1891–1913

Walter Boveri	Deutschland
Charles Brown, junior[1175]	Grossbritannien/Schweiz
Charles Brown, senior[1176]	Grossbritannien
Conrad Baumann, junior	Kanton Zürich
Sidney Brown	Grossbritannien/Schweiz
Fritz Funk	Deutschland
Eric Brown	Grossbritannien
Albert Aichele	Deutschland
Walter Bärlocher	Kanton St. Gallen
Albert Hafter	Kanton Zürich
Agostino Nizzola	Kanton Tessin
Oscar Busch	Kanton Zürich
Emil Hunziker	Italien (Auslandschweizer)
Eduard Thomann	Russland (Auslandschweizer)
Albert Widmer	Frankreich (Auslandschweizer)
Rudolf Staub	Kanton Zürich
Karl Schnetzler	Deutschland
Georg Boner[1177]	Kanton Graubünden

Fast die Hälfte stammte aus dem Ausland, keiner aus dem Aargau. Erst 1905 trat der erste Aargauer in die Direktion ein: Edmund Schulthess, der junge Rechtskonsulent aus Brugg, der später Bundesrat werden sollte. Es war ein kurzes Gastspiel, wir haben es erwähnt: Schon nach sechs Monaten verliess er die BBC wieder.

Genauso homogen war das oberste Kader zusammengesetzt, wenn wir die Konfession in den Blick nehmen:

III. Teil. Transformation

Tab. 10.7 Konfession des obersten BBC-Managements, 1891–1913

Walter Boveri	katholisch	Albert Hafter	reformiert
Charles Brown, junior	reformiert	Agostino Nizzola	katholisch
Charles Brown, senior	protestantisch[1178]	Oscar Busch	reformiert
Sidney Brown	reformiert	Emil Hunziker	reformiert
Fritz Funk	lutherisch	Eduard Thomann	reformiert
Conrad Baumann, junior	reformiert	Albert Widmer	reformiert
Eric Brown	protestantisch	Rudolf Staub	reformiert
Albert Aichele	reformiert	Karl Schnetzler	lutherisch
Walter Bärlocher	reformiert	Georg Boner	reformiert

Was wir hier für eine kleine Gruppe dargestellt haben, galt, wie schon erwähnt, für den grössten Teil des technischen und kaufmännischen Personals: Die meisten zogen von auswärts zu, die meisten waren reformiert. Dies im Einzelnen nachzuweisen fiele indessen schwer, da in den Beschäftigtenstatistiken, die die BBC hinterlassen hat, Angaben über Nationalität, Religion oder über den Bürgerort fehlen. Unsere Aussage stützt sich auf anekdotische Evidenzen, auf die wir stiessen, wenn wir die Lebensläufe einzelner Ingenieure oder Techniker studierten. So gut wie immer stammten sie nicht aus der Region Baden. Aufgrund des gleichen empirischen Materials zeigt sich aber auch, dass die Arbeiter, die bei der BBC unterkamen, überwiegend Einheimische gewesen sein dürften. Was Fritz Funk schon vor der Gründung als Vorteil des Standortes Baden vermutet hatte, stellte sich als zutreffend heraus: der seinerzeit noch ländlich geprägte Ostaargau bot grosse Reserven an unterbeschäftigten Arbeitskräften. Trotzdem zogen selbstredend auch Arbeiter aus anderen Regionen zu. Denn der Bedarf der rasch wachsenden BBC war beträchtlich, und diese Tatsache sprach sich bald auch ausserhalb des Kantons herum, so dass die Bevölkerung der Agglomeration Baden dauernd zulegte – dabei wandelte sich ihre Zusammensetzung dramatisch und auf immer. Um dies zu belegen, nehmen wir zwei Gruppen in den Fokus: Schweizer, deren Bürgerort nicht im Aargau lag, sowie Ausländer. Beide nahmen zu, wogegen der Prozentsatz der Ortsbürger, also jener Badener, die zum Teil seit Jahrhunderten hier ansässig waren, unversehens abnahm:[1179]

Tab. 10.8 Anteil der Auswärtigen in Baden (in Prozent), 1888–1920

Jahr	Schweizer aus anderen Kantonen	Ausländer	Ortsbürger
1888	19	12	16
1900	28	18	10
1910	36	21	7
1920	43	15	7

10. Klassengesellschaft in der Kleinstadt: Die soziale und kulturelle Transformation

Keine zwanzig Jahre nach Etablierung der BBC überwogen die Auswärtigen schon 1910 deutlich (57 Prozent), während sich der Anteil der Alt-Badener Jahr für Jahr zurückgebildet hatte. Mit Ausbruch des Ersten Weltkrieges zogen viele Ausländer in ihre Heimat zurück, weswegen ihr Anteil 1920 geringer ausfiel. Davon nicht berührt, nahmen dagegen die Schweizer aus anderen Kantonen weiter zu. Ein ähnliches Bild bot sich in Ennetbaden dar:

Tab. 10.9 Anteil der Auswärtigen in Ennetbaden (in Prozent), 1888–1920

Jahr	Schweizer aus anderen Kantonen	Ausländer	Ortsbürger
1888	19	8	23
1900	33	16	13
1910	36	19	10
1920	48	11	8

Gleichermassen stellten die Externen in Wettingen immer mehr Einwohner, insbesondere war der Ausländeranteil seit der Gründung der BBC in die Höhe geschnellt. Im Gegensatz dazu schrumpfte der Prozentsatz der Ortsbürger um ein Beträchtliches:

Tab. 10.10 Anteil der Auswärtigen in Wettingen (in Prozent), 1888–1920

Jahr	Schweizer aus anderen Kantonen	Ausländer	Ortsbürger
1888	6	1	56
1900	18	10	37
1910	26	21	20
1920	35	10	19

Wenn eine Zahl sichtbar macht, wie tiefgreifend der kulturelle Wandel gewesen sein muss, mit dem die Einheimischen zu Rande zu kommen hatten, dann war dies ohne Zweifel der Prozentsatz der Ortsbürger an der gesamten Bevölkerung. 1910 ist dafür vielleicht das beste Stichjahr: bloss 7 Prozent noch in Baden, knappe 10 Prozent in Ennetbaden und selbst im ehemaligen Bauerndorf Wettingen, wo sich vor dem Jahr 1850 an der Zusammensetzung der Einwohner kaum je etwas bewegt hatte, lebten bloss noch 20 Prozent Eingesessene. 1850 waren 76 Prozent der Wettinger auch Bürger von Wettingen gewesen. Aus einer Mehrheit war eine Minderheit geworden.

Hätte es sich bei diesen vielen Auswärtigen einfach um Fremde gehandelt, dann wäre der Wandel womöglich weniger einschneidend gewesen, doch die Tatsache, dass unter den Zuzügern überdurchschnittlich viele Protestanten auf-

III. Teil. Transformation

traten, wirkte sich auf die Region Baden auf geradezu flagrante Art und Weise aus. Dies im Einzelnen zu eruieren, ginge zu weit. Es genügt ein Blick auf die Bevölkerungsstatistik der Region, um zu erfassen, wie stark die BBC die konfessionellen Verhältnisse an ihrem Standort umgewälzt hatte – dabei ist daran zu erinnern, dass Baden einst eine Bastion der katholischen Schweiz gewesen war und als solche immer wieder im Mittelpunkt des permanenten, konfessionellen Bürgerkriegs in der Alten Eidgenossenschaft gestanden hatte. Noch zu Zeiten der Helvetik wohnten kaum Protestanten in der Stadt. Erst nach 1815 zogen sie sukzessive zu.

Wir konzentrieren uns auf die drei zentralen Gemeinden der Agglomeration Baden:[1180]

Tab. 10.11 Anteil Reformierte in der Agglomeration Baden (in Prozent), 1850–1941

Jahr	Baden	Ennetbaden	Wettingen
1850	23	10	6
1888	30	27	19
1900	39	33	27
1910	44	47	32
1920	47	51	40
1930	47	51	43
1941	48	54	44

Um 1910 war Baden faktisch eine paritätische Stadt geworden, und 1941 war der Anteil der Protestanten auf 48 Prozent angestiegen; wenig fehlte, und die Protestanten hätten sogar die Mehrheit der Bevölkerung gestellt. In Ennetbaden war dies bereits 1920 der Fall, was nicht erstaunt, weil sich diese Gemeinde zum Wohnort zahlloser Ingenieure der BBC und der Motor verwandelt hatte – sie alle waren in der Regel reformiert. Selbst Wettingen, das neue Arbeiterquartier der Region, wies ab 1920 über 40 Prozent Reformierte auf. Wenig dürfte die kulturelle Transformation der Stadt Baden besser illustrieren als diese statistisch signifikante Veränderung. Sie ist auch ungewöhnlich, wenn wir sie mit anderen *Company Towns* vergleichen: Landis & Gyr etwa war ebenfalls eine Firma, die ein vorwiegend reformiertes Kader aufwies und zugleich in einer traditionell katholischen Stadt situiert war. Zwar stieg infolgedessen auch in Zug der Anteil der Reformierten in der Stadt, doch nie im gleichen Ausmass wie in Baden. Landis & Gyr war 1896 gegründet worden.

Tab. 10.12 Anteil Reformierte in der Stadt Zug (in Prozent), 1888–1941[1181]

Jahr	Zug	Jahr	Zug
1888	9	1920	19
1900	11	1930	23
1910	15	1941	23

Mit anderen Worten, Baden war ein aussergewöhnlicher Fall, ja, es gab in der Schweiz wohl wenige andere Regionen, deren konfessionelle Zusammensetzung sich infolge der Industrialisierung so fundamental verändern sollte.

10.2.2 Die Austreibung des «Frühschoppengeistes»

Wir haben David Hess zu Anfang unserer Untersuchung bereits zitiert, auch um zu illustrieren, wie ein Zürcher Protestant die katholischen Badener zur Zeit Napoleons erlebte. Er war bekanntlich überzeugt, dass der Kurort jede Industrialisierung behinderte, weil der materielle Druck fehlte, sich zu erneuern. Aber genauso war es Ausdruck einer vormodernen, anti-industriellen Mentalität, was Hess nicht entgangen war. Seine Schilderungen verewigen die Badener als gemütliche Hedonisten, die kaum je an Arbeit dachten. Gewiss, es schrieb ein Protestant, der gerne auch seine eigenen Vorurteile bestätigt sah, dennoch halten wir seine Aussagen für lehrreich:

«Im Weinmonath [Oktober, wenn die Saison vorüber ist] beginnen die Badener, ihre, unter allen Classen eingeführten Herbst-Gastmahle zu feyern, welche oft von Mittag bis Mitternacht dauern. (…) Alle Abende versammeln die Männer sich zum Weine, und wenn die Weiber sich darüber beklagen, so wird ihnen dagegen von jenen vorgeworfen, dass sie einander in Nachahmungen des an den Curgästen bemerkten Putzes und in gesteigertem Kleider-Luxus überbieten. Sobald aber der Schnee fällt, vereinigt die nämliche Liebhaberey beyde Geschlechter, und es werden Schlittenfahrten veranstaltet, ein Vergnügen, wozu die Neigung immer mehr überhand nehmen soll. Zur Fasnachtszeit geht es vollends an ein Schlampampen!»[1182]

Tatsächlich herrschte nun drei Tage lang der offene Maskenball, es wurde gefeiert, getrunken und in den Gassen getanzt. Erst wenn die Saison wieder näherrückte, nach einem Winter des kollektiven Nichtstuns, dachten die Badener offenbar wieder an die Erwerbsarbeit, allerdings mit gemischten Gefühlen:

«Gegen das Frühjahr treten Nüchternheit und Stille ein, und die Curzeit, welche neuen Zufluss bringen soll, wird mit Schmerzen wieder erwartet.»[1183]

Soweit ein Zürcher, doch die Badener selbst wussten, dass sie dem «Frühschoppengeist», zu deutsch: einem leichten, arbeitsarmen Lebensstil zusprachen, wo der Alkohol, so der bösartige oder augenzwinkernde Verdacht, schon am Morgen die Menschen aufheiterte. Das fiel besonders jenen auf, die die Überwindung dieses vormodernen, un-kapitalistischen Geistes während des eigenen Lebens erfahren hatten. Wie zum Beispiel Karl Moser.

Der Architekt, der unter anderem die vier Villen der BBC-Gründer errichtet hatte, beschrieb in seinem etwas kuriosen Nachruf auf sich selbst, wie er in Baden aufgewachsen war. 1860 geboren, sprach er also von der Zeit um 1870: «Baden bot für die Kindheit einen interessanten Lebensraum: er zeichnet sich durch seine Lage aus, die schon vor Jahrhunderten mit besonderem Scharfsinn für Wehr, Verkehr und bürgerliche Behaglichkeit ausgewertet wurde.»[1184] Dabei machte er eine Bemerkung, die andeutet, wie katholisch das Selbstverständnis der Badener damals noch war: «Das Städtchen wurde von einem lebhaften, fröhlichen Volk bewohnt, das sich mehr Festtage machte, als im Kalender verzeichnet sind.»[1185]

Wie aus dem Text hervorgeht, redete er von der Vergangenheit, Baden war nicht mehr sein altes Baden, als er Walter Boveri und Charles Brown als Bauherren kennenlernte. Ohne Frage hatte sich Baden gewaltig verändert. David Hess hätte es nicht wiedererkannt. Dabei kam der Konfession als Faktor grosse Bedeutung zu.

Denn selbstverständlich führte die beispiellose Zunahme der Reformierten in der Region Baden seit dem Zuzug der BBC, also in einer katholischen Bevölkerung, die einst vorwiegend vom Bädertourismus oder von der Landwirtschaft gelebt hatte, zu einem folgenschweren kulturellen Wandel. Wenn wir davon ausgehen, dass Max Webers Protestantismus-These eine gewisse Plausibilität aufweist, dann äusserte sich diese Veränderung insbesondere in solch mentalen Prädispositionen wie Arbeitsethos, kommerzieller, mithin «kapitalistischer» Orientierung oder Zeitregime.

Explizit wurde das zwar selten ausgesprochen, sondern man bediente sich gewissermassen eines Codes, oft sprach man von «Arbeit» und einem neuen «Geist», den die Stadt ergriffen habe, und meinte tatsächlich den Weber'schen «Geist des Kapitalismus». Der Begriff deutet auf ein Problem hin: Natürlich führte die Industrialisierung dieselben Veränderungsprozesse herbei, und selbst, wenn das gesamte Kader katholisch gewesen wäre, hätte sich Baden zu einer «Stadt der Arbeit» gewandelt – so dass es hinterher kaum zu entscheiden ist, welcher Faktor nun wirkungsmächtiger war: Die Industrialisierung und Modernisierung oder die faktische, nachholende Reformation in der Region Baden. Am Ende dürften beide Faktoren von gleichrangiger Bedeutung gewesen sein.

Beispiele dieser codierten Beschreibung eines kulturellen und konfessionellen

Wandels finden sich etwa in den vielen Reden, die Spitzenvertreter der Stadt 1916 aus Anlass des 25-jährigen Jubiläums der «elektrischen Industrie» in Baden hielten. Als Stadtammann Josef Jäger am Morgen des grossen Tages den vier Gründern gratulierte und die inzwischen bestens bekannten Plaketten übergab, sagte er ihnen unter anderem:

«Wir allein: die Augenzeugen ihres Wirkens in Baden, wissen das höchste Verdienst desselben richtig einzuschätzen: Das ist *die moralische Wiedergeburt unserer Stadt*. In Erkenntnis und in Befolgung Ihres Beispiels und Vorbilds, verehrte Herren, ist Baden in den verflossenen 25 Jahren *eine Stadt der Arbeit* geworden.»[1186]

Einige Monate zuvor, als die Ortsbürgergemeinde zusammentrat, um darüber abzustimmen, ob man die führenden Leute der BBC zu Ehrenbürgern machen sollte, hielt Vizeammann Voser fest:

«Mit der Vergrösserung des Geschäftes BBC vergrösserte sich auch Baden. Aus dem alten traulichen Nestchen ist eine Stadt des Fleisses und des Aufblühens geworden. Handel und Gewerbe, Verdienst und Wohlstand dehnten sich aus.»[1187]

Auch hier finden wir codierte Zuschreibungen, welche die erhebliche Transformation der Stadt und ihrer Einwohner etwas harmloser darzustellen suchten, als sie von den Eingesessenen in Tat und Wahrheit wohl empfunden wurde: «traulich», «Nestchen». Der Verlust einer offensichtlich vertrauten Heimat wurde mit dieser Aussage im wahrsten Sinne des Wortes kleingeredet, und positiv konnotierte Begriffe wie «Fleiss», «Verdienst und Wohlstand» tarnten, was die Sozialisten zur gleichen Zeit eher als «Einzug des Kapitalismus» und seiner «ausbeuterischen Eigenschaften» denunziert hätten. Voser beschrieb gewissermassen den Triumph der Weber'schen protestantischen Ethik in Baden.

An der gleichen Versammlung warb auch der Präsident der Ortsbürgergemeinde, der Wirtschaftsanwalt Robert Senn, dafür, die Chefs der BBC auszuzeichnen; er benutzte die gleichen Codes:

«Aber auch den Herren, die die neueingerichtete Industrie zur Entwicklung brachten, sind wir zu grossem Dank verpflichtet. Dies nicht nur, weil sozusagen jeder von uns einen Nutzen davon hatte, sondern weil mit der neuen Firma ein neuer Geist in die Gemeinde einzog: Der *Geist der Arbeit*. Die Herren, denen heute das Ehrenbürgerrecht verliehen werden soll, sind mit dem Beispiel *pünktlicher Arbeit* vorangegangen zum Nutzen der ganzen Gemeinde. Wenn es auch manchem Bürger schwer fiel, sich dieser neuen Zeit einzugliedern, ist es doch besser geworden; der *alte Frühschoppengeist* ist aus der Gemeinde verschwunden.»[1188]

Tatsächlich hatte die BBC – ein moderner Industriebetrieb – ein neues Zeitregime eingeführt, zunächst in der Fabrik, bald war die ganze Stadt betroffen. Laut den Erinnerungen von Albert Hafter pflegte Charles Brown, der englische Protestant, neue Mitarbeiter mit diesen Worten zu begrüssen:

«Wir verlangen pünktliche Einhaltung der Arbeitszeit und Konzentration auf die Arbeit; der Samstag Nachmittag [sic] ist frei.»[1189]

Als die BBC-Spitze feststellen musste, dass offenbar nicht alle offiziellen Uhren der Stadt gleich exakt liefen, intervenierte man beim Stadtrat und verlangte unverzügliche Korrektur. Insbesondere wich die Bahnhofsuhr von den übrigen Uhren ab. Der Stadtrat wies den «Uhrenrichter» an, das zu verbessern, wogegen dieser aber Protest einlegte. Seine Uhren stimmten, gab er an – doch die Stadt insistierte und befahl ihm, die Uhren trotzdem umzustellen. Die BBC dankte.[1190] Wenn wir uns fragen, worin diese rationale, protestantische Ethik bestand, wie sie sich in Baden seit der Gründung der BBC zunehmend ausbreitete, dann gehörte die Kontrolle der Zeit gewiss zu den zentralen Charakteristika – genauso wie sie ein nicht zu unterschätzendes Element einer geglückten Modernisierung bedeutete.

Das neue Badener Zeitregime herrschte unerbittlich und es galt für alle, auch in der Villa Boveri, dem Haus eines Katholiken (Boveri) und einer Reformierten (seine Frau Victoire). Hier wurde es womöglich zur Perfektion gebracht. Zuständig dafür war Josef Eich, genannt Sepp, der Hausdiener von Walter Boveri, der auch sonst die zentrale Figur in der Villa Boveri gewesen zu sein scheint. Walter Boveri junior schreibt in seinen Erinnerungen:

«Besondere Sorgfalt widmete er [Sepp] den zahlreichen Standuhren in den verschiedenen Wohnräumen unseres Hauses. Bei uns herrschte nämlich aussergewöhnliche Pünktlichkeit. Um halb eins wurde zu Mittag und punkt sieben Uhr zu Abend gegessen. Erklang die Essglocke nicht mit dem Schlage der Stunde, wurde alsogleich die Frage aufgeworfen, ob es denn überhaupt nichts zu essen gebe. Es mag dies pedantisch erscheinen; irgendwie war es indessen eine Wohltat, in der Tageseinteilung gewisse Fixpunkte zu haben. Diese Pünktlichkeitsliebe wurde noch unterstützt durch Sepps Ehrgeiz, die Uhren so zu richten, dass man sie bei der Gleichzeitigkeit der Schläge kaum mehr voneinander unterscheiden konnte.»[1191]

10. Klassengesellschaft in der Kleinstadt: Die soziale und kulturelle Transformation

Sepp, ein bayerischer Bauernsohn, war der Offiziersbursche von Boveri gewesen, als dieser seinen Militärdienst leistete. Nachdem die Boveris ihre neue Villa bezogen hatten, wurde er als Majordomus eingestellt.[1192] Bei den Einheimischen war Sepp berüchtigt, jedenfalls drängt sich dieser Eindruck auf, wenn man sich an Boveri junior hält:

«Sepp war ein Original und eine Persönlichkeit. Da gab es keinen Wasserhahnen und keinen noch so verborgenen Teil der Zentralheizung, der ihm nicht nach kurzer Zeit vertraut gewesen wäre. Kein Handwerker konnte sich die geringste Nachlässigkeit erlauben, wachte doch, wie stadtbekannt, das gestrenge Auge des Herrn Eich, dem nichts entging.»[1193]

Aus dem bisher Zitierten geht deutlich hervor, wie bewusst sich die Zeitgenossen dieser mentalen Transformation waren, auch wenn sie nur mit schonungsvollen Bezeichnungen von ihr sprachen. Ein treffendes, letztes Beispiel stammt aus einem Artikel, den der *Badener Kalender* 1917 ebenfalls anlässlich des Jubiläums publiziert hatte, und wo der Wandel Badens von der Kurstadt zur *Company Town* präzis und mit denselben Codes zusammengefasst wurde. Mit Blick auf die vergangenen 25 Jahre schrieb der Autor:

«In diesem Zeitabschnitte hat die alte Bäder- und Tagsatzungsstadt, die Metropole des spätmittelalterlichen Genusslebens in der Schweiz, eine neue Seele gefunden. Die alteingesessene ‹Gemütlichkeit›, die sich in der Winterhälfte des Jahres vom geschäftigen Müssiggang der ‹Saison› zu erholen pflegte, und der Kultus der Bequemlichkeit, der ‹alt Baden› in gesellschaftlichen, politischen und religiösen Dingen kennzeichnete, waren zwar schon seit der Niederlassung protestantischer Einwohner ins Wanken geraten.»[1194]

Protestanten hatten sich seit den Zeiten der napoleonischen Besetzung nach und nach in Baden niedergelassen, doch nie in vergleichbarer Zahl wie gegen Ende des 19. Jahrhunderts. Jedenfalls, so betonte der Autor, sollte erst die Industrialisierung, die vor allem die BBC bewirkt hatte, die Stadt nachhaltig von diesem «Frühschoppengeist» befreien, wie er schrieb – ein eigenwilliger Begriff, den auch Josef Jäger in seiner Rede anwandte, die wir oben zitiert haben. War er womöglich selber der Autor dieses Rückblickes? Wir wissen es nicht. «Zeit ist Geld», die berühmte calvinistisch bestimmte Maxime von Benjamin Franklin, schimmert auch hier zwischen den Zeilen – als Code für den durchgreifenden Veränderungsprozess, der sich in Baden zugetragen hatte. Insbesondere fällt auf, wie der Autor einen alten, eher spontanen, aber verschwenderischen Umgang mit Zeit dem neuen, effizienten Zeitregime gegenüberstellte.

«Doch setzte der feuchte Genius loci, der traditionelle Frühschoppengeist, einem beharrlichen und zielbewussten Schaffen, einer Konzentration der Kräfte zur Förderung des Gemeinwesens seinen passiven Widerstand entgegen. Himmelhoch jauchzend in grossen Vorsätzen, und zum Tode betrübt über jeden Misserfolg, schwankte die öffentliche Meinung steuerlos zwischen gutem Willen und schwachem Können. Ihre wirtschaftliche Orientierung war unausgesetzt die Fremdenindustrie des Kurorts».[1195]

Wie protestantisch diese Firma sich selber stilisierte und wie sehr sie ihre Mitarbeiter zu einem «protestantischen» Arbeitsethos anhielt, mögen die folgenden Ermahnungen verdeutlichen, die die BBC ihren neuen Angestellten und Arbeitern jeweils mitgab. Sie finden sich in der *Wegleitung durch unser Werk*, einem schmalen, illustrierten Bändchen, das die BBC seit den 1940er-Jahren an neu eintretende Mitarbeiter aushändigte. Zwar ist es somit nach unserer Untersuchungsperiode entstanden, doch wir gehen davon aus, dass es wiedergab, was schon vorher gültig gewesen war, zumal die meisten Spitzenleute der Firma zu jener Zeit noch unter Brown und Boveri sozialisiert worden waren. Unter dem Titel «Grundsätze und Richtlinien» hiess es:

«In unserer Arbeit müssen wir das Beste geben und das einmal Begonnene mit Energie und Sorgfalt zu Ende führen. Durch den Einsatz unserer ganzen Persönlichkeit und die Ausnützung der vollen Arbeitszeit haben wir das Interesse unseres Werkes nach bestem Wissen und Gewissen zu wahren.»[1196]

Stellenweise klang diese *Wegleitung* wie ein Auszug aus der calvinistischen Prädestinationslehre:

«Für die richtige und gewissenhafte Erfüllung der anvertrauten Arbeit ist in erster Linie jeder selber verantwortlich; der Vorgesetzte übernimmt jedoch die Mitverantwortung, was ihn bei der Wahl des richtigen Mannes an den richtigen Platz leiten soll.»[1197]

Jeder an seinen richtigen Platz: Die BBC hatte den Menschen in der Region Baden eine neue Bestimmung gegeben, selbst mentale, ja religiöse Dispositionen zur Arbeit und zum Leben waren davon betroffen – und insoweit wir das beurteilen können, löste dieser Wandel, der bis tief in das bisherige kulturelle Selbstverständnis dieser einst etwas leichtlebigen, katholischen Bevölkerung eingriff, kaum allergische Reaktionen aus. Warum?

Nachdem wir uns anhand der Statistik ein Bild der kulturellen und konfessionellen Transformation Badens verschafft haben, möchten wir diese Frage nun analysieren. Wir gehen dabei von vier Thesen aus, die eine, sozusagen das politische Argument, müssen wir nicht abermals belegen; wir wiederholen sie gleichwohl:

Erstens. Die Tatsache, dass sich die oberste BBC-Führung, insbesondere Walter Boveri und Fritz Funk, so intensiv in der lokalen Politik einbrachten, halten wir für eine der zentralen Ursachen für die rasche und relativ konfliktfreie Integration der BBC und ihrer Mitarbeiter in der Bäderstadt. Wir erinnern an die emotionale Auseinandersetzung im Stadtrat im Jahr 1916, als man damit rang, wie das Jubiläum des Elektrizitätswerkes und der BBC zu feiern sei. Dabei wurde wiederholt darauf hingewiesen, wie sehr sich Boveri und andere Manager der Firma für die städtische Politik engagiert hätten.

Weil wir diese These indes bereits in extenso ausgeführt haben, möchten wir uns nun drei weiteren Erklärungsansätzen zuwenden, die alle im Kulturellen zu verorten sind. Wir umreissen die Argumentation:

Zweitens. Die rasche Internationalisierung der Firma erleichterte die Integration der vielen Auswärtigen. Der «Weltfirma» war nichts und keiner «fremd». So wie sich die BBC der Region anpasste, so passten sich die Badener der BBC an.

Drittens. Die Gründer waren selber heterogen und sie verfolgten eine eher agnostische, technokratische Mission. Wer bei der BBC arbeitete, hatte sich allein die *Corporate Identity* anzueignen: diese war offen, flexibel und pluralistisch.

Viertens. Die «BBCisten» verstanden sich zwar als eine eigene «BBC-Familie», doch sie schlossen sich nicht ab, vielmehr brachten sie sich in die zivilgesellschaftlichen Organisationen der Region ein. Es fand eine Art Selbst-Integration statt. Diese wurde erleichtert, weil Baden sich früh politisch, konfessionell und kulturell ausdifferenziert hatte. Die Demokraten entfalteten dabei als politische Partei eine hoch integrative Wirkung.

10.2.3 Von Baden in die ganze Welt: Ingenieure, Kaufleute und Monteure

Wir haben oben dargestellt, wie einseitig die Spitze der BBC zu Anfang zusammengesetzt war: Gründer und Kader stammten so gut wie vollständig aus dem Ausland oder aus anderen Kantonen der Schweiz. Einheimische gab es in ihren Reihen zunächst kaum. Diese Eigenheit verlor ironischerweise bald an Brisanz, je mehr sich die BBC internationalisierte, und je mehr sie sich selbst als «Weltfirma» stilisierte. Es fällt auf, wie früh die Firma dieses Narrativ kultivierte und in der ganzen Region verbreitete: Immerzu wurde betont, dass die BBC die ganze

Welt belieferte und deshalb überall heimisch war. Der Begriff der «Weltfirma» wurde wesentlicher Bestandteil der *Corporate Identity*. Vor diesem Hintergrund war es möglich, die Tatsache, dass so viele Manager der Firma von auswärts kamen, von einem potenziellen Problem zu einem Vorzug umzudeuten: der multinationale Charakter der Firma sorgte erst dafür, dass die BBC diese stupenden Exporterfolge zu realisieren vermochte. Kulturell überaus folgenreich für die Region Baden war, dass diese Internationalisierung alle Hierarchiestufen ergriff, selbst die Arbeiter.

Besucher, Kunden, Kader, Spezialisten kamen aus dem Ausland – bald aber fuhren auch Kader, Ingenieure und vor allem Monteure ins Ausland. Wer bei der BBC arbeitete, arbeitete auf der ganzen Welt. Dieses Selbstverständnis hob die anfängliche Differenz zwischen auswärtigem Kader und einheimischer Belegschaft zusehends auf. Gleichzeitig formte diese Entwicklung die Identität der gesamten Region um.

Was der deutsche Bankier Carl Fürstenberg, einer der Financiers der AEG, über Felix Deutsch, einen führenden Mann der AEG, schrieb, galt jedenfalls auch für manche BBC-Manager, nicht zuletzt für Boveri und Brown selbst. Fürstenberg in seinen Erinnerungen über Deutsch:

«Nicht nur wurden in Deutschland Hunderte von Verkaufsstellen [für die AEG] errichtet, sondern der kleine Felix Deutsch pendelte zwischen Moskau und Madrid, zwischen Mailand und London hin und her, knüpfte überall Beziehungen an und verbrachte zeitweilig wohl beinahe ebenso viele Nächte im Schlafwagen wie in seinem eigenen Hause [in Berlin].»[1198]

Zu seinen Destinationen zählte auch das vergleichsweise winzige Baden, wohin er etwa alle drei Monate fuhr, als er zwischen 1904 und 1909 bei der BBC im Verwaltungsrat sass.

Genauso gehörten ausgedehnte Reisen, Weltläufigkeit im buchstäblichen Sinne, bald zum Selbstverständnis der BBCisten; weil sie für eine «Weltfirma» tätig waren, bewegten sie sich auch häufig in dieser Welt. Zahllos sind die Erlebnisberichte von BBC-Monteuren, die in Büchern oder in Badener Zeitungen erschienen, später vor allem in der BBC-Hauszeitung, wofür in den 1940er-Jahren eigens eine Rubrik geschaffen wurde: «Erlebtes und Beobachtetes aus aller Welt» hiess sie und brachte regelmässig Artikel, die BBC-Mitarbeiter selber verfasst hatten. Unter dem Titel «Montage-Erlebnisse in Russland» schilderte etwa ein J. Rossi seinen Einsatz in Russland:

«Im Jahre 1911, also noch zur Zarenzeit, wurde ich von unserer Firma beauftragt, nach Petersburg zu reisen, um Montagearbeiten in den städtischen Elektrizitätswerken auszuführen. (...) Wohlbehalten traf ich in Petersburg ein, aber schon zeigten sich die ersten Schwierigkeiten: Es ist niemand am Bahnhof, der den kleinen Schweizer abholt und ihm den Weg durch die Grossstadt zeigt. Kurzentschlossen winkte ich einem Kutscher (Iswostschik), gab ihm eine Hoteladresse, die ich in Baden glücklicherweise noch notiert hatte, nämlich Hotel Riga, in dem meine Berufskollegen gewohnterweise logierten. Durch die Strassen von Petersburg trabte gemütlich der Kutschergaul. 3000 km von der Heimat entfernt! Ich fühlte mich ganz stolz.»[1199]

Gewissermassen um transkulturelle Fairness bemüht, fuhr Rossi fort:

«Das Zusammenarbeiten mit den Russen ging ganz ordentlich, und ich konnte mich in die dortigen Sitten und Gebräuche gut einleben. Es waren kluge und äusserst tolerante Menschen, die auch die Sitten des Westeuropäers achteten. Sicher waren es keine Engel, so gut wie es auch nur höchst selten einen Schweizer Engel gibt. Am Sonntag, wenn wir nicht arbeiten mussten (damals gab es noch oft Sonntagsarbeit), machten wir Ausflüge ausserhalb der Stadt (...) Im Winter kamen wir Schweizer öfters zu einem gemütlichen Kegelschub oder Jass zusammen. Denn Schweizer und Jass gehören nun einmal zusammen, und für unsere Landsleute, sei es nun in Russland, im Fernen Osten oder in Amerika, gibt es nichts Schöneres als so einen bodenständigen Schieber!»[1200]

Für manche Arbeiter der BBC eröffnete sich eine vollkommen neue Welt: «Bauernsöhne lernten Schlosser oder Elektriker und traten nach der Stifti bei BBC ein», stellte Eugen Meier 1991 fest; der ehemalige BBC-Mitarbeiter hatte in Wettingen eine Ausstellung organisiert, wo er die Biographien von BBC-Monteuren im Lauf der vergangenen hundert Jahre darstellte, unter anderem anhand von Erinnerungsstücken, Fotos und Briefen. Im Begleittext dazu schrieb Meier weiter:

«Kam der Zwanzigjährige ins Versuchslokal, hatte seine Montagelaufbahn vielleicht schon begonnen. Er war dem Chef aufgefallen durch sein selbständiges Denken, seinen technischen Spürsinn, seine Improvisationsgabe. Andere meldeten sich, angesteckt von Abenteuerlust: ‹Eine Kiste mit der Aufschrift *Santa Catarina Braz* [Brasilien] löste in mir einen Funkenregen aus. Dort wollte ich hin!›»[1201]

Vor allen Dingen junge, unverheiratete Männer zog es ins Ausland, und es bildete sich eine typische BBC-Karriere heraus: Nach der Lehre (bei der BBC) fuhr man als Fachkraft während ein paar Jahre auf Montage oder «uf Montage», wie es hiess, um nachher, nach einem unruhigen, aber aufregenden Leben sich als

Familienvater in Wettingen oder Nussbaumen niederzulassen. Hier, in der Geborgenheit der etwas langweiligen Schweiz, berichteten sie Gattin und Kindern von den Abenteuern, die sie in China, Russland oder Südamerika erlebt hatten. Baden glich in dieser Hinsicht bald einer Hafenstadt, wo alte Matrosen in den Kneipen ihr Seemannsgarn spannen, mit dem einzigen Unterschied, dass es hier die Monteure waren, die ihre *War Stories* erzählten, Geschichten von BBC-Veteranen, die zum Ruhm ihrer Firma bis ans Ende der Welt gefahren waren, und Strapazen, Entbehrungen auf sich genommen, aber auch Verblüffendes und Bereicherndes erfahren hatten. Eugen Meier hielt fest:

«Meistens ist er [der Monteur] nicht in touristisch interessanten Zentren tätig; eher verschlägt es ihn in abgelegene Gebiete, wo nicht viel los ist. Um so mehr wird in ihm die Neugier wach. Viele sammeln, fotografieren. Einer betreibt Termitenforschung, legt Mikrofone in ihre Bauten. Einer wird Waffenspezialist. Souvenirs, Fotos, exotische Skulpturen, Musikinstrumente, Wasserpfeifen, Tänzerinnen mit spitzen Brüsten, Jagdtrophäen.»[1202]

Selbstverständlich sahen sich diese jungen Männer nicht nur mit Problemen technischer Natur konfrontiert, sondern sie erlebten früh eine Art multikulturellen Schock. Eugen Meier:

«Die Kraft der Einfühlung in Fremdes, die Beziehungsfähigkeit werden auf harte Proben gestellt. Der Monteur muss mit fremden Kulturen umgehen und sich mit fremden Menschen verständigen wollen. Den gibt es auch: er schlafft ab, er versumpft.»[1203]

Angesichts der Tatsache, dass man in jenen Zeiten, die wir behandeln, bloss wenige Tage bezahlten Urlaub kannte und ein durchschnittlicher Arbeiter kaum je eine Auslandsreise unternahm, können wir ermessen, wie grossartig, wie kostbar diese Erfahrung manch jungem Mann vorgekommen sein musste. Die Montage kam einem Initiationsritual für BBC-Arbeiter gleich, was deren Loyalität zur Firma, die sie in alle Welt schickte, nur vertiefte.

Umso mehr, als auf Montage sich die herkömmliche Hierarchie, die man in der Fabrik gewohnt war, stark relativierte: Es war eine eigene, klassenlose Welt in jeder Hinsicht. Eugen Meier:

«Der Monteur leistet von einem Tag auf den anderen Ingenieurarbeit. Wie selten ein Berufstätiger geniesst er Selbständigkeit und Unabhängigkeit. Sein Selbstwertgefühl ist beträchtlich. Er darf sich als Ingenieur wie ein Diplomat fühlen. Im Camp ist er der Platzhirsch.»[1204]

10. Klassengesellschaft in der Kleinstadt: Die soziale und kulturelle Transformation

Oft waren die Monteure noch ledig, andere hatten jedoch Familie, und trotzdem fuhren sie auf Montage, in der Regel dauerte ein Einsatz mehrere Monate:

«In einer Monteurenfamilie war der Vater in Nigeria, als das erste Kind in Dänemark geboren wurde. Nach der Taufe des zweiten Kindes reiste der Vater nach Ägypten. Die Geburt des dritten Kindes erlebte die ganze Familie in Bagdad und so fort: Die bürgerliche Lebensordnung ist auf den Kopf gestellt.»[1205]

Offensichtlich förderte die BBC selbst dieses geradezu internationalistische Selbstverständnis, das sich so zwangsläufig unter ihren Ingenieuren und Arbeitern verbreitete; die Hauszeitung forderte die Monteure explizit auf, ihre *War Stories* zu Papier zu bringen: «Der Herr Redaktor bat mich, ich möchte doch eine Schilderung über meine Reiseerlebnisse nach Kanada und den dortigen Aufenthalt niederschreiben», begann Monteur J. Mühlemann seinen Bericht, «und als er bemerkte, dass ich nicht die nötige Schreiblust aufbrachte, hetzte er mir ohne weiteres einen unserer ‹höheren Herren› auf den Buckel, der mir noch den notwendigen ‹Stupf› geben sollte, damit er das Gewünschte doch erhalte.»[1206]

Im November 1939, kurz nach Beginn des Zweiten Weltkrieges, schiffte sich dieser Monteur in Genua nach New York ein. Zum ersten Mittagessen im Speisesaal hatte man ihn an einen Tisch gesetzt, wo schon drei Passagiere warteten, die offenbar Deutsch sprachen:

«Nach erfolgter Vorstellung vernahm ich, dass einer der Herren ein Geschäftsmann aus Zürich sei, der seine Schwester und seinen Schwager bis hierher begleitete. Das betagte Ehepaar musste aus nichtarischen Gründen [sic] seine Wohnstätte im Dritten Reich verlassen und hoffte nun, sein Heil und eine zweite Heimat bei seinen in New York lebenden Kindern zu finden.»[1207]

Nach zehn Tagen auf hoher See in New York gelandet, reiste er mit dem Zug nach Kanada weiter:

«Montreal erreichte ich bereits bei voller Dunkelheit. Herr Leuthold von der Swiss Electric Comp. of Canada nahm mich hier in Empfang und führte mich ins Hotel Windsor. Dass ich mich in einem englischen Dominion befand, bewiesen mir die in Lebensgrösse vorhandenen Gemälde von King George VI. und der Queen Elizabeth. Ich wurde sofort dahin belehrt, dass die Souveräne bei ihrem Frühjahrsbesuch in diesem Hotel zu Gaste gewesen seien. Potz Donnerwetter, da schwoll mir aber der Kamm mächtig! Ich einfacher Schweizer Monteur unter dem gleichen Dache wie seinerzeit S. M. das englische Königspaar. Das ist doch etwas nicht Alltägliches. Die Preise waren dann aber auch fürstlich. Das tat trotzdem nichts zur Sache, das bleibt etwas Einmaliges, und wir Monteure verdienen ja eine Masse Geld, wie man doch immer wieder sagen hört.»[1208]

Tatsächlich erhielten Monteure eine beachtliche Auslandszulage, wie Eugen Meier in seinem Ausstellungstext von 1991 erläuterte:

«Was da noch lockt, ausser Exotik und Abenteuer, ist das Déplacement, die Buschzulage. Sie entschädigt für vieles, auch Langeweile. Mit der Auslandszulage langte es in Wettingen vielleicht zu einem Eigenheim. Beim Déplacement versteht der Monteur keinen Spass. Wenn der ‹Abziehstein› Ho [Buchhalter] im Montagebüro den Stundenzettel nach unten korrigiert, reagiert der Monteur sauer. Schon der junge Boveri hatte seinen Ärger, als ihm die Spesenrechnung zusammengestrichen wurde. Er trat aus der MFO aus – und gründete mit Brown eine eigene Firma – in Baden.»[1209]

Nachdem er Montreal und das vornehme Hotel Windsor einen Tag darauf verlassen hatte, fuhr Monteur Mühlemann weiter in den Norden Kanadas:

«Endlich am 12. Reisetag erreichte ich meinen nochmals 700 Kilometer nördlich von Montreal gelegenen Bestimmungsort Arvida in der Provinz Quebec, wo mich eine Masse sehr pressanter Arbeit erwartete. (...) Der Winter hatte schon kräftig Einzug gehalten. Der Schnee lag meterhoch. Schneewächten von 2 bis 3 Metern versperrten oft den Weg, und je nach Windrichtung lagen sie heute auf dieser, morgen auf der anderen Strassenseite. Die Bise riss einem manchmal fast die Haut vom Gesicht. Eine Kälte von 32 Grad unter Null war etwas Alltägliches, und die Ortsansässigen sagten, der Winter sei eher mild, mehrere Jahre wären es immer bis minus 40 Grad gewesen. Mir war es so kalt genug. Bei solchen Temperaturen jeden Tag 12 bis 14 Stunden zu arbeiten, war alles andere als gemütlich. Ich tröstete mich damit, dass dabei wenigstens etwas verdient wurde, und die Wettinger Steuerbehörde machte sich das später auch weidlich zunutze. Meine Hilfsarbeiter waren, bis auf einen, alles ungelernte Leute, und doch verdienten sie alle mehr als ich.»[1210]

Wie sehr die Firma um die entscheidende Rolle ihrer Monteure wusste, und wie viel ihr daran lag, möglichst gutes Personal für diese Tätigkeit zu gewinnen, geht auch aus der bereits zitierten *Wegleitung durch unser Werk* hervor, wo die BBC das Anforderungsprofil ihrer Monteure umriss. Wenn man das heute liest, könnte man auf den Gedanken kommen, sie suchte Leute für den diplomatischen Dienst. Tatsächlich waren gewissermassen technische Diplomaten gefragt:

10. Klassengesellschaft in der Kleinstadt: Die soziale und kulturelle Transformation

«Diejenigen Facharbeiter, die in die Lage kommen, unsere Interessen auswärts zu vertreten, nehmen in der Aufgabe ‹Dienst am Kunden› eine sehr wichtige Stellung ein. Es werden dafür Arbeiter ausgewählt, die für den Umgang mit Menschen geeignet sind und die ihnen zugewiesenen Hilfskräfte führen können. Sie werden in unseren Versuchslokalen mit den Maschinen vertraut gemacht und erhalten Anleitungen für ihre zukünftige Aufgabe. Die Erlernung von Fremdsprachen ist für den Monteur ganz besonders wichtig, und wir empfehlen einem jeden, sich in dieser Richtung weiter auszubilden. Es ist beim Kunden schon viel erreicht, wenn man mit ihm in seiner Sprache spricht; wir müssen uns nach ihm richten, und nicht er sich nach uns. Ein guter Monteur wird Kunden erhalten und neue Kunden gewinnen können.»[1211]

Bald sprach man von einer «BBC-Familie», was sich nicht bloss auf jene Leute bezog, die in Baden arbeiteten, sondern explizit alle Angehörigen des Weltkonzerns einschloss. Wenn man sich im Ausland traf, so schilderte es ein ehemaliger BBCist, verspürte man jeweils ein subtiles Gefühl der Vertrautheit, das sich nie verlor: «Einmal ein BBC-Mensch, immer ein BBC-Mensch! Kommt man materiell und juristisch von der Firma fort, seelisch bleibt man immer verbunden.»[1212] Der Autor, ein gewisser E. Bütikofer, schrieb dies 1942 in einem Jubiläumsbeitrag über die BBC; zu jenem Zeitpunkt hatte er die BBC seit Jahren verlassen, und offenbar auch für Siemens gearbeitet, dennoch definierte er sich nach wie vor als einen «BBC-Menschen» (so der Titel seines Artikels):

«Einmal ein BBC-Mensch, immer ein BBC-Mensch! Mehr oder weniger! Das gleiche kann ich nicht von Siemens sagen. Die Firma ist zu gross. Man lernt sich nicht kennen. Siemens-Menschen habe ich zwischen Madrid und Berlin nirgends getroffen. Aber die BBC-Familie ist gerade gross genug, um sich über die ganze Welt zu verbreiten, und wiederum klein genug, damit sich im Laufe der Zeit die Glieder gegenseitig kennen lernen.»[1213]

Wer sich ausserhalb Badens bewegte, blieb nie lange ohne die BBC:

«In Zürich verging kaum eine Woche, ohne dass ich auf der Strasse angesprochen wurde. Staunen meinerseits. ‹Ja, Sie kennen mich denn nicht? Wir waren miteinander bei der BBC!› Ich war keine Viertelstunde in Mannheim, als ich im Stadtzentrum schon einen BBC-Menschen traf. In Madrid kam jemand auf mich zu: ‹Sie sind doch Herr Bütikofer, nicht wahr? Ich kenne Sie gut. Sie waren mit mir bei der BBC!»[1214] Es war geradezu ein magisches Kollektivbewusstsein, das sich über den Globus ausbreitete, Bütikofer fuhr fort:

583

«Das Schicksal könnte mich nach Japan verschlagen, nach Argentinien, nach New-York, überall würde ich BBC-Menschen treffen, die einst mit mir zusammen gearbeitet haben. Sie sind eine einzige grosse Familie, die gegenwärtigen und ehemaligen.»[1215]

Selbstverständlich haftet all diesen Äusserungen, Berichten und Erinnerungen etwas Offiziöses an: Sie erschienen in der Hauszeitung der BBC, der *Wegleitung* oder in einem Jubiläumsbeitrag im *Badener Kalender* neben einem grossen Inserat der BBC, so dass anzunehmen ist, dass hier nicht allzu kritisch oder unabhängig über diesen Aspekt der BBC-Identitätsstiftung gesprochen werden sollte. Diese Texte waren Teil der internen und externen PR-Bemühungen der Firma, was allerdings nicht bedeutete, dass sie frei erfunden oder ungenau wären, aber mit Sicherheit waren sie geprägt von einer Agenda: von einer Selbstbeschreibung als «Weltfirma», wie sich die BBC sah, einem Unternehmen mit Standort – und ohne Heimat zugleich. Wenn wir diese empirischen Befunde auch ideologiekritisch betrachten: Das macht sie nicht weniger interessant. Sie offenbaren, wie die Firma und ihre Mitarbeiter sich selbst dargestellt wissen wollten. Darüber hinaus stützen sie unsere These: Sowohl was Selbstverständnis anbelangte, als was auch die realen, erworbenen Kenntnisse und Erlebnisse vieler BBC-Mitarbeiter betraf: Die BBC war eine Weltfirma, und ihre Beschäftigten bewegten sich tatsächlich auf allen Kontinenten der Erde. In Baden landeten sie, um bald wieder auszuschwärmen; sie folgten den gigantischen Anlagen und Produkten, die die BBC in alle Welt exportierte. Wenn die BBC eine *Corporate Identity* pflegte – und sie tat es – dann gehörte diese selbstdeklarierte Weltpräsenz als multinationale Firma zu den hervorstechenden Elementen.

Die BBC – der bereits zitierte Bütikofer drückte es so aus: «Die drei Buchstaben sind weit herum im Lande schon so bekannt, dass ich kaum noch nötig habe, dem Leser [diese Abkürzung] zu erklären».[1216] Dass allfällige Unterschiede in Konfession, Herkunft oder Nationalität, die unter der Belegschaft bestanden, intern verschmolzen, dass auch die Differenz zwischen neuer Firma und altem Standort an Brisanz verlor, weil die Firma selber so divers war: Das leistete einen entscheidenden Beitrag an die Integration der BBC und ihrer Tausenden von Beschäftigten in die Region Baden.

Auf Baden wirkte sich das aus. Im Grunde war es ironisch, denn völlig neuartig war die Erfahrung keineswegs, sie gehörte gewissermassen zur DNA der Stadt, seit man ihre warmen Quellen genutzt und geschätzt hatte. Und dennoch erweiterte die BBC ihren Horizont in wörtlichem Sinne: War sich der alte Bäderort seit Jahrhunderten gewohnt gewesen, Publikum aus aller Welt anzuziehen und eine Zeitlang zu beherbergen, war die Stadt als Tagsatzungsort zudem auch politisch und diplomatisch zeitweise im Brennpunkt gestanden und hatte als

10. Klassengesellschaft in der Kleinstadt: Die soziale und kulturelle Transformation

Kongressort eine Internationalität erlebt wie wenige Schweizer Städte in jener Epoche. Waren also immer viele Leute von aussen nach Baden gekommen, so fuhren nun auch sehr viele Badener in die Welt hinaus. Diese sozusagen reziproke internationale Verflochtenheit, die die ganze Firma durchsetzte, prägte bald auch die ganze Region. Obschon klein und beschaulich, war sie nie mehr Provinz, immer weniger katholisch, immer weniger aargauisch, sondern globalisiert und schweizerisch zugleich.

10.2.4 Die soziale Firma und ihre agnostische Mission

Wir haben anhand unserer Typologie festgestellt, dass *Company Towns* sich oft durch eine spezielle Eigenheit von anderen Orten abhoben: Ihre Patrons beschränkten sich nicht bloss darauf, mit der Firma gutes Geld zu verdienen, sondern sie steckten sich zusätzliche Ziele, die weit über die reine Geschäftstätigkeit hinausgingen. Die einen versuchten, eine Modellstadt zu schaffen, wo all jene weniger attraktiven Nebenwirkungen des Kapitalismus nicht mehr auftreten sollten, die politisch so viel zu reden gaben: ob Armut, Kriminalität oder der Zerfall von Familien. Ihre *Company Town* sollte im Gegenteil die Welt verbessern. Andere, selber religiös, griffen in das Leben ihrer Mitarbeiter ein und hielten sie zu einem gottgefälligen oder sonst moralisch einwandfreien Leben an. Sie nahmen sich vor, die eigenen Arbeiter zu besseren Menschen zu erziehen. Wir haben in diesem Zusammenhang – fraglos etwas überspitzt – von einer «Mission» gesprochen, die sich der eine oder andere Unternehmer gegeben hatte. Zugegebenermassen handelt es sich hier vor allen Dingen um ein angelsächsisches Phänomen.

Ein extremes, aber bezeichnendes Beispiel stellt sicher Milton Hershey dar, den wir in unserer Typologie bereits vorgestellt haben, wir wiederholen die im folgenden Zusammenhang relevanten Merkmale: Der Schokoladenfabrikant und einstige Mennonit hatte in Pennsylvania mit «Hershey» eine Idealstadt erbaut, wo alle Einwohner, die zum grossen Teil gleichzeitig seine Arbeiter waren, in einer Art Miniatur-Wohlfahrtsstaat lebten. Was immer sie brauchten, Hershey sorgte dafür, dass sie es bekamen. Die Firma erstellte die meisten Häuser und betrieb die Geschäfte, es wurde eine Pensionskasse und eine Krankenversicherung eingerichtet; für alle und unentgeltlich gab es einen Zoo, ein Schwimmbad, Parks, eine Golfanlage, ein Krankenhaus, Schulen, diverse Sportvereine, ein Tram. Ohne jede Gegenleistung waren diese Vergünstigungen indessen nicht zu haben: Im Gegenzug erwartete Hershey, dass seine Einwohner und Arbeiter ein moralisch tadelloses Leben führten – und er hatte keine Bedenken, das zu kontrollieren. Hershey war seine eigene Anstandspolizei, regelmässig streifte er durch die Stadt und machte Notizen, wenn er etwa ein Haus sah, das nicht gut unterhalten wurde oder dessen Garten ihm zu wenig aufgeräumt erschien. Um die verborgenen Sünden seiner Leute aufzuspüren, setzte er Privatdetektive ein, die ihm meldeten, ob einer zu viel Alkohol getrunken hatte oder sonstwie auf die schiefe Bahn geraten war.[1217]

Von solchem missionarischen Eifer und solchen Überwachungsmethoden konnte bei der BBC in Baden nie die Rede sein – wie es überhaupt in Europa, zumal auf dem Kontinent seltener vorkam, dass sich Unternehmer dermassen hemmungslos in das Leben ihrer Mitarbeiter einmischten. Dennoch entwickelten auch in Europa zu jener Zeit viele Unternehmer den Ehrgeiz, nicht bloss betriebswirtschaftlich zu reüssieren, sondern sozusagen gesellschaftspolitisch oder kulturell Spuren zu hinterlassen, insbesondere in *Company Towns* ist das häufig zu beobachten. Das mag damit zu tun haben, dass hier ein Unternehmer so überaus sichtbar das Geschehen dominierte. Er war überaus exponiert, was ihn einerseits unter höheren Legitimationsdruck setzte, andererseits bei ihm als Person oder seiner Familie auch eher patriarchalische Neigungen der Fürsorge für «seine» Stadt hervorgerufen haben dürfte.

Der Fall BBC ist hier nicht eindeutig: Zwar waren weder Brown noch Boveri von einer Mission erfüllt, die man als politisch oder sozialmoralisch, geschweige denn als religiös beschreiben könnte, trotzdem bemühte sich die Firma ganz ausserordentlich darum, sich an ihrem Standort zu integrieren. Sie tat Gutes und sprach davon. Wir haben ihr politisches Engagement in extenso beschrieben. Auch ihre sozialpolitische Leistungsbilanz konnte sich durchaus sehen lassen, so dass es grotesk wäre, ihr jeden Willen zur Mission abzusprechen.

Im Gegensatz zu den idealtypischen Beispielen aus Amerika oder England wirkt aber die Mission der BBC-Gründer agnostisch, nüchtern, technokratisch. Wenn man diese Mission in einem Satz resümieren will, dann brachte die BBC gemäss ihrem eigenen Selbstverständnis die Moderne nach Baden, und es lag ihr viel daran, dass die ganze Stadt, insbesondere die eigenen Mitarbeiter, daran teilhatten. Man wollte ein guter *Corporate Citizen* sein, zu einem Zeitpunkt, als es diesen Begriff so noch gar nicht gab. Man stand für die Modernisierung schlechthin dank besserer Technologie, der man zutraute, die Gesellschaft insgesamt zu optimieren. Aber allfällige Defizite des Kapitalismus zu beseitigen, ihre Mitarbeiter zu «besseren» oder zufriedeneren Menschen zu machen, – darum ging es der Firmenleitung nie. Sollten sich solche Effekte trotzdem einstellen, nahm man sie hingegen gerne hin. Gewiss, utilitaristische Motive spielten hinein: Diese patronale Sozialpolitik sollte auch die Mitarbeiter ans Unternehmen binden, die Sozialpartnerschaft vertiefen und ferner garantieren, dass die Firma auf dem Arbeitsmarkt konkurrenzfähig blieb. Vor allem Ingenieure waren gesucht, und wer sie anziehen wollte, kam als Arbeitgeber nicht darum herum, frühe Formen von *fringe benefits* zu offerieren. Ein standesgemässes Haus an der Burghalde mit

10. Klassengesellschaft in der Kleinstadt: Die soziale und kulturelle Transformation

Aussicht auf die Stadt bedeutete in dieser Hinsicht ein gutes Argument, wenn man einen hochqualifizierten Fachmann und dessen Familie anzuwerben versuchte. Schliesslich ist darin auch eine Art von Internalisierung von externen politischen und gesellschaftlichen Risiken zu sehen, die der direkten Kontrolle der Firma sonst entzogen gewesen wären.

Einen Teil dieser diversen sozialpolitischen Massnahmen haben wir bereits geschildert: die Arbeiterkommission etwa, aber auch die vielen grosszügigen Spenden an das Spital oder die finanzielle Unterstützung des Museums im Landvogteischloss, die Boveri allein und als Privatmann leistete.

Ein weiterreichendes Engagement legte die BBC im Wohnungsbau an den Tag. Auch hier verschränkten sich sozialmoralische Motive mit materiellen Überlegungen. Die Region Baden besass objektiv viel zu wenig Wohnraum, um die vielen Mitarbeiter der neuen Industrie unterzubringen. An privaten Investoren, die dazu in der Lage gewesen wären, innert nützlicher Frist Häuser bereitzustellen, mangelte es ebenfalls, also blieb der BBC gar nichts anderes übrig, als diese Form des Marktversagens zu korrigieren. Karl Sachs, BBC-Ingenieur und Autor der Festschrift zum 50-jährigen Jubiläum der Firma beschrieb 1941 die Situation zu Beginn des 20. Jahrhunderts folgendermassen:

«Bald nach Gründung unseres Unternehmens war im Zusammenhang mit dem raschen Anwachsen der Zahl unserer Arbeiter das Problem der Beschaffung geeigneter Wohnungen akut geworden, das auf dem Gebiete der Gemeinden Baden und Ennetbaden schon aus Gründen der Bodengestaltung nicht gelöst werden konnte. Dagegen hätte das ausgedehnte Wettinger Feld namentlich in der Nähe des Bahnhofes Wettingen günstige Gelegenheit zur Erstellung von Arbeiterhäusern gegeben, dort plante aber die damalige Nordostbahn die Errichtung einer Reparaturwerkstätte, deren Entstehen uns in der Anwerbung von Arbeitskräften stark behindert hätte.»[1218]

Wie in anderen *Company Towns* bemühte sich auch die BBC auf dem Arbeitsmarkt ihre Position als Monopolist aufrechtzuerhalten. So behielt sie die Löhne unter Kontrolle, so blieb sie in der Lage, die eigene Nachfrage nach Arbeitern optimal zu befriedigen. Die BBC hatte keinerlei Interesse an einem weiteren Arbeitgeber in der Region und wusste den Zuzug der NOB abzuwenden, wie Sachs weiter ausführte:

«Da sich die Verhandlungen zwischen dem Grundeigentümer und der Nordostbahn in die Länge zogen, griffen wir anfangs des Jahres 1896 zu und erwarben das ganz ebene Land im Ausmass von 60 000 m². Wir bauten zunächst an der nach dem Kloster Wettingen führenden Strasse eine Reihe von Häusern im

587

ländlichen Stil, woraus sich dann unsere Wohnkolonie ‹Dynamoheim› entwickelte.»[1219]

Etwa zur gleichen Zeit hatte Milton Hershey in Hershey, PA seinen Bauleiter entlassen, weil ihm der Baustil der firmeneigenen Häuser zu «monoton», sprich: zu modern vorkam. Seither wurde im «ländlichen Stil» weitergebaut – wir haben den Vorfall oben erwähnt. Auch die Gründer der BBC legten offensichtlich Wert auf eine rurale Architektur, die den Arbeiter gewissermassen mit ästhetischen Mitteln vor der industriellen Entfremdung bewahren sollte.

Das Dynamoheim bedeutete den Anfang einer intensiven Bautätigkeit der Firma. In grosser Zahl und hoher Kadenz baute die BBC in den folgenden Jahren und Jahrzehnten Wohnungen und Häuser in der Region und vermietete sie zu günstigen Konditionen an ihre Mitarbeiter. In Wettingen und Fislisbach entstanden Reihenhäuschen für die Arbeiter, in Baden und Ennetbaden «Beamtenhäuser im Villenstil» für die höheren Angestellten, vorzugsweise an den Hängen der Burghalde und des Martinsbergs.

In der Regel übertraf der Komfort in diesen Wohnungen den Standard. Immer lagen die Mietzinse, die die BBC verlangte, unter dem ortsüblichen Niveau. Damit schuf sich die BBC allerdings nicht nur Freunde. Besonders die privaten Häuserbesitzer beschwerten sich wiederholt beim Stadtrat, weil sie sich gezwungen sahen, ebenfalls zu tieferen Mieten zu vermieten. Ein Teufelskreis: Denn die BBC schreckte damit auch private Investoren davon ab, sich im Wohnungsbau zu engagieren, da sie mit keiner guten Rendite rechnen konnten – was wiederum die BBC veranlasste, noch mehr Häuser selber zu errichten.[1220]

Nach dem Ersten Weltkrieg, als in Baden eine Wohnungsnot aufgekommen war, eskalierten die Spannungen, insbesondere die Baukommission warf der BBC vor, den Wohnungsmarkt mit ihren attraktiven Wohnungen zu verzerren. Auch Genossenschaften erklärten sich ausserstande, bei dieser Billigkonkurrenz zu investieren. Es fanden verschiedene Aussprachen statt, aber ohne Ergebnis. Das Thema war so brisant, dass selbst Walter Boveri an einer Sitzung teilnahm. Stadtammann Jäger vermittelte.

Doch Boveri hatte der Baukommission wenig Erfreuliches mitzuteilen, eine Mietzinserhöhung sei ausgeschlossen, da die BBC dann von ihren Mietern unter Druck gerate. Immerhin beruhigte er die Anwesenden mit der Zusicherung, dass die BBC derzeit nicht beabsichtige, noch mehr Wohnungen zu erstellen. Alle bestehenden waren vor dem Ersten Weltkrieg hochgezogen worden. Im Gespräch offenbarte Boveri auch das sozialpolitische, wenn nicht taktische Motiv, das die BBC dazu bewegt hatte, sich auf dem Wohnungsmarkt zu engagieren. Niemand sonst habe damals gebaut, daher musste die BBC selber aktiv werden, wenn auch ohne Begeisterung:

10. Klassengesellschaft in der Kleinstadt: Die soziale und kulturelle Transformation

«Die Leitung der Firma habe sich immer bestreben müssen, den Vorwurf der zu starken Ausnützung ihrer Angestellten von sich fern zu halten, deshalb habe die Firma schon von jeher auf jede Wohnung zugelegt. Als man die Preise der alten Wohnungen bescheiden erhöhte, um einen Ausgleich mit den neuen Wohnungspreisen zu erreichen, hätten sich die Wohnungsinhaber dagegen verwahrt.»[1221]

BBC-Generalsekretär Eugen Weber, der Boveri an das Treffen begleitet hatte, gab zu, dass die Mietpreise der BBC-Wohnungen tatsächlich etwa 10 bis 20 Prozent unter dem Marktpreis lagen. Dennoch stellte Boveri klar, «das Hinaufsetzen der Mietpreise der Firma würde ausserordentlich schwierig sein. Erhöhe man die Mietzinse der alten Wohnung, würden die Mieter sagen, die alten Wohnungen seien nicht mehr Wert [sic] geworden, die Firma wolle ein unzulässiges Geschäft machen.»[1222] Um rasch Abhilfe zu schaffen, riet Boveri der Stadt «billigere Holzhäuser» aus Deutschland zu importieren oder Häuser in Serienbau aus Betonelementen zusammenzusetzen. Er habe sich schon oft gefragt, «ob man nicht auch bei uns zu einem billigeren und primitiveren Bauen zurückkehren sollte. In einer alten Scheune der Firma im Dynamoheim habe sich eine Familie schon vor dem Krieg eingenistet, die sich dort so wohl fühle, dass sie nicht hinauswollte, als man ihr in einem richtigen Hause eine Wohnung anbot. So primitiv könne indessen die Firma nicht bauen, eine Genossenschaft aber könne das tun.»[1223] Die Aussprache hatte nichts gebracht, man trennte sich ohne Ergebnis.

Darüber hinaus entfaltete die BBC jene Art von umfassender privatwirtschaftlicher Wohlfahrtspolitik, wie sie seinerzeit in manchen Unternehmen zu konstatieren war, zumal wenn es sich um derart erfolgreiche handelte wie die BBC. Man konnte es sich leisten, seine Mitarbeiter besser zu behandeln, als andere das taten – und man wollte sich das leisten, weil dies auch zum Image einer «modernen», triumphierenden Firma passte, deren Maschinen, Turbinen und Generatoren als das Modernste der Epoche galten.

Die BBC schuf freiwillig, ohne jede staatliche Vorschrift eine Pensionskasse, zunächst für die Angestellten, nachher einen «Hilfsfonds» für ihre Arbeiter mit dem gleichen Vorsorgezweck, desgleichen eine Krankenkasse; es entstanden Kantinen mit verbilligten Mahlzeiten und man unterstützte Gesangsvereine, Sportvereine, Berufsverbände oder Musikvereine. Die Kantinen öffneten um 6 Uhr morgens und schlossen 23 Uhr in der Nacht, damit alle, auch die Schichtarbeiter, zu ihrem Essen kamen. Den Angestellten wurde überdies das «Haus zum Schwert» als Clubhaus zur Verfügung gestellt, später die Villa Boveri, ferner gab es ein Damenklubhaus für die rasch zunehmenden weiblichen Angestellten, ebenso wurde schon während des Ersten Weltkriegs eine firmeneigene Kinderkrippe eingerichtet, damit erwerbstätige Frauen ihre Kinder betreuen lassen konnten.

Schliesslich rief die Firma 1918 eine eigene Lehrlingsschule ins Leben, weil die städtische Handwerkerschule nicht mehr ausreichte, um die vielen Lehrlinge der BBC zu absorbieren, bald firmierte diese als «BBC-Werkschule». Die Initiative dazu hatte unter anderem Sidney Brown ergriffen.[1224] Dafür wurden eigens Lehrer und Lehrlingsbetreuer angestellt. 1931 bezog man ein Schulhaus, das die BBC errichtet hatte. Pro Jahr bildete die BBC zu diesem Zeitpunkt rund hundert Lehrlinge aus, die sie nach einer selektionierenden Prüfung aus Bewerbern aus der halben Schweiz auswählte. Da die BBC stets mehr Lehrlinge diese Schule durchlaufen liess, als sie nachher selber brauchte, leistete sie einen nicht zu unterschätzenden Beitrag an das allgemeine Qualifikationsniveau der Arbeiterschaft in der Region, ja weit darüber hinaus. Ihre Absolventen kamen als begehrte Facharbeiter in der gesamten schweizerischen Maschinen- und Elektroindustrie zum Zug und sie verbreiteten sich so im ganzen Land.

Vor dem Hintergrund, dass Baden, die Bäderstadt, einst kaum Industriearbeiter vorzuweisen hatte, war das eine imponierende Entwicklung, die die BBC allein angestossen hatte. Es schien, als ob man sich genötigt fühlte, den Mangel an Fachkräften, den man zu Anfang in Baden so befürchtet hatte, nun für alle Zeiten aus der Welt zu schaffen. Für ihre Lehrlinge veranstaltete die Firma Ferienlager, man etablierte eine Lehrlingsmusik, die künftig bei allen Firmenanlässen aufspielen sollte und eigene Märsche für die Chefs komponierte, ja die BBC kaufte zusammen mit der Schaffhauser Metallbaufirma Georg Fischer ein Ferienheim im Tessin, das allerdings allen Mitarbeitern offenstand, besonders jenen, die sich von einer Krankheit erholen sollten.[1225] Wir wiederholen uns: Tue Gutes und sprich darüber. Wenn die Firma in ihren Ruf als guter, sozialer Arbeitgeber investierte, dann war sie auch daran interessiert, dass jedem ihrer Mitarbeiter das bekannt war: Regelmässig berichtete die Hauszeitung über die zahlreichen Annehmlichkeiten, die es mit sich brachte, bei der BBC angestellt zu sein.

Dies alles setzten die BBC-Gründer um – ohne damit eine spezielle politische, moralische oder religiöse Mission zu verfolgen. Fritz Funk machte sich in der Schweiz zwar durchaus einen Namen als sozial engagierter Manager und brachte seine Einstellung und Konzepte in die entsprechenden Wirtschaftsverbände ein, dennoch sind von den relevanten Chefs der BBC kaum Aussagen überliefert, die einen überdurchschnittlichen gesinnungsethischen oder ideologischen Geltungsdrang verrieten. Sie alle hielten sich in dieser Hinsicht auffällig zurück. Wir haben diesen Ansatz der BBC als agnostisch und technokratisch bezeichnet – mit Blick auf die Verhältnisse in Baden halten wir ihn für einen Vorzug. In einer alten Stadt, die sich infolge der BBC zu einem multikonfessionellen und multikulturellen Gemeinwesen wandelte, wäre alles andere schwer zu vermitteln gewesen.

10. Klassengesellschaft in der Kleinstadt: Die soziale und kulturelle Transformation

Wie ist das zu erklären? Waren die BBC-Gründer so klug oder gab es auch andere, strukturelle Ursachen dafür? Abgesehen von den persönlichen Vorlieben der Gründer, glauben wir in der Tat, dass diese Zurückhaltung geradeso strukturell bedingt war. Zunächst spielte eine Rolle, dass die BBC von mehreren Leuten gegründet worden war – nicht von einem einzigen Unternehmer. Gewiss, in erster Linie waren Charles Brown und Walter Boveri die treibenden Kräfte, doch Sidney Brown und Fritz Funk wurden häufig ebenso genannt. Noch 1941, als die BBC ihr fünfzigjähriges Jubiläum zelebrierte, sprach die Firma in manchen offiziellen Verlautbarungen von den «vier Gründern». Ob zwei oder vier: jedenfalls gab es in Baden keinen einzigen, alles prägenden Patron, wie etwa Milton Hershey das gewesen war, und wie wir dies in vielen *Company Towns* festgestellt haben. Das zog Konsequenzen nach sich. Denn selbst wenn etwa ein Boveri sich auf eine Mission hätte begeben wollen: Es war nicht möglich. Zu heterogen waren die Gründer, und ohne deren Zustimmung wäre es auch Boveri schwergefallen, eine verbindliche Mission zu formulieren. Die vier Chefs waren daher gezwungen, sich agnostisch zu verhalten. Wie undenkbar es gewesen wäre, dass die BBC ihre Mitarbeiter zu einem «gottgefälligen» Leben hätte anhalten wollen, zeigt sich etwa an den konfessionellen Nuancen unter den Gründern.

Boveri war formell Katholik, lebte seinen Glauben aber kaum: «In Bezug auf Religion», erinnerte sich seine Tochter Victoire Hämmerli-Boveri, «herrschte bei mir ein absolutes Vakuum. Unser Vater war nicht praktizierender Katholik, die Mama möchte ich als nicht praktizierende Reformierte bezeichnen. Es ging nie ein Mensch in die Kirche bei uns.»[1226] Zu jener Zeit war eine solche «Mischehe» alles andere als selbstverständlich, eine Konversion des einen Ehepartners war jedoch nie ein Thema.[1227] Was glaubte Boveri? Das ist offen. Nie äusserte sich Boveri über diese Frage, weder im negativen noch im positiven Sinn. Zwar fand die Trauerfeier für Walter Boveri 1924 in der (katholischen) Stadtkirche von Baden statt, doch kremiert wurde er im protestantischen Zürich, um nachher in seinem Garten begraben zu werden.[1228]

Nicht viel mehr wissen wir über seinen Cousin Fritz Funk. Dass er Protestant war, steht unter anderem in den Badener Steuerbüchern[1229], und der Trauerrede, die der reformierte Pfarrer Fritz Leuthold an Funks Beerdigung hielt, entnehmen wir, dass Funk sich intensiv mit religiösen Fragen auseinandergesetzt hatte. Zudem war seine Frau Johanna als tief gläubig bekannt. Doch inwiefern dies Einfluss auf Funks Sozial- und Betriebspolitik gehabt hatte, bleibt ungeklärt.[1230] Kaum je äusserte er sich über seinen Glauben, offenbar hielt er dies für eine private Angelegenheit; umso weniger hatte er Anlass, die Religion zu einem Bestandteil seiner Geschäftstätigkeit zu machen.

Bei den Browns erweisen sich die Dinge als genauso unübersichtlich: Der Vater von Charles und Sidney, Charles Brown senior, hatte sich schon von der religiösen Gemeinschaft seiner Eltern distanziert, einer evangelikalen Sekte, die nichts anderes getan haben soll, als die «Animosität gegen alle Andersgläubigen» zu lehren; wir haben das Zitat oben vollständiger wiedergegeben.[1231] Brown schätzte den Glauben seiner Vorfahren mit anderen Worten ganz und gar nicht und er dürfte diese Abneigung an seine Kinder weitervererbt haben. Ob die Mutter, eine reformierte, alt-eingesessene Winterthurerin hier Gegensteuer gab, wissen wir nicht. Sicher ist: Charles und Sidney Brown galten offiziell zwar als reformiert, mit besonderem religiösem Eifer waren sie aber nie aufgefallen.

Kurz, alle vier könnte man als unterschiedlich «säkularisierte» Menschen bezeichnen, die sich zwar nicht offiziell von ihrer Kirche gelöst hatten, aber bestimmt nie auf den Gedanken verfallen wären, ihre Arbeiter und Angestellten so wie etwa die Gebrüder Cadbury zu einem religiös bestimmten Leben aufzufordern – und hätte der eine oder andere dies gewollt, wäre er an den übrigen drei gescheitert, die entweder nichts glaubten, oder einer anderen Konfession angehörten. So gesehen war es eher unwahrscheinlich, dass die BBC-Führung sich je auf irgendeine Mission hätte einigen können, die ausserhalb der engeren Zielsetzungen des Geschäftes gelegen hätte. Die vier Gründer waren zu heterogen.

Dass man eher dezent blieb, im Zweifelsfall agnostisch, lag aber auch an den Verhältnissen, die die BBC-Gründer in Baden vorfanden: Zwar zog man in eine eher industriearme Gegend, aber es war keine grüne Wiese gewesen wie etwa Hershey, PA, sondern eine alte Stadt, der sich die BBC unweigerlich anzupassen hatte – nicht in jeder Hinsicht und stets aus einer starken Position heraus – gleichwohl war es undenkbar, dass zum Beispiel ein Wiedertäufer hier eine Firma gegründet hätte und der ganzen Region seine religiös-politischen Vorlieben hätte aufoktroyieren können. Die Tatsache, dass dies ein etabliertes, mehrheitlich katholisches Territorium war, liess es nicht zu, dass die BBC-Gründer eine Mission realisiert hätten, die an dieser Konstitution etwas geändert hätte. Wäre die BBC als eine Firma aufgetreten, die nicht bloss Geld verdienen und die neueste Technologie herstellen wollte, sondern politische, soziale, philanthropische oder gar religiöse Ziele zu erreichen suchte: Es wäre kaum je realistisch gewesen, eine Mehrheit der Badener dafür zu gewinnen.

Wir fassen zusammen: Die Tatsache, dass die BBC sich auf keine politischen, religiösen oder sozialmoralischen Ziele festlegen liess, betrachten wir als eine Ursache dafür, dass sich diese Firma und vor allem ihre Kader und Teile ihrer Belegschaft so mühelos in der Region Baden zu integrieren vermochten. Wir sehen darin ein Aktivum. Die Firma blieb gewissermassen anschlussfähig nach allen Seiten. Interessanterweise, aber auch logischerweise, schlug sich dieser BBC-eigene, flexible Ansatz auch im Selbstverständnis der Firma nieder, ja dieser

10. Klassengesellschaft in der Kleinstadt: Die soziale und kulturelle Transformation

Verzicht auf eine entsprechende Verbindlichkeit wurde geradezu zu ihrer *Corporate Identity* umgeformt.

Schon wiederholte Male haben wir über dieses Selbstverständnis der Firma gesprochen – und Teile davon vorgestellt: die Weltfirma, die Exportfirma, die BBC der neuesten Technik, das Charisma der Gründergeneration, die Firma der Aussenseiter – nun sind wir in der Lage, diese inhaltlichen Elemente auch zu erklären. Das Selbstverständnis resultierte aus der besonderen Situation, in der sich die vier Gründer befanden: Die Patrons der BBC unterzogen sich keiner allzu leicht zu definierenden Mission, weil sie es sich nicht leisten konnten oder wollten, sich auf eine zu einigen. Sie waren zu heterogen, und so war ihre Firma – in einem Umfeld, das sich zunächst erheblich von beidem unterschied.

Stattdessen entstand ein wirkungsmächtiges Narrativ, das diese Not zu einer Tugend machte. Wir nennen die zentralen Eigenheiten:

Zwar definierte sich die BBC als schweizerisch, doch genauso betrachtete sie sich als multinational und multikulturell; zwar befand sie sich im katholischen Ostaargau, aber sie situierte sich weit über allen Konfessionen und gab vor, darauf nicht zu achten; zwar identifizierte sie sich mit dem schweizerischen Staat, gleichwohl zählte eine militärische Karriere in der BBC weit weniger als in anderen vergleichbaren Schweizer Firmen. Umso mehr unterstrich die BBC ihr meritokratisches Selbstverständnis, wofür eine Karriere wie jene Max Schiessers zu stehen hatte. Mit einem Wort, die *Corporate Identity* der BBC war agnostisch, beweglich, leistungsorientiert, technokratisch und anschlussfähig – ob diesem Ideal im Einzelnen dann auch nachgelebt wurde, steht allerdings auf einem anderen Blatt, hier diskutieren wir allein das Selbstbild, das das Narrativ der BBC weiterverbreitete.

Selbstverständlich war ein solch offenes Narrativ nicht. Beim Schuhfabrikanten Bally etwa, dessen Besitzerfamilie überzeugte Christkatholiken waren, konnte nur ins Kader aufsteigen, wer ebenfalls Christkatholik war, insbesondere römisch-katholischen Mitarbeitern boten sich deshalb kaum Karriereaussichten – ausgerechnet in Schönenwerd, einem ursprünglich römisch-katholischen Dorf.

Auch der relativ untergeordnete Wert, den die BBC einer Offizierslaufbahn beimass, bedeutete in jenen Jahren eher eine Ausnahme. Dieser Umstand dürfte gleichermassen damit zusammenhängen, dass die Gründer eine je eigene Beziehung zur Armee hatten. Keiner hatte in der Schweiz Militärdienst geleistet: Boveri stattdessen im deutschen Kaiserreich, von Funk wissen wir, dass er gerne Berufsoffizier in der bayerischen Armee geworden wäre, aber diesen Wunsch aus gesundheitlichen Gründen hatte aufgeben müssen,[1232] wie lange und wo er zuvor im Militär gewesen war und welchen Rang er bekleidet hatte, ist offen. Als er nach Baden kam, lag dies jedenfalls lange zurück. Von den Gebrüdern Brown besitzen wir diesbezüglich keinerlei Angaben, doch ein Blick auf den Lebenslauf

III. Teil. Transformation

von Charles Brown legt den Schluss nahe, dass er gar nie eine Militärschule absolviert haben konnte. Er war nach dem Diplom ohne Unterbruch beruflich tätig. Zudem war er bis 1916 britischer Staatsbürger gewesen, das Gleiche galt für Sidney Brown. Grossbritannien kannte bis zu jenem Zeitpunkt keine allgemeine Wehrpflicht, erst 1916, mitten im Krieg, wurde sie eingeführt. Gewiss, später dienten zahlreiche Ingenieure und Manager der BBC als Offiziere in der schweizerischen Armee, dennoch blieben Soldaten oder Unteroffiziere im obersten Kader verbreitet, was in anderen Schweizer Firmen bald eher unüblich geworden war.[1233] Während ein militärischer Rang in Traditionsfirmen wie etwa Sulzer oder MFO stets ein wesentliches Qualifikationskriterium war, setzte die BBC in der Regel andere Prioritäten: Viel mehr Bedeutung wurde dem technischen Leistungsausweis zugemessen, den ein Bewerber mitbrachte. Nichts ging bei der BBC über die Technik. Es war ein Konzern der Ingenieure. Das war der neutrale, extraterritoriale Boden, wo sich alle fanden, ob Ausländer oder Schweizer, Auswärtige oder Badener, Katholiken, Juden oder Protestanten.

Vor diesem Hintergrund erstaunt es nicht, dass das Narrativ der BBC gewissermassen «postnationale», unpolitische, technokratische Werte propagierte. Im Mittelpunkt scheinen dabei zwei gestanden zu haben: das Konzept der «Weltfirma» und die Ambition, sich technologisch stets an der Spitze der internationalen Entwicklung zu behaupten. Die BBC war von Beginn weg, und blieb es bis zur Fusion mit der ASEA, eine Firma der Technik. Nichts erschien wichtiger, nichts wurde mit grösserer, beinahe parareligiöser Hingabe gepflegt, keiner genoss intern mehr Ansehen als der Ingenieur, der weltweit als Pionier anerkannt wurde und eine hohe Zahl von Patenten vorzuweisen hatte, nichts trug mehr zur Reputation der Firma bei. Dass die *Wegleitung für Neueintretende* eine über mehrere Seiten gehende Chronik aller technischen Durchbrüche und Innovationen der BBC anführte – gehörte in diesen Kontext; insgesamt waren es acht Seiten in einem Bändchen von 64 Seiten.[1234] Dass die Exponenten der Firma in allen Festansprachen dieses Narrativ bekräftigten – es war ein Ritual, das wohl niemandem mehr bewusst auffiel. Was weder Religion, noch Nation, Kultur oder Herkunft für die BBC bedeuteten, das machte die Technik aus: Eine Art säkularisierte Mission, die nicht nur aus betriebswirtschaftlichen Überlegungen befolgt wurde, sondern geradeso aus ideellen Motiven. Es schien die Raison d'être dieses Unternehmens zu sein. So wurde auch die Gründungsgeschichte interpretiert und so wurde sie jeweils an Jubiläen wie ein Glaubensbekenntnis vorgetragen:

«Am 2. Oktober 1941 werden es 50 Jahre sein, dass C. E. L. Brown und Walter Boveri unsere Firma schufen», hiess es in einer Broschüre, die man 1941 den geladenen Gästen in die Hand drückte: «Die Gründung fiel in die berühmte Epoche der aufblühenden Elektrotechnik, in jene Zeit, da jede Maschine und jeder

Apparat immer wieder neue Aufgaben an den Konstrukteur gestellt hat. Unter der genialen Leitung der Gründer wurden diese Probleme durch Rechnung und Versuch meisterhaft gelöst. Zielbewusste Arbeit und das Bestreben, stets Besseres zu vollbringen, haben zu vielen Spitzenleistungen geführt und die Produkte über die ganze Welt verbreitet. Auch die heutige Generation, durchdrungen von der Notwendigkeit der Entwicklungsarbeit, widmet sich mit freudigem Eifer der Forschung und zeigt als Jubiläumsvorführung einen Ausschnitt aus ihrem Schaffen.»[1235]

Man achte auf das Gewicht, das in diesem PR-Text der Forschung und Entwicklung zugeschrieben wurde. Zwei Tage lang öffnete die BBC die Fabriken und präsentierte ihren Gästen und der Presse die neuesten Wunder ihrer Technik. Die vielen, handverlesenen Besucher hatte man mit einem Extrazug aus Zürich nach Baden gefahren – dabei kam die neueste und – wie man meinte – revolutionäre Innovation der BBC zum Einsatz: Eine Gasturbinen-Lokomotive. Sie war vom damaligen technischen Kopf der Firma, Adolf Meyer, erfunden worden. Obwohl der Prototyp ordentlich funktionierte, sollte sich die Gasturbinen-Lokomotive auf dem Markt nie durchsetzen. Das war 1941 aber nicht absehbar. Am Jubiläumstag selber durften am Nachmittag alle Mitarbeiter ihre Familien in den Betrieb mitnehmen, um ihnen ihren Arbeitsplatz und die gleichen Innovationen aus den Forschungsabteilungen der BBC zu zeigen.[1236]

Die BBC war eine Firma der Technokraten im ursprünglichen, modernistischen Sinne dieses Begriffs: Man glaubte an die Kraft der Technik, die Probleme dieser Welt zu bewältigen – und man nahm sich vor, sich an dieser geradezu zivilisatorischen Aufgabe an erster Stelle zu beteiligen. Deshalb gab es die BBC, und deshalb operierte sie überall auf der Welt. In seiner Ansprache anlässlich des 50-Jahr-Jubiläums im Jahr 1941 sagte Max Schiesser vor den 300 Gästen im Badener Kino «Royal»:

«Wenn Sie beachten, wie viele unzählige Fragen und Probleme gelöst werden mussten, um zum Fertigprodukt oder auch nur zum heutigen Stand der Versuche zu kommen, so kann ich Ihnen die Versicherung geben, dass dazu zäher Wille, ein Glaube an den Erfolg, eine äusserste Selbstkritik und Tatkraft nötig waren und nicht zuletzt auch der Wille Neues, Schöpferisches und Richtunggebendes zu gestalten. Zur Erfüllung des Vermächtnisses unserer Gründer sind alle diese Eigenschaften nötig. So lange wir dieses Vermächtnis hochhalten, müssen wir uns um die Zukunft nicht sorgen und man wird uns immer in der vordersten Front finden.»[1237]

Das Narrativ, mit dem sich die BBC selber definierte, bestand im Wesentlichen aus zwei Teilen: der Selbstdefinition als multinationale, multikulturelle und agnostische Weltfirma, sowie dem fast unerschütterlichen Glauben an die Technik und dem perfektionierenden Beitrag, den die BBC bei deren Entwicklung zu leisten hatte. Es war ein Narrativ, das in kaum einer Region der Welt Irritationen und Abwehrreflexe ausgelöst hätte, das war eine Stärke. Der BBC half es, sich in Baden ohne allzu tiefe Konflikte niederzulassen und zu wachsen.

10.2.5 Deutsche, Engländer, Alpinisten

In welchem Jahr sich diese Geschichte zugetragen hat, ist nicht bekannt. Jedenfalls geschah es vor einer Fasnacht, und noch Jahre später sollte man in Baden davon hören. Eines Tages war Charles Brown im Labor seiner Firma aufgetaucht und machte sich an einem Bunsenbrenner zu schaffen. Was er denn damit wolle, fragte ihn ein Arbeiter, der das zufällig sah, worauf Brown ihn aufforderte, ihm die Haare an den Armen und Beinen abzusengen. Wozu? Dem womöglich etwas verunsicherten Mitarbeiter verriet Brown, er plane am Maskenball der Fasnacht als Ballettänzerin aufzutreten, weswegen er sich enthaaren müsse. «Die sollen mir einmal ins Feuer geraten, diese Badener Herren!» sagte er dem Arbeiter, der schliesslich ausführte, worum ihn der Chef gebeten hatte.[1238] Dass Brown nachher als Ballerina durch den Kursaal tänzelte, ist nicht belegt, aber wahrscheinlich, da sich die Stadt noch nach Wochen von diesem schlimmen Verdacht nicht zu erholen vermochte. Man munkelte und tuschelte, man empörte sich und schüttelte den Kopf, man bewunderte und liebte ihn: Brown, den Star der BBC, der mit seinen Erfindungen nicht bloss eine ganze Industrie revolutionierte, sondern auch eine ganze Stadt mit seinen Schrullen und Grenzüberschreitungen in Atem hielt – zumal dieser Auftritt als Transvestit am Maskenball kein einmaliges Ereignis bleiben sollte, sondern Brown immer wieder als Frau in der Stadt zu sehen war. Es existieren sogar Fotografien von Brown, die ihn als eine Frau zeigen. Die Haare sorgfältig gebunden und mit Perlenketten verwoben, das Gesicht geschminkt, den Kopf lasziv gesenkt, den Mund artig geschlossen: Brown war kaum mehr wiederzuerkennen. Wer es nicht wusste, konnte ihn ohne Weiteres für eine Frau halten.[1239] Walter Boveri junior beschrieb Brown in seiner Autobiographie als «gross», «wohlgebaut» und «ungeheuer muskelstark». Allein diese Tatsache dürfte ihn jeweils als Mann verraten haben, wenn er als Frau durch die Strassen spazierte.[1240]

Boveris Image in der Öffentlichkeit, wie auch sein Lebensstil waren denkbar verschieden. Wenn er mit der Kutsche und seinem livrierten Diener aus dem Hause Thurn und Taxis durch die Stadt paradierte, um ins Büro zu fahren, konnte nie ein Zweifel aufkommen, welchen Werten und welchem Habitus er

10. Klassengesellschaft in der Kleinstadt: Die soziale und kulturelle Transformation

sich verbunden fühlte: nämlich jenen ständischen, im Zweifelsfall exklusiven des deutschen Bildungsbürgertums, aus dem er stammte. In der Villa Boveri fanden Hauskonzerte statt. Man las gewissenhaft den Kanon der deutschen Klassik. Boveri selber spielte Klavier, und das offenbar nicht ohne Talent, wenn auch nicht so glänzend wie seine Brüder, was Walter Boveri junior in seinen Memoiren einräumt – wo er fast aufdringlich hervorhebt, wie kunstsinnig und gebildet sein Vater (und seine Familie) waren.[1241] Man legte offensichtlich Wert auf die bildungsbürgerlichen *Credentials* der Familie Boveri. Man war stolz darauf. Tatsächlich förderte Boveri sämtliche Künste, seine Tochter Victoire erinnerte sich:

«Da der Papa alte Möbel und alte Bilder sammelte und das Haus dauernd umgestaltete, befanden wir uns in einer dauernden Diskussion über Kunstwerke und Stilrichtungen. Auch logierten die Musiker, welche in Baden Konzerte gaben, häufig bei uns. Sehr gut erinnere ich mich an Henri Marteau und Max Reger.»[1242]

Für Boveri, diesen Eindruck vermittelt die Tochter, stellte die Villa Boveri gleichsam ein Gesamtkunstwerk dar, das er über die Jahre hinweg mit Leidenschaft perfektionierte. Wenn er ein solches Verbesserungsprojekt in Angriff nahm, wie etwa den Bau des Gartensaals und des neobarocken Parks, dann setzte er sich exzessiv damit auseinander. Carl Sattler, den Architekten, liess er wiederholt nach Baden kommen, um jedes Detail mit ihm abzustimmen, bei dieser Gelegenheit nutzte Sattler die Gunst der Stunde und löste Aufträge für seine ganze Familie aus. Victoire Hämmerli-Boveri schreibt: «Sein Schwiegervater war der berühmte Bildhauer Adolf von Hildebrand, sein Schwager der Bildhauer Th. Georgii, deren Werke Gartensaal und Garten schmücken.»[1243] Hildebrand lieferte eine riesige Frauenstatue, die noch heute die Terrasse der Villa Boveri beherrscht.

«Noch früher hatte Prof. Samberger [ein Münchner Maler] die Eltern gemalt. Wir besuchten mehrere Male München mit den Eltern. Dort durchstreiften wir begeistert das Deutsche Museum, betrachteten die Bilder in der alten Pinakothek. Abends sassen wir in der Oper.»[1244]

In die Ferien fuhren die Boveris stets ins Engadin, «was für uns einen Höhepunkt des Jahres bedeutete», wie Hämmerli-Boveri erzählt; zuerst nach Maloja ins Chalet La Rosée, dann ins neue Suvretta-Haus bei St. Moritz. Auch dort bewahrte man seine bildungsbürgerlichen Vorlieben: «Zwei Sommer lang war Theodor Boveri, der berühmte Biologe dabei. Dann wurde abends manchmal Gottfried Keller vorgelesen, was wir Kinder sehr schätzten.»[1245]

Bei allen bildungsbürgerlichen Passionen: Selbst in den Ferien ging Boveri seinen Geschäften nach und pflegte vor allem sein Beziehungsnetz. In Sils-Maria traf er sich oft mit dem Pariser Bankier Arthur Spitzer, der dort eine Villa besass. Spitzer sollte später zu den Financiers seines Sohnes Walter junior gehören. Ebenfalls im Engadin verbrachte die Spitze der AEG ihren Urlaub, insbesondere Emil und Walther Rathenau, Felix Deutsch oder der Hausbankier der Firma, Carl Fürstenberg, und vermutlich setzte sich Boveri das eine oder andere Mal mit diesen zusammen, um über gemeinsame Interessen zu verhandeln.[1246]

In Boveris Haus war eine Art extraterritoriales Gebiet des Kaiserreichs entstanden. Weil manche deutschen BBC-Ingenieure alleine in Baden lebten – sie waren jung und unverheiratet – wurde für sie die Villa Boveri zum Refugium mit Familienanschluss. Regelmässig lud Boveri sie zu gesellschaftlichen Anlässen ein, unter anderem einen jungen BBC-Praktikanten, den Freiherrn Kurt von Egloffstein aus Bayern, der im Sommer 1914 für Deutschland in den Krieg zog und schon im November zum grossen Bedauern der Familie fiel. Insbesondere Victoire scheint ihn vermisst zu haben: «Er war von Tante Mariedl in die Familie eingeführt worden und verkehrte viel bei uns. Das letzte Mal, als ich ihn sah, traf er mich beim Lernen lateinischer Verben, und so ist er mir in der Erinnerung geblieben mit der lateinischen Grammatik in der Hand, wie er vor mir stand und mich abfragte, während ich mich in einem Clubstuhl herumräckelte, die Beine über der Seitenlehne, was streng verboten war. Fero, tuli, latum, fero [sic]».[1247] Da Boveris Frau über genauso viel Verwandtschaft in Deutschland verfügte, kamen auch von dieser Seite dauernd deutsche Gäste nach Baden.

Während in der Villa Boveri so ein kleines Deutschland fortlebte, kultivierten die Browns ihr englisches Erbe, sowohl bei Charles Brown, als auch bei Sidney wuchsen die Kinder zweisprachig auf, und man achtete darauf, dass stets ein englischsprachiges Kindermädchen im Haus war, selbst Jenny Brown-Sulzer, die ein Flair für England hatte, sprach mit ihren Kindern vorwiegend Englisch. An Jennys Polterabend hatten ihre Freundinnen sie seinerzeit geneckt, sie wollte Sidney doch bloss heiraten, weil er ein Engländer war. Ehebett, Kinderwagen, ja das Hafermüesli für ihr erstes Baby (Sidney Hamlet): Alles liess Jenny direkt aus England importieren.[1248] Sidney Brown sammelte mit seiner Frau nicht deutsche Bilder, sondern französische Impressionisten, die sich am Ende als ungleich wertvoller erweisen sollten als die Münchner Meister von Boveri. In Sidneys Garten spielte man Tennis, das Spiel der englischen Aristokratie, und veranstaltete Gartenpartys.

Charles Brown schliesslich leistete sich eine Exzentrik, die für Aufsehen sorgte, die aber manch einem Badener auch als typisch englisch vorgekommen sein dürfte, er zelebrierte die Schrullen eines englischen Lords, wie man sie aus den Romanen der Epoche kannte. Der Kontrast zwischen den beiden Gründern, was

Lebensstil und Habitus anbelangte, war kaum zu übersehen. Ironischerweise erleichterte das die Integration in Baden von beiden und der vielen Leute, die mit der BBC in die Region gezogen waren.

Zu Anfang der BBC-Ära mussten manche ihrer Kader und insbesondere die Gründer an ihrem neuen Wohnort sonderbar gewirkt haben. Von «fremden Elementen» hatte die französische Schriftstellerin Laperche gesprochen.[1249] Ob Brown oder Boveri, beiden war gemeinsam, dass sie auf ihre je eigene Art ihr Umfeld irritierten. Walter Boveri führte einen deutschen Lebensstil ein, wie er manchen Badenern zwar vertraut war, zumal einige in Deutschland studiert hatten, und deutsche Besucher in den Bädern schon immer anzutreffen gewesen waren. Dass man aber in Baden wie in einer deutschen Residenzstadt auftrat. Das war ungewöhnlich, um es zurückhaltend zu formulieren. Es hätte zu Abstossungseffekten von Seiten der Einheimischen führen können. Noch greller, noch provokativer inszenierte der Anglo-Winterthurer Charles Brown seinen Sonderstatus. Er war nicht bloss sehr reich, er hatte sich nicht nur einen pseudo-antiken Palast errichten lassen, als lebte er in einem Märchenland, sondern er erlaubte sich Freiheiten und Extravaganzen, wie sie in Baden zuvor rar gewesen waren, selbst wenn man in Rechnung stellt, dass der alte und frivole Kurort den Umgang mit ausgefallenen Gästen gewöhnt war.

In etwas weniger ausgeprägtem Masse lässt sich diese Sonderexistenz auch bei anderen Kaderleuten der BBC feststellen, insbesondere den Ingenieuren. Dabei müssen wir uns vom aktuellen Image des Ingenieurs lösen, wonach es sich bei diesem um einen seriösen, rationalen, mitunter langweiligen Zeitgenossen handelt. Die Ingenieure jener Zeit glichen eher einem heutigen Freak, ihr Ruf war schillernd, sie galten als Demiurgen der Moderne, ihr Lebensstil unterschied sich vom Alltag der Badener. Das fiel auf, das gab zu denken – und dennoch wurde diese neue Gruppe rasch integriert. Zwei Faktoren begünstigten dies: Einerseits haftete der Exzentrik dieser Neo-Badener auch etwas Liebenswürdiges, vor allem Selbstironisches an. Andererseits leisteten die Zugezogenen einen bedeutenden Beitrag zur Integration selber: Wenn sie auch eigene Vereine und Clubs gründeten, bemühten sie sich sogleich, die Einheimischen aufzunehmen. Ebenso beteiligten sie sich an den überaus wichtigen, weit verbreiteten Festivitäten der Stadt. Sämtliche Institutionen der Stadt, nicht bloss die politischen, sondern auch die mehr zivilgesellschaftlichen erwiesen sich am Ende als inklusiv.

Eine «alte Badenerin», die das Vordringen dieser neuen, charismatischen Elite als junge Frau erlebt hatte, erinnerte sich 1941 in einem Beitrag für das *Badener Tagblatt*:

«Als die Firma sich rasch vergrösserte, wuchs der Stab der Ingenieure. Nicht nur junge Schweizer Absolventen des Polytechnikums, sondern ausländische Ingenieure sammelten sich um die genialen Gründer, welche alle Ausländer waren. Man war damals noch nicht so nationalistisch wie heute und stand ausländischer Tüchtigkeit nicht abwehrend entgegen. Eine Ausnahme hiervon machte vielleicht am Anfang die Badener Herrenwelt. Während die Töchter von Baden zuerst die Elektrifikation [sic] verspürten und grosses Interesse für die jungen Ingenieure zeigten, fühlten sich die Badener Herren gegenüber den ‹Elektrischen›, wie sie die Nebenbuhler nannten, etwas zurückgesetzt.»[1250]

Tatsächlich setzte sich dieser Begriff bald in der ganzen Stadt durch, und auch die BBCisten wandten ihn mit einer gewissen Ironie auf sich selber an. 1923, als Baden die erste «Badenfahrt» durchführte, traten die Mitarbeiter der Firma mit diesem Namen auf, und an den folgenden «Badenfahrten» bürgerte er sich insbesondere als Bezeichnung für die Festbeiz der BBC ein.[1251] Doch lange vor 1923 hatte sich das Badener Festleben verfeinert, nicht zuletzt dank der BBC, wie die «alte Badenerin» weiterschrieb:

«Das gesellschaftliche Leben bekam einen grossen Aufschwung. Und während noch zwei Jahre vorher an der Fastnacht nur drei Badener Fräulein am Donnerstagabend im Casino zu zählen waren, gab es bald stark besuchte Bälle. Da schon damals die jungen Techniker ihre Fähigkeit, die Technik mit der Liebe zu verbinden, unter Beweis stellen wollten, trugen sie an einem Balle mit Glühbirnen ausgerüstete Herzen, welche immer aufflammten, wenn die Tänzer über die am Boden befindlichen dünnen Kupferdrähte hinweg walzten.»[1252]

Hatte sich Charles Brown womöglich auf diesen Trick der BBC-Ingenieure bezogen, als er davon sprach, dass er die Badener Herren «ins Feuer» versetzen wollte?

Die «Elektrischen». Dass den BBC-Angehörigen sogleich ein *Label* angesteckt wurde, das mehrere Jahrzehnte haften blieb, zeigt, wie eindeutig die Einheimischen diese Invasion durch Ingenieure, Techniker und Kaufleute erfassten, es war eine Landnahme vorgefallen, friedlicher, ja erwünschter Natur zwar, aber dennoch spürbar. Das Gefühl der Distanz, die subjektive Fremdheit beruhte indessen auf Gegenseitigkeit. Sie äusserte sich auch auf Seiten der Neo-Badener: sie schlossen sich zunächst ab und lebten in einer eigenen Welt, solange die Integration in Baden noch nicht vollzogen war. Es entstand ein kleines Deutschland in der Villa Boveri – und ein kleines England an der Römerstrasse, wo gleich drei Browns nebeneinander wohnten.

In einem *Oral History*-Projekt des Historischen Museums Baden wurde auch Max Keusch, ein Nachfahre einer Badener Metzgersfamilie befragt. Er hatte diese Jahre als Kind erlebt.[1253] Kommerziell war die Metzgerei Keusch wie so viele einheimischen Gewerbler vom Zuzug der BBC nur begünstigt worden, unter anderem belieferte man jetzt die Familie von Sidney Brown-Sulzer mit Fleisch, und zwar stets mit Filetstücken, während man den BBC-Arbeitern in der Mittagspause Würste in die Fabrik brachte. Wenn die Keuschs in der Villa Langmatt vorsprachen, bekamen sie die Hausherren nur selten zu Gesicht, ihr Fleisch gaben sie jeweils am Dienstboteneingang ab. Die soziale und kulturelle Differenz war den Metzgern nur zu bewusst, was sie aber ohne Ressentiment feststellten, wohl nicht ganz überraschend, da es sich ja um ihre besten Kunden handelte. Man habe den Lebensstil der Browns und Boveris akzeptiert, erzählte Max Keusch, und als eine «aristokratische Welt für sich» hingenommen; seine Eltern imitierten die Browns sogar, wenn auch vielleicht ohne Absicht, indem sie in ihre Wohnung Möbel im Rokoko-Stil stellten, die jenen glichen, wie sie im Haus von Sidney Brown so zahlreich herumstanden, – ob sie diese bei ihren Botengängen je gesehen hatten, wissen wir nicht. Die Möbel in der Villa Langmatt, Louis XV-Sessel und -Tische waren aber echt und stammten aus dem 18. Jahrhundert. Die Keuschs hatten ihre Möbel in der Möbelmanufaktur Simmen in Brugg gekauft.

Abschluss und Öffnung: Obwohl die BBCisten sich zunächst in einer eigenen Sphäre zu bewegen schienen, dauerte diese Phase nicht lange; die Stadt Baden war viel zu kleinräumig, ihre Institutionen viel zu offen und ihre Vereine viel zu sehr auf neue Mitglieder angewiesen, als dass die beiden Gruppen, Einheimische und Neubürger, allzu lange hätten nebeneinander existieren können, ohne sich zu berühren.

Wir halten diese soziale Enge, diese Übersichtlichkeit der Verhältnisse für einen nicht zu unterschätzenden Faktor der rasch geglückten Integration der vielen Zuzüger. In einer Stadt von rund 6000 Einwohnern, deren wesentlichen Entscheide alle von einer Gemeindeversammlung von über 1000 Männern beschlossen wurden und deren Soziabilität in zahllosen Vereinen, Parteien, Kirchgemeinden und anderen zivilgesellschaftlichen Formationen organisiert wurde, war es undenkbar, dass Aussenseiter und Auswärtige sich diesem Netz entziehen konnten – selbst wenn sie es vorgezogen hätten, für sich zu bleiben. Wohl hatte Boveri in seiner Villa ein kleines deutsches Exil geschaffen, doch selbst dieser mächtige Mann liess sich auf das Gemeindeleben der kleinen Stadt ein, was seine eigene Integration beförderte, aber auch die BBC in Baden gesellschaftsfähig machte. Seine vielen lokalpolitischen Aktivitäten haben wir erwähnt, der Bildungsbürger Boveri kümmerte sich aber auch um die Kultur seiner neuen Heimat. Deshalb hatte er den Umbau des Landvogteischlosses als Mäzen gefördert, und deshalb sass er in der Museumskommission, wo er sich nun jahrelang mit römischen Scherben, eidgenössischen Hellebarden und alten Badewannen aus den Grossen Bädern beschäftigte.

Auf diese unspektakuläre, kaum merkliche Weise wirkte das Badener Milizsystem selbstverständlich hoch integrativ, und Boveri gab ein persönliches Vorbild ab, dem andere BBCisten nachlebten. Es lag darin das Geheimnis der Integrationskraft einer Kleinstadt: Dass diese ihre neuen Bürger in der Regel viel problemloser zu assimilieren verstand als manch grösseres Gemeinwesen. Weil die Verhältnisse so übersichtlich waren, ging auch niemand verloren, jeder Zuzüger wurde fast automatisch in das bestehende soziale Gefüge eingepasst.

Sidney Brown und Albert Aichele betätigten sich als leidenschaftliche Velofahrer und traten beide in die entsprechenden Radsportvereinigungen ein. Die Browns oder Boveri gründeten 1910 den Fechtclub, wer genau, lässt sich nicht mehr feststellen. Als erster Fechtmeister amtierte René Lewin, der Anwalt von Charles Brown. Fritz Funk war Mitglied des Dramatischen Vereins und sorgte für Furore mit seinen Charakterdarstellungen aus dem Theaterrepertoire der deutschen Klassik. Ebenso sass er regelmässig am Stammtisch des Restaurants Schlossberg, wo besonders auf der «Chalberterrasse» der Legende nach die Badener Politik gemacht wurde.[1254] Vor allen Dingen war Funk ein geschätztes, eifriges Mitglied in der städtischen, freiwilligen Feuerwehr. Wenn man sich heute vorstellt, dass Funk, ein reicher und wichtiger Mann, der überdies als ehemaliger kaiserlicher Offizier recht zackig aufzutreten liebte, regelmässig an Feuerwehrübungen teilnahm und sich mitten in der Nacht aus dem Bett läuten liess, um auszurücken und sich mit einem Feuerwehrschlauch gemeinsam mit einem Metzger etwa vor ein brennendes Haus zu stellen – dann können wir ermessen, wie effektiv die zivilgesellschaftlichen Institutionen von Baden Auswärtige in Einheimische verwandelten.

Ein interessantes Beispiel dieses Integrationsprozesses bietet die Sektion Lägern des Schweizerischen Alpen-Clubs SAC: Im Jahr 1900 von drei Alpinisten ins Leben gerufen, war dies zunächst praktisch ein Club der Ingenieure und der Auswärtigen.[1255] Keiner der drei Gründer stammte aus Baden: Eduard Kaysel arbeitete seit 1895 als Manager bei der Motor AG, er war aus Frankfurt am Main eingewandert.[1256] Walter Bärlocher kam aus St. Gallen und war als Ingenieur bei der BBC tätig, Carl Täuber schliesslich war ein promovierter Romanist aus Winterthur. Er hatte wie erwähnt Ellen, genannt «Nelly», eine Schwester von Charles Brown, geheiratet und war ebenfalls bei der BBC untergekommen, wo er das machte, was man heute als *Corporate Communications* bezeichnen würde.[1257]

Nachdem die drei schon ihre freien Sonntage gelegentlich mit Wanderungen in der Umgebung verbracht hatten, so erzählte Kaysel, wollte man zusehends höher hinaus und fuhr auch in die Alpen – was sich seinerzeit nur Leute mit gutem Einkommen leisten konnten. Das erklärt, warum der SAC generell in der ganzen Schweiz seit seinen Anfängen im Jahr 1863 einen eher elitären, akademischen Charakter aufwies. In Baden war das nicht anders, speziell mutet jedoch an, dass so viele erst seit Kurzem in Baden wohnten. Von den ersten 46 Mitgliedern stammten bloss 10 aus der Region Baden, 36 waren von auswärts, nämlich 5 aus dem Aargau, 11 aus der übrigen Schweiz, und 19 aus dem Ausland. Darunter befanden sich 11 Deutsche, 4 Engländer, 2 Italiener, ein Österreicher und ein Franzose. Noch erstaunlicher scheint, wie viele der SAC-Mitglieder mit der neuen elektrischen Industrie zu tun hatten: sage und schreibe 36 von 46 arbeiteten bei der BBC (29), der Motor (6) oder der EGB (1). Versammelt war im Übrigen fast die ganze Prominenz der BBC, so Walter Boveri, Charles Brown, Sidney Brown, Fritz Funk, Eric Brown oder Albert Hafter und Emil Hunziker, wie ja auch Walter Bärlocher, der seit 1909 Direktor war.[1258]

Wenn wir den SAC vorhin als interessant taxiert haben, dann deswegen, weil sich in den folgenden Jahren gut beobachten lässt, wie Integration in Baden verlief; dabei leisteten die neuen Einwohner manches, was man heute als Selbstintegration beurteilen würde. Schon an einer der ersten Sitzungen stellte man im neuen SAC mit Besorgnis fest, dass sich fast nur Auswärtige angeschlossen hatten.[1259] Offenbar hielt man das für ein Defizit, man wollte keineswegs unter sich bleiben, was ja eine nachvollziehbare Option gewesen wäre.

Stattdessen bemühte sich der SAC um mehr Einheimische und setzte unter anderem eine «Vergnügungskommission» ein, die schon wenige Monate nach der Gründung, im Dezember 1900, ein extravagantes Fest im Kursaal organisierte, um Mitglieder zu werben. Eingeladen wurden jetzt alle, auf die es in Baden ankam, Stadträte, Hoteliers, Anwälte und Fabrikanten, im Grunde empfing die neue Elite der elektrischen Industrie von BBC und Motor die alte informelle Elite der Bäderstadt, um sie unter dem Vorwand des Alpinismus für sich einzunehmen. Das Fest erwies sich als grandioser Erfolg, nicht zuletzt, weil man keinen Aufwand gescheut hatte. So professionell war in Baden noch nie gefeiert worden, attestierten selbst die eingesessenen Badener, was ein grosses Kompliment bedeutete in einer Stadt, die sich rühmte, seit Jahrhunderten zu definieren, was als «lebensfroh» galt.

Feste besassen in Baden einen hohen Stellenwert, in der Jahreschronik der *Badener Neujahrsblätter* wurde einmal sogar gezählt, wie viele Festivitäten der Aargau im abgelaufenen Jahr zustande gebracht hatte, und dann mit Genugtuung vermeldet, dass es 117 gewesen waren, während in der ganzen Schweiz 3057 stattgefunden hatten (davon 968 «grössere»). Diese Bilanz lobte man als «ehrenvoll».[1260] Die Badener Festkultur wirkte ausgesprochen inklusiv, die Einheimischen bestanden nicht auf ihre eigenen Anlässe oder schlossen Auswärtige aus den Organisationskomitees aus, sondern überliessen etwa dem SAC ohne Weiteres den Kursaal, einen zentralen Festplatz der Stadt. Desgleichen waren die «Elektrischen» an der Badenfahrt von 1923 bereits vollständig an der Realisierung beteiligt; das Milizsystem, das in der Schweiz in der Politik verbreitet war, kam selbstredend auch bei Festen zur Anwendung. Dabei profilierten sich die zahlreichen Vereine der Stadt und der Nachbargemeinden, allein in Baden existierten 1910 tatsächlich 78 Vereine, hinzu kamen noch acht in Wettingen und vier in Ennetbaden.[1261] Dass Feste der Integration dienten, war übrigens schon Zuzügern vor der BBC bekannt gewesen, natürlich bereiteten sie auch einer politischen Karriere den Weg. So hatte sich etwa ein gewisser Josef Jäger, der 1875 aus dem Fricktal via Schinznach nach Baden eingewandert war, zuerst als Organisator von gesellschaftlichen Anlässen für höhere Ämter und Würden empfohlen, unter anderem inszenierte er Schillers «Wilhelm Tell» als Volkstheater unter Einbezug fast der gesamten damaligen Honoratioren der Stadt. Jäger führte Regie und selbstverständlich spielte er eine der politischen Hauptrollen: den Stauffacher.[1262]

Nachdem der SAC so gute Erfahrungen mit seinem ersten Fest gemacht hatte, wiederholte die «Vergnügungskommission» in den kommenden Jahren 1902 und 1906 diese Werbeaktion im Kursaal; abermals mit schöner Resonanz, was sich in vielen Neueintritten gerade von Einheimischen niederschlug. Bald war der SAC ein typischer Badener Verein, die Führung verblieb zwar in den Händen der Ingenieure, aber gewandert wurde gemeinsam. Ob alte oder neue Badener, was zählte, könnte man metaphorisch sagen, war nun das Ziel, nicht der Ausgangsort.

10.2.6 Stadt des Freisinns, Stadt des Pluralismus

Um die relativ reibungslose kulturelle Integration zu begründen, tragen wir zum Schluss ein letztes Argument vor: Als die BBC in den 1890er-Jahren zuzog, stellte Baden eine Stadt dar, die bereits im Begriff war, sich politisch, kulturell und konfessionell auszudifferenzieren. Das kam der BBC und ihren Mitarbeitern entgegen. Reformierte waren schon vorher aufgetaucht, wenn auch in weit geringerer Zahl, darüber hinaus zahlreiche Juden. Die katholische Monokultur gehörte mit anderen Worten schon länger der Vergangenheit an. Ausländer gab es zwar wenige, aber immerhin vermehrt Schweizer aus anderen Kantonen. Vor allem politisch herrschte ein bemerkenswerter Pluralismus, oder um es weniger positiv auszudrücken: Es wütete ein undeklarierter Bürgerkrieg zwischen Demokraten und Liberalen, und dennoch herrschte der Freisinn unangefochten. Daneben operierten die Konservativen, die insbesondere in den Nachbargemeinden der Region vorherrschten. Ebenso begann sich eine Arbeiterbewegung zu formieren, obgleich in bescheidenem Ausmass. Es mangelte an Industrie, die Arbeiter der BBC fehlten noch. Das alles, diese politische, recht offene, im Zweifelsfall liberal geprägte Gemengelage machte es Aussenseitern wie den «Elektrischen» leichter, sich einzunisten. Sie konnten mit wechselnden Allianzen rechnen. Sie standen keinem geschlossenen Block von Einheimischen gegenüber.

Wenn es darum ging, die Transformation, die die BBC bewirkte, politisch zu modellieren, kam den Demokraten die zentrale Funktion zu. Dafür waren sie vermutlich wie keine andere Partei geeignet. Nicht nur, weil sie in Baden bald die aktivste und stärkste Kraft bedeuteten, sondern weil sie mit Jäger schliesslich auch den Stadtammann stellten. Jäger selber war für eine solche Rolle prädestiniert – was ironisch wirkt, weil er als Persönlichkeit so überhaupt nicht integrativ erschien. Aber gerade, weil er die Politik in Baden dermassen polarisierte, sorgte er dafür, dass Minderheiten zum Zug kamen, und Pluralismus an der Tagesordnung blieb. Er war selber darauf angewiesen. Er war genauso ein Auswärtiger, ein Aufsteiger und somit ein «fremdes Element» gewesen.

Die Demokraten als Partei hatten aus doktrinären Gründen manche Vorteile zu bieten: Zum einen überbrückten sie lange den Gegensatz zwischen Kapital und Arbeit sozusagen selber, indem sie viele Arbeiter anzogen und eine Sozialpolitik propagierten, die einer SP gut angestanden hätte. Trotzdem blieben sie unbestreitbar eine bürgerliche Partei, somit staatstragend, militärfreundlich, antisozialistisch und demokratisch. Zum anderen hatten sie sich im Gegensatz zu ihren geistesverwandten Vorgängern, den Radikalen, nicht auf den Kulturkampf kapriziert; die Demokraten waren keineswegs anti-klerikal, sondern toleranter: Das galt für die ganze Schweiz, und für das katholische, bald paritätische Baden im Besonderen. Was der grosse Freisinnige Augustin Keller noch vertrat, einen aggressiven, mitunter unversöhnlichen Kampf gegen die «Ultramontanen», hatte Jäger nicht übernommen, obwohl er Keller sonst als Vorbild ansah. Auch andere Badener Demokraten konnten damit nichts mehr anfangen. Zwar blieben harte Differenzen zu den Konservativen, doch sie wurden nie mehr derart emotionalisiert wie zu Kellers Zeiten. Das entschärfte die konfessionellen Spannungen von vornherein, die ja durchaus hätten eskalieren können – jetzt, da wegen der BBC Tausende von Reformierten zuwanderten und damit die Katholiken in die Defensive versetzten.

Was Jäger von Keller jedoch adaptiert hatte, war das Engagement für die Juden: Keller hatte geradezu als «Freund der Juden» gegolten, weil er in den 1860er-Jahren die Emanzipation der Aargauer Juden gegen den erbitterten Widerstand der Katholisch-Konservativen durchgesetzt hatte. Jäger stand ihm darin in nichts nach. In seiner Zeitung, der *Schweizer Freien Presse*, wurde regelmässig positiv über jüdische Anliegen oder Angelegenheiten berichtet, die Pogrome in Russland wurden oft vermeldet und immer verurteilt. Als die Badener Juden 1913 eine eigene, repräsentative Synagoge an der Parkstrasse errichtet hatten, hielt Josef Jäger die Eröffnungsrede:

«Zum heutigen Weihefest bringt der israelitischen Kultusgemeinde Baden im Namen der Gesamtbevölkerung unserer Stadt der Gemeinderat Baden aufrichtig herzlichen Glückwunsch aus. Der Sprechende ist stolz auf die Mission, die er hier zu erfüllen hat: eine interessantere dürfte kaum einem meiner Vorgänger im Amte jemals zuteil geworden sein!»[1263]

Und er beendete seine Ansprache mit einem längeren Zitat aus Lessings «Nathan dem Weisen», jenem Stück, das wie kein anderes zum Manifest für religiöse Toleranz geworden war. Jäger und seine Demokraten standen dafür ein.

1910 lebten etwas über 300 Juden in Baden, und ein knappes Dutzend in Ennetbaden. Trotz dieser vergleichsweise geringen Zahl waren sie durchaus präsent, man kannte sie als Anwälte (René Lewin, Emil Guggenheim, Arnold Bollag), sie stellten einen Stadtrat und Grossrat (Arnold Bollag), ebenso betrieben sie zahlreiche Geschäfte und Betriebe in der Stadt, der grösste darunter war die Schuhfabrik Guggenheim, die zeitweise rund 300 Mitarbeiter beschäftigte. Ihre Feste feierten sie mit Vorliebe im «Zentralhof» am Theaterplatz, einem weitum bekannten, koscheren Hotel.[1264] Für die Schweizer Juden bedeutete Baden im buchstäblichen Sinne des Wortes die erste Adresse. Nachdem sie 1866 die uneingeschränkte Niederlassungsfreiheit erhalten hatten und nicht mehr gezwungen waren, in den beiden «Judendörfern» Endingen und Lengnau im Surbtal zu leben, war Baden meistens die erste Stadt, in die sie sich wandten. Sie befand sich in der Nähe und sie war vertraut. Baden war jahrhundertelang neben Zurzach der einzige Markt gewesen, wo sich Juden geschäftlich betätigen durften. Erst einige Jahre später zogen viele Juden in grössere Städte weiter, insbesondere nach Zürich.[1265]

Wenn auch die Badener Juden eine kleine Gemeinde darstellten, ist ihre politische und kulturelle Bedeutung vor Ort nicht zu unterschätzen. Zum einen symbolisierten sie allein mit ihrer Anwesenheit den Sieg der Freisinnigen über die Konservativen, zum andern sorgten sie damit zugleich für noch mehr religiösen Pluralismus, was so indirekt auch das Verhältnis zwischen Reformierten und Katholiken beeinflusste – und entkrampfte. Jäger, der überzeugte, radikaldemokratische und säkulare Katholik, wusste, warum er sich um die Juden bemühte, nicht bloss als Wähler zählten sie, sondern vor allem, weil sie die religiöse Ausdifferenzierung und damit die Säkularisierung ganz Badens beförderten.

Wie gut das den Demokraten gelang, zeigte sich daran, dass selbst die Katholisch-Konservativen in Baden nun um die Juden warben. Sämtliche Reden an der Einweihungsfeier der Synagoge im Herbst 1913 wurden im *Aargauer Volksblatt* abgedruckt, dem offiziellen Parteiorgan: «Darum soll es keinen wundern, wenn gerade das ultramontane Organ des Kantons an leitender Stelle heute des kleinen

10. Klassengesellschaft in der Kleinstadt: Die soziale und kulturelle Transformation

Freuden- und Ehrenfestes unserer jüdischen Mitbürger in festgestimmten Worten gedenkt. Wir finden im religiösen Judentum zu viel Anklänge an die heilige Offenbarungswerkstätte Gottes, als dass wir achtlos an ihm vorübergehen könnten.»[1266] Noch vor wenigen Jahrzehnten hatten die gleichen Katholisch-Konservativen – besonders im Aargau – die Emanzipation der Juden mit allen Mitteln bekämpft.[1267]

Wie viele Juden bei der BBC arbeiteten, ist kaum mehr festzustellen. Der bekannteste ist heute wohl der Vater von Edith Oppenheim-Jonas, die Zeichnerin und Autorin, die die Papa-Moll-Figur erfunden hat. Ihr Vater, ein deutscher Ingenieur, hiess Julius Jonas und leitete jahrzehntelang die wichtige Patentabteilung der BBC.[1268] Edith Jonas wuchs in Baden auf und heiratete 1932 den BBC-Ingenieur John Eric Oppenheim, der aus England stammte und ebenfalls jüdischer Herkunft war.[1269] Im Gegensatz zum Schwiegervater verlief seine Karriere bei der BBC unauffällig; umso beeindruckender machte sich seine Frau als Karikaturistin mit dem Kürzel «Ejo» einen Namen – selbst in der BBC. Als sie in den frühen 1950er-Jahren die ersten Papa-Moll-Geschichten veröffentlichte, zeichnete sie gelegentlich auch für die BBC-Hauszeitung. Die Karikaturen, die genauso den typischen «Papa-Moll-Strich» (Meier/Wildi) aufwiesen, erschienen unter der Rubrik: «Technisches Bilderlexikon» und persiflierten technische Begriffe. Unter dem Stichwort «Spannungsregler» sah man etwa einen Papa-Moll-ähnlichen Mann, der seine Hosenträger anzog; unter dem Begriff «Kettenreaktion» zeichnete Oppenheim einen Papa-Moll-gleichen Glatzkopf, der einer Frau mit Stielaugen aufs Dekolleté starrte, das eine grotesk grosse Perlenkette zierte. So gesehen trug auch die BBC – wenn auch indirekt – zur spektakulären Karriere von Papa Moll bei. Edith Oppenheim sollte am Ende rund 1,5 Millionen Papa-Moll-Bücher verkaufen.[1270]

1924 erschien in der deutschen Zeitschrift *Der Israelit* ein Bericht über Baden, der einen guten Einblick in die Situation der jüdischen Gemeinde gibt. Der Autor, ein russischer Jude, der inzwischen in Frankfurt lebte, schrieb:

«Unten auf dem Wege zu den Heilquellen erhebt sich ein neuer, schöner, moderner Synagogenbau nach allen Gesetzen der Technik und Vorschriften der Tradition, und drinnen am Vorbeterpulte und am Kathederwirkt ein Lehrer, der weit mehr ist als das, was man gemeiniglich darunter versteht, ein wahrer Führer seiner Gemeinde und Mehrer ihrer geistigen Substanz, ein kundiger Wegweiser für Väter und Söhne. Baden hat neben schönem Gottesdienste mit allwöchentlicher religiöser Belehrung vortrefflichen Religionsunterricht, gutverwaltete Institutionen, und im ‹Zentralhof› [ein koscheres Hotel] versammelt sich an den Winterabenden Jung und Alt, um Vorträgen aus allen denkbaren Gebieten des jüdischen Wissens zu lauschen. Zu all dem wirkt im engeren Kreise ein Rabbi, der in

607

althergebrachter Weise die Jugend im Talmud unterrichtet. Alle jüdischen Lebensmöglichkeiten sind bestens gegeben.»[1271]

Dass jüdische BBC-Angestellte in Baden eine Synagoge und eine funktionierende Gemeinde vorfanden, muss der BBC-Führung entgegengekommen sein. Alles, was es ihren zugezogenen Mitarbeitern erleichterte, sich aufgehoben zu fühlen, war erwünscht. In jenen Jahren vor dem Ersten Weltkrieg waren manche Juden bei der BBC angestellt, ohne dass dies jemanden speziell gekümmert hätte. Man fand sie vorwiegend im Kader oder in Positionen, die eine akademische Ausbildung erforderten. Oft waren sie Ausländer. Ebenso gab es unter Kunden, Bankiers und Geschäftspartnern zahlreiche Juden, was für eine Firma, deren Führung sich ausgesprochen agnostisch gab, kaum je ein Thema gewesen sein dürfte. Religion lag dieser technokratischen, wissenschaftsgläubigen Firma fern. Das spiegelte sich auch im privaten Umfeld der Gründer wider. Die erste wie auch die zweite Ehefrau von Charles Brown war jüdisch, und somit nach jüdischer Tradition alle seine sechs Kinder.[1272]

Boveri selber verfügte über manche jüdischen Bekannten und Freunde, wie etwa den erwähnten Pariser Bankier Arthur Spitzer, darüber hinaus hatte er geschäftlich viel mit jüdischen Unternehmern zu tun, insbesondere mit den Rathenaus oder Felix Deutsch von der AEG. Ob Jude oder Christ, das alles war vor dem Ersten Weltkrieg weniger von Belang, dennoch betonen wir dies, weil es für den Sohn von Boveri nachher von dringlicherer Relevanz werden sollte, als er sich in den 1930er-Jahren mit den Nazis konfrontiert sah.[1273] Auch in der Schweiz machten sich *Fellow Travellers* des «Dritten Reichs» wie etwa die Frontisten bemerkbar, und in der Region Baden fanden sie manche Anhänger. 1937 errangen die Frontisten hier gar ihren einzigen Grossratssitz im Kanton.[1274] Selbst die BBC war betroffen, zumal es unter ihren deutschen Angestellten manche Nazi-Sympathisanten gab; einmal kam es in der Fabrik gar zu einer Schlägerei zwischen Nazis und deren politischen Gegnern.[1275] Als weitaus dramatischer erwies sich allerdings die Lage in Deutschland: BBC Mannheim war im «Dritten Reich» ein kriegswichtiger Rüstungsbetrieb, was mitunter unmenschliche, kriminelle Implikationen bedeuten konnte. Die Frage, wie sich die BBC insgesamt gegenüber den Nazis verhalten hatte, wurde von der Unabhängigen Expertenkommission Schweiz-Zweiter Weltkrieg (UEK, besser bekannt als Bergier-Kommission) seinerzeit untersucht, deren Befunde hier zu vertiefen, würde den Rahmen unserer Untersuchung indes sprengen.[1276]

Walter Boveri junior finanzierte 1944 gegen etlichen Widerstand der Schweizer Behörden den berühmten Film «Die letzte Chance» von Leopold Lindtberg, der die Flüchtlingspolitik der Schweiz während des Zweiten Weltkrieges kritisierte.[1277] Auch Margret Boveri beschäftigte sich in ihren Memoiren, lange nach der Nazi-Zeit, mit dem nach dem Ersten Weltkrieg immer aggressiver aufkommenden Antisemitismus in Deutschland und stellte dar, wie sie selber in jener Zeit geradesogut hätte zur Antisemitin werden können, was ihr aber nicht in den Sinn gekommen sei wegen Vorbildern. Dazu zählte sie etwa den renommierten Physiker Wilhelm Röntgen, ein Freund ihres Vaters und ein «entschiedener Gegner des Antisemitismus», aber auch ihr Onkel Boveri: «Als dritter wäre Onkel Walter zu nennen, göttergleich in Baden, freizügig verschlossene Grenzen überquerend. Er kannte Rathenau, den amüsanten Gesellschafter, von Winteraufenthalten in St. Moritz. Er nahm mit ihm und Loucheur an Sitzungen über internationale Wirtschaftsfragen teil. Durch ihn war Rathenau für mich eine Person.»[1278]

Wir haben die jüdische Gemeinde von Baden und die Bedeutung, die sie für die Demokraten einnahm, etwas vertiefter dargestellt, weil wir den multikulturellen, und dabei zugleich hoch politisierten Charakter der Kleinstadt herausarbeiten wollten. Im Vergleich zu fast allen *Company Towns* in der Schweiz stellte Baden in dieser Hinsicht ein Phänomen dar. Zwar war etwa auch Schönenwerd dank Bally inzwischen wie Baden eine paritätische Gemeinde geworden, doch lebte hier ein einziger Jude. In Arbon, dem Ort, den die Firma Saurer prägte, gab es wohl Katholiken und Reformierte, aber keine jüdische Gemeinde, das Gleiche galt für Uzwil oder Gerlafingen. Ebenso lebten in Zug 1910 zwar 6827 Katholiken und 1228 Protestanten, aber bloss sieben Juden. Nur Grossstädte wie Zürich, Basel oder St. Gallen wiesen eine ähnliche konfessionelle und religiöse Durchmischung auf wie Baden, das trotz alledem eine Kleinstadt blieb.

Weil Baden so multikonfessionell und multikulturell war, und mit dem Freisinn eine dominante Partei existierte, die sich anerbot, über allen Konfessionen zu stehen, und für eine vollkommen säkularisierte Politik eintrat, so unser Argument, fiel die Integration der vielen Ausländer, Auswärtigen oder Reformierten, die sich mit der BBC in der Region niederliessen, leichter. Es gab keine Partei der Einheimischen, und die formelle Partei der Katholiken, die Katholisch-Konservativen, befand sich in der Minderheit, zumal die meisten Badener Katholiken ohnehin den Freisinn wählten. Baden war vor dem Ersten Weltkrieg eine freisinnige *und* säkulare Hochburg. Die BBC, von ihrem Selbstverständnis her selber eine agnostische, überkonfessionelle und multinationale Firma, passte geradezu perfekt in diesen Kontext.

Ganz überwunden war der Kulturkampf allerdings selbst in Baden noch lange nicht. Gerade Jäger, der in seinen Reden so viel von konfessioneller Toleranz sprach, sorgte mit seinem Temperament gelegentlich für Irritationen. 1910 hatte etwa die katholische Kirchgemeinde beim Stadtrat um eine Bewilligung nachgesucht: Sie wollte ihre traditionelle Fronleichnamsprozession auch auf bestimmte (öffentliche) Plätze der Stadt ausdehnen, konkret ging es um die wichtigsten Gassen, durch die man zu prozessieren wünschte. In einer Stadt, die jahrhundertelang als katholisches Bollwerk zwischen den reformierten Kantonen Bern und Zürich ausgeharrt hatte, eine Selbstverständlichkeit – möchte man meinen. Doch der Stadtrat unter Führung seines eben neu installierten (katholischen) Stadtammanns Jäger schlug die Bitte rundweg ab, unter anderem mit der Begründung, die Katholiken könnten sich nicht auf irgendwelche «Vorrechte» berufen. In der Stadt entbrannte eine Kontroverse, wobei selbst Reformierte den Katholiken beisprangen: «Wir Protestanten», schrieb ein Autor im *Badener Tagblatt*, «haben keine öffentliche Demonstration einer kirchlichen Zeremonie; wenn wir sie hätten, würden wir mit demselben Rechte auf ihrer Ausführung bestehen wie die katholische Kirche auf ihre Fronleichnamsprozession.»[1279] Wie so oft hatte Jäger Öl ins Feuer gegossen, indem er seine Absage mehr journalistisch, als staatsmännisch formuliert hatte. Der protestantische Kritiker schrieb: «Im Übrigen ist der Brief des Stadtammanns an die katholische Kirchenpflege sowohl seinem Tone als seiner persönlichen Diktion nach wenig geeignet, den Frieden unter den Konfessionen zu fördern.»[1280]

So viel wir der zeitgenössischen Presse entnehmen können, kam der Stadtrat nicht auf seinen Entscheid zurück. Deutlich machte das Vorgehen indes: Der Stadtrat dieser nach wie vor mehrheitlich katholischen Stadt scheute sich keineswegs, sich jederzeit mit der römisch-katholischen Kirche anzulegen.

Diese Konfliktfähigkeit, die letztlich den säkularen Charakter der Stadt festigte, erwies sich auch später immer wieder, besonders dann, wenn es um ernstere Probleme ging, wie etwa der Fall Kaysel/Karli zeigt, der sich im Jahr 1917 zutrug. Der Fall hätte durchaus das Potenzial gehabt, weitaus gefährlichere Polemiken auszulösen – hätte es der Stadtrat nicht fertiggebracht, am Ende alles vor der Öffentlichkeit zu verbergen.

Eduard Kaysel, der deutsche Ingenieur der Motor AG, den wir als Gründer der Badener SAC-Sektion kennengelernt haben, beschwerte sich im Januar 1917 beim Stadtrat, dass Albert Karli, der Pfarrer und Dekan der katholischen Stadtkirche, seine sechsjährige Tochter katholisch getauft habe, ohne ihn, den Vater, um Erlaubnis zu bitten, noch ihn darüber zu informieren. Ein Affront sondergleichen, zumal Kaysel nicht einmal katholisch, sondern ein Protestant war. Dass sich Karli überhaupt getraute, das zu tun, lag offenbar an Kaysels Frau, die, ersichtlich schwer krank, von einer Krankenschwester dazu überredet worden war. Ob Frau Kaysel selber katholisch war, ergibt sich aus den Akten nicht. Die Schwester, die sie betreut hatte, war eine Nonne des Klosters Ingenbohl, das von der Stadt Baden damals mit etlichen Pflegeaufträgen mandatiert worden war. «Herr Kaysel verlangt von der katholischen Kirchenpflege Massregelung des fehlbaren Geistlichen und vom Gemeinderat Schutz gegen den Eingriff des Pfarrers in seine Familienangelegenheiten. Gleichzeitig wünscht Herr Kaysel, dass der konfessionellen Beeinflussung der Familien durch die städtischen Krankenschwestern dadurch ein Ende gemacht werde, dass von der Stadt auch protestantische Schwestern angestellt werden.»[1281] Im Stadtrat musste offenbar nicht lange diskutiert werden, wie man sich zu verhalten hatte: «Einstimmig», hiess es im Protokoll, und der Stadtschreiber hatte das unterstrichen, «ist der Gemeinderat in der Verurteilung des Vorgehens des Herrn Dekans, das um so gravierender ist, als es sich dabei um eine im Komplott begangene Hintergehung einer hilflos und krank Darniederliegenden handelt.»[1282]

Man befand sich mitten im Krieg, seit mehr als zwei Jahren hatte die Bevölkerung sich mit Not, Knappheit, Angst und Konflikt zu arrangieren, kurz, dem Stadtrat kam ein solcher Übergriff sehr ungelegen. Jäger sagte, nein, wohl schimpfte er, was im Protokoll vornehm angedeutet wurde: «Der Vorsitzende gibt zum Schluss seiner Betrübnis darüber Ausdruck, dass in dieser Zeit, wo unter Konfessionen und Parteien in der Gemeinde Burgfrieden herrschen sollte, das unbesonnene und unverantwortliche Vorgehen des Herrn Dekan Karli die Behörden in eine peinliche Situation versetzt und in der Einwohnerschaft Aufregung und Zwietracht wachrufen wird, sofern Herr Kaysel den Weg in die Öffentlichkeit beschreiten sollte.»[1283]

Von der Kirchenpflege auf seinen selbstherrlichen Akt angesprochen, behauptete der Pfarrer, die Mutter hätte auf die Taufe des Kindes gedrängt und er habe gemeint, der Ehemann hätte zugestimmt. Bei der Kleinräumigkeit der Verhältnisse in der Stadt dürfte Karli bekannt gewesen sein, dass Kaysel Protestant war, so dass seine Aussage wenig plausibel wirkt. Immerhin, Karli trat sogleich den Rückzug an: «Jeder Hintergedanke», beteuerte er, «und insbesonders [sic] die Absicht, die väterliche Gewalt des Herrn Kaysel zu beeinträchtigen und das Kind gegen den Willen des Vaters zu taufen, sei ihm fern gelegen. Herr Dekan Karli drückte sein lebhaftes Bedauern über das Vorkommnis aus»,[1284] doch mehr, so meldete die Kirchenpflege, könne man nicht machen. Damit gaben sich aber die Stadt und Kaysel noch lange nicht zufrieden. Der Stadtrat verlangte erstens, dass niemand die Öffentlichkeit informierte, und zweitens, dass die Taufe annulliert würde, oder genauer: dass man die entsprechende Notiz aus dem Taufregister strich.

Das wiederum wies Pfarrer Karli mit einer gewissen Panik ab, verständlicherweise, da es sich hier ja um ein Sakrament handelte, das man nicht einfach aufheben konnte, ohne in religiöse Schwierigkeiten zu geraten. Er bot daher alles an: eine Entschuldigung und die Zusage, der übermotivierten Nonne eine «ernste Missbilligung» auszusprechen. Auch ihre Oberen im Kloster Ingenbohl hatte er ins Bild gesetzt und diese hätten sie zurechtgewiesen und dafür gesorgt, dass die Krankenschwester «in tunlichster Frist ihrer Stelle enthoben» würde: «Die Taufe dagegen», schrieb er, «könne nicht rückgängig gemacht werden, er werde aber zur Eintragung ins Taufbuch eine Erklärung setzen, dass die Taufe wider den Willen des Vaters erfolgt sei und ihn zu nichts verpflichte.»[1285]

Ingenieur Kaysel liess sich darauf jedoch nicht ein und forderte weiterhin die vollständige Eliminierung, bis die katholische Kirche nachgab und jede Angabe aus dem Taufregister löschte. Kaysel registrierte das mit Genugtuung und verzichtete darauf, irgendeinen Journalisten zu orientieren. Der Stadtrat betrachtete die «Angelegenheit für als erledigt».[1286]

Wenn der Fall Karli so problemlos abgewickelt werden konnte, dann lag das nicht zuletzt am Stadtrat, der von Anfang keinen Zweifel offenliess, wo er stand, aber auch an einer katholischen Kirche, die sich bewusst war, dass Baden inzwischen eine paritätische und säkulare Stadt war. Deshalb hatte sie, aber auch ihr Pfarrer, der sich der Provokation bewusst gewesen sein musste, die er zu verantworten hatte, anstandslos nachgegeben. Man wagte keinen Konflikt, weil man diesen Kampf schon verloren hatte.

Baden war in konfessioneller Hinsicht ein neutraler Boden geworden. Dass es zwar eine katholische, aber auch freisinnige, im Zweifelsfall also säkulare, antiklerikale Stadt war, half den Zugezogenen: Ihre Konfessionszugehörigkeit spielte von Anfang an eine untergeordnete Rolle. Katholiken strengerer Observanz, die am Vordringen von Protestanten hätten Anstoss nehmen können, befanden sich in Baden schon seit Langem in der Defensive. Genauso war Baden darauf vorbereitet, eine hohe Anzahl von Auswärtigen, seien es Schweizer oder Ausländer zu absorbieren. Man hatte es als Kurort auf Zeit immer getan, wenn Gäste aus aller Welt eine Saison hier verbrachten, man meisterte es ohne Schwierigkeiten, als Ingenieure, Techniker, Kaufleute und Schlosser und Dreher als Gastarbeiter zuzogen – und blieben.

11. Bilanz

Jede Erfolgsgeschichte kommt an ihr Ende, zumal, wenn zwei so aussergewöhnliche Persönlichkeiten wie Charles Brown und Walter Boveri involviert sind. 1911 trat Brown als Verwaltungsratspräsident der BBC zurück, warum, geht aus den Quellen nicht ganz eindeutig hervor, vermutlich zerwarf er sich mit Boveri, weil dieser mit mehr Disziplin das gemeinsame Unternehmen auf eine klar definierte Zahl von Produkten zu fokussieren suchte, während Brown sich eher intuitiv in immer neue Technologien stürzte. Hinzu kamen die krisenhaften Verwerfungen, unter denen auch die BBC litt. Der Bestellungseingang ging zurück, die Rendite schwächelte. Boveri, so macht es den Anschein, verlor zeitweise die Nerven. Nachdem Brown das Präsidium abgegeben hatte, blieb er vorerst im Verwaltungsrat, bald, im Lauf des Jahres 1912, trug sich ein letzter Eklat zu.

Wie so oft stritt man am Ende auch ums Geld. Charles Brown war der Meinung, die Lizenzgebühren, die die grossen Firmen AEG oder die Siemens-Schuckertwerke der BBC schuldeten, weil sie jahrelang das Patent auf den Turbogenerator unterlaufen hatten, wie das Reichsgericht in Leipzig jetzt endlich, 1912, zugunsten der BBC entschieden hatte – dass ein Teil dieser Millionenbeträge, die nun fällig wurden, ihm gehörte.

«Diesen Standpunkt müssen wir als vollständig unhaltbar bezeichnen», sagte Walter Boveri gemäss Protokoll im Verwaltungsrat, «Herr C. E. L. Brown selbst hat das fragliche Patent vor 11 Jahren auf den Namen und für Rechnung [sic] der Firma angemeldet, ohne damals oder später einen Vorbehalt zu machen. Sämtliche Patente sind Eigentum der Firma und Herr Brown hat diese Auffassung von jeher selbst bekundet. Eine Diskussion auf obiger Basis ist daher nicht angängig.»[1287] Brown war schon vor einigen Monaten im Streit als Verwaltungsratspräsident zurückgetreten, jetzt verliess er den Verwaltungsrat definitiv: «Herr Dr. C. E. L. Brown teilt nunmehr mit, dass er sein Mandat als Verwaltungsrat von Baden niederlege und es bleibt nichts anderes übrig als hievon Akt zu nehmen. Der Verwaltungsrat billigt den Standpunkt der Delegation und nimmt von der Demission des Herrn C. E. L. Brown stillschweigend Kenntnis.»[1288]

Damit endete eine gut 25-jährige Zusammenarbeit, stellenweise vermutlich auch Freundschaft, die zu den erfolgreichsten der schweizerischen Wirtschaftsgeschichte zählen dürfte. Ein *Coupling* war zerbrochen, und es folgten die Kleinkariertheiten, die Spitzen, das Gift, die solche Trennungsprozesse immer begleiten. Brown schrieb im Januar 1913 einem Briefpartner, dessen Namen wir nicht mehr zu eruieren vermögen:

«Im Sommer [1912] hatte der gegenwärtige Präsident [Boveri] als er in den Ferien war und das verlustreiche Geschäft (…) gerade auf seinem Konto stand, die Unverschämtheit mir zu schreiben, dass ich seiner Ansicht nach – ich war nebenbei bemerkt nur noch mit halbem Salär und Anteil im Geschäfte – nicht genügend für das Geschäft arbeite. Es macht sich das doppelt fühlbar, wenn man bedenkt, dass allein durch meine oben geschilderte Erfindung [den Turborotor] pro Jahr an Lizenzen ein Vielfaches einging von meinen Bezügen (…) Von den moralischen Vorteilen, die BBC durch meine Erfindung hatte, gar nicht zu reden.»[1289]

Monate zuvor hatte Boveri noch einen Brief geschickt, worin er fast darum bettelte, dass man sich versöhne, Anlass war der Ehrendoktor, den Brown 1911 von der Technischen Hochschule Karlsruhe erhalten hatte:

«Ich habe das Bedürfnis, Dir diesen Glückwunsch auszusprechen, trotz der zwischen uns bestehenden Spannung; denn meine persönlichen Gefühle sind davon nicht berührt. Ich stehe auch gar nicht an auszusprechen, dass es mein lebhaftester Wunsch wäre, diese Spannung wieder zu beseitigen. Die Erregung über die prekären Resultate unserer Geschäfte, die bei mir erst durch eine erzielte Besserung ganz schwinden wird, hat mich wohl zu einem ungeschickten Schritt veranlasst und mich auch über dessen mögliche Folgen, die ganz andere sein sollten, irregeleitet.»[1290]

Boveri bot an, Brown zu besuchen, doch der antwortete nicht mehr. Bald fuhr er auf eine Weltreise, dann, nach dem Tod seiner ersten Frau, zog er mit seiner zweiten für immer ins Tessin. In Baden, in der BBC tauchte er so gut wie nie mehr auf.

Beide wurden nicht glücklich. Boveri stand die objektiv härteste Zeit seines Lebens bevor. Zuerst stürzte der Erste Weltkrieg Europa in den Abgrund und zerstörte die Geschäfte, dann brachen die Nachkriegskrise, die schweizerische Arbeitslosigkeit und die deutsche Inflation über die BBC herein, und die Existenz der Firma schien gefährdet. 1922 verunfallte Boveri auf einer Reise an die Nordsee mit seinem Auto schwer, wovon er sich nicht mehr erholen sollte. Zwei Jahre lang lag er vorwiegend im Krankenbett. 1924 starb er. Er war 59 Jahre alt.

Brown lebte derweil scheinbar ungestört und entspannt in Montagnola bei Lugano, zeichnete Geschichten für seine kleinen Kinder, privatisierte und erfand Unsinn. Ob ihn das ausfüllte, wissen wir nicht; seine junge Frau scheint bald das Interesse an ihm verloren zu haben. Jedenfalls ging sie eine Affäre mit dem Dichter und Dadaisten Hugo Ball ein, der als Nachbar in Montagnola wohnte. Ebenso versickerte das Geld. Brown war nie ein Sparer gewesen, sein Geld gab er mit beiden Händen aus. 1924 starb auch Brown, 60-jährig, einige Monate vor

11. Bilanz

Boveri. Eine Paarung zwischen einem hellsichtigen Unternehmer und einem genialen Ingenieur, die eine der grössten Firmen des Landes, ja Europas erzeugt hatte, und jetzt der Nachwelt hinterliess, war am Ende.

Wir haben in unserer Studie diesen gewaltigen Eingriff in die Geschichte Badens und der Schweiz untersucht, die ihr Lebenswerk bedeutete. Wir wollten wissen, warum die BBC ausgerechnet in einem jahrhundertalten Kurort gegründet wurde, der darüber hinaus gar nicht am Scheitern war. Wir fragten nach den Ursachen des stupenden Triumphs dieser Firma, die innert weniger Jahre den Weltmarkt durchdrang und zu einem ernsthaften Konkurrenten für die Grössten der Branche wurde, schliesslich interessierten uns die kurzen Jahrzehnte des Wandels: Einer grossen Transformation, die eine Stadt und eine Region vollständig umwälzte, ohne dass es zu allzu heftiger Gegenwehr, Krisen oder Ressentiments gekommen wäre. Die Integration der BBC, die Aufnahme ihrer vier ausländischen, auswärtigen Gründer und der vielen neu zuziehenden BBCisten, die ebenfalls entweder Ausländer waren oder aus anderen Kantonen der Schweiz stammten, verlief nahezu mühelos. Warum?

Bevor wir auf unsere konkreten Antworten auf diese Fragen zu sprechen kommen, möchten wir zunächst unser Erkenntnisinteresse im Kontext der jüngsten geschichtswissenschaftlichen Debatten verorten. Es liegt uns daran, unseren Beitrag an die Forschung zu formulieren: Welche Einsichten haben wir gewonnen, die für weitere Studien anschlussfähig sind, welche neuen Argumente liefern wir, die in der anhaltenden Auseinandersetzung um das Verhältnis zwischen Unternehmen und Staat und Institutionen von Nutzen sein könnten? Inwiefern ist es uns gelungen, das Phänomen der *Company Town* zu erhellen und Einblicke zu gewinnen, wie sie vorher weniger vertraut waren? Last but not least: Wie sind unsere Resultate vor dem Hintergrund der *Business History* und ihrer gegenwärtigen Forschungsschwerpunkte zu beurteilen?

Im deutschsprachigen Raum, wir haben es erwähnt, hat die Unternehmensgeschichtsschreibung lange unter oft uneingestandenen Legitimationsproblemen gelitten. Wer sich damit befasste, galt in Kreisen der etablierten Wissenschaftler beinahe als verdächtig, als jemand, der sich von mächtigen Akteuren beeindrucken liess und ihnen zu unkritisch gegenüberstand. Deshalb schenkten die meisten Historiker den Unternehmen und den Unternehmern wenig Aufmerksamkeit, wenn es darum ging, sozialen, kulturellen oder wirtschaftlichen Wandel zu erklären. Den Unternehmern darin eine prominente Rolle zuzuweisen, mag auf viele Historiker ausserdem wie eine Rückkehr zu einer allzu personenorientierten, heroisierenden Historiographie vorgekommen sein, wie sie erst vor wenigen

Jahrzehnten im Zeichen der strukturalistischen, sozialhistorischen Wende überwunden worden war. Lieber kümmerte man sich um die Arbeiter oder Angestellten in einer Firma, weniger um die Chefs und Gründer.

Ebenso überwog eine makroökonomische und makrohistorische Perspektive: Strukturen, Konjunkturen und Märkte standen im Vordergrund – einzelne Unternehmen dagegen gerieten aus dem Blick. Selbst die angelsächsische *Business History*, die über eine weitaus stärkere Tradition verfügte, sah sich oft mit einem gewissen Rechtfertigungsdruck konfrontiert: Sind ihre Forschungsergebnisse für den Mainstream der Geschichtswissenschaft überhaupt relevant und nutzbringend, oder wurden hier bloss die Interessen einer besonderen Klientel befriedigt, namentlich der Manager und Unternehmer, die sich für die vermeintlich glorreiche Vergangenheit ihrer Firmen erwärmten? Dass die *Business History* in den USA institutionell meist den *Business Schools* angegliedert ist, hat bestimmt nicht geholfen, sondern das Misstrauen genährt.

Indem wir hier eine einzelne Firma und ihre Gründer an ihrem Standort mikrohistorisch analysierten, versuchten wir einen Beitrag zur Versachlichung dieser interdisziplinären Konfusion zu leisten. Unternehmen und Unternehmer sind, so haben wir gezeigt, überaus wirkungsmächtige historische Akteure. Sie zu ignorieren oder zu unterschätzen, hat etwas Groteskes und Frivoles zugleich. Vor allen Dingen verzichtet man auf Fragestellungen und Erkenntnisse, die unerlässlich sind, um historische Veränderungsprozesse zu begreifen. Baden und die BBC veranschaulichen dies prototypisch. Ohne BBC hätte die Badener Geschichte einen ganz anderen Verlauf genommen. Ohne die Intervention zweier charismatischer und entschlossener Unternehmerpersönlichkeiten wäre Badens Transformation von einem Kurort zu einer Industriestadt kaum je so rasch vonstatten gegangen – wenn sich überhaupt je eine Firma niedergelassen hätte. Eher vorstellbar wäre dann ein Szenario gewesen, in dem Baden eine etwas urbanere Variante von Schinznach-Bad geblieben wäre. Nichts wies 1890 darauf hin, dass Baden 1925 eine der bedeutenden Industriestädte des Landes sein würde. Demographisch, sozial, kulturell, wirtschaftlich und politisch stürzte die BBC alles um, kein Stein blieb auf dem anderen, wir haben diesen Strukturwandel ausführlich beschrieben. Mit Blick auf diese dramatische Veränderung: Wer könnte daran zweifeln, dass es sich lohnt, auf die Geschichte eines Unternehmens und seiner Gründer einzugehen? Schumpeters Vorstellung des Unternehmers als einem «schöpferischen Zerstörer» sozusagen, als einem erstrangigen Agenten des gesellschaftlichen Wandels erwies sich als ein Ansatz, den wir in unserer Fallstudie, so glauben wir, empirisch bestätigten.

Ein zweites kommt hinzu. In den vergangenen Jahren ist die sogenannte *Global History* oder Globalgeschichte als eine neue Denkschule hervorgetreten. Sie will die Geschichte der Welt anders, nämlich integrativ erzählen, indem sie nationale und kontinentale Grenzen überwindet, und die Interkonnektivität der meisten historischen Prozesse in den verschiedenen Gegenden des Globus zum Thema macht. Im Zuge dieses Paradigmenwechsels hat auch die Geschichte der Globalisierung eine Hausse erfahren. Wichtige Vertreter der *Business History* wie etwa die Harvard-Historiker Geoffrey Jones oder Walter A. Friedman haben ihre Forschungsdesigns daraufhin ausgerichtet.[1291] Insbesondere Jones fokussiert dabei auf den kaum zu übersehenden Beitrag, den multinationale Unternehmen seit dem späten 19. Jahrhundert zur Globalisierung geleistet haben. Ohne den Aufstieg und die Expansion solcher Konzerne, die sich international verankerten und nicht bloss ihre Produkte, sondern auch ihre Fabriken, ihre Verkaufsorganisation und Kapitalbeschaffung über alle Grenzen hinweg ausweiteten, wäre die erste Globalisierungswelle (ab 1870 bis 1914) undenkbar gewesen. Globalisierung und multinationale Unternehmen hängen eng miteinander zusammen. Die BBC, so haben wir demonstriert, gehörte zu den Pionieren dieser Entwicklung, und sie bzw. ihre Nachfolgerin ABB ist bis heute eine international operierende Firma geblieben. Mit unserem mikrohistorischen Ansatz haben wir damit den Entstehungsprozess einer der wichtigsten multinationalen Player der Schweiz und Europas gewissermassen von unten beschrieben – und stellen eine *Case Study* zur Verfügung, die in das grössere Narrativ der Globalisierung der Weltwirtschaft eingefügt werden kann.

Drittens wurden in unserer Untersuchungsperiode von 1870 bis 1925 die Grundlagen für den aussergewöhnlichen Wohlstand gelegt, den die Schweiz seither geniesst. Bereits um die Jahrhundertwende zählte sie zu den reichsten Ländern der Welt.[1292] Wenigen kleinen Volkswirtschaften war es damals gegeben, in der zweiten Industriellen Revolution eine derart starke Position zu erreichen. In beiden Schlüsselbranchen, in der Elektroindustrie und in der Grosschemie, erzielten Schweizer Unternehmen erstaunliche Durchbrüche. Sie exportierten den überwiegenden Teil ihrer Produktion, sie expandierten früh ins Ausland, sie verdienten sehr viel Geld. Von Beginn weg gehörten sie auch zu den innovativsten, und ihre Forschungsabteilungen behaupteten sich im Wettbewerb mit den besten in Deutschland und in den USA, den beiden Vorreitern des industriellen Fortschritts in jener Epoche. Die BBC stand im Mittelpunkt dieser bemerkenswerten schweizerischen Erfolgsgeschichte – und vieles, was zum Gedeihen der BBC beitrug, gilt auch für die übrigen Firmen. Ob vorteilhafte Institutionen, Offenheit für ausländisches Talent und Kapital, hohe Integration in den Weltmarkt oder gute, inklusive Bildungseinrichtungen: Das Erfolgsrezept der BBC bedeutete auch das Erfolgsrezept der damaligen Schweiz. Anhand unserer Arbeit, so meinen wir, lässt sich eine der hartnäckigen, oft geradezu unheimlichen Fragen unserer Zeit besser klären, nämlich anschaulich und im Detail: Warum sind wir so reich?

III. Teil. Transformation

Schliesslich stellen wir mit unserer Untersuchung auch neue wirtschaftsgeographische Erkenntnisse bereit, insbesondere zu Fragen der Standortpolitik und der Bildung von regionalen Clustern. Warum entsteht eine Firma an einem Ort, wie prägt sie diesen, wie wird sie von diesem bestimmt? Im Wissen, dass *Company Towns* Extremversionen dieser komplexen Beziehung darstellen, haben wir uns bewusst auf eine solche wie Baden konzentriert. Wir gingen davon aus, so effizienter zum Ziel zu kommen. Eine *Company Town* erlaubt es, wir wiederholen uns, das dialektische Verhältnis zwischen Unternehmen und Standort unter Laborbedingungen zu studieren.

In der Schweiz wurden bisher zwar einige *Company Towns* erforscht, nie aber stellte man sie in einen internationalen Bezugsrahmen und verglich. Schon allein der Begriff wurde selten verwendet, als ob man davon ausgegangen wäre, es handelte sich um ein spezifisch schweizerisches Phänomen. Dem ist indessen ganz und gar nicht so, wie wir während unserer Arbeiten feststellen konnten: *Company Towns* kamen überall vor, häufig in den USA und in England, aber ebenso in Deutschland, Frankreich oder etwa in der Tschechoslowakei; ja, man kann sie durchaus als eine universale Erscheinung auffassen, nicht bloss unter kapitalistischen Bedingungen traten sie auf, sondern seinerzeit auch in sozialistischen Ländern, ebenso in sogenannten Schwellenländern. Offensichtlich muss es möglich sein, sie mit generalisierbaren Argumenten zu erklären – und verschiedene theoretische Ansätze, auf die wir uns gestützt haben, wie etwa das Konzept einer Internalisierung von politischen oder sozialen Kosten oder andere institutionenökonomische Überlegungen, haben unser Verständnis in den vergangenen Jahren wesentlich vertieft.

Indem wir Baden zum ersten Mal mit anderen *Company Towns* vorab im Westen verglichen haben, ging es uns auch darum, die schweizerische Diskussion über Standortgemeinden von Unternehmen über die engen Grenzen unseres Landes auszuweiten und an den internationalen Mainstream der *Company Town*-Forschung anzuschliessen – wovon unsere Fragestellungen, wie wir finden, nur profitiert haben. Reziprok gehen wir davon aus, dass unser und weitere kontinentale Fallbeispiele von *Company Towns* den *Bias* zu korrigieren vermögen, der derzeit in der Literatur noch besteht, die sich vorwiegend mit angelsächsischen Exemplaren befasst hat. Bei näherem Hinsehen zeigt sich in der Tat, dass die *Company Town* nicht allein ein amerikanisches Phänomen darstellt, was auf die einstige, spezielle Besiedlungsgeschichte des Landes zurückzuführen wäre. Ebenso haben wir schlüssig aufgezeigt, dass es keiner religiösen oder sozialmoralischen Mission bedurfte, um eine *Company Town*, oder auch ein *Model Village* ins Leben zu rufen, wie wir das aus dem britischen Kontext kennen. Auch Baden war eine *Company Town*, ohne dass deren massgeblichen Unternehmer eigene ideologische oder religiöse Ambitionen verfolgt hätten.

11. Bilanz

Der Vergleich hat unseren Blick auf den Fall Baden geschärft. Erst anhand unserer Typologie wurde deutlich, wie einzigartig dieser Fall war. Selten kam es vor, dass eine *Company Town* in einer alten, längst etablierten Stadt heranwuchs, noch seltener, faktisch so gut wie nie, handelte es sich bei dieser Stadt um einen Kurort. Damit stach Baden und seine BBC nicht bloss im internationalen Zusammenhang heraus, sondern auch in der Schweiz. Wenn wir die *Company Towns* der Schweiz Revue passieren lassen, die wir zum Vergleich beigezogen haben, dann war Baden in jeder Hinsicht ein Sonderfall.

Weil es ein Sonderfall war, erschien es uns umso lohnender, mit neuen Ansätzen zu operieren, um das Unerklärliche zu erklären. Dabei leisteten institutionenökonomische Argumente unschätzbare Dienste, und es gelang uns, anhand Badens die Bedeutung der speziellen direktdemokratischen Institutionen in der Schweiz in die Debatte über *Company Towns* zu integrieren. Ohne direkte Demokratie, ohne die Tatsache, dass eine Mehrheit der männlichen Einwohner über die substanziellen Fragen der lokalen Standortpolitik zu entscheiden hatte, so unser Befund, wäre es wohl kaum je zur Gründung der BBC in Baden gekommen. Die alte, informelle Elite der Hoteliers hätte das vereitelt, so wie die gleichen Kreise das in anderen Kurstädten hintertrieben hatten. Der zweite, internationale Vergleich, den wir mit ausländischen Kurstädten vorgenommen haben, spricht in dieser Hinsicht eine klare Sprache: In Wiesbaden beispielsweise, einer glänzenden Kurstadt Europas, kam es nie zu einem solchen Beschluss gegen deren touristischen Interessengruppen, weil das preussische Dreiklassenwahlrecht, das auch in der Kommunalpolitik galt, die arrivierten Eliten, wie etwa die Hoteliers, auf fast groteske Art und Weise privilegierte. Obschon klein an der Zahl, verfügten sie über Mehrheiten im städtischen Parlament, sie beherrschten die Kommunalpolitik von Wiesbaden nach Belieben.

Baden war, mit anderen Worten, ein Sonderfall, weil das politische System der Schweiz einen Sonderfall bedeutete. Indem wir diesen Zusammenhang herausarbeiteten, verschafften wir uns auch die Argumente, die es uns gestatteten, die relativ störungsfreie Transformation der Stadt von einem Kurort in eine *Company Town* zu begründen. Baden erweist sich geradezu als durchschlagender, empirischer Beweis für die Thesen von Acemoglu/Robinson, wonach die Inklusivität von Institutionen darüber entscheidet, ob eine Region wirtschaftlich vorankommt oder absteigt. Damit, so hoffen wir, haben wir wichtiges Anschauungsmaterial zur Verfügung gestellt für eine Debatte, die seit längerem geführt wird, und dennoch immer von neuem die Wissenschaftler und Politiker zugleich bewegt: Warum scheitern einige Länder und Regionen, warum reüssieren andere? Baden war ohne Frage eine Erfolgsgeschichte, die Institutionen leisteten dazu einen essenziellen Beitrag. Dazu stellen wir die historischen Argumente bereit.

Zu welchen konkreten Ergebnissen sind wir in unserer Studie gelangt? Im Wesentlichen sind es drei:

Erstens: Obwohl der Kurort gegen Ende des 19. Jahrhunderts einen Boom erfuhr, war die Stadt Baden Anfang der 1890er-Jahre so gut wie bankrott. Ursache war unter anderem die unüberlegte Beteiligung an der Nationalbahn, die 1878 zusammengebrochen war und gigantische Schulden hinterlassen hatte. Finanziell in der Defensive, liess die alte Elite der Kurstadt es zu, dass die Stadt alles unternahm, um Industrie anzusiedeln – was die Hoteliers unter normalen Umständen nicht akzeptiert hätten. Denn Kurort und Industrie, so die vorherrschende Meinung, schlossen sich gegenseitig aus. Die BBC zog zu, weil sie in Baden als ersten Auftrag ein Elektrizitätswerk erstellen konnte – das wiederum lag im Interesse der Hoteliers, die damals mit elektrischer Beleuchtung experimentierten. Auch das bewog sie dazu, wenig Widerstand zu leisten.

Zweitens: Die BBC stellte sich bald als einer der erstaunlichsten Aufsteiger der 1890er-Jahre heraus. Das lag unter anderem daran, dass sie als eine späte Gründung auf den Plan trat. Zu einem Zeitpunkt, da sich die Elektroindustrie in Europa auf breiter Front durchzusetzen begann, zog sie Nutzen daraus, dass sie eine vollkommen neue Firma war, die sich allein auf die neueste Technologie der Elektrizität konzentrierte. Im Gegensatz zu manchen ihrer Konkurrenten hatte sie vergangene Investitionen nicht zu berücksichtigen, sie kannte keinerlei *Legacy*-Probleme. Hinzu kam, dass sie mit Charles Brown über einen der international produktivsten Pioniere der zweiten Generation der elektrotechnischen Revolution verfügte, der wiederum Talente von überallher anzog, insbesondere aus Deutschland und England. In den ersten zwanzig Jahren ihres Bestehens galt die BBC als eine der innovativsten Firmen des Kontinents. Dieser frühe Erfolg ermöglichte es der BBC, die Stadt Baden innert kürzester Zeit zu ihrem exklusiven Standort umzuformen. Baden wandelte sich zur *Company Town*, deren Steueraufkommen und Arbeitsplätze in hohem Masse von der BBC abhingen. Der Effekt der BBC war buchstäblich überwältigend. Dazu trug das bemerkenswerte Charisma der Gründer und ihrer modernen Firma bei.

Drittens: Baden war in der Lage, sich mit den zahlreichen Umwälzungen, die die BBC auslöste, vergleichsweise konfliktarm abzufinden. Verwerfungen, erbitterte Arbeitskämpfe oder andere allergische Reaktionen blieben weitgehend aus. Wichtige Voraussetzung dafür waren verschiedene Besonderheiten eines Standorts in der Schweiz: Die direktdemokratisch verfassten, hoch inklusiven Institutionen der Stadt – insbesondere die Gemeindeversammlung – wo jeweils Hunderte von Bürgern sogar über die Ansiedlung der BBC abgestimmt hatten, garantierten, dass die BBC von Beginn weg darauf zu achten hatte, wie man Konsens herstellte. Die Einwohner wiederum erlebten zwar, wie sich ihre Stadt flagrant veränderte – sie hatten aber diesem tiefgreifenden Prozess selber zugestimmt. Das Management der Firma liess sich auf den direktdemokratischen Prozess ein, vor allem Walter Boveri, der sich jahrelang mit Verve in der Lokalpolitik engagierte. Er präsidierte unter anderem die mächtige Budget- und Rechnungskommission der Einwohnergemeinde, die die Finanzen der Stadt kontrollierte, und trat so praktisch an jeder Einwohnergemeinde als Herr des städtischen Haushaltes auf. Obwohl die BBC alles erfasste: Politik, Kultur, soziale und konfessionelle Zusammensetzung der Region, und obwohl deren Führung und Kader oft Ausländer und Auswärtige waren, mithin Aussenseiter, wurden Firma und Mitarbeiter rasch integriert. Neben den politischen Institutionen sorgten dafür auch die zahlreichen zivilgesellschaftlichen Organisationen und Anlässe. Ein nicht zu unterschätzender Faktor ist schliesslich in der Kleinräumigkeit der Verhältnisse zu sehen: Es gab nur wenige Kleinstädte in der Schweiz, ja in Europa, die zugleich eine so grosse Firma beherbergten. Zwei der schärfsten Konkurrenten der BBC, die AEG und Siemens & Halske, waren in Berlin domiziliert, der wahren Elektropolis der Epoche. Baden war winzig im Vergleich, doch ihre BBC machte die Stadt gleichermassen zur schweizerischen Hauptstadt der Elektrizität. Baden war die *Elektropolis an der Limmat*.

Wir haben unsere Studie im Jahr 1925 abgebrochen, weil mit dem Tod von Boveri sich das Arrangement zwischen *Company* und *Town* nachhaltig veränderte. Keine vierzehn Tage nach Boveris Tod rief dessen Nachfolger Fritz Funk den jungen Walter Boveri junior, der schon längst bei der BBC arbeitete und inzwischen zu einem Vertrauten seines Vaters geworden war, zu sich ins Büro: «Er könne eigentlich nicht einsehen, was ich in der Firma noch zu suchen hätte», erinnerte sich Boveri junior, «Ich sei entlassen. Zudem müsse er mich bitten, mein Büro unverzüglich zu räumen, weil es für nützlichere Zwecke benötigt werde.»[1293] Schliesslich monierte er das Salär, 1000 Franken im Monat – das sei viel zu hoch, und bedeute eine «Ungehörigkeit».[1294] Erst Jahre später, in den 1930er-Jahren, kam Boveri zurück – auf Bitte von Funk, die BBC steckte – unter dem Eindruck der Grossen Depression – in der wohl tiefsten Krise ihrer Geschichte.

Funk war ein glückloser, vielleicht überforderter Verwaltungsratspräsident, der sich nie mehr so intensiv und so selbstbewusst in das lokale Geschehen einmischte wie Boveri senior. Er war auch zu alt dafür. Als er die Nachfolge von Boveri antrat, war er bereits 67, jüngere Manager der BBC zogen nicht nach. Interessanterweise führte das zu keinen Irritationen in Baden. Offenbar war der Status der Firma bereits so unbestritten, dass es des aufwendigen Managements

III. Teil. Transformation

der Beziehungen nicht mehr bedurfte. Die *Company Town* war festgefügt. Es gab keinen Weg zurück, zumal der Niedergang des Kurortes seit dem Ersten Weltkrieg unaufhaltsam schien. Vielleicht war die Zeit auch zu knapp. Den kurzen Jahren des vermeintlichen Aufschwungs in den 1920er-Jahren, folgten bald die verheerenden Zeiten der Weltwirtschaftskrise. Sie liessen die BBC dermassen abstürzen, dass sie selbst zu beschäftigt mit sich selbst war, als dass sie sich noch hätte um ihren Standort kümmern können. Doch das ist eine andere Geschichte, das wäre Stoff für eine andere Untersuchung.

1924 setzte eine neue Zeitrechnung ein. Die Elektropolis war von der Limmat nicht mehr wegzudenken. Die grosse Transformation von Baden war abgeschlossen.

Anhang

Dank

In unserer Familie gab es zwei Unternehmen, auf die es ankam: Bühler Uzwil und die BBC. In der ersteren hatte mein Grossvater sein Leben lang als Ingenieur gearbeitet, in der zweiten mein Vater, ebenfalls ein Ingenieur. Wenn wir Kinder damals in den frühen 1970er-Jahren in der Nachbarschaft «Familie» spielten, dann hiess das meistens, dass die Buben irgendwann «ins Geschäft» mussten, während die Mädchen «zu Hause» bleiben durften, worum wir Buben sie beneideten. Denn hier «zu Hause» trug sich die *Action* zu: Kinder waren krank, Grosseltern kamen zu Besuch, es wurde gekocht und gegessen. Im «Geschäft» dagegen lief entweder nichts, weil wir nicht genau wussten, was unsere Väter überhaupt taten – oder wir stritten. Denn das hatten wir am Mittagstisch mitbekommen. Oft erzählten die Väter den Müttern vom «Geschäft», und meistens ging es um irgendeinen Konflikt. Im «Geschäft», so schlossen wir, gab es vor allem Streit. Fast alle Väter in unserer Nachbarschaft in Nussbaumen arbeiteten bei der BBC.

Später, als wir nach und nach älter wurden, wuchs die BBC selbstverständlich zu einem Gegenstand allerersten Ranges heran. Ob ein Auftrag in Saudi-Arabien, Sorgen in Amerika oder Beförderungen und Entlassungen: Was mein Vater jetzt am Mittagstisch schilderte, war *Breaking News*, zumal er immer verantwortungsvollere Positionen einnahm. Er wusste viel, er trug viel. Mein Bruder, meine Schwester, meine Mutter und ich hörten gespannt zu. Ging es der BBC gut, herrschte Hochstimmung in der Familie, kriselte die Firma, was sie in den 1980er-Jahren immer öfter tat, waren auch wir bedrückt. Ich wuchs mit der BBC auf – und mit mir die meisten meiner Freunde oder Klassenkameraden. In Baden, wo ich bald zur Schule ging, gab es damals Klassen, wo rund die Hälfte der Kinder Väter oder Mütter hatten, die bei der BBC angestellt waren. Die *Company Town*, die Baden bildete, war mir von jeher vertraut.

Ohne meinen Vater und ohne meine Mutter, die ihr Leben direkt oder indirekt mit der BBC verbunden haben, wäre ich wohl nie auf die Idee gekommen, mich mit der BBC, dieser erstaunlichen Firma, zu befassen. Ohne meine Eltern wäre ich wohl auch nie in die Lage versetzt worden, eine solche Dissertation zu bewältigen. Was ich von ihnen gelernt habe, ist mehr, als ich hier auszubreiten vermag oder will. Doch ich möchte ihnen dafür danken. Ihnen ist diese Arbeit gewidmet. Meinem Vater habe ich damit, ich ahne es, eine grosse Freude bereitet, denn wenig hat ihn so bewegt, wie das Schicksal seiner Firma, für die er von 1960 bis 2001 tätig war. Am Ende als Mitglied des Verwaltungsrates der ABB. Für meine Mutter kommt diese Arbeit viel zu spät. Sie ist 2008 verstorben. Dennoch weiss ich, dass auch sie meine Geschichte von Brown und Boveri gerne gelesen hätte, auch ihr Leben wurde von dieser Firma geprägt, wie sie es bereits bei ihren Eltern erfahren hatte. Mein Grossvater, der erfindungsreiche Mühlebau-Ingenieur, hatte am Mittagstisch in Uzwil ebenfalls von fast nichts anderem gesprochen als von seiner Firma, «dem Bühler».

Bühler, Uzwil – BBC, Baden: Sie wurden Teil unserer Familiengeschichte. Sogar meinen Kindern sind sie ein Begriff.

Als es aber darum ging, aus dieser Familiengeschichte eine wissenschaftliche Arbeit zu formen, war Joseph Jung, mein Doktorvater, der Mann, der die Idee hatte und die Argumente vorbrachte, mich davon zu überzeugen. Ich kann mich gut erinnern, wie wir das erste Mal darüber sprachen, nachdem wir uns erst kennengelernt hatten. Wir sassen im Garten des Restaurants Terrasse in Zürich, an einem hellen Sommertag. Joe hatte eben seine formidable Escher-Biographie vorgelegt, und wir unterhielten uns über das Wesen des Unternehmers, aber auch über das liberale 19. Jahrhundert, das so vielen Leuten die Möglichkeit geboten hatte, aus dem Nichts aufzusteigen und aus dem Nichts etwas zu schaffen, das manchmal ein Jahrhundert überdauern sollte. Brown und Boveri, die beiden jungen Wilden der BBC, waren genauso Kinder dieser glänzenden Epoche. Das Thema war gegeben. Geduld musste Joe allerdings aufbringen, denn wegen meiner anderweitigen beruflichen Verpflichtungen blieb die Dissertation immer wieder liegen. Ich danke Joe für die exzellente Betreuung, die vielen Fragen und die Hartnäckigkeit, mit der er mich dazu anhielt, die Arbeit zu vollenden.

Tobias Straumann, mein guter Freund, hat schon viele Bücher von mir begleitet: Er las gegen, er kommentierte, er kritisierte. Selten hat er mir aber besseren Rat erteilt als bei der Konzeption meiner Dissertation. Ich habe viel von ihm gelernt. Ohne ihn wäre diese Arbeit kaum je möglich gewesen. Dafür danke ich ihm herzlich.

Norbert Lang, der ehemalige Archivar der BBC/ABB, hat sein Leben damit verbracht, die Geschichte dieser Firma aufzuarbeiten, von ihm habe ich viel profitiert, stets hat er Auskunft gegeben, immer geholfen. Die gleiche Kulanz erlebte ich in den beiden ergiebigsten Archiven, in denen ich forsche: dem Stadtarchiv von Baden und dem Historischen Archiv der ABB in Dättwil. Beide werden von Andreas Steigmeier, Tobias Wildi und ihrer Firma Docuteam betreut. Was immer mich interessierte, was immer fehlte: Steigmeier/Wildi und ihre Mitarbeiter – insbesondere Penelope Weissman und Tobias Haudenschild – beschafften es und boten unbürokratisch und professionell Einblick.

Auch Dorothee Schneider musste lange warten. Vor Jahren habe ich ihr, der Geschäftsführerin des Stämpfli Verlages, von meiner Dissertation erzählt und schon damals zeigte sie sofort Interesse. Dieses hielt an, und so erscheint nun bereits mein drittes Buch beim Stämpfli Verlag, vorbildlich begleitet von Martina Frei. Ihnen allen danke ich ebenfalls.

Zwei Mal hat mein Vater uns Kinder und alle seine acht Enkel auf grosse Reisen eingeladen, die der BBC gewidmet waren. Einmal fuhren wir nach Brasilien, um Itaipú, das seinerzeit grösste Kraftwerk der Welt, zu besichtigen. Es liegt an den gewaltigen Iguazú-Wasserfällen, und die BBC war massgeblich für dessen Errichtung verantwortlich. Mein Vater hatte als junger Ingenieur daran mitgearbeitet. Vor allem seinen Enkeln wollte er zeigen, was er als einen Teil seines Lebenswerkes betrachtete. Die BBC hatte dieses einst grösste Kraftwerk gebaut, und die BBC bzw. die ABB hat auch jenes Kraftwerk erstellt, das heute als das grösste der Welt gilt: Eine atemberaubende Anlage an der Drei-Schluchten-Talsperre am Jangtsekiang, dem längsten Fluss von China. Auch dieses Mal war mein Vater daran beteiligt gewesen. Deshalb fuhr unsere Familie 2018 nach China, und alle Enkel erlebten erneut, was für eine enorme Firma die BBC gewesen sein musste. Generatoren, Turbinen, Wechselstrom: Auch meinen Kindern, deren Vater und Mutter Historiker und Journalisten sind, wurden so Dinge vertraut, die ihnen sonst kaum etwas bedeutet hätten.

Und trotzdem. So sehr meine Frau und meine Kinder also verstehen mochten, womit ich mich jahrelang beschäftigte – diese Dissertation nahm mich in Anspruch. Und manchmal dürfte sich meine Familie gefragt haben, was in aller Welt mich dazu bewegte, den absurdesten Ideen von Charles Brown oder den komplexesten Geschäftsmanövern von Walter Boveri nachzuspüren. War ich womöglich verrückt? Für dieses Verständnis, vor allem für den guten Humor, den meine Frau Anita und unsere Kinder Sophie, Max, Paula, Marie und Hans in so vielen, fast immer glücklichen Jahren bewiesen haben, möchte ich ihnen von ganzem Herzen danken. Ohne sie wäre gar nichts entstanden.

Cambridge, Mass., im Mai 2019

Bibliographie

Ungedruckte Quellen

Historisches Archiv ABB Schweiz, Baden-Dättwil
Protokolle Direktion, 1909–1925, B.0.4.2
Protokolle Verwaltungsrat, 1900–1925, B.0.2.1.0.1–4

Korrespondenzbuch Walter Boveri, 1887–1891, A.93.1.3 [Ms. Boveri]
Unterlagen zu Familie Boveri, 1989–1999, A.93.6
Technische Zeichnungen, Walter Boveri, 1879–1889, A.93.7

Korrespondenz Charles E. L. Brown, 1901–1905, A.93.1.2
Briefkopienbuch C. E. L. Brown, 1885–1891, A.93.1.4
Unterlagen zu Charles E. L. Brown, 1887–1994, A.93.3
Charles E. Brown, Tagebuch einer Reise um die Welt, 1911–1912, A.93.5
Stammbaum der Familie Brown, A.93.4

Korrespondenz Charles Brown senior, 1886–1903, A.93.1.1
Unterlagen zu Charles Brown senior, 1905–2003, A.93.1.4, A.93.2, A.93.3
Unterlagen zu Familie Brown, 1922–2009, A.93.4

Boveri, Walter (Eugen), Ein Weg im Wandel der Zeit, Bd. 3: Am Werk, Ms., o. O., o. J., B.9.0.39
Funk, Fritz, Gründung der Kommanditgesellschaft Brown Boveri & Cie., Baden und deren erste Jahre, Ms., Baden, o. J., A.90.3 [Funk, Erinnerungen]
Funk, Fritz, Nekrologe, Trauerfeier, 1938, B.9.3.6

Hafter, Albert, 40 Jahre BBC, Ms., Baden 1933, B.9.22.1, B.9.22.2 [Hafter, 40 Jahre BBC]
Lehrlingsmutationstabelle 1916–1931 von Oberingenieur A. Hafter vom 28. Juni 1932, B.9.22.2
Statistik der Ausfuhren von Maschinen aus der Schweiz und der Anteil BBC 1892–1931 von Oberingenieur A. Hafter, erfasst am 24. April 1931, B.9.22.2
Statistik des Ausgangs von Maschinen und Apparaten 1892–1932 von Oberingenieur A. Hafter, erfasst am 21. Juni 1932, B.9.22.2
Hafter, Albert, Handschriftliches Notizbuch über Beleuchtungsanlagen u. a., Ms., [Baden] 1893 ff., B.9.22.1

Sachs, Karl, Festschrift: Diverse historische Unterlagen (kopiert) für Karl Sachs, mit Verzeichnis, B.9.23.16
Sachs, Karl, Brown Boveri & Co., 1891–1931, (Fragmente eines Manuskripts zur Geschichte der BBC), Ms., o. J., o. O., [Sachs, 1931], B.9.23.17
Sachs, Karl, Die geschäftliche und finanzielle Entwicklung der A. G. Brown Boveri & Cie., 1900–1941, Ms., Baden 1943, [Sachs, 1943], B.9.23.11, B.9.23.12, B.9.23.13
Sachs, Karl, Die Kommanditgesellschaft Brown, Boveri & Co., 1891–1900, Ms., Baden o. J., [Sachs, 1900], B.9.23.11 – B.9.23.17

Stadtarchiv Baden, Baden
Stadtrat von Baden, Protokolle, 1890–1925, B.21.9
Separatprotokoll «Elektrizitäts-Werke: Rückkaufs-Verhandlungen», Bd. 1917 II, B.21.9
Gemeinderat, Akten, 1890–1925, B.21.11
Gemeinderat, Briefkopien, 1890–1925, B.21.12
Einwohnergemeindeversammlung: Protokolle, 1890–1925, B.11.1
Einwohnergemeindeversammlung, Akten, 1890–1925, B.11.5
Ortsbürgergemeindeversammlung, Protokolle, 1891–1925, B.01.10
Budget- und Rechnungskommission, Protokolle, 1910–1919, B.37.1; 1920–1921, B.37.1
Steuerbücher, 1898–1903, B.37.56
Steuerbücher, 1904–1909, B.37.57
Steuerbücher, 1910–1915, B.37.58
Steuerbücher, 1916–1921, B.37.59
Einwohnergemeinde, Rechnungen, 1890–1925, B.11.10
Einwohnergemeinde, Budgets, 1890–1925, B.11.9

Brown Boveri, Streik, Zeitungsausschnitte, 1899, B.40.18
Boveri, Margret, N.07.113
Brown, Charles Eugen Lancelot, Ehrengabe der *Institution of Electrical Engineers*, N.84.5
Brown und Boveri, Familien, Stammbäume, 1984–1991, N.84.113
Lal-Juchli, Margot, Erinnerungen an Victoire Haemmerli-Boveri, N.07.121

Hunziker, Emil (1869–1938): Erinnerungen von ihm und an ihn, 1895–1941, U.02.9.33
Hafter, Albert, Oberingenieur BBC, 1917–1934, N.84.66

Die neue Werkschule der A. G. Brown, Boveri & Cie. in Baden. Aktiengesellschaft Brown, Boveri & C. Baden (Schweiz). Baden 1931, Y.2.3.9
Forschung bei Brown Boveri, Y.2.3.18
Hausverband Brown Boveri (HBB), Akten, Protokolle, 1914–1987, V.08

Inventar Saft, Rudolf Bruno, 1915, B.41.4
Saft, Rudolf Bruno, 1877, N.07.90
Kraftwerksprojekt von R. B. Saft zum Grand Hotel, 1889–1891, U.01.C26
Vertrag mit Grand Hotel über Lieferung von Elektrizität für die Beleuchtung des Grand Hotels 1882–1890, U.01.C23
Korrespondenz zwischen Edmund Oederlin und R. B. Saft, 1890–1891, U.01.A24
Grand Hotel, Q.99.10.13; Q.99.10.12

Borsinger zum Verenahof und Limmathof, Familie, N.84.46
Borsinger-Rohn, Nannette, Chronik der Familie Borsinger-Rohn, 1895–1895, N.84.115
Diebold, Familie, N.84.50
Dorer, Familie, 1891–1903, N.84.22
Josef Zehnder (1810–1896), Ms., Lebenslauf, 1894, N.07.122
Minnich, Johann Alois, Badearzt, 1801–1885, N.84.45
Raschle, Hans, Stadtschreiber, 1913–1916, N.84.72
David Hess, 1818, N.07.58; N.84.56
Spoerry, Albert, Fabrikant, 1845–1918, N.84.61
Spinnerei Spoerry, Hilfsaktion für die Arbeiterschaft nach dem Brand von 1904, B.40.15
Fabrikverzeichnis 1925, B.40.21

Nekrologsammlung über Badener Einwohnerinnen und Einwohner, N.98.1
Adressbücher (Stadt und Bezirk Baden), 1864, 1900, 1910, 1922, 1926, 1932, Y.1.14

Archiv Regionalwerke AG, Baden
Elektrizitätswerk (EGB), Gründung: Korrespondenz, Verträge, 1891–1893, A 3.0.54; A 30.16
Kommunalisierung: Anträge, Gutachten, Korrespondenz, A 6.0.7, 1907, 1914–1917

Zentralbibliothek, Zürich
Familienarchiv Nüscheler, in: Zentralbibliothek Zürich, 753/754/755/777
 Conrad Nüscheler, Lebenslauf, Betrachtungen zur sozialen Frage, Konflikte innerhalb der Schildner

Bundesarchiv, Bern
Nachlass Edmund Schulthess, Korrespondenz, Reden, J1.6 (Dossier Boveri W., Dr., Industrieller, Baden)

Institut für Stadtgeschichte, Frankfurt/Main
Protokolle der Stadtverordnetenversammlung, 1893, Lesesaal Signatur SD 1/175

Gedruckte Quellen

Geschäftsberichte BBC, 1900–1925
Hauszeitung BBC, 1942–1975 (*Wir und unser Werk*, [Brown Boveri Hauszeitung], ab 1967 nur noch: *Brown Boveri Hauszeitung*)
[Brown Boveri], *Wegleitung durch unser Werk*, [Baden] 1944, (Stadtarchiv Baden, Y.2.3.41)

Zeitschriften, Zeitungen

Badener Tagblatt, 1890–1925
Schweizer Freie Presse, Baden, 1890–1925

Aargauer Volksblatt, Baden
Basler Nachrichten
National-Zeitung, Basel
Neue Zürcher Zeitung
Volksrecht, Zürich

Frankfurter Zeitung
Vossische Zeitung, Berlin
Berliner Tageblatt
The Times (London)
New York Times

Schweizerische Bauzeitung, Zürich
Elektrotechnische Rundschau, Frankfurt/Main
Elektrotechnische Zeitung, Berlin
Centralblatt für Elektrotechnik, München
The Electrical World, New York
The Engineer, London

Zeitzeugen, Informanten, Gesprächsprotokolle

Hansjörg Abt, ehemaliger Informationsschef der BBC unter VRP Franz Luterbacher, alt Wirtschaftsredaktor NZZ, März 2016

Julius Binder, Rechtsanwalt, alt Ständerat (CVP AG), September 2016

Josef Bollag, Rechtsanwalt, August 2017

Martin Candrian, Hotelier, Verwaltungsratspräsident Candrian Catering AG, Zürich, November 2017

Werner Catrina, Buchautor, Juni 2016

Paul Eisenring, ehemaliger VR der BBC, alt Nationalrat (CVP ZH), März 2008, Juli 2010

Bettina Girsberger-Littmann, Rechtsanwältin, Enkelin von Emil Guggenheim, September 2016

Helmut Hubacher, ehemaliger Präsident SP Schweiz, alt Nationalrat (BS SP), November 2017

Norbert Lang, ehemaliger Leiter des Historischen Archivs der BBC/ABB, September 2009, November 2015

Roy Oppenheim, ehemaliger Direktor von Radio Schweiz International, Enkel von Julius Jonas, Leiter Patentabteilung BBC, Sohn von Edith Oppenheim-Jonas, Juni 2019

Ueli Roth, Architekt und Städteplaner ETH, MAUD Harvard, Urenkel von Charles Brown, Juni 2019

Edwin Somm, Ingenieur ETH, ehemaliger CEO ABB Schweiz, Verwaltungsrat ABB, August 2010

Andreas Steigmeier; Tobias Wildi, Historiker, Leiter Historisches Archiv ABB, August 2009

Martin Ungerer, alt Chefredaktor *Handelszeitung*, Zürich, Mai 2017

Literatur

Acemoglu, Daron; Robinson, James A., Why Nations Fail. The Origins of Power, Prosperity, and Poverty, London 2012.

Adams, Edward Dean, Niagara Power. History of the Niagara Falls Power Company, 1886–1918. Evolution of its Central Power Station and Alternating Current System, 2 Bde., Niagara Falls Power Co., Hg., Niagara Falls, NY 1927.

AEG, Hg., 75 Jahre AEG, Berlin, Frankfurt/Main 1958.

Albrecht, Fritz, Rechtsgeschichte der Bäder zu Baden im Aargau, Wetzikon 1915.

Amatori, Franco; Colli, Andrea, Business History: Complexities and Comparisons, London 2011.

Amatori, Franco; Jones, Geoffrey, Hg., Business History Around the World, New York 2003.

Amtliche Sammlung der Acten aus der Zeit der Helvetischen Republik (ASHR), Bd. 11, J. Strickler Hg., Bern 1911.

Baldinger, Astrid, Auf der Hochzeitsreise gestand er ihr seine Schulden. Der Alltag von Badener Hoteliersfrauen im 19. Jahrhundert, in: BNJB 76 (2001), 37–50.

Bálint, Anna, Sulzer im Wandel. Innovation aus Tradition, Baden 2015.

Bärtschi, Hans-Peter, Die industrielle Schweiz vom 18. ins 21. Jahrhundert. Aufgebaut und ausverkauft, Baden 2011.

Bärtschi, Hans-Peter, Kilometer Null. Vom Auf- und Abstieg der industriellen Schweiz, Zürich 2004.

Bauer, Hans, 100 Jahre Schweizerischer Bankverein: 1872–1972, Basel 1972.

Bauer, Hans, Die Geschichte der schweizerischen Eisenbahnen, in: Thiessing, René, Eidg. Amt für Verkehr, Hg., Ein Jahrhundert Schweizer Bahnen 1847–1947, (Jubiläumswerk des Eidg. Post- und Eisenbahndepartementes in fünf Bänden), Frauenfeld 1947–1964, Bd. 1: Frauenfeld 1947, 3–180.

Baumol, William J., Entrepreneurship in Economic Theory, in: *American Economic Review* 58/2 (1968), 64–71.

Baumol, William J., Entrepreneurship: Productive, Unproductive and Destructive, in: *Journal of Political Economy* 98/5 (1990), 893–921.

Baumol, William J., The Free-Market Innovation Machine Analyzing the Growth Miracle of Capitalism, Princeton, Oxford 2002.

Baumol, William J.; Strom, Robert J., «Useful Knowledge» of Entrepreneurship: Some Implications of the History, in: Landes, David S.; Mokyr, Joel; Baumol, William J., The Invention of Enterprise. Entrepreneurship From Ancient Mesopotamia To Modern Times, Princeton, Oxford 2010, 527–541.

Beckert, Sven, The History of American Capitalism, in: Foner, Eric; McGirr, Lisa, Hg., American History Now, Philadelphia 2011, 314–335.

Beckert, Sven; Sachsenmaier, Dominic, Global History, Globally: Research and Practice Around the World, London 2018.

Beeler, Werner, die Geburtswehen des Kursaals Baden vor 100 Jahren, in: BNJB 51 (1976), 39–44.

Behrend, Bernard Arthur, The Debt of Electrical Engineering to C. E. L. Brown (Sonderdruck aus *Electrical World and Engineer*), New York 1902.

Belich, James; Darwin, John; Frenz, Margret; Wickham, Chris, Hg., The Prospect of Global History, Oxford 2016.

Berghoff, Hartmut, Moderne Unternehmensgeschichte. Eine themen- und theorieorientierte Einführung, Berlin, Boston 2016.

Berghoff, Hartmut, Transaktionskosten: Generalschlüssel zum Verständnis langfristiger Unternehmensentwicklung? Zum Verhältnis von Neuer Institutionenökonomie und moderner Unternehmensgeschichte, in: *Jahrbuch für Wirtschaftsgeschichte* 40/2 (1999), 159–176.

Berghoff, Hartmut, Unternehmensgeschichte als Gesellschaftsgeschichte. Konzeptionelle Grundsatzüberlegungen am Beispiel des Aufstiegs Hohners vom dörflichen Geheimgewerbetreibenden zum kleinstädtischen Grossindustriellen, in: Hesse, Jan-Otmar; Kleinschmidt, Christian; Lauschke, Karl, Hg., Kulturalismus, Neue Institutionenökonomik oder Theorienvielfalt. Eine Zwischenbilanz der Unternehmensgeschichte, Essen 2002, 242–251.

Berghoff, Hartmut, Wozu Unternehmensgeschichte? Erkenntnisinteressen, Forschungsansätze und Perspektiven des Faches, in: *Zeitschrift für Unternehmensgeschichte*, 49/2 (2004), 131–148.

Berghoff, Hartmut, Zwischen Kleinstadt und Weltmarkt: Hohner und die Harmonika 1857–1961. Unternehmensgeschichte als Gesellschaftsgeschichte, Paderborn (1997) 2006².

Berghoff, Hartmut; Vogel, Jakob, Hg., Wirtschaftsgeschichte als Kulturgeschichte: Dimensionen eines Perspektivenwechsels, Frankfurt/Main, New York 2004.

Bergier, Jean-François, Wirtschaftsgeschichte der Schweiz. Von den Anfängen bis zur Gegenwart, Zürich (1983) 1990².

Bernstein, Alex, Die electrische Beleuchtung, Berlin 1880.

Betschon, Franz et al., Hg., Ingenieure bauen die Schweiz. Technikgeschichte aus erster Hand, Zürich 2013.

Bickel, Wilhelm, Bevölkerungsgeschichte und Bevölkerungspolitik der Schweiz seit dem Ausgang des Mittelalters, Zürich 1947.

Bijker, Wiebe E. et al., Hg., The Social Construction of Technological Systems: New Directions in the Sociology and History of Technology, Cambridge, MA 1987.

Biographisches Lexikon des Aargaus, 1803–1957, Historische Gesellschaft des Kantons Aargau, Hg. (Redaktion: Otto Mittler und Georg Boner), [*Argovia* 68/69 (1958)], Aarau 1958.

Boldyrev, Ivan, Kontinuität und Wandel in der Institutionenökonomie, (Schriften des Vereins für Socialpolitik, Gesellschaft für Wirtschafts- und Sozialwissenschaften; n. F., Bd. 115), Berlin 2018.

Bollé, Michael; Föhl, Thomas, Baden-Baden, in: Bothe, Rolf, Hg., Kurstädte in Deutschland. Zur Geschichte einer Baugattung, Berlin 1984, 185–232.

Boller, Willy, Aus der Baugeschichte unseres Werkes in Baden, in: *Wir und unser Werk* (Brown Boveri Hauszeitung), 13/10 (Oktober 1955), 168–173.

Bonadei, Ivo, Aufstieg zum Weltkonzern. Die Entwicklung der AG Brown, Boveri & Cie. zwischen 1900 und 1925, unveröffentlichte Lizentiatsarbeit Universität Zürich 2006.

Boner, Georgette, Erinnerungen an Juliet Brown, in: BNJB 62 (1987), 55–62.

Boon, Marten, Business Enterprise and Globalization: Towards a Transnational Business History, in: *Business History Review* 91/3 (2017), 511–535.

Böschenstein, Hermann, Bundesrat Edmund Schulthess. Krieg und Krisen, Bern 1966.

Bothe, Rolf, Klassizistische Kuranlagen. Zur typologischen Entwicklung einer eigenständigen Baugattung, in: ders., Hg., Kurstädte in Deutschland. Zur Geschichte einer Baugattung, Berlin 1984, 17–48.

Boveri, Margret, Verzweigungen. Eine Autobiographie, Uwe Johnson, Hg., (München 1977) Frankfurt/Main 1996.

Boveri, Theodor, Erinnerungen an C. E. L. Brown im Zusammenhang mit der Energieübertragung Lauffen-Frankfurt, in: *Bulletin* (SEV, Hg.) 57/17 (1966), 793–796.

Boveri, Theodor, Initiative, Zusammenarbeit und Organisation, in: *Wir und unser Werk* (Brown Boveri Hauszeitung), 2/3 (März 1944), 29–32.

Boveri, Theodor, Sidney W. Brown. Zu seinem 100. Geburtstag am 7. März 1965, in: *Wir und unser Werk* (Brown Boveri Hauszeitung), 23/4 (März 1965), 67–68.

Boveri, Theodor, Erinnerungen an C. E. L. Brown und Walter Boveri, 1. Teil und 2. Teil, in: Brown Boveri Hauszeitung 32/10 (Oktober 1974), 260–262, bzw. 292–294.

Boveri, Walter (Eugen), Ansprache anlässlich des Festaktes am 2. Oktober 1941 in der grossen Montagehalle von Brown Boveri, Baden, in: ders., Ansprachen und Betrachtungen, Hunold, Albert; Laubacher, Eugen, Hg., Zürich 1954, 307–327.

Boveri, Walter (Eugen), Beitrag zur Lehre der Fabrik-Organisation, Diss. Universität Zürich, Heidelberg 1922.

Boveri, Walter (Eugen), Ein Weg im Wandel der Zeit, Bd. 1: Die Jugendjahre, München 1963.

Boveri, Walter (Eugen), Ein Weg im Wandel der Zeit, Bd. 2: Die Laufbahn, München 1969.

Bowring, John, Report On The Commerce And Manufactures Of Switzerland: Presented To Both Houses Of Parliament By Command Of His Majesty, London 1836.

Brake, Ludwig, Die ersten Eisenbahnen in Hessen. Eisenbahnpolitik und Eisenbahnbau in Frankfurt, Hessen-Darmstadt, Kurhessen und Nassau bis 1866, Wiesbaden 1991.

Braun, Rudolf, Das ausgehende Ancien Régime in der Schweiz. Aufriss einer Sozial- und Wirtschaftsgeschichte des 18. Jahrhunderts, Göttingen, Zürich 1984.

Braun, Rudolf, Industrialisierung und Volksleben. Die Veränderung der Lebensformen in einem ländlichen Industriegebiet vor 1800 (Zürcher Oberland), Erlenbach-Zürich, Stuttgart 1960.

Breiding, James R.; Schwarz, Gerhard, Wirtschaftswunder Schweiz. Ursprung und Zukunft eines Erfolgsmodells, Zürich 2011.

Brian, Sarah, Hausfrau, Gastgeberin und Wohltäterin: Frauen der Badener Oberschicht um die Jahrhundertwende, in: BNJB 76 (2001), 98–113.

Brittain, James E., Hg., Turning Points in American Electrical History (IEEE Press selected reprint series), New York 1977.

Brittain, James E., The International Diffusion of Electrical Power Technology, 1870–1920, in: *The Journal of Economic History* 34/1 (1974), 108–121.

Broadberry, Stephen; O'Rourke, Kevin H., Hg., The Cambridge Economic History of Modern Europe, Volume 1: 1700–1870; Volume 2: 1870 to the Present, New York 2010.

Broder, Albert, Banking and the Electrotechnical Industry in Western Europe, in: Cameron, Rondo; Bovykin, V. I., Hg., International Banking, Oxford 1991, 468–484.

Bronner, Franz Xaver, Der Canton Aargau, historisch, geographisch, statistisch geschildert, 2 Bde., St. Gallen, Bern 1844.

Brown, Charles, Hohe Spannungen, Erzeugung, Fortleitung und Verwendung derselben, Vortrag, 9. Februar 1891, vor der Elektrotechnischen Gesellschaft in Frankfurt am Main, in: *Elektrotechnische Zeitschrift* 11 (1891), 146–148.

Brown, Sidney H., Für das Rote Kreuz in Äthiopien, Zürich, New York 1939.

Bucheli, Marcelo; Wadhwani, R. Daniel, Organizations in Time: History, Theory, Methods, Oxford 2014.

Buchnea, Emily, Networks and clusters in business history, in: The Routledge Companion to Business History, Wilson, John; Toms, Steven; De Jong, Abe; Buchnea, Emily, Hg., Oxford 2017, 259–273.

Buder, Stanley, Pullman: An Experiment in Industrial Order and Community Planning, 1880–1930, Oxford 1967.

Calame, Louis, Das kantonale Technikum in Winterthur 1874–1924. Zur Feier des fünfzigjährigen Bestehens, Winterthur 1924.

Carlson, W. Bernard, Tesla: Inventor of the Electrical Age, Princeton 2013.

Casanova, Emilio, Die Entwicklung der schweizerischen Maschinenindustrie während des Weltkriegs und in der Nachkriegszeit 1914–1931, Diss. Universität Bern, Lugano 1936.

Cassis, Youssef, Big Business: The European Experience in the Twentieth Century, Oxford, New York 1997.

Cassis, Youssef; Pepelasis Minoglou, Ioanna, Hg., Entrepreneurship in Theory and History, New York, 2005.

Casson, Mark, Der Unternehmer. Versuch einer historisch-theoretischen Deutung, in: *Geschichte und Gesellschaft* 27 (2001), 524–544.

Casson, Mark, The Entrepreneur. An Economic Theory, Oxford 1982.

Castner, Charles Schuyler, One of a Kind: Milton Snavely Hershey, 1857–1945, Derry Township, PA 1983.

Catrina, Werner, ABB. Die verratene Vision, Zürich 2003.

Catrina, Werner, BBC. Glanz, Krise, Fusion. 1891–1991. Von Brown Boveri zu ABB, Zürich 1991.

Cawthorne, Nigel, Tesla vs. Edison. The Life-Long Feud That Electrified the World, New York 2016.

Cawthorne, Nigel, Tesla: The Life and Times of an Electric Messiah, New York 2014.

Chandler, Alfred D., Scale and Scope. The Dynamics of Industrial Capitalism, Cambridge, MA 1990.

Chandler, Alfred D., Strategy and Structure. Chapters in the History of Industrial Enterprise, Cambridge, MA 1962.

Chandler, Alfred D., The Enduring Logic of Industrial Success, in: *Harvard Business Review* 68/2 (1990), 130–140.

Chandler, Alfred D., The Visible Hand. The Managerial Revolution in American Business, Cambridge, MA 1977.

Chandler, Alfred D.; Mazlish, Bruce, Leviathans: Multinational Corporations and the New Global History, Cambridge, UK, New York 2005.

Coase, Ronald H., The Nature of the Firm, in: *Economica* 4/16 (1937), 386–405.

Coenen, Ulrich, Von Aquae bis Baden-Baden – Die Baugeschichte der Stadt und ihr Beitrag zur Entwicklung der Kurarchitektur, Aachen, Mainz 2008.

Conrad, Sebastian, What Is Global History? Princeton 2016.

Conrad, Sebastian; Eckert, Andreas; Freitag, Ulrike, Hg., Globalgeschichte: Theorien, Ansätze, Themen, Frankfurt/Main 2007.

Coxe, William, Travels in Switzerland, 2 Bde., Dublin 1789.

D'Antonio, Michael, Hershey: Milton S. Hershey's Extraordinary Life of Wealth, Empire and Utopian Dreams, New York 2006.

De Jong, Abe; Higgins David; van Driel, Hugo, A citation analysis of business history and related disciplines, in: The Routledge Companion to Business History, Wilson, John; Toms, Steven; De Jong, Abe; Buchnea, Emily, Hg., Oxford 2017, 36–54.

De Jong, Abe; Higgins, David; van Driel, Hugo, Towards a New Business History? in: *Business History* 57/1 (2015), 5–29.

Decker, Stephanie; Kipping, Matthias; Wadhwani, R. Daniel, New business histories! Plurality in business history research methods, in: *Business History* 57/1 (2015), 30–40.

Decurtins, Daniela, Siemens. Anatomie eines Unternehmens, Frankfurt/Main, Wien 2002.

Dellheim, Charles, The Creation of a Company Culture: Cadburys, 1861–1931, in: *American Historical Review* 92 (1987), 13–44.

Dellheim, Charles, Utopia, Ltd.: Bournville and Port Sunlight, in: Cities, Class, and Communication, Fs Asa Briggs, New York 1990, 44–57.

Dellheim, Charles, Business in Time: The Historian and Corporate Culture, in: *The Public Historian* 8 (1986), 9–22.

Dettmar, Georg, Die Entwicklung der Starkstromtechnik in Deutschland, Bd. 1 (bis 1890), Berlin 1940.

Dettmar, Georg; Humburg, Karl; (Jäger, Kurt, Hg. 1991), Die Entwicklung der Starkstromtechnik in Deutschland, Bd. 2 (1890 bis 1920), Berlin, Offenbach 1991.

Deuchler, Florens, Stiftung Langmatt. Sidney und Jenny Brown, Baden AG. Kurzer Führer durch die Gemäldesammlung, Bern 1990.

Dorer, Otto, Die Entstehung des Kursaales von Baden. Vortrag, gehalten im Ortsbürgerverein Baden, in: *Badener Tagblatt*, Dezember 1941.

Dostojewskij, Fjodor M., Der Spieler. Aus den Aufzeichnungen eines jungen Mannes (aus dem Russischen übersetzt von Swetlana Geier), Frankfurt/Main 2011.

Ebner, Alexander, Schumpeter and the «Schmollerprogramm»: Integrating Theory and History in the Analysis of Economic Development, in: *Journal of Evolutionary Economics* 10/3 (2000), 355–72.

Eckardt, Dietrich, Gas Turbine Powerhouse. The Development of the Power Generation Gas Turbine at BBC-ABB-Alstom, München 2014.

Edeling, Thomas, Institutionenökonomie und Neuer Institutionalismus: Überlegungen zur Organisationstheorie, Wiesbaden 1999.

Ehrenbold, Tobias, Bata. Schuhe für die Welt. Geschichten aus der Schweiz, Baden 2012.

Eidgenössische Volkszählungen, Eidgenössisches Statistisches Amt, Hg., Bern 1850 ff.
Einhart, Julius G., Die wirtschaftliche Entwicklung und Lage der Elektrotechnik in der Schweiz, Worms 1906.
Ekberg, Espen; Lange, Even, Business History and Economic Globalisation, in: *Business History* 56/1 (2014), 101–115.
Elektricität. Offizielle Zeitung der Internationalen Elektrotechnischen Ausstellung Frankfurt am Main 1891, 1–29, Frankfurt/Main 1891.
Engel, Christian: Von London via Winterthur und Oerlikon nach Baden – eine kurze Geschichte der Familie Brown, in: BNJB 87 (2012), 10–13.
Erker, Paul, «A New Business History?»: Neuere Ansätze und Entwicklungen in der Unternehmensgeschichte, in: *Archiv für Sozialgeschichte* (2002), 557–560.
Erker, Paul, Aufbruch zu neuen Paradigmen. Unternehmensgeschichte zwischen sozialgeschichtlicher und betriebswirtschaftlicher Erweiterung, in: *Archiv für Sozialgeschichte* (1997), 321–365.
Erny, E., 25 Jahre Nordostschweizerische Kraftwerke A.G. Baden, Baden 1940.
Escher Wyss, Hg., 150 Jahre Escher Wyss, 1805–1955 (Escher Wyss Mitteilungen 27/28), Zürich 1955.
Eugster, Eugen, Hg., Winterthurer Stadtgeschichte, 1: Von den Anfängen bis 1850. Zwischen Rot und Blau – Habsburg, Zürich oder Autonomie, 2: Von 1850 bis zur Gegenwart. Zwischen Dampf und Bytes – Technik, Kultur, Innovation, Zürich 2014.
Fasolt, Friedrich, Die sieben grössten deutschen Elektrizitätsgesellschaften, ihre Entwicklung und Unternehmertätigkeit, Borna/Leipzig 1904.
Feldenkirchen, Wilfried, Siemens: von der Werkstatt zum Weltunternehmen, München, Zürich (1997) 2003^2.
Festschrift zur Feier des 25-jährigen Bestehens der Gesellschaft ehemaliger Studierender der Eidg. polytechnischen Schule in Zürich (G.e.P.), Zürich 1894.
Fischer, Franz, Das Wirtschaftsbürgertum des Rhein-Main-Gebiets im 19. Jahrhundert. Ein Beitrag zur historischen Mobilitätsforschung, in: Möckl, Karl, Wirtschaftsbürgertum in den deutschen Staaten im 19. und beginnenden 20. Jahrhundert, München 1996, 145–216.
Flüeler, Niklaus; Flüeler-Grauwiler, Marianne, Hg., Geschichte des Kantons Zürich, 3 Bde., Zürich 1994–1996.
Frenkel, Werner, Baden, eine jüdische Kleingemeinde in der Schweiz. Fragmente aus der Geschichte 1859–1947, Baden 2003.
Fricker, Bartholomäus, Der Kurort Baden in der Schweiz, Zürich o. J.
Fricker, Bartholomäus, Der Thermal-Kurort Baden in der Schweiz, Zürich o. J.
Fricker, Bartholomäus, Geschichte der Stadt und Bäder zu Baden, Aarau 1880.

Fricker, Bartholomäus, Illustrierter Fremdenführer für die Stadt und die Bäder zu Baden, Baden 1875.
Friedel, Robert; Israel, Paul, Edison's Light. The Art of Invention, Baltimore 2010.
Friedman, Walter A.; Jones, Geoffrey, Hg., Business History, Northampton, MA 2014.
Friedman, Walter A.; Jones, Geoffrey, Time for Debate, in: *Business History Review* 85/1 (2011), 1–8.
Fu-Lai Yu, Tony, Entrepreneurial Alertness and Discovery, in: *Review of Austrian Economics* 14/1 (2001), 47–63.
Fueter, Eduard, Die Schweiz seit 1848. Geschichte, Wirtschaft, Politik, Zürich, Leipzig 1928.
Fuhs, Burkhard, Mondäne Orte einer vornehmen Gesellschaft. Kultur und Geschichte der Kurstädte 1700–1900, Hildesheim, Zürich, New York 1992.
Fürstenberg, Hans, Hg., Carl Fürstenberg. Die Lebensgeschichte eines deutschen Bankiers, (1930) Wiesbaden 1961.
Furrer, Alfred J., 200 Jahre Rieter 1795–1995, (Schweizer Pioniere der Wirtschaft und Technik 62), 2 Bde., Meilen 1995.
Furter, Fabian; Meier, Bruno; Schaer, Andrea; Wiederkehr, Ruth, Stadtgeschichte Baden, Baden 2015.
Füssl, Wilhelm, Oskar von Miller 1855–1934. Eine Biographie, München 2005.
Gagliardi, Ernst, Alfred Escher. Vier Jahrzehnte neuerer Schweizergeschichte, Frauenfeld 1919.
Gaillard, Serge; Suter, Madeleine, Zur Gründung der BBC in Baden, unveröffentlichte Seminararbeit an der Universität Zürich, Zürich 1981.
Galiani, Sebastian; Sened, Itai, Institutions, Property Rights, and Economic Growth: The Legacy of Douglass North, New York 2014.
Gall, Lothar, Der Liberalismus als regierende Partei. Das Grossherzogtum Baden zwischen Restauration und Reichsgründung, Wiesbaden 1968.
Gall, Lothar, Eisenbahn in Deutschland. Von den Anfängen bis zum Ersten Weltkrieg, in: Gall, Lothar; Pohl, Manfred, Hg., Die Eisenbahn in Deutschland. Von den Anfängen bis zur Gegenwart, München 1999, 13–70.
Gall, Lothar, Frankfurt als deutsche Hauptstadt? in: ders., Bürgertum, liberale Bewegung und Nation. Ausgewählte Aufsätze, Hein, Dieter et al., Hg., München 1996, 272–287.
Gall, Lothar, Walther Rathenau. Portrait einer Epoche, München 2009.
Ganz, Werner, Geschichte der Stadt Winterthur vom Durchbruch der Helvetik 1798 bis zur Stadtvereinigung 1922, Winterthur 1979.
Gasser, Albert, Caspar Honegger, (Schweizer Pioniere der Wirtschaft und Technik 20), Zürich 1968.
Gautschi, Willi, Der Landesstreik 1918, Zürich 1988^3.

Gautschi, Willi, Ein vertraulicher Bericht der Badener Behörden über die November-Ereignisse 1918, in: ders., Helvetische Streiflichter. Aufsätze und Vorträge zur Zeitgeschichte, Zürich 1994, 121–133.

Gautschi, Willi, Geschichte des Aargaus, Bd. 3: 1885–1953, Baden 1978.

Geering, Traugott, Handel und Industrie der Schweiz unter dem Einfluss des Weltkriegs (Monographien zur Darstellung der schweizerischen Kriegswirtschaft, Bd. 3), Basel 1928.

Gilg, Peter, Die Entstehung der demokratischen Bewegung und die soziale Frage. Die sozialen Ideen und Postulate der deutschschweizerischen Demokraten in den früheren 60er Jahren des 19. Jahrhunderts, Bern 1951.

Gilliand, Jane M., Hershey, Milton Snavely, in: American National Biography, 24 Bde., New York 1999.

Gnägi, Thomas, Aus Karl Mosers Skizzenbuch: die Villen der Gebrüder Brown, in: BNJB 87 (2012), 99–111.

Graf, Julia Maria, Die Israelitische Kultusgemeinde in Baden und ihr Synagogenbau 1913, in: BNJB 91 (2016), 143–151.

Grant, Adam, Originals. How Non-Conformists Change the World, New York 2016.

Green, Hardy, The Company Town. The Industrial Edens and Satanic Mills That Shaped the American Economy, New York 2010.

Greschat, Isabel, Der Sammler Walter Minnich und das Kunstmuseum Luzern, Heidelberg, Luzern 2006.

Gruner, Erich et al., Hg., Arbeiterschaft und Wirtschaft in der Schweiz 1880–1914. Soziale Lage, Organisation und Kämpfe von Arbeitern und Unternehmen, politische Organisation und Sozialpolitik, Zürich 1987/88.

Gruner, Erich, Die Parteien in der Schweiz, Bern 1977.

Gruner, Erich, Die Wirtschaftsverbände in der Demokratie, Erlenbach-Zürich 1956.

Gruner, Erich; Frei, Karl, Die Schweizerische Bundesversammlung 1848–1920, Bd. 1, Bern 1966.

Gubler, Arnold, Die Schweizerische Nationalbahn, Hermatswil-Saland 1922.

Gugerli, David, Hg., Allmächtige Zauberin unserer Zeit. Zur Geschichte der elektrischen Energie in der Schweiz, Zürich 1994.

Gugerli, David, Redeströme: zur Elektrifizierung der Schweiz 1880–1914, Zürich 1996.

Gugerli, David, Technikbewertung zwischen Öffentlichkeit und Expertengemeinschaft. Zur Bedeutung der Frankfurter elektrotechnischen Ausstellung von 1891 für die Elektrifizierung der Schweiz, in: Ernst, Andreas et al., Hg., Kontinuität und Krise. Sozialer Wandel als Lernprozess, Zürich 1994, 139–160.

Gugerli, David, Von der Krise zur nationalen Konkordanz. Zur Geschichte der

Schweizerischen Studienkommission für elektrischen Bahnbetrieb, in: Verkehrshaus der Schweiz, Hg., Kohle, Strom und Schienen. Die Eisenbahn erobert die Schweiz, (Katalog zur Ausstellung «Schienenverkehr» im Verkehrshaus Luzern), Zürich 1997, 228–242.

Gugerli, David; Kupper, Patrick; Speich, Daniel, Die Zukunftsmaschine. Konjunkturen der ETH Zürich 1855–2005, Zürich 2005.

Guggenbühl, Gottfried; Kläui, Paul, Geschichte der Eidgenössischen Technischen Hochschule in Zürich, Zürich 1955.

Günthner, Ulrich; Hermann, Armin, BBC Mannheim (75 Jahre BBC Mannheim), Mannheim 1975.

Haag, Erich, Motor Columbus 1895–1995, Baden 1995.

Haberbosch, Paul, Altes und Neues von der Badener Therme, in: BNJB 20 (1945), 33–50.

Haberbosch, Paul, Wo wohnt die «BBC-Familie»? Eine verkehrsgeographische Studie, in: BNJB 17 (1941), 52–63.

Hafter, Albert, 50 Jahre Elektrizitätswerk Baden, in: BNJB 16 (1940), 3–23.

Halbeisen, Patrick; Müller, Margrit; Veyrassat, Beatrice, Hg., Wirtschaftsgeschichte der Schweiz im 20. Jahrhundert, Basel 2012.

Halder, Nold, Geschichte des Kantons Aargau, Bd. 1: 1803–1953, (Aarau 1953), ND Baden 1978.

Hämmerli-Boveri, Victoire, [Erinnerungen], Ms., o. O., o. J.

Hanf, Reinhardt, Veröffentlichte Jahresabschlüsse von Unternehmen im deutschen Kaiserreich. Bedeutung und Aussagewert für wirtschaftshistorische Analysen, in: *Zeitschrift für Unternehmensgeschichte* 23 (1978), 145–172.

Hansen, Per H., Business History: A Cultural and Narrative Approach, in: *Business History Review* 86 (2012), 693–717.

Harris, F. R., The Parsons Centenary – A Hundred Years of Steam Turbines, in: *Proceedings of the Institution of Mechanical Engineers* 198/3 (August 1984), 183–224.

Hartmann, Adolf, Natur und Herkunft der Badener Thermen, in: BNJB 18 (1943), 3–27.

Hartmann, Martin; Seiler, Christophe; Steigmeier, Andreas, Ennetbaden. Dorf – Bäder – Städtische Siedlung, Ennetbaden 1994.

Hascher, Michael, Modebäder und Eisenbahn. Zur Frage des Beitrages der Technikgeschichte zum möglichen Welterbestatus europäischer Kurstädte, in: Eidloth, Volkmar, Hg., Europäische Kurstädte und Modebäder des 19. Jahrhunderts, Stuttgart 2012, 159–172.

Hausman, William J.; Hertner, Peter; Wilkins, Mira, Global Electrification: Multinational Enterprise and International Finance in the History of Light and Power, 1878–2007, Cambridge, MA, New York, 2008.

Hayek, Friedrich von, Individualism and Economic Order, Chicago, London (1948) 1992.
Hébert, Robert F.; Link, Albert N., Historical Perspectives on the Entrepreneur, Boston, Delft 2006.
Hébert, Robert F.; Link, Albert N., The Entrepreneur. Mainstream Views and Radical Critiques, New York 1982.
Heerding, A., The History of N.V. Philips' Gloeilampenfabrieken, Bd. 1: The Origin of the Dutch Incandescent Lamp Industry, (niederl. Den Haag 1980), Cambridge, UK, New York 1986; Bd. 2: A Company of Many Parts, (niederl. Den Haag 1986), Cambridge, UK, New York 1988.
Heim, Peter, Königreich Bally: Fabrikherren und Arbeiter in Schönenwerd, Baden 2000.
Hein, Dieter, Badisches Bürgertum. Soziale Struktur und kommunalpolitische Ziele im 19. Jahrhundert, in: Gall, Lothar, Stadt und Bürgertum im 19. Jahrhundert, München 1990, 65–96.
Henninger, Gerd, Die Bedeutung der Internationalen Ausstellung 1891 in Frankfurt/Main für die Weiterentwicklung der Elektrotechnik, in: Technik und Technikwissenschaften in der Geschichte. Proceedings of the ICOHTEC-Symposium Dresden, 25.–29. August 1986, Berlin 1987, 105–108.
Hertner, Peter, Exports or Direct Investment: The German Electro-Technical Industry in Italy, Spain and France from the 1880s Until the First World War, in: Pohl, Hans, Hg., Transnational Investment from the 19th Century to the Present, Stuttgart 1994, 103–115.
Hertner, Peter, Financial Strategies and Adaptation to Foreign Markets: The German Electro-Technical Industry and Its Multinational Activities, 1890 to 1939, in: Teichova, Alice; Lévy-Leboyer, Maurice; Nussbaum, Helga, Hg., Multinational Enterprise in Historical Perspective, Cambridge, MA 1986, 145–159.
Hertner, Peter, Les sociétés financières suisses et le développement de l'industrie électrique jusqu'à la Première Guerre mondiale, in: Cardot, Fabienne, Hg., Un siècle d'électricité dans le monde 1880–1980, Paris 1987, 341–355.
Hess, David, Die Badenfahrt, Zürich 1818.
Himmel, Ernst, Industrielle Kapitalanlagen der Schweiz im Auslande, Langensalza 1922.
Hoegger, Rudolf, Revolution – auch in der Kleinstadt. Der Generalstreik in Baden, in: BNJB 44 (1969), 57–69.
Holcombe, Randall G., Entrepreneurship and Economic Growth, in: *Quarterly Journal of Austrian Economics* 1/2 (1997), 45–62.
Holmes, Thomas J., Schmitz, James A. Jr., A Gain from Trade: From Unproductive to Productive Entrepreneurship, in: *Journal of Monetary Economics* 47/3 (2001), 417–446.

Horat, Heinz, Die Fabrik in der Stadt. Wie die Landis & Gyr Zug verändert hat, Baden 2017.
Hottinger, Max, Geschichtliches aus der Schweizerischen Metall- u. Maschinenindustrie, Frauenfeld 1921.
Huber, Kurt, Adolf Bühler-Naef (1822–1896), (Schweizer Pioniere der Wirtschaft und Technik 12), Zürich 1961, 41–56.
Huber, Rudolf; Kurth, Rudolf, Kraftort Oerlikon. Genesis von Stromerzeugung und Stromverteilung, in: Betschon Franz et al., Hg., Ingenieure bauen die Schweiz. Technikgeschichte aus erster Hand, Zürich 2013, 30–50.
Hughes, Thomas P., British Electrical Lag 1882–1888, in: *Technology and Culture* 3 (1962), 27–44.
Hughes, Thomas P., Networks of Power. Electrification in Western Society 1880–1930, Baltimore, London 1983.
Hughes, Thomas P. et al., Hg., Ein Mann vieler Eigenschaften. Walther Rathenau und die Kultur der Moderne, Berlin 1990.
Hunter, Louis C.; Bryant, Lynwood, A History of Industrial Power in the United States, 1730–1930, Bd. 3: The Transmission of Power, Cambridge, MA 1991.
Hunziker, Otto, Nationalrat Josef Jäger, der Stadtammann von Baden, (Schweizerköpfe, Heft 12), Zürich 1935.
Imwinkelried, Daniel, Die Auswirkungen des Ersten Weltkrieges auf die Beziehungen der Schweizer Banken zur deutschen Industrie: Die Schweizerische Gesellschaft für elektrische Industrie (Indelec) und der Siemens-Konzern, in: Guex, Sébastien, Hg., La Suisse et les Grandes Puissances 1914–1945, Genf 1999, 301–325.
Ipsen, Dirk, Peukert, Helge, Hg., Institutionenökonomie: Theoretische Konzeptionen und empirische Studien, Frankfurt/Main 2002.
Isaacson, Walter, The Innovators. How a Group of Hackers, Geniuses and Geeks Created the Digital Revolution, London, New York 2014.
Jäger, Louis, Aus der Geschichte des Grand Hotels Baden. Zum Abbruch des Hauses, in: BNJB 20 (1945), 63–67.
Jaun, Rudolf, «Es muss von Anfang an während der Arbeitszeit stets gearbeitet werden ohne Unterbruch». Zum Verhältnis von Zeit, Arbeit und Lohn in der Schweizer Industrie, 1860–1960, in: Brändli, Sebastian et al., Hg., Schweiz im Wandel. Studien zur neueren Gesellschaftsgeschichte, Fs Rudolf Braun, Basel, Frankfurt/Main 1990, 59–97.
Jaun, Rudolf, Management und Arbeiterschaft. Verwissenschaftlichung, Amerikanisierung und Rationalisierung der Arbeitsverhältnisse in der Schweiz 1873–1959, Zürich 1986.
John, Richard R., Elaborations, Revisions, Dissents: Alfred D. Chandler, Jr.'s,

The Visible Hand after Twenty Years, in: *Business History Review* 71 (1997), 151–200.

Jones, Geoffrey, Business enterprises and the making of the modern world, in: ders., Entrepreneurship and Multinationals. Global Business and the Making of the Modern World, Cheltenham, UK, Northampton, MA 2013, 1–12.

Jones, Geoffrey, Entrepreneurs, firms, and global wealth since 1850, in: ders., Entrepreneurship and Multinationals. Global Business and the Making of the Modern World, Cheltenham, UK, Northampton, MA 2013, 13–56.

Jones, Geoffrey, Multinationals and Global Capitalism from the Nineteenth to the Twenty-First Century, Oxford 2005.

Jones, Geoffrey, Renewing Unilever. Transformation and Tradition, Oxford 2005.

Jones, Geoffrey; Friedman, Walter A., Hg., The Rise of the Modern Firm, Northampton, MA 2012.

Jones, Geoffrey; Schröter, Harm G., Hg., The Rise of Multinationals in Continental Europe, Aldershot, UK 1993.

Jones, Geoffrey; Sluyterman, Keetie E., British and Dutch Business History, in: Amatori, Franco; Jones, Geoffrey, Hg., Business History Around the World, New York 2003, 111–145.

Jones, Geoffrey; van Leeuwen, Marco H. D.; Broadberry, Stephen, The Future of Economic, Business, and Social History, in: *Scandinavian Economic History Review* 60/3 (2012), 225–253.

Jones, Geoffrey; Wadhwani, R. Daniel, Entrepreneurial Theory and the History of Globalization, in: *Business and Economic History, On-Line* 5 (2007), http://thebhc.org/sites/default/files/joneswadhwani.pdf., abgerufen am 12. September 2017.

Jones, Geoffrey; Wadhwani, R. Daniel, Entrepreneurship, in: The Oxford Handbook of Business History, Jones, Geoffrey; Zeitlin, Jonathan, Hg., Oxford 2007, 501–528.

Jonnes, Jill, Empires of Lights. Edison, Tesla, Westinghouse, and the Race to Electrify the World, New York 2003.

Jonnes, Jill, Eiffel's Tower: The Thrilling Story Behind Paris's Beloved Monument and the Extraordinary World's Fair That Introduced It, London, New York 2010.

Jost, Hans-Ulrich, Bedrohung und Enge (1914–1945), in: Geschichte der Schweiz und der Schweizer, Basel, Frankfurt/Main 1986, 731–820.

Jung, Joseph, 16-Stunden-Tage, keine Ferien. Das protestantische Arbeitsethos des Unternehmers und Politikers Alfred Escher, in: NZZ Geschichte 2 (2015), 32–33.

Jung, Joseph, Alfred Escher (1819–1882). Der Aufbruch zur modernen Schweiz, 4 Bde., Zürich 2006.

Jung, Joseph, Alfred Escher 1819–1882. Aufstieg, Macht, Tragik, Zürich 2014⁵.
Jung, Joseph, Alfred Escher. Visionär, Grossbürger, Wirtschaftsführer, (Schweizer Pioniere der Wirtschaft und Technik 114), Zürich 2019.
Jung, Joseph, Hg., Schweizer Erfolgsgeschichten. Pioniere, Unternehmen, Innovationen, (Schweizer Pioniere der Wirtschaft und Technik 100 [Jubiläumsband]), Zürich 2013.
Jung, Joseph, Von der Schweizerischen Kreditanstalt zur Credit Suisse Group. Eine Bankengeschichte, Zürich 2000².
Jungkind, Thilo, Neoinstitutionalismus, in: Wischermann, Clemens et al., Hg., Studienbuch institutionelle Wirtschafts- und Unternehmensgeschichte (Perspektiven der Wirtschaftsgeschichte, Bd. 6), Stuttgart 2015, 33–45.
Kanz, Werner, Die Badener Thermalquellen – neue Erkenntnisse zur Frage ihres Ursprungs, in: BNJB 80 (2005), 122–129.
Kaufmann, Eugen, Von den feinen Rivalitäten zwischen Baden und Wettingen in Vergangenheit und Gegenwart, in: BNJB 70 (1995), 10–21.
Kaufmännische Gesellschaft Zürich, Hg., Bericht über Handel und Industrie des Kantons Zürich für das Jahr 1878, Zürich 1878.
Keller, Ernst, Der Finanzhaushalt der Stadt Baden, Diss. Universität Zürich, Turbenthal 1947.
Kienzle, André, «Es gibt nur ein Gerlafingen!» Herrschaft, Kultur und soziale Integration in einer Standortgemeinde des Stahlkonzerns Von Roll, 1918–1939, Zürich 1997.
Kipping, Matthias; Kurosawa, Takafumi; Wadhwani, R. Daniel, A revisionist historiography of business history: A richer past for a richer future, in: The Routledge Companion to Business History, Wilson, John; Toms, Steven; De Jong, Abe; Buchnea, Emily, Hg., Oxford 2017, 19–35.
Kirzner, Israel M., Competition and Entrepreneurship, Chicago 1973.
Kirzner, Israel M., Creativity and/or Alertness: A Reconsideration of the Schumpeterian Entrepreneur, in: *Review of Austrian Economics* 11/1–2 (1999), 5–17.
Kirzner, Israel M., Discovery and the Capitalist Process, Chicago, London 1985.
Kirzner, Israel M., Entrepreneurial Discovery and the Competitive Market Process: An Austrian Approach, in: *Journal of Economic Literature* 35/1 (1997), 60–85.
Kirzner, Israel M., Perception, Opportunity and Profit. Studies in the Theory of Entrepreneurship, Chicago, London 1979.
Kirzner, Israel M., The Theory of Entrepreneurship in Economic Growth, in: Kent, Calvin A.; Sexton, David L.; Vesper, Karl H., Hg., Encyclopedia of Entrepreneurship, Englewood Cliffs, NJ 1982, 272–274.
Klein, Maury, The Power Makers: Steam, Electricity, and the Men Who Invented Modern America, New York 2008.

Kleiner, Beat, Simplontunnel 1906. Wagnis Elektrifikation – Hermann Kummlers Leitungsbau, (Schweizer Pioniere der Wirtschaft und Technik, Ergänzung zu Bd. 71), Zürich 2010.

Knoepfli, Adrian, Robert Gnehm. Brückenbauer zwischen Hochschule und Industrie, (Schweizer Pioniere der Wirtschaft und Technik 102), Zürich 2014.

Knoepfli, Adrian, Vom Baumwollhandel zur Industrie – und zur Bildungsstadt, in: Eugster, Eugen, Hg., Winterthurer Stadtgeschichte, 2: Von 1850 bis zur Gegenwart. Zwischen Dampf und Bytes – Technik, Kultur, Innovation, Zürich 2014, 163–196.

Kocka, Jürgen, Management in der Industrialisierung. Die Entstehung und Entwicklung des klassischen Musters, in: *Zeitschrift für Unternehmensgeschichte* 44 (1999), 135–149.

Kocka, Jürgen, Siemens und der aufhaltsame Aufstieg der AEG, in: *Tradition* 17 (1972), 125–142.

Kocka, Jürgen, Unternehmensverwaltung und Angestelltenschaft am Beispiel Siemens 1847–1914. Zum Verhältnis von Kapitalismus und Bürokratie in der deutschen Industrialisierung, Stuttgart 1969.

Kocka, Jürgen, Unternehmer in der deutschen Industrialisierung, Göttingen 1975.

Kollmorgen, Walter M., The Pennsylvania German Farmer, in: Wood, Ralph, Hg., The Pennsylvania Germans, Princeton 1942, 27–55.

Kölz, Alfred, Der demokratische Aufbruch des Zürchervolkes. Eine Quellenstudie zur Entstehung der Zürcher Kantonsverfassung von 1869 (Materialien zur Zürcher Verfassungsreform 1), Zürich 2000.

König, Mario; Siegrist, Hannes; Vetterli, Rudolf, Warten und Aufrücken. Die Angestellten in der Schweiz 1870–1950, Zürich 1985.

König, Mario, Politik und Gesellschaft im 20. Jahrhundert. Krisen, Konflikte, Reformen, in: Hettling, Manfred et al., Hg., Eine kleine Geschichte der Schweiz. Der Bundesstaat und seine Traditionen, Frankfurt/Main 1998, 21–90.

König, Wolfgang, Friedrich Engels und «Die elektrotechnische Revolution». Technikutopie und Technikeuphorie im Sozialismus in den 1880er Jahren, in: *Technikgeschichte* 56 (1989), 9–38.

König, Wolfgang; Schneider, Helmuth, Hg., Die technikhistorische Forschung in Deutschland von 1800 bis zur Gegenwart, Kassel 2007.

Kraybill, Donald B.; Bowman, Carl F., On the backroad to heaven: Old Order Hutterites, Mennonites, Amish, and Brethren, Baltimore 2001.

Kronbichler, Walter, Die zürcherischen Kantonsschulen, 1833–1983. Festschrift zur 150-Jahr-Feier der staatlichen Mittelschulen des Kantons Zürich, Erziehungsdirektion des Kantons Zürich, Hg., Zürich 1983.

Kupper, Patrick; Wildi, Tobias, Motor-Columbus von 1895 bis 2006, (Beilage zum Geschäftsbericht 2005 der Motor-Columbus AG), Baden 2006.

Kurie, Peter, In Chocolate We Trust. The Hershey Company Town Unwrapped, Philadelphia 2018.

Labhart, Walter, Johann Jakob Sulzer-Hirzel; Salomon Sulzer-Sulzer. Gründer der Gebrüder Sulzer, (Schweizer Pioniere der Wirtschaft und Technik 40), Zürich 1999.

Lagendijk, Vincent, Electrifying Europe: The Power of Europe in the Construction of Electricity Networks, Amsterdam 2008.

Laloux, Damián; Rivier, Michel, Technology and Operation of Electric Power Systems, in: Pérez-Arriaga, Ignacio J., Hg., Regulation of the Power Sector, London 2013, 1–46.

Lamoreaux, Naomi R.; Raff, Daniel M. G.; Temin, Peter, Beyond Markets and Hierarchies: Toward a New Synthesis of American Business History, in: *American Historical Review* 108/2 (2003), 404–433.

Landes, David S., The Wealth and Poverty of Nations. Why Some Are So Rich and Some So Poor, New York, London 1998.

Landes, David S.; Mokyr, Joel; Baumol, William J., The Invention of Enterprise. Entrepreneurship From Ancient Mesopotamia To Modern Times, Princeton, Oxford 2010.

Landes, David. S., The Unbound Prometheus: Technological Change and Industrial Development in Western Europe from 1750 to the Present, Cambridge, UK, New York (1969) 2003^2.

Landis, I. D., Hershey, in: The Mennonite Encyclopedia. A Comprehensive Reference Work on the Anabaptist-Mennonite Movement, Hillsboro, KS 1955–1990, 5 Bde., 2, 715.

Landström, Hans; Benner, Mats, Entrepreneurship Research: a History of Scholarly Migration, in: Landström, Hans; Lohrke, Franz, Hg., Historical Foundations of Entrepreneurship Research, Cheltenham, UK 2010, 15–45.

Lang, Norbert, C. E. L. Brown, Pionier des schweizerischen Elektromaschinenbaus, in: *Ferrum*. Nachrichten aus der Eisenbibliothek, Stiftung der Georg Fischer AG, Hg., 55 (1984), 27–30.

Lang, Norbert, Charles E. L. Brown 1863–1924, Walter Boveri 1865–1924. Gründer eines Weltunternehmens, (Schweizer Pioniere der Wirtschaft 55), Zürich 2000^2.

Lang, Norbert, Elektrische Maschinenindustrie der Schweiz. Vom Nachbau zur Eigenentwicklung, in: Gugerli, David, Hg., Allmächtige Zauberin unserer Zeit. Zur Geschichte der elektrischen Energie in der Schweiz, Zürich 1994, 103–116.

Lang, Norbert, Stodola, Aurel (1859–1942). Wegbereiter der Dampf- und

Gasturbine, (Schweizer Pioniere der Wirtschaft und Technik 75), Meilen 2003.

Lang, Norbert; Wildi, Tobias, IndustrieWelt. Historische Werkfotos der BBC, 1890–1980, Zürich 2006.

Langlois, Richard N., The Dynamics of Industrial Capitalism: Schumpeter, Chandler, and the New Economy, London 2007.

Lauchenauer, Eduard, Die wirtschaftliche Entwicklung des Kantons Aargau seit der Gründung der Aargauischen Bank 1855–1955, Aarau 1955.

Leuschner, Immanuel, Die reformierte Kirchgemeinde Baden, Baden 1989.

Leuthold, Rolf, Aus der Entstehungsgeschichte der ersten schweizerischen Eisenbahn von Zürich nach Baden 1836–1847, Aarau 1947.

Liefmann, Robert, Beteiligungs- und Finanzierungsgesellschaften. Eine Studie über den modernen Kapitalismus und das Effektenwesen in Deutschland, den Vereinigten Staaten, der Schweiz, England, Frankreich und Belgien, Jena 1913.

Lincke, Bruno, Die schweizerische Maschinenindustrie und ihre Entwicklung in wirtschaftlicher Beziehung, Frauenfeld 1910.

Loasby, Brian J., The Entrepreneur in Economic Theory, in: *Scottish Journal of Political Economy* 29/3 (1982), 220–241.

Lubinski, Christina, Kapitalismusformen: Familienunternehmen in Deutschland und in den USA, in: Wischermann, Clemens et al., Hg., Studienbuch institutionelle Wirtschafts- und Unternehmensgeschichte (Perspektiven der Wirtschaftsgeschichte, Bd. 6), Stuttgart 2015, 180–191.

Lüpold, Martin, Der Ausbau der «Festung Schweiz»: Aktienrecht und Corporate Governance in der Schweiz, 1881–1961, Diss. Universität Zürich 2010, https://www.zora.uzh.ch/id/eprint/46634/1/Lüpold_Festung_Schweiz.pdf, abgerufen am 4. November 2018.

Lüscher, Gottlieb, Die Rechtsverhältnisse und einige Wesenseigentümlichkeiten und Herkunft der Thermalquellen in Baden, Schweiz, Aarau 1942.

Mach, André; David, Thomas; Bühlmann Felix et al., Schweizer Wirtschaftseliten 1910–2010, Baden 2017.

Maddison, Angus, Monitoring the World Economy, 1820–1992, Paris 1995.

Maeder, Eva; Niederhäuser, Peter, Von Zürich nach Kamtschatka: Schweizer im Russischen Reich, Zürich 2008.

Mangin, Nathalie, Les relations franco-allemandes et les bains mondaines d'Outre-Rhin, in: *Histoire, économie et société* 13/4 (1994), 649–675.

Matschoss, Conrad, Geschichte der Firma Gebr. Sulzer, Winterthur und Ludwigshafen am Rhein, Berlin 1910.

Mayntz, Renate; Hughes, Thomas P., The Development of Large Technical Systems, Frankfurt/Main 1988.

Mazlish, Bruce, The New Global History, New York 2006.

McCloskey, Deirdre Nansen, Bourgeois Equality: How Ideas, Not Capital or Institutions, Enriched the World, (Bd. 3 der Trilogie «The Bourgeois Era»), Chicago 2016.

McCloskey, Deirdre Nansen, Bourgeois Dignity: Why Economics Can't Explain the Modern World, (Bd. 2 der Trilogie «The Bourgeois Era»), Chicago 2010.

McCloskey, Deirdre Nansen, The Bourgeois Virtues: Ethics for an Age of Commerce, (Bd. 1 der Trilogie «The Bourgeois Era»), Chicago 2006.

McCraw, Thomas K., Prophet of Innovation: Joseph Schumpeter and Creative Destruction, Cambridge, MA 2007.

McCraw, Thomas, K., Alfred Chandler. His Vision and Achievement, in: *Business History Review* 82/2 (2008), 207–226.

Meier, Bruno, Badekur und Politik: Baden als Kongressort in der alten Eidgenossenschaft, in: Windler, Christian, Hg., Kongressorte der Frühen Neuzeit im europäischen Vergleich: Der Friede von Baden (1714), Köln, Weimar 2016, 41–60.

Meier, Bruno, Baden wird Energiestadt: im Netzwerk der schweizerischen Energiewirtschaft, in: Furter, Fabian; Meier, Bruno; Schaer, Andrea; Wiederkehr, Ruth, Stadtgeschichte Baden, Baden 2015, 150–187.

Meier, Bruno, Der BBC-Wohnungsbau 1895 bis 1975, in: BNJB 71 (1996), 66–80.

Meier, Bruno, Der Schnorff-Konkurs im Herbst 1738. Aufstieg und Niedergang einer der schillerndsten Badener Familien, in: BNJB 79 (2004), 119–129.

Meier, Bruno, Die Nationalbahn und der Aargau: Hoffnungen und Enttäuschungen, in: Niederhäuser, Peter, Hg., Die Nationalbahn. Vision einer Volksbahn, Winterthur 2009, 71–107.

Meier, Bruno; Sauerländer, Dominik, Industriebild Aargau. Auf den Spuren von 200 Jahren industrieller Tätigkeit, Baden 2003.

Meier, Bruno; Wildi, Tobias, Company Town. BBC/ABB und die Industriestadt Baden, Baden 2016.

Meier, Eugen, Uf Montage, in: BNJB 67 (1992), 65–68.

Meier, Rudolf, Die Sektion Lägern des SAC – eine Gründung von BBC-Ingenieuren, in: BNJB 76 (2001), 128–140.

Meller, Helen, European Cities, 1890–1930s: History, Culture and the Built Environment, Chichester, UK 2001.

Menzel, Ulrich, Wege aus der Abhängigkeit. Die entwicklungspolitische Aktualität Europas, Frankfurt/Main 1988.

Merz, Walther, Wappenbuch der Stadt Baden und Bürgerbuch, Aarau 1920.

MFO, Hg., Maschinenfabrik Oerlikon 1876–1926, Zürich 1926.

Micklethwait, John; Wooldridge, Adrian, The Company. A Short History of a Revolutionary Idea, London 2005.

Mieg, Peter, Die Familie Brown in der «Langmatt». Erinnerungen eines Freundes, in: BNJB 65 (1990), 3–21.

Miller, Oskar von, Die geschichtliche Entwicklung der elektrischen Kraftübertragung auf weite Entfernung, in: *Elektrotechnische Zeitschrift* 52 (1931), 1241–1245.

Miller, Walther von, Hg., Oskar von Miller. Nach eigenen Aufzeichnungen, Reden und Briefen, München 1932.

Millward, Robert, Business institutions and the state, in: The Routledge Companion to Business History, Wilson, John; Toms, Steven; De Jong, Abe; Buchnea, Emily, Hg., Oxford 2017, 274–299.

Mises, Ludwig von, Bureaucracy, New Haven 1944.

Mises, Ludwig von, Profit and Loss, in: Planning for Freedom and Other Essays and Addresses, South Holland, IL 1952².

Mittler, Otto, Geschichte der Stadt Baden, Bd. 1: Von der frühesten Zeit bis um 1650, Aarau 1962. [Mittler, Baden I]

Mittler, Otto, Geschichte der Stadt Baden, Bd. 2: Von 1650 bis zur Gegenwart, Aarau 1965. [Mittler, Baden II]

Mokyr, Joel, A Culture of Growth. The Origins of the Modern Economy, Princeton, Oxford 2016.

Mokyr, Joel, Entrepreneurship and the Industrial Revolution in Britain, in: Landes, David S.; Mokyr, Joel; Baumol, William J., The Invention of Enterprise. Entrepreneurship From Ancient Mesopotamia To Modern Times, Princeton, Oxford 2010, 183–210.

Mokyr, Joel, The Gifts of Athena: Historical Origins of the Knowledge Economy, Princeton 2002.

Mokyr, Joel, The Intellectual Origins of Modern Economic Growth, in: *Journal of Economic History* 65/2 (2005), 285–351.

Mokyr, Joel, The Enlightened Economy. Britain and the Industrial Revolution 1700–1850, London 2011.

Mokyr, Joel; Voth, Hans-Joachim, Understanding Growth In Europe, 1700–1870: Theory and Evidence, in: Broadberry, Stephen; O'Rourke, Kevin H., Hg., The Cambridge Economic History of Modern Europe, Volume 1: 1700–1870, New York 2010, 7–42.

Mühlhäuser, Helmut, Aus der Pionierzeit der Dampfturbine, Wettingen 2016.

Müller, Andreas, Geschichte der politischen Presse im Aargau. Das 19. Jahrhundert (Beiträge zur Aargauergeschichte, Bd. 9), Aarau 1998. [Müller, politische Presse I]

Müller, Andreas, Geschichte der politischen Presse im Aargau. Das 20. Jahrhundert (Beiträge zur Aargauergeschichte, Bd. 11), Aarau 2002. [Müller, politische Presse II]

Müller, Christian, Arbeiterbewegung und Unternehmerpolitik in der aufstrebenden Industriestadt. Baden nach der Gründung der Firma Brown Boveri 1891–1914, Diss. Universität Zürich, Baden 1974.

Müller, Christian, So verlor Baden seine älteste Industrie. Eine sozialhistorische Betrachtung zur politischen Situation Badens um die Jahrhundertwende, in: BNJB 48 (1973), 25–37.

Müller, Florian, Baden und sein Grand Hotel – die Entstehung des grössten Badener Hotels im Kontext, in: *Argovia* 125 (2013), 165–190.

Müller, Florian, Das vergessene Grand Hotel. Leben und Sterben des grössten Badener Hotels 1876–1944, Baden 2016.

Müller, Hans Konrad, Ennetbaden – eine Monographie, Ennetbaden (1969) 1983².

Müller, Hans Konrad, Regionalpolitik vor 150 Jahren. Zur Trennung Ennetbadens von Baden anno 1819, in: BNJB 45 (1970), 10–24.

Müller-Werth, Herbert, Geschichte der Stadt Wiesbaden unter besonderer Berücksichtigung der letzten 150 Jahre, Wiesbaden 1963.

Munro, John, Tawney's Century, 1540–1640: The Roots of Modern Capitalist Entrepreneurship, in: Landes, David S.; Mokyr, Joel; Baumol, William J., The Invention of Enterprise. Entrepreneurship From Ancient Mesopotamia To Modern Times, Princeton, Oxford 2010, 107–155.

Münzel, Ulrich, 150 Jahre «Die Badenfahrt» von David Hess, in: BNJB 43 (1968), 49–52.

Münzel, Ulrich, Baden im Spiegel seiner Gäste: [Rudolf] Bruno Saft, Gottfried Keller, in: BNJB 51 (1976), 120–130.

Münzel, Ulrich, Die Entdeckung der Landschaft um Baden. Ausflugsziele der Badener Kurgäste im 19. Jahrhundert, in: BNJB 74 (1999), 72–81.

Münzel, Ulrich, Die Thermen von Baden. Eine balneologische Studie, Diss. ETH Zürich, Baden 1947.

Münzel, Ulrich, Dramatische Ereignisse im Bäderquartier, in: BNJB 59 (1984), 66–76.

Nau, Heinrich H.; Schefold, Bertram, Hg., The Historicity of Economics: Continuities and Discontinuities of Historical Thought in 19th and 20th Century Economics, Berlin, New York 2002.

Nerdinger, Winfried, Hg., Zlín, Modellstadt der Moderne, München 2009.

Niederhäuser, Peter, Hg., Die Nationalbahn. Vision einer Volksbahn, Winterthur 2009.

Nochimson, Meer, Die elektrotechnische Umwälzung der Gegenwart, Oerlikon 1909.

NOK, Hg., 50 Jahre Nordostschweizerische Kraftwerke AG 1914–1964, Baden 1965.

Nolte, Paul, Gemeindebürgertum und Liberalismus in Baden 1800–1850. Tradition – Radikalismus – Republik, Göttingen 1994.
North, Douglass C., Understanding the Process of Economic Change, Princeton, Oxford 2005.
North, Douglass C., Institutions, in: *The Journal of Economic Perspectives*, 5/1 (1991), 97–112.
North, Douglass C., Structure and Change in Economic History, New York 1981.
North, Douglass C., Transaction Costs, Institutions, and Economic Performance, San Francisco 1992.
North, Douglass C.; Thomas, Robert P., The Rise of the Western World. A New Economic History, New York 1973.
North, Douglass C.; Wallis, John J.; Weingast, Barry R., Violence and Social Orders: A Conceptual Framework for Interpreting Recorded Human History, Princeton 1989.
North, Douglass C.; Weingast, Barry R., Constitutions and Commitment: Evolution of Institutions Governing Public Choice in 17th Century England, in: *Journal of Economic History* 49 (1989), 805–832.
North, Douglass C., Institutions, Institutional Change and Economic Performance, Cambridge, MA 1990.
Novaretti, Salvatore, Die Rolle sozialer Netzwerke in der BBC-Frühphase. Charles Brown und die MFO, in: BNJB 87 (2012), 14–23.
Nye, David E., Electrifying America: Social Meanings of a New Technology, Cambridge, MA, London 1990.
O'Brien, Patrick, Historiographic Traditions and Modern Imperatives for the Restoration of Global History, in: *Journal of Global History* 1/1 (2006), 3–39.
Oederlin, Friedrich, Ein Beitrag zur Geschichte der Gebrüder Sulzer, Aktiengesellschaft Winterthur, Winterthur 1965.
Ory, Pascal, Les Expositions universelles de Paris, Paris 1982.
Paquier, Serge, Auswirkungen der Energieabhängigkeit: die Kohlekrise als Chance für den Ausbau der Wasserwirtschaft, in: Rossfeld, Roman; Buomberger, Thomas; Kury, Patrick, Hg., 14/18: die Schweiz und der Grosse Krieg, Baden 2014, 126–143.
Paquier, Serge, Banques, sociétés financières et industrie électrique de 1895 à 1914, in: Cassis, Youssef; Tanner, Jakob, Hg., Banken und Kredit in der Schweiz. Banques et crédit en Suisse (1850–1930), Zürich 1993, 241–266.
Paquier, Serge, Histoire de l'électricité en Suisse. La dynamique d'un petit pays européen 1875–1939, 2 Bde., Genf 1998.
Paquier, Serge, L'utilisation des ressources hydrauliques en Suisse aux 19ᵉ et 20ᵉ siècles: une approche systémique dans la longue durée, in: *Schweizerische*

Gesellschaft für Wirtschafts- und Sozialgeschichte – Société suisse d'histoire économique et sociale 17 (2001), 99–119.

Paquier, Serge, L'hydroélectricité suisse de 1880 aux années 1930: comment et pourquoi la réussite? in: Gugerli, David, Hg., Allmächtige Zauberin unserer Zeit. Zur Geschichte der elektrischen Energie in der Schweiz, Zürich 1994, 85–101.

Paquier, Serge, La connexion progressive: les hautes écoles d'ingénieurs de Zurich et de Lausanne et les besoins de l'industrie nationale, in: Efmertová, Marcela et al., Hg., Des ingénieurs pour un monde nouveau: Histoire des enseignements électrotechniques (Europe, Amériques) XIXe–XXe siècle, Brüssel 2016, 257–273.

Paquier, Serge, Le mythe de l'industrie électrique nationale helvétique à l'épreuve des faits. Un subtil jeu d'ouverture et de fermeture d'un petit pays européen (1875-années vingt), in: *Relations internationales* 101 (2000), 5–20.

Paquier, Serge, Les principales étapes de l'électrification suisse de 1880 à 1939, in: Trédé Boulmer, Monique, Hg., Électricité et électrification dans le monde 1880–1980, Paris 1992, 203–212.

Paquier, Serge, Réseaux familiaux et trajectoires entrepreneuriales en Suisse du milieu du XIXe siècle à la Première Guerre mondiale, in: Head-König, Anne-Lise; Lorenzetti, Luigi; Veyrassat, Béatrice, Famille, parenté et réseaux en Occident (XVIIe–XXe siècles), Fs Alfred Perrenoud, Genf 2001, 227–243.

Paquier, Serge, The Relationships Between the Four Actors in the Swiss Hydroelectric Power Development from 1880 to 1939, Paper Presented at the Annual Meeting of the Society for the History of Technology (SHOT), Uppsala, Sweden, August 16–20, 1992, 11–13.

Paquier, Serge, Un facteur d'explication de l'électrification rapide de la Suisse: l'expérience acquise en matière d'hydromécanique au XIXe siècle, in: *Bulletin d'histoire d'électricité* 16 (1990), 25–36.

Paquier, Serge; Fridlund, Mats, The Making of Small Industrial Giants. The Growth of the Swedish ASEA and the Swiss BBC through Crises and Challenges Prior to 1914, in: Myllyntaus, Timo, Hg., Economic Crises and Restructuring in History. Experiences of Small Countries, St. Katharinen 1998, 179–206.

Pechlaner Gut, Heidi; Welter Thaler, Barbara, Badener Familien in Bewegung, in: BNJB 87 (2012), 28–38.

Pierenkemper, Toni, Unternehmensgeschichte. Eine Einführung in ihre Methoden und Ergebnisse, Stuttgart 2000.

Pierenkemper, Toni, Sechs Thesen zum gegenwärtigen Stand der deutschen Unternehmensgeschichtsschreibung. Eine Entgegnung auf Manfred Pohl, in: *Zeitschrift für Unternehmensgeschichte* 45 (2000), 158–166.

Pierenkemper, Toni, Was kann eine moderne Unternehmensgeschichte leisten? Und was sollte sie tunlichst vermeiden? in: *Zeitschrift für Unternehmensgeschichte* 44 (1999), 15–31.

Pinner, Felix, Deutsche Wirtschaftsführer, Berlin 1924.

Pinner, Felix, Emil Rathenau und das elektrische Zeitalter, Leipzig 1918.

Plumpe, Werner, Unternehmen, in: Ambrosius, Gerold; Petzina, Dietmar; Plumpe, Werner, Hg., Moderne Wirtschaftsgeschichte: eine Einführung für Historiker und Ökonomen, München (1996) 2006^2, 61–94.

Plumpe, Werner, Unternehmensgeschichte im 19. und 20. Jahrhundert, Berlin, Boston 2018.

Pohl, Manfred, Emil Rathenau und die AEG, Mainz 1988.

Pohl, Manfred, Zwischen Weihrauch und Wissenschaft? Zum Standort der modernen Unternehmensgeschichte. Eine Replik auf Toni Pierenkemper, in: *Zeitschrift für Unternehmensgeschichte* 44 (1999), 150–163.

Preiswerk-Lösel, Eva-Maria, Das Sammlerehepaar Sidney und Jenny Brown, in: dies., Hg., Ein Haus für die Impressionisten. Das Museum Langmatt, Ostfildern-Ruit 2001, 3–21.

Rebsamen, Hanspeter; Röllin, Peter; Stutz, Werner, Baden, in: INSA, Inventar der neueren Schweizer Architektur, 1850–1920, Städte, Gesellschaft für Schweizerische Kunstgeschichte, Hg., Zürich 1984, 389–512.

Rey, Adolf, Die Entwicklung der Industrie im Kanton Aargau, Diss. Universität Basel, Aarau 1937.

Richter, Rudolf; Furubotn, Eirik G., Neue Institutionenökonomik. Eine Einführung und kritische Würdigung, Tübingen 2010^4.

Riesser, Jacob, Die deutschen Grossbanken und ihre Konzentration im Zusammenhang mit der Entwicklung der Gesamtwirtschaft in Deutschland, Jena 1910^3.

Rieter, Fritz, Peter Emil Huber-Werdmüller (1836–1915), (Schweizer Pioniere der Wirtschaft und Technik 7), Zürich 1957.

Rinderknecht, Karl, Erlebnisse eines BBC-Monteurs, Baden 1981.

Rinderknecht, Peter, 75 Jahre Brown Boveri 1891–1966, Baden 1966.

Rinderknecht, Peter, Baden. Eine dynamische und lebensfrohe Region, Baden 1972.

Root-Bernstein, Robert et al., Arts Foster Scientific Success: Avocations of Nobel, National Academy, Royal Society, and Sigma Xi Members, in: *Journal of Psychology of Science and Technology* 1 (2008), 51–63.

Rosen, Christine M., What Is Business History? In: *Enterprise & Society* 14/3 (2013), 475–485.

Rossfeld, Roman, «Rechte hat nur, wer Kraft hat»: Anmerkungen zur Schweizer Wirtschaft im Ersten Weltkrieg, in: Rossfeld, Roman; Buomberger, Thomas;

Kury, Patrick, Hg., 14/18: die Schweiz und der Grosse Krieg, Baden 2014, 144–171.

Rossi, J., Montage-Erlebnisse in Russland (Erlebtes und Beobachtetes aus aller Welt), in: *Wir und unser Werk* (Brown Boveri Hauszei-tung), 3/10 (Oktober 1945), 144–146.

Roth, Ueli, Autobiographische Notizen. Private und berufliche Erlebnisse und Begegnungen von Ulrich «Ueli» Konrad Roth und seiner Familie, Feldmeilen 2015.

Ruch, Christian; Rais-Liechti, Myriam; Peter, Roland, Geschäfte und Zwangsarbeit: Schweizer Industrieunternehmen im «Dritten Reich» (Unabhängige Expertenkommission Schweiz – Zweiter Weltkrieg, Bd. 6), Zürich 2001.

Ruchti, Jacob, Geschichte der Schweiz während des Weltkriegs 1914–1919: Politisch, wirtschaftlich und kulturell, Bern 1928/1930.

Ruf, Susanna, Fünf Generationen Badrutt: Hotelpioniere und Begründer der Wintersaison, (Schweizer Pioniere der Wirtschaft und Technik 91), Zürich 2010.

Ruffieux, Roland, Schweiz des Freisinns (1848–1914), in: Geschichte der Schweiz und der Schweizer, Basel, Frankfurt/Main 1986, 639–730.

Russ, Sigrid, Weltkurstadt Wiesbaden. Vom Ackerbürger- und Badestädtchen zum internationalen Luxus- und Modebad, in: Eidloth, Volkmar, Hg., Europäische Kurstädte und Modebäder des 19. Jahrhunderts, Stuttgart 2012, 143–156.

Sachs, Karl, 50 Jahre Brown Boveri, 1891–1941, Baden 1941 [Sachs, 1941].

Sachs, Karl, In memoriam Charles Brown [senior]. Ein Beitrag zur Firmengeschichte, in: *Wir und unser Werk* (Brown Boveri Hauszeitung), 6/11 (November 1948), 170–173.

Sachs, Karl, Wir stellen vor: Herrn Walter E. Boveri, Präsident unseres Verwaltungsrates, in: *Wir und unser Werk* (Brown Boveri Hauszeitung), 1/1 (Oktober 1942), 6–9.

Sachs, Karl, Wir stellen vor: Herrn Dr. sc. techn. Max Schiesser, Delegierter des Verwaltungsrates, in: *Wir und unser Werk* (Brown Boveri Hauszeitung), 1/2 (Dezember 1942), 35–39.

Sachsenmaier, Dominic, Global Perspectives on Global History. Theories and Approaches in a Connected World, New York 2011.

Sauerländer, Dominik, Wirtschafts- und Industriegeschichte: eine Standortbestimmung, in: *Argovia* 115 (2003), 77–82.

Schaer, Andrea, Die Bäder: 2000 Jahre europäische Badekultur, in: Furter, Fabian; Meier, Bruno; Schaer, Andrea; Wiederkehr, Ruth, Stadtgeschichte Baden, Baden 2015, 8–91.

Schaer, Andrea, Neue Betrachtungsmöglichkeiten zur Baugeschichte des Bade-

ner Bäderquartiers in Mittelalter und Neuzeit, in: *Argovia* 125 (2013), 192–211.
Schaer, Andrea; Förderer, Andreas, Baden und Baden-Baden: Einmal oben, einmal unten, in: BNJB 93 (2018), 48–55.
Schaffner, Martin, Die demokratische Bewegung der 1860er Jahre: Beschreibung und Erklärung der Zürcher Volksbewegung von 1867, Basel 1982.
Scheidel, Walter, The Great Leveler. Violence and the History of Inequality From the Stone Age to the Twenty-First Century, Princeton, Oxford 2017.
Schelbert, Leo, Eighteenth century migration of Swiss Mennonites to America, in: The *Mennonite Quarterly Review*, 42/3,4 (1968), 163–183; 285–300.
Schelbert, Leo, Swiss Migration to America. The Swiss Mennonites, New York 1980.
Schelbert, Leo; Luebking, Sandra, Eighteenth and Nineteenth Century Swiss Mennonite Family Names: An Annotated Checklist, in: *Pennsylvania Folklife* 26 (1977), 2–24.
Scherer, Walter; Füllemann, Verena, Baden um die Jahrhundertwende, Baden 1979.
Scherer, Walter; Zander, Edi, Badener Album. Alte Photographien, Baden 1976.
Schivelbusch, Wolfgang, Lichtblicke. Zur Geschichte der künstlichen Helligkeit im 19. Jahrhundert, (München, Wien 1983), Frankfurt/Main 1986.
Schluchter, André et al., Die Bevölkerung der Schweiz. Eine Auswertung der Helvetischen Volkszählung von 1798 und anderer zeitnaher Erhebungen, mit Einbezug der Bevölkerungsentwicklung bis 1980, (Amtliche Statistik der Schweiz Nr. 170) Bern 1988.
Schmid, Hannes, Ein Leben voller Lust und Kreativität, in: Oppenheim, Roy; Fuchs-Oppenheim, Joan, Hg., Spitzkehren und andere Kunststücke. Das Leben von Edith Oppenheim-Jonas, Erfinderin von Papa Moll, Baden 2008, 8–105.
Schmid, Hans Rudolf, Zwei Pioniere der Elektrotechnik. Max Schiesser (1880–1975). Emil Haefely (1866–1939), (Schweizer Pioniere der Wirtschaft und Technik 30), Zürich 1976.
Schmid, Hans-Rudolf, 50 Jahre Motor-Columbus 1895–1945, Baden 1945.
Schmid, Michael; Maurer, Andrea, Hg., Ökonomischer und soziologischer Institutionalismus. Interdisziplinäre Beiträge und Perspektiven der Institutionentheorie und -analyse, Marburg 2006^7.
Schmoller, Gustav v., Grundriss der Allgemeinen Volkswirtschaftslehre, 2 Bde., Leipzig 1900/1904.
Schneider, Boris, Eisenbahnpolitik im Aargau, Diss. Universität Zürich, Zürich 1959.
Schneider, Steven, Elektrisiert. Geschichte einer Schweiz unter Strom, Baden 2017.

Schröter, Harm G., Aufstieg der Kleinen. Multinationale Unternehmen aus fünf kleinen Staaten vor 1914 (Schriften zur Wirtschafts- und Sozialgeschichte, Bd. 42), Berlin 1993.

Schröter, Harm G., Business History in German-Speaking States at the End of the Century: Achievements and Gaps, in: Amatori, Franco; Jones, Geoffrey, Hg., Business History Around the World, New York 2003, 170–191.

Schröter, Harm G., Etablierungs- und Verteilungsmuster der schweizerischen Auslandsproduktion von 1870–1914, in: Bairoch, Paul; Körner, Martin, Hg., Die Schweiz in der Weltwirtschaft, Zürich 1990, 391–407.

Schröter, Harm G., The German Question, the Unification of Europe, and the European Market Strategies of Germany's Chemical and Electrical Industries, 1900–1992, in: *Business History Review*; 67/3 (1993), 369–405.

Schulin, Ernst, Krieg und Modernisierung. Rathenau als philosophischer Industrieorganisator im Ersten Weltkrieg, in: Hughes, Thomas P. et al., Hg., Ein Mann vieler Eigenschaften. Walther Rathenau und die Kultur der Moderne, Berlin 1990, 55–69.

Schultze, Martin, Eine Ausstellung aus der Industriegeschichte der Stadt Baden, in: BNJB 49 (1974), 24–37.

Schumacher, Hans, Hundert Jahre Aktiengesellschaft Oederlin & Cie. Armaturenfabrik und Metallgiessereien, Baden-Schweiz 1858–1958, Baden 1958.

Schumpeter, Joseph A., Business Cycles. A Theoretical, Historical, and Statistical Analysis of the Capitalist Process, (1939) New York 1964.

Schumpeter, Joseph A., Capitalism, Socialism, and Democracy, New York, London 1942.

Schumpeter, Joseph A., The Creative Response in Economic History, in: *Journal of Economic History*, 7/2 (1947), 149–159.

Schumpeter, Joseph A., Theorie der wirtschaftlichen Entwicklung. Eine Untersuchung über Unternehmergewinn, Kapital, Kredit, Zins und den Konjunkturzyklus, (Wien 1911^1, Berlin 1934^4) ND Berlin 1997^9.

Scranton, Philip; Fridenson, Patrick, Reimagining Business History, Baltimore 2013.

Segreto, Luciano, Capitali, tecnologie e imprenditori svizzeri nell' industria elettrica italiana: il caso della Motor (1895–1923), in: Bezza, Bruno, Hg., Energia e sviluppo: L'industria elettrica italiana e la Società Edison, Turin 1986, 175–210.

Segreto, Luciano, Du «Made in Germany» au «Made in Switzerland». Les sociétés financières suisses pour l'industrie électrique dans l'entre-deux-guerres, in: Trédé Boulmer, Monique, Hg., Électricité et électrification dans le monde 1880–1980, Paris 1992, 347–367.

Segreto, Luciano, Financing the Electric Industry Worldwide: Strategy and

Structure of the Swiss Electric Holding Companies, 1895–1945, in: *Business and Economic History*, 23/1 (1994), 162–175.
Segreto, Luciano, More Trouble than Profit: Vickers' Investments in Italy 1906–39, in: *Business History*, 27/3 (1985), 316–337.
Segreto, Luciano, Stratégie et structure des sociétés financières suisses pour l'industrie électrique (1895–1945), in: Gugerli, David, Hg., Allmächtige Zauberin unserer Zeit. Zur Geschichte der elektrischen Energie in der Schweiz, Zürich 1994, 57–72.
Shadwell, Arthur, England, Deutschland und Amerika. Eine vergleichende Studie ihrer industriellen Leistungsfähigkeit, Berlin 1908.
Shionoya, Yuichi, Hg., The German Historical School: The Historical and Ethical Approach to Economics, London, New York 2001.
Shionoya, Yuichi, The Soul of the German Historcial School: Methodological Essays on Schmoller, Weber, and Schumpeter, New York 2005.
Shippen, Katherine B.; Wallace, Paul A. W., Milton S. Hershey, New York 1960.
Siegenthaler, Hansjörg, Die Schweiz 1850–1914, in: Fischer, Wolfram et al., Hg., Handbuch der europäischen Wirtschafts- und Sozialgeschichte, Bd. 5, Stuttgart 1985, 443–473.
Siegenthaler, Silvia et al., Hg., Juden in und um Baden, in: BNJB 73 (1998), 6–93.
Siegenthaler, Silvia, Die Villa Boveri in Baden, Gesellschaft für Schweizerische Kunstgeschichte, Hg. (Schweizerische Kunstführer, Bd. 658) Bern 1999.
Siemens, Georg, Der Weg der Elektrotechnik – Geschichte des Hauses Siemens, 2 Bde., Freiburg/Br., München 1961.
Simmel, Georg, Soziologie. Untersuchungen über die Formen der Vergesellschaftung, Berlin (1908) 2013[7].
Sittenthaler, Rainer, Zlín – Die ideale Industriestadt der Moderne? Wien 2013.
Smil, Vaclav, Two Prime Movers of Globalization: The History and Impact of Diesel Engines and Gas Turbines, Cambridge, MA 2010.
Snavely, Joseph Richard, Milton S. Hershey: Builder, Hershey, PA 1935.
Sombart, Werner, Der kapitalistische Unternehmer, in: *Archiv für Sozialwissenschaft und Sozialpolitik* 29 (1909), 689–758.
Sontheim, Rudolf, Vom Erahnen und Erkennen, Ms., (Zürich) 2003.
Sontheim, Rudolf, 25 Jahre Präsident. Walter E. Boveri, Dr. Dr. phil. h. c. et sc. techn. h. c., in: *Wir und unser Werk* (Brown Boveri Hauszeitung), 21/6 (Juni 1963), 127–128.
Spectrum 2000: Festschrift zum 60. Geburtstag von Max Schmidheiny, Alfred Hummler, Paul Eisenring, Willi Rohner, Hg., Heerbrugg, Zürich 1968.
Spiegelberg, Ed., Vom alten zum neuen Wettingen, in: *Badener Tagblatt*, 20. September 1941.

Spoerer, Mark, «Wahre Bilanzen!» Die Steuerbilanz als unternehmenshistorische Quelle, in: *Zeitschrift für Unternehmensgeschichte* 40 (1995), 158–179.

Sprecher, Anton, Die volkswirtschaftliche Bedeutung der Heilbäder und ihre Stellung im schweizerischen Fremdenverkehr, Diss. Universität Bern 1947, Zürich 1949.

Staatsarchiv des Kantons Zürich, Hg., Kleine Zürcher Verfassungsgeschichte 1218–2000, Zürich 2000.

Staehelin, Heinrich, Geschichte des Kantons Aargau, Bd. 2: 1830–1885, Baden 1978.

Staffelbach, Hans, Peter Emil Huber-Werdmüller, 1836–1915. Emil Huber-Stockar, 1865–1939. Vater und Sohn. Zwei Lebensbilder als Beitrag zur Geschichte der schweizerischen Technik, Zürich 1943.

Staub, Hans O., Von Schmidheiny zu Schmidheiny, (Schweizer Pioniere der Wirtschaft und Technik 61), Meilen 1994.

Steigmeier, Andreas, Brown Boveri und Asea Brown Boveri. Schlaglichter auf hundert Jahre Unternehmensgeschichte, Baden 1991.

Steigmeier, Andreas, Der Grossbrand der Spinnerei Spoerry vor hundert Jahren, in: BNJB 79 (2004), 143–152.

Steigmeier, Andreas, Glanzzeit und Niedergang der Kleinen Bäder, in: Hartmann, Martin; Seiler, Christophe; Steigmeier, Andreas, Ennetbaden. Dorf – Bäder – Städtische Siedlung, Ennetbaden 1994, 54–79.

Steigmeier, Andreas, Industriestadt und Agglomeration. Arbeitsmanual zur industriellen Vergangenheit von Stadt und Region Baden, Baden 1994.

Steigmeier, Andreas, Mehr Licht. Der Weg der Stadt Baden zur modernen Energie- und Wasserversorgung, Baden 1991.

Steigmeier, Andreas, Power on. Elektrowatt 1895–1995, Zürich 1995.

Stern, Fritz, Walther Rathenau and the Vision of Modernity, in: ders., Einstein's German World, Princeton, Oxford (1999) 2016^2, 165–196.

Straumann, Tobias, Die Schöpfung im Reagenzglas: eine Geschichte der Basler Chemie (1850–1920), Basel 1995.

Strobel, Albrecht, Zur Einführung der Dampfturbine auf dem deutschen Markt 1900 bis 1914 unter besonderer Berücksichtigung der Brown, Boveri & Cie. AG Baden (Schweiz) und Mannheim, in: Elm, Kaspar et al., Hg., Landesgeschichte und Geistesgeschichte, Fs Otto Herding, Stuttgart 1977, 442–482.

Stucki, Lorenz, Das heimliche Imperium. Wie die Schweiz reich wurde. Ein erstmals beschriebener Aspekt der Schweizer Geschichte, Bern, München 1968.

Studer, Hans, Der Einfluss der Industrialisierung auf die Kulturlandschaft des aargauischen Mittellandes, Diss. Universität Zürich 1939.

Suddaby, Roy; Foster, William M.; Mills, Albert J., Historical Institutionalism,

in: Bucheli, Marcelo; Wadhwani, R. Daniel, Organizations in Time: History, Theory, Methods, Oxford 2014, 100–123.
Sulser, Wilhelm, Carl Franz Bally, 1821–1899 (Schweizer Pioniere der Wirtschaft und Technik 2), Zürich 1955, 27–33.
Sulzer-Bühler, Fanny Cornelia, Erinnerungen von Fanny Cornelia Sulzer-Bühler 1865–1948, überreicht an ihre Kinder an Ostern 1936, Winterthur 1973.
Suter-Wyrsch, Josef; Streif, Klaus, Erinnerungen an eine kleine Stadt, in: BNJB 88 (2013), 118–131.
Svilar, Maja, Und es war Licht. Zur Kulturgeschichte des Lichts, Bern, Frankfurt/Main 1983.
Tanner, Albert, Arbeitsame Patrioten – wohlanständige Damen. Bürgertum und Bürgerlichkeit in der Schweiz 1830–1914, Zürich 1995.
Tanner, Albert, Aristokratie und Bürgertum in der Schweiz im 19. Jahrhundert: Verbürgerlichung der «Herren» und aristokratische Tendenzen im Bürgertum, in: Schweiz im Wandel. Studien zur neueren Gesellschaftsgeschichte, Fs Rudolf Braun, Brändli, Sebastian; Gugerli, David; Jaun, Rudolf; Pfister, Ulrich, Hg., Basel, Frankfurt/Main 1990, 209–228.
Tanner, Jakob, Geschichte der Schweiz im 20. Jahrhundert (Europäische Geschichte im 20. Jahrhundert), München 2015.
Thalmann, Jörg, Von der Euphorie zum Kollaps. Die Geschichte der Schweizerischen Nationalbahn, in: Niederhäuser, Peter, Hg., Die Nationalbahn. Vision einer Volksbahn, Winterthur 2009, 19–43.
The Oxford Handbook of Business History, Jones, Geoffrey; Zeitlin, Jonathan, Hg., Oxford 2007.
The Routledge Companion to Business History, Wilson, John; Toms, Steven; De Jong, Abe; Buchnea, Emily, Hg., Oxford 2017.
Thies, F, Streiks und Lohnbewegungen, in: Handwörterbuch der Schweizerischen Volkswirtschaft, Sozialpolitik und Verwaltung, Reichesberg, Naum, Hg. 3 Bde., Bern 1903–1911. Bd. 3, 1. Teil, 804–840.
Thiessing, René, Eidg. Amt für Verkehr, Hg., Ein Jahrhundert Schweizer Bahnen 1847–1947, Jubiläumswerk des Eidg. Post- und Eisenbahndepartementes, 5 Bde., Frauenfeld 1947–1964.
Tremp, Urs, Baden: Porträt einer geteilten Stadt. Wie Katholiken und Reformierte in Baden bis in die 1970er-Jahre in getrennten Welten lebten, in: NZZ Geschichte 2 (2015), 40–42.
Ufermann, Paul; Hüglin, Carl, Die AEG. Eine Darstellung des Konzerns der Allgemeinen Elektricitäts-Gesellschaft, Berlin 1922.
Veigl, Sybille, «Heute ist eben gar nichts mehr sicher». Das Unternehmen BBC Brown Boveri & Cie., 1927 bis 1938, unveröffentlichte Lizentiatsarbeit Universität Zürich, Zürich 2000.

Ventura, Andrea, Geschicklichkeit und Glück. Wie die Stadt Baden die Weltwirtschaftskrise meisterte, unveröffentlichte Abschlussarbeit zum Master of Advanced Studies in Applied History, Universität Zürich, Zürich 2015.

Ventura, Andrea, Rappenspalten und Couponschneiden, Badener Familien in den 1930er-Jahren, in: BNJB 90 (2015), 154–164.

Vetterli, Rudolf, Industriearbeit, Arbeitsbewusstsein und gewerkschaftliche Organisation. Dargestellt am Beispiel der Georg Fischer AG (1890–1930), Göttingen 1978.

Vogel, Kaspar, 125 Jahre Schweizerische Lokomotiv- und Maschinenfabrik, 1871–1996, Luzern 1996.

Volkov, Shulamit, Walter Rathenau: Weimar's Fallen Statesman, New Haven 2012.

Wadhwani, R. Daniel, Entrepreneurship in Historical Context: Using History to Develop Theory and Understand Process, in: Welter, Friederike; Gartner, William B., Hg., A Research Agenda for Entrepreneurship and Context, Cheltenham, UK 2016, 65–78.

Wadhwani, R. Daniel, Historical Reasoning and the Development of Entrepreneurship Theory, in: Landström, Hans; Lohrke, Franz, Hg., Historical Foundations of Entrepreneurship Research, Cheltenham, UK, Northampton, MA 2010, 343–362.

Wadhwani, R. Daniel; Lubinski, Christina, Reinventing Entrepreneurial History, in: *Business History Review*, 91/4 (2017), 767–799.

Wadhwani, R. Daniel; Jones, Geoffrey, Schumpeter's Plea: Historical Reasoning in Entrepreneurship Theory and Research, in: Bucheli, Marcelo; Wadhwani, R. Daniel, Organizations in Time: History, Theory, Methods, Oxford 2014, 192–216.

Walgenbach, Peter; Meyer, Renate, Neoinstitutionalistische Organisationstheorie, Stuttgart 2008.

Wartenweiler, Fritz, Emil Huber-Stockar. Weisse Kohle für die Schweizer Bahnen, Olten 1956.

Wavre, Pierre-Alain, Swiss Investments in Italy from the XVIIIth to the XXth century, in: *Journal of European Economic History* 17 (1988), 85–102.

Weber, Max, Die protestantische Ethik und der Geist des Kapitalismus. Eine Aufsatzsammlung, Winckelmann, Johannes, Hg., (1904/05; Tübingen 1920[1]) Gütersloh 1984[7].

Wegmann, Adolf, Die wirtschaftliche Entwicklung der Maschinenfabrik Oerlikon 1863–1917, Zürich 1920.

Wehler, Hans-Ulrich, Das deutsche Kaiserreich 1871–1918, Göttingen 1988.

Wehler, Hans-Ulrich, Deutsche Gesellschaftsgeschichte, Bd. 2: Von der «Deutschen Doppelrevolution» bis zum Beginn des Ersten Weltkrieges, 1849–1914, München 1995.

Wehler, Hans-Ulrich, Deutsche Gesellschaftsgeschichte. Bd. 1: Vom Feudalismus des Alten Reiches bis zur defensiven Modernisierung der Reformära, 1700–1851, München 1987.

Wehler, Hans-Ulrich, What is the «History of Society»? in: *Geschichte der Geschichtsschreibung* 19 (1990), 5–19.

Weichel, Thomas, Die Bürger von Wiesbaden. Von der Landstadt zur «Weltkurstadt» 1780–1914, München 1997.

Weichel, Thomas, «Wenn dann der Kaiser nicht mehr kommt…». Kommunalpolitik und Arbeiterbewegung in Wiesbaden 1890–1914, Wiesbaden 1991.

Weichel, Thomas, Wiesbaden, 1870–1914, Erfurt 1998.

Welskopp, Thomas, Arbeit und Macht im Hüttenwerk. Arbeits- und industrielle Beziehungen in der deutschen und amerikanischen Eisen- und Stahlindustrie von den 1860er bis zu den 1930er Jahren, Diss. FU Berlin 1992, Bonn 1994.

Welti, Oskar, Zürich-Baden. Die Wiege der schweizerischen Eisenbahnen. Ein Tagebuch über die Entstehungsgeschichte der ersten Schweizerbahn 1836–1847, Zürich 1946.

Wenger, John, The Mennonites Establishing Themselves in Pennsylvania, in: *Mennonite Historical Bulletin*, 11/2 (1950), 1–3.

Wetter, Ernst, Die Bank in Winterthur, 1862–1912, Diss. Universität Zürich 1913, Winterthur 1914.

Wiesmann, Matthias, Karl Heinrich Gyr (1879–1946). Der Aufbau des Weltkonzerns Landis & Gyr, (Schweizer Pioniere der Wirtschaft und Technik 96), Zürich 2012.

Wildi, Tobias, «Wenn heute Bestellungen fehlen, so liegt der Grund nicht in Mängeln an den Produkten.» Organisation und Innovation bei BBC Brown Boveri AG 1970–1987, unveröffentlichte Lizentiatsarbeit Universität Zürich, Zürich 1998.

Wildi, Tobias, Abwanderung im Surbtal – Zuwanderung in Baden. Die Veränderung der jüdischen Wohn- und Berufsstruktur 1840–1920, in: BNJB 73 (1998), 43–58.

Wildi, Tobias, Die städtische Elektrizitätsversorgung und die Gründung von BBC Brown Boveri 1891. Baden als Referenzanlage, in: BNJB 91 (2016), 136–142.

Wile, Frederic William, Men around the Kaiser. The Makers of Modern Germany, London 1913.

Wilkins, Mira, Chandler and Global Business History, in: *Business History Review* 82/2 (2008), 251–266.

Wilkins, Mira, European and North American Multinationals, 1870–1914: Comparisons and Contrasts, in: *Business History* 30/1 (1988), 8–45.

Wilkins, Mira, Multinational Enterprises and the Varieties of Capitalism, in: *Business History Review* 84/4 (2010), 638–645.

Wilkins, Mira, Swiss Investments in the United States 1914–1945, in: Guex, Sébastien, Hg., La Suisse et les Grandes Puissances 1914–1945, Genf 1999, 91–139.

Wilkins, Mira, The Emergence of Multinational Enterprise, Cambridge, MA 1970.

Wilkins, Mira, The Maturing of Multinational Enterprise: American Business Abroad from 1914 to 1970, Cambridge, MA 1974.

Wilson, John; Toms, Steven, Business history: Agendas, historiography and debates, in: The Routledge Companion to Business History, Wilson, John; Toms, Steven; De Jong, Abe; Buchnea, Emily, Hg., Oxford 2017, 9–18.

Wipf, Hans Ulrich; König, Mario; Knoepfli, Adrian, Saurer. Vom Ostschweizer Kleinbetrieb zum internationalen Technologiekonzern, Baden 2003.

Wischermann, Clemens et al., Hg., Studienbuch institutionelle Wirtschafts- und Unternehmensgeschichte (Perspektiven der Wirtschaftsgeschichte, Bd. 6), Stuttgart 2015.

Witz, Friedrich, Ich wurde gelebt. Erinnerungen eines Verlegers, Frauenfeld 1969.

Würgler, Andreas, Politik und *amusement*. Ratsherren und Diplomaten in der Tagsatzungsstadt Baden, in: Windler, Christian, Hg., Kongressorte der Frühen Neuzeit im europäischen Vergleich: Der Friede von Baden (1714), Köln, Weimar 2016, 61–76.

Wyss, Beat, Bilder von der Globalisierung. Die Weltausstellung von Paris 1889, Berlin 2010.

Wyssling, Walter, Die Entwicklung der Schweizerischen Elektrizitätswerke und ihrer Bestandteile in den ersten 50 Jahren, Zürich 1946.

Wyssling, Walter, Die Systemfrage und die Kostenfrage für den hydro-elektrischen Betrieb der Schweizerischen Bundesbahnen, Zürich, Leipzig 1912.

Zängl, Wolfgang, Deutschlands Strom: die Politik der Elektrifizierung von 1866 bis heute, Frankfurt/Main 1989.

Zehnder, Patrick, Hundert Jahre Ringen um die «richtige Deutung». Der Landesstreik von 1918 in der Region Baden, in: BNJB 93 (2018), 122–133.

Zehnder, Patrick, Konfession und Industrialisierung – Drei unterschiedliche Entwicklungslinien im Kanton Aargau des 19. Jahrhunderts, in: *Schweizerische Zeitschrift für Religions- und Kulturgeschichte* 102 (2008), 371–390.

Zehnder, Patrick, Konzentration und Segregation. Strukturwandel im Bezirk Baden nach dem Zuzug der Metallindustrie (1870–1920), in: *Argovia* 114 (2002), 176–186.

Ziegler, Willy Heinrich, Die wirtschaftliche Entwicklung der A.G. Brown Boveri

& Cie., Baden, des Brown-Boveri-Konzerns und der A. G. Motor-Columbus, Diss. Universität Bern, Bern 1937.

Zimmermann-Diebold, Karl, Die Nutzung der Wasserkraft der Limmat in Baden und Ennetbaden, in: BNJB 66 (1991), 76–92.

Ziswiler, Hans Ulrich, Die Demokratisierung des Kantons Aargau zwischen 1830 und 1885, Zürich 1992.

Zogg, Kamla, Der Mutter Tagebuch: Jenny Brown-Sulzer zu ihrem ersten Sohn Sidney Hamlet, in: BNJB 87 (2012), 48–58.

Zollinger, Max, Der Aufbau des Brown-Boveri-Konzerns. Ein Beitrag zur Entwicklung der modernen Unternehmensformen, in: *Schweizerische Zeitschrift für Volkswirtschaft und Sozialpolitik* 29 (1923), 18–90.

Zollinger, Max, Die Finanzierung der schweizerischen Maschinengrossindustrie, Diss. Universität Bern, Weinfelden 1925.

Abkürzungsverzeichnis

ABB	Asea Brown Boveri, Zürich
AEG	Allgemeine Elektricitäts-Gesellschaft, Berlin
AIAG	Aluminium Industrie Aktien Gesellschaft, Neuhausen/SH
ASEA	Allmänna Svenska Elektriska Aktiebolaget, Västerås
ASM	Arbeitgeberverband schweizerischer Maschinen- und Metall-Industrieller
BBC	Brown, Boveri & Cie., Baden
BNJB	Badener Neujahrsblätter
BT	Badener Tagblatt
CHF	Schweizer Franken
Diss.	Dissertation
EGA	Elektrizitätsgesellschaft Alioth AG
EGB	Elektrizitäts-Gesellschaft Baden
ETH	Eidgenössische Technische Hochschule, Zürich
ETZ	Elektrotechnische Zeitschrift, Berlin
Fs	Festschrift
G.e.P.	Gesellschaft ehemaliger Polytechniker
GE	General Electric, Schenectady, NY
Hg.	Herausgeber
HLS	Historisches Lexikon der Schweiz
IEEE	Institute of Electrical and Electronics Engineers
km	Kilometer
kW	Kilowatt
kWh	Kilowattstunde
m	Meter
MC	Motor-Columbus AG, Baden
MFO	Maschinenfabrik Oerlikon, Zürich-Oerlikon
Ms.	Manuskript, Handschrift, Typoskript
ND	Nachdruck
NL	Nachlass
NOK	Nordostschweizerische Kraftwerke AG, Baden
NZ	National-Zeitung, Basel
NZZ	Neue Zürcher Zeitung
PS	Pferdestärken
SBB	Schweizerische Bundesbahnen, Bern
SBG	Schweizerische Bankgesellschaft, Zürich
SBV	Schweizerischer Bankverein, Basel

SBZ	Schweizerische Bauzeitung, Zürich
SEV	Schweizerischer Elektrotechnischer Verein
SFP	Schweizer Freie Presse, Baden
SGB	Schweizerischer Gewerkschaftsbund
SH	Siemens & Halske, Berlin
SIA	Schweizerischer Ingenieur- und Architektenverein
SKA	Schweizerische Kreditanstalt, Zürich
SLM	Schweizerische Lokomotiv- und Maschinenfabrik, Winterthur
SSW	Siemens-Schuckertwerke, Berlin
VSE	Verband Schweizerischer Elektrizitätsunternehmen
VSM	Verein Schweizerischer Maschinen-Industrieller

Verzeichnis der Tabellen und Bilder

Tabellen

2.1	Ausgewählte *Company Towns* (1700–1940, USA, West- und Mitteleuropa, Schweiz)	36f.
3.1	Bahnanschluss ausgewählter Kurstädte in Europa, 19. Jahrhundert	88
5.1	Nobelpreisträger und künstlerische Aktivitäten	177
7.1	Bevölkerungsentwicklung Baden, 1798–1940	374
7.2	Bevölkerungsentwicklung Baden, 1900–1930, absolut und prozentual (Zahlen gerundet)	375
7.3	Bevölkerung Ennetbaden, Wettingen, Baden im Vergleich, 1888–1910	376
7.4	Bevölkerung Agglomeration Aarau und Baden im Vergleich, 1910	376
7.5	Bevölkerung Agglomeration Aarau und Baden im Vergleich, 1930	377
7.6	Zahl der Mitarbeiter bei der BBC, 1892–1920	378
7.7	Kulturland (Acker, Wiesen, Rebland) in ha, Region Baden, 1888–1931	378
8.1	BBC, MFO, Alioth im Vergleich, 1903–1914 (Aktienkapital)	388
8.2	Beschäftigte in der schweizerischen Elektroindustrie bzw. Maschinenindustrie, 1884–1914	388
8.3	Gewinnentwicklung BBC ab 1900 (in CHF)	390
8.4	Direktinvestitionen im Ausland, Zahl der Fälle, 1914	409
8.5	Durchschnittliches Wachstum des realen BIP in Prozent, ausgewählte Regionen und Länder, 1890–1929	433
8.6	Durchschnittliches Wachstum des realen BIP pro Kopf in Prozent, ausgewählte Regionen und Länder, 1890–1929	433
8.7	Ausgaben der Stadt Baden pro Kopf seiner Einwohner, 1890–1941 (in CHF)	433
8.8	Steuerertrag der Gemeinden Baden, Wettingen und Ennetbaden, 1920–1943 (in CHF)	449
8.9	Gemeindesteuer ausgewählter Badener Firmen, 1910 (in CHF)	451
8.10	Gemeindesteuer ausgewählter Badener, 1910 (in CHF)	453
8.11	Gemeindesteuer der BBC, 1910–1914 (in CHF)	454
8.12	Gemeindesteuer ausgewählter Badener Firmen, 1930 und 1940 (in CHF)	456

10.1	Wohnorte des BBC-Managements, ca. 1900–1914	544
10.2	Einkommen und Vermögen von Walter Boveri, Charles und Sidney Brown, 1903 und 1910 (in CHF, pro Jahr)	546
10.3	Einkommen und Vermögen von Wilhelm Hafen, Hotelier, Grand Hôtel, 1900 und 1910 (in CHF, pro Jahr)	547
10.4	Einkommen und Vermögen ausgewählter Badener Hoteliers, 1910 (in CHF, pro Jahr)	547
10.5	Einkommen ausgewählter Badener, 1903 (in CHF, pro Jahr)	549
10.6	Herkunft des obersten BBC-Managements, 1891–1913	567
10.7	Konfession des obersten BBC-Managements, 1891–1913	568
10.8	Anteil der Auswärtigen in Baden (in Prozent), 1888–1920	568
10.9	Anteil der Auswärtigen in Ennetbaden (in Prozent), 1888–1920	569
10.10	Anteil der Auswärtigen in Wettingen (in Prozent), 1888–1920	569
10.11	Anteil Reformierte in der Agglomeration Baden (in Prozent), 1850–1941	570
10.12	Anteil Reformierte in der Stadt Zug (in Prozent), 1888–1941	571

Bildnachweise

1. Gruppenaufnahme: Boveri, Victoire und Kinder, 1905, in: Stadtarchiv Baden, Q.12.1.2730
2. Porträt von Boveri, Victoire und Tochter, 1905, in: Stadtarchiv Baden, Q.12.1.2743
3. Porträt Boveri, Walter, 1899, in: Stadtarchiv Baden, Q.12.1.1457
4. Baden, Ländliweg: Villa Boveri, 1899, in: Stadtarchiv Baden, Q.12.1.895
5. Aussenansicht der Villa Boveri, Blick vom englischen Garten her, Oktober 2017, mso
6. Innenraum der Villa Boveri, Oktober 2017, mso
7. Porträt Brown, Charles Eugen Lancelot und Amelie, 1905, in: Stadtarchiv Baden, Q.12.1.2435
8. Porträt von Brown, Charles Eugen Lancelot, mit Tochter, 1902, in: Stadtarchiv Baden, Q.12.1.1750 [vermutlich eher jüngster Sohn Alfred; 1905]
9. Porträt Brown, Charles, 1905, in: Stadtarchiv Baden, Q.12.1.2689
10. Porträt von Brown, Charles Norman und Brown, Alfred Eric (Söhne von C. E. L. Brown), Alfred Eric als Mädchen verkleidet, 1905, in: Stadtarchiv Baden, Q.12.1.2718
11. Baden, Römerstrasse: Römerburg (Villa von Charles Brown), 1899, in: Stadtarchiv Baden, Q.12.1.1130

Anhang

12. Porträt Brown, Margot (Tochter von C. E. L. Brown), 1905, in: Stadtarchiv Baden, Q.12.1.2421
13. Porträt von Brown, Nelly (Tochter von C. E. L. Brown), 1905, in: Stadtarchiv Baden, Q.12.1.2685
14. Die Familien Brown, Boveri, Baumann, Funk und Naville an einem Picknick nach der Wimmet [Weinlese] an der Burghalde, Baden, ca. 1915, in: Historisches Archiv ABB Schweiz, N.1.0.0.196 [im Vordergrund ist das Bild unscharf, da die Kinder nicht so lange still sitzen konnten]
15. Baden, Ländliweg: Villa Tannegg, Villa Boveri, Villa Funk, sichtbar auch Gebäude an der Oberstadtstrasse und der Bahnhof Oberstadt, um 1898, in: Stadtarchiv Baden, Q.12.1.3804
16. Baden und Ennetbaden: Ansicht, von der Goldwand aus, ca. 1880, in: Stadtarchiv Baden, Q.12.1.89
17. Fliegeraufnahme mit Generalansicht der Brown Boveri Fabrikanlagen, im Hintergrund die Stadt Baden, Juli 1951, in: Historisches Archiv ABB Schweiz, N.1.1.74736
18. Inneres der Werkstätten der BBC Baden, Schweiz, ca. 1892, in: Historisches Archiv ABB Schweiz, N.1.1.27
19. Zweite von Brown Boveri gebaute Turbogruppe (Dampfturbine direkt gekoppelt mit einem 250-kW-Gleichstromdynamo). Dieses Aggregat wurde an die Markt– und Kühlhallengesellschaft Berlin geliefert. Im Hintergrund Personengruppe, von links nach rechts: Eric Brown, C. E. L. Brown, Sidney Brown, Walter Boveri, Albert Aichele, Fritz Funk, E. Keller, Stauber (Steuber), Siegrist, 1901, in: Historisches Archiv ABB Schweiz, N.1.1.3383
20. Tag der offenen Tür anlässlich des 50-jährigen Jubiläums der BBC. Besucher in der Trafohalle 37 bei BBC Baden, 1941, in: Stadtarchiv Baden, Q.01.1209
21. Konstrukteure im Zeichnungssaal, BBC Baden, 1946, in: Historisches Archiv ABB Schweiz, N.1.1.64155 [Ingenieure, Konstrukteure, Maschinenzeichner]
22. Baden: Grand Hotel, Gesamtansicht vom Bären aus, o.J., in: Stadtarchiv Baden, Q.12.1.4181
23. Baden: Grand Hotel vom gegenüberliegenden Ufer aus, 1936, in: Stadtarchiv Baden, Q.12.1.3294

Lebenslauf

Markus Somm von Erlen/TG wurde am 16. März 1965 in Wettingen/AG als Sohn des Edwin Somm, dipl. Maschineningenieur ETH, und der Norma Somm (-Roth) geboren. Aufgewachsen in Nussbaumen und Oberrohrdorf/AG, absolvierte Markus Somm dort die Primarschule, um danach in Baden die Bezirksschule und die Kantonsschule zu besuchen.

1985 erwarb Somm die Matura des altsprachlichen Gymnasiums Typus A. Nach Militärdienst und einem einjährigen Sprachaufenthalt in Cambridge/England, den er mit dem CPE Cambridge English: Proficiency beendete, nahm er 1987 an der Ludwig-Maximilians-Universität München in Deutschland das Studium der Allgemeinen Geschichte, Politischen Wissenschaft und Wirtschaftsgeschichte auf. 1988 wechselte er an die Universität Bielefeld. 1989 kehrte er in die Schweiz zurück, um 1994 seine Studien an der Universität Zürich mit dem Lizentiat abzuschliessen. Seine Lizentiatsarbeit wurde von Prof. Dr. Rudolf Braun betreut. In dieser sozialhistorischen Studie untersuchte Somm das schweizerische Bürgertum in den 1930er-Jahren. 2002/03 belegte Somm an der Harvard University in Cambridge, MA einen Masterstudiengang an der dortigen Harvard Kennedy School, den er 2003 mit einem Master in Public Administration abschloss (MPA).

Seit 1995 arbeitet Somm als Journalist und schreibt vornehmlich über schweizerische Innenpolitik, zuerst beim *Tages-Anzeiger* in Zürich, dann als Bundeshauskorrespondent dieses Blattes in Bern. 2003 wechselte er zur *Weltwoche*. 2010 wurde er zum Chefredaktor der *Basler Zeitung* in Basel ernannt, 2016 ausserdem zu deren Verleger. Ende 2018 trat er von beiden Funktionen zurück. 2019 weilte Somm als Joan Shorenstein Fellow am Shorenstein Center der Harvard Kennedy School an der Harvard University in Cambridge, MA. Hier verfasste er eine Forschungsarbeit über Business Modelle für digitale Medien.

Anmerkungen

1 Zur XVIII. Generalversammlung der Gesellschaft ehemaliger Polytechniker in Baden, in: *Schweizerische Bauzeitung*, SBZ, 8/1 (1886), 5 f. Ursprünglich als Eidgenössisches Polytechnikum in Zürich gegründet, wurde diese Institution des Bundes kurz vor dem Ersten Weltkrieg vom Bundesrat in Eidgenössische Technische Hochschule, ETH, umbenannt. Die *Schweizerische Bauzeitung*, 1883 etabliert und gemeinsam herausgegeben vom Schweizerischen Ingenieur- und Architektenverein (SIA) und der G.e.P., war das einflussreiche Fachorgan der Ingenieure und Architekten. Die Zeitung besteht noch heute.

2 Ebd., 5. Vorab noch einige wenige Bemerkungen zur Orthographie der gedruckten und ungedruckten Quellentexte: Ohne Ausnahme geben wir diese exakt so wieder, wie wir sie im Archiv oder in den zeitgenössischen Publikationen vorgefunden haben. Fehler, sie mögen noch so offensichtlich sein, oder Schreibweisen, die von der aktuellen Rechtschreibung abweichen, aber dem damaligen Usus entsprachen, heben wir hervor [sic], um Missverständnissen vorzubeugen. Wo diese aber eindeutig als Spezialitäten der Epoche zu erkennen sind, sehen wir davon ab, dies auszuzeichnen: So wurde bis gegen Ende des 19. Jahrhunderts «elektrisch» oder «Elektrizität» etwa durchweg mit einem c geschrieben, also «electrisch» und «Electrizität» oder auch «Elektricität». Ebenso fehlt bei allen ursprünglich aus dem Lateinischen abgeleiteten Verben das «ie». Man schrieb isoliren, disponiren oder konstruiren. Schliesslich wurde in der Regel «Theil» oder «Werth» geschrieben.

3 Ebd., 5.

4 Ebd., 5.

5 Electrical Engineering in Switzerland, in: *The Engineer*, 27. Oktober 1899, 413 f.

6 Ebd.

7 Zu Riniker vgl. Küng-Aerni, Beatrice, Riniker, Hans, in: HLS, http://www.hls-dhs-dss.ch/textes/d/D3786.php, abgerufen am 3. Januar 2018.

8 AEG stand für «Allgemeine Elektricitäts-Gesellschaft»; Siemens & Halske wurde 1966 zur Siemens AG umfirmiert.

9 Zum Stand der *Business History* siehe die beiden Sammelbände: The Routledge Companion to Business History, Wilson, John; Toms, Steven; De Jong, Abe; Buchnea, Emily, Hg., Oxford 2017 und The Oxford Handbook of Business History, Jones, Geoffrey; Zeitlin, Jonathan, Hg., Oxford 2007. Sodann: Friedman, Walter A.; Jones, Geoffrey, Hg., Business History, Northampton, MA 2014; und Amatori, Franco; Jones, Geoffrey, Hg., Business History Around the World, New York 2003; sowie Amatori, Franco; Colli, Andrea, Business History: Complexities and Comparisons, London 2011. Ausserdem: Landes, David S.; Mokyr, Joel; Baumol, William J., Hg., The Invention of Enterprise. Entrepreneurship from Ancient Mesopotamia to Modern Times, Princeton, Oxford 2010. Eine Übersicht der deutschen Entwicklung bietet Harm Schröter: ders., Business History in German-Speaking States at the End of the Century: Achievements and Gaps, in: Amatori, Jones, Business History, 170–191; sowie Plumpe, Werner, Unternehmen, in: Ambrosius, Gerold; Petzina, Dietmar; Plumpe, Werner, Hg., Moderne Wirtschaftsgeschichte: eine Einführung für Historiker und Ökonomen, München (1996) 2006², 61–94; und ders., Unternehmensgeschichte im 19. und 20. Jahrhundert, Berlin, Boston 2018; sowie Erker, Paul, «A New Business History?»: Neuere Ansätze und Entwicklungen in der Unternehmensgeschichte, in: *Archiv für Sozialgeschichte* (2002), 557–560.

10 Zentral war sein Buch: Chandler, Alfred D., The Visible Hand: The Managerial Revolution in American Business, Cambridge, MA 1977.
Zur Bedeutung von Chandler siehe McCraw, Thomas, K., Alfred Chandler. His Vision and Achievement, in: *Business History Review* 82/2 (2008), 207–226 und John, Richard R., Elaborations, Revisions, Dissents: Alfred D. Chandler, Jr.'s The Visible Hand after Twenty Years, in: *Business History Review* 71 (1997), 151–200; sowie Wilkins, Mira, Chandler and Global Business History, in: *Business History Review* 82/2 (2008), 251–266.

11 Zu diesem Paradigmenwechsel besteht eine beachtliche Literatur; die Debatte ist nach wie vor im Gang, vgl. Kipping, Matthias; Kurosawa, Takafumi; Wadhwani, R. Daniel, A revisionist historiogra-

phy of business history: A richer past for a richer future, in: *The Routledge Companion*, 19–35; zudem Wilson, John; Toms, Steven, Business history: Agendas, historiography and debates, in: *The Routledge Companion*, 9–18; Lamoreaux, Naomi R.; Raff, Daniel M. G.; Temin, Peter, Beyond Markets and Hierarchies: Toward a New Synthesis of American Business History, in: *American Historical Review* 108/2 (2003), 404–433; Scranton, Philip; Fridenson, Patrick, Reimagining Business History, Baltimore 2013; sowie Friedman, Walter A.; Jones, Geoffrey, Time for Debate, in: *Business History Review* 85/1 (2011), 1–8; Hansen, Per H., Business History: A Cultural and Narrative Approach, in: *Business History Review* 86 (2012), 693–717; Decker, Stephanie; Kipping, Matthias; Wadhwani, R. Daniel, New business histories! Plurality in business history research methods, in: *Business History* 57/1 (2015), 30–40; De Jong, Abe; Higgins, David; van Driel, Hugo, Towards a New Business History? in: *Business History* 57/1 (2015), 5–29; Rosen, Christine M., What Is Business History? in: *Enterprise & Society* 14/3 (2013), 475–485; Jones, Geoffrey; van Leeuwen, Marco H. D.; Broadberry, Stephen, The Future of Economic, Business, and Social History, in: *Scandinavian Economic History Review* 60/3 (2012), 225–253; Wilkins, Mira, Multinational Enterprises and the Varieties of Capitalism, in: *Business History Review* 84/4 (2010), 638–645; Ekberg, Espen; Lange, Even, Business History and Economic Globalisation, in: *Business History* 56/1 (2014), 101–115; Boon, Marten, Business Enterprise and Globalization: Towards a Transnational Business History, in: *Business History Review* 91/3 (2017), 511–535. Sowie Berghoff, Hartmut; Vogel, Jakob, Hg., Wirtschaftsgeschichte als Kulturgeschichte: Dimensionen eines Perspektivenwechsels, Frankfurt/Main, New York 2004; Berghoff, Hartmut, Wozu Unternehmensgeschichte? Erkenntnisinteressen, Forschungsansätze und Perspektiven des Faches, in: *Zeitschrift für Unternehmensgeschichte* 49/2 (2004), 131–148; Pierenkemper, Toni, Unternehmensgeschichte. Eine Einführung in ihre Methoden und Ergebnisse, Stuttgart 2000.

12 Berghoff, Hartmut, Moderne Unternehmensgeschichte. Eine themen- und theorieorientierte Einführung, Berlin, Boston 2016, 244.

13 Berghoff, Hartmut, Zwischen Kleinstadt und Weltmarkt: Hohner und die Harmonika 1857–1961, Paderborn (1997) 2006², 13, vgl. auch Wehler, Hans-Ulrich, Deutsche Gesellschaftsgeschichte. Vom Feudalismus des Alten Reiches bis zur defensiven Modernisierung der Reformära, 1700–1851, Bd. 1, München 1987, 6 und 9–11, sowie ders., What is the «History of Society»? in: *Storia della Storiografia – Geschichte der Geschichtsschreibung* 18 (1990), 5–20.

14 Berghoff, Zwischen Kleinstadt und Weltmarkt, 14.

15 Kienzle, André, «Es gibt nur ein Gerlafingen!» Herrschaft, Kultur und soziale Integration in einer Standortgemeinde des Stahlkonzerns Von Roll, 1918–1939, Zürich 1997.

16 Ehrenbold, Tobias, Bata. Schuhe für die Welt, Geschichten aus der Schweiz, Baden 2012; Horat, Heinz, Die Fabrik in der Stadt. Wie die Landis & Gyr Zug verändert hat, Baden 2017; Heim, Peter, Königreich Bally: Fabrikherren und Arbeiter in Schönenwerd, Baden 2000; Wipf, Hans Ulrich; König, Mario; Knoepfli, Adrian, Saurer. Vom Ostschweizer Kleinbetrieb zum internationalen Technologiekonzern, Baden 2003.

17 Green, Hardy, The Company Town. The Industrial Edens and Satanic Mills That Shaped the American Economy, New York 2010; Buder, Stanley, Pullman: An Experiment in Industrial Order and Community Planning, 1880–1930, Oxford 1967; D'Antonio, Michael, Hershey: Milton S. Hershey's Extraordinary Life of Wealth, Empire and Utopian Dreams, New York 2006; Micklethwait, John; Wooldridge, Adrian, The Company. A Short History of a Revolutionary Idea, London 2005.

18 Siehe vor allem: Coase, Ronald H., The Nature of the Firm, in: *Economica* 4/16 (1937), 386–405; North, Douglass C.; Thomas, Robert P., The Rise of the Western World. A New Economic History, New York 1973; North, Douglass C., Institutions, Institutional Change and Economic Performance, Cambridge, MA 1990; Acemoglu, Daron; Robinson, James A., Why Nations Fail. The Origins of Power, Prosperity, and Poverty, London 2012.

19 Schumpeter (1883–1950) war ein etwas jüngerer Zeitgenosse der beiden Gründer. Die zentralen Überlegungen zu seiner Unternehmertheorie finden sich in: Schumpeter, Joseph A., Theorie der wirtschaftlichen Entwicklung. Eine Untersuchung über Unternehmergewinn, Kapital, Kredit, Zins und den Konjunkturzyklus (Wien 1911¹, Berlin 1934⁴), ND Berlin 1997⁹; überdies ders., The Creative Response in Economic History, in: *Journal of Economic History* 7/2 (1947), 149–159; eine aktuelle

Einordnung bietet: Wadhwani, R. Daniel; Jones, Geoffrey, Schumpeter's Plea: Historical Reasoning in Entrepreneurship Theory and Research, in: Bucheli, Marcelo; Wadhwani, R. Daniel, Organizations in Time: History, Theory, Methods, Oxford 2014, 192–216. Die Standardbiographie hat Thomas K. McCraw vorgelegt: ders., Prophet of Innovation: Joseph Schumpeter and Creative Destruction, Cambridge, MA, London 2007.

20 Kirzner, Israel M., Competition and Entrepreneurship, Chicago 1973; ders., Creativity and/or Alertness: A Reconsideration of the Schumpeterian Entrepreneur, in: *Review of Austrian Economics* 11/1–2 (1999), 5–17. Baumol, William J., Entrepreneurship: Productive, Unproductive and Destructive, in: *Journal of Political Economy* 98/5 (1990), 893–921; und ders., The Free-Market Innovation Machine – Analyzing the Growth Miracle of Capitalism, Princeton, Oxford 2002. Casson, Mark, The Entrepreneur. An Economic Theory, Oxford 1982; ders., Der Unternehmer. Versuch einer historisch-theoretischen Deutung, in: *Geschichte und Gesellschaft* 27 (2001), 524–544.

21 Und wenn dies der Fall ist, dann konzentrieren sich die Autoren in der Regel auf Teilaspekte der BBC-Geschichte, wie etwa Müller, Christian, Arbeiterbewegung und Unternehmerpolitik in der aufstrebenden Industriestadt. Baden nach der Gründung der Firma Brown Boveri 1891–1914, Diss. Universität Zürich, Baden 1974 oder Ziegler, Willy Heinrich, Die wirtschaftliche Entwicklung der A.G. Brown Boveri & Cie., Baden, des Brown-Boveri-Konzerns und der A. G. Motor-Columbus, Diss. Universität Bern, Bern 1937; sowie Zollinger, Max, Die Finanzierung der schweizerischen Maschinengrossindustrie, Diss. Universität Bern, Weinfelden 1925.

22 Rinderknecht, Peter, 75 Jahre Brown Boveri 1891–1966, Baden 1966; Sachs, Karl, 50 Jahre Brown Boveri, 1891–1941, Baden 1941 [Sachs, 1941]; ders., Brown Boveri & Co., 1891–1931, Ms., o. J., o. O., in: Archiv ABB [Sachs, 1931]; ders., Die geschäftliche und finanzielle Entwicklung der A.G. Brown Boveri & Cie., 1900–1941, Ms., Baden 1943, in: Archiv ABB [Sachs, 1943]; ders., Die Kommanditgesellschaft Brown, Boveri & Co., 1891–1900, Ms., Baden o. J., in: Archiv ABB [Sachs, 1900]. Die zahllosen Memoiren (oft bloss kurze Texte, aber auch veritable Bücher), die sich um die Biographie der Gründer oder die Anfangszeit der Firma drehen, werden wir an gegebenem Ort gesondert ausweisen.

23 Catrina, Werner, BBC. Glanz, Krise, Fusion. 1891–1991. Von Brown Boveri zu ABB, Zürich 1991.

24 Lang, Norbert, Charles E. L. Brown 1863–1924, Walter Boveri 1865–1924. Gründer eines Weltunternehmens, (Schweizer Pioniere der Wirtschaft 55), Zürich 2000².

25 Paquier, Serge, Histoire de l'électricité en Suisse. La dynamique d'un petit pays européen 1875–1939, 2 Bde., Genf 1998; Gugerli, David, Redeströme: zur Elektrifizierung der Schweiz 1880–1914, Zürich 1996.

26 Mittler, Otto, Geschichte der Stadt Baden, Bd. 1: Von der frühesten Zeit bis um 1650, Aarau 1962, [Mittler, Baden I]; ders., Geschichte der Stadt Baden, Bd. 2: Von 1650 bis zur Gegenwart, Aarau 1965, [Mittler, Baden II]; Furter, Fabian; Meier, Bruno; Schaer, Andrea; Wiederkehr, Ruth, Stadtgeschichte Baden, Baden 2015. *Badener Neujahrsblätter*, Baden 1925 ff. [BNJB]. Vor Kurzem haben Bruno Meier und Tobias Wildi ausserdem einen illustrativen Jubiläumsband über die BBC in Baden vorgelegt, der sich im Text allerdings im Wesentlichen darauf beschränkt, das Bildmaterial zu erläutern: Meier, Bruno; Wildi, Tobias, Company Town. BBC/ABB und die Industriestadt Baden, Baden 2016.

27 Eidgenössische Volkszählungen, Eidgenössisches Statistisches Amt, Hg., Bern 1850 ff. Je nach Jahrgang erschienen die Ergebnisse in mehreren Bänden. Diese werden in der Folge mit römischen Ziffern gekennzeichnet.

28 Je nachdem spricht man im Deutschen auch von der (Neuen) Institutionenökonomik; wir halten uns hier an Berghoff, der diese Denkschule durchweg als *Institutionenökonomie* bezeichnet (Berghoff, Unternehmensgeschichte). Beide Begriffe trifft man in der Literatur an. Ursprünglich vorab auf die Arbeit von angelsächsischen Forschern zurückgehend, hatte sich im Englischen früh der Terminus *Institutional Economics* etabliert. Als Kürzel ist in unserem Sprachraum NIÖ gebräuchlich, im Englischen NIE (*New Institutional Economics*).

29 Eine Übersicht über den Stand der Institutionenökonomie gibt: Berghoff, Unternehmensgeschichte, 39 ff., ausserdem: ders., Transaktionskosten: Generalschlüssel zum Verständnis langfristiger Unternehmensentwicklung? Zum Verhältnis von Neuer Institutionenökonomie und moderner Unternehmens-

geschichte, in: *Jahrbuch für Wirtschaftsgeschichte* (1999) 2, 159–176. Zudem: Boldyrev, Ivan, Kontinuität und Wandel in der Institutionenökonomie, (Schriften des Vereins für Socialpolitik, Gesellschaft für Wirtschafts- und Sozialwissenschaften; n. F., Bd. 115), Berlin 2018; Edeling, Thomas, Institutionenökonomie und Neuer Institutionalismus: Überlegungen zur Organisationstheorie, Wiesbaden 1999; Richter, Rudolf; Furubotn, Eirik G., Neue Institutionenökonomik. Eine Einführung und kritische Würdigung, Tübingen 2010⁴; Ipsen, Dirk, Peukert, Helge, Hg., Institutionenökonomie: Theoretische Konzeptionen und empirische Studien, Frankfurt/Main 2002; sowie Erlei, Mathias et al., Neue Institutionen-Ökonomik, Stuttgart 2007². Verschiedene Themen innerhalb dieser Theorieschule diskutiert: Wischermann, Clemens et al., Hg., Studienbuch institutionelle Wirtschafts- und Unternehmensgeschichte (Perspektiven der Wirtschaftsgeschichte, Bd. 6), Stuttgart 2015. Vgl. ausserdem: North, Douglass C., Transaction Costs, Institutions, and Economic Performance, San Francisco 1992.
30 Coase, Nature of the Firm, 386–405.
31 Ebd.
32 Berghoff, Unternehmensgeschichte, 43.
33 Vgl. Williamson, Oliver E., The Economics of Organization: The Transaction Cost Approach, in: *The American Journal of Sociology* 87, 3 (1981), 548–577; und ders., The Theory of the Firm as Governance Structure: From Choice to Contract, in: *Journal of Economic Perspectives* 16, 3 (2002), 171–195.
34 Diese Ausweitung eines institutionenökonomischen Ansatzes über das Unternehmen und den Markt hinaus auf das gesamte politische, kulturelle und soziale Umfeld entspricht auch einer soziologischen Denkschule, die als Neoinstitutionalismus bekannt geworden ist – in Abgrenzung zum «alten» Institutionalismus, der sich vor allem auf formale und informale Tatbestände innerhalb einer Organisation konzentrierte. Diese Theorieschule entstand im Rahmen der amerikanischen Organisationswissenschaften seit den 1970er-Jahren, vgl. Walgenbach, Peter; Meyer, Renate, Neoinstitutionalistische Organisationstheorie, Stuttgart 2008, 55 ff.; oder Jungkind, Thilo, Neoinstitutionalismus, in: Wischermann, Studienbuch, 33–45; sowie Schmid, Michael; Maurer, Andrea, Hg., Ökonomischer und soziologischer Institutionalismus. Interdisziplinäre Beiträge und Perspektiven der Institutionentheorie und -analyse, Marburg 2006². Vgl. auch: Suddaby, Roy; Foster, William M.; Mills, Albert J., Historical Institutionalism, in: Bucheli, Marcelo; Wadhwani, R. Daniel, Organizations in Time: History, Theory, Methods, Oxford 2014, 100–123.
35 Walgenbach, Meyer, Organisationstheorie, 11.
36 Lubinski, Christina, Kapitalismusformen: Familienunternehmen in Deutschland und in den USA, in: Wischermann, Studienbuch, 181.
37 Zlín, die tschechische Stadt in unserer Liste, war lange vor der sozialistischen Ära der ČSR, noch zu Zeiten der österreichisch-ungarischen Doppelmonarchie, zur *Company Town* geworden. Unter kommunistischer Herrschaft wurde die Gründerfamilie Bata vollständig enteignet und ihre ursprüngliche Firma wurde verstaatlicht. Wir beschäftigen uns allein mit dem kapitalistischen Zlín.
38 In der Regel haben wir diese Angaben in der Sekundärliteratur gefunden, die sich mit den einzelnen *Company Towns*, deren Firmen oder deren Ländern befassen. Ausserdem zogen wir die Websites der betreffenden Städte bei, ferner das Historische Lexikon der Schweiz (HLS) oder Lexika der fraglichen Staaten, wie etwa Encyclopedia Britannica, Encyclopedia Americana, Collier's New Encyclopedia oder Meyers Konversationslexikon. Weitere Quellenangaben reichen wir bei jenen *Company Towns* nach, auf die wir unten ausführlicher eingehen.
39 Ehemals Carnegie Steel, gegründet 1892.
40 Ursprünglich wurde die Firma von Richard Theiler und Adelrich Gyr unter dem Namen Theiler & Co. im Jahr 1896 in Zug gegründet. 1904 trat Heinrich Landis ein und übernahm das Unternehmen, 1905 beteiligte sich auch Karl Heinrich Gyr (nicht verwandt mit Adelrich Gyr) als Teilhaber. Seither hiess die Firma, die sich zuerst vor allem auf Stromzähler spezialisierte, Landis & Gyr, vgl. Morosoli, Renato, Landis & Gyr, in: HLS, http://www.hls-dhs-dss.ch/textes/d/D41874.php, abgerufen am 27. November 2017; sowie Wiesmann, Matthias, Karl Heinrich Gyr (1879–1946). Der Aufbau des Weltkonzerns Landis & Gyr (Schweizer Pioniere der Wirtschaft und Technik 96), Zürich 2012.
41 Green, Company Town, 13.
42 Hershey, PA stellt bis heute keine eigene politische Gemeinde dar, sondern ist Teil der etwas grösseren

Derry Township, PA, die rund 21 000 Einwohner aufweist. Dennoch setzte sich für die neu entstandene Siedlung bald der Name Hershey durch. Ihr Gründer, Milton S. Hershey, hatte zu diesem Zweck einen Wettbewerb veranstaltet. Tausende beteiligten sich und schlugen Namen vor: Majestic, Ideal, Oasis, Zenith wurden genannt. Am beliebtesten schien zuerst Hersheykoko, doch das U. S. Post Office lehnte diesen Namen ab. Zweitausend Einsender hatten für «Hershey» votiert, also wählte Milton Hershey diesen, was ihm nicht allzu schwergefallen dürfte. Fast alles hiess am Ende Hershey in Hershey, siehe D'Antonio, Hershey, 123.

43 Vgl. Green, Company Town, D'Antonio, Hershey, sowie Kurie, Peter, In Chocolate We Trust. The Hershey Company Town Unwrapped, Philadelphia 2018. Über Hershey sind diverse Biographien erschienen: Castner, Charles Schuyler, One of a Kind: Milton Snavely Hershey, 1857–1945, Derry Township, PA 1983; Shippen, Katherine B.; Wallace, Paul A.W., Milton S. Hershey, New York 1960; Snavely, Joseph Richard, Milton S. Hershey, Builder, Hershey, PA 1935, siehe zudem: Gilliand, Jane M., Hershey, Milton Snavely, in: American National Biography, 24 Bde., New York 1999. Massgebend bleibt D'Antonio. Die *M. S. Hershey Foundation* hat ausserdem die Geschichte von Milton Hershey, seiner Firma und Stadt archivalisch umfassend aufgearbeitet und einen Teil davon online verfügbar gemacht. Unter anderem wurden Dutzende von Zeitzeugen befragt, so auch leitende Angestellte sowie Arbeiter, die noch unter Hershey tätig waren. Diese transkribierten Interviews erwiesen sich als aufschlussreiche Quellen, um den Kern einer *Company Town* auch biographisch bzw. lebensweltlich zu erschliessen, siehe https://hersheyarchives.org, abgerufen am 15. Mai 2017.

44 Zit. n. D'Antonio, Hershey, 51.

45 Zit. n. Green, Company Town, 37. Auch für die folgenden Informationen vgl. ebd., 35 ff. und besonders D'Antonio, Hershey.

46 Streng genommen war er zunächst nach Lancaster zurückgekommen, einer kleinen Stadt in Pennsylvania, die in der Nähe des heutigen Hershey liegt. Hier gründete er endlich eine erfolgreiche Firma, spezialisiert auf Süssigkeiten, vor allem Caramelbonbons, aber auch schon Schokolade, wenn auch minderer Qualität. Damit machte Hershey seine erste Million. Bald verkaufte er die Firma an einen Konkurrenten, um sich ausschliesslich auf die Schokoladenproduktion zu verlegen, die er für aussichtsreicher hielt. Diese neue Schokoladenfabrik zog er auf einer grünen Wiese hoch – inmitten von Kuhweiden. Manche hielten ihn für verrückt, vgl. D'Antonio, Hershey, 101.

47 Vgl. Gilliand, Hershey, 3.

48 Über Hersheys Pläne wurde in der lokalen Presse früh berichtet. Unter dem Titel: «A New Town Near Derry Church to Cost a Million. To Be Built By M. S. Hershey the Chocolate Man» schrieb etwa der *Harrisburg Independent*: «A new town which will have a population of 1500 will be built midway between Derry Church and Swatara, this county, along the line of the Philadelphia and Reading railway, by M. S. Hershey, the Lancaster chocolate manufacturer (…) He has already begun work there on the erection of a new factory, which will employ 600 men, to supersede the plant at Lancaster, and his purpose in building the new town is to form a modern dwelling community for his employees and their families. Mr. Hershey has planned an expenditure of $ 1,000,000 to further his enterprise. The town will be laid out along plans of modern manufacturing communities which are now springing up, all over this country, patterned after those in England. It will contain grass plots for pleasure parks in which there will be fountains and stone walks. The street will be made of crushed stone taken from the quarries and stone crushing machinery has already been installed. The factory would be completed in 1905 and the town would develop along the lines revealed in the map.» *Harrisburg Independent*, 19. Februar 1903, https://hersheyarchives.org/encyclopedia/hersheyarchives30-6-planning-a-town/, abgerufen am 18. Mai 2017.

49 Zit. n. D'Antonio, Hershey, 112.

50 *The Hershey Press*, 5. November 1914, 2, siehe: *Hershey Community Archives*, http://digitalcollections.powerlibrary.org/cdm/compoundobject/collection/kmheh-thpc/id/1144/rec/1, abgerufen am 15. Mai 2017.

51 Monroe Stover, 5. September 1989, Interview im Rahmen des *Hershey Community Archives Oral History Program*, Transskript, 7, https://gencat1.eloquent-systems.com/webcat/systems/hersheyarchives/resource/files/f-drive/depts/archives/oral_history/hca/houser_89oh18.pdf, abgerufen am 15. Mai 2017.

Anmerkungen

52 Zit. n. D'Antonio, 114.
53 Der Vorfall trug sich in den Jahren der Grossen Depression zu, dementsprechend fürchteten die Arbeiter um ihre Stelle. G. Stanley Marburger, 1982, Interview im Rahmen des *Hershey Community Archives Oral History Program,* Transskript, 1 f., https://gencat1.eloquent-systems.com/webcat/systems/hersheyarchives/resource/files/f-drive/depts/archives/oral_history/museum/marburger_89oh56.pdf, abgerufen am 15. Mai 2017.
54 Ebd., 2.
55 Earl Houser, 1. November 1989, Interview im Rahmen des *Hershey Community Archives Oral History Program,* Transskript, 6 f., https://gencat1.eloquent-systems.com/webcat/systems/hersheyarchives/resource/files/f-drive/depts/archives/oral_history/hca/houser_89oh18.pdf, abgerufen am 15. Mai 2017.
56 Die meisten Mennoniten in Amerika stammten ursprünglich aus der Schweiz und Deutschland, zum Teil aus den Niederlanden. Ihren Namen verdanken sie einem holländischen, römisch-katholischen Priester, Menno Simons, der zum Wiedertäufer konvertiert hatte und diese Bewegung zuerst in den Niederlanden, dann europaweit prägte. Entstanden war diese dissidente Kirche jedoch in der Schweiz, im Kanton Zürich. Es handelte sich um eine linksprotestantische Bewegung, der die Zürcher Reformation zu wenig weit ging. Was sie am schärfsten von den übrigen Protestanten unterschied, war die Erwachsenentaufe, die sie praktizierten. Deshalb denunzierte man sie als «Wiedertäufer» oder Anabaptisten. Huldrych Zwingli, der Führer der zürcherischen reformierten Kirche, bekämpfte die Täufer rigoros, ihre Vordenker liess er in der Limmat ertränken. Seither wurden sie jahrhundertelang systematisch, oft blutig verfolgt. Trotzdem breiteten sie sich aus. Fast nirgendwo in Europa wurden sie indes akzeptiert, und nach Stationen im Elsass, der Kurpfalz sowie den Niederlanden flüchteten viele Mennoniten (und die Amish, eine Abspaltung der Mennoniten) im späten 17. und zu Beginn des 18. Jahrhunderts nach Amerika, insbesondere nach Pennsylvania. Diese Kolonie, eine Gründung des englischen Quäkers William Penn, erwies sich als besonders tolerant. Die Mennoniten betätigten sich aus religiöser Überzeugung vorwiegend als Bauern und innert kurzer Zeit brachten sie ihre neue Heimat zum Blühen. Dieses «Pennsylvania Dutch Country» gilt noch heute als eines der produktivsten Agrargebiete der USA, wobei der Milchwirtschaft eine grosse Bedeutung zukommt. Auch die Hersheys waren wohlhabende Bauern gewesen, die Snavelys, die Familie der Mutter von Milton, ebenfalls. Viele amerikanischen Mennoniten (sowie die Amish) weisen eine schweizerische Herkunft auf. Auf den Grabsteinen der Friedhöfe in Lancaster County, eines ihrer bevorzugten Siedlungsgebiete, findet man zahllose schweizerische, leicht anglifizierte Namen. Auch im Management und der Belegschaft von Hershey fallen die vielen schweizerischen oder deutschen Namen auf. Vgl. Schelbert, Leo, Eighteenth century migration of Swiss Mennonites to America, in: *The Mennonite Quarterly Review,* 42/3,4 (1968), 163–183; 285–300; ders., Swiss Migration to America. The Swiss Mennonites, New York 1980 und Kraybill, Donald B.; Bowman, Carl F., On the backroad to heaven: Old Order Hutterites, Mennonites, Amish, and Brethren, Baltimore 2001; sowie Wenger, John, The Mennonites Establishing Themselves in Pennsylvania, in: *Mennonite Historical Bulletin,* 11/2 (1950), 1–3.
57 Zur Namensgeschichte von Hershey bzw. Snavely siehe: Schelbert, Leo; Luebking, Sandra, Eighteenth and Nineteenth Century Swiss Mennonite Family Names: An Annotated Checklist, in: *Pennsylvania Folklife* 26 (1977), 2–24. Zu Hershey auch: Landis, I. D., Hershey, in: The Mennonite Encyclopedia. A Comprehensive Reference Work on the Anabaptist-Mennonite Movement, Hillsboro, KS 1955–1990, Bd. 2, 715.
58 Die Mennoniten fühlten sich einer protestantischen Arbeitsmoral verpflichtet, weswegen sie wirtschaftlich rasch vorankamen. Leo Schelbert, ein schweizerisch-amerikanischer Historiker der Mennoniten, hält fest: «Many of these farmers were highly successful. The extent of their prosperity can be judged by inventories and sales records. (…) Their agricultural life and their economic attitudes made them separate and different» (Schelbert, Swiss Mennonites, 295). Schon 1789 beobachtete Benjamin Rush, ein amerikanischer Arzt und Schriftsteller, in einem Bericht über die «Pennsylvania Germans», womit immer auch Schweizer gemeint waren: «A German farm may be distinguished from the farms of the other citizens of the state, by the superior size of their barns; the plain but compact form of their houses, the height of their enclosures; the extent of their orchards; the fertility of their fields; the luxuriance of their meadows, and a general appearance of plenty and neatness in everything that belonged

to them.» (Zit. n. Kollmorgen, Walter M., The Pennsylvania German Farmer, in: Wood, Ralph, Hg., The Pennsylvania Germans, Princeton 1942, 30.) Finanzieller, wirtschaftlicher Erfolg galt als unerlässlich und als Zeichen göttlicher Vorsehung. Nicht alle reüssierten: Miltons Vater Henry Hershey wollte den elterlichen Bauernhof nicht weiterführen und suchte sein Glück als Unternehmer, aber ohne jeden Erfolg. Nicht zuletzt aus diesem Grund verlief die Ehe mit Miltons Mutter unglücklich. Fanny Snavely Hershey konnte ihm offenbar nicht verzeihen, dass er wirtschaftlich derart unter den Erwartungen blieb. Nach ein paar Jahren trennte man sich. Fanny Hershey zog ihren Sohn Milton alleine auf. Umso grösser dürfte die Genugtuung gewesen sein, dass dieser zu einem der reichsten Männer Amerikas aufstieg. Sie begleitete seine Karriere auf Schritt und Tritt. Am Ende zog sie auch nach Hershey in ein Haus, das gegenüber der Fabrik lag. Sie half Milton, wo immer sie konnte – selbst in der Produktion, indem sie die berühmten «Hershey's Kisses» verpackte (es handelt sich um tropfenförmige Kugeln aus Schokolade, die noch heute zu den bestverkauften Produkten der Firma zählen). Damit Fanny Hershey sich dafür nicht eigens in die Fabrik begeben musste, liess sie sich die Schokolade und das Aluminiumpapier täglich in einem Korb nach Hause liefern, vgl. Eintrag zu Fanny Snavely in der Encyclopedia der *Hershey Community Archives*, https://hersheyarchives.org/encyclopedia/hershey-veronica-fanny/, abgerufen am 19. Mai 2017. – Ihr Sohn verkaufte diese Schokolade übrigens nicht, da sie nicht unter hygienisch einwandfreien Bedingungen eingepackt worden war. Davon erfuhr seine Mutter indessen nie.

59 Trotzdem liess sich Hershey regelmässig von seinem Chauffeur im Cadillac in die verschiedenen (protestantischen, mennonitischen) Kirchen von Hershey fahren, um sich dort mit den Leuten zu unterhalten. Ebenso unterstützte er die meisten Kirchen seiner *Company Town* finanziell. Zu Hersheys Religiosität vgl. die Aussagen von G. Stanley Marburger, 1982, Interview im Rahmen des *Hershey Community Archives Oral History Program,* Transskript, 3 f., https://gencat1.eloquent-systems.com/webcat/systems/hersheyarchives/resource/files/f-drive/depts/archives/oral_history/museum/marburger_89oh56.pdf, abgerufen am 16. Mai 2017.

60 Die seit je französischsprachige Grafschaft Montbéliard (zu Deutsch: Mömpelgard) war evangelisch-lutherisch, weil sie von 1397 bis 1796 dem Haus Württemberg gehört hatte; dessen Fürst hatte im 16. Jahrhundert in Württemberg die Reformation eingeführt. 1793 von Frankreich besetzt, gehört die Grafschaft seit 1796 zu Frankreich.

61 Vgl. Schneider, Christian, Stadtgründung im Dritten Reich. Wolfsburg und Salzgitter. Ideologie, Ressortpolitik, Repräsentation, München 1979; Walz, Manfred, Wohnungsbaupolitik und Industrieansiedlungspolitik in Deutschland 1933–1939. Dargestellt am Aufbau des Industriekomplexes Wolfsburg–Braunschweig–Salzgitter, Frankfurt/Main 1979; sowie Stölzl, Christoph, Hg., Die Wolfsburg-Saga, Stuttgart 2008. Wolfsburg könnte man geradesogut als «staatliche Stadtgründung» ansehen, die den sozialistischen Varianten in der Sowjetunion oder in der späteren DDR glich (wie etwa Eisenhüttenstadt, 1953 etabliert). Weil Wolfsburg aber bloss sieben Jahre lang als eine solche staatliche Konstruktion bestand – und dies grösstenteils während eines Krieges – haben wir sie trotzdem in unsere Typologie integriert. Denn ab 1945 war Wolfsburg eine typische *Company Town* in einem kapitalistischen Land – und ist das bis heute geblieben.

62 Vgl. Blaschke, Stefan, Unternehmen und Gemeinde. Das Bayerwerk im Raum Leverkusen 1891–1914, Köln 1999, auch die folgenden Informationen haben wir weitgehend dieser Studie entnommen.

63 Die beiden damaligen Grossstädte Barmen und Elberfeld fusionierten 1929 zu einer neuen Stadt. Seit 1930 heisst sie Wuppertal.

64 Blaschke, Bayerwerk, 9.

65 Vgl. Tabelle der Beschäftigten und deren Entwicklung an beiden Standorten bei Blaschke, Bayerwerk, 44.

66 Für die Geschichte von Philips liegt ein zweibändiges Werk vor: Heerding, A., The History of N. V. Philips' Gloeilampenfabrieken, Bd. 1: The Origin of the Dutch Incandescent Lamp Industry, (niederl. Den Haag 1980), Cambridge, UK, New York 1986; Bd. 2: A Company of Many Parts, (niederl. Den Haag 1986), Cambridge, UK, New York 1988; einen guten Überblick bietet zudem: Zanden van, Jan L., The Economic History of The Netherlands 1914–1995: A Small Open Economy in the ‹Long› Twentieth Century, London, New York 1995, 30 ff.; ausserdem: Kalb, Don, Expanding Class: Power and Everyday Politics in Industrial Communities, The Netherlands 1850–1950, Durham, London 1997. Kalb vergleicht die Schuhindustrie in Brabant mit der elektroindustriellen «Boomtown» Eindhoven.

67 Vgl. Kalb, Expanding Class, 79 ff. und van Zanden, Netherlands, 30.
68 Vgl. Pfiffner, Albert; Renk, Hans-Jörg, 150 Jahre Nestlé. Ernährung, Gesundheit und Wohlbefinden, 1866–2016, Vevey, Cham 2016; sowie Orsouw, Michael van; Stadlin, Judith; Imboden, Monika, George Page. Der Milchpionier, Zürich 2005, ausserdem: Pfiffner, Albert, Henri Nestlé (1814–1890). Vom Frankfurter Apothekergehilfen zum Schweizer Pionierunternehmer, Zürich 1993. Zu Vevey vor Nestlé: Salvi, Elisabeth, Vevey, in: HLS, http://www.hls-dhs-dss.ch/textes/d/D2620.php, abgerufen am 28. Oktober 2016.
69 Wie im Fall von Bayer in Barmen war auch in Mannheim die Umwelt ein Faktor gewesen: die Bevölkerung befürchtete, dass eine Chemiefabrik Wasser und Boden verschmutzen würde. Dieses Unbehagen wurde von den Gegnern der BASF gezielt eingesetzt, um diese aus der Stadt zu vertreiben. Ebenso hatten sie mit der Gründung eines Konkurrenzunternehmens gedroht, vgl. Gall, Lothar, Bürgertum in Deutschland, Berlin 1989, 363 ff.
70 Kalb, Expanding Class, 104.
71 Die Schwester von Gerard Philips Grossvater war die Mutter von Karl Marx.
72 Zur jüdischen Herkunft vgl. Heerding, Philips, 37 ff. Die Familie liess sich 1826 taufen und trat in die reformierte Kirche von Zaltbommel ein, zusammen mit anderen jüdischen Familien. Philip Philips, Urgrossvater des Gründers, war im 18. Jahrhundert aus Preussen in die Niederlande eingewandert.
73 Zur Standortwahl von Philips siehe ausführlich Heerding, Philips, 277 ff. und 173 ff.
74 Kalb, Expanding Class, 104, auch für die folgenden Angaben.
75 Die korrekte tschechische Schreibweise wäre Tomáš Baťa, da er aber weltweit als Thomas Bata bekannt wurde, verwenden wir im Folgenden die deutsche Version.
76 Berghoff, Unternehmensgeschichte, 245.
77 Blaschke, Bayerwerk, 23.
78 Vgl. Blaschke, Bayerwerk, 36 ff.
79 Duisberg, Carl, Abhandlungen, Vorträge und Reden aus den Jahren 1892–1921, Berlin, Leipzig 1923, 416.
80 Dellheim, Charles, The Creation of a Company Culture: Cadburys, 1861–1931, in: *American Historical Review* 92 (1987), 15 f. Siehe auch: ders., Utopia, Ltd.: Bournville and Port Sunlight, in: Cities, Class, and Communication, Fs Asa Briggs, New York 1990, 44–57; ders., Business in Time: The Historian and Corporate Culture, in: *The Public Historian* 8 (1986), 9–22. Die Schreibweise des Firmennamens variierte über die Zeit: Cadbury, Cadburys, Cadburys', Cadbury's. Alles kam vor. Wir verwenden die letztere Variante, wenn wir explizit von der Firma sprechen. Heute ist die Firma Cadbury Teil des amerikanischen Konzerns Mondelēz International (ehemals Kraft Foods).
81 Zit. n. Dellheim, Cadburys, 31.
82 Dellheim, Cadburys, 30.
83 Vgl. Green, Company Town, 57 ff.
84 Blaschke, Bayerwerk, 48.
85 Zit. n. Micklethwait, Woolridge, The Company, 80.
86 Zit. n. ebd., 80.
87 Ely, Richard T., Pullman: A Social Study, in: *Harper's New Monthly Magazine*, 70 (1885), 457–466, zit. n. Green, Company Town, 31.
88 Wenn man gleichzeitig darauf achtet, inwiefern das Parlament alle legislativen Kompetenzen besass und ob es auch die Regierung wählte, waren die Schweiz (ab 1848) und Frankreich (ab 1875) die einzigen Länder in Europa, die das allgemeine Wahlrecht (für Männer) kannten. Der deutsche Reichstag wurde zwar gemäss allgemeinem Wahlrecht zusammengesetzt, aber dieses Wahlrecht hatte nicht die gleiche Bedeutung wie in der Schweiz oder in Frankreich. Im Gegensatz zur Lage in diesen Ländern verfügte der Reichstag bloss über eingeschränkte Kompetenzen, insbesondere wurde die Reichsregierung und deren Chef, der Reichskanzler, nicht vom Parlament gewählt, sondern vom Kaiser eingesetzt. Ähnliche Vorbehalte gelten für die meisten Länder jener Epoche.
89 Berghoff, Unternehmensgeschichte, 246.
90 0,1 bis 5 Prozent der männlichen Einwohner in Preussen wählten in der ersten Klasse, wogegen 80 bis 98 Prozent der dritten Klasse zugeteilt worden waren. Am extremsten war die Situation in Essen: Die

Krupps, die Besitzer des gleichnamigen Rüstungskonzerns, zahlten einen Drittel aller Steuern, womit sie allein in der ersten Klasse geführt wurden, und damit gleich viel Stimmkraft erhielten wie die zweite bzw. die dritte Klasse. Sie verwiesen dank ihrer gigantischen Steuerkraft 97 bis 99 Prozent aller Einwohner in die unterste Klasse, vgl. Blaschke, Bayerwerk, 67.

91 Berghoff, Unternehmensgeschichte, 246.
92 In den Städten waren die Verhältnisse nicht viel demokratischer: Zwar wurde hier der (Ober)Bürgermeister vom Stadtrat oder den Stadtverordneten gewählt, aber er musste sich stets vom Oberpräsidenten bestätigen lassen.
93 Vgl. Blaschke, Bayerwerk, 103 ff.
94 Vgl. Müller, Peter, Bühler, René, in: HLS, https://hls-dhs-dss.ch/de/articles/006227/2003-01-30/, abgerufen am 4. April 2017.
95 Vgl., Heim, Peter, Bally, Carl Franz, in: https://hls-dhs-dss.ch/de/articles/003056/2001-12-11/, abgerufen am 4. April 2017 sowie ders., Königreich Bally und ders., Bally, Iwan, in: https://hls-dhs-dss.ch/de/articles/003035/2001-12-07/, abgerufen am 4. April 2017.
96 Vgl. LEGO, About us, in: https://www.lego.com/en-us/aboutus/lego-group, abgerufen am 1. November 2016; ausserdem:
Robertson, David C.; Breen, Bill, Das Imperium der Steine. Wie LEGO den Kampf ums Kinderzimmer gewann. Frankfurt/Main 2014; Uhle, Margret, Die Lego Story, Reinbek 2000; Wiencek, Henry, The World of Lego Toys, New York 1987.
97 Zu diesen spezifisch deutschen Distinktionsbedürfnissen der bürgerlichen Oberschichten, vgl. etwa Wehler, Hans-Ulrich, Das deutsche Kaiserreich, 1871–1918, Göttingen 1983^5, 122 ff.
98 Für die folgenden Ausführungen zu Wiesbaden stützen wir uns vor allem auf die Dissertation von Fuhs, Burkhard, Mondäne Orte einer vornehmen Gesellschaft. Kultur und Geschichte der Kurstädte 1700–1900, Hildesheim, Zürich, New York 1992. Weitere Informationen entnahmen wir: Weichel, Thomas, Die Bürger von Wiesbaden. Von der Landstadt zur «Weltkurstadt» 1780–1914, München 1997; ders., «Wenn dann der Kaiser nicht mehr kommt…». Kommunalpolitik und Arbeiterbewegung in Wiesbaden 1890–1914, Wiesbaden 1991; ders., Wiesbaden, 1870–1914, Erfurt 1998, dann: Müller-Werth, Herbert, Geschichte der Stadt Wiesbaden unter besonderer Berücksichtigung der letzten 150 Jahre, Wiesbaden 1963; Fischer, Franz, Das Wirtschaftsbürgertum des Rhein-Main-Gebiets im 19. Jahrhundert. Ein Beitrag zur historischen Mobilitätsforschung, in: Möckl, Karl, Wirtschaftsbürgertum in den deutschen Staaten im 19. und beginnenden 20. Jahrhundert, München 1996, 145–216; sowie: Russ, Sigrid, Weltkurstadt Wiesbaden. Vom Ackerbürger- und Badestädtchen zum internationalen Luxus- und Modebad, in: Eidloth, Volkmar, Hg., Europäische Kurstädte und Modebäder des 19. Jahrhunderts, Stuttgart 2012, 143–156.
99 Fischer, Wirtschaftsbürgertum, 187.
100 Zunächst verfügte das neue Herzogtum Nassau noch über drei Hauptstädte (!), nämlich Wiesbaden, Weilburg und Ehrenbreitstein, da die beiden regierenden Linien, Nassau-Usingen und Nassau-Weilburg, auf je einer eigenen Residenz bestanden. Von Ehrenbreitstein aus wurden überdies zwei erst kürzlich erworbene Gebiete verwaltet. 1816 wurde Wiesbaden zur einzigen Residenz- und Hauptstadt erhoben.
101 Fuhs, Mondäne Orte, 147. Fuhs konzentriert sich in erster Linie auf den Fall Wiesbaden – und vergleicht diese aufstrebende Kurstadt mit anderen, deutschen Bäderorten. Vgl. ausserdem: Bollé, Michael; Föhl, Thomas, Baden-Baden, in: Bothe, Rolf, Hg., Kurstädte in Deutschland. Zur Geschichte einer Baugattung, Berlin 1984, 185–232.
102 Für die Entwicklung in Frankreich vgl. Wallon, Armand, La vie quotidienne dans les villes d'eaux, 1850–1914, Paris 1981.
103 Christian Cay Hirschfeld (1742–1792), 1785, zit. n. Russ, Wiesbaden, 143.
104 Ebd., 145.
105 Fuhs, Mondäne Orte, 223.
106 Zit. n. ebd., 223.
107 Zit. n. ebd., 221.
108 Auch in Frankreich lässt sich beobachten, wie die Monarchen mit ihrem Freizeitverhalten über Aufstieg und Fall eines Kurorts entschieden. Der französische Kaiser Napoleon III. hatte Vichy zu seinem be-

vorzugten Urlaubsort auserwählt (etwas später auch Biarritz), was Vichy zur unbestrittenen Königin unter den villes d'eaux machte (Vgl. Jarrassé, Dominique, Stations thermales et villes d'eaux à la mode au 19ᵉ siècle en France, in: Eidloth, Europäische Kurstädte und Modebäder, 119–129. Auch das englische Bath verdankte einen grossen Teil seiner Exklusivität im 18. Jahrhundert den regelmässigen Besuchern aus der britischen *Royal Family*. Desgleichen Baden bei Wien, das von den Habsburgern gerne frequentiert wurde.

109 Wiesbadens Bevölkerungszahl überschritt 1905 100 000 Einwohner, womit es gemäss Definition der «Internationalen Statistikkonferenz» von 1887 als «Grossstadt» einzustufen war. 1910 schnellte diese Zahl auf 109 000 hoch – und das ohne jede Eingemeindung. Es ist wohl kein Zufall, dass der Stadt dieser Anstieg erst unter preussischer Herrschaft glückte. Noch 1865, ein Jahr vor der Annexion, zählte Wiesbaden bloss 24 000 Einwohner. Heute (2017) weist es rund 280 000 Einwohner auf, Baden-Baden hingegen 55 000.

110 Zu Carl von Ibell siehe die Erinnerungen seines persönlichen Sekretärs Louis Berger, die dieser 1947 niedergeschrieben hat. Berger war mehr als vierzig Jahre lang als Beamter im Dienst der kommunalen Verwaltung von Wiesbaden tätig gewesen: Berger, Louis, Die Entwicklung der Stadt Wiesbaden zur Grossstadt und Weltkurstadt 1880–1913. Erinnerungen von Louis Berger, Stadtverwaltungsdirektor a. D., Wiesbaden 1948.

111 Carl von Ibell, zit. n. Fuhs, Mondäne Orte, 406.

112 Zit. n. ebd., 406.

113 Ferdinand Hey'l, Wiesbaden [um 1877], zit. n. ebd., 406.

114 Das Glücksspiel war von Anfang an umstritten und wurde bekämpft. Denn mit dem Spiel war auch die Spielsucht eingezogen. Der russische Schriftsteller Fjodor Dostojewski hat in seinem Roman «Der Spieler» diesem neuen Soziotypus des Süchtigen ein Denkmal gesetzt, und den eleganten Kurort der Epoche, der im Roman als eine Fusion von Baden-Baden und Wiesbaden erkennbar ist, literarisch verewigt: Dostojewskij, Fjodor M., Der Spieler. Aus den Aufzeichnungen eines jungen Mannes (aus dem Russischen übersetzt von Swetlana Geier), Frankfurt/Main 2011.

115 Fuhs, Mondäne Orte, 388. Unter den 400 Offizieren a. D., die in Wiesbaden lebten, befanden sich 60 Generäle (!), vgl. Russ, Wiesbaden, 152.

116 Berger, Erinnerungen, 10.

117 Im Kaiserreich verfügten die Gemeinden über einen gewissen Spielraum, die Höhe der Steuern festzulegen – und zwar indem sie sich beim örtlichen Zuschlag zurückhielten. Denn neben den staatlichen Steuern hatten die Bürger einen Zuschlag für ihre Gemeinde zu entrichten, dieser betrug je nach Gemeinde mindestens 100 Prozent (zu den staatlichen Steuern), was sehr tief war, oder aber meistens ein Vielfaches davon, wie etwa in Barmen (464 Prozent) oder in Remscheid (562 Prozent!). In Preussen zählte man 1913 nur sechs Städte (von insgesamt 108), die bloss einen Zuschlag von 100 Prozent verlangten, darunter Wiesbaden. Vgl. Fuhs, Mondäne Orte, 387 ff. und Weichel, Bürger von Wiesbaden, 248 ff.

118 Fuhs, Mondäne Orte, 146.

119 Zu Wiesbaden vgl. auch: Fischer, Wirtschaftsbürgertum, 145–216.

120 Zur Hydrogeologie der Quellen siehe: Münzel, Ulrich, Die Thermen von Baden. Eine balneologische Studie, Diss. ETH Zürich, Baden 1947, 24–38; Hartmann, Adolf, Natur und Herkunft der Badener Thermen, in: BNJB 18 (1943), 3–27; Haberbosch, Paul, Altes und Neues von der Badener Therme, in: BNJB 20 (1945), 33–50; Kanz, Werner, Die Badener Thermalquellen – neue Erkenntnisse zur Frage ihres Ursprungs, in: BNJB 80 (2005), 122–129.

121 Für die Geschichte der *Bäderstadt* Baden siehe Furter et al., Stadtgeschichte, darin insbesondere: Schaer, Bäder, 8–91. Vorher vor allem: Fricker, Bartholomäus, Geschichte der Stadt und Bäder zu Baden, Aarau 1880; fast ein Jahrhundert später: Mittler, Baden I, 254 ff.

122 Vgl. Meier, Bruno, Badekur und Politik: Baden als Kongressort in der alten Eidgenossenschaft, in: Windler, Christian, Hg., Kongressorte der Frühen Neuzeit im europäischen Vergleich: Der Friede von Baden (1714), Köln, Weimar 2016, 41–60; sowie Würgler, Andreas, Politik und amusement. Ratsherren und Diplomaten in der Tagsatzungsstadt Baden, in: ebd., 61–76.

123 Der Verständlichkeit halber verwenden wir die Begriffe Hotelier und Badewirte dennoch synonym, auch wenn «Hotelier» im Mittelalter ahistorisch wirkt.

679

Anhang

124 Diese statistische Erhebung stammt von Fridolin Stamm, einem gebürtigen Badener, der in Birmenstorf als Pfarrer wirkte. In einer Art kleinen Volks- und Betriebszählung sammelte er zwischen 1778 und 1780 die Daten sämtlicher Gemeinden der Grafschaft Baden, vgl. Mittler, Baden II, 122 ff. Baden zählte zu diesem Zeitpunkt 33 Gastwirte.
125 Vgl. die Ratslisten und Beamtenlisten bei Mittler, Baden I, 385 ff. und II, 405 ff. sowie bei Fricker, Bäder, 656 ff. Wie Andrea Schaer (in: Furter et al., Stadtgeschichte, 309, Fussnote 142) zu Recht bemerkt, fehlt eine systematische Untersuchung dieses Phänomens.
126 Siehe die zahlreichen Kurzbiographien der fraglichen Familien bei Merz, Walther, Wappenbuch der Stadt Baden und Bürgerbuch, Aarau 1920, unter den jeweiligen Namen.
127 Vgl. Lüscher, Gottlieb, Die Rechtsverhältnisse und einige Wesenseigentümlichkeiten und Herkunft der Thermalquellen in Baden, Schweiz, Aarau 1942.
128 Die Familie Amberg hat den Hinterhof Ende des 15. Jahrhunderts erworben, vgl. Merz, Wappenbuch, unter Stichwort «Amberg».
129 Vgl. ebd., unter Egloff.
130 Ein paar Bemerkungen zur Begrifflichkeit: der Terminus «Elite», den wir verwenden möchten, weckt in diesem Zusammenhang überzogene Assoziationen. Elitär, im Sinne von ständisch oder soziokulturell abgeschlossen, waren diese Kreise in Baden keineswegs: weder glichen sie in irgendeiner Weise dem Adel noch einem städtischen Patriziat, wie wir es etwa aus Basel, Solothurn oder Luzern kennen, ja es ginge bereits zu weit, sich eine Gruppe vorzustellen, die aktiv Aussenseiter und Aufsteiger abgewehrt hätte – dafür war Baden als Stadt auch viel zu klein. Viele Badewirte waren ursprünglich als Handwerker zugezogen, und erwarben irgendwann einen Gasthof, gelegentlich begannen sie auch als Wirte normaler Gasthöfe in der Altstadt, bis sie sich in die Bäder hocharbeiteten, viele Badewirte heirateten überdies Frauen, die aus den Milieus des städtischen Handwerks stammten (aus den zahllosen Biographien, die Walther Merz zusammengetragen hat, liesse sich ohne Weiteres eine eigentliche Prosopographie Badens erstellen: Merz, Wappenbuch).
131 Fricker, Bäder, 473 f.
132 Hess, David, Die Badenfahrt, Zürich 1818, 464. Zu Hess vgl. Münzel, Ulrich, 150 Jahre «Die Badenfahrt» von David Hess, in: BNJB 43 (1968), 49–52.
133 Hess, Badenfahrt, 464 f.
134 Bronner, Franz Xaver, Der Kanton Aargau, historisch, geographisch, statistisch geschildert. Beschreibung aller in demselben befindlichen Berge, Seen, Flüsse, Heilquellen, Städte, Flecken, Dörfer und Weiler, so wie der Schlösser, Burgen und Klöster; nebst Anweisung, denselben auf die genussreichste und nützlichste Weise zu bereisen. Ein Hand- und Hausbuch für Kantonsbürger und Reisende, Bd. 2, St. Gallen, Bern 1844, 278.
135 Ebd., 281.
136 Fritz Merker hatte die Firma 1873 mit seinem Schwager Eduard Meining gegründet. Nachdem dieser bald wieder ausgestiegen und eine weitere Kooperation mit einem neuen Partner ebenfalls gescheitert war, gab Merker 1889 seinem Unternehmen den definitiven Namen F. Merker & Co.; 1917 wandelten seine Söhne das Unternehmen in eine Aktiengesellschaft um, es firmierte von nun an als Merker AG.
137 Kurz vor der Jahrhundertwende richtete Merker das erste Emaillierwerk in der Schweiz ein, viel später, nach dem Zweiten Weltkrieg, setzte sich die Firma als Waschmaschinenhersteller durch («Merker-Bianca»), unter anderem brachte sie die erste vollautomatische Waschmaschine der Schweiz auf den Markt. Anfang der neunziger Jahre gab Merker die eigene Produktion auf oder verkaufte sie an andere Firmen. Vgl. Mittler, Baden II, 262 ff.; Merker, Walter, Rückblick auf die Frühzeit der Firma Merker in Baden, in BNJB 70 (1995), 111–120; Scherer, Sarah Brian, Merker, in: HLS, http://www.hls-dhs-dss.ch/textes/d/D24700.php, abgerufen am 6. August 2016. Zur Geschichte von Oederlin vgl. Schumacher, Hans, Hundert Jahre Aktiengesellschaft Oederlin & Cie. Armaturenfabrik und Metallgiessereien, Baden-Schweiz 1858–1958, Baden 1958; Mittler, Baden II, 259–262; Steigmeier, Gewerbe und Industrie, 89–91; Furter et al., Stadtgeschichte, 152 ff.
138 Für die folgenden Informationen siehe: Fuhs, Mondäne Orte. Fuhs konzentriert sich in erster Linie auf den Fall Wiesbaden – und vergleicht diese Kurstadt mit anderen, deutschen Bäderorten. Für Ba-

den-Baden siehe: Bollé, Michael; Föhl, Thomas, Baden-Baden, Bothe, Rolf, Hg., Kurstädte in Deutschland. Zur Geschichte einer Baugattung, Berlin 1984, 185–232.
139 Der «Teufelskeller» ist eine pittoreske Ansammlung von Höhlen und riesigen Nagelfluhfelsen inmitten des Badener Waldes beim Kreuzliberg.
140 Fricker, Bäder, 482, Mittler, II, 319.
141 Die Aargauer waren eigens nach Basel gefahren, um im Namen der Zürcher zu vermitteln – ohne Ergebnis. Bericht der aargauischen Delegation, 12. April 1843, zit. n. Leuthold, Rolf, Aus der Entstehungsgeschichte der ersten schweizerischen Eisenbahn von Zürich nach Baden 1836–1847, Aarau 1947, 40.
142 Ebd., 40.
143 Vgl. Fahrplan vom 9. August 1847, dem offiziellen Eröffnungstag. Der Zug hielt damals in Altstetten, Schlieren und Dietikon, bevor er schliesslich in Baden eintraf. Den Bahnhof Wettingen gab es noch nicht. Heute dauert die Fahrt mit dem Schnellzug knapp 15 Minuten. (Faksimile des ersten Fahrplans in: Mittler, Baden II, 240, Abb. 29.)
144 Vgl. Sprecher, Anton, Die volkswirtschaftliche Bedeutung der Heilbäder und ihre Stellung im schweizerischen Fremdenverkehr, Diss. Universität Bern 1947, Zürich 1949.
145 Vgl. Fuhs, Mondäne Orte, 358 f.; vgl. überdies Brake, Ludwig, Die ersten Eisenbahnen in Hessen. Eisenbahnpolitik und Eisenbahnbau in Frankfurt, Hessen-Darmstadt, Kurhessen und Nassau bis 1866, Wiesbaden 1991.
146 Vgl. Hascher, Michael, Modebäder und Eisenbahn. Zur Frage des Beitrages der Technikgeschichte zum möglichen Welterbestatus europäischer Kurstädte, in: Eidloth, Volkmar, Hg., Europäische Kurstädte und Modebäder des 19. Jahrhunderts, Stuttgart 2012, 159–172, dort finden sich auch diese Angaben, 161.
147 Ursprünglich stammte das Rezept aus Mailand, das lange spanisch gewesen war, daher der Name, vgl. Spanischbrötli, Spanischbrötchen, http://www.patrimoineculinaire.ch/Produkte#354, abgerufen am 21. Dezember 2016. Ebenso Mittler, Baden II, 122 f. In Baden wurden sie 1706 zum ersten Mal erwähnt. Der Absatz zog mächtig an: Gemäss David Hess sollen in Baden zu Anfang des 19. Jahrhunderts 720 000 Spanischbrötli pro Jahr verkauft worden sein, vgl. Fricker, Bäder, 586.
148 Die wissenschaftliche Literatur zur Geschichte der schweizerischen und europäischen Bahnen ist umfangreich. Einen aktuellen Überblick über den Forschungsstand bietet: Jung, Escher, Teil 4: Anhang, 1067, Anm. 1. Zur frühen Phase, insbesondere zur Spanischbrötlibahn, fast zeitgenössisch: Kaufmännische Gesellschaft Zürich, Hg., Bericht über Handel und Industrie des Kantons Zürich für das Jahr 1878, Zürich 1878; später: Welti, Oskar, Zürich-Baden. Die Wiege der schweizerischen Eisenbahnen. Ein Tagebuch über die Entstehungsgeschichte der ersten Schweizerbahn 1836–1847, Zürich 1946; und Leuthold, Rolf, Aus der Entstehungsgeschichte der ersten schweizerischen Eisenbahn von Zürich nach Baden 1836–1847, Aarau 1947.
149 Baden-Badens Aufstieg als Treffpunkt der französischen Eliten setzte mit der Französischen Revolution ein, als zahlreiche adlige (und bürgerliche) Flüchtlinge sich aus dem revolutionären Frankreich nach Baden-Baden ins Exil absetzten – die Stadt lag nur wenige Kilometer von der Rheingrenze entfernt.
150 Nach dem Tod von Jean Jacques Bénazet [sic, ohne Bindestrich] folgte ihm 1848 sein Sohn Edouard nach, unter ihm stieg Baden-Baden zum ersten Kurort Europas auf. Er war es, der die Stadt vollends französisierte: «Cette prééminence française», schreibt Nathalie Mangin, «repose en grande partie sur l'infatigable activité qu'emploie Bénazet à diffuser l'image de l'élégance française de Bade, à une époque où Paris passe pour donner le ton à l'Europe entière.», vgl. Mangin, Nathalie, Les relations franco-allemandes et les bains mondaines d'Outre-Rhin, in: Histoire, économie et société 13/4 (1994), 655.
151 Zit. n. Mangin, bains mondaines, 1. Bashkirtseff (1858 oder 1860 bis 1884) lebte damals in Paris, wo sie auch (sehr jung) gestorben ist.
152 Vgl. Mangin, bains mondaines, 649–675. Baden-Baden litt am meisten. Etwas weniger hart traf es Wiesbaden, das über eine bessere Mischung seiner internationalen Kundschaft verfügte; vgl. Statistik 1858–1862 bei Fuhs, Mondäne Orte, 355 ff.
153 Schaer, Bäder, 67 ff.
154 Eine Studie über das Grand Hôtel hat neuerdings der Aargauer Historiker Florian Müller vorgelegt:

ders., Das vergessene Grand Hotel. Leben und Sterben des grössten Badener Hotels 1876–1944, Baden 2016; sowie: ders., Baden und sein Grand Hotel – die Entstehung des grössten Badener Hotels im Kontext, in: *Argovia* 125 (2013), 165–190, die folgenden Informationen stammen zum überwiegenden Teil aus seiner Arbeit. Vgl. überdies: Jäger, Louis, Aus der Geschichte des Grand Hotels Baden. Zum Abbruch des Hauses, in: BNJB 20 (1945), 63–67, sowie Kühner, Petra, Das Grand Hôtel in Baden – Entwürfe von Gustav Bauernfeind, in: BNJB (1994), 42–52; zeitgenössisch: Guyer, Eduard, Das Hotelwesen der Gegenwart, Zürich 1874; ders., Das Hotelwesen der Gegenwart, Zürich 1884. Ursprünglich hiess das Haus «Neue Kuranstalt zum Hinterhof», bald aber Grand Hôtel, wobei die Schreibung uneinheitlich blieb. Wir verwenden die französische Version.

155 Die Ausnahme bildete der Konservative Joseph Ludwig Baldinger, der von 1838 bis 1842 das Amt des Stadtammanns ausübte. Die Auseinandersetzungen um die aargauischen Klöster und die damit verbundene, aggressive anti-klerikale Politik des Freisinns hatten ihn ins Amt gebracht. Das Intermezzo dauerte allerdings kurz: Auf ihn folgte 1842 wieder ein Radikaler, Johann Ulrich Hanauer, und auch nach ihm kamen nur noch Freisinnige zum Zug. Ebenso waren vor Baldinger seit gut zwei Jahrzehnten immer Freisinnige als Stadtammann ins Badener Stadthaus gewählt worden, vgl. Mittler, Baden II 214.

156 Zum Grossherzogtum Baden, speziell dessen Demokratisierungsgrad: Nolte, Paul, Gemeindebürgertum und Liberalismus in Baden 1800–1850. Tradition – Radikalismus – Republik, Göttingen 1994; Hein, Dieter, Badisches Bürgertum. Soziale Struktur und kommunalpolitische Ziele im 19. Jahrhundert, in: Gall, Lothar, Stadt und Bürgertum im 19. Jahrhundert, München 1990, 65–96; ausserdem Lothar Gall: Die Stadt der bürgerlichen Gesellschaft – das Beispiel Mannheim, in: ders., Bürgertum, liberale Bewegung und Nation. Ausgewählte Aufsätze, Dieter Hein et al. Hg., München 1996, 38–54.

157 Hein, Badisches Bürgertum, 94.

158 Vgl. Mittler, Baden II, 245 ff.

159 Vgl. die umfassende Biographie von Jung, Joseph, Alfred Escher (1819–1882). Der Aufbruch zur modernen Schweiz, 4 Bde., Zürich 2006. Dort, im vierten Band (Anhang), findet sich auch der neueste Forschungsstand und eine vollständige Bibliographie, sowie eine Chronologie. Ebenso die kompaktere Version: Jung Joseph, Alfred Escher 1819–1882. Aufstieg, Macht, Tragik, Zürich 2014[5]. Ausserdem hat die von Jung initiierte und lange präsidierte Alfred Escher-Stiftung inzwischen den gesamten Briefwechsel von Alfred Escher untersucht, aufgearbeitet und als wissenschaftliche Edition sowohl in mehreren Büchern veröffentlicht, als auch im Internet zugänglich gemacht, siehe Jung, Joseph, Alfred Escher-Stiftung, Hg., Alfred Escher Briefe, 6 Bde., Zürich 2008 ff. und https://www.briefedition.alfred-escher.ch, abgerufen am 21. Dezember 2016. 2019 hat Jung ferner eine neue, aktualisierte Version für die Reihe der Schweizer Pioniere vorgelegt: ders., Alfred Escher. Visionär, Grossbürger, Wirtschaftsführer, (Schweizer Pioniere der Wirtschaft und Technik 114), Zürich 2019.

160 Zur Situation im Aargau vgl. Meier, Bruno, Die Nationalbahn und der Aargau: Hoffnungen und Enttäuschungen, in: Bärtschi, Hans-Peter et al., Hg., Die Nationalbahn. Vision einer Volksbahn, Wetzikon 2009, 71–107.

161 Zur Geschichte der Nationalbahn siehe: Bärtschi, Nationalbahn; ausserdem Jung, Escher, insbesondere Bd. 2: Nordostbahn und schweizerische Eisenbahnpolitik. Gotthardprojekt, 500 ff.; sodann: Balthasar Andreas, Zug um Zug. Eine Technikgeschichte der Schweizer Eisenbahn aus sozialhistorischer Sicht, Basel 1993; Flüeler Niklaus, Flüeler-Grauwiler Marianne, Hg., Geschichte des Kantons Zürich, 3 Bde., Zürich 1994–1996; III 160 ff.; Gubler Arnold, Die Schweizerische Nationalbahn, Hermatswil-Saland 1922.

162 Auszüge dieses Kapitels erschienen in komprimierter Form bereits in einer Jubiläumsbeilage der AZ Medien: Somm, Markus, Die Nationalbahn war sein Schicksal. Aufstieg und Fall eines grossen Journalisten: Josef Zehnder, in: 20 Jahre AZ, Beilage zu 20 Jahre *Aargauer Zeitung*, 4. November 2016, 22 f. – Zu Joseph (oder auch Josef) Zehnder siehe: Müller, Andreas, Geschichte der politischen Presse im Aargau. Das 19. Jahrhundert (Beiträge zur Aargauergeschichte, Bd. 9), Aarau 1998 [Müller, politische Presse I], 190 ff.; ders., Josef Zehnder – Verleger, Journalist und Politiker. Die Anfänge. Von der «Aargauer Volkszeitung» zum «Badener Tagblatt», in: 175 Jahre AZ Medien, Beilage der *Aargauer Zeitung*, 9. November 2011, 5; Witz, Friedrich, Die Presse im Aargau, in: Rietmann, E.; Schweizerischer Zeitungsverlegerverein, Hg., Das Buch der schweizerischen Zeitungsverleger. 1899–1924, Zürich 1925,

990 ff.; Meier, Bruno, Zeitungsmagnat und einflussreicher Politiker: der Verleger Joseph Zehnder, in: Furter et al., Stadtgeschichte, 144 f.; Haberbosch-Wanner, Paul, Zehnder, Josef, in: Biographisches Lexikon des Aargaus, 1803–1957, Historische Gesellschaft des Kantons Aargau, Hg. (Redaktion: Otto Mittler und Georg Boner), [Argovia 68/69 (1958)], Aarau 1958, 896 f.

163 Zit. n. Haberbosch-Wanner, Paul, Badener Zeitungen, in: BNJB 25 (1950), 73.

164 Nach etlichen Fusionen – unter anderem mit dem *Aargauer Tagblatt* in Aarau – ist daraus die *Aargauer Zeitung* und der Verlag AZ Medien entstanden. Dessen aktueller Besitzer, Peter Wanner, ist der Ur-Ur-Enkel von Joseph Zehnder. Neuerdings heisst das Unternehmen CH Media, nachdem es 2018 mit der NZZ-Mediengruppe ein Joint Venture gebildet hat.

165 *Badener Tagblatt*, 26. Juni 1873, zit. n. Fricker, Bäder, 641 f.

166 *Badener Tagblatt*, 21. Februar 1873, zit. n. ebd., 640.

167 Beat Josef Kellersberger, 1808 in Baden geboren, hatte unter anderem in Freiburg im Breisgau ein Jura-Studium absolviert. Zurück im Aargau, machte er Karriere als Jurist, er wurde Präsident des Bezirksgerichtes Baden und betätigte sich als Politiker. 1841 liess er sich in den Grossen Rat wählen, wo er mit Unterbrechungen bis 1868 blieb. Ebenso trat er dem Badener Stadtrat bei, wo er schliesslich an Zehnder scheiterte. 1886 starb er in Baden. Vgl. Mittler, Otto, Kellersberger, Josef Beat, in: Biographisches Lexikon, 446–447.

168 *Badener Tagblatt*, 30. Juni 1873, zit. n. Fricker, Bäder, 643, Hervorhebung im Original.

169 *Badener Tagblatt*, 28. Juni 1873, zit. n. ebd., 642.

170 Umrechnung gemäss Pfister, Christian; Studer, Roman, Swistoval. The Swiss Historical Monetary Value Converter. Historisches Institut der Universität Bern, http://www.swistoval.ch/, abgerufen am 6. Dezember 2017 (2 Millionen CHF, Ausgangsjahr 1876). Wir geben im Folgenden stets den ursprünglichen Betrag, sowie das Basisjahr für die Konvertierung an. Zur Methodik des Umrechners siehe: dies., «Swistoval»: der Historische Geldwertrechner für die Schweiz ab 1800, in: *Traverse: Zeitschrift für Geschichte* 17/1 (2010), 272–285. Wir werden dieses nützliche Instrument in dieser Arbeit systematisch anwenden, weil es die Anschaulichkeit der Darstellung wesentlich erhöht.

171 «Ein offenes und wohlgemeintes Wort an alle Stimmberechtigten der Stadt Baden», Flugblatt, 20. August 1874, zit. n. Fricker, Bäder, 644.

172 «An die Einwohner von Baden. Zahlen sprechen!» Flugblatt, 21. Mai 1876, zit. n. ebd., 647 f.

173 Umrechnung gemäss Pfister; Studer, Swistoval. (28 Millionen CHF, Ausgangsjahr 1878).

174 Für das epische Nachspiel des Nationalbahn-Zusammenbruchs siehe: Meier, Hoffnungen, 97 ff., Mittler, Aargauische Städte, 67 ff., Mittler, Baden II, 249 ff., Thalmann, Euphorie, 36 ff.; Meier, Bruno, Baden in der Eidgenossenschaft: auf den Bühnen der Politik, in: Furter et al., Stadtgeschichte, 147.

175 *Schweizer Freie Presse*, 30. April 1889. Die drei erwähnten Städte waren Baden, Zofingen und Lenzburg.

176 1885 wurde er mit dem schlechtesten Ergebnis als Stadtrat wiedergewählt.

177 So etwa die Schriftsteller Gottfried Keller und Conrad Ferdinand Meyer oder der Maler Arnold Böcklin, siehe Münzel, Ulrich, Baden im Spiegel seiner Gäste: [Rudolf] Bruno Saft, Gottfried Keller, in: BNJB 51 (1976), 120–130. Genauso klingend waren die Namen der ausländischen Gäste: wie unter anderem Herbert von Bismarck (Sohn des deutschen Reichskanzlers Otto von Bismarck), das französische Physiker-Ehepaar Pierre und Marie Curie, der Pariser Bankier Alphonse de Rothschild oder der Besitzer der französischen Peugeot-Werke, Jules Peugeot, vgl. Liste bei Müller, Das vergessene Hotel, 190 ff.

178 Albert Ranc, zit. n. Lesur, Jean-Marc, Les hôtels de Paris. De l'auberge au palace, XIXe-XXe siècles, Neuchâtel 2005, 151.

179 Die Provinz Sachsen war Teil des Königreichs Preussen und ist vom Königreich Sachsen zu unterscheiden, das ein eigener, souveräner Staat war, bis 1871 das deutsche Kaiserreich gegründet wurde, in dem beide Länder, Preussen und Sachsen, aufgingen. Saft war daher ein preussischer Staatsbürger. Heute entspricht die preussische Provinz Sachsen weitgehend dem Bundesland Sachsen-Anhalt.

180 Zur Bedeutung des Storchen vgl. die *Hotel-Revue* im Jahr 1958: «Ein Weltunternehmen, wie die Firma Bally eines ist, die jahraus, jahrein eine anspruchsvolle Geschäftskundschaft im Storchen einquartiert, ist darauf angewiesen, dass diese in jeder Beziehung, und zwar gemessen an höchsten Massstäben ein-

Anhang

wandfrei betreut wird.» (*Schweizer Hotel-Revue*, 52 [1958], 6.) Der Storchen erlitt das Schicksal des «Weltunternehmens», dem er einst gehört hatte: 1971 ersetzte Bally den Gasthof mit einem banalen Neubau, bald verkaufte man den Storchen. Heute existiert der Storchen zwar noch, doch aus dem Erstklasshotel ist ein einfaches Hotel geworden – während Bally in Schönenwerd ganz verschwunden ist.

181 Vgl. Müller, Das vergessene Hotel, 65.
182 Genau: 880 000 CHF, gemäss «Inventar des Herrn Rudolf Bruno Saft, auf dessen Todestag, 23. April 1915», in: Stadtarchiv Baden. Konvertierung gemäss Pfister; Studer, Swistoval. (880 000 CHF, Ausgangsjahr: 1915).
183 *Journal de Genève*, 24. März 1899, zit. n. Müller, Baden und sein Grand Hotel, 178. «M. G. Hafen» – Das G stand für die französische Version von Wilhelm: Guillaume.
184 *Leipziger Illustrirte Zeitung*, 19. Mai 1877, zit. n. Müller, Das vergessene Hotel, 55 ff. Das neuartige Blatt setzte auf Bilder statt Text und war damals eine der meistverbreiteten Zeitungen in Deutschland, so dass ein Artikel eine maximale Werbewirkung garantierte.
185 Vgl. Ruf, Susanna, Fünf Generationen Badrutt: Hotelpioniere und Begründer der Wintersaison, (Schweizer Pioniere der Wirtschaft und Technik 91), Zürich 2010, 35 ff.; sowie Gugerli, Redeströme, 25 ff.
186 Müller, Das vergessene Hotel, 86 ff. Zur Beleuchtungsgeschichte von Baden, die wir hier referieren, siehe auch: Steigmeier, Andreas, Mehr Licht. Der Weg der Stadt Baden zur modernen Energie- und Wasserversorgung, Baden 1991.
187 Bei diesen vom Russen Paul Jablochkoff (1847–1894) entwickelten «Kerzen» haben wir es mit den einzigen Bogenlampen zu tun, die sich kommerziell verwerten liessen.
188 Die Literatur über Thomas Edison ist kaum überschaubar: Biographien, elektrotechnische Studien, Interviews und Zeitungsartikel waren schon zu Lebzeiten erschienen, seit seinem Tod sind zahllose Schriften dazugekommen. Eine der besten Biographien ist nach wie vor Paul Israels Edison: A Life of Invention, New York 1998. Edisons Methoden und seine Forschungsorganisation sind untersucht worden in: Pretzer, William S., Hg., Working at Inventing: Thomas Edison and the Menlo Park Experience, Dearborn, Michigan, 1989. Ebenso anregend sind: Wachhorst, Wyn, Thomas Alva Edison: An American Myth, Cambridge, MA 1981 und Friedel, Robert, Perspiration in Perspective: Changing Perceptions of Genius and Expertise in American Invention, in: Weber, Robert J.; Perkins, David N., Hg., Inventive Minds: Creativty in Technology, New York 1992, 11–26.
189 Vertrag Saft-Oederlin vom Mai 1882, in: Stadtarchiv Baden. Diesem Dossier liegt auch eine Kostenaufstellung bei, die Saft wohl selber vorgenommen hat. Dabei hatte er auch berechnet, wie teuer es ihn zu stehen käme, wenn er die fraglichen Hotelräume (vermutlich vor allem den Speisesaal) während der gleichen Periode mit Gaslicht beleuchten würde: nämlich 1600 CHF. Rechnet man zu den 1880 CHF, die der elektrische Betrieb kostete, die 782 CHF hinzu, die er an Carl Oederlin für die Wasserkraft zu überweisen hatte, wird deutlich, dass Saft tatsächlich eine viel teurere Lösung wählte: 2662 CHF, also rund 1000 CHF mehr! Das lässt erkennen, wie viel es ihm wert war, seinen Gästen etwas Spezielles, Innovatives zu bieten.
190 *Badener Tagblatt*, 2. Mai 1882.
191 NZZ, 17. Mai 1882.
192 Ebd.
193 Zum Abbruch: Die letzten Tage des Grand Hotel. Der Zeuge einer bessern Zeit, in: *Badener Tagblatt*, 5. August 1944, sowie Müller, das vergessene Hotel, 182 ff.; ders., Baden und sein Grand Hotel, 187; Jäger, Abbruch, 67.
194 Den Begriff «idealtypisch» verwenden wir im Sinne von Max Weber. Der deutsche Soziologe versuchte vermittelst des «Idealtypus» die soziale Realität zu erfassen, es handelt sich um theoretische Modelle, die in der Regel einzelne Aspekte der Wirklichkeit isolieren, vereinfachen und zuspitzen, um sie analysieren und vergleichbar machen zu können, vgl. Weber, Max, Die Objektivität sozialwissenschaftlicher und sozialpolitischer Erkenntnis, Tübingen 1904.
195 Jones, Geoffrey; Wadhwani, R. Daniel, Entrepreneurship, in: The Oxford Handbook of Business History, 501.

196 Berghoff, Unternehmensgeschichte, 27. Diese Triade entsprach den drei dominanten sozioökonomischen Klassen im damaligen England: *Labor* bot die *Working Class* an, das Land die *Aristocracy*, das Kapital stammte von der *Merchant Class*.
197 Smith, Adam, Wealth of Nations, (1776) London 1999.
198 Berghoff, Unternehmensgeschichte, 27.
199 Für eine Übersicht dieser einflussreichen Denkschule siehe: Shionoya, Yuichi, Hg., The German Historical School: The Historical and Ethical Approach to Economics, London, New York 2001, und ders., The Soul of the German Historcial School: Methodological Essays on Schmoller, Weber, and Schumpeter, New York 2005; sowie Nau, Heinrich Heino; Schefold, Bertram, Hg., The Historicity of Economics: Continuities and Discontinuities of Historical Thought in 19th and 20th Century Economics, Berlin, New York 2002; vgl. ausserdem Berghoff, Unternehmensgeschichte, 30 ff.
200 Die «Kathedersozialisten» organisierten sich 1873 im bald einflussreichen «Verein für Socialpolitik», der noch heute besteht. Auch in der Schweiz fanden sie viele Anhänger, sowohl an den Universitäten als ebenso in der Politik, sie beeinflussten insbesondere die Demokraten, aber auch die Sozialdemokraten, bevor diese sich gegen Ende des 19. Jahrhunderts vermehrt dem Marxismus zuwandten.
201 Schmoller, Gustav v., Grundriss der Allgemeinen Volkswirtschaftslehre, Bd. 1, Leipzig 1900, 41. 1908 wurde Schmoller von Kaiser Wilhelm II. nobilitiert, seither nannte er sich Gustav von Schmoller. Nach Stationen in Halle und Strassburg war er 1882 Professor an der Friedrich-Wilhelms-Universität Berlin geworden, der prestigereichsten Universität des Kaiserreichs. 1897/98 wurde er Rektor.
202 Schmoller, Grundriss, Bd. 2, 532. Hervorhebung im Original.
203 Ebd., II, 532.
204 Vgl. Jones, Geoffrey; Wadhwani, R. Daniel, Entrepreneurial Theory and the History of Globalization, in: Business and Economic History, On-Line 5 (2007), http://thebhc.org/sites/default/files/joneswadhwani.pdf., abgerufen am 12. September 2017, 2 f.; sowie Jones; Wadhwani, Entrepreneurship, 502 ff.
205 Zit. n. Berghoff, Unternehmensgeschichte, 31.
206 Die Studie stellt ein Kapitel von Simmels Werk *Soziologie* dar, das 1908 erschienen ist: Simmel, Georg, Soziologie. Untersuchungen über die Formen der Vergesellschaftung, Berlin [1908] 2013^7.
207 Vgl. Munro, John, Tawney's Century, 1540–1640: The Roots of Modern Capitalist Entrepreneurship, in: Landes; Mokyr; Baumol, Invention of Enterprise, 107–155.
208 Landes, David S., The Wealth and Poverty of Nations. Why Some Are Rich and Some So Poor, New York, London 1998, 177.
209 Vgl. Landes, Wealth; Mokyr, Joel, The Enlightened Economy. Britain and the Industrial Revolution 1700–1850, London 2011 und neuerdings Mokyr, Joel, A Culture of Growth. The Origins of the Modern Economy, Princeton, Oxford 2016. Sowie McCloskey, Deirdre Nansen, Bourgeois Equality: How Ideas, Not Capital or Institutions, Enriched the World (Bd. 3 der Trilogie «The Bourgeois Era»), Chicago 2016.
210 McCloskey, Bourgeois Equality, 7.
211 Vgl. Mokyr, Joel, Entrepreneurship and the Industrial Revolution in Britain, in: Landes; Mokyr; Baumol, Invention of Enterprise, 188 ff.; und Mokyr, Culture of Growth.
212 Landes, Wealth and Poverty of Nations, 177.
213 Zu Schumpeters Biographie, aber auch zu seinen wissenschaftlichen Errungenschaften, siehe vor allem: McCraw, Schumpeter. Schumpeter ging aus der sogenannten Österreichischen Schule hervor, die seinerzeit von Carl Menger (1840–1921) begründet worden war. Menger besetzte einen Lehrstuhl für politische Ökonomie an der Universität Wien. Zur Österreichischen Schule zählten darüber hinaus Eugen von Böhm-Bawerk, Ludwig von Mises, Friedrich von Hayek (Nobelpreis 1974), gelegentlich wird auch Joseph Schumpeter in ihr Umfeld gestellt. Böhm-Bawerk war Schumpeters Lehrer, bei ihm hat er sich habilitiert, vgl. McCraw, Schumpeter, 65 f. Schumpeter trug sich einmal mit dem Gedanken eine Synthese zwischen Österreichischer und deutscher Historischer Schule zu verfassen, liess es aber bleiben. Zu seinem Verhältnis zur deutschen Historischen Schule: Ebner, Alexander, Schumpeter and the «Schmollerprogramm»: Integrating Theory and History in the Analysis of Economic Development, in: *Journal of Evolutionary Economics* 10/3 (2000), 355–72.
214 Siehe McCraw, Schumpeter, 4.

215 Schumpeter, Theorie der wirtschaftlichen Entwicklung, 95 f. (Hervorhebung im Original). Das Buch erschien 1911, die zweite Auflage wurde 1926 wesentlich überarbeitet, wir stützen uns auf diese. Bald folgten zahlreiche Übersetzungen, so ins Englische, Französische, Spanische, Japanische und Italienische.
216 Ebd., 96.
217 Inspiriert von Marx und Sombart, prägte Schumpeter diesen Begriff in seinem Werk «Capitalism, Socialism and Democracy», das 1942 zuerst auf Englisch erschienen ist («Creative Destruction»), vgl. ders., Capitalism, Socialism and Democracy (1942), New York, London 2010, 73.
218 Schumpeter, Creative Response, 152.
219 Berghoff, Unternehmensgeschichte, 27 ff.
220 Schumpeter, Theorie der wirtschaftlichen Entwicklung, 134.
221 Ebd., 137.
222 Ebd., 138 f., Hervorhebung im Original.
223 Obwohl Schumpeter ein überzeugter Anti-Marxist war, zog er ironischerweise manche Marxisten an, wie den erwähnten Paul Sweezy, der sich zu einem bekannten marxistischen Ökonomen der USA entwickeln sollte.
224 Vgl. Jones, Wadhwani, Entrepreneurial Theory; Jones; Wadhwani, Entrepreneurship, 501 ff. oder Wadhwani, Jones, Schumpeter's Plea. Vgl. ausserdem: Cassis, Youssef; Pepelasis Minoglou, Ioanna, Hg., Entrepreneurship in Theory and History, New York, 2005.
225 Schumpeter, Taking flight, in: *Economist*, 17. September 2009.
226 Die relevante Literatur von Chandler (neben dem oben bereits erwähnten Werk The Visible Hand): Ders., Strategy and Structure. Chapters in the History of Industrial Enterprise, Cambridge, MA 1962; sowie ders., Scale and Scope. The Dynamics of Industrial Capitalism, Cambridge, MA 1990; ausserdem ders., The Enduring Logic of Industrial Success, in: *Harvard Business Review* 68/2 (1990), 130–140; ders., Shaping the Industrial Century. The Remarkable Story of the Evolution of the Modern Chemical and Pharmaceutical Industries, Cambridge, MA, London 2005. Vgl. auch: Langlois, Richard N., The Dynamics of Industrial Capitalism: Schumpeter, Chandler, and the New Economy, London 2007.
227 Jones; Wadhwani, Entrepreneurship, 515. Geoffrey Jones (geb. 1952), ein gebürtiger Brite, ist formell der Nachfolger von Chandler. Selbst ein führender Vertreter seines Fachs, lehrt Jones an der Harvard Business School, wo er 2002 den berühmten Isidor Straus Lehrstuhl für *Business History* übernommen hat, den einst Chandler selber besetzt hatte. Dieser Lehrstuhl war 1927 eingerichtet worden. Es handelte sich um den weltweit ersten Lehrstuhl für *Business History*, finanziert von der Familie Straus, den Besitzern des Warenhauses Macy's. Man ehrte damit Isidor Straus, einen der früheren Chefs der Firma. Er war 1912 mit seiner Frau beim Untergang der Titanic gestorben. Vor Jones hatte Thomas McCraw (1940–2012), der Biograph von Schumpeter, diesen Lehrstuhl versehen.
228 Wadhwani, R. Daniel; Lubinski, Christina, Reinventing Entrepreneurial History, in: *Business History Review*, 91/4 (2017), 768.
229 Vgl. ebd., 501 ff. und Hébert, Robert F.; Link, Albert N., Historical Perspectives on the Entrepreneur, Boston, Delft 2006, 2 ff.
230 Das entscheidende Buch erschien 1973: Kirzner, Competition and Entrepreneurship. Dabei wurde Kirzner stark von Ludwig von Mises inspiriert, vgl. Mises, Ludwig von, Profit and Loss, in: Planning for Freedom and Other Essays and Addresses, South Holland, IL 1952^2, und allgemeiner: ders., Bureaucracy, New Haven 1944. Weitere relevante Beiträge von Kirzner zur Unternehmertheorie, wo er seinen Ansatz weiterentwickelte: ders., Perception, Opportunity and Profit. Studies in the Theory of Entrepreneurship, Chicago, London 1979; ders., The Theory of Entrepreneurship in Economic Growth, in: Kent, Calvin A.; Sexton, David L.; Vesper, Karl H., Hg., Encyclopedia of Entrepreneurship, Englewood Cliffs, NJ 1982, 272–274; ausserdem: ders., Discovery and the Capitalist Process, Chicago, London 1985; ders., Entrepreneurial Discovery and the Competitive Market Process: An Austrian Approach, in: *Journal of Economic Literature* 35/1 (1997), 60–85; sowie ders., Creativity. Vgl. ausserdem Fu-Lai Yu, Tony, Entrepreneurial Alertness and Discovery, in: *Review of Austrian Economics* 14/1 (2001), 47–63, sowie Hébert, Robert F.; Link, Albert N., The Entrepreneur. Mainstream Views

and Radical Critiques, New York 1982 und Loasby, Brian J., The Entrepreneur in Economic Theory, in: *Scottish Journal of Political Economy* 29/3 (1982), 220–241; vgl. schliesslich Berghoff, Unternehmensgeschichte, 35 f.
231 Mises, Profit and Loss; und insbesondere Hayek, Friedrich von, Economics and Knowledge, in: Individualism and Economic Order, Chicago, London (1948) 1992, 33–56, sowie ders., The Use of Knowledge in Society, in: ebd., 77–91, schliesslich ders., The Meaning of Competition, in: ebd., 92–106.
232 Kirzner, Creativity, 11.
233 Ebd., 14.
234 Ebd., 14; Hervorhebungen im Original.
235 Ebd., 12 f.
236 Casson, Der Unternehmer, 525; vgl. ausserdem ders., The Entrepreneur und Berghoff, Unternehmensgeschichte, 36.
237 Wadhwani; Lubinski, Reinventing Entrepreneurial History, 767–799.
238 Ebd., 769; Hervorhebung im Original.
239 Ebd., 777; vgl. auch Bucheli, Marcelo; Wadhwani, R. Daniel, Organizations in Time: History, Theory, Methods, Oxford 2013.
240 Ebd., 777.
241 Ebd., 778.
242 Ebd., 778.
243 Ebd., 790 f., für das Zitat von Schumpeter, siehe ders., Creative Response, 149.
244 Norths Werk ist umfangreich, für unseren Zusammenhang von Belang: North; Thomas, Rise of the Western World; North, Douglass C., Structure and Change in Economic History, York 1982; ders., Institutions, Institutional Change; ders.; Weingast, Barry R., Constitutions and Commitment: Evolution of Institutions Governing Public Choice in 17th Century England, in: *Journal of Economic History* 49 (1989), 805–832. Eine gute Zusammenfassung seiner Forschung nahm er vor in: ders., Institutions, in: *The Journal of Economic Perspectives*, 5/1 (1991), 97–112, schliesslich: ders., Understanding the Process of Economic Change, Princeton 2005. Eine Würdigung seines Gesamtwerkes findet sich in: Galiani, Sebastian; Sened, Itai, Institutions, Property Rights, and Economic Growth: the Legacy of Douglass North, New York 2014.
245 Acemoglu; Robinson, Why Nations Fail.
246 Ebd., 43. Bill Gates (geb. 1955) gründete 1975 zusammen mit Paul Allen (geb. 1953) Microsoft. Steve Ballmer (geb. 1956) arbeitete von 2000 bis 2014 als CEO von Microsoft. Steve Jobs (1955–2011) war Gründer, Mehrheitsbesitzer und CEO von Apple, einem Computerunternehmen, das er 1976 ins Leben rief. Larry Page (geb. 1973) schuf zusammen mit Sergey Brin (geb. 1973) die Suchmaschine Google. Page fungierte jahrelang als CEO von Google, bis er 2015 CEO von Alphabet wurde, der neuen Muttergesellschaft von Google. Jeff Bezos (geb. 1964) etablierte 1994 Amazon. Microsoft, Apple, Amazon und Alphabet sind heute (2019) die vier wertvollsten Unternehmen der Welt (in dieser Reihenfolge). Microsoft weist eine Börsenkapitalisierung von 904 Milliarden Dollar auf, Apple 895 Milliarden, gefolgt von Amazon mit 874 und Alphabet mit 818 Milliarden Dollar. Zur Geschichte dieser Generation von Unternehmern vgl. Isaacson, Walter, The Innovators. How a Group of Hackers, Geniuses and Geeks Created the Digital Revolution, London, New York 2014.
247 Ebd., 74 f.
248 Baumol, Productive, Unproductive, 893–921, ausserdem: ders., Entrepreneurship in Economic Theory, in: *American Economic Review* 58/2 (1968), 64–71, sowie ders., Free-Market Innovation Machine.
249 Baumol, Productive, Unproductive, 894.
250 Zur Geschichte der Gründer und ihrer Familien liegt eine reiche Literatur vor, wir stützen uns vor allem auf: Lang, Brown, Boveri; ders., Elektrische Maschinenindustrie der Schweiz. Vom Nachbau zur Eigenentwicklung, in: Gugerli, David, Hg., Allmächtige Zauberin unserer Zeit. Zur Geschichte der elektrischen Energie in der Schweiz, Zürich 1994, 103–116; Betschon, Franz et al., Hg., Ingenieure bauen die Schweiz. Technikgeschichte aus erster Hand, Zürich 2013; Catrina, BBC; Rinderknecht,

75 Jahre; Ziegler, wirtschaftliche Entwicklung; Sachs, 1941; Sachs, 1931; Sachs, 1943; Sachs, 1900; sowie: Mittler, Baden II; Meier, Bruno, Baden wird Energiestadt: im Netzwerk der schweizerischen Energiewirtschaft, in: Furter et al., Stadtgeschichte, 150–187; Novaretti, Salvatore, Die Rolle sozialer Netzwerke in der BBC-Frühphase. Charles Brown und die MFO, in: BNJB 87 (2012), 14–23; spezifisch zu BBC im Kontext der gesamten Elektrifizierungsgeschichte: Paquier, Histoire de l'électricité, II 659–722; ders., Réseaux familiaux et trajectoires entrepreneuriales en Suisse du milieu du XIXe siècle à la Première Guerre mondiale, in: Head-König, Anne-Lise; Lorenzetti, Luigi; Veyrassat, Béatrice, Famille, parenté et réseaux en Occident (XVIIe–XXe siècles), Fs Alfred Perrenoud, Genf 2001, 227–243. Ebenso nützlich waren die Geschichten jener Firmen, in denen die Browns (Vater und Söhne) sowie Boveri vor der Gründung der BBC tätig gewesen waren, wie etwa Sulzer: Matschoss, Conrad, Geschichte der Firma Gebr. Sulzer, Winterthur und Ludwigshafen am Rhein, Berlin 1910; Bálint, Anna, Sulzer im Wandel. Innovation aus Tradition, Baden 2015; Oederlin, Friedrich, Ein Beitrag zur Geschichte der Gebrüder Sulzer, Aktiengesellschaft Winterthur, Winterthur 1965; oder die Maschinenfabrik Oerlikon: MFO, Hg., Maschinenfabrik Oerlikon 1876–1926, Zürich 1926; Wegmann, Adolf, Die wirtschaftliche Entwicklung der Maschinenfabrik Oerlikon 1863–1917, Zürich 1920; für die Entwicklung der gesamten Maschinen- und Elektroindustrie, siehe auch: Breiding, James R.; Schwarz, Gerhard, Wirtschaftswunder Schweiz. Ursprung und Zukunft eines Erfolgsmodells, Zürich 2011, 186 ff. Schliesslich erwiesen sich die Memoiren von Autoren, die den beiden Gründern nahegestanden haben, als ergiebig: Boveri, Walter (Eugen) [junior], Ein Weg im Wandel der Zeit, Bd. 1: Die Jugendjahre, München 1963 [Boveri, Weg I]; ders., Ein Weg im Wandel der Zeit, Bd. 2: Die Laufbahn, München 1969 [Boveri, Weg II]; Hämmerli-Boveri, Victoire, [Erinnerungen], Ms., o.O., o.J.; Funk, Fritz, Gründung der Kommanditgesellschaft Brown Boveri & Cie., Baden und deren erste Jahre, Ms., Baden o. J., in: Archiv ABB [Funk, Erinnerungen]; Hafter, Albert, 40 Jahre BBC, Ms., Baden 1933, in: Archiv ABB [Hafter, 40 Jahre BBC]; Sachs, Karl, In memoriam Charles Brown [senior]. Ein Beitrag zur Firmengeschichte, in: *Wir und unser Werk* (Brown Boveri Hauszeitung), 6/11 (November 1948), 170–173; Boveri, Margret, Verzweigungen. Eine Autobiographie, Uwe Johnson, Hg., (München 1977) Frankfurt/Main 1996. Last but not least erschienen ab 1924 zahllose Nachrufe auf Brown bzw. Boveri in den zeitgenössischen Zeitungen und Zeitschriften, die viele Informationen enthielten. Wir werden diese unten jeweils gesondert ausweisen, wenn wir uns auf deren Angaben beziehen.

251 Es ist denkbar, dass Charles Brown zu diesem Zeitpunkt noch nicht Chef der elektrischen Abteilung war, die Literatur ist nicht einheitlich. In seiner Biographie über Peter Emil Huber aus dem Jahr 1943 ging Hans Staffelbach davon aus, dass Brown erst 1886 zum Direktor berufen wurde (ders., Peter Emil Huber-Werdmüller, 1836–1915. Emil Huber-Stockar, 1865–1939. Vater und Sohn. Zwei Lebensbilder als Beitrag zur Geschichte der schweizerischen Technik, Zürich 1943), während Norbert Lang in seiner Studie (2000) diese Beförderung 1885 ansetzt (Lang, Brown, Boveri), seine Datierung scheint plausibler. Langs Version übernehmen auch Rudolf Huber und Rudolf Kurth (dies., Kraftort Oerlikon. Genesis von Stromerzeugung und Stromverteilung, in: Betschon, Ingenieure bauen die Schweiz, 32 f.).

252 Mokyr, Joel, Entrepreneurship and the Industrial Revolution in Britain, in: Landes; Mokyr; Baumol, Invention of Enterprise, 187.

253 Ebd., 187.

254 Baumol, William J.; Strom, Robert J., «Useful Knowledge» of Entrepreneurship: Some Implications of the History, in: Landes; Mokyr; Baumol, Invention of Enterprise, 532 ff.

255 Dieses familiäre Netz wurde laufend ausgeweitet, bald über die Gründerfamilien hinaus. Oft zogen Väter, die es in der BBC zu etwas gebracht hatten, auch ihre Söhne nach, manchmal gar die Enkel. In der BBC entstanden buchstäbliche Managerdynastien, so etwa die Familien Speiser, Nizzola, Naville, Vanotti oder Funk.

256 Paquier, Réseaux familiaux, 227.

257 Ebd., 239.

258 Zu Charles Brown senior: Lang, Brown, Boveri, 15 ff.; ders., Die Gründerväter von Brown Boveri & Cie., in: BNJB 66 (1991), 3 ff.; Bálint, Sulzer, 42 ff. und 261 ff.; Müller, Ueli, Charles Brown [senior], in: HLS, http://www.hls-dhs-dss.ch/textes/d/D30946.php, abgerufen am 31. März 2017; Engel, Christian: Von London via Winterthur und Oerlikon nach Baden – eine kurze Geschichte der Familie

Brown, in: BNJB 87 (2012), 10–13; Sachs, Charles Brown [senior], 170–173; Charles Brown (Vater). Zum hundertsten Geburtstag, in: NZZ, 30. Juni 1927; Nachruf Charles Brown, in: SBZ 46/16 (1905), 203; Charles Brown (1827–1905), Obituary, in: *The Engineer*, 20. Oktober 1905, 384; sowie Matschoss, Sulzer, 15 ff.; schliesslich: Paquier, Réseaux familiaux, 236 ff.

259 Zur Geschichte der Firma Gebrüder Sulzer siehe neuerdings: Bálint, Sulzer, ausserdem: Labhart, Walter, Johann Jakob Sulzer-Hirzel; Salomon Sulzer-Sulzer. Gründer der Gebrüder Sulzer, (Schweizer Pioniere der Wirtschaft und Technik 40), Zürich 1999; sowie Matschoss, Sulzer.
260 Vgl. die Würdigung der Firma in der *Times* (London), 13. März 1935.
261 Vgl. *Proceedings of the Institution of Mechanical Engineers*, Obituaries, Matthew Murray Jackson, (Februar 1893), 91–93.
262 Vgl. Nachruf auf Edward King in: SBZ 76/10 (1920), 116.
263 Escher Wyss, Hg., 150 Jahre Escher Wyss, 1805–1955 (*Escher Wyss Mitteilungen* 27/28), Zürich 1955, 18 ff.
264 Menzel, Ulrich, Wege aus der Abhängigkeit. Die entwicklungspolitische Aktualität Europas, Frankfurt/Main 1988, 99 ff.
265 Bowring, John, Report On The Commerce And Manufactures Of Switzerland: Presented To Both Houses Of Parliament By Command Of His Majesty, London 1836, 3.
266 Ebd., 6.
267 Vgl. Munro, Tawney's Century, 110 ff.
268 Zit. n. Lang, Brown, Boveri, 15.
269 Peter Barlow (1776–1862) war ein Mathematiker und Physiker, der zuerst an der *Military Academy* in Woolwich einen Lehrauftrag erhalten hatte, um dann zum Professor berufen zu werden. In den 1820er Jahren befasste er sich mit Magnetismus und Elektrizität, vgl. Eintrag in Encyclopedia Britannica, https://www.britannica.com/biography/Peter-Barlow, abgerufen am 15. Dezember 2017.
270 Zit. n. Lang, Brown, Boveri, 15.
271 *The Times* (London), 13. März 1935. Die Firma wurde 1798 gegründet und musste 1900 schliessen.
272 Zit. n. Matschoss, Sulzer, 16. Conrad Matschoss (1871–1942) war Ingenieur und einer der frühen Technikhistoriker Deutschlands. Bei der 1910 erschienenen Studie zu Sulzer handelt es sich um einen zeitgenössischen Text, dem zum Teil Quellencharakter zukommt, weil Matschoss einen guten Zugang zur Firma erhielt und mit allen relevanten Personen der Familie Interviews führte. Ebenso hatte er den alten Charles Brown noch persönlich kennengelernt, ebenso korrespondierte er mit Charles Brown junior.
273 Vgl. Lang, Brown, Boveri, 18; sowie Bálint, Sulzer, 261 ff. und Matschoss, Sulzer, 34 ff.
274 Vgl. Mokyr, Entrepreneurship and the Industrial Revolution, 187.
275 Zit. n. Matschoss, Sulzer, 22.
276 Ebd., 15.
277 Johann Jakob Sulzer an Gottlieb Hirzel, 26. April 1856, zit. n. Matschoss, Sulzer, 16, siehe auch: Charles Brown (Vater). Zum hundertsten Geburtstag, in: NZZ, 30. Juni 1927.
278 Eric Brown war 1866 als Sohn eines Arztes in London geboren worden. Sein Vater war ein Bruder von Charles Brown senior.
279 Lang, Brown, Boveri, 18 f.; Vogel, Kaspar, 125 Jahre Schweizerische Lokomotiv- und Maschinenfabrik, 1871–1996, Luzern 1996, 7 f.
280 Heinrich Sulzer-Steiner hatte schon in einem Brief von 1862 an seinen Vater Johann Jakob Sulzer vorgeschlagen, Johann Rudolf Ernst als Teilhaber zu berücksichtigen, nachher dürfte er jahrelang darauf hingearbeitet haben, was es naheliegend erscheinen lässt, dass Charles Brown schon lange Bescheid wusste. Ernst blieb übrigens eine Ausnahme: Die Sulzer-Familie achtete immer darauf, den Besitz unter Kontrolle der Familie zu halten. Selbst im Verwaltungsrat kamen sogenannte «Fremdlinge», also Leute, die nicht mit den Sulzers verwandt waren, so gut wie nicht vor. Erst ab dem Ersten Weltkrieg, nachdem sich Gebrüder Sulzer zur Aktiengesellschaft umgewandelt hatte, sollte sich das ändern, vgl. Bálint, Sulzer, 67 und Lüpold, Martin, Der Ausbau der «Festung Schweiz»: Aktienrecht und Corporate Governance in der Schweiz, 1881–1961, Diss. Universität Zürich 2010, https://www.zora.uzh.ch/id/eprint/46634/1/Lüpold_Festung_Schweiz.pdf, abgerufen am 4. November 2018, 143 f.

Anhang

281 Vgl. Vogel, SLM, 6 ff.
282 Je einen Drittel der Finanzierung garantierte die Bank in Winterthur (Vorgängerin der Schweizerischen Bankgesellschaft), sowie die zwei Basler Banken Bischoff zu St. Alban und von Speyr & Companie. Das letzte Drittel übernahm die Mitteldeutsche Kreditbank in Meiningen (Herzogtum Sachsen-Meiningen). Das Aktienkapital betrug 1,2 Millionen CHF, das Obligationenkapital 600 000 CHF, vgl. Vogel, SLM, 7 f. Als die Banken die Aktien und Obligationen an die Börse brachten, wurden sie mehrfach überzeichnet: insgesamt wurden 26,5 Millionen Franken gezeichnet (!), was zeigt, wie viel man Brown zutraute.
283 Die Spannungen zwischen Brown und Sulzer hielten übrigens an. Nachdem Brown die SLM etabliert hatte, sah sich Sulzer von der neuen Konkurrenz bedrängt, weil man glaubte, der frühere Spitzenmann würde sich nicht mit dem Bau von Lokomotiven begnügen, sondern auch Produkte herstellen, die Sulzer bisher vorbehalten gewesen waren. In einem Brief vom 27. Oktober 1874 stellte Johann Jakob Sulzer sogar die Vermutung an, Browns neue Fabrik scheine «den eigentlichen Zweck, den Lokomotivbau, aufgeben und sich auf unsere Branche werfen zu wollen.» (zit. n. Vogel, SLM, 12). Als Browns SLM wenig später von der Winterthurer Seidenfabrik tatsächlich den Auftrag erhielt, einen Kessel zu liefern, wie ihn Sulzer längst im Angebot hatte, herrschte Alarmstimmung: «Jetzt hat der Krieg begonnen!», schrieb Heinrich Sulzer-Steiner seinem Vater (zit. n. Vogel, SLM, 12). Die Animositäten übertrugen sich auf die Winterthurer Gesellschaft. Charles Brown hatte einen Freund, den Textilfabrikanten Eduard Bühler-Egg, dazu gebracht, im Verwaltungsrat der SLM Einsitz zu nehmen, was die Familie Sulzer, die mit den Bühlers bestens bekannt, später gar verschwägert war, überhaupt nicht gerne sah. Einmal kam es an einem Anlass in Winterthur deshalb zu Handgreiflichkeiten zwischen Eduard Bühler und Albert Sulzer-Grossmann, einem Sohn von Johann Jakob Sulzer. Fanny Sulzer-Bühler, die Tochter von Eduard Bühler, erinnerte sich: «Durch seinen Freund, Charles Brown, der von Gebrüder Sulzer entlassen worden oder selbst weggegangen war, wurde er [Eduard Bühler] zur Mitbegründung der Lokomotivfabrik und in deren Verwaltungsrat mit Salomon Volkart und andern gewonnen. Sulzer-Grossmann, der über diese vermeintliche Konkurrenzgründung erbost war, Salomon Volkart aber aus verwandtschaftlichen Gründen nicht brüskieren durfte, wandte sich in seiner Wut gegen Papa, den er ohrfeigte. Papa zahlte ihm sofort die Ohrfeige retour, aber von da an blieb eine Feindschaft bestehen, die sich gesellschaftlich sehr unangenehm auswirkte, da beide Herren nie zusammen eingeladen werden durften.» (Sulzer-Bühler, Fanny Cornelia, Erinnerungen von Fanny Cornelia Sulzer-Bühler 1865–1948, überreicht an ihre Kinder an Ostern 1936, Winterthur 1973, 90 f.) Sie selber heiratete August Sulzer, einen Vertreter der dritten Generation der Sulzers (und Cousin von Albert Sulzer-Grossmann). Eduard Bühler sass von 1871–1883 im VR der SLM.
284 Sulzer-Bühler, Erinnerungen, 91. Siehe auch Fussnote oben.
285 NZZ, 15. Oktober 1905.
286 Zu Peter Emil Huber-Werdmüller (und dessen Sohn Emil Huber) siehe: Staffelbach, Hans, Peter Emil Huber-Werdmüller, 1836–1915. Emil Huber-Stockar, 1865–1939. Vater und Sohn. Zwei Lebensbilder als Beitrag zur Geschichte der schweizerischen Technik, Zürich 1943; Rieter, Fritz, Peter Emil Huber-Werdmüller, 1836–1915, (Schweizer Pioniere der Wirtschaft und Technik 7), Zürich 1957; sowie Huber; Kurth, Kraftort Oerlikon, 32 ff.
287 Zit. n. Staffelbach, Huber-Werdmüller, 42.
288 Vgl. Hürlimann, Katja, Escher, in: HLS, https://hls-dhs-dss.ch/de/articles/023794/2012-04-05/#HEschervomGlas, abgerufen am 2. Mai 2017. Hürlimann spricht von einem «Zürcher Spitzengeschlecht». Die Escher waren seit dem 14. Jahrhundert Bürger von Zürich. «Bis 1798 stellten die E. vom Glas fünf Bürgermeister, 45 Vertreter im Kl. Rat und 82 Mitglieder des Gr. Rats. Zur Fam. zählten im 16.–18. Jh. 34 Obervögte, 29 Landvögte und 20 Amtsleute, allein im 18. Jh. sieben Landvögte von Kyburg, der wichtigsten Zürcher Landvogtei.»
289 Vgl. Staffelbach, Huber-Werdmüller, 46 ff.
290 Peter Emil Huber, persönliche Aufzeichnungen, zit. n. Wegmann, Adolf, Die wirtschaftliche Entwicklung der Maschinenfabrik Oerlikon 1863–1917, Zürich 1920, 61.
291 1897 fusionierte die Firma mit der Maschinenbaufirma Joseph Whitworth zu Armstrong-Whitworth. 1927 schloss sie sich mit Vickers zusammen, um neu Armstrong-Vickers zu bilden, einen der seinerzeit

grössten britischen Rüstungskonzerne. 2003, nach Jahren der Umstrukturierung, Teilverkäufen und Fusionen, wurde die Firma, oder was zu jenem Zeitpunkt davon übriggeblieben war, aufgelöst.
292 Vgl. Segreto, Luciano, More Trouble than Profit: Vickers' Investments in Italy 1906–39, in: *Business History*, 27/3 (1985), 316–337.
293 NZZ, 15. Oktober 1905.
294 Nachruf Charles Brown, in: SBZ 46/16 (1905), 203.
295 Charles Brown, in: *The Engineer*, Oktober 1905, 384.
296 Ebd. Der originale Nachruf, aus dem *The Engineer* zitierte, war am 13. Oktober 1905 in den *Basler Nachrichten* erschienen, die betreffende Stelle lautete auf Deutsch: «Ein genialer Maschineningenieur, bahnbrechend auf seinen speziellen Gebieten, gehört er mit zu den Begründern der schweizerischen Technik; es mag darum als ein wohlverdientes Geschick aufgefasst werden, dass er an seinem Lebensabend die grossartige Entwicklung noch erleben konnte, welche im gleichen Gebiet die Etablissemente seiner Söhne – Brown, Boveri & Cie. – nahmen. Dem Sohn fremder Erde, der seiner Stelle zur wirtschaftlichen Blüte unseres Landes mithalf, aber gebührt dessen Dank!»
297 Ebd.
298 «Bericht über Handel und Industrie im Kanton Zürich auf das Jahr 1882», Zürich 1883, 144.
299 Miller, Walther von, Hg., Oskar von Miller. Nach eigenen Aufzeichnungen, Reden und Briefen, München 1932, 15.
300 Zwei Jahre später, 1886, gründete Westinghouse die *Westinghouse Electric Company*, eine Firma, die sich ausschliesslich auf elektrotechnische Produkte konzentrierte. Sie stellte das gesamte Sortiment jener Epoche her, wie etwa Turbinen, Generatoren oder Elektromotoren, sie baute Kraftwerke und zog Stromnetze auf. Bald stieg Westinghouse zu einem der rentabelsten Elektrokonzerne der USA auf. Als schärfster Rivale galt jahrzehntelang GE. Anfang der 1990er-Jahre geriet das Unternehmen in dramatische finanzielle Schwierigkeiten und sah sich gezwungen, einen Produktionsbereich nach dem andern zu verkaufen. Das Kraftwerkgeschäft ging 1998 an Siemens. 1999 wurde Westinghouse liquidiert.
301 Als Standardwerk für unsere Periode gilt nach wie vor: Hughes, Thomas P., Networks of Power. Electrification in Western Society 1880–1930, Baltimore, London 1983, ebenso ergiebig: Jonnes, Jill, Empires of Lights. Edison, Tesla, Westinghouse, and the Race to Electrify the World, New York 2003. Neuerdings haben William Hausman, Peter Hertner und Mira Wilkins einen umfassenden Beitrag zur globalen Elektrifizierungsgeschichte vorgelegt, wobei sie sich in erster Linie mit der Frage befassen, wie diese säkulare Anstrengung finanziert wurde: Hausman, William J.; Hertner, Peter; Wilkins, Mira, Global Electrification: Multinational Enterprise and International Finance in the History of Light and Power, 1878–2007, Cambridge, MA, New York, 2008. Die drei Autoren untersuchen die enge Kooperation von Elektrounternehmen und Banken, die sich als unabdingbar erwies, weil der Aufbau der Stromversorgung extrem kapitalintensiv war. Für diesen Zusammenhang ebenfalls interessant ist die Dissertation von Vincent Lagendijk, Electrifying Europe. The Power of Europe in the Construction of Electricity Networks, Amsterdam 2008. Zu einzelnen Ländern sind zahlreiche Studien erschienen, so zu Deutschland: Zängl, Wolfgang, Deutschlands Strom: die Politik der Elektrifizierung von 1866 bis heute, Frankfurt/Main 1989; immer noch nützlich: Dettmar, Georg, Die Entwicklung der Starkstromtechnik in Deutschland, Bd. 1 (bis 1890), Berlin 1940 und ders.; Humburg, Karl; (Jäger, Kurt, Hg. 1991), Die Entwicklung der Starkstromtechnik in Deutschland, Bd. 2 (1890 bis 1920), Berlin, Offenbach 1991. Für die USA: Klein, Maury, The Power Makers: Steam, Electricity, and the Men Who Invented Modern America, New York 2008; Hunter, Louis C.; Bryant, Lynwood, A History of Industrial Power in the United States, 1730–1930, Bd. 3: The Transmission of Power, Cambridge, MA 1991, sowie Nye, David E., Electrifying America: Social Meanings of a New Technology, Cambridge, MA, London 1990. Hilfreiche Darstellungen einzelner Pioniere: Friedel, Robert; Israel, Paul, Edison's Light. The Art of Invention, Baltimore 2010; Carlson, W. Bernard, Tesla: Inventor of the Electrical Age, Princeton 2013; Cawthorne, Nigel, Tesla vs. Edison. The Life-Long Feud That Electrified the World, New York 2016. Zur Elektrifizierung der Schweiz wegweisend: Paquier, Histoire de l'électricité I, II, ebenso Gugerli, Redeströme und ders., Allmächtige Zauberin; schliesslich ältere, aber wichtige Untersuchungen: Wyssling, Walter, Die Entwicklung der Schweizerischen Elektrizitätswerke und ihrer Be-

Anhang

standteile in den ersten 50 Jahren, Zürich 1946, sowie: Einhart, Julius G., Die wirtschaftliche Entwicklung und Lage der Elektrotechnik in der Schweiz, Worms 1906.

302 So etwa in: Mokyr, Joel, The Gifts of Athena. Historical Origins of the Knowledge Economy, Princeton, Oxford 2002; und neuerdings ders., Culture of Growth.

303 Werner Siemens war der massgebliche Kopf. Als Ingenieur und Offizier in der Artilleriewerkstatt der preussischen Armee hatte er für diverse Erfindungen gesorgt, bevor er sich selbständig machte, um den von ihm entwickelten Zeigertelegrafen zu vermarkten. Innert kurzer Zeit wurde Siemens & Halske zu einem wegweisenden Telegrafen-Produzenten und realisierte Telegrafen-Netze in aller Welt. Werner Siemens gelangen in der Folge weitere bedeutende Innovationen. Ab den 1870er-Jahren wandelte sich die Firma zu einem kompletten Anbieter elektrotechnischer Produkte um und sie wurde neben der AEG zum wichtigsten *Player* der seinerzeit dominanten deutschen Elektroindustrie. Nach dem Zweiten Weltkrieg wurde der Schwerpunkt der Geschäftstätigkeit von Siemens nach München verlegt. – 1888 wurden Siemens und seine Familie vom deutschen Kaiser Friedrich III. nobilitiert. Seither war er als Werner *von* Siemens bekannt.

304 Vgl. Zürcher, Christoph, Ascom, in: HLS, http://www.hls-dhs-dss.ch/textes/d/D41858.php, abgerufen am 20. April 2017.

305 Als *Schwachstrom* wird Strom mit tiefer Spannung (bis 50 Volt) und geringer Stromstärke (unter 2 Ampere) bezeichnet. Die Definition ist uneinheitlich. Doch als Schwachstrom gilt insbesondere Strom, mit dem Menschen in Berührung kommen können, ohne sich zu gefährden. Manchmal spricht man bei Schwachstrom auch von Kleinspannung. *Starkstrom* sind Ströme, die über diesen Werten liegen, wie sie vor allem für den Transport von Strom benutzt werden: bei Hochspannungsanlagen sind dies Ströme über 1000 Volt (Wechselstrom) bzw. über 1500 Volt (Gleichstrom). Ein Kontakt ist meistens tödlich. Verschiedentlich wird Starkstrom auch Drehstrom, Kraftstrom, Dreiphasenwechselstrom oder Dreiphasenstrom genannt. Auch diese Bezeichnung ist nicht verbindlich geregelt. Niederspannungsanlagen (nicht zu verwechseln mit Kleinspannungsanlagen) funktionieren in der Regel mit Spannungen zwischen 50 und 1000 Volt, wie etwa die Spannung, die der Strom aufweist, der aus der Steckdose bezogen wird. Diese Spannung variiert von Land zu Land: 220–240 Volt (wie in den meisten Ländern der Welt) oder 120 Volt (wie etwa in den USA und Kanada).

306 *General Electric*, bald besser bekannt als GE, entstand 1892 aus dem Zusammenschluss der *Thomson-Houston Electric Company* mit der *Edison General Electric Company*. Bei letzterer handelte es sich um eine Gesellschaft, die Edison 1890 ins Leben gerufen hatte, um seine diversen bestehenden Firmen zusammenzufassen. Der bloss zwei Jahre später folgenden Fusion mit *Thomson-Houston* hatte Edison nicht freiwillig zugestimmt. Vielmehr wurde er von seinem Bankier, J. P. Morgan (1837–1913), dazu genötigt, nachdem er unter wirtschaftlichen Druck geraten war. Rasch setzte sich *General Electric* als einer der *Leader* in der amerikanischen Elektroindustrie durch und wuchs zu einem der grössten Unternehmen der Welt heran, was GE bis heute geblieben ist. Obwohl Edisons Beitrag zu diesem Triumph kaum überschätzt werden kann, verlor er kurz nach der Fusion jeglichen Einfluss auf seine ehemalige Firma.

307 Hin und wieder ist auch die englische Schreibweise zu sehen: Eugene. Wir verwenden die deutsche, die wir in den Quellen öfter antrafen.

308 Zit. n. Lang, Brown, Boveri, 43.

309 Boveri, Weg I, 69.

310 Ebd., 70.

311 Ebd., 70 f. Eine Plastronkrawatte (oder einfach: das Plastron) ist eine breite (in der Regel weisse) Krawatte, wie sie heute kaum mehr getragen wird. Sie wird auch Krawattenschal oder Ascot genannt, weil sie am gleichnamigen Pferderennen in England nach wie vor zur Standardausstattung des vollendeten *Gentlemans* gehört.

312 Dorosz, Franz, Ein köstliches Erlebnis mit Charles Brown, in: *Wir und unser Werk* (Brown Boveri Hauszeitung) 7/8 (Juli/August 1963), 171.

313 Ebd., 171.

314 Ebd., 171.

315 Vgl. Lang, Brown, Boveri, 44 f. und Lang, Norbert, C. E. L. Brown, Pionier des schweizerischen Elek-

tromaschinenbaus, in: *Ferrum*. Nachrichten aus der Eisenbibliothek, Stiftung der Georg Fischer AG, Hg., 55 (1984), 30.
316 Vgl. Root-Bernstein, Robert et al., Arts Foster Scientific Success: Avocations of Nobel, National Academy, Royal Society, and Sigma Xi Members, in: *Journal of Psychology of Science and Technology* 1 (2008), 51–63; und Grant, Adam, Originals. How Non-Conformists Change the World, New York 2016, 48 ff.
317 Leicht gekürzte Tabelle aus Grant, Originals, 47.
318 Boveri, Weg I, 69.
319 Ebd., 71.
320 Ebd., 71.
321 Schumpeter, Theorie der wirtschaftlichen Entwicklung, 128.
322 Zu Winterthur siehe: Eugster, Eugen, Hg., Winterthurer Stadtgeschichte, 1: Von den Anfängen bis 1850. Zwischen Rot und Blau – Habsburg, Zürich oder Autonomie, 2: Von 1850 bis zur Gegenwart. Zwischen Dampf und Bytes – Technik, Kultur, Innovation, Zürich 2014, darin besonders der Beitrag von Adrian Knoepfli: ders., Vom Baumwollhandel zur Industrie – und zur Bildungsstadt, 163–196; dann: Ganz, Werner, Geschichte der Stadt Winterthur vom Durchbruch der Helvetik 1798 bis zur Stadtvereinigung 1922, Winterthur 1979; für unsere Fragestellung nach wie vor hilfreich: Wetter, Ernst, Die Bank in Winterthur, 1862–1912, Diss. Universität Zürich 1913, Winterthur 1914; zu Brown in Winterthur siehe auch: Engel, Von London via Winterthur, 10–13.
323 Vgl. Illi, Martin, Pfau, in: HLS, http://www.hls-dhs-dss.ch/textes/d/D23867.php, abgerufen am 21. April 2017.
324 Vgl. Lang, Brown, Pionier des schweizerischen Elektromaschinenbaus, 30.
325 Vgl. Blättler, Eduard, Von der Lehranstalt zur Fachhochschule. 125 Jahre Technikum Winterthur 1874–1999, Winterthur 1999; ausserdem: Kronbichler, Walter, Die zürcherischen Kantonsschulen, 1833–1983. Festschrift zur 150-Jahr-Feier der staatlichen Mittelschulen des Kantons Zürich, Erziehungsdirektion des Kantons Zürich, Hg., Zürich 1983, 39 ff.
326 Vgl. Labhart, Sulzer, 64 ff.
327 Berechnung gemäss Pfister; Studer, Swistoval (3–4 Millionen Franken, Ausgangsjahr 1883). Die Angaben stammen aus den «Capital-Büchern» und aus Briefen der Sulzers, siehe Labhart, Sulzer, 69.
328 Vgl. Wetter, Bank in Winterthur, 42 f. und Vogel, SLM, 12.
329 Vogel, SLM, 12. Umrechnung gemäss Pfister; Studer, Swistoval (30 000 Franken, Ausgangsjahr: 1872).
330 Charles Brown lebte mit seiner Frau an der Güterstrasse 91 in Basel, wo er auch verstarb, vgl. Todesanzeige in den *Basler Nachrichten*, 8. Oktober 1905.
331 Vgl. Tuggener, Jakob, 150 Jahre Joh. Jacob Rieter und Cie., Winterthur 1947; Furrer, Alfred J., 200 Jahre Rieter 1795–1995 (Schweizer Pioniere der Wirtschaft und Technik 62), 2 Bde., Meilen 1995.
332 Wie zum Beispiel Ed. Bühler (Spinnerei, Weberei); Gebrüder Volkart (Handel); Imhoof, Brunner & Comp. (Spinnerei, Weberei), Greuter & Rieter (Färberei), Rieter, Ziegler & Companie (Färberei) oder J.H. Bühler in Kollbrunn (Spinnerei, Weberei), siehe «Verzeichnis der Handelshäuser und Fabriken des Kantons Zürich. Gefertigt nach offiziellen Registern bis Ende 1861 durch die Kanzlei der Handelskammer, Zürich 1862», aufgeführt bei Wetter, Bank in Winterthur, 12 ff.
333 Alle Angaben gemäss eidgenössischen Volkszählungen, insbesondere: Eidg. Volkszählung 1870, I 248 ff.
334 Vgl. Knoepfli, Vom Baumwollhandel, 177 f.
335 Charles Brown junior an Charles Brown senior, 28. April 1891, Briefkopienbuch C.E.L. Brown, in: Archiv ABB.
336 Charles Brown junior an Charles Brown senior, 28. April 1891, Briefkopienbuch C.E.L. Brown, in: Archiv ABB.
337 Charles Brown junior an Charles Brown senior, 9. Januar 1891, Briefkopienbuch C.E.L. Brown, in: Archiv ABB.
338 Zum Beispiel ebd.
339 Vgl. Lang, Elektrische Maschinenindustrie, 104 f. sowie Schaller-Jeanneret, Anne-Françoise, Hipp, Matthias, in: HLS, http://www.hls-dhs-dss.ch/textes/d/D30302.php, abgerufen am 19. April 2017.

Anhang

340 Schweizerische Industrie, in: SBZ 9/17 (1887), 106f.
341 Brown, Charles, Briefkopienbuch C. E. L. Brown, 1885–1891 (Privatbesitz), zit. n. Lang, Maschinenindustrie, 112.
342 Zit. n. Rieter, Huber-Werdmüller, 68.
343 P. E. Huber-Werdmüller in seinen «Erinnerungsblättern», zit. n. Staffelbach, Huber-Werdmüller, 104.
344 Zit. n. Lang, Brown, Boveri, 24.
345 Brown, Charles, Die electrische Kraftübertragung zwischen Kriegstetten und Solothurn (Vortrag gehalten an der Generalversammlung zum 50-jährigen Jubiläum des Schweizerischen Ingenieur- und Architektenvereins in Solothurn, SIA), in: SBZ 10/8 (1887), 48.
346 Zur Geschichte dieser Kraftübertragung in Kriegstetten siehe insbesondere: Lang, Brown, Boveri, 24 ff.; Paquier, Histoire de l'électricité, I 480–484; Gugerli, Redeströme, 64 ff.; Huber; Kurth, Kraftort Oerlikon, 30 ff.; und Staffelbach, Huber-Werdmüller, 104 ff.
347 Charles Brown junior an Charles Brown senior, Juli 1886, zit. n. Lang, Brown, Boveri, 24.
348 Zit. n. ebd., 24.
349 Vgl. Brown, electrische Kraftübertragung, in: SBZ 10/8 (1887), 47.
350 Vgl. Wegmann, Maschinenfabrik Oerlikon, 65.
351 Vgl. Brunner, K., Das erste Kraftwerk Europas auf grössere Distanz, in: *Solothurner Zeitung* 29./30. Juni 1963.
352 Vgl. Brown, electrische Kraftübertragung, in: SBZ 10/8 (1887), 47.
353 Vgl. Gugerli, Redeströme, 66 ff.
354 Füssl, Wilhelm, Oskar von Miller 1855–1934. Eine Biographie, München 2005, 55.
355 Brown, Charles, Die electrische Kraftübertragung Kriegstetten–Solothurn, in: SBZ 8/26 (1886), 157.
356 Ausserdem gehörten der Kommission an (die Vornamen lassen sich nicht immer eruieren): Professor Gysel, Wasserwerkaufseher Keller (Schaffhausen), Lang (Derendingen), Meier (Schaffhausen), Professor Georg Veith (Eidgenössisches Polytechnikum Zürich), Oberst Peter Olivier Zschokke (Aarau), vgl. Amsler-Laffon, Jakob, Resultate der Versuche über elektrische Kraftübertragung mittels Dynamomaschinen System C. E. L. Brown, in: *Centralblatt für Elektrotechnik*, 7 (1887), 162.
357 Ebd., 157.
358 *Elektrotechnische Zeitschrift*, Mai 1887, 230 f.
359 Ebd., 231.
360 Die AEG war 1883 von Emil Rathenau in Berlin als «Deutsche Edison-Gesellschaft für angewandte Elektricität» ins Leben gerufen worden. Rathenau, ein bis zu diesem Zeitpunkt eher erfolgloser Unternehmer, hatte sich von Edison die Patente für dessen eben entwickelte Glühbirne gesichert, um den deutschen Markt zu bedienen. Kurze Zeit später änderte die Firma ihren Namen in «Allgemeine Elektricitäts-Gesellschaft» oder kurz: AEG. (Die Schreibweise mit c wurde bis 1979 beibehalten.) Das Kürzel AEG setzte sich bald als faktischer Name des Unternehmens durch und wurde zeitweise zu einem der bekanntesten *Brands* Deutschlands. Nach dem Zweiten Weltkrieg setzte ein jahrzehntelanger Niedergang ein, von dem sich die AEG nie mehr erholte. Einst einer der grössten und erfolgreichsten Konzerne des Landes, wurde die AEG 1985 von Daimler-Benz übernommen. 1996 wurde die AEG liquidiert und aus dem Handelsregister gelöscht.
361 Ausser Heinrich Friedrich Weber (Eidgenössisches Polytechnikum), Jakob Amsler-Laffon (Unternehmer und Professor am Gymnasium Schaffhausen) und Georg Veith (Professor für Maschinenzeichnen und -konstruieren am Eidgenössischen Polytechnikum), die schon Mitglieder der ersten Kommission gewesen waren, kamen nun der Basler Physikprofessor Eduard Hagenbach-Bischoff (Rektor der Universität Basel 1870, sowie 1874–1879 Präsident der Schweizer Akademie der Naturwissenschaften), und der Zürcher Ingenieur Keller dazu, womit vier Professoren und ein Ingenieur, die allesamt als Kapazitäten galten, die zweite Prüfung vornahmen, vgl. SBZ 10/27 (1888), 164 f.; und Gugerli, Redeströme, 70 f.
362 Gugerli, Redeströme, 71.
363 Schlussfolgerungen von Heinrich Friedrich Weber, 27. Dezember 1887, in: SBZ 11/2 (1888), 15.
364 Ebd., 15.
365 *Elektrotechnische Zeitschrift*, Februar 1888, 78.

366 SBZ 10/6 (1887), 36.
367 *Centralblatt für Elektrotechnik*. Erste deutsche Zeitschrift für Angewandte Elektricitätslehre (München, Leipzig), 7 (1887), 157 f.
368 Ebd., 159.
369 Ebd., 159.
370 Ebd., 161.
371 Gugerli, Redeströme, 72.
372 *Centralblatt für Elektrotechnik*, 5 (1888), 101. Diese Zeilen stammen aus der «Rundschau», einer Art Editorial des Heftes, was deren Bedeutung unterstreicht.
373 Gugerli, Redeströme, 75.
374 Friedrich Engels (London) an Eduard Bernstein (Zürich), 1. März 1883, Marx-Engels-Werke (MEW), Bd. 35, Berlin 1967, 444 f., (Hervorhebung im Original). Vgl. auch König, Wolfgang, Friedrich Engels und «Die elektrotechnische Revolution». Technikutopie und Technikeuphorie im Sozialismus in den 1880er-Jahren, in: *Technikgeschichte* 56 (1989), 10.
375 Vgl. Brown, Electrische Kraftübertragung, in: SBZ 10/8 (1887), 48. Hervorhebung, mso.
376 Brief vom 16. April 1888, J. Müller-Haiber, Taschenuhrenschrauben-Fabrik Solothurn, an die Maschinenfabrik Oerlikon, zit. n. Gugerli, Redeströme, 76.
377 Zit. n. ebd., 76.
378 Vgl. den ausführlichen Bericht in der SBZ: XXXIII. Versammlung und Feier des fünfzigjährigen Bestehens des Schweizerischen Ingenieur- und Architecten-Vereins den 24. und 25. Juli 1887 in Solothurn, in: SBZ 10/5 (1887), 28–32; SBZ 10/6 (1887), 35–38; SBZ 10/8 (1887), 46–47.
379 32 Jahre lang – bis zu seinem Tod im Jahr 1915. Ausserdem zählte er 1905 zu den Gründern des Arbeitgeberverbandes schweizerischer Maschinen- und Metall-Industrieller (ASM), dem er ebenfalls bis 1915 vorstand.
380 Genau genommen war er Brigadier und führte eine Brigade, zu jener Zeit gab es aber diesen Rang nicht, sondern auch diese hohen Offiziere wurden Oberst genannt.
381 Vgl. Rieter, Huber-Werdmüller, 79 ff.; sowie Staffelbach, Huber-Werdmüller, 128 ff.
382 Vgl. vor allem Mokyr, Gifts of Athena; auch für die folgenden Abschnitte. Sowie ders.; Voth, Hans-Joachim, Understanding Growth In Europe, 1700–1870: Theory and Evidence, in: Broadberry, Stephen; O'Rourke, Kevin H., Hg., The Cambridge Economic History of Modern Europe, Volume 1: 1700–1870, New York 2010, 7–42. Und neuerdings: Mokyr, Culture of Growth.
383 Ebd., Gifts of Athena, 10 f.
384 Ebd., 19.
385 Wechsel- oder Gleichstrom für elektrische Städtebeleuchtung? in: SBZ 14/22 (1889), 133.
386 Hughes, Networks, 109.
387 Frankfurt stilisierte sich zeitweise geradezu als Anti-Hauptstadt des nationalen Liberalismus gegen das autoritäre, monarchistische Berlin, vgl. Lothar Gall, Frankfurt als deutsche Hauptstadt? in: ders., Bürgertum, liberale Bewegung und Nation. Ausgewählte Aufsätze, Hein, Dieter et al., Hg., München 1996, 272–287, insbesondere: 281 ff.
388 Zur Frankfurter Ausstellung liegt eine umfangreiche Literatur vor: Füssl, von Miller, 105 ff.; Gugerli, Redeströme, 104 ff., Paquier, Histoire de l'électricité, I 484–492; Hughes, Networks, 106 ff., Brittain, James E., The International Diffusion of Electrical Power Technology, 1870–1920, in: *The Journal of Economic History*, 34/1 (1974), 113 ff.; Dettmar, Humburg, Starkstromtechnik in Deutschland, II, 119 ff.; Lang, Brown, Boveri, 27 ff., Staffelbach, Huber-Werdmüller, 109 ff., MFO, Maschinenfabrik Oerlikon, 16 f., 87 ff.; Wegmann, Maschinenfabrik Oerlikon; Pinner, Felix, Emil Rathenau und das elektrische Zeitalter, Leipzig 1918; Henninger, Gerd, Die Bedeutung der Internationalen Ausstellung 1891 in Frankfurt/Main für die Weiterentwicklung der Elektrotechnik, in: *Technik und Technikwissenschaften in der Geschichte*. Proceedings des ICOHTEC-Symposium Dresden, 25.–29. August 1986, Berlin 1987, 105–108; AEG, Hg., 75 Jahre AEG, Berlin, Frankfurt/Main 1958; Pohl, Manfred, Emil Rathenau und die AEG, Mainz 1988, 90 ff.; schliesslich als Quelle ergiebig: *Elektricität*. Offizielle Zeitung der Internationalen Elektrotechnischen Ausstellung Frankfurt am Main 1891 (1891).
389 Zu Leopold Sonnemann vgl. Klötzer, Wolfgang, Hg., Frankfurter Biographie. Personengeschichtliches

Lexikon. Bd. 2, M–Z (Veröffentlichungen der Frankfurter Historischen Kommission, 19/2), Frankfurt/Main 1996; Lordick, Harald, Leopold Sonnemann. Streitbarer Politiker und Gründer der *Frankfurter Zeitung*, in: *Kalonymos*, 12/3 (2009), 1–6, sowie: Simon, Heinrich, Leopold Sonnemann. Seine Jugendgeschichte bis zur Entstehung der *Frankfurter Zeitung*, Frankfurt/Main 1931. Die *Frankfurter Zeitung* (FZ) ging 1943 unter, als sie von den Nazis verboten wurde. Nach dem Zweiten Weltkrieg wurde die *Frankfurter Allgemeine Zeitung* gegründet, sie war ein neues Blatt, auch wenn ein paar ehemalige Mitarbeiter der FZ zu ihr stiessen. Indirekt und ideell war sie aus der FZ hervorgegangen. 1949 erschien die erste Ausgabe. Mit Leopold Sonnemann und dessen Nachfahren hatte die FAZ indes nichts mehr zu tun. Vor 1933 gehörten der Redaktion und dem Verlag der FZ viele Juden an, die meisten verliessen Deutschland und kehrten nie mehr zurück, – oder sie starben im Holocaust.

390 Zu von Miller siehe: Füssl, von Miller; sowie Miller, Aufzeichnungen.
391 Fazit in v. Millers Bericht an die bayerische Regierung (1881), zit. n. Dettmar, Georg, Die Entwicklung der Starkstromtechnik in Deutschland, Bd. 1 (bis 1890), Berlin 1940, 122.
392 Vgl. Füssl, von Miller, 107 f.
393 *Elektricität*. Offizielle Zeitung, (1891) 110.
394 *Centralblatt für Elektrotechnik*, 24 (1888), 637. Piovene (Rocchette), ein kleiner Ort, liegt im Veneto in der Nähe von Vicenza.
395 Friedrich Uppenborn (1859–1907) war Ingenieur und Technikpublizist in München, vgl. Füssl, von Miller, 41.
396 Miller, Aufzeichnungen, 58.
397 Brief Oskar von Miller an Peter Emil Huber-Werdmüller, Sommer 1915, zit. n. Staffelbach, Huber-Werdmüller, 114.
398 Wile, Frederic William, Men around the Kaiser. The Makers of Modern Germany, London 1913, 71.
399 Zu diesem Zerwürfnis vgl. Füssl, von Miller, 89 ff.; und Pohl, Rathenau, 83 f.
400 Emil Rathenau an Oskar von Miller, 4. Juli 1890, zit. n. Miller, Aufzeichnungen, 59 f.
401 SBZ 16/5 (1890), 32.
402 Ebd., 32.
403 Miller, Aufzeichnungen, 61. In der Schweiz ist der «Radschuh» als Bremsschuh bekannt, man blockiert damit die Räder von Fahrzeugen.
404 Miller, Oskar von, Die geschichtliche Entwicklung der elektrischen Kraftübertragung auf weite Entfernung, in: *Elektrotechnische Zeitschrift* 52 (1931), 1242.
405 Michael von Dolivo-Dobrowolsky an Charles Brown, 7. Oktober 1890, in: Brown, Charles, Erwiderung auf den Artikel des Herrn M. v. Dolivo-Dobrowolsky, S. 178, in: *Elektrotechnische Zeitschrift* 20 (1893), 284.
406 Vgl. Liste in *Elektricität*. Offizielle Zeitung, (1891), 31.
407 Miller, Aufzeichnungen, 62.
408 Der Aufsatz wurde kurz darauf auch in der *Elektrotechnischen Zeitschrift* (Berlin) veröffentlicht: Brown, Charles, Hohe Spannungen, Erzeugung, Fortleitung und Verwendung derselben, Vortrag, 9. Februar 1891, vor der Elektrotechnischen Gesellschaft in Frankfurt am Main, in: *Elektrotechnische Zeitschrift*, 11 (1891), 147. Hervorhebung im Original.
409 Ebd., 148.
410 Thompson, Silvanus P., Polyphase Electric Currents and Alternate-Current Motors, London, New York 1895, 109. Der Text beruhte auf dem Vorlesungsskript, das Thompson damals als Professor für seine Kurse benutzte; 1895 machte er daraus ein Buch, was ein Hinweis darauf sein mag, wie breit es rezipiert wurde; in Finsbury studierten die angehenden Elektroingenieure Grossbritanniens, vgl. Obituary Silvanus P. Thompson, in: *The Journal of the Institution of Electrical Engineers*, 55 (1916/1917), 548–551.
411 Thompson, Polyphase Electric Currents, 110.
412 Behrend, Bernard Arthur, The Debt of Electrical Engineering to C. E. L. Brown (Sonderdruck aus *Electrical World and Engineer*), New York 1902, 9. Behrend (1875–1932) war ein amerikanischer Ingenieur deutscher Herkunft. Von ihm sind zahlreiche technische Bücher und Artikel in Fachzeitschriften erschienen, vgl. Fechheimer, Carl J., Bernard Arthur Behrend, Obituary, in: *Transactions of the*

American Society of Civil Engineers, 96 (1932), 1407–1411; sowie Bernard Arthur Behrend, (Obituary Notices), in: *Journal of the Institution of Electrical Engineers*, 71 (1932), 982–983.
413 Vgl. entsprechende Meldung in: SBZ 17/15 (1891), 94.
414 *Elektricität*, offizielle Zeitung, 6. Mai 1891.
415 Vortrag Oskar von Miller vor dem elektrotechnischen Verein in Frankfurt am Main, April 1891, in: SBZ 17/21 (1891), 129.
416 Ebd.
417 Miller, Aufzeichnungen, 62.
418 The Frankfort Electrical Exhibition, (From a Correspondent), in: *The Times* (London), 12. September 1891.
419 Ebd.
420 *Vossische Zeitung*, 13. Oktober 1891, zit. n. Füssl, von Miller, 126.
421 Emil Rathenau, 1891, zit. n. Pinner, Rathenau, 164 ff., Hervorhebung im Original.
422 Ebd., Hervorhebungen im Original.
423 Sein Assistent, der ihm dabei behilflich war, hiess Agostino Nizzola, ein hochbegabter ETH-Ingenieur aus dem Tessin, der noch Ende 1891 als einer der ersten Angestellten zur neuen BBC stossen sollte. Weber hatte ihn Boveri empfohlen. 1896 machte Walter Boveri Nizzola zum Chef der Motor AG, die er über Jahrzehnte als Direktor und Präsident führen sollte. Vgl. Paquier, Histoire de l'électricité, I 672 f.
424 Thompson, Silvanus P., The Electric Transmission of Power, in: *The Times* (London), 25. Januar 1892.
425 Hughes, Networks, 134 f.
426 Zur Geschichte des Kraftwerks an den Niagarafällen, siehe: Jonnes, Empires of Lights, 277 ff.; vgl. ausserdem: Berton, Pierre, Niagara: A History of the Falls, New York 1992; Belfield, Robert, The Niagara System: The Evolution of an Electric Power Complex at Niagara Falls, 1883–1896, Proceedings of the IEEE, 64 (1976), 1346 ff.
427 *Time Magazine*, 27. Mai 1929.
428 Adams, Edward Dean, Niagara Power. History of the Niagara Falls Power Company, 1886–1918. Evolution of its Central Power Station and Alternating Current System, 2 Bde., Niagara Falls Power Co., Hg., Niagara Falls, NY 1927. Das Werk beinhaltet auch einen umfangreichen Anhang mit Statistiken und Originaldokumenten der Epoche.
429 Vgl. Nachrufe in der *New York Times*, 21. Mai 1931 und in: *Transactions of the Electrochemical Society* 59 (1931), 25 f.
430 Weil der Staat New York die Niagarafälle unter Naturschutz gestellt hatte, war klar, dass man die Wasserkraft nur mittels eines Kanals und Tunnels nutzbar machen konnte, der das Wasser auf dem Ausgangsniveau der Fälle anzapfte. Hätte man das Potenzial der Fälle insgesamt ausschöpfen dürfen, hätte es sich um eine Leistung von 7 000 000 PS (5 145 000 kW) gehandelt. Dies entsprach einer Energie, die doppelt so hoch war, wie die Energie, welche die amerikanische Industrie insgesamt zu jener Zeit mit ihren zahllosen Anlagen anwandte (!); vgl. *The Times* (London), 9. August 1892.
431 Adams, Niagara I, 164 f.
432 Ebd., I 165.
433 Ebd., I 166.
434 Ebd.
435 Ebd., I 172 f.
436 Ebd., I 173.
437 Vgl. Frommel, Bénédict, SIP, in: HLS, http://www.hls-dhs-dss.ch/textes/d/D41920.php, abgerufen am 3. Juni 2017. Turrettini leitete die SIP bis zu seinem Tod im Jahr 1916. Die Firma wurde 2006 vom Ostschweizer Konzern StarragHeckert übernommen.
438 Vgl. Paquier, Serge, Turrettini, Théodore, in: HLS, http://www.hls-dhs-dss.ch/textes/d/D3896.php, abgerufen am 2. Juni 2017; sowie Adams, Niagara, II 405; und Nachruf in der *Bauzeitung*: SBZ 68/18 (1916), 184–185.
439 Adams, Niagara, I 176.
440 Sir William Thomson (1824–1907, ab 1892 Lord Kelvin, Physiker, Professor an der University of Glasgow), William Cawthorne Unwin (1838–1933; Ingenieur, Professor am City and Guilds College,

London [ab 1900 University of London]), Eleuthère Mascart (1837–1908; Paris, Physiker, Professor am Collège de France), Théodore Turrettini (1845–1916, Ingenieur, Genf) und Coleman Sellers (1827–1907, Ingenieur, Philadelphia), vgl. Adams, Niagara, I 177.
441 Adams, Niagara I 177.
442 Jonnes, Empires of Lights, 283.
443 Vgl. Adams, Niagara, II 433 ff. (Appendix O). Umrechnung gemäss Pfister; Studer, Swistoval. (430 000 $ = 2 365 000 CHF, fixer Wechselkurs gemäss Goldstandard, Ausgangsjahr 1890).
444 Zit. n. Adams, Niagara, II 219.
445 Adams, Niagara II, 103.
446 Ebd., II, 103.
447 *New York Times*, 24. November 1891. Eine weitere Meldung über den Erfolg von Brown und Dolivo-Dobrowolsky in Frankfurt erschien am 29. November 1891 in der *New York Times*. Mit anderen Worten, man war in New York, wo die meisten Investoren der Cataract Construction Company sassen, bestens im Bild.
448 Adams, Niagara II, 106.
449 Vgl. Adams, Niagara II, 223.
450 Edward Dean Adams an Charles Brown, 18. Oktober 1891, zit. n. ebd., II, 425.
451 Ebd., II, 425.
452 Electrical World Portraits – No. 29: Mr. C. E. L. Brown, in: *The Electrical World*, 18/16 (1891), 284. Das Magazin erschien jeden Samstag. *Electrical World* vermeldete auch in einer zweiten, speziellen Nachricht, dass Brown eine eigene Firma gegründet hatte: «Mr. C. E. L. Brown, who has recently left the Oerlikon company at Zurich, has established himself at Baden, Switzerland, and is beginning preparations there to continue the electrical work by which he is already so well known.» (*The Electrical World*, 18/16 (1891), 284)
453 Ebd., 284.
454 B. A. Behrend beschreibt den Generator im Detail, den Brown für Niagara entworfen hat, in: Behrend, Debt, 9 ff.
455 Adams, Niagara, II 180.
456 Sellers, Coleman, Report on Dynamos, 17. März 1893, zit. n. Jonnes, Empires of Light, 293.
457 Auch das Genfer Unternehmen Faesch & Piccard wollte man aus den gleichen Gründen übergehen: I. P. Morris, eine amerikanische Firma in Philadelphia, sollte die Wasserturbinen in Lizenz bauen – nach den Plänen der Schweizer. Diese wurden eigenhändig von einem Genfer Ingenieur, Rudolphe Baumann, im September 1892 nach Amerika gebracht, wo er in Philadelphia auch den Bau und schliesslich die Installation in Niagara zu überwachen hatte. (Adams, Niagara II, 112 ff). Da sich aber bald herausstellte, dass die Amerikaner zum vollständigen Bau der Turbinen noch nicht in der Lage waren, wurden Teile der Turbinen (zum Beispiel Regler) am Ende doch in Genf produziert, während der Rest erst nachher in Philadelphia entstand. Als einige Jahre später das Kraftwerk erweitert wurde, kam Escher Wyss zum Zug und lieferte die Turbinen für das Powerhouse 2.
458 *The Times* (London), 30. Dezember 1891.
459 Ebd.
460 *New York Times*, 31. Juli 1892.
461 Ebd.
462 Ebd.
463 Ebd.
464 *The Times* (London), 9. August 1892.
465 Ebd.
466 Ebd.
467 Vgl. Laloux, Damián; Rivier, Michel, Technology and Operation of Electric Power Systems, in: Pérez-Arriaga, Ignacio J., Hg., Regulation of the Power Sector, London 2013, 4 f.
468 Boveri, Weg I und II; Hämmerli-Boveri, Erinnerungen; Boveri, Margret, Verzweigungen.
469 Walter Boveri an Charles Brown, 11. Mai 1889, Ms. Boveri, in: Archiv ABB, Korrespondenzbuch Walter Boveri.

470 Nach Abschluss des Jahres bestand die Möglichkeit, Reserveoffizier zu werden. Wer dies anstrebte, hatte allerdings noch weitere Dienste und Prüfungen zu überstehen. Boveri schlug diesen Weg offensichtlich nicht ein.
471 Walter Boveri an Charles Brown, 11. Mai 1889, Ms. Boveri, in: Archiv ABB, Korrespondenzbuch Walter Boveri.
472 Walter Boveri an Commerzienrath [sic] S(igmund) Schuckert in Nürnberg, 12. Juli 1889, Ms. Boveri, in: Archiv ABB, Korrespondenzbuch Walter Boveri. Sigmund Schuckert (1846–1895), ursprünglich Mechaniker und elektrotechnischer Autodidakt, hatte 1873 in Nürnberg eine eigene mechanische Werkstätte gegründet, aus der sich eine grosse Elektrofirma entwickelte, die Elektrizitäts-AG vormals Schuckert & Co. (E.-AG). 1903, aufgrund der damaligen Krise in der Elektroindustrie wurde ihre Starkstromabteilung mit derjenigen von Siemens & Halske zur Siemens-Schuckertwerke AG (SSW), Berlin verschmolzen. 1966 wurde diese Firma definitiv in den Siemens-Konzern integriert. Sigmund Schuckert starb 1895 in Wiesbaden, seit 1892 war er an einem schweren Nervenleiden erkrankt und hatte sich ganz von der Firma zurückgezogen, vgl. Imhoff, Christoph von, Hg., Berühmte Nürnberger aus neun Jahrhunderten, Nürnberg, 1984; sowie Endres, Rudolf; Fleischmann, Martina, Hg., Nürnbergs Weg in die Moderne. Wirtschaft, Politik und Gesellschaft im 19. und 20. Jahrhundert, Nürnberg 1996.
473 Walter Boveri an Charles Brown, 11. Juli 1889, Ms. Boveri, in: Archiv ABB, Korrespondenzbuch Walter Boveri.
474 Walter Boveri an Charles Brown, 3. September 1889, Ms. Boveri, in: Archiv ABB, Korrespondenzbuch Walter Boveri.
475 Brupbacher, Carl J., Zum Hinschied von Walter Boveri, in: NZZ, 3. November 1924.
476 Boveri, Walter, Ansprache anlässlich des Festaktes am 2. Oktober 1941 in der grossen Montagehalle von Brown Boveri, Baden, in: ders., Ansprachen und Betrachtungen, Hunold, Albert; Laubacher, Eugen, Hg., Zürich 1954, 311 f.
477 Ebd., 312.
478 Umrechnung gemäss Pfister; Studer, Swistoval. (0,5 bis 1 Mio. CHF, Ausgangsjahr 1888).
479 Vor der Reichsgründung war Augsburg einer der herausragenden Finanzplätze Deutschlands gewesen, unter anderem als jener Ort, wo man die vielen deutschen Währungen wechseln konnte. Heute existiert die Bank nicht mehr: die Familie Schmid verkaufte sie 1931 an die Bayerische Hypotheken- und Wechselbank in München. 1939 starb Ernst Schmid im hohen Alter von 95 Jahren, vgl. Schmid, Friedrich, Jakob Friedrich und Paul Schmid, in: Pölnitz, Götz Freiherr von, Lebensbilder aus dem Bayerischen Schwaben, Bd. 4, München 1955, 360–380.
480 Walter Boveri an Ernst Schmid, Inhaber der Bank Friedr. Schmid & Co., Augsburg, 6. Februar 1888, Ms. Boveri, in: Archiv ABB, Korrespondenzbuch Walter Boveri.
481 Ebd.
482 Walter Boveri an Ernst Schmid, 18. März 1888, Ms. Boveri, in: Archiv ABB, Korrespondenzbuch Walter Boveri.
483 Behrend, Debt, 9.
484 Charles Brown junior an Sidney Brown, 26. Juni 1889, Briefkopiebuch C. E. L. Brown, in: Archiv ABB.
485 Walter Boveri an Johannes Scharrer, 26. Februar 1888, Ms. Boveri, in: Archiv ABB, Korrespondenzbuch Walter Boveri.
486 Johannes Scharrer war Teilhaber der Firma Scharrer & Söhne in Nürnberg, einem führenden Hopfenhändler Deutschlands, ja Europas. Nürnberg war zu jener Zeit das Zentrum des internationalen Hopfenhandels; in der Nähe der Stadt lag eines der wichtigsten Anbaugebiete, und mit dem Wachstum des Bierkonsums infolge der Industrialisierung war Hopfen zu einem strategischen Rohstoff geworden. Obschon Johannes Scharrer also über erhebliche Mittel verfügte, liess er sich nicht gewinnen. Er investierte nie in die BBC. Vgl. Endres; Fleischmann, Nürnbergs Weg in die Moderne; Endres, Rudolf, Nürnberg. Von der «heimlichen Hauptstadt des Reiches» zur modernen Industriemetropole (Nürnberg). 1989, 19 ff.
487 Boveri widmete insgesamt 26 Seiten seiner väterlichen Familie Boveri und füllte damit das erste Kapitel seiner Autobiografie (Boveri, Weg I, 7–33). Bezeichnenderweise nahm die Geschichte der mütter-

Anhang

        lichen Familie Baumann aus Horgen bloss 16 Seiten in Anspruch (Boveri, Weg I, 34–50). Es bildete das zweite Kapitel.
488 Bayern hatte 1802 den grössten Teil Frankens militärisch besetzt und bald annektiert. Es wurde damit von Napoleon für seine verlorenen, linksrheinischen Gebiete entschädigt. Die übrigen, kleinen Reste Frankens stiessen erst 1806 zu Bayern, so vor allem die ehemalige Freie Reichsstadt Nürnberg. Das Hochstift Bamberg war seit 1803 bayerisch, das Hochstift Würzburg, zu dem Iphofen gehörte, ebenfalls. Für wenige Jahre überliess Bayern einen Teil dieser gewonnenen fränkischen Gebiete wieder einem anderen Fürsten, 1814 nahm sie sie alle definitiv in Besitz. Heute gehört Franken zum Freistaat Bayern.
489 Boveri, Weg, I 10.
490 Boveri, Margret, Verzweigungen. Eine Autobiographie, Uwe Johnson, Hg., Frankfurt/Main 1996, 79.
491 Ebd., 78.
492 Ebd., 78.
493 Lange sprach man in diesem Zusammenhang geradezu von einer «Feudalisierung» des deutschen Bürgertums im Kaiserreich, neuere Forschungen relativieren aber diesen Befund, vgl. Wehler, Hans-Ulrich, Deutsche Gesellschaftsgeschichte, Bd. 3: 1849–1914, München 1995, 718 ff.
494 Boveri, Weg, I 9.
495 Boveri, Walter, Eltern und Kindheit, in: Erinnerungen an Theodor Boveri, Tübingen 1918, 1.
496 Die «Mittlere Reife» bedeutete zu jener Zeit in den meisten deutschen Ländern ein Abschluss der Realschule, mit dem man sich für «mittlere Laufbahnen» empfahl. Die Mittlere Reife berechtigte dazu, als «Einjährig-Freiwilliger» in der Armee zu dienen. Demnach hätte Walter Boveri nicht einmal das Gymnasium besucht.
497 Boveri, Margret, Die Persönlichkeit von Walter Boveri [junior]. Versuch zu einem Porträt, in: Boveri, Ansprachen und Betrachtungen, 13.
498 Walter Boveri an Maschinenfabrik Oerlikon, 10. November 1887, Ms. Boveri, in: Archiv ABB, Korrespondenzbuch Walter Boveri.
499 Hämmerli-Boveri, Erinnerungen, 12.
500 Walter Boveri an Ernst Schmid, Augsburg, 18. März 1888, Ms. Boveri, in: Archiv ABB, Korrespondenzbuch Walter Boveri.
501 Walter Boveri an Ernst Schmid, Augsburg, 6. März 1888, Ms. Boveri, in: Archiv ABB, Korrespondenzbuch Walter Boveri.
502 Jung, Joseph et al., Schweizer Erfolgsgeschichten: Pioniere, Unternehmen, Innovationen, (Schweizer Pioniere der Wirtschaft und Technik 100, [Jubiläumsausgabe]), Zürich 2013. Die 272 Persönlichkeiten entsprechen all jenen Pionieren, die in dieser wirtschaftshistorischen Reihe von 1950 bis 2013 in 99 Bänden dargestellt worden waren. Alle folgenden statistischen Angaben entnehmen wir dieser Studie.
503 Zit. n. Lang, Brown, Boveri, 43.
504 Schumpeter, Theorie der wirtschaftlichen Entwicklung, 138 f., Hervorhebungen mso.
505 Vgl. Maeder, Eva; Niederhäuser, Peter, Von Zürich nach Kamtschatka: Schweizer im Russischen Reich, Zürich 2008, 19.
506 Walter Boveri an Gottlieb Nabholz, Moskau, 28. September 1887, Ms. Boveri, in: Archiv ABB, Korrespondenzbuch Walter Boveri.
507 Ebd.
508 Ebd.
509 Walter Boveri an Theodor Boveri senior, Bamberg, September oder Oktober 1887, Ms. Boveri, in: Archiv ABB, Korrespondenzbuch Walter Boveri.
510 Walter Boveri an Gottlieb Nabholz, Moskau, 14. Oktober, 1887, Ms. Boveri, in: Archiv ABB, Korrespondenzbuch Walter Boveri.
511 Für alle zitierten Eigenschaften: Schumpeter, Theorie, 136 f.
512 Boveri, Margret, Verzweigungen, 105.
513 Dieses ungleiche, psychosozial anspruchsvolle Verhältnis drückte sich auch in einer gönnerhaften Freigiebigkeit aus: den armen Verwandten in Würzburg schenkte man, was Baden nicht mehr brauchte, so

etwa ein Jugendstil-Sofa, das überflüssig geworden war, als die reichen Boveris in ihre neu erstellte Villa umzogen. Es fand sich im Kinderzimmer von Margret Boveri wieder, vgl. Boveri, Margret, Verzweigungen, 20.
514 Zu Zeiten des Goldstandards, der 1914 aufgehoben werden sollte, betrug der fixe Wechselkurs zwischen der Mark des deutschen Kaiserreichs und dem Schweizer Franken 1 : 1,25.
515 Boveri, Margret, Verzweigungen, 125.
516 Ebd., 126.
517 Ebd., 127.
518 Walter Boveri an Johannes Scharrer, Nürnberg, 26. Februar 1888, Ms. Boveri, in: Archiv ABB, Korrespondenzbuch Walter Boveri.
519 Ebd.
520 Walter Boveri an Ernst Schmid, Augsburg, 6. Februar 1888, Ms. Boveri, in: Archiv ABB, Korrespondenzbuch Walter Boveri.
521 Walter Boveri an Ernst Schmid, Augsburg, 18. März 1888, Ms. Boveri, in: Archiv ABB, Korrespondenzbuch Walter Boveri.
522 Ebd.
523 Charles Brown junior an Charles Brown senior, 9. Januar 1891, Briefkopiebuch C. E. L. Brown, in: Archiv ABB.
524 Emil Huber an Peter Emil Huber, 1891, zit. n. Staffelbach, Huber-Werdmüller, 193.
525 Ebd., 193.
526 Ebd., 193. Zu Emil Hubers Biographie siehe ebd., 183–310 sowie Wartenweiler, Fritz, Emil Huber-Stockar. Weisse Kohle für die Schweizer Bahnen, Olten 1956.
527 Boveri, Theodor, Erinnerungen an C. E. L. Brown und Walter Boveri, 2. Teil, in: *Brown Boveri Hauszeitung* 32/10 (Oktober 1974), 292.
528 Dass solche Nachrufe bei den Angehörigen ab und zu auch gemischte Gefühle hinterliessen, belegt eine Bemerkung, die Victoire Hämmerli-Boveri, die Tochter von Walter Boveri, in ihren Erinnerungen notierte. Über die Kremierung ihres Vaters, die man nach der Trauerfeier in Baden im kleinen Kreis in Zürich vorgenommen hatte, schrieb sie: «Die Kremation war eher grässlich, da Onkel Kurt Hoenig [und BBC-Direktor] eine höchst geschmacklose Rede hielt.» Diese Rede ist nicht mehr greifbar (Hämmerli-Boveri, Erinnerungen, 19).
529 H., Dr. Walter Boveri, in: *Badener Tagblatt*, 29. Oktober 1924. Der Nachruf war mit H. gekennzeichnet, – wer sich hinter dem Kürzel verbarg, lässt sich nicht mehr feststellen.
530 Ebd.
531 Walter Boveri an Adolf Jenny-Kunz, Präsident des Aargauischen Handels- und Industrievereins, 8. November 1887, Ms. Boveri, in: Archiv ABB, Korrespondenzbuch Walter Boveri.
532 In seiner Dissertation zählt Martin Lüpold Walter Boveri zu den Big Linkers der schweizerischen Wirtschaft vor dem Ersten Weltkrieg, was sich darin ausdrückte, dass er in den Verwaltungsräten der wichtigsten Firmen sass. Nur wenige andere Wirtschaftsführer besetzten mehr Mandate: nämlich Julius Frey (SKA), W.C. Escher (SKA) und Hermann La Roche-Burckhardt (Bankverein, Bankhaus La Roche). Die drei, allesamt Bankiers, versahen sieben Mandate. Boveri, der Industrielle, folgte mit sechs. Vgl. Tabelle 14 «Big Linkers 1910» in: Lüpold, Festung Schweiz, 110. Das waren sechs anspruchsvolle, also zeitintensive Mandate, darüber hinaus dürfte sich Boveri noch anderen, kleineren Firmen zur Verfügung gestellt haben aus dem näheren Umfeld der BBC.
533 *Badener Tagblatt*, 3. November 1924.
534 Ebd
535 Boveri, Margret, Persönlichkeit, 24.
536 *National-Zeitung*, Basel, 28. Oktober 1924, Hervorhebung mso.
537 Boveri, Margret, Persönlichkeit, 24.
538 Hämmerli-Boveri, Erinnerungen, 13.
539 Zur Biographie von Nizzola siehe Lang, Norbert, Der Schöpfer des Verbundnetzes. Leben und Werk von Agostino Nizzola (Pioniere der Elektrotechnik), in: *Bulletin* (Electrosuisse/VSE, Hg.), 5 (2015), 59–60; dann Pauli Falconi, Daniela, Nizzola, Agostino, in: HLS, https://hls-dhs-dss.ch/de/articles/

Anhang

010283/2008-11-07/, abgerufen am 12. Dezember 2017; Nachruf Agostino Nizzola, in: SBZ 79/26 (1961), 473; Der älteste BBC-Pionier spricht zu uns (Agostino Nizzola), in: *Wir und unser Werk* (Brown Boveri Hauszeitung) 14/1 (Januar 1956), 10. Sein Sohn Marco Nizzola sollte ebenfalls bei der BBC als Ingenieur tätig werden, vgl. «Beförderungen», in: *Wir und unser Werk* (Brown Boveri Hauszeitung), 15/3 (März 1957), 45.

540 Walter Boveri, Bamberg, an Sigmund Schuckert, Nürnberg, 18. Juli 1889, Ms. Boveri, in: Archiv ABB, Korrespondenzbuch Walter Boveri.

541 Walter Boveri an Sigmund Schuckert, Nürnberg, 21. Februar 1888, Ms. Boveri, in: Archiv ABB, Korrespondenzbuch Walter Boveri.

542 Ebd.

543 Vgl. Schmid, Jakob Friedrich und Paul Schmid, 360–380.

544 Nachruf auf Walter Boveri, in: *Badener Tagblatt*, 28. Oktober 1924.

545 Umrechnung gemäss Pfister; Studer, Swistoval. (500 000 CHF, Ausgangsjahr: 1891). Konkret war Conrad Baumann senior eine Bürgschaft für den entsprechenden Kredit eingegangen, den die Schweizerische Kreditanstalt gewährte, vgl. Schultze, Martin, Eine Ausstellung aus der Industriegeschichte der Stadt Baden, in: BNJB 49 (1974), 29. Diese Bürgschaft wäre erst relevant geworden, wenn die BBC Konkurs erlitten hätte.

546 Boveri, Weg I, 38.

547 Vgl. Tanner, Albert, Arbeitsame Patrioten – wohlanständige Damen. Bürgertum und Bürgerlichkeit in der Schweiz 1830–1914, Zürich 1995; 470 ff. und ders., Aristokratie und Bürgertum in der Schweiz im 19. Jahrhundert: Verbürgerlichung der «Herren» und aristokratische Tendenzen im Bürgertum, in: Schweiz im Wandel. Studien zur neueren Gesellschaftsgeschichte, Fs Rudolf Braun, Brändli, Sebastian; Gugerli, David; Jaun, Rudolf; Pfister, Ulrich, Hg., Basel, Frankfurt/Main 1990, 222 ff.

548 Johann Conrad Nüscheler (1826–1910), in Zürich geboren, war 1848 in die österreichische Armee eingetreten, wo er rasch Karriere machte. Er stieg bis zum Oberst auf und wurde 1883 pensioniert. Bei dieser Gelegenheit wurde er zum Generalmajor a. D. befördert und in den Adelsstand erhoben, vgl. Illi, Martin, Johann Conrad Nüscheler, in: HLS, http://www.hls-dhs-dss.ch/textes/d/D24089.php, abgerufen am 11. Juli 2017.

549 Johann Conrad Nüscheler, Konflikte innerhalb der Schildner, in: Familienarchiv Nüscheler, Zentralbibliothek Zürich; auch für alle folgenden Zitate von Nüscheler.

550 Eleonore Baumann (1853–1906) kam aus einer renommierten Akademikerfamilie: ihr Vater war der Theologe und Leipziger Professor Konstantin von Tischendorf (1815–1874), der 1844 bzw. 1859 auf der Sinai-Halbinsel die älteste, vollständig erhaltene Handschrift des Neuen Testaments entdeckt hatte (Codex Sinaiticus), was eine weltweit aufsehenerregende Sensation bedeutete. Tischendorf hatte acht Kinder, darunter Eleonore, die 1853 geboren, 1906 in Zürich starb, vgl. Schneller, Ludwig, Ein Gedenkblatt auf das Grab von Frau Eleonore Baumann-von Tischendorf, gestorben am Karfreitag, den 13. April 1906 in Zürich, Zürich 1906. Eleonore Baumann zog als Stiefmutter die beiden Kinder von Conrad Baumann aus erster Ehe auf: Victoire Baumann (später: Boveri) und Conrad Baumann junior; ein eigener Sohn starb als Kind, das einzige überlebende Kind war Erika, die später den BBC-Direktor Curt Hoenig heiraten sollte.

551 Boveri, Margret, Persönlichkeit Walter Boveri, 14 f. Zu Victoire Boveri-Baumann vgl. auch Brian, Sarah, Hausfrau, Gastgeberin und Wohltäterin: Frauen der Badener Oberschicht um die Jahrhundertwende, in: BNJB 76 (2001), 98–113.

552 Hämmerli-Boveri, Erinnerungen, 5.

553 Boveri, Weg I, 181.

554 Die Frau hiess Marie Reisinger-Münzner und lebte später in Ulm, vgl. Korrespondenz Bundesrat Edmund Schulthess mit deren Anwalt Max Stahel, Zürich, in: Nachlass Edmund Schulthess, Korrespondenz, in: Bundesarchiv Bern (Dossier Boveri W., Dr., Industrieller, Baden).

555 Angaben gemäss Norbert Lang, Interview im November 2015.

556 Vgl. Eintrag zur Bevormundung von Conrad Baumann junior im Protokoll Stadtrat Baden, 26. Dezember 1911, in: Stadtarchiv Baden. Boveri übernahm auch die Vollmacht für sämtliche finanziellen Angelegenheiten der Familie Baumann.

557 Walter Boveri an Ernst Schmid, Bankier in Augsburg, 17. Januar 1891, Ms. Boveri, in: Archiv ABB, Korrespondenzbuch Walter Boveri.
558 Walter Boveri an Charles Brown, 30. Januar 1891, Ms. Boveri, in: Archiv ABB, Korrespondenzbuch Walter Boveri. Bendlikon ist heute ein Ortsteil von Kilchberg/ZH, der unmittelbar am See liegt. Faktisch wäre die BBC so in Zürich entstanden.
559 Walter Boveri an Carl Arnold Séquin-Bronner, 9. März 1888, Ms. Boveri, in: Archiv ABB, Korrespondenzbuch Walter Boveri. Séquin-Bronner (1845–1899) hatte sich auf Industriebauten spezialisiert und genoss einen exzellenten Ruf; unter anderem hatte er Fabriken für die MFO, die Maschinenfabrik Rüti und viele andere Firmen erstellt, vgl. Lang, Norbert, Zur Frühgeschichte des BBC-Areals, in: BNJB 71 (1996), 10–25.
560 Walter Boveri an Carl Pfister, 21. Januar 1891, Ms. Boveri, in: Archiv ABB, Korrespondenzbuch Walter Boveri.
561 Vgl. *Badener Tagblatt*, 2. Oktober 1941, sowie die diversen Ansprachen an seiner Trauerfeier, unter anderem von Walter Boveri junior, alt Bundesrat Edmund Schulthess oder Ernst Dübi (Generaldirektor, Von Roll, Gerlafingen, Präsident des Arbeitgeberverbandes schweizerischer Maschinen- und Metall-Industrieller, ASM), in: Archiv ABB. Ausserdem: Steigmeier, Andreas, Funk, Fritz, in: HLS, http://www.hls-dhs-dss.ch/textes/d/D29570.php, abgerufen am 23. Dezember 2017, sowie: Funk, Fritz [junior], Funk, Fritz, in: Biographisches Lexikon, 254–256.
562 Funk, Erinnerungen, 2 f.
563 Ebd., 3. In den Quellen wird Pfisters Vornamen einmal als Carl geschrieben, dann wieder als Karl. Ähnlich wie etwa bei Conrad (oder Konrad) Baumann, kommen beide Versionen vor.
564 Walter Boveri an Carl Pfister, 24. Februar 1891, Ms. Boveri, in: Archiv ABB, Korrespondenzbuch Walter Boveri.
565 Gemäss eidgenössischer Volkszählung von 1888 zählte Baden 3815 Einwohner, davon waren 2467 katholisch, 1127 protestantisch und 211 jüdisch. Rund 70 Prozent der Badener waren demnach katholisch. Vgl. Eidg. Volkszählung, 1888, I 110 f.
566 *Schweizer Freie Presse*, 23. Februar 1889.
567 *Schweizer Freie Presse*, 21. November 1889. Gemäss den später eingereichten Bauplänen war der Kanal nur 600 Meter lang, Jäger war entweder falsch informiert oder bezog sich auf einen älteren Entwurf des Projektes.
568 *Schweizer Freie Presse*, 21. November 1889.
569 Diesen Spottnamen entnehmen wir einem Erinnerungsbericht einer «alten Badenerin», den sie aus Anlass des 50-jährigen Jubiläums der BBC verfasst hatte, vgl. *Badener Tagblatt*, 3. Oktober 1941.
570 Für die Gebrüder Pfister siehe: Pfister, Louis, Pfister, Carl, in: Biographisches Lexikon, 594–595; und ders., Pfister, Louis Theodor, in: Biographisches Lexikon, 595–596, dann Steigmeier, Andreas, Pfister, Carl, in: HLS, http://www.hls-dhs-dss.ch/textes/d/D29587.php, abgerufen am 23. September 2016, sowie: Steigmeier, Andreas, Pfister, Louis Theodor, in: HLS, http://www.hls-dhs-dss.ch/textes/d/D29588.php, abgerufen am 23 September 2016; ausserdem Mittler, Baden II, 270 ff.
571 Münzel, Ulrich, Alte Badener Firmeninserate, in: BNJB 61 (1986), 105.
572 Vgl. Zum 25-jährigen Jubiläum der Elektrizitätsgesellschaft und der Firma Brown, Boveri & Cie. in Baden, in: *Badener Kalender* 1917, 2; Hervorhebung im Original.
573 Pariser Weltausstellungsbriefe. Vom ersten Tag, in: *National-Zeitung*, 9. Mai 1889.
574 Fahrten zur Weltausstellung in Paris, in: NZZ, 6. Juli 1889. Zum Schah von Persien in Paris: NZZ, 18. April 1889, sowie eine Bilanz der schweizerischen Maschinenindustrie in Paris, in: NZZ, 18. März 1890.
575 Inserat in der NZZ, 10. Juli 1889.
576 Die Literatur zur Pariser Weltausstellung von 1889 ist umfangreich, vgl. die Analyse von Wyss, Beat, Bilder von der Globalisierung. Die Weltausstellung von Paris 1889, Berlin 2010; ausserdem Jonnes, Jill, Eiffel's Tower: The Thrilling Story Behind Paris's Beloved Monument and the Extraordinary World's Fair That Introduced It, London, New York 2010; Ory, Pascal, Les Expositions universelles de Paris, Paris 1982, sowie Allwood, John, The Great Exhibitions, London 1977.
577 Vgl. den Bericht in der *Schweizerischen Bauzeitung* von Koechlin, René, L'Exposition Universelle de

703

1889 à Paris, in: SBZ 13/15 (1889), 87–88 und zum dôme central im Besonderen: Die Weltausstellung in Paris im Jahre 1889, in: SBZ 12/1 (1888), 2f.
578 Anonym, Von der Weltausstellung in Paris, I., in: SBZ 14/2 (1889), 8.
579 W. C. Rechniewski, Les installations électriques à l'exposition universelle de Paris, in: SBZ 14/4 (1889), 23.
580 Pfister, Louis Theodor, Ankauf der E. G. B Werke, maschinengeschriebenes Memorandum zu Handen des Gemeinderats Baden, 22. Oktober 1917, in: Archiv Regionalwerke AG Baden.
581 *Schweizer Freie Presse*, 8. September 1890.
582 Ebd.
583 Witz, Friedrich, Ich wurde gelebt. Erinnerungen eines Verlegers, Frauenfeld 1969, 141. Witz, der spätere Verleger des Artemis Verlags, lebte in den 1920er-Jahren in Baden, er war hier als Journalist und Kinounternehmer tätig und erlebte, wie Jäger nach Belieben schaltete und waltete. Siehe auch Mächler, Robert, Friedrich Glauser in «Klatschstadt bei Zürich», in: BNJB 68 (1993), 41 ff.
584 Zu Jäger siehe: Hunziker, Otto, Nationalrat Josef Jäger, der Stadtammann von Baden, (Schweizerköpfe, Heft 12), Zürich 1935; Mächler, Robert, Jäger, Josef, in: Biographisches Lexikon, 397–398; Müller, Peter, Jäger, Josef, in: HLS, http://www.hls-dhs-dss.ch/textes/d/D31083.php, abgerufen am 23. Dezember 2017; ausserdem informativ: Müller, politische Presse I 278–290; ausserdem: ders., Geschichte der politischen Presse im Aargau. Das 20. Jahrhundert (Beiträge zur Aargauergeschichte, Bd. 11), Aarau 2002, [Müller, politische Presse, II], 33–46; schliesslich die zahlreichen Nachrufe und Berichte über seine Beerdigung in: *Badener Tagblatt*, 20., 25., 26. Juli 1927, sowie die umfangreichen Nekrologe in der *Schweizer Freien Presse*, 20., 21., 26. Juli 1927.
585 Vgl. Schib, Karl, Augustin Keller, in: Biographisches Lexikon des Aargaus, 1803–1957, Historische Gesellschaft des Kantons Aargau, Hg. (Redaktion: Otto Mittler und Georg Boner) [Argovia 68/69 (1958)], Aarau 1958, 428–429; sowie Kurmann, Fridolin, Keller, Augustin, in: HLS, https://hls-dhs-dss.ch/de/articles/003771/2010-09-08/, abgerufen am 1. März 2016.
586 Vgl. Müller, politische Presse I 278 ff.
587 *Schweizer Freie Presse*, 27. November 1890.
588 Ebd.
589 Müller, politische Presse I 286.
590 Vgl. etwa Jäger, Josef, Schicksal und Anteil, eine Geschichte aus der Hautesaison des Jahres 1879 in Baden, Baden 1879. Oder ders., Am Gottesgraben. Eine Badener Novelle, Baden 1905. Der erste Roman drehte sich um einen Vorfall aus dem Badener Kurleben, die zweite Novelle ist eine «tragisch gestimmte Erzählung um den letzten Abt des Klosters Wettingen» (Mächler, Jäger, in: Biographisches Lexikon, 398).
591 Hunziker, Josef Jäger, 20.
592 *Schweizer Freie Presse*, 9. September 1890.
593 Ebd.
594 Ebd.
595 Der Erste Weltkrieg beschleunigte in vielen Ländern die Elektrifizierung, sofern der Krieg sie nicht daran hinderte und sofern sie über die nötigen Mittel verfügten. Strom war zum national konnotierten Rohstoff geworden. Die Schweiz war in dieser Hinsicht keinesfalls eine Ausnahmeerscheinung. Ebenso versuchte jedes Land deshalb, den Strom gewissermassen zu nationalisieren, insbesondere dort, wo sich die Stromversorgung in ausländischem Besitz befand. Vgl. Hausman et al., Global Electrification, 75 ff.
596 Theodor Pfister an den Stadtrat von Baden, 14. März 1891; Pfister liess diesen Brief auch drucken, um ihn allen Bürgern der Stadt zuzustellen: Pfister, L. Th., An die tit. Einwohner von Baden, in: Archiv Regionalwerke AG Baden (Konzessionsvertrag mit Einwohnergemeinde Baden betreffend elektrische Beleuchtung der öffentlichen Strassen, Promenaden und Plätze). So gut wie alle Punkte in diesem Brief fanden sich nachher im tatsächlich unterzeichneten Vertrag zwischen Baden und Pfister vom 5. April 1891, siehe: Vertrag zwischen der Einwohnergemeinde Baden und Herrn L. Th. Pfister. Namens der zu gründenden Electrizitäts-Gesellschaft in Baden, in: Archiv Regionalwerke AG Baden.
597 Ebd.
598 Bericht und Antrag des Gemeinderates und der Spezialkommission betreffend das Projekt der elektri-

schen Licht- und Kraftanlage, in: Archiv Regionalwerke AG Baden (Gemeinderäte Baden und Ennetbaden: Berichte und Protokollauszüge); Hervorhebung im Original.
599 Ebd.
600 Ebd.
601 Ebd.
602 *Badener Tagblatt*, 19. März 1891.
603 Bericht und Antrag des Gemeinderates und der Spezialkommission betreffend das Projekt der elektrischen Licht- und Kraftanlage, in: Archiv Regionalwerke AG Baden (Gemeinderäte Baden und Ennetbaden: Berichte und Protokollauszüge).
604 Ebd.
605 Pfister, L. Th., An die tit. Einwohner von Baden, 14. März 1891, in: Archiv Regionalwerke AG Baden, (Konzessionsvertrag mit Einwohnergemeinde Baden betreffend elektrische Beleuchtung der öffentlichen Strassen, Promenaden und Plätze).
606 Ebd.
607 Ebd.
608 Bericht und Antrag des Gemeinderates und der Spezialkommission betreffend das Projekt der elektrischen Licht- und Kraftanlage, in: Archiv Regionalwerke AG Baden (Gemeinderäte Baden und Ennetbaden: Berichte und Protokollauszüge).
609 *Schweizer Freie Presse*, 16. März 1891.
610 Ebd.
611 Ebd., Hervorhebung im Original.
612 Protokoll Einwohnergemeinde Baden, Versammlung, abends 8 Uhr im Schulhaussaal, 18. März 1891, in: Stadtarchiv Baden.
613 Ebd.
614 Ebd.
615 Vgl. Steigmeier, Andreas, Der Grossbrand der Spinnerei Spoerry vor hundert Jahren, in: BNJB 79 (2004), 143–152, sowie: Müller, Christian, So verlor Baden seine älteste Industrie. Eine sozialhistorische Betrachtung zur politischen Situation Badens um die Jahrhundertwende, in: BNJB 48 (1973), 25–38.
616 Zu Kellersberger siehe: Mittler, Otto, Kellersberger, Armin, in: Biographisches Lexikon, 442–445, sowie Steigmeier, Andreas, Kellersberger, Armin, in: HLS, http://www.hls-dhs-dss.ch/textes/d/D3774.php, abgerufen am 23. Dezember 2017 sowie Nachruf Armin Kellersberger, in: *Badener Kalender* 1906, 73f. In Baden wusste man, was man an Kellersberger in Bern hatte. Oft wurden in den lokalen Blättern seine Reden im Ständerat integral nachgedruckt, besonders, als er den Ständerat präsidierte, was im Jahr 1891 der Fall war, vgl.: Rede des Herrn Ständeratspräsidenten Kellersberger bei der Eröffnung der Junisession der Bundesversammlung (1. Juni 1891), in: *Schweizer Freie Presse*, 5. Juni 1891; der gleiche Text war auch im BT erschienen: *Badener Tagblatt*, 4. Juni 1891. Dass Kellersberger ausgerechnet 1891 in Bern das höchste Amt in der Kleinen Kammer ausübte, dürfte sein Prestige in der Gemeindepolitik von Baden zusätzlich gesteigert haben. Ein national renommierter Politiker leitete die Gemeindeversammlungen.
617 Vgl. Mittler, Kellersberger, Armin, in: Biographisches Lexikon, 442.
618 Protokoll Einwohnergemeinde Baden, Versammlung, abends 8 Uhr im Schulhaussaal, 18. März 1891, in: Stadtarchiv Baden.
619 Vgl. *Schweizer Freie Presse*, 15. Januar 1891: «Ein sehr verdienstvolles Unternehmen des Hrn. Bankbuchhalter Wetzler dahier darf zu anderweitiger Nachahmung empfohlen werden.»
620 Protokoll Einwohnergemeinde Baden, Versammlung, abends 8 Uhr im Schulhaussaal, 18. März 1891, in: Stadtarchiv Baden.
621 Ebd.
622 Ebd.
623 Ebd.
624 Ebd.
625 Ebd.

Anhang

626 Vgl. Punkte 1, 2 und 8 im «Vertrag zwischen der Einwohnergemeinde Baden und Herrn L. Th. Pfister. Namens der zu gründenden Elektrizitätsgesellschaft in Baden», 5. April 1891, in: Archiv Regionalwerke AG Baden, (Konzessionsvertrag mit Einwohnergemeinde Baden betreffend elektrische Beleuchtung der öffentlichen Strassen, Promenaden und Plätze).
627 Protokoll Einwohnergemeinde Baden, Versammlung, abends 8 Uhr im Schulhaussaal, 18. März 1891, in: Stadtarchiv Baden.
628 *Badener Tagblatt*, 4. April 1891.
629 Ebd.
630 Ebd.
631 Zu Borsingers Biographie, vgl. Borsinger-Rohn, Nannette, Chronik der Familie Borsinger-Rohn, Ms., in: Stadtarchiv Baden, ausserdem: Baldinger, Astrid, Auf der Hochzeitsreise gestand er ihr seine Schulden. Der Alltag von Badener Hoteliersfrauen im 19. Jahrhundert, in: BNJB 76 (2001), 37–50; Münzel, Ulrich, Dramatische Ereignisse im Bäderquartier, in: BNJB 59 (1984), 66–76. Sowie diverse Dossiers zur Familie Borsinger, in: Stadtarchiv Baden.
632 *Schweizer Freie Presse*, 1. April 1891.
633 Ebd.
634 *Badener Tagblatt*, 3. April 1891.
635 Ebd.
636 Ebd.
637 Der Artikel in der *Schweizer Freien Presse*, der am 4. April 1891, einen Tag vor der zweiten Gemeindeversammlung vom 5. April, erschienen war, wurde nicht gezeichnet. Mit aller Wahrscheinlichkeit hatte Jäger ihn verfasst.
638 *Schweizer Freie Presse*, 4. April 1891.
639 Ebd. Hervorhebung im Original.
640 Ebd.
641 Ebd. Hervorhebung im Original.
642 Ebd.
643 *Badener Tagblatt*, 6. April 1891.
644 *Badener Tagblatt*, 16. Juni 1891.
645 Ebd.
646 *Badener Tagblatt*, 17. Juni 1891.
647 *Badener Tagblatt*, 18. Juni 1891.
648 *Schweizer Freie Presse*, 19. Juni 1891.
649 *Schweizer Freie Presse*, 18. Juni 1891. Hervorhebungen im Original.
650 Ebd.
651 Ebd.
652 *Schweizer Freie Presse*, 22. Juni 1891.
653 Vgl. Baur, Fritz, Basler Chronik vom 1. November 1890 bis 31. Oktober 1891, in: Burckhardt, Albert; Wackernagel, Rudolf, Hg., Basler Jahrbuch 1892, Basel 1892, 221–227; sowie Loeliger, Karl, Das Eisenbahnunglück zu Münchenstein 14. Juni 1891, in: Kommission zur Erhaltung von Altertümern des Kantons Basellandschaft, Hg., Baselbieter Heimatbuch, Bd. 4, 1954, 127–139.
654 *Badener Tagblatt*, 19. März 1891.
655 *Schweizer Freie Presse*, 19. März 1891. Hervorhebungen im Original.
656 Ebd.
657 *Schweizer Freie Presse*, 20. März 1891.
658 Emil Hunziker (1869–1938) war in Italien als Auslandschweizer aufgewachsen, besuchte aber die Mittelschule in der Schweiz und absolvierte danach das Technikum von Winterthur. Nach einer ersten Stelle in Genf wurde er von Charles Brown senior nach Neapel geholt, wo er einen guten Eindruck hinterliess; jedenfalls empfahl ihn Brown senior nach Baden, wo ihn Boveri am 4. Juli 1891 als allerersten BBC-Mitarbeiter anstellte – was ein weiterer Beleg dafür ist, wie wichtig Charles Brown senior zu Anfang der BBC als Berater war. Ein fähiger Konstrukteur, spezialisierte sich Hunziker auf Generatoren. Ab 1897 war er bis 1934 an der Konstruktion so gut wie aller BBC-Generatoren beteiligt, vgl.

Hunziker, Emil, Ein Lebenswerk. 43 Jahre Brown-Boveri-Konstruktionen, 1891–1934, Baden 1934. Ausserdem die Nachrufe auf Emil Hunziker, in: Monatsblatt für die ev.-ref. Kirchgemeinde Baden/Gebenstorf, 1 (1939); sowie in: *Bulletin* (SEV, Hg.), 2 (1939), 55 f., ebenso Nachrufe und die Trauerrede von Max Schiesser auf Emil Hunziker (Schiesser war damals faktisch der CEO der BBC), in: Archiv ABB.
659 Funk, Erinnerungen, 4.
660 Der Artikel erschien in zwei Folgen, Ende Mai und Anfang Juni: Das Problem der Kraftübertragung. Von einem Fachmanne, in: *Schweizer Freie Presse*, 30. Mai 1891 bzw. 1. Juni 1891.
661 *Schweizer Freie Presse*, 1. Juni 1891.
662 *Badener Tagblatt*, 21. März 1891.
663 Vgl. Rinderknecht, Peter, Baden. Eine dynamische und lebensfrohe Region, Baden 1972, 26. Bis in die 1970er-Jahre führte der gesamte Ost-West-Verkehr der SBB durch Baden. Der Heitersberg-Tunnel wurde erst 1975 eröffnet. Immerhin: Die Stadt Baden entlastete man schon etwas früher, als im Zuge der «Verkehrssanierung» in den 1960er-Jahren die Bahn zwischen Schulhausplatz und Bahnhof in einen längeren Tunnel verlegt wurde. Infolgedessen konnten die beiden Barrieren aufgehoben werden.
664 Hafter, 40 Jahre BBC, 3. Hafter, einem Bewunderer von Walter Boveri, unterlief ein bezeichnender Fehler: Formal war Theodor Pfister Verwaltungsratspräsident der EGB, Boveri amtierte als dessen Vize, tatsächlich war Pfister kaum je in Baden, sondern blieb in London. Boveri führte mit dessen Bruder Carl Pfister, dem Direktor, das operative Geschäft.
665 Umrechnung gemäss Pfister; Studer, Swistoval. (214 000 CHF, Ausgangsjahr: 1891).
666 *Badener Tagblatt*, 20. Juni 1891.
667 Ebd.
668 Boller, Willy, Aus der Baugeschichte unseres Werkes in Baden, in: *Wir und unser Werk* (Brown Boveri Hauszeitung), 13/10 (Oktober 1955), 168; vgl. auch Lang, Frühgeschichte, 16 f.
669 Funk, Erinnerungen, 4.
670 Vgl. auch Novaretti, soziale Netzwerke, 14–23.
671 Hafter, 40 Jahre BBC, 8.
672 Ebd., 10.
673 Rungg, Andrea, Urs Hölzle: Googles Mitarbeiter Nummer 8. «Von Anfang an ging es nur darum, die nächste Woche zu überstehen», in: *Manager Magazin*, 16. Juli 2015. Apple wurde 1976 gegründet, Google 1998, beide in Kalifornien, USA.
674 Funk, Erinnerungen, 6.
675 Ebd., 43.
676 1898 beteiligte sich Sidney Brown mit 60 000 Franken.
677 ETZ, 44 (1891), 584. Hervorhebung im Original.
678 So zum Beispiel auch im *Badener Tagblatt*, 17. Oktober 1891.
679 Funk, Erinnerungen, 7.
680 Diese Zahl ist unsicher, in der Literatur variieren die Angaben, in den Quellen ist sie nicht eindeutig zu eruieren. Wir stützen uns auf Catrina, BBC, 19 und Meier, Industriestadt, 162; andere Autoren sprachen von 100 Arbeitern und 24 Angestellten, wie etwa Rinderknecht, 75 Jahre Brown Boveri, 21, bzw. 100 und 25 wie Ziegler, wirtschaftliche Entwicklung, 20.
681 *Badener Tagblatt*, 21. Februar 1891.
682 Ebd.
683 Ebd.
684 Siehe vollständige Liste in: *Schweizer Freie Presse*, 11. April 1891.
685 Siehe etwa *Schweizer Freie Presse*, Samstag, 1. August 1891.
686 *Schweizer Freie Presse*, 3. August 1891.
687 Ebd.
688 Ebd.
689 Vgl. Amtliche Sammlung der Acten aus der Zeit der Helvetischen Republik (ASHR), Bd. 11, J. Strickler Hg., Bern 1911; ausserdem: Schluchter, André et al., Die Bevölkerung der Schweiz. Eine Auswertung der Helvetischen Volkszählung von 1798 und anderer zeitnaher Erhebungen, mit Einbezug der

Anhang

Bevölkerungsentwicklung bis 1980 (Amtliche Statistik der Schweiz Nr. 170, Bern 1988; Bickel, Wilhelm, Bevölkerungsgeschichte und Bevölkerungspolitik der Schweiz seit dem Ausgang des Mittelalters, Zürich 1947; sowie Haug, Werner, Volkszählungen, in: HLS, http://www.hls-dhs-dss.ch/textes/d/D7984.php, abgerufen am 24. November 2017.

690 Eidg. Volkszählung 1970, I: Wohnbevölkerung der Gemeinden 1850–1970, 54f. In diesen Zahlen sind stets die Einwohner von Dättwil integriert (das zudem Rütihof, den Segelhof und Münzlishausen umfasste), obwohl dieses Dorf erst 1962 von Baden eingemeindet wurde. Wir haben uns dafür entschieden, weil das Bundesamt für Statistik in seinen historischen Tabellen Dättwil ebenfalls rückwirkend zu Baden zählt. Dies erleichtert den Vergleich über längere Zeiträume. Angesichts der Tatsache, dass Dättwil bis in die 1960er-Jahre recht klein blieb, fallen dessen Werte ohnehin nicht ins Gewicht. 1960 zählte Dättwil (mit den erwähnten Exklaven) bloss 604 Einwohner. Ältere Arbeiten über Baden haben Dättwil oft nicht einbezogen, was die geringen Differenzen zu unseren Zahlen erklärt.

691 Ebd. sowie erste Volkszählung der Helvetischen Republik, 1798 (vgl., Amtliche Sammlung, Strickler). 1798 wurden die Einwohner von Ennetbaden noch mitgezählt, da es Teil der Gemeinde Baden war.

692 Eidg. Volkszählung 1970, I: Gemeinden 1850–1970, 54f.

693 Bronner, Franz Xaver, Der Canton Aargau, historisch, geographisch, statistisch geschildert, Bd. 1, St. Gallen, Bern 1844, 213.

694 Die Aufhebung des Klosters Wettingen im Jahr 1841 hatte deshalb katastrophale Auswirkungen auf das Dorf, manche Bauern verarmten, weil sie ihren wichtigsten Arbeitgeber oder Kunden verloren; viele wanderten in jenen Jahren aus, vgl. Spiegelberg, Ed., Vom alten zum neuen Wettingen, in: Badener Tagblatt, 20. September 1941.

695 Die Zahlen von 1910 basieren auf eigenen Berechnungen gemäss Eidg. Volkszählung 1970, I: Gemeinden 1850–1970, 54f.; sowie den Resultaten der Volkszählungen der Jahre 1888, 1900, 1910, 1920, 1930 und 1941. Vgl. ausserdem: Bevölkerungsbewegung in der Schweiz. Wohnbevölkerung der Agglomerationen 1930 und 1934 (Statistische Quellenwerke der Schweiz, Heft 68), Eidgenössisches Statistisches Amt, Hg., Bern 1936.

696 Ebd.

697 Ebd.

698 Die Zahlen der Mitarbeiter (Arbeiter und Angestellte) sind nicht ganz präzis zu eruieren: die wichtigste Quelle, über die wir verfügen, ist eine Statistik, die Oberingenieur Albert Hafter Anfang der 30er-Jahre aufgestellt hat: Hafter, Albert, Statistik des Ausgangs von Maschinen und Apparaten 1892–1932 (erfasst am 21. Juni 1932), in: Archiv ABB (darin sind auch Arbeiterzahlen enthalten). Andere Hinweise sind der Dissertation von Ziegler aus dem Jahr 1937 zu entnehmen (Ziegler, wirtschaftliche Entwicklung), sowie noch früher Lincke, der seine Studie 1910 verfasst hat (Lincke, Bruno, Die schweizerische Maschinenindustrie und ihre Entwicklung in wirtschaftlicher Beziehung, Frauenfeld 1910). Probleme stellen sich, weil diese Zahlen von Hafter, Ziegler und Lincke nicht immer übereinstimmen, zum Teil liegen Unterschiede von bis zu 100 Mitarbeitern vor. In der Regel halten wir uns an Hafter. Überdies enthalten die Zahlen von 1920 auch die Beschäftigten, die in Münchenstein im ehemaligen Alioth-Werk tätig waren, ihre Zahl belief sich auf rund 700.

699 Arbeitsmarktindikatoren 2007, Bundesamt für Statistik, Hg., Bern 2007, 70.

700 Gemäss eigenen Berechnungen. 1910 hatte sich die Erwerbsquote auf 47,5 Prozent, 1920 auf 48,5 Prozent erhöht (vgl. Arbeitsmarktindikatoren 2007, 70). 1920 bedeutete auch einen Spitzenwert für den Mitarbeiterbestand der BBC, in Baden dürften es 5100 gewesen sein, rund 700 waren in Münchenstein tätig (diese haben wir in unserer Rechnung für die Region Baden nicht berücksichtigt). Kurz darauf mussten aufgrund der Krise Arbeitsplätze abgebaut werden. Allerdings lässt sich nicht genau klären, inwiefern die Zahl von 1920 (65 Prozent) die Verhältnisse übertreibt – wir besitzen keine Angaben darüber, wie viele BBC-Angestellte 1920 tatsächlich in der (eng definierten) Agglomeration gelebt haben. Mit Blick auf das starke Wachstum der Bevölkerung vermuten wir, dass immer weniger Neuzuzüger in Baden, Wettingen oder Ennetbaden eine Wohnung fanden, zumal nach dem Ersten Weltkrieg in der Region Wohnungsnot herrschte. Gemeinden wie Neuenhof und Obersiggenthal nahmen wohl an Attraktivität zu.

701 Vgl. Haberbosch, Paul, Wo wohnt die «BBC-Familie»? Eine verkehrsgeographische Studie, in: BNJB 17 (1941), 52–63.
702 Vgl. Zehnder, Patrick, Konzentration und Segregation. Strukturwandel im Bezirk Baden nach dem Zuzug der Metallindustrie (1870–1920), in: *Argovia* 114 (2002), 176–186.
703 Tabelle aus Keller, Ernst, Der Finanzhaushalt der Stadt Baden, Diss. Universität Zürich, Turbenthal 1947, 18, dieser Autor wiederum stützte sich auf Studer, Hans, Der Einfluss der Industrialisierung auf die Kulturlandschaft des aargauischen Mittellandes, Diss. Universität Zürich, Zürich 1939, 176. Unter «Kulturland» verstand man zu jener Zeit vor Einführung der Bauzonen Acker, Wiesen und Rebland.
704 *Badener Tagblatt*, 19. März 1895.
705 Alle folgenden Daten, die sich auf die schweizerischen Städte und Agglomerationen beziehen, aus: Eidg. Volkszählung 1970, I: Gemeinden 1850–1970.
706 Vgl. Kienzle, Gerlafingen, 63 ff.
707 Das mag auch damit zu tun gehabt haben, dass der Gründer der Firma, Ludwig von Roll, ein Solothurner Aristokrat, Wert darauflegte, zunächst das einheimische Arbeitskräftepotential auszuschöpfen; er betrachtete die lokalen Bauernsöhne und -Töchter als loyalere Arbeitnehmer als die Zugezogenen, vgl. Kienzle, Gerlafingen, 26 ff.
708 Ebd., 63 ff.
709 Vgl. Sulser, Wilhelm, Carl Franz Bally, 1821–1899 (Schweizer Pioniere der Wirtschaft und Technik 2), Zürich 1955, 27–33.
710 Vgl. Huber, Kurt, Adolf Bühler-Naef, 1822–1896 (Schweizer Pioniere der Wirtschaft und Technik 12), Zürich 1961, 41–56.
711 Vgl. Blaschke, Bayerwerk, 56 ff.
712 Vgl. Centraal Bureau voor de Statistiek, Regionale kerncijfers Nederland: Eindhoven, in: http://statline.cbs.nl/StatWeb/publication/default.aspx?DM=SLNL&PA=70072ned&D1=0–56&D2=76%2c271&D3=12–15&HDR=T&STB=G1%2cG2&VW=T, abgerufen am 18. August 2017.
713 Vgl. Berg, Roland, Stadt aus Schuhen, in: *die tageszeitung (taz)*, 15. Juni 2009, sowie History and Present. The centre of the Bat'a shoemaking empire, in: Offizielle Homepage der Stadt Zlín, https://www.zlin.eu/en/the-centre-of-the-bata-shoemaking-empire-cl-1947.html, abgerufen am 18. August 2017, und für den Umbau von Zlín zur modernen Modellstadt in den 1920er-Jahren: Meller, Helen, European Cities, 1890–1930s: History, Culture and the Built Environment, Chichester, UK 2001, 129 ff., sowie Nerdinger, Winfried, Hg., Zlín, Modellstadt der Moderne, München 2009; und Sittenthaler, Rainer, Zlín – Die ideale Industriestadt der Moderne? Wien 2013.
714 Die Umbenennung war wie erwähnt 1911 vollzogen worden, vgl., Notiz in SBZ 58/1 (1911), 10. Man folgte damit dem deutschen Vorbild der technischen Hochschulen.
715 Vgl. Gugerli, Redeströme, 10.
716 *The Engineer*, 4. August 1911, 118.
717 Ebd., 118.
718 Protokoll Direktion BBC, 1. Juni 1911, in: Archiv ABB.
719 Ebd.
720 *The Engineer*, 4. August 1911, 122.
721 Ebd., 122 f.
722 *The Engineer*, 3. Februar 1911, 107 ff.
723 *The Engineer*, 4. August 1911, 122 f.
724 Die folgenden Zahlen stammen aus den Geschäftsberichten der BBC der betreffenden Jahre, sowie aus Lincke, Maschinenindustrie, 88 ff.; Bálint, Sulzer, 67 ff.; Sachs, 1931; Sachs, 1941; Wegmann, Oerlikon, 166 und 175 ff. sowie Nachruf Rudolf Alioth, in: SBZ 86/3 (1916), 31 f.
725 Besonders betroffen war die deutsche Elektroindustrie; Folge war eine erste Konsolidierung, deren Gewinner die AEG und Siemens & Halske waren; die AEG übernahm unter anderem die Union Electricitäts-Gesellschaft (UEG) in Berlin und 1910, nach einem zweiten Einbruch, die Elektrizitäts-AG vormals W. Lahmeyer & Co. (EAG), Frankfurt; Siemens & Halske integrierte derweil die Elektrizitäts-AG vormals Schuckert & Co. (E.-AG), Nürnberg, und formierte 1903 die Siemens-Schuckertwerke (SSW), vgl. Dettmar/Humburg, Starkstromtechnik II, 331.

Anhang

726 Zahlen aus dem Jahr 1885, bzw. 1890. Auch bei Sulzer sind die Zahlen mit Vorsicht zu betrachten, sie differieren jeweils je nach Quelle stark. Wir haben uns für Mittelwerte entschieden, vgl. Bálint, Sulzer, 583 und Lincke, Maschinenindustrie, 134.
727 Zahlen aus Lincke, Maschinenindustrie, 112 ff., Wegmann, Oerlikon, 166 ff, 175 ff., Sachs, 1931, Sachs, 1941, Ziegler, wirtschaftliche Entwicklung, 50 ff.
728 Lincke, Maschinenindustrie, 119.
729 Geschäftsberichte der BBC, 1900/01 – 1914/15.
730 Geschäftsbericht BBC, 1913/14, 4 ff.
731 Zu dieser Problematik vgl. Hanf, Reinhardt, Veröffentlichte Jahresabschlüsse von Unternehmen im deutschen Kaiserreich. Bedeutung und Aussagewert für wirtschaftshistorische Analysen, in: *Zeitschrift für Unternehmensgeschichte* 23 (1978), 145 – 172. Hanfs Erkenntnisse lassen sich weitgehend auf die schweizerischen Verhältnisse übertragen. Vgl. ausserdem: Spoerer, Mark «Wahre Bilanzen!» Die Steuerbilanz als unternehmenshistorische Quelle, in: *Zeitschrift für Unternehmensgeschichte* 40 (1995), 158 – 179.
732 Umrechnung gemäss Studer; Pfister, Swistoval. (90 Mio. CHF, Ausgangsjahr: 1914).
733 Wildi, Tobias, Die städtische Elektrizitätsversorgung und die Gründung von BBC Brown Boveri 1891. Baden als Referenzanlage, in: BNJB 91 (2016), 136 – 142.
734 Zu dieser Periode der frühen Geschichte der BBC vgl. vor allem: Ziegler, wirtschaftliche Entwicklung; Rinderknecht, 75 Jahre Brown Boveri; Sachs, 1941, ders., 1943; ders., 1931; Funk, Erinnerungen; Mittler, Baden II, Lincke, Maschinenindustrie; Lang, Brown, Boveri; Lang, Elektrische Maschinenindustrie; Einhart, Julius G., Die wirtschaftliche Entwicklung und Lage der Elektrotechnik in der Schweiz, Worms 1906.
735 Hafter, Albert, Handschriftliches Notizbuch über Beleuchtungsanlagen u. a., Ms., [Baden] 1893 ff., in: Archiv ABB; vgl. auch ders., 50 Jahre Elektrizitätswerk Baden, in: BNJB 16 (1940), 3 – 23; und ders., Persönlich Erlebtes aus der BBC-Chronik, Ms., Baden [Oktober] 1916, in: Archiv ABB.
736 Der SEV wurde 1889 als privater Verband gegründet, um unter anderem Sicherheitsnormen durchzusetzen, siehe, König, Mario, SEV, in: HLS, http://www.hls-dhs-dss.ch/textes/d/D16470.php?topdf=1, abgerufen am 25. August 2017 sowie Paquier, Histoire de l'électricité, I 564 ff.; Gugerli, Redeströme, 195 ff.
737 *Badener Tagblatt*, 24. September 1892.
738 Ebd.
739 Vgl. Steigmeier, Licht, 29.
740 Wildi, Referenzanlage, 138.
741 Funk, Erinnerungen, 11.
742 Umrechnung gemäss Pfister; Studer, Swistoval. (2,5 Mio. CHF, Ausgangsjahr: 1893).
743 Nach der Fusion mit der ebenfalls einheimischen «Actiengesellschaft für Bau und Betrieb elektrischer Anlagen» hiess die Firma seit April 1893 korrekt: Elektrizitäts-AG vormals W. Lahmeyer & Co. (EAG).
744 Prof. Dr. Adolf Slaby an den Magistrat der Stadt Frankfurt a. M. zu Händen des Herrn Oberbürgermeisters Dr. Adickes, 3. Juli 1893 (der Brief wurde gleichzeitig veröffentlicht, unter anderem in: *Elektrotechnische Rundschau* 10/20 (1892/93), 178.
745 Vgl. Mathis, Wolfgang, Slaby, Adolf, in: Neue Deutsche Biographie 24 (2010), 494 – 495, https://www.deutsche-biographie.de/gnd119034573.html#ndbcontent, abgerufen am 31. August 2017.
746 Slaby an Magistrat, in: *Elektrotechnische Rundschau* 10/20 (1892/93), 178.
747 Franz Bourchard Ernst Adickes (1846 – 1915) wirkte von 1890 bis 1912 als Oberbürgermeister von Frankfurt und kam damit auf eine der längsten Amtszeiten. Er gilt deshalb als einer der bedeutenden Bürgermeister der Frankfurter Geschichte, zumal sich die Stadt während seiner Regierung stark vergrösserte, vgl. Meinert, Hermann, Adickes, Franz, in: Neue Deutsche Biographie 1 (1953), 67, https://www.deutsche-biographie.de/gnd118647008.html#ndbcontent, abgerufen am 31. August 2017.
748 Vgl. Gall, Frankfurt als deutsche Hauptstadt, 272 ff.; Adolf Slaby (1849 – 1913) war im Übrigen ein gebürtiger Berliner, was die Sache nicht besser machte.
749 Über diese Debatte existieren zwei Protokolle, die zum Teil abweichen, weil das eine Protokoll, das wenige Wochen nach den Sitzungen in der *Elektrotechnischen Rundschau* (Redaktionssitz in Frankfurt)

veröffentlicht wurde, den Wortlaut ausführlicher und meist in direkter Rede wiedergab. Beim zweiten Protokoll handelte es sich zwar um das offizielle, doch wurden hier die Aussagen der Politiker meist paraphrasiert, ebenso häufig wählte man die indirekte Rede. Manche Aussagen finden sich nur in einem Protokoll, während andere an Authentizität eingebüsst haben. Auch das offizielle Protokoll wurde nachher gedruckt und ist etwa im Institut für Stadtgeschichte, Frankfurt/Main einsehbar: Mittheilungen aus den Protokollen der Stadtverordneten-Versammlung der Stadt Frankfurt am Main, Bd. 26, Frankfurt/Main 1893, 280–302. Das Protokoll der *elektrotechnischen Rundschau* findet sich in: *Elektrotechnische Rundschau* 11/2 (1893/1894), 13–21. Wir werden im Folgenden aus beiden zitieren, wobei wir dies jeweils kennzeichnen: Protokoll, *elektrotechnische Rundschau* bzw. Protokoll, Mittheilungen.

750 Nachtrag zu dem Minoritätsbericht über das städtische Elektrizitätswerk, in: *Elektrotechnische Rundschau* 11/2 (1893/94), 15.
751 Ebd.
752 Ebd.
753 Protokoll, *elektrotechnische Rundschau*, 18.
754 Lindley war auf englischen Internaten erzogen worden und hatte in London ein Studium begonnen, das er bald abbrach, um ins Ingenieurbüro seines Vaters einzutreten (William Lindley, 1808–1900). Die Verbundenheit mit der alten Heimat muss indes stets virulent gewesen sein, er blieb immer britischer Staatsbürger, obwohl er nachher, bis zum Ersten Weltkrieg vorwiegend in Deutschland lebte. 1896 schied William H. Lindley im Unfrieden aus dem Frankfurter Magistrat aus und eröffnete in Frankfurt ein eigenes Büro, um als Gutachter zahlreiche europäische Grossstädte beim Bau von Kanalisationen und Wasserversorgungssystemen zu beraten. Als 1914 der Krieg ausbrach, verliess er Deutschland. Im Dezember 1917 starb er in London, vgl. Nachruf in: SBZ 71/12 (1918), 144 und Lerner, Franz, Lindley, William Heerlein, in: Neue Deutsche Biographie 14 (1985), 606 f., https://www.deutsche-biographie.de/gnd117695971.html#ndbcontent, abgerufen am 30. August 2017, sowie: ders., William Heerlein Lindley (1853–1917). Umriss seines Lebens von Franz Lerner, in: Archiv für Frankfurts Geschichte und Kunst, Heft 49, Frankfurt/Main 1965, 123–133.
755 Protokoll, *elektrotechnische Rundschau*, 18.
756 Ebd., 19.
757 Protokoll, Mittheilungen, 294.
758 Protokoll, *elektrotechnische Rundschau*, 16.
759 Ebd., 20.
760 Ebd., 20.
761 Ebd., 20.
762 Protokoll, Mittheilungen, 300.
763 Offenbar verstanden sich die jungen Gründer der BBC und der etwas ältere Lindley gut, Brown sollte noch einige gemeinsame Geschäftsreisen mit Lindley unternehmen, und Lindleys Tochter Julia (1880–1942) heiratete um 1900 Robert Boveri, den jüngsten Bruder von Walter Boveri. Robert Boveri (1872–1934) übernahm 1900 die Leitung von BBC Mannheim und stieg später zum Aufsichtsratsvorsitzenden auf, eine Position, die er bis zu seinem frühen Tod im Jahr 1934 innehatte, vgl. Günthner, Ulrich; Hermann, Armin, BBC Mannheim [75 Jahre BBC Mannheim], Mannheim 1975, 7 ff., sowie Lerner, Lindley; und ders., Lindley, in: Archiv für Frankfurts Geschichte.
764 Protokoll, *elektrotechnische Rundschau*, 21. Sonnemann sorgte auch dafür, dass 1893 ein überaus wohlwollender Artikel über die BBC in der eigenen *Frankfurter Zeitung* erschien.
765 Funk, Erinnerungen, 53. Hervorhebung im Original.
766 Vgl. Mühlhäuser, Helmut, Aus der Pionierzeit der Dampfturbine, Wettingen 2016, 108 f. und 75 Jahre BBC Mannheim, 8 f. Juliet Brown war eine talentierte Malerin, siehe: Boner, Georgette, Erinnerungen an Juliet Brown, in: BNJB 62 (1987), 55–62.
767 Vgl. Füssl, von Miller, 133.
768 Funk, Erinnerungen, 18.
769 Zit. n. Hafter, 40 Jahre BBC, 3.
770 Funk, Erinnerungen, 11. Boveri trug sich gemäss Funk schon 1891 mit dem Gedanken, in Deutsch-

Anhang

land eine Fabrik zu etablieren, wozu er bereits Bauland bei Hannover erwarb. Doch die Pläne zerschlugen sich. (Ebd.)
771 Funk hat die Expansion ins Ausland recht ausführlich geschildert, Informationen finden sich in seinen Erinnerungen auf fast allen Seiten verstreut, angereichert mit instruktivem Zahlenmaterial. Einen detaillierten Überblick bietet ausserdem: Paquier, Histoire de l'électricité, II 699–722.
772 Zur Geschichte von BBC Mannheim vgl. 75 Jahre BBC Mannheim, 7 ff., ausserdem: 50 Jahre Brown Boveri Mannheim, in: *Wir und unser Werk* (Brown Boveri Hauszeitung), 8/7/8 (Juli/August 1950), 109–111.
773 Die CEM war 1885 von drei französischen Firmen gemeinsam gegründet worden, ihr Sitz lag bei Paris. Frankreich gehörte zu den ersten Ländern, in dem sich die BBC auszubreiten versuchte. Schon 1892 hatte man den oben erwähnten Ingenieur und Eisenbahnpionier Jean-Jacques Heilmann zum Vertreter für den französischen Markt ernannt. Heilmann stammte aus Mülhausen im Elsass und war ein guter Bekannter der Familie Brown. 1894 erhielt die CEM – dank Vermittlung durch Heilmann – von der BBC die Lizenz, deren Produkte in Frankreich zu vertreiben. Diese Verbindung zur CEM wurde in den folgenden Jahren ständig enger, bis die CEM 1901 faktisch in den BBC-Konzern integriert wurde. Vgl. Funk, Erinnerungen, 55–59; Paquier, Histoire de l'électricité, II 701–709.
774 Protokoll Verwaltungsrat BBC, 16. September 1910, 15, in: Archiv ABB.
775 Ebd., 15 f. Die Akquisition stellte sich nicht als Erfolg heraus, 1927 ging die Firma an die Siemens-Schuckertwerke, kurz darauf an Siemens & Halske.
776 Funk, Erinnerungen, 54.
777 Schröter, Harm G., Aufstieg der Kleinen. Multinationale Unternehmen aus fünf kleinen Staaten vor 1914 (Schriften zur Wirtschafts- und Sozialgeschichte, Bd. 42), Berlin 1993, 70 ff.
778 Dieser Befund ist insofern zu relativieren, als die Elektroindustrie insgesamt von Beginn weg international ausgerichtet war, namentlich die fünf Giganten der Branche, wie Hausman et al. feststellen: «By the mid-1890s, the big electrotechnical manufacturers General Electric, Westinghouse (founded 1886), Siemens, Allgemeine Elektricitäts-Gesellschaft and the Swiss Brown, Boveri (founded 1891), as well as other electrical equipment manufacturers were undertaking large-scale international business, principally the establishment of manufacturing facilities and sales offices abroad.» (Hausman et al., Global Electrification, 91 f.) Es gab zu jener Zeit kaum eine Branche, die sich so «multinational» konstituierte und agierte wie die Elektroindustrie, und ihre Firmen gelten in der Forschung daher als frühe und klassische Beispiele von «Multinationals», wie sie das folgende 20. Jahrhundert bestimmen sollten (vgl. Jones, Geoffrey; Schröter, Harm G., Hg., The Rise of Multinationals in Continental Europe, Aldershot, UK 1993 und Jones, Business enterprises; sowie Hertner, Peter, Financial Strategies and Adaptation to Foreign Markets: The German Electro-Technical Industry and Its Multinational Activities, 1890 to 1939, in: Teichova, Alice; Lévy-Leboyer, Maurice; Nussbaum, Helga, Hg., Multinational Enterprise in Historical Perspective, Cambridge, MA 1986, 145–159; schliesslich Wilkins, Mira, The Emergence of Multinational Enterprise, Cambridge, MA 1970). Das hing zum einen mit den oben erwähnten politischen Erfordernissen des Geschäfts zusammen: Leitungen, Kraftwerke, Netze hatten von staatlichen Behörden und Körperschaften bewilligt bzw. konzessioniert zu werden. Zum anderen war dafür der immense Kapitalbedarf verantwortlich, den solche Anlagen auslösten.
779 Paquier, Serge; Fridlund, Mats, The Making of Small Industrial Giants. The Growth of the Swedish ASEA and the Swiss BBC through Crises and Challenges Prior to 1914, in: Myllyntaus, Timo, Hg., Economic Crises and Restructuring in History. Experiences of Small Countries, St. Katharinen 1998, 262.
780 Nachruf Walter Boveri, in: *Jahrbuch der Schiffbautechnischen Gesellschaft*, 26 (1925), 55. Diese Gesellschaft verstand sich als Lobby für den Flottenbau; 1899 in Berlin gegründet, handelte es sich um eine prestigereiche Organisation, zumal der Aufbau einer Flotte eines der zentralen Anliegen des Kaiserreichs war. Wilhelm II. übernahm die Schirmherrschaft. Walter Boveri war der Gesellschaft ebenfalls als Mitglied beigetreten, was zeigt, wie sehr er sich noch seinem Heimatland verbunden fühlte: Es war eine hoch patriotische Angelegenheit. Doch profanere Motive spielten wohl mit. Ab 1900 hatte die BBC den Bau von Dampfturbinen aufgenommen (siehe unten), die sich auch als Motoren für Schiffe eigneten. BBC lieferte in der Folge Turbinen für die kaiserliche Marine. Boveri dürfte eine Mitglied-

schaft in diesem Klub für geschäftsfördernd gehalten haben. Hier traf er in einem ungezwungenen, gesellschaftlichen Rahmen potenzielle Kunden: Admiräle, Chefbeamten des Marineamts, Politiker, Berater des Kaisers.
781 Ebd.
782 Funk, Erinnerungen, 8.
783 Ebd., 9.
784 Vgl. Paquier, Histoire de l'électricité, I 415 ff.
785 Ebd., II 1094.
786 Sachs, 1931, 8.
787 Fridlund/Paquier, Small Industrial Giants, 179–206.
788 Vgl. ebd., 237 f. Streng genommen war die ASEA etwas älter. Schon 1883 war eine Vorgängerfirma gegründet worden, doch erst 1890 entstand nach einer Fusion die ASEA (Allmänna Svenska Elektriska Aktiebolaget, zu deutsch: Allgemeine Schwedische Elektrizitäts-Aktiengesellschaft).
789 Bis zum Ersten Weltkrieg dominierte die deutsche Elektroindustrie die Elektrifizierung nicht bloss in Europa, sondern weltweit, wobei die BBC mit ihren grossen deutschen Produktionsstätten in Mannheim faktisch dazuzuzählen ist. Die AEG, Siemens & Halske und die BBC elektrifizierten weite Teile Lateinamerikas, vor allem das in jenen Jahren prosperierende Argentinien sowie Russland, Spanien, Italien, das Osmanische Reich und Österreich-Ungarn. Die amerikanischen Konzerne, obschon genauso bedeutend, konzentrierten sich eher auf ihren riesigen Heimmarkt. Erst nach 1918 drangen GE und Westinghouse über die Grenzen der USA hinaus, vgl. Hausman et al., Global Electrification, 65 ff. und 186 f.
790 Funk, Erinnerungen, 12.
791 Ebd., 12 f. «Bankverein in Zürich», Funk meint wohl den Zürcher Bankverein. Diese Bank bestand bis 1895, bevor sie mit dem Basler Bankverein zum Schweizerischen Bankverein, SBV, fusionierte. Hauptsitz des SBV war Basel. Vgl. Püntener, Peter, Schweizerischer Bankverein, in: HLS, https://hls-dhs-dss.ch/de/articles/041896/2012-11-27/, abgerufen, am 12. März 2016. Vgl. zudem Paquier, Histoire de l'électricité, II 675 f.
792 Vgl. Paquier, Réseaux Familiaux, 240 und ders., Histoire de l'électricité, II 675: Funks Frau hatte als Sicherheit jedoch ihr Vermögen zu verpfänden. Die Allgemeine Deutsche Credit-Anstalt, 1856 gegründet, galt um 1870 als eine der grössten Banken Deutschlands. Mit dem Aufstieg der Berliner Banken seit der Reichsgründung relativierte sich dieser Status, dennoch blieb sie eine anerkannte Grossbank.
793 Vgl. auch Paquier, Réseaux Familiaux, 238.
794 Vgl. Birkhäuser, Kaspar, Ludwig Rudolf Alioth, in: HLS, https://hls-dhs-dss.ch/de/articles/029890/2001-04-23/, abgerufen am 2. März 2016; sowie Nachruf Rudolf Alioth, in: SBZ 86/3 (1916), 31 f.
795 Vgl. Hausman et al., Global Electrification, 19.
796 Julius Frey am ersten Schweizer Bankiertag in Genf, 18. Oktober 1913, Procès-verbal de la première Assemblée générale ordinaire de l'Association des Représentants de la Banque en Suisse, 13 ff. Julius Frey (1855–1925) hatte bei der Kreditanstalt eine glänzende Karriere absolviert, die ihn 1911 ins Verwaltungsratspräsidium der Bank führte. Zwischen 1900, als er einer ihrer Direktoren geworden war, bis 1925, als er starb, galt er als der starke Mann der Grossbank, vgl. Escher-Frey, Hans, Julius Frey, in: Biographisches Lexikon, 231–234; Steigmeier, Andreas, Frey, Julius, in: HLS, http://www.hls-dhs-dss.ch/textes/d/D42084.php, abgerufen am 1. September 2017.
797 Hausman et al., Global Electrification; vgl. für diesen Zusammenhang auch Wilkins, Mira, The Emergence of Multinational Enterprise, Cambridge, MA 1970.
798 Man nennt dieses Phänomen im Deutschen auch «Unternehmergeschäft»: Ein Unternehmen sieht sich gezwungen, den Markt für die eigenen Produkte erst herzustellen, bevor es diese absetzen kann. Oft boten die Elektrounternehmen ja nicht bloss Turbinen, Generatoren und Stromnetze an, sondern auch die einschlägigen Endgeräte: wie etwa elektrische Lokomotiven, Motoren oder Haushaltgeräte. Vgl. Hausman et al., Global Electrification, 96 f.
799 Ebd., 96.
800 Der Schweizer Julius Frey war mit Absicht zum Präsidenten gewählt worden: Die beteiligten Firmen,

die meisten aus Deutschland, wollten der Elektrobank damit ein neutrales Erscheinungsbild verleihen, vgl. Broder, Albert, Banking and the Electrotechnical Industry in Western Europe, in: Cameron, Rondo; Bovykin, V. I., Hg., International Banking, Oxford 1991, 479. Vgl. auch Hausman et al., Global Electrification 98 und 135 f.: Nach dem Ersten Weltkrieg und der deutschen Niederlage wurden diese Finanzierungsgesellschaften unverzüglich «eingeschweizert», um allfälligen Enteignungsplänen der Alliierten zuvorzukommen. Ebenso wären wohl andere geschäftliche Nachteile zu erwarten gewesen, hätte die deutsche Prädominanz unter den Aktionären angehalten. Die deutschen Beteiligten verkauften ihre Anteile und schieden aus. Erst jetzt waren die sogenannten Elektro-Trusts «echte» Schweizer Firmen geworden, urteilt Serge Paquier (Histoire de l'électricité, II 978): «Ce n'est qu'après la défaite des puissances centrales en novembre 1918 que le trust devient véritablement suisse. Le mouvement engagé vers la *suissification* de la financière zurichoise commence toutefois dès la première année de guerre avec l'entrée de banquiers privés bâlois et genevois». (Hervorhebung im Original). Informell blieben die Verbindungen zwischen den Holdinggesellschaften und ihren deutschen Elektrounternehmen allerdings bestehen. Ebenso kooperierten Elektrobank und Kreditanstalt weiterhin eng, vgl. Jung, Joseph, Von der Schweizerischen Kreditanstalt zur Credit Suisse Group. Eine Bankengeschichte, Zürich 2000[2]. Vgl. auch Imwinkelried, Daniel, Die Auswirkungen des Ersten Weltkrieges auf die Beziehungen der Schweizer Banken zur deutschen Industrie: Die Schweizerische Gesellschaft für elektrische Industrie (Indelec) und der Siemens-Konzern, in: Guex, Sébastien, Hg., La Suisse et les Grandes Puissances 1914–1945, Genf 1999, 301–325 und: Segreto, Luciano, Du «Made in Germany» au «Made in Switzerland». Les sociétés financières suisses pour l'industrie électrique dans l'entre-deux-guerres, in: Trédé Boulmer, Monique, Hg., Électricité et électrification dans le monde 1880–1980, Paris 1992, 347–367. Zur Geschichte der Elektrowatt insgesamt siehe ausserdem: Steigmeier, Andreas, Power on. Elektrowatt 1895–1995, Zürich 1995.
801 Vgl. Fridlund/Paquier, Small Industrial Giants, 253 f.
802 Zur Geschichte der Motor, die 1923 mit der gleichartigen Finanzierungsgesellschaft Columbus zur Motor-Columbus fusionierte, siehe: Kupper, Patrick; Wildi, Tobias, Motor-Columbus von 1895 bis 2006, (Beilage zum Geschäftsbericht 2005 der Motor-Columbus AG), Baden 2006; Haag, Erich, Motor Columbus 1895–1995, Baden 1995, sowie das ältere Werk: Schmid, Hans-Rudolf, 50 Jahre Motor-Columbus 1895–1945, Baden 1945. Columbus war 1913 ebenfalls von Walter Boveri in Baden gegründet worden, um insbesondere den lateinamerikanischen Markt zu durchdringen. Beide Gesellschaften finanzierten und planten nicht bloss Kraftwerke, sondern oft blieben sie auch daran beteiligt und betrieben diese danach in eigener Regie. Es entstand ein breites, internationales Portfolio, und die Motor-Columbus stieg in der Zwischenkriegszeit zu einer der kapitalkräftigsten Firmen der Schweiz auf. 1929 zum Beispiel lagen die Beteiligungen der Motor-Columbus an Elektrizitätswerken und Stromnetzen zu 46 Prozent in der Schweiz, 38 Prozent in Lateinamerika, 12 Prozent in Italien, sowie 2 Prozent in Deutschland und 1 Prozent in Frankreich (vgl. Hausman et al., Global Electrification, 150 f.). Vgl. zudem: Paquier, Serge, Banques, sociétés financières et industrie électrique de 1895 à 1914, in: Cassis, Youssef; Tanner, Jakob, Hg., Banken und Kredit in der Schweiz. Banques et crédit en Suisse (1850–1930), Zürich 1993, 241–266.
803 Ursprünglich hatte Boveri auch versucht, den Bankverein in Basel als Aktionär zu gewinnen. Weil er den Baslern aber nicht ausreichend Sitze im VR zugestand und diese sich insbesondere an der Übervertretung der BBC im VR störten, winkten sie ab. Das gegenseitige Vertrauen fehlte offenbar, vgl. Bauer, Hans, 100 Jahre Schweizerischer Bankverein: 1872–1972, Basel 1972, 108.
804 Walter Boveri an Theodor Pfister, Juni 1894, zit. n. Lang, Brown, Boveri, 76.
805 Paquier, Réseaux familiales, 239.
806 Gugerli, Redeströme, 227–231. Umrechnung gemäss Pfister; Studer, Swistoval. (671 Mio. CHF, Ausgangsjahr: 1914).
807 Diese Errungenschaft bleibt eindrücklich, auch wenn Norwegen die Schweiz in den kommenden Jahren überholen sollte. 1912 setzte sich Norwegen mit einer Produktion von 760 kWh pro Kopf weltweit an die Spitze, die Schweiz folgte an zweiter Stelle mit 380 kWh, während die USA mit 260 kWh auf den dritten Rang gelangte. Belgien (172 kWh), Deutschland (107 kWh), Grossbritannien (91 kWh), Italien (58 kWh) und Frankreich (39 kWh) folgten, vgl. Tabelle in: Paquier, Histoire de

l'électricité, I 130. Im Gegensatz zur Schweiz waren es in Norwegen aber fast durchgehend ausländische Firmen, die diese Elektrifizierung vornahmen, wie unter anderem die BBC mit ihrer Filiale in Kristiania.
808 Die Schweiz stieg vor dem Ersten Weltkrieg zum relativ grössten Stromexporteur in Europa auf, 26 Prozent ihrer Produktion wurde ins Ausland verkauft, der zweite bedeutende Exporteur war Österreich-Ungarn mit 13 Prozent. Allerdings stellten diese beiden Länder Ausnahmen dar, zu jener Zeit ex- oder importierten nur sehr wenige Staaten Strom, vgl Hausman et al., Global Electrification, 30: «The low level of international trade in electricity is remarkable».
809 Der juristische Sitz der Columbus AG befand sich allerdings in Glarus/GL.
810 Zur Dampfturbine der BBC: Strobel, Albrecht, Zur Einführung der Dampfturbine auf dem deutschen Markt 1900 bis 1914 unter besonderer Berücksichtigung der Brown, Boveri & Cie. AG Baden (Schweiz) und Mannheim, in: Elm, Kaspar et al., Hg., Landesgeschichte und Geistesgeschichte, Fs Otto Herding, Stuttgart 1977, 442–482; Eckardt, Dietrich, Gas Turbine Powerhouse. The Development of the Power Generation Gas Turbine at BBC-ABB-Alstom, München 2014, 7 ff.; Lang, Brown, Boveri, 36 ff.; Lang, Elektrische Maschinenindustrie, 114 ff.; Lincke, Maschinenindustrie, 120 ff.; Einhart, Lage der Elektrotechnik, 132 ff.; Sachs, 1941, 18 f.; Ziegler, wirtschaftliche Entwicklung, 29 ff.; Keller, Ernst, 50 Jahre Dampfturbinen-Montagepraxis. Erlebnisse und Erfahrungen aus den Kinderjahren der Brown Boveri Dampfturbine, in: *Wir und unser Werk* (Brown Boveri Hauszeitung), 8/3 (März 1950), 30–35; 8/4 (April 1950), 49–54; 8/5 (Mai 1950), 70–75; 8/6 (Juni 1950), 89–92; Klingelfuss, Ernst, Die ersten Jahre unseres Dampfturbinenbaus im Spiegel der Geschäftsberichte, in: *Wir und unser Werk* (Brown Boveri Hauszeitung) 8/12 (Dezember 1950), 190–192, ausserdem die Geschäftsberichte BBC der Jahre 1900/01 bis 1912/13.
811 Eckardt, Powerhouse, 16.
812 Ebd., 14.
813 Hinzu kam, dass die Turbine im Gegensatz zur Dampfmaschine sehr viel weniger Platz beanspruchte, weniger Material benötigte und leichter war – Eigenschaften, die sie vor allem für den Schiffsantrieb attraktiv machte.
814 Eckardt, Powerhouse, 16.
815 Charles Brown an Conrad Matschoss, Köln, 27. Oktober 1905, Korrespondenz Charles E. L. Brown, in: Archiv ABB.
816 Ebd.
817 Raimund Pfeiffer, zit. n. 75 Jahre BBC Mannheim, 11.
818 Ebd.
819 Prof. Emil Budde an Chefingenieur Richter am 28. Mai 1900, zit. n. Strobel, Dampfturbine, 452.
820 Emil Budde war am 13. Februar 1901 mit Brown und Boveri in Baden zusammengetroffen. Seinen Vorgesetzten in Berlin schickte er kurz darauf einen Bericht, Budde an S & H, Abteilung Beleuchtung und Kraft, zur Kenntnisnahme von Wilhelm v. Siemens und des Direktoriums, zit. n. Strobel, 452 f.
821 Einhart, Elektrotechnik in der Schweiz, 136.
822 Geschäftsbericht BBC, 1900/01, 6.
823 Geschäftsbericht BBC, 1903/04, 4.
824 Ebd.
825 Fridlund/Paquier, Small Industrial Giants, 258.
826 Auch die AEG baute in Berlin-Moabit eine riesige Turbinenfabrik. Als Chef setzte die AEG 1902 Carl Sulzberger ein, einen Schweizer Ingenieur, den man von der BBC in Baden abgeworben hatte. Sulzberger leitete die Fabrik bis 1917, unter dem Eindruck des wachsenden Nationalismus während des Ersten Weltkriegs kehrte er in die Schweiz zurück, vgl. Nachruf in: *Elektrotechnische Zeitschrift* 56 (1935), 1140.
827 Das Aktienkapital der BBC belief sich 1903/04 auf 12,5 Millionen Franken. Man vereinbarte, dass die AEG davon 5,6 Millionen Franken übernahm, während sie der BBC eigene Aktien im Wert von 3,5 Millionen Mark abtrat. Ohne Wissen der BBC sorgte Emil Rathenau dafür, dass die AEG über die Elektrobank weitere 1,25 Millionen Franken BBC-Aktien erwarb, womit sie über die Mehrheit verfügte. Die BBC stattdessen hatte den grössten Teil ihrer AEG-Aktien weitergereicht, so dass sie an der

Anhang

Generalversammlung der AEG im Jahr 1905 bloss 780 000 Mark vertrat. Zum Vergleich: die Berliner Grossbanken und Bankiers kontrollierten 24,7 Millionen Mark des AEG-Kapitals, vgl. Geschäftsbericht BBC 1904/05, sowie Strobel, Dampfturbine, 457.

828 Vgl. Sabrow, Martin, Rathenau, Walther, in: Neue Deutsche Biographie 21 (2003), 174–176, https://www.deutsche-biographie.de/gnd118598430.html#ndbcontent, abgerufen am 4. April 2017. Die Literatur über Rathenau ist umfangreich, wir haben insbesondere konsultiert: Volkov, Shulamit, Walter Rathenau: Weimar's Fallen Statesman, New Haven 2012 und Gall, Lothar, Walther Rathenau. Portrait einer Epoche, München 2009, schliesslich: Hughes, Thomas P. et al., Hg., Ein Mann vieler Eigenschaften. Walther Rathenau und die Kultur der Moderne, Berlin 1990 sowie Stern, Fritz, Walther Rathenau and the Vision of Modernity, in: ders., Einstein's German World, Princeton, Oxford (1999) 2016^2, 165–196.

829 Vgl. Mörtzsch, Friedrich, Deutsch, Felix, in: Neue Deutsche Biographie 3 (1957), 623 f., https://www.deutsche-biographie.de/gnd11608765X.html#ndbcontent, abgerufen am 4. April 2017 und Pinner, Felix, Felix Deutsch, in: ders., Deutsche Wirtschaftsführer, Berlin 1924, 197–202.

830 Geschäftsbericht BBC, 1903/04, 6.

831 NZZ, 12. Januar 1910.

832 Der Schweizerische Bankverein delegierte Alphons Simonius-Blumer (1855–1920), Präsident des Verwaltungsrates und Leopold Dubois (1859–1928), Delegierter des Verwaltungsrates in den BBC-Verwaltungsrat; als weiterer Repräsentant des Basler Finanzplatzes nahm der Privatbankier Alfred Sarasin (1865–1953) von der gleichnamigen Bank Einsitz, beide Banken waren mit der Alioth verbunden gewesen; Sarasin hatte ausserdem als Verwaltungsratspräsident der Elektrizitäts-Gesellschaft Alioth (EGA) fungiert. Schon seit 1900 sass Rudolf Ernst für die Bank in Winterthur (ab 1912: Schweizerische Bankgesellschaft) im Verwaltungsrat der BBC, und 1904 war Julius Frey, Präsident der Schweizerischen Kreditanstalt, dazugestossen, aber in erster Linie als Präsident der Elektrobank, die ihrerseits von der AEG beherrscht wurde. 1914 trat ausserdem Carl J. Brupbacher von der Bank Leu, Zürich ein, so dass insgesamt fünf Banken vertreten waren, vgl. Geschäftsberichte der BBC 1900/01, 2; 1904/05, 2; 1910/1, 2, sowie 1914/15, 2.

833 Geschäftsbericht BBC 1910/11, 3.

834 Protokoll Verwaltungsrat BBC, 11. März 1911, in: Archiv ABB.

835 Ebd.

836 Protokoll Verwaltungsrat BBC, 16. September 1910, 12, in: Archiv ABB.

837 Ebd., 12 f.

838 Eckardt, Powerhouse, 15.

839 Nachruf Walter Boveri, in: *Jahrbuch der Schiffbautechnischen Gesellschaft*, 26 (1925), 55.

840 Vgl. auch Kleiner, Beat, Simplontunnel 1906. Wagnis Elektrifikation – Hermann Kummlers Leitungsbau (Schweizer Pioniere der Wirtschaft und Technik, Ergänzung zu Bd. 71), Zürich 2010.

841 Strobel, Dampfturbine, 450.

842 Vgl. Bonadei, Ivo, Aufstieg zum Weltkonzern. Die Entwicklung der AG Brown, Boveri & Cie. zwischen 1900 und 1925, unveröffentlichte Lizentiatsarbeit Universität Zürich 2006, 19.

843 Vgl. Fridlund/Paquier, Small Industrial Giants, 262.

844 Paquier, Serge, L'utilisation des ressources hydrauliques en Suisse aux 19e et 20e siècles: une approche systémique dans la longue durée, in: *Schweizerische Gesellschaft für Wirtschafts- und Sozialgeschichte – Société suisse d'histoire économique et sociale* 17 (2001), 109.

845 Tabellen aus: Müller, Margrit; Woitek, Ulrich; Hiestand, Manuel (Mitarbeit), Wohlstand, Wachstum und Konjunktur, in: Halbeisen, Patrick; Müller, Margrit; Veyrassat, Beatrice, Hg., Wirtschaftsgeschichte der Schweiz im 20. Jahrhundert, Basel 2012, 114.

846 Belgien, Dänemark, Frankreich, Deutschland, Niederlande, Grossbritannien.

847 Schweden, Norwegen, Finnland.

848 Müller; Woitek, Wohlstand, 96.

849 Paquier, Histoire de l'électricité, II 1087.

850 Paquier, Histoire de l'électricité, II 1087 ff., sowie ders., L'hydroélectricité suisse de 1880 aux années 1930: comment et pourquoi la réussite? in: Gugerli, Allmächtige Zauberin, 85–101; ders., Un facteur

d'explication de l'électrification rapide de la Suisse: l'expérience acquise en matière d'hydromécanique au XIXe siècle, in: *Bulletin d'histoire d'électricité* 16 (1990), 25–36.

851 Zur Geschichte der ETH und deren Verhältnis zur aufkommenden Elektroindustrie, siehe Paquier, Histoire d'électricité, I 567 ff., Gugerli, Redeströme, 212 ff., ausserdem allgemein: Gugerli, David; Kupper, Patrick; Speich, Daniel, Die Zukunftsmaschine. Konjunkturen der ETH Zürich 1855–2005, Zürich 2005; sowie Guggenbühl, Gottfried; Kläui, Paul, Geschichte der Eidgenössischen Technischen Hochschule in Zürich, Zürich 1955.

852 Die Vorgängerin der heutigen ETH in Lausanne, zu jener Zeit die technische Abteilung der *Académie de Lausanne*, und bald *École d'ingénieurs de l'Université de Lausanne* genannt, erhielt für die Westschweiz eine ähnliche Bedeutung. Vorab die Genfer Elektrofirmen profitierten davon. Als eine im Wesentlichen kantonale Institution blieb diese Schule aber deutlich weniger einflussreich als das Eidgenössische Polytechnikum, das vollständig vom Bund finanziert wurde.

853 Robert Gnehm (1852–1926), ein legendärer Wissenschaftsmanager jener Zeit, stellt in dieser Hinsicht ein typisches Beispiel dar: Der Chemiker begann als junger Dozent am Polytechnikum, wechselte dann in die chemische Industrie, wurde Mitglied des Schulrates, und wenig später Direktor und Verwaltungsrat bei der Ciba in Basel. 1894 trat er hier aus und kehrte als Professor ans Polytechnikum zurück. Während er als Professor lehrte, schloss er gleichzeitig einen Vertrag mit Sandoz ab, um dem Basler Unternehmen als «konsultierender Chemiker» zuzuarbeiten. Bald stieg er als Mitbesitzer ein und übernahm ein Verwaltungsratsmandat bei der Sandoz. Schliesslich diente er von 1896 bis 1900 gar als Präsident von Sandoz. Trotz dieser privatwirtschaftlichen Verpflichtungen gab er seinen Lehrstuhl in Zürich nicht auf, im Gegenteil, 1899 bestimmte ihn der Schulrat zum Rektor der Hochschule und 1905 wählte ihn der Bundesrat zum Schulratspräsidenten des Polytechnikums, was er bis 1926 (!) blieb, vgl. Knoepfli, Adrian, Robert Gnehm. Brückenbauer zwischen Hochschule und Industrie, (Schweizer Pioniere der Wirtschaft und Technik 102), Zürich 2014.

854 Paquier, Historie de l'électricité, II 1089, vgl. ausserdem: ders., La connexion progressive: les hautes écoles d'ingénieurs de Zurich et de Lausanne et les besoins de l'industrie nationale, in: Efmertová, Marcela et al., Hg., Des ingénieurs pour un monde nouveau: Histoire des enseignements électrotechniques (Europe, Amériques), XIXᵉ-XXᵉ siècle, Brüssel 2016, 257–273. Für die vergleichbare Rolle, die das Polytechnikum bzw. die ETH beim Aufstieg der Basler Grosschemie spielte, siehe Straumann, Tobias, Die Schöpfung im Reagenzglas: eine Geschichte der Basler Chemie (1850–1920), Basel 1995.

855 Vgl. dazu auch Paquier, Serge, Le mythe de l'industrie électrique nationale helvétique à l'épreuve des faits. Un subtil jeu d'ouverture et de fermeture d'un petit pays européen (1875-années vingt), in: Relations internationales 101 (2000), 5–20.

856 Heinrich Sulzer-Steiner, 1834 geboren, war 1906 gestorben; bis zu diesem Zeitpunkt hatte er Sulzer als Seniorchef geführt.

857 Protokoll Verwaltungsrat BBC, 11. März 1911, in: Archiv ABB.

858 Ebd.
859 Ebd.
860 Ebd.
861 Ebd.
862 Ebd.
863 Ebd.
864 Ebd.
865 Ebd.
866 Ebd.
867 Ebd.

868 Albert Aichele (1865–1922), in Lörrach/Grossherzogtum Baden geboren, hatte am Polytechnikum in Zürich und an der Technischen Hochschule in München studiert und begann seine Laufbahn unter Charles Brown bei der MFO. Als dieser die MFO verliess, um die BBC zu gründen, folgte ihm Aichele. Bei der BBC leitete er ab 1891 zusammen mit Carl Sulzberger das Versuchslabor, ab 1902 allein, nachdem Sulzberger nach Berlin zur AEG gewechselt war. Aichele gelangen entscheidende Erfindungen auf dem Gebiet der elektrischen Traktion oder der Ölschalter, er galt schon zeitlebens als einer der kreativs-

ten Elektrotechniker. Mehr als 100 Patente lauteten auf seinen Namen, vgl. Nachruf Albert Aichele, in: SBZ 79/80 (1922), 209, sowie Triet, Max, Aichele, Albert, in: HLS, http://www.hls-dhs-dss.ch/textes/d/D29563.php, abgerufen am 23. September 2017.

869 Jacob Buchli (1876–1945), in Chur geboren und aufgewachsen hatte am Polytechnikum in Zürich Maschinenbau studiert. Danach arbeitete er ein Jahr lang als Assistent bei Aurel Stodola, dem legendären Professor für Maschinenbau und Maschinenkonstruktion, der seit langem mit der BBC kooperierte. (Vgl. Lang, Norbert, Stodola, Aurel [1859–1942]. Wegbereiter der Dampf- und Gasturbine, [Schweizer Pioniere der Wirtschaft und Technik 75], Meilen 2003). Buchli fing seine Karriere bei der SLM an, 1910 warb ihn die BBC ab. Für die BBC machte Buchli mehrere Innovationen, vor allem im Bereich der elektrischen Bahnen. 1924 kehrte Buchli zur SLM zurück, wo er zuerst als Direktor, dann als Verwaltungsratspräsident seine Karriere fortsetzte und beendete, vgl. Nachruf Jacob Buchli, in: SBZ 125/20 (1945), 246 f.

870 Vgl. Rinderknecht, 75 Jahre Brown Boveri, 251. Etwa 90 Prozent der Angestellten waren im «Hausverband Brown, Boveri» organisiert, der 1920 gegründet worden war. 1921/22 wies der Hausverband gemäss Jahresbericht 1360 Mitglieder auf, davon waren 567 «Ingenieure und Techniker», also rund 41 Prozent, 80 firmierten als «Werkmeister und Betriebsbeamte» (6 Prozent), 314 «Kaufleute» (23 Prozent) 337 wurden als «Zeichner und Bureaulisten» aufgeführt (25 Prozent) und 70 schliesslich als Handwerker (5 Prozent), vgl. Erster Jahres-Jahresbericht des Hausverbandes Brown, Boveri für das Jahr 1921/22, in: Archiv ABB, 11 f., vgl. auch Sachs, 1941, 59; ausserdem König, Mario; Siegrist, Hannes; Vetterli, Rudolf, Warten und Aufrücken. Die Angestellten in der Schweiz 1870–1950, Zürich 1985, 339 f.

871 Vgl. Sachs, 1941, 18.

872 *Badener Tagblatt*, 13. Januar 1910.

873 Ebd.

874 Direkte Bundessteuern gab es erst seit 1915, man hatte sie (provisorisch) eingeführt, um die steigenden Militärausgaben zu bestreiten, nachher wurden sie immer wieder unter diversen Titeln verlängert, bis heute dauert das Provisorium an (zur Zeit bis 2020).

875 Die Steuergesetzgebung war in jenen Jahren grösstenteils Sache der Kantone, so dass sich oft erhebliche Nuancen zwischen den Kantonen ergaben, die man schon damals zur Steueroptimierung nutzte. Als Sulzer 1914 in eine Aktiengesellschaft (Gebrüder Sulzer AG) umgewandelt wurde, schuf man zusätzlich eine Holdinggesellschaft (Sulzer Unternehmungen AG) und verlegte deren juristischen Sitz aus Steuergründen in den Kanton Schaffhausen (vgl. Bálint, Sulzer, 67).

876 Vgl. Steuerbücher der Stadt Baden, 1890, 1902, 1910, 1911 und 1920, in: Stadtarchiv Baden. Vgl. ausserdem die informative Dissertation von Ernst Keller, Der Finanzhaushalt der Stadt Baden, Diss. Universität Zürich 1947, 105 ff.

877 Vgl. Keller, Finanzhaushalt, 129.

878 Zahlen aus ebd., 61.

879 Zahlen aus ebd., 111.

880 Vgl. Kaufmann, Eugen, Von den feinen Rivalitäten zwischen Baden und Wettingen in Vergangenheit und Gegenwart, in: BNJB 70 (1995), 17 ff.

881 Josef Huser an der Wettinger Gemeindeversammlung, 7. Juli 1916, zit. n. ebd., 17.

882 Steuerbücher der Stadt Baden, 1910, in: Stadtarchiv Baden.

883 An diesem weitläufigen Kraftwerksystem war die Motor AG beteiligt.

884 Walter Boveri war Teilhaber der EGB, der grösste Aktionär war nach wie vor Theodor Pfister in London.

885 Umrechnung gemäss Pfister; Studer, Swistoval. (44 000 CHF, Ausgangsjahr: 1910).

886 Vgl. Steigmeier, Andreas, Banken in Baden, in: BNJB 76 (2001), 148.

887 Die Schuhfabrik Baden gehörte der Familie Guggenheim. 1934 ging sie bankrott. Ihr letzter Besitzer, Georges Guggenheim, sah sich ausserstande, die Folgen der Weltwirtschaftskrise zu verkraften.

888 1938 zahlte Von Roll etwas über 300 000 Franken Steuern an die Gemeinde, insgesamt nahm diese gegen 400 000 Franken ein, vgl. Kienzle, Gerlafingen, 51 ff. und die entsprechende Grafik, die die Jahre 1919 bis 1938 zeigt. Der Anteil der Von Roll lag fast immer bei 70 Prozent.

Anmerkungen

889 «Verzeichnis der Handelshäuser und Fabriken des Kantons Zürich. Gefertigt nach offiziellen Registern bis Ende 1861 durch die Kanzlei der Handelskammer, Zürich 1862», zitiert bei Wetter, Bank in Winterthur, 12 f.
890 Steuerbuch der Stadt Baden 1910, in: Stadtarchiv Baden.
891 Umrechnung gemäss Pfister; Studer, Swistoval. (22 000 CHF, Ausgangsjahr: 1910).
892 Steuerbücher der Stadt Baden, 1910, 1911, 1912, 1913, 1914, in: Stadtarchiv Baden.
893 Als die Stadt um Verhandlungen bat, antwortete die BBC zuerst nicht einmal. Es war an Jäger, mit BBC-Direktor Staub das direkte Gespräch zu suchen, vgl. Protokolle Stadtrat von Baden, 13. Mai, 1. August, 8. August, 15. November 1921, in: Stadtarchiv Baden.
894 Protokoll Stadtrat von Baden, 5. Januar 1922, in: Stadtarchiv Baden.
895 Ebd.
896 In einer «historischen» Sitzung im März 1922 hatte Boveri seinem Kader die Notwendigkeit eines weitergehenden Lohnabbaus erläutert, das Protokoll wurde von Oberingenieur Hafter referiert in: ders., 40 Jahre BBC, 43 f. Selbst der Forschungs- und Entwicklungshub in Baden stand zur Disposition: «Die spezielle Stellung der BBC, mit den ausländischen Gesellschaften, verlangt einen relativ grossen Stab von Angestellten. Es entsteht die Frage, ob dieses System aufrecht erhalten werden könne.» (ebd., 44).
897 Einwohnergemeinde, Rechnung 1928, Bericht des Stadtrates über das Verwaltungsjahr, Juni 1929, in: Stadtarchiv Baden.
898 Steuerbücher der Stadt Baden, 1930, 1940, in: Stadtarchiv Baden, vgl. auch Keller, Finanzhaushalt, 36.
899 Einwohnergemeinde, Rechnung 1930, Bericht des Stadtrates über das Verwaltungsjahr, 1931, in: Stadtarchiv Baden.
900 «Neujahrsgruss» der Delegation des VR der BBC (F. Funk, S. W. Brown, H. Naville) an alle Mitarbeiter, 1. Januar 1933, in: Hafter, 40 Jahre BBC, 45a.
901 Ebd.
902 Ventura, Andrea, Geschicklichkeit und Glück. Wie die Stadt Baden die Weltwirtschaftskrise meisterte, unveröffentlichte Abschlussarbeit zum Master of Advanced Studies in Applied History, Universität Zürich, Zürich 2015; sowie dies., Rappenspalten und Couponschneiden, Badener Familien in den 1930er-Jahren, in: BNJB 90 (2015), 154–164. Siehe ausserdem: Veigl, Sybille, «Heute ist eben gar nichts mehr sicher». Das Unternehmen BBC Brown Boveri & Cie., 1927 bis 1938, unveröffentlichte Lizentiatsarbeit Universität Zürich, Zürich 2000.
903 Walter Boveri an Stadtrat von Baden, 19. November 1914, in: Protokoll Stadtrat von Baden, 23. November 1914, in: Stadtarchiv Baden. (Der Brief wurde im Protokoll des Stadtrates vollumfänglich zitiert.)
904 Ebd.
905 Protokoll Stadtrat von Baden, 23. November 1914, in: Stadtarchiv Baden.
906 Ebd.
907 Ebd.
908 Ebd.
909 Ebd.
910 *Badener Tagblatt*, 23. August 1895, Hervorhebung im Original.
911 *Schweizer Freie Presse*, 26. August 1895
912 Ebd.
913 Ebd.
914 Ebd.
915 Ebd.
916 Ebd.
917 Ebd.
918 Ebd.
919 Ebd.
920 Ebd.
921 Protokoll Stadtrat von Baden, 22. August 1895, in: Stadtarchiv Baden.

Anhang

922 *Schweizer Freie Presse*, 26. August 1895.
923 *Schweizer Freie Presse*, 23. Juni 1893.
924 *Schweizer Freie Presse*, 24. August 1893.
925 *Schweizer Freie Presse*, 26. August 1895.
926 Vgl. Baertschi, Christian, Täuber, Carl, in: HLS, http://www.hls-dhs-dss.ch/textes/d/D46369.php, abgerufen am 31. Dezember 2017.
927 Kienzle, Gerlafingen, 47 ff.
928 Vgl. Huber, Adolf Bühler, 41–56; Illi, Martin, Honegger, Caspar, in: HLS, http://www.hls-dhs-dss.ch/textes/d/D30410.php, abgerufen am 31. Dezember 2017; sowie Gasser, Albert, Caspar Honegger, (Schweizer Pioniere der Wirtschaft und Technik 20), Zürich 1968.
929 Der Majorz, das Mehrheitswahlrecht, blieb formell bis 1918 gültig. 1919 wurde der Nationalrat zum ersten Mal gemäss Proporz, dem Verhältniswahlrecht, zusammengesetzt, was die seit 1848 bestehende Hegemonie der freisinnigen Grossfamilie im Nationalrat beendete.
930 Zu Schulthess vgl. Böschenstein, Hermann, Edmund Schulthess, in: Altermatt, Urs, Hg., Das Bundesratslexikon, Zürich 2019, 275–281; ders., Bundesrat Edmund Schulthess. Krieg und Krisen, Bern 1966; Steigmeier, Andreas, Edmund Schulthess, in: HLS, https://hls-dhs-dss.ch/de/articles/003791/2011-08-19/, abgerufen am 11. Oktober 2017.
931 1912 hiess dieses Eidgenössisches Handels-, Industrie- und Landwirtschaftsdepartement, ab 1915 firmierte es als Eidgenössisches Volkswirtschaftsdepartement. Schulthess blieb bis 1935 in dieser Funktion, er brachte es damit auf die sehr lange Amtszeit von 23 Jahren.
932 Siehe die Korrespondenz Schulthess-Boveri in: Nachlass Edmund Schulthess, Korrespondenz, in: Bundesarchiv Bern (Dossier Boveri W., Dr., Industrieller, Baden).
933 Vgl. Billeter, Geneviève, Qui sont les industriels de la métallurgie et des machines entre les deux guerres mondiales? in: *Schweizerische Zeitschrift für Geschichte*, 1/35 (1985), 54–70.
934 Damit Hurter sein Amt ausüben konnte, gab er seine Position als Chef der Schlosserei auf, und die BBC machte ihn stattdessen zum «Reparateurmeister», was er bis zur Pensionierung im Jahr 1939 blieb, vgl. Nachruf in *Badener Tagblatt*, 2. Mai 1943, sowie im Sängerblatt 19/2 (1943), dem Organ des Männerchors Baden, in: Nekrologsammlung, Stadtarchiv Baden.
935 Der Generalstreik hatte in Baden kaum Auswirkungen. Zwar wurde bei der BBC ein paar Tage lang die Arbeit niedergelegt, doch es mussten Zürcher Streikende nach Baden transportiert werden, damit der Streik überhaupt in Gang kam. Ein grosser Teil dieser auswärtigen «Unruhestifter» wurden von der Polizei und vom Militär abgefangen und festgesetzt, vgl. Gautschi, Willi, Ein vertraulicher Bericht der Badener Behörden über die November-Ereignisse 1918, in: ders., Helvetische Streiflichter. Aufsätze und Vorträge zur Zeitgeschichte, Zürich 1994, 121–133. Siehe auch den knappen Bericht von Hafter, der dabeigewesen war: Hafter, 40 Jahre BBC, 42a. Vgl. ausserdem: Hoegger, Rudolf, Revolution – auch in der Kleinstadt. Der Generalstreik in Baden, in: BNJB 44 (1969), 57–69; Zehnder, Patrick, Hundert Jahre Ringen um die «richtige Deutung». Der Landesstreik von 1918 in der Region Baden, in: BNJB 93 (2018), 122–133. Nach wie vor als Standardwerk gilt: Gautschi, Willi, Der Landesstreik 1918, Zürich 1988³.
936 *Arbeiterstimme*, September 1893, zit. n. Müller, Arbeiterbewegung, 63. Der Autor des Artikels war Friedrich Bischoff, ein Gewerkschafter, der später heftig mit Jäger in Konflikt geraten sollte.
937 Müller, Arbeiterbewegung.
938 Protokoll des Arbeiter-Bundes Dynamo, 25. September 1898, zit. n. ebd., 69.
939 Gemäss *Volksrecht* zitiert in: *Basler Nachrichten*, 9. Februar 1899.
940 Streikprotokollbuch Brown Boveri Baden 1899, zit. n. ebd. 72.
941 *Badener Tagblatt*; *Volksrecht*, 2. Februar 1899.
942 Laut Müller handelte es sich für den Gewerkschaftsbund damals um den weitaus teuersten Streik, vgl. Müller, Arbeiterbewegung, 86 ff. Insgesamt fanden in den beiden Jahren 1898 und 1899 in der ganzen Schweiz 46 Streiks statt, und der SGB zahlte 56 000 Franken aus, um den Lohnausfall der Streikenden zu kompensieren. Allein für die BBC-Arbeiter stellte er rund 10 000 Franken zur Verfügung, mehr als einen Sechstel. Wie teuer der Streik für die BBC war, lässt sich nicht mehr feststellen.
943 «Erklärung der Firma Brown, Boveri & Cie.» in: *Basler Nachrichten*, 11. Februar 1899.

944 Interview Helmut Hubacher, November 2017.
945 *Volksrecht*, 10. Februar 1899.
946 *Basler Nachrichten*, 9. Februar 1899.
947 Ebd.
948 Ebd.
949 Streikprotokoll BBC, 3. Februar 1899, zit. n. Müller, Arbeiterbewegung, 76.
950 Ebd., 85.
951 Ebd., 89.
952 Der Gewerkschaftsbund hatte den sozialpolitisch als links geltenden Demokraten Müri ins Spiel gebracht, die BBC akzeptierte ihn sogleich. Pfister hatte sich im Übrigen vom Stadtrat offiziell ein Vermittlungsmandat erteilen lassen, siehe Protokoll Stadtrat Baden, 3. Februar 1899, in: Stadtarchiv Baden.
953 Streikprotokoll BBC, 6. Februar 1899, zit. n. ebd., 78.
954 *Schweizer Freie Presse*, 10. Februar 1899. Hervorhebungen im Original.
955 Raschle, Hans, Josef Jäger als Stadtammann von Baden, in: Hunziker, Jäger, 95.
956 Protokoll Einwohnergemeinde Baden, Versammlung, abends 7½ Uhr im Kasinosaal, 16. April 1920, 19, in: Stadtarchiv Baden.
957 Raschle, Stadtammann, in: Hunziker, Jäger, 89.
958 Protokoll Stadtrat von Baden, 27. Juli 1893, in: Stadtarchiv Baden. Damals bestand die Familie Boveri aus drei Personen, der älteste Sohn Theodor war 1892 geboren worden. Auch Victoire Boveri-Baumann, eine gebürtige Schweizerin, hatte ihr Schweizer Bürgerrecht neu erwerben müssen, da sie es bei ihrer Heirat mit dem Deutschen Boveri verloren hatte.
959 Protokoll Stadtrat von Baden, 13. August bzw. 20. August 1896, in: Stadtarchiv Baden.
960 Protokoll Stadtrat von Baden, 13. September 1895, in: Stadtarchiv Baden.
961 Protokoll Stadtrat von Baden, 6. März 1896, in: Stadtarchiv Baden.
962 Protokoll Stadtrat von Baden, 7. Januar 1897, in: Stadtarchiv Baden.
963 Protokoll Stadtrat von Baden, 10. März 1898, in: Stadtarchiv Baden.
964 Protokoll Stadtrat von Baden, 11. April 1912, in: Stadtarchiv Baden: «Der Vorsitzende [Stadtammann Jäger] verweist der Lehmann ihren bisherigen unzüchtigen Lebenswandel und macht sie darauf aufmerksam, dass die Heimatbehörde weiterem sittenlosen Betragen derselben mit gesetzlichen Mitteln zu begegnen wisse.»
965 Protokoll Stadtrat von Baden, 18. Juli 1910, in: Stadtarchiv Baden.
966 Protokoll Stadtrat von Baden, 10. März 1913, in: Stadtarchiv Baden.
967 Edmund Schaufelbühl (1831–1902) war Arzt und Direktor der Pfleg- und Heilanstalt Königsfelden, der psychiatrischen Klinik des Kantons Aargau.
968 Protokoll Einwohnergemeinde Baden, Versammlung 21. Oktober 1908, abends 7½ Uhr in der reformierten Kirche, 2, in: Stadtarchiv Baden.
969 Protokoll Einwohnergemeinde Baden, Versammlung 17. Juni 1910, abends 7½ Uhr im Kurhaus-Saal, 8, in: Stadtarchiv Baden.
970 Ebd.
971 Protokoll Einwohnergemeinde Baden, Versammlung 26. August 1910, abends 7½ Uhr im Kurhaus-Saal, 1 f., in: Stadtarchiv Baden.
972 Ebd., 2.
973 Ebd., 2.
974 Protokoll Einwohnergemeinde Baden, Versammlung 26. November 1909, abends 7½ Uhr im Kurhaus, in: Stadtarchiv Baden.
975 Ebd.
976 Ebd.
977 Ebd.
978 Ebd.
979 Ebd.
980 Ebd. Es war offensichtlich eine kurze Gemeindeversammlung, sie dauerte knapp eine Stunde, in der Regel nahmen sie viel mehr Zeit in Anspruch.

Anhang

981 Protokoll Einwohnergemeinde Baden, Versammlung vom 21. Oktober 1908, abends 7 ½ in der reformierten Kirche, 3 f., in: Stadtarchiv Baden.
982 *Badener Tagblatt*, 10. Januar 1910.
983 Protokoll Einwohnergemeinde Baden, Versammlung, 7. Februar 1911, abends 7 ½ Uhr im Kurhaussaal, 8, in: Stadtarchiv Baden.
984 Ebd., 8 f.
985 Ebd., 9.
986 Ebd., 9 f.
987 Ebd., 10.
988 Ebd., 10.
989 Ebd., 10. Curt Hoenig (1880–1956) hatte 1910 Erika Baumann, die Halbschwester von Victoire Boveri-Baumann geheiratet – die Hochzeit fand in der Villa Boveri statt. In St. Gallen geboren und ein diplomierter Ingenieur (Technische Hochschule Darmstadt), hatte Hoenig bei der BBC zügig Karriere gemacht, was er unter anderem seinem Freund Karl Schnetzler verdankte, aber wohl ebenso seinen verwandtschaftlichen Beziehungen zu den Boveris. 1919, als Schnetzler in die Führung von BBC Mannheim wechselte, rückte Hoenig für ihn in die Direktion der BBC Baden nach. 1922 verliess er indes die Firma, um eine Professur für Elektrotechnik am Technikum Winterthur zu übernehmen. Wenige Jahre später gab er diese auf, um das Unternehmen seines Schwiegervaters Conrad Baumann senior zu liquidieren. Danach zog sich Hoenig als Privatier ins Schloss Güttingen am Bodensee zurück, vgl. Boveri, Theodor, Nachruf Curt Hoenig, in: *Wir und unser Werk* (Brown Boveri Hauszeitung), 15/1 (Januar 1957), 15, zu seiner Hochzeit mit Erika Baumann vgl. auch Boveri, Weg I, 112 f.
990 Protokoll Einwohnergemeinde Baden, Versammlung, 7. Februar 1911, abends 7 ½ Uhr im Kurhaussaal, 10, in: Stadtarchiv Baden.
991 Ebd., 10 f.
992 Ebd., 11.
993 Vgl. Steigmeier, Andreas, Müller, Hans, in: HLS, http://www.hls-dhs-dss.ch/textes/d/D29493.php, abgerufen am 31. Dezember 2017.
994 Vgl. Littmann, M., Hg., Nachrufe und Gedenkreden auf Emil Guggenheim [Zürich] 1941, Privatbesitz, ausserdem stammen einige Informationen aus: Interview Bettina Girsberger-Littmann, September 2016 (Enkelin von Emil Guggenheim).
995 Zu Arnold Bollag siehe: Jöhr, Eduard, Bollag, Arnold, in: Biographisches Lexikon, 89 f., sowie Nachruf Arnold Bollag, in: *Badener Tagblatt*, 9. März 1953, sowie in Nekrologsammlung, Stadtarchiv Baden.
996 Protokoll Einwohnergemeinde Baden, Versammlung, 30. Juni 1921, abends 7 ½ Uhr im Kasinosaal, 7, in: Stadtarchiv Baden
997 Ebd.
998 Protokoll Einwohner- und Schulgemeinde Baden, Freitag, den 6. Juli 1917, abends 7 ½ Uhr im Kasino, in: Stadtarchiv Baden. Die Qualifizierung als BBC-Angestellte stammt von uns; sie ist nicht in jedem einzelnen Fall zu eruieren.
999 Ebd.
1000 Protokoll Einwohnergemeinde Baden, Freitag, den 15. Dezember 1916, abends 7 ½ Uhr im Kasinosaal, in: Stadtarchiv Baden.
1001 Protokoll Versammlung, Freitag, 16. April 1920, abends 7 ½ Uhr im Kasinosaal, 21 ff., in: Stadtarchiv Baden.
1002 Protokoll Einwohnergemeinde Baden, 8. und 16. April 1920, Versammlung Donnerstag, 8. April 1920, abends 7 ½ Uhr im Kasinosaal, 6 f., in: Stadtarchiv Baden. Hervorhebung im Original.
1003 Ebd., 8 f.
1004 Vgl. Liste sämtlicher städtischer Kommissionen für die Wahlperiode 1910–1913 in: Protokoll Stadtrat von Baden, 5. Januar 1910, in: Stadtarchiv Baden; diese stellt selbstverständlich nur eine Stichprobe dar, nicht alle Ämter sind dort verzeichnet, die BBC-Vertreter zwischen 1890 und 1925 versahen. Ebenso trat der eine oder andere, der 1910 aktiv war, nachher wieder zurück.

Anmerkungen

1005 Protokoll Stadtrat von Baden, 16. September 1912, in: Stadtarchiv Baden.
1006 Protokoll Stadtrat von Baden, 22. Juni 1921, in: Stadtarchiv Baden.
1007 Protokoll Stadtrat von Baden, 14. Oktober 1912, in: Stadtarchiv Baden.
1008 Vgl. Protokoll Stadtrat von Baden, 13. April 1907, in: Stadtarchiv Baden. Boveri bekleidete dieses Amt von 1914 bis 1921.
1009 Protokoll Einwohnergemeinde Baden, Versammlung, 18. Februar 1910 abends 7½ Uhr im Kurhaus, 2 f., in: Stadtarchiv Baden.
1010 Ebd.
1011 Protokoll Ausserordentliche Versammlung der Einwohnergemeinde Baden, 21. September 1910 abends 7½ im Kurhaus, in: Stadtarchiv Baden.
1012 Ebd.
1013 Ebd.
1014 Ebd.
1015 Ebd.
1016 Ebd.
1017 Umrechnung gemäss Pfister; Studer, Swistoval. (600 000 CHF, Ausgangsjahr: 1910), auch für die folgenden Beträge.
1018 Protokoll Stadtrat von Baden, 29. Juli, 19. September, 3. Oktober, 30. Oktober 1912, in: Stadtarchiv Baden.
1019 Protokoll Stadtrat von Baden, 21. Juni 1912, in: Stadtarchiv Baden.
1020 Vgl. diverse Fälle wie etwa am 18. Februar 1904; 26. Januar 1905; oder 25. September 1913, Protokolle Stadtrat von Baden, in: Stadtarchiv Baden.
1021 Protokoll Stadtrat von Baden, 21. September 1912, in: Stadtarchiv Baden.
1022 Ebd.
1023 Ebd.
1024 Ebd.
1025 Protokolle Stadtrat von Baden, 8., 22., 30. Januar sowie 5., 12. Februar 1914, in: Stadtarchiv Baden.
1026 Protokoll Einwohnergemeinde Baden, Versammlung, abends 7½ Uhr im Kurhaussaal, 7. Februar 1911, 4 f., in: Stadtarchiv Baden.
1027 Vgl. Raschle, Stadtammann, 89.
1028 Protokoll Einwohnergemeinde Baden, Versammlung, abends 7½ Uhr im Kasino, 24. Oktober 1917, 5, in: Stadtarchiv Baden.
1029 Protokoll Stadtrat von Baden, 28. Juni 1916, in: Stadtarchiv Baden.
1030 Vgl. Ventura, Geschicklichkeit und Glück, 9 ff.
1031 Protokoll Stadtrat von Baden, 15. November 1913, in: Stadtarchiv Baden.
1032 Ebd.
1033 [Bollag, Arnold], Bericht des Gemeinderates Baden an die Einwohnergemeinde Baden betreffend den Ankauf der Elektrizitätswerke und des Gaswerkes, 17. September 1917, in: Stadtarchiv Baden.
1034 Protokoll Stadtrat von Baden, 17. April 1916, in: Stadtarchiv Baden.
1035 Ebd.
1036 Ebd.
1037 Ebd.
1038 Vgl. Steigmeier, Licht, 38 f.
1039 Protokoll Stadtrat von Baden, 17. April 1916, in: Stadtarchiv Baden.
1040 Ebd.
1041 Ebd.
1042 Ebd.
1043 Ebd.
1044 Ebd.
1045 Ebd.
1046 Ebd.
1047 Protokoll Stadtrat von Baden, 25. April 1916, in: Stadtarchiv Baden.

1048 Protokoll Stadtrat von Baden, 26. April 1916, in: Stadtarchiv Baden.
1049 Ebd.
1050 Ebd.
1051 Ebd.
1052 Ebd.
1053 Vgl. Bálint, Sulzer, 61 ff. Mit der Plakette wollte Sulzer zwei Anlässen gedenken: dem 100. Geburtstag von Johann Jakob Sulzer, dem Firmengründer und Förderer von Charles Brown senior, sowie dem Tod von Heinrich Sulzer-Steiner, dem damaligen «Seniorchef» von Sulzer, der eben, 1906, gestorben war. Die Firma hatte die Plakette selber bestellt und bezahlt. Zu Hans Frei, siehe: Aeppli, Hermann, Der Riehener Medailleur Hans Frei, in: z'Rieche. Ein heimatliches Jahrbuch (1966), o. S., http://www.riehener-jahrbuch.ch/de/archiv/1960er/1966/zrieche/der-riehener-medailleur-hans-frei.html, abgerufen am 3. Dezember 2017. Hans Frei war damals ein gut ausgelasteter Auftragskünstler in der Schweiz, allein von 1908 bis zum Ersten Weltkrieg produzierte Frei über hundert Plaketten und Medaillen, für Firmen und öffentliche Auftraggeber, aber auch für Turn- und Schützenfeste, Jubiläen, Ausstellungen und andere Anlässe.
1054 Ebd.
1055 Ebd.
1056 Ebd.
1057 Ebd.
1058 Ebd.
1059 Ebd.
1060 Der Künstler Hans Frei liess sich so in der Jäger'schen *Schweizer Freien Presse* zitieren, Jäger liess nichts unversucht, um «seine» Plaketten ins richtige Licht zu rücken (*Schweizer Freie Presse*, 23. Oktober 1916). Am Tag des BBC-Jubiläums brachte seine Zeitung zwei Fotos der Plakette auf der Front. (*Schweizer Freie Presse*, 21. Oktober 1916).
1061 *Schweizer Freie Presse*, 23. Oktober 1916.
1062 Ebd.
1063 *Schweizer Freie Presse*, 21. Oktober 1916.
1064 Protokoll Stadtrat von Baden, 26. April 1916, in: Stadtarchiv Baden.
1065 Protokoll Stadtrat von Baden, 8. Mai 1916, in: Stadtarchiv Baden.
1066 Protokoll Stadtrat von Baden, 3. Mai 1916, in: Stadtarchiv Baden.
1067 *Schweizer Freie Presse*, 23. Oktober 1916.
1068 *Badener Tagblatt*, 23. Oktober 1916.
1069 *Badener Tagblatt*, 2. Oktober 1916.
1070 *Badener Tagblatt*, 23. Oktober 1916.
1071 Grand Hôtel, 25-jähriges Jubiläum der A. G. Brown, Boveri & Cie. Nachtessen im Grand Hôtel in Baden, Samstag, 21. Oktober 1916. Tischordnung, in: Stadtarchiv Baden.
1072 Emil Keller (1878–1965) war von 1909 bis 1945 Aargauer Regierungsrat, bis 1923 amtierte er als Baudirektor, dann als Finanzdirektor. Als Baudirektor stieg er vor dem Ersten Weltkrieg zu einer zentralen Figur auf, da er für die Bewilligung zahlreicher Kraftwerke im Aargau zuständig war – weswegen er zu einem Vertrauten auch der BBC wurde, die viele dieser Aufträge ausführte. 1914 gehörte er (mit Walter Boveri) zu den Initianten der Gründung der Nordostschweizerischen Kraftwerke (NOK), deren Sitz Boveri nach Baden holte. Von 1912 bis 1922 und von 1924 bis 1943 sass er zudem für die FDP im Nationalrat, er galt als einer der führenden Finanz- und Energiepolitiker der Schweiz, vgl. Brian, Sarah Scherer, Keller, Emil, in: HLS, http://www.hls-dhs-dss.ch/textes/d/D3772.php, abgerufen am 23. Oktober 2017.
1073 Vgl. Paquier, Serge, Auswirkungen der Energieabhängigkeit: die Kohlekrise als Chance für den Ausbau der Wasserwirtschaft, in: Rossfeld, Roman; Buomberger, Thomas; Kury, Patrick, Hg., 14/18: die Schweiz und der Grosse Krieg, Baden 2014, 126–143.
1074 NZZ, 23. Oktober 1916.
1075 Telegramm Edmund Schulthess an Walter Boveri, 21. Oktober 1916, in: Nachlass Edmund Schulthess, Korrespondenz, in: Bundesarchiv Bern (Dossier Boveri W., Dr., Industrieller, Baden).

1076 Ebd.
1077 Telegramm Walter Boveri an Edmund Schulthess, 22. Oktober 1916, in: Nachlass Edmund Schulthess, Korrespondenz, in: Bundesarchiv Bern (Dossier Boveri W., Dr., Industrieller, Baden).
1078 Menukarte, Musikprogramm, Grand Hôtel, 25-jähriges Jubiläum der A.G. Brown, Boveri & Cie. Nachtessen im Grand Hôtel in Baden, Samstag, 21. Oktober 1916. Tischordnung, in: Stadtarchiv Baden.
1079 Rede von Walter Boveri, 21. Oktober 1916, im Grand Hôtel Baden, in: Die Einführung der elektrischen Industrie in Baden. Zum 25-jährigen Jubiläum der Elektrizitätsgesellschaft Baden und der Firma Brown, Boveri & Cie. in Baden, in: *Badener Kalender* 1917, 42. Der *Badener Kalender*, eine Jahreszeitschrift, die von der Druckerei Jäger herausgegeben und redigiert wurde, publizierte in Auszügen nachher sämtliche Reden, die im Grand Hôtel gehalten wurden, recht ausführlich, insbesondere jene von Boveri und Jäger, siehe: ebd., 39–43 (Boveri); 44 (Jäger).
1080 Ebd., 42.
1081 Ebd., 42.
1082 Ebd., 42.
1083 Ebd., 43.
1084 Ebd., 43.
1085 Vgl. Korrespondenz Schulthess-Boveri, in: Nachlass Edmund Schulthess, Korrespondenz, in: Bundesarchiv Bern (Dossier Boveri W., Dr., Industrieller, Baden).
1086 Rede Walter Boveri, 21. Oktober 1916, Grand Hôtel Baden, in: *Badener Kalender*, Jubiläum, 43.
1087 NZZ, 23. Oktober 1916.
1088 Rede von Josef Jäger, in: *Badener Kalender*, Jubiläum, 44.
1089 Ebd.
1090 Ebd.
1091 Ebd.
1092 Vgl. *Schweizer Freie Presse*, 23. Oktober 1917.
1093 Vgl. zeitgenössische Stadtpläne Badens, in: Stadtarchiv Baden.
1094 Walther Rathenau wohnte an der Koenigsallee in Grunewald, Felix Deutsch an der Rauchstrasse im Tiergartenviertel.
1095 Diese Angaben stammen aus Boveri, Weg I, 77.
1096 Walter Boveri junior über Fritz Funk in seiner Trauerrede, 17. Oktober 1938, in: Archiv ABB; vgl. auch Bericht und Nachruf in der NZZ, 18. Oktober 1938.
1097 Für eine Übersicht der städtebaulichen Situation in Baden um die Jahrhundertwende, vgl. Rebsamen, Hanspeter; Röllin, Peter; Stutz, Werner, Baden, in: INSA, Inventar der neueren Schweizer Architektur, 1850–1920, Städte, Gesellschaft für Schweizerische Kunstgeschichte, Hg., Zürich 1984, 389–512; insbesondere 404–436.
1098 Vgl. Bilder im Anhang.
1099 «Adressbuch für Stadt und Bezirk Baden (Schweiz) 1910. Herausgegeben unter gfl. Mithilfe der Gemeindebehörden des Bezirkes, sowie des Herrn Stadtrat C. Surläuly», Th. Thommen-Montavon, Hg., Basel 1910, Einleitung, o. S., in: Stadtarchiv Baden. Surläuly gehörte der SP an.
1100 *Badener Kalender*, Jubiläum, 25.
1101 Vgl. Fröhlich, Martin, Moser, Robert, in: HLS, http://www.hls-dhs-dss.ch/textes/d/D19904.php, abgerufen am 26. Oktober 2017.
1102 Robert Curjel (1859–1925) war als Sohn eines dänischen Kaufmanns in St. Gallen geboren worden. Sein Vater war zuvor in die Schweiz eingewandert und hatte es hier zu Wohlstand gebracht. Die ursprünglich jüdische Familie Curjel stammte vermutlich aus den weitgehend deutschsprachigen, zur Zeit von Roberts Geburt noch dänischen Herzogtümern Schleswig oder Holstein. Nach dem deutsch-dänischen Krieg von 1864 ging das Gebiet an den Deutschen Bund. 1871 wurde es als preussische Provinz Teil des neuen Deutschen Reiches. 1869 zog die Familie von St. Gallen nach Karlsruhe um, wo Robert aufwuchs. In den 1870er-Jahren erhielt er die deutsche Staatsbürgerschaft. Nach dem Abitur in Karlsruhe studierte Curjel Architektur an den technischen Hochschulen von Karlsruhe und München, um nachher unter anderem in Wiesbaden zu arbeiten, wo er Karl Moser kennen lernte. Mit seiner ebenfalls jüdischen Frau Marie hatte Robert Curjel zwei Kinder, Gertrud

Anhang

und Hans. 1925 starb Robert Curjel in der Schweiz. Seine Kinder und seine Frau, obwohl inzwischen protestantisch getauft, gerieten ab 1933 ins Visier der Nazis. Marie Curjel nahm sich 1940 das Leben, um der Deportation zu entgehen, deren Tochter Gertrud starb 1943 in Auschwitz. Hans Curjel, der es während der 1920er-Jahre in Berlin zu einem bekannten Theaterregisseur und -intendanten gebracht hatte, konnte sich rechtzeitig in die Schweiz retten. Hier leitete er unter anderem das Zürcher Corso-Theater und das Stadttheater Chur. Er starb 1974 in Zürich.

1103 Vgl. Nachruf Eric Brown, in: SBZ 119/26 (1942), 312.
1104 Nekrolog Karl Moser, in: SBZ 107/14 (1936), 155. Siehe auch Strebel, Ernst, Moser, Karl Coelestin, in: HLS, http://www.hls-dhs-dss.ch/textes/d/D19891.php, abgerufen am 26. Oktober 2017.
1105 Karl Moser stieg nicht nur zum Hausarchitekten der Gründerfamilien auf, sondern er führte auch bedeutende Aufträge der Firma aus: so projektierte und baute sein Büro etwa die neue Fabrik für BBC Mannheim. Sie wurde zwischen 1898 und 1900 in Mannheim-Käfertal errichtet, vgl. INSA, Baden, 426.
1106 Zur Villa Boveri siehe: Siegenthaler, Silvia, Die Villa Boveri in Baden, Gesellschaft für Schweizerische Kunstgeschichte, Hg. (Schweizerische Kunstführer, Bd. 658) Bern 1999; sowie, INSA, Baden, 474 ff. (Villa Boveri).
1107 Vgl. Boveri, Weg I, 8.
1108 Ebd., 8.
1109 Vgl. Gnägi, Thomas, Aus Karl Mosers Skizzenbuch: die Villen der Gebrüder Brown, in: BNJB 87 (2012), 99–111.
1110 Margret Boveri, Verzweigungen, 39 f.
1111 Ebd., 15.
1112 Ebd., 104.
1113 Vgl. Gnägi, Skizzenbuch, 103.
1114 Der Mitarbeiter hiess Wilhelm Brodtbeck, zit. n. ebd., 100.
1115 Ebd., 106.
1116 Ebd., 106.
1117 Villa C. E. L. Brown zur Römerburg in Baden (Aargau), in: SBZ 40/20 (1902), 209 f.
1118 Umrechnung gemäss Pfister; Studer, Swistoval. (320 000 CHF, Ausgangsjahr: 1899).
1119 Amelie Brown-Nathan (1864–1914) stammte aus Preussen; wie und wo Charles Brown sie kennen gelernt hatte, ist unklar. Geheiratet haben die beiden im März 1887 in Montreux. Das Paar sollte insgesamt vier Kinder erhalten: Nelly (1888–1966), Margot (1891–1976), Charles («Charlie», 1899–1991) und Alfred («Freddy», 1902–1982). Amelie Brown starb 1914 in Baden, erst fünfzig Jahre alt. Mit seiner zweiten Frau, Hilda Goldschmid, hatte Charles Brown noch zwei weitere Kinder: Robin Wilfrid (1917–1934) und Oswin Norman (1922–1987).
1120 Siehe Nachruf auf Jean Ehrensperger in der *Bauzeitung*: SBZ 68/15 (1950), 208.
1121 Angaben gemäss Adressbüchern der Stadt Baden 1900, 1910 und 1926, in: Stadtarchiv Baden.
1122 Alle Angaben gemäss Steuerveranlagung, siehe Steuerbücher der Stadt Baden 1901, 1903, 1910, in: Stadtarchiv Baden. Umrechnungen gemäss Pfister; Studer, Swistoval.
1123 Ebd.
1124 Ebd.
1125 In Montreux praktizierte Minnich weiterhin als Arzt. Er machte sich aber auch einen Namen als Sammler zeitgenössischer Kunst, vgl. Greschat, Isabel, Der Sammler Walter Minnich und das Kunstmuseum Luzern, Heidelberg, Luzern 2006.
1126 Steuerbücher der Stadt Baden, 1903, in: Stadtarchiv Baden.
1127 Steuerveranlagung im Jahr 1901. Bis 1903 dürfte sich das Einkommen nicht wesentlich verändert haben.
1128 Vgl. AFL-CIO, CEO-to-worker pay ratios around the world, in: http://www.aflcio.org/Corporate-Watch/Paywatch-Archive/CEO-Pay-and-You/CEO-to-Worker-Pay-Gap-in-the-United-States/Pay-Gaps-in-the-World, 2013, abgerufen am 30. Oktober 2017.
1129 So werden die 500 grössten börsenkotierten Firmen in den USA genannt, der Name rührt von einem Aktienindex her, Standard&Poor's 500, der die Kursentwicklung dieser Unternehmen wiedergibt.

1130 AFL-CIO, CEO-to-worker pay ratios. Bill Gates, einer der aktuell reichsten Menschen der Welt, besass im Februar 2016 ein Vermögen von 75,4 Milliarden Dollar, das war rund 1 Million Mal mehr als das durchschnittliche Einkommen eines amerikanischen Haushaltes, vgl. Scheidel, Walter, The Great Leveler. Violence and the History of Inequality From the Stone Age to the Twenty-First Century, Princeton, Oxford 2017, 2.

1131 Wobei unser Befund natürlich anekdotischer Natur ist, da er sich bloss auf wenige Fälle bezieht. Es geht uns nicht um eine umfassende Statistik, sondern um Annäherungswerte, die die soziale Umschichtung jener Zeit aufzeigen sollen.

1132 Kiatpongsan, Sorapop; Norton, Michael I., How Much (More) Should CEOs Make? A Universal Desire for More Equal Pay, in: *Perspectives on Psychological Science* 9 (2014), 587–593.

1133 Sachs, Karl, Wir stellen vor: Herrn Dr. sc. techn. Max Schiesser, Delegierter des Verwaltungsrates, in: *Wir und unser Werk* (Brown Boveri Hauszeitung), 1/2 (Dezember 1942), 35.

1134 Vgl. Schmid, Hans Rudolf, Max Schiesser, 1880–1975 (Schweizer Pioniere der Wirtschaft und Technik 30), Zürich 1976; sowie Müller, Max, Nachruf Max Schiesser, in: BNJB 51 (1976), 141–144; Dr. Ing. h.c. Max Schiesser zu seinem 70. Geburtstag, in: *Wir und unser Werk* (Brown Boveri Hauszeitung), 8/9 (September 1950), 125 f.; Boveri, Theodor, Zum Tode von Dr. h.c. Max Schiesser, in: *Brown Boveri Hauszeitung*, 33/3 (März 1975), 58; Ein Mann von ausserordentlichem Format. Aus dem Lebensweg von Dr. h.c. Max Schiesser, [Nachruf], in: ebd., 59; Feller-Vest, Veronika, Schiesser, Max, in: HLS, http://www.hls-dhs-dss.ch/textes/d/D30082.php, abgerufen am 30. Oktober 2017.

1135 Boveri, Walter [junior], Ansprache anlässlich des 40-Jahr-Dienstjubiläums von Herrn Dr. Max Schiesser am 22. September 1947 in Baden, in: ders., Ansprachen, 297 f.

1136 Für ihre Untersuchung haben Mach et al. jeweils rund 200 der wichtigsten Manager der grössten Unternehmen analysiert, zur Stichprobe zählten namentlich Verwaltungsratspräsidenten, -Delegierte und Generaldirektoren, vgl. Mach, André; David, Thomas; Bühlmann Felix et al., Schweizer Wirtschaftseliten 1910–2010, Baden 2017, 59 f. Wir haben alle Prozentzahlen gerundet.

1137 Jung et al., Erfolgsgeschichten, 38 ff.

1138 Gespräch mit Paul Eisenring, Zürich, Juli 2010.

1139 Ebd.

1140 Ebd.

1141 Paul Eisenring (1924–2016) sass von 1963 bis 1991 für die CVP Zürich im Nationalrat. Ausserdem versah er zahlreiche Verwaltungsratsmandate, unter anderem bei BBC, Motor-Columbus oder Jacobs Suchard, vgl. Müller, Armin, Paul Eisenring: Im Namen der Gesinnung, in: SHZ, 12. Mai 2011 (Beilage 150 Jahre *Handelszeitung*) und Hungerbühler, Hugo, Eisenring, Paul, in: HLS, http://www.hls-dhs-dss.ch/textes/d/D6786.php, abgerufen am 31. Oktober 2017.

1142 Die folgende Charakterisierung von Boveri junior stützt sich weitgehend auf Aussagen von Paul Eisenring, vgl. Gespräch, Eisenring; sowie auf die Memoiren von Rudolf Sontheim: ders., Vom Erahnen und Erkennen, Ms., (Zürich) 2003. Teile dieses Porträts erschienen zuerst in der *SonntagsZeitung*: Somm, Markus, Griff nach den Sternen, in: *SonntagsZeitung*, 30. Juni 2019. Vgl. ausserdem: Sachs, Karl, Wir stellen vor: Herrn Walter E. Boveri, Präsident unseres Verwaltungsrates, in: *Wir und unser Werk* (Brown Boveri Hauszeitung), 1/1 (Oktober 1942), 6–9, schliesslich Stäuble, Eduard, Gedenkblatt für Walter Boveri (Nachruf), in: *Badener Tagblatt*, 23. März 1972, sowie Sontheim, Rudolf, Walter Boveri (Nachruf), in: NZZ, 23. März 1972; und Trauerfeier für Walter Boveri, in: NZZ, 24. März 1972.

1143 Deshalb wurde er auch verschiedentlich gebüsst, so etwa 1920 und 1921, siehe Protokolle Stadtrat von Baden, 18. Februar 1920, bzw. 16. Februar 1921, in: Stadtarchiv Baden; oder wenig später auch am 7. November 1921, als das Bezirksgericht Baden eine Busse von 28 Franken verfügte, dieser Betrag entspricht heute rund 400 Franken (gemäss Pfister; Studer, Swistoval. [28 CHF, Ausgangsjahr: 1921]). Busse in Protokoll Stadtrat von Baden, 7. November 1921, in: Stadtarchiv Baden.

1144 Die *Schweizerische Bauzeitung* berichtete auf mehreren Seiten über das neu erstellte Haus und lobte es höflich, was wohl nicht ganz überraschen kann angesichts des prominenten Bauherrn, dem Verwaltungsratspräsidenten der BBC: «Wie den Bildern der Innenräume zu entnehmen, ist der Bauherr

ausgesprochener Liebhaber alt-italienischen Kunstgutes. Dies rechtfertigt den romanisierenden Charakter der Aussenarchitektur, als dem Inhalt angepasster Rahmen. Da das Haus weit und breit keine Nachbarn besitzt – der zurückliegende Gutshof tritt erst in der Nähe in Erscheinung – stört es auch das Bild der zürcherischen Landschaft nicht, im Gegensatz zu ähnlichen Formen, die in Dorf oder Stadtnähe als Fremdkörper wirken.» Der Artikel war mit diversen Fotos illustriert, siehe: Landgut im «Felsengrund» ob Herrliberg, von Sträuli & Rüeger, Architekten, Winterthur, in: SBZ 119/1 (1942), 4–10.
1145   Angaben gemäss Norbert Lang, Interview, November 2015. Vgl. Peter Rindknecht, Redaktor der Hauszeitung, in seinem Geleitwort zum Heft, das sich Theodor Boveris Rücktritt aus der Delegation des VR widmete (September 1967; er blieb allerdings Vizepräsident des VR): «Wir sind gewiss, dass auch zahllose Leser sich diesen Jubiläums- und Abschiedsgrüssen anschliessen werden, denn ‹Teddy› ist im ganzen Werk ein Begriff und, wie es dieser familiär-anhängliche Name zeigt, ein verehrter und allseits geschätzter Chef.» Im Heft erschienen zwei Würdigungen: Rinderknecht, Peter, Dr. Theodor Boveri ganz persönlich, in: *Wir und unser Werk* (Brown Boveri Hauszeitung), 25/9 (September 1967), 228–231 sowie: Sontheim, Rudolf; Bertola, Giuseppe, Herrn Dr. h.c. Theodor Boveri Glückwunsch und Dank, in: *Wir und unser Werk* (Brown Boveri Hauszeitung), 25/9 (September 1967), 227, ausserdem: Schiesser, Max, Dr. h.c. Theodor Boveri, Delegierter und Vizepräsident des Verwaltungsrates. Zu seinem 70. Geburtstag am 27. November 1962, in: *Unser Werk und wir* (Brown Boveri Hauszeitung) 20/11 (November 1962), 299–300.
1146   Sontheim, Memoiren, 108. Rudolf Sontheim (1916–2007), ein ETH-Elektroingenieur und Wegbereiter der Atomenergie in der Schweiz, arbeitete von 1960 bis 1973 bei der BBC, seit 1961 als Delegierter des Verwaltungsrates. Bis zum Rücktritt von Walter Boveri junior im Jahr 1966 galt er als dessen engster Vertrauter. Danach war Sontheim bis 1983 Mitglied im VR der BBC. 1936–1937, vor dem Studium an der ETH, hatte Sontheim bei der BBC eine Lehre als Maschinen-Schlosser absolviert. Vgl. zudem: Sontheim, Rudolf; Bertola, Giuseppe, 25 Jahre Präsident. Walter E. Boveri, Dr. Dr. phil. h.c. et sc.techn. h.c., in: *Wir und unser Werk* (Brown Boveri Hauszeitung) 21/6 (Juni 1963), 127–128; ausserdem: Sontheim, Rudolf, Nachruf, Dr. Dr. h.c. Walter Boveri, 1894–1972, in: *Brown Boveri Hauszeitung*, 30/4 (April 1972).
1147   Ebd., 108.
1148   Vgl. Schmid, Schiesser, 30.
1149   Manchmal waren gleich mehrere BBCisten in eine Schlägerei verwickelt, wie etwa im Herbst 1920, siehe Protokoll Stadtrat von Baden, 25. Oktober 1920, in: Stadtarchiv Baden.
1150   Protokoll Stadtrat von Baden, 27. Juli 1914, in: Stadtarchiv Baden.
1151   Zur Spinnerei Spörry und ihrem Ende, vgl. Müller, Arbeiterbewegung, 125 ff. sowie ders., älteste Industrie, 25–38; und Steigmeier, Grossbrand.
1152   *Badener Tagblatt*, 4. Oktober 1904.
1153   Liste der durch den Brand hilfsbedürftig gewordenen Spinnerei-Arbeiter, zit. n. Müller, Arbeiterbewegung, 129 f.
1154   Vgl. Müller, älteste Industrie, 30 ff. und ders., Arbeiterbewegung, 131 f.
1155   *Badener Tagblatt*, 2. Februar 1899. Christian Müller kommentiert: «Es besteht aber keinerlei Grund zur Annahme, diese öffentlichen Erklärungen seien nur aus taktischen Erwägungen so formuliert worden. Denn tatsächlich ist in den Protokollen der Streikversammlungen *nicht ein einziges Mal* von schlechten Löhnen oder von Lohnforderungen die Rede.» Müller, Arbeiterbewegung, 83, Hervorhebung mso.
1156   Nachruf Martin Schibli, in: *Wir und unser Werk* (Brown Boveri Hauszeitung), 3/11 (November 1945), 165 f.
1157   Protokoll Stadtrat von Baden, 26. November 1920, in: Stadtarchiv Baden.
1158   Protokoll Stadtrat von Baden, 16. Dezember 1920, in: Stadtarchiv Baden.
1159   Gemäss Pfister; Studer, Swistoval. (30 000 CHF, Ausgangsjahr: 1920).
1160   Protokoll Stadtrat von Baden, 28. Dezember 1920, in: Stadtarchiv Baden.
1161   Ebd.
1162   Walter Boveri an den Tit. Gemeinderat Baden, 21. Juni 1921, in: Stadtarchiv Baden.

1163 Ebd.
1164 Ebd.
1165 Walter Boveri an Gemeinderat Baden, 13. Juli 1921, in: Stadtarchiv Baden.
1166 Protokoll Stadtrat von Baden, in: Stadtarchiv Baden, 21. Juli 1921.
1167 Ebd.
1168 Wahres und Unwahres aus dem neuen Baden im Aargau, in: *Badener Kalender* 1910, 78–84. Der Bericht war Teil eines Romans, der 1908 in Paris erschienen ist. Oft mischte die Autorin Autobiographisches mit Fiktivem, die Notizen über Baden dürften aber weitgehend der Realität entsprochen haben. Das französische Original ist online einzusehen: https://archive.org/stream/aucoeurdelaviepa00coul#page/24/mode/2up, abgerufen am 2. März 2017, 15–26.
1169 Ebd., 18f.
1170 Ebd., 82f.
1171 Ebd., 83.
1172 Vgl. Wiesmann, Gyr, 19ff. und 25ff.
1173 Protokoll Direktion der BBC, 13. April 1909, in: Archiv ABB.
1174 Ebd.
1175 Charles und Sidney Brown blieben lange britische Staatsbürger. Erst 1916 liessen sie sich einbürgern. Zur gleichen Zeit ernannte sie die Ortsbürgergemeinde zu Ehrenbürgern der Stadt. In den Badener Steuerbüchern wurde vorher Brighton/England als ihr Bürgerort angegeben. Da ihre Mutter aber aus Winterthur stammte, und sie selber dort aufgewachsen waren, führen wir die Schweiz als zweites Herkunftsland an.
1176 Wir nennen den Vater von Charles Brown hier, weil er in den ersten zehn Jahren zu den wichtigsten Beratern der beiden Gründer zählte.
1177 Georg Boner (1862–1947), in Davos aufgewachsen, hatte am Polytechnikum in Zürich Maschinenbau studiert und war kurz darauf als Ingenieur nach Italien ausgewandert. Hier arbeitete er bei diversen Unternehmen, bis ihn die BBC 1911 nach Baden berief, wo er als Nachfolger von Conrad Baumann junior in den Verwaltungsrat eintrat und Delegierter wurde. Boner war seit 1888 mit einer Schwester von Charles Brown verheiratet, Alice Katherine (1868–1920). Das Ehepaar Boner hatte drei Töchter. Die älteste, Alice Boner (1889–1981), wurde eine bekannte Bildhauerin, sie wanderte in den 1930er-Jahren nach Indien aus, wo sie Jahrzehnte blieb, bis sie 1978 wieder nach Zürich zurückkehrte. Ihre persönliche Kunstsammlung schenkte sie dem Museum Rietberg in Zürich (vgl. Dosch, Leza, Boner, Alice, in: HLS, http://www.hls-dhs-dss.ch/textes/d/D44638.php, abgerufen am 24. September 2017). Die zweite Tochter, Yvonne, heiratete Theodor Boveri, den älteren Sohn von Walter Boveri. Georg Boner stieg in der Geschäftsleitung der BBC zu einem ihrer einflussreichsten Manager auf. 1928 zog er sich aus der Direktion zurück und übersiedelte nach Paris; während der Kriegsjahre lebte er in der Schweiz. Bis 1943 blieb er im Verwaltungsrat der BBC. 1947 starb er in Paris, vgl. Nachruf in der *Bauzeitung*: SBZ 65/8 (1947), 105.
1178 Charles Brown senior war in einer evangelikalen Sekte grossgezogen worden, weswegen wir ihn hier mit dem Oberbegriff Protestant bezeichnen. Eric Brown, ein Neffe, war Mitglied der *Church of England*, also Protestant.
1179 Wir entnehmen diese Zahlen den Eidgenössischen Volkszählungen der fraglichen Jahre, die Berechnung der Prozentsätze haben wir vorgenommen. Alle Ergebnisse sind gerundet.
1180 Eidgenössische Volkszählungen der entsprechenden Jahre.
1181 Ebd.
1182 Hess, Badenfahrt, 465.
1183 Ebd., 466.
1184 Nachruf Prof. Dr. Karl Moser, in: SBZ 107/14 (1936), 154.
1185 Ebd.
1186 Josef Jäger, Gratulationsrede, 3. Oktober 1916 im Sitzungssaal der BBC, zit. n. *Badener Kalender*, Jubiläum, 38; Hervorhebung im Original.
1187 Joseph Voser, Rede an der Versammlung der Ortsbürgergemeinde Baden, 5. Mai 1916, zit. n. ebd., 34.

1188 Robert Senn, Rede an der Versammlung der Ortsbürgergemeinde Baden, 5. Mai 1916, zit. n. ebd., 34. Hervorhebungen mso.
1189 Hafter, 40 Jahre BBC, 3.
1190 Protokolle Stadtrat von Baden, 7., 14., 21. August 1911, in: Stadtarchiv Baden.
1191 Boveri, Weg I, 60.
1192 Vgl. ebd., 59f.
1193 Ebd.
1194 *Badener Kalender*, Jubiläum, 1.
1195 Ebd., 1.
1196 [Brown Boveri], *Wegleitung durch unser Werk*, 20, in: Archiv ABB.
1197 Ebd., 21f.
1198 Fürstenberg, Hans, Carl Fürstenberg. Die Lebensgeschichte eines deutschen Bankiers, (1930) Wiesbaden 1961, 491.
1199 Rossi, J., Montage-Erlebnisse in Russland (Erlebtes und Beobachtetes aus aller Welt), in: *Wir und unser Werk* (Brown Boveri Hauszeitung), 3/10 (Oktober 1945), 144–146. Vgl. auch die Erinnerungen von Karl Rinderknecht: ders., Erlebnisse eines BBC-Monteurs, Baden 1981. Rinderknecht war von 1926 bis 1968 für die BBC tätig. Seine Memoiren galten bald als Badener Kulturgut.
1200 Ebd.
1201 Meier, Eugen, Uf Montage, in: BNJB 67 (1992), 65–68.
1202 Ebd., 67.
1203 Ebd., 67.
1204 Ebd., 67.
1205 Ebd., 68.
1206 Mühlemann, J., Ein BBC-Monteur fährt nach Kanada (Erlebtes und Beobachtetes aus aller Welt), in: *Wir und unser Werk* (Brown Boveri Hauszeitung), 3/2 (Februar 1945), 21–24.
1207 Ebd., 21.
1208 Ebd., 23.
1209 Meier, Uf Montage, 68.
1210 Mühlemann, Kanada, 23.
1211 [Brown Boveri], *Wegleitung durch unser Werk*, 49, in: Archiv ABB.
1212 Bütikofer, E., «BBC»-Menschen, in: Jubiläumsbeilage zu «50 Jahre Brown Boveri», *Badener Kalender* 1942, 52. Wer der Autor genau war, lässt sich nicht mehr feststellen.
1213 Ebd., 53.
1214 Ebd., 53f.
1215 Ebd., 54.
1216 Ebd., 52.
1217 Vgl. Green, Company Town, 35ff.
1218 Sachs, 1941, 63.
1219 Ebd., 63.
1220 Vgl. Meier, Bruno, Der BBC-Wohnungsbau 1895 bis 1975, in: BNJB 71 (1996), 66–80.
1221 Vgl. Protokoll Stadtrat von Baden, 12. November 1920, in: Stadtarchiv Baden.
1222 Ebd.
1223 Ebd.
1224 Vgl. Ambühl, Heinrich, 25 Jahre Werkschule Brown Boveri, in: *Wir und unser Werk* (Brown Boveri Hauszeitung), 1/10 (November 1943), 165–169. Ambühl war jahrelang Direktor der Fabriken bei BBC.
1225 Vgl. *Wegleitung durch unser Werk*, 25. Die Lehrlingsmusik wurde allerdings erst 1964 offiziell geschaffen. Etliche andere Kapellen bestanden aber schon vorher.
1226 Hämmerli-Boveri, Erinnerungen, 2.
1227 Laut Volkszählung von 1910 gab es in Baden 930 «Mischehen», während 4858 als «ungemischte» Ehen zählten. Dass der Mann katholisch, die Frau protestantisch war, kam bloss in 434 Fällen vor. In der Stadt Zürich gab es rund 8000 «Mischehen», bei etwa 30000 «ungemischten». Vgl. Eidg. Volkszählung 1910, II 427 (Baden), 424 (Zürich).

1228 Vgl. *Schweizer Freie Presse*, 3. November 1924.
1229 Er wurde als «r.-l.» aufgeführt, also «reformiert-lutherisch», was an sich eine nicht existente Bezeichnung war. Gemäss seinem Nachkommen Philip Funk war die Familie immer protestantisch, (Auskunft Philip Funk, Baden, 14. November 2017.)
1230 Ansprache Pfarrer Fritz Leuthold an Beerdigung Fritz Funk, 17. Oktober 1938, 7 f., in: Archiv ABB.
1231 Charles Brown senior, Erinnerungen, zit. n. Lang, Brown, Boveri, 15.
1232 Gemäss Angaben des *Badener Tagblatts*, 2. Oktober 1941.
1233 Vgl. Jung et al., Erfolgsgeschichten, 58 f.: 32 Prozent der untersuchten Pioniere hatten eine militärische Karriere absolviert.
1234 Siehe [Brown Boveri], *Wegleitung durch unser Werk*, 10 ff., in: Archiv ABB.
1235 Zit. n. V. U. [?], 50 Jahre Brown Boveri, in: BNJB 17 (1941), 40.
1236 Vgl. Bericht im *Badener Tagblatt*, 30. September 1941.
1237 Rede Max Schiesser, 29. September 1941, im Kino Royal, Baden, zit. n. V. U. [?], 50 Jahre Brown Boveri, 40.
1238 Diese offenbar legendäre Geschichte erzählt Norbert Lang (in: ders., Brown, Boveri, 45 f.), er stützte sich auf die zahlreichen Gespräche, die er mit den Nachkommen Browns geführt hatte.
1239 Diese Fotografien befinden sich in Privatbesitz, sind jedoch in Lang, Brown, Boveri, 46 abgedruckt.
1240 Vgl. Boveri, Weg I, 69. Auch Boveri junior erinnert sich an einen Auftritt von Brown als Frau an einem der vielen Bälle, die seine Eltern jeweils in der Villa Boveri ausrichteten: «Einmal erschien auch Charles Brown, der bei einer solchen Gelegenheit auf den eigentümlichen Gedanken verfallen war, sich als Schleiertänzerin zu verkleiden. Er trug eine riesige, schwarze Perücke und hatte Schnurrbart, Arme und Brust säuberlich rasiert. Wie er mit dem Busen der dargestellten Dame fertig wurde, ist mir nicht erinnerlich. In seinem weiten Kleid waren Stäbe eingenäht, womit er den fliegenden Stoff beim Tanz in schwingende Bewegung versetzte, wie es einer eben aufgekommenen, nur für die Bühne bestimmten Tanzweise entsprach. Jedenfalls fand er sich unwiderstehlich und war mit seinem Auftritt äusserst zufrieden.» Boveri, Weg I, 87 f.
1241 Vgl. Boveri, Weg I und II.
1242 Hämmerli-Boveri, Erinnerungen, 4. Max Reger (1873–1916), ein deutscher Komponist, Pianist und Dirigent, gehörte vor dem Ersten Weltkrieg zu den erfolgreichsten Musikern der Epoche, neben vielen Tourneen war er als Universitätsmusikdirektor und Professor am Konservatorium in Leipzig tätig. Seit Jahren ein schwerer Alkoholiker, starb er bloss 43-jährig an einem Herzversagen. Henri Marteau (1874–1934) war ein deutsch-französischer Violinist und Komponist, ausserdem wirkte er als Professor an der Hochschule für Musik in Berlin. Er starb in Deutschland.
1243 Ebd., 4.
1244 Ebd., 4 f.
1245 Ebd., 5.
1246 Vgl. Boveri, Weg I, 103 und Fürstenberg, Lebensgeschichte.
1247 Hämmerli-Boveri, Erinnerungen, 7.
1248 Vgl. Zogg, Kamla, Der Mutter Tagebuch: Jenny Brown-Sulzer zu ihrem ersten Sohn Sidney Hamlet, in: BNJB 87 (2012), 48.
1249 Vgl. (Laperche), Wahres und Unwahres aus dem neuen Baden im Aargau, 82.
1250 *Badener Tagblatt*, 3. Oktober 1941.
1251 Die «Badenfahrt» ist ein mehrtägiges Fest, das jeweils den Höhepunkt des Badener Festkalenders darstellt. Es findet alle zehn Jahre statt, kleinere Versionen alle fünf. Ursprünglich war es 1923 ins Leben gerufen worden, um Geld für ein neues Theater aufzubringen. Inzwischen zieht es mehr als eine Million Besucher an. Die BBC/ABB war seit 1923 so gut wie immer mit einer Festbeiz, oft auch mit einem eigenen Programm vertreten.
1252 *Badener Tagblatt*, 3. Oktober 1941.
1253 Vgl. Pechlaner Gut, Heidi; Welter Thaler, Barbara, Badener Familien in Bewegung, in: BNJB 87 (2012), 36. Das Gespräch mit Max Keusch wurde von Barbara Welter am 15. Juni 2011 geführt, ausserdem stützte sie sich auf Notizen von Keusch.
1254 Hier trafen sich auch andere führende Leute der BBC kontinuierlich mit Vertretern der Stadt, Funk

war allerdings der letzte der obersten Spitze, der dies tat, vgl. Schultze, Industriegeschichte, 32 und Suter-Wyrsch, Josef; Streif, Klaus, Erinnerungen an eine kleine Stadt, in: BNJB 88 (2013), 118.

1255 Vgl. Meier, Rudolf, Die Sektion Lägern des SAC – eine Gründung von BBC-Ingenieuren, in: BNJB 76 (2001), 128–140.

1256 Eduard Kaysel, 1874 in Frankfurt am Main geboren, hatte 1895 eine Stelle als Sekretär bei der neu etablierten Motor AG angetreten. Er blieb zeitlebens bei dieser Firma, zugleich engagierte er sich überaus aktiv im SAC, auch als Präsident. Unter anderem gehörte er zu den Initianten, als die Sektion Lägern ihre eigene Hütte, die Rotondohütte, errichtete. Er gilt überdies als einer der ersten Skifahrer in der Schweiz. Er starb 1961, vgl. Meier, SAC, 136 ff.

1257 Carl Täuber (1864–1945) war mit Charles und Sidney Brown in Winterthur ins Gymnasium gegangen. 1904 verliess er die BBC und wurde Lehrer an der kantonalen Handelsschule in Zürich, vgl. Bärtschi, Christian, Täuber, Carl, in: HLS, http://www.hls-dhs-dss.ch/textes/d/D46369.php, abgerufen am 14. November 2017. Weitere Angaben zu Täuber, insbesondere die Tatsache, dass er schon 1895 zur BBC kam, in: Meier, SAC, 128–140.

1258 Siehe vollständige Liste bei Meier, SAC, 139 f.

1259 Ebd., 132.

1260 Jahreschronik 1. November 1929–31. Oktober 1930, in: BNJB 7 (1931), 73.

1261 Die Liste war eindrücklich, es gab allein zehn Gesangvereine; namentlich die Männerchöre Baden, Dynamo, Frohsinn, Freiheit, Langenstein; dann die gemischten Chöre Cäcilia, Langenstein, sowie der Kaufmännische Gesangverein, ein Reformierter Kirchen-Chor, ausserdem drei Musikvereine. Sport waren ebenso gut vertreten, es gab vier Turnvereine, einen Fussballklub, einen Fechtklub, den SAC, den Angelfischerverein und den elitären Reitklub, den der bekannte Advokat Dr. Robert Senn präsidierte. Weiter drei Schützengesellschaften und drei militärische: Offiziersverein (Präsident Oberst Hafter, BBC), ein Unteroffiziersverein, und einer für die Pontonniere. Nicht weniger aktiv waren bildungsbürgerliche Organisationen wie der Dramatische Verein, die Antiquarische Gesellschaft, ein Naturheilverein, die Literarische Gesellschaft und zwei Stenographengesellschaften. Schliesslich gab es Quartiervereine, Wohltätigkeitsvereine, religiöse Vereine und last but not least Abstinenzvereine: der Alkoholgegnerbund, die Guttempler-Loge Baden und der Verein vom Blauen Kreuz. Vgl. vollständige Liste im «Adressbuch für Stadt und Bezirk Baden (Schweiz) 1910», 128 ff.

1262 Vgl. [O. N.] Die Aufführung des «Wilhelm Tell» durch die «Liebhaber-Theatergesellschaft Baden», 1882: «Schweizer Freie Presse», Nr. 15, 16, und 17 vom 18., 19. und 20. Januar 1905, in BNJB 58 (1983), 3–6.

1263 Jäger, Josef, Begrüssungsrede, gehalten am Bankett der Synagogen-Einweihung in Baden, 2. September 1913 von Stadtammann Dr. Jäger, in: Israelitische Cultusgemeinde Baden, Ein Freudentag der Israeliten in Baden, 2. September 1913, Ms., Privatbesitz Josef Bollag, Baden, 41 ff.

1264 Zur Geschichte der Juden in Baden siehe vor allem den Band, den die *Badener Neujahrsblätter* eigens zu diesem Thema herausgegeben haben: Siegenthaler, Silvia et al., Hg., Juden in und um Baden, in: BNJB 73 (1998), 6–93, darin finden sich zahlreiche einschlägige Aufsätze. Ausserdem Frenkel, Werner, Baden, eine jüdische Kleingemeinde in der Schweiz. Fragmente aus der Geschichte 1859–1947, Baden 2003.

1265 Besonders in den 1930er-Jahren, vor allem aber nach dem Zweiten Weltkrieg kam es zu diesem Abzug, die jüdische Präsenz nahm deutlich ab. Vgl. Wildi, Tobias, Abwanderung im Surbtal – Zuwanderung in Baden. Die Veränderung der jüdischen Wohn- und Berufsstruktur 1840–1920, in: BNJB 73 (1998), 43–58.

1266 *Aargauer Volksblatt*, 2. September 1913.

1267 Vgl. Kaufmann, Robert Uri, Judentum. 3: Der Weg zur Emanzipation (1798–1879), in: HLS, https://hls-dhs-dss.ch/de/articles/011376/2016-02-01/#HDerWegzurEmanzipation281798-187929, abgerufen am 19. November 2017.

1268 (Israel Salomon) Julius Jonas (1875–1958) wuchs als Kind einer wohlhabenden jüdischen Familie in Bromberg in der preussischen Provinz Posen auf (heute in Polen gelegen). Seine Eltern betrieben hier einen grossen Pelz- und Lederhandel. Nach dem Studium der Elektrotechnik an der Technischen Hochschule Karlsruhe, arbeitete er bei diversen deutschen Elektrofirmen, unter anderen bei der

AEG. Offenbar war Jonas ein gefragter Ingenieur. 1911, kurz vor dem Ersten Weltkrieg, warb ihn die BBC von der AEG ab, um ihn zum Leiter der Patentabteilung zu machen. In dieser Funktion blieb er bis zu seiner Pensionierung im Jahr 1944, unterbrochen allein durch Militärdienst im Ersten Weltkrieg, den er als deutscher Offizier im Elsass leistete. 1905 hatte Julius Jonas Agnes Schaupp, eine Katholikin aus Köln, geheiratet. Weil man sich nicht auf eine einzige Religion der Familie festlegen wollte, wurden die drei gemeinsamen Kinder Edith, Margot und Walter als Kompromiss reformiert getauft. Jonas selber sah sich in erster Linie als Wissenschaftler und praktizierte seinen jüdischen Glauben kaum, ebenso verkehrte er bloss sporadisch in der jüdischen Gemeinde von Baden. (Angaben gemäss Roy Oppenheim, Sohn von Edith Oppenheim-Jonas und Enkel von Julius Jonas, Interview, Juni 2019.) Angesichts der nationalsozialistischen Bedrohung liessen sich Julius Jonas und dessen Frau 1933 einbürgern, ebenso beantragte Jonas die amtliche Streichung seiner jüdisch klingenden Vornamen, was der aargauische Grosse Rat gegen eine Gebühr von 32 CHF bewilligte. Die Einbürgerung hatte 2000 CHF gekostet, insgesamt war das ein stattlicher Betrag: Die beiden Gebühren entsprächen heute (2009) rund 31 000 CHF (Umrechnung gemäss Pfister; Studer, Swistoval. 2028 CHF, Ausgangsjahr 1933). Oberingenieur Jonas erwies sich als überaus produktiver Erfinder. Unter seinem Namen wurden allein für die BBC 130 Innovationen patentiert, insgesamt hielt er über 180 Patente, unter anderem für eine frühe Version des Fernsehens oder eine Schraubenmutter, die einrastete. So sollte verhindert werden, dass sich Muttern, die an Fahrzeugen zum Einsatz kamen, wegen der Vibration lösten. (Das Patent gehörte ihm persönlich, siehe «Selbstsperrende Schraubenmutter», *Schweizerisches Handelsamtsblatt* 57 [1939], 1050.) Darüber hinaus führte er (und gewann) für die BBC zahlreiche Patentprozesse gegen Konkurrenzfirmen. Nach der Pensionierung zogen Jonas und seine Frau ins Tessin, wo beide im Lauf der 1950er-Jahre starben. Er selber malte auch, ausserdem dichtete er gerne Verse im Stil von Wilhelm Busch. Die ersten gereimten Texte zu den Papa Moll-Geschichten hatte er beigesteuert. – Zu Julius Jonas siehe vor allem die Biographie über Edith Oppenheim-Jonas: Schmid, Hannes, Ein Leben voller Lust und Kreativität, in: Oppenheim, Roy; Fuchs-Oppenheim, Joan, Hg., Spitzkehren und andere Kunststücke. Das Leben von Edith Oppenheim-Jonas, Erfinderin von Papa Moll, Baden 2008, 8–105; Todesanzeige von Julius Jonas in: NZZ, 26. Februar 1958. Seine Frau war 1953 verschieden.

1269 Edith Jonas (1907–2001) hatte ihren Mann John Eric Oppenheim (1903–1975) Ende der 1920er-Jahre im Engländer-Club der BBC kennen gelernt – zu jenem Zeitpunkt arbeiteten noch zahlreiche Engländer in Baden. Eric, wie man ihn nannte (oder «Dear Oppy», wie sie ihn in ihren Briefen ansprach), war aus Newcastle upon Tyne nach Baden zur BBC gekommen. Seine Familie war vor dem Ersten Weltkrieg aus Brünn in Österreich-Ungarn nach England ausgewandert, wo der Vater, ein Pianist und Orchesterleiter, eine Musikschule gegründet hatte, die bald florierte und etliche prominente Schüler hervorbrachte («Oppenheim Musical Society», Newcastle). Eric und Edith Oppenheim erhielten drei Kinder: Frank, Roy und Joan. Bis in die 1950er-Jahre blieben die Oppenheims Engländer, erst nach dem Krieg bürgerten sie sich ein. (Edith hatte mit ihrer Heirat die deutsche Staatsbürgerschaft verloren.) Die Familie lebte in der Burghalde in einem «Beamtenwohnhaus» der BBC. Bevor Edith Jonas mit Papa Moll zur Bestsellerautorin wurde, hatte sie für zahlreiche Firmen, Vereine und Zeitschriften Karikaturen geschaffen, so auch für den *Nebelspalter*. Sie war vom legendären Redaktor Carl Böckli («Bö») entdeckt worden. Aus Vorsicht unterzeichnete sie ihre Beiträge nicht mit ihrem jüdischen Namen, sondern meistens mit dem Pseudonym «Poppi» oder kurz «Ejo»; zumal der konsequent anti-nazistische *Nebelspalter* in den Augen der Nazis als eines der bestgehassten Schweizer Blätter galt. Zwei Mal hätte die (britische) Familie Oppenheim während des Zweiten Weltkriegs zu ihrem Schutz aus der Schweiz nach Grossbritannien evakuiert werden sollen, doch beide Male scheiterten die britischen Behörden. Nach dem Krieg ermutigte Edith Jonas ihre Söhne, Offiziere in der Schweizer Armee zu werden – aus Dankbarkeit gegenüber der Schweiz. Zahllose Verwandte der weitverzweigten Familie Jonas ihres Vaters waren im Holocaust umgebracht worden. Die Oppenheims hatten während des Krieges von ihren verfolgten Verwandten (schönfärberische) Postkarten aus Auschwitz erhalten. (Angaben gemäss Roy Oppenheim, Interview, Juni 2019). Edith Jonas malte zudem Aquarelle, die sie neben ihrem zeichnerischen, satirischen Werk in zahlreichen Ausstellungen zeigte. Zu Edith Oppenheim, siehe vor allem die informative und reich bebilderte

Biographie, die ihre Kinder zu ihrem 100. Geburtstag herausgegeben haben: Oppenheim; Fuchs-Oppenheim, Spitzkehren und andere Kunststücke. Ausserdem: Steigmeier, Andreas, Oppenheim-Jonas, Edith, in: HLS, http://www.hls-dhs-dss.ch/textes/d/D42095.php, abgerufen am 15. November 2017; sowie Nachruf von Hauser, Albert, Edith Oppenheim-Jonas, 1907–2001, in: BNJB 77 (2002), 222; und Nater Cartier, Carol, Humorvolle Karikaturen voller Herz und einer Prise Moral: Über die weniger bekannten und unpublizierten Kinder-Bildgeschichten der Papa-Moll-Erfinderin Edith Oppenheim-Jonas, in: BNJB 88 (2013), 37–52. Auch ihr Bruder Walter Jonas war Maler geworden, er gehörte seinerzeit zu den berühmtesten Schweizer Malern der Gegenwart, vgl. Jonas, Walter, in: Allgemeines Künstlerlexikon. Die Bildenden Künstler aller Zeiten und Völker (AKL), Bd. 78, Berlin 2013, 245. Ihre Schwester Margot Jonas arbeitete jahrzehntelang als Chefsekretärin von Willy Bretscher, dem Chefredaktor der NZZ.

1270 Vgl. Beispiele davon in Meier/Wildi, Company Town, 140 f. Für die Karikaturen siehe auch *Wir und unser Werk* (Brown Boveri Hauszeitung) zwischen 1951 bis 1958, in: Archiv ABB.

1271 *Der Israelit*, 24. Januar 1924. Den Artikel hatte Selig Schachnowitz verfasst. In Russland geboren, war er schon 1901 in die Schweiz gekommen, um für die jüdische Gemeinde von Endingen als Kantor tätig zu werden, 1908 zog er nach Frankfurt am Main, um eine Stelle als Redaktor beim *Israelit* anzutreten, einer damals einflussreichen Zeitung. Nebenbei unterrichtete er an der Breuer Talmudhochschule. 1938 floh er vor den Nazis in die Schweiz, wo er 1952 starb, vgl. Kaufmann, Robert Uri, Schachnowitz, Selig, in: HLS, http://www.hls-dhs-dss.ch/textes/d/D48306.php, abgerufen am 16. November 2017.

1272 Angaben gemäss Ueli Roth, Interview, Juni 2019. Ueli Roth ist ein Urenkel von Charles Brown. Die älteste Tochter von Charles und Amelie Brown, Nelly, war seine Grossmutter. Charles Browns erste Ehefrau Amelie Brown-Nathan (1864–1914) stammte aus Miloslaw, Provinz Posen, Preussen. Sie war daher vermutlich eine preussische Staatsangehörige. Die zweite Ehefrau Hilda Goldschmid (1893–1963) kam aus Philadelphia, USA. Als sie sich mit Brown 1916 verheiratete, lebten ihre Eltern allerdings in Zollikon; sie galten als wohlhabend. – Miloslaw, Prov. Posen war eine kleine Stadt, die in der Nähe der Grenze zum damaligen Zarenreich lag. Polen existierte zu jener Zeit nicht. Der Ort zählte 1875 rund 2000 Einwohner. Die Mehrheit bestand aus Katholiken polnischer Muttersprache, während die Protestanten und die Juden überwiegend deutsch sprachen. Die preussische Provinz Posen umfasste zum grössten Teil Gebiete, die vor den polnischen Teilungen des 18. Jahrhunderts zum einstigen unabhängigen Polen-Litauen gehört hatten. Aus diesem Grund lebten hier vergleichsweise viele Juden, denn kein europäischer Staat war während Jahrhunderten den Juden gegenüber so tolerant gewesen wie die alte «königliche Republik Polen-Litauen» (1569–1795). Die meisten Juden aus der Provinz Posen, in der Regel preussische Staatsbürger, zogen im Lauf des 19. Jahrhunderts in grössere Städte des Deutschen Reichs weiter, in erster Linie nach Berlin und Breslau.

1273 Auch für die (gemäss Tradition jüdischen, aber getauften) Kinder von Charles Brown erhielt ihre interreligiöse Herkunft in jenen Jahren einen vollkommen neuen Stellenwert, insbesondere für die älteste Tochter Nelly Brown. Diese war 1922 mit ihrem (zweiten) Mann Harry Engler nach Mailand ausgewandert, wo dieser eine (britische) chemische Fabrik leitete. Nelly blieb ihr Leben lang in Mailand, wo sie 1966 starb. In den späten 1930er-Jahren, als die italienischen Faschisten die antisemitische Politik der Nazis übernahmen und zusehends umsetzten, befürchtete Nelly offenbar, davon betroffen zu werden, wie sich ihr Enkel Ueli Roth erinnert. In diesem Zusammenhang könnte eine Art «Ariernachweis» stehen, den der Badener Stadtrat 1938 der Familie Brown ausstellte. Er befindet sich in den Protokollen des Stadtrates. Weil dieses Dokument geradezu idealtypisch aufzeigt, wie sich eine schweizerische Behörde in jenen Jahren des ausländischen Totalitarismus darum bemühte, einen mehr oder weniger korrekten Weg zwischen Anpassung und Widerstand zu finden, geben wir es im vollständigen Wortlaut wieder: «Da durch das Pfarramt Montreux bescheinigt wird, dass Dr. Charles Eugen Lancelot Brown, Ingenieur, 1863, und Emilie [eig. Amelie] geb. Nathan, 1864, später von Baden, in Montreux evangelisch getraut worden sind, da ferner Direktor Staub [von der BBC] für die Evangelische Kapelle Baden bezeugt, dass Frau Amélie Brown-Nathan am 4. August 1914 evangelisch beerdigt worden ist, und da zudem der israelitische Religionsbeamte J. Fröhlich schreibt, Frau

Emilie [Amelie] Brown-Nathan habe am israelitischen Gottesdienst [in Baden] nicht teilgenommen, wird der Zivilstandsbeamte ermächtigt, auf dem Familienschein für Dr. Charles Eugen Lancelot Brown-Nathan zu bestätigen, dass dieser und seine Ehefrau I. Ehe, Emilie [Amelie] geb. Nathan, ‹der christlichen Religion angehört haben›.» Jedes Wort in diesem Dokument trifft zu, und dennoch verschweigt es, was die italienischen (faschistischen) Behörden am meisten interessiert haben dürfte. Nicht einmal zwischen den Zeilen findet sich ein Hinweis auf die jüdische Herkunft von Amelie Nathan. (Protokoll Stadtrat von Baden, 5. Dezember 1938, in: Stadtarchiv Baden.)

1274 Zu den Frontisten im Aargau siehe: Gautschi, Willi, Geschichte des Aargaus, Bd. 3: 1885–1953, Baden 1978, Kap. «Frontenfrühling», 302 ff.
1275 Angaben gemäss Roy Oppenheim, Interview, Juni 2019.
1276 Vor allem: Ruch, Christian; Rais-Liechti, Myriam; Peter, Roland, Geschäfte und Zwangsarbeit: Schweizer Industrieunternehmen im «Dritten Reich» (Unabhängige Expertenkommission Schweiz – Zweiter Weltkrieg, Bd. 6), Zürich 2001, insbesondere Kapitel 3.1. über BBC Mannheim.
1277 Boveri, Margret, Persönlichkeit, 8 f.
1278 Boveri, Margret, Verzweigungen, 100 f.
1279 *Badener Tagblatt*, 25. Mai 1910. Der Text erschien als «Eingesandt», der Autor zeichnete mit «H.», wer dahintersteckte, lässt sich nicht mehr erhellen.
1280 Ebd.
1281 Protokoll Stadtrat von Baden, 8. Januar 1917, in: Stadtarchiv Baden.
1282 Ebd.
1283 Ebd.
1284 Protokoll Stadtrat von Baden, 22. Januar 1917, in: Stadtarchiv Baden.
1285 Protokoll Stadtrat von Baden, 31. Januar 1917, in: Stadtarchiv Baden.
1286 Protokoll Stadtrat von Baden, 17. Februar 1917, in: Stadtarchiv Baden.
1287 Protokoll Verwaltungsrat BBC, 20. Dezember 1912, in: Archiv ABB.
1288 Ebd.
1289 Charles Brown an nicht mehr definierbaren Adressaten, 6. Januar 1913, zit. n. Lang, Brown, Boveri, 46 f.
1290 Ebd., 46. Die Technische Hochschule Karlsruhe (Beiname: *Fridericiana*) galt vor dem Ersten Weltkrieg neben Darmstadt und Charlottenburg als eine der besten technischen Universitäten des Landes. 1921 erhielt Felix Deutsch, Chef der AEG, ebenfalls den Ehrendoktor.
1291 Vgl. Jones, Geoffrey, Entrepreneurship and Multinationals. Global Business and the Making of the Modern World, Cheltenham, UK, Northampton, MA 2013, und ders., Multinationals and Global Capitalism from the Nineteenth to the Twenty-First Century, Oxford 2005; Jones, Geoffrey; Friedman, Walter A., Hg., The Rise of the Modern Firm, Northampton, MA 2012; sowie Friedman; Jones, Time for Debate, oder Chandler, Alfred D.; Mazlish, Bruce, Leviathans: Multinational Corporations and the New Global History, Cambridge, UK, New York 2005. Zur *Global History* generell siehe: Beckert, Sven; Sachsenmaier, Dominic, Global History, Globally: Research and Practice Around the World, London 2018; darin insbesondere dies., Introduction, 1–18 und Austin, Gareth, Global History in (Northwestern) Europe: Explorations and Debates, 21–44. Ebenso: Conrad, Sebastian, What Is Global History? Princeton 2016; Sachsenmaier, Dominic, Global Perspectives on Global History. Theories and Approaches in a Connected World, New York 2011; O'Brien, Patrick, Historiographic Traditions and Modern Imperatives for the Restoration of Global History, in: *Journal of Global History* 1/1 (2006), 3–39; Mazlish, Bruce, The New Global History, New York 2006; sowie Conrad, Sebastian; Eckert, Andreas; Freitag, Ulrike, Hg., Globalgeschichte: Theorien, Ansätze, Themen, Frankfurt/Main 2007.
1292 Vgl. Maddison, Angus, Monitoring the World Economy, 1820–1992, Paris 1995.
1293 Boveri, Weg II, 148.
1294 Ebd. 1000 Franken im Jahr 1924 entsprechen 2009 einem Monatssalär von rund 16 000 Franken. (Umrechnung gemäss Pfister; Studer, Swistoval. 1000 CHF, Ausgangsjahr 1924.)